广元市元坝区志

GUANGYUANSHIYUANBAQUZHI

（1949—2007）

《广元市元坝区志》编纂委员会　编

方志出版社
Publishing House of Local Records

图书在版编目（CIP）数据

广元市元坝区志：1949～2007/《广元市元坝区志》编纂委员会 编．—北京：方志出版社，2015.11

ISBN 978-7-5144-1801-9

Ⅰ．①广…　Ⅱ．①广…　Ⅲ．①区（城市）—地方志—广元市—1949～2007　Ⅳ．①K297.13

中国版本图书馆 CIP 数据核字（2015）第 270151 号

广元市元坝区志（1949～2007）

编　　者：《广元市元坝区志》编纂委员会
责任编辑：何明忠

出 版 人：冀祥德
出 版 者：方 志 出 版 社
地址　北京市朝阳区潘家园东里 9 号（国家方志馆 4 层）
邮编　100021
网址　http：//www.fzph.org
发　　行：方志出版社发行中心
电话：（010）67110500
经　　销：各地新华书店
印　　刷：成都现代印务有限公司

开　　本：889×1194mm　1/16
印　　张：61
字　　数：1743 千字
版　　次：2015 年 12 月第 1 版　　2015 年 12 月第 1 次印刷
印　　数：0001～2500 册

ISBN 978-7-5144-1801-9　　定价：398.00 元

广元市元坝区行政区划图

（2007 年 12 月）

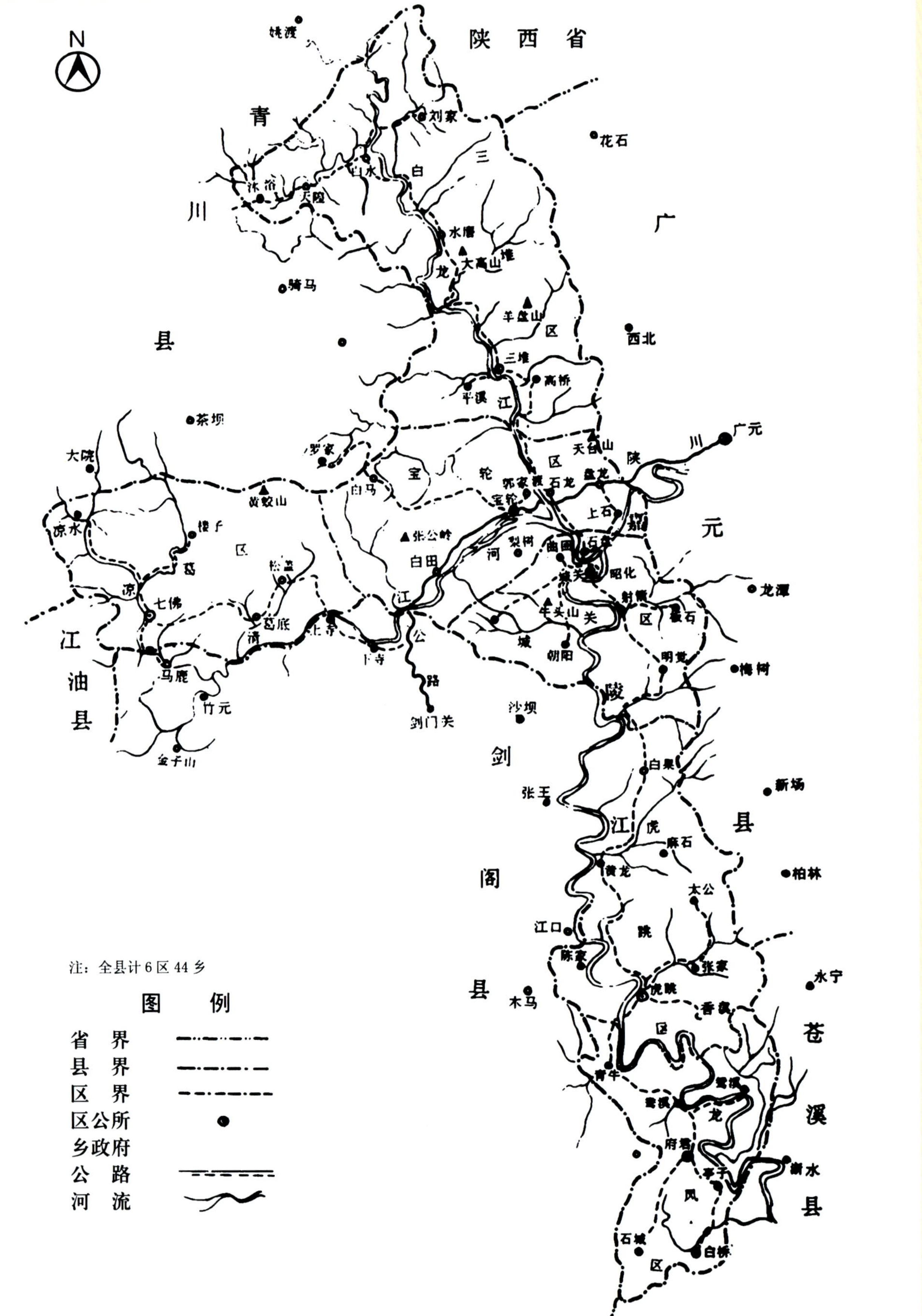

(此图录自1994年版《广元县志》

广元市元坝区水系示意图

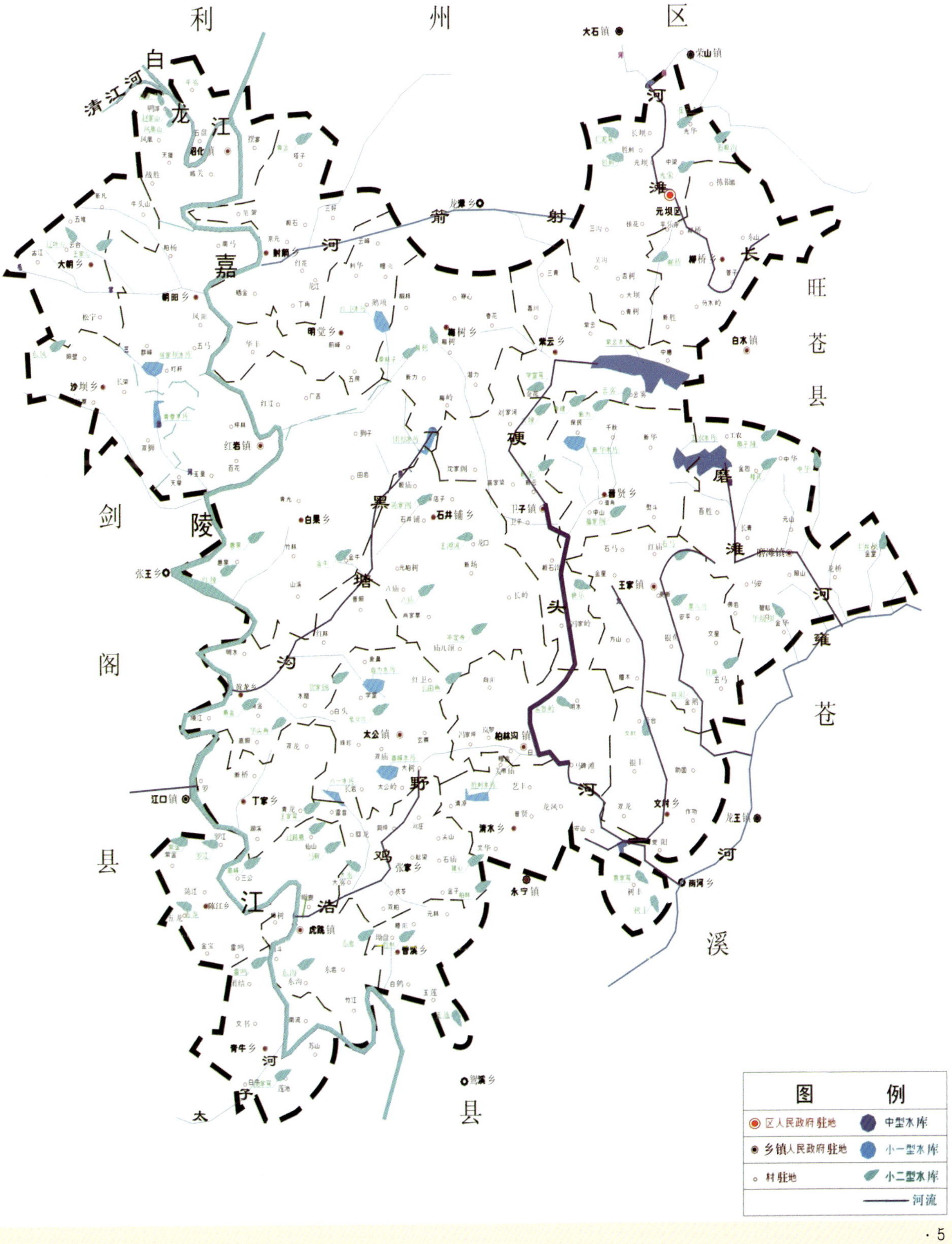

元坝城区

昭化太极山水（①：昭化古城；②：古葭萌县都邑所在地——土基坝；③：古桔柏渡所在地）

元坝工业园区一角

1995 年，5T—500 型多用脱粒机获国家科委和省政府金奖，并获国家专利

1993 年获国家科委和省政府金奖的冰鸟矿泉水

1993 年获西交会金奖的无铅松花皮蛋

广元升达林业产业有限责任公司

广元福润肉类食品有限公司

广元市家福门业有限责任公司

广元佳普建材有限公司

广元铁骑力士饲料有限公司

广元壮牛农牧科技有限公司

广元飞达模具制造有限公司

广元市钏琰生物科技有限公司

位于昭化镇天雄村的生态农业园区

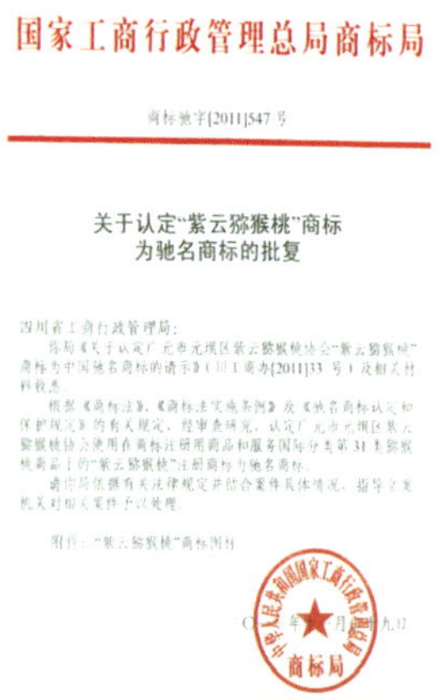
国家工商行政管理总局商标局

商标驰字[2011]547号

关于认定"紫云猕猴桃"商标为驰名商标的批复

四川省工商行政管理局：

你局《关于认定广元市元坝区紫云猕猴桃协会"紫云猕猴桃"商标为中国驰名商标的请示》（川工商办[2011]33号）及相关材料收悉。

根据《商标法》、《商标法实施条例》及《驰名商标认定和保护规定》的有关规定，经审查研究，认定广元市元坝区紫云猕猴桃协会使用在商标注册用商品和服务国际分类第31类猕猴桃商品上的"紫云猕猴桃"注册商标为驰名商标。

请你局依据有关法律规定并结合案件具体情况，指导立案机关对相关案件予以处理。

附件："紫云猕猴桃"商标图样

商标局

第 7051048 号

商标注册证

（证明商标）

紫云猕猴桃

核定使用商品(第31类)

猕猴桃（截止）

注册人 广元市元坝区紫云猕猴桃协会

注册地址 四川省广元市元坝区紫云乡紫云村民委员会

注册有效期限 自公元 2009年06月14日 至 2019年06月13日止

局长签发 李建昌

最受观众喜爱的展品奖

Most Popular Exhibits Award

证书

CERTIFICATE

广元市元坝区紫云猕猴桃专业合作社：

"紫云红心猕猴桃"在第九届中国西部国际博览会上，被评为最受观众喜爱的展品奖，特颁此证。

You are issued the Most Popular Exhibits Award in the 9th Western China International Economy & Trade Fair.

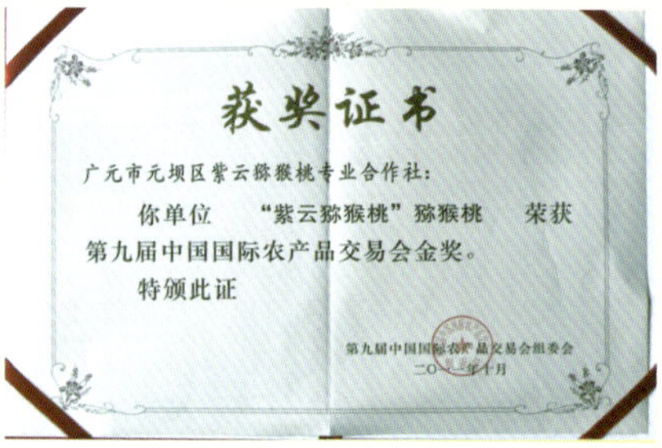
获奖证书

广元市元坝区紫云猕猴桃专业合作社：

你单位 "紫云猕猴桃"猕猴桃 荣获第九届中国国际农产品交易会金奖。

特颁此证

第九届中国国际农产品交易会组委会

元坝镇大坝村千亩猕猴桃产业基地

规模化种植烟草

优质烤烟

晋贤乡香菇产业园

元坝镇青树村大棚蔬菜园

海椒丰收

西红柿丰收

昭化韭黄

昭化香葱种植基地

石井铺乡林下中药材（瓜蒌）种植基地

香溪乡板栗种植基地

山桐子挂果

红柿挂满枝头

位于王家镇红庙村柳垭子的国家级生猪标准化示范场

位于元坝镇杏花村的四川圣瑞达禽业有限公司祖代鸡场

“零排放”生猪养殖

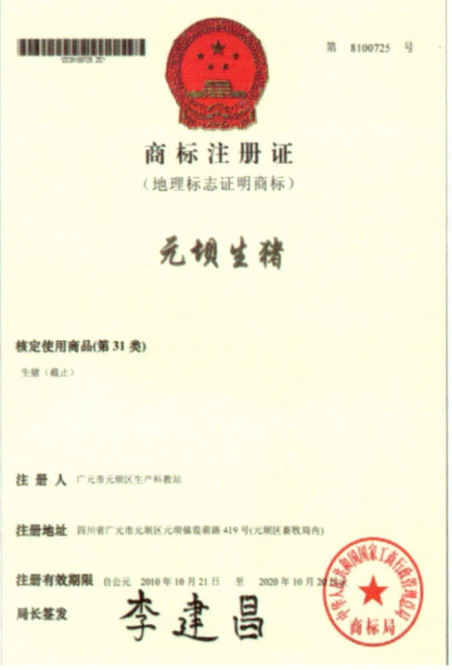

第 8100725 号

商标注册证

（地理标志证明商标）

元坝生猪

核定使用商品(第 31 类)

生猪（截止）

注 册 人 广元市元坝区生产科教站

注册地址 四川省广元市元坝区元坝镇葭萌路 419 号(元坝区畜牧局内)

注册有效期限 自公元 2010 年 10 月 21 日 至 2020 年 10 月 20 日止

局长签发 李建昌

中华人民共和国国家工商行政管理总局商标局

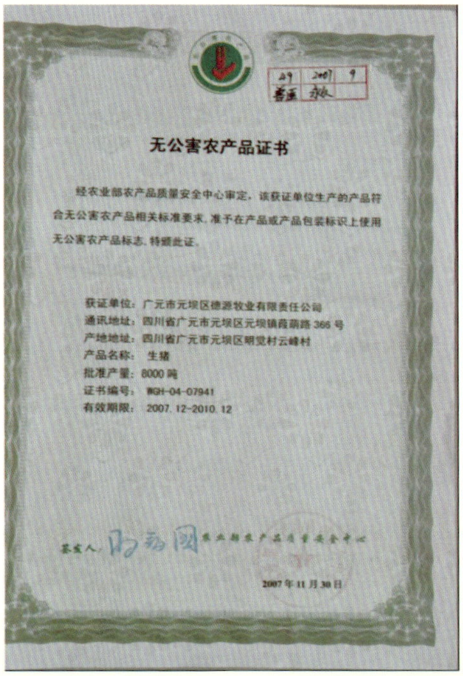

无公害农产品证书

经农业部农产品质量安全中心审定，该获证单位生产的产品符合无公害农产品相关标准要求，准予在产品或产品包装标识上使用无公害农产品标志，特颁此证。

获证单位：广元市元坝区德源牧业有限责任公司
通讯地址：四川省广元市元坝区元坝镇葭萌路 366 号
产地地址：四川省广元市元坝区明觉村云峰村
产品名称：生猪
批准产量：8000 吨
证书编号：WGH-04-07941
有效期限：2007. 12-2010. 12

农业部农产品质量安全中心

2007 年 11 月 30 日

专业合作社收购生猪

元坝城区教育广场

元坝城区汉寿路口

夜幕里的元坝城区

乡场街道

幸福苑小区

城市绿化一角

新村民居

元坝镇大坝新村

昭化镇沙湾亭新村

紫云乡金花新村

澳援体育中心

长滩河生态河堤

区社会老年福利服务中心傍水而建

2001 年 1 月，元坝区第一条通乡水泥路——绵广高速出口至昭化古城 5 公里连接线建成

2011 年以前曾在元坝火车站停靠上下旅客的成（都）—普（济）普通客车

广巴高速公路元坝段

兰渝高速公路昭化段

入户路硬化

虎跳至香溪段黑色化油路

区人民医院住院楼

元坝中学高中部

元坝镇第一小学新貌

元坝细家岩自来水厂

紫云水库

整治后的工农水库堤渠设施

昭化古城

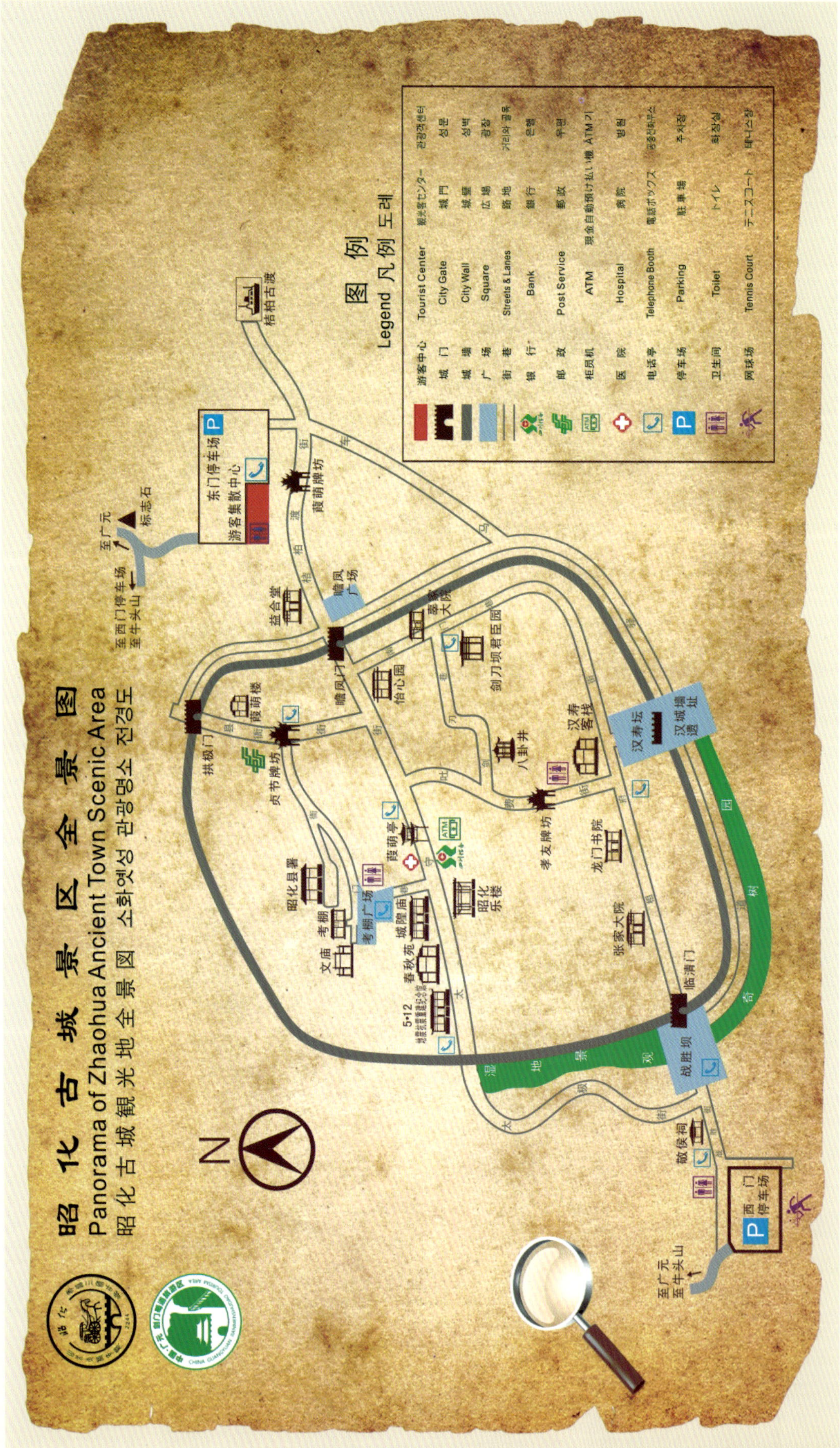

昭化古城主要街道及景点分布图

全国重点文物保护单位
剑门蜀道遗址 昭化古城
国务院二〇〇六年六月一日公布
四川省人民政府二〇〇七年九月三十日立

中国旅游产业发展年会
China Tourism Industry Conference
中国旅游风云榜
2013“美丽中国”十佳旅游县（区）
主办机构：中国旅游协会
中国旅游报社
中国旅游产业发展年会组委会
二〇一四年一月

AAAA
国家级旅游景区
NATIONAL TOURIST ATTRACTION
全国旅游景区质量等级评定委员会

2011 CCTV-7首届乡土盛典
最具人文底蕴古城古镇

中国历史文化名镇
昭化
中华人民共和国住房和城乡建设部
国家文物局

修缮后的昭化古城西门

古昭化县署

古蜀道天雄关

位于昭化古城的敬侯祠

位于昭化古城的龙门书院

大朝古驿新貌

云雾云台山

古蜀道

昭化牛头山雪景

“马克斯街”牌匾

柳桥石牌坊（刻有“共产党万岁”等红军标语）

太公红军山大门新貌

太公红军山大门旧貌

太公红军山红军烈士纪念碑
（正面镌刻中华人民共和国元帅徐向前的题词）

太公红军山红军大院

太公红军树

平乐寺全景

柳桥荷塘

平乐景区步行街

初建的平乐景区入口广场

平乐景区大门

2009 年 10 月 23 日四川省人民政府批复设立的栖凤峡省级森林公园

栖凤峡秋景

2011 年 12 月被国家林业局确定为国家级湿地公园（试点）建设项目的柏林沟湿地公园

柏林沟湿地　水鸟的天堂

2014 年 7 月 11 日，中共广元市昭化区委副书记、区长龙兆学（中），区委常委、常务副区长、区志编委主任委员王金川（中右一），区委常委、区委宣传部部长文凌云（中左一），区政府办主任、区志编委副主任委员赵思彦（中右二），在《广元市元坝区志》复审会议上。

2014 年 10 月 13 日，广元市县区志审查验收小组召开《广元市元坝区志》评审会议

发展乡镇企业
先进单位
中共四川省委
四川省人民政府
一九九四年三月

奖给元坝区
扶贫攻坚 解决温饱
中共四川省委
四川省人民政府
一九九九年四月

实现中国农村"2000年人人享有卫生保健"规划目标
合格县(市、区)
四川省人民政府

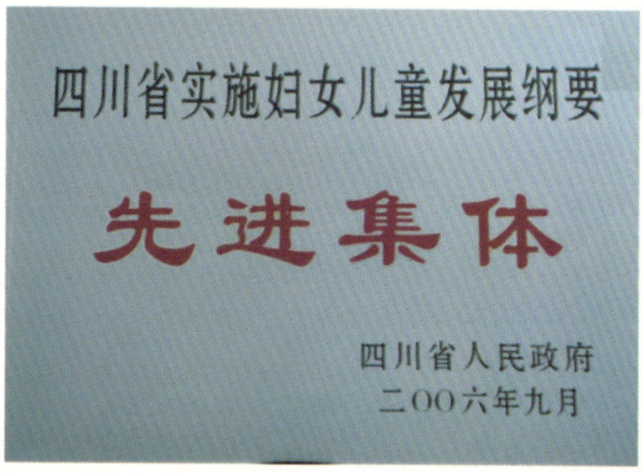
四川省实施妇女儿童发展纲要
先进集体
四川省人民政府
二〇〇六年九月

四川省计划生育优质服务
先进县(市、区)
四川省人民政府
二00六年十一月

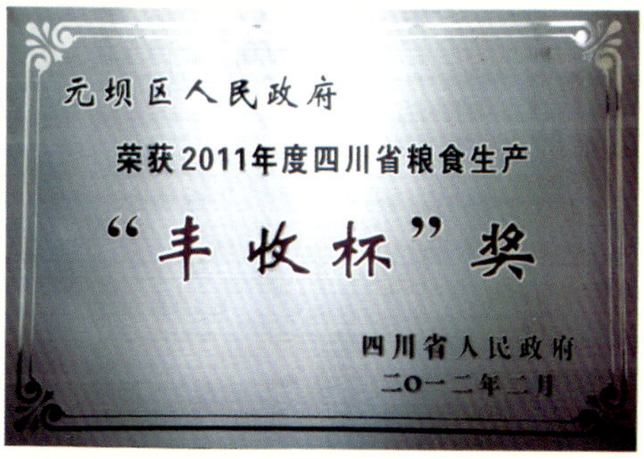
元坝区人民政府
荣获2011年度四川省粮食生产
"丰收杯"奖
四川省人民政府
二〇一二年二月

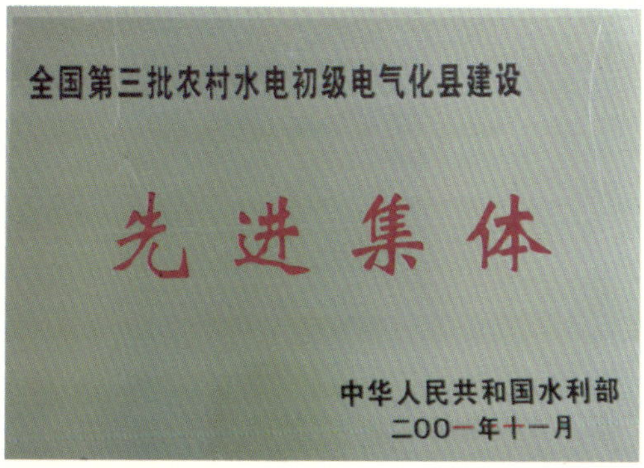
全国第三批农村水电初级电气化县建设
先进集体
中华人民共和国水利部
二00一年十一月

全国计划生育优质服务
先进单位
中华人民共和国
国家人口和计划生育委员会
二〇一二年十二月

奖给
重教兴学先进单位
中共广元市委 广元市人民政府
一九九一年 月

农村基层组织建设
先进县区
中共广元市委
二00二年七月

党管武装工作先进单位
中共广元市委
中共广元军分区委员会
二〇〇七年七月

中共广元市元坝区委历任书记
广元市元坝区人民政府历任区长 签名录

（2007 年底以前）

1986 年 11 月至 1989 年 10 月任中共广元市市中区卫子区委书记
1989 年 10 月至 1992 年 9 月任中共广元市元坝区委书记

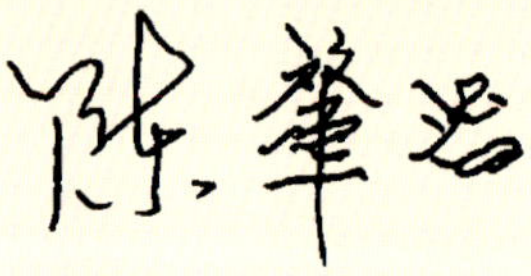

1986 年 11 月至 1989 年 10 月任广元市市中区卫子区公所区长

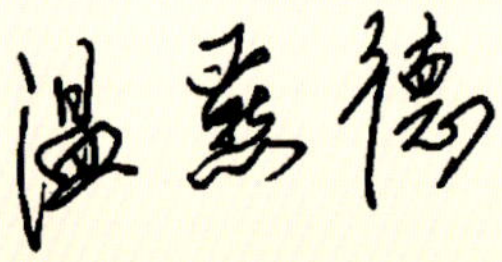

1990 年 2 月至 1992 年 9 月任广元市元坝区人民政府区长
1992 年 9 月至 1995 年 3 月任中共广元市元坝区委书汜

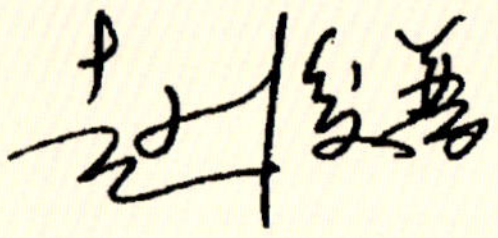

1992 年 9 月至 1995 年 3 月任广元市元坝区人民政府区长
1995 年 3 月至 2000 年 4 月任中共广元市元坝区委书记

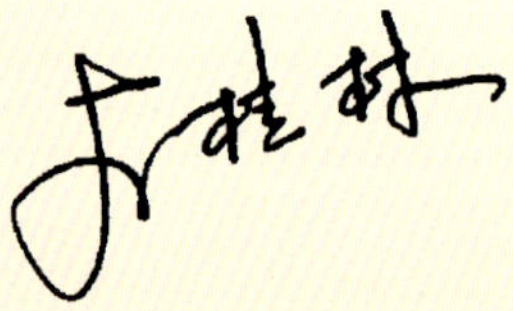

1995 年 3 月至 2000 年 5 月任广元市元坝区人民政府区长

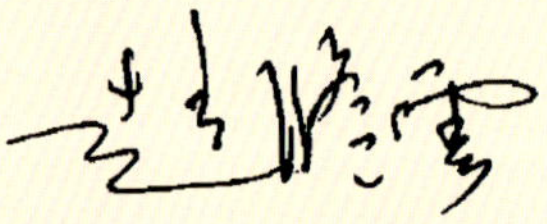

2000 年 4 月至 2006 年 6 月任中共广元市元坝区委书记

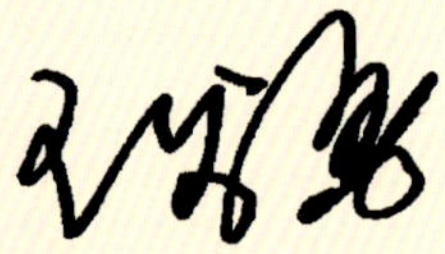

2000 年 5 月至 2002 年 11 月任广元市元坝区人民政府区长

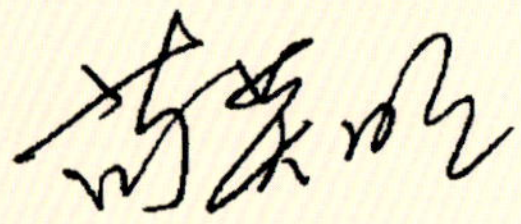

2002 年 11 月至 2005 年 8 月任广元市元坝区人民政府区长

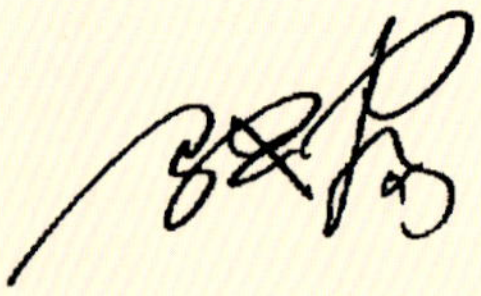

2005 年 8 月至 2006 年 6 月任广元市元坝区人民政府区长
2006 年 6 月起任中共广元市元坝区委书记

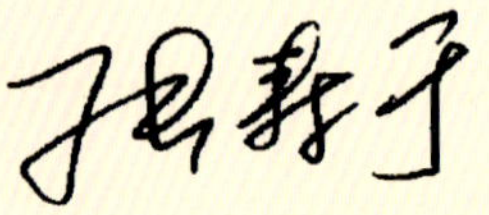

2006 年 6 月起任广元市元坝区人民政府区长

《广元市元坝区志》编纂委员会

顾　　问	陈正永	龙兆学		
主任委员	王金川			
副主任委员	赵思彦			
委　　员	沈光宏	任国富	舒　冰	姜荣鑫
	肖万钟	刘文龙	马小平	郑桂芬
	张文茂	付　健	谢艳梅	朱太义
	范子熠	梁文龙	徐仕刚	黄邦杰
	王大俊	翟广生	龚贵宏	冯开阔
	张俊贤	蒲国庆	叶林城	姜　涛

编纂委员会办公室主任：张俊贤

《广元市元坝区志》编纂委员会历任组成人员名单见本志《附录·修志文存》

《广元市元坝区志》编辑部

主　　编　赵思彦

曾任主编　文凌云（2006 年 3 月至 2007 年 3 月）

朱永国（2007 年 3 月至 2008 年 2 月）

张　健（2008 年 2 月至 2008 年 10 月）

范永昌（2008 年 10 月至 2011 年 12 月）

姜云茂（2011 年 12 月至 2013 年 11 月）

执行主编　张俊贤

曾任执行主编　魏　勇（2006 年 3 月至 2007 年 6 月）

彭仕华（2007 年 6 月至 2008 年 4 月）

统　　稿　刘思清　何洪远

编　　纂　魏　勇　刘兴朝　张克洵　杨子茂

向重怀　江青云　陆登锦　鄢吉生

工作人员　李官银　杨小宇　昝映清　母长海

刘爱玲

序

首修《广元市元坝区志》付梓问世，既是我区文化建设上的一项重要成果，更是全区人民政治生活中的一件大事。

广元市元坝区始建于1989年8月，2013年3月经国务院批准由民政部批复更名为广元市昭化区。所辖区域的大部分在原昭化县治域之内。自以今昭化为治置葭萌县后，虽朝代更替，政区分并，但境内置县设郡从未间断。葭萌县先后易名汉寿、晋寿、益昌、京兆、益光，至宋开宝五年（972年）正式定名昭化，置县历史2300余年。东晋常璩所著《华阳国志》记述了古昭化的部分史实，清康熙年间的吴珍奇最早著成《昭化县志》，清乾隆、道光年间又相继重修《昭化县志》；之后，再无以昭化命名的县志了。所以，《广元市元坝区志》既可以称是元坝区的首部志书，也可算是过去《昭化县志》的延续。

元坝（昭化）区历史悠久，文化厚重。境内有东周时期蜀属国苴的都城遗址，有享誉中外的蜀道文化组成部分的昭化古城，有融自然和人文景观为一体的云台风光，有“川北第一丛林”平乐佛教胜地，有草长莺飞、山水相融的柏林沟湿地、柳桥荷塘，有蕴涵爱国主义教育功能的太公红军山、虎跳红军渡，有非物质文化遗产的射箭提阳戏……自然景观，数不胜数；人文佚事，美不胜收。

建区以后，元坝（昭化）区经济发展，社会进步。历届区委、区人民政府带领全区人民，励精图治，艰苦创业，至2007年，经济形势、社会面貌即已发生了翻天覆地的变化。农村农业成效显著，特色产业形成规模，基础设施功能完善，农业资源立体开发；工业经济健康发展，建区初的粮油加工、饮料生产、农机具制造等简单工业更新升级，农副产品延伸增值，形成建材生产、食品加工等支柱产业；社会事业蓬勃发展，城乡面貌日新月异，人民生活水平大幅度提高，城镇居民最低生活保障制度和新型农村合作医疗制度已经建立，医防保健网络和初级卫生保健通过国家验收。

盛世修志。当今，我们正处于建设有中国特色社会主义的新时代，建区以来各项事业快速发展的历程需要客观真实地记录下来。《广元市元坝区志》坚持实事求是，全面地记述了元坝（昭化）区的自然与社会、历史与现状。其中，着重记述了元坝区建置以后至2007年底的政治、经济、社会、文化等各项事业的建设和发展。同时，又实事求是地反映了工作中的经验和教训。《广元市元坝区志》成为一部门类齐全、资料丰富、博而得当的资料性著述，做到了“略古详今，立足当代，回首过去，放眼未来”，具有鲜明的时代特征和地方特色。

“疑今者察之古，不知来者视之往”（管子《管子形势》），“鉴前世之兴衰，考当今之得失”（司马光《资治通鉴》），《广元市元坝区志》将有助于提高我们对现实和未来的进一步认识，有助于我们在前进的道路上扬长避短，与时俱进。我们相信：勤劳的24万昭化儿女，在区委、区人民政府的带领下，将为实现“宜业宜居幸福昭化”的目标而不懈地努力奋斗。

《广元市元坝区志》的成功问世，不仅得力于区内党政机关、群众团体、企事业单位等社会各界的通力协作，更得力于上级部门的精心指导，得力于省、市编志专家学者和出版单位的热情帮助，得力于许多老同志的悉心关怀。在此，特致以诚挚的感谢。

中共广元市昭化区委书记 陈正永

广元市昭化区人民政府区长 龙兆学

2014年11月

凡 例

一、《广元市元坝区志》以马克思列宁主义、毛泽东思想、邓小平理论、“三个代表”重要思想和科学发展观为指导，以中国共产党十一届三中全会以来的路线、方针、政策和《关于建国以来党的若干历史问题的决议》为准绳，以资治、存史、教化为宗旨，坚持四项基本原则，坚持辩证唯物主义和历史唯物主义，实事求是地记述广元市元坝区的自然与社会、历史与现状，着重反映元坝区建立以后各项事业的建设与发展。

二、本志上限起自1949年，《大事记》《建置政区》《人物》未受此限。鉴于本志为广元市元坝区的首志，因此个别的史事略有上溯，使其前有所稽。下限断于2007年。对“昭化古城保护与开发”的时限延至2009年1月，使其作为广元市元坝区社会事业中的重大事项，其发生发展全过程能得到完整地记述。机构领导任职情况表中凡未注明终期者，即2007年年末仍在任。前置图片不受断限限制。

三、本志采用章节体，述、记、志、表、传、录、图、考相结合，以志为主体。用语体文记述。综述有述有议，专志不作评述，褒贬寓于记事之中。

四、本志除卷首外，设综述、大事记、专志、附录四部分，卷末置编后记。综述概述区情，总摄全书；大事记纵贯古今，按时序记述重大事件；专志按事类分篇，采用章节体，横排事项，纵述史实；附录辑录部分有关资料。

五、本志对历史朝代、建置和官职均依当时名称。对地名使用所记事项发生时的名称，古地名必要时括注今地名；机构、单位、会议、法律名称，第一次出现时用全称，其后一般用简称。人名直书姓名，必要时在姓名前冠以职务或职称。

六、本志中纪年、数字和计量单位等的使用，均按照《四川省第二轮市县级志书编纂规范》（2007年3月27日发布）的规定执行。但涉及农村种植业和塘、库水域面积仍以“亩”作计量单位，烤烟、蚕茧产量仍以“担”作计量单位。

七、本志坚持人物生不立传的原则。立传人物和简介人物主要是本区籍的对社会和人民作出贡献或在历史上有较大影响的人物，也收入历史上在本区境域有重要活动的客籍人士。人物排列以卒年时间为序，在世的以生年时间为序。本志下限时健在而在本志出版时已去世的，其卒年时间收入《附录》。

八、本志中凡“中共”“中共中央”“中共XX省（地、市、县、区）委”如未注明全称，即分别指“中国共产党”“中国共产党中央委员会”“中国共产党XX省（地、市、县、区）委员会”；“省政府”“市政府”“区政府”如未注明全称，即分别指“四川省人民政府”“广元市人民政府”“广元市元坝区人民政府”。

九、本志中涉及广元市元坝区的经济数据，由区统计局审查后使用经济普查后重新审定的数据，与相应年度的《元坝统计年鉴》数据可能不一致。

十、本志资料来自市、区档案和部门档案，正史、方志、碑刻、家谱以及少部分采用的口碑、调查材料等，均经鉴别、核实，一般不注明出处。

目　录

第三篇 人 口

第四篇 中共地方组织

第五篇　人民代表大会

第六篇 人民政府

第七篇 人民政治协商

第八篇　群众团体

第九篇 政 法

第十篇 人民武装

第十一篇 民政和劳动人事

第十二篇　扶贫和经济开发

第十三篇　国土资源

第十四篇　城建　环保

第十五篇　经济管理

第十六篇　农　业

第十七篇 工 业

第十八篇 乡镇企业

第十九篇　交通通信

第二十篇　商业贸易

第二十一篇 财政税务

第二十二篇 金融保险

第二十三篇 教 育

第二十四篇　科　技

第二十五篇　医药卫生

第二十六篇　文化体育

第二十七篇 旅 游

第二十八篇 昭化古城

第二十九篇　社会风土

第三十篇　人　物

附　录

综 述

广元市元坝区位于四川盆地北缘米仓山南麓，广元市中部，秦巴山拱立于东北，嘉陵江由北向南纵贯区境。东邻旺苍县，西接剑阁县，南连苍溪县，北与广元市利州区接壤，地理坐标北纬31° 53′41″~32° 23′27″，东经105° 33′59″~106° 07′20″。东西最宽处相距52.50公里，南北最长处相距54.95公里，2007年年末境域面积1432.32平方公里。京（北京）昆（明）高速擦肩而过，省道202线、广（元）巴（中）高速公路和广（元）乐（坝）铁路横穿区境东西，国道212线纵贯区境南北，县道和乡镇、村公路四通八达。2007年，全区行政区划为9镇19乡1个社区街道办事处、211个村和11个居委会，总人口237,993人，其中非农业人口22,805人，占总人口的9.58%。区治元坝镇，距广元中心城区24公里，嘉陵江二级支流长滩河流经其地呈“U”形环绕，在凸岸形成三面环水之圆形冲积坝，取“圆”之谐音“元”，故得名“元坝”。

春秋战国时，为蜀王领地，蜀王开明尚“封其弟于汉中，号曰苴侯”，以葭萌为都邑。秦惠文王更元九年（前316年），巴、蜀相攻，秦趁机灭蜀、巴后，以原蜀侯国苴之都邑为治置葭萌县。东汉献帝建安二十二年（217年），刘备改葭萌县为汉寿县。晋、西魏、北周、后唐时，先后改县名为晋寿、益昌、京兆、益昌、益光，宋乾德五年（967年）复改益光为益昌，宋开宝五年（972年）定名昭化，乃史有“昭化”名之始。民国22年（1933年）7月，红四方面军在广元县元坝子（今属元坝镇元坝村）建立县级红色政权——嘉陵县苏维埃政府。民国24年（1935年）4月，红四方面军在昭化县境内的白田坝建立赤化县苏维埃政权。1949年12月15日，中国人民解放军解放昭化县城。同日，昭化县人民政府成立。1959年3月，国务院正式批准昭化县并入广元县。1986年11月，撤昭化、虎跳、王家3个区公所，将其所辖乡镇划归卫子区公所管辖，时辖26个乡镇，境域面积1290平方公里，属广元市市中区。1989年2月，从广元市市中区中心区划元坝镇、柳桥乡入广元市市中区卫子区。1989年8月，以卫子区所辖区域建广元市元坝区（县级），治元坝镇。1993年4月，苍溪县小新乡划入元坝区。

元坝区全境属大巴山脉米仓山系，地理上属低山向丘陵过渡地带，地形北高南低，且由东向西倾斜，延缓下降，江河溪沟纵横，山体切割强烈，地表起伏不平，地貌复杂多样，有河流冲击平坝、丘陵、台地、低山、中山等，海拔一般在400~1200米。最高点为云台山，海拔1254米；最低点为土地梁西麓嘉陵江河谷（香溪乡李家河），海拔393.10米。地质构造体系属米仓山、龙门山和盆北低山三大地貌交会地带，大部分地区位于米仓山走廊以南，为典型的侵蚀台阶状中低山形。区境内属亚热带季风性湿润气候。由于地理位置和多种地貌影响，垂直气候明显，春季气温回升比同纬度地区稍快，且稳定性差，秋季降温迅速；河谷山口，风多且大；降水充足，但呈陡峭单峰型分布，时空分布不均；

灾害性天气频繁，常出现冬干、春旱、夏洪、秋涝和春秋季低温危害。境内气候温和，光照适宜，春夏秋冬四季按候温论定（5天为一候），形成了春迟、夏长、秋凉、冬冷四季分明的气候特点。

元坝区物华天宝，资源丰富。全区已探明的矿产资源有煤、矿泉水、沙金、地热水、页岩、板岩、河沙、黏土等10余种，全区境内大面积分布着黏土、页岩。气候适宜，生物繁茂，孕育着丰富的物产资源。广泛种植水稻、小麦、玉米、大豆等粮食作物和烤烟、棉花、油菜籽、花生等经济作物；林果业盛产猕猴桃、雪梨、柑橘、苹果、板栗、核桃、木耳等。家畜家禽种类繁多，猪、牛、羊、鸡、鸭、鹅养殖形成一定规模。野生动植物资源丰富，已查明有野生动物220多种，其中国家一级保护动物1种，二级保护动物16种，省级重点保护动物21种，具有重要经济价值和科研价值的动物47种；野生植物1023种，其中，珍稀濒危植物10余种，可供医药应用植物150多种，森林覆盖率50.76%。

元坝区孕育众多的人文和自然景观，名胜古迹遍布全境，旅游资源十分丰富。其中最著名的为“小峨眉”云台山和“牛首雄关”（牛头山和天雄关）。登山远眺，晨观日出，暮看云海，使人欣然如临仙境。牛头山下，便是闻名遐迩的昭化古城。嘉陵江与白龙江于此汇合后，绕城奔南，在笔架山和翼山之间划了一个大大的反“S”，形成了一幅山水太极图案，美妙绝伦，堪称天下奇观。昭化古城乃川北门户，历为兵家必争之地。街石墙土，历尽沧桑；关隘要津，森列周围。“东来有桔柏渡以拒之，西出有天雄关以镇之，南下苍阆有梅岭关以间之，北渡阴平有白水关以守之”，成为关、城一体的水陆要冲，素有“全蜀咽喉，川北锁钥”之称。古城自然风光奇特，历史文化厚重。望天雄关，真切感知蜀道之难；眺桔柏渡，江涛轰鸣声声入耳。古城墙、费祎墓、武侯祠、天雄关、姜维井、战胜坝、关索城、鲍三娘墓……诉说丰富的三国故事；城隍庙、龙门书院、文庙、考棚、石板街、八卦井、怡心园、益合堂、辜家大院……展现淳朴的川北民风。何易于挽纤，贯一道射虎，杜甫吟诵《桔柏渡》，陆游夜宿昭化城……数不完英雄豪杰文人墨客的千古风流；红军山、红军碑、红军树、红军渡……道不尽革命前辈仁人志士的丰功伟绩。

元坝区坚持改革开放并取得快速发展。政治体制改革逐步深入，政府工作职能由单纯行政管理转向经济调节、市场监管、社会管理和公共服务，努力建立“政务公开、管理规范、运转协调、公正透明、廉洁高效”的行政管理体制。经济体制改革方面，农村坚持以家庭承包为主的双层生产经营责任制，走“公司+农户”“农户联基地”的产业化经营路子，调整产业结构，健全服务体系，鼓励产业开发，培育龙头企业，推进社会主义新农村建设；企业坚持生产、经营的责、权、利相结合，由承包、租赁到改、转、卖、破和资产重组，逐步建立起了产权明晰、权责分明、政企分开、管理科学的现代企业制度。至2007年，全区累计引进资金9.67亿元，引进重点项目185项，引资企业所实现的增加值对全区GDP的贡献率达到21.79%，上缴税金占全区税收的23.65%。

国民经济持续增长。2007年，全区地区生产总值（当年价，下同）达到142406万元。农业经济方面，区委、区政府紧紧抓住国家扶持贫困地区和西部大开发的机遇，围绕扶贫攻坚目标，加强农业基础设施建设，加快农业结构调整步伐，推进农业产业化发展，逐步形成茶叶、蚕桑、中药材、畜牧、林果等支柱产业，第一产业增加值达到59900万元；工业经济方面，区委、区政府针对工业经济基础薄弱的现状，发展以食品加工、建筑建材、化工等为主体的轻化工业，形成能源、建材、冶炼、化工和农副产品加工五大支柱产业，第二产业增加值达到36451万元；在商贸和服务业上，拓宽流通渠道，调整社会商业结构，发展个体私营经济，兴办一批商业超市、批发市场和专业市场，法律服务、文书公证、财务审计、会计核算、资产评估、物业管理、中介服务等各业日趋齐全，第三产业增加值达到46055万元，社会消费品零售总额达到45754万元。三次产业增加值的比重由1989年的67.74∶13.79∶18.47调整为2007年的42.06∶25.60∶32.34，产业结构进一步优化。财政收入与经济同步增长。2007

年，全区财政一般预算收入达到2155万元，是1990年223万元的9.6倍，年均增长113万元，年均增长14.27%。

扶贫开发成效明显。1986年，卫子区人均纯收入低于200元的有25053户115243人，生活水平处于“温饱线”以下，被列为全省重点扶贫区。1987年按省定标准重新普查，全区有建卡贫困户6852户30436人，人均纯收入仍在200元以下。1986—1989年，全区选立项目17个，争取扶贫专项贷款174万元、国家支援不发达地区发展资金53.05万元用于项目开发，扶持贫困户约3117户14026人。1990年调查统计，元坝全区有建卡贫困户6617户，贫困人口29898人。1994—1997年，全区争取到位各类扶贫资金3700万元，按照“统一管理、统筹安排、渠道不乱、用途不变、相对集中、重点使用”的原则，侧重向贫困村、贫困户倾斜，投放重点放在保证解决群众温饱问题的种植业、养殖业以及改善生产条件的基础设施方面，大力实施扶贫攻坚，1998年实现“越温脱贫”扶贫攻坚目标。1987—2002年，省、市分配给全区扶贫贴息贷款指标10497万元，其中，落实能够解决群众温饱的种植业、养殖业以及与种养业相关的加工业的扶贫贴息贷款资金6137万元，带动了生猪、蚕桑等产业链的良性循环和龙头企业的发展壮大。落实3000万元的扶贫贴息贷款，解决制约15个贫困村脱贫致富的交通问题，至2002年，新建、改造县、乡、村组道路153公里。1999—2007年，共争取财政扶贫资金3582万元，建成扶贫新村65个，产业化科技扶贫项目7个，旱山村集雨节灌工程3个，开展劳务扶贫培训2500余人。元坝区于1996年被确定为浙江省对口帮扶区，至2007年，浙江省各帮扶单位捐赠给元坝区资金和物资折价（以捐赠当年价计）共1505万元。1985—2007年，全区共使用国家以工代赈资金4816万元，其中，1990—2007年为4670万元，主要用于农、林、水、畜、交通、林业等基础设施项目建设，累计新修通乡、村公路78条343公里，拓宽改造公路31公里；改造中低产田土39240亩，地变田2100亩，坡改梯25190亩，改造下湿田1700亩；新建河堤（小流域综合治理项目）2400米；建设庭园9600户12300亩；建成一批水利、人饮工程，恢复和新增灌面5.50万亩，解决了123个村、460个组、10.48万人、10.65万头牧畜的饮水困难；利用以工代赈资金发展林业生产，改造荒山3496亩，植树造林850亩，育苗121亩，修建林区道路12公里；利用以工代赈资金发展畜牧业，扶持三元杂交生猪生产基地建设，发展示范户502户，建标准圈舍620间，优良品种改良2.50万头。20年间，全区先后实施扶贫开发项目154项，建成各类产业化生产企业37个；扶贫基地覆盖全区28个乡镇、1个社区街道办事处、201个贫困村、17.80万贫困人口；兴修水利，建设高产稳产农田，实施新村建设，农业生产基本条件和人居环境得到改善；农村教育和卫生事业快速发展，贫困人口就医及子女入学问题基本得到解决。1999年，元坝区被中共四川省委、四川省人民政府表彰为“扶贫攻坚，解决温饱先进集体”。

基础设施建设步伐加快。1989年后，新建各类公路653.85公里，改扩建公路累计1415.59公里，修建公路桥梁25座，总长650.60延米。2007年底，全区各类公路总里程达到1442公里，有重要公路桥梁45座1408.70延米，公路通乡、通村率100%。邮政营业窗口实现电子化，封发邮件实现机械化，报刊发行实现微机化，电信通信实现交换程控化，信息传输实现数字化，电信、移动、联通、网通、铁通联网自动化。2007年，城乡共有固定电话用户1.3万户；各类移动电话用户发展到9.72万户；数据网络用户4500户。城镇建设按照省建设主管部门批准的《元坝区区镇总体规划》和《元坝区区域城镇体系规划》加快实施。2007年，区镇城区建成面积达到3.20平方公里，建成主要街道16条，总长6530米。投资700余万元建成总长1500米集防洪、绿化和休闲于一体的滨河路。太公镇、卫子镇被列为全省小城镇建设试点镇，全区建制镇和集镇建设步伐加快，新建和改扩建街道5850米。2007年，元坝镇城市供水范围达到2.50平方公里，注册用户4000多户，日均供水规模1800立方米；新增乡镇供水站8个，新增人畜饮水工程180处，较好地解决了1.13万人、1.70万头牲畜饮水问题，通自来水的村达到76个。至2007年，区有各类小水电站6座，总装机2750千瓦，全年发电194.51万千瓦时。国家和地方电网并网运行，构成完善的电力保障体系。2001年，元坝区被水利部表彰为“全国第三批农村水电初级电气化县建设先进集体”。

社会事业欣欣向荣。2007年年末，全区开办幼儿园46所，入园幼儿2994人。有各类中小学校69所（不含附设初中13所），在校学生28153人，教职工总数1955人，学龄儿童入学率达100%，高中升学率达90.50%。近二十年间，全区为大中专院校输入学生7958人。至2007年，先后成为省级“实现中国农村‘2000年人人享有卫生保健’规划目标合格县市（区）”“四川省实施妇女儿童发展纲要先进集体”，区、乡、村三级医防保健网络和初级卫生保健通过国家验收，27所乡镇卫生院达到国家建设标准，区人民医院跨入国家二级甲等医院行列，区中医院、区妇幼保健院建成国家二级乙等医院。全区各级医疗机构有病床338张，有医务人员817人。先后开通电视加密频道，完成“村村通”工程634处。至2007年，农村广播覆盖率达到98.80%，全区电视覆盖率达到99.90%，广播电视混合覆盖率达95.50%，可收看有线电视节目41套。计划生育与脱贫致富、精神文明建设相结合，计划生育率年均达到95%以上，人口自然增长率年均控制在8‰以内。元坝区先后被授予“四川省计划生育优质服务先进县（区）”“四川省计划生育村民自治先进县（区）”等荣誉称号。财产、人寿、养老、失业、医疗、生育、工伤等社会保障体系日趋完备，城镇居民最低生活保障制度和新型农村合作医疗制度已经建立。

民主法制与精神文明建设进一步加强。1991年后，全区普遍推行村（居）民自治，实行民主选举、民主管理、民主监督，开展村（居）民自治建设；精神文明建设从文明礼貌、思想道德建设入手，逐步上升到理想信念教育，培育有理想、有道德、有文化、有纪律的新型劳动者，以建设和谐社会为目标，开展文明单位建设。至2007年，全区共创建村民自治模范村27个、居民自治模范居委会6个和村（居）民自治模范乡镇5个，分别占全区村（居）委会和乡镇总数的14.86 %和17.24%；共建成省、市、区级文明单位204个，比1991年增加190个，其中，虎跳中学、农行广元市元坝支行、四川广旺能源集团机制公司、区人大常委会机关、元坝镇桂花村（原砖灰村）、区财政局、元坝中学、元坝镇长坝村先后被命名为省级文明单位。人大、政协的法律监督、民主监督及全社会的舆论监督作用增强，依法行政、严格执法，公开、公平、公正，接受群众监督的行政、司法制度基本建立。

人民生活水平大幅度提高。2007年，全区人均国民生产总值（当年价）达到7160元；农民人均纯收入2734元，是1990年332元的8.2倍；城镇在岗职工年均货币工资17937元，是1989年1444元的12.4倍；农村和城镇居民人均住宅面积分别由1995年的47.48平方米、8.52平方米增加到59.44平方米和21.32平方米；城乡居民储蓄余额由1990年的1573万元增加到63491万元，增长40.4倍；城镇居民人均消费支出由1989年的573元增加到5953元，增长10.4倍，农村居民人均消费支出3075元，比1989年增长13.23倍；居民食品支出总额占个人消费支出总额由1991年的65.30%降至42.98%。农民和城镇居民住房普遍改善，经过两次住房制度改革，职工住房全部商品化。小汽车开始进入城乡部分居民家庭。

近二十年来，元坝区经济实力不断增强，社会事业全面发展，政治稳定，人民安居乐业。区委、区政府在带领全区人民不断开拓进取的过程中，积累了宝贵丰富的经验，逐步完善了一套适合元坝区情的发展战略。尽管前进道路上还会遇到许多困难和问题，但通过深化改革，通过全区人民的艰苦努力，未来的历史必将更加灿烂。

大事记

东周

周显王时（前368年—前321年），蜀王开明氏尚“封其弟于汉中，号曰苴侯，因命之邑曰葭萌”，治今昭化镇境土基坝（时名“吐费”）。

周显王三十二年（前337年），秦惠王“知蜀王好色，许嫁五女于蜀，蜀遣五丁迎之”（《华阳国志·蜀志》）。从今陕西褒谷经宁强五丁关、广元、剑阁至梓潼的石牛道（又名金牛道）约修凿于此。

周慎靓王五年，即秦惠王更元九年（前316年），蜀伐苴，苴求救于巴，巴又求救于秦，秦趁机灭蜀、巴，后以原蜀侯国“苴”都邑为治置葭萌县。

秦

秦王嬴政十八年（前229年），“破赵，迁卓氏，卓氏见虏略，独夫妻推辇，行诣迁处。诸迁虏少有余财，争与吏，求近处，处葭萌”（《史记·货殖列传》），是秦自中原移民入蜀，部分人定居葭萌的最早记载。

西汉

汉高祖六年（前201年），析葭萌县北置白水县（治地在今青川县沙州镇境），葭萌县境域首次被分割。

东汉

东汉灵帝时（168—189年），益州牧刘焉推荐当世文学家祝龟为葭萌长，这是广元迄今最早见于史籍的一位县长。

东汉建安十六年（211年），益州牧刘璋迎接刘备入蜀拒曹操。次年，刘备在葭萌“厚树恩德，以收民心”。

建安十八年（213年），刘备自葭萌攻刘璋，留中郎将霍峻守葭萌，汉中张鲁遣杨帛诱降霍峻，求共守城，霍峻拒降；同年，刘璋派遣向存、扶禁从阆中溯江而上攻打葭萌，霍峻以七八百兵抵御向存兵万人，守城一年余，后出奇兵在葭萌县城外打败向存。刘备嘉奖霍峻守葭萌有功，并提升霍峻担任梓潼郡太守。

建安二十二年（217 年），曹操派兵攻打孙权时，刘备屯兵葭萌；同年，刘备改葭萌县为汉寿县。

三 国

蜀汉延熙十四年（251 年），大将军费祎屯兵汉寿县，次年奉命开府。蜀汉延熙十六年（253 年）岁首大会时，被魏国降人郭修（或为循）刺杀，葬于今昭化城西门外。

蜀汉炎兴元年（263 年），魏将钟会攻阳安关（今阳平关），关中都督傅佥战死，蜀国大将姜维从沓中绕道回汉寿县与董厥、张翼、廖化合兵守剑阁。魏军被姜维率军阻击于汉寿县牛头山和剑门关，双方对峙长达数月。

西 晋

太康元年（280 年），改汉寿县为晋寿县。

太安元年（302 年）五月，晋朝廷派督护将军衙博率军从汉中入蜀讨伐李特，衙博集重兵于梓潼，战败，退守晋寿县，后李特与衙博在晋寿城下展开鏖战，衙博被李特打败后逃往汉中，李特占领晋寿县。

惠帝太安二年（303 年），李特死，子李雄继位，次年攻占成都。永兴三年（306 年），李雄称帝，国号大成，实据晋寿县，并遣其兄子李稚守城。

永嘉二年（308 年），李雄派遣李风屯兵晋寿县。

东 晋

永和三年（347 年），析晋寿县西置剑阁县。

宁康元年（373 年），前秦苻坚攻陷晋寿县。

太元十五年（390 年），在晋寿县治地置晋寿郡；析晋寿县东北境置兴安县，治今广元市利州区嘉陵街道办事处；改晋寿县为益昌县，治今广元市利州区赤化镇白田坝；废剑阁县，部分境域入益昌县。

安帝时，析益昌县南境置晋安县。

南北朝

南朝宋元嘉十年（433 年），氐王杨难当攻拔葭萌（关），获晋寿郡太守范延朗。次年宋遣萧承之击败杨难当，并置戍于葭萌（关）。

北魏太平真君二年（441 年）冬，杨难当再次攻拔葭萌（关），获晋寿郡太守申垣（或为坦）。

齐永泰元年（498 年），改晋寿郡为西晋寿郡，在兴安县置东晋寿郡。

北魏正始二年（505 年），在东晋寿郡治地置西益州。

梁天监十四年（515 年），即北魏延昌四年（515 年），葭萌人任令宗（有记为任令崇）“因众患魏”，杀北魏西晋寿郡太守，以城归顺南朝梁，梁西益州刺史张齐率众迎接。

西魏废帝元钦二年（553 年），废西晋寿郡，改益昌县为京兆县，治今昭化古城，属西益州南白水郡（郡治今青川县沙州镇境）。次年，改西益州为利州。

北周孝闵帝元年（557 年），改京兆县仍为益昌县，改东晋寿郡为晋寿郡。

隋

开皇三年（583 年），废诸郡，罢利州所领晋寿、宋熙、新巴等郡。

开皇十八年（598 年），改兴安县为绵谷县，改晋安县为葭萌县。

大业三年（607 年），恢复郡县制，罢利州，置义城郡。

唐

天宝十五年（756 年），因“安史之乱”，唐玄宗入蜀，7 月，过嘉陵江桔柏渡到益昌县。

大历元年（766 年），兵部侍郎同中书门下平章事杜鸿渐出任剑南道节度使，途经利州（广元）至益昌渡江作《秦和杜相国发益昌》诗，有“朝登剑阁云随马，夜过巴江雨洗兵”句，被誉为名句。

贞元（785—805 年），工部郎中沈长源任利州刺史，沈在任五年间，物阜民丰。当时诗人、文学家欧阳詹过利州时，写有《益昌行》歌颂其事。

文宗、武宗期间（826—841 年），利州刺史崔朴春游益昌，要求县令派民夫拉船，县令何易于插笏于腰上，亲手挽纤拉船，崔朴与宾客很惭愧，于是放弃乘船，改乘马返回利州。唐孙樵《书何易于》“会昌五年（845 年），樵道出益昌，民有能言何易于治状者……”而记其事。

中和元年（881 年），僖宗到四川，过益昌桔柏渡，县令郑凝绩迎僖宗于渡口，僖宗问：“治益何政？”凝绩答“无扰”。后僖宗迁凝绩为壁州刺史。

五　代

后唐同光三年（925 年），前蜀国后主王衍从成都经过剑门、益昌游利州。唐派遣李绍琛率兵攻陷利州，王衍退走益昌，断桔柏渡津梁浮桥相拒，李绍琛修复桔柏渡津梁浮桥过河，直至攻陷成都，前蜀国灭亡。后唐改益昌县为益光县。

后唐长兴元年（930 年），以石敬瑭为招讨使，讨孟知祥。王弘贽自利州引兵出今昭化人头山后，抄剑门南，杀东川兵三千人，据山以守，遂破剑阁。后孟知祥于遂州杀唐副招讨使夏鲁奇，复攻据利州。

长兴四年（933 年），后唐废景谷县入益光县。

宋

乾德三年（965 年），王全斌自利州经益光攻剑门，王昭远弃寨退守汉源（阳）。王全斌自秦入蜀计 66 日达成都，后蜀主孟昶出降。

乾德五年（967 年），改益光县为益昌县。

开宝五年（972 年），改益昌县为昭化县。

天圣二年（1024 年）二月二十日（3 月 19 日），书放交子（纸币），限在川陕间流通，利州为交子流通要衢。

崇宁间（1102—1106 年），利州所属绵谷、葭萌、昭化、嘉川四县人口共 25373 户，51539 人。

淳熙十五年（1188 年），利州之昭化、嘉川县有炉，新产铁三十余万斤。

宁宗时，朱勇为利州统制，抗击金国时战于瓦亭被执，临死时骂不绝口，后宋廷闻奏，立庙利州宝峰山（今凤凰山），赐额“忠节”。墓葬今昭化北关外。

嘉定八年（1215 年），江水淹昭化城。

宝庆间（1225—1227 年），李肩吾任昭化教谕，是宋代昭化县教谕唯一存名的人。

元

至元十四年（1277 年），置广元路、广元府，废葭萌县入昭化县。

至正年间（1341—1368 年），昭化县梅岭关（现梅树乡）常有老虎食人，相传将军迭木耳屯兵此关时，曾射缺老虎一耳。

明

洪武四年（1371 年），太祖议平蜀，谓傅有德：“蜀人谓我征伐，必北阻金牛。宜出甘舍外，直捣阶文。”有德、顾时遂由甘肃入文县阴平道南克广元、昭化。同年，置广元府。

同年，昭化驻防游击将军一员，隶利州卫，领弁兵，汛兵二百七十名。

洪武八年（1375 年），赫信甫任昭化县令，建公署、学宫，重视农桑，有惠声。

洪武九年（1376 年），降广元府为广元州，省绵谷县入州，属四川布政使司。

洪武十年（1377 年），省昭化县入广元州。

洪武十三年（1380 年），复置绵谷县和昭化县。

洪武二十二年（1389 年），废绵谷县，降广元州为广元县，昭化县仍置，属保宁府。

正统元年（1436 年），广（元）、昭（化）两县奉谕查社学，定每县岁贡一人。

正德年间（1506—1521 年），梅岭关老虎又常于道路食人，龙潭驿百户贯一道率军校射杀死大虎，捉小虎三只。诗人杨升庵路过此作《射虎行》，刻碑记录前（元迭木耳射虎）后事。

正德二年（1507 年），农民军蓝廷瑞、鄢本恕、廖惠入广元、昭化。七年，攻破广元城。九年，蓝廷瑞、廖惠余部攻昭化桔柏渡为百户吴凤兵所阻。

嘉靖七年（1528 年），广元、昭化两县边境瘟疫流行，陕民逃荒到广、昭者多至数千家，昭化人方大昌出粟救济饥民，出钱埋死者骸骨为最多。

隆庆五年（1571 年），进士李仲宝任昭化县令，建文庙于北门。

万历二十三年（1595 年）六月十五日，有陨石坠昭化三堆坝，入土三尺（约 1 米），黑色，如斗大。

同年，昭化县整修由昭化城至高庙铺驿道。

崇祯四年（1631 年），吴县进士沈士奇任昭化县令，及时明断案件，庶民颂扬：“沈侯贤，案无积牍，民无冤。”

崇祯十年（1637 年），李自成由陕西宁强发三道入广、昭县境，连破七盘关、朝天关，攻克广元、昭化、剑阁等县。兵至广元设庐幕扎营郊外，不扰民。

清

顺治元年（1644 年），李自成率兵从甘肃文州进入广（元）、昭（化）、剑（阁）、梓（潼）四县。张献忠自梓潼率兵迎战，旋即攻驻广元、昭化。

顺治三年（1646 年），昭化县令高培元，“赈济逃民，存活数千人。龙潭驿百户，以百石黄豆、粟米煮粥救饥民，受到高培元推奖”。

顺治十一年（1654 年），户部郎中王士正（字渔洋）充四川乡试主考官，途经广元、昭化写有题《龙门阁》《皇泽寺武后石像》等诗。

顺治时，昭化县设千总一员，隶属广元协〔康熙四年（1665 年）改隶川北镇右营〕。

康熙二年（1663 年），陕西朝邑举人郭凝然任昭化县令，“擒杀盗首黠妇”，为庶民添置耕织用具，庶民争为县令献金（沙金），郭皆拒收，收则全部交公。

康熙十二年（1673 年），吴三桂据云南反，四川提督郑蛟麟、总督吴之茂举兵响应，广元、昭化两县皆为吴三桂所据。至康熙十九年（1680 年），清败吴三桂部，广、昭两县连年争战，致两县房毁、民散、田荒。

康熙三十二年（1693 年），广元有问津、望云、神宣三陆驿及问津水驿，设驿马三站，每站马三十匹。广元设驿铺二十五，昭化设驿铺六。

康熙五十二年（1713 年），昭化岁贡、中江县训导吴珍奇纂成《昭化县志》，共二卷。

雍正六年（1728 年），昭化县民颂县令孟照（举人）在任七年，修文庙、书院、劝耕、劝蚕桑，除陋俗、修塘坊、丈地纳税、省刑罚、薄税赋、减役差、修道路、秉公断案为十二件好事。

乾隆四年（1739 年），昭化知县程余庆在县城建成粮仓 30 余间，整修昭化至剑阁驿道。

乾隆十八年（1753 年）前后，诗人李调元，往返蜀道，在广元棋盘关、龙门阁、飞仙阁、昭化城等处留诗。

乾隆二十二年（1757 年），昭化知县吴邦烺建文庙，将县城无粮贮存而闲置未用的粮仓 30 余间改造成书院，名临江书院，立讲堂、书舍；广元知县张赓谟历时九年的《广元县志》纂成。

乾隆三十一年（1766 年），昭化县令李宜相组织修筑昭化古城墙，于乾隆三十六年（1771 年）完工，呈葫芦形。

乾隆五十年（1785 年），昭化县令湖北举人李元在任职期间分类编成《昭化县志》。

嘉庆十七年（1812 年），昭化县令曾逢吉，丈量县境四至八到驿路里程，令每隔一丈栽桑一株，谁栽、谁管、谁受益；二十二年（1817 年）曾调任广元县令，仍丈量驿道，规定“栽桑一百至五百株者，分别赐予匾额奖给小银牌、大银牌及绢”等。至任满，昭、广两县驿道、房舍、书院桑皆成林。

道光十九年（1839 年），昭化县有乡学八处，县令毛士骥于龙门书院处建考棚。

道光二十二年（1842 年），昭化县令张绍龄主持纂修《重修昭化县志》成书，道光二十五年（1845 年）付印。

道光二十五年（1845 年），昭化县“有一万二千五百六十八户，男二千七百零二十一丁，女一万八千二百二十四口，共男女四万五千二百四十五丁口”。“城内外共三百余户，店铺百余家。临江书院一所，文童生二百五十人，武童生一百五十人，试后各录取八人。廪膳生、增广生共四十名，每名支膳银三两二钱（合160克）”。

光绪三年（1877年），广、昭两县大饥。广元知县董蕴章令神宣驿丞与百丈关巡检交换查勘捐募，赈济饥民，存活饥民以万计。

光绪三十二年（1906年）十月，义和团首领何如道在剑州广平场率数百人与地主武装“开枪接仗”失败。便至昭化松盖坝发动绅士邓守祯，文生赵雨卿、李堂槐，武生赵锡金，聚众千余人，抗收厘金、杂捐，殴打昭化县官，旋为保宁府洋枪队所镇压。

光绪三十三年（1907年），何如道、李堂槐、邓守祯皆为昭化县令吴光耀诱铺杀害。赵雨卿与弟锡金外逃，被官府没收家产。

中华民国

民国元年（1912年），裁川北道，广元、昭化两县属保宁府。两县分别设立县议事会、参事会民意机构。11月，广、昭两县改“知县衙门”为“行政公署”，将原“六房”改称相同的“六股”。

民国2年（1913年），废府复道，广元、昭化两县又属川北道。

同年，邑人锺新民由阆中基督教会医院回乡，在广元县城开设新民诊所，是广元最早的西医诊所。

民国3年（1914年）6月2日，广元、昭化两县同属嘉陵道（原川北道易名，治阆中）。

同年，广元、昭化两县以下政区设置总保，下辖团、保、甲、牌。

同年7月28日，袁世凯任命陆军第三师师长彭光烈为昭化、广元镇守使。

同年，四川督军熊克武部与刘存厚军在昭化交战。

同年，昭化县置警察所和团防局（军事机构）。

同年，法国人色伽兰、拉底格盗窃昭化的鲍三娘墓，盗走墓内额骨、车马砖等珍贵文物。法国巴黎出版的《中国西行旅行图录集》（1924年法文版）中，载有“掘开的墓门、墓内石壁线纹、车马砖画像”3张照片。

民国4年（1915年），国民政府将肉厘金改为屠宰税，广元县征猪、牛、羊三税，昭化县征收猪税。

民国6年（1917年），靖国军司令郑其和率部驻扎川北，强令农民种植鸦片，开广元、昭化两县种鸦片之始。

民国9年（1920年），北洋军王鸿恩残部驻扎广元、昭化一带，向人民摊派粮款，每年4次，每次4万元，人民负担沉重。

同年，昭化城内患瘟疫（俗称窝儿寒），居民林应昌、林应达两家9人，7天内死7人。

民国10年（1921年），废嘉陵道，广元、昭化两县始属四川省军政府管辖。

民国11年（1922年），省政府令屠宰税作教育经费由县劝业会办理。民国24年（1935年）后，收归财政。

民国12年（1923年），川北统税管理所设阆中，广元成立分所，管理广元、昭化两县税收。

民国13年（1924年），川军田颂尧为夺回被北洋军阀王鸿恩占据的广元、昭化、剑阁等县，命所属罗迺琼旅分三路进军，继而攻克广元、昭化、剑阁，王鸿恩部遂向陕西溃退。

民国14年（1925年）8月8日，《民国日报》载，四川旱10余县，以广元、剑阁等县为最，旱灾延续数年，民多食树皮、草根、白泥（俗称观音土）。

同年，田颂尧部下旅长罗乃群，在昭化开办兵工厂。

民国15年（1926年），驻军罗迺琼在广元印发值一角彩券，于县境内流通。

民国16年（1927年）6月，广元县城南今紫云乡发生牛“炭疽”流行传染病毒，因政府未及时组织抢救，致使紫云地域之耕牛几乎全部死亡。

民国17年（1928年），昭化县有患“麻脚症”（霍乱）的，且传染蔓延，几天内县城中即死亡200余人。

同年，奉令改用“县长制”，据此，昭化县于民国17年（1928年），广元县于民国19年（1930年）底改“知事公署”为县政府，其长官改称“县长”，随即改2科为4局。

民国18年（1929年），广元、昭化遭遇干旱半年之久，小春粮食颗粒无收，水田干裂，溪沟断流。村民日难一餐，老弱困饿至死，壮者逃往他乡。

民国19年（1930年）8月，广元成立县立初级中学，附设师范班，男女兼收，学校设书院（今广元老城文庙北侧）。中学、师范女子班，均设南街女子小学内（万寿宫）。该校于民国22年（1933年）停办。

民国20年（1931年），交通部川江造船处第二工场在昭化建立，后改为“交通部造船处昭化工场”。

民国22年（1933年）5月，中国工农红军第四方面军在旺苍、元坝等地重创川军二十九军田颂尧部，后迁川陕省苏维埃政府机关入旺苍。川军二十九军退守剑门关。

同年7月23日，红四方面军在今元坝区元坝镇建立嘉陵县苏维埃政权，并将元坝场老街更名为“马克斯（思）街”；8月18日，红四方面军三十一师进攻广元城，在东坝柳林子与王志远部激战，歼王部1个营；在城东九华岩击溃刘汉雄部1个团，击毙营长1人。

民国24年（1935年）3月，红四方面军强渡嘉陵江，在昭化县境内分别从鸳溪（今属苍溪县）、青牛、虎跳、丁家玉罗坝、黄龙、红岩等渡口过江；4月10日，红四方面军在昭化县境内的白田坝建赤化县苏维埃政权。

同年11月14日，民国政府实施法币政策发行纸币，是日起市场交易禁用银圆。

同年，昭化县修建民众教育馆（地址今昭化镇卫生院）。

民国27年（1938年），昭化县实行“三丁抽一，五丁抽二”兵役制。

民国28年（1939年）8月30日，广元、昭化分别成立“咨询委员会”，取代民国元年（1912年）议事会、参事会民意机构。

民国29年（1940年），广元、昭化两县改联保制为乡（镇）公所。改广元城区为汉寿镇。经省政府确定广元县为二等县，昭化县为五等县。

同年，昭化县立初级中学校成立，国民党县党部书记长汤文彬兼首任校长。

民国31年（1942年）8月，昭化县成立临时参议会。

民国32年（1943年），推行乡（镇）长、保长选举制，甲长由户长会议推选。

民国33年（1944年）6月15日，为国民政府规定人口普查标准时间，普查结果，广元、昭化两县人口共374817人，其中男183886人，女190931人。

同年，建立昭化县银行于昭化城中街（今昭化粮站油坊处）。

民国34年（1945年）8月15日下午4时，日本无条件投降的消息传到广元，人们奔走相告，鸣放鞭炮，庆祝抗战胜利。当晚各机关团体、工厂职工和城市居民，举行火炬游行；驻广美军运输队20余人，在驻地文庙燃起篝火，欢呼同盟军胜利。

8月31日，嘉陵江涨大水，昭化段水位上升15.60米，每秒流量18900立方米。

12 月 5 日，四川省参议会成立，广元县樊伯强、昭化县贾文秦分别当选省参议员。

民国 35 年（1946 年），广元、昭化两县参议会成立，广元权章夷、昭化赵斯博分别当选为议长。原临时参议会即宣告结束。11 月，广元县选举王仕弟、昭化县选举贾文秦为国民代表大会代表。

同年，四川省水上警察局在广元设分局，辖昭化、阆中等水上派驻所。

民国 37 年（1948 年）2 月，广元县长黄爵高、昭化县长蒋镇南，因“冬令救济不力”受省政府“申诫”处分。

中华人民共和国

1949 年

12 月 14 日，中国人民解放军十八兵团六十军一八〇师五四〇团解放广元县。即日下午在原汉寿镇公所，由师政治部安姓科长召集地方士绅、进步人士开会，决定成立“广元县临时治安委员会”。由安科长担任主任，马凤岐任副主任。

12 月 15 日，中国人民解放军第十八兵团六十军一八〇师五四〇团解放昭化县。广元县、昭化县人民政府成立。李林枝任广元县首任县长，五四〇团政委张向震任昭化县代理县长。

12 月 18 日，中国人民解放军五四〇团一班进驻并接管昭化邮电局。

12 月 27 日，中共昭化县委成立，胡谦任县委书记，代理县长张向震向胡谦移交政府工作。

1950 年

1 月 15 日，昭化县发布《布告》，对外宣布正式成立县人民政府。

同月，中共昭化县委、昭化县人民政府组织培训社会知识分子、教师、学生等共 318 人下乡征粮。至 6 月 20 日，完成征收公粮（含地方附加）634 万公斤任务。

同月，昭化开始发行人民币（旧币），面额有 9 种，43 种版面。

2 月，中共昭化县委、昭化县人民政府将县旧制划分为 4 个行政区，并设区公所，领导各乡工作。

3 月 19 日，中共剑阁地委成立，置剑阁专员公署，治今广元市利州区嘉陵街道办事处。辖广元、旺苍、昭化、剑阁、阆中、苍溪、青川、平武、北川、江油 10 县，属川北行署区。

4 月 14—19 日，昭化县召开一届一次各界人民代表会议，出席代表 184 人。

4 月 18 日，昭化县邮局成立，并开始兼办长途电话和电报业务。

5 月，昭化县增设 1 个区（龙凤），年底全县共设城关、宝轮、三堆、虎跳、龙凤 5 个区。

7 月，昭化县属城关、宝轮、白水、盘龙、凉葛各乡遭受冰雹、风灾，受灾农户 921 户，政府给予 25 万元（旧币）救济款，并发给受灾户救济粮。

8 月 4—14 日，中共昭化县委召开扩大会议，参会干部共 150 人。

8 月 20 日，胡谦任昭化县县长。

8 月 25 日至 9 月 13 日，中共昭化县委举办减租训练班，参加训练的农民积极分子共 267 人。

8 月 27 日，昭化县成立禁毒委员会。

9 月，昭化县人民政府撤销司法科，建立昭化县人民法院，县长胡谦兼任院长。

9 月 3—8 日，昭化县召开农民代表会议，参加代表 300 人，选举产生昭化县农民协会。

11 月至次年 2 月，广元、昭化两县先后开展减租、退押、清匪、反霸运动，清退缴获各种实物，其价值折合大米280万公斤，其中昭化县98万公斤。

12月，广元小寺山天主教堂（今元坝区拣银岩社区街道办事处拣银岩村四组）神父王良佐倡议：坚决与帝国主义割断关系，建立自治、自养、自传的新教会，率先发起了中国天主教“三自”革新运动。受到广大教徒拥护。《人民日报》当即发表广元天主教徒《自主革新运动宣言》，全国各地教会纷纷响应。

1951年

1月，昭化县增设凉葛区（辖区今属青川县境）。

2月5日，广元县开展禁毒运动，在朝天、城关、新场（今石井铺乡境内）分别建立戒烟所，组织吸食大烟的3092人，分别在以上三处进行集中戒烟。运动中查收烟土、烟膏699.50公斤，烟具1000余套，全部销毁。

3月20日，昭化县在城关、凉葛两地成立戒烟所。至9月25日，全县有840人戒绝吸食鸦片烟，其中女性90人。

4月13日，昭化县抗美援朝委员会（后改称抗美援朝分会）成立。

7月25日，四川省赴朝鲜慰问团到达昭化，先后举行6次传达报告会，与会听众1万余人。

11月27—30日，昭化县二届三次各界人民代表大会召开。会上成立“昭化县土地改革委员会”，县委书记胡谦任主任，县长鲜贵基任副主任。昭化县土地改革运动开始。参加土改的工作人员共1075人，对全县38个乡、266个村实行土地改革。

1952年

春，昭化县治地迁到宝轮（今利州区宝轮镇）。

1月5日，昭化县开展“三反”（反贪污、反浪费、反官僚主义）运动。

3月8日，中共昭化县委组织部在宝轮、曲回两乡进行党建工作实验，共发展农村中共党员23人，各建临时党支部一个。

4月5日，曲回乡农民王登芝组织12户农民成立昭化县第一个互助组。

4月，昭化县增设红岩区（七区）。

5月，昭化县增设白水区（八区）。

6月23—27日，中共昭化县委召开首次互助组长代表会议，出席代表176人。

8月18日，中共昭化县委举办党建训练班，382人参加训练。学习期间发展中共党员54名。

9月1日，川北行署区撤销，昭化、广元两县属剑阁专署。

11月，剑阁县所属下寺、三郎、马鹿等乡划归昭化县，增设下寺区；昭化县所属龙凤区撤销，除青牛乡外所属的6个乡分别划归苍溪县、剑阁县；昭化县所属白水区划归青川县。昭化县将全县区乡进行调整，全县共设7个区：一区宝轮、二区城关、三区三堆、四区红岩、五区虎跳、六区下寺、七区凉葛。

12月20日，改剑阁专署为广元专署，广元、昭化两县仍属。

1953年

1月23日，由白佩珩、杨昆山、霍平山、林茂森、林凤翔5人组成“中共昭化县委纪律检查委员会”。书记白佩珩，副书记霍平山。

1月28日至2月18日，昭化县各区、乡党组织根据“大会号召，个别动员，自愿报名，审查批准”的组织发动程序发动青年参军。当时有1089名青年报名，248人批准入伍。

3月20日，广元专署撤销，昭化、广元两县属四川省绵阳专区管辖。

3月30日，昭化县曲回乡互助组长王登芝组织成立全县第一个农业生产合作社。

5月，中共昭化县委根据《中华人民共和国人民代表大会及各级人民代表大会选举法》的规定，决定对全县7个区、1个镇、60个乡、328个村分三期进行普选工作，选出县人民代表175人，基层人民代表1437人。

7月，全国进行第一次人口普查，昭化、广元两县人口为432614人。

7月16—31日，昭化县级机关开展“反官僚主义、反强迫命令、反违法乱纪”运动。

11月23日，昭化县贯彻执行政务院命令，开展粮食计划收购和计划供应工作。当年两县共收购粮食1516.50万公斤。

同年，昭化县石桥乡赴朝志愿军战士曾义宽，经志愿军总部批准记“一等功”并授予“二级模范”“钢铁运输员”称号。朝鲜民主主义人民共和国授予曾义宽一级“国旗勋章”一枚。

同年，新建宝轮、三堆2个镇，黄沙、碾子、大水、土地、普广、青林、白家、柏林8个乡。

1954年

1月2日至8月中旬，中共昭化县委根据中共四川省委、中共绵阳地委指示，进行农业社试办工作，先后建社27个，入社农民共939户。入互助组农民1.9万户。

6月，在昭化县宝轮镇西北船山坡三级台地上，宝成铁路施工中挖出战国时代20具船棺和其他随葬品，被收藏于西南博物院。

6月，宝成铁路成都至昭化段通车，成都军区副司令员王诚汉到昭化县出席通车剪彩仪式。

6月28日，昭化县召开第一届一次人民代表大会，选举杨昆山为县长，选举王登芝、杨昆山为省人民代表大会代表。

9月14日，昭化县贯彻执行国务院《关于棉布、棉花计划收购和计划供应的命令》，凭国家发给定量的布证购买棉布和棉纺织品。

1955年

1月5日，昭化县开始对62个乡镇、244个村的2237名干部进行整顿。分别对109人给予清退、撤职、劳动改造等不同处分。

3月1日，新人民币发行，同时兑换旧人民币，每1万元旧币换新币1元。

同月，昭化县曲回乡实现合作化，成为全省最早的6个合作化乡之一。

4月，红岩区撤销。

12月23日，下寺区撤销，辖乡划归宝轮区。

1956年

1月27日，杨昆山、王汝伟、王英、郭树山、欧世岑、赵金武六人组成“中共昭化县委监察委员会”，杨昆山兼任书记。

2月，昭化县竹园区建峰乡建峰村首创农田改土，获农业丰收，国务院发给“改土先锋”奖旗一面。

3 月，昭化县手工业社会主义改造进入高潮，截至 10 月，组建手工业生产合作社 10 个，生产小组 18 个，入社（组）593 人，占从业人员的 85.60%。

4 月 17 日，昭化县人民委员会将全县 61 个乡镇调整为 32 个乡镇，336 个行政村。

6 月 1—7 日，中共昭化县委召开第一次代表大会，出席代表 237 人。

10 月，昭化县建峰农业生产合作社副社长吕忠宾出席全国农、林、水系统先进生产工作者代表大会，国务院授予“叫山变样，向水要粮”奖旗一面。

同年秋，广元县在朝天乡、元坝乡各建立一所初级中学。朝天初级中学为广元第一初级中学，元坝初级中学为广元第二初级中学。

11 月 2 日，宝轮区撤销，所属乡镇为县直属。撤区并乡后，昭化县辖 32 个乡镇。

12 月 27—30 日，昭化县召开第二届一次人民代表大会，选举白峰为昭化县县长。

1957 年

1—3 月，昭化县将 257 个初级社和 10 个高级社，分为 360 个农业社。

4 月 3 日，昭化县抽调干部 63 人，下放到区、乡担任领导，随即又从 32 个乡镇的 236 名脱产干部中，动员 77 名回到农业社担任正副主任。

5 月 24 日，昭化县红岩乡渡口一艘准载 28 人的小船，超载到 77 人，导致发生沉船事件，淹死 52 人。

8 月，昭化县进行反“官僚主义、宗派主义、主观主义”的斗争，开展大鸣、大放、大辩论，后转为反右派斗争。

9 月，昭化县三堆区金峰高级农业生产合作社，护林防火工作成绩突出，被评为全国护林防火模范单位。昭化县白家乡松盖村小学毕业生何久松，在高山区推广小麦春化法实验获得成功，出席全国群英会。

同年，昭化县恢复下寺区和宝轮区，复置陈家、青牛、青林、上寺等乡。

1958 年

1 月，昭化、广元两县调整行政区划，原王家区文星乡并入王家乡，云台乡并入文村乡。

5 月 5—8 日，昭化县第三届一次人民代表大会选举贾田夫为昭化县县长。

6 月，下寺区撤销，上寺乡并入白家乡，下寺区所领各乡划归宝轮区。

6 月 14—21 日，中共昭化县委一届二次代表大会召开，出席代表 198 人，列席代表 66 人。

8 月 14 日至 9 月中旬，中共昭化县委在全县范围内开展社会主义教育运动，参加群众达 14 万余人次。

9 月，广元县境内所属场镇逢场天由原来的 3 日场改为 5 日场，进行集市贸易。

9 月 5 日至 10 月 10 日，昭化全县建立了 34 个人民公社，在全县机关和农村普遍建立了公共食堂。

10 月，人民公社化进入高潮。昭化、县撤乡并社，组成工农兵学商五位一体、政社合一的人民公社，并大办食堂。与此同时，全县动员大办工业。射洪、潼南、盐亭、蓬溪、中江等县由县委书记率领农民 10 万余人到广元、昭化采矿、烧木炭，建土炉炼铁、炼钢。县、区、乡机关、厂矿、学校全力以赴建炉炼钢铁，导致成片毁林。

10 月 29 日，中共中央政治局常委、中共中央总书记邓小平乘坐专列到昭化（宝轮）火车站停留了几小时，中共昭化县委领导到车上汇报工作。

1959 年

1 月 24 日，经中共绵阳地委决定，昭化县并入广元县后，重建组成中共广元县委领导班子，由田景风任第一书记，李培芳、杨振山、王汝伟、史冠杰任书记。广元县人民委员会由吴谷泉任县长，张成玺、张清雨、冯明先任副县长。

3 月 22 日，国务院正式批准撤销昭化县建制，所属区、公社划归广元县，机关企事业单位与广元县对口合并。

7 月，广元县改原昭化县城关区为昭化区。

9 月 11 日，广元县“反右倾”运动开始，12 月 31 日结束，揭发出有右倾错误思想、右倾机会主义言论以及违纪干部共 2271 人。

9 月，广元县公共食堂调整为 3200 个，实现一队一食堂。对农业生产组织“大兵团”作战，实行“组织军事化，行动战斗化，生活集体化”。

同月，根据由中共中央建议，全国人大常委会 1959 年 9 月 18 日作出决定，同日国家主席刘少奇签发的特赦令，广元县对县内劳改企业和看守所关押的罪犯和劳教人员进行清理，特赦在押人员 331 名，解除劳教 68 人。

1960 年

2 月上旬，中共广元县委贯彻四川省委会议“一条心、一股劲、一个样”的精神，当时会议口号是：“人有多大胆，地有多大产。”

3 月，中共中央政治局常委、中共中央总书记邓小平到四川视察，专列在广元火车站停留，中共广元县委领导汇报了广元的工作。第二天，由中共广元县委领导陪同参观了皇泽寺。

7 月 15 日至 11 月 30 日，广元县全面开展反贪污、反盗窃、反浪费的“三反”运动。

12 月中旬，中共广元县委对全县 70 个人民公社分两批进行以宣传贯彻中共中央“十二条”和中共四川省委“四十一条”为中心内容的整顿。在整顿过程中，清理“一平二调”，进行赔退。

1961 年

1 月，广元县场镇逢场天恢复 3 日一场，进行集市贸易。

2 月，柏林公社（今元坝区柏林沟镇）流行伤寒病，发病 347 人。中共广元县委、广元县政府组织医疗队前往防治，制止了伤寒病的流行。

7 月 26 日至 8 月 6 日，中共广元县委召开三级干部会议，贯彻中共中央《农村人民公社工作条例六十条（修正草案）》，总结“大跃进”经验教训，纠正“一平二调”错误。

9 月 6—9 日，广元县召开第四届一次人民代表大会，选举杨昆山为广元县县长。

9 月 6 日，中共广元县委建立右派分子摘帽领导小组，王汝伟任组长，并从县委统战部、县委宣传部等部门抽调 7 名干部组成办公室。截至 9 月底，共摘帽 17 人。

1962 年

春夏之交，全国人大常委会委员长朱德乘坐专列到四川视察工作，在广元火车站停宿一夜。第二天到昭化火车站下车，改乘汽车，由中共广元县委书记李一平陪同到剑门关参观考察。途中询问蚕桑发展状况，并指示要大力发展蚕桑生产。从成都返回北京时，再次停宿广元火车站，与中共广元县委第一书记田景风、书记王汝伟交谈了广元工作情况。

6月20日，中共广元县委宣布：撤销广元嘉陵铁厂、广元白田煤厂、广元皮革厂和王家、虎跳、曾家初级中学校等45个企事业单位。

9月，广元县各农村小学压缩大龄学生回乡参加生产劳动，全县学生数量锐减。

12月14日，中共绵阳地委决定，田景风调离广元，暂由范俊德代理中共广元县委第一书记。

1963年

2月14日，广元县开展“五反”（反贪污盗窃、铺张浪费、投机倒把、分散主义、官僚主义）运动。

4月22日，中共广元县委发出《关于1963年继续精简全民所有制单位职工和控制城镇人口增长的通知（最急件）》。决定对全民所有制单位职工在9039人的总数中再减7.33%，城镇人口在96303人的总数中减少2%，被减人员安排到农村劳动。

5月17日，广元县成立增产节约“五反”领导小组。

9月，广元县在农村开展清政治、清经济、清组织、清思想的“四清”运动，至年底结束。

11月1日至次年1月14日，广元县机关、企事业单位开展清政治、清经济、清组织、清思想的“四清”运动。

1964年

春，全国人大常委会委员长朱德由西安至成都。由成都返广后，参观了广元市容，了解蔬菜生产和禽畜发展情况，指示要发展家禽、蔬菜生产。

5月，广元至南充公路通车。

6—8月，全国第二次人口普查，以7月1日零时为标准时间统计，广元县总人口为515677人。

10月12—31日，广元县开展“面上社教”运动。

11月，昭化区修筑北门外河堤，毁坏昭化城古城墙。

1965年

12月25—29日，广元县召开第六届人民代表大会一次会议，选举李英为广元县县长和省人大代表。

12月30日，对在“四清”中查出的犯错误的干部进行党纪处分和行政处分，其中受党纪处分43人，行政处分68人。

1966年

1月27日至2月1日，中共广元县委召开贫下中农代表大会，中共广元县委副书记王寿茂在会上作了《学大寨，赶苍溪，战胜旱灾夺丰收，为尽快实现“两纲”而奋斗》的报告。

5月16日，中共中央发出《关于开展无产阶级文化大革命的通知》。中共广元县委组织工作组进驻各文化单位，发动声讨《三家村》，全县开始了“文化大革命”运动。

8月31日，北京钢铁学院红卫兵钱一平到广元串联“煽风点火”。各种造反派组织随即建立，冲击党政机关，揪斗“当权派”（领导干部）。

11月，广元县各中小学“停课闹革命”，组织“红卫兵”到全国各地串联。

12 月，广元县各主要交通线上建立起“红卫兵接待站”。

1967 年

1 月 27 日，“广元县革命造反委员会”成立。之后，城乡机关、厂矿、学校等相继成立造反组织，参加本地区“斗、批、改”运动。

10 月 31 日，广元县各区、公社按系统或部门实现了革命“大联合”，在联合的基础上成立了县职工代表会、贫下中农代表会，各区建立分会。

1968 年

4 月 20 日，广元“三九九”国防仓库武器连续被南充、达县、凉山、江津、绵阳等 6 个专区 44 个县的造反派抢劫，用汽车、木船运走。

5 月 7 日，成都工人造反兵团广元分团（简称成造），与广元红色工人联合造反兵团（简称红工联）发生武斗。经过一夜激战，红工联退出广元城，成造占领广元县城。

9 月 10 日，广元县革命委员会成立。同日，县革委发出“一号”通告，号召城乡革命群众组织于 8 月 29 日至 10 月 5 日前，交回所有枪支弹药和一切凶器，尽快实现按系统、按行业的归口革命“大联合”。随之，全县各区、公社相继成立革命委员会。

1969 年

1 月，广元各地选派贫下中农代表进驻学校，要求政治挂帅。教师教毛主席语录，学生背毛主席语录，视数、理、化为副科，音、体、美为“资产阶级东西”，公办小学下放到大队，教师口粮在生产队领，工资由国家发放。

2 月 12 日，广元县革命委员会发出“紧急通知”：要求各级革命委员会和革命群众积极行动起来，制止武斗，迎接中共“九大”（即中国共产党第九次全国代表大会）召开和捍卫“红十条”（即 1967 年 6 月中共中央《关于处理四川问题的决定》）。

2 月起，广元县家家户户绘制“红太阳墙”，办“忠”字台，建“毛主席语录碑”，人们“早请示，晚汇报”。

3 月 5 日，广元“成造”和广元“红工联”再次发动大规模武斗。

3 月，广元县农村各大队办“农村合作医疗站”。

8 月，广元县毕业生分配安置领导小组动员初、高中学生及社会知识青年到农村去接受贫下中农再教育。此后，连年动员知识青年下乡，直到 1977 年。

12 月，广（元）旺（苍）铁路广元至嘉川段正式通车，在元坝设站。

1970 年

6 月 30 日，广元县革命委员会核心领导小组成立，县革命委员会主任王兴武任组长。

10 月，广元港自制的第一艘钢质拖轮“向阳 101 号”试航南充成功。

11 月 7 日，广元县开展“一打三反（打击反革命破坏活动，反对贪污盗窃，反对投机倒把，反对铺张浪费）”运动，广元县革命委员会成立“一打三反”核心领导小组办公室。

1971 年

7 月，王家区所属王家、文村、观音、晋贤公社以及卫子、柏林沟公社部分生产大队动工兴建工农水库。

1972 年

2 月 4—7 日，中共广元县委第二次代表大会召开，出席代表 671 人，正式恢复中共广元县委，李敬育当选为中共广元县委第一书记。

1973 年

3 月 2—10 日，中共广元县委召开农村生产队长以上的干部共 5587 人参加的大会，布置开展以“批林批孔”为纲的学大寨、赶化林，夺取农业大丰收的群众运动。

7 月，王家区和大石区在紫云公社境内开工修建紫云水库。

11 月 14 日，广元县成立知识青年上山下乡工作领导小组，中共广元县委书记于济舟任组长。

1974 年

6 月 4 日，广元县召开知识青年上山下乡动员会。决定在 4828 名青年下乡的基础上，再动员 3717 名知识青年上山下乡。

9 月 21 日，成都工人造反兵团广元分团和广元“红工联”在广元城内下河街成立“中共广元县委、广元县革命委员会群众代表办事处”（号称河街政府）与中共广元县委、广元县革命委员会分庭抗礼。

10 月，广元“河街政府”倒台，首要人物刘发林、谢洪均、郭勇、傅国才等 4 人先后被逮捕法办。

11 月，工农水库工程完工。

1975 年

8 月 2 日，匡政桁任中共广元县委书记兼广元县革命委员会主任，钟戡、田逢源、皮知仁、张玉德任中共广元县委副书记兼广元县革命委员会副主任。

12 月 20 日，中共广元县委组织 115 名党员干部参加的工作队，由县委正、副书记和县委常委带队，分别到 3 个区 18 个公社、场镇和县属较大的 6 个单位，进行党的基本路线教育。

1976 年

1 月 8 日，中共中央副主席、中华人民共和国国务院总理、中国人民政治协商会议全国委员会主席周恩来逝世，广元城干部、群众自发佩戴黑纱、白花，举行各种吊唁活动。

7 月 6 日，中共中央政治局常委、中华人民共和国全国人民代表大会常务委员会委员长朱德逝世，广元县人民沉痛吊唁。

8 月 16 日，松潘、平武两县发生 7.2 级地震，波及今元坝地区。同日，成立广元县革命委员会地震办公室，负责全县防震工作。

9 月 9 日，中共中央主席、中国共产党中央军事委员会主席、中华人民共和国政治协商会议全国委员会名誉主席毛泽东逝世，各公社、机关设灵堂，人民群众献花圈寄托哀思。

10月，中共中央粉碎江青反革命集团，广元县城乡举行集会和游行活动，声讨江青反革命集团篡党夺权罪行。至此，历时10年的“文化大革命”结束。

1977年

7月，中共陕西省委书记马文瑞到大石区柳桥乡（今元坝区柳桥乡）参观，称赞这里是“蚕桑之乡”。

9月1日，根据中共四川省委和中共绵阳地委关于“调动一切积极因素，实现安定团结，发展大好形势，对留城行业人员安置问题，必须提到各级党委的议事日程上来”的指示，县委召开会议，讨论通过了工作意见，并成立了城镇行业人员安置工作领导小组。

1978年

7月中旬，中共中央关于减轻农民不合理负担，调动农民的积极性，高速度发展农业生产的指示下达后，县委及时作了传达和贯彻。

11月23—26日，中共广元县第三次党员代表大会召开，出席代表732人。

1979年

2月3日，中共广元县委成立“落实政策领导小组”，下设办公室，具体负责落实干部冤、假、错案政策，安置摘帽右派人员，地、富、反、坏分子摘帽和改变成分，纠正冤、假、错案等工作。

2月6—18日，中共广元县委召开410人参加的（扩大）会议和1900人参加的四级干部会议，传达贯彻中共十一届三中全会精神。

1980年

1月，薛金厚任中共广元县委书记，免去匡政桁中共广元县委书记职务。

5月，广元县各区先后建立人民法庭。

5月17日，广元县组织干部、群众收看电视转播的在北京为已故的前中共中央副主席、中华人民共和国主席刘少奇举行的追悼会实况。

10月1日，广元县广播电视局在广元城东山建起电视差转台。

11月4日，中共广元县委发出通知，要求对在“四清”运动中被批斗的“三、四类”干部，由原单位作出改正结论，并由该单位党组织在适当场合口头宣布改正结论；同时，对他们的处理材料做好销毁工作。

1981年

3月，紫云水库主体工程完工，取代工农水库成为当时广元县境内最大的水库。

4月，广元县革命委员会及县属14个区及公社革命委员会撤销，恢复广元县人民政府、区公所及公社管理委员会，县属局、行、院、社撤销革命领导小组，恢复局长、行长、院长、主任等职务。

7月11日18时至14日6时，全县遭到长达60小时特大暴雨袭击，平均降雨量在300毫米以上。河水猛涨，山洪暴发，大小河流超过历史最高水位。山沟河谷地带农田淹没，部分仓库、住房被冲毁。虎跳、黄龙场镇被毁。中共绵阳地委书记于希文及中共广元县委书记薛金厚、广元县县长杨清林等到沿江组织防洪抢险。

8 月 4—12 日，中共广元县委召开 1200 余人参加的三级（县、区、乡）干部会议。会上，学习了中共十一届六中全会通过的《关于建国以来党的若干历史问题的决议》《中共中央十一届六中全会公报》等文件。讨论了完善农村生产责任制、发展多种经营和开展抗灾自救工作等问题。

11 月 19 日，经绵阳地区行署验收，广元县被列为全省基本消灭猪瘟县。

1982 年

2 月，中共广元县委决定，在坚持集体所有制的前提下，实行大田生产和多种经营包干到户、包干到劳，联系产量和产值计算报酬，受到干部群众的欢迎。

2 月 14—21 日，中共广元县委召开四级（区、公社、大队、生产队）干部会议。贯彻中共中央 1982 年 1 号文件“关于稳定、完善农业生产责任制”的指示精神。

7 月，全国进行第三次人口普查，广元县总人口 780787 人。

12 月 23—31 日，中共广元县委、广元县人民政府召开劳动致富代表会议，贯彻中共中央关于鼓励一部分农民先富起来的政策精神。

1983 年

2 月，中共广元县委决定从 2 月份起，组织干部抓好家庭联产承包责任制的稳定和完善。

3 月，长春电影制片厂在曲回公社（今昭化镇）拍《李冰》部分镜头。

同月，虎跳区青牛公社农民王芝顺被四川省人民政府命名“淘金状元”，载入《蜀乡状元谱》。

5 月起，中共广元县纪委开展清理和纠正党员干部非法建私房和多占住房等不正之风。对非法私建的房屋责令限期拆除还耕，并给予罚款和党纪处分；对多占住房的，令其退出并加收房租费。

5 月 7 日，中共广元县委开始分期分批轮训党员。共培训党员 19690 人，占全县党员人数的 96%。

10 月 19 日，中共广元县委发出《学习中共中央关于整党的决定》。

11 月，中共绵阳地委决定，由周秉礼任中共广元县委书记。

1984 年

1 月，政社分设，全县分别改“人民公社”“公社管理委员会”为“乡”“乡人民政府”，改“生产大队”为“村”，改“生产队”为“村民小组”，人民公社的历史宣告结束。

2 月 15—22 日，中共广元县委召开振兴经济、发展商品生产动员大会，贯彻《中共中央关于农村工作的通知》精神，号召让一部分农民先富起来。

同月，广元县组织宣传《中共中央关于 1984 年农村工作的通知》（即“1 号文件”），继续稳定和完善家庭联产承包责任制，延长土地承包期，向农民发放“土地使用证”，同时，开始抓专业户、重点户的发展。

4 月 1—5 日，广元县召开第十届人民代表大会，选举杨清林为广元县人大常委会主任，解大德为广元县县长。

4 月 20—21 日，中共广元县委召开农村专业户代表会议。解大德作题为《大力发展、支持专业户，加速广元经济全面振兴》的讲话。

11 月 12—17 日，中共广元县委召开扩大会议，贯彻《中共中央关于经济体制改革的决定》。

1985 年

2 月初，中共广元县委进一步完善农村家庭联产承包责任制，延长承包期限，宣布 15 ~ 30 年不变，同时大力发展专业户、重点户。

2 月 8 日，中华人民共和国国务院以国函字〔1985〕20 号文批准，撤广元县，设广元市（地级），将原绵阳地区的旺苍、青川、剑阁 3 县划归广元市管辖。设立广元市市中区，以原广元县的行政区域为广元市市中区的行政区域。

4 月 11 日，四川省人民政府批准广元市市中区所属的三堆、荣山、大石、元坝、下寺、朝天、曲回、虎跳、竹园、元吉 10 乡改为镇的建制。

5 月 4 日，中共广元市委员会成立，钟戡任书记；成立中共广元市市中区委员会，解大德任书记。

5 月 29 日，广元市召开首届广元市人民代表大会，选举赵湘为广元市人大常委会主任，郝振贤为广元市人民政府市长。

6 月 15 日，正式撤曲回乡，建昭化镇，治虎头寺。

9 月 10 日，广元市为庆祝全国首届教师节，召开 30 年教龄以上的老教师会议，表彰了一批优秀教师和尊师重教先进单位和个人，并举行了游行庆祝活动。同月，卫子镇小学教师吴桂英被表彰为四川省劳动模范。

1986 年

11 月 15 日，广元市人民政府以广府发〔1986〕193 号文撤销广元市市中区所辖的王家、虎跳、昭化三个区公所，所辖乡镇划归广元市市中区卫子区公所管辖（在口头及公文中时称“卫子区”或“卫子大区”）。翟廷富任中共广元市市中区卫子区委书记，陈肇治任广元市市中区卫子区公所区长。

12 月 23 日，中共广元市市中区卫子区纪律检查委员会开始筹建。

1987 年

1 月 2 日，中共广元市市中区卫子区纪律检查委员会正式挂牌办公。

1 月 15—16 日，卫子区召开农村工作会议。

同月，昭化镇由虎头寺迁治昭化古城。

2 月 16 日，广元市总工会在卫子区建立工会办事处。

2 月 19 日，中共卫子区委、卫子区公所研究决定，建立卫子、虎跳、王家、昭化 4 个工作组，负责协助中共卫子区委、卫子区公所工作，加强区、乡（镇）联系，行使中共卫子区委、卫子区公所赋予的权利。

7 月，卫子区公所编制《广元市市中区卫子区 1986—2000 年国民经济和社会发展中长期规划（草案）》。

8 月 1 日，中共卫子区委、卫子区公所召开三级（区、乡、村）干部会议。

9 月 5 日，中共卫子区委决定，建立广元市卫子区社会主义精神文明建设领导小组，下设办公室。

9 月，中华人民共和国元帅徐向前为太公红军山红军纪念碑题词“缅怀先烈遗志，发扬光荣传统”。

1988 年

2 月 27 日，中共卫子区委、卫子区公所召开完善双层经营体制和春耕生产动员工作会议。

5 月 21 日，中共卫子区委制发通知，在全区农村基层党组织和党员中开展以带头科学种田、带头致富、带头完成任务为中心的“三带”活动。

5 月 28 日，广元市编制委员会以广编发〔1988〕039 号文批准中共卫子区委、卫子区公所设置 21 个工作部门（部、委、局、办）。

8 月 20 日，中共卫子区委、卫子区公所制发《关于大力发展乡镇企业的决定》。

9 月 1—7 日，广元市秋交会暨女儿节在广元城开幕，卫子区组团参展。

1989 年

2 月 16 日，广元市人民政府批复同意卫子区公所下设卫子、昭化、王家、虎跳 4 个办事处，作为卫子区公所的派出机构，卫子、昭化、王家、虎跳 4 个工作组撤销。

2 月 18 日，元坝镇、柳桥乡从广元市市中区中心区划归广元市市中区卫子区。

3 月，卫子区举行全区“一五”普法考试，4000 名干部参加了考试。

4 月 26 日，射箭乡傩戏在《中国音乐集成·四川卷》编辑部、《中国戏曲志·四川卷》编辑部联合在广元市召开的“四川省傩戏研讨会”上演出，全省 18 个地、市、州文化局参会领导观看了演出。

8 月 15 日，经国务院批准，民政部以民行批〔1989〕9 号文批复，缩小广元市市中区，增设元坝、朝天两个县级郊区，属广元市。广元市市中区卫子区公所撤销。

10 月 23 日，中共广元市元坝区委常委会成立，中共广元市委组织部以广组干〔1989〕122 号文通知：翟廷富任区委常委、区委书记，温燕德、陈广霖任区委常委、区委副书记，翟枝贵任区委常委、区纪委书记，李奎元、曾虎昭、赵华明任区委常委。

同月，中国农业银行广元市元坝区办事处建立。

11 月 10 日，广元市编制委员会以广编发〔1989〕132 号文批复广元市元坝区设置党、政、群机构。

同月，区治从卫子镇搬迁到元坝镇，区级机关先后搬迁；建立中共广元市元坝区人民武装部委员会。

12 月 15 日，广元市元坝区编制委员会制发元编发〔1989〕01 号文设置元坝区党、政、群部门机构 50 个，其中，设区委工作部门 7 个：区委办公室、区委组织部、区委宣传部、区直机关工委、区委统战部、区委政法委、区人民武装部；政府工作部门 29 个：区人民政府办公室、区计经委、区开发办、区物价局、区统计局、区科委、区监察局、区人事局、区劳动局、区民政局、区审计局、区财政局、区税务局、区工商局、区城建局、区国土局、区交通局、区粮食局、区农经委、区农业局、区林业局、区畜牧局、区水电农机局、区乡镇企业局、区文教局、区卫生局、区计划生育委员会、区公安分局、区司法局；其他部门 14 个：区人大常委会、区纪委、区政协、区人民法院、区人民检察院、团区委、区工会办事处、区妇联、区物资局、区供销社、区商贸办、区广播电视局、区食品公司、区文教卫生办公室。

12 月 28 日，日本广岛大学副教授大木康，日本东京大学教授、东方民族戏曲研究所诹方春雄在中国傩戏学研究会会长曲六乙等陪同下，考察射箭乡傩戏，并观看了演出。

1990 年

1 月 9—12 日，中共广元市元坝区第一次代表大会召开。会议选举产生了中共广元市元坝区一届委员会委员 21 名，候补委员 4 名；选举出纪委委员 11 名。翟廷富当选为中共广元市元坝区委书记；翟枝贵当选为中共广元市元坝区纪委书记。

2 月 14 日，全国第四次人口普查工作在全区展开。

2 月 21—24 日，广元市元坝区第一届人民代表大会第一次会议召开。选举翟廷富为区人大常委会主任，温燕德为广元市元坝区人民政府（以下简称区政府）区长，许世业为区人民法院院长，王丕越为区人民检察院检察长。

2 月 25 日，中共广元市元坝区委、区政府制发《关于授予 1989 年度先进集体、劳动模范、先进生产（工作）者称号的决定》。先进集体 25 个、劳动模范 15 名、先进生产（工作）者 80 名被授予荣誉称号。

同月，四川省人民政府省长张皓若到元坝区视察工作。

同月，中共广元市元坝区人民政府党组、中共广元市元坝区人民法院党组建立。

3 月，中共广元市元坝区人民检察院党组建立。

5 月 7—8 日，中共广元市元坝区一届二次全委（扩大）会议召开。会议讨论通过了《中共广元市元坝区委关于贯彻六中全会〈决定〉的决议》和《中共广元市元坝区委关于做好社会稳定和经济发展工作的意见》。

8 月 15 日，区政府制发《关于在 1990 年底以前排除中小学危房的决定》。

9 月 5—6 日，中共广元市元坝区一届三次全委（扩大）会议召开。会议讨论通过了《中共广元市元坝区委关于大力发展庭院经济的决定》。

11 月 15 日至 12 月 2 日，区委、区政府组织考察组，赴安徽、湖北等 4 省 8 地（市）50 多个县学习蚕桑生产经验。

1991 年

1 月 15—17 日，广元市排除中小学危房检查组到元坝区检查工作，全区中小学危房率下降为 0.66%，达到省、市规定的标准。

3 月 7 日，由世界卫生组织、国际儿童基金会和卫生部联合组织的"中国第二个 85% 计免达标"评审检查团到元坝检查工作。检查结果，全区儿童计划免疫全程接种合格率达 97.40%，高于国家及世界卫生组织规定标准 12.40%。

3 月 4—7 日，区一届人大召开二次会议，作出《关于元坝区国民经济和社会发展第八个五年计划的决议》。

4 月 21 日，世界银行农业开发贷款项目考察团成员、中国蚕桑专家谢德成在市政府秘书长何庆超、市丝绸公司经理梁崇刚陪同下到区考察蚕桑基地发展情况。

4 月 29 日，德阳市市中区与广元市元坝区结为友好县区，签字仪式在广元利州宾馆举行，区长温燕德代表区政府签字。

5 月 14—16 日，区一届人大常委会召开第九次会议，作出《关于元坝区城镇总体规划的决议》。

7 月 1 日，中共广元市元坝区委、区政府制发《关于进一步加快发展乡镇企业的决定》。

8 月，广元市元坝区信用合作社联合社建立。

9月19—21日，区一届人大常委会召开第十一次会议，作出《关于“二五”普法规划的决议》《关于“加强旱山村组水利建设”议案办理的决定》。

10月7—9日，中共广元市元坝区一届四次全委（扩大）会议召开。会议主要研究了反“和平演变”，加强党的建设，把经济建设搞上去等重大问题。

11月25—27日，区一届人大常委会召开第十二次会议，作出《关于加强社会治安综合治理的决议》。

12月6日，区政府制发《广元市元坝区食品卫生管理暂行规定》。

同年，元坝区被中共广元市委、市人民政府表彰为“重教兴学先进单位”。

1992年

1月1日，元坝汽车站正式开业。

1月14日，四川省人民政府副省长谢世杰到元坝区检查调研工作。

2月18日，中共广元市委、市政府授予元坝区“1991年实施水稻、玉米丰收工程二等奖”。

2月，中共广元市元坝区人大常委会党组建立。

2月28—29日，区政府派学习考察组赴山西隰县考察学习该县大办经济实体，开创“小政府、大服务”的经验。

3月12日，区成立残疾人联合会。

3月14日，区内第一所高完中“广元市元坝中学”被命名。

3月26日，区红十字会成立。

5月2日凌晨，区就业服务管理局组织劳务输出，租用的2辆大客车在行至国道108线2071公里加100米处因天雨路滑，相继发生车祸，6人死亡，1人重伤，10人轻伤。

6月，中共中央政治局委员、中共四川省委书记杨汝岱，到昭化考察了古城、战胜坝、桔柏古渡、葭萌关、鲍三娘墓、费祎墓等三国遗址。杨汝岱为昭化古城题写“三国重镇”四字，并勒石为记。

9月25日，区一届人大常委会第十六次会议决定由赵俊普代理区长，同意温燕德辞去区长职务。

9月26日，四川省人民政府批准元坝区撤乡并镇，全区28个乡镇合并为6个镇10个乡。

同月，昭化被省政府命名为四川省历史文化名镇。

同月，区邮电局开通450MHZ单位单信道集群移动通信系统（俗称BP机）。

10月，卫子、昭化、王家、虎跳4个办事处撤销。

11月6—10日，国道212沿线的卫子镇、元坝镇、清水乡、柏林沟乡、白果乡、石井铺乡、虎跳镇、太公镇、黄龙乡动员1.50万民工先后上路拓宽整治212线公路。

12月28—30日，中共广元市元坝区第二次代表大会召开。会议选举产生中共广元市元坝区委第二届委员会委员25名、候补委员3名，温燕德当选为区委书记。选举产生区纪委委员15名，翟枝贵当选为纪委书记。

同年，广元市元坝区被列为四川省生猪三大体系建设基地县（区）。

1993年

2月8日，广元市政府批准《广元市元坝区住房制度改革方案和具体实施办法》。

2月17—21日，区第二届人民代表大会召开。选举陈广霖为区人大常委会主任，赵俊普为区人民政府区长，许世业为区人民法院院长，王丕越为区人民检察院检察长。

2月26日，区城环局、国土局合并为广元市元坝区城环国土局。

2月27日，中国农业银行广元市元坝区办事处升格为中国农业银行广元市元坝区支行。

3月1日，总投资1700万元的元坝区第一个骨干工业企业“川北肉类食品加工厂”奠基。

4月12日，苍溪县小新乡划归元坝区，同时撤销小新乡与磨滩乡（原观音乡易名），建磨滩镇。

5月7日，国道212线元坝段路基拓宽改造工程通过广元军分区、市交通局的验收。

7月1日，四川省人民政府副省长张中伟到元坝区视察旱情，慰问干部群众。

7月15—20日，中共广元市元坝区二届二次全委（扩大）会议召开。会议制定了《中共广元市元坝区委关于大力调整农村产业结构的决定》。

8月25日至9月23日，区政府成立调整、整顿民办教师工作领导小组，对全区的885名民办教师进行了调整整顿。留用718人，离岗14人，辞、清退153人。

9月1—7日，全区37家企业组成代表团参加第五届中国西部交易会，成交总额13634万元。

10月，广元市元坝区技术监督局建立。

11月，中共广元市委批复，建立中国人民政治协商会议广元市元坝区委员会（以下简称区政协）。原政协筹备组撤销。

12月29—30日，区政协第一届会议召开，翟枝贵当选为区政协主席。

同年，广元市元坝冰鸟矿泉水厂生产的冰鸟矿泉水获国家科委和四川省政府金奖。元坝区综合食品厂生产的“金印寺”无铅松花皮蛋获第五届中国西部商品交易博览会金奖。

1994年

1月1日，区长赵俊普向全区人民发表题为《实现四亿二，办好六件事，迎接建区五周年》的迎新年电视广播讲话。

1月14日，中共广元市元坝区政协党组建立。

2月28日，区委、区政府召开关于供销社改革方案落实工作会，会议要求进一步完善经营承包责任制，按照“宜统则统，宜分则分”的原则，把任务、指标分解落实到人头，凡宜于个人承包的不搞集体承包，逐步向私营及股份合作企业方向发展。

3月16日，区政府决定对各乡镇财政实行划分收支、分级包干、收入上缴、支出下拨、超收分成、短收减支、超支不补、结余留用的预算管理体制。

同月，元坝区被中共四川省委、省人民政府表彰为“发展乡镇企业先进单位”。

5月29日，中共广元市元坝区委常委会议作出以白果乡为中心，建立“川北草食性牲畜养殖基地”的决定。

6月28—29日，区二届人大常委会召开第九次会议，作出《关于加宽改造元坝火车站进站公路的决议》。

2月下旬至7月中旬，春、夏、伏旱相连，长达140余天，降雨仅60毫米，元坝区成为广元市的重点干旱区。

8月4—5日，中共广元市元坝区二届三次全委（扩大）会议召开。讨论快速发展以草食性牲畜为重点的畜牧业、整顿农村软弱无力党支部、整顿农村社会治安等方面的工作。

9月23日，全国人大常委会、国务院环保执法检查团川西北分团环保组到元坝视察土焦改造治理情况，针对环保及土焦改造情况提出意见和建议。

10月5日，广元市元坝区国家税务局、广元市元坝区地方税务局建立，广元市元坝区税务局

撤销，

10 月 22 日，区政府制发《关于元坝城区街道命名的通知》，元坝城区共 10 条路、7 条街重新命名，原命名废止。

12 月 20 日，广元市元坝区工商业联合会正式成立。

12 月 20—21 日，中共广元市元坝区二届四次全委（扩大）会议在区政府会议厅召开。会议讨论通过了《1995 年全区工作安排意见》和《中共广元市元坝区委贯彻中央、省委加强村级组织建设的意见》。

1995 年

1 月 18 日，1000 门程控电话、区镇过境干道、区镇饮水、肉类食品厂、区影剧院、元坝汽车站“六项工程”竣工剪彩。

2 月 12 日，区政府制发《机关事业单位工作人员养老保险办法》。

同月，明觉乡八庙村农民刘成富被评为全国劳动模范。

2 月 27 日至 3 月 3 日，区二届人大三次会议召开，选举李桂林为区政府区长，同意赵俊普辞去区政府区长职务。

3 月，中共广元市委任命赵俊普为区委书记，免去温燕德区委书记职务。

4 月 19 日，区政府制发《批转广元市元坝区公费医疗管理局元坝区公费医疗管理试行办法》。

7 月 5 日，中共四川省委书记谢世杰带领省农工委、省计委、省财政厅、省扶贫开发办、省救灾办负责人到元坝区视察旱灾情况。

7 月 12 日，中国佛协常务理事、四川省佛协副会长、重庆市佛教协会会长唯贤法师到元坝平乐寺考察。

同月，广元三国、唐代天然外景影视拍摄基地暨电视剧《三国外传》专家策划会在成都武侯祠广益堂召开。会议由市委宣传部部长蔡元藻主持，市委书记郝振贤、市长朱天开以及中国电视艺术家协会副主席、中央电视台原台长戴临风，文化部法规司副司长、教授闫焕东等出席会议。

11 月 10 日，区政府制发元府发〔1995〕91 号文件调整完善乡镇建制，全区共建 9 镇 17 乡 2 个独立工委。

同年，元坝区机械厂研制的 5T—500 型多用脱粒机、卫子自卸挂车厂研制的理想牌自动挂车、元坝区粮油综合加工厂研发的珠光仙米加工技术和加工的珠光仙米、元坝区综合食品厂研制的中华养身益智醋、元坝区洗衣粉厂研制的康尔洗衣粉获国家科委和四川省政府金奖。

1996 年

1 月 22 日，区政府制发《批转区水电农机局关于拍卖山平塘小型水利设施使用权的实施办法的通知》。

1 月 23—26 日，中共广元市元坝区二届六次全委（扩大）会议在区政府会议厅召开。会议讨论通过了《中共广元市元坝区委 1996 年工作安排的意见》和《关于元坝区国民经济和社会发展第九个五年计划的建议》。

2 月，区农业局研究的“淡季蔬菜丰产栽培技术”获农业部三等奖。

4 月 29 日，区政府批转区义务教育领导小组《关于实施义务教育工程的意见》，规定 1998 年前全面实现普及九年制义务教育。

同月，区人民武装部收归军队建制。

5月，区政府编制《广元市元坝区国民经济和社会发展第九个五年计划纲要》，是建区后编制的第二个经济发展计划。

6月14日，九三学社四川省委常委柳企斗，九三学社四川省委和广元市人民政府合作（“九广”合作）领导小组组长蔡顺養，九三学社成都市委妇工委主任、四川大学教授李平（女）一行到元坝区香溪乡视察希望工程实施情况。

6月20—21日，区二届人大常委会召开第二十二次会议，作出《广元市元坝区开展法制宣传教育第三个五年（1996—2000）规划》的决议。

7月31日，《广元市元坝区工业园区规划方案》获市政府批准。

同月，广元市元坝区文化旅游局建立。

9月，中共广元市元坝区委党校正式挂牌成立（1992年经区委批准建立，1995年2月开始筹建）。

10月10日，四川省政协主席聂荣贵到元坝区视察。

10月18日，区政府批转区国土局《关于进一步加强农房建设用地管理工作的意见》。

12月5日，区政府制发《关于全面封闭国采区、制止私挖乱采砂金资源的紧急通知》。

12月24—26日，区二届人大常委会召开第二十五次会议，作出了《关于认真清理和坚决制止中小学乱收费问题的决议》。

1997年

1月16日，中国农业发展银行广元市元坝区支行建立。

2月24—28日，区二届人大五次会议召开，通过了《关于依法治区的决定》。

2月27日，区政府制定《广元市元坝区1997—2000年依法治区工作规划》。

同日，经中共广元市委、市政府确认，区城环局、区国土局分设。

3月，区文化旅游局更名为广元市元坝区文体旅游局。

5月6日，区政府制发《广元市元坝区基本农田保护实施办法》。

6月16日，区政府制发《广元市元坝区实施国家公务员制度的意见的通知》。

7月28—30日，中共广元市元坝区二届八次全委（扩大）会议召开。会议讨论通过了《中共广元市元坝区委关于全面调整农业种植业结构，加速培育多经支柱产业的决定》。

10月，区政府制定《关于1997年度中德合作项目造林实施的意见》。

同年，柳桥、紫云工委撤销，复置柳桥乡、紫云乡。至此，全区共辖9个镇19个乡。

1998年

1月14—16日，中共广元市元坝区第三届代表大会召开。会议选举产生中共广元市元坝区第三届委员会委员22名、候补委员3名，赵俊普当选为区委书记；选举出纪委委员13名，熊光辉当选为区纪委书记。

2月13—18日，第三届区人民代表大会和区政协委员会第二届会议召开。选举沈定均为区人大常委会主任，李桂林为区政府区长，李奎元为区政协主席，田澍塘为区人民法院院长，李辽为区人民检察院检察长。

同月，元坝区被列为广元市瘦肉型生猪生产基地县（区）。

8月12日，元坝区与浙江省温州市龙湾区结为友好区。

8 月 10 日，区城环局更名为广元市元坝区建设委员会，增设广元市元坝区环境保护局。两局合署办公。

8 月 18 日，区政府转发《广元市企业改革领导小组关于改制企业规范运作意见的报告》。

同月，中国人民武装警察部队广元市元坝区消防大队成立。

9 月，广元市元坝区基本完成省定限期越温脱贫任务，3900 余户建卡贫困户越过温饱线。

1999 年

1 月，中共四川省委书记谢世杰到元坝慰问干部职工。

1 月 7 日，区政协在昭化片区、卫子片区、虎跳片区、王家片区建立了政协联络组。

3 月 2 日，区政府制发《关于下达 1999—2000 年高科技“千亿工程”目标任务的通知》。

3 月 16 日，全区召开清理整顿农村合作基金会工作会议，对全区农村合作基金会进行清理整顿。至 11 月 12 日，完成清产核资和分类处置工作。

4 月 21—23 日，九三学社重庆市专家组陶佚凡、欧毅、李辉松等一行到元坝区考察水果生产。

同月，元坝区被中共四川省委、省人民政府表彰为“扶贫攻坚，解决温饱”先进集体。

7 月 6 日，中共广元市元坝区委、区政府制发《关于认真搞好稳定和完善第二轮土地承包工作的通知》，全区开展第二轮土地承包工作。

9 月 13—14 日，中共广元市元坝区三届三次全委（扩大）会议在区政府会议厅召开。会议主要研究和安排部署全区调整农业结构和对内开放工作。

9 月 29 日，“建国 50 周年暨建区 10 周年庆祝大会”在元坝中学举行。

10 月 20—23 日，区政协、区委统战部正式加盟秦巴毗邻县（市、区）政协统战工作研讨交流会。

10 月 25 日，中共四川省委驻广元市“三讲”（讲学习 讲政治 讲正气）教育巡视组副组长、省政协副主席阿称一行到昭化镇视察“三讲”教育工作。

11 月 26 日，《广元市元坝区 1999—2000 年退耕还林试点工程实施方案》获广元市政府批准。

12 月 28 日，元坝城区创卫工作经广元市检查组验收，达到市级卫生县城标准。

2000 年

2 月，虎跳镇东沟村农民乐国民被表彰为四川省劳动模范。

3 月，中共四川省委“三讲”教育巡视组到元坝区听取“三讲”教育工作汇报。

4 月 3 日，区政府制发《广元市元坝区退耕还林试点工程施工作业设计方案》，在全区元坝、柳桥、紫云等 16 个乡镇实施退耕还林 1666.87 公顷，涉及 1424 户。

4 月 10 日，全区开展勘定乡级行政区域界线工作。

4 月 28 日，元坝区和广元市中区、苍溪县政府联合勘定的行政区域界线协议书获省政府批准。

同月，中共广元市委任命赵修云为区委书记，免去赵俊普区委书记职务。

5 月 12 日，区人大常委会召开三届第十八次会议，任命王步勇为区政府代区长。同意李桂林辞去区政府区长职务。

5 月 30 日，区政府编制《2001—2005 年森林采伐限额的方案》。

6 月 23—24 日，中共广元市元坝区三届五次全委（扩大）会议召开，讨论通过了元坝区 2000—2005 年奋斗目标。

7 月 18 日，北京大学教授、中国历史博物馆研究员俞伟超带领中国考古专家到昭化古城考察。

8月14日，区政府印发《广元市元坝区水土保持生态环境建设2000—2005年规划方案》。

11月至次年3月，区政府组织28个清理小组开展乡镇财务大清理，查处违纪资金1111万元，其中，收缴财政47.50万元。

10月9日，元坝区和旺苍县、剑阁县政府联合勘定的行政区域界线协议书获省政府批准。

11月10日，代区长王步勇主持召开区政府第十六次常务会，讨论通过了《关于加快乡村公路建设的意见》。

12月15—17日，中共广元市元坝区三届六次全委（扩大）会议召开。会议讨论通过了《中共广元市元坝区委关于制定国民经济和社会发展第十个五年计划的建议》。

同年，元坝区被四川省人民政府表彰为“实现中国农村‘2000年人人享有卫生保健’规划目标合格县（市、区）”。

2001年

1月1日，区城镇职工基本医疗保险制度启动。

1月3日，元坝城区光纤电视与广元市区联网。

1月6—10日，区人大召开三届四次会议，选举王步勇为区政府区长；通过了《广元市元坝区国民经济和社会发展第十个五年计划纲要》，是建区以来编制的第三个经济发展计划。

同月，全区开展“三个代表”重要思想学教活动。

2月16日，中共广元市元坝区委、区政府制发《关于加快农业产业化发展的实施意见》。

2月17日，区首届科技大会召开。中共广元市元坝区委、区政府制发《关于全面实施“科教兴区”战略的意见》。

2月20日，元坝区被四川省农村电网建设与改造工作领导小组评为农村电网建设与改造工作先进县区。

2月28日，区财政直接支付工资改革正式启动，首批933名干部工资实现直接支付。

3月1日，昭化古城保护开发工程启动。

3月2日，区中医院在卫子镇挂牌成立。

同日，天然林保护工程正式启动。

3月8日，区政府被广元市政府授予2000年安全生产工作一等奖。

3月13日，全区党政网开通。

4月3日，区昭化古城保护和开发管理委员会成立。

同日，“昭化牌”蔬菜正式注册商标。

4月17—18日，区三届人大常委会召开第二十五次会议，作出《关于加强乡、村公路建设的决议》。

4月25日，中日合作基金会与元坝中学签订友好协议。

6月1日，四川省人民政府副省长陈文光视察元坝区旱情，察看石井铺乡种植的紫花苜蓿草、元坝科技园区种兔场。

6月18日，区国土局、区农业局被国土资源部、农业部联合授予“全国基本农田保护先进单位”。

6月20日，绵阳茧丝绸厂以110万元购买新元缫丝厂，并出资15万元在全区18个基地乡镇发展蚕桑，实行产销一体化。

6月27日，区政府制定《关于大力推进全区业主开发的意见》。

4—7月，区内连续4个月旱灾，全区部分河流断流，田地干裂，“四苗”干枯，210个村4万农户18万余人缺饮用水，部分农户粮食颗粒未收。

7月27日，中共四川省委、省政府抗旱工作组组长、省农业厅厅长文正经等一行到元坝区视察旱灾。

7月30日，四川光路冷冻食品有限公司正式与区政府签订租赁川北肉类食品加工厂协议，租期5年。

8月3日，区政府组织10吨救灾种子送往各乡镇。

8月18—19日，元坝区遭受暴雨洪灾、山地滑坡等灾害。

8月23—24日，区三届人大常委会召开第二十七次会议，通过了《关于进一步加强法制宣传教育的决议》。

9月21日，投入100万元的“三元丝厂”技改项目投入生产。

11月23日，四川省军区政委周光荣一行到元坝区检查，元坝区人民武装部达标建设通过验收。

同月，元坝区被水利部表彰为全国第三批农村水电初级电气化县建设先进集体。

同月，区计经委更名为广元市元坝区发展计划经济贸易局；区水电农机局更名为广元市元坝区水务农机局；区建委更名为广元市元坝区城乡建设管理局；区计划生育委员会更名为广元市元坝区计划生育局。

12月11日，四川省农业银行委托成都市南进投资公司总经理助理周杨海、高级经济师何波、高级评估师杜锐及广元市农业银行等单位负责人一行对国道212线元坝至广元段改造工程贷款3000万元项目进行了评审。同月31日，正式签字。

12月27日，区政府为确保全区受灾群众生活，召开“开仓借粮”会议，决定开仓借粮588吨。

2002年

1月9日，区政府召开畜牧、蚕桑生产、交通建设会议，决定财政贴息1300万元，发展畜牧业。

1月23日，中共四川省委副书记陶武先到元坝区调研，视察种草养畜情况。

同月，全区展开以“四取消”“两调整”为主要内容的农村税费改革工作。

2月23日，全区启动开展“全民信用观念教育年”活动。

同月，区科委更名为广元市元坝区科学技术局。

同月，区林业局长江中上游防护林经营利用技术研究获四川省政府一等奖。

3月22日，“九三”学社中央副主席洪绂曾一行到元坝区视察种草养畜和水土保持项目实施情况，察看了石井铺乡的种草和元坝镇水土保持项目。

同月，区工商分局更名为四川省广元市元坝区工商行政管理局，为广元市工商行政管理局的直属机构。

4月16日，国务院扶贫开发领导小组副组长、办公室主任吕飞杰一行到元坝区调研扶贫开发工作，强调“组织山区农民发展绿色生态畜牧业”。

4月18日，广元市公路建设流动现场会在元坝区召开。

4月23—24日，区三届人大常委会召开第三十四次会议，通过《广元市元坝区2001—2010年农村扶贫开发规划的决议》。

5月8日，中共广元市元坝区委、区政府制发《关于加快发展工业经济的意见》，提出今后五年工业经济发展的阶段性目标、工作重点和主要措施。

5 月 23 日，中共广元市委书记王宗榜到元坝区科技园种兔场、川北肉联厂、王家镇石马村、磨滩镇三清村调研。

6 月 19 日，中共广元市元坝区委、区政府制发《关于加快推进城镇化进程的意见》。

6 月 20 日，四川省人大常委会主任谢世杰到元坝区视察国道 212 线元（坝）广（元）段公路改造工程及元坝中学高中部建设情况。

7 月 2 日，四川省人民政府省长张中伟到广元调研，视察了元坝进出口干道改造工程。

7 月 5 日，元坝区被确定为全省十个以工代赈联系农业产业化经营重点县（区）之一。

7 月 20 日，四川省人民政府省长张中伟、副省长黄小祥一行到元坝区视察工作。

7 月 26 日，四川广旺能源有限集团公司拣银岩煤矿社区移交广元市元坝区管理。

7 月 28 日，中国文物学会世界遗产研究会秘书长丹青视察昭化古城，提出了保护和开发建议。

同月，元坝区被中共广元市委表彰为“农村基层组织建设先进县区”。

8 月 8 日，全区首届荷花会在柳桥乡举办，1 万余人参加活动。

8 月 14 日，四川省人民政府省长张中伟、副省长邹广严一行视察了元坝进出口干道改造工程。四川省经贸委批准将广元市元坝区地方电力公司纳入省电力公司代管。

8 月 19 日，中共四川省委副书记、省政府副省长蒋巨峰等到昭化镇天雄村调研。

8 月 21 日，《元坝区农村税费改革试点实施方案》获市政府批准。

8 月 26 日，区政府讨论通过了《广元市元坝区工程建设项目招标投标若干规定》。

9 月 10 日，《元坝国家级生态示范区建设总体规划》通过四川省环保局组织的专家评审，元坝区被列入国家级生态建设示范县（区）。

9 月 15 日，中共浙江省嘉兴市委常委、常务副市长王洪涛一行 10 人到元坝区视察对口帮扶工作，签订帮扶项目协议 4 个，捐赠资金 86 万元。

9 月 28 日，中共广元市元坝区三届九次全委（扩大）会议召开，通过了《实施生态家园建设工程推进产业互动城乡相融经济社会可持续发展的报告》。

9 月 18 日，广元市元坝区拣银岩社区街道办事处挂牌。

11 月 8 日，区三届人大常委会召开第三十八次会议，任命苟英明为区政府代理区长；同意王步勇辞去区政府区长职务。

12 月 15 日，元坝区生态家园示范新村建设累计启动 28 个村，围绕桑、果、林、牧产业发展，配套建设“六个一”（园、池、井、路、气、居）。

12 月 20—22 日，中共广元市元坝区第四次代表大会在区政府会议厅召开。会议选举产生了第四届区委委员 22 名，候补委员 3 名，赵修云当选为区委书记；选举出区纪委委员 15 名，赵天禄当选为区纪委书记。

2003 年

1 月 10 日，广元市元坝区总工会成立，广元市总工会元坝区办事处撤销。

1 月 19—24 日，区四届人民代表大会和区政协第三届会议召开。分别选举赵修云为人大常委会主任，苟英明为区政府区长，牛和平为区人民法院院长，李辽为区人民检察院检察长；李奎元为区政协主席。

2 月 14 日，元坝区“首届文化艺术节”在元坝中学体育场举行，共有 8 个民间艺术队参加了表演活动，晚上举行了焰火晚会。

同月，区环保局同区建设局分设。

4月22日，中共广元市元坝区委、区政府组织召开防治“非典型性肺炎（简称非典）”工作会议，部署防“非典”工作。

4月18日，“紫云乡猕猴桃协会”挂牌成立。

5月16日，中共广元市元坝区委、区政府召开全区抗“非典”战“双抢”及农村工作会议。

6月10日，全区总投资157.80万元的电视会议系统开通使用。

6月21日，全区财政国库集中支付制度改革工作会议召开，决定从7月1日开始在区级部门全面实施国库集中支付制度。

6月24—25日，区四届人大常委会召开第四次会议，作出了《关于确定区树、区花的决定》，决定桂花树为“区树”，桂花为“区花”。

7月15日3时至17时，全区普降特大暴雨，雨量高达237.70毫米，元坝镇长滩河水位达517.80米（海拔），超过警戒水位2.40米，部分机关、街道被淹，水深达60~100厘米。

7月19日，磨滩、王家、晋贤等9乡镇发生严重雹灾，尤以磨滩镇损失严重。

同日，四川省人民政府副省长张作哈带领省民政厅、省救灾办等部门负责人到元坝区视察灾情。

同日，投资2.60亿元的昭化古城旅游景区开发项目正式与成都天博光电技术有限公司签订合同。

8月8日，四川省人大常委会副主任马开明、省人大财经委副主任赵岷、法制工委副主任熊珩和省卫生厅法规处处长王剑平、执法监督所副科长卢杰等到明觉乡、紫云乡和元坝城区检查公共卫生设施建设。

8月25日，中共广元市元坝区委四届二次全委（扩大）会议暨民营经济工作会议召开。

9月2日，浙江省平湖市人大常委会副主任何大利率平湖市党政代表团到元坝区紫云、晋贤等乡镇考察，指导对口帮扶工作。

9月18日，四川省政协副主席陈官权及省政协地方政协联络委员会负责人到元坝区视察。

11月14日，元坝区展开创建市级文明县城工作。

2004年

1月1日，四川省人民政府决定农业税税率统一由7%下调4%，农业税附加随正税同步降低。农业税税率及附加率合计执行4.80%的征收率。

同月，区政府制发《广元市元坝区2004年发展烤烟生产意见》，确定烤烟发展走“公司加农户”的路子。

2月11日，区政府信息资源网正式开通。

3月1—5日，区四届人大二次会议召开，作出《加快元坝中学建设与发展的决定》。

3月16日，全国人大常委会副委员长、九三学社中央主席韩启德，中共四川省委副书记陶武先，四川省人大常委会副主任敬中春，四川省人民政府副省长陈文光到元坝镇杏树村调研生态富民工程。

4月18日，中共四川省委、四川省人民政府督查组到部分乡镇检查农业和农村经济发展情况。

5月16日，时任中共浙江省委书记、省人大常委会主任习近平率浙江省党政代表团到元坝区昭化镇天雄村考察调研对口帮扶工作。

同月，区法建办编印《法律进万家通俗读本》5000册，免费发至机关、乡镇、村、组，作为全区普法工作的工具书。

同月，广元市男子、女子篮球赛在元坝举行，全市20多支代表队参加了比赛。

7 月，第一次全国经济普查工作在全区展开。

9 月 11 日，浙江省人民政府经济技术协作办公室副主任黄荣海带领浙江省龙头企业代表团到元坝区昭化无公害蔬菜基地及山清米业、三元茧丝绸公司等企业考察。

9 月 19—22 日，秦巴毗邻陕西、甘肃、四川、重庆三省一市 23 个县（市、区）政协、统战工作研讨会第十五次会议在元坝区召开。

9 月 21—23 日，首届四川 · 广元元坝桂花节举行。

9 月 23 日，中共四川省委巡视组到元坝区巡视。

同月，区农业局主研的“无公害农产品生产技术推广应用”获农业部三等奖。

10 月 18 日，江苏雨润集团广元福润肉类食品有限公司正式落户元坝，中共广元市委副书记翟占一参加开业剪彩仪式。

10—11 月，元坝区实行强村并组。全区 211 个村调整为 109 个，村民小组调整为 734 个。

11 月 1 日，马蹄滩电站库区水上交通安全监督管理职责正式由苍溪县移交元坝区。

11 月 17 日，四川省宗教事务局副局长余孝恒，全国政协委员、中国天主教爱国委员会副主席、省天主教爱国委员会主席雷世银到元坝区拣银岩小寺山调研宗教工作，研究天主教爱国主义人士王良佐纪念馆和宗教爱国主义教育基地建设有关事宜。

11 月 17—21 日，全市示范新村暨农田基本建设流动现场会参观组先后到元坝镇长坝村、昭化镇天雄村参观示范新村建设。

同年，区畜牧食品局主研的“优质肉牛生产配套技术推广”获农业部二等奖。

2005 年

1 月 1 日，全区全面停止征收农业税。

3 月 16 日，区政府印发《关于昭化镇市级文物保护单位保护范围的通知》，明确“天雄关、怡心园、龙门书院、益合堂、费祎墓为保护范围”。

4 月 7 日，区内第一个猪业经济发展协会在文村乡挂牌成立。

同月，文村乡荣华村金平被评为四川省劳动模范。

6 月 6 日，元坝区被四川省人民政府确定为全省“大学生志愿服务西部计划”项目实施县区。

6 月 15 日，区政府制发《广元市元坝区政府工作规则》。

6 月 22 日，元坝区首次进行空域报警试鸣。

7 月 1 日，全区乡镇村财务清理整顿工作全面展开。

8 月 14—16 日，区四届人大第四次会议召开。补选冯安富为区政府区长，同意苟英明辞去区政府区长职务。

9 月 7 日，广元市元坝中学少年军校成立。四川省军区副政委（少将）、省国防教育委员会副主任、少年军校四川总校校长汪崇鑫出席。

9 月 10 日，第二届四川 · 广元元坝桂花节举行。

10 月 18 日，元坝区创省级卫生县城达标。

11 月 1 日，广元至元坝公交车 8 路（后改为 11 路）和生态环线农村 1 路、2 路公交班车正式开通。

11 月 15—16 日，四川省农村公路发展现场会在广元召开。重点参观了元坝区生态环线公路建设。

12 月 7 日，中共四川省委原常委、省纪委书记沈国俊到昭化古城调研旅游开发工作。

12月31日，区撤销财贸办、区乡镇企业局，建立广元市元坝区经济和商务局；撤销区发展和计划经济贸易局、区经济体制改革办公室，建立广元市元坝区发展和改革局；区建设局更名为广元市元坝区规划和建设局；区计划生育局更名为广元市元坝区人口和计划生育局。

2006年

1月19—20日，中共广元市元坝区四届七次全委（扩大）会议召开。会议讨论通过了《广元市元坝区“十五”时期社会主义新村建设标准（试行）》和《中共广元市元坝区委关于制定元坝区国民经济和社会发展第十一个五年计划的建议》。

3月3日，广元市防汛抢险演练在昭化镇桔柏渡口举行，市武警、公安、消防、中国人民解放军某部、元坝区预备役部队及当地500余名群众参加了抢险演练。

3月5日，中共广元市委书记高烽、市长侍俊率市委、市人大常委会、市政府、市政协30余人到元坝镇长坝村五组参加春季义务植树活动。

3月15日，交通部综合规划司司长刘鹏、交通部规划研究院副院长关昌余一行到元坝区调研新农村公路建设工作。

3月19日，四川省人大常委会副主任王荣轩、城环资委主任周登全到元坝区昭化古城考察。

4月10—14日，国家旅游局副局长孙钢，四川省政协副主席杨海清，中共四川省委副书记、副省长蒋巨峰分别考察昭化古城。

5月18日，广元市首届残疾人运动会在元坝区举行。全市7个县区40多个代表队参加了运动会。元坝区代表队共获金牌31枚、银牌28枚、铜牌8枚。

6月28日，广元福润公司80万头生猪加工线及川北种猪繁育场竣工剪彩。

6月29日，区四届人大常委会召开第二十八次会议，同意赵修云辞去区人大常委会主任、冯安富辞去区政府区长职务；选举熊光辉为区人大常委会代主任，决定张寿于为区政府代区长。

同月，中共广元市委任命冯安富为元坝区委书记，免去赵修云元坝区委书记职务。

7月6日，九三学社广元市元坝区支社委员会成立，薛开元当选为主委。

7月27日，中国国民党革命委员会广元市元坝区支部委员会成立，卢春刚当选为主委。

7月28日，中共广元市元坝区四届八次全委（扩大）会议召开。会议主要内容为票决乡镇党委、政府领导班子正职拟任人选和推荐人选。

7—8月，元坝区对村组重新调整，全区109个村仍恢复为211个，村民小组恢复调整为1410个。

9月28日，中共广元市元坝区四届九次全会（扩大）会议召开。会议讨论通过了《关于强力推进工业强区战略的实施意见》。

同月，区政府编制了《广元市元坝区国民经济和社会发展“十一五”规划纲要》，是建区以来编制的第四个经济发展计划。

同月，元坝区被省人民政府表彰为“四川省计划生育优质服务先进县（市、区）”。

10月28日，“广元市牛头山登山比赛”在昭化镇牛头山举行，全市27个代表队参加了比赛。

11月，元坝区被省人民政府表彰为“四川省实施妇女儿童发展纲要先进集体”。

12月20日，中共广元市元坝区委书记冯安富、代区长张寿于召集四大班子并邀请有关方面专业人士召开了将元坝区更名为昭化区的更名论证会。

12月7—10日，中共广元市元坝区第五次代表大会召开。选举产生了中共广元市元坝区第五届委员会委员29名，候补委员6名，冯安富当选为区委书记；选举出区纪委委员23名，张敏当选为纪委书记。

12月30日，由同济大学教授、博士生导师阮仪三，国家历史文化名城研究中心教授张雪敏、博士顾晓伟、博士林林研究编制的《昭化古城修建详细规划》获得评审通过。

同年，区水务农机局与广元市水务农机局合作研究与试验的中华倒刺鱼高产高效养殖技术研究与推广，获农业部“丰收计划”三等奖。

2007年

1月8日，元坝城区市政供水工程开工仪式在利州区荣山镇权坝村举行。

1月10日，中共广元市委书记高烽视察昭化古城一期工程建设。

1月11日，广元钏琰生物科技有限公司冻干食品加工项目正式开工。

1月14—18日，区政协四届一次会议召开，选举熊光辉为区政协主席。

1月15—19日，区五届人大一次会议召开，选举冯安富为区人大常委会主任，张寿于为区政府区长，牛和平为区人民法院院长，付丕林为区人民检察院检察长。

2月8日，区五届人大常委会一次会议召开，会议审议通过了《关于昭化古城修建详细规划的决议（草案）》。

2月28日，大春抗旱备耕工作会议召开，传达贯彻市委农村工作电视电话会议精神，安排部署全区大春抗旱备耕工作。

3月7日，四川省农办主任张宁一行到元坝区调研生态小康新村建设和农业产业化发展等工作。

3月8日，区四大班子领导和区级机关干部参加昭化镇茅河坝植芦苇活动，全区160名女职工在昭化牛头山进行了登山比赛。

3月29日，台湾中天电视台到昭化古城及昭化牛头山摄制风景片。

3月30日至4月1日，全区中小学田径运动会在元坝中学高中部田径赛场举行。

同月，元坝区被省人口计划生育领导小组表彰为“四川省计划生育村（居）民自治工作先进县（区）”

4月16日，区长张寿于、副区长康铭带领招商小分队赴成都开展“敲门招商”，与成都恒正和实业有限公司就加快星荣焦化二期工程建设达成共识。

4月24日，四川中新农业科技有限公司总经理李深携中科院武汉植物园博士、国际猕猴桃协会秘书长姜正旺，中科院武汉植物园博士钟彩虹等，实地考察紫云乡猕猴桃种植基地、工业园区以及昭化无公害蔬菜生产基地。

4月25日，元坝区举行“开元杯庆五一、五四、迎奥运”系列体育活动，全区各乡镇和机关单位的200余名运动员参加了活动。

同日，昭化古城墙部分修复工程启动。

5月10日，全国人大农业与农村工作委员会副主任委员张中伟带领农业部沼气研究所、省农业厅和农能办等部门负责人到元坝镇、紫云乡调研玻璃钢沼气池建设应用和黑木耳产业发展情况。

5月11日，昭化古城创建国家AAAA级旅游景区工作方案评审会在昭化镇召开。

5月14日，三国旅游文化考察团专家参观考察昭化古城建设工作。

5月22日，四川省政协副主席杨海清一行到元坝区视察农村交通建设。

5月29日，全市庆“六一”城乡（留守）儿童手牵手暨助爱心妈妈行动在元坝区启动。

6月11日，新西兰猕猴桃局执行总裁里查德、ZESPRI公司董事会成员及中新农业科技有限公司董事长左力刚、总经理李深等到昭化镇实地考察万亩猕猴桃核心标准种植园建设项目。

6月12日，四川省人大常委会副主任陈文光带领省委、省政府调研组到明觉乡、元坝镇及工业园区调研农村公路、生猪生态养殖小区、种猪繁育基地建设和工业企业生产经营情况。

6月15日，元坝区举办人工商品林采伐销售权拍卖会，四川省林业厅资源林政管理处副处长熊德华，市、县区林业局局长、分管副局长及区内外木商、农户代表近300人出席会议。

6月21日，区政府在广元国际大酒店举行升达·林板一体化项目签约仪式。

6月28日，区政府召开亭子口水利枢纽工程移民安置规划工作动员培训大会。

7月27日，财政部驻四川省财政监察专员办事处负责人、党组副书记杜恒，省旅游局机关党委书记陈立祥到昭化古城景区调研指导旅游发展工作。

7月31日，元坝区举行国有土地使用权拍卖会，来自成都、广元等地16家竞买者参加了竞价。广元市国土资源局、区纪委、区规划和建设局、区国资局、广元市元坝区公证处等相关部门负责人出席，现场监督土地使用权拍卖。

同月，元坝区被中共广元市委、中共广元军分区委表彰为“党管武装工作先进单位”。

8月10日，四川省人民政府副省长王宁在中共广元市委书记高烽陪同下，调研指导元坝区农村公路建设工作。

8月11日，中国科健集团董事长郝建学一行到元坝镇、紫云乡考察。

9月4日，区政府与四川中新农业科技有限公司在广元凤台宾馆签订66.67公顷猕猴桃种植协议。

9月12日，新西兰ZESPRI公司董事John Loughlin（约翰·洛林）、Peter McBride（彼得·麦克白瑞得）冒雨考察昭化猕猴桃种植基地。

9月27日，昭化古城观光旅游车开通。

9月30日，昭化古城墙部分修复工程竣工，修复城墙长517米，高6.67米，下宽4米，上宽2.67米。同日，昭化古城景区开发第一期工程结束，首届中国四川·昭化古城三国文化旅游节开幕。中共广元市委书记高烽、副书记吴得民和市人民政府市长马华，以及中国历史文化名城研究中心教授阮仪三应邀参加开幕式。

10月11日，区政府制发《城镇最低收入家庭与低收入家庭廉租住房保障实施方案》。

10月15日，中共四川省委常委、省委宣传部部长黄新初视察昭化古城。

10月30日，四川省旅游局副局长陈加林调研昭化古城建设。

12月7日，区政府决定将蔡正礼等27家食品生产加工小作坊纳入目录管理，以保障全区食品质量安全。

第一篇 建置 政区

第一章 建 置

第一节 沿 革

东周

今区境为蜀王领地。周显王时（前368年—前321年），蜀王开明氏尚“封其弟于汉中，号曰苴侯”。苴侯国以葭萌（今昭化镇土基坝）为都邑。

周慎靓王五年，即秦惠文王更元九年（前316年），蜀伐苴，致巴蜀相攻，秦惠文王遂趁机灭蜀、巴后，以原蜀侯国苴都邑为治地始置葭萌县。

汉

西汉高帝元年（前206年），项羽分封刘邦为巴、蜀、汉三郡之王，葭萌县归汉，隶属蜀郡。

西汉高帝六年（前201年），分巴、蜀二郡置广汉郡，葭萌县属广汉郡。又析葭萌县北境置白水县，治今青川县沙州镇境白龙江沿岸。西汉元封五年（前106年），县属益州刺史部广汉郡。

东汉建武六年（30年），葭萌被公孙述所据。建武十二年（36年），葭萌被吴汉所破，县复归东汉，仍属益州广汉郡。

东汉建安二十二年（217年），刘备据蜀改葭萌县为汉寿县，属益州梓潼郡。

三国

蜀汉炎兴元年（263年），钟会自金牛道入葭萌，邓艾从阴平道入蜀，汉寿县归曹魏，属益州梓潼郡。

晋

西晋泰始二年（266 年），汉寿县属梁州梓潼郡。

西晋太康元年（280 年），改汉寿县为晋寿县，仍属梁州梓潼郡。

太安二年（303 年），李特据蜀，占晋寿县。光熙元年（306 年），李特子李雄建立大成。县归成，属梁州梓潼郡。

东晋咸康四年（338 年），李特弟李骧少子李寿改成为汉。县归成汉，属梁州梓潼郡。

永和二年（347 年），桓温灭成汉，晋寿县归东晋，属梁州梓潼郡。当年，析晋寿县西境置剑阁县，治小剑故城，即今剑阁县下寺镇大仓坝。

宁康元年（373 年），晋寿县为前秦苻坚所陷。太元十年（385 年），遣任权收复，县复归晋，属梁州梓潼郡。太元十五年（390 年），分梓潼郡北置晋寿郡，治今昭化镇；改晋寿县为益昌县，治今广元市利州区赤化镇境白田坝；析益昌县东北境置兴安县，治今广元市利州区嘉陵街道办事处。晋寿郡领益昌、兴安、白水 3 县。

安帝时（397—419 年），析益昌县南境置晋安县。

南北朝

宋永初元年（420 年），刘裕伐晋，晋寿郡、益昌县归刘宋。

北魏延和二年（433 年），仇池氐羌杨难当攻拔葭萌关，获晋寿郡太守范延郎，郡、县归北魏。

宋元嘉十一年（434 年），即北魏延和三年（434 年），萧承之收复晋寿，郡、县又归刘宋。

宋元嘉十八年（441 年），即北魏太平真君二年（441 年），杨难当再次攻拔葭萌（关），获晋寿郡太守申垣（或为坦）后，郡、县复归北魏。

宋元嘉十九年（442 年），宋文帝派裴方明讨伐杨难当收复郡、县，归刘宋。

宋升明三年（479 年），晋寿郡及所辖县归南齐。齐永泰元年（498 年），改晋寿郡为西晋寿郡，属齐之梁州。在兴安县置东晋寿郡，郡县同治。梁天监元年（502 年），南梁代齐，郡、县属南梁之梁州。

北魏正始二年（505 年），在东晋寿郡治地置西益州，领 4 郡 5 县。西晋寿郡及所领益昌县入北魏西益州。

梁天监十四年（515 年），即北魏延昌四年（515 年），葭萌人任令宗（有记为任令崇）“因众患魏”，杀北魏西晋寿郡太守，以城归顺梁。

梁大同二年（536 年），即西魏大统二年（536 年），废西益州置黎州，郡、县属黎州，属梁。西魏大统十六年，即梁大宝元年（550 年），废黎州复置西益州，郡、县属西魏的西益州。

西魏元钦二年（553 年），废西晋寿郡，改益昌县为京兆县，治今昭化古城，属西益州南白水郡（郡治今青川县沙州镇境）。次年，改西益州为利州，郡、县属利州。

北周闵帝宇文觉元年（557 年），改东晋寿郡为晋寿郡，改京兆县仍为益昌县，郡、县治未变；升利州为总督府，益昌、兴安二县属晋寿郡。

隋

隋开皇三年（583 年），“遂废诸郡”（《隋书 · 地理志》），罢利州所领晋寿、宋熙、新巴等各郡，仍置利州，县仍属利州。

隋开皇十八年（598 年），改兴安县为绵谷县，改晋安县为葭萌县，改平兴县（583 年由白水县易名）为景谷县，三县与益昌县同属利州。

大业三年（607 年），恢复郡县制，罢利州，置义城郡，领有绵谷、益昌、葭萌、义城等县。

唐

武德元年（618 年），罢义城郡复置利州，县属利州；义城县改名义清县。

五代

后唐同光三年（925 年），李绍琛败前蜀王衍于葭萌，利州改名益州，改益昌县为益光县，县属后唐益州。

后唐长兴四年（933 年），废景谷县入益光县（见道光《昭化县志》《大清一统志》）。次年，孟知祥在成都建后蜀，县属后蜀利州。

宋

北宋乾德五年（967 年），改益光县复为益昌县，属北宋利州。

宋开宝五年（972 年）改益昌县为昭化县，县属利州。咸平四年（1001 年），县属利州路利州。

南宋绍兴十四年（1144 年），利州路分为东西两路，县属利州东路利州。绍熙五年（1194 年），东西两路合一，庆元二年（1196 年）复分，嘉定三年（1210 年）又合，嘉定十一年（1218 年）又分，端平三年（1236 年）因兵乱废。

元

宪宗三年（1253 年），命总帅汪田哥城利、阆二州，立利州治，都元帅府，县属利州元帅府。

至元十四年（1277 年），罢都元帅府置广元路、广元府（见元《广元府碑》）；省葭萌县入昭化县，县属陕西四川行省广元路广元府。

明

明洪武四年（1371 年）降广元路为广元府。洪武九年（1376 年）降广元府为广元州，省绵谷县入州，属四川布政使司。洪武十年（1377 年），省昭化县入广元州。洪武十三年（1380 年）十一月，复置绵谷县和昭化县。洪武二十二年（1389 年），降广元州为广元县，废绵谷县，仍置昭化县，属四川布政使司保宁府。

清

顺治元年（1644 年），张献忠在成都建“大西”政权，昭化、广元县属大西。顺治三年（1646 年），昭化、广元县归清，属四川省保宁府。

康熙十三年（1674 年），吴三桂据滇、蜀，僭称“周”后，县归周。康熙十九年（1680 年），清将王进宝由葭萌关取保宁后，县复归清，属川北道保宁府。

中华民国

广元县、昭化县仍置。民国元年（1912 年），裁川北道，县属保宁府。民国 2 年（1913 年），废府复道，县属川北道。民国3年（1914年），更川北道为嘉陵道，县属嘉陵道。

辛亥革命后，民国元年至23年（1912—1934年），省级行政机构名存实亡，民、财、教、建、军、赋大权全由防区军阀总揽。民国7年（1918年），熊克武以总司令兼任四川督军并摄军、民、政务，决定“主客各军就防划饷”，遂成防区雏形。民国8年（1919年）4月，又发表“四川靖国各军驻防区域表”，军阀防区遂成定制。二县属二十九军田颂尧防区。

民国22年（1933年）7月，中国工农红军第四方面军在元坝子（今广元市元坝区元坝镇元坝村）建立嘉陵县苏维埃政权。民国24年（1935年）4月，红四方面军在昭化县境内的白田坝建立赤化县苏维埃政权。民国24年（1935年）5月，红四方面军撤离后，县苏维埃撤。同年6月，国民政府在四川推行行政督察区制，昭化县属四川省第十四行政督察区（专员公署设剑阁）。

中华人民共和国

1949年12月15日，中国人民解放军第十八兵团六十军一八〇师五四〇团解放昭化城。当日成立昭化县人民政府。治昭化城。

1950年3月19日，成立剑阁地委，置剑阁专员公署，旋置剑阁军分区，治今广元市利州区嘉陵街道办事处。辖广元、昭化、剑阁、阆中、苍溪、旺苍、江油、青川、平武、北川10县，属川北行署区。1952年春，昭化县迁治宝轮乡。

1952年9月1日，撤销川北行署区。同年12月20日，改剑阁专区为广元专区。1953年3月10日，撤销广元专区，昭化县属四川省绵阳专区。

1958年10月，广元、昭化两县改乡、镇为人民公社。

1959年3月，撤销昭化县，所属区、人民公社并入广元县。

1968年9月，广元县革命委员会成立。随之各区、人民公社相继成立革命委员会。

1981年4月，广元县及区、人民公社革命委员会撤销，恢复县人民政府、区公所、人民公社管理委员会。

1984年1月，撤销人民公社，恢复乡、镇。

1985年2月，撤广元县，建广元市（地级），设广元市市中区。

1986年11月，广元市市中区的14个区公所进行合并，其中，撤昭化、虎跳、王家3个区公所，将其所辖乡镇划归广元市市中区卫子区公所，治卫子镇。

1989年8月，缩小广元市市中区，增设元坝区、朝天区2个郊区（县级），属广元市。广元市元坝区治元坝镇，广元市市中区卫子区公所撤销。

沿革简表

表1-1

朝代	建置时间	政区建置			治地今释	隶属政区	注释
		州府	郡	县			
东周	周显王时，蜀王开明尚封其弟建苴国				昭化镇	蜀	苴为蜀之分封国
	周慎靓王五年即秦惠文王更元九年（前316）秦灭蜀、巴			葭萌	昭化镇	（秦）蜀郡	

续表

朝代		建置时间	政区建置			治地今释	隶属政区	注释
			州府	郡	县			
秦					葭萌	昭化镇	蜀郡	
汉	西汉	高祖六年(前201)			葭萌	昭化镇	广汉郡	
		武帝元封五年(前106)			葭萌	昭化镇	益州广汉郡	
	东汉	献帝建安二十二年(217)			汉寿	昭化镇	益州梓潼郡	
三国					汉寿	昭化镇	益州梓潼郡	
晋	西晋	武帝泰始二年(266)			汉寿	昭化镇	梁州梓潼郡	州治陕西南郑
		武帝太康元年(280)			晋寿	昭化镇	梁州梓潼郡	
		惠帝光熙元年(306)			晋寿	昭化镇	梁州梓潼郡	“成”实际控制
	东晋	成帝咸康四年(338)			晋寿	昭化镇	梁州梓潼郡	“汉”实际控制
		孝武帝太元十五年(390)		晋寿	益昌	赤化镇	梁州晋寿郡	郡治今昭化镇
南北朝	南朝齐	齐明帝永泰元年(498)		西晋寿	益昌	昭化镇	梁州西晋寿郡	郡治今昭化
	南朝梁	天监元年(502年)		西晋寿	益昌	昭化镇	梁州西晋寿郡	
	北魏	正始二年(505年)		西晋寿	益昌	昭化镇	西益州西晋寿郡	州治今广元老城
	西魏	魏废帝元钦二年(553)			京兆	昭化镇	西益州 南白水郡	郡治今青川县沙州镇境 西晋寿郡废
		魏废帝元钦三年(554)			京兆	昭化镇	利州南白水郡	改西益州为利州 州治今广元老城
	北周	孝闵帝元年(557)			益昌	昭化镇	利州晋寿郡	改东晋寿郡为晋寿郡 州、郡治今广元老城
隋		炀帝大业三年(607)			益昌	昭化镇	义城郡	罢利州置义城郡 郡治今广元老城
唐		高祖武德元年(618)			益昌	昭化镇	利州	复废义城郡置利州 州治今广元老城
五代	后唐	庄宗同光三年(925)			益光	昭化镇	益州	州治今广元老城
	后蜀	明德元年(934)			益光	昭化镇	利州	933年景谷县并入
北宋		太祖乾德五年(967)			益昌	昭化镇	利州	州治今广元老城
		太祖开宝五年(972)			昭化	昭化镇	利州	
		真宗咸平四年(1001)			昭化	昭化镇	利州路利州	
南宋		高宗绍兴十四年(1144)			昭化	昭化镇	利州东路利州	
元		宪宗三年(1253)			昭化	昭化镇	利州元帅府	府治今广元老城
		世祖至元十四年(1277)			昭化	昭化镇	广元路广元府	省葭萌县入县
明		太祖洪武十年(1377)					广元州	1371年广元路降为广元府,1376年广元府降为广元州。次年省昭化县入州
		太祖洪武十三年(1380)			昭化	昭化镇	广元州	州治今广元老城
		太祖洪武二十二年(1389)			昭化	昭化镇	保宁府	府治今阆中,广元县同属

续表

朝代	建置时间	政区建置			治地今释	隶属政区	注释
		州府	郡	县			
清	康熙十九年(1680)			昭化	昭化镇	川北道保宁府	
中华民国	民国元年(1912)			昭化	昭化镇	保宁府	
	民国2年(1913)			昭化	昭化镇	川北道	道治今阆中
	民国3年(1914)			昭化	昭化镇	嘉陵道	道治今阆中
	民国24年(1935)6月			昭化	昭化镇	剑阁专署	四川省第十四行政督察区
中华人民共和国	1949年12月15日			昭化	昭化镇	剑阁、广元专署	属川北行署区
	1953年3月			昭化	宝轮镇	绵阳专署	
	1959年3月22日					绵阳专署	昭化县并入广元县
	1986年11月			卫子区	卫子镇	广元市市中区	
	1989年8月			元坝区	元坝镇	广元市	

第二节 境 域

秦时所置葭萌县境域，大体东至今南江坪河界，东南至今旺苍木门镇，北至今陕西省宁强县大安镇（唐金牛县），西北至今青川县之姚渡，西至今青川县之青溪，南至苍溪县之岐坪（《元和郡县志》）。

西汉高祖六年（前201年），析葭萌县北境置白水县（治今青川县沙州镇境白龙江沿岸，旧址已被白龙湖淹没），自此葭萌县西北境域收缩至今白龙江大高山一带，比秦置葭萌县为小。蜀汉刘备据蜀后，于东汉建安二十二年（217年）改葭萌县为汉寿县，境域与东汉初略同。后主炎兴元年（263年）曹魏入蜀，仍沿蜀汉制，境域大体未变。

西晋太康元年（280年），改汉寿县为晋寿县，境域与蜀汉汉寿县同。

东晋永和三年（347年），析晋寿县西北置剑阁县（治小剑故城，即今剑阁县下寺镇大仓坝），西部面积缩小。

东晋太元十五年（390年），分梓潼郡北置晋寿郡，改晋寿县为益昌县。又析县东北境置兴安县，废剑阁县，部分境域入益昌县。晋安帝时，析县南境置晋安县，境域面积进一步缩小。南北朝时，《宋书》已谓“地理参差，其详难举。或一郡一县割成四五，四五之中，亟有离合，千回百改，巧历不算，寻校推求，未易推悉”。

后唐长兴四年（933年），省景谷县入昭化县，县域西北又扩至今青川县东北地区。

元至元十四年（1277年），省葭萌县（原晋安县）入昭化县，面积仍比秦时葭萌县境域面积小。

清时，昭化县境域成东西窄南北长的狭长地带。东西最宽相距32.5公里，南北相距200公里。东北至榆钱树13公里与广元张家湾界，东南17.50公里至梅林溪安家坡与广元界；北至界牌场80公里与陕西宁强界，至小关子85公里与甘肃文县界；西北至楼门场85公里与江油界，至沐浴坝70公里与平武界；西至高庙铺25公里与剑阁界，西南至黄金口45公里与剑阁界；南至东岳庙130公里与苍溪界。时有“上走240里至陕西甘肃界，下走240里至苍溪阆中界”之说。就城际间距离而言，昭化县城东北至广元城25公里，至宁强城150公里，北至文县城115公里，西至江油城145公里，至平武城150公里，西南至剑阁城70公里，南至苍溪城145公里，至保宁府165公里。

民国元年（1912年），沿袭清制，昭化县基本保持清代境域。民国31年（1942年）6月，建青川县后，凉葛、天隍边界略有变动。

中华人民共和国成立后，为了适应发展经济需要，对境域进行过多次调整。

1952年6月24日，划青川县七里、罗家、水白3个乡入昭化县，8月剑阁县下寺、拐枣、沙坝、三郎、马鹿、复兴乡及张王乡的2个村划入昭化县。同年又划江油县金山乡及与昭化县七佛乡邻界的菜溪河、桂树湾、龙溪沟等村入，并划苍溪县插入昭化县境之李家河、鼓楼2个村的各1个组入。但北边白水区所辖的刘家、天隍、白水、沐浴4乡划归青川县，南边龙凤区所辖的府君、亭子、石城、白桥、鸳溪、鸯溪6乡分别划入苍溪县和剑阁县，使昭化县南北狭长的境域在南北两端呈收缩之状。

1959年3月22日，国务院正式批准撤销昭化县建制，所属区、人民公社划归广元县。

1975年，将广元县紫云人民公社的建国、勇敢2个大队划归旺苍县白水人民公社。

1985年，撤广元县，建广元市，设广元市市中区，所辖境域未变。

1986年11月，撤原昭化、虎跳、王家3个区公所，将其所辖乡镇并入卫子区公所，辖26个乡镇，境域由1958年以前的昭化县大体沿嘉陵江分布的部分乡镇和广元县东部的部分乡镇构成，面积1290平方公里。

1989年2月，从广元市市中区中心区划元坝镇、柳桥乡入卫子区。1989年8月，以广元市市中区卫子区之境域建广元市元坝区。1993年4月，将苍溪县小新乡划入（随即与磨滩乡合并，建磨滩镇），区境面积增加33.8平方公里。至此，元坝区辖28个乡镇，境域面积1432.32平方公里，主体由1958年时昭化县的城关区、虎跳区和广元县的王家区、新场区辖境构成。至2007年，元坝区境域面积无变化。最东端在磨滩镇金堂村与旺苍县枣林乡交界，最西端在大朝乡孟江村与剑阁县下寺镇交界，最南端在青牛乡莲池村与剑阁县樵店乡和鹤龄镇交界，最北端在昭化镇坪雾村与广元市利州区盘龙镇和宝轮镇交界。

第二章 政 区

第一节 行政区划

清代，县以下政区设置，广元县前期为里，后期为乡；昭化县仍为里。昭化县辖：春王、清和、天中、花朝、修禊、积阳六里（县仍属保宁府）。昭化县之花朝、修禊、天中3里设置13堡，清和、春王2里设置34处，积阳里设置6旗。堡、处、旗同级。

民国初，昭化县改乡为团区。民国4年（1915年），昭化县可查者有城厢、虎跳、鸳鸯、黄龙、射箭、松盖、宝轮、三堆、白水等团区。

民国24年（1935年），民国政府设置行政督察区，昭化县属十四行政督察区剑阁专员公署。改乡为联保，全县辖3个区18个联保：

一区辖：城关一联保，射箭二联保，大朝三联保，鸭红岩四联保，石龙五联保，宝轮六联保，上寺七联保，区治昭化；

二区辖：虎跳八联保，龙凤九联保，鸳溪十联保，太公十一联保，黄金口十二联保，区治虎跳；

三区辖：三堆坝十三联保，水磨十四联保，白水十五联保，天隍院十六联保，松盖十七联保，凉水井十八联保，区治三堆。

民国26年（1937年），昭化县将18个联保整编为16个联保办事处：

一区辖：城关、射箭、大朝、盘龙、宝轮5个联保办事处，区治昭化；

二区辖：虎跳、黄龙、鸳鸯、龙凤、太公5个联保办事处，区治虎跳；

三区辖：三堆、水磨、白龙、天隍、凉水、松盖6个联保办事处，区治三堆。

民国29年（1940年）1月，昭化县废联保办事处，16个联保办事处缩编为10个乡（镇），全县辖3个区5个镇5个乡：

一区辖：城厢镇、射箭乡、盘龙乡、宝轮镇，区治昭化；

二区辖：虎跳镇、黄龙乡、龙凤乡，区治虎跳；

三区辖：三堆镇、白水镇、凉水乡，区治三堆。

民国34年（1945年），昭化县增设第四区（宝轮区），除保留城厢镇外，其余4个镇改为乡。并将一区改三区、三区改二区、二区改一区：

一区辖：虎跳、黄龙、龙凤乡，区治虎跳；

二区辖：三堆、白水乡，区治三堆；

三区辖：城厢镇，射箭、盘龙乡，区治昭化；

四区辖：宝轮、凉水乡，区治宝轮。

民国36年（1947年），昭化县增设鸳鸯乡、大朝乡，同时撤销第四区，将宝轮乡划归三区，为县的直属区，凉水乡划归二区，其余乡镇未变。

民国38年（1949年），昭化县辖3个区12个乡镇155个保1524个甲：

一区辖：虎跳、黄龙、龙凤、鸳鸯4个乡48个保497个甲，区治虎跳；

二区辖：三堆、白水、凉水3个乡43个保391个甲，区治三堆；

三区辖：城厢、宝轮、盘龙、射箭、大朝5个乡镇64个保636个甲，区治昭化。

1949年12月，昭化县解放，昭化县人民政府成立，仍沿袭旧的区划。

1950年2月，将原昭化县旧制划为4个行政区（一区城关、二区宝轮、三区三堆、四区虎跳）；5月，增设龙凤区为第五区。开始建立区乡政权组织，相继改甲为村、组。

1951年，增设凉葛区。年底全县6个区，45个乡：

一区，宝轮区，辖：宝轮、石龙、郭家、盘龙、上石、白马、范家、白田、梨树9个乡；

二区，城关区，辖：城关、曲回、石盘、大朝、朝阳、射箭、板石、明觉8个乡；

三区，三堆区，辖：三堆、高桥、平溪、水磨、刘家、天隍、白水、沐浴8个乡；

四区，虎跳区，辖：虎跳、太公、黄龙、白果、麻石、香溪、陈家、张家8个乡；

五区，龙凤区，辖：府君、亭子、石城、白桥、青牛、鸯溪、鸳溪7个乡；

六区，凉葛区，辖：七佛、葛底、凉水、楼子、松盖5个乡。

1952年4月，从黄龙乡和虎跳乡各划出部分境域置丁家乡，属虎跳区；从虎跳区划出黄龙、麻石、白果乡，增设红岩区为第七区；5月又从三堆区划出刘家、天隍、白水、沐浴乡，增设白水区为第八区。同年，龙凤区除青牛乡外其余6个乡分别划归剑阁县、苍溪县，区废；白水区划归青川县，青川县之七里、罗家、水白乡划归昭化县三堆区（当年水白乡并入水磨乡，罗家乡划归宝轮区）；剑阁、苍溪、江油县的部分乡划入昭化县；新建下寺区。年中经过调整，新建了部分乡。分凉水乡东南境置土地乡，隶属凉葛区；由松盖乡分出火石、马村、侯家、白家4个村，置白家乡，另建沙溪、窑沟2乡，均隶属下寺区；由水磨乡分出石沟、大瓦、黄莲、五甲、联合五个村，置青林乡，隶属三堆区。至年末，昭化县辖7个区58个乡：

一区，宝轮区，治宝轮院。辖：宝轮、石龙、郭家、盘龙、上石、白马、范家、白田、梨树、石桥、罗家11个乡；

二区，城关区，治昭化。辖：城关、曲回、石盘、大朝、朝阳、射箭、板石、潼梓8个乡；

三区，三堆区，治三堆坝。辖：三堆、高桥、平溪、水磨、井田、宝珠、青林、七里8个乡；

四区，红岩区，治红岩。辖：红岩、复兴（二乡由剑阁县划入）、明觉、白果、山溪、麻石、黄龙、沙坝8个乡；

五区，虎跳区，治虎跳。辖：虎跳、陈家、张家、香溪、青牛、回龙、太公、丁家8个乡；

六区，下寺区，治沙溪坝。辖：沙溪、白家、窑沟、下寺、拐枣、猫儿、松盖7个乡；

七区，凉葛区，治马鹿（由七佛迁治）。辖：七佛、葛底、凉水、楼子、土地、金山、马鹿、三郎8个乡。

1953年，由猫儿乡分出五台、麻柳、石瓮3个村，置普广乡，隶属下寺区。由三郎乡分出陈家、竹园、黄沙3个村，置黄沙乡；由葛底乡分出角上、大桑、柏杨、白家、木竹5个村，置碾子乡；由马鹿乡分出三合、大水、衡柏、陇溪、树古5个村，置大水乡。此3个乡属凉葛区。下寺、拐枣、猫儿3乡分别更名为大仓、大桥、上寺乡。撤窑沟乡，属村分别并入沙溪和大桥乡。由朝阳乡分出新民、建设、柏杨、大凉、红岩5个村，置柏林乡，属城关区；由宝轮乡分出部分村、组，置宝轮镇；由三堆乡分出部分村、组，置三堆镇。

1955年4月，撤销红岩区，将黄龙乡、麻石乡划归虎跳区，其余6个乡划归城关区；同年12月，撤销下寺区，所属7个乡全部划归宝轮区，随即普广乡并入上寺乡，松盖乡并入白家乡，大仓和大桥乡并入沙溪乡。石桥、梨树乡并入白田乡，城关、石盘乡并入曲回乡，潼梓乡并入明觉乡，板石乡并入射箭乡，柏林乡并入朝阳乡，回龙乡并入虎跳和张家乡，山溪乡并入白果乡，复兴乡并入红岩乡。

1956年4月20日，三堆镇撤镇置乡。同年11月2日，撤销宝轮区，所属乡镇为昭化县的直属乡镇，并将以下乡镇合并：三郎乡并入黄沙乡，碾子乡并入葛底乡；上寺、沙溪乡合并，更名下寺乡（非恢复原下寺乡，且为县的直属乡）。同年，大水乡并入马鹿乡，土地乡并入凉水和七佛乡；宝珠、高桥乡并入三堆乡，青林乡并入水磨乡，平溪乡并入井田乡；撤范家乡，其属村分别并入白马乡和石龙乡；郭家乡并入石龙乡，上石乡并入盘龙乡；丁家乡、麻石乡并入黄龙乡；陈家、青牛乡并入虎跳乡。通过撤区并乡后，全县辖31个乡1个镇：

县直属：宝轮镇和下寺、白田、白马、白家、罗家、石龙、盘龙7个乡，共8个乡镇；

三堆区辖：三堆、水磨、井田、七里4个乡；

城关区辖：曲回、射箭、明觉、红岩、沙坝、朝阳、大朝、白果8个乡；

凉葛区辖：马鹿、葛底、七佛、楼子、凉水、黄沙、金山7个乡；

虎跳区辖：虎跳、张家、黄龙、太公、香溪5个乡。

1957年，恢复下寺区和宝轮区，乡的隶属关系同前。同时复置陈家、青牛乡，属虎跳区；复置青林乡，属三堆区；复置上寺乡，属下寺区。

1958年，将上寺乡并入白家乡，同时再次撤销下寺区，将下寺区领属乡村划归宝轮区；凉葛区改名竹园区。10月，乡镇改名为人民公社，昭化县辖5个区35个人民公社：

宝轮区辖：宝轮、下寺、白田、白马、白家、罗家、石龙、盘龙8个人民公社；

城关区辖：曲回、射箭、明觉、红岩、沙坝、朝阳、大朝、白果8个人民公社；

虎跳区辖：虎跳、张家、黄龙、太公、香溪、青牛、陈家7个人民公社；

三堆区辖：三堆、水磨、井田、七里、青林5个人民公社；

竹园区辖：马鹿、葛底、七佛、楼子、凉水、黄沙、金山7个人民公社。

1959年，昭化县并入广元县后，广元县辖河西、大石、王家、新场（1965年区迁治卫子，更名为卫子区）、虎跳、昭化、宝轮、竹园、三堆、羊模、朝天、中子、曾家、大滩等14个区，共70个人民公社和嘉陵、宝轮2个镇。

1985年2月，撤广元县，建广元市，设广元市市中区，辖原广元县所属的14个区，3个街道办事处（嘉陵、东坝、河西），11个镇（三堆、宝轮、荣山、大石、元坝、昭化、虎跳、竹园、朝天、元吉、下寺）和72个乡。

1986年11月15日，广元市将市中区所辖14个区合并为中心、朝天、卫子3个区（时称“大区”）。其中，撤销王家、虎跳、昭化3个区，将其所领乡镇划归卫子区（其时法律意义上仍为科级，因是市辖区的雏形，故时称“卫子大区”），时辖2个镇24个乡。

1989年2月16日，卫子区下设卫子、昭化、王家、虎跳4个办事处，分别领原卫子、昭化、王家、虎跳4个区所辖乡镇。1989年2月18日，广元市市中区中心区所辖的元坝镇、柳桥乡划归卫子区。

1989年8月15日，缩小广元市市中区，增设元坝、朝天两个郊区（县级），原广元市市中区所属的中心、卫子、朝天三个区撤销，分别建立广元市市中区、广元市元坝区、广元市朝天区，元坝区治元坝镇。时元坝区应辖6镇35乡，但实辖4镇24乡（见本志《附录》篇）

1992年9月26日，撤乡并镇，全区28个乡镇应并为8个镇6个乡。但在实际运作中，全区28个乡镇合并为6个镇10个乡（见本志《附录》篇）。在被撤销的乡建工作委员会（简称工委）；9月，撤销卫子、昭化、王家、虎跳4个办事处。

1993年4月12日，苍溪县小新乡划归元坝区，同时撤销小新乡和磨滩乡（1992年9月由观音乡易名），建磨滩镇，辖原小新乡和磨滩乡所属行政区域。

1995年11月10日，撤销柏林沟乡、红岩乡，建柏林沟镇、红岩镇，并复置晋贤、文村、张家、香溪、青牛、陈江、丁家、大朝、朝阳、梅树乡，保留柳桥、紫云2个工委。至此，全区辖9个镇，17个乡，2个工委。

1997年，撤销柳桥、紫云工委，复置柳桥、紫云乡。

2002年9月，新建拣银岩社区街道办事处，至此全区辖9个镇19个乡1个社区街道办事处。

至2007年底，元坝区行政区划无变化。

广元市元坝区 1986—2007 年行政区划表

表 1－2

乡镇名	分时段归属的上一级单位				备　注
	1986 年 11 月至 1989 年 2 月	1989 年 2 月至 1992 年 9 月	1992 年 10 月至 1995 年 11 月	1995 年 11 月至 2007 年 12 月	
元坝镇	市中区中心区	卫子区—元坝区直辖	元坝区	元坝区	
昭化镇	市中区卫子区	昭化办事处	元坝区	元坝区	
卫子镇	市中区卫子区	卫子办事处	元坝区	元坝区	
王家镇	市中区卫子区	王家办事处	元坝区	元坝区	1992－09 文村乡王家乡合并建王家镇
磨滩镇	市中区卫子区	王家办事处	元坝区	元坝区	1993－04 小新乡磨滩乡合并建磨滩镇
柏林沟镇	市中区卫子区	卫子办事处	元坝区	元坝区	1995－11 撤柏林沟乡建柏林沟镇
太公镇	市中区卫子区	虎跳办事处	元坝区	元坝区	1992－09 张家乡太公乡合并建太公镇
虎跳镇	市中区卫子区	虎跳办事处	元坝区	元坝区	
红岩镇	市中区卫子区	昭化办事处	元坝区	元坝区	1995－11 撤红岩乡建红岩镇
晋贤乡	市中区卫子区	王家办事处		元坝区	1992－09 并入卫子镇，1995－11 复乡
文村乡	市中区卫子区	王家办事处		元坝区	1992－09 撤乡，1995－11 复乡
清水乡	市中区卫子区	卫子办事处	元坝区	元坝区	
张家乡	市中区卫子区	虎跳办事处		元坝区	1992－09 撤乡，1995－11 复乡
香溪乡	市中区卫子区	虎跳办事处		元坝区	1992－09 并入虎跳镇，1995－11 复乡
青牛乡	市中区卫子区	虎跳办事处		元坝区	1992－09 并入虎跳镇，1995－11 复乡
陈江乡	市中区卫子区	虎跳办事处		元坝区	1992－09 并入虎跳镇，1995－11 复乡
丁家乡	市中区卫子区	虎跳办事处		元坝区	1992－09 并入黄龙乡，1995－11 复乡
黄龙乡	市中区卫子区	虎跳办事处	元坝区	元坝区	
石井铺乡	市中区卫子区	卫子办事处	元坝区	元坝区	1992－09 由新场乡易名
白果乡	市中区卫子区	卫子办事处	元坝区	元坝区	
梅树乡	市中区卫子区	卫子办事处		元坝区	1992－09 并入卫子镇，1995－11 复乡
明觉乡	市中区卫子区	昭化办事处	元坝区	元坝区	
射箭乡	市中区卫子区	昭化办事处	元坝区	元坝区	
朝阳乡	市中区卫子区	昭化办事处		元坝区	1992－09 并入昭化镇，1995－11 复乡
大朝乡	市中区卫子区	昭化办事处		元坝区	1992－09 并入昭化镇，1995－11 复乡
沙坝乡	市中区卫子区	昭化办事处	元坝区	元坝区	
紫云乡	市中区卫子区	王家办事处		元坝区	1992－09 并入元坝镇，1995－11 为独立工委，1997 年复乡

续表

乡镇名	分时段归属的上一级单位				备　注
	1986年11月至1989年2月	1989年2月至1992年9月	1992年10月至1995年11月	1995年11月至2007年12月	
柳桥乡	市中区中心区	卫子区—元坝区直辖		元坝区	1992-09并入元坝镇，1995-11为独立工委，1997年复乡
拣银岩社区街道办事处				元坝区	2002年9月正式挂牌

第二节　区公所 办事处

一、沿革

区公所（简称区）属县政府的派出机构，现已无存。在民国时期，为团区、指导区、区署等，管辖部分保、联保、乡镇。中华人民共和国成立后，1950年仍沿设区署，1951年5月，改区署为区公所，1952年为区人民政府，1953年恢复区公所至1968年。1968年10月，各区相继成立革命委员会，代替区公所职能。1981年撤销区革命委员会，恢复区公所。1986年11月，撤昭化、虎跳、王家3个区，将所辖乡镇划归卫子区，属广元市市中区。1987年2月，卫子区公所设昭化、虎跳、卫子、王家四个工作组。1989年2月16日，经市人民政府批准在原昭化、虎跳、卫子、王家区公所驻地置办事处，各领原区公所管辖的乡镇，工作组撤销，属广元市市中区卫子区。同年8月，经国务院批准建立广元市元坝区，撤销卫子区。1992年9月，撤昭化、虎跳、卫子、王家4个办事处。

区公所、区革命委员会、工作组、办事处设有领导机构和办事机构，负责指导管理辖区内乡镇（公社）的各项工作。区委、区公所主要负责人有书记、副书记、区长、副区长，区革命委员会、工作组、办事处设书记、副书记、主任、副主任。领导机构人选由县（区）委、县革命委员会、县（区）人民政府任命，内设办公室。20世纪50~70年代，县委、县政府及有关部门先后下派或配置驻区的干部或工作人员有：武装部长、公安特派员、组织干事、财政干事、青年干事（后为团委书记）、妇联主任、会计辅导员、水利员、林业员、蚕桑员等。20世纪80年代后，相继设置了财政所、派出所、法庭、计划生育办公室、乡镇企业办公室、教育办公室、水电管理站、林业管理站、农经农技服务站等10多个机构，还设置了纪检、国土等专职干部。逐步配置了与县（区）相关部门配套，面向基层、服务群众的机构和人员。所有驻区机构及人员在区委、区公所、工作组、办事处的领导下，在上级相关业务部门的指导下，具体负责和组织指导辖区内的相关工作。

二、区、办事处简介

昭化区、昭化办事处　昭化区位于广元市元坝区西北部，其时境域东靠今广元市利州区龙潭乡，南接剑阁县剑门关镇和张王乡，西连利州区赤化镇和剑阁县下寺镇，北与利州区盘龙镇和宝轮镇毗邻。治昭化镇，距元坝城区55公里*①。1990年第四次全国人口普查总户数为12877户，总人口为52488人。1992年，撤办事处时，有昭化镇和射箭、明觉、红岩、沙坝、大朝、朝阳6个乡，46个村，324

个村民小组，境域面积316.3平方公里，年末实有耕地面积4044.7公顷。

民国《昭化职员名册》载，民国时期，昭化城区曾设置城厢团区、联保、指导区。民国24年（1935年）4月红四方面军建昭化区苏维埃政权，属赤化县苏维埃，治昭化城，辖石盘乡苏维埃。同年红军撤离后，区、乡苏维埃撤。民国政府随即设第一（城厢）区。民国29年（1940年）派指导员，设置指导区，编为第三指导区。辖城厢、宝轮、盘龙、射箭、大朝5个联保处，同年撤大朝联保处，将其辖保分别并入宝轮、城厢、射箭3个联保处，随即改宝轮、城厢联保处为宝轮、城厢镇；盘龙、射箭联保处为盘龙、射箭乡。民国30年（1941年）又改宝轮镇为宝轮乡。民国34年（1945年）将宝轮乡划出建第四指导区，民国36年（1947年）撤，复将宝轮乡并入第三指导区。民国36年（1947年）分城厢镇和宝轮、射箭2个乡的各一部分保，建置大朝乡。

中华人民共和国成立后的初期，仍沿袭旧区划，建昭化县城关区，辖城厢镇和大朝、射箭乡，治赵家大院。1950年，改城厢镇为城关镇，分射箭乡东南境置明觉乡，分大朝乡东南境置朝阳乡，成立射箭、明觉、大朝、朝阳乡农会。1951年2月，分城关镇西北境置石盘乡，治石盘场，改城关镇为城关乡，治城南巷子；当年建射箭、明觉、大朝、朝阳乡人民政府，分大朝乡北境置梨树乡；分射箭乡东境置板石乡，治三岔河；当年将梨树乡划归宝轮区。1951年10月，析石盘乡而建曲回乡，治虎头寺。1952年8月又分石盘乡东境和城关乡摆宴村置五佛乡，当年即撤，将村复原；同年分明觉、板石2乡各一部分村置潼梓乡*②，属城关区；将明觉乡划归新置的红岩区。1953年分朝阳乡西置柏林乡，治白家山。1955年撤红岩区后，将红岩、复兴、沙坝、明觉、白果、山溪6乡划归城关区；同年12月撤城关、石盘2乡，所辖村并入曲回乡；撤潼梓乡并入明觉乡，撤板石乡并入射箭乡，撤柏林乡并入朝阳乡，撤山溪乡并入白果乡，撤复兴乡并入红岩乡*③。1959年昭化县并入广元县后，因重名改城关区为昭化区，治今昭化镇。1965年将白果人民公社划归卫子区，时辖曲回、大朝、朝阳、射箭、明觉、红岩、沙坝7个人民公社。1968年11月26日成立昭化区革命委员会，代替昭化区公所职能。1981年撤销区革命委员会，恢复昭化区公所。1985年2月，撤广元县，建广元市，设广元市市中区，昭化区公所属广元市市中区，辖昭化镇和射箭、明觉、红岩、沙坝、大朝、朝阳6个乡。1986年11月撤昭化区公所，所辖乡镇划归卫子区公所，属广元市市中区。1987年2月，设昭化工作组，1989年2月撤工作组设昭化办事处，领原昭化区公所管辖的7个乡镇。1989年8月撤卫子区，建元坝区，属广元市元坝区。1992年9月，撤昭化办事处。

虎跳区、虎跳办事处 虎跳区位于元坝区南部，南与苍溪县接壤，西与剑阁县为邻。治虎跳镇，距元坝城区61公里。1990年第四次全国人口普查总户数为13429户，总人口为55245人。1992年年撤办事处时，有虎跳镇和青牛、陈江、丁家、黄龙、太公、张家、香溪7个乡，58个村，354个村民小组，境域面积324.5平方公里，年末实有耕地面积4859.40公顷。

清时属昭化县积阳里，辖邢、刘、沈、张、姜、马6个旗及漩口、苏山2个保，属昭化县。民国初设虎跳团区，约辖虎跳镇和陈江、青牛、香溪3个乡。民国22年（1933年）9月红四方面军在境内虎跳驿、太公寺建立乡苏维埃，分别隶属梅树铺、永宁铺区苏维埃。民国24年（1935年）红四方面军撤离后，乡苏维埃撤。民国24年（1935年）后置第二（虎跳）区署，属昭化县，辖虎跳、太公、黄金口、鸳溪、龙凤5个联保。民国34年（1945年）因撤第一（城厢）区后，改区序为第一（虎跳）区署。民国29年（1940年）撤鸳鸯联保办事处，将辖保分别并入虎跳、龙凤2个联保；撤太公联保，将辖保并入黄龙联保。随即改虎跳联保为虎跳镇，改黄龙、龙凤2个联保为乡。民国30年（1941年）改虎跳镇为虎跳乡。民国36年（1947年）从虎跳、龙凤2个乡境各分出一部分保置鸳鸯乡。

中华人民共和国成立后的初期，仍沿袭旧区划。1950年置虎跳区，治今虎跳镇，属昭化县，辖虎跳、黄龙、龙凤、鸳鸯4个乡。同年又分出龙凤、鸳鸯2个乡建龙凤区。1951年分虎跳东境置香溪乡，北境置张家乡，西境置陈家乡；分黄龙乡北境和东北境分别置白果乡和麻石乡，分东南境置太公乡。1951年11月分虎跳、香溪2个乡各一部分村置坳盘乡。1952年3月撤坳盘乡，将其辖村分别划归虎跳、张家、香溪3个乡；4月分出黄龙乡的双龙、青龙、玉罗村及虎跳乡的杨家河等地，置丁家乡；5月分张家乡西境置回龙乡。同年，将龙凤区的青牛乡划入；将黄龙、麻石、白果3个乡划归新置的红岩区。1955年撤红岩区后，将黄龙、麻石二乡划入虎跳区；同年12月撤回龙乡，将其辖村并归虎跳、张家2个乡。1956年撤陈家、青牛2个乡，将其辖村并入虎跳乡；撤丁家、麻石2个乡，将其辖村并归黄龙乡。1958年又从虎跳乡分出原青牛、陈家乡境，复置青牛、陈家乡。同年政社合一改乡为人民公社，虎跳区时辖虎跳、青牛、陈家、黄龙、太公、张家、香溪7个人民公社。1959年昭化县并入广元县后，属广元县。同年改陈家为陈江人民公社。1961年从黄龙人民公社分村置丁家人民公社。时辖虎跳、青牛、陈江、丁家、黄龙、太公、张家、香溪8个人民公社。1968年成立虎跳区革命委员会，代替虎跳区公所职能。1981年撤销虎跳区革命委员会，恢复虎跳区公所。1984年政社分设，改人民公社为乡、镇。1985年2月，撤广元县，建广元市，设广元市市中区，虎跳区公所属广元市市中区。1986年11月撤虎跳区公所，所辖乡镇划归卫子区，属广元市市中区。1987年2月设虎跳工作组，1989年2月经市人民政府批准撤工作组设虎跳办事处，辖原虎跳区公所下属的8个乡镇。1989年8月撤卫子区建元坝区，属广元市元坝区。1992年9月撤虎跳办事处。

王家区、王家办事处　王家区位于元坝区西南部，东界旺苍县，南邻苍溪县。治王家镇，距元坝城区39公里。1990年第四次全国人口普查总户数为9577户，总人口40034人。1992年撤办事处时，有王家、文村、观音、晋贤、紫云5个乡，35个村，214个村民小组，境域面积276.22平方公里，年末实有耕面积2365.80公顷。

《广元历史地名词典》载，今王家镇境内，西魏、北周曾设义城县治；唐改为义清县、胤山县治；宋改设平蜀县治。境域明、清隶属柏龙里（乡）金帽堡。民国初先后属金帽乡、第十四（金帽）团区。民国22年（1933年）7月红四方面军建王家区苏维埃，属嘉陵县苏维埃，治王家乡场。民国24年（1935年）红四方面军西渡嘉陵江后，区苏维埃废。后属金帽联保、金帽乡（王家乡）。

中华人民共和国成立后的初期，沿袭旧区划。1950年建王家区，属广元县，治王家乡场，辖王家乡和元坝乡。当年即分王家乡西北境置晋贤乡，东北境置观音乡；分元坝乡东南置麻柳乡，分南境置杏树乡和紫云乡。年末区辖7乡：王家、晋贤、观音、元坝、麻柳、杏树、紫云。1951年从新场区划云台乡入王家区。同年，又分王家乡东南境置文星乡，分云台乡南境置文村乡，分晋贤乡东境置田家乡，分麻柳乡南境置分水乡；并改麻柳乡为柳桥乡。当年又将元坝、柳桥、杏树、紫云、分水5个乡划归新置的广元县大坝区。1953年撤云台乡，将其辖村分别并入文星、文村2个乡；撤田家乡，将其辖村并入晋贤乡；撤分水乡，将其辖村并入柳桥乡。1954年12月撤文星乡，将其辖村并入王家乡。1955年大坝区撤销，将其所辖的今境域在元坝区内的元坝、柳桥、杏树3乡划归广元县大石区，将紫云乡划入广元县王家区，将梅树乡划归广元县新场区。1955年杏树乡并入元坝乡，1957年3月从元坝乡分出复置，1958年3月再次并入元坝乡。1958年政社合一改乡为人民公社，王家区时辖王家、晋贤、观音、文村、紫云5个人民公社，属广元县。因修建紫云水库，1975年将紫云公社的建国、勇敢2个大队划归旺苍县白水公社，将元坝公社的嘉川、三清2个大队划归紫云公社。1968年成立王家区革命委员会，代替王家区公所职能。1981年撤销王家区革命委员会，恢复王家区公所。1984年政社分设，改人民公社为乡、镇。1985年2月，撤广元县，建广元市，设广元市市中区，王家区公所属广元市市中区。1986年11月撤王家区公所，所辖乡划归卫子区公所，属广元市市中区。1987年2月设王家工作组，1989 年 2 月经市人民政府批准撤工作组设王家办事处，领原王家区公所管辖的 5 个乡。1989 年 8 月撤卫子区建元坝区，属广元市元坝区。1992 年 9 月撤王家办事处。

卫子区、卫子办事处 卫子区位于元坝区中部，治卫子镇，距元坝城区 25 公里。1990 年第四次全国人口普查，总户数为 13232 户，总人口为 54302 人。1992 年撤卫子办事处时，有卫子镇和清水、柏林沟、新场、梅树、白果 5 个乡，47 个村，376 个村民小组，境域面积 370.8 平方公里，年末实有耕地面积 5053.40 公顷。

境域明、清时先后属柏龙里（乡）柏龙堡。民国初属金帽乡、第十四（金帽）团区。民国 22 年（1933 年）红四方面军在梅树铺设区苏维埃，隶属嘉陵县苏维埃。辖三元场、潼梓观、三岔河、刘家角、明觉寺、易家湾、石井铺、老湾、杨家嘴、马鞍山 10 个乡苏维埃，31 个村苏维埃，民国 24 年（1935 年）红四方面军西渡嘉陵江后，区、乡苏维埃撤。后属柏龙联保、柏龙乡。

中华人民共和国成立后，1950 年分柏龙乡公所和龙潭乡公所南境置新场区，属广元县，治新场乡场。同年撤柏龙乡建新场乡，分北境置石井乡，分东境置云台乡，分南境置清水、龙凤、柏林 3 乡；分龙潭乡南境置梅树、柏佛 2 乡。年末辖新场、石井、云台、清水、龙凤、柏林、龙潭、梅树、柏佛 9 乡。1951 年又分新场、梅树 2 个乡的部分地域建硙子乡；分柏林乡建共和乡；分新场乡南境置解放乡；将云台乡划归王家区；将龙潭、梅树、柏佛 3 个乡划归新建的大坝区。1953 年撤硙子乡，将其辖村分别并归石井、新场 2 个乡；撤解放乡，辖村并归新场乡。1955 年撤销大坝区后，复将梅树乡划入；同年撤共和乡，将其辖村分别并归新场、柏林 2 个乡。1956 年 3 月撤龙凤乡，辖村并归清水乡。1958 年撤石井乡，将辖村分别并归梅树、新场 2 个乡；时辖新场、柏林、清水、梅树 4 个乡。同年政社合一撤乡建人民公社。1961 年从梅树、新场 2 个人民公社中各分出部分大队建硙子人民公社。时辖新场、柏林、清水、梅树、硙子 5 个人民公社。60 年代改硙子为卫子。1965 年新场区公所迁卫子更名为卫子区。同年将昭化区的白果人民公社划归卫子区。时辖卫子、新场、柏林、清水、梅树、白果 6 个人民公社。1968 年成立卫子区革命委员会，代替卫子区公所职能。1981 年撤销卫子区革命委员会，恢复卫子区公所。1984 年政社分设，改人民公社为乡、镇。1985 年 2 月，撤广元县，建广元市，设广元市市中区，卫子区公所属广元市市中区。1986 年 11 月撤昭化、虎跳、王家 3 个区公所，将其所辖的昭化、虎跳 2 个镇和 18 个乡划归卫子区（时称“卫子大区”），时辖 2 个镇，24 个乡。1987 年 2 月设卫子（小区）工作组，1989 年 2 月经市人民政府批准撤工作组设卫子办事处，领原卫子小区所辖的 6 个乡镇。同年 8 月经国务院批准撤销卫子区，建立元坝区，属广元市元坝区。1992 年 9 月撤卫子办事处。

* 注：①本节和第三节“乡镇简介”所述场镇间距离都是指公路里程（非高速公路），乡镇地理位置均指其治地所在的大概经度和纬度；②、③《中国共产党四川省广元市市中区组织史资料》（1933.7—1987.10）记：1950 年 2 月建潼梓乡公所，1953 年 12 月复兴乡并入红岩乡，本志采用 1988 年 7 月版广元县《昭化区志》（内部资料）的记述。

第三节 乡镇简介

元坝镇 位于元坝区东北部，地理位置约北纬 32°19′，东经约 105°58′。镇人民政府驻元坝镇陶朱街，距广元中心城区 24 公里。长滩河经元坝镇呈“U”形曲流，在凸岸形成三面环水之圆形冲积坝，取“圆”之谐音“元”，故命名为“元坝”。元坝镇东邻柳桥乡和拣银岩社区街道办事处，西界利州区的龙潭乡和大石镇，南连紫云乡，北接广元市利州区大石、荣山镇。2007年年末，境域面积53.35平方公里，实有耕地面积467公顷，辖11个村，69个村民小组，4个居民委员会，12个居民小组，总户数10718户，总人口26249人，其中：农业人口11909人，非农业人口14340人。当年，地区生产总值实现25704万元，农民人均所得3200元。

境域清时属广元县则天乡三山堡，清末属广元县大石乡三山堡。民国初属广元县第二（大石）团区三山堡。民国22年（1933年）7月川陕省苏维埃建嘉陵县，属川陕省苏维埃，治今元坝镇西老场上，辖元坝子、大石板、鱼洞河、王家坝、梅树铺、永宁铺6个区苏维埃。民国23年（1934年）将广元县苏维埃（治旺苍坝）的第六（李家坝）、第十（白水）2个区苏划入。至此共辖8个区苏维埃，58个乡苏维埃。元坝子区苏维埃辖元坝子、杏树垭、杨家屯、杨家湾、张坝、吕家湾6个乡苏维埃，24个村苏维埃。民国24年（1935年）红四方面军西渡嘉陵江后，县、区、乡、村苏维埃废。同年置三山联保。民国29年（1940年）属广元县元坝乡。

1950年分元坝乡建麻柳乡，属广元县王家区。1951年在大坝场置大坝区，元坝乡及析分而生的乡均属大坝区。1955年撤大坝区，元坝乡划入广元县大石区；1955年和1958年先后两次将杏树乡并入元坝乡，仍属广元县大石区。1958年政社合一，将柳桥乡并入，建元坝人民公社。1961年将原柳桥乡划出。1968年成立元坝公社革命委员会，代替公社管理委员会。1975年元坝公社住址迁到砖灰村，同年将嘉川、三清大队划入紫云公社。1981年撤销公社革命委员会，恢复公社管理委员会，属广元县大石区。1984年政社分设为元坝乡，属广元县大石区。1985年撤元坝乡建元坝镇。1985年2月，属广元市市中区大石区。1986年11月，属广元市市中区中心区。1989年2月，元坝镇划归广元市市中区卫子区。同年8月建立元坝区后，属广元市元坝区。1992年9月，柳桥乡、紫云乡及卫子镇的金华村划入元坝镇。1995年11月，柳桥、紫云（金华村归入紫云）划出，分别建工委，1997年复置柳桥乡、紫云乡。

柳桥乡 位于元坝区东北部，地理位置北纬32°17″，东经105°59′。治麻柳桥，距元坝城区4.5公里。始名麻柳乡，因地而名。柳桥乡东与旺苍白水镇接壤，南靠紫云乡，西与元坝镇相连，北与拣银岩社区街道办事处和广元市利州区荣山镇毗邻。2007年年末，境域面积41.76平方公里，实有耕面积276公顷，辖5个村，29个村民小组，总户数1593户，总人口5768人，其中：农业人口5661人，非农业人口107人。当年，地区生产总值实现2407万元，农民人均所得3001元。

境域清时属广元县则天乡三山堡，清末属广元县大石乡三山堡。民国初属广元县第二（大石）团区三山堡。民国22年（1933年）7月红四方面军曾于乡境建吕家湾、八角地乡苏维埃，分属元坝子和白水区苏维埃管辖。吕家湾乡苏维埃以驻地吕家湾故名，辖一（袁家沟）、二（步家坝）、三（王家沟）、四（吕家湾）、五（翁家坝）、六（何家湾）、七（蒲家湾）、八（小子山）8个村苏维埃；八角地乡苏维埃治今柳桥乡分水岭村境，辖一（八角地）、二（潭家湾）、三（普子垭）3个村苏维埃。民国24年（1935年）红四方面军西渡嘉陵江后，乡、村苏维埃废。

1950年置麻柳乡，属广元县王家区。1951年更名为柳桥乡；同年分乡东南境置分水乡，同属新建的广元县大坝区。1953年撤分水乡人。1955年属广元县大石区。1958年政社合一并归元坝人民公社。1961年从元坝人民公社分出，置柳桥人民公社。1968年成立柳桥公社革命委员会，代替公社管理委员会。1981年撤销公社革命委员会，恢复公社管理委员会，属广元县大石区。1984年政社分设为柳桥乡。1985年2月属广元市市中区大石区。1986年11月属广元市市中区中心区。1989年2月18日，广元市人民政府批复，将柳桥乡由广元市市中区中心区划归广元市市中区卫子区。1992年9月撤乡归入元坝镇。1995年11月从元坝镇划出建柳桥独立工委。1997年复置柳桥乡，属广元市元坝区。

紫云乡 位于元坝区东北部，地理位置北纬32°15′，东经105°54′。乡政府驻双洞桥，距元坝城区15公里。初治云雾村境新场沟，以古庙前紫荆树的“紫”字和云雾山的“云”字而命乡名。紫云乡东邻旺苍县白水镇，南界晋贤乡，西连梅树乡，北依柳桥乡、元坝镇及广元市利州区龙潭乡。2007年年末，境域面积53.17平方公里，实有耕地面积169公顷，辖6个村，33个村民小组，总户数1281户，总人口4547人，其中：农业人口4517人，非农业人口30人。当年，地区生产总值实现1894万元，农民人均所得2564元。

今境域清时大部疑属广元县柏龙乡金帽堡，清末属广元县金帽乡金帽堡。民国初属广元县第十四（金帽）团区金帽堡。1933年7月红四方面军曾于乡境建中槽乡苏维埃，治今紫云乡中槽村，属白水区苏维埃管辖。辖中槽沟、张家庙、紫云3个村苏维埃。1935年红四方面军撤离后，乡、村苏维埃废。

1950年分元坝乡南境置紫云乡，属广元县王家区。1951年划属广元县大坝区。1955年复属广元县王家区。1958年政社合一建紫云人民公社。1968年成立紫云公社革命委员会，代替公社管理委员会。1975年将建国、勇敢2个大队划归旺苍县白水公社，将元坝公社的嘉川、三清2个大队划入，并迁治韩家垭。1981年撤销公社革命委员会，恢复公社管理委员会，属广元县王家区。1984年政社分设为紫云乡，先治韩家垭，后治双洞桥。1985年2月属广元市市中区王家区，1986年11月属广元市市中区卫子区。1989年2月，卫子区公所下设王家办事处，辖紫云乡等乡镇。1992年9月撤乡与卫子镇的金华村一并归入元坝镇。1995年11月从元坝镇划出建紫云独立工委（含金华村）。1997年复置紫云乡，属广元市元坝区。

王家镇 位于元坝区东南部，地理位置北纬32°09′，东经105°57′。镇政府驻王家场，距元坝城区39公里。因故地居民多王姓，故名。王家镇东与磨滩镇相邻，东南与苍溪县交界，南连文村乡，西与柏林沟镇和卫子镇毗邻，北与晋贤乡接壤。2007年年末，境域面积67.60平方公里，实有耕地面积970公顷，辖11个村，1个居民委员会，72个村民小组，3个居民小组，总户数4143户，总人口13449人，其中：农业人口12557人，非农业人口892人。当年，地区生产总值实现4976万元，农民人均所得2100元。

境域清时属广元县柏龙乡（治今柏林沟场）金帽堡，清末属广元县金帽乡（治今王家场）金帽堡。民国初属广元县第十四（金帽）团区金帽堡。民国22年（1933年）7月红四方面军建嘉陵县王家坝区苏维埃政权，治王家乡场。辖王家坝、观音、龙凤场、云台场、罗汉寺、碑儿梁、上房岭7个乡苏维埃。王家乡境内置王家坝、碑儿梁两个乡苏维埃，9个村苏维埃。王家坝乡苏维埃辖汪家坝、马家梁、二房、红庙4个村苏维埃。碑儿梁乡苏维埃驻今王家镇檀木村境，以驻地碑儿梁命名。辖范家塝、马家庙、秧田沟、道角垭、马家寨5个村苏维埃。民国24年（1935年）红四方面军西渡嘉陵江后，区、乡、村苏维埃废。民国29年（1940年），属广元县第一（城厢）指导区金帽乡（治王家场）。民国33年（1944年）划属新置第三（大石）指导区，改名王家乡，辖第一至第十保。

1950年6月建王家乡公所；10月建王家乡人民政府。当年分乡东北境置观音乡，分乡西北境置晋贤乡，均属广元县王家区。1951年分东南境东建文星乡。1954年末将文星乡并入王家乡。1958年政社合一为王家人民公社，属广元县王家区。1968年成立王家公社革命委员会，代替公社管理委员会。1981年撤销公社革命委员会，恢复公社管理委员会，属广元县王家区。1984年政社分设为王家乡。1985年2月属广元市市中区王家区。1986年11月撤王家区，属广元市市中区卫子区。1989年2月卫子区公所下设王家办事处，辖王家乡等乡镇。1992年9月撤王家办事处，将文村、王家乡合并建王家镇，属广元市元坝区。1995年复置文村乡。

晋贤乡 位于元坝区中部偏东，地理位置北纬32°11′，东经105°56′。治道角村境，距元坝城区31公里。建乡之时，乡政府驻保民村境腊堂坡，以“晋贤慈善斋堂”取名。晋贤乡东邻磨滩镇，南接王家镇，西依卫子镇，北界紫云乡。2007年年末，境域面积53.75平方公里，实有耕地面积427公顷，辖6个村，40个村民小组，总户数2194户，总人口7863人，其中：农业人口7737人，非农业人口126人。当年，地区生产总值实现2445万元，农民人均所得2468元。

境域清时属广元县柏龙乡金帽堡，清末属广元县金帽乡金帽堡（其时昭化县在其境内有一小块“飞地”，并跨至今磨滩镇内原观音乡境，清道光《重修昭化县志》记为“巾帽堡”）。民国初属广元县第十四（金帽）团区金帽堡。民国22年（1933年）7月红四方面军在今晋贤乡道角村境建上房岭乡苏维埃，辖梁家坪、中山观、杨家湾、斋堂4个村苏维埃。民国24年（1935年）红四方面军西渡嘉陵江后，乡、村苏维埃废。民国29年（1940年）属金帽乡，民国33年（1944年）属王家乡。

1950年置晋贤乡，属广元县王家区。1951年分东境建田家乡。1953年撤田家乡，将其辖村并入。1958年政社合一为晋贤人民公社，属广元县王家区。1961年迁治放马坪。1966年将新荣大队划归卫子公社，1968年成立晋贤公社革命委员会，代替晋贤公社管理委员会。1981年撤销公社革命委员会，恢复公社管理委员会，属广元县王家区。1984年政社分设置晋贤乡。1985年属广元市市中区王家区，1986年11月属广元市市中区卫子区。1989年2月卫子区公所下设王家办事处，辖晋贤乡等乡镇。1992年9月撤乡并入卫子镇，1995年复置晋贤乡，属广元市元坝区。

磨滩镇 位于元坝区东部，地理位置北纬32°09′，东经106°03′′。镇政府驻磨滩子，距元坝城区53公里。因治地河滩中有一大石形似磨，故名。磨滩镇东、北与旺苍县交界，南与苍溪县毗邻，西与晋贤乡、王家镇相连。2007年年末，境域面积91.20平方公里，实有耕地面积811公顷。辖13个村，73个村民小组，总户数3327户，总人口11848人，其中：农业人口11567人，非农业人口281人。当年，地区生产总值实现4179万元，农民人均所得1935元。

今境域一部（原观音乡境）清时属广元县柏龙乡金帽堡，清末属广元县金帽乡金帽堡。民国初属广元县第十四（金帽）团区金帽堡。民国22年（1933年）7月，红四方面军于今镇境内建嘉陵县王家坝区观音乡苏维埃政权、白水区磨滩子乡苏维埃政权（时属于广元县苏维埃）。观音乡苏维埃治今磨滩镇百胜村境，辖杨家梁、大田湾、三清庙、高家沟、罗家院、田家沟6个村苏维埃；磨滩子乡苏维埃治磨滩子场上，辖五颗碑村苏维埃。民国24年（1935年）红四方面军西渡嘉陵江后，乡、村苏维埃废。后境属广元县金帽乡、王家乡。

1950年建观音乡公所，治观音乡百胜村境，属广元县王家区；同年10月建观音乡人民政府。因原驻地偏西，曾迁金包村境稻子塝、孙家坝、董家沟，1957年始治今长青村境长青坝。1958年政社合一为观音人民公社。1968年成立观音公社革命委员会，代替公社管理委员会。1981年撤销公社革命委员会，恢复公社管理委员会。1984年政社分设为观音乡，1985年2月属广元市市中区王家区，1986年11月属广元市市中区卫子区，1989年2月属王家办事处，1992年9月撤王家办事处，属广元市元坝区。1992年9月观音乡更名为磨滩乡，治地由长青坝迁磨滩场；1993年4月苍溪县小新乡划入元坝区，同时撤销小新乡和磨滩乡，建磨滩镇，治磨滩场，辖原小新乡和磨滩乡所属行政区域，属广元市元坝区。

文村乡 位于元坝区东南部，地理位置北纬32°02′，东经105°58′′。乡政府驻双龙桥村，距元坝城区57公里。乡以驻地文昌庙的“文”字和赖椿坝的“椿”之谐音“村”字而名。文村乡东、南邻苍溪县龙王乡和两河乡，西界柏林沟镇，北连王家镇。2007年年末，境域面积44.30平方公里，实有耕地面积488公顷，辖7个村，44个村民小组，总户数1992户，总人口6955人，其中：农业人口

6770 人，非农业人口 185 人。当年，地区生产总值实现 2300 万元，农民人均所得 2514 元。

境域清时属广元县柏龙乡柏龙堡，清末属广元县金帽乡柏龙堡。民国初属广元县第十四（金帽）团区柏龙堡。民国 22 年（1933 年）7 月红四方面军在境内建云台场乡苏维埃。以驻地云台场命名，属王家坝区苏。辖赖椿坝、云台场、柱国寺 3 个村苏维埃。民国 24 年（1935 年）红四方面军西渡嘉陵江后，乡、村苏维埃废。之后属柏龙联保、柏龙乡。

1951 年析云台乡南境置文村乡，属广元县王家区。1953 年撤云台乡，将其云台、新华、前进 3 个村并入。1958 年政社合一建文村人民公社，属广元县王家区。1968 年成立文村公社革命委员会，代替公社管理委员会。1981 年撤销公社革命委员会，恢复公社管理委员会，属广元县王家区。1984 年政社分设置文村乡。1985 年属广元市市中区王家区，1986 年 11 月属广元市市中区卫子区。1989 年 2 月卫子区公所下设王家办事处，辖文村乡等乡镇。1992 年 9 月撤王家办事处，与王家乡合并建王家镇。1995 年复置文村乡，属广元市元坝区。

柏林沟镇 位于元坝区南部，地理位置北纬 32°05′，东经 105°52′。镇政府驻柏林沟古柏林驿，距元坝城区 41 公里。据清乾隆壬戌碑记：“柏林沟广善寺为汉代名刹，寺前大柏树一株，院内二株，故曰柏龙乡，又曰柏林沟。”柏林驿自元、明以来为县至府城之重要驿站。柏林沟镇东连文村乡、王家镇，南界清水乡，西邻太公镇，北接石井铺乡、卫子镇。2007 年年末，境域面积 49. 60 平方公里，实有耕地面积 541 公顷，辖 7 个村，46 个村民小组，总户数 2158 户，总人口 7755 人，其中：农业人口 7585 人，非农业人口 170 人。当年，地区生产总值实现 2486 万元，农民人均所得 2233 元。

境域清时属广元县柏龙乡柏龙堡，清末属广元县金帽乡柏龙堡。民国初属广元县第十四（金帽）团区柏龙堡。民国 22 年（1933 年）7 月在辖区内建岚黎寺、赤岚寺、姚家拐 3 个村苏维埃，隶属永宁铺区苏关帝庙乡苏。民国 24 年（1935 年）红四方面军西渡嘉陵江后，村苏废。民国 24 年（1935 年）属柏龙联保。民国 29 年（1940 年）属柏龙乡。

1950 年建柏林乡，属广元县新场区。1951 年 10 月分柏林乡东部建赤岚乡（同年改名共和乡）。1955 年 10 月撤共和乡析入柏林、新场乡。1958 年政社合一为柏林人民公社。1965 年新场区改名卫子区，属广元县卫子区。1959 年将新民大队划属太公公社。1968 年成立柏林公社革命委员会，代替公社管理委员会。1981 年撤销公社革命委员会，恢复公社管理委员会，属广元县卫子区。同年因柏林与绵阳地区其它县的公社重名，故改为柏林沟人民公社。1984 年政社分设为柏林沟乡。1985 年 2 月属广元市市中区卫子区。1989 年 2 月卫子区公所下设卫子办事处，辖柏林沟乡等乡镇。1995 年 11 月撤柏林沟乡，以原所辖行政区域建柏林沟镇，属广元市元坝区。

卫子镇 位于元坝区中部，地理位置北纬 32°10′，东经 105°52″。镇人民政府驻卫子寺，距元坝城区 25 公里。唐代建寺庙于镇南山顶，名“明空院”。因山顶形如磨盘，又称硙子寺。20 世纪 60 年代因“硙”字生僻，改“硙子寺”为“卫子寺”。镇以卫子寺而名。卫子镇东邻晋贤乡和王家镇，北与梅树乡接界，西连石井铺乡，南接柏林沟镇。2007 年年末，境域面积 53 平方公里，实有耕地面积 513 公顷，辖 7 个村，1 个居民委员会，53 个村民小组，3 个居民小组，总户数 2619 户，总人口 8370 人，其中：农业人口 7190 人，非农业人口 1180 人。当年，地区生产总值实现 3989 万元，农民人均所得 2346 元。

境域清时属广元县柏龙乡柏龙堡，清末属广元县金帽乡柏龙堡。民国初属广元县第十四（金帽）团区柏龙堡。民国 24 年（1935 年）属柏龙联保。民国 29 年（1940 年）属柏龙乡。

1951 年建硙子乡，属广元县新场区。1953 年撤硙子乡分别并入石井、新场两乡。1961 年分新场公社的硙子、快乐、和平 3 个大队和梅树公社的金华、新民、联合、团结 4 个大队，建硙子公社，属广元县新场区。1965年新场区公所迁卫子寺改名卫子区及卫子区公所，属广元县卫子区。1966年晋贤公社的新荣大队划入。1968年成立卫子公社革命委员会，代替公社管理委员会。1981年撤销公社革命委员会，恢复公社管理委员会，属广元县卫子区。1984年政社分设为卫子乡。1985年2月属广元市市中区卫子区。1987年5月19日，经省人民政府批准，撤卫子乡建卫子镇，辖原卫子乡所属行政区域。1989年2月广元市市中区卫子区公所下设卫子办事处，辖卫子镇等乡镇。1992年9月撤销卫子办事处，同月将晋贤、梅树乡并入卫子镇，属广元市元坝区，将原卫子镇金华村划入元坝镇。1995年将晋贤、梅树分出复乡。

梅树乡 位于元坝区北部，地理位置北纬32°15′，东经105°49′。乡政府驻梅树铺，距元坝城区24公里（经紫云、金华口）。以建乡时驻地命名。梅树铺位处元末明初阆中至利州的驿道（俗称“蜀道南路”）。梅树乡东邻紫云乡，南接卫子镇、石井铺乡，西与白果乡、明觉乡交界，北与广元市利州区龙潭乡相连。2007年年末，境域面积50.95平方公里，实有耕地面积330公顷，辖8个村，51个村民小组，总户数1832户，总人口6660人，其中：农业人口6507人，非农业人口153人。当年，地区生产总值实现2148万元，农民人均所得2618元。

境域清时属广元县柏龙乡柏龙堡，清末属广元县金帽乡柏龙堡。民国初属广元县第十四（金帽）团区柏龙堡。民国22年（1933年）7月红四方面军在距梅树铺1公里处的三元场建立临时区苏维埃，随后迁至梅树铺，属嘉陵县苏维埃，辖三元场、潼梓观、三岔河、刘家角、明觉寺、易家湾、石井铺、老湾、杨家嘴、马鞍山10个乡苏维埃，33个村苏维埃。民国24年（1935年）红四方面军西渡嘉陵江后，区、乡、村苏维埃废。之后属民国广元县龙潭联保。民国29年（1940年）隶属龙潭乡。

1950年建梅树乡，属广元县新场区。1952年划属新建的广元县大坝区。1953年撤柏佛乡，将其南境的2个村并入梅树乡。1955年大坝区撤销后，梅树乡划属广元县新场区。1958年政社合一为梅树人民公社。1961年将金华、团结、新民、联合4个村划出归硙子人民公社，属广元县新场区。1965年属广元县卫子区。1968年成立梅树公社革命委员会，代替公社管理委员会。1981年撤销革命委员会，恢复公社管理委员会，属广元县卫子区。1984年政社分设为梅树乡。1985年2月属广元市市中区卫子区。1989年2月卫子区公所下设卫子办事处，辖梅树乡等乡镇。1992年9月撤卫子办事处，梅树乡并入卫子镇。1995年复置梅树乡，属广元市元坝区。

石井铺乡 位于元坝区中部，地理位置北纬32°10′，东经105°49′。乡政府驻元柏村，距元坝城区32公里。石井铺昔为驿站铺，有井以青石垒砌，故名。石井铺乡东靠卫子镇，南连柏林沟、太公镇，西与白果、黄龙乡接界，北连梅树乡。2007年年末，境域面积80.10平方公里，实有耕地面积896公顷，辖10个村，85个村民小组，总户数3039户，总人口10581人，其中：农业人口10340人，非农业人口241人。当年，地区生产总值实现3464万元，农民人均所得2300元。

境域清时属广元县柏龙乡柏龙堡，清末属广元县金帽乡柏龙堡。民国初属广元县第十四（金帽）团区柏龙堡。民国22年（1933年）8月红四方面军建嘉陵县梅树铺区石井铺乡苏维埃政权，治今石井村境，以驻地石井铺命名，辖玉皇观、卫子、闫家湾、肖家寨、田家河、商家坝、茶店子、新场8个村苏维埃。民国24年（1935年）红四方面军西渡嘉陵江后，乡、村苏维埃废。同年属柏龙联保。民国29年（1940年）属柏龙乡。

1950年2月建广元县新场区公所。同年11月，建石井乡人民政府；1951年2月，建新场乡人民政府。石井乡治今石井村境，辖金印、石井、观音、团结、八庙、新民、联合、彭家、新生、金华10个村。1951年分新场乡西境置解放乡，辖解放、红星、长岭、共和、新民、大树6个村。1953年撤解放乡并入新场乡。1955年10月撤共和乡，其辖村分别入新场、柏林2乡。1958年9月撤石井乡，将石井、观音、八庙、彭家、新生、金印6个村并入新场乡，将其余4个村并入梅树乡，同属广元县新场区。1958年政社合一为新场人民公社。1961年将新场公社的硙子、快乐、和平3个大队划属硙子公社。1965年将区公所由新场迁往卫子，改名卫子区，属广元县卫子区。1966年将新场公社解放大队划属太公公社。1968年成立新场公社革命委员会，代替人民公社管理委员会。1981年撤销公社革命委员会，恢复公社管理委员会，属广元县卫子区。1984年政社分设为新场乡。1985年2月属广元市市中区卫子区。1989年2月，卫子区公所下设卫子办事处，辖新场乡等乡镇。1992年9月撤卫子办事处，改新场乡为石井铺乡，乡政府驻地由新场村迁元柏村，属广元市元坝区。

清水乡 位于元坝区南部，地理位置北纬32°02′，东经105°52′。乡以曾驻清水铺而命名。今治苍溪县永宁镇北头檬子包（清水乡普贤村五组），距元坝城区57公里。清水乡东与文村乡交界，南与苍溪县接壤，西与太公镇、张家乡毗连，北与柏林沟镇为邻。2007年年末，境域面积49.60平方公里，实有耕地面积703公顷，辖8个村，73个村民小组，总户数2950户，总人口11148人，其中：农业人口10889人，非农业人口259人。当年，地区生产总值实现3481万元，农民人均所得2641元。

境域清时属广元县柏龙乡柏龙堡，清末属广元县金帽乡柏龙堡。民国初属广元县第十四（金帽）团区柏龙堡。民国22年（1933年）7月红四方面军曾于乡境置清水铺、关帝庙、龙凤场、罗汉寺4个乡苏维埃，辖9个村苏维埃。清水铺、关帝庙乡苏维埃属永宁铺区苏维埃；龙凤场、罗汉寺乡苏维埃属王家坝区苏维埃。民国24年（1935年）红四方面军西渡嘉陵江后，乡、村苏维埃废。民国24年（1935年）之后属广元县柏龙联保、柏龙乡。

1950年建清水、龙凤乡，属广元县新场区。1956年3月，撤龙凤乡并入清水乡。1958年政社合一建清水人民公社，治清水乡龙凤场。1965年改新场区为卫子区后，属广元县卫子区。1959年将大树大队划归太公公社。1968年成立清水公社革命委员会，代替公社管理委员会。1981年撤销公社革命委员会，恢复公社管理委员会，属广元县卫子区。1984年政社分设为清水乡。1985年2月属广元市市中区卫子区。1989年2月卫子区公所下设卫子办事处，辖清水乡等乡镇。1992年9月撤卫子办事处，属广元市元坝区。

太公镇 位于元坝区中部偏西南，地理位置北纬32°04′，东经105°48′。镇政府驻地太公寺，距元坝城区45公里。因寺内供姜子牙（姜太公）塑像，故名。太公镇东连石井铺、清水乡，南接张家乡，西接丁家乡，西北与黄龙乡毗邻。2007年年末，境域面积43.55平方公里，实有耕地面积718公顷，辖9个村，1个居民委员会，54个村民小组，3个居民小组，总户数2406户，总人口8935人，其中：农业人口8414人，非农业人口521人。当年，地区生产总值实现4479万元，农民人均所得2512元。

境域清代属昭化县积阳里刘旗（保）。民国初属黄龙团区。民国22年（1933年）7月红四方面军建太公寺乡苏维埃政权，属永宁铺苏区，以乡驻地太公寺命名。辖蒋家嘴、三房岭、玄真观3个村苏维埃。同年8月红四方面军在乡境建马鞍山乡苏维埃，属梅树铺区苏维埃，治今太公镇红卫村境，乡以驻地马鞍山命名。辖象鼻、庙儿顶2个村苏维埃。民国24年（1935年）红四方面军西渡嘉陵江后，乡、村苏维埃废。后设太公联保处，属第二区（虎跳区）。民国29年（1940年）属黄龙乡。

1951年分黄龙乡境建太公乡，属昭化县虎跳区。1958年政社合一，建太公人民公社。1959年随昭化县并入广元县，属广元县虎跳区。同年将柏林沟公社的新民和清水公社的大树2个大队划入。1966年将新场公社解放大队划入。1968年成立公社革命委员会，代替公社管理委员会。1981年撤销公社革命委员会，恢复公社管理委员会，属广元县虎跳区。1984年政社分设为太公乡。1985年属广元市市中区虎跳区，1986年11月撤虎跳区，属广元市市中区卫子区，1989年2月卫子区公所下设虎跳办事处，辖太公乡等乡镇。1992年9月撤太公乡和张家乡，以原两乡所辖行政区域建太公镇，属广元市元坝区。1995年复置张家乡。

张家乡 位于元坝区南部，地理位置北纬32°02′，东经105°48′。乡政府驻梁家沟，距元坝城区55公里。乡以初治今松梁村张家湾而名。张家乡东邻清水乡，南接香溪乡，西依虎跳镇，北界太公镇。2007年年末，境域面积48.50平方公里，实有耕地面积759公顷，辖11个村，61个村民小组，总户数2452户，总人口9260人，其中：农业人口9124人，非农业人口136人。当年，地区生产总值实现3395万元，农民人均所得2330元。

境域清时属昭化县积阳里。民国22年（1933年）7月红四方面军在金子村张家嘴置张家乡苏维埃，属永宁铺区苏维埃，辖肖家湾、柏林2个村苏维埃。民国24年（1935年）红四方面军西渡嘉陵江后，乡、村苏维埃废。民国24年（1935年）后属虎跳联保、镇、乡。

1951年分虎跳乡东北境设张家乡，属昭化县虎跳区。1952年分张家乡西境置回龙乡，治回龙庙。1952年撤坳盘乡，将大雾村并入。1955年12月撤回龙乡，将其徐家、太平、友谊、何家4个村并入。1958年政社合一为张家人民公社。1959年随昭化县并入广元县，属广元县虎跳区。1968年成立张家公社革命委员会，代替公社管理委员会。1981年撤销公社革命委员会，恢复公社管理委员会，属广元县虎跳区。同年公社迁治梁家沟。1984年政社分设置张家乡。1985年属广元市市中区虎跳区，1986年11月属广元市市中区卫子区。1989年2月卫子区公所下设虎跳办事处，辖张家乡等乡镇。1992年9月撤虎跳办事处，张家乡与太公乡合并建太公镇。1995年复置张家乡，属广元市元坝区。

虎跳镇 位于元坝区西南部，地理位置北纬32°00′，东经105°44′。镇人民政府驻地古虎跳驿，距元坝城区61公里。因传镇北"石错嘉陵江中如磴，相传神虎渡江，以石为磴"而得名"虎跳"。船工忌"虎"字，又称猫儿跳。虎跳镇东依张家、香溪乡，南接青牛乡，西界陈江乡，北连丁家乡。2007年年末，境域面积53.10平方公里，实有耕地面积448公顷，辖8个村，1个居民委员会，45个村民小组，7个居民小组，总户数2757户，总人口9004人，其中，农业人口7950人，非农业人口1054人。当年，地区生产总值实现3708万元，农民人均所得2412元。

境域清代属昭化县积阳里姜旗（保）。民国初置虎跳团区。民国22年（1933年）9月红四方面军建虎跳驿乡苏维埃政权，属永宁铺苏区，治虎跳镇东岩村境，辖白家院（今香溪乡椿阳村）、龙门口（今张家乡大雾村）、苏家、黄家塄4个村苏维埃。民国24年（1935年）红四方面军西渡嘉陵江后，乡、村苏维埃废。后设虎跳联保处，属昭化县第二区。民国29年（1940年）虎跳联保处改为虎跳镇。民国34年（1945年）改虎跳镇为虎跳乡，属虎跳区。

1950年1月，设虎跳乡公所；同年9月，建虎跳乡人民政府。1951年分虎跳东、东北境增设香溪、张家乡，分西境置陈家乡。1951年底划出东岩、竹江村属坳盘乡。1952年3月撤坳盘乡，东岩、竹江2个村划归虎跳乡，属昭化县虎跳区。1956年11月撤陈家、青牛乡，辖村及回龙乡马安村并入虎跳乡。1958年政社合一，分出原青牛、陈家乡境，建虎跳镇人民公社。1959年随昭化县并入广元县，属广元县虎跳区。1968年成立虎跳公社革命委员会，代替公社管理委员会。1981年撤销公社革命委员会，恢复公社管理委员会，属广元县虎跳区。同年7月虎跳场被洪水冲毁，迁场于二级台地。1984年政社分设为虎跳乡。1985年4月撤乡建虎跳镇，属广元市市中区虎跳区。1986年11月撤虎跳区，属广元市市中区卫子区。1989年2月卫子区公所下设虎跳办事处，辖虎跳镇等乡镇。1992年9月撤销虎跳办事处，同月将陈江（原陈家）、青牛、香溪3个乡并入虎跳镇，属广元市元坝区。1995年复置青牛、陈江、香溪乡。

香溪乡 位于元坝区南部，地理位置北纬31°59′，东经105°49′。乡政府驻白鹤村境，距元坝城区77公里（经张家和虎跳）。以香溪寺得乡名。香溪乡东、南与苍溪县永宁、鸳溪镇接壤，西与虎跳镇毗邻，北与张家乡交界。2007年年末，境域面积22.25平方公里，实有耕地面积356公顷，辖5个村，32个村民小组，总户数1175户，总人口4199人，其中：农业人口4071人，非农业人口128人。当年，地区生产总值实现1464万元，农民人均所得2304元。

境域清时属昭化县积阳里。1951年分虎跳乡东境置香溪乡，属昭化县虎跳区。年底将坳盘村并归新置的坳盘乡。1952年撤坳盘乡，复将坳盘村并入。1958年政社合一为香溪人民公社。1959年随昭化县并入广元县，属广元县虎跳区。1968年成立香溪公社革命委员会，代替公社管理委员会。1981年撤销公社革命委员会，恢复公社管理委员会，属虎跳区。1984年政社分设置香溪乡。1985年属广元市市中区虎跳区，1986年11月属广元市市中区卫子区。1989年2月卫子区公所下设虎跳办事处，辖香溪乡等乡镇。1992年9月撤虎跳办事处，香溪乡并入虎跳镇。1995年复置香溪乡，属广元市元坝区。

青牛乡 位于元坝区西南端，地理位置北纬31°55′，东经105°43′。乡政府驻白牛村境，距元坝城区75公里。乡以青牛庙而命名。青牛乡东与虎跳镇交界，南边和西边与剑阁县接壤，北与陈江乡相连。2007年年末，境域面积39.25平方公里，实有耕地面积361公顷，辖6个村，36个村民小组，总户数1897户，总人口6731人，其中：农业人口6512人，非农业人口219人。当年，地区生产总值实现2153万元，农民人均所得2357元。

境域清时属昭化县修禊里。民国24年（1935年）4月红四方面军在青牛场上置青牛乡苏维埃，辖王家山、白牛寺、柴家坝、沈家湾（今陈江乡境内）4个村苏维埃。红四方面军撤离后，乡、村苏维埃废。

1951年置青牛乡，属昭化县龙凤区。1952年属昭化县虎跳区。1956年11月撤乡并归虎跳乡。1958年从虎跳乡划出复置青牛乡，同年政社合一建青牛人民公社。1959年随昭化县并入广元县，属广元县虎跳区。1968年成立青牛公社革命委员会，代替公社管理委员会。1981年撤销公社革命委员会，恢复公社管理委员会，属虎跳区。1984年政社分设置青牛乡。1985年属广元市市中区虎跳区，1986年11月属广元市市中区卫子区。1989年2月卫子区公所下设虎跳办事处，辖青牛乡等乡镇。1992年9月撤虎跳办事处，青牛乡并入虎跳镇。1995年复置青牛乡，属广元市元坝区。

陈江乡 位于元坝区西南部，地理位置北纬32°01′，东经105°41′。乡政府驻石板梁，距元坝城区68公里（经虎跳轮渡）。初建乡时驻陈家口，以驻地命乡名。陈江乡东临虎跳镇，南接青牛乡，西界剑阁县木马、江口镇，北邻丁家乡。2007年年末，境域面积38.95平方公里，实有耕地面积438公顷，辖6个村，40个村民小组，总户数1396户，总人口5067人，其中：农业人口4925人，非农业人口142人。当年，地区生产总值实现2031万元，农民人均所得2545元。

境域清时属昭化县积阳里沈旗的一部分。民国时期属虎跳乡，亦称沈旗，后取消旗的建置，以3个保属虎跳乡。民国24年（1935年）4月红四方面军在境内建水磨塘等村苏维埃，红四方面军撤离后，村苏维埃废。

1950年，原3个保分划成4个村，成立4个农协会，隶属虎跳乡农协会。1951年3月划乡建政，正式成立陈家乡，属昭化县虎跳区。1952年2月，将其高北村的陈家湾至江口场头划归剑阁县的江口乡，雷鸣村的洞子坡至樟树坝划归虎跳乡，其余地区共分划为6个行政村。1956年撤乡并入虎跳乡。1958年复置陈家乡。同年政社合一为陈家人民公社。1959年昭化县并入广元县后，因乡名重复，将陈家人民公社改为陈江人民公社，属广元县虎跳区。1968年成立陈江公社革命委员会，代替公社管理委员会。1980年公社驻地迁至石板梁。1981年撤销公社革命委员会，恢复公社管理委员会，属广元县虎跳区。1984年政社分设为陈江乡。1985年属广元市市中区虎跳区，1986年11月属广元市市中区卫子区。1989年2月卫子区公所下设虎跳办事处，辖陈江乡等乡镇。1992年9月撤虎跳办事处，陈江乡并入虎跳镇。1995年复置陈江乡，属广元市元坝区。

丁家乡　位于元坝区西南部，地理位置北纬32°02′，东经105°43′。乡政府驻丁家沟，距元坝城区72公里（经太公和张家）。乡以驻地命名。丁家乡东依太公镇，南接虎跳镇，西临剑阁县江口镇，北界黄龙乡。2007年年末，境域面积31.05平方公里，实有耕地面积295公顷，辖5个村，32个村民小组，总户数1309户，总人口4725人，其中：农业人口4598人，非农业人口127人。当年，地区生产总值实现1424万元，农民人均所得2353元。

清时属昭化县积阳里张旗（保）。民国11年至24年（1922—1935年），属虎跳区署黄龙团防局的第八保、九保。民国26年（1937年）属第二区十一联保处（太公）。民国28年至38年（1939—1949年），属黄龙乡，仍为八、九保。

1950年以原保建立农协会。1952年4月从虎跳乡和黄龙乡分出部分境域建丁家乡，属昭化县虎跳区。1956年并入黄龙乡。1961年从黄龙人民公社划出建立丁家人民公社，属广元县虎跳区。1968年成立丁家公社革命委员会，代替公社管理委员会。1981年撤销公社革命委员会，恢复公社管理委员会，属虎跳区。1984年政社分设为丁家乡。1985年属广元市市中区虎跳区，1986年11月属广元市市中区卫子区。1989年2月，卫子区公所下设虎跳办事处，辖丁家乡等乡镇。1992年9月撤虎跳办事处，丁家乡并入黄龙乡。1995年从黄龙乡分出复置丁家乡，属广元市元坝区。

黄龙乡　位于元坝区西部，地理位置北纬32°05′，东经105°42′。乡人民政府驻黄金口，距元坝城区66公里（经白果、明觉和金华口）。有黄金沟（又名黑塘河）入嘉陵江，传说河口曾有砂金，故名黄金口；并传说曾有黄龙自河入江，遂乡名黄龙。黄龙乡东邻太公镇、石井铺乡，南连丁家乡，西邻剑阁县张王乡，北界白果乡。2007年年末，境域面积47.85平方公里，实有耕地面积572公顷，辖8个村，48个村民小组，总户数1780户，总人口6685人，其中：农业人口6508人，非农业人口177人。当年，地区生产总值实现2102万元，农民人均所得2269元。

清时昭化县积阳里邢旗（保）。民国初置黄龙团区。民国22年（1933年）8月红四方面军建易家湾乡苏维埃政权，属嘉陵县梅树铺区苏维埃，治今黄龙乡高照村境，辖旋子山、易家湾、明水观3个村苏维埃。民国24年（1935年）红四方面军西渡嘉陵江后，乡、村苏维埃废。后设黄龙乡联保处，属第二（虎跳）区署。民国29年（1940年）改为黄龙乡。民国34年（1945年）属昭化县第一（虎跳）区。

1950年9月，建黄龙乡人民政府，属昭化县虎跳区。1951年3月，分黄龙乡置太公、白果、麻石乡，1952年4月，分乡南境置丁家乡。太公、丁家乡属昭化县虎跳区；黄龙、白果、麻石3乡划属昭化县红岩区。1955年撤红岩区，麻石、黄龙乡划属虎跳区。1956年丁家、麻石乡并入黄龙乡。1958年政社合一为黄龙人民公社。1959年随昭化县并入广元县，属广元县虎跳区。1961年将原丁家乡划出，置丁家人民公社。1968年成立黄龙公社革命委员会，代替公社管理委员会。1981年撤销公社革命委员会，恢复公社管理委员，属广元县虎跳区。1984年政社分设为黄龙乡。1985年属广元市市中区虎跳区，1986年11月属广元市市中区卫子区。1989年2月卫子区公所下设虎跳办事处，辖黄龙乡等乡镇。1992年9月撤虎跳办事处，将丁家乡并入黄龙乡，属广元市元坝区。1995年复置丁家乡。

白果乡　位于元坝区西部，地理位置北纬32°10′，东经105°45′。乡政府驻赶场坝，距元坝城区53公里（经明觉和金华口）。1951年建乡时驻白果坪，因银杏树俗称“白果树”，遂以树名命乡名。白果乡东连石井铺乡，南接黄龙乡，北邻红岩镇，西与剑阁县接壤。2007年年末，境域面积87.55平方公里，实有耕地面积434公顷，辖7个村，60个村民小组，总户数1997户，总人口7104人，其中：农业人口6931人，非农业人口173人。当年，地区生产总值实现2576万元，农民人均所得2166元。

今境域清时疑分属广元县柏龙乡柏龙堡和昭化县修禊里陶魁堡。民国22年（1933年）8月红四方面军在境内建老湾乡苏维埃，属梅树铺区苏。治今白果乡青光村境，以驻地老湾里取名。辖黑老、张家湾、胡家营、大堰河、红江5个村苏维埃。民国24年（1935年）红四方面军西渡嘉陵江后，乡、村苏维埃废。

1951年分黄龙乡境建白果乡，属昭化县虎跳区。1952年属昭化县红岩区，同年分白果乡南境和剑阁县张王乡的会果、朱家2个村建山溪乡，二乡同属昭化县红岩区。1955年划属昭化县城关区，山溪乡并入白果乡。1958年政社合一为白果人民公社。1959年随昭化县并入广元县，属广元县昭化区，1965年属广元县卫子区。1968年成立白果公社革命委员会，代替人民公社管理委员会。1981年撤销公社革命委员会，恢复公社管理委员会，属广元县卫子区。1984年政社分设为白果乡。1985年2月属广元市市中区卫子区。1989年2月卫子区公所下设卫子办事处，辖白果乡等乡镇。1992年9月撤卫子办事处，属广元市元坝区。

明觉乡 位于元坝区北部，地理位置北纬32°15′，东经105°46′。乡政府驻明觉寺，距元坝城区35公里（经梅树和金华口）。乡以寺名。明觉乡东邻梅树乡，南连红岩镇，西界射箭乡，北接广元市利州区龙潭乡。2007年年末，境域面积45.90平方公里，实有耕地面积580公顷。辖7个村，51个村民小组，总户数2058户，总人口7681人，其中：农业人口7462人，非农业人口219人。当年，地区生产总值实现2841万元，农民人均所得2934元。

境域清末属昭化县清和里板石铺堡。民国初属射箭团区。民国22年（1933年）9月红四方面军在境内建明觉寺乡苏维埃，治今明觉乡前锋村境，隶属梅树铺区苏维埃，辖一（李家山）、二（水井上）、三（华丰）3个村苏维埃。民国24年（1935年）红四方面军西渡嘉陵江后，乡、村苏维埃废。同年属昭化县射箭联保。

1950年分射箭乡东南境建明觉乡，成立乡农会；1951年建明觉乡人民政府。属昭化县城关区。1952年将境内五房、鹅项、帽壳3个村划入潼梓乡，明觉乡改属昭化县红岩区。1955年撤红岩区复属昭化县城关区，同年12月将潼梓乡并入明觉乡。1958年政社合一为明觉人民公社。1959年随昭化县并入广元县，属广元县昭化区。1968年成立明觉公社革命委员会，代替公社管理委员会。1981年撤销公社革命委员会，恢复公社管理委员会，属广元县昭化区。1984年政社分设为明觉乡。1985年属广元市市中区昭化区，1986年11月属广元市市中区卫子区。1989年2月卫子区公所下设昭化办事处，辖明觉乡等乡镇。1992年9月撤昭化办事处，属广元市元坝区。

射箭乡 位于元坝区西北部，地理位置北纬32°17′，东经105°44′。乡政府驻射箭河，距元坝城区46公里（经梅树和金华口）。乡名来由，一说因嘉陵江至此水流湍急，舟行如箭；一说因境内有将军岭，岭上有将军墓，将军生前善射箭。射箭乡东南与明觉乡毗邻，西界朝阳乡，北接昭化镇和广元利州区龙谭乡。2007年年末，境域面积53.35平方公里，实有耕地面积501公顷，辖9个村，57个村民小组，总户数1855户，总人口6943人，其中：农业人口6782人，非农业人口161人。当年，地区生产总值实现2145万元，农民人均所得2154元。

境域清末属昭化县清和里板石铺堡。民国初属射箭团区。民国22年（1933年）8月红四方面军建嘉陵县梅树铺区三岔河乡苏维埃政权，治今射箭乡板石村。民国24年（1935年）红四方面军西渡嘉陵江后，乡苏维埃废。同年建射箭联保处，属昭化县第一（城厢）区。民国29年（1940年）建射箭乡。民国34年（1945年）属第三（城厢）指导区。

1950年属昭化县城关区。1951年划出射箭乡东北部建板石乡，同属昭化县城关区。1955年12月撤板石乡，除和平村划归界牌乡外，其余村并入射箭乡。1958年政社合一为射箭人民公社。1959年随昭化县并入广元县，属广元县昭化区。1968 年成立射箭公社革命委员会，代替了公社管理委员会。1981 年撤销公社革命委员会，恢复公社管理委员会，属广元县昭化区。1984 年政社分设为射箭乡。1985 年属广元市市中区昭化区，1986 年 11 月属广元市市中区卫子区。1989 年 2 月卫子区公所下设昭化办事处，辖射箭乡等乡镇。1992 年 9 月撤昭化办事处，属广元市元坝区。

昭化镇 位于元坝区西北部，地理位置北纬 32°20′，东经 105°43′。镇人民政府驻昭化古城，距元坝城区 55 公里。宋太祖平蜀后改益昌县名昭化县以示文治，“昭化”得名于此。昭化镇东与射箭乡交界，南与朝阳乡接壤，西与大朝乡和市中区赤化、宝轮镇相连，北与广元市利州区盘龙镇毗邻。2007 年年末，境域面积 41.95 平方公里，实有耕地面积 559 公顷，辖 8 个村，1 个居民委员会，55 个村民小组，4 个居民小组，总户数 5631 户，总人口 18765 人，其中：农业人口 16934 人，非农业人口 1831 人。当年，地区生产总值 5900 万元，农民人均所得 2560 元。

从秦置葭萌县开始至 1951 年 12 月，昭化镇境的土基坝和昭化古城先后为县、郡之治。今境域清末疑分属昭化县清和里土基坝堡和春王里曲回坝堡。民国初属昭化团区。民国 24 年（1935 年）4 月红四方面军建昭化区苏维埃政权，治今昭化镇，辖石盘乡苏维埃，属赤化县苏维埃。石盘乡苏维埃辖摆宴坝、王家店、何家院、树林包、罗家院、川主庙 6 个村苏维埃。同年，红四方面军撤离后，区、乡、村苏维埃废。民国 13 年（1924 年）设昭化县第一区（城厢区）及城厢联保。民国 29 年（1940 年）改城厢联保处为城厢镇。民国 34 年（1945 年）改第一区为第二指导区。

1950 年 2 月建城关区公署；同年改城厢镇为城关镇。1951 年析城关镇建石盘乡，城关镇改为城关乡，同属昭化县城关区；同年 10 月，析石盘乡建曲回乡。1955 年将城关、石盘乡并入曲回乡。1958 年政社合一，建曲回人民公社。1959 年昭化县并入广元县，改城关区为昭化区，属广元县昭化区。1968 年成立曲回公社革命委员会，代替曲回公社管理委员会。1981 年撤销公社革命委员会，恢复曲回公社管理委员会，属广元县昭化区。1984 年政社分设为曲回乡。1985 年撤曲回乡建昭化镇，治虎头寺，属广元市市中区昭化区。1986 年 11 月撤昭化区后，属广元市市中区卫子区。1987 年 1 月迁治昭化古城。1989 年 2 月卫子区公所下设昭化办事处，辖昭化镇等乡镇。1992 年 9 月撤昭化办事处，同月将大朝、朝阳乡并入昭化镇，属广元市元坝区。1995 年将大朝、朝阳划出，复置大朝乡、朝阳乡。

大朝乡 位于元坝区西北部，地理位置北纬 32°17′，东经 105°37′。乡政府驻达摩戍（又名大木树），距元坝城区 76 公里（经昭化古城）。自明天启四年（1624 年）到民国 24 年（1935 年），达摩戍为川陕驿道上的一个重要驿站。大朝乡东接朝阳乡，北靠广元市利州区宝轮镇和赤化镇，西邻剑阁县，南界沙坝乡。2007 年年末，境域面积 46.35 平方公里，实有耕地面积 226 公顷，辖 6 个村，32 个村民小组，总户数 965 户，总人口 3610 人。当年，地区生产总值实现 985 万元，农民人均所得 1931 元。

境域清末属昭化县清和里大木树堡，并在此驻过卫戍兵马。民国初年到民国 20 年（1931 年），设保、甲、牌，属昭化县。民国 24 年（1935 年）4 月，红四方面军建大朝乡苏维埃政权，治今大朝乡云台村境，辖邓家村苏维埃，属赤化县苏维埃。同年红四方面军撤离后，乡、村苏维埃废。民国 24 年（1935 年）底，属昭化县一区三联保。民国 36 年（1947 年）10 月，增设大朝乡，属昭化县第三区（县直属区）。

1950 年 3 月成立大朝乡农协会，属昭化县城关区，行使乡政权职能。1951 年划出七、八保归宝轮区梨树乡，九、十保归宝轮区白田乡（今赤化乡），二、三、四、五保和六保的部分归朝阳乡。1951 年 3 月，建大朝乡人民政府。1952 年，将三村的二、三组划归沙坝乡。1958 年政社合一建大朝人民公社，属昭化县城关区。1959 年属广元县昭化区。1964 年，朝阳公社柏杨大队 1 个生产队划入大朝乡。1968 年成立大朝公社革命委员会，代替公社管理委员会。1981 年撤销公社革命委员会，恢复公社管理委员会，属广元县昭化区。1984年政社分设建大朝乡。1985年属广元市市中区昭化区，1986年11月属广元市市中区卫子区。1989年2月卫子区公所下设昭化办事处，辖大朝乡等乡镇。1992年9月撤昭化办事处，大朝乡并入昭化镇。1995年从昭化镇划出复置大朝乡，属广元市元坝区。

朝阳乡 位于元坝区西北部，地理位置北纬32°16′，东经105°41′。乡政府驻朝阳铺，距元坝城区77公里（经昭化古城）。乡以地名。朝阳乡东与射箭乡交界，南与沙坝乡和红岩镇相连，西靠大朝乡，北与昭化镇接壤。2007年年末，境域面积50.85平方公里，实有耕地面积530公顷。辖6个村，49个村民小组，总户数1611户，总人口6157人，其中：农业人口6040人，非农业人口117人。当年，地区生产总值实现2136万元，农民人均所得2438元。

境域清末属昭化县清和里朝阳堡。民国24年（1935年）4月红四方面军在境内的张家山碾子上，建张家山乡苏维埃政权，辖李家庄村苏维埃，属赤化县苏维埃，同年红四方面军撤离后，乡苏维埃废。

1950年10月成立朝阳乡农协会，行使乡政权职能。1951年1月，建朝阳乡人民政府，治朝阳铺。属昭化县城关区。1953年1月，由朝阳乡分出新民、建设、柏杨、大凉、红岩5个村，置柏林乡，治白家山。1955年12月，撤柏林乡，所属村组并入朝阳乡。1956年春，划出红岩村的2个组归沙坝乡。1958年政社合一为朝阳人民公社，属昭化县城关区。1959年属广元县昭化区。1964年柏杨大队划出1个生产队归大朝乡。1966年10月，由红岩公社划出五马大队的4个生产队归属朝阳乡。1968年成立朝阳公社革命委员会，代替公社管理委员会。1981年撤销公社革命委员会，恢复公社管理委员会，属广元县昭化区。1984年政社分设为朝阳乡。1985年属广元市市中区昭化区，1986年11月属广元市市中区卫子区。1989年2月卫子区公所下设昭化办事处，辖朝阳乡等乡镇。1992年9月撤昭化办事处，朝阳乡并入昭化镇。1995年又从昭化镇划出复置朝阳乡，属广元市元坝区。

红岩镇 位于元坝区西部，地理位置北纬32°12′，东经105°43′。镇政府驻地红岩场，距元坝城区93公里（经昭化古城）。治地位处嘉陵江西岸，因对岸紫红色崖下曾建有红岩寺，故称“红岩”。红岩镇东与白果乡交界，西连沙坝乡，北邻明觉乡和朝阳乡。2007年年末，境域面积45.45平方公里，实有耕地面积410公顷，辖6个村，41个村民小组，总户数1586户，总人口6082人，其中：农业人5863人，非农业人口219人。当年，地区生产总值实现2732万元，农民人均所得2143元。

民国22年（1933年）8月红四方面军建立红江村、吉家坝村苏维埃，属梅树铺区苏维埃、老湾乡苏维埃，民国24年（1935年）红四方面军西渡嘉陵江后，村苏维埃废。

1951年分张王乡北境建福兴乡，属剑阁县江口区。1952年改名复兴乡，分境东建红岩乡，治红岩寺。同年4月建昭化县红岩区，12月2乡划入。1954年因老场后危岩危及乡场，遂将乡场迁至江西岸（今治地）。1955年撤红岩区后，改属昭化县城关区；12月撤复兴乡并入红岩乡。1958年政社合一为红岩人民公社。1959年随昭化县并入广元县，属广元县昭化区。1968年成立红岩公社革命委员会，代替公社管理委员会。1981年撤销公社革命委员会，恢复公社管理委员会，属广元县昭化区。1984年政社分设为红岩乡。1985年属广元市市中区昭化区，1986年11月属广元市市中区卫子区，1989年2月卫子区公所下设昭化办事处，辖红岩乡等乡镇。1995年11月撤红岩乡建红岩镇，属广元市元坝区。

沙坝乡 位于元坝区西部，地理位置北纬32°13′，东经105°38′。乡政府驻沙坝河，距元坝城区93公里（经剑门关和下寺）。因处何家河、烂泥渠沟之沙泥淤积小坝，故名。沙坝乡东与红岩镇相连，西、南与剑阁县接壤，北与朝阳、大朝乡交界。2007年年末，境域面积32.45平方公里，实有耕地面积346公顷，辖4个村，39个村民小组，总户数1178户，总人口4455人，其中：农业人口4362人，非农业人口93人。当年，地区生产总值实现1903万元，农民人均所得2655元。

昔为剑阁县剑门镇属地。民国初属剑义团区。民国24年（1935年）4月红四方面军建沙坝乡苏维埃，属赤化县苏维埃，治今沙坝乡场上，同年红四方面军撤离后，乡苏维埃废。

1951 年分剑门镇东北建沙坝乡，属剑阁县。1952 年划归昭化县下寺区，同年划归昭化县红岩区。1955 年撤红岩区，属昭化县城关区。1958 年政社合一为沙坝人民公社。1959 年属广元县昭化区。1968 年成立沙坝公社革命委员会，代替公社管理委员会。1981 年撤销公社革命委员会，恢复公社管理委员会，属广元县昭化区。1984 年政社分设为沙坝乡，属广元县昭化区。1985 年 2 月属广元市市中区昭化区，1986 年 11 月属广元市市中区卫子区。1989 年 2 月卫子区公所下设昭化办事处，辖沙坝乡等乡镇。1992 年 9 月撤昭化办事处，属广元市元坝区。

拣银岩社区街道办事处 位于元坝区东北部，地理位置北纬 32°19′，东经 106°00′。东与广元市利州区接壤，南连柳桥乡，西北及北与元坝镇毗邻。治原拣银岩煤矿矿部，距元坝城区 4.8 公里。相传，拣银岩即刺猪垭的店子坪，古代出川通往汉中的大道从此经过，在刺猪垭一处平坦的开阔地段内，有夫妇两人曾在这里开设栈房，故名“店子坪”。一次，有两个盐贩子路过，无意中拣了两锭银子，两人就放弃贩盐生意回家了。这一故事代代相传，故将此地取名为“拣银岩”。境域清时属广元县则天乡三山堡，清末属广元县大石乡三山堡。民国初属广元县第二（大石）团区三山堡。民国 24 年（1935 年）属三山联保。民国 29 年（1940 年）属广元县元坝乡。

拣银岩社区街道办事处的前身为广旺矿务局拣银岩煤矿。1958 年“大办钢铁”时，盐亭县驻广元钢铁生产指挥部先后在此开凿小煤窑 5 口，挖煤冶炼钢铁。1959 年改为“广元县大石煤铁厂”，为广元、盐亭合办县属企业。1960 年 3 月，由重庆煤矿设计院根据广旺煤田地质勘探提供的地质储量，设计为年产 21 万吨的小型煤矿。1960 年 12 月更名为广元拣银岩煤矿，属广旺矿务局。1963 年主井建成投产，最高年产量达 33.20 万吨。1977 年和 1978 年被国家煤炭工业部表彰为学大庆先进企业，兴盛时曾有职工 5000 人。由于井下资源枯竭，1984 年开发新建南江煤矿。2000 年 3 月，“广旺矿务局”更名为“四川广旺能源有限集团公司”，拣银岩煤矿隶属该公司的一个生产矿井。2001 年 7 月，经四川省经贸委批准破产。2001 年 7 月 14 日，广元市人民政府以广府函〔2001〕102 号文件制发《关于委托广旺集团代管广旺矿区临时社区建设管理委员会的通知》；2001 年 10 月 15 日，广元市元坝区人民政府以元府函〔2001〕54 号文件制发《关于接收拣银岩社区的意见》；2002 年 5 月 1 日，广元市人民政府以广府函〔2002〕45 号文件制发《关于同意建立静安寺等四个社区街道办事处的批复》，确定拣银岩社区街道办事处的级别为正科级。2002 年 9 月 18 日，广元市元坝区拣银岩社区街道办事处正式挂牌。2003 年 6 月，广元市人民政府以广府函〔2003〕65 号文件制发《关于同意将柳桥乡拣银岩村划归拣银岩社区街道办事处管辖的批复》，柳桥乡的拣银岩村所辖 10 个组划入。至此，拣银岩社区街道办事处辖 2 个居民委员会（六四 O 居委会和轻管所居委会）5 个居民小组、1 个村民委员会 10 个村民小组。2007 年年末，境域面积 15.59 平方公里，实有耕地面积 83 公顷，总户数为 1285 户，总人口 5572 人，其中，农业人口 1497 人，非农业人口 4075 人。当年，地区生产总值实现 1510 万元，农民人均所得 2554 元。

第二篇　自然地理

第一章　地　质

第一节　地质构造

一、地层地质

广元市元坝区地质构造体系属米仓山、龙门山和盆北低山三大地貌交会的典型的侵蚀台阶状低山地带，构造复杂，以高角度的压性断层为主，褶皱多呈短轴状。其主要构造有牛峰包复背斜、大茅山复背斜、天井山复背斜等。

境内地层发育较好，除缺失第三系外，从三叠系至第四系均有出露。大部分地区属白垩系。各时代地层，呈自北而南、由老到新有规律分布。白垩系，分布于王家、卫子、虎跳等大片地区，仅出露下部城墙岩群地层，由砾岩、岩石、泥岩互层组成，厚1300米左右；侏罗系，分布于元坝和紫云、梅树之间，地层大面积出露；三叠系，分布于柳桥一带，主要为夹页岩和煤层；第四系，沿河流沟谷两岸零星分布，有以黏土或亚黏土为主的冰水堆积层和以砂砾卵石与亚酸土组成的冲积层，分别厚10～20米与14～23米，最厚达30～40米。境内属川北台凹燕山褶皱区，位于柳桥、大石一线以南地区。主要由侏罗系和白垩系地层构成，构造线由北东向逐渐转为北东东向，过广元城后又转为东西向。总的构造形态，呈倾向东南的缓倾斜的单斜构造。内部构造有走马岭向斜、河湾场背斜、射箭河向斜、潼梓观背斜、新场（石井铺）向斜、梓潼庙向斜等，褶皱舒缓，宽展，断裂极少。

二、水文地质

区内的水文地质情况主要是：分布于太公寺至新场（石井铺）一带的鸡爪状台梁地形，以浅部裂隙潜水形成红层碎屑岩（风化带）裂隙潜水，在深部径流区或储水构造地段便成为层间承压水，其径流模数大于0.4升/秒·平方公里，是富水性较好的裂隙潜水。在昭化、紫云一线以南的单斜低山及台梁低山区分布有中等富水性的裂隙潜水，其径流模数为0.20～0.40升/秒·平方公里；元坝镇等河谷地带亦分布有富水性较差的裂隙潜水，其径流模数低于0.20升/秒·平方公里。

第二节　矿藏地质

广元市元坝区境内矿产资源主要有煤、沙金、矿泉水和建筑用砂石等。其中，煤炭居已探明的各矿产资源储量之首。

煤炭：主要分布在沿省道202公路、成（都）普（济）铁路一线的元坝镇和柳桥乡及拣银岩社区街道办事处境内。具体分布点为元坝镇的中梁村和光华村、拣银岩社区街道办事处的拣银岩村、柳桥乡的东山村，基本上成一条带状分布。因此在1989年底元坝镇和柳桥乡划归卫子区以前，区域内无煤炭资源。《广元县志》（1994年版）记载：根据成煤时代和地质特征，这些煤区均属于侏罗系和三叠系煤区，煤质较好。煤层厚0.50～0.60米，煤深1500米左右。经过多年开采，至2007年，储量约为119.20万吨，可开采储量为88万吨。带内有小型煤矿3个：分别是广元市东山煤业有限公司（原东山、大田、陈家湾煤矿整合而成）资源储量为25万吨；跃进煤矿资源储量30万吨；光华煤矿资源储量33万吨。

沙金：《华阳国志·蜀地志》载："葭萌有水通于汉川，有金银矿，民今岁岁洗取之。"沙金多贮存于古河床堆积、阶地和漫滩堆积的沙砾层中下部，以含巨砾、中砾的中沙层最好。流经境内的嘉陵江及其支流白龙江河流两岸均有沙金，且多富集于峡谷区内回水地带、峡谷区外开阔地段及河流交汇、大转弯内侧。境内昭化、射箭、虎跳、红岩、黄龙、白果、陈江、青牛等乡镇的河漫滩堆积地均有开采，分布面积133.60平方公里，开采价值大，粒小变化大，有的含金量高达10克/立方米以上。赤金主要分布在朝阳、红岩等乡镇，但储量较小。

天然气：从1960年起，国家石油天然气地质部门曾多次组织专业队伍到境内找矿，进行全面物探（地震三维）。1990—1992年，国家投资1.20亿元，在大朝乡进行钻探。鼓励勘察区主要分布在柳桥乡、拣银岩社区街道办事处和紫云乡。

矿泉水：已探明部分储量为116.60万立方米，主要分布在元坝镇光华村境内，已有广元冰鸟矿泉水公司、广元含羞泉水业有限公司两企业生产营销。

建筑用沙：已探明储量在8亿吨左右，主要分布在嘉陵江流域的昭化、射箭、朝阳、明觉、红岩、白果、黄龙、丁家、陈江、虎跳、青牛、香溪等12个乡镇。其限制开采区为昭化古城所在地段。

水泥配料砂岩：已探明在元坝镇长坝村有水泥配料用砂岩矿库（中型）一处，已查明资源储量达480万吨。

建筑石料用灰岩：查明资源储量为2.70万立方米，主要分布柳桥乡侏罗系地层中。

砖瓦用页岩：俗称"石谷子"，土壤类别为粗谷性黄棕壤，是生产建房砖瓦的理想材料，全区乡镇均有分布，为区内优势矿产资源。

第二章　地　貌

第一节　地　形

一、走向

广元市元坝区地处四川盆地北部边缘低山向丘陵过渡地带，属低山区，地势北高南低，且由东向西倾斜。境内的主体是嘉陵江以东，广元南河以南的低山网络—大南山网络，占境域的84%。低山网络以梅岭关为中心向东、西、南延伸，一般海拔900米左右，亦有极少数海拔1000 ~1100米的山峰。山梁、山冈坡面、坡度由北向南逐渐平缓，谷地逐渐宽阔。

西北角嘉陵江两岸为低中山网络—牛头山网络，占总境域面积的13%。该低中山网络由发源于剑门山脉的三座山梁组成：一座是西北—东南走向，另一座是西—东走向，再一座是东北—西南走向，犹如头朝东、尾朝西之"小"字，从西向东延伸至嘉陵江西岸。北部山梁长约13公里，宽1.20~2公里，海拔994 ~1254米，其中牛头山海拔1214米，主峰云台山海拔1254米，山梁麓嘉陵江沿岸分布着以昭化古城为中心的冲积坝。

东北角为藁本山网络东南端，面积20余平方公里，海拔1000~1400米。此山之南麓和大南山北麓为米仓山走廊之中段。山体由砾岩、砂岩、沉积岩组成。

区内最低点为土地梁西麓嘉陵江河谷（香溪乡李家河），海拔393.1米。区治地元坝镇海拔524米。

二、种类

境内按地貌成因可分为侵蚀堆积河谷和侵蚀单斜构造地形，按形态特征又分中山、低山、河谷平坝三种地形。

（一）中山

中山地貌，以浅变质砂岩、板岩、硅质岩、钙质页岩和页岩为主，构成多种形态的山体，中深度切割，连片分布于北部和西部的龙门山褶皱带。

侵蚀单斜构造中山：分布在紫云乡、柳桥乡、元坝镇一线，山体向南倾斜，岭梁相接，"软""硬"岩石交相成层，海拔1000~1400米，面积178.55平方公里。

侵蚀水平构造中山：分布在磨滩镇一带，山体条状，山顶近平台状，海拔1200米，面积73.32平方公里。

（二）低山

侵蚀单斜构造低山：分布在柳桥乡、元坝镇一带，山体以典型单斜丘陵为主，海拔400~600米，面积121.55平方公里。

侵蚀向斜构造低山：分布在昭化、射箭、朝阳、沙坝、红岩、明觉、梅树等乡镇，山体顺岩层弧形走向延伸，海拔800~1000米，面积332平方公里。

侵蚀台（阶）状低山：分布在王家、文村、晋贤、卫子、柏林沟、清水、白果、石井铺、太公、黄龙、张家、丁家、虎跳、陈江、青牛、香溪等乡镇，若干大小山梁平行排列，梁顶平坦，河谷切深300~500米，海拔800~1100米，面积848.76平方公里。

（三）河谷平坝

东起“米仓山走廊区”的元坝镇，经嘉陵江、白龙江、清江河交汇地带，西至沙坝乡，呈弧形狭长带状，边缘为中低山相连的侵蚀单斜构造丘陵，地表支离破碎。区境内的河谷平坝属冲击平坝，主要由嘉陵江、白龙江、清江河两岸河漫滩和一级台地组成，局部有小块二级台地，海拔500~600米，面积192.35平方公里。

第二节 山 脉

一、牛头山主山

属剑门山脉东北支，位于清江河南岸，是一座怪石屹立的石山，海拔1214米。山脚东有昭化古城。山脉中云台山（又名人头山），位于大朝乡境内，突起在王家沟与李家沟之间，海拔1254米。从下新铺起经牛尾巴梁至金山河的南马山，从白家庙起经五马石至红岩镇平林坝灯杆梁，亦属牛头山分支。

二、大南山主山

源于剑门山脉。元坝区境除柳桥乡外均属大南山分支，长约60公里，以海拔1167米的梅岭关为中心分为3支：东支延至磨滩镇赖子坝，最高海拔1186.5米；南支延至香溪乡黑猫梁，最高海拔1040米；西支延至射箭乡蒲家山，最高海拔1056米。其中：在南河以南至利州区界牌乡以北的东西地段，东从鄢房头起至红岩子，向西南经大垭口、土地垭至射箭乡马鞍山，长20余公里；射箭乡笔架山，向南经赵家山、花石岭至京元村，海拔744米，长20余公里；再向东从四季坪分支延入晋贤乡、王家镇、磨滩镇境内，经松顶子、韩家垭至陀盘垭入旺苍境，长30余公里。另一支从古楼寨起经蜈蚣岭南至铧嘴滩，再从韩家垭东延至中华观，长30余公里；从跌马坎分支入晋贤乡、王家镇向南经熨斗山、张家山、中观山至文村乡境帽火山，长40余公里；又由明觉乡至梅岭关，向西南经范家山、青油观至白果乡寨子包，再南经范家角、石井铺、烟灯山至柏林沟镇，长40余公里；从石井铺向西南经肖家寨、太公寺、玄贞观至清水乡，长30余公里；再从太公寺经双庙子、高道观至玉罗坝，长10余公里。此外，从樊家山起经吴家大堡，高家山至原广元县东坝乡李家院的小南山，从紫云乡云雾山到晋贤乡跌马坎，黄家林至三叉河，又从东面回鼻梁起横贯原市中区界牌乡境内向西南延至四方山，均属大南山分支。

三、藁本山

源于巴山山脉，以朝天区白羊栈（海拔1679米）为中心，向东延至石板，向南延至大小光坡

（漫天岭）、小洞子，向西延至牛峰包，向北延至阴家山（海拔 1726 米）。其中：沿李家坪经黑林包、刺竹垭、四季坪、拣银岩、土地岭、寨子包至权坝梁，全长 25 公里。柳桥乡境的分水岭，向西延至旺苍县冷家垭，全长 18 公里，属藁本山分支。

第三章 气 候

第一节 气候特点

广元市元坝区境内属亚热带季风性湿润气候区。气候温和，光照比较适宜，四季分明。由于地理位置和多种地貌影响，垂直气候明显，春季气温回升比同纬度地区稍快，且稳定性差，秋季降温迅速；河谷山口，风多且大；降水充足，但呈陡峭单峰型分布，时空分布不均；灾害性天气频繁，常出现冬干、春旱、夏洪、秋涝和春秋季低温危害。

境内处于西风气流高原东侧下滑区，冬春季节常受北方冷空气影响，水汽含量少，降水稀，蒸发快，干旱严重。盛夏，因地处太平洋副热带高压脊的西北边缘，北上暖气流过盆周山地迅速抬升而成云致雨，尤其青藏高原前沿偏北气流引导冷空气南下，与北上的暖湿气相遇，常形成暴雨或大暴雨，导致山洪暴发，河水猛涨，造成洪涝灾害。但由于降水多集中在盛夏某一时段，而其余的盛夏时间常为副热带高压控制，则出现连晴高温天气，形成盛夏伏旱。进入秋季，冷空气逐渐加强南下，而高原近地面仍为热低压控制，低压东侧的偏南气流与南下冷空气在盆周相持，因而成云致雨，造成秋涝。

境内春夏秋冬四季，按候温论定（5 天为一候），形成春迟、夏长、秋凉、冬冷四季分明的气候特点。

广元市元坝区四季划分情况表

表 2－1

季　节	春季 10℃ ~22℃	夏季 >22℃	秋季 10℃ ~20℃	冬季 <10℃
起止日期	3 月 6 日至 5 月 20 日	5 月 21 日至 9 月 10 日	9 月 11 日至 11 月 20 日	11 月 21 日至次年 3 月 5 日
天　数	76	113	71	105
最早入季	2 月 23 日	5 月 13 日	8 月 28 日	11 月 10 日
最晚入季	3 月 27 日	6 月 11 日	9 月 21 日	12 月 14 日

第二节　气候要素

一、光照

区境多年年均总云量7.6成。春、秋两季因冷热气候交换活动频繁，云量较多，冬夏两季受单一气团控制，云量相对较少。常年年均晴天为165.7天，阴天为199.3天。

元坝雾日在秋末冬初季节出现较多，年均雾日约在20天左右，主要发生在西南部的低山河谷地带。

因受地形、纬度的影响，1989—2007年元坝年均日照时数1398.20小时，日照百分率为31%，太阳辐射总量平均92.78千卡/平方厘米。

广元市元坝区年均日照及太阳辐射情况表

表2-2　　单位：小时、千卡/平方厘米

月　份	日照时数			太阳总辐射	生理辐射
	平　均	最　多	最　少		
1	92.30	190.00	34.50	4.74	2.46
2	73.80	131.30	25.80	4.85	2.52
3	99.70	147.50	33.80	7.17	3.73
4	126.60	177.50	69.50	9.11	4.73
5	146.70	204.60	94.90	10.62	5.52
6	155.00	242.80	108.50	10.98	5.71
7	165.80	288.60	123.60	11.50	5.98
8	179.30	239.90	104.30	11.50	3.83
9	97.20	170.50	42.80	7.37	3.17
10	89.90	157.10	28.60	6.10	3.17
11	87.00	125.40	37.50	4.58	2.38
12	84.90	143.50	53.80	4.26	2.22
全年	1398.20	2218.70	757.60	92.78	45.42

二、气温

建区后有气象记载的境内年平均气温为16.4℃。夏季月平均气温24.3℃，气温最高在7月份，最高气温40.5℃；冬季月平均气温4.2℃，最低气温在1月份，最低气温-6℃。霜期变化由北向南渐减，年平均无霜期286天。

广元市元坝区常年各月平均气温统计表

表 2-3　　　　单位：摄氏度

月份项目	月平均气温	平均最高气温	极端最高气温	平均最低气温	极端最低气温
1	4.9	9.6	19.6	1.3	-6
2	7.1	11.5	22.3	3.5	-5.8
3	11.8	16.9	30.6	7.8	-1.7
4	16.9	22.6	33.2	12.4	-0.6
5	21.9	26.5	34.4	16.5	7.7
6	25	29.9	36.5	20	12.2
7	27.1	31.2	40.5	22.3	15
8	26.9	31	38.9	21.8	15.4
9	21.1	25.7	35.3	17.9	10.3
10	16.4	20.8	31.3	13.4	2.6
11	11	15.3	26	7.9	-3.1
12	6.7	11.1	20.1	3.3	-4.1

三、地温

境内地温一般高于气温 8% ~13%，地温最高值出现在 7 月份，土层 5 厘米以内平均地温 28.1℃；冬季最冷月地温仅为 5℃左右。

四、降水

区境内地形差异较大，降水量分布不均，南部略少于北部，多年平均降水量为 946 毫米，是一个少雨区。全年降水量的 70% 以上出现在夏、秋季节（6—9 月）。因夏季受暖湿海洋气团控制，水汽充足，降水显著增多；而冬季（11 月至次年 3 月）在大陆干冷气团的控制下，降水稀少，仅占全年总降水量的 7% 左右。

降水的年际变化情况较大，少水年降水量不足丰水年的⅓，这种情况造成少水年大旱，丰水年大涝，对农业生产和农田基本建设不利。

区内全年水的蒸发量平均大于降水量，但夏秋季节降水量大于蒸发量，湿润指数偏大，气候湿润；冬春湿润指数小，气候干燥。

年平均相对湿度在 70% 左右，相对湿度 7—10 月最高达到 78.30%，降水量达 586.3 毫米，空气湿润；1—3 月相对湿度最低为 62.30%，降水量达 38.10 毫米。

广元市元坝区常年降水情况统计表

表 2-4

项目季节	春季			夏季			秋季			冬季			全年
	3月	4月	5月	6月	7月	8月	9月	10月	11月	12月	1月	2月	
月平均（毫米）	25.2	58.8	89.1	148.2	282.7	100.9	145.9	56.8	22	4.1	5.7	7.2	78.9
季（毫米）	173.1			531.8			224.7			17			946.6
降　水（%）	17.6			57.6			23.8			1.5			100
降水季率（%）	58			44.7			52.8			66.8			18
相对湿度（%）	68.6			70			73.6			62.8			69

五、大气压

海拔高度是影响气压的主要因素，但同一海拔又以温度为主。由于季节制约，区境内冬季气压较高，为965.9毫巴，夏季最低，为947.4毫巴。

六、风

区境内大风常出现在每年春秋季节转换交替阶段。风速常大于17米/秒或风力相当于8级，有时山口河谷达10级以上。每年3—5月和10—11月，大风日数最多，持续时间一般16～18小时，最长时间3天，常称寒潮大风。每年盛夏，雷雨常伴阵性大风，称为雷雨大风。寒潮大风日数远多于雷雨大风日数。

第四章　水　文

境内水资源年平均总量为113亿立方米，由地表水（本地水和过境水）、地下水组成。地表径流主要属嘉陵江水系。其中本地水多年平均径流7.57亿立方米，占全区水资源总量的6.70%；过境水多年平均径流105亿立方米，占全区水资源总量的92.90%。地下水多年平均径流0.35亿立方米，占全区水资源总量的0.31%。按土地总面积计算，平均每公顷有水7847立方米（平均每亩523.13立方米）。

第一节　地表水

一、径流

全区多年平均地表水资源量为6.11亿立方米，多年平均径流深420.10毫米，人均占有径流量

2591立方米，多年平均降水量1112毫米，多年平均降水总量14.47亿立方米，降水深536.50毫米，产水总量7.68亿立方米，平均径流系数0.463。全区丰水年地表产水量5.65亿立方米，平水年产水量4亿立方米，枯水年产水量2.29亿立方米。嘉陵江水系多年平均径流深450毫米，多年平均过境水量126亿立方米，东河水系在境内多年平均过境水量27.60亿立方米，南河水系长滩河流域多年平均过境水量6500万立方米。地下水天然资源量0.13亿立方米，两者重复计算126亿立方米。多数河流具有汛期河水暴涨暴落的特点，洪峰量大，泥沙重，常流量小，洪峰过程短。电站调节嘉陵江常流量也仅1500立方米/秒，其他河流常流量仅为50~100立方米/秒左右。

地表径流在地区分配上与降水分布特点基本一致，雨量大，径流量亦大，平均降水值为1000~1100毫米，径流深400毫米。地表径流在时间上也不平衡。年际间，丰、平、枯水期交替明显：偏丰年比平均值多247毫米，枯水年比均值少370.8毫米。地表径流在年内的分布，枯水季节（12月至次年2月）雨量最少，占平均年降雨量的1.40%~3.10%。水资源年际变化大，丰水年与枯水年之比一般可达1~3倍。年内70%的水资源集中在汛期（6—9月），因此造成不同地区旱洪交替或连续发生。其余时间地表径流占26.90%~28.60%。

区境内地表水，按土地总面积计算，平均每公顷有水（多年平均值）5432立方米。四季径流量为：春季约占全年总数的10%左右；夏季约占全年总数的45%左右；秋季约占全年总数的38%左右；冬季约占全年总数的7%左右。径流量的月季变化具有一定规律，最小在冬季的1—2月，最大在夏秋两季之交的8—9月。其径流量在区域上有微小差异，嘉陵江沿岸西部地区比东部地区多，北部低山地区比南部深丘地区多。其流域60%以上的径流量集中在嘉陵江干流地区。

二、河流

区境内有大小河流183条，其中较大河流9条，小河流43条，集水域均属嘉陵江水系。在河流形态和河道特征方面表现为：沟壑密度大，水系发育；河流坡陡流急，侵蚀切割严重。在径流和泥沙方面，其特点是，洪水暴涨暴落，含沙量大；年径流集中于汛期，枯水径流小而不稳。区域内地质构造复杂，各流域地表水和地下水补给关系很不一致，枯水年区间径流量常出现负值。

（一）流域面积300平方公里以上的河流

嘉陵江：古称漾水，发源于陕西省宝鸡市凤县代王山，在陕西省宁强县燕子碥入广元市境，经朝天区、利州区进入元坝区境。嘉陵江干流在元坝区段北起昭化镇摆宴村，南至香溪乡白鹤村三组进入苍溪县境。区境内流经昭化、射箭、朝阳、明觉、红岩、白果、黄龙、丁家、陈江、虎跳、青牛、香溪等12个乡镇，全长149公里（航道长159公里），河道平均比降为0.78‰，境内流域面积990.78平方公里。嘉陵江在境内主干明显，且河曲发育，枝汊清楚，是典型树枝状水系。境内嘉陵江水系主要支流有3条，分别是白龙江、硬头河（卫子河、柏林沟河）、太子河。

白龙江：古称桓水、羌水、葭萌水。嘉陵江一级支流。源出甘肃省舟曲县西北朗木寺，向东南流经甘肃省文县碧口镇后进入广元市境，经青川县、利州区进入元坝区境。白龙江在元坝区段北起昭化镇坪雾坝，南至昭化镇石盘村桔柏渡注入嘉陵江。境内流长10公里。清江河于昭化镇坪雾坝注入白龙江。

硬头河：又名卫子河、柏林沟河，发源于元坝区紫云乡中漕村冒火山（海拔943.30米）北麓，流经紫云乡、卫子镇、柏林沟镇、清水乡、文村乡，在苍溪县两河口与雍河汇合后注入插江—东河—嘉陵江。境内全长47.13公里，流域面积317.94平方公里，落差为418.30米，河道比降3.09‰，河口多年平均流量为3.50立方米/秒。支流分布于东西两侧山地，长度不长，多属山溪性河流；主要支流有尚家河（发源于梅树乡梅岭关）、上树河（发源于晋贤乡新建水库上游），上游分布有一座中型水库（紫云水库），一座小（一）型水库（胜利水库），多座小（二）型水库，沿河流经的主要乡镇有紫云乡、卫子镇、柏林沟镇；上游河床平坦，呈“U”形河谷，水能资源丰富，沿河分布有3处电站：青树垭、金花、马蹄滩电站。该流域属于典型的山区季节性河流，随洪水暴涨、暴落。

店子河：又名漩口河，古称石臼溪、汞水。发源于剑阁县凉山乡高台子，流经剑阁县店子乡，于青牛乡注入嘉陵江。流域全长41.60公里，流域面积369.90平方公里，境内流长4.20公里，河口高程399.90米，境内落差为6米，比降3.83‰，河口多年平均流量为4.10立方米/秒。河口是青牛乡政府所在地，河口上游有剑阁县七一电站。

（二）流域面积100平方公里至300平方公里

流域面积100平方公里至300平方公里的河流有7条。其中，流经区治地的河流是长滩河，为南河的一级支流。发源于元坝区柳桥乡东山逮家垭（海拔1391米），于广元市利州区荣山镇权坝村金坟寺（海拔503.30米）注入嘉陵江一级支流南河。流域全长26.45公里，流域面积111.37平方公里，境内落差887.70米，河道平均比降5.70‰，河口多年流量为1.58立方米/秒。从东向西流经柳桥、元坝两乡镇，穿过柳桥乡政府所在地和元坝区政府所在地。支流分布于两侧山地，长度不长，多属山溪性河流。

广元市元坝区流域面积100平方公里以上河流主要指标表

表2-5

序号	干流支流名称	岸别	流域面积（平方公里）	河口流量（立方米/秒）	境内河道长度（公里）	总落差（米）	河道比降（‰）	备　注
1	嘉陵江—射箭河	东	152.32	2.55	21.17	516.80	7.33	发源于梅树乡梅岭关
2	嘉陵江—黑塘河	东	113.48	1.62	20.65	693.30	15.34	又名黄金沟，发源于白果乡谢洪碑
3	嘉陵江—野鸡浩	东	102.34	1.32	15.87	576.60	15.34	又名大树河，发源于太公镇蒲家梁
4	嘉陵江—店子河	西	369.90	4.10	4.20	360.10	3.83	又名漩口河，发源于剑阁县凉山乡高台子
5	嘉陵江—南河—长滩河	东	111.37	1.62	26.45	887.70	5.70	发源于柳桥乡东山逮家垭
6	嘉陵江—东河—插江河—硬头河	东	317.94	3.50	47.13	418.30	3.09	发源于紫云乡中漕村（冒火山北麓）
7	嘉陵江—东河—插江河—雍河—磨滩河	东	123.60	1.66	28.11	628.50	3.09	发源于晋贤乡新华村（冒火山南麓）

第二节　地下水

全区地下水储量一般仅有0.13亿立方米，占水资源总量的2.20%，其中可开采量0.0538亿立方米，已经开采0.03475亿立方米。河流天然水质年平均总硬度7.36德国度（中国至今普遍采用的水的硬度的表示方式，1德国度即1升水中含有10毫克的氧化钙），溶解氧平均含量4~7.50毫克/升，pH

值6.80~8.10，化学耗氧量8.40毫克/升左右，生物耗氧量1.46毫克/升。地下水质，色度为5，pH值7.80，总硬度4.20~7.50，主要含铁、锰、铜、硫酸盐等矿化物。

按岩性及含水介质划分，区境内主要有第四系松散堆积层孔隙潜水和中生代红层风化带裂隙潜水两大类型，其分布量分别为1850万立方米和1703万立方米。前者广泛用于工农业生产和人畜饮用，后者因埋藏浅、排泄快而分散，一般仅作生活用水。

广元市元坝区地下水资源情况表

表2-6

项　目	数　量	项　目	数　量
年平均降水（毫米）	946.6	降水入渗（亿立方米/年）	0.44
径流模数法（亿立方米/年）	0.30	可开采量（亿立方米）	0.08
水文分析法（亿立方米/年）	0.14	平均容水程度（吨/平方公里）	21527

第五章　土　壤

第一节　土壤分布

1982年，全国第二次土壤普查结果，广元市元坝区境内有5个土类、8个亚类、19个土属。5个土类为：水稻土、新积土、紫色土、黄壤土、黑色石灰土。8个亚类为：淹育型水稻土、潴育型水稻土、酸性紫色土、中性紫色土、石灰性紫色土、石灰性新积土、黄壤土、黄色石灰土。紫色土分布于境内广大地区，新积土分布于沿河两岸，水稻土分布于南部低山深丘地区。其垂直分布情况为：海拔500米以下的河谷阶地，多为新积土类；海拔500~900米深丘地带多为紫色土；海拔900米以上的低山区多为黄壤土。

第二节　土壤类型

一、水稻土

境内水稻土主要是受人为影响，由物质和能量交换发育而成的淹育型水稻土，在境内低山两侧及中小溪河沿岸有广泛分布，约占耕地总面积的33%。其特征是黏砂适中，结构良好，爽水透气，无障碍层次，多显中性。其又分为以下四类：

紫潮田：多分布于中小溪河两岸，成土母质为侏罗系紫色冲积物，土壤特征是土层较厚，宜耕性较好，多为紫色或灰紫色，呈中性。

钙质紫泥田：主要分布于境内南部地区，呈阶梯状分布。成土母质为白垩系紫色泥页岩、粉砂岩、砂岩及三叠系紫色页岩。其特征是土体厚，呈黄紫色或暗紫色，宜耕期长，但保水力差，微显碱性。

老冲积黄泥田：呈带状分布于嘉陵江沿岸二、三级阶地上，由第四系老冲积黄色母质发育而成。其特征是土层深、耕层浅、色黄、质地较重，呈中性。

沙黄泥田：分布于低山缓坡中下部，由紫色砂页岩风化物酸化、黄化而成。其特征是质地较重，耕性差，怕涝，养分贫乏，呈酸性。

二、新积土

又称潮土，主要分布于各江河沿岸的一级阶地上，由第四系近代河流冲积物发育而成，约占耕地总面积的 12%。紫色新积土和黄色新积土在区境内均有部分分布。其特征是土层深厚，质地疏松，含养分高，宜耕，肥性较好。

三、紫色土

是侏罗系和白垩系的砂岩、页岩、泥岩和风化物而成，约占耕地总面积的 21%。一般分布在低、中山地带，因水土流失，土层浅薄，多夹砾石，保肥力差。中、下部土层增厚，质地偏重，肥力较好，多呈中性或微碱性。境内主要分布有中性紫色土和石灰性紫色土两个亚类，另有少量的棕黄壤土类。

中性紫色土：土属为暗紫泥土、灰棕紫泥土，这两种土属在区境内均有分布，成土母质是侏罗系的沙泥岩风化坡残积物发育而成。其特征是抗冲刷力强，质地适中，结构、耕性良好，保肥、供肥力高。

石灰性紫色土：土属为侏罗系的紫红色、紫色砂页岩风化坡残积物发育而成。主要为姜石黄泥土，成土母质为第四系中更新统，含钙质结核的黄色黏土物发育而成，约占耕地总面积的 24%。其特征是土层较薄，多为中性或微碱性，夹有姜石，质地黏重板结，养分含量较差。

棕黄壤土：境内部分地区尚有不到 10% 的棕黄壤土类，这类土壤碳酸钙含量低，发育较浅，微显酸性，耕作较少。

第六章　生　物

第一节　野生植物

一、植物分布

按四川省的植被区划，广元市元坝区属东部湿润森林植被区、常绿阔叶植被带。由南向北过渡到常绿阔叶、落叶阔叶混交和针叶林的原生天然植被。境内野生植物较为丰富，且种类繁多，分布面广。

全区有维管束植物53科、118属、1023种（其中：蕨类植物8科、20属、150余种，裸子植物7科、9属、13种，被子植物38科、89属、860余种）及禾本科植物100余种。由于山体高大，气候垂直分异明显，植物群落分布亦具有带谱性。现有植物主要包括：

木本植物：常见的有松科、柏科、壳斗科、胡桃科、桦木科、栎科、杜仲科、棕榈科、杨柳科、大戟科、柿树科、芸香科、蝶形科、马鞭科、竹亚科、禾本科、桑科、银杏科、蔷薇科、木樨科、樟科、椴树科、漆树科、兰果树科、杜鹃花科等。境内柏木纯林分布较多。

其他植物：大宗计有：党参、泡参、苦参、白芨、山药、天麻、天冬、大黄、半夏、柴胡、香附、红花、龙胆、玉竹、川紫菀、牛尾独活、青木香、防杞、赤芍、天花粉、香巴戟、黄精、续断、秦艽、升麻、首乌、川乌、草乌、槁本、葛根、天南星、射干、鸢尾、土茯苓、骨碎补、石菖蒲、茜草、百合、威灵仙、薤白、商陆、白附子、纽子七、前胡、虎杖、角麻、土白部、川枸杞、五味子、大力子、木鳖子、紫苏、车前草、菟丝子、女真子、苍耳子、益母草、八月瓜、瓜篓、细辛、蒲公英、瞿麦、旱莲草、仙鹤草、金钱草、伸筋草、川香菇、紫花地丁、青蒿、鱼腥草、淫羊藿、夏枯草、兔耳风、野菊花、金银花、辛夷花、密蒙花、莞花、山合花、官桂、苏木、红毛五加、淮通、川木通、通草、钩藤、石南藤、大血藤、猪苓、五倍子、贝母、马勃、地榆、徐长卿、石苇、亭房、重楼、紫菀、贯仲、枳实等。另有黑木耳、银耳、香菌、竹菌、猪苓、马勃、雷丸、杂菌等较驰名。

二、植被

元坝区建立后，全区林业建设从追求木材和林副产品产量向生态效益、经济效益和社会效益转变。区委、区政府以“全面绿化，再创山川秀美的新元坝”为目标，层层落实造林绿化任期目标责任，开办林业绿化示范点，开展全民义务植树，组织实施“速生丰产用材林基地建设工程”“长江防护林体系建设工程”“中德合作造林项目”“退耕还林工程”“天然林保护工程”等造林护林工程项目，遏制乱砍滥伐林木行为。2007年，全区林业用地面积80100公顷，占国土总面积的55.83%，森林面积72829公顷，森林覆盖率50.76%，元坝城区公共绿地4.68万平方米，人均绿地3.20平方米，达到《四川省绿化标准》的规定。

第二节　野生动物

元坝区地处亚热带，因属盆周山区特殊的地理条件和丰富的森林资源，区内野生动物较为丰富。特别是改革开放以来，随着山林、植被的恢复和国家有关保护野生动物的法律、法规的实施，为多种野生动物繁衍提供了良好的生态环境。1999年的调查资料，全区有220多种野生动物，其种类分布是：

一、兽纲

区境内兽纲动物有7目（食虫、灵长、翼手、食肉、偶蹄、兔形、啮齿）28种。少有分布的有野猪、水獭、长吻鼹、麝灰鼩、刺猬、大耳蝠；区境均有分布的有四川短尾鼩、皮氏菊头蝠、山蝠、大蹄蝠、狗獾、猪獾、黄鼬、小麂、草兔、长吻松鼠、岩松鼠、复齿鼯鼠、黄胸鼠、大足鼠、褐家鼠、社鼠、小家鼠等；受国家重点保护的一级野生动物有1种（林麝）；二级野生动物4种，有短尾猴、水猴、大灵猫、小灵猫；省级重点保护的野生动物有赤狐。

二、鸟纲

区境内鸟纲动物有 14 目（鹈形、鹳形、雁形、隼形、鸡形、鹤形、鸻形、鸽形、鹃形、鸮形、佛法僧、雨燕、鴷形、雀形）78 种。区境嘉陵江水系分布有绿翅鸡、绿头鸭、斑嘴鸭、丘鹬、黑翅长脚鹬、白顶溪鸲、蓝矶鸫；全区均有分布有苍鹭、白鹭、豆雁、赤麻鸭、灰胸竹鸡、雉鸡、普通秧鸡、白胸苦恶鸟、点斑林鸽、山斑鸠、珠颈斑鸠、四声杜鹃、大杜鹃、小杜鹃、戴胜、短嘴金丝燕、蚁鴷、星头啄木鸟、家燕、山鹡鸰、灰鹡鸰、树鹨、绿翅短脚鹎、黄臀鹎、白头鹎、黑枕黄鹂、黑卷尾、八哥、松鸦、红嘴蓝鹊、喜鹊、大嘴乌鸦、白颈鸦、鸫、领岩鹨、棕胸岩鹨、鹊鸲、乌鸫、锈脸钩嘴鹛、棕脸钩嘴鹛、斑背噪鹛、白颊噪鹛、橙翅噪鹛、红嘴相思鸟、白领凤鹛等；国家重点保护的二级野生动物 8 种，有鸳鸯、红腹锦鸡、白冠长尾雉、秃鹫、鸢、雀鹰、鸺角鸮、鹰鸮；省重点保护野生动物 3 种，有鸬鹚、鹰鸮、灰头啄木鸟。

三、爬行纲

区境内爬行纲动物有 2 目（龟鳖、有鳞）11 种。区境嘉陵江水系分布有乌龟、鳖、黑脊蛇、黑眉锦蛇；全区均有分布有壁虎、丽纹龙蜥、蹼趾壁虎、蓝尾石龙子、黄纹龙子、北草蜥、乌梢蛇、翠青蛇等。

四、两栖纲

区境内两栖纲动物有 2 目（有尾、无尾）6 种。嘉陵江、硬头河有中华蟾蜍、日本林蛙，境内各地均有泽蛙、黑斑蛙、花臭蛙等，还有国家二级保护动物大鲵。

五、鱼纲

区境内鱼纲动物有 6 目（鲑形目、鲤形目、鲇形目、鲟形目、合鳃鱼目、鲈形目）154 种。分布在嘉陵江段的主要有罗江刺鲅、四川百甲、宽口光唇鱼、云南光唇鱼等；境内各地均有鲫鱼、鲤鱼、中华裂腹鱼、草鱼、红鳞裂腹鱼、鲢鱼、鳙鱼、花鳅、泥鳅、黄鳝、鲶鱼等；属国家二级保护的野生水生动物有 3 种，秦岭细鳞鲑、川陕哲罗鲑、胭脂鱼；省重点保护的野生水生动物有 17 种，梭形高原鳅、黄河高原鳅、似鲇高原鳅、多带高原鳅、成都鱲、稀有鮈鲫、鯮、鳡、鲈鲤、隐鳞裂腹鱼、异唇裂腹鱼、细鳞裂腹鱼（细甲鱼）、松潘裸鲤、岩原鲤、重口裂腹鱼（重唇鱼）、青石爬鮡、四川鮡、嘉陵裸裂尻鱼（冷水鱼）等；省天然水域有重点经济价值的野生水生动物 47 种，短体副鳅、山鳅（鱼麻子）、中华沙鳅、宽体沙鳅、拟硬刺高原鳅、双斑副沙鳅、长薄鳅、泥鳅、红唇薄鳅、青鱼草鱼、赤眼鳟、黄尾鲴（黄片）、宜宾鲴、细鳞鲴（青片）、圆吻鲴、翘嘴红鲌、鳙、鲢、蒙古红鲌、拟尖头红鲌、重唇鱼、麻鲤、大鼓眼、铜鱼（尖头、水密子）、圆口铜鱼（方头、肥沱）、吻鮈（秋儿棒）、刺鲃（红鳞冠）、中华倒刺鲃（清波）、四川白甲鱼（腊棕）、白甲鱼（齐头白甲）、短须裂腹鱼、四川裂腹鱼、中华裂腹鱼（细鳞鱼）、鲤、鲫、鲇、大门鲇、黄颡鱼、长须黄颡鱼、瓦氏黄颡鱼、长吻鮠、大鳍鳠、黄石爬鮡、黄鳝、鳜、大眼鳜等。

第七章 灾 害

广元市元坝区由于地理位置、气候等原因，灾害性天气频繁。历年有旱灾、水灾、风灾、雹灾、低温冻害及病虫害等自然灾害发生，给人民生命财产，特别是农业生产造成严重损失。

第一节 水 灾

1949 年以前，有记载的严重水灾（洪、涝灾）13 次；1950—2007 年的 57 年间，发生严重洪涝灾害 13 次，平均 4 年发生 1 次 。洪涝灾害主要集中在一年中的夏、秋（5—10 月）两季。其中 6 月下旬至 7 月上中旬是洪涝灾害的高发区，洪涝灾害主要分布在沿嘉陵江沿岸以及各河流低洼地带。

一、清代及以前水灾简录

汉高后七年（前 181 年），江水溢，嘉陵江沿岸各县水涨受灾。

唐永徽四年（653 年），嘉陵江两岸各县水灾严重。

南宋绍兴二十一年（1151 年），嘉陵江大水。

南宋嘉泰三年（1203 年），嘉陵江大水。

清康熙四十五年（1706 年），嘉陵江大水。

清嘉庆元年（1796 年），嘉陵江大水。

清道光二十年（1840 年）八月，嘉陵江大水，重灾。

清咸丰七年（1857 年）十月初一，嘉陵江洪水陡涨，水进昭化县城西街等处，武侯、费公祠被洪水摧毁。

清光绪二十四年（1898 年）六月十六日至十七日，嘉陵江水涨，冲刷沿江田舍。

二、民国时期水灾简录

民国 31 年（1942 年），嘉陵江大水，昭化县为四川 36 个重灾县之一。

民国 34 年（1945 年）8 月 31 日，洪水暴涨，嘉陵江沿河一带灾害严重。昭化段水位上升 15. 60 米（河面高程 446. 27 米），流量达 18900 立方米/秒。《昭化区志》记载："民国三十有四年，岁逢乙酉七月间，洪蒙细雨天降作，沿河五谷尽打完。"

民国 35 年（1946 年）6 月中旬，广元连续大雨，其中 23 日降雨 111. 10 毫米，元坝乡受灾。

民国 36 年（1947 年）8 月中旬，连续大雨，嘉陵江在昭化段水位达 465. 22 米，沿河店舍及农作物冲刷一空。

三、中华人民共和国成立后水灾简录

1951年7月中旬，连续10天大雨，嘉陵江沿河两岸农作物冲走。王家区、元坝乡等地受重灾。

1956年6月5—24日，普降大雨达426.8毫米，嘉陵江水位上涨9.20米，淹没沿河一带农田、场镇。青牛乡柴家坝300余亩土地被淹，五谷禾苗全被洪水冲光。

1957年7月20日前后几天，总降雨670多毫米，山洪暴发，嘉陵江三次超过防洪保证水位，广元县城洪峰达473.57米（海拔高度），沿河一带农田淹没。

1963年7月16—17日，降雨100毫米以上，嘉陵江水涨5.10米；7月25—27日，降雨251毫米。其中25日降雨185.90毫米，加之邻县大雨，嘉陵江水涨7.30米，白龙江水涨7.30米，清江河水涨9.20米，三江在昭化汇合后水涨15.60米，沿河一带农田淹没。

1978年9月2日，昭化、虎跳区暴雨成灾。

1981年7月1日至9月15日的77天中，有65天雨日，造成6次特大洪涝灾害。7月上、中旬降雨500毫米，其中7月11日18时至14日6时，降雨300毫米，局部400~500毫米。嘉陵江昭化段水位比民国34年（1945年）最大洪水位高1.22米，虎跳段高出2.50米，白龙江洪峰流量达8270立方米/秒，沿河一带农田、农舍受灾，虎跳镇、黄龙乡老街被毁。

1983年7月26—30日，连续暴雨259毫米，王家、卫子区降雨300毫米，部分树木、耕地、山平塘、渠堰、农舍受灾。

1987年，卫子区境26个乡、18个村、1268个村民小组遭受洪灾袭击，成灾16400户73893人，其中特重灾1328户6219人。冲毁农田221公顷，农作物受灾面积16650公顷。

1989年8月中旬遭受洪涝灾害，9月22—26日又降暴雨，全区平均降雨量为288.9毫米，其中虎跳片区高达306.2毫米，全区所有的乡、村、组都不同程度地受到大风暴雨的袭击。

1991年5月22—24日、6月11—13日、7月12日，全区遭受三次较为严重的洪涝灾害。成灾面积9万亩，垮塌房屋204间，死亡3人。

1998年，全年降雨量1277.1毫米，分布不均，时段集中。7、8、9三个月雨量集中，四度遭受暴雨洪灾袭击，7月4—13日连降暴雨，雨量达400余毫米。9月16日，昭化片区突降特大暴雨，清晨6时至9时，大朝乡降雨量150毫米。山洪暴发，引发多处泥石流，造成房屋垮塌，农田毁坏，水利设施冲毁，交通和通信中断。全乡6村31组的926户、3835人均受到不同程度损失。全区农作物受灾30余万亩，成灾近10万亩，绝收2万余亩，冲毁农田7000余亩，损失粮食产量2万余吨，房屋全垮塌户137户，死于洪灾10人。

2000年，出现“七二八”“八七”“八一七”三次区域性暴雨洪涝灾害，农作物受灾16.8万亩，成灾8.3万亩，绝收1.1万亩，淹没、冲毁耕地4000余亩；部分集镇供水、供电、通信和交通中断，房屋受损8135间，其中倒塌310户、350间。山平塘受损100余口，提灌站被淹11处，区内5座水库出现险情，香溪乡小（二）型水库被洪水冲开长7米的缺口。以“八一七”特大洪灾损失最大，元坝城区在几小时内降雨量高达168毫米，城区街道淹没，农作物、农房、水利、交通、防洪河堤等均受到严重损失，受灾人口7000余人，伤亡7人，其中重伤1人，死亡1人。房屋倒塌200余户800余间，损坏3000余间。农作物受灾1.8万亩，成灾1.2万亩，绝收3000余亩。淹没长滩河防洪河堤5公里。城区供水中断，京兆路、滨河路、紫云路以及区民政局、区广电局、区司法局等单位一楼进水。广（元）普（济）铁路TK25+935处早上7时发生大规模山体滑坡，滑坡体达4万余立方米，堆积于铁道，并堵塞9号铁路隧道出口，致使铁路运输中断；国道212线、广旺线元坝段因泥石流滑坡及洪水淹没，交通间断性中断。

2001 年 8 月 18—19 日，区境内降暴雨，嘉陵江水位猛涨，局部造成洪灾。洪灾死亡 3 人，损坏房屋 826 户 3393 间，其中全塌户 107 户 529 间。

2003 年 7 月，全区普降特大暴雨，大范围雨量达 324.70 毫米，尤其是在 7 月 15 日较短时间内，元坝镇集中降雨 237.70 毫米，长滩河（海拔）水位高达 517.80 毫米，超出警戒水位 2.40 米。全区 28 个乡镇受灾，经济损失 6000 余万元。

2005 年 6 月 30 日至 7 月 3 日，全区连续降雨，加之嘉陵江上游陕西宁强等地暴雨，嘉陵江水猛涨，沿江乡镇不同程度遭受洪灾，昭化镇较为严重。全区农作物受灾 200 余公顷，经济损失达 80 余万元；陈江乡罗江村被洪水淹没农作物 8.70 公顷，经济损失达 6.50 万元。

2007 年 6—7 月，区境内连降大雨，平均雨量达 106.70 毫米，王家、磨滩、文村等乡镇雨量达 165 毫米。农作物、水利设施、公路交通受灾严重，经济损失达 7183 万元。其中：农作物灾害损失 1089 万元，水利设施损失 2500 余万元；公路交通损失 1464.20 万元；城镇基础设施、山体滑坡、房屋倒塌等损失达 2130 多万元。9 月 27—29 日，全区普降暴雨。元坝、王家、卫子、太公、明觉、昭化、虎跳等乡镇雨量分别达 224.50 毫米、197 毫米、173 毫米、166 毫米、187 毫米、200 毫米、102 毫米。境内不少地方发生山体滑坡、泥石流等地质灾害，农作物被淹、房屋垮塌、公路塌方、山平塘被冲毁，经济损失达 4670 余万元。在山体滑坡、泥石流地质灾害中，有 7 个乡镇 15 个村 865 户 3124 人受灾。元坝镇登滩堡山体滑坡，裂缝长达 100 余米，裂口宽 20 ~ 150 厘米，深 5 米左右，造成区气象站观测场崩裂，堡坎、围墙倒塌，气象站综合楼至电管站临街居民 46 户 162 人的生命财产受到严重影响，逼迫转移安置。国道 212 线交通中断 2 小时，城区供水、供气、供电中断，经济损失达 1600 万元；全区农作物绝收面积达 80 多公顷，成灾 1000 余公顷，受灾 7300 多公顷，经济损失 900 余万元；中小型水库渠系垮塌 4471 米，冲毁山平塘 32 口，损坏 86 口，公路塌方 120 余处。红土垭收费站至长滩河 200 余米的护城河堤和青树垭至童家湾 5 座供水管道支墩被冲毁。由于山体滑坡造成城区 3 处 DN300 供水主管道和高位水池 KN160 上水管道断裂，基础设施经济损失达 2033 万元。柳桥、紫云乡有 13 户农户房屋倒塌，经济损失 130 余万元。

第二节　旱　灾

由于久晴不雨或少雨，对农业生产造成旱灾。干旱分春旱、夏旱和伏旱。元坝区的春旱大都在 3 月初或之前开始发生，严重的持续到 4 月下旬。夏旱是出现频繁、危害最大的灾害天气，多在 5 月下旬至 6 月上、中旬发生。伏旱多出现在 7 月下旬至 8 月中下旬。从记载的情况看，区内多次出现连续数年春旱以及春旱接夏旱再接伏旱的情况。

一、清代及以前旱灾简录

汉惠帝五年（前 190 年），四川“全境大旱，江河水少，溪谷绝”。

晋元康二年（292 年），“二月，巴西，蜀北郡县，草皆死，苦旱”。

唐总章二年（669 年），“川西北各大旱；七月，剑南州大旱。”

五代前蜀乾德四年（922 年），“川北各县，自五月不雨，九月，树木枯，赤地千里”。

宋天禧三年（1019 年），“利州路饥。四年，利州路旱”。

宋绍兴元年（1131年），“蜀大饥，米斗二千钱，利州路倍之”。

宋淳熙二年（1175年），“利阆大旱”。

宋淳熙六年（1179年），“川北大旱”。

宋庆元二年（1196年），“利州大旱”。

宋嘉定四年（1211年），“川北、西各县旱”。

元天历元年（1328年），“四川、陕西大旱，人相食”。

明景泰元年（1450年），“陕南、利州大旱”。

明正德十六年（1521年），“川陕各县自正月至六月不雨”。

明嘉靖元年（1522年），“全蜀夏秋大旱”。

明崇祯五年（1632年），“自五年至六、十、十一、十二、十三、十四、十六等八年均大旱，饥死甚多”。

清光绪二年（1876年），“五月以来无雨，大旱、大饥”。

二、民国时期旱灾简录

民国3年（1914年），大旱，夏收全无。

民国14年（1925年），春夏大旱，延及川东、川西北80余县。

民国16年（1927年），大伏旱，旱后大洪。

民国17年（1928年），特大夏旱，大饥年。

民国18年（1929年），春夏无雨，特大夏旱和冻害，延及绵竹、绵阳等地。

民国26年（1937年），夏大旱、大饥，旱后大洪。

民国31年（1942年），虎跳区、王家区等地受旱。虎跳区受灾面积9.60万亩。

三、中华人民共和国成立后旱灾简录

1950年7月，久日不雨，受灾严重。

1951年，春、夏旱时间达36天，水稻近半无收。

1953年，昭化县境内春旱严重，小春减产20%。

1955年，大旱，5—6月仅降水66.60毫米。

1959年，夏旱70多天，插种面积仅占一半耕地。

1960年，夏旱40多天，部分稻田改种旱粮，减产近半。

1961年，夏旱时间达43天。

1962年11月上旬至次年3月，无雨、雪，小春作物枯黄、干死，受灾面积达80%。

1964年，夏旱，5—7月中旬无雨，重灾。

1966年，大旱，1—4月上旬仅降雨12.70毫米，禾苗干枯，人畜缺饮水，小春减产，大春歉收。

1969年，冬春无雨，小春减产，继又夏旱，插秧面积仅占应播的75%，减产。

1972年，春夏旱，后又伏旱，小春减产5%，大春减产23%，其中玉米减产36%。

1974年，冬春无雨，继又夏旱、伏旱，水稻栽面仅占计划的50%。

1979年入春至7月8日，仅降小雨15毫米。又于7月24—26日降雨150毫米之后，直到10月17日均未降大雨。全年干旱200余天，造成人畜饮水严重，求救寻水也在10里之外，全年粮食歉收。

1981年，3月初至6月26日，连续受旱117天，其中夏旱长达50天。大小溪沟干涸，大部分山平塘现底开裂，近30%的稻田无水栽秧，已栽秧的稻田有50%开裂，71%的玉米受灾严重，人畜饮水十分困难。

1982年，1—5月受旱，5月20日至6月15日，雨量比历年同期减少54.70%。6月1—25日仅降雨11.70毫米，比历年同期平均减少80.60%。水稻仅栽计划的57%，已栽水稻70%脱水，8.40%干死，已种玉米有30%枯死无收。

1985年，大伏旱，7月10日至8月16日，多数地区降雨约50毫米，农业受灾严重，粮食减产，部分地区人畜饮水困难。

1990年10月至1991年5月，长达8个月持续干旱。

1993年，夏旱77天。

1994年，春、夏、伏旱相连，从2月下旬至7月中旬长达140余天，降雨仅60余毫米，元坝区是广元市的重点干旱区。全区应栽水稻16万亩，实际栽插9.5万亩。农作物普遍枯萎、死苗；9万余头牲畜、10多万人饮用水缺乏；持续干旱造成大、小春农作物受灾28.5万亩，成灾18.7万亩，基本绝收3.5万亩。全年粮食比1993年减产22.2%，造成人均经济损失220元。

1996年，春旱、夏旱、伏旱三旱相连，从2月下旬到7月上旬，持续干旱长达130余天，在大春栽种的关键时刻，累计降雨量只有86毫米。由于干旱时间长、范围广，区内塘库干涸，沟河断流，水稻不能按季节实现栽插计划，已栽“四苗”（秧苗、玉米苗、苕苗、多经苗）严重受旱，人畜饮水出现严重困难。

1997年，从4月下旬至7月初，区内遭受特大夏旱；从7月7日至9月5日，全区降雨持续偏少，气温显著偏高，出现严重伏旱，时间长达55天，其间总降雨量为40毫米，干旱覆盖全区28个乡镇2.96万户农户。尤其7月中旬至8月中旬，区内大范围基本未降雨，局部降雨量仅为19毫米。全区大春农作物28.65万亩，受灾26.1万亩，成灾18.8万亩，绝收和基本绝收7.2万亩，因灾损失粮食产量3147.5万公斤，粮经作物直接经济损失4228.5万元。全区有17个乡场镇14.8万人、20.2万头牲畜饮水困难。

2000年，春旱严重，1月至5月10日，区内降雨量仅为78.7毫米，占1998年同期212毫米的37.1%，特别是4月4日至5月6日仅降雨9.8毫米，大春“四苗”培育生长受到严重影响，以国道“212”线的卫子、石井铺、太公、清水及虎跳片的青牛、陈江、香溪等13乡镇受旱尤为严重。

2001年，全区遭受特大旱灾。年总降雨虽有829.6毫米，虽仅比正常年景减少25%左右，但分布时段极不均匀。1月至8月17日，全区降雨202.10毫米，是2000年同期593毫米的33.90%。塘库河流普遍干涸，成片田土无法耕种，旱地粮食作物基本无收，稻田大面积裂口死苗，多经作物严重枯死，人畜饮水极度困难，粮食减产60%左右，农业经济损失1.89亿元，农业减收40%以上。是元坝建区之后严重减产减收的一年。

2002年，雨量偏少，总降雨量仅800余毫米。7月上、中旬遭受了严重的晴热高温少雨天气，特别是6月29日至7月26日降雨量仅为21.8毫米，7月9—16日最高气温均达到36度以上，15日达40度。这次高温打破了自1961年以来40年极值，农作物普遍受灾。

2006年，全区普遍遭受中度春旱、严重夏旱及伏旱。8月22日旱情解除前，累计降雨量为539毫米，比正常年景同期减少3～5成。3月1日至4月9日降雨量为1.10毫米；5月12日至6月30日降雨量为68.70毫米；特别是7月23日至8月22日，35℃以上的高温天气达19天，除昭化片区外，旱区平均降雨量为7.20毫米。大春农作物受灾达1.07万公顷，占总播种面积的58%。其中成灾4520公顷，绝收253公顷，减产1.80万吨，经济损失达2932万元。石井铺乡常年栽秧533公顷，当年仅栽秧200公顷；梅树乡潼梓村5组6月12日才开秧门，人均栽秧0.12亩；明觉乡前锋村4组、帽壳村5组和9组、峨项村1组、五房村8组、云峰村6组和7组，均未“开秧门”；黄龙乡太平村、普照村、高照村，朝阳乡灯杆、南马村，元坝镇中梁村，柳桥乡东山村、拣银岩村等不仅无水栽秧，而且也无法播种旱粮。全区有4.40万人、5.10万头牲畜饮水困难。

2007年，春旱、夏旱严重，截至6月10日，虎跳片（8乡镇）总降雨量为65毫米，卫子片（6乡镇）82.50毫米，王家片（4乡镇）112毫米，昭化片（7乡镇）129毫米，元坝城区168.90毫米，分别比正常年景同期减少3~7成。人畜饮水困难，农作物受灾严重，受灾损失达2100余万元。全区不同程度的人饮困难4.80万人，畜饮困难6.30万头，清水、文村、陈江、明觉、太公、香溪、柏林、卫子等8个场镇和178个村人畜饮水特别困难。太公镇人饮困难达6000余人，占总人口80%以上。陈江乡场镇从2006年7月至2007年6月下旬，居民生活用水靠车辆或人力到附近运水。射箭乡笔架村5组3—6月在嘉陵江背水饮用。全区农作物受灾面积达5000余公顷，成灾930余公顷，水稻栽植仅占应栽植的51.20%。旱灾经济损失2175.60万元，其中，春旱损失1100余万元，夏旱损失1075.60万元。

第三节　风灾　雹灾　冻害

一、风灾和雹灾

境内大风常出现在每年春秋季节转换交替阶段，每年3—5月和10—11月大风日数最多。风力常大于8级，有时山口河谷地区达10级以上。5—7月还伴发雹灾，6月最多，常成带状分布。

1950年7月，昭化县部分地区降冰雹，宝轮、白水、凉葛、城关、盘龙等5乡受灾688户，死3人，粮食减产16.80万公斤。

1956年5月23日，柏林沟乡遭受雹灾，农作物损失严重。

1972年，广元县昭化区等地遭受雹灾，雹大如鸡蛋，农作物损失严重。

1977年7月19日凌晨50分至1时15分，青牛公社光辉、白牛、先锋、文书等4个大队有15个生产队遭特大雹灾，农作物损失严重。

1979年4月12日晚，8级以上大风袭击，摧毁个别地方的树木和房屋，嘉陵江边停靠的个别船只被吹翻，农作物损失严重。

1981年3—5月，境内多次遭遇7~10级大风；6月29日下午，广元县昭化区的沙坝、大朝、曲回（今昭化镇）公社遭冰雹夹狂风袭击。曲回公社有6个大队37个生产队的429公顷大春作物和25公顷经济作物受重灾，经济损失达40多万元；7月13日、8月14日、8月19日、9月2日，今区境内又遭遇7~9级大风，农作物损失严重。

1983年7月23—26日，连续阵性大风和暴雨，山口河谷风力10级以上，摧毁个别地方树木和房屋，农作物损失严重。昭化区7个公社46个大队的3659公顷粮食作物受灾面积达1134公顷，占播种面积的31%，其中无收面积327公顷，共减产约300万公斤。暴雨的袭击，还造成公路垮塌8处，山体滑坡5处，危害5户21人安全，吹倒房屋6户18间（内有猪牛圈5间），冲垮堰渠63条，冲垮田埂1863条，吹折树木228根，毁坏桑苗25亩。各种经济损失达62万多元。

1985年7月25日晚，王家、卫子两区11乡55村遭雹灾，并伴9级以上大风，损坏房屋440多间，伤3人，损失粮食400多万公斤，经济作物损失达40多万元。

1991年5月14日，王家、文村两乡镇遭受严重冰雹灾害；5月23日，元坝、柳桥两乡镇遭受严重冰雹灾害。

1996年，文村乡遭受了历史上罕见的强风袭击，损失严重。

1997年5月27日18时，卫子镇、明觉乡突遭风灾袭击，树木、供电和通信线路、房屋等严重受损；5月29日7时，昭化片区遭风雹袭击；7月9日16时，磨滩、文村突遭大风、冰雹袭击，水稻扬花授粉受阻，灌浆难，全区受灾面积1300公顷。

2000年4月13日、4月19日、4月29日、7月20日、7月28日、11月10日等6次7级以上大风，全区28个乡镇先后遭受大风袭击，直接经济损失1100余万元。危害大的有两次：4月19日至20日，山口河谷地带局部风力9至10级，有10余个乡镇1.5万农户6.4万人受灾，元坝镇长坝村农户王龙军正在修建中的楼房被大风刮倒，伤6人，死亡1人。

2002年7月26日14—16时，文村、晋贤、磨滩、王家、大朝、清水等乡镇遭受风雹袭击，受灾33个村，172个组，8600户，3.30万人。受灾面积970公顷，其中烤烟136公顷，中、迟玉米273公顷，早熟水稻560公顷；成灾604公顷，其中烤烟84公顷，玉米240公顷，水稻280公顷；绝收352公顷，其中烤烟32公顷，玉米120公顷，水稻200公顷。粮经、水果、树木及其他损失共计340多万元。文村、晋贤、磨滩尤为严重，尤其是文村乡遭受了50年未遇的冰雹、大风、暴雨的袭击。下冰雹时间长达30分钟，冰雹最大直径24毫米，最小4毫米，最大直接受面1000粒/平方米；大风7 ~9级，持续32分钟；暴雨长达1.20小时左右，雨量100毫米，造成直接经济损失144.70万多元。

2003年7月19日16—17时，磨滩、王家、晋贤等9个乡镇发生严重雹灾。雹粒一般如豌豆、胡豆大小，大者如鸡蛋。局部伴随大风、暴雨。农作物受灾1330余公顷，成灾660余公顷，绝收267公顷，直接经济损失600余万元，尤以磨滩镇损失严重。

2005年8月14—17日，连续大风，局部暴雨天气，太公镇玉米、烤烟受灾严重，吹垮烤房2间；张家乡3公顷烤烟严重倒伏，大量烟叶被风吹焦无法烘烤；王家镇金峨村烤烟遭受大风和局部冰雹袭击，受灾面积达1.33公顷；白果乡13.33公顷烤烟苗被风吹断。

2006年3月27日、4月1—2日，磨滩、文村、明觉、卫子、朝阳、沙坝、晋贤、红岩等8个乡镇16个村51个组相继遭受冰雹灾害，小春农作物和大春“四苗”（秧苗、玉米苗、苕苗、多经苗）损失严重。油菜受灾面积340公顷，成灾面积100余公顷。小麦受灾面积130余公顷，成灾面积16.70公顷。“四苗”受灾面积33.30公顷。直接经济损失49.90万元。其中，文村乡遭受大风暴雨袭击，时间长达一个半小时，造成玉米、烤烟等农作物受灾，6间烤烟房垮塌，4座塘堰受损，其中玉米受灾9.5公顷，绝收3.5公顷；烤烟倒伏、烟叶折断成灾11公顷。

2007年6月25日，丁家、王家、朝阳、白果、文村5个乡镇遭受风雹灾害，农作受灾面积710余公顷，成灾面积115.50公顷。其中烤烟受灾面积97公顷，成灾面积30公顷；玉米苗受灾面积446.70公顷，成灾面积80公顷；多经及其他农作物受灾166.70公顷，成灾5.30公顷。直接经济损失160余万元。

二、冻害

境内冻害主要分为霜冻和寒潮，霜冻一般出现在每年的秋末或初春日之早晚；寒潮一般多发生于初春时节，区境内大部分地方都会受霜冻、寒潮的影响。

1950年冬霜冻，个别地区冻死麦苗70%。

1975 年 12 月 11—30 日，连续 16 天冻害，最低温度降到零下 8.2 摄氏度，是历年最低值，大部分地方竹子、果树冻死。

2000 年，危害大的冻害有两次：4 月 19—20 日的寒潮，有 10 个乡镇 1.5 万农户 6.4 万人受灾，大春“四苗”受到冻害；11 月 10 日，磨滩镇等乡镇出现暴风、雪灾，风力达 7 级至 8 级，积雪厚达 10 余厘米，磨滩镇蔬菜冻死 420 亩，通信中断。

第四节　地　震

元坝区地处龙门山断裂带的川西北地震带，地震比较频繁，震级比较小，一般都是受波及区，震源在区内的地震很少。史料记载：明天启元年（1621 年）至 2007 年的 386 年中，今元坝区境内发生大的地震 35 次，其中影响较大的有 3 次。

清光绪五年（1879 年）七月十二日，昭化城外贾家河地震。城墙垛口坍塌，裂缝数丈，贾张氏被城墙坍塌压伤。

民国 19 年（1930 年）11 月 7 日，昭化地震。民户灯掌竟至熄灭，床上大人小孩颠于床下，并有人摔伤脑袋和腿，水缸、便桶倾倒，门房呀呀作声，各街道、乡、村民众异常惊惶，以为大灾即将来临。

1976 年 8 月 16 日 22 时 6 分，松潘、平武发生 7.2 级强地震，震中是平武的小安乡；8 月 22 日 5 时 49 分发生 6.7 级强地震；8 月 23 日 11 时 30 分发生 7.2 级强地震；8 月 16 日至 9 月 1 日共发生 5 级以上余震 4 次，今元坝区域均受到波及。墙壁开裂较普遍，房上掉瓦，个别烟囱倒塌。8 月 17 日起，机关、学校、农村普遍搭起了防震棚，昼夜在外食宿，猪牛拴在外面。各级政府用电话和有线广播值班守夜，到 9 月 7 日，群众才拆除防震棚，归家食宿。

第三篇　人　口

第一章　人口状况

第一节　人口数量

1986年11月，广元市市中区卫子区公所辖26个乡镇，总人口为196370人。1989年年末，广元市元坝区下辖28个乡镇，总人口为226088人，其中：非农业人口10907人，占总人口的4.82%；农业人口215181人，占总人口的95.18%。1992年末，总人口为234773人。2007年末，总人口为237993人，比1989年增加5.27%。其中：非农业人口22805人，占总人口的9.58%，比1989年增加109.08%；农业人口215188人，占总人口的90.42%。

广元市元坝区1989—2007年人口情况表

表3－1　　单位：人

年度	总人口	其中：非农业人口		备注	年度	总人口	其中：非农业人口		备注
		数量	占总人口%				数量	占总人口%	
1989	226088	10907	4.82	1990年的总人口数为1990年7月1日零时第四次全国人口普查的数据	1999	240760	20452	8.49	2000年的总人口数为2000年11月1日零时全国第五次人口普查的数据
1990	225179	11186	4.97		2000	234541	21206	9.04	
1991	229385	11877	5.18		2001	241831	22110	9.14	
1992	234773	13141	5.60		2002	241059	22396	9.29	
1993	235988	14379	6.09		2003	240981	23022	9.55	
1994	237206	15531	6.55		2004	238655	23142	9.70	
1995	237640	16997	7.15		2005	237768	23206	9.76	
1996	238650	18056	7.57		2006	237209	22755	9.59	
1997	240915	18994	7.88		2007	237993	22805	9.58	
1998	241946	19810	8.19		—	—	—	—	

第二节　人口结构

一、性别、年龄结构

1986年以后的统计，全区人口性别结构状况为“男多女少”。其中，1986年性别比（总人口中男性对女性的比例，女性按100计）为103.33，1989年性别比为104.54，1994年性别比为106.95，2000年性别比为106.38，2007年为105.97。随着人民生活水平的不断提高，保健意识的增强，膳食结构、卫生环境、医疗条件的日益改善，全区人口平均年龄结构由年轻型向中老年型过度，老年人口数量逐年增加。

1990年第四次全国人口普查，全区0～14岁的人口为51873人，占登记总人口的23.04%；15～29岁的人口为83875人，占登记总人口的37.25%；30～49岁的人口为55089人，占登记总人口的24.46%；50～59岁的人口为15934人，占登记总人口的7.08%；60岁以上的人口为18407人，占登记总人口的8.17%。

2000年第五次全国人口普查，全区0～14岁的人口为54678人，占登记总人口的23.31%；15～29岁的人口为55556人，占登记总人口的23.69%；30～49岁的人口为78601人，占登记总人口的33.51%；50～59岁的人口为23289人，占登记总人口的9.93%；60岁以上的人口为22417人，占登记总人口的9.56%。

两次人口普查相隔10年，人口年龄结构发生了明显的变化，2000年0～14岁的人口比1990年增加0.27%，15～29岁的人口下降13.56%，30～49岁的人口上升9.05%，50～59岁的人口上升了2.85%，60岁以上的人口上升了1.39%。

广元市元坝区1989—2007年人口性别结构情况表

表3－2　　　　单位：万人

年度	男性		女性		男女性别比	备注	年度	男性		女性		男女性别比	备注
	人数	占总人口%	人数	占总人口%				人数	占总人口%	人数	占总人口%		
1989	11.55	51.08	11.05	48.89	104.54	1990年的男女人数为1990年7月1日零时的全国第四次人口普查数据	1999	12.40	51.53	11.66	48.47	106.31	2000年的男女人数为2000年11月1日零时的全国第五次人口普查数据
1990	11.55	51.31	10.96	48.69	105.36		2000	12.08	51.55	11.36	48.45	106.38	
1991	11.72	51.09	11.21	48.91	104.39		2001	12.47	51.57	11.71	48.43	106.47	
1992	12.05	51.34	11.42	48.66	105.51		2002	12.45	51.66	11.65	48.34	106.87	
1993	12.07	51.17	11.52	48.83	104.79		2003	12.31	51.12	11.77	48.88	104.58	
1994	12.25	51.68	11.46	48.32	106.95		2004	12.28	51.47	11.58	48.53	106.04	
1995	12.24	51.53	11.51	48.47	106.32		2005	12.24	51.51	11.53	48.44	106.22	
1996	12.36	51.59	11.60	48.41	106.56		2006	12.20	51.45	11.51	48.55	105.97	
1997	12.52	52.00	11.56	48.00	108.34		2007	12.24	51.45	11.55	48.55	105.97	
1998	12.54	51.84	11.65	48.16	107.64		—	—	—	—	—	—	

广元市元坝区第四次和第五次全国人口普查年龄结构情况表

表 3-3

单位：人

年龄分组	1990 年		2000 年		年龄分组	1990 年		2000 年	
	人口数量	占登记总人口%	人口数量	占登记总人口%		人口数量	占登记总人口%	人口数量	占登记总人口%
0 岁	3750	1.67	2166	0.92	55～59 岁	6768	3.01	11014	4.70
1～4 岁	17834	7.92	12222	5.21	60～64 岁	6629	2.94	8526	3.64
5～9 岁	11733	5.21	18576	7.92	65～69 岁	5649	2.51	5257	2.24
10～14 岁	18556	8.24	21714	9.26	70～74 岁	3487	1.55	4312	1.84
15～19 岁	34726	15.42	10174	4.34	75～79 岁	1843	0.82	2805	1.20
20～24 岁	28733	12.76	14117	6.02	80～84 岁	614	0.27	1160	0.49
25～29 岁	20416	9.07	31265	13.33	85～89 岁	161	0.07	315	0.13
30～34 岁	14212	6.31	27944	11.91	90～94 岁	21	0.01	38	0.02
35～39 岁	16442	7.30	20970	8.94	95～99 岁	3	0.00	4	0.00
40～44 岁	12947	5.75	13307	5.67	100 岁以上	—	—	—	—
45～49 岁	11488	5.10	16380	6.98	登记总人口	225179	—	234541	—
50～54 岁	9166	4.07	12275	5.23					

二、民族结构

元坝区系汉族聚居区，少数民族人口极少。1990 年第四次全国人口普查，全区总人口 225179 人，其中汉族 225091 人，占总人数的 999.61‰；少数民族人口为 88 人，占总人数的 0.39‰。少数民族中，回族 80 人，藏族 2 人，壮族 6 人。2000 年第五次全国人口普查，全区总人口为 234541 人。其中：汉族 234295 人，占总人口数的 998.95‰；少数民族人口为 246 人，占总人口数的 1.05‰。少数民族人口中，蒙古族 83 人，回族 89 人，藏族 11 人，维吾尔族 6 人，苗族 11 人，彝族 5 人，壮族 7 人，布依族 6 人，朝鲜族 9 人，满族 5 人，侗族 3 人，土家族 3 人，土族 3 人，毛南族 1 人，塔吉克族 1 人，其他未能识别确立的民族 3 人。

三、文化结构

1990 年第四次全国人口普查结果：6 岁及 6 岁以上受教育人数占总人口的比例为 75.50%，平均每 1 万人拥有大专以上文化程度的为 21 人，高中（含中专）文化程度的为 420 人，初中文化程度的为 2334 人，小学文化程度的为 4776 人，文盲、半文盲人数为 2450 人。2000 年第五次全国人口普查结果：6 岁及 6 岁以上受教育人数占总人口的比例为 90.25%，同比增长 14.75%；平均每 1 万人拥有大专以上文化程度的为 124 人，同比增长 4.9 倍；高中（含中专）文化程度的为 609 人，同比增长 45%；初中文化程度的为 3222 人，同比增长 38.05%；小学文化程度的为 5119 人，同比增长 7.18%；文盲、半文盲人数为 1154 人，同比下降 52.90%。全区人口受教育人数明显增加，受教育程度显著提高。按人口性别来看，男性受教育人数比女性多，受教育程度也普遍比女性高。

广元市元坝区第四次和第五次全国人口普查中6岁及6岁以上受教育程度情况统计表

表3-4 单位：人

项 目		1990年		2000年	
		人 数	占应受教育人数%	人 数	占应受教育人数%
6岁及6岁以上		200770	—	216013	—
其中	男	102924	—	111416	—
	女	97846	—	104597	—
未上过学		49187	24.50	21063	9.75
其中	男	14394	13.99	5241	4.70
	女	34793	35.56	15822	15.13
扫盲班		—	—	3866	1.79
其中	男	—	—	1049	0.94
	女	—	—	2817	2.69
小 学		95889	47.76	105463	48.82
其中	男	49564	48.16	50665	45.47
	女	46325	47.34	54798	52.39
初 中		46860	23.34	69608	32.22
其中	男	32120	31.21	43128	38.71
	女	14740	15.06	26480	25.32
高 中		7258	3.62	9587	4.44
其中	男	5535	5.38	6967	6.25
	女	1723	1.76	2620	2.50
中 专		1166	0.58	3751	1.74
其中	男	950	0.92	2445	2.19
	女	216	0.22	1306	1.25
大学专科		341	0.17	2379	1.10
其中	男	297	0.29	1669	1.50
	女	44	—	710	0.69
大学本科		69	0.03	286	0.13
其中	男	64	—	244	0.22
	女	5	—	42	0.04
研究生		—	—	10	—
其中	男	—	—	8	0.00
	女	—	—	2	0.00

注：第四次全国人口普查中的“未上学”是指“文盲和半文盲”，未设扫盲班指标

四、行业、职业结构

随着改革开放的不断深入，社会生产力水平的日益提高，元坝区第二产业、第三产业发展较快，

农业人口所占比例有所减少，就业行业增多。1990 年第四次全国人口普查长表抽样调查（按 10% 的户抽样）的结果，全区在业人口率为 83.55%，从事第一产业的在业人员为 92.62%，第二产业、第三产业的在业人员为 7.38%。2000 年第五次全国人口普查长表抽样调查（按 10% 的户抽样）的结果，全区在业人口率 87.84%；从事第一产业的在业人员为 90.35%；同比下降 2.27%；第二产业、第三产业的在业人员为 9.65%，同比上升 2.27%。

广元市元坝区第四次全国人口普查劳动力从业情况表

表 3－5　　单位：人

行　业	从业人数	占从业总人数%
农、林、牧、渔、水利业	134104	92.62
工业	3007	2.08
地质普查和勘探业	2	0.00
建筑业	535	0.37
交通运输、邮电通信业	694	0.48
商业、公共饮食业、物资供销和仓储业	2091	1.44
房地产管理、公用事业、居民服务和咨询服务业	281	0.19
卫生、体育和社会福利事业	530	0.37
教育、文化艺术和广播电视业	2276	1.57
金融、保险业	170	0.12
国家机关、党政机关和社会团体	1100	0.76
总　计	144790	100

广元市元坝区第五次全国人口普查劳动力从业情况表

表 3－6　　单位：人

行　业	从业人数	占从业总人数%
农、林、牧、渔业	13187	90.35
采掘业	53	0.36
制造业	188	1.29
电力、燃气及水的生产和供应业	25	0.17
建筑业	61	0.41
地质勘探业、水利管理业	11	0.08
交通运输、仓储及邮电通信业	134	0.91
批发和零售贸易业、餐饮业	238	1.63
金融、保险业	33	0.23
房地产业	1	0.01
社会服务业	60	0.41
卫生、体育和社会福利业	89	0.61
教育、文化艺术及广播电影电视业	226	1.55

续表

行　业	从业人数	占从业总人数%
科学研究和综合技术服务业	11	0.08
国家机关、党政机关和社会团体	253	1.73
其他行业	26	0.18
合　计	14596	100

五、婚姻家庭结构

婚姻状况。1990 年以后，全区婚姻家庭呈离婚比例上升、晚婚比例增长的趋势。第四次和第五次全国人口普查结果显示，全区离婚率分别为 0.31% 和 0.63%。

家庭结构状况。第四次全国人口普查，全区家庭户为 54553 户，集体户为 511 户，家庭户户平人口为 4.04 人；在家庭户中，三人户和四人户较多，占总户数的 55.27%。第五次全国人口普查，全区家庭户为 64305 户，集体户为 786 户，家庭户户平人口为 3.58 人；在家庭户中，三人户和四人户较多，占总户数的 56.27%；两代人较多，三代人次之，四代人以上极少。

广元市元坝区第四次和第五次全国人口普查婚姻状况表

表 3-7　　单位：人

项　目	1990 年						2000 年					
	合计	占 15 岁及其以上的%	男	占%	女	占%	合计	占 15 岁及其以上的%	男	占%	女	占%
15 岁及 15 岁以上人口	173306	100	88832	51.26	84474	48.74	179863	100	91720	50.99	88143	49.01
未　婚	48378	27.91	27469	56.78	20909	43.22	49131	25.88	24421	49.71	24710	50.29
有配偶	113406	65.44	56654	49.96	56752	50.04	119440	66.41	59672	49.96	59768	50.04
离　婚	539	0.31	402	74.58	137	25.42	1139	0.69	577	50.66	562	49.34
丧　偶	10983	6.34	4307	39.22	6676	60.78	10153	5.64	4414	43.47	5739	56.53

广元市元坝区第四次和第五次全国人口普查家庭户规模情况表

表 3-8　　单位：户

项　目	1990 年		2000 年	
	户　数	占总户数%	户　数	占总户数%
合　计	54553	100	64305	100
一人户	1329	2.44	4554	7.08
二人户	4751	8.71	8319	12.94
三人户	13310	24.40	19418	30.20
四人户	16844	30.88	16777	26.09
五人户	11045	20.25	9833	15.29
六人户	4735	8.68	4012	6.24

续表

项　目	1990 年		2000 年	
	户　数	占总户数%	户　数	占总户数%
七人户	1839	3.37	994	1.54
八人户	520	0.95	269	0.42
九人户	138	0.25	93	0.14
十人及十人以上户	42	0.08	36	0.06

广元市元坝区第四次和第五次全国人口普查家庭户类别表

表 3-9　　单位：户

项　目	1990 年		2000 年	
	户　数	占总户数%	户　数	占总户数%
合　计	54553	100	64305	100
一代户	4066	7.45	10287	15.99
二代户	37568	68.87	33089	51.46
三代户	12144	22.26	19469	30.28
四代户	457	0.84	1458	2.27
五代户	1	0.00	—	—
五代户及五代以上户	—	—	2	0.00
其　他	317	0.58	—	—

第三节　人口变动

人口变动指人口出生、死亡、迁入、迁出、暂住。1989—2007 年，全区共出生 49884 人，其中男 25117 人，女 24767 人，性别比为 101.41；共死亡 31995 人，其中男 16958 人，女 15037 人，性别比 112.78；共迁入 37434 人，迁出 48295 人。暂住人口先后共 32300 人。1989 年，广元市市中区中心区的元坝镇、柳桥乡划入，1992 年，苍溪县小新乡划入，全区总人口发生两次较大变动。

广元市元坝区 1989—2007 年人口迁移情况表

表 3-10　　单位：人

年度	迁入	其　中		迁出	其　中		年度	迁入	其　中		迁出	其　中	
		省内	省外		省内	省外			省内	省外		省内	省外
1989	1567	1528	39	1828	1770	58	1999	1529	1377	152	2222	2006	216
1990	2419	2364	55	2399	2251	148	2000	2096	1913	183	1994	1755	239
1991	2916	2850	66	2910	2669	241	2001	1344	1201	143	1842	1592	250
1992	3058	2959	99	3861	3647	214	2002	1463	1357	106	2244	1944	300

续表

年度	迁入	其中		迁出	其中		年度	迁入	其中		迁出	其中	
		省内	省外		省内	省外			省内	省外		省内	省外
1993	2925	2855	70	3602	3241	361	2003	617	386	231	793	471	322
1994	3452	3395	57	3952	3782	170	2004	538	367	171	1371	860	511
1995	2929	2856	73	3457	3301	156	2005	1071	914	157	1890	1517	373
1996	2490	2426	64	3601	3428	173	2006	908	741	167	1846	1549	297
1997	2333	2217	116	2718	2486	232	2007	2043	1529	514	3447	2458	989
1998	1736	1608	128	2318	2082	236	—	—	—	—	—	—	—

广元市元坝区 1989—2007 年人口自然变动情况表

表 3-11　　单位：人

年度	出生		死亡		增长		年度	出生		死亡		增长	
	人数	占总人口‰	人数	占总人口‰	人数	占总人口‰		人数	占总人口‰	人数	占总人口‰	人数	占总人口‰
1989	3591	15.88	1459	6.45	2132	9.43	1999	2271	9.43	1482	6.15	789	3.27
1990	3409	15.14	1766	7.84	1643	7.30	2000	2125	9.06	1760	7.50	365	1.55
1991	3341	14.56	1711	7.46	1630	7.10	2001	1720	7.11	1596	6.60	124	0.51
1992	3385	14.42	1743	7.42	1642	6.99	2002	1553	6.44	1725	7.15	-172	-0.71
1993	3651	15.47	1703	7.22	1948	8.25	2003	1401	5.81	1411	5.85	-10	-0.04
1994	3857	16.26	1790	7.54	2067	8.71	2004	1392	5.83	1475	6.18	-83	-0.34
1995	3824	16.09	1744	7.34	2080	8.75	2005	1469	6.18	1497	6.29	-28	-0.12
1996	3412	14.30	1861	7.80	1551	6.50	2006	1687	7.11	1574	6.63	113	0.47
1997	3239	13.44	1762	7.31	1477	6.13	2007	1693	7.11	1470	6.17	223	0.94
1998	2864	11.84	1796	7.42	1068	4.41	—	—	—	—	—	—	—

第四节　人口密度

2007 年年末，全区面积为 1432.32 平方公里，人口密度为每平方公里 166.16 人。境内人口密度较大的是元坝镇和昭化镇，分别为每平方公里 492.01 人和 447.32 人；较小的是大朝乡、白果乡和紫云乡，人口密度分别为每平方公里 77.89 人、81.14 人和 85.52 人。

第五次全国人口普查结果显示，元坝区居住在城镇的人口为 39064 人，占总人口的 16.66%，居住在乡村的人口为 195477 人，占总人口的 83.34%。

广元市元坝区2007年各乡镇总人口及人口密度情况表

表3-12　　　　单位：人、平方公里、人/平方公里

乡　镇	总人口	面　积	人口密度	乡　镇	总人口	面　积	人口密度
元坝镇	26249	53.35	492.01	香溪乡	4199	22.25	188.72
昭化镇	18765	41.95	447.32	青牛乡	6731	39.25	171.49
卫子镇	8370	53.00	157.92	陈江乡	5067	38.95	130.09
王家镇	13449	67.60	198.95	丁家乡	4725	31.05	152.17
磨滩镇	11848	91.20	129.91	黄龙乡	6685	47.85	139.71
柏林沟镇	7755	49.60	156.35	石井铺乡	10581	80.10	132.10
太公镇	8935	43.55	205.17	白果乡	7104	87.55	81.14
虎跳镇	9004	53.10	169.57	梅树乡	6660	50.95	130.72
红岩镇	6082	45.45	133.82	明觉乡	7681	45.90	167.34
柳桥乡	7165	41.76	171.58	射箭乡	6943	53.35	130.14
紫云乡	4547	53.17	85.52	朝阳乡	6157	50.85	121.08
晋贤乡	7863	53.75	146.29	大朝乡	3610	46.35	77.89
文村乡	6955	44.30	157.00	沙坝乡	4455	32.45	137.29
清水乡	11148	49.60	224.76	拣银岩社区街道办事处	—*	15.59	—
张家乡	9260	48.50	190.93	全区合计	237993	1432.32	166.16

*：公安机关未单独统计拣银岩社区街道办事处的人口数，仍包含在元坝镇、柳桥乡之内。

第二章　计划生育

第一节　工作机构

一、管理机构

1986年11月，广元市市中区卫子区公所设计划生育科，张书中任科长；1988年6月，计划生育科更名为广元市市中区卫子区计划生育委员会，张书中任主任，范映才任副主任。

1990年2月，成立广元市元坝区计划生育委员会（简称区计生委），设办公室。1991年8月，增设计财股、政法宣传股。1993年11月，建立区计生委党组。2001年11月，区计生委更名为广元市元坝区计划生育局（简称区计生局），设办公室、宣传教育股、政策法规股、规划统计股、财务药具股、

科学技术股。2005年12月，区计生局更名为广元市元坝区人口和计划生育局（简称区人口计生局）。2007年，机构无变化；年末，全局共有职工16人，乡镇有计划生育专职干部35人。

广元市元坝区人口和计划生育局（委）领导名录

表3-13

姓　名	性别	籍　贯	政治面貌	职　务	任职期间	备　注
范映才	男	广元市元坝区	中共党员	副主任	1990-02—1992-09	主持工作至1991-02
赵安德	男	广元市元坝区	中共党员	主　任	1991-02—1993-12	
梁全林	男	广元市元坝区	中共党员	副主任	1992-09—1997-10	党组成员
张大培	男	广元市元坝区	中共党员	主　任	1993-12—1998-02	党组书记
仲桂林	女	广元市元坝区	中共党员	副主任	1994-09—2001-03	党组成员
何志远	男	广元市剑阁县	中共党员	副主任	1996-03—2000-04	党组成员
母志林	男	广元市剑阁县	中共党员	主　任	1998-02—2002-11	党组书记
何雪刚	男	广元市元坝区	中共党员	副主任、副局长	1998-02—2007-04	党组成员
仲桂林	女	广元市元坝区	中共党员	纪检组长	2001-03—	党组成员
王　蓉	女	广元市青川县	中共党员	副局长	2002-02—2003-02	党组成员
孙　旭	男	广元市剑阁县	中共党员	局　长	2002-11—	党组书记
母长海	男	广元市元坝区	中共党员	副局长	2003-02—2007-04	党组成员
纪桂花	女	广元市苍溪县	中共党员	副局长	2007-04—	党组成员

二、服务机构

（一）区计划生育服务站

1990年5月，建立广元市元坝区计划生育宣传技术指导站。1992年9月，区计划生育宣传技术指导站正式开展计划生育技术服务工作，实施放环、人流、引产、新法接生等计划生育手术，管理发放避孕药具。1995年10月，站内设有门诊部（下设诊断室、咨询室、悄悄话室、男性节育科、女性节育科、优生指导科、生殖保健科、不孕不育科、药房、B超室、心电图室、脑地形图室、乳腺检查室、检验室、注射室、观察室、消毒供应室），住院部（下设医护办公室、治疗室、康复室、手术室、宫腔镜室、分娩室、住院病房）。2003年，广元市元坝区计划生育指导站更名为广元市元坝区计划生育技术服务站。

（二）乡镇计划生育服务站

1988年，卫子区各乡镇相继建立计划生育服务站。2001年撤销元坝镇计划生育指导站，直接由区计划生育技术服务指导站负责该镇的计划生育服务工作。2003年，全区乡镇计划生育服务站进行机构改革，达不到国家要求的站与乡镇卫生院合并，分情况建立服务中心站、联合站和咨询服务站。通过改革，虎跳镇、太公镇、王家镇、卫子镇、昭化镇、明觉乡等6个乡镇建成独立的计划生育中心服务站；磨滩镇、清水乡设为重点乡镇计划生育服务站；紫云、梅树、白果、石井铺、文村、晋贤、张家、香溪、青牛、陈江、柳桥、射箭、红岩、沙坝、朝阳、大朝、丁家等17个乡镇建为计划生育服务联合站；柏林沟镇、黄龙乡建立计划生育咨询服务点。2006年，取消17个乡镇计划生育技术服务联合站，全区有19个乡镇的计划生育技术服务工作由6个计划生育技术中心服务站分片负责，元坝镇、柳桥乡、紫云乡、拣银岩社区街道办事处的计划生育技术服务工作由区计划生育技术服务站负责。

第二节 宣传教育

1986—1989年，卫子区把《四川省计划生育条例》（以下简称“条例”）作为全区计划生育宣传的重点，选编有关计划生育法规政策、避孕节育和优生优育知识等书籍2.50万册，发至机关、企事业单位、乡镇、村（居）民委员会、村组和部分群众。各乡镇组织计划生育宣传队，利用有线广播进行宣传，并在集镇、交通要道、农户院落醒目处用油漆和石灰书写大幅标语，设置计划生育宣传橱窗或专栏等多种形式，广泛宣传计划生育法规政策、避孕节育和优生优育知识、计划生育先进典型，公布当年人口计划。同时，在“人口基础学校”开展新婚期、孕产期、哺乳期、育儿期、中老年期“五期教育”。

元坝建区后，继续广泛宣传计划生育的法规政策，宣传人口与经济、社会、资源、环境协调发展和可持续发展战略，宣传科学、文明、进步的婚育观念，宣传优生优育、生殖保健等科学知识。1996年5月，四川省计划生育宣教中心组织宣传车到区内元坝镇、卫子镇开展宣传活动。同年11月12日，省计生委宣教组“五期教育”达标验收组到元坝区对“人口基础知识学校”、教育设施及教育成果进行检查验收，抽查了卫子镇、王家镇和区计生委，并随意抽查了10户育龄妇女家庭，通过检查验收，“五期教育”全面达标。1999年，在全国开展“婚育新风进万家”活动中，区计生委、区文体旅游局、区精神文明办联合印发了《广元市元坝区开展“婚育新风进万家”活动的实施意见》，其主要内容：建设新型社区生育文化；倡导男到女家结婚落户新风尚，树立婚俗新面貌；改善妇女和女孩生存环境；提高贫困妇女文化素质；优化利益导向，促进农民生育意识转变；开展文明家庭，少生快富文明星级评选；开展村民民主自治、议事与管理。制定出短、长期规划，各乡镇把“婚育新风进万家”活动纳入议事日程，抓好一个示范村。同时，区计生委制作瓷砖标语100幅，竖立在城区、乡镇街道和交通要道。2002年，全区在大力宣传《中华人民共和国人口与计划生育法》（以下简称“计划生育法”）的同时，着力开展生育文化建设。区人民政府把生育文化建设纳入示范新村、小康村建设的重要内容，落实到乡镇、区级机关，签订年度目标责任书进行考核。各乡镇人口基础知识学校配置有“五期教育”书籍、光碟、人口与计划生育科普知识挂图，设立避孕药具专柜。2003年，区计划生育局统一规划、统一设计，采用电脑合成，把富有特色的风景画、计划生育家庭照片和计划生育法规政策、科普知识融为一体，喷绘制作“婚育新风进万家”大型宣传画400幅，张贴、悬挂在各地人群集中出入的地方。同时，制作计划生育大型瓷砖画20余幅，书写永久性标语260幅，在国道212线、108线和区环线公路沿途基本建成“生育文化”风景线。2004年开始，按照四川省人民政府关于建立“农村部分计划生育奖励扶助制度”的要求，在全区开展“奖励扶助宣传月”活动。2006—2007年，区人口计划生育局编印优生优育避孕节育生殖保健《应知应会》手册2万册、《优生优育优教》手册1.50万册，制作计划生育宣传手提包1万个。

第三节　计划生育措施

一、晚婚晚育

从1972年起，广元县贯彻执行“晚、稀、少”（“晚”，即一般结婚年龄男25岁以上，女23周岁以上；“稀”，即生育第二个孩子须间隔四年以上；“少”，即每对夫妇不超过两个孩子）的生育政策。1979年，广元县按照中央、省有关文件精神，提倡晚婚年龄为：“城镇，男26周岁以上，女24周岁以上；农村，男25周岁以上，女23周岁以上。无论农村或城镇，一方超过晚婚年龄2周岁，另一方低于晚婚年龄1~2周岁，也可登记结婚。”1980年，全县响应晚婚号召的男性6350人，占初婚男性总数的90.80%，女性6242人，占初婚女性总数的91%。1981年1月1日开始，实施修改的《婚姻法》规定：即“男22周岁，女20周岁即可结婚”，晚婚由结婚双方自己决定。元坝建区后，继续宣传贯彻晚婚晚育政策，随着经济社会的快速发展，公民的生育观发生了根本转变，坚持晚婚晚育的，逐年上升。

二、优生优育

1950年，广元县、昭化县开始普遍推行新法接生。1956年开始，广元县宣传节制生育。1965年，在继续宣传节制生育的同时，提倡对多子女（3个孩子以上）夫妇实施绝育手术，要求党员、团员、干部带头。“文化大革命”中曾一度停止。1975年开始，推行安环、使用避孕用品和药物避孕等节育措施。1980年，四川省人民政府对计划生育作出10项具体规定，其中第4项规定中要求贯彻避孕为主的方针，落实节育措施。1985年2月，广元全县划分为4个生育类区。元坝建区后，仍然执行原划的4个生育类区：

一类地区，即机关干部、职工、城镇居民和非农业人口。提倡一对夫妇只生育一个孩子，特殊情况经批准可以照顾生二胎。

二类地区，即自然条件较好，居住比较集中，人均耕地较少，劳动力较充裕，交通较方便，人口发展较快，人口密度比较大的河谷和丘陵地区。提倡一对夫妇只生育一个孩子，有实际困难的，经批准可照顾生二胎。区内划为该类型的乡镇、村有：昭化镇的城关、摆宴、石盘、坪雾、天雄、凤凰、鸭浮等7个村，元坝镇的长坝、光华、胜利、元坝、砖灰（后名桂花）、三沟（后名五一）、杏树（后名杏花）、吴沟、大坝、青树等10个村，柳桥乡的柳桥村，原小新乡各村。

三类地区，即居住分散，劳动条件差，人均耕地多，劳动力比较缺乏的山区。照顾二胎生育条件除执行一、二类地区的条件外，对只生育一个女孩而要求生育二胎的可以有计划地安排。区内划为该类型的有：虎跳、张家、太公、丁家、黄龙、陈江、青牛、香溪、射箭、明觉、红岩、朝阳、沙坝、卫子、清水、白果、梅树、紫云、柏林沟、磨滩、王家、晋贤、新场（今石井铺）、文村等24个乡镇所辖的村，以及元坝镇的中梁村、柳桥乡的普子村、新胜村、分水村和昭化镇的战胜村。

四类地区，即交通闭塞山区。对申请生育二胎的，可以有计划地安排，但不能生第三胎。区内划为该类型的乡镇、村有大朝乡所辖的6个村和柳桥乡所辖的东山村。

1988年，各乡镇相继建立计划生育服务站，帮助农村育龄妇女实施节育避孕，开展妇女、儿童保健工作。1990年5月，建立元坝区计划生育宣传技术指导站，主要开展计划生育节育和新法接生工作。1995 年 10 月，区计划生育宣传指导站增加了编制人员，内设门诊部、住院部，购置了医疗设备。

2007 年，全区育龄妇女实施计划生育措施的有 44187 人，节育率为 88.85%，比 1987 年上升 3.97%；计划生育率为 95.50%，上升 5.19%；一孩率为 67.20%，比 1987 年上升 7.50%；多孩率为 0.88%，比 1987 年下降 1.23%；一孩妇女占已婚妇女的 62.08%，比 1987 年上升 33.88%；多孩妇女占已婚妇女的 0.95%，比 1987 年下降 35.60%；人口出生率为 6.99‰，分别比 1987 年、1990 年、2000 年下降 11.04‰、8.04‰和 1.75‰；自然增长率为 0.94‰，分别比 1987 年、1990 年、2000 年下降 9.35‰、6.30‰、0.56‰。

广元市元坝区 1989—2007 年育龄妇女生育情况表

表 3－14

年度	已婚育龄妇女（人）	出生率（‰）	一孩率（%）	二孩率（%）	多孩率（%）	计划生育率（%）	年度	已婚育龄妇女（人）	出生率（‰）	一孩率（%）	二孩率（%）	多孩率（%）	计划生育率（%）
1989	43590	16.30	65.00	34.00	1.00	90.33	1999	58353	9.37	69.00	30.00	1.00	98.53
1990	46085	15.03	75.18	24.11	0.10	95.98	2000	58493	8.74	72.00	27.00	1.00	98.35
1991	45828	14.41	74.00	25.00	1.00	93.95	2001	56605	7.07	72.09	27.44	0.47	99.13
1992	45280	14.83	75.00	24.00	1.00	98.55	2002	56842	6.31	71.35	28.27	0.39	99.10
1993	48840	16.62	74.90	24.92	0.19	98.74	2003	55807	5.70	75.08	23.62	0.57	98.93
1994	53831	16.33	73.61	26.21	0.18	98.80	2004	54940	5.68	70.69	28.88	0.43	97.84
1995	53925	16.09	73.12	26.51	0.29	98.20	2005	53300	6.03	67.73	31.38	1.09	97.96
1996	55628	14.63	75.06	24.80	0.14	99.00	2006	51162	6.96	68.76	30.29	0.95	97.57
1997	57345	13.47	72.30	26.40	0.30	98.80	2007	49732	6.99	67.20	32.00	0.88	95.50
1998	58281	11.86	71.46	27.91	0.63	98.95							

广元市元坝区 1989—2007 年育龄妇女节育情况表

表 3－15

年度	已婚妇女生育情况				落实各种避孕措施	
	无孩妇女（人）	一孩妇女（人）	两孩妇女（人）	多孩妇女（人）	人数	节育率 %
1989	3760	11670	14478	13682	36096	82.80
1990	3229	12844	15964	14048	38997	84.62
1991	3224	14781	16277	11526	38980	85.05
1992	3506	15987	17150	10087	39513	85.37
1993	2790	18522	18329	10299	42418	86.85
1994	2498	18923	21403	11007	43308	80.55
1995	3099	22379	20605	7841	45465	84.30
1996	3285	24565	21266	6512	48316	86.90
1997	2814	26888	22452	5191	49891	87.00

续表

年度	已婚妇女生育情况				落实各种避孕措施	
	无孩妇女（人）	一孩妇女（人）	两孩妇女（人）	多孩妇女（人）	人数	节育率 %
1998	2321	29429	22185	4346	51392	88.20
1999	2083	29792	22670	3808	—	—
2000	1644	31370	22367	3112	52413	89.60
2001	1431	31859	20988	2327	51173	90.40
2002	1487	32346	21435	1575	50971	89.70
2003	1224	32301	20968	1314	50393	90.70
2004	1129	31973	20631	1207	50721	92.30
2005	1242	32020	19113	925	48932	91.80
2006	1620	30580	18193	769	47136	92.13
2007	1634	30875	16749	474	44187	88.85

三、计划生育扶助

（一）生育手术严重并发症患者扶助

1979年，四川省规定：经县以上计划生育技术小组鉴定，确因计划生育手术引起的并发症患者，卫生部门要负责给予治疗，医疗机构证明需要休息的，工资照发，工分照记；因节育手术事故造成死亡、丧失或基本丧失劳动能力而导致生活困难的农村社员、城镇居民，采应取集体为主、国家社会救济款资助的办法解决。是年开始至1991年县（区）均按上述规定执行。1992年，元坝区计生委对全区计划生育手术严重并发症患者进行了鉴定，有38名生育手术并发症患者符合扶助对象，决定给予每人每年120元门诊治疗费。2001年，由于计划生育经费短缺而终止。2007年，区人民政府根据上级有关政策规定制定《广元市元坝区计划生育手术严重并发症扶助方案》（以下简称《方案》），《方案》规定：凡元坝区户籍公民，因计划生育手术被鉴定为二等或三等计划生育手术并发症患者，由区计生部门在区计划生育费中列支给予扶助。二等手术并发症患者每人每年扶助600元；三等手术并发症患者每人每年扶助400元，扶助金每年一次性打卡发放。除此之外，还通过其他渠道给予补助。

（二）“三结合”帮扶

计划生育“三结合”帮扶，即把生产、生活、生育三者有机结合起来，为育龄妇女提供全方位优质服务，帮助扶持计划生育户率先脱贫致富。1994年10月6日，中共四川省委、省政府做出《关于在农村全面开展计划生育“三结合”工作的决定》，要求各级党委、政府把“三结合”工作作为农村工作的重要任务，列入本地经济社会发展规划，并在资金、项目和政策上向计划生育户倾斜，鼓励、引导、扶持。是年，省计生委、农牧厅、林业厅、水利电力厅、乡镇企业管理局、畜牧食品办、农业机械管理局、扶贫开发办联合印发《在农村开展帮助扶持计划生育户率先致富活动的通知》，要求各级相关部门，突出部门职能、发挥各自优势、结合自身业务，认真开展帮扶活动。1995年，区人民政府转发区农业局、区林业局、区水电农机局、区乡镇企业局、区畜牧局、区扶贫开发办、团区委、区妇联等9个部门制定的“三结合”帮扶计划。各乡镇政府和区级帮扶部门分别成立计划生育“三结合”帮扶领导小组，对新婚户、独生子女户、双女户、计划生育困难户进行登记建卡。1996年底，区级9个帮扶单位规划落实帮扶户1000户，做到规划到户，资金到户，培训到户，挂牌到户。2000年，区级帮扶部门增加到19个，全区帮扶2384户，累计投入资金13.70万元，落实技术项目13个，科技培训6200人次。2004年，进一步完善帮扶措施、政策和考核办法，加大“三结合”帮扶工作力度，区级帮扶部门增加到22个。省、市、区供销联社在明觉乡八庙梁村共建“三结合”帮扶基地，组织农户栽植九叶青花椒6.67公顷，对50户计生“三结合”帮扶户栽植九叶青花椒（户平0.67公顷）全部实行免费；区水务农机局利用行业优势，帮助解决计生“三结合”户建池修塘和饮水等资金困难问题。区财政局把王家镇更新村二组确定为计生“三结合”基地，与帮扶户签订帮扶协议，免费提供科学养殖技术资料，优先安排生猪发展项目资金。对新增的帮扶户补助资金200元，对独生子女户考入大专以上学校的一次性补助1000元，其他计划生育户子女考入大专以上学校的一次性补助500元。全区通过对计生“三结合”的帮扶，使被帮扶的计划生育户生产、生活、居住环境有了很大的改善，不少家庭进入小康行列，并带动周围农户。

（三）计划生育特别扶助

2007年，元坝区根据市政府的安排启动计划生育特别扶助工作（此前称计划生育特困家庭扶助），扶助对象为：本区户籍公民（机关、企事业单位、社会团体和退休职工除外），按政策法规生育的独生子女死亡或伤残的，独生子女父母伤残，年满50周岁，未纳入农村计划生育家庭奖励扶助的，给予计划生育特困家庭扶助，扶助资金为每人每年600元，由市、县两级财政各承担50%。通过全面调查，当年，全区符合条件的有12个家庭，16人。其中，子女死亡的7个家庭，10人；子女残疾的2个家庭，3人；父母伤残的3个家庭，3人。解决扶助资金1.92万元。

四、奖励

独生子女奖励。1979年，四川省规定：对自愿只生一个孩子的夫妇，已采取了节育措施，保证不再生育的，给予适当奖励。子女入托、入园、就医、住院、就业等可优先照顾。干部、职工的独生子女由单位每月发给儿童保健费5元，农村社员由生产队每月记3个劳动日工分，直到孩子年满14周岁。其子女的口粮按成人基本口粮分配，可多划半个人的自留地，修建房屋时可优先审批宅基地。城镇、机关、企事业单位在安排住房时，应当享受两个孩子的住房待遇。1980年8月，四川省人民政府《关于计划生育若干问题的试行规定》进一步明确了计划生育奖励政策和措施。职工的独生子女由单位每月奖给儿童保健费5元；农村的独生子女由生产队每月奖给儿童保健工分3至5个（劳动日），口粮按成人分配，划给1.50人的自留地；无职业城镇居民的独生子女由计划生育部门发给保险费。独生子女的奖励直到14周岁。独生子女可优先入托、入园、就医、住院。招工、招生、征兵时，在同等条件下，独生子女优先照顾。持有独生子女证的父母年老退休时，可多领5%的退休金，农村社员丧失劳动力后按五保户政策待遇给予照顾，保证他们略高于当地社员年均生活水平。1981年，农村实行联产承包责任制时，对独生子女多划半个人的承包耕地。2002年，第三次修改后的《四川省人口与计划生育条例》，将独生子女享受保险费由年满14周岁调整为年满18周岁。独生子女保险费，可根据当地或单位的经济条件按5~10元标准发给，农村和城镇无业居民在计划生育奖励专项经费中列支。2004年开始，国家对农村和城镇无业居民养育一个孩子的父母每年发给独生子女父母奖励金60元，省政府负担5元，市政府负担10元，下差45元在区计划生育专项奖励经费中列支，每年年底一次性兑现。

20世纪80年代，元坝区域内办理独生子女父母光荣证仅1000多人。1989年为2118人，2000年为5144人，至2005年，达到15194人，到2007年底为12583人。

农村计划生育家庭奖励扶助。2004 年 2 月，国家人口计生委、财政部制定出农村计划生育家庭奖励扶助制度。奖励扶助对象为农村年满 60 周岁，终身只有一个子女或两个女孩或子女死亡现无子女的计划生育家庭，政府每年给予个人不低于 600 元奖励扶助金，直至亡故。当年，全区通过广泛宣传，调查摸底，本人申请，村民评议，张榜公示，集体审查，确认符合奖扶条件的家庭 525 个，奖扶对象 675 人，兑现奖励扶助金 40.50 万元。2005 年，奖扶对象 748 人，兑现奖抚金额 44.88 万元。2006 年，奖扶对象 810 人，兑现奖扶金额 48.60 万元。2007 年奖扶对象 865 人，兑现奖扶金额 51.90 万元。2007 年，元坝区被省人口计生委、省财政厅授予“农村计划生育奖励扶助工作先进集体”。

第四节　计划生育管理

一、目标管理

20 世纪 80 年代开始，计划生育实行计划目标管理，各级政府根据经济、社会发展状况、人口预测情况编制生育计划，逐级下达。计划指标主要包括一胎、二胎生育数和出生率、自然增长率等。在下达计划的同时，提出具体措施、要求和目标考核办法，年度进行考核，严格奖惩。1995 年，元坝区推行“双向”目标管理制，即区政府同乡镇政府签订计划生育目标管理责任书，区计划生育主管部门同各乡镇计生办、计生服务站签订目标管理责任书，目标管理责任书每年年初签订，实行“一票否决”。每年进行两次检查考核，评估打分，兑现奖惩，发文通报。奖惩办法实行等级制，总分在 90 分以上为一等奖；85 ~ 89 分为二等奖；80 ~ 84 分为三等奖；80 分以下为未完成任务，不予奖励。2002 年，国家《计划生育法》颁布实施，各级政府不再下达人口生育计划指标，只下达工作质量指标，继续实行目标考核。2002 年 10 月 1 日起，生育一孩不再审批，怀孕三个月内在女方单位或户籍所在地乡镇政府领取“生育服务证”。再生育由县级计生部门审查，符合条件的发给“生育证”。

二、网络建设

（一）行政管理网络

元坝建区后，为加强计划生育工作的领导，确保计划生育工作的顺利开展，区、乡镇、村组层层建立了计划生育工作机构，落实专（兼）职干部负责管理辖区内的计划生育工作。乡镇设立计划生育办公室，村设计生专干（妇女主任），2006 年 8 月 30 日，村建立计划生育委员会，由 3 ~ 5 人组成，党支书和村主任不得兼任村计生委主任。2007 年 7 月 27 日，区委办和区政府办发文通知，村计生委主任由村文书担任，负责管理所辖范围内的计划生育工作，贯彻执行国家计划生育的法规政策，宣传计划生育的目的意义，落实具体措施。

（二）技术服务网络

1988 年，广元市市中区卫子区公所所辖各乡镇建立计划生育技术服务站。1990 年 5 月，区建立计划生育技术服务指导站。随之，全区村级组织均建立计划生育活动室，三级技术服务网络逐步形成。2003 年，乡、镇计划生育技术服务站机构改革后，分别改建为中心服务站、联合站及咨询服务点。三级服务机构按照“三服务”（为贯彻落实计划生育基本国策服务、为基层服务、为育龄群众服务）、“三为主”的方针，坚持面向基层、深入村组、服务上门、方便群众，围绕计划生育开展晚婚晚育、少生优育、避孕节育和优生、生殖健康等全方位的宣传服务。2005 年广元市元坝区建成市级计划生育优质服务先进县（区）。2006 年建成省级计划生育优质服务先进县（区）。

（三）信息网络

人口和计划生育信息包括育龄妇女信息管理系统、政务信息管理系统、事业信息管理系统、公共服务信息管理系统，简称 WIS。2002 年，区人口计生局各股室均配置了计算机，并与区党政网联网。2003 年，全区 28 个乡镇都配置有计算机，并与电子政务网连接，全区实现计划生育工作数据、文件、资料网上传输和网络管理，大大提高了工作效率。2005 年，省人口计生委为区人口计生局配备“全国计划生育资源四川省三级网络平台”，2006 年正式安装调试并运用。全区 WIS 应用系统使乡镇、区、市、省、国家的各级数据通过政府统一网卡平台互通互联、定期更换、资源共享，基本实现计划生育管理现代化。

三、计划生育村（居）民自治

计划生育村（居）民自治，是指村（居）民委员会根据计划生育政策和法律法规，动员和组织群众制定计划生育章程和村规民约，实行计划生育民主决策、民主选举、民主管理、民主监督和村务公开的群众性组织形式和管理方式。其基本任务和要求是：鼓励群众自觉实行计划生育，维护群众合法开展的群众性活动，有一个强有力的班子，有一个公认的村民自治章程和村规民约，有一个权利与义务对等的计划生育服务协议，有一个“两包一挂”（即包任务、包经费和与报酬挂钩）的工作责任制。从而提高村（居）民民主参与、自我管理的能力，提高计划生育工作质量，提高群众对计划生育工作的满意程度。

1998 年，国家颁布的《中华人民共和国村民委员会组织法》把计划生育作为村民自治的重要内容，强调计划生育与民主管理与村务公开相结合。2001 年，国家计生委提出村民自治“二十字”方针，即：“依法管理、村民自治、优质服务、政策推动，综合治理”。同年 7 月 16 日，中共广元市委、市人民政府召开计划生育村民自治工作电视电话会议，要求在全市推行计划生育村民自治工作。2002 年，区委、区政府把计划生育村民自治工作纳入年度目标考核，确定元坝镇砖灰村、柳桥乡分水岭村、王家镇更新村、昭化镇天雄村、虎跳镇南斗村为全区计划生育村民自治示范村。2004 年 3 月，区政府印发《关于进一步完善计划生育村民自治工作的意见》，制定出具体目标任务和工作要求，随即，创建计划生育村（居）民自治合格乡镇、村活动在全区开展。2006 年，省人口计生委《关于建立计划生育村（居）民自治定点联系县（市、区）的通知》把元坝区列为全省 9 个定点联系县区之一。同年 3 月，区政府制定《创建计划生育村（居）民自治先进县（区）活动实施方案》，对创建计划生育村（居）民自治活动作出具体安排。2005—2007 年，全区有 13 个乡镇为计划生育村（居）民自治合格乡镇，受到市人民政府表彰，有 160 个村为计划生育村（居）民自治合格村，受到区人民政府表彰。2007 年 3 月，元坝区被省人口计划生育领导小组表彰为“四川省计划生育村（居）民自治工作先进县区”。

第四篇　中共地方组织

第一章　组织机构

第一节　中共嘉陵县委

民国22年（1933年）6月，中共川陕省第二次党代会作出关于成立嘉陵等10个县委的决定。川陕省委随即派工作队到广元开展党的工作。民国22年（1933年）7月23日建立中共嘉陵县委，县委机关设元坝场（在今元坝镇元坝村），直属川陕省委领导，县委书记相继由黄新秋〔民国22年（1933年）7月至民国23年（1934年）夏〕、汪大强〔民国23年（1934年）夏至民国24年（1935年）4月〕担任。嘉陵县苏维埃辖5个区苏（其中白水、永宁两个区苏中有部分地区今分属旺苍、苍溪两县），58个乡苏（其中今属旺苍县的8个，陕西宁强县的1个），196个村苏（其中今属旺苍县的20个，苍溪县的4个，陕西宁强县的1个），全县面积2450平方公里，人口约16.91万人。民国24年（1935年）4月，红军撤离嘉陵苏区，中共嘉陵县委随之撤销。

附：1935年5月以后昭化县内中共地下党员的革命活动

中共阆中中心县委派秘书杨建华和苍溪县委组织部部长杨勋到昭化地区开展党的工作。时任昭化县三堆区区长刘裕春（后化名庄健）与党组织有联系，则作为党建重点。不久即发展三堆小学教师严光荣、杨彦宽和白水小学女教师彭剑秋、天隍小学青年教师张启金为中共党员，并建立三堆党支部，杨勋任书记〔民国28年（1939年）5—7月〕，属中共苍溪县委领导。其间，杨建华在射箭河发展3名铁工入党，建立射箭河党小组。三堆支部通过进步团体“星芸社”在学生中发展社员，在教师、学生、农民中开展抗日宣传活动。同年7月杨勋撤离三堆坝，阆中中心县委派彭剑秋、刘裕春赴延安，中共三堆支部由严光荣负责（1939年7—11月）；同年11月因叛徒出卖，严光荣、杨彦宽、张启金被捕，三堆支部遭受破坏。在此期间，中共地下党员陈严明（合川人）、孙群生（广元汉寿镇人）、王召（南充人）等在广元老城区进行地下活动。民国29—38年（1940—1949年），昭化县内中共地下党员的革命活动一直在继续。

第二节　中共昭化县委

1949年10月，南下工作团随中国人民解放军第一野战军在山西省临汾市集中，挺进西南，在途经西安和褒城时，确定了中国共产党昭化县委的领导人选。12月15日，昭化县解放。12月27日，中共昭化县委成立，下设组织部、宣传部、统战部和秘书室，同时组建农村工作委员会、妇女委员会、政策研究室。1951年成立中共昭化县纪律检查委员会。是年10月增设土地改革办公室，12月增设“三五反”办公室。1952年春，县委机关迁宝轮乡。1953年增设昭化县保密委员会。1954年县委秘书室与生产办公室合并改为县委办公室，同时增设县委农村工作部。1955年5月，昭化县委设常委会。1956年，昭化县增设兵役委员会、财贸部。1958年，设立工业生产指挥部。1958年10月20日，中共四川省委批准，中共昭化县委并入中共广元县委。

中共昭化县委领导任职情况：

1949年12月至1952年9月，胡谦任书记，白佩珩任副书记。

1952年10月至1954年5月，白佩珩任书记，张佩龙任副书记。

1954年5月至1956年6月，张佩龙任书记，杨昆山、霍平山任副书记，白锋任常委。

1956年6月至1958年12月（昭化县第一次党代会当选），张佩龙任第一书记，霍平山、白锋、王汝伟任书记，赵成仕、贾田夫、杨昆山任常委。

第三节　中共广元县委

1959年1月24日，中共四川省委、绵阳地委批准昭化县并入广元县后，新组成的中共广元县委成立。1966年7月，社会主义教育运动（简称“社教”）在广元全县展开，县建立社教总团，并建立临时党委，分别在县级单位和区、乡进行社教工作。“文化大革命”开始后（约当年11月左右），社教总团党委撤销。1967年1月27日凌晨4时，造反派头目们策划的“广元造反委员会”出台，公开宣布向县委夺权，揪斗领导干部，县委工作处于瘫痪状况。1968年9月10日，四川省革命委员会批准成立广元县革命委员会（简称“县革委”），当日县革委发布第一号公告：“即日起，广元县一切党、政、财、文大权完全归广元县革命委员会，大部分机关干部下放‘五七干校’劳动。”1970年6月30日，经中共四川省革命委员会核心领导小组批准成立中共广元县革命委员会核心领导小组。县革委主任任组长，实行党的“一元化”领导，直到1972年2月，广元县第二次中共党员代表大会召开方恢复中共广元县委。

中共广元县委领导任职情况：

1959年1月至1962年12月，田景风任第一书记，李培芳、杨振山、王汝伟、李一平、史冠杰、王绪基、范俊德、褚平定任书记，王廷玉、吴谷泉、朱剑英、霍平山任常委。

1962年12月至1964年6月，范俊德代理第一书记，1964年6月至同年11月任书记；1962年12月至1966年5月，王寿茂、杨振山、李一平、王汝伟、苟登寿、熊林任副书记，赵仕成、杨昆山、霍平山任常委；1964年11月，王寿茂代理书记至1966年5月。

“文化大革命”初期（1966年5月至1967年1月），范俊德任书记，王寿茂、杨振山、王汝伟、苟登寿、熊林任副书记，赵仕成、杨昆山、霍平山任常委。

1970年6月至1972年2月，中共广元县革命委员会核心领导小组由王兴武任组长，刘文明、范俊德、李敬育、田逢源、于济舟任副组长。

1972年2月，广元县第二次党代会选举李敬育任第一书记，田逢源、于济舟任书记，丰东河、皮知仁、苟登寿、熊林任副书记，王维东、王虎山、王兴裕、赵桂英、杨振山、李英、王汝伟任常委。

1975年8月至1978年11月，匡政桁任书记，钟戡、田逢源、皮知仁、张玉德、司有义、陈昌明任副书记，陈致祥、胡志华、刘方治、周德、王汝伟、赵桂英任常委。

1978年11月，广元县第三次党代会选举匡政桁任书记（任至1980年10月），张玉德、皮知仁、司有义、陈昌明、周秉礼任副书记，王汝伟、田逢源、刘方治、陈致祥、吴万德、张成玺、庞泉江、胡志华、周德、王兴裕、杨清林、杨千秋、彭吉洲任常委。1980年10月，薛金厚任书记。

1983年11月，周秉礼任书记，解大德、陈昌明、赵立中任副书记，张维邦、杨忠敏、沈大吉、吴万德、唐良臣、庞泉江任常委。

1984年3月，广元县第四次党代会选举周秉礼任书记，解大德、陈昌明、赵立中任副书记，张维邦、沈大吉、杨忠敏、吴万德、唐良臣、庞泉江任常委。

第四节　中共广元市市中区委

1985年5月，中共广元市市中区委成立，仍管辖原广元县境域，工作机构亦沿袭原广元县委，仅变名称。解大德任区委书记，杨锡重、吴万德任区委副书记，周宗碧、王平、杨忠敏、李泰泉、唐良臣任区委常委。

1986年12月，市委常委、市委办公室主任傅兴培兼任中共广元市市中区委书记，李泰泉、翟廷富、梁奎昌、唐良臣任常委。

第五节　中共广元市市中区卫子区委

1986年11月，广元市撤销市中区昭化、王家、虎跳三个区，将其所辖乡镇并入卫子区，并建立中共广元市市中区卫子区委员会，下设办公室、组织部、宣传部、政法办公室、人武部、团区委、妇联。1987年1月，增设中共广元市市中区卫子区纪律检查委员会；2月，增设广元市总工会卫子区办事处。

中共广元市市中区卫子区委领导名录

表4－1

职　务	姓　名	性　别	籍　贯	任职期间	备　注
书　记	翟廷富	男	遂宁市船山区	1986－11—1989－10	1986－12始任 中共广元市市中区委常委
副书记	陈肇治	男	遂宁市蓬溪县	1986－11—1989－10	
副书记	徐丕泉	男	广元市元坝区	1986－11—1989－10	

第六节　中共广元市元坝区委

1989年8月15日，广元市元坝区建立。1990年1月9—12日，召开中国共产党广元市元坝区委员会第一次代表大会，选举产生第一届区委；1992年12月28—30日，中国共产党广元市元坝区委员会召开第二次代表大会，选举产生第二届区委；1998年1月14—16日，中国共产党广元市元坝区委员会召开第三次代表大会，选举产生第三届区委；2002年12月20—22日，中国共产党广元市元坝区委员会召开第四次代表大会，选举产生第四届区委；2006年12月7—10日，中国共产党广元市元坝区委员会召开第五次代表大会，选举产生第五届区委。各届一次会议选举产生区委常委、书记及副书记。

1989年12月，中共广元市元坝区委设立区委办公室、区委组织部、区委宣传部、区委统战部、区委政法委、区直机关工委、区人民武装部等工作机构。

中共广元市元坝区委第一届领导名录

表4－2

职　务	姓　名	性　别	籍　贯	任职期间	备　注
书　记	翟廷富	男	遂宁市船山区	1989－10—1992－09	
书　记	温燕德	男	广元市苍溪县	1992－09—1992－12	增补
副书记	温燕德	男	广元市苍溪县	1989－10—1992－09	
副书记	陈广霖	男	河南省孟津县	1989－10—1992－12	
副书记	李奎元	男	广元市元坝区	1992－06—1992－12	增补
副书记	赵俊普	男	广元市旺苍县	1992－09—1992－12	增补
常　委	李奎元	男	广元市元坝区	1989－10—1992－12	
常　委	曾虎昭	男	广元市旺苍县	1989－10—1992－12	
常　委	翟枝贵	男	广元市元坝区	1989－10—1992－12	
常　委	赵华明	男	广元市旺苍县	1989－10—1992－12	
常　委	沈定均	男	广元市元坝区	1992－09—1992－12	增补
常　委	陈　薇	女	南充市仪陇县	1992－09—1992－12	增补
常　委	刘文鹤	男	广元市利州区	1992－09—1992－12	增补

中共广元市元坝区委第二届领导名录

表4－3

职　务	姓　名	性　别	籍　贯	任职期间	备　注
书　记	温燕德	男	广元市苍溪县	1992－12—1995－03	
书　记	赵俊普	男	广元市旺苍县	1995－03—1998－01	增补
副书记	赵俊普	男	广元市旺苍县	1992－12—1995－03	
副书记	陈广霖	男	河南省孟津县	1992－12—1995－05	
副书记	李奎元	男	广元市元坝区	1992－12—1996－02	续任常委至1997－12

续表

职　务	姓　名	性　别	籍　贯	任职期间	备　注
副书记	李桂林	男	广元市利州区	1995-03—1998-01	增补
副书记	唐成林	男	遂宁市蓬溪县	1995-05—1998-01	增补
常　委	沈定均	男	广元市元坝区	1992-12—1998-01	
常　委	翟枝贵	男	广元市元坝区	1992-12—1993-12	
常　委	陈　薇	女	南充市仪陇县	1992-12—1996-12	
常　委	刘文鹤	男	广元市利州区	1992-12—1995-12	
常　委	赵华明	男	广元市旺苍县	1992-12—1995-12	
常　委	田现平	男	广元市利州区	1994-03—1998-01	增补
常　委	熊光辉	男	广元市元坝区	1995-06—1998-01	增补
常　委	武贵仁	男	江苏省盱眙县	1996-05—1998-01	增补
常　委	胡开勇	男	广元市元坝区	1996-08—1998-01	增补
常　委	杨显俊	男	广元市旺苍县	1996-12—1998-01	增补

中共广元市元坝区委第三届领导名录

表4-4

职　务	姓　名	性　别	籍　贯	任职期间	备　注
书　记	赵俊普	男	广元市旺苍县	1998-01—2000-04	
书　记	赵修云	男	广元市旺苍县	2000-04—2002-12	增补
副书记	李桂林	男	广元市利州区	1998-01—2000-03	
副书记	王步勇	男	广元市剑阁县	2000-03—2002-11	增补
副书记	苟英明	女	广元市剑阁县	2002-11—2002-12	增补
副书记	唐成林	男	遂宁市蓬溪县	1998-01—2002-06	
副书记	李旭春	男	广元市元坝区	1998-01—2002-12	
副书记	王雪平	男	广元市苍溪县	2000-04—2002-12	增补
副书记	熊光辉	男	广元市元坝区	2002-07—2002-12	增补
副书记	田中文	男	广元市利州区	2002-07—2002-12	增补
副书记	赵天禄	男	广元市朝天区	2002-12—2002-12	增补
副书记	刘亚洲	男	湖北省荆门市	2002-12—2002-12	增补
常　委	田现平	男	广元市利州区	1998-01—2000-03	
常　委	杨显俊	男	广元市旺苍县	1998-01—2002-12	
常　委	武贵仁	男	江苏省盱眙县	1998-01—2000-07	
常　委	肖光林	男	广元市元坝区	1998-01—2002-12	
常　委	苟英明	女	广元市剑阁县	2000-03—2002-12	增补
常　委	陈洪泉	男	广元市旺苍县	2000-07—2002-06	增补
常　委	蒋和亮	男	南充市原南充县	2002-09—2002-12	增补

续表

职　务	姓　名	性　别	籍　贯	任职期间	备　注
常　委	姚　济	男	广元市苍溪县	2002－12—2002－12	增补
常　委	何良彪	男	广元市苍溪县	2002－12—2002－12	增补

中共广元市元坝区委第四届领导名录

表4－5

职　务	姓　名	性　别	籍　贯	任职期间	备　注
书　记	赵修云	男	广元市旺苍县	2002－12—2006－06	
书　记	冯安富	男	广元市朝天区	2006－06—2006－12	增补
副书记	苟英明	女	广元市剑阁县	2002－12—2005－07	
副书记	田中文	男	广元市利州区	2002－12—2005－07	
副书记	刘亚洲	男	湖北省荆门市	2002－12—2006－12	
副书记	赵天禄	男	广元市朝天区	2002－12—2006－11	
副书记	李奇先	男	广元市剑阁县	2004－02—2006－11	增补
副书记	赵泽中	男	广元市苍溪县	2005－01—2006－11	增补
常　委	杨显俊	男	广元市旺苍县	2002－12—2006－12	
常　委	肖光林	男	广元市元坝区	2002－12—2006－11	
常　委	梁　黎	女	广元市元坝区	2002－12—2006－11	
常　委	何良彪	男	广元市旺苍县	2002－12—2005－07	
常　委	蒋和亮	男	南充市原南充县	2002－12—2003－08	
常　委	殷扶炯	男	南充市阆中市	2002－12—2006－12	
常　委	党新华	男	广元市青川县	2003－08—2005－08	增补
常　委	王　刚	男	广元市青川县	2005－07—2006－12	增补
常　委	左地阳	男	广元市青川县	2005－08—2006－12	增补
常　委	余飞宇	男	广安市邻水县	2006－11—2006－12	增补
常　委	赵廷延	男	广元市剑阁县	2006－11—2006－12	增补
常　委	康　铭	男	遂宁市蓬溪县	2006－11—2006－12	增补
常　委	张　敏	女	绵阳市安县	2006－11—2006－12	增补

中共广元市元坝区委第五届领导名录

表4－6

职　务	姓　名	性　别	籍　贯	任职期间	备　注
书　记	冯安富	男	广元市朝天区	2006－12—	
副书记	张寿于	男	遂宁市射洪县	2006－12—	
副书记	刘亚洲	男	广元市青川县	2006－12—2007－08	
副书记	龙兆学	男	陕西省宁强县	2007－08—	增补

续表

职　务	姓　名	性　别	籍　贯	任职期间	备　注
常　委	余飞宇	男	广安市邻水县	2006－12—	
常　委	赵廷延	男	广元市剑阁县	2006－12—	
常　委	康　铭	男	遂宁市蓬溪县	2006－12—2007－08	
常　委	王　刚	男	广元市青川县	2006－12—	
常　委	左地阳	男	广元市青川县	2006－12—	
常　委	罗仕发	男	广元市元坝区	2006－12—	
常　委	张　敏	女	绵阳市安县	2006－12—	
常　委	文凌云	男	遂宁市蓬溪县	2006－12—	

第二章　重要会议

第一节　党员代表大会

一、中共昭化县委代表大会

中共昭化县委第一次代表大会：1956 年 6 月 1—7 日在昭化城内召开。应出席代表 250 名，实到 237 名，列席人员 28 名。会议主要内容为：总结自中华人民共和国成立以来中共昭化县委所做的工作；分析农业合作化的形势及建立高级农业生产合作社的问题；张佩龙代表中共昭化县委作报告，会议通过了报告决议。会议民主选举出中共昭化县委委员 19 名，候补委员 3 名，组成中共昭化县第一届委员会。

二、中共广元县委代表大会

中共广元县委第二次代表大会：1972 年 2 月 4—7 日在广元城内召开。出席代表 671 名。王兴武代表县革命委员会核心领导小组作《高举党的“九大”团结胜利的旗帜，坚定沿着毛主席的革命路线奋勇前进》的报告；会议选举产生中共广元县委委员 40 名，候补委员 9 名，组成中共广元县第二届委员会。

中共广元县委第三次代表大会：1978 年 11 月 23—26 日在广元城内召开。出席代表 732 名，匡政桁代表中共第二届广元县委所作《高举毛主席的伟大旗帜，坚持党的“十一大”路线，为加速实现新时期的总任务而奋斗》的工作报告；会议审议并通过这个报告；会议选出县委委员会 33 名，候补委员 7 名，组成中共广元县第三届委员会。

中共广元县委第四次代表大会：1984 年 3 月 26—30 日在广元城内召开。应出席代表 407 名，实到 392 名，列席人员 15 名。这次会议是在“拨乱反正”，继续清除“左”的影响，贯彻以经济建设为中心的新时期总路线的形势下召开的。会议期间，县委书记周秉礼作《坚定不移地贯彻党的“十二大”精神，全面开创广元县社会主义现代化建设新局面》的报告；报告肯定了中共十一届三中全会以来取得的成绩，提出今后三年工农业总产值超 3 亿元的奋斗目标；会议审议并通过报告；会议选出县委委员 25 名，候补委员 4 名，组成中共广元县第四届委员会。

三、中共广元市元坝区委代表大会

中共广元市元坝区委第一次代表大会：1990 年 1 月 9—12 日在元坝镇电影院召开。应到代表 120 名，实到 113 名，列席人员 29 名。会议听取和通过翟廷富代表中共广元市元坝区委所作《万众一心艰苦创业，为振兴元坝而奋斗》的工作报告；听取和审议翟枝贵代表中共广元市元坝区纪律检查委员会作的《工作报告》。会议选举产生中共广元市元坝区第一届委员会委员 21 名，候补委员 4 名，组成中共广元市元坝区第一届委员会；选举出中共广元市元坝区纪委委员 11 名，组成中共元坝区第一届纪律检查委员会。

中共广元市元坝区委第二次代表大会：1992 年 12 月 28—30 日在广旺矿务局元坝机修厂会议室召开。出席代表 127 名。大会听取并通过温燕德代表中共广元市元坝区第一届委员会所作《开拓进取，加快发展，为元坝之崛起而奋斗》的工作报告；听取和审议翟枝贵代表中共广元市元坝区第一届纪律检查委员会作的《工作报告》；会议选举产生中共广元市元坝区第二届委员会委员 23 名，候补委员 4 名，组成中共广元市元坝区委第二届委员会；选举出中共广元市元坝区纪委委员 13 人，组成中共广元市元坝区第二届纪律检查委员会。

中共广元市元坝区委第三次代表大会：1998 年 1 月 14—16 日在区政府会议厅召开。出席代表 151 名，列席人员 61 名。会议听取和通过赵俊普代表中共广元市元坝区第二届委员会所作《解放思想、抓住机遇、团结拼搏、奋勇争先，全面开创世纪之交元坝快速发展的新局面》的工作报告；听取和审议中共广元市元坝区第二届纪律检查委员会《工作报告》。会议选举产生中共广元市元坝区第三届委员会委员 22 名，候补委员 3 名，组成中共广元市元坝区第三届委员会；选举出中共广元市元坝区纪委委员 13 人，组成中共广元市元坝区第三届纪律检查委员会。

中共广元市元坝区委第四次代表大会：2002 年 12 月 20—22 日在区政府会议厅召开。出席代表 153 名。大会听取和通过赵修云代表中共广元市元坝区第三届委员会所作《强势推进生态家园建设，全面实施小康建设战略，为建设富裕秀美元坝而努力奋斗》的报告；听取和审议中共广元市元坝区第三届纪律检查委员会《工作报告》；会议选举产生中共广元市元坝区第四届委员会委员 25 名，候补委员 3 名，组成中共广元市元坝区第四届委员会；选举出中共广元市元坝区纪委委员 15 名，组成中共广元市元坝区第四届纪律检查委员会。

中共广元市元坝区委第五次代表大会：2006 年 12 月 7—10 日在区政府会议厅召开。出席代表 159 名，列席人员 89 名。会议听取和通过冯安富代表中共广元市元坝区第四届委员会所作《用心谋大事，用心抓落实，为元坝又好又快的跨越式发展努力奋斗》；听取和审议中共广元市元坝区第四届纪律检查委员会《工作报告》。会议选举出中共广元市元坝区第五届委员会委员 29 名，候补委员 6 名，组成中共广元市元坝区第五届委员会；选举出中共广元市元坝区纪委委员 23 名，组成中共广元市元坝区第五届纪律检查委员会。

第二节　全委（含扩大）会议

中共昭化县委、广元县委和广元市元坝区委员会（以下简称“县委”“区委”）每届一次全委会在党员代表大会闭会后举行，主要选举产生县、区委常委及书记、副书记。县、区全委（扩大）会议由县、区常委会召集和主持，县、区委员会委员和候补委员出席，县、区人大常委会，县、区人民政府，县、区政协中共党员领导干部参加，有时根据会议内容通知各区、乡（镇）、各企事业单位及县、区机关党员领导干部参加。

一、县、区各届一次全委会议

中共昭化县第一届委员会第一次全委会：1956 年 6 月 7 日，选举出县委常委 5 人，其中第一书记 1 人、书记 3 人。

中共广元县第二届委员会第一次全委会：1972 年 2 月 7 日，选举出县委常委 11 人，其中第一书记 1 人、书记 2 人、副书记 2 人。

中共广元县第三届委员会第一次全委会：1978 年 11 月 27 日，选举出县委常委 13 人，其中书记 1 人、副书记 4 人。

中共广元县第四届委员会第一次全委会：1984 年 4 月 1 日，选举出县委常委 10 人，其中书记 1 人、副书记 3 人。

中共广元市元坝区第一届委员会第一次全委会：1990 年 1 月 12 日，选举出区委常委 7 人，其中书记 1 人、副书记 2 人。

中共广元市元坝区第二届委员会第一次全委会：1992 年 12 月 30 日，选举出区委常委 9 人，其中书记 1 人、副书记 3 人。

中共广元市元坝区第三届委员会第一次全委会：1998 年 1 月 16 日，选举出区委常委 9 人，其中书记 1 人、副书记 3 人。

中共广元市元坝区第四届委员会第一次全委会：2002 年 12 月 22 日，选举出区委常委 11 人，其中书记 1 人、副书记 4 人。

中共广元市元坝区第五届委员会第一次全委会：2006 年 12 月 10 日，选举出区委常委 11 人，其中书记 1 人，副书记 2 人。

二、中共广元市元坝区委各届全委（扩大）会议

一届二次全委（扩大）会议：1990 年 5 月 7—8 日召开。会议主要内容：传达广元市党代会和广元市人民代表大会精神；讨论通过《中共广元市元坝区委关于贯彻党的六中全会〈决定〉的决议》；讨论通过《中共广元市元坝区委关于做好社会稳定和经济发展工作的意见》。

一届三次全委（扩大）会议：1990 年 9 月 5—6 日召开。会议讨论通过《中共广元市元坝区委关于大力发展庭院经济的决定》。决定要求：全区发展庭院经济要坚持立足元坝区情，以蚕桑、水果、油料、生猪生产为骨干项目，种、养、加、运、服务业全面发展，用足用活政策，依靠科技进步，统一规划，分类指导，典型示范，强化服务，逐步建成户成园、组成片、村成带、乡镇成规模的商品基地，促进农业内部结构合理调整和农、工、商各业协调发展，为“八五”期末全区脱贫致富战略目标奠定

基础。

一届四次全委（扩大）会议：1991 年 10 月 7—9 日召开。会议主要研究了反“和平演变”、加强党的建设、把经济建设搞上去等重大问题。

二届二次全委（扩大）会议：1993 年 7 月 15—20 日召开。会议主要讨论研究进一步围绕本届区委提出的奋斗目标，抓党建、调结构、上企业。会上，温燕德、赵俊普、陈广霖、李奎元、翟枝贵分别作题为《抓党建、上企业、调结构、全力以赴打好经济翻番总体战》《进一步加强党的建设，促进经济新飞跃》《调整结构，抓多经，努力开创我区农村经济新格局》及《坚定不移地抓党风廉政建设，为我区的经济振兴作贡献》的讲话，并形成《中共广元市元坝区委关于大力调整农村产业结构的决定》。

二届三次全委（扩大）会议：1994 年 8 月 4—5 日召开。会议总结了上半年经济工作，明确了下半年的工作重点；讨论通过高速发展以草食牲畜为重点的畜牧业、整顿农村软弱无力党支部、整顿农村社会治安等方面的工作实施意见。

二届四次全委（扩大）会议：1994 年 12 月 20—21 日召开。会议讨论通过《中共广元市元坝区委关于 1995 年全区经济工作安排意见》和《中共广元市元坝区关于贯彻中央、省委加强村级组织建设的意见》。提出 1995 年全区经济工作的“558218”目标，即：实现工农业总产值 5. 50 亿元，乡镇企业产值 8 亿元；农民人均增加纯收入 200 元，人平增加财政收入 10 元；人口自然增长率控制在 8‰以内。提出农村经济经济实现“一个恢复，两个双百，三个翻番，四个突破”目标，即：粮食产量恢复到历史最高水平达到 1. 30 亿公斤，人均增加粮食 200 公斤；油菜籽在 1994 年的基础上翻番达到 1100 万公斤；蚕茧产量在 1994 年的基础上翻番，确保 2. 50 万担，力争 3 万担；生猪出栏在 1994 年的基础上翻番，确保 40 万头，力争 45 万头；草食性牲畜存栏突破 10 万头，水果基地突破 3 万亩，商品蔬菜突破 2 万亩，三木药材突破 2 万亩。提出乡镇企业要实现“8785”目标，即：完成乡镇企业产值 8 亿元，销售收入达到 7 亿元，实现利税 800 万元，新上集体项目 50 个。

二届五次全委（扩大）会议：1995 年 7 月 11—14 日召开。会议总结了上半年工作，安排部署下半年工作。

二届六次全委（扩大）会议：1996 年 1 月 23—26 日召开。会议讨论并通过《中共广元市元坝区委 1996 年工作安排意见》；讨论通过《中共广元市元坝区委关于制定元坝区国民经济和社会发展第九个五年计划的建议》。

二届七次全委（扩大）会议：1996 年 7 月 11—14 日召开。会议主要研究如何进一步加大科技兴农的力度，深化农村改革，推动农村经济上台阶的问题与对策；总结 1996 年上半年工作，安排部署下半年工作。

二届八次全委（扩大）会议：1997 年 7 月 28—30 日召开。会议听取并通过区委书记赵俊普所作《全面调整农业种植业结构，快速培育多经支柱产业，实现全区农村经济发展大转折》的报告，形成并通过了《中共广元市元坝区委关于全面调整农业种植业结构，快速培育多经支柱产业的决定》。

三届二次全委（扩大）会议：1998 年 4 月 1 日召开。会议讨论通过《中共广元市元坝区委关于 1998 年度企业产权制度改革工作安排的意见》。《意见》要求：深化改革认识，加快改革进度；严格规范操作，确保改革质量；政府、银行、企业三方联动，突破资债重组难点；抓好再就业工程这个关键基础，搞好配套改革；严格检查标准，把好验收关口，全面完成企业改制工作任务。

三届三次全委（扩大）会议：1999 年 9 月 13—14 日召开。会议研究和安排部署全区调整农业结构和对内开放工作。

三届四次全委（扩大）会议：2000 年 2 月 13—14 日召开。会议主要内容为：讨论通过《中共广元市元坝区委 2000 年工作要点》；总结全区 1999 年目标任务完成情况；安排部署 2000 年各项工作。

三届五次全委（扩大）会议：2000 年 6 月 23—24 日召开。会议以“切实抓住西部大开发机遇，加快元坝发展”为主题，讨论通过了元坝区 2000—2005 年奋斗目标。其中，经济目标为：地区生产总值（1990 年价）2000 年增长 7%，“十五”期间年均增长 9%，2005 年实现 5.47 亿元；结构调整目标为：第一产业、第二产业、第三产业的比例（按 1990 年价同口径计算），由 1999 年的 57.2∶13.1∶29.7 调整到 2002 年的 52∶18∶30，2005 年调整为 47∶21∶32；生态建设目标为：森林覆盖率由 45.6% 提高到 53.5%，工业废气处理率、废水处理率、固体废物综合治理率分别达到 85%、95%、95%；社会发展目标为：农民人均纯收入年均增加 150 元，2002 年达到 1860 元，2005 年达到 2310 元，人口年均自然增长率控制在 6.50‰以内，城镇登记失业率控制在 4% 以内，社会保障体系基本健全，60% 的村基本实现小康目标。

三届六次全委（扩大）会议：2000 年 12 月 15—17 日召开。会议主要讨论通过了《中共广元市元坝区委关于制定元坝区国民经济和社会发展第十个五年计划的建议》；传达贯彻全国农村“三个代表”重要思想学习教育工作会议精神。“十五”期间的总任务是：全面建设小康社会，加快现代化建设进程，实现经济社会的追赶型、跨越式发展；主要战略目标是：国民经济综合实力显著增强，经济结构优化升级，人民生活水平稳步提高，建成文明城市、广元市质优量大的农产品集散地和山川秀美的度假观光区。

三届七次全会（扩大）会议：2001 年 6 月 22 日召开。会议主要内容：研究如何加强民主法制建设，严格依法治区工作；研究如何转变党委政府职能，建立高效领导机关运转机制，为全区经济跨越式发展营造良好的外部环境提供动力支持问题；总结 2001 年上半年工作，安排部署下半年工作。

三届八次会委（扩大）会议：2001 年 12 月 9 日召开。会议主要内容为：传达学习贯彻党的十五届六中全会、省委七届九次全会、市委四届四次全会精神；研究部署全区党的作风建设工作；讨论通过《中共广元市元坝区委关于贯彻党的十五届六中全会精神进一步加强和改进全区党的作风建设的意见》。

三届九次全委（扩大）会议：2002 年 9 月 28 日召开。会议听取和通过区委书记赵修云代表区委所作《实施生态家园建设工程推进产业互动城乡相融经济社会可持续发展》的报告，并形成决议。

四届二次全委（扩大）会议：2003 年 8 月 25 日召开。会议听取和通过区委书记赵修云代表区委所作《认真践行“三个代表”，大力推进“三个转变”，着力构造民营经济为主骨架的区域经济结构》的报告，并形成决议。

四届三次全委（扩大）会议：2004 年 1 月 13 日召开。会议主要内容为传达市委四届八次全委（扩大）会议精神，总结 2003 年度工作，安排部署 2004 年工作。

四届四次全委（扩大）会议：2004 年 7 月 27 日召开。会议总结了上半年工作及安排部署下半年工作，并专题部署加快二、三产业发展和加强党风廉政建设工作。

四届五次全委（扩大）会议：2005 年 1 月 9 日召开。区委书记赵修云作题为《切实加强执政能力建设，努力实现我区经济社会更快更好的发展》的报告，明确了当年经济社会发展的主要预期目标：第一产业 4.00 亿元，增长 6%；第二产业 1.87 亿元，增长 32.8%；第三产业 2.38 亿元，增长 10%；全社会固定资产投资规模增长 6.10%；地方财政收入增长 10%；城镇居民可支配收入和农民人均纯收入分别增加 450 元、150 元。

四届六次全委会议：2005 年 3 月 16 日召开，会议由区委副书记田中文主持，24 名区委委员、3 名候补委员参加会议，会议选举出赵修云、苟英明等 22 人为出席广元市第五次党代会代表预备人选候选人。

四届七次全委（扩大）会议：2006 年 1 月 19—20 日召开。区委书记赵修云作题为《激情满怀抓发展，创新务实谋跨越，携手共创元坝美好和谐未来》的报告。会议讨论通过《广元市元坝区“十一五”时期社会主义新农村建设标准（试行）》和《中共广元市元坝区委关于制定元坝区国民经济和社会发展“第十一个五年计划”的建议》；听取区委书记、副书记述职报告；安排部署当前及 2006 年工作。

四届八次全委会议：2006 年 7 月 28 日召开。会议主要内容为：票决乡镇党委、政府领导班子正职拟任人选和推荐人选。

四届九次全委（扩大）会议：2006 年 9 月 28 日召开。会议围绕贯彻市委五届三次会议精神，强力实施工业强区战略，又好又快地推进元坝发展新跨越这一主题，安排委员及列席人员外出参观朝天区、剑阁县招商引资企业和昭化古城牛头山景区工地。会议讨论通过《中共广元市元坝区委关于强力推进工业强区战略实施意见》。

五届二次全委（扩大）会议：2007 年 2 月 26 日召开。会议主要内容为：传达学习党的十七大精神和省委九届三次全委（扩大）会议精神，研究部署全区贯彻落实意见。

第三节　常委会议

中共昭化县委、广元县委和广元市元坝区委常委会议（以下简称“县委常委会议”“区委常委会议”）在县、区委全委会闭会期间行使县、区委委员会职权，对全县或全区实施政治原则、政治方向和重大决策的领导。结合实际，讨论决定实施党中央路线、方针、政策和省市委工作部署的具体实施意见；组织实施本届党代会、全委会通过的决议、决定；讨论决定全县区政治、经济社会等方面的重大事项；对县区纪委、人大常委会党组、政府党组、政协党组等提出的重大问题作出决定；讨论县区人大、政府、政协领导班子人选提名；审批全县区科级和乡镇党政主要负责干部任免与推荐；召开县区委全体委员会议和县区委工作会议。县区委常委会实行集体领导与个人分工负责相结合的领导制度，由书记或第一书记主持全面工作，副书记、常务委员分工管理组织、宣传、统战、经济建设等工作。

昭化县委常委会于 1955 年 5 月成立，广元县委常委会于 1954 年 7 月成立。昭化、广元县委常委会先后召开全体委员会议，对全县农业、手工业、私营工业商的社会主义改造，整风反右作出重要决策。1959 年起，广元县历次常委会先后对落实中央“调整、巩固、充实、提高”八字方针，开展社会主义教育运动，粉碎“江青反革命集团”后的拨乱反正，贯彻党的十一届三中全会精神，实行家庭联产承包责任制，深化改革、开放等方面作出重要决策，保证党中央和上级党委制定的路线、方针、政策在全县的贯彻执行。

元坝区委常委会议一般每月召开一次，特殊情况增加次数或临时通知召开。常委会议议题在书记办公会上提出，由区委办公室通知到各常委。与会常委超过半数方可举行会议。会议由书记或书记委托主持工作的副书记主持，根据会议议程需要，多数情况下扩大到相关党员负责干部，实行区人大常委会党组书记、政协党组书记、区委统战部长列席常委会制度，区政府办主任列席非人事议题。常委会决定事项采取口头、举手和投票表决制，半数以上常委赞成则决定成立；2/3 以上常委到会，到会常委半数以上赞成则人事任免事项决定成立。每次常委会后，形成《会议纪要》，印发常委和相关党组织。1990—2007年共召开常委（含扩大）会议465次。主要议题有：学习贯彻党的十四大、十五大、十六大、十七大和各次全会精神，传达贯彻省、市党代会和各次全委会精神；学习贯彻中央纪律检查委员会各次全委会和省、市纪委各次全委会精神；通过举行党员代表会、人民代表大会、全委会讨论通过有关事宜及文件；决定党的干部任免和奖惩；通过年度和中长期全区的经济社会发展计划与规划；讨论党务工作和精神文明建设；讨论政法工作、社会稳定及处理突发事件；审议区委机关各部门、直属党组和党委年度工作要点等。

第三章　重要决策

第一节　中共昭化、广元县委重要决策

1950年4月，中共昭化县委召开各界人士代表会议，调动社会各方面力量，促其带头完成征粮和交出枪支弹药，又使用乡保甲人员助征公粮，采取“依靠发动群众，分化瓦解稳定多数，武装镇压少数顽抗分子”的政策措施肃清匪患，以安定社会秩序，完成征粮、清匪任务；11月，中共昭化县委根据“减租、退押、清匪、反霸”恢复和发展生产等任务，决定12月召开农代会、各界人士代表会。建立农协组织并发展会员；改造乡、保政权组织。采取“教育改造多数、惩办少数”的政策，开展“禁烟禁毒”运动。对开展减租减押、生产救灾等工作通过各界人民代表大会形成决议，付诸实施。

1951年6月，中共昭化县委决定全县干部和各界人士代表学习《中华人民共和国土地改革法大纲》，全县开展“土地改革”运动，次年4月结束。

1952年1月5日，中共昭化县委根据西南军政委员会开展“三反”和“五反”运动的决定，号召“人人下水、个个摸鱼”，开展“三反”和“五反”运动；2月，中共昭化县委根据中共中央“组织起来，发展生产”的指示，决定“由点到面，由低到高”发展互助组，并在全县开展“爱国增产”活动。

1953年2月，中共昭化县委根据中共中央“发展农业生产合作社，带动互助组大发展”的指示，派出工作组在曲回乡开始试办农业生产合作社。

1954年12月，中共昭化县委召开县、区、乡干部大会，根据“积极领导，稳步前进”的方针，制发了《关于实现合作化的全面规划》，在全县范围内开始试办农业生产合作社。

1956年2月，中共昭化县委制发《关于1956年秋前升并社的意见》，提出在自愿互利的基础上，确定房产、塘堰、经济林木的处理办法，耕牛、大型农具、经济林木折价付酬期限，劳弱户、困难户的照顾原则，公积金处理，债务偿还的办法等，在全县施行。

1958年9月，根据“农村办集体食堂，挖掘劳动潜力”的指示，中共昭化县委决定县、区、乡三级试点，全面推广办公共食堂。县委根据《中共中央关于在农村建立人民公社问题的决议》，相继组织干部在全县组建人民公社。

1960 年 11 月 14—18 日，广元县召开县、区、公社三级干部会，贯彻“保卫总路线，反对右倾机会主义分子”的指示。同时，开展两种思想、两条道路斗争的“反右倾”运动。

1960 年 12 月，中共广元县委贯彻中共中央《关于农村人民公社当前政策问题的紧急指示信》（即“十二条”指示）、《关于彻底纠正“五风”问题的指示》和中共四川省委《41 条》，在全县开展横扫“五风”，清理“一平二调，彻底赔退”的整风整社运动。

1961 年 9 月，中共广元县委贯彻中共中央《关于讨论和试行农村人民公社工作条例（修正草案）的指示》，12 月，中共广元县委召开扩大会议，对两年多来的工作进行了总结，对过去几年中受过批判、处分的机关和农村干部作出甄别纠错决定。

1962 年 2 月，中共广元县委作出“恢复生产，渡过难关”的决定，允许社员开荒种植，扩大种植面积。

1963 年 5 月，中共广元县委贯彻中共中央关于开展“五反”运动（即：反对贪污盗窃、反对投机倒把、反对铺张浪费、反对分散主义、反对官僚主义）的指示，首先在县属机关单位试点后全面展开。9 月，贯彻中共中央《关于目前农村工作若干问题的决定（草案）》（即“前 10 条”）和《关于社会主义教育运动中一些具体政策的规定（草案）》（即“后 10 条”）。组织工作团在农村分批进行清政治、清经济、清组织、清思想的“四清”运动。1964 年“四清运动”全面结束。

1964 年，中共中央主席毛泽东发出“农业学大寨”的号召。中共广元县委动员全县人民，发扬自力更生、艰苦奋斗精神，大搞农田基本建设；5 月 17 日，成立中共广元县委增产节约“五反”领导小组，在机关、企业单位全面开展“反贪污盗窃、投机倒把、铺张浪费、官僚主义、分散主义”的“五反”运动。

1965 年 1 月 27 日，中共广元县委贯彻《农村社会主义教育运动中目前提出的一些问题》（即“二十三条”）通知精神，对“四不清”的干部，实行依靠群众监督就地改造。

1981 年 4 月，中共广元县委制定《广元县农业生产统一经营、包产到劳责任制的试行办法》《广元县农业生产包产到户责任制试行办法》《广元县农业生产包产到户试行办法》和《广元县农村多种经营“四专一包”责任制试行办法》。

1984 年 1 月，中共广元县委决定在全县范围内开展“五讲、四美、三热爱”活动。

1985 年 3 月，中共广元县委决定首先在县属机关开展整党活动，进行党性、党风、党纪教育，共产主义理想宗旨教育和为人民服务的思想教育，然后分批在农村进行。

第二节　中共广元市元坝区委重要决策

一、基层民主政治建设

1990 年，中共广元市元坝区委下发《关于学习宣传和贯彻〈中华人民共和国村民委员会组织法〉的通知》，结合全区普法宣传活动，组织学习《中华人民共和国村民委员会组织法》（以下简称《村委会组织法》）；实行民主选举，1998 年 10 月 5 日，中共广元市元坝区委制发《关于切实抓好乡（镇）村（居）两级换届选举工作的意见》，坚持“公开、公正、平等、竞争、择优”的原则，采取直接差额、秘密划票、无记名投票等方式，在全区 211 个村委会全部实行公推公选。是年，中共广元市元坝区委根据全区实际，指导全区各村委会依法制发《村民自治章程》《村民代表会议议事制度》《会议学习制度》《工作制度》《财务管理制度》《村务公开制度》《廉政建设制度》《档案管理制度》以及《村委会主任职务》《村委会员会职责》《村委会工作职责》等规章制度。1998年6月25日，制发了《关于在农村推行村务公开和民主管理制度的实施意见》《广元市元坝区村务公开暂行规定》，各村委会的财务收支、兴办公益事业开支情况、计划生育指标、征用土地和宅基地审批、农民负担情况、集体经济项目承包和经营情况、农用物资分配和救灾款物发放、村组干部工作目标和工资报酬等群众普遍关注的热点和难点问题，在“村务公开栏”中公布，接受全体村民监督。随后制发《广元市元坝区乡镇政府政务公开暂行规定》和《广元市元坝区组务公开暂行规定》，形成区级各部门、乡镇、村、组四级联动公开格局，构架起党内外、上下级和公开单位自身三方面的监督网络及区、乡、村、组四级管理责任体系。截至2007年，全区28个乡镇、1个社区街道办事处、211个村、11个居委会、1410个村民小组均实行了政务公开。

二、机构改革

1997年3月，区委、区政府先后制发了《广元市元坝区国家行政机构改革方案的实施意见》《广元市元坝区关于县（区）机构改革“三定”工作的实施意见的通知》《广元市元坝区关于机构改革中人员分流的实施办法的通知》。此次改革着重从本区经济和社会发展实际出发，突出加强党对农村工作的领导，加强农村基层政权建设，加强和完善农村社会化服务体系，促进农村经济和社会全面发展；将专业经济部门改为经济实体和服务实体，其行政职能集中到政府有关部门实行综合管理；进一步促进企业转换经营机制，减少企业的行政干预和对经济事务的直接管理，突出政府的综合、规划、协调服务和社会管理及培育市场的职能；理顺市与区建设与管理、各部门之间、区与乡镇的关系，充分调动各职能部门的工作积极性，“走小机构，大服务”的路子，重新审定机关人员编制。1998年2月24日，区委、区政府批准执行《广元市元坝区编制委员会工作规则》，对编制机构工作的组织体制、主要职责、例会制度、审批权限、工作程序、行文规范等作出进一步规范。1998年3月15日，区委制发《关于事业单位参照实施国家公务员制度的意见》，在机关、群众团体等部门进行国家公务员制度“入轨”，建立科学的干部分类管理体系。1998年6月24日，区委、区政府制发《关于贯彻〈中共四川省委、四川省人民政府关于冻结机构编制和人员的通知〉的意见》，对各级机关、人民团体、事业单位的机构、编制和领导职数实行冻结。2001年10月13日，区委、区政府印发《关于广元市元坝区区级、乡镇机构改革方案的实施意见》和《广元市元坝区区级、乡镇机关人员分流实施方法》，2003年5月，区委、区政府制发《关于全区乡镇事业单位机构改革的实施意见》，2005年12月31日，区委、区政府印发《关于实施〈广元市元坝区人民政府机构改革方案〉的意见》，对区级机关和乡镇的机构改革作出明确的规定。

三、干部勤政工程

1998年6月，区委提出全区机关干部要塑好“对党忠诚、团结进取、勤政务实、廉洁奉公”四大形象。制发了《区委机关工作规范》，推进机关工作更加制度化、规范化；区政府各个部门实行向社会公开承诺制度，接受群众监督；不定期地督查通报各部门各乡镇的工作情况。抓党风廉政教育，组织党员、干部学习《廉政准则》《党员处分条例》等党内法规；实行廉政谈话和信访谈话制度；对公款购买更换小汽车和通信工具、干部建私房等多次进行清查和专项治理，及时处理违纪干部；加强预算外资金的管理，设立行政性事业收费大厅、政务中心；抓好基建工程的招投标管理，解决“点头工程”和“人情工程”问题。制定民营经济发展和工业强区的决定及“十条”优惠政策；因企制宜，完成国有、城镇集体企业转制；推进民主政治建设，农村党支部由党员直选、村民委员会班子全部实行选民直选；加大对外开放力度，建立区招商局，引进资金，引进项目，引进技术，引进人才。

四、经济社会发展规划

1989年，区委决定当年完成编制《广元市元坝区国民经济和社会发展第八个五年规划纲要》，于1990年2月区第一届一次人民代表大会审议。1995年，区委提出，以发展"两高"农业，大力发展乡镇企业；加强水利、交通、通信、城镇等基础设施建设；实施"科技兴区"战略；培育市场体系，大力发展第三产业；深化企业改革，建立现代企业运行机制；突破性发展个体、私营经济；优化生产力布局，合理利用资源；控制人口增长，保护好环境，维护好地方治安为重点，编制《广元市元坝区国民经济和社会发展规划纲要》，当年底完成《规划纲要》编写工作，于1996年2月区二届四次人民代表大会上审议。2000年，区委对区情进行评估分析，找准区位等主要优势和缺能等主要制约因素，提出以"依托商贸发展，推进城镇繁荣；依托城镇化，推进工业化；依托加工工业的兴旺，推进农业开发"的思路，将发展科技教育、基础设施建设、商贸、农副产品加工、建材业、旅游业、生态农业和综合开发等8个方面列为《广元市元坝区国民经济和社会发展第十个五年计划及2010年远景规划纲要》的重点，当年底完成《规划纲要》编写工作，于2001年1月区三届四次人民代表大会审议。2005年，区委提出，要以科学发展观为指导，立足创新改革，以新型工业、农业产业化、农村城镇化的发展为重点，结合元坝区情，从基础设施、科技教育、产业结构、经济总量、发展速度、经济增长质量、人民生活质量、社会事业发展和建设和谐社会等方面进行综合考量，统筹编制《广元市元坝区国民经济和社会发展第十一个五年规划纲要》。是年底完成《规划纲要》编写工作，于2006年2月区第四届五次人民代表大会上审议。

五、小康工程建设

1999年1月，区委、区政府制发了《关于1999—2003年小康建设的意见》。计划2003年"全区农村基本实现物质比较丰富、精神生活比较充实、居住环境改善，小康水平提高、公益事业发展、社会治安良好，介于温饱和富裕之间的小康目标"。小康工程的实施分小康乡镇、小康村、小康社、小康户四个层次，按三步运作：1999年和2000年，打好基础，全面启动，1999年达到小康户5104户，2000年达到小康户13,216户、小康村15个；2001年重点攻坚，全面突破，达到小康户4868户、小康村81个、小康乡镇9个，2002年达到小康户9008户、小康村72个、小康乡镇15个；2003年达到小康户5319户、小康村8个、小康乡镇4个。在实施中，实行"企业＋农户"的经济组织形式，发展农村股份合作制，改革农民负担提摊办法，放活土地使用权限，加快小城镇建设等农村深化改革措施。2003年3月，区委、区政府制发了《关于2003年全区小康建设的安排意见》，指导各级在稳定和完善家庭联产承包责任制双层经营体制的基础上，大力实施生态家园建设，加快农村产业化步伐，推行农村股份合作制；实施产前、产后全程服务，推进农村产业和经济的专业化、规模化进程；加强交通建设，发展农村有线电视和通信电话，抓好人才、信息、资金等软硬件环境建设。工程实施中，抓好五项建设。即：抓好生态家园建设，把"山、园、林、路、气、居"综合治理作为主要内容；以骨干产业为支柱，着力抓好农业产业化建设；搞好农产品深加工龙头企业建设，着力提高农业生产附加值，拉动农村经济发展；抓好基础设施建设，为优化经济环境提供保障；加强精神文明建设，推动社会全面进步。2006年4月，区委、区政府制发《关于扎实推进生态小康新村建设的意见》，按照"生产发展、生活富裕、乡风文明、村容整洁、管理民主"的总体要求，区上重点抓好示范村建设，乡镇着力抓重点村建设，村、社、户全面启动建设。

六、昭化古城保护与开发

2006 年 12 月，区第五次党代会报告全面确立了“做大做强元坝新城，做活做靓昭化古城，扎实推进新农村建设，实现经济结构大转型，建设工业区、旅游区，加速传统农业向现代农业跨越”的战略思路和目标，提出把昭化古城、昭化牛头山、昭化大朝古驿道整合为昭化古城景区，作为“三国文化”旅游精品线路的黄金纽带，融入剑门及四川旅游环线整体打造。高水平打造“一城”（古城）、“一道”（古驿道）、“一山”（牛头山）、“一水”（白龙江——嘉陵江）、“一村”（天雄村）。每年开工一批项目，实现“一年一变样、三年大突破”的开发目标。坚持内力外力并举，以内力促外力、引外力，最终转向以外力为主，构建符合市场经济运行法则的良好机制，解决开发投入与景区经营问题。区四大班子有关领导多次调研和区委常委会讨论，解决昭化古城保护与开发的认识问题、体制问题、规划问题、投入问题、管理问题。根据区情实际，决定分期开发。2007 年实施昭化古城景区开发一期工程，主要有城墙、城楼、牌坊、龙门书院、汉寿坛、环城墙石板步行道、游客接待中心及其停车场、入城石板公路、桔柏渡码头及其与桔柏渡街相通的石板步行道、太守街、吐费街、相府街的立面风貌改造等 29 项重点建设。

七、生态公路建设

2000 年，区委、区政府贯彻落实市委、市政府“一小时到县工程”工作部署，提出“全民办交通，全年办交通”的建设原则和“群众打基础，区上搞硬化”的组织方式，走出一条农村公路建管养运一体化发展的路子。计划用三年时间，投资 2 亿元，改造和新建县乡村道 800 公里，协助完成国、省道境内段改造，建成纵贯南北 12 个乡镇、全长 160 公里沥青混凝土路面的生态一线公路和横贯东西 10 个乡镇、全长 100 公里的磨（滩）沙（坝）公路，使所有乡镇和 80% 的行政村通上公路，70% 的乡镇和 20% 的行政村通上油路和水泥路，每百平方公里等级公路达到 17 公里；全区 29 个乡镇（社区街道办事处）和 80% 的行政村开通客车，生态环线公路沿线的农民群众享受到城市公交式的便捷服务，为交通运输服务“三农”探索出新路，创造以“管养运一体化”为主要内容的“元坝模式”。

八、畜牧业发展

1990—2007 年，全区以生猪生产为龙头，通过品种改良、饲料改进，饲养方法改革和疫病防治等，大力发展小家禽畜及草食性、节粮型畜禽生产，稳妥倡导推广珍稀动物养殖，重点培育和扶持养殖专业户、专业大户、促进养殖业向规模化、集约化方面拓展。2000 年，区委、区政府下发《关于进一步加快畜牧业发展的通知》《关于母猪配种管理办法的通知》，开始在全区范围内推行“三元杂交猪”生产，实施“DLY”（“D”指美国杜洛克公猪、“L”指丹麦长白猪、“Y”指英国约克猪）工程，提高出栏率、瘦肉率、商品率。2005 年，区委、区政府发出《关于鼓励生猪产业发展的意见》，建圈所占土地一律按临时用地办理手续；建圈所需林木由区上统一安排自用材指标，育林基金减收 70%；所需加工用电享受农村种养业的优惠电价；在当年实施政府项目的乡镇、村、组，兴建年出栏 1000 头以上的猪场及圈舍配套方面的设施，可在相关项目资金中给予补助；各级各部门优惠提供闲置资产，支持业主兴办规模养殖场；凡规模养殖户到福润公司直接宰杀，可享受区内生猪协会的“优质优价、优先宰杀”待遇；区畜牧部门为规模养殖场免费、优先提供技术培训、指导和服务；鼓励干部、职工、科技人员兴办或领办生猪规模养殖场，并享受和外来引入业主同等的优惠政策；对出栏 500 头、1000

头、5000 头、10000 头以上的规模养殖户，由区政府年终分别奖励 1000 元、2000 元、10000 元、20000 元。

九、城市建设

2001 年，区委将元坝城定位为广元城市后花园，加快城市建设改造，计划用三到四年时间，建成占地 10.90 亩的元坝中学新校区，建成 1.4 公里的滨河路。采取资金打捆使用、部门分段承包的方式，对穿城而过的长滩河进行改造，改造元坝城区 6 公里过境公路，建设花果园 1、2、3 号桥，在 2004 年完成《元坝城市建设控制性详细规划》，在城区栽植桂花树 2000 棵，美化、绿化元坝城区，把元坝城市建城区面积由原来的 1.2 平方公里扩大到 3.5 平方公里，常住人口达到 2.5 万。2005 年，区委决定按 50 年一遇标准投入资金 1500 万元建设长滩河下游生态堤防工程 6243 米，维持原自然生态 1757 米，同时建水力自控翻板闸拦水坝工程 4 级，为元坝城市及工业园区建设和发展奠定基础。

第四章　区委办公室工作

第一节　工作机构

1986 年 10 月，成立中共广元市市中区卫子区委办公室。副主任刘世锦（1986－10—1988－06，其中 1986－10—1986－12 主持工作）、郭全孝（1986－12—1988－06，主持工作）、王树林（1988－06—1989－11）。主任陈学贵（1988－06—1988－10）、李奎元（1988－10—1989－11）。

1989 年 12 月，中共广元市元坝区委设区委办公室（简称区委办），区委办设秘书科、信息科、综合科、调研科、行政科；1997 年，改称秘书股、信息股、综合股、调研股、行政股。至 2007 年，机构无变化。

1990 年，成立区委保密工作办公室，挂靠区委办公室；8 月，建广元市元坝区国家保密局，与区委保密工作办公室实行两块牌子一套人马的运作模式，仍挂靠区委办公室。同年，成立区委政策研究室，挂靠区委办公室。1996 年，筹建区老区建设促进会，2002 年正式成立，挂靠区委办公室。2000 年 7 月，成立区委、区政府目标管理督查室，挂靠区委办公室；同年 9 月，成立区委党史研究办公室（正科级），挂靠区委办公室。2004 年，成立区党政网络管理中心，挂靠区委办公室。2005 年，成立区委、区政府接待工作办公室，挂靠区委办公室。至 2007 年，上述机构挂靠关系无变化。

中共广元市元坝区委办公室领导名录

表 4－7

姓　名	性别	籍 贯	政治面貌	职　务	任职期间	备　注
冯友华	男	广元市元坝区	中共党员	副主任	1989－11—1992－10	主持工作
王春友	男	广元市元坝区	中共党员	副主任	1989－11—1993－02	
袁泽福	男	广元市元坝区	中共党员	副主任	1992－10—1994－01	主持工作至 1993－03
王树林	男	广元市元坝区	中共党员	主　任	1993－03—1994－01	
吴三斌	男	巴中市巴州区	中共党员	副主任	1993－03—1996－08	
袁泽福	男	广元市元坝区	中共党员	主　任	1994－01—1995－02	
许云宗	男	广元市元坝区	中共党员	副主任	1995－02—1996－08	主持工作
吴根昌	男	广元市元坝区	中共党员	副主任	1995－04—1996－08	
王明贵	男	广元市元坝区	中共党员	副主任	1995－06—1998－03	
吴根昌	男	广元市元坝区	中共党员	主　任	1996－08—2001－02	
王忠生	男	广元市元坝区	中共党员	副主任	1996－08—2001－02	
张宗虎	男	广元市元坝区	中共党员	副主任	1999－03—2002－04	
殷扶炯	男	南充市阆中市	中共党员	副主任	2000－08—2001－02	
殷扶炯	男	南充市阆中市	中共党员	主　任	2001－02—2006－12	
姜云茂	男	广元市元坝区	中共党员	副主任	2001－02—2003－02	
付　健	男	广元市苍溪县	中共党员	副主任	2002－09—	
赵思彦	男	广元市元坝区	中共党员	副主任	2003－02—2007－02	
戴自才	男	遂宁市大英县	中共党员	副主任	2004－02—2007－04	
文凌云	男	遂宁市蓬溪县	中共党员	主　任	2006－12—	
梁冬云	女	广元市元坝区	中共党员	副主任	2007－04—	
张俊贤	男	广元市旺苍县	中共党员	副主任	2007－04—	

中共广元市元坝区委办公室挂靠部门领导名录

表 4－8

姓　名	性别	籍 贯	政治面貌	职　务	任职期间	备　注
冯友华	男	广元市元坝区	中共党员	主　任	1990－11—1993－04	区委保密办（局）
李　勇	男	广元市元坝区	中共党员	局　长	1993－04—2007－06	区委保密办（局）
李春玫	女	广元市元坝区	中共党员	局　长	2007－06—	区委保密办（局）
文凌云	男	遂宁市蓬溪县	中共党员	主　任	2001－11—2004－02	区委区政府督查室
姜云茂	男	广元市元坝区	中共党员	副主任	2001－11—2003－02	区委区政府督查室
范子熠	男	广元市元坝区	中共党员	副主任	2001－11—2004－02	区委区政府督查室
仲黎明	男	广元市元坝区	中共党员	副主任	2003－02—2006－12	区委区政府督查室
梁冬云	女	广元市元坝区	中共党员	副主任	2003－02—2007－03	区委区政府督查室
范子熠	男	广元市元坝区	中共党员	主　任	2004－02—2007－04	区委区政府督查室

续表

姓　名	性别	籍贯	政治面貌	职　务	任职期间	备　注
梁冬云	女	广元市元坝区	中共党员	主　任	2007－04—	区委区政府督查室
冯云传	男	广元市元坝区	中共党员	副主任	2007－06—	区委区政府督查室
王尔锐	男	广元市元坝区	中共党员	副主任	2007－06—	区委区政府督查室
冯友华	男	广元市元坝区	中共党员	主　任	1990－12—1993－09	区委政研室
殷扶炯	男	南充市阆中市	中共党员	主　任	2000－05—2001－12	区委政研室
张宗虎	男	广元市元坝区	中共党员	主　任	2001－12—2002－02	区委政研室
刘映文	男	广元市元坝区	中共党员	主　任	2004－10—2005－08	区委政研室
付　健	男	广元市苍溪县	中共党员	主　任	2005－09—	区委政研室
王忠生	男	广元市元坝区	中共党员	副主任	1997－03—2001－02	区委党史办
姜云茂	男	广元市元坝区	中共党员	副主任	2001－02—2003－02	区委党史办
付　健	男	广元市苍溪县	中共党员	副主任	2003－02—2004－10	区委党史办
杨　帆	男	广元市元坝区	中共党员	副主任	2004－10—	区委党史办
侯　军	男	广元市苍溪县	中共党员	主　任	2004－02—2006－01	区网管中心
张克政	男	广元市元坝区	中共党员	主　任	2006－01—	区网管中心
赵思彦	男	广元市元坝区	中共党员	主　任	2005－08—2007－02	区委区政府接待办
蒲　华	男	广元市元坝区	中共党员	副主任	2005－08—2006－12	区委区政府接待办
郑桂芬	女	广元市元坝区	中共党员	主　任	2007－02—	区委区政府接待办
龚　波	男	广元市元坝区	中共党员	副主任	2007－05—	区委区政府接待办

第二节　文秘信息

区委办公室秘书科主要负责起草、校核区委及区委办公室公文；负责区委领导在重要会议上的讲话和其他重要文稿的起草、审核工作；负责区委向上级领导机关的汇报材料的起草或文字综合工作；负责区委领导的日常事务和日常文书处理工作；负责区委重要会议的会议记录和会议纪要的起草工作；负责区委及区委办印章的管理和使用；负责区委、区委办形成资料的收集、整理、归档、立卷和利用工作；负责党群系统公文处理的业务指导和培训；负责机要文件的收、发工作；负责政协委员提案办理工作。1989 年 11 月至 2007 年 12 月，区委办公室秘书科共草拟、修改、分发各种文件、简报、讲话材料和工作报告 9700 余件，5.10 万余份，登记、归档、存卷文件资料 430 余卷。1990 年 5 月，建立元坝区资料交换站，全区各乡镇区级部门共 120 个单位，在统一的站点投递和收取公文。1990 年 6 月始使用《文件制发流程跟踪表》，表中各个环节认真填写齐备后，同文件底稿一并归档，使区委、区委办文件的制发流程清楚，体例完备。

区委办公室信息科主要负责制定全区党委系统信息工作目标考核管理办法，并具体组织实施；收集各类信息，并分类整理，为领导提供决策参考；按程序及时向上级报送各类信息，完成市委办公厅下达的信息工作任务；开展调查研究，积极编写调研信息；编印《信息快报》和《领导参阅》；加强与乡镇、区级机关的联系，开展信息工作业务指导，加强全区信息网络建设；做好信息的保密工作。

根据区委中心工作和为实现中心工作作出的阶段性部署，有针对性、有重点地搜集、编写、上报信息。2002 年，在 28 个区级部门和乡镇建立了市委信息直报点，制定了《关于对信息直报点的管理意见》。1999 年，先后制定了《关于加强信息调研工作的通知》和《加强突发事件信息报送工作的通知》。1990—2007 年，区委办公室信息科共采写上报省、市信息 2 万余条，先后撰写 230 余篇调研报告，有 72 篇被省、市调研刊物采用，一些调研文章转化为区委的决策成果。

第三节　政策研究

中共广元市元坝区委政策研究室（简称区委政研室）负责对全区经济和社会发展进行全方位地调查调研，为领导决策提供决策依据。在经济调查方面，参与起草区委、区政府文稿：《关于提高工作效率，加快经济发展意见（试行）》《关于深化城镇工业企业促进提高经济效益意见（试行）》《关于继续搞活全区集体企业若干问题的意见》《关于进行股份制企业试点的通知》《关于进一步发展个体私营经济的决定》《关于改革桑蚕种植茧丝绸发展与经营管理体制的决定》《关于进行股份企业试点的通知》等 30 余件。同时参与《广元市元坝区国民经济和社会发展第八个五年规划纲要》《广元市元坝区国民经济和社会发展第九个五年规划纲要及 2010 年远景规划》《广元市元坝区国民经济和社会发展第十个五年规划纲要》《广元市元坝区国民经济和社会发展第十一个五年规划纲要》的编写工作。在农业和农村调查方面：参与调研和起草区委、区人民政府《关于完善双层经营体制、深化农村改革的意见》《关于加强农村财务管理工作的意见》《关于大力调查产业结构的决定》等 107 篇重要文件。在党建和科教工程调查方面，主要对党政干部目标考核、联系企业工作、计划生育目标、党务目标、廉政建设、科教兴区、教育体制改革等进行调查，起草了区委、区人民政府《关于广元市元坝区党政干部实行目标责任统筹制的意见》《关于坚持和完善广元市元坝区党政干部工作目标责任制奖惩制的意见》《关于加强自身建设的若干问题》《关于净化教育改革，加快教育事业发展的（试行）意见》《关于“科技兴区”，加速科技进步的意见》《关于进一步加强计划生育工作的决定》等 68 篇重要文件。2001—2007 年，区委政研室编发了《工作通讯》42 期，重点刊发了关于本区农业基础设施建设、调整农业结构、农民负担管理、小康工程建设、元坝新村建设、工业经济发展等方面的文章。

第四节　督查及目标管理

1990 年开始，区委、区政府对各乡镇和区级部门实行目标管理责任制。全区目标由区委、区政府对市委、市政府负责，区级部门和乡镇对区委、区政府负责，部门和乡镇将目标分解到科室、基层单位及每个工作人员。区委、区政府于每年年初同各乡镇和区级经济主管部门签订目标责任书，同时对非经济部门提出目标考核要求。在目标考核中，按百分制考核计分，实行统一管理，分组考核，平时抽查，按季自查，半年考核，年终总评，根据考核完成目标任务实绩给予奖惩。

区委、区政府目标督查室坚持把区委、区政府涉及长远发展、惠及民生的重大事项作为督查督办重点。主要抓了以环线为主的通乡通村公路建设、元坝生态河堤建设、昭化古城景区建设、元坝工业集中区建设、小康示范新村建设、烤烟生产、民生工程建设等方面的目标考核。2003 年，督查室牵头组建督查组驻元坝镇杏树村现场督查，高质量、快进度地完成杏花村新村建设和 108 公里环线公路建设。2004年和2005年，又牵头驻点督查完成了天雄、鸭浮示范新村建设。2006年，加大烤烟生产、通乡通村公路建设、长滩河污染防治、招商引资、创优、生态河堤及绿色通道建设、生态养殖小区建设、元坝宾馆复工等工作的督查督办力度。2006年8月，在昭化古城景区保护开发工作中，建立县级领导督查督办机制，定期督办、驻现场督办、逗硬问责。督查督办会由书记、区长主持，人大、政协主要领导及相关责任领导参加，平常每周一上午，关键时期周一、周三，攻坚时刻每天一次，为“昭化速度、昭化质量、昭化成本”提供了长期的有力的机制保证。在昭化古城建设期间共承办督办会务101次，办重大项目落实动态155期。在昭化古城景区改造中形成了一个项目“一个县级责任领导、一个牵头部门、一个责任人、一支工作队伍”的工作推进制度。2006年始，进一步完善目标设置，创新机制取消了常规性工作，弱化保证目标，重点突出产业发展、重点工程建设等内容，实行一部门一目标、一乡镇一目标，一目标单位一重点工作的目标管理体系，并对重点、难点目标实行重点考核。同时，除坚持常规一票否决事项外，对涉及元坝经济社会发展、改善人民生活条件的如昭化古城建设、农村公路、工业园区招商、烤烟生产、民生工程以及对承担市委、市政府下达给元坝区委、区政府目标的各责任单位在年终考核排位倒数一、二位的特重、特难目标均实行一票否决，“一把手”年终考核评为不称职领导干部。在年初签订目标责任书时就予以明确，年终考核严格按考评办法逗硬执行，确保目标考核的质量。2007年，成立由书记、区长任组长的县级领导干部目标考核领导小组，制订出台《县级领导干部目标考核奖励办法》，对县级领导所分管和联系的各项工作进行目标分解，把县级领导作为目标管理的直接对象，对四大班子县级领导实行目标奖惩挂钩，调动了县级领导为全区发展出力的积极作用。

第五节　保密与网络管理

一、保密教育监督

区国家保密局成立后，采取多种形式和途径，在干部群众中广泛开展《中华人民共和国保守国家秘密法》宣传教育，增强其保密意识。先后印发保密法规宣传资料3000余册，举办保密教育广播（电视）专题节目10次。此外，每年还在区委、区政府召开的有关会议上，结合会议内容对与会人员进行保密教育，全区干部、职工受教育面达98%以上。1990—2007年，举办保密岗位培训班40期，培训乡镇和区级机关重点涉密的办公室人员、收发员、微机操作员2520余人次，考试合格者持证上岗。保密委员会为防止发生失泄密事件，每年定期或不定期的联合有关部门对相关单位的保密工作进行检查。2001—2004年，由区委办、区政府办牵头，保密部门参与，对全区保密工作进行大检查，发现问题，及时纠正。2003年至2004年11月，对全区各部门通信设备及办公自动化设施的保密管理进行了专项检查。加强保密要害部门（部位）保密工作，控制秘源，依照法定程序确定全区保密要害部门16个，重点要害部门14个。2007年，对全区涉及国家秘密的信息系统分级保护进行了统计备案。1990—2007年，全区各乡镇、区级部门未发生失密泄密事件。

二、网管中心

区网管机构由区委办公室代管，基础设施、设备由区委办统一建设，统一采购。2001年，正式建设区网管中心机房，增添大量网络设备，党政网正式运行，区级大部分机关单位联入党政网。2003

年，区网管中心光纤联通26个乡镇的党政网，全区党政网覆盖率达到90%以上，2004年6月完成区级部门光纤接入改造。2006年6月完成区委办、区政府办、政务中心新机房建设，添置服务器、防火墙等硬件设备。2007年12月，利用政务新网平台开通连接省、市、区三级的行政审批鉴定、视频监控系统。传真专用网络可通达全国和世界各地，党政网可沟通省内各级党政系统横向和纵向的联系，为上下级党政机关的信息传递提供快速、准确的服务。

第六节　党史研究

中共广元市元坝区委党史研究办公室（简称区委党史办）负责全区党史研究的工作，制定全区党史工作长短期规划和年度计划，并组织实施；以社会主义建设时期为重点，征集、编纂、研究中国共产党在各个历史时期活动的历史资料，承担上级党委和业务主管部门下达的党史研究课题；总结历史经验资政育人，为各级党委提供借鉴资料，对全区人民特别是青少年进行党史宣传教育。1997—2007年，区委党史办按照“广征博采”“立准立好”的要求，开展党史资料征集工作，共收集资料50余万字，其中出版了《巍巍红军山》29万字；在广征史料的基础上，共组织撰写党史研究，学术论文、革命故事、专题材料、典型材料等各类文章16篇；累计征订《四川党史》413份，征发《中国共产党七十年》534册、《四川地方史》89册、《邓小平文选》第三卷300余册及辅导、注释书籍300余册，《邓小平建设有中国特色社会主义理论》《党章学习讲话》800册，以及省党史刊物54份。

第五章　党的组织建设

第一节　组织工作机构

1986年11月，中共广元市市中区卫子区委员会设立组织部，先后由李奎元（1986-11—1988-06）、郭全孝（1988-06—1989-11）任副部长主持工作，熊光辉任副部长（1986-11—1988-03）。

1989年11月，中共广元市元坝区委设组织部（简称区委组织部）。2001年12月，区委组织部设办公室、干部股、干部监督股、组织股、党员管理股、电教股。

2007年末，挂靠区委组织部的机构有：

中共广元市元坝区委党建工作领导小组办公室，1993年5月成立，1997年9月明确为正科级。

中共广元市元坝区委老干部局（正科级），1997年9月成立。

广元市元坝区知识分子工作领导小组办公室，2001年12月成立。

广元市元坝区干部教育领导小组办公室，2001年12月成立。

广元市元坝区人才工作领导小组办公室，2004年10月建立。

中共广元市元坝区委组织部及挂靠部门领导名录

表 4－9

姓　名	性别	籍 贯	政治面貌	职　务	任职期间	备　注
李奎元	男	广元市元坝区	中共党员	部　长	1989－11—1992－09	区委常委
郭全孝	男	广元市元坝区	中共党员	副部长	1989－11—1993－02	
吴满林	男	广元市元坝区	中共党员	副部长	1990－09—1994－08	
陈　薇	女	南充市仪陇县	中共党员	部　长	1992－09—1996－12	区委常委
胡开勇	男	广元市元坝区	中共党员	副部长	1993－02—1997－02	
张延江	男	广元市元坝区	中共党员	副部长	1994－08—1996－08	兼区委党建办主任，1995－05 始兼任区直机关工委书记
肖元清	男	广元市元坝区	中共党员	副部长	1996－06—1999－06	1996－08 始兼区委党建办主任
何辉云	男	南充市阆中市	中共党员	副部长	1996－06—2007－08	
杨显俊	男	广元市旺苍县	中共党员	部　长	1996－12—2003－01	区委常委
许云宗	男	广元市元坝区	中共党员	副部长	1997－02—1998－02	
魏三映	男	广元市元坝区	中共党员	副部长	1998－02—2001－02	
郭仕友	男	广元市旺苍县	中共党员	副部长	1999－09—2003－04	
吴根昌	男	广元市元坝区	中共党员	副部长	2001－05—2002－01	
范子熠	男	广元市元坝区	中共党员	副部长	2002－01—2003－04	
何良彪	男	广元市旺苍县	中共党员	部　长	2003－01—2005－07	区委常委，兼区人才办主任
邹　蓉	女	广元市元坝区	中共党员	副部长	2003－04—2007－08	
肖万钟	男	广元市元坝区	中共党员	副部长	2003－04—	
王　刚	男	广元市青川县	中共党员	部　长	2005－07—	区委常委，兼区人才办主任
夏登坤	男	广元市元坝区	中共党员	副部长	2007－08—	
冷建春	男	广元市元坝区	中共党员	副部长	2007－08—	
何辉云	男	南充市阆中市	中共党员	局　长	1997－06—2002－09	区委老干部局
范子熠	男	广元市元坝区	中共党员	局　长	2002－09—2003－02	区委老干部局
邹　蓉	女	广元市元坝区	中共党员	局　长	2003－02—2007－02	区委老干部局
肖万钟	男	广元市元坝区	中共党员	局　长	2007－05—	区委老干部局
郭仕友	男	广元市旺苍县	中共党员	主　任	1999－09—2003－02	区委党建办
肖万钟	男	广元市元坝区	中共党员	主　任	2003－02—	区委党建办

第二节　党员队伍建设

一、党员发展

1950年，广、昭两县有共产党员123人，分布在县区两级机关。1951年开始在工人中发展党员。1952年在机关、农村中建党的基层组织，当年广元县有中共党员736人（其中女党员44人），昭化县发展党员131人。1959年，昭化县并入广元县后，党员队伍发展更加迅速，1960年达10295人。至1985年，广元县党员人数已发展到19672人。

1986年11月，卫子区有党员5845人。1989年11月，广元市元坝区有党员6510人。从1992年开始，逐年举办入党积极分子培训班。1995年，采取“七倾斜一放宽”的方针，当年发展新党员325人，消除3年以上未发展党员的村34个。2001年，实行发展党员公示制、责任追究制度。2005年，开展“双向培养”，把致富带头人培养成为党员116名，把党员培养成致富带头人372名。2006年，重点抓好在高知识分子群体、非公企业等组织中发展党员工作。至2007年，全区共有5630人被确定为入党积极分子，发展党员4210名，党员总数达到10244名，其中35岁以下的1621名，大专以上文化的2085名。

二、党员管理

在党员队伍建设工作中，加强对党员的教育、培训和管理，注重从理论和业务素质两个方面入手，不断提高党员队伍的整体素质。

（一）民主评议党员工作

1990年，在5324名农村党员中开展“评处”工作，共评出优秀党员299人，合格党员4025人，不合格党员226人（其中批评教育187人、劝退37人、除名2人）。在随后历年开展的党员民主评议活动中，共评出优秀党员4960人次、批评教育1623人次、劝退238人、除名67人。1986—2007年，全区共开除党籍51人，另外，党纪处分219人。

（二）开展“双带”活动

坚持把发挥党员“带头致富、带领群众共同致富”作为工作的重点，利用村级活动阵地、乡镇培训资源和区培训教育机构，加大对农村党员的培训。至2007年，共培训党员9万余人次。加大对农村贫困党员的帮扶，22年间，全区共拨付党费86万元慰问贫困党员，各级干部和贫困党员结成帮扶对子1.80万余对，帮扶资金达700余万元，扶持发展产业项目20多类。2002年，启动“党员农贷快车”活动；2003年，建立3000名党员干部产业发展档案，把党员产业发展与民主评议相结合；2006年，在太公、清水等乡镇试行党员分类管理，推行“党员承诺制”；2007年，在区图书馆建立党员阅览中心，为增强党员“双带”能力提供了智力支持。

（三）电化教育

1993年，区委组织部制发《关于加强党员电化教育工作的意见》，并成立党员电化教育办公室。2004年拍摄的电教片《甘愿吃亏的村支书》，在市电视台新闻综合频道《党员生活》栏目滚动播放，产生了良好效果。2007年拍摄电教片5部，其中两部被省委组织部《组工视频新闻》采用。22年间，各基层党组织共组织播放了1104部电教片，全区累计播放3135场次，党员46370余人次观看。

（四）流动党员管理

针对下岗职工增多和务工、经商兴起，流动党员人数逐年增加的现状，1995年，开始试行“流动党员活动证”制度，区委组织部先后制发《关于加强流动党员管理的通知》《关于实行流动党员活动证制度的通知》等文件，推动流动党员“安家工程”全面实施。2003年，对全区企业下岗、失业党员进行清理，370名党员通过转出、支部重组等方式过上正常组织生活。2005年，区委组织部制发《关于进一步加强和改进流动党员教育管理工作的意见》，加强外出流动党员的管理，对356名流动党员颁发“流动党员活动证”。2007年，采取“三制双建”措施加强流动党员管理，建立流动党员数据库，健全流动党员管理证登记簿，开通流动党员咨询服务专用电话，建成流动党员管理、服务网络，“流动党员活动证”发证率达到95%以上，1100余名流动党员纳入管理网络，其中3名在浙江嘉善县务工的流动党员被嘉善县委评为“新嘉善人”。

三、党员教育活动

1987年，开展“如何增强党组织的活力”“共产党员怎样在两个文明建设中发挥先锋模范作用”的大讨论。1990年起，相继开展了“三带”活动、“五学”活动、“五个一”竞赛活动、“十、百、千、万”活动、贫困党员产业信贷贴息帮扶行动等。活动涉及面广、参与人数多、时间较长的是实践“三个代表”重要思想教育活动和保持共产党员先进性教育活动。

（一）实践“三个代表”重要思想学习教育活动

从2001年9月开始至2002年5月结束。2001年9月，建立区委书记任组长，区委副书记、组织部长、分管副区长为副组长的领导小组，组建28个宣教组，8个片区督查组，211个驻村督导组。在全区56个区级部门、28个乡镇、5所中学、1所医院、211个行政村党组织开展“三个代表”重要思想学习教育活动，受教育党员9000多人，受教育干部4000余人。通过群众满意度测评，全区100%的单位领导班子均达到满意或基本满意，88.40%的领导干部满意率达到90%以上。活动结束后，全区受到省委表彰的先进典型1个、市委表彰的先进典型4个、区委表彰的先进区级部门、乡镇、村和站所55个，表彰基层干部30名，培育党员实践“三个代表”重要思想示范乡镇4个、示范村31个、示范单位10个、示范窗口40个、示范户500户。

（二）保持共产党员先进性教育活动

从2005年1月开始到2006年6月结束，分区四大班子和区级部门、乡镇和区属事业单位、村三个批次进行，每批半年，共历时一年半。建立了领导小组，成立了专门的办公室，实行了36名县级领导联系先进性教育活动单位制度。组建了以8名副县级调研员为组长、16名干部为成员的督导组，从区级机关、乡镇抽派了259名干部任驻村指导员。区委先后召开动员、培训、工作会议等19次，全区4个县级领导班子、32个基层党委、22个党总支、364个党支部的10,273名党员按照学习动员、分析评议、整改提高三个阶段开展保持共产党员先进性教育活动。整个保持共产党员先进性教育活动中，在高质量完成“规定动作”的同时，创造性地开展多项富有特色的载体活动。在第一批活动中，实行“干部谈心谈话卡”制度，全区各个层面开展谈心活动2500余人次，得到省委督导组高度评价；在第二批活动中，结合实际开展“读一本书、看一部党建片、考一次试、写一篇心得、搞一次参观、开展一次大讨论”的“六个一”活动，树立了陆林、李仔忠等10名典型人物，举行《奉献者之歌》——元坝区10名优秀共产党员先进事迹报告会，使党员学有榜样，赶有目标；在第三批活动中，编写《元坝区经济社会发展形势讲话》和《猪经》《烟法》两本乡土教材，编印了《元坝区百名优秀共产党员风采录》。实现了“党员受教育，群众得实惠”的目标要求。在满意度测评中，先进性教育活动成效

“好”和“较好”的占98.20%，解决群众反映强烈的突出问题成效“好”和“较好”的占96.40%，改进作风、政风、行风成效“好”和“较好”的占92.80%。

广元市元坝区1986—2007年党员发展情况统计表

表4－10　　单位：人

年度		1986	1987	1988	1989	1990	1991	1992	1993	1994	1995	1996	1997	1998	1999	2000	2001	2002	2003	2004	2005	2006	2007
党员总数		5845	5962	5992	6510	6620	6685	6790	6925	7148	7425	8061	8636	8873	9126	9385	9680	9992	10130	10180	10228	10229	10244
其中：女党员		494	506	493	536	540	543	539	547	560	591	724	820	829	917	953	1036	1076	1111	1190	1139	1143	1210
年龄	25岁以下	126	154	117	101	100	88	116	125	171	222	328	396	374	361	349	294	295	2003年起,25岁以下栏与26－35岁以下栏合并为35岁以下栏				
	26－35岁	1182	1159	1085	1030	913	885	752	743	780	932	1254	1580	1637	1692	1847	2014	2092	2128	2070	1781	1793	1621
	36－45岁	2245	2176	2125	2425	2324	2189	2070	2172	1883	1940	1949	2032	2129	2190	2192	2270	2334	2411	1986	2271	2221	2554
	46－55岁	1417	1502	1573	1648	1856	2120	2255	2367	2508	2432	2477	2528	2543	2549	2590	2316	2196	2261	2393	2423	2435	2058
	56－60岁	484	498	555	627	691	579	634	621	679	817	890	913	950	1012	1058	1201	1271	1371	1639	1564	1576	1261
	61岁以上	391	473	537	679	736	824	963	897	1127	1082	1163	1187	1240	1322	1349	1585	1804	1959	2092	2189	2204	2750
文化程度	大专以上	18	29	58	68	107	115	137	152	211	271	373	491	574	782	976	1291	1456	1633	1511	1868	1889	2085
	高中（中专）	337	400	443	503	558	638	752	826	989	1129	1404	1685	1792	1798	2046	1955	1966	2006	2212	1966	1987	1742
	初中	1016	1064	1063	1248	1354	1415	1385	1412	1578	1741	1926	2206	2270	2448	2479	2628	2742	6491	6457	6394	6353	6417
	小学	3377	3396	3358	3624	3488	3447	3517	3597	3482	3413	3516	3465	3470	3408	3253	3200	3250	2003年起，小学栏与文盲栏合并为初中及其以下栏				
	文盲	1097	1073	1070	1067	1113	1070	999	938	888	871	842	789	767	690	631	606	578					

第三节　基层组织建设

一、农村基层组织建设

（一）村党支部班子建设

1990年起，村党支部班子建设的重点是开展对后进村党支部的整顿。至1994年，共对36个后进村党支部进行了整顿，调整充实村党支部委员31人、改选支部委员87名。1995—1997年，是全国性的农村基层组织整顿年，按照中央提出的“五个好”目标，区委抽调660余名各级干部，组成28个工作队、209个工作组，在全区209个村中普遍开展党组织整建，调整充实41个村支部班子，健全了149个村级配套组织。2001年12月，区委成立农村基层组织建设领导小组办公室，进一步加强农村基层组织建设工作。2004年，根据村级建制调整，全区211个村党支部调减到109个。2006年初，村级建制调整后，村党支部班子恢复为211个；8月，确定了有班子战斗力不强和党务村务不公开、管理不民主的18个村党支部为重点开展整顿。2007年，在211个村、10个社区开展村级班子届满定性分析，全区27个村级班子被评为“好班子”，114个村级班子被评为“较好班子”，74个村级班子被评为“一般班子”，6个村级班子被评为“差班子”，该做法被省、市委组织部《四川基层党建》《组工信息》《四川日报》、省电视台专题报道。

（二）村级干部队伍建设

1990年11月，印发《关于建立村级后备干部队伍的通知》，当年选拔414名村级后备干部。1997年，区委组织部制发《广元市元坝区村组干部管理办法》，建立和完善了21项管理制度，注重加强村党支部书记队伍建设，实行村支部书记岗位“最优”配置。1999年，在“五个好”村党支部建设中涌现出全省“百佳村党支部书记”、全市“十佳村党支部书记”各1名。2002年，对211名村党支部书记实行区委组织部备案管理。2003年，启动“村干部”大学生培训计划，组织65名村“三职”干部参加成人高考，30名进入省委党校专科班接受学历培训。2004年，推行选派机关干部到村任职制度，101名乡镇干部通过“公推直选”担任了村党支部书记。2005年，区委组织部制发《广元市元坝区村级干部规范化管理办法》，对村级组织实行规范化管理。2007年，在村党支部换届中全面推行“三推两定一直选”和“标的承诺竞岗”，全区211个村、10个社区成功选举产生了党支部委员和支部书记，14名下派干部当选为支部书记，34名下派干部当选为支部副书记，村级班子结构进一步优化。面对全区财力紧张的现状，通过积极探索，村组干部待遇逐年得到增加。2007年，村党支部书记的误工补贴由区财政每年再增加1000元，并实行误工补贴“一折通”按季度直发。

（三）基层民主政治建设

围绕村民自治工作，通过开展和运用民主恳谈、民主听证、村干部工作评议、民主法治村建设等形式，推进了基层民主政治建设。1996年，在村级组织中实行“离任审计”制度。1998年，在全区推广村务公开制度。2005年，区委组织部制发《关于在全区各级党组织中全面推行党务公开工作的意见》，明确了公开的原则、公开的范围、公开的内容和公开的方式方法。2006年，在柳桥乡分水岭村、虎跳镇等乡镇、村开展基层党组织“一会三评”试点工作。2007年，在基层党组织中全面推行“一会三评”制度，通过民主议事、民主决策、民主测评，基层民主政治建设力度进一步加大，完善了党组织解决内部矛盾的长效机制。

（四）村级活动场所建设

1988年，建立13所乡镇党校，并举办培训班43期。1991年7月，抽调各级干部443人，在全区13个乡镇135个村开展村级组织建设试点工作，指导建立党员活动室，在50%左右的村党支部落实了2～10亩的“创建经费基地”，并配套完善相关制度。到1996年，全区209个村中有192个村建立了活动室。2003年，区财政投入25万余元，在全区5个乡镇、30个村建成培训教育基地。2005年，区委组织部制发《关于进一步加强村级活动阵地规范化建设的通知》，提出“十个有”的建设思路，高起点、标准化打造了白果乡青光村、山溪村和明觉乡三垭村等一批活动阵地。2007年，以“设施齐全、制度完善、活动正常、效果明显”为目标，按照“十有”标准，通过落实安全责任、强化督查指导、注重建设质量、召开现场会议强力推动等措施，在元坝城区附近、国道212线和环线公路高标准、高质量完成40个项目村的活动场所建设任务；争取上级联挂部门支持，打造了功能完善、配套齐全的柳桥乡新胜村活动场所，同时筹集经费为部分村级活动场所配置了党徽、旗杆。

（五）开展党建示范活动

2000年，围绕国道212线、绵广高速、广旺线开展“三线”党建风景线建设活动，重点打造分水、砖灰、红卫、杏树等4个党建示范村。2001年，区财政、党费共投入资金20万元，在昭化、元坝、文村等乡镇的20个村开展党建综合示范村建设试点工作。2002年，实施“512”党建综合示范工程，创建了5个示范乡镇党委、10个示范机关、20个示范村。2003年，以实施三大改造、深化三级联创、加快农村小康社会建设步伐为内容，牵头组织相关部门，打造了分水、杏树等一批人居环境改造亮点。2004年，按照围绕两极（古城昭化和元坝城区）、重抓“三线”（绵广高速、广旺线、国道212线）的示范新村建设格局，打造出天雄、长坝、杏树等14个市级示范新村和34个区级生态家园示范村。2005年，根据省委“三村建设”的总体要求，抓好紫云乡金华村、明觉乡三垭村等10多个村的示范新村建设。2006年，在元坝镇长坝村探索建立农民文化俱乐部，发展群众会员近50人，探索出以“支部搭台，群众唱戏，文化引路”的加强农村党建文化建设的新路子。2007年，打造出元坝村、天雄村、普贤村3个市级综合党建示范村。

（六）联乡帮村工作

1994年，区委开始建立副县级以上领导干部、区级各部门和乡镇干部定点帮村制度，25名副县级领导定点帮扶5个小康示范村、20个后进村，51个区级部门帮扶5个小康示范村、5个红旗村、18个一般村、23个后进村，180名乡镇干部驻村帮扶。1996年，区委组织部与69个部门签订《定点帮村目标责任书》。1998年，组建22个帮村扶贫工作队，抽派区、乡机关干部317名，定点帮扶77个贫困村。2001年，区委成立党政机关干部下基层领导小组办公室，并实行县级干部“八联”制度。2005年，区委制发《关于进一步加强联乡帮村工作的通知》，实行县级领导干部联乡帮村、区级部门定点帮村、副科级以上领导干部帮扶发展种养业大户、乡镇干部联村包组、全区党员干部结对帮扶贫困户的制度。2006年，按照“三覆盖”要求，31名县级领导联系29个乡镇（社区街道办事处），103个区级部门定点帮扶211个村，159名机关干部驻村帮扶。2007年，联乡帮村工作突出帮扶昭化古城一期建设中立面改造的农户，53个区级部门结对帮扶118户居民进行立面改造，5名组工干部现场督查，跟踪问效，130余名区级机关干部具体负责帮扶和指导，确保工程顺利完成。当年8月，区委对近3年来在帮扶工作中取得实效的6个区级部门和10名先进个人进行了表彰。

（七）落实党建责任制

1995年，区委充实完善了区、乡农村基层组织建设领导小组。1999年，全区开展创建农村基层组织建设先进乡镇活动，实行基层党建工作责任制度，区、乡镇、村层层签订目标责任书。2000年，开展农村党支部创“五个好”、乡镇党委创“六好”、区创“农村基层组织建设先进县区”的“三级联创”活动，形成了齐抓共管局面。2002年，元坝区被市委表彰为“三级联创先进县区”。2005年，区委组织部制发《农村党建“三级联创”考评实施办法》，进一步丰富了“三级联创”活动内容。2006年，推行乡镇党委、区级各部门党委（组）书记党建工作定期述职评议制度。2007年，在农村党支部书记中全面推开抓基层组织建设工作年度述职评议制度，推进了党建工作责任制的落实。

二、企业、学校、社区党建工作

元坝区社区、企业、学校党建工作起步较晚，历年都进行了有益的尝试和探索。1991年，确定一厂（区机械厂）、一校（元坝中学）为联系点开展企业、城市党建试点工作。1995年，区委组织部印发《关于加强和改进企业党建工作的意见》，在各级各类企业中建立党组织30个。1996年8月，区委组织部牵头召开首次学校党建工作座谈会，在高中学生中开展党的基本知识早期教育，当年培养发展学生党员7名。2003年，理顺拣银岩社区党的管理体制，加大指导力度，实现社区党建工作“零”的突破。2004年，推行以组织、工作和凝聚力覆盖为主要内容的城市党建“三覆盖”建设，拣银岩社区“六四〇”居委会、区信用联社成为全市城市党建工作示范点。2005年，区委组织部出台《关于加强学校党建工作的意见》，在2个学校党总支、39个学校党支部、732名党员教师中开展“帮扶一个困难生、上好一门优质课、带出一个示范班、联系一名非党教师”的“四个一”主题实践活动，同时在昭化初级中学开展“公推直选、标的竞岗”党组织领导成员试点工作，选举产生党支部领导班子成员。2006 年 8 月，在广元市三元茧丝绸有限责任公司建立全区第一个非公有制企业党支部。2007 年，在 8 个规模以上非公有企业中全部组建党组织，同时按照“八有”标准建设活动阵地，开展“双培双带”活动，规模以上非公有制企业党建工作实现全覆盖。

第四节　领导班子和干部队伍建设

一、领导班子建设

1986—2007 年，全区完成了 6 届乡镇、区级部门班子换届工作。抓住历次换届工作契机，在平时考核、年度班子考核的基础上，共对 43 个执行力不强、不团结、战斗力较弱的班子进行了调整充实，全区各级领导班子的年龄结构、文化结构和能力素质得到明显改善。1992 年，区委组织部制发《关于在乡镇及以上领导班子中开展“四好”活动的意见》，在区级部门、办事处、乡镇领导班子中开展以“四好”为主要内容的思想作风建设和创建“四好”领导班子活动。1998 年，在全区各级领导班子、领导干部中开展“四讲四比”活动，为“四好”活动注入了活力。2006 年，区委提出“政治素质硬、工作思路清、工作激情高、工作作风实、工作实效大、廉政建设好”的领导班子建设目标，并建立各级领导班子实绩台账。当年调整充实 13 个领导班子。2007 年，乡镇、区级部门领导班子 385 名成员平均年龄 39. 20 岁，大专以上文化程度的 352 人，妇女干部 81 名，形成一支以 40 岁以下为主体的、专业知识结构较为合理的干部配备格局。1986—2007 年，累计获市委表彰“四好”领导班子 43 个次，区委共评比表彰“四好”领导班子 631 个次。

二、干部队伍建设

1986—2007 年，全区共提拔使用干部 1400 余人次（其中从区级机关下派到乡镇任职 530 人），选派到沿海经济发达地区挂职锻炼 42 人次。同时严格对干部的教育管理，开展诫勉谈话 400 余人次，撤职、行政降级及以上处分 28 人次。

（一）基层干部培养

1990—2002 年，先后从机关单位选派优秀年轻干部 148 人次到乡镇担任领导职务，到一线锻炼。1994 年，选拔 16 名区级机关副科级干部、后备干部到乡镇农工商总公司担任副总经理，同时担任副乡镇长；选派 13 名干部到川北草食畜牧养殖基地工作，选派 8 名机关干部领办企业。1996 年，在全区副科级以上领导干部中开展“5 个 5”竞赛评选活动，当年 12 月在换届中有 2 名女干部当选为乡镇长，结束全区无女干部担任党政“一把手”的历史。1999 年，在全区各级领导班子中开展“讲学习、讲政治、讲正气”的“三讲”教育活动，以考学、述学、评学为手段，解决思想、工作中的突出问题。2000 年，加大班子成员中女干部的配备力度，各级班子中女领导干部配备率达到 100%，被省委组织部、省妇联授予“伯乐银奖”，2006—2007 年，先后选派 100 多名干部参与到昭化古城景区、工业园区、生猪生态养殖小区等一批重大工程和重点项目建设中进行锻炼。2007 年，实行乡镇、区级部门重点工作“一把手”季度述职评议制度，29 个乡镇（社区街道办事处）党委书记、67 名区级部门主要负责人每季度都要进行集中公开述职。

（二）干部选任

1996年起，开始实行区委常委会讨论任免干部无记名投票制度和任前公示制度，同时首次面向全区公开选拔了区人民法院、区人民检察院、区教委等6个部门的副职领导干部。1997年，采用“双推双考”办法，在全市首次公开选拔区计划经济局、区文体旅游局正职领导干部各1名。2001年底到2002年初，在元坝镇、昭化镇、白果乡等10个乡镇面向全区公推公选党委书记、乡镇长候选人。2005年，实施领导干部任职“试用期”制度。2006年4—6月，在全区开展分层分类“推优”活动，将全区干部分为正科级领导干部、副科级领导干部、一般干部三个层次，以及乡镇党委书记、人大主席、乡镇长、区级部门“一把手”、副科级领导干部、一般干部六个类别，邀请各级干部、群众及各界人士代表进行“推优”投票，共推荐出67名优秀科级领导干部和74名优秀一般干部。2006年9月，实行竞岗陈述、综合素质测评制度，48名乡镇优秀一般干部通过进行直观比较分析和量化计分，确定了与其相适应的岗位，其中26名干部走上领导岗位。

（三）后备干部队伍建设

1990年，在市委组织部的指导下，推荐县级后备干部15名，科级后备干部70名。1995年，成立“选拔培养年轻干部、女干部和非党干部领导小组”，建立定期分析研究制度，上报市委确定县级后备干部30名、科级后备干部300名。1995年，实行助理制，为11个区级部门、乡镇配备助理11人。1996年，调整充实县、科级后备干部，并制定出5年培养规划。2003年，公开选拔了50名科级领导后备干部。2005—2007年，组织32名科级干部参加市委组织的县级干部任职资格考试。

三、干部培训

主要采取举办主体班、组织参加省市调训、开展干部选学和指导部门办班等方式进行干部培训。至2007年，全区共培训各级各类干部8万余人次。2000年前，每年均举办科级干部“学理论知识竞赛”活动，每年有400余名科级领导干部参加了测试。2003年，创办了科级干部综合素质提高班，邀请省市专家、学者进行授课，同时开办首期“村官学历培训班”，52名村级干部参加学习培训。2005年，建成以区委党校为阵地的干部远程教育培训基地。2006年，推行干部培训数字信息化管理和网上在线学习，实行干部教育培训学分制考核制度，至2007年共建立400余名科级领导干部的学分档案。

四、干部监督

1998年，在认真落实《四川省委组织部干部监督管理工作办法（试行）》的基础上，建立由组织、人事、纪检、审计、信访等部门组成的干审工作联席会议制度。1999年，区委组织部制发《广元市元坝区干部考察工作实施细则》，建立了干部考察人员资格认证制度、干部考察工作责任制，较好地解决了干部考察失真的问题。2002年，在认真贯彻落实《党政领导干部选拔任用工作条例》的基础上，区委出台《广元市元坝区党政机关正职领导干部监督管理实施办法》《广元市元坝区领导干部个人署名推荐干部制度》《广元市元坝区科级领导干部引咎辞职、责令辞职、自愿辞职暂行办法》《不称职领导干部具体认定标准》等，加强领导干部监督管理。2003年，建立领导干部参加社会活动登记制度，聘请10名组织工作监督员，强化对领导干部生活圈、社交圈的监督。2005年，进一步加强干部离任经济责任审计工作，全面实行“离任必审”。2006年，推行领导干部离任交接制度，加强对交流、离任干部的有效监督。2007年，实行干部约谈制度，全年约谈50余人次，及时掌握其思想动态，理顺思想情绪。当年对6个有问题反映的班子进行深入分析，通过召开民主生活会、诫勉谈话等多种形式，帮助制订整改措施，有针对性地解决了存在的突出问题。

五、老干部工作

区委组织部每年坚持对负责管理的离休干部和副县级以上退休干部落实《四川日报》《晚霞报》《老年人之友》“两报一刊”的年度征订任务。1993 年，建立 3 个离、退休干部党支部，先后协助有关部门解决老干部子女就业 23 人，对有关部门落实老干部生活待遇的情况进行了抽查。1997 年，区委老干部局加大了全区老干部工作力度，当年协调解决职级待遇 9 人，办理副科级以上干部提前退休 28 人。1998 年，组织参加全市老年运动会并获武术比赛团体冠军。2003 年，组建 6 个机关退休支部和 10 个乡镇退休支部，筹措经费 3 万余元，为全区 6 名离休干部、110 名科级以上退休干部征订了《人民日报》《四川日报》《广元日报》《晚霞》等报纸杂志。2004 年，建立县级领导干部联系老干部工作制度，34 名县级领导对全区离退休老干部进行了全员联系。2005 年，协调区财政对离退休人员的每月 95 元津贴全部实行财政打卡直发。开展“建国初期参加革命工作享受适当补贴”的普查工作，27 名老干部按政策享受了待遇。2006 年，指导明觉、太公等乡镇成立老年支部、老年协会，建立了老年活动室，组织离退休干部、农村离任村社干部开展活动，使他们“老有所为、老有所乐”。2007 年，区委组织部制发《关于加强老干部管理服务工作的意见》，建立老干部阅文制度、联系制度、征求意见制度和慰问制度，同时把企业离休干部全部纳入财政管理，彻底解决其医药费报销难的问题。1986—2007 年，先后 3 次组织 20 余人次离休干部到广安、重庆、广州等红色教育基地考察学习，在春节、重阳等节日，都要召开老干部座谈会、茶话会，区委、区政府主要领导通报全区工作开展情况、组织参观重点工程、重点项目建设，让离退休干部更多地了解元坝区情。

第五节　人才队伍建设

1992 年，建立 6 个知识分子工作联系点，配备 6 名联络员，确定 6 名县级干部定点定人联系，解决住房、待遇、子女就业等问题 13 人次。1994 年，区委组织部制发《关于对知识分子实行定点体检建立健康档案的通知》，112 人参加了体检检查。1995—1997 年，办理表现突出的 50 名具有中级职称人员家属子女“农转非”76 人，解决配偶、子女就业 162 人次。1998 年，建立 9 个知识分子工作联系点，组织部分科技拔尖人才到国外考察学习。2003 年，组建 6 个科技拔尖人才、优秀知识分子志愿服务小分队，定期开展宣传服务活动。2005—2006 年，开展以“争当优秀创业人才，创造一流工作业绩，争当人才开发先进单位，创造人才工作一流环境”为主要内容的双争双创“十点百岗”示范活动，创建成省级优秀人才示范岗 1 个、市级人才开发示范单位 2 个、市级优秀人才示范岗 15 个。2007 年，组织 30 名科技拔尖人才与其所在单位签订双向目标责任书，为其发挥作用搭建平台，昭化镇天雄养殖场畜牧技术员胡朝基被省委命名为“四川省第一届优秀农村人才示范岗”，有 2 人被市人才工作领导小组命名为“科技拔尖人才”。

第六节　机关党务

1989 年 12 月，中共广元市元坝区直属机关工作委员会（简称区直机关工委）成立，与区委宣传部联合办公，书记由区委宣传部部长兼任，设办公室、组织科。1995 年 5 月，区委组织部副部长兼任书记至1996年8月。2007年，区直机关工委增设纪律检查工作委员会（简称纪工委），纪工委作为元坝区纪委的派出机构，受区纪委和区直机关工委的双重领导。

1990年，在区级部门建立43个党支部，有中共党员289人。1997年，区级部门党支部扩建到68个，并建立了12个党总支部（党委），有中共党员955人。至2007年，区级部门党支部扩建到130个，是1990年的3倍，建立了26个党总支部（党委），是1997年的2倍，有中共党员1621人，是1990年的5.6倍。区直机关工委按照中共中央批转的《关于加强和改进中央党政机关的工作意见》和《中国共产党党和国家机关基层组织工作条例》的规定，认真履行职责，严格党的组织生活，强化党员教育管理，实施党建工作目标责任制，建立健全规章制度，深入开展"创先争优"和领导班子创"四好"活动，全面加强区级机关党的组织、思想、作风制度反腐倡廉建设，增强了党组织的战斗力。

中共广元市元坝区直机关工委领导名录

表4－11

姓　名	性别	籍　贯	政治面貌	职　务	任职期间	备　注
曾虎昭	男	广元市旺苍县	中共党员	书记（兼）	1989－12—1992－11	区委常委；区委宣传部长
张续林	男	广元市元坝区	中共党员	常务副书记	1989－12—1997－07	
刘文鹤	男	广元市利州区	中共党员	书记（兼）	1992－11—1995－05	区委常委；区委宣传部长
贾学海	男	广元市元坝区	中共党员	副书记	1994－12—1996－07	
张延江	男	广元市元坝区	中共党员	书　记	1995－05—2007－02	区委组织部副部长至1996－08
王尔玺	男	广元市元坝区	中共党员	副书记	1999－08—2007－05	
刘宝洲	男	广元市元坝区	中共党员	书　记	2007－02—	
张晓红	女	广元市元坝区	中共党员	副书记	2007－06—	

第六章　思想政治建设

第一节　思想政治工作机构

1986年11月，中共广元市市中区卫子区委设宣传部，李映雪任部长，肖国志任副部长。

1989年11月，中共广元市元坝区委设宣传部（简称区委宣传部），设办公室、教科文体科、宣教党教科。1993年，成立中共广元市元坝区委宣传部部委会，负责对科、教、文、卫系统干部任免、选拔、调整；区委宣传部设办公室、理论科、教卫文体科、宣传科。职责进一步明确为"两论（理论、舆论）、两文（精神文明建设、文化建设）、一政工（思想政治工作）"。

1990年，成立《广元时报》驻元坝区记者站，挂靠区委宣传部。1997年9月，《广元时报》驻元坝区记者站明确为副科级，仍挂靠区委宣传部。1998 年 8 月，广元市元坝区精神文明办公室（简称区文明办）正式挂靠区委宣传部。2004 年 5 月，成立广元市元坝区文学艺术界联合会（简称区文联），挂靠区委宣传部。至 2007 年底，区文联共下辖区作家协会、区音乐舞蹈协会、区书法美术协会、区摄影协会等 4 个文艺协会，发展各级会员 600 余人，其中国家级会员 1 人，省级会员 12 人，市级会员 65 人。

中共广元市元坝区委宣传部及挂靠部门领导名录

表 4 - 12

姓　名	性别	籍　贯	政治面貌	职　务	任职期间	备　注
曾虎昭	男	广元市旺苍县	中共党员	部　长	1989 - 11—1992 - 11	区委常委
肖国志	男	广元市元坝区	中共党员	副部长	1989 - 12—1992 - 04	
刘文鹤	男	广元市利州区	中共党员	部　长	1992 - 11—1995 - 12	区委常委
马玉彦	男	广元市元坝区	中共党员	副部长	1992 - 08—1995 - 01	
徐继先	男	广元市元坝区	中共党员	副部长	1995 - 05—1997 - 07	
胡开勇	男	广元市元坝区	中共党员	部　长	1996 - 08—1998 - 02	区委常委
俞　明	男	广元市元坝区	中共党员	副部长	1997 - 10—1998 - 11	
肖光林	男	广元市元坝区	中共党员	部　长	1998 - 02—2006 - 11	区委常委
张全生	男	广元市元坝区	中共党员	副部长	1998 - 03—2003 - 04	
魏　勇	男	广元市元坝区	中共党员	副部长	1998 - 11—2001 - 03	
彭科文	男	南充市西充县	中共党员	广元市委驻元坝区宣传员	2001 - 03—	
王　蓉	女	广元市青川县	中共党员	副部长	2003 - 02—2007 - 02	2003 - 04 兼区文明办主任
王忠生	男	广元市元坝区	中共党员	副部长	2003 - 03—	
刘宝洲	男	广元市元坝区	中共党员	副部长	2003 - 03—2005 - 07	兼区文联主席
安　莉	女	广元市元坝区	中共党员	副部长	2005 - 08—	兼区文联主席
余飞宇	男	广安市邻水县	中共党员	部　长	2006 - 11—	区委常委
刘映文	男	广元市元坝区	中共党员	副部长	2007 - 03—	兼区文明办主任
高登明	男	广元市元坝区	中共党员	主　任	1989 - 12—1995 - 11	区文明办
杨文龙	男	广元市元坝区	中共党员	主　任	1995 - 11—2003 - 04	区文明办
宋　慧	女	广元市元坝区	中共党员	副主任	1998 - 11—	区文明办
张正军	男	广元市元坝区	中共党员	站　长	1995 - 12—2003 - 01	《广元时(日)报》驻元坝区记者站
李永玺	男	广元市元坝区	中共党员	站　长	2007 - 02—	《广元日报》驻元坝区记者站
肖永乐	男	广元市元坝区	中共党员	副主席	2004 - 05—	区文联
李元平	男	广元市苍溪县	中共党员	副主席	2004 - 05—	区文联

注：2003 年 1 月至 2007 年 2 月，《广元日报》驻元坝区记者站由副站长任小昌负责

第二节　理论武装

一、编发学习资料

1993年，区委宣传部编印《中共十四大精神学习辅导问答》《调整农业产业结构宣传提纲》《反腐倡廉、端正党风》等书刊。1994年，先后编印了《邓小平文选（三卷）专题辅导材料》《中共十四届四中全会宣传提纲》，发到全区各机关企事业单位。1996年，学习贯彻中共十四届五中全会精神，编发《理论参考》2期。1997年，编写《学习中共十五大报告问题解答》，开展“一把手”《理论与实践》征文活动。1998年，编发《理论参考》5期。2000年，编印《元坝西部大开发宣传提纲》《元坝农业产业结构调整及庭园经济建设宣传提纲》《全民动员，打一场乡村公路建设翻身仗》等宣传手册发至乡、村、组及农户；编撰《西部大开发，元坝怎么办——元坝中心学习组成果集萃》。2001年，编发《学习贯彻江泽民七一讲话宣传提纲》，编发《理论参考》8期。2004年，学习中共中央关于“三农”问题的文件，编发《理论参考》4期。2005年和2006年，结合学习贯彻中共十六届五中、六中全会精神，学习科学发展观、构建社会主义和谐社会的战略思想和胡锦涛的重要讲话，编印《理论参考》7期。2007年，编印《中共十七大报告宣讲提纲》100份，发放《中共十七大精神学习资料》3000册，编印《构建社会主义和谐社会：从点题到破题》《深刻认识我国发展的阶段性特征》《“四个坚定不移”至关重要》《城乡统筹中的人力资本积累视角与留守农民的培训》等学习辅导材料，发送区乡村各级干部。

二、学习理论文献

1987年，中共广元市市中区卫子区委中心学习组开展马克思主义基本理论教育，分专题组织学习《建设有中国特色社会主义》《坚持四项基本原则，反对资产阶级自由化》两本书。1988年，部署开展中共十三大文件的学习宣传，区委中心学习组重点对社会主义初级阶段理论、生产力标准、党政分开等理论进行学习和讨论。元坝建区后，中共广元市元坝区委在全区范围内开展宣传贯彻中共十三届四中、五中全会精神，宣传贯彻中共中央《关于进一步治理整顿和深化企业改革的决定》。1992年，重点学习邓小平理论，学习建设有中国特色社会主义理论和市场经济理论。1994年，组织全区干部群众学习《中共中央关于建立社会主义市场经济体制若干问题的决定》《什么是社会主义市场经济》和中共十四届四中全会精神。1998年，区委组织部、宣传部联合制发《关于进一步加强领导干部政治理论学习有关问题的通知》，对科级干部采取“述学”“评学”“考学”相结合的方式强化学习。1999年，在全区集中组织学习《中共中央关于农业和农村工作若干重大问题的决定》《建设有中国特色社会主义若干理论学习纲要》《邓小平理论学习纲要》等，并进行考核。2000年，以学习邓小平理论、中共十五大精神为主要内容，在区委中心学习组开展“三讲”（讲学习、讲政治、讲正气）集中学习教育。2001年，进一步强化各中心学习组学习制度，重点学习《江泽民七一讲话》、中共十五届六中全会《决定》，并邀请省委宣传部副部长殷建中、省委党校副校长黄红、四川大学教授王溢谦到元坝区就江泽民“三个代表”重要思想、“西部开发与贫困县区跨越式发展”作专题报告。2003年，继续深入学习贯彻中共十六大精神和十六届三中全会精神，组织开展“三个代表”重要思想的学习。2004年，全区继续深入学习“三个代表”重要思想，完善了科级中心组学习制度考核办法，并将政治学习纳入区委、区政府年终目标考核内容。2007 年，组织学习中共十六届五中、六中全会及省九次党代会精神，开展党的基本路线、基本纲领教育。

三、理论培训和研讨

卫子区时期，通过刊授、函授，举办干部自修班等形式，广泛组织干部学习《马克思主义哲学》《政治经济学》《科学社会主义》，并给培训干部颁发政治理论单科考试结业证。1987 年，中共卫子区委举办理论学习班 12 期，培训区、乡领导干部和理论辅导员共 100 余人，召开“坚持四项基本原则”“深化企业改革”“增强党组织活力”等理论研讨会 3 次。1988 年，培训局级干部、理论辅导员 80 余人次。1997 年，抽调 8 名干部参加广元市委党校的培训；举办学校政工干部和新闻系统理论培训班。2000 年，在全区范围内开展“西部大开发，元坝怎么办”“‘三个代表’的要求怎样落实”的大讨论；举办政协各界人士及科技教育界人士座谈会，为元坝经济社会快速发展建言献策；在区电视台开办“理论论坛”“理论宣传”“西部大开发元坝怎么办”“农业结构调整”等专题讲座。2001 年，组成 14 个宣讲团到乡、村、组宣讲江泽民七一讲话精神。2002 年，召开全区宣传思想工作会议，举办宣传贯彻中共十六大精神报告会。2003 年，组成 14 个宣讲团到 28 个乡镇和拣银岩社区街道办事处宣讲中共十六大精神和十六届三中全会精神。2005 年，全区以学习、树立、落实科学发展观为着力点，开展“进一步解放思想，又快又好地推进元坝发展新跨越”大讨论。2007 年，组成 9 个宣讲团到 28 个乡镇、拣银岩社区街道办事处和区级机关对中共十七大精神进行宣讲。

第三节　社会宣传

一、群众宣传

1986 年，卫子区在农村开展“三联系”（党员联系贫困户、干部联系专业户、团员联系青年朋友）活动，活动中共有 3500 多名党员，2500 余名农村干部，5000 余名共青团员参加了联系活动。1987 年，卫子区展开“商品生产”知识的宣传，编写了《发展商品生产的讲话》材料，并将一些做得好的乡村、单位和个人的经验进行总结、宣传、推广，办企业的人和进集镇经商的人逐渐增多。开展形势教育、普法宣传教育、脱贫致富宣传。1988 年，区委宣传部编写了《实行土地租赁、深化农村改革》《学习社会主义初级阶段的理论问答》《以党政分开为契机、推进政治体制的全面改革》《正确认识当前形势》等形势教育和理论学习辅导材料。1989 年，在全区农村开展“三户”（遵纪守法户、五好家庭户、双文明户）评选活动，动员全区人民积极投入农田水利基本建设。广泛学习、宣传中共十三届四中全会精神，统一思想认识。

1990 年，中共广元市元坝区委宣传部按照“稳定、鼓劲”的方针，进一步抓好农村思想政治工作。提出“五三二一”目标并进行全面考核。“五三”，即建三站（广播站、文化站、科技服务站）、办三校（乡党校、农民技术学校、人口基础知识学校）、抓三带（党员带头致富、带领群众致富、带头建设社会主义精神文明建设）、学三基（党员学党的基本路线、基本理论、基本知识；农民学党的基本路线、党在农村的基本政策、致富的基本技能）；“二一”，即一个通俗宣传，一个文明建设。编印《元坝致富三字经》发至机关和农村。1991 年 6 月，派出人员组成 28 个工作队，前后两批在 28 个乡镇 127 个村开展社会主义思想教育工作，向农村干部、群众进行党的基本路线教育和爱国主义教育、集体主义教育、社会主义教育，16岁以上成人受教育面达98%以上。1992年，认真学习宣传贯彻党的十三届八中全会精神，邓小平视察南方重要讲话精神和党的十四大精神，区委还派出6名理论辅导干部向区直机关和乡镇干部、基层群众作专题报告。是年，全区开展第二期农村社会主义思想教育运动，要求解决四个问题：用社会主义思想占领阵地；全面正确地贯彻落实党在农村的各项政策；加强以党支部为核心的基层组织建设；搞好社会主义民主和法制教育。四川华西医科大学派出的社教队39人具体指导本区工作，活动时间为三个月。1993年，在全区范围内广泛开展纪念毛泽东的"向雷锋同志学习"题词30周年活动，将当年2月定为元坝区"文明礼貌月"，集中开展纪念性活动；开展"毛泽东同志诞辰一百周年"纪念活动；开展宣传、贯彻、实施《中华人民共和国教师法》活动。组织观看连续剧《华西村的故事》，开展"看华西、比华西""华西巨变我们怎么办"大讨论。

1996年，学习宣传中共十四届五中全会、省委六届六次全会精神和《建设有中国特色社会主义理论纲要》，不仅要求广大干部群众学习，还要各中小学也把《纲要》内容和市委提出的"本世纪末实现三百亿，建设文明城，3～5年建成川北和中国西部的张家港"的宏伟目标列入政治课教学。同时，宣传贯彻中共中央《爱国主义实施纲要》，开展"五大"主题宣传教育活动，即：学校开展"祖国召唤"活动；企事业单位开展"心系祖国学技术，立足岗位做贡献"活动；个体工商户开展"爱我中华，服务人民"活动；团员青年开展"让青春闪光"活动；党员开展"清正廉洁作奉献"活动。1997—1998年，在全区农村先后开展"爱国主义宣传月""小康工程""香港回归""三下乡"（文化、科技、卫生）等一系列宣传教育活动。1999年10月，成功组织新中国成立五十周年、建区十周年"双庆"活动。期间，区委宣传部组织编写了再现元坝十年兴区历程，充分展示元坝建区十年成就的纪实文学《煦阳高天厚土》，制作出宣传元坝大型画册《川北之星——元坝》。2000年，学习贯彻中共十五届三中全会《关于农业和农村工作若干问题的决定》、十五届四中全会《关于进一步加强和改进国有大中企业若干重大问题的决定》精神，并结合元坝实际，开展"致富思源，富而思进"的宣传。2001年6月，区委办、区政府办联合印发《元坝区优化投资环境年活动实施方案的通知》后，由区委宣传部牵头，区广电局、《广元日报》驻元坝区记者站参与，对此次主题活动进行了大量正面宣传和引导。是年，编发《共产党人》《党旗颂》《交通大会战》《科技兴区》《行政效能建设》《十佳青年》等一系列先进典型宣传资料；制作《抗旱救灾》《情满青山》《古城旗正红》《红军山前话巨变》等12个专题片；开展"荷花节""农业产业化""建党80周年"等大型宣传活动；农村放映推行"三斤玉米工程"，受到中央、省级媒体的充分肯定。共产党员张贵基十多年坚持到农村、学校放映科技和爱国主义影片，其事迹被四川电视台《共产党人》栏目播送。同年，昭化镇、虎跳镇获"四川省先进文化乡（镇）"称号。2002年，开展以"金融信用与元坝经济"为主题的全民信用观念教育活动，依照政策规定，采取组织、纪律等措施，以清收党政机关事业单位职工逾期不良金融贷款为突破口，金融系统共收回逾期贷款7928万元，保权资产4000万元，达到了强化全民信用意识，规范金融秩序，优化发展环境，促进全区经济良性发展的目的。2003年，继续学习贯彻中共十六大精神，各乡镇、各部门围绕主题，把握灵魂，抓住精髓，狠抓落实，广大干部群众进一步把思想和行动统一到中共十六大精神上来。是年5月，全国暴发非典型肺炎（简称"非典"），区委宣传部着重于全区预防"非典"知识宣传，印发专题材料，加大宣传力度。2004年，继续推进学习型区域建设，元坝区被列为全省三个学习型组织建设试点县（区）之一；编印《创建学习型组织辅导读本》6000册，制作《如何创建学习型组织》光碟300套发放全区；提出并有步骤的在张家乡茯苓村实施空村计划（集中土地、规模经营，培育种养大户）；继续开展以金融信用、政府信用、商业信用等为重点的全民信用观念教育。2005—2007年，开展“进一步解放思想，又好又快地推进元坝发展新跨越大讨论”“做大做强元坝新城，做活做靓昭化古城，扎实推进新农村建设”的宣传；开展农村电影放映“2131”（即21世纪初基本实现农村一村一月一场电影放映目标）工程和“万村书库”建设；深入开展社会公德、职业道德、家庭美德教育和“八荣八耻”教育为主要内容的群众宣传工作和“文明新风进农家”，活动组织机关干部和中学生观看影片《公仆》《村支书郑九万》；继续深入开展全民信用观念教育，严肃处理逃避金融债务的公职人员，至2007年底，追回不良贷款本息293万元。

二、新闻宣传

新闻宣传工作坚持贯彻以经济建设为中心和团结、稳定、鼓劲的方针，对本地区各级党政企事业单位主要决策、资源优势和重点工程等进行多渠道、全方位地进行宣传报道。全区新闻报道主要依靠两个方面的力量开展工作：区委宣传部设专职通讯员向中央、省、市报刊提供新闻稿件；乡镇和区级机关单位建立通讯报道组。1994年，区委宣传部编印《广元市元坝区经济技术合作指南》500册，在成都招商引资洽谈会上分发；当年，拍摄《川北大门的明珠——元坝》《名家风采名牌产品》《元坝区“六项重点工程”跟踪》等专题电视片；在广元市秋交会期间召开“元坝区名、优、特、新产品新闻发布会”。1995年，围绕广元市委提出的“实现一百亿，创建卫生城”的目标，加强新闻宣传，采写的《从打工妹到百万富翁》获得市级优秀作品奖。2000年，建立元坝区重大新闻报审制度。当年建立新闻、文艺人才库，共63人入选；区委宣传部获广元市委“精神产品生产组织奖”。2001年，设立“元坝区新闻报道及优秀文艺创作奖”，区财政从当年起每年预算1.50万元作为奖励基金。是年，《广元日报》驻区记者任小昌发表在《四川日报》的《元坝农业启示录》获“广元市精神产品一等奖”。2003年5月，加大对“非典”知识的宣传及相关新闻报道，区广电局记者车红梅、《广元日报》驻区记者任小昌和刘文龙等分别受到广元市委表彰。2004年，注重元坝区突破性发展战略和重大举措、重大活动的对外宣传，抓新闻队伍“三项教育”（马克思主义新闻观、“三个代表”重要思想、职业精神和职业道德），建立元坝宣传网站，并对桂花节、学习型区域建设、创市级文明县城、张家乡农村小学全员寄宿制教育等进行专题报道。2005年，大力宣传“三农”问题和加强未成年人思想道德建设，推广农村小学全员寄宿制教育，在省、市级报刊媒体重点宣传交通建设“元坝模式”（建管养运一体化）的成功经验。2006年，宣传贯彻中共十六届五中、六中全会精神，围绕“做大做强元坝新城、做活做靓昭化古城、扎实推进新农村建设”进行宣传报道。利用“五一”“十一”黄金周和昭化牛头山登山节活动对昭化古城景区进行系列宣传，并拍摄专题片、开辟新闻专栏。同时，大力支持市、区文联组织的省、市40余名艺术家在元坝区开展的“桂乡春韵”采风活动。2007年，编印旅游招商引资项目书等各类宣传资料，在昭化古城开展大型旅游招商活动，建立昭化古城旅游网站。继续打造昭化古城景区品牌，先后在省、市多家电台、电视台、报刊上宣传昭化古城。刊发了《昭化·原真的三国古城》《巴蜀第一县的坚守与突围》《古城景区绘新村》《元坝在推进科学发展上有新突破》《民生大如天》《推进农村小学全员寄宿制建设的思考》等一批反映元坝经济社会发展的新闻稿件。组织制作了《昭化牛头山》风光旅游电视片。配合四川电视台在本区拍摄电视剧《最后的子弹》。至2007年，全区共有报道组4个，兼职通讯员100人。全区每年在市以上新闻媒体上稿800余篇，其中省级以上100余篇。

第四节　党员思想教育

卫子区时期，组织党员、干部学习《建设有中国特色社会主义》和《坚持四项基本原则，反对资产阶级自由化》两本书，开展了“如何增加党组织活力”“共产党员怎样在两个文明建设中发挥先锋模范作用”大讨论。组织学习和宣传党的“十三大”精神，进行社会主义初级阶段理论和党的基本路线的教育。继续进行社会主义商品经济的教育，在全区党员中开展“三基”（马克思主义基本理论、党的基本路线、党的基本知识）教育，各级党组织分期分批对党员进行专题培训；全区普遍开展“党旗颂”系列活动，组织党员观看《抉择》《焦裕禄》《周恩来》《大决战》等影片。

1990年起，中共广元市元坝区委在全区2000多名农村党员中开展“三带”（党员带头致富、带领群众致富、带头建设社会主义精神文明）活动。1994—1998年，在全区共产党员和干部职工中广泛开展“向孔繁森同志学习”“向马生贵同志学习”活动，积极开展“三学”（学习建设有中国特色社会主义理论、学习党章、学习科学技术）活动。开展党员教育“七个一”（一个好党员事迹宣传、一篇好党课教材、一部党员教育专题片、一篇优秀党教文章、一所好基层党校、一个好党员活动室、开展好一项活动）工程建设活动。1998年4月，组织机关干部听取广元市英模报告团中全国劳动奖章获得者徐英灵，全国优秀工会积极分子、四川省十大优秀园丁、四川省优秀校长、广元市优秀共产党员牟学良所作的英模报告。同时，开展以学习建设有中国特色社会主义理论、学习《中国共产党章程》为主要内容的“双学”活动，分期轮训区级机关干部500余人次，乡镇干部100余人次，农村党员200余人次。1999—2006年，在区（县）级领导干部中进行“三讲”教育、“三个代表”重要思想的教育活动和“保持共产党员先进性”教育活动。认真开展机关作风整顿。各单位开展“察民情、暖民心、解民忧、办民事”的“四个一”活动，实施“民心工程”。2002年1月，区委成立保持共产党员先进性教育活动（简称保先教育）工作领导小组，分两批（每批三个阶段）组织党员、干部学习和理解邓小平理论、“三个代表”重要思想、党的十六大和十六届三中、四中全会精神，提高全体党员、干部对加强党的执政能力建设的认识，明确新时期保持共产党员先进性的基本要求并付诸实践。2004年，区机关分系统、分行业召开思想政治工作座谈会。2005年，结合“保持共产党员先进性”教育活动，以“公民道德宣传月”活动为载体，在广大党员中开展“讲团结、树正气；讲效率、树标兵；讲清廉、树典型；讲服务、树形象；讲公德、树榜样”系列活动。以植树节为载体，开展“保持共产党员先进性，营造党员先锋林”活动。2006年，开展农村第三次保持共产党员先进性教育活动，加强“八荣八耻”教育。2007年，继续坚持党的基本路线、基本纲领教育，以爱国主义为核心的民族精神教育，以改革创新为核心的时代精神教育，以中华民族优良传统和革命传统教育。在基层党组织和全体党员中开展学中共“十七大”报告、学党章为主题的活动，开展“向欧德松、林强学习”活动。区委宣传部制发《关于加强党员经常性教育的意见》，继续抓好先进性教育活动，健全完善长效机制，做好保持共产党员先进性的经常性工作。同时制发《关于利用中央党校远程教育元坝C级站加强党员干部学习的通知》，区级机关、各乡镇充分利用党校C级站组织全体党员干部加强学习，每年不少于2次4学时。

第五节 党报党刊发行

1989年后，区委成立了元坝区报刊发行领导小组，坚持每年在报刊征订期间召开全区报刊发行工作会议进行动员部署。区委宣传部领导人分片负责，会同区邮政局深入乡镇、区级部门督促党报党刊征订工作，及时编发《元坝区党报党刊征订情况简报》，交流工作经验，落实任务。各级党委、政府保证做好党报党刊发行工作组织落实、经费落实、任务落实。区委中心学习组成员，人人订阅《理论学习导刊》《党的建设》《三讲必读》《人民日报》《四川日报》《广元日报》《半月谈》等十余种党报党刊。在党委、政府领导的带动下，全区乡（镇）、村、组各级征订，党员、干部带头自费订阅。1989—2007年，全区累计征订党报党刊计12万余份。

第七章 纪检监察

第一节 纪检监察机构

1986年12月，中共广元市市中区卫子区纪律检查委员会开始筹建，1987年1月正式挂牌成立，翟枝贵任书记。1988年6月，张克轩任副书记。同时，成立卫子区监察局，母文明任局长，吴映光任副局长。

1989年12月，广元市元坝区设中共广元市元坝区纪律检查委员会（简称区纪委），1990年1月正式成立；2月，广元市元坝区监察局（简称区监察局）正式成立。1993年2月，区纪委、区监察局合署办公，实行“一个领导班子，两块机关牌子，一套工作机构，履行两种职能”的体制，在广元市纪委、广元市监察局和区委、区政府的双重领导下开展工作。

中共广元市元坝区纪委领导名录

表4-13

姓　名	性别	籍　贯	政治面貌	职　务	任职期间	备　注
翟枝贵	男	广元市元坝区	中共党员	书　记	1989-10—1992-12	第一届，区委常委
张克轩	男	广元市元坝区	中共党员	副书记	1990-01—1992-11	第一届
张书中	男	广元市元坝区	中共党员	副书记	1992-08—1992-12	第一届
翟枝贵	男	广元市元坝区	中共党员	书　记	1992-12—1994-05	第二届，区委常委
张书中	男	广元市元坝区	中共党员	副书记	1992-12—1996-12	第二届

续表

姓　名	性别	籍　贯	政治面貌	职　务	任职期间	备　注
谢　波	男	广元市元坝区	中共党员	副书记	1992－12—1998－01	第二届
黄廷桂	男	南充市南部县	中共党员	副书记	1993－04—1996－12	第二届
田现平	男	广元市利州区	中共党员	书　记	1994－06—1995－05	第二届，区委常委
熊光辉	男	广元市元坝区	中共党员	书　记	1995－05—1998－01	第二届，区委常委
孙　旭	男	广元市剑阁县	中共党员	副书记	1997－08—1998－01	第二届
熊光辉	男	广元市元坝区	中共党员	书　记	1998－01—2002－07	第三届，区委常委
谢　波	男	广元市元坝区	中共党员	副书记	1998－01—2002－12	第三届
孙　旭	男	广元市剑阁县	中共党员	副书记	1998－01—2002－10	第三届
田中文	男	广元市利州区	中共党员	书　记	2002－07—2002－12	第三届，区委常委
赵天禄	男	广元市朝天区	中共党员	书　记	2002－12—2006－11	第四届，区委常委
李江山	男	广元市利州区	中共党员	副书记	2002－12—2006－06	第四届
冯开朗	男	广元市元坝区	中共党员	副书记	2002－12—2006－12	第四届
张　敏	女	绵阳市安县	中共党员	书　记	2006－11—2006－12	第四届，区委常委
张　敏	女	绵阳市安县	中共党员	书　记	2006－12—	第五届，区委常委
陆　林	男	广元市元坝区	中共党员	副书记	2006－12—	第五届
冯开朗	男	广元市元坝区	中共党员	副书记	2006－12—	第五届

广元市元坝区监察局领导名录

表 4－14

姓　名	性别	籍　贯	政治面貌	职　务	任职期间	备　注
母文明	男	广元市元坝区	中共党员	局　长	1990－02—1992－05	
黄廷桂	男	南充市南部县	中共党员	局　长	1992－09—1997－04	
谢　波	男	广元市元坝区	中共党员	局　长	1997－04—2003－02	区纪委副书记
李江山	男	广元市利州区	中共党员	局　长	2003－02—2006－06	区纪委副书记
陆　林	男	广元市元坝区	中共党员	局　长	2006－12—	区纪委副书记

第二节　党风党纪教育

一、全面教育

元坝建区初期，全区开展加强党性、党风、党纪教育，加强党同人民群众的联系，重点解决领导作风和官僚主义问题，提高为人民服务的自觉性，共发放《共产党员违反党纪处理规定选编》800 册，《行政监察条例》单行本 1600 本，并对监察对象的学习效果进行考核，同时组织党纪基础知识问答竞赛和在各基层党组织开展“党员活动月”活动。从 1993 年开始，开展继承和发扬党的优良传统作风教育活动，发放《反腐倡廉教育简明读本》《革命家清廉轶事》《党政机关干部廉洁自律规定选编》共

680册；在全区党员中进行党纪基础知识测试，并开展党纪政纪条规教育、知识竞赛活动；深入开展“三个一”（学一本党员行为规范的书，读一组党员违纪违法的典型案例，看一套正反典型教育录像片）教育活动，区纪委常委分赴28个乡镇进行廉政建设巡回宣讲，并在区直机关开展“五好”（学习工作好、团结协作好、无私奉献好、服务质量好、遵守纪律好）活动。在区委党校开设廉政教育课，举办首期纪检干部培训班，并将每年的七月定为纪律教育月。1998—2002年，深入开展以“三讲”（讲学习、讲政治、讲正气）为主要内容的党性党风教育活动，组织开展《中华人民共和国行政监察法》知识竞赛和党风廉政建设责任制知识竞赛；举办建区10周年反腐倡廉成果展，通过成克杰、胡长清、刘中山、郑道舫等重大典型案件对党员干部进行警示教育；加强元旦、春节期间廉洁自律教育，重申党政干部“十要十不准”规定，进一步明确了领导干部“四不准”要求。2003—2006年，重点开展党政领导干部的廉政教育活动，组织县级领导及副科级以上干部200余人，参加党风廉政宣传教育培训班；在区、乡两级共100多个单位上主题党课，其中“一把手”亲自上党课100多次；在全区领导干部中组织开展廉洁从政知识测试，成绩进入领导个人廉政档案；组织全区广大党员干部学习《中国共产党党内监督条例（试行）》和《中国共产党纪律处分条例》，另组织采购《建立健全惩治和预防腐败体系实施纲要》学习辅导资料600本，要求全区副科级以上领导干部人手一本，并进行考试测评；同时筹集12万元资金，制作反腐倡廉灯箱广告100个，巨型宣传栏1幅，打造了元坝城区廉政公益广告两条街；印制7000余幅廉政宣传年画赠送给全区党员干部群众；在区有线电视台开办《廉政之窗》专栏，开展正面教育与反面警示教育；把党风廉政宣传教育同社会主义“荣辱观”教育结合起来，开展保持共产党员先进性教育活动和廉政宣誓活动；评选出12名“廉内助”，有效推进了廉政文化进家庭。2007年，在全区副科级以上领导干部中开展领导干部作风整顿建设活动和“富民惠民，改善民生”作风建设活动及党员干部理想信念教育；开展区级部门副科级以上领导干部廉政宣誓活动。

二、典型教育

2002年11月，区委、区纪委组织全区300余名党政领导干部，到广元中学参观全省反腐成果巡回展。2003年5月，区纪委对在抗击“非典”工作中失职并造谣唆使他人阻挠“防非”工作的2名农村基层党员干部进行了严肃处理。2004年7月，组织区直机关及拣银岩社区等8个代表队参加“两个条例”的知识竞赛。2005年7月，组织区级机关及部分乡镇党员1500余人在元坝中学操场进行廉政宣誓。是年，举办区级机关科级以上领导干部和乡镇“一把手”200余人的预防职务犯罪专题讲座，并组织到广元监狱接受警示教育；报道元坝区近两年来查处的典型案例，使广大党员干部从正、反典型中接受教育。2006年，组织区级有关单位及全区中小学校长参加某乡小学校长受贿案公开审理活动，进行警示教育。2007年6月，在昭化镇举办“清风明月颂”为主题的送廉政文化下乡文艺演出活动。

第三节　廉政建设

一、制度建设

1991年，区纪委作出《关于在经济活动中划清有关政策界限的规定》，制发《关于区纪委和纪检组干部必须模范遵纪守法廉洁奉公的规定》；区委、区政府建立党风廉政建设领导小组及其办公室，主要负责综合协调、检查、督促党风和廉政建设，纠正行业不正之风，部署和督办主要案件。1992年，在乡镇建制调整期间制发了《关于调整办事处、乡（镇）建制中有关纪律问题的规定》。1994年，制发《关于建立区管干部党风廉政档案实施细则》，首次建档243人；加强机关单位特别是党风廉政建设重点联系单位的廉政制度建设，转发《企业单位领导干部廉洁自律守则》，建立重大事项向区纪委和区监察局汇报制度；聘请和指定36名“党风廉政建设监督员”，首次公布党风廉政举报电话；发出《关于认真做好上交礼金、有价证券工作的通知》，明确规定凡接受礼金和有价证券的人员，必须上交区纪委再统一交区财政，对违反规定者将严肃处理。1995年，元坝区执行“三项报告制度”，规定对新建住房、购小车和公款出国（境）等三个重大事项必须向纪委报告。1996年，实行新提拔领导干部廉政谈话和廉政鉴定制度。2000年，为加强党风廉政建设，减少乡镇接待奢侈浪费行为，制定、规范乡镇机关食堂管理制度。2002年，完善行政审批制度，实行部门综合预算，预算内外资金统一使用，规范财政资金的审批程序，政府采购工作稳步进行。2003年，制定《对轻微违纪行为实行黄牌警示制度》，完善上级纪委对下级重要领导干部的监督和谈话制度，坚持并重申领导干部小车购置、建房、出国（境）以及婚丧嫁娶、通话费报销等重大事项报告审批制度。2004年，将党风廉政建设和反腐败各项任务分解成13大项58小项，分别由区委、区政府17名领导具体负责，30个部门牵头，81个单位协办，党风廉政建设和反腐倡廉工作齐抓共管局面进一步形成；坚持述职述廉制度，全区29个乡镇党委书记和23个区级部门负责人公开述职、述廉。2006年，强化领导干部述职述廉制度建设，区委书记、副书记带头公开述职、述廉，区水务农机局、区公安局等5个部门“一把手”在区有线电视上公开述职、述廉，各乡镇、区级各部门也按要求在一定范围内公开述职、述廉，广泛接受群众监督；制定《广元市元坝区党政“一把手”效能问责制度》《广元市元坝区机关工作人员效能问责暂行办法》，并健全通报制度和督办制度。2007年，建立健全《领导干部责任追究制度》《季度述职，实绩听证制度》《一次布置，二次问责制度》等一系列制度，有效规范了权力运行。全区61个区级部门、28个乡镇、1个社区街道办事处的46名副县级领导、416名科级干部参加干部作风整顿建设活动。

二、制度检查

1991年，组织以全区党政机关和副科级以上干部为重点的党风廉政建设检查，查处一些部门公款着装、公款吃喝和元坝镇砖灰村挂靠户口等问题。1992年，在全区范围内抽查13个单位的公款吃喝、公款送礼、乱发钱物等问题，对问题比较突出、影响较大的单位进行批评教育。1995年，开展廉洁自律自查自纠工作，聘请党风监督员明察暗访，加强元旦、春节等重大节日的廉洁自律管理，组织力量进行抽查，基本遏制了公款吃喝，接待费用普遍降低。1999年，开始按照党风廉政建设责任制的规定追究违反相关规定人员的责任，抽查了区级机关执行“通信费用限额报销、超额自付、节约归公”规定的情况，节假日有重点地检查一些餐饮娱乐场所，纠正和制止公款吃喝玩乐行为。2001年，加大对党风廉政建设责任制的考核力度，深化领导干部廉政谈话制度。2003年，对离任领导干部24人进行经济责任审计；再次发出《关于重要领导干部不准私自驾驶公车、公车私用的通知》，进一步规范公车管理规定，加大对领导干部私驾公车、公车私用的查处力度和责任追究力度。2005年，区委、区政府对党风廉政建设责任制落实不到位、班子成员中发生违纪问题的1个乡镇和4个区级部门，取消了本年度评选“四好班子”（政治素质好、作风形象好、团结协作好、工作业绩好）和“目标考核先进单位”资格；继续坚持对有不良表现或轻微违纪行为的党政领导干部警示谈话制度，对3名干部发出黄牌警示，对10名干部进行诫勉谈话；同时采取明察暗访等办法，并与新闻媒体相配合，处理了违规打麻将问题。2006 年，严格坚持建设工程招投标制度，建立违章单位不良行为登记制和市场准入审批制；坚持政府采购制度，对政府采购行为实行全程跟踪；突出对医疗器械和药品采购的监督管理，防止药品采购中出现商业贿赂行为。

三、专项清理整顿

1997 年，清理机关党政干部职工住房，共查出违反规定住房 21 户，科级干部 9 人；超面积住房 55 户，面积 726.40 平方米，最大超面积 41.90 平方米，其中科级干部 28 人。1998 年，清理通信工具，共处理用公款安装住宅电话 249 部，收回资金 11.91 万元，移动电话 115 部，收回资金 14.40 万元，封存移动电话 39 部，上交处理 2 部，同时制定出“限额报销，超额自付”的管理办法。2000 年，对 1997 年 1 月至 2000 年 6 月期间，全区 28 个乡镇所辖各职能部门和学校的财务收支及管理情况进行全面清理，共查出违纪资金 1613.60 万元。2003 年，干部职工违规住房彻底纠正，区级行政事业单位和驻区直属单位 1277 套职工住房情况进行统一清理，对 34 名干部职工住房存在的违规问题进行了纠正处理。2004 年，纠正处理部分领导干部在廉洁自律方面存在的问题，共收上交现金 18.40 万元，其中县级干部 15 人，登记上交 10.65 万元，科级干部 13 人，登记上交 6.65 万元，科级以下干部 8 人，登记上交 1.10 万元。2006 年，巩固嘉陵江区内段河道采沙秩序整顿和煤业秩序整顿成果，加大对全区土地矿权市场化、经营性国有土地使用权出让、矿产资源开发等一律按规定进行招标拍卖的监督管理；对领导干部入股采矿问题进行全面暗访，铲除非法利益格局；加强机关效能建设，制发《广元市元坝区 2006 年机关效能实施方案》，聘请 22 名行风监督员，成立 8 个督查组，根据《广元市元坝区党政“一把手”效能问责制度》《广元市元坝区机关工作人员效能问责暂行办法》，健全通报制度和督办制度，公布效能投诉电话。全年共开展集中暗访 11 次，对 36 名副科级以上领导干部和一般工作人员实施了效能告诫，26 人向效能办作出深刻的书面检查。2007 年，按照“八项制度”和落实惠民行动“六项制度”要求，对古城昭化建设等 10 个重点项目进行现场督办，对工作落实不力、作风不深入导致个别地段城市建筑布局、风貌杂乱的区规划和建设局领导在全区通报批评；组织 8 个督导组每月一次深入到各乡镇、区级部门对“十大惠民行动”、烤烟生产等重点工作进行督导检查，对存在的问题及时通报、公开曝光。全年共明察暗访 10 次，诫勉谈话 20 余人次。

第四节　违纪案件查处

区纪委、区监察局始终坚持从严治党的方针，把查处违纪违法案件作为纪检监察的中心环节，重点查处机关领导干部贪污贿赂、挪用公款、失职渎职、贪赃枉法、腐化堕落等方面的案件。在查处违法违纪案件中，坚持做到实事求是，纪律方面人人平等的原则，多层次、多渠道广泛收集违纪案件线索，丰富案源，月排查，季分析，抓重点，协调力量，增添措施，加大查处力度，惩治腐败。1990—2007 年，共查处违纪案件 427 件 448 人，处分 424 人。

广元市元坝区 1990—2007 年违纪案件查处情况统计表

表 4－15

年度	立案查处案件	涉案人数	处分人员情况（人）															免予处分	挽回经济损失（万元）
			合计	党纪处分						政纪处分								党纪政纪双重处分		
				小计	警告	严重警告	党内撤职	留党察看	开除党籍	小计	警告	记过	记大过	行政降级	行政撤职	开除留用	开除公职			
1990—1992	83	83	79	73	13	25	－	23	12	6	－	2	1	1	－	2	－	－	4	10
1993—1997	104	104	98	85	20	27	4	14	20	21	3	5	1	2	5	2	3	8	6	73.38
1998—2002	135	144	138	122	31	41	3	30	17	33	－	6	4	8	11	－	4	17	6	432
2003—2006	93	102	95	74	32	23	2	2	15	24	8	9	5	1	－	－	1	3	7	365
2007	12	15	14	9	5	1	－	－	3	6	2	3	1	－	－	－	－	1	1	200
合　计	427	448	424	363	101	117	9	69	67	90	13	25	12	12	16	4	8	29	24	1080.38

注：处分人数＝党纪处分人数＋政纪处分人数－党纪政纪双重处分人数

第五节　执法监察与纠风

区纪委、区监察局坚持开展检查治理和行政监察，遏制腐败现象滋生蔓延，主动与执纪执法部门配合，1990—2007 年开展专项检查、执法监察共 195 余项次，发现线索 86 条，立案查处 47 件，涉及金额 469.30 万元，追缴违纪违规金额 118.10 万元，挽回经济损失 3404 万元，并纠正群众反映强烈的不正之风，保证党和政府的方针、政策能正确贯彻执行，维护群众权益。1990 年，查处农用资料、资金分配落实中严重违纪行为，清理部分区级机关财务，检查国土法规实施情况，查处专项资金使用过程中的违纪行为。1991 年，开展民政救灾资金、物资使用情况检查，整顿农电行业不正之风。1992 年，检查《农民负担管理条例》贯彻执行情况，检查区民政局贯彻执行民政部《关于救灾物资接受、分发、使用、管理规定》情况，整治公款吃喝、送礼等不正之风。1990 年和 1992 年，共开展执法监察项目 11 个，其中上级安排项目 2 个，自立项目 9 个，主办项目 7 个，参与协办项目 4 个。其中，通报批评 2 件，提出监察建议 8 条，作出监察决定 1 个。发现违纪线索 11 条，立案查处 3 件；受党政纪处分 3 人，其中党纪处分 1 人，政纪处分 2 人；涉案金额 100.44 万元，追缴违纪违规金额 4.09 万元，挽回经济损失 20 万元。

1993 年，开展减轻农民负担专项监督检查，行政事业性收费专项检查，清理中小学乱收费行为，整顿行业不正之风。1994 年，开展减轻农民及企业负担工作监督检查，对群众反映强烈的乱收费等问题进行了调查处理，整治“不给好处不办事，给了好处乱办事”现象。1995 年，清理全区职工拖欠、借占公款；整顿全区种子经营秩序，配合有关部门开展了农民、企业负担等几项专项检查。1996 年，治理公路“三乱”，中小学收费管理，农民负担监管，清理整顿预算外资金，整顿医药市场，参与建设工程项目执法监察，公车使用管理。1997 年，开展救灾资金使用情况专项检查，制定完善会议和公务接待制度。1993—1997 年，共开展执法监察项目 50 个，其中上级安排项目 37 个，自立项目 13 个，主办项目 27 个，参与协办项目 23 个。其中，通报批评 2 件，提出监察建议 96 条，作出监察决定 5 个，协助建章立制 58 条；发现违纪线索 28 条，立案查处 11 件，受党纪政纪处分 12 个，其中党纪处分 1 人，政纪处分 11 人；涉案金额 55.03 万元，追缴没收违纪违规金额 17.23 万元，挽回经济损失 1399 万元。

1998 年，开展减轻农民负担执法监察，开展扶贫资金清理检查，开展减轻企业负担检查，清理整治中小学乱收费行为，开展预算外资金清理。1999 年，开展粮食系统流通体制政策情况执法监察，继续开展减轻农民负担专项检查，开展农村电价执行情况专项检查，清理整顿农村合作基金会，开展民主评议行风和作风整顿工作。2000 年，开展国债资金管理使用情况执法监察，开展社会保障资金管理使用情况监督检查，开展农村电网建设和改造工程执法监察，开展减轻农民负担、企业负担监督检查，开展畜牧事业性收费检查，开展民主评议行风和机关作风整顿工作。2001 年，开展《中华人民共和国统计法》执行情况大检查，开展国债项目跟踪监督，整治医药购销中的不正之风，治理中小学乱收费行为。2002 年，开展涉农部门监督检查；参与工程招投标监督；整治中小学乱收费，开展行风评议，解决群众反映强烈的热点问题。1998—2002 年，共开展执法项目 45 个，其中上级安排项目 33 个，自立项目 12 个，主办项目 29 个，参与协办项目 16 个。其中，通报批评 4 件，提出监察建议 212 条，作出监察决定 10 个，协助建章立制 61 条，推广先进典型 7 个；发现违纪线索 15 条，立案查处 9 件，查处违纪人员 7 人，其中党纪处分 7 人，政纪处分 1 人，移送司法机关 2 人；涉案金额 220.47 万元，追缴没收违纪金额 35.80 万元，挽回经济损失 884 万元。

2003 年，开展国债资金和扶贫资金管理使用情况监督，开展基础设施建设重点工程项目的执法监察，参与整顿和规范市场经济秩序工作，治理教育乱收费行为，开展行政效能检查。2004 年，开展天保工程和退耕还林工程执法监察，开展扶贫资金、以工代赈资金管理使用情况执法监督，参与重点工程监督，整治损害群众利益的不正之风。2005 年，开展重点工程的监督管理，全面清理区、乡两级财务，整治损害群众利益的违纪违规行为。2006 年，开展环保工作专项执法监察，开展安全生产工作情况监督检查，开展食品和药品安全专项检查，开展农资打假专项整治监督检查，跟踪监督城区绿化和绿色通道工程，开展《中华人民共和国行政许可法》《中华人民共和国公务员法》贯彻落实情况监督检查。2003—2006 年，累计开展执法监察项目 74 个，其中上级安排项目 67 个，自立项目 7 个，主办项目 24 个，参与协办项目 50 个。其中，通报批评 3 起，提出监察建议 79 条，作出监察决定 1 个，协助建章立制 21 项，推广先进典型 3 个；发现违纪线索 27 条，立案查处 20 件，查处违法违纪人员 20 人，其中党纪处分 18 人，政纪处分 2 人；涉及金额 59.20 万元，追缴没收违纪金额 27.68 万元，挽回经济损失 998 万元。2007 年，解决人民群众反映强烈的登滩堡地质灾害、乱收费等突出问题，清理和规范评比达标活动，清理和控制各种名目节庆活动，治理教育乱收费现象。当年共开展执法监察项目 15 个，其中上级安排 12 个，自立项目 3 个，主办项目 7 个，协办项目 8 个。共通报批评 3 件，提出监察建议 10 条；发现违纪线索 5 条，立案查处 4 件，党政纪处分 5 人；涉及违纪金额 34.30 万元，追缴违纪违规金额 34.3 万元，挽回经济损失 103 万元。

第六节　受理来信来访

区纪委、区监察局坚持执纪为民的理念，把解决群众反映的突出问题作为反腐倡廉工作的重点，把维护群众根本利益作为纪检监察工作的重要内容，认真解决群众反映的突出问题。至 2007 年，区纪检机关共受理来信来访、举报电话 2733 件次，信访户头 1508 次，办结 1447 件；信访立案 198 件，办结 188 件。其中：1990—1992 年，共受理党员和群众来信来访 269 件次，其中纪检信访 221 件，司法行政信访34件；应办结192件，已办结179件，办结率93.6%；区监察局共受理干部和群众来信来访230件次。1993—1997年，共受理党员和群众来信来访882件次，属纪检监察信访686件，应办结375件，办结364件，办结率96.5%；纪委、监察局直接受理立案34件，查结33件，查结率97%。1998—2002年，共受理党员和群众来信来访及电话举报756件，应办结448件，办结429件；纪检监察信访立案73件，查结67件；信访涉及县级领导6人，科级干部237人，一般干部181人，其他人员158人。2003—2006年，受理来信来访及电话举报519件，应办结337件，办结329件；纪检监察信访立案31件，查结31件；信访涉及科级干部145人，一般干部158人，党员179人，其他人员64人。2007年，受理来信来访及电话举报211件，应办结137件，办结125件；纪检监察信访立案5件，查结5件；信访涉及科级干部91人，一般干部74人，党员89人，其他人员29人。

第八章 统一战线

第一节 工作机构

1988年6月，中共广元市市中区卫子区委设宣传部（含统战工作），唐惠民负责统战工作。1989年12月，正式成立广元市元坝区委统战部（含对台工作）。

1997年，设区委台湾工作办公室、区政府台湾事务办公室，两块牌子一套人马，挂靠区委统战部。2000年9月，成立区委对台侨务办公室（副科级）。2001年12月，区委统战部内设办公室、业务股、干部股。2002年8月，原挂靠区人民政府办公室的广元市元坝区人民政府民族宗教事务办公室升格为广元市元坝区民族宗教事务局，挂靠区委统战部。2004年，将区委统战部侨务工作职能分出，设广元市元坝区外事侨务办公室，挂靠区政府办公室。至2007年末，机构设置无变化。

中共广元市元坝区委统战部及挂靠部门领导名录

表4-16

姓　名	性别	籍　贯	政治面貌	职　务	任职期间	备　注
王恩俊	男	广元市元坝区	中共党员	部　长	1989-12—1993-03	
郭全孝	男	广元市元坝区	中共党员	部　长	1993-04—1993-11	
赵安德	男	广元市元坝区	中共党员	副部长	1993-11—2001-12	
贾北朝	男	广元市元坝区	中共党员	部　长	1993-12—1998-12	
胡维明	男	广元市元坝区	中共党员	部　长	1998-12—2001-12	
梁　黎	女	广元市元坝区	中共党员	部　长	2001-12—2006-12	
周达文	男	广元市元坝区	中共党员	副部长	2001-02—2006-12	区工商联党组书记 区民族宗教局局长

续表

姓　名	性别	籍　贯	政治面貌	职　务	任职期间	备　注
冯子军	男	广元市元坝区	中共党员	副部长	2007－02—	区工商联党组书记 区民族宗教局局长
杨云清	男	广元市苍溪县	中共党员	部　长	2006－12—	区政协副主席
张云峰	男	广元市元坝区	中共党员	主　任	2003－03—	区委台湾工作办公室 区对台侨务办公室

第二节　理论学习研讨

元坝区建立后，先后派出分管统战工作的区委副书记和区委统战部正副部长参加四川省社会主义学院举办的培训班学习。选派10名乡镇党委副书记参加四川省社会主义学院举办的基层统战干部培训班，系统学习党的统战方针政策、民族宗教和对台工作业务，明确统战工作的性质和任务，提高对统战工作“三性”的认识。借鉴学习外地统战工作经验和方法，从1999年起，先后派员参加在朝天、宁强、市中区、青川、剑阁、苍溪、南部、文县等县区召开的秦巴毗邻县（市、区）政协统战工作研讨会，研讨涉及元坝区的《党外代表人士后备队伍建设问题》《元坝区非公有制经济发展的现状及对策》《县级统战工作面临的问题及对策》《借助平台、加强联络、增进共识、谋求发展》等课题，其中《县级统战工作面临的问题及对策》被评为优秀论文。2004年9月19—22日，秦巴毗邻地区政协统战工作研讨会第十五次会议在元坝区召开，区委统战部与区政协承办了这次会议，陕西、甘肃、重庆及省内巴中、南充、广元等23个县（市、区）政协、统战部门共100余人参加了会议。

第三节　民主党派工作

元坝区建立初期，区内没有民主党派成员和组织。1993年后，在坚持政治标准，把握综合素质的前提下，严格按照中央统战部《关于民主党派组织发展问题座谈会议纪要》中民主党派工作范围和发展对象的重点分工原则，注重发展民主党派成员。区委统战部负责联系民革元坝区支部和九三学社元坝区支社，支持民主党派支部、支社加强自身建设，协助搞好政治思想建设和组织建设，帮助发展和培训新成员，促进其健康发展。在民主党派发展新成员过程中，坚持发展前由统战部协助民主党派组织搞好考查，严把政治质量关。2006年10月，区委制发《中共广元市元坝区委贯彻中共中央关于坚持和完善中国共产党领导的多党合作和政治协商制度的意见和实施意见》，全面安排部署多党合作和政治协商工作。按照《实施意见》要求，区委建立重大方针制度和政治协商制度。凡区委提出的重要措施和区人大、区政府、区政协的重要人事安排等，区委在作出决策前，坚持征求民主党派负责人意见。每年坚持定期或不定期举行情况通报会，就区委、区政府决定的重要事项的贯彻落实情况和人民群众十分关切的热点、难点等问题，及时向民主党派负责人通报情况，听取他们的政策性建议和意见，每年一般不少于4次。

第四节　党外干部工作

《关于加强中国共产党领导的多党合作和政治协商制度的意见》和《关于加强统一战线工作的通知》下发后，区委高度重视党外干部的培养、教育、选拔和使用工作。1990—2007 年，先后选送县级领导干部 21 人、科级后备干部 6 人到四川省社会主义学院培训学习；提拔使用 118 人党外领导干部（其中副县级 11 人，机关职能局副局长 42 人，正科级领导干部 3 人，副乡镇长 62 人）；推荐安排选任市政协委员 28 人，区政协委员 200 人，区政协常委 26 人，市、区人大代表 160 人。1993 年换届时，区人大、区政府、区政协班子和政协委员均按党内外比例要求进行安排。其中：党外人士李伦蓉当选为区人大常委会副主任，党外人士熊明合、杨邦翰、王正蓉、李金芳 4 人当选为区人大常委会委员，党外人士刘明顺当选为区人民政府副区长，党外人士祝明培、刘芝发当选为政协副主席，张克洵等 9 名党外人士当选为区政协常务委员，32 名党外人士当选为政协委员。1994 年 8 月，区委统战部与区委组织部一同对全区干部队伍情况进行摸底调查，在此基础上建立了 40 人的党外后备干部人才队伍。1995 年，一次性配备副局长 6 人，副乡镇长 15 人，乡镇长助理 8 人，至此，全区副科级以上党外领导干部达到 45 人（其中副县级 4 人，机关局级领导干部 16 人，副乡镇长 25 人），党外后备干部 40 人。到 1998 年底，机关党外副科级以上实职领导干部 20 人，同时建立县级 8 人，科级 102 人的党外后备干部队伍。2000 年，机关副科级以上党外领导干部 15 人，其中：副县 4 人，副乡镇长 11 人。2003 年年初县区换届时，在区人大、区政府、区政协三大班子中安排党外实职领导干部 5 人，区政府调研员 1 人，党外区人大常委 4 人，党外区政协常委 9 人，党外区人大代表 36 人，党外区政协委员 70 人。2003 年 4 月，在全区进行党外后备干部的推荐工作中，6 名科级干部被列入副县级后备干部，26 名股级干部被列入科级后备干部。同年 5 月，区委统战部与区委组织部一同公开招考党外后备干部 15 人，12 月，将通过公推公选合格中的 4 名党外后备干部选送参加全市党外干部培训班学习。至 2007 年底，全区累计配备党外副县级以上领导干部达 11 人次（其中 1 人为正县级调研员），正科级领导干部 3 人，副科级领导干部 104 人，党外后备干部 170 人。

第五节　民族宗教工作

一、落实宗教政策

1986 年 9 月，经广元市市中区人民政府批准，地处今拣银岩社区街道办事处拣银岩村的小寺山天主教堂对外开放。由天主教成都教区负责管理，时任全国政协委员、中国天主教爱国委员会副主席、四川省天主教爱国委员会主席王良佐兼任神父，由教友王宗华负责开展日常活动。1989 年，当地群众筹资投劳对位于小寺山天主教堂旧址约一公里的面积达 320 平方米的未经使用的贺家垭村小学校进行维修后作为小寺山天主教堂、经堂、住房。1991 年，天主教成都教区派神父潘洪恩到广元主持天主教工作，由潘洪恩兼任小寺山天主教堂神父，仍由教友王宗华负责开展日常活动。

1991 年 7 月，经区人民政府批准，将肇基于汉，沿于唐，盛于明，修复于清乾隆七年（1742 年）的柏林沟广善寺对外开放。1992 年 10 月，聘广元西禅寺广超法师任该寺住持。

1992 年 12 月，经区人民政府批准，将素有“全蜀咽喉，川北锁钥”之称的古蜀道关隘——天雄关口的甘露寺对外开放，澈森受聘担任住持。古天雄关道殿阁，十四通明清石碑、石柱、石鼓等文物受到僧人的有效保护。

1993 年 5 月，经区人民政府批准，将位于今柳桥乡柳桥村，始建于唐开元年间（713—741 年）的平乐寺对外开放，聘请广元西禅寺彻利法师为住持。同年 8 月 6 日，平乐寺举行修复工程奠基仪式，周围寺庙僧尼数十人，信教群众 3000 多人参加了这一活动。1995 年 1 月，区人民政府区长赵俊普在平乐寺现场办公，解决了平乐寺建设中存在的土地、交通、木材、拆迁等方面的问题。

1995 年 6 月，经区人民政府批准，始建于唐开元二十一年（733 年），修复于明、清，面积达 970 多平方米的太公古庙——太清宫（又名太公寺）对外开放。

至 2007 年底，全区共开放宗教活动场（处）所 11 处，宗教聚会点 2 处，其中佛教 8 处，道教 2 处，天主教堂 1 处，基督教临时聚会点 2 处，教职人员 12 人。

二、宗教场所管理

广元市元坝区按照省市宗教部门规定，于 1995 年 3 月开始了场所和宗教教职人员登记的宣传、动员和组织工作。当年共登记宗教活动场所 5 处，临时登记 1 处，登记了彻利、广超等 19 名宗教教职人员。1997 年 3 月，根据国务院宗教事务局《宗教活动场所年度检查》和《四川省宗教教职人员年度审验暂行办法》的要求，开展一年一度的宗教活动场所年检和教职人员年审工作，当年全区开放的平乐寺、广善寺、洪恩寺、小寺山天主教堂、太清宫等 6 处场所年检合格，彻利、广超等 15 名教职人员年审合格。区宗教工作协调领导小组先后于 2003 年 5 月、7 月分别召开协调会，研究解决平乐寺罗汉堂安全隐患整治和小庙治理问题。2003 年 6 月，对全区寺观教堂进行全面清理，制定了一系列相关规定，保证了宗教活动的依法管理。

三、民族工作

广元市元坝区属少数民族散杂居地区，无成建制少数民族乡镇和村组。区民族宗教事务局于 2002 年对全区少数民族基本情况进行了摸底调查。2007 年，全区有回族、蒙古族、藏族、维吾尔族、苗族、满族、朝鲜族等 10 个少数民族共 251 人。区委、区人民政府贯彻落实中共广元市委、广元市人民政府《关于加强散杂居少数民族工作的实施意见》，关心少数民族群众的政治、经济生活，尊重其风俗习惯。在推荐、安排人大代表、政协委员时，坚持有一定数量的少数民族代表人士。在干部的使用上，注意培养、提拔少数民族干部。至 2007 年，先后筛选申报项目 24 个，争取支援不发达地区发展资金 160 万元，促进了有少数民族群众居住的太公、陈江、柳桥、晋贤、丁家、梅树、拣银岩、大朝、柏林沟、清水、磨滩等乡镇的村道公路、水利、学校、卫生院建设及肉羊养殖的发展。

第六节　党外知识分子工作和对台工作

一、党外知识分子工作

区委统战部对区内中、高级党外知识分子先后于 1992 年、1997 年、2002 年、2005 年、2007 年进行摸底调查，掌握了教育、卫生和涉农部门等单位的人员构成情况，并建立县级领导干部联系党外优秀知识分子制度，落实联系“对子”，加强联系人与被联系人的经常交往，促进了解和沟通。多次召开党外知识分子代表座谈会，了解他们在生产、教学、科研、生活中存在的困难和问题积极向区委、区政府汇报，促成了教师养老保险、医疗保险单位负担部分学校无力支付、教师医药费报销无着落等问题得到解决。提高党外知识分子的政治地位，为他们参政议政提供舞台，充分发挥他们在民主政治建设中的作用。

二、对台工作

全区先后于1991年、1995年、2001年开展在台人员、台属、涉台婚姻的调查。截至2001年底，全区有在台人员32户，在台人员160人，大陆亲属100余家，台属400余人。在对台工作中，利用台胞回乡旅游探亲或其亲属赴台探亲的机会做好政策宣传，使他们了解党和政府的对台政策，促进两岸经贸交往和人员往来，增进亲情。1988—2007年，先后有去台人员20余人次，台胞回大陆祭祖、探亲，为亲人赠送财物和现金折合人民币近120万元，帮助部分台属改善生活条件。2006—2007年，台商援助全区贫困家庭和贫困学生的资金达20万元。

第九章　党校工作

第一节　党校工作机构

1992年，中共广元市元坝区委决定建立中共广元市元坝区委党校（简称区委党校），1995年开始筹建，1996年9月正式挂牌成立，党校校长由区委领导担任。1998年5月，广元市元坝区行政学校成立，与区委党校“一个班子，一套机构，两块牌子”。2001年，区委党校设办公室、教务股、行政股、教研室。至2007年，区委党校机构无变化。

中共广元市元坝区委党校领导名录

表4－17

姓　名	性别	籍　贯	政治面貌	职　务	任职期间	备　注
马玉彦	男	广元市元坝区	中共党员	校　长	1995－02—1996－07	校党支部书记
唐成林	男	遂宁市蓬溪县	中共党员	校　长	1996－07—2002－06	区委副书记
马玉彦	男	广元市元坝区	中共党员	常务副校长	1996－07—2003－02	校党支部书记
李秀鸿	男	广元市元坝区	中共党员	副校长	1999－08—	
熊光辉	男	广元市元坝区	中共党员	校　长	2002－07—2003－04	区委副书记
张运雄	男	广元市苍溪县	中共党员	常务副校长	2003－02—	校党支部书记

续表

姓　名	性别	籍　贯	政治面貌	职　务	任职期间	备　注
田中文	男	广元市利州区	中共党员	校　长	2003-04—2005-11	区委副书记
王　刚	男	广元市青川县	中共党员	校　长	2005-11—	区委组织部部长

第二节　党政人员培训

一、干部培训

区委每年安排一定数量的党员、干部由区委党校集中培训，进行党在各个时期的基本路线、方针、政策教育，进行党的基本知识、基本理论和共产主义理想教育，着重对参训人员进行马克思列宁主义、毛泽东思想、邓小平理论、“三个代表”重要思想和科学发展观的教育，提高其政策理论水平和业务素质。在干部培训工作中，区委组织部与区委党校共同制定培训计划，经区委批准后执行。区委组织部负责通知学员到校，党校主要担负教学任务和行政管理、后勤工作。至2006年，举办培训班43期，共培训全区党员干部3009人。其中，1997年，举办培训班5期，培训党员干部376人。2000年举办培训班3期，培训党员干部390人。2004年，举办培训班12期，培训人数558人。2006年举办培训班2期，培训人数220人。

二、公务员培训

至2007年，共举办公务员培训班5期，培训788人。公务员培训课程设置根据国家人事制度改革方案，结合全区公务员实际情况，安排学习邓小平理论、知识经济理论、政策知识、公务员法、纪检知识、人大知识、政协知识、行政法规、元坝历史文化、精神文明建设等内容。同时，每期安排学习计算机知识。

第三节　学历教育

区委党校函授站于1995年建立后，当年开始招生，1996年9月正式辅导教学。举办的大专、本科函授班，与中共四川省委党校函授学院及其下属的广元市函授分院，实行“十个统一”（统一招生、设站，统一教材，统一制定教学实施计划，统一聘请面授教师，统一组织教师备课和教研活动，统一指导教学，统一组织考试、考查、评卷，统一进行毕业论文撰写及答辩，统一负责学籍和学习成绩管理，统一经费管理）的三级联合办学体制。函授课程设置根据市场经济的需要，主要设置基础理论、专业基础、专业课和党性教育4类课程。党校函授学历教育纳入省委组织部干部培训规划，学员经考试录取入学，凡完成学业，经考试考核合格者，由中共四川省委党校函授学院颁发毕业文凭，享受国民教育相应学历的有关待遇。2004—2006年，在继续开展党校函授学历教育的同时，与四川省行政财贸干部管理学函授学院实行联合办学。2007年，函授教育停止招生。

至2007年，毕业各类学员930人（本科247人、专科683人）。其中党校函授学院毕业人数810

人（专科602人、本科208人），四川省行财学院函授毕业人数120人（专科81人、本科39人）。

中共广元市元坝区委党校学历函授教育情况统计表

表4－18

年度	招考专业	学　历	学　制	录取人数	毕业人数	备　注
1996	经济管理 行政管理	大专	3年	114	—	
1997	经济管理 行政管理	大专	3年	208	—	
1998	经济管理 行政管理	大专	3年	58	—	
1999	经济管理 行政管理	大专	3年	78	108	毕业者为1996年招录学员
2000	法　律	大专	3年	72	204	
		本科	大专起点2年	48		
2001	法　律	大专	3年	53	55	
		本科	大专起点2年	37		
2002	法　律	大专	3年	30	121	
		本科	大专起点2年	25		
2003	村干部经济管理	大专	3年	32	92	
	法　律	本科	大专起点2年	50		
2004	法　律	大专	3年	32	71	
	法　律	本科	大专起点2年	48		
	会　计	大专	2年	29		与四川省行财学院函授学院联办
	行政管理	大专	2年	36		
	行政管理	本科	大专起点2年	25		
2005	会　计	大专	2年	16	80	与四川省行财学院函授学院联办
	行政管理	本科	大专起点2年	14		
2006	行政管理	大专	2年	18	141	与四川省行财学院函授学院联办
	政管理	本科	大专起点2年	12		
2007	—	—	—	—	58	

第四节　教研与科研

区委党校注重抓党校教学及科研工作。学校成立了由分管教学的副校长负责，教务处、教研室主抓落实的教学教研工作领导小组，制定出《教学教研人员工作职责》《教学科研工作奖惩制度》，规定了教学教研人员的职责及教研方面的具体奖惩措施，对教研活动的具体时间和方式作出具体安排。理论教员深入生活，深入实际，深入群众，坚持理论联系实际的优良学风，把教学和实践紧密结合，关注社会热点、难点问题，并努力寻求解决的方法和措施。鼓励和支持教学人员参加中央、省、市党校培训班学习和备课会，提高教学人员的思想和业务素质 ，搞好教学教研工作。支持和鼓励教学人员，积极参加国家和省、市级各类征文活动，积极参加省、市、县（区）级的各种理论研讨会议，提交理论文章。2001 年起开始编印校刊《理念和实践》，每季度印发一期，主要刊载本区内各级干部和党校教师的理论调研文章、函授毕业学员的优秀论文。2003 年由于党校经费紧张等原因，该校刊停止编发。2003 年以后，区委党校教师每年均写出一定数量科研论文并在省、市各类刊物上发表。

第十章 精神文明建设

第一节 管理机构

1987 年，广元市市中区卫子区公所成立精神文明建设办公室，挂靠在区卫生科。1988 年 11 月，区精神文明建设办公室改挂卫子区公所行政办公室，区公所行政办公室主任杨在尧兼任主任，赵志强任副主任。1989 年 3 月，赵志强任主任。

1989 年 12 月，广元市元坝区设精神文明建设办公室（简称区文明办），挂靠于区政府办公室。1998 年 8 月，区文明办正式划归区委宣传部。2003 年 4 月起，区委宣传部副部长兼任区文明办主任。

第二节 宣传教育

区文明办在全区开展“文明礼貌月”和“讲文明、讲礼貌、讲卫生、讲秩序、讲道德、心灵美、语言美、行为美、环境美、热爱祖国、热爱人民、热爱社会主义”的“五讲、四美、三热爱”宣传教育活动，在全区乡镇开展了爱国主义、集体主义、社会主义宣传教育活动，在全区青年中开展“志愿者服务”活动、“青年文明号创建”活动和青年“文化园”活动，在城镇开展“三优一学”（优美环境、优良秩序、优质服务，学劳模树新风）评选“文明市民”活动。1991—1995 年，全区建文明市民学校 16 所，先后培训市民 4500 余人。组织 1800 人参加“三优一学”知识竞赛，评出先进单位 25 个，先进个人 210 人。1996—2005 年，以宣传《广元市元坝区社会主义精神文明建设实施规划纲要》为中心内容，对公民重点宣传党的十四届六中全会精神，进行中国特色社会主义理论教育和“爱国守法、明礼诚信、团结友善、勤俭自强、敬业奉献”的“20 字道德规范”宣传教育。2006—2007 年，在全区青年中广泛开展“忠心献给祖国、专心献给事业、爱心献给社会、关心献给别人、孝心献给父母、信心献给自己”的“六心”宣传教育活动，号召青年人崇尚科学、奋发向上。2007 年 1 月起，组织市民参与创建文明社区、诚实信用教育示范街道、诚实信用经商服务店活动。同时在全区开展“献爱心救助”活动和“实施西部开发助学”工程，共发动社会向希望工程捐资 8 万余元。

第三节　文明单位创建

卫子区时期，区文明办与17个单位签订创建文明单位责任书，制发《文明单位创建条件》《文明单位命名管理办法》2000份，发到区公所各机关企事业单位和乡镇。元坝建区后，区委、区政府先后制发《关于加强精神文明建设的意见》《文明单位复查验收细则》《文明乡镇复查验收细则》《文明城镇验收细则》《关于进一步开展共建社会主义精神文明活动的意见》和《关于贯彻四川省文明单位建设与管理办法的意见》，对创建文明单位的申报、推荐、考核、评议、审批、奖励等方面做出程序性的规定，制定创建要求和验收标准，并建立健全复查考核制度。1990年，区公安分局、卫子职中、广旺矿务局机制公司、新场乡茶店村创建成区级文明单位。从1991年起，全区广泛开展精神文明创建活动，商业和服务业系统主要开展优质服务、文明经商活动，并以国营、集体企业为重点，开展“青年文明号”创建；机关单位主要开展最佳文明单位创建活动，以税务、交通、公安、工商、卫生、司法、农业等行业为重点，主要创建文明行业示范窗口。为提高居民思想道德素质、科学文化素质和创建文明县城奠定基础，同年4月，区政府成立了创建卫生县城指挥部，办公室设区文明办，制定《广元市元坝区关于创建卫生县城的实施意见》《广元市元坝区城镇机关作风与环境卫生管理规定》，与全区90多个机关、企事业单位签订《创建卫生县城责任书》，提出在文明城市创建中，卫生要做到“三无”（无脏水、无垃圾、无乱张贴），通过创建活动的开展，城区“三无”现象得到改善。1992年共命名区级文明单位12个，区国税局被市政府授予市级文明单位，虎跳中学被授予省级文明单位。到1995年，全区共命名区级文明单位19个，广元市政府命名市级文明单位8个。1996年，区政府按照《四川省文明单位建设和管理办法》的规定，制定出《广元市元坝区“九五”时期社会主义精神文明建设规划纲要》，提出“提高市民素质、改善城市面貌、完善城市功能、优化服务质量”等要求，区文明办编印《建设社会主义精神文明》系列资料1000册发到区级部门和各乡镇。同时与各单位签订了《创建目标责任书》，明确主要领导的创建责任，并纳入年终目标考核。1996年共命名区级文明单位31个，复查文明单位25个。1997—2000年，区委宣传部、区妇联、区广播电视局联合制发《关于在全区开展“双十佳”评选活动的通知》《关于分解落实精神文明建设目标任务的通知》《广元市元坝区文明单位建设与管理办法》等文件，在全区开展“双十佳”（十佳五好家庭、十佳杰出妇女）、“文明市民”等评选活动，共评出十佳五好家庭40个，十佳杰出妇女40人，文明市民3500余人。在文明市民学校（区委党校）开展了4期文明市民培训，培训1000余人；乡镇7所市民分校开展10期市民培训，培训市民1100人。4年间，共有42个单位被命名为区级文明单位，23个单位被命名为市级文明单位，广元市农行元坝区支行、广旺矿务局机制公司、区人大常委会机关3个单位被命名为省级文明单位。2001年和2002年，区委、区政府制发《广元市元坝区创建市级文明县城规划》，开展创建市级文明县城活动。全区各部门均制定《创建省、市、区级文明单位规划》。区政府建立市民文明学校及分校共11所，对全区机关干部全部进行文明培训，共培训2100人。制发《广元市元坝区公民道德建设实施纲要》《广元市元坝区关于开展公民道德建设活动实施意见》，制发《广元市元坝区文明市民读本》1500册、《市民文明用语手册》1000册、《社会主义精神文明建设概论》宣传单1000份。2001年，全区共有39个单位被命名为区级文明单位，17个单位被命名为市级文明单位，元坝镇砖灰村被命名为省级文明单位。2003年，开展创建区级“十佳”活动，先后评选出区劳动和社会保障局服务大厅等10个十佳服务窗口、广汉市复合肥厂元坝分厂等10个十佳民营企业、沈雪碧等十佳文明家庭、范廷和等十佳公务员、黄明等十佳医务工作者、李菊芳等十佳执法工作者、刘汉堂等十佳服务明星、吴声广等十佳个体工商户。对38个申报单位按程序进行了验收和报批。当年，区财政局创建为省级文明单位，创建市级文明单位13个、文明社区1个，区级文明单位23个。至2007年，全区共有省级文明单位8个（虎跳中学、广元市农行元坝区支行、广旺矿务局机制公司、区人大常委会机关、元坝镇桂花村、区财政局、元坝中学、元坝镇长坝村），市级文明单位79个（其中市级最佳文明单位48个），区级文明单位117个。

第四节 未成年人思想道德教育

区文明办在学校开展“五讲、四美、三热爱”和做“四有新人”（有理想，有道德，有文化，有纪律）教育活动，当年元坝区卫子职业中学被授予区级文明单位。从1991年开始，区文明办协助全区中学建立了学校团委，在教学班建立团支部，配合区教育部门在每年春秋两季深入学校指导和检查文明创建工作。到1992年，全区有4所学校被授予省、市、区文明学校，其中虎跳中学被授予省级文明学校，元坝中学被授予市级文明学校。1994年，元坝中学与区公安分局签订共建文明单位协议，悬挂警校共建文明单位标牌，区公安分局先后组织干警5人到学校为师生上法制课。虎跳中学、太公中学等40所学校与所在地的公安派出所签订警校共创文明单位协议，全区各学校均聘请了派出所干警担任学校法制副校长。到1995年，区级文明学校共有13所，市级文明学校共有2所。1996年，区文明办协调、指导各学校建立了以政教处、团委（少先队）、年级组和班主任为主线的道德教育网络，制订《广元市元坝区“九五”期间教育系统精神文明建设规划纲要》，把精神文明创建责任进行层层落实，区教育局年终将此工作纳入学校教学目标考核。从1997年起，在全区学校开展“三进校园”（艺术进校园、爱国主义书籍进校园、爱国主义教育影片进校园）活动。活动中各中学以学校为阵地，举办“青少年与文明”读书讲座，放映爱国主义影片，将思想文明教育渗透到学校教学之中；各小学根据学生的年龄和爱好特点开展艺术、声乐、书法等培训，进行不同内容和形式的教育。通过“三进校园”活动的开展，到2000年，区级文明学校增加到31所，元坝中学、卫子中学、太公中学等10所学校被授予市级文明单位，4年间共有3100名优秀学生受到表彰奖励。从2002年起，结合全区开展公民道德建设宣传教育活动，每年6月，在全区学校举办“忆童年、看今朝、展自我”文娱活动，为学生提供展示才华的舞台，形成了生动活泼的德育工作局面。2006年和2007年，中共中央总书记胡锦涛强调“八荣八耻”教育（坚持以热爱祖国为荣、以危害祖为耻；以服务人民为荣、以背离人民为耻；以崇尚科学为荣、以愚昧无知为耻；以辛勤劳动为荣、以好逸恶劳为耻；以团结互助为荣、以损人利己为耻；以诚实守信为荣、以骄奢淫逸为耻。）后，区文明办及时协调区教育局在全区学校广泛开展“八荣八耻”教育。举办国庆、元旦、节日晚会和“一二·九”纪念日晚会6次，组织未成人编排“八荣八耻”教育歌舞《英雄》《青春颂》《红星颂》等节目在全区演出。先后有20所学校，组织1万余名学生到市爱国主义教育基地太公镇红军山、广元市红军园参观，进行爱国主义教育。到2007年底，全区共有30所学校被授予文明学校，其中省级文明学校2所，市级文明学校15所，区级文明学校13所。

2007年3月，成立广元市元坝区关心下一代工作委员会（简称区关工委）。年末，全区成立基层关工委组织190个（乡镇28个，社区街道办事处1个，村级98个，学校40个，区级机关23个）。组建宣传报告团、思想道德教育团、法制（国防）教育团、帮教团、家庭教育团、文艺宣传队等工作团

（队、组）82个。区关工委加强与组织、宣传、政法、文化、教育等部门和工会、共青团、妇联、科协等群众团体的联系，相互支持配合开展关心下一代工作。组织开展安全、法制、家庭教育和中国共产党“十七大”精神宣讲活动158场次，印发宣传单1.20万份，展出各类宣传挂图500多幅，教师、学生、家长听讲座达5万人次；开展服刑人员未成年子女调查、进城务工子女学情调查、留守儿童就学状况调查和小学生寄宿制学校教育现状调查等调研活动，撰写调研报告5篇；开展助残、助困、助学活动，办留守学生暑期辅导班16个，募集资金2万元帮助111名贫困儿童就读。2007年12月，区关工委被广元市关工委表彰为关心下一代工作先进集体。

广元市元坝区关心下一代工作委员会领导名录

表4－19

姓名	性别	籍贯	政治面貌	职务	任职期间	备注
张敏	女	绵阳市安县	中共党员	主任(兼)	2007－03—	区委常委、区纪委书记
李奎元	男	广元市元坝区	中共党员	常务副主任	2007－03—	原区政协主席
田澍塘	男	广元市元坝区	中共党员	常务副主任	2007－03—	原区人大法工委主任
田澍塘	男	广元市元坝区	中共党员	办公室主任(兼)	2007－03—	
夏静	女	广元市元坝区	中共党员	办公室副主任	2007－03—2007－07	团区委副书记
杜嫣然	女	绵阳市江油市	中共党员	办公室副主任	2007－07—	团区委副书记
杨在尧	男	广元市元坝区	中共党员	常务副主任	2007－09—	原区人大常委会副主任 区老年协会会长

第五节 农村精神文明创建

从1990年起，全区在农村开始开展“五讲、四美、三热爱”“三优一学”“民评三户”等活动。到1997年，全区有50个村申报区级文明单位，经检查验收，张家乡尖山村被授予区级文明单位。至此，全区文明村共有3个，其中市级文明村2个（文村乡党阳村、清水乡马鞍村）。自1998年起，在“文明礼貌月”活动中，开展以遵纪守法户、五好（政治思想好、工作生产好、学文化科学好、道德情操好、家庭风气好）家庭户、文明户为主的“三户”评选活动和“乡风文明、村容整洁”为主题的农村精神文明创建活动。2000年全区有5个村（文村乡荣华村、太公镇玄真村、虎跳镇东沟村、卫子镇沈家阁村、石井铺乡八庙村）经检查验收被授予区级文明村。到2003年，全区文明村增加到15个，其中，省级文明村1个（元坝镇砖灰村），市级文明村5个（文村乡党阳村、清水乡马鞍村、柳桥乡分水村、石井铺乡茶店村、元坝镇长坝村），区级文明村9个。2007年，区委、区政府制发《关于开展文明乡风进农家活动的意见》，在全区加大开展以提高农民综合素质、培育新型农民、建设新农村为主题的农户创建和文明新村创建活动力度。年底，全区文明村共有25个，其中，省级文明村3个，市级文明村12个，区级文明村10个。

第五篇　人民代表大会

第一章　各界人民代表会议

第一节　各界人民代表会议组成

1950 年 4 月，昭化、广元两县均召开首届各界人民代表会议。参会代表是在县委的领导下，同工会、农会、新民主主义青年团县委、民主妇女联合会、工商联合会等群众团体和民主党派人士、社会人士民主协商产生的。1951 年各界人民代表会议代表，则主要是以民主选举的方式产生。各党派人士代表由党派自行推选；县人民政府代表由县长、副县长、秘书、各委员会主任、各科（局）长、人民法院院长及各区区长担任；军队代表由县武装部队自行选派，群众团体代表由团体自行选举；农民代表由各乡镇农民代表会议选举；特邀代表由县人民政府决定。当选代表任期为一年，连选连任。

乡镇人民代表或农民代表，是由县人民政府按其人口多少下达名额，层层分配到各行业和乡镇的各村、组，根据条件选派。

从 1950 年 4 月至 1954 年 6 月，昭化县各界人民代表会议历经四届，其间，共召开十三次各界人民代表会议。广元县各界人民代表会议历经五届，其间，共召开十三次各界人民代表会议。历届会议均首先听取县长所作的《政府工作报告》，然后根据当时工作的需要，商讨和议决如征收公粮、恢复生产、清匪反霸、推销公债，减租退押、禁烟禁毒、土地改革、镇压反革命、抗美援朝、拥军优属、增产节约、捐献支前、增产创模、宣传《中华人民共和国婚姻法》、开展农业互助合作运动、城乡物资交流、民主建政和开展普选等运动或中心工作。会议后，代表们即组织和带动群众贯彻执行中共中央和人民政府的政策，推进各项工作。

乡镇人民代表会议或农民代表会议，根据县人民政府的部署和县各界人民代表会议的决议，结合本乡镇的实际情况，讨论决定贯彻执行的具体措施和选举乡镇人民政府的组成人员。

每届县各界人民代表会议，均选举产生常务委员会，作为本届会议的常设机构。其产生办法是：经会议主席团人员协商后，提出建议名单，提交全体代表讨论通过。随后在委员中推选出主席、副主席、秘书长和副秘书长。

附：议会

一、议事会、参事会、“民意”咨询委员会

议事会、参事会统称“县会”，清宣统三年（1911 年）九月，昭化县成立议事会（参事会）。民国元年（1912 年）正式开会，有议员 20 人。其候选人为 20 岁以上的男性，并在本籍住满 3 年和有 5000 元以上不动产者，或在专门学校毕业者，或曾任、荐任官吏者。议事会是在各乡、镇会中投票选举产生议员，再在全体议员中投票互选组成，以知县或县知事为当然会长。时任会长张小差。议事会为建议机关，讨论地方兴革、捐税完纳事宜，提出建议。参事会为审议机关，在县议员中投票互选产生，审查议事会的议案，作出兴革与否的决议。后因袁世凯篡权，民国 3 年（1914 年）通令两会解散。民国 6 年（1917 年）又令两会恢复。民国 16 年（1927 年）9 月，昭化县设立国民党县党部，两会即废。

“民意”咨询委员会是为实行“新县制”作准备的机构。昭化县“民意”咨询委员会于民国 28 年（1939 年）8 月成立，有议员 29 人，主任委员由县长林仲墨兼任。其第一届委员由县政府聘请地方有“名望”的代表人物充当；第二届委员由乡镇推选和县政府遴选后函聘。仅为建议机关，即对政府交付讨论的问题提出意见或建议。后为县临时参议会取代。

二、临时参议会

民国 31 年（1942 年）8 月 16 日，昭化县成立临时参议会，有参议员 10 人。议场设在今昭化古城西街的昭化小学。贾文秦任临时议长，赵斯博、邓天德任副议长，鲁公苴任干事（由省政府委任）。参议员由县政府征询县党部、地方团体、乡镇机关，提出加倍名额人数呈报省政府，名额按县的等级审批。昭化县除正式参议员外，另有 5 名候补参议员，并设驻会委员。每年召开大会一次，由县长报告施政计划或实施概况，交大会讨论，并讨论各议员的提案，将决议案一并交县政府执行。在大会闭幕期间，每月开驻会委员会一次，由县长或主管部门出席报告执行决议情况或其他事项。

三、参议会

昭化县于民国 35 年（1946 年）4 月 24 日成立参议会，参议员由各乡（镇）民代表会、职业团体会员大会从经过国民政府中央考试院令准、县政府布告之年满 25 周岁、经甲种公职候选人考试及格者中实行无记名投票差额选举产生。其时共选举出 14 名议员，并在参议员中选出赵斯博为参议长，邓天德为副参议长，阳春晖为秘书长（省政府委任）。议场设在今昭化镇治所。县参议员为无给（薪）职，任期 2 年，连选连任，其议决事项有：报告县的规划、预算、决算、公共财产、公有营业等事项，讨论为奉行中央法令和省法令需经议决的事项，县长交议事项，参议员提议事项，公民建议或请愿事项，临时动议。

四、乡镇议会

清宣统二年（1910 年），昭化县成立城会、镇会和乡会（即乡镇议会）。内又分议事会和董事会，其起落与上述县会的议事会、参事会相同。议事会为建议机关，先由城、镇、乡的选民投票选举若干议员，复由全体议员投票互选正副议长各 1 人组成；董事会为常设机关，由城、镇、乡会议员投票选举总董事、董事各 1 人、会员若干人组成，其任务是执行议事会的决议。民国 32 年（1943 年），各乡镇在公民登记宣誓的基础上，以每保的户长出席的保民大会选出代表 2 人和推选主席 1 人，分别成立乡（镇）民代表会，原昭化县时有 12 个乡（镇）民代表会。统一规定每年二、五、八、十一月为乡（镇）民代表会开会时间。举凡本乡镇之重大事项，均先由本乡（镇）民代表会讨论决议后，交由乡

镇公所执行。其实，有的乡（镇）民代表会流于形式，特别是选民投票多为地方豪绅所把持。

第二节 昭化县各界人民代表会议

一届一次至三次会议

昭化县各界人民代表会议一届一次会议于1950年4月14—18日召开。应到代表213人，实到184人，其中妇女代表12人。会议主要内容为商议征收1949年度公粮、发动群众配合中国人民解放军剿匪、安定社会秩序、加强财政税收、生产自救等工作。大会选举胡谦任昭化县各界人民代表会议常务委员会主席。

昭化县各界人民代表会议一届二次会议于1950年8月27日至9月2日召开。出席代表365名，其中妇女代表32名。会议主要内容为听取副县长鲜贵基所作的《政府工作报告》，学习《土地法》、减租《条例》、农业税《条例》、禁烟命令等七个文件，成立昭化县禁烟委员会。大会选举胡谦任昭化县各界人民代表会议常务委员会主席。杨昆山、鲜贵基、陈守荣任副主席。

昭化县各界人民代表会议一届三次会议于1950年11月27—30日召开。应到会代表225人，实到217人，其中妇女代表33人。会议中，县长胡谦、副县长鲜贵基就废除封建保甲制度、建立人民民主专政的政权组织等问题作专题报告。大会选举胡谦任昭化县各界人民代表会议常务委员会主席。杨昆山、鲜贵基、陈守荣任副主席。

二届一次至三次会议

昭化县各界人民代表会议二届一次会议于1951年1月10—13日召开。应到会代表220名，实到188名，其中妇女代表9名。会议选举出胡谦等11人组成第二届常务委员会，胡谦任主席。

昭化县各界人民代表会议二届二次会议于1951年6月3—8日召开。应出席代表499人，实到代表476人，其中妇女代表18人。会议中心议题是总结减租退押、清匪反霸和镇压反革命等工作经验，并作出决议20条。

昭化县各界人民代表会议二届三次会议于1951年11月27—30日召开。到会代表229名，其中妇女代表8名。会议对《中华人民共和国土地改革法》进行了学习，并成立了昭化县土地改革委员会和四个土改调处委员会。

三届一次至四次会议

昭化县各界人民代表会议三届一次会议于1952年5月10—14日召开。到会代表213名，其中妇女代表20名。会议主要是总结土地改革的经验，讨论大力发展农业生产问题。

昭化县各界人民代表会议三届二次会议于1952年8月6—10日召开。应到代表250名，实到代表208名，其中妇女代表23名。会议就禁绝种、贩和吸食鸦片，发展生产问题作出决议。

昭化县各界人民代表会议三届三次会议于1952年10月11—16日召开。到会代表172人，其中妇女代表21名。会议选举杨昆山等26人组成常务委员会。

昭化县各界人民代表会议三届四次会议于1952年12月27—31日召开。到会代表149名，其中妇女代表20名。会议完成了各项议程。

四届一次至三次会议

昭化县各界人民代表会议四届一次会议于1953年2月6—10日召开。到会代表165人，其中妇女代表24名。会议经过讨论，就大力发展农业互助合作问题作出了决议。

昭化县各界人民代表会议四届二次会议于1953年7月6—10日召开。到会代表156名，其中妇女代表32名。会议就开展“万户千组百乡”增产创模运动，发展农业互助合作进行充分讨论，并作出决议。

昭化县各界人民代表会议四届三次会议于1953年10月6—9日召开。到会代表174名，其中妇女代表18名。

三届一次至二次，均选举胡谦任主席；三届三次至四届三次会议，均选举杨昆山任主席，邓兴明、童朝俊任副主席。

第二章 县（区）乡镇人民代表大会

第一节 代表选举

一、人大代表的选举和任期

昭化县从1953年开始实行普选。每届选举时，县、乡镇或公社均成立选举委员会，按《中华人民共和国选举法》（简称《选举法》）的规定，选出县、乡镇或公社两级人大代表或社员代表，先提候选人，经过讨论，然后采用等额举手表决的方式选举产生。县、乡镇或公社两级所不同的是：乡镇或公社的人大代表或社员代表，历届均由本乡镇或公社选民直接选举产生；而县人大代表，历届均由各乡镇或公社人大代表或社员代表大会间接选举产生。到1958年，昭化县共举行三届普选，共选出县、乡镇或公社人大代表或社员代表4804人次；到1983年，广元县共举行八届普选，共选出县、乡镇或公社人大代表或社员代表34186人次。1968年（第七届）是“指选”“派选”，1978年（第八届）是协商选举。自1980年11月以后，无论是县、乡镇或公社的人大代表或社员代表均采用差额、无记名投票的方式由选民直接选举产生。

1978年以前，县人大代表任期为三年，乡镇或公社人大代表或社员代表任期为两年；1980年以后，县（区）、乡镇或公社人大代表或社员代表任期为三年；1993年后，县（区）人大代表任期为五年，乡镇人大代表任期仍为三年；2004年10月27日，《中华人民共和国地方各级人民代表大会和地方各级人民政府组织法》将乡镇人大代表任期改为五年。

二、广元市元坝区人大代表的选举

至2007年，广元市元坝区人民代表大会进行了5次换届选举，乡镇人民代表大会进行了6次换届选举。按照《中华人民共和国全国人民代表大会和地方各级人民代表大会选举法》（简称《选举法》）及《中华人民共和国地方各级人民代表大会和地方各级人民政府组织法》（简称《地方组织法》）的规定，区、乡镇两级人民代表大会的代表由选民直接选举。区、乡镇两级均设选举委员会，主持本级人大代表的选举。区、乡镇两级人大代表的名额，由区人大常委会依照《选举法》的规定分配到各乡镇及选区。区、乡镇两级人大换届选举代表工作，一般历时1个月。前10天进行宣传、选民登记，15天左右提名酝酿代表候选人，15～25天协商确定公布正式候选人，选举日分选区投票。代表选出后两月内，由上届本级人大常务委员会或人大主席团召开新一届人民代表大会第一次会议，完成大会预定议程，换届选举结束。从第一届起，乡镇均设立人大主席团常设机构，负责处理本级人大日常工作。

广元市元坝区历届人大代表选举情况表

表5－1

届　次	选举时间	选民总数（万人）	参选率（%）	安排代表数（名）	选出代表数（名）	选出各类代表比例%				连任代表（名）	备　注
						女代表	少数民族	党员代表	非党员代表		
第一届	1990－01—04	14.6	92.1	143	143	28	2	98	45	—	
第二届	1992－01—10	15.4	90.3	149	149	33	1	95	54	38	
第三届	1997－12—18	16.8	91.5	167	165	38	—	124	43	35	
第四届	2002－12—28	15.8	90.1	167	167	33	—	130	37	57	
第五届	2007－11—26	16.09	75.6	167	167	33	—	132	35	51	

第二节　历届会议

一、昭化县历届人民代表会议

一届一次会议：1954年6月28日至7月2日在昭化县城内召开。出席代表172人。会议主要内容为贯彻《中华人民共和国宪法》；听取讨论政府财政预决算报告；选举出省人代会代表杨昆山、王登芝。

一届二次会议：1955年9月14—16日在昭化县城内召开。出席代表174人。会议选举出县长白锋，副县长李树森，人民法院院长欧世岑，县人民委员会委员11名。

二届一次会议：1956年12月27—30日在昭化县城内召开。出席代表153人。会议主要是审议政府财政经济工作；选举出县长白锋，副县长王英、李树森、童朝俊，县人民委员会委员11名，人民法院院长欧世岑，人民检察院检察长左文生。

二届二次会议：1957年7月5—7日在昭化县城内召开。出席代表153人。会议主要是审议政府工作报告，讨论农业合作化问题。

三届一次会议：1958年5月5—8日在昭化县城内召开。出席代表166人。会议主要是讨论《农业发展纲要》；选举出县长贾田夫，副县长王英、李树森、任孝忠、童朝俊，县人民委员会委员10人，人民法院院长欧世岑，人民检察院检察长左文生和出席省人民代表大会的代表杨昆山、李廷禄。

二、广元县历届人民代表大会

三届二次会议：1959年12月21—24日在广元县城内召开。出席代表443人。会议增选了县人民委员会委员田景凤、杨振山，选举出县人民检察院检察长欧世岑。

四届一次会议：1961 年 9 月 6—9 日在广元县城内召开。出席代表 446 人。会议选举产生了四届县人民政府、县人民法院、县人民检察院领导班子。

四届二次会议：1962 年 8 月 16—19 日在广元县城内召开。出席代表 446 人。会议中心内容是传达省人大三届四次会议精神。

五届一次会议：1963 年 5 月 15—17 日在广元县城内召开。出席代表 402 人。会议选举产生了第五届县人民政府、县人民法院、县人民检察院领导班子；选举省人代会代表 6 人。

五届二次会议：1964 年 3 月 15—19 日在广元县城内召开。出席代表 401 人。会议主要内容是：传达省人代会第五次会议精神。

六届一次会议：1965 年 12 月 25—29 日在广元县城内召开。出席代表 403 人。会议选举了第六届县人民政府、人民法院、人民检察院领导班子和出席省人代会代表。

七届一次会议：1968 年 9 月 8 日在广元县城内召开。会上宣布省革命委员会批准成立广元县革命委员会，批准陈星跃为广元县革命委员会主任，皮知仁、刘文明、邓少伦、周世海为副主任，委员 37 名。

八届一次会议：1978 年 11 月 28 日至 12 月 2 日在广元县城内召开。出席代表 803 人。会议选举出匡政裄为广元县革命委员会主任，张玉德等 7 人为副主任，委员 37 名；选举出人民法院院长杨千秋，人民检察院检察长张维邦。

九届一次会议：1981 年 3 月 31 日至 4 月 6 日在广元县城内召开。出席代表 395 人。会议主要内容是：撤销广元县革命委员会，恢复广元县人民政府。会议选举产生了县人大常委会和县人民政府、人民法院、人民检察院领导班子。选举司有义任县人大常委会主任，张成玺、王汝伟、冯明先、安福林、李树森任副主任。

九届二次会议：1982 年 5 月在广元县城内召开。出席代表 395 人。会议主要内容是：讨论在农村实行家庭联产承包责任制；选举了出席省人代会代表 1 人。补选郭永瑞任县人大常委会副主任。

九届三次会议：1983 年 3 月 22—24 日在广元县城内召开。出席代表 390 人，会议主要讨论进一步完善家庭联产承包责任制，调整农村经济政策。

十届一次会议：1984 年 4 月 1—5 日在广元县城内召开。出席代表 390 人。会议选举产生了第十届县人大常委会和县人民政府、人民法院、人民检察院领导班子；讨论贯彻《中共中央关于 1984 年农村工作的通知》（中央 1 号文件），延长土地承包期，发放土地证和山林管理权证。选举杨清林任县人大常委会主任，杨千秋、冯明先、李树森、王英任县人大常委会副主任。

十届二次会议：1985 年 5 月 17—19 日在广元市城内召开。出席代表 381 人。会议根据国务院关于广元撤县建市的通知，决定撤销广元县人民政府，建立广元市市中区人民政府；会议补选廖祥凤为市中区第十届人大常委会副主任，选举产生广元市市中区人民政府、人民法院、人民检察院组成人员和出席广元市一届人代会代表 152 名。

三、广元市市中区人民代表大会

一届一次会议：1987 年 2 月 20—24 日在广元市城内召开。会议听取和审议通过了广元市市中区人大常委会、人民政府、人民法院、人民检察院（分别简称“一委”“一府”“两院”）工作报告；选举出第一届“一委”“一府”“两院”领导班子组成人员。选举杨清林任市中区人大常委会主任，高荣江、何俊昌、王献楫任区人大常委会副主任。

一届二次会议：1988 年 3 月 22—25 日在广元县城内召开。会议听取并审议通过了“一委”“一府”“两院”工作报告。

四、广元市元坝区人民代表大会

一届一次会议：1990 年 2 月 21—24 日召开。应出席代表 143 名，实出席代表 137 名，列席人员 33 名。会议听取并审议通过主持政府工作的区委副书记温燕德所作的题为《艰苦奋斗、奠基立业、振兴元坝》的政府工作报告；审议通过《元坝区 1990 年国民经济和社会发展计划（草案）》的报告、《元坝区 1990 年财政预算（草案）》的报告；会议选举产生广元市元坝区人大常委会、人民政府、人民法院、人民检察院（分别简称“一委”“一府”“两院”）第一届领导班子组成人员；选举产生广元市第二届人民代表大会的代表 19 人。

一届二次会议：1991 年 3 月 4—7 日召开。应出席代表 143 名，实出席代表 125 名，列席人员 53 名。会议听取并审议通过了“一委”“一府”“两院”的工作报告；作出《关于广元市元坝区国民经济和社会发展第八个五年计划的决议》；通过了《关于增加旱山地区小型水利资金投入的议案的决定》。

一届三次会议：1992 年 2 月 29 日至 3 月 3 日召开。应出席代表 139 名，实出席代表 132 名，列席人员 100 名。会议听取并审议通过“一委”“一府”“两院”的工作报告；补选了区人大常委会组成人员；作出《关于切实加强元坝区贫困乡镇扶贫开发工作议案的决定》。

二届一次会议：1993 年 2 月 17—21 日召开。应出席代表 149 名，实出席代表 149 名，列席人员 89 名。会议听取并审议通过“一委”“一府”“两院”工作报告；选举产生元坝区第二届“一委”“一府”“两院”领导班子组成人员。

二届二次会议：1994 年 3 月 1—5 日召开。应出席代表 148 名，实出席代表 147 名，列席人员 76 名。会议听取并审议通过“一委”“一府”“两院”工作报告；作出《关于解决好边远落后地区农业投入问题议案的决定》和《关于进一步完善乡镇体制问题议案的决定》。

二届三次会议：1995 年 2 月 27 日至 3 月 3 日召开。应出席代表 143 名，实出席代表 142 名，列席人员 86 名。会议听取并审议通过“一委”“一府”“两院”工作报告；选举产生广元市第三届人民代表大会的代表 20 名；补选李桂林为区人民政府区长；审议通过《广元市元坝区人民代表大会议事规则（草案）》。

二届四次会议：1996 年 2 月 5—10 日召开。应出席代表 149 名，实出席代表 148 名，列席人员 126 名。会议听取并审议通过“一委”“一府”“两院”工作报告；审议通过《广元市元坝区国民经济和社会发展第九个五年规划及 2010 年远景规划》；补选区人大常委会主任 1 人，委员 3 人和区人民政府副区长 1 人。

二届五次会议：1997 年 2 月 24—28 日召开。应出席代表 141 名，实出席代表 141 名，列席人员 148 名。会议听取和审议通过“一委”“一府”“两院”工作报告；听取和审议通过区人民政府《关于依法治区规划（草案）及其说明》；通过《关于依法治区的决定》；作出《关于解决退休干部待遇问题的议案的决定》。

三届一次会议：1998 年 2 月 13—18 日召开。应出席代表 165 名，实出席代表 165 名，列席人员 97 名。会议听取并审议通过各项工作报告；作出《关于多渠道解决乡（镇）机关基础设施建设的决定》。选举产生元坝区第三届“一委”“一府”“两院”领导班子组成人员。

三届二次会议：1999 年 1 月 25—29 日召开。应出席代表 165 名，实出席代表 161 名，列席人员

108 名。会议听取并审议通过“一委”“一府”“两院”工作报告；审议修订了《广元市元坝区人民代表大会议事规则》。

三届三次会议：1999 年 12 月 28 日至 2000 年 1 月 1 日召开。应出席代表 162 名，实出席代表 160 名，列席人员 97 名。会议听取并审议通过各项工作报告；选举广元市第四届人民代表大会代表 26 人；作出《关于乡镇财务清理的议案的决定》和《关于积极争取元坝区档案馆立项建设的议案的决定》。

三届四次会议：2001 年 1 月 6—10 日召开。应出席代表 166 名，实出席代表 166 名，列席人员 108 名。会议听取并审议各项工作报告；听取并审议通过了《广元市元坝区国民经济和社会发展计划第十个五年计划（草案）》；补选出席广元市第四届人民代表大会代表 1 名；选举王步勇为区人民政府区长。

三届五次会议：2002 年 1 月 19—23 日召开。应出席代表 162 名，实出席代表 162 名，列席人员 135 名。会议听取并审议通过各项工作报告。

四届一次会议：2003 年 1 月 19—24 日召开。应出席代表 167 名，实出席代表 167 名，列席人员 104 名。会议听取并审议通过“一委”“一府”“两院”工作报告，选举产生元坝区第四届“一委”“一府”“两院”领导班子组成人员。

四届二次会议：2004 年 3 月 1—5 日召开。应出席代表 162 名，实出席代表 162 名，列席人员 135 名。会议听取并审议通过各项工作报告；通过《关于加快元坝中学建设与发展的议案的决定》。

四届三次会议：2005 年 3 月 25—26 日召开。应出席代表 159 名，实出席代表 159 名，列席人员 124 名。会议听取并审议通过各项工作报告；选举产生出席广元市五届人民代表大会代表 32 名。

四届四次会议：2005 年 8 月 14—16 日召开。应出席代表 155 名，实出席代表 155 名，列席人员 64 名。会议听取并审议通过区人民政府《关于元坝区农村公路“十一五”建设情况和“十一五”建设总体安排的报告》；补选冯安富为区人民政府区长。

四届五次会议：2006 年 2 月 20—23 日召开。应出席代表 147 名，实出席会议代表 147 名，列席人员 165 名。会议听取并审议通过区“一委”“一府”“两院”工作报告；听取关于编制《广元市元坝区国民经济和社会发展计划第十一个五年规划纲要（草案）》的说明；审议并通过《广元市元坝区国民经济和社会发展第十一个五年规划纲要（草案）》。

五届一次会议：2007 年 1 月 15—19 日召开。应出席代表 167 名，实出席会议代表 167 名，列席人员 139 名。会议听取并审议通过“一委”“一府”“两院”工作报告；选举产生元坝区第五届“一委”“一府”“两院”领导班子组成人员。

第三章　广元市元坝区人大常委会

第一节　机构设置

一、第一届人大常委会

广元市元坝区第一届人大常委会由 13 人组成。其中，主任 1 人（由区委书记兼任），副主任 3 人，委员 10 人（届中减少至 9 人）。任期 3 年（1990 年 2 月至 1993 年 2 月）。

广元市元坝区第一届人大常委会组成人员名录

表 5－2

姓　名	性别	籍　贯	政治面貌	职　务	任职期间	备　注
翟廷富	男	遂宁市船山区	中共党员	主　任	1990－02—1992－10	区委书记,区人大常委会党组书记
徐丕泉	男	广元市元坝区	中共党员	副主任	1990－02—1993－02	党组副书记，主持日常工作
王叙林	男	宜宾市宜宾县	中共党员	副主任	1990－02—1992－01	
李映雪	男	广元市元坝区	中共党员	副主任	1992－03—1993－02	党组成员
刘明顺	男	广元市朝天区	非　党	副主任	1992－03—1993－02	
李映雪	男	广元市元坝区	中共党员	委　员	1990－02—1992－03	
李伦蓉	女	绵阳市绵竹县	非　党	委　员	1990－02—1993－02	
李　琳	女	广元市元坝区	非　党	委　员	1990－02—1993－02	
黄安举	男	广元市元坝区	中共党员	委　员	1990－02—1993－02	
刘万山	男	广元市元坝区	中共党员	委　员	1990－02—1993－02	
王德永	男	广元市元坝区	中共党员	委　员	1990－02—1993－02	
王树和	男	广元市元坝区	中共党员	委　员	1990－02—1993－02	
熊明合	男	广元市元坝区	非　党	委　员	1990－02—1993－02	
郑维信	男	安徽省歙县	中共党员	委　员	1990－02—1993－02	
盛月英	女	广元市元坝区	非　党	委　员	1990－02—1993－02	

二、第二届人大常委会

广元市元坝区第二届人大常委会由 14 人组成。其中，主任 1 人（1993 年 2 月至 1995 年 6 月由区委副书记兼任），副主任 3 人，委员 10 人（届中减少至 8 人）。任期 5 年（1993 年 2 月至 1998 年 2 月）。

广元市元坝区第二届人大常委会组成人员名录

表 5-3

姓　名	性别	籍　贯	政治面貌	职　务	任职期间	备　注
陈广霖	男	河南省孟津县	中共党员	主　任	1993-02—1995-06	区委副书记 区人大常委会党组书记
沈定均	男	广元市元坝区	中共党员	主　任	1996-02—1998-02	党组书记
徐丕泉	男	广元市元坝区	中共党员	副主任	1993-02—1995-06	党组副书记，主持日常工作
徐丕泉	男	广元市元坝区	中共党员	代理主任	1995-06—1996-02	党组副书记
徐丕泉	男	广元市元坝区	中共党员	副主任	1996-02—1998-02	党组副书记
李映雪	男	广元市元坝区	中共党员	副主任	1993-02—1998-02	党组成员
李伦蓉	女	绵阳市绵竹县	非　党	副主任	1993-02—1998-02	
刘兴朝	男	广元市元坝区	中共党员	委　员	1993-02—1998-02	党组成员
黄安举	男	广元市元坝区	中共党员	委　员	1993-02—1998-02	党组成员
王正蓉	女	广元市元坝区	非　党	委　员	1993-02—1998-02	
王叙林	男	宜宾市宜宾县	中共党员	委　员	1993-02—1996-02	
刘万山	男	广元市元坝区	中共党员	委　员	1993-02—1998-02	
李能章	男	广元市元坝区	中共党员	委　员	1993-02—1998-02	
李子杰	男	广元市元坝区	中共党员	委　员	1993-02—1998-02	
李金芳	女	广元市元坝区	非　党	委　员	1993-02—1996-02	
杨帮翰	男	广元市元坝区	非　党	委　员	1993-02—1998-02	
侯映华	男	广元市元坝区	中共党员	委　员	1993-02—1998-02	

三、第三届人大常委会

广元市元坝区第三届人大常委会由 15 人组成。其中，主任 1 人，副主任 4 人（届中减少至 2 人），委员 10 人。任期 5 年（1998 年 2 月至 2003 年 1 月）。

广元市元坝区第三届人大常委会组成人员名录

表 5-4

姓　名	性别	籍　贯	政治面貌	职　务	任职期间	备　注
沈定均	男	广元市元坝区	中共党员	主　任	1998-02—2003-01	党组书记
李映雪	男	广元市元坝区	中共党员	副主任	1998-02—2003-01	党组副书记
胡开勇	男	广元市元坝区	中共党员	副主任	1998-02—2003-01	党组副书记
杨在尧	男	广元市元坝区	中共党员	副主任	1998-02—2002-03	党组成员
李伦蓉	女	绵阳市绵竹县	非　党	副主任	1998-02—2000-06	
刘兴朝	男	广元市元坝区	中共党员	委　员	1998-02—2003-01	党组成员
王正蓉	女	广元市元坝区	非　党	委　员	1998-02—2003-01	
母长海	男	广元市元坝区	中共党员	委　员	1998-02—2003-01	
李怀良	男	广元市利州区	中共党员	委　员	1998-02—2003-01	

续表

姓　名	性别	籍　贯	政治面貌	职　务	任职期间	备　注
李能章	男	广元市元坝区	中共党员	委　员	1998－02—2003－01	
张大培	男	广元市元坝区	中共党员	委　员	1998－02—2003－01	
张在满	男	广元市元坝区	中共党员	委　员	1998－02—2003－01	
胡俊惠	女	广元市元坝区	非　党	委　员	1998－02—2003－01	
耿怀先	男	广元市元坝区	中共党员	委　员	1998－02—2003－01	
梁　黎	女	广元市元坝区	中共党员	委　员	1998－02—2003－01	

四、第四届人大常委会

广元市元坝区第四届人大常委会由15人组成。其中，主任1人（由区委书记兼任），副主任6人，委员8人。任期4年（2003年1月至2007年1月）。

广元市元坝区第四届人大常委会组成人员名录

表5－5

姓　名	性别	籍　贯	政治面貌	职　务	任职期间	备　注
赵修云	男	广元市旺苍县	中共党员	主任	2003－01—2006－06	区委书记
熊光辉	男	广元市元坝区	中共党员	副主任 代理主任	2003－01—2006－06 2006－06—2007－01	党组书记，主持日常工作 党组书记
胡开勇	男	广元市元坝区	中共党员	副主任	2003－01—2007－01	党组副书记
夏国科	男	广元市元坝区	中共党员	副主任	2003－01—2007－01	党组成员
阳定康	男	广元市元坝区	中共党员	副主任	2003－01—2007－01	党组成员
张克汉	男	广元市元坝区	中共党员	副主任	2003－01—2007－01	党组成员
刘思岗	男	广元市元坝区	非　党	副主任	2003－01—2007－01	
田澍塘	男	广元市元坝区	中共党员	委　员	2003－01—2007－01	党组成员
王笑梅	女	广元市元坝区	非　党	委　员	2003－01—2007－01	
朱琮海	男	广元市元坝区	中共党员	委　员	2003－01—2007－01	
张荣华	女	广元市元坝区	非　党	委　员	2003－01—2007－01	
青久蓉	女	广元市青川县	中共党员	委　员	2003－01—2007－01	
耿怀先	男	广元市元坝区	中共党员	委　员	2003－01—2007－01	
曹明林	男	广元市元坝区	中共党员	委　员	2003－01—2007－01	
商翠蓉	女	广元市元坝区	中共党员	委　员	2003－01—2007－01	

五、第五届人大常委会

广元市元坝区第五届人大常委会由19人组成。其中，主任1人（由区委书记兼任），副主任7人，委员11人。任期5年（从2007年1月开始）。

广元市元坝区第五届人大常委会组成人员名录

表5-6

姓名	性别	籍贯	政治面貌	职务	任职期间	备注
冯安富	男	广元市朝天区	中共党员	主任	2007-01—	区委书记
杨显俊	男	广元市旺苍县	中共党员	副主任	2007-01—	党组书记,主持日常工作
胡开勇	男	广元市元坝区	中共党员	副主任	2007-01—	党组副书记
夏国科	男	广元市元坝区	中共党员	副主任	2007-01—	党组成员
范映才	男	广元市元坝区	中共党员	副主任	2007-01—	党组成员
阳定康	男	广元市元坝区	中共党员	副主任	2007-01—	党组成员
张克汉	男	广元市元坝区	中共党员	副主任	2007-01—	党组成员
刘思岗	男	广元市元坝区	非党	副主任	2007-01—	
王孝先	男	广元市旺苍县	中共党员	委员	2007-01—	
王钦章	男	广元市元坝区	中共党员	委员	2007-01—	
王笑梅	女	广元市元坝区	非党	委员	2007-01—	
肖万钟	男	广元市元坝区	中共党员	委员	2007-01—	
何全基	男	广元市元坝区	中共党员	委员	2007-01—	
何辉云	男	南充市阆中市	中共党员	委员	2007-01—	
沈光宏	男	广元市元坝区	中共党员	委员	2007-01—	
张荣华	女	广元市元坝区	非党	委员	2007-01—	
姜玉福	男	广元市元坝区	中共党员	委员	2007-01—	
曹明林	男	广元市元坝区	中共党员	委员	2007-01—	
谭守德	男	广元市元坝区	中共党员	委员	2007-01—	

六、内设机构

1990年，广元市元坝区第一届人大常委会内设办公室、财经工作委员会、教科文卫工作委员会、法制工作委员会。1993年，第二届人大常委会增设农业工作委员会和人事代表工作委员会。2002年，第三届人大常委会增设信访工作办公室。至2007年，内设机构无变化。

广元市元坝区历届人大常委会委、室领导名录

表5-7

姓名	性别	籍贯	政治面貌	职务	任职期间	备注
李映雪	男	广元市元坝区	中共党员	办公室主任	1990-02—1992-07	人大常委会党组成员
李伦蓉	女	绵阳市绵竹县	非党	办公室主任	1992-07—1993-02	
刘兴朝	男	广元市元坝区	中共党员	办公室主任	1993-02—2002-03	人大常委会党组成员
田澍塘	男	广元市元坝区	中共党员	办公室主任	2002-03—2003-01	人大常委会党组成员
胡开勇	男	广元市元坝区	中共党员	办公室主任(兼)	2003-01—2007-02	人大常委会副主任、党组副书记
范子熠	男	广元市元坝区	中共党员	办公室主任	2007-02—	人大常委会党组成员

续表

姓　名	性别	籍　贯	政治面貌	职　务	任职期间	备　注
刘万山	男	广元市元坝区	中共党员	财经工作委主任	1990－02—1997－06	
耿怀先	男	广元市元坝区	中共党员	财经工作委副主任	1997－06—1998－02	主持工作
胡开勇	男	广元市元坝区	中共党员	财经工作委主任(兼)	1998－02—2002－01	人大常委会副主任
张克汉	男	广元市元坝区	中共党员	财经工作委主任	2002－01—2003－02	人大常委会党组成员
耿怀先	男	广元市元坝区	中共党员	财经工作委主任	2003－02—2007－01	
姜玉福	男	广元市元坝区	中共党员	财经工作委主任	2007－01—	
黄安举	男	广元市元坝区	中共党员	教科文卫委主任	1990－02—1997－06	1993－02 任人大常委会党组成员
张大培	男	广元市元坝区	中共党员	教科文卫委主任	1998－02—2003－01	
曹明林	男	广元市元坝区	中共党员	教科文卫委主任	2003－01—	
王德永	男	广元市元坝区	中共党员	法制工作委主任	1990－02—1993－02	
姚文荣	男	广元市青川县	中共党员	法制工作委主任	1993－02—1997－06	
刘志荣	男	广元市元坝区	中共党员	法制工作委副主任	1997－06—1998－02	主持工作
李怀良	男	广元市利州区	中共党员	法制工作委主任	1998－02—2002－02	
李尧生	男	广元市元坝区	中共党员	法制工作委主任	2002－02—2003－01	
田澍塘	男	广元市元坝区	中共党员	法制工作委主任	2003－01—2007－02	人大常委会党组成员
王孝先	男	广元市旺苍县	中共党员	法制工作委主任	2007－02—	
侯映华	男	广元市元坝区	中共党员	农业工作委主任	1993－02—1995－02	
张在满	男	广元市元坝区	中共党员	农业工作委主任	1995－02—2002－03	
高大志	男	广元市元坝区	中共党员	农业工作委主任	2002－03—2003－02	
朱琮海	男	广元市元坝区	中共党员	农业工作委主任	2003－02—2007－02	
谭守德	男	广元市元坝区	中共党员	农业工作委主任	2007－02—	
侯映华	男	广元市元坝区	中共党员	人事代表委主任	1993－02—1997－05	
王正蓉	女	广元市元坝区	非　党	人事代表委副主任	1997－05—1998－02	主持工作
母长海	男	广元市元坝区	中共党员	人事代表委主任	1998－02—2003－01	办公室副主任
商翠蓉	女	广元市元坝区	中共党员	人事代表委主任	2003－01—2007－02	
何辉云	男	南充市阆中市	中共党员	人事代表委主任	2007－02—	
王正蓉	女	广元市元坝区	非　党	信访办主任	2002－03—2003－01	
高大志	男	广元市元坝区	中共党员	信访办主任	2003－01—2004－05	人大常委会党组成员
张荣华	女	广元市元坝区	非　党	信访办主任	2004－05—	

第二节　重要决议、决定

广元市元坝区人大及其常委会1990—2007年，依照法定程序作出200多个决议、决定。其中最主要的有：

1990年11月21日，区第一届人大常委会第六次会议作出《关于依靠科学技术振兴农业的决议》。

《决议》指出：切实加强对农业科技工作的领导，各级政府要把科技兴农工作纳入议事日程，制定落实科技兴农的规划、目标和实施方案。层层抓好“丰产片”“示范户”，利用典型引路，推动科技兴农。建立种子、种畜、种苗繁育基地，建立种子收储供应公司，充分满足全区粮油、蚕桑、生猪、水果、渔业等生产发展的需要。建立健全农科服务网络，区建立农科技术培训中心，乡建立农科推广服务站，村、组有农科技术员，户有科技当家人，形成农业科技的服务体系，搞好实用科学技术的教育普及。

1991 年 9 月 20 日，区第一届人大常委会第十一次会议作出《关于“二五”普法规划的决议》。《决议》要求全区干部普遍学习《中华人民共和国行政诉讼法》《中华人民共和国民事诉讼法》《中华人民共和国义务教育法》《中华人民共和国国旗法》《中华人民共和国国徽法》《四川省禁赌条例》；根据本单位工作职能，有针对性地学习并熟练掌握《地方组织法》《中华人民共和国水土保持法》《中华人民共和国婚姻法》《中华人民共和国土地管理法》《中华人民共和国森林法》《四川省计划生育条例》《中华人民共和国工业企业法》《中华人民共和国村民委员会组织法》以及保密、卫生、交通、廉政等方面的法律、法规。

1993 年 4 月 24 日，区第二届人大常委会第三次会议作出《关于认真贯彻执行“两个条例”切实减轻农民负担的决定》。《决定》要求：全区各级政府要认真宣传贯彻执行《国务院农民承担费用和劳务管理条例》、《四川省农民负担管理条例》，做到家喻户晓；建立健全乡镇、村、组三级农村经营管理机构，规范管理农民负担。每年集体提留的预算方案应由农村集体经济组织或村民委员会提出，经农村集体经济组织成员大会或村民会议讨论通过，报乡镇人民政府备案；统筹费由乡镇人民政府编制，经区农业局审核后，提请乡镇人代会审议通过，在编制、审核通过后，各乡镇农经（技）站将统筹费分项给农民发负担通知书。在收取中，要严格使用农业税、统筹费、集体提留等专用收据。超过通知书外的收费，农民有权拒付。要求农村义务工和劳动积累工按劳动力分摊，以出劳为主，因故不能出劳的，按“两个条例”规定程序以资代劳，因病或因其他原因不能承担的，按条例规定程序予以减免。不准强行以资代劳，也不准拒收愿意以资代劳的代金，更不准按田亩或人口分摊积累工和义务工。要求在农村的行政事业收费，必须实行立项审批，凭（亮）证收费的原则，使用统一行政事业性收费票据。不准强迫农民购买某种商品，不准强行推销报刊、画册，不准从农民手上收钱收物搞达标，不准违反条例搞摊派款项，不准在年初乡镇人民代表大会通过的统筹上增加收费和重复收费，不准将集体提留收到乡镇上统一使用；要求全区各级政府要认真清理有关向农民收费的文件，凡与“两个条例”相悖的文件要坚决清理废止，今后不得出台与条例相悖的文件。要求区检察机关、审判机关对有关农民负担的申诉、控告要作为重要事件查处，对造成恶性事件的当事人，必须绳之以法；各乡镇人大主席团要重视监督检查“两个条例”的贯彻执行情况，每年审议一次，发现问题及时予以监督纠正。

1993 年 8 月 13 日，区第二届人大常委会第四次会议作出的《关于增收节支加强财政预算管理的决定》强调：要按照《四川省预算外资金管理条例》加强对各单位预算外资金的管理，严格监督检查，并将收、支管理情况向区人大常委会报告。区级机关所办的经济实体和乡镇集体企业必须带头缴纳税款，不准乱开减免税收的“口子”。逐步完善财政收支包干办法，充分调动乡镇增收节支的积极性。

1995 年 12 月 29 日，区第二届人大常委会第十九次会议所作的《关于在区人民政府、人民检察院、人民法院实行部门执法责任制的决议》。

1996 年 12 月 26 日，区第二届人大常委会第二十五次会议作出《关于认真清理和坚决制止中小学乱收费问题的决议》，要求区人民政府要加强对清理、制止中小学校乱收费工作的组织领导，对全区中、小学校乱收费的情况进行一次集中清理。对清理出的乱收费，要根据不同情况给予处理。对借乱收费之机牟取私利者，要视其情节轻重给予纪律处分直至追究刑事责任。要强化教育费附加的征收、管理和审计，保证教育经费专款专用。

2000 年 10 月 27 日，区第三届人大常委会第二十次会议通过的《元坝区环境保护暂行规定》，要求遵循全面规划、合理布局、预防为主、防治结合、综合治理的方针，坚持污染者治理、利用者补偿、开发者保护、破坏者恢复的原则，结合元坝区实际，从严格建设项目环境保护审批管理，控制产生新污染源。并按照经济效益、社会效益和环境效益的协调统一，在奖励与处理等方面依法作出了规定。

2001 年 4 月 17 日，区第三届人大常委会第二十五次会议作出了《关于加快乡、村公路建设的决定》。

2003 年 6 月 25 日，区第四届人大常委会第四次会议审议通过区人民政府《关于确定元坝区树、区花的议案》，决定把桂花树、桂花作为广元市元坝区“区树”“区花”。

2004 年 8 月 26 日，区第四届人大常委会第十一次会议作出了《关于加强区级预算审查监督的决定》。

2005 年 4 月 22 日，区四届人大常委会第十六次会议作出《关于〈广元市元坝区城市总体规划〉的决议》和《关于〈广元市元坝区控制性详细规划〉的决议》。

2006 年 6 月 22 日，区四届人大常委会第二十七次会议作出《关于进一步加强法制宣传教育的决议》。

2006 年 12 月 31 日，区四届人大常委会第三十二次会议作出《关于同意将广元市元坝区更名为广元市昭化区的决定》。

2007 年 2 月 8 日，区五届人大常委会第一次会议作出《关于〈四川广元昭化古城修建性详细规划〉的决议》。

第三节　重要活动

一、法律监督和工作监督

（一）区人大及其常委会根据法律、法规和实践经验，逐步建立和完善了具体的监督制度，在注重程序性监督的基础上，不断提高监督的实效性。其主要制度主要有：

1. 听取、审议工作报告制度

至 2007 年，区人大及其常委会共听取和审议了“一府两院”的工作报告或专题汇报 420 多项，其中有 240 多项是属于经济工作内容的。并按照“发展是第一要务”和“三个代表”重要思想的要求，根据元坝区不同时期经济建设的情况，适时作出 150 个决议、决定，提出 800 多条建议、意见，形成围绕经济工作抓大事、议大事的主旋律。特别是在探索加强对财税、金融等监督的同时，始终把握住元坝是农业区的这个大局，继 1990 年《依靠科技进步，振兴农业的决定》作出后，逐年坚持对深化农村改革以及农村产业结构调整、农田水利基本建设、扶贫攻坚、小康村建设、农村税费改革等工作进行审议、视察、执法检查和评议。还针对减轻农民负担、村务公开、种子供应等情况，作出有关决议、决定和审议意见 50 多个。在促进中、小企业和民营经济的发展中，不仅在争取项目、提高质量、效益等方面积极参与、认真研究、提出意见，还不断加大对实施《中华人民共和国企业法》《中华人民共和国中小企业促进法》和省《关于进一步加快民营经济发展的决定》等情况的审议力度，并督促、支持区人民政府转换职能，为企业和民营经济发展创造宽松的环境。

2. 审查和批准计划、预算制度

区人民代表大会每年举行会议时，区人民政府都按时向大会提出国民经济和社会发展计划及其执行情况的报告、财政预算及其执行情况的报告，由各代表团审查，并由计划、财政预算审查委员会根据各代表团的审查意见，向大会主席团提出审查结果报告，然后提请全体会议表决。为了使计划、预算的审查和批准落到实处，每届区人大常委会都在每年的人代会之前介入政府编制计划和预算的活动，了解情况，提出合理化建议；组织人大代表围绕计划和预算执行情况开展视察及调研活动，取得审查、批准的发言权。区人大常委会共组织省、市、区、乡镇人大代表开展视察和调研活动 30 多次。在计划、预算执行中需要有部分调整或变更的，要求政府及时提出方案，由区人大常委会审查、批准。区人大常委会共作出区级财政预算部分调整的决议 8 个。在此基础上，区人大不仅及时作出了广元市元坝区国民经济和社会发展第八个至第十一个“五年计划”的决议，区人大常委会还在广泛宣传《中华人民共和国预算法》，督促审计部门加强对预算执行的审计，支持财政部门加强预算外资金的管理等基础上，适时作出有关计划和预算执行情况的决议、决定，逐步完善和深化了对计划、预算的审批和监督。

3. 对法律实施进行检查监督制度

一至五届区人大常委会遵照全国人大常委会《关于加强对法律实施情况检查监督的若干规定》，有针对性地对一些法律、法规、决议的实施情况累计组织检查监督 40 余次，召开群众座谈会 600 多场次，走访调查基层单位 400 余次，提出改进意见 200 多条，并把每次检查监督的情况汇报列入区人大常委会会议议程，在审议中适时作出有关决议、决定。

4. 询问和质询制度

1995 年 4 月，区第二届人大常委会第十四次会议中听取了区人民政府《关于 1994 年救灾、减灾物资、资金使用情况和灾民生活安排情况的汇报》后，作出审议意见。同时听取了刘万山等三位委员联名向区人民政府提出的《关于 1994 年度全区农业税减免和全面执行市政府农业税减免指标问题的质询案》。同年 6 月，区人民政府在区第二届人大常委会第十五次会议上作了答复。2003 年 4 月，区第四届人大常委会第三次会议在听取区人民政府关于实施《中华人民共和国档案法》执法检查的情况汇报后，认为区人民政府在实施《档案法》中存在的问题较多，特别是未办理落实区第三届人大第三次会议通过的《关于积极争取区档案馆立项建设的议案》。为此，耿怀先等五名委员联名向区人民政府提出《关于元坝区建设档案馆的质询案》，引起区人民政府的高度重视。同年 8 月，区人民政府在区第四届人大常委会第五次会议上作出答复。

（二）开展“两评”工作和视察工作

区人大常委会自 1994 年对区公安分局局长、区畜牧局局长进行述职评议，特别是 1996 年《四川省各级人民代表大会常务委员会评议工作条例》实施后，坚持每年进行“两评”工作，并指导各乡镇人大主席团开展了“两评”工作。到 2005 年，共对 15 个部门的主要领导干部开展了述职评议和对 11 个部门进行了工作评议。每次评议，都对动员、调查、评议、整改、总结等阶段的工作进行周密的安排部署，撰写评议调查、整改调查报告 100 多份，提出整改意见 300 余条，听取和审议被评单位和个人整改情况报告 20 多人次。

区人大常委会每年还组织省、市、区人大代表开展各类视察工作。1990 年 3 月，区第一届人大常委会组织部分人大代表视察元坝镇基础设施建设情况和区级机关办公、住房情况后，及时作出有关决议和审议意见，大力支持区人民政府迅速拉开区镇建设的序幕。1994 年 5 月，区第二届人大常委会组织部分市、区人大代表视察元坝火车站进站公路的情况，作出《关于加宽改造元坝火车站进站公路的决议》，为城市基础设施建设和经济发展创造了条件。2003 年区第三届人大常委会组织人大代表分别对区镇进出口道路、环线公路、生态家园、老年活动中心等建设情况和昭化古城的保护、开发情况进行了三次视察。同时，集中对全区种草养畜、退耕还林（草）、财政预算执行、农村税费改革等情况进行了全面的视察，这次视察走访了 31 个村、组、机关、企业和 1300 多个选民，察看现场 130 多处，召开座谈会 90 多次，提出各方面的建议、批评和意见 95 条。2004 年 8 月，区第四届人大常委会在元坝城区遭受特大洪水袭击的恢复重建中，及时组织市、区部分人大代表对城市基础设施、防洪设施毁损情况和环境保护、灾后重建等情况进行视察，指出了存在的问题，提出了合理化建议。11 月份，对“一府”、“两院”践行“三个代表”重要思想、政法队伍集中教育整顿、生态家园建设、民营经济发展等情况进行集中视察，共走访 30 多个村、组、机关、企业，察看现场 58 处，召开座谈会 36 次，提出各方面的建议 195 条。

二、人事任免

1995 年 3 月，在完善选举、任免程序的工作中制定了《广元市元坝区人大代表选举办法》、《广元市元坝区人大常委会人事任免办法》，依法规范了选举、任免工作的各个环节，保证了既不越权，也不失职的任免原则。在人事任免的具体工作中，通过材料审查、法律考试、主任会议等工作，做到了任免前的细致初审；通过发扬民主、客观公正、不投“违心票”等要求，做到了任免中的认真决议；通过颁发任命书、述职评议，工作汇报、询问、质询等形式，做到了任命后的加强监督。至 2007 年，区人民代表大会共依法选举出区人大常委会主任 6 人次、副主任 24 人次、委员 52 人次；选举出区人民政府区长 8 人次、副区长 29 人次；选举出区人民检察院检察长 5 人次；区人民法院院长 5 人次。区人大常委会依法任命和决定任命“一委”“一府”“两院”工作人员 516 人次，免职 116 人次、撤销职务 2 人次、接受辞职 26 人次。其中：第一届任命和决定任命 73 人次、免职 11 人次、接受辞职 9 人次；第二届任命和决定任命 129 人次、免职 50 人次、撤销职务 1 人次、接受辞职 11 人次；第三届任命和决定任命 134 人次、免职 29 人次、撤销职务 1 人次、接受辞职 4 人次；第四届任命和决定任命 111 人次、免职 3 人次，接受辞职 5 人次。至 2007 年，区人大常委会共决定任命区人民政府副区长 73 人，免职（含接受副区长辞职）11 人；任命区人民检察院副检察长 11 人，免职（含接受副检察长辞职）2 人；任命区人民法院副院长 13 人；推选区人大常委会代理主任 2 人次；通过区人民政府代理区长 4 人次；决定了区人民法院代理院长 2 人次；代理检察长 1 人次。

三、人民代表大会制度建设

区人大及其常委会在推进人民代表大会制度建设中，把宣传人民代表大会制度作为党和国家整个宣传工作的重要组成部分。不仅从区到各乡镇，在人大系统建立了领导挂帅、人人动手，制度健全的宣传队伍，而且在全区形成了党委重视，政府支持，各方参与的宣传网络。1991—2007 年，共写出了以宣传邓小平民主法制思想、依法治国基本方略、人民代表大会制度、基层民主政治建设等为主要内容的 100 多篇理论研讨文章在省、市进行了交流，写出了 200 多篇人大工作新闻被国家、省、市报纸杂志刊登。区人大常委会机关工作人员有 50 多篇文章在国家、省、市人大制度“好新闻”评选中获奖。其中《决议，是这样作出的》一文，被中国人大制度新闻协会、全国人大新闻局授予“全国人大报刊好新闻二等奖”。在与省内外50多个县（区）人大建立了联系的基础上，又举办了两次“四川省九县（区）人大工作研讨会”，并有一篇论文获研讨会一等奖。为了拓宽宣传领域，增强宣传实效，1999年，制作了《开拓进取的元坝人大》的大型展板。2000年，摄制了《走进人大》电视片。2006年，摄制了《开拓创新的四届人大》专题片，全方位、多层次地回顾、总结了人大及其常委会在推进人民代表大会制度建设中的实践与经验。1998年和2001年分别获四川省人大常委会“人大制度宣传特等奖”和“人大制度和民主法制建设宣传工作特等奖”。

四、代表工作

区人大常委会把建立领导联系乡镇人大主席团、组建代表活动小组、组织代表视察或议题调查、走访代表、组织代表开展执法检查和评议“一府两院”工作，邀请人大代表和乡镇人大主席团主席或副主席列席区人大常委会会议，督促办理议案、建议、批评和意见，接待和办理人大代表来信来访等作为联系人大代表的重要工作内容。在加强代表工作机关建设的基础上，制定实施了《联系区人大代表工作试行办法》《关于区人大代表持证视察试行办法》《关于邀请区人大代表列席区人大常委会会议工作程序》和《关于邀请区人大代表参加区人大常委会执法检查工作程序》《关于区人民代表大会代表议案处理办法》，并坚持把有关资料和常委会公报按时送到代表手中，在代表活动小组中开展“五带头”活动（即遵纪守法、反映人民呼声、学习科技、勤劳致富、创建文明活动）。通过这些工作，为人大代表履行职务、联系选民畅通了渠道，提供了条件。在督促办理人大代表提出的议案、建议、批评和意见的工作中，制定实施了《关于办理区人大代表建议、批评和意见的规定》，1990—2007年，办理了区人大代表提出的363件议案和686件建议、批评、意见，办结率达到98%，激发了区人大代表代表人民行使当家做主的权力的积极性。区人大常委会还坚持把监督、指导乡镇人大工作和领导联系乡镇人大主席团作为密切联系人大代表的重要工作。长期坚持邀请乡镇人大主席或副主席列席区人大常委会会议，坚持每年召开一次乡镇人大工作研讨会，经常组织乡镇人大主席团成员参加各级人大常委会举办的培训班，不断提高乡镇人大履行职权的能力。

五、信访工作

1992年，区人大常委会制定出《关于处理人民来信来访的办法》。在信访工作中，根据信访热点，积极提出建议。1993—1996年，部分乡镇的“三乱”（即乱收费、乱罚款、乱摊派）现象突出，有农民不断来信来访，反映强行收粮收款，加码收取“双提”（即：公积金、公益金）款，中、小学乱收费等热点问题，区人大常委会信访机构派人深入乡村调查、核实后，提出了减轻农民负担的建议和措施。区人大常委会根据信访调查情况，先后作出《关于切实减轻农民负担的决定》《关于制止中小学校乱收费的决议》，使“三乱”现象得到有效遏制。1990—2007年，共接待、办理人民来信来访2839余件次，做到事事有登记，件件有落实。2000年，被市人大常委会表彰为“信访工作先进单位”，2002年，被四川省人大常委会办公厅表彰为“四川省人大信访工作先进集体”。

第六篇　人民政府

第一章　组织机构

第一节　政府组成

一、昭化县人民政府

1949年12月，成立昭化县人民政府，张向震代县长。同月，县委书记胡谦兼任县长，鲜贵基任副县长。时设民政、财政、司法等科和公安局。1951年1月，鲜贵基任县长。1952年6月，白佩珩任县长，杨昆山任副县长。1952年9月，杨昆山任县长，陈守荣任副县长。1954年11月，白锋任县长，陈守荣任副县长。

1955年，改县人民政府为县人民委员会。同年9月，白锋任昭化县第一届人民委员会县长，李树森任副县长。

1956年12月，白锋任昭化县第二届人民委员会县长，王英、李树森、童朝俊任副县长。

1958年5月，贾田夫任昭化县第三届人民委员会县长，王英、李树森、任孝忠、童朝俊任副县长。

二、广元县人民政府（1959年3月昭化县并入广元县后）

1959年，吴谷泉任广元县人民委员会县长，张成玺、张清雨、冯明先任副县长。

1960年1月，张成玺代县长。同年6月，杨振山任县长。同年11月，杨昆山任县长。1960年1月至1961年9月，司有义、王国华任副县长。

1961年9月，广元县四届人代会选举杨昆山任广元县人民委员会县长，王国华、冯明先、张成玺、李英任副县长。

1963年5月，广元县五届人代会选举李一平任广元县人民委员会县长，李英、张成玺、冯明先、郭佐成任副县长。

1965 年 12 月，广元县六届人代会选举李英任广元县人民委员会县长，皮知仁、张成玺、冯明先、郭佐成任副县长，均任至 1967 年 1 月。

“文化大革命”开始后，广元县人民委员会处于瘫痪状态。1967 年 3 月，成立广元县生产办公室，下设秘书、宣传、农业、财贸、工交、文卫和检查七个组。同月，改为广元县生产委员会，下设生产委员会办公室和农林、政治、财贸、工交、文卫等办公室。1967 年 5 月，改为广元县抓革命促生产委员会。同年 8 月，又改为广元县生产指挥部。1968 年 9 月，成立广元县革命委员会，下设办事组、政工组、人民保卫组，陈星跃任广元县革命委员会主任。1969 年 11 月，王兴武任广元县革命委员会主任。1972 年 2 月，田逢源任广元县革命委员会主任。1968 年 9 月至 1975 年 8 月，曾任广元县革命委员会副主任的有皮知仁、刘文明、邓少伦（1971 年 9 月撤职）、周世海（1971 年 9 月撤职）、赵凤岐、范俊德、季清明、李敬育、田逢源、王虎山、于济舟、窦连学、宋洪义、熊林、邓昌发、高治安、丰东河、苟登寿、王维东、董聚照、王汝伟、李英、杨振山。1973 年 2 月，撤销县革命委员会下设的各组。1975 年 8 月，匡政桁任广元县革命委员会主任，钟戡、张玉德、皮知仁、田逢源、窦连学、宋洪义、邓昌发、丰东河、董聚照、王汝伟任副主任。

1978 年 12 月，广元县八届人大选举匡政桁任广元县革命委员会主任，张玉德、周德、王汝伟、庞泉江、杨清林、安福林任副主任。

1981 年 3 月，撤销县革命委员会，恢复广元县人民政府建制。同年 4 月，广元县九届人大选举杨清林任广元县人民政府县长，庞泉江、何庆超、童朝俊、刘扬山、赵立中任副县长。

1984 年 4 月，广元县十届人大选举解大德任广元县人民政府县长，何庆超、刘扬山、周宗碧（女）、张孝炯任副县长。

三、广元市市中区人民政府

1985 年 2 月，撤广元县。同年 5 月，建广元市市中区人民政府，十届人大二次会议选举杨锡重任广元市市中区人民政府区长，庞泉江、张孝炯、陈肇治、李泉春任副区长。1986 年 10 月，广元市政府秘书长何庆超兼任广元市市中区人民政府区长。

四、广元市市中区卫子区公所

1986 年 11 月，广元市人民政府将广元市市中区的 14 个区合并为 3 个区（中心区、卫子区、朝天区），其中，撤昭化、虎跳、王家 3 个区，将其所辖乡镇并入卫子区。广元市市中区卫子区公所虽隶属广元市市中区人民政府，但直接向市委、市政府负责，区公所党政领导也按县级待遇直接参加和出席上级召开的各种会议。

广元市市中区卫子区公所领导名录

表 6 – 1

姓　名	性别	籍　贯	政治面貌	职　务	任职期间	备　注
陈肇治	男	四川省成都市	中共党员	区　长	1986 – 11—1989 – 10	
沈定均	男	广元市元坝区	中共党员	副区长	1986 – 11—1989 – 10	
杨守清	男	广元市元坝区	中共党员	副区长	1986 – 11—1989 – 10	

续表

姓　名	性别	籍　贯	政治面貌	职　务	任职期间	备　注
熊光辉	男	广元市元坝区	中共党员	副区长	1988－10—1989－10	
陈学贵	男	广元市利州区	中共党员	副区长	1988－10—1989－10	
刘源智	男	四川省成都市	中共党员	副区长	1988－11—1989－10	省林科院工程师 省下派任科技副区长

五、广元市元坝区人民政府

1989年8月15日，国务院批准缩小广元市市中区，撤销卫子区，增设广元市元坝区（县级），属广元市。广元市元坝区人民政府（简称区政府）驻元坝镇。根据《中华人民共和国地方各级人民代表大会和地方各级人民政府组织法》（简称《地方组织法》）规定，区长、副区长由区人民代表大会选举产生，政府组成单位正职由区人大常委会任命；区人民代表大会闭幕期间，个别副区长的任免由区人大常委会决定；任期内区长因工作变动或其他原因出缺，在人民代表大会闭幕期间，其辞职和免职由区人大常委会决定，并从副区长中决定1人为代理区长。1990年2月，广元市元坝区第一届人民代表大会第一次会议选举产生广元市元坝区第一届人民政府区长、副区长，任期3年。同月，建立中共广元市元坝区人民政府党组，由区长担任党组书记。1993年2月，广元市元坝区第二届人民代表大会第一次会议选举产生了广元市元坝区第二届人民政府区长、副区长。根据1995年2月28日全国人大常委会第十二次会议通过修改后的《地方组织法》规定，县（区）级人民政府每届任期改为5年，区人民政府从第二届起，每届任期均为5年。1998年2月，广元市元坝区第三届人民代表大会第一次会议选举产生了广元市元坝区第三届人民政府区长、副区长。2003年1月，广元市元坝区第四届人民代表大会第一次会议选举产生了广元市元坝区第四届人民政府区长、副区长。2007年1月，广元市元坝区第五届人民代表大会第一次会议选举产生了广元市元坝区第五届人民政府区长、副区长。

广元市元坝区第一届人民政府领导名录

表6－2

姓　名	性别	籍　贯	政治面貌	职　务	任职期间	区人民代表大会或 区人大常委会届次
温燕德	男	广元市苍溪县	中共党员	区　长	1990－02—1992－09	一届一次大会选举
赵俊普	男	广元市旺苍县	中共党员	代区长	1992－09—1993－02	一届十六次常委会决定任命
张华图	男	广元市苍溪县	中共党员	副区长	1990－02—1993－02	一届一次大会选举
沈定均	男	广元市元坝区	中共党员	副区长	1990－02—1993－02	一届一次大会选举
赵俊普	男	广元市旺苍县	中共党员	副区长	1990－02—1992－09	一届一次大会选举
陈学贵	男	广元市利州区	中共党员	副区长	1990－02—1993－02	一届一次大会选举
刘源智	男	四川省成都市	中共党员	副区长	1990－02—1991－09	一届一次大会选举
刘定蓉	女	四川省成都市	中共党员	副区长	1991－05—1993－02	一届九次常委会决定任命
尹仁海	男	达州市达县	中共党员	副区长	1991－05—1992－05	一届九次常委会决定任命
刘和林	男	四川省宜宾市	中共党员	副区长	1991－11—1993－02	一届十二次常委会决定任命
滕明亮	男	四川省成都市	中共党员	副区长	1992－05—1993－01	一届十四次常委会决定任命

广元市元坝区第二届人民政府领导名录

表6-3

姓　名	性别	籍　贯	政治面貌	职　务	任职期间	区人民代表大会或区人大常委会届次
赵俊普	男	广元市旺苍县	中共党员	区　长	1993-02—1995-03	二届一次大会选举
李桂林	男	南充市南部县	中共党员	区　长	1995-03—1998-02	二届三次大会补选
沈定均	男	广元市元坝区	中共党员	副区长	1993-02—1996-01	二届一次大会选举
曾虎昭	男	广元市旺苍县	中共党员	副区长	1993-02—1996-06	二届一次大会选举
陈学贵	男	广元市利州区	中共党员	副区长	1993-02—1993-12	二届一次大会选举
刘明顺	男	广元市朝天区	非　党	副区长	1993-02—1998-02	二届一次大会选举
熊光辉	男	广元市元坝区	中共党员	副区长	1993-02—1995-06	二届一次大会选举
刘和林	男	四川省宜宾市	中共党员	副区长	1993-02—1995-06	二届一次大会选举
刘凌云	男	江苏省常州市	中共党员	副区长	1993-04—1993-12	二届二次常委会决定任命
杜允中	男	甘肃省酒泉市	中共党员	副区长	1993-06—1993-12	二届三次常委会决定任命
杨在尧	男	广元市元坝区	中共党员	副区长	1993-12—1998-02	二届六次常委会决定任命
廖志琴	女	贵州省清镇市	中共党员	副区长	1993-12—1997-09	二届六次常委会决定任命
萧凤鸣	男	遂宁市射洪县	中共党员	副区长	1994-04—1998-02	二届八次常委会决定任命
孙继斌	男	山东省牟平县	中共党员	副区长	1994-12—1997-04	二届十二次常委会决定任命
田永龙	男	德阳市中江县	中共党员	副区长	1995-04—1997-04	二届十四次常委会决定任命
李旭春	男	广元市元坝区	中共党员	副区长	1995-06—1998-02	二届十五次常委会决定任命
李奎元	男	广元市元坝区	中共党员	副区长	1996-02—1998-02	二届四次大会补选
白长林	男	北京市顺义区	中共党员	副区长	1996-04—1997-04	二届二十一次常委会决定任命
段晓明	男	陕西省耀县	中共党员	副区长	1996-06—1998-02	二届二十二次常委会决定任命
苟英明	女	广元市剑阁县	中共党员	副区长	1996-12—1998-02	二届二十五次常委会决定任命
黄建军	男	河南省南乐县	中共党员	副区长	1997-04—1998-02	二届二十七次常委会决定任命
宋毅力	男	山东省荣城县	中共党员	副区长	1997-10—1998-02	二届三十次常委会决定任命

广元市元坝区第三届人民政府领导名录

表6-4

姓　名	性别	籍　贯	政治面貌	职　务	任职期间	区人民代表大会或区人大常委会届次
李桂林	男	南充市南部县	中共党员	区　长	1998-02—2000-05	三届一次大会选举
王步勇	男	广元市剑阁县	中共党员	代区长	2000-05—2001-02	三届十七次常委会决定任命
王步勇	男	广元市剑阁县	中共党员	区　长	2001-02—2002-11	三届四次大会补选

续表

姓　名	性别	籍　贯	政治面貌	职　务	任职期间	区人民代表大会或区人大常委会届次
苟英明	女	广元市剑阁县	中共党员	代区长	2002-11—2003-01	三届三十八次常委会决定任命
田现平	男	广元市利州区	中共党员	副区长	1998-02—2000-05	三届一次大会选举
段晓明	男	陕西省耀县	中共党员	副区长	1998-02—2000-12	三届一次大会选举
苟英明	女	广元市剑阁县	中共党员	副区长	1998-02—2002-11	三届一次大会选举
刘明顺	男	广元市朝天区	非　党	副区长	1998-02—2003-02	三届一次大会选举
许云宗	男	广元市元坝区	中共党员	副区长	1998-02—2002-12	三届一次大会选举
宋毅力	男	山东省荣城县	中共党员	副区长	1998-02—1999-10	二届三十次常委会决定任命
冯　鸣	男	山西省大同市	中共党员	副区长	1998-04—2003-01	三届二次常委会决定任命
姚　济	男	广元市苍溪县	中共党员	副区长	1999-10—2001-10	三届十二次常委会决定任命
范映才	男	广元市元坝区	中共党员	副区长	2001-02—2003-02	三届二十四次常委会决定任命
倪建英	男	四川省资阳市	中共党员	副区长	2001-10—2003-02	三届二十八次常委会决定任命
袁明胜	男	广元市苍溪县	中共党员	副区长	2002-02—2003-01	三届三十二次常委会决定任命
杨劲松	男	重庆市万县	中共党员	副区长	2002-10—2003-02	三届三十七次常委会决定任命
龚治名	男	广元市苍溪县	中共党员	副区长	2002-12—2003-02	三届三十九次常委会决定任命
卢春刚	男	广元市朝天区	民革党员	副区长	2002-12—2003-02	三届三十九次常委会决定任命

广元市元坝区第四届人民政府领导名录

表6-5

姓　名	性别	籍　贯	政治面貌	职　务	任职期间	区人民代表大会或区人大常委会届次
苟英明	女	广元市剑阁县	中共党员	区　长	2003-01—2005-08	四届一次大会选举
冯安富	男	广元市朝天区	中共党员	区　长	2005-08—2006-06	四届四次大会补选
张寿于	男	遂宁市射洪县	中共党员	代区长	2006-06—2007-01	四届二十八次常委会决定任命
杨显俊	男	广元市旺苍县	中共党员	副区长	2003-01—2007-01	四届一次大会选举
范映才	男	广元市元坝区	中共党员	副区长	2003-01—2007-01	四届一次大会选举
袁明胜	男	广元市苍溪县	中共党员	副区长	2003-01—2007-01	四届一次大会选举
龚治名	男	广元市苍溪县	中共党员	副区长	2003-01—2007-01	四届一次大会选举
罗仕发	男	广元市元坝区	中共党员	副区长	2003-01—2007-01	四届一次大会选举
卢春刚	男	广元市朝天区	民革党员	副区长	2003-01—2007-01	四届一次大会选举
石含玖	男	广元市旺苍县	中共党员	副区长	2006-04—2007-01	四届二十六次常委会决定任命

广元市元坝区第五届人民政府领导名录

表 6-6

姓　名	性别	籍　贯	政治面貌	职　务	任职期间	区人民代表大会或区人大常委会届次
张寿于	男	遂宁市射洪县	中共党员	区　长	2007-01—	五届一次大会选举
赵廷延	男	广元市剑阁县	中共党员	副区长	2007-01—	五届一次大会选举
康　铭	男	南充市蓬溪县	中共党员	副区长	2007-01—2007-08	五届一次大会选举
卢春刚	男	广元市朝天区	民革党员	副区长	2007-01—	五届一次大会选举
石含玖	男	广元市旺苍县	中共党员	副区长	2007-01—	五届一次大会选举
王天会	女	广元市苍溪县	中共党员	副区长	2007-01—	五届一次大会选举
王金川	男	绵阳市平武县	中共党员	副区长	2007-01—	五届一次大会选举
侯　宏	男	广元市旺苍县	中共党员	副区长	2007-12—	五届七次常委会决定任命

第二节　机构设置

一、政府工作部门

1986年，广元市市中区卫子区公所设办公室、计经委、教科文卫委、民政科、财政科、计划生育科、留守工作组等办事机构。实行分口管理：经济管理口设畜牧站、水电农机站、中心粮站、交通科、林业工作站、供销社等；文教卫生口设文教科、卫生科、广电科等；政法口设公安分局筹备组、检察组、司法科、法庭等；其他部门设有信访办、企业办、经济开发办等。1987年，编制区级机构方案，乡镇编制核定347人。

1988年6月，完善区公所机构，区公所工作部门设：区公所办公室（含外事、侨务、民族宗教、精神文明、爱国卫生、档案）、劳动人事局（含军转、编制、老龄委、安全生产、仲裁、社会保险）、计经委（含统计、物价、贫困地区开发办、商贸办）、计划生育委员会、民政局、财政局（含审计）、税务局、交通局、城乡建设局（含国土管理）、乡镇企业局、文教局、卫生局、农业局、科学技术委员会、林业局、水电农机管理局、畜牧局、司法局、物资局、监察局、广播电视工作站、粮食局、工商行政管理局。

1989年12月，广元市元坝区人民政府工作部门设：区政府办公室（含体改、外事、侨务、民族宗教、法制、精神文明、档案）、区计经委（含标准计量、经协工作）、区开发办、区物价局、区统计局、区科委（含科协）、区监察局、区人事局（含机构编制、军转、老龄工作）、区劳动局（含安全、仲裁、社会保险工作）、区民政局（含地名工作）、区审计局、区财政局（含控购、国库券推销工作）、区税务局、区工商局、区城乡建设局、区国土局、区交通局（含区交通战备办公室）、区粮食局、区农经委、区农业局、区林业局（含绿化、护林防火工作）、区畜牧局、区水电农机局（含防洪抗旱、江河管理工作）、区乡镇企业局、区文教局（含体委、招生、成教、自考工作）、区卫生局（含地方病防治、爱国卫生、公费医疗工作）、区计划生育委员会、区公安分局、区司法局。设其他部门：区物资局、区供销社、区商贸办、区广播电视局、区食品公司、区文教卫生办公室。

1997年机构改革，主要内容为：将区技术监督局、区经济技术协作办公室、区物价局并入区计划经济委员会，保留区技术监督局、区物价局的牌子；区档案局与区档案馆合并，局馆合一，一个机构两块牌子，为区政府的直属事业单位，履行档案保管、使用和全区档案事业行政管理两种职能；区教育局更名为区教育委员会；将区招生办公室并入区教育委员会，保留招生办公室牌子；区救灾办公室并入区政府办公室；区国有资产管理局并入区财政局，保留区国有资产管理局的牌子；广播电视实行局台合一，列入区政府直属事业机构；区文化旅游局更名为区文体旅游局，文体旅游实行局委合一，列入政府直属事业机构；撤销区物资局，保留区物资总公司，行业行政管理职能归区财贸领导小组办公室；区地方电力公司、区医药管理局、区供销合作社联合社仍实行事业单位企业化管理。但在实际施行中，区物价局仍单列。

2001年机构改革，主要内容为：区计划经济委员会更名为区发展计划经济贸易局；不再保留区教育委员会、区科学技术委员会，组建区教育科技局；区计划生育委员会更名为区计划生育局。区水电农机局更名为区水利农机局，电力行政管理职能移交区发展计划经济贸易局；在区劳动局基础上组建劳动和社会保障局，统一管理全区社会保障工作；不再保留区城乡建设委员会、区环境保护局，组建城乡建设环境保护局；不再保留区国土局、区矿产资源管理委员会办公室，组建区国土资源局；区乡镇企业局并入区发展计划经济贸易局；区粮食局改为区政府直属事业单位；区财贸领导小组办公室并入区政府办公室；保留区扶贫开发办公室，为区扶贫开发领导小组的常设办事机构；保留区政府办公室、区公安分局、区监察局（与区纪委机关合署办公）、区民政局、区司法局、区财政局、区人事局、区交通局、区农业局、区林业局、区卫生局、区审计局、区统计局、区畜牧食品局。但在实际施行中，区教育委员会更名为区教育局，区科学技术委员会更名区科技局，各自单列；区乡镇企业局、区财贸领导小组办公室仍单列。

2005年机构改革，主要内容为：组建区发展和改革局，为区政府工作部门，承担综合研究拟定经济和社会发展政策、指导总体经济体制改革的职能；组建区经济和商务局（挂区中小企业局牌子，区乡镇企业局、区财贸领导小组办公室撤销），为区政府工作部门，主管经济运行及商务工作；撤销区国有资产管理委员会，将区国有资产管理办公室更名为区国有资产监督管理局，牌子挂在区财政局；将区卫生局承担的食品、保健品、化妆品安全管理的综合监督、组织协调和依法查处重大事故的职能交由元坝食品药品监督管理局承担；将区计划生育局更名为区人口和计划生育局；将区城乡建设局更名为区规划和建设局；将区环境保护局并入区政府办公室，保留牌子，其职能不变；保留区安全生产监督管理局，挂区政府安全生产委员会办公室牌子，为区政府直属事业单位。但在实际施行中，区环境保护局仍单列。

至2007年，区政府序列部门设有21个：区政府办公室、区人事局、区审计局、区劳动和社会保障局、区统计局、区司法局、区监察局、区公安分局、区民政局、区农业局、区林业局、区水务农机局、区畜牧食品局、区财政局、区教育局、区卫生局、区人口和计划生育局、区规划和建设局、区交通局、区发展和改革局、区经济和商务局。按垂直管理体制受省市相应部门直接管理的机构有6个：区国税局、区地税局、区工商局、区国土资源分局、元坝质监局、元坝食药监管局。

区政府直属机构14个：区文体旅游局、区安全生产监督管理局、区档案局、区粮食局、区移民局、区广播电视局、区科技局、区环保局、区以工代赈办、昭化古城管委会办公室、区接待办、区供销联社、区招商局、区物价局。

2007年末，挂靠政府部门的主要单位有：区委、区人民政府信访办公室（挂热线办牌子）、区人民政府法制局、区人民政府救灾办公室、区地方志办公室、区人民防空办公室、区外事侨务办公室、区城市综合管理办公室、区政务服务中心，挂靠区政府办公室；区对口帮扶办公室，挂靠区扶贫开发办公室；区社会保险事业管理局、区机关事业单位社会保险局、区农村社会养老保险事业管理局、区就业服务管理局、区医疗保险管理中心，挂靠区劳动和社会保障局；区殡葬管理所、区老龄工作委员会办公室、区社会老年人福利服务中心（事业单位），挂靠区民政局；区事业单位登记管理局，挂靠区人事局；区招标投标监督管理领导小组办公室，挂靠区发改局；区普查中心，挂靠区统计局；区新农村建设办公室（含区小康建设领导小组办公室）、区烤烟生产领导小组办公室，挂靠区委农工委；区蚕业局、区农村能源管理办公室，挂靠区农业局；区防汛抗旱江河管理办公室、区人畜饮水领导小组办公室，挂靠水务农机局；区交通局公路养护段、区交通局公路路政管理所、区地方海事处（广元市元坝区航务管理处）、区人民政府交通战备领导小组办公室，挂靠区交通局；区国有资产管理局、区人民政府采购管理办公室，挂靠区财政局；区人民政府教育督导办公室、区大学中专招生委员会办公室，挂靠区教育局；区防震减灾办公室、区知识产权局，挂靠区科技局；区爱国卫生运动委员会办公室、区红十字会，挂靠区卫生局。

区委、区政府常设议事协调机构2个：机构编制委员会办公室（挂靠区人事局）、区扶贫开发办公室。

二、基层行政组织

1950年，废除旧保甲制，区仍沿设区署、乡公所和村建制。1951年5月，改区署为区公所，改乡公所为乡人民政府。1952年，改区公所为区人民政府。1953年，恢复区公所，为县人民政府的派出机构。1954年7月以后，乡镇人民政府的主要领导人员由乡镇人民代表大会选举产生。实行“委员制”，委员会由9至11人组成（多数不脱产），设正副乡镇长。行政村委员会由7至9人组成（均不脱产），设正副主任委员，由村民大会选举产生。在乡镇人民政府委员会下又设生产合作、文教卫生、治安保卫、人民武装、民政、财粮、调解等7个委员会。1956年7月以后，普遍将乡镇人民政府改为乡镇人民委员会。1958年9月以后，农村普遍建立政社合一的人民公社，从而取消乡镇的建制，以公社管理委员会代替乡镇人民委员会，以社员代表大会代替乡镇人民代表大会职权。在公社管理委员会下设办公室和工业、农业、文教、卫生、民政、治安、财经委员会。同时，将村、组分别改为生产大队和生产队。1969年3月以后，区、公社及其生产大队均建立革命委员会，区、公社革命委员会成员由县革命委员会任命，生产大队革命委员会成员由公社革命委员会任命。区、公社革命委员会办事机构设办事组、政工组、生产指挥组和治安保卫组等。1978年6月，改区革命委员会为区公所。1979年6月，改人民公社革命委员会为人民公社管理委员会。1983年10月12日，中共中央、国务院发出《关于实行政社分开建立乡政府的通知》。1984年1月，广元县改人民公社管理委员会为乡或镇人民政府，改人民公社生产大队为行政村，建立村民委员会，改生产队为村民小组。1986年“撤小区并大区”后，在卫子、王家、虎跳、昭化片区先后设工作组、办事处，先后为卫子区公所、元坝区人民政府的派出机构。1992年撤乡并镇时，办事处撤销。乡镇按类型设党政办公室，经济工作办公室或财贸办公室、企业办公室，社会事业发展办公室，计划生育办公室，财政所等。2001年不再分类设置，统一设党政办公室、经济发展办公室、社会事务与计划生育办公室、财政所等。1992—1997年间，在被撤销的乡建工作委员会，代为行使乡政府的职能。之后，在有条件的地方建立居民委员会。2007年，全区有9个镇人民政府、19个乡人民政府和1个社区街道办事处；有211个村民委员会和11个居民委员会。

第二章　行政制度

第一节　区长负责制

区政府实行区长负责制。区长领导区政府的工作，常务副区长协助区长处理区政府的日常工作，副区长协助区长工作。区长召集和主持区政府全体会议，区长或区长委托负责常务工作的副区长召集和主持区政府常务会议。区政府工作中的重大事项和重大决策，必须经区政府全体会议或区政府常务会议讨论决定。对紧急和突发性重大事件，来不及召开会议而又必须及时处理的，由区长或副区长处理；分管副区长处理的，应及时向区长报告。区长代表区政府向区人民代表大会及其常务委员会报告工作。区长或副区长代表区政府参加区人民代表大会及其常务委员会并报告工作；区政府的工作部门受区政府的委托，向区人民代表大会及其常务委员会汇报某一方面的工作。副区长按分工负责处理分管工作，受区长委托，负责其他方面的工作或专项任务，并可代表区政府进行外事活动。区长外出期间，由负责常务工作的副区长代行区长职权。区政府各委、办、局实行主任、局长负责制，由主任、局长领导本部门的工作。区政府各工作部门根据法律、法规、规章和上级的决定、命令在本部门的职权范围内制定规范性文件。区审计局在区长和市审计局双重领导下，依照法律规定独立行使监督权，不受其他行政机关、社会团体和个人的干涉。

第二节　会议制度

一、区政府全体会议制度

区政府全体会议由区长、副区长、调研员、助理调研员和区政府组成部门的委（办）主任、局长组成，区人民武装部主要负责人参加，由区长召集主持。区政府全体会议的主要任务是：传达贯彻党中央、国务院、省委、省政府、市委、市政府和区委的重要指示、决议、决定和重要会议精神；讨论和决定区政府工作中的重大事项，部署区政府重大改革措施或其他重要工作；通报国内外、省、市内外重大事件和全区政治经济社会形势；讨论通过提请区人民代表大会审议的《政府工作报告》；讨论通过依法需要由区政府全体会议决定的其他重要事项。区政府全体会议一般每半年召开一次，根据需要可安排区政府办公室副主任、区政府各直属机构和区级有关单位（含省、市与地方双重领导单位）、各乡镇政府、社区街道办事处负责人列席会议；特邀区委有关部门、区人大常委会、区政协、区法院、区检察院、各民主党派、工商联、各人民团体负责人列席会议。

二、区政府常务会议制度

区政府常务会议由区长、副区长、调研员、助理调研员、区政府办公室主任组成，区人民武装部主要负责人参加，由区长或区长委托负责常务工作的副区长召集和主持。区政府常务会议的主要任务是：传达贯彻党中央、国务院、省委、省政府、市委、市政府及区委决定的重要指示、决议、决定和重要会议精神；讨论通过报请市政府及区委的重要事项；讨论通过提请区人民代表大会及其常务委员会审议的地方性决定草案等议案及重要事项；讨论决定区政府工作的重大事项和以区政府名义发布的决定、政策性文件，审议政府规范性文件；分析全区经济社会发展形势；讨论通过有关人事任免、表彰奖励事项；通报和讨论其他重要事项。区政府常务会议原则上每月召开一次，出席人数应超过应到人数的二分之一。根据需要安排区政府办公室副主任、区监察局、区委区政府督查室、区政府法制局、元坝记者站和与议题有关的区级部门主要负责人列席会议。区政府办公室相关文秘人员旁听涉及议题。

提请区政府全体会议和区政府常务会议讨论的议题，由区长提出或由副区长、办公室主任书面提出并报区长审批确定。区政府全体会议和区政府常务会议的组织工作由区政府办公室负责，上会议题材料于会前呈分管副区长审定。确因特殊原因，区政府领导不能出席区政府全体会议或区政府常务会议，需向会议主持人请假，经批准同意后告知区政府办公室；区政府全体会议其他组成人员或区政府常务会议列席人员不能参会的，应提前将书面请假条送区政府办公室，由区政府办公室汇总后报会议主持人审批。未经批准同意，不得缺席或由他人代替出席。区政府全体会议和区政府常务会议的纪要，由区长或委托负责常务工作的副区长签发。

三、区政府工作会议制度

区政府召开工作会议，各部门负责人应按区政府办公室的通知要求出席；因故不能出席的，应提出请假，未经同意不得缺席或由他人代替出席。全区性会议常采用一会多主题的形式召开，凡由各部门召开的全区性会议，原则上不以区政府或区政府办公室名义召开，不邀请乡镇、社区街道办事处负责人出席，确需邀请的均按程序报批。

四、区政府专题会议制度

区政府专题会议由区长、副区长、调研员、助理调研员、区政府办公室主任或由区长、副区长委托办公室主任、副主任召开，主要任务是协调处理区政府日常工作中的重要问题。专题会议纪要，由参加会议的办公室主任或副主任审核后，报主持会议的区长、副区长签发；凡涉及机构调整、人员编制、资金安排、重大项目等事项的专题会议纪要，经分管副区长审核后，报经区长签发。

第三节　工作及重大突发事件报告制度

各乡镇、社区街道办事处、区政府各部门每半年书面向区政府报告一次工作，并向分管副区长和区长及时报告区政府重大决策、重要工作部署的贯彻落实情况。凡重特大交通事故、重特大安全生产事故、重大火灾、重大环境污染、破坏性地震、特大自然灾害、特大山地灾害、重大疫情、食物中毒、非法游行、集会、影响大的罢工、罢课、围困冲击党政机关和要害部门等突发事件，乡镇、社区街道办事处、区政府相关部门应迅速向分管副区长和区长报告，区长、分管副区长及有关部门要及时赶赴现场处理。

第四节 目标责任制

1993 年起，区委、区政府对各乡镇实行目标管理。1994 年起，区委、区政府决定对区级各部门实行目标管理。1996 年，区委、区政府联合成立目标管理工作领导小组，下设目标管理办公室（简称目标办），与区委、区政府督查室合署办公，负责目标的制定、分解、运行监控、督查督办、收集整理资料、拟定考核奖惩方案。目标管理工作由区委书记、区长负总责，年初由区委、区政府直接向各部门、各乡镇下达工作目标，各部门、各乡镇的正职领导是实施目标的第一责任人。区目标管理领导小组负责全区目标管理的组织领导及协调工作。各目标责任单位每年对目标执行情况进行半年和年终自查，并分别于 7 月初和 12 月底将书面自查报告报送区委、区政府督查室和区目标办。目标考核实行 100 分制，各项指标完成计满分，完成目标不足 70% 的，该项不得分，未全面完成指数的按比例计分，超额完成及成绩特别突出的按比例加分，但最高加分不得超过该项分值的 10%，考核结果出来后，按不超过 40% 的比例推荐出目标管理先进单位，报区政府常务会、区委常委会审定后，再全区通报。在工作实绩认定上，凡纳入统计口径的指标一律以统计数据为准，其他一律以主管部门认定数据或考核测评结果为准。

第五节 行政执法责任制

一、行政执法责任制度

2005 年，区政府同时制定出行政执法责任制度、行政执法主体制度、行政执法人员资格认证制度，明确要求行政执法主体以及受委托实施行政执法活动的组织必须符合法律法规的规定；从事行政执法工作的人员，必须经有关部门培训、考核合格后，由有关部门核发行政执法证件。未经培训考试合格的，不得确定行政执法资格，不能上岗执法。对于行政执法过错责任追究，坚持实事求是、惩戒与教育相结合的原则，并规定了受追究的条件与种类。随后，区政府法制局加强对各行政执法人员的培训和各类执法证件管理，对全区行政执法人员实行规模化、系统化、法制化培训，执法人员的法律综合素质得到全面提高，进一步推进了依法行政工作的开展。

二、行政规范性文件审查和备案制度

区政府对行政规划性文件的制定和备案工作实行统一管理，并由相关部门具体负责行政规范性文件的计划编制、草拟审查、组织协调、报送备案和清理汇编工作。在此基础上，2006 年，区政府进一步制定了《广元市元坝区行政规范性文件制定和备案制度》。通过采取事前指导、事中审查、事后监督的方式，对区政府及各部门制发的规范性文件进行监督管理，强化了对规范性文件合法性的审查力度。2007 年，区政府法制部门依法对规范性文件审查和备案制度进行补充完善，建立政府规范性文件前置审查制度，并制作了《广元市元坝区人民政府法制局规范性文件审查表》，规定规范性文件在签发前必须送区政府法制局进行合法性审查，否则政府常务会议不予讨论、文件不能签发，使事前的审

查与备案的事后监督有机地结合起来，发挥了政府法制机构的合法性审查和法定的监督职能。

三、行政复议工作制度

2000年，区人民政府制定并开始实施行政复议工作责任制度，实行岗位责任制度，区长是区人民政府行政复议工作的第一责任人，负责领导全区行政复议工作，常务副区长分管全区行政复议工作，区人民政府是全区唯一的行政复议机关，区政府法制局是具体办理行政复议的工作机构。

四、实施《行政许可法》

2004年3月，对全区240余名副科级以上干部进行了《中华人民共和国行政许可法》（简称《行政许可法》）学习讲解。4月，举办了元坝区《行政许可法》行政执法人员培训班，区级部门及各乡镇共200余人参加了培训。三次安排行政许可项目和实施主体清理工作。按照《行政许可法》的规定，对各部门行政许可项目的设立依据、项目名称、许可条件、实施程序、实施期限、是否收费等内容进行了全面清理，并根据国家、省、市政府公布保留或取消的行政许可项目逐一向社会公开。通过清理，全区共有43个区级政府部门（含法律法规授权的组织）享有行政审批（含行政许可）和行政服务项目432项，涉及收费的项目100项。2005年11月，进一步深化《行政许可法》的贯彻实施，成立区政务服务中心。2006年6月，区政务服务中心正式运作，集中办理行政许可事项和其他服务事项，

第六节　信访接待制度

区人民政府从2005年8月起建立群众信访区政府负责人接待日工作制度。从2005年8月的第一个星期五开始，每个星期五上午（法定假日除外）为群众信访接待日，由区政府负责人轮流值班接待信访群众。凡是上访人员，一律由区信访办登记，听取群众反映的意见，做好记录，并详细注明来访人身份、通信、住址等，以便回复来访人。对区政府负责人接待批示的意见，由区信访办及时转相关乡镇或部门办理。做好转办登记，注明交办单位、时间和内容。承办人员对信访群众进行答复。信访件交到承办单位后，承办单位必须认真办理，按《信访条例》规定时限将办理情况报告区信访办。对未按规定回复办理情况或结果的单位，由区信访办积极督办。对多次督办仍不落实的，按《信访条例》和有关规定追究承办单位和人员的责任。

第七节　政府采购制度

广元市元坝区人民政府采购中心建立于2000年9月。2003年实施《中华人民共和国政府采购法》，根据政府采购法规定实行采、管分离。2004年撤销元坝区人民政府采购中心，建立广元市元坝区人民政府采购管理办公室，挂靠区财政局。按《广元市2003—2008年政府集中采购目录及限额标准》规定：单项或批量采购预算一次性达到30万元以上的货物（交通工具除外）或服务项目、采购预算达到50万元以上的工程项目必须实行公开招标。因特殊情况需采用公开招标以外的采购方式的，须在采购活动前报市财政局批准。政府采购主要程序是：采购单位首先向区政府提出书面采购申请，经区纪委审查同意，报区政府分管采购的副区长审批同意后送区财政局政府采购管理办公室；政府采

购管理办公室在接到采购审批计划后，根据采购项目、采购数量，以及采购规模，按每年的政府集中采购目录及采购限额标准审核汇总，于每月 15 日前报市财政局采购科，并要求采购单位将采购资金划转区财政局（采购专户）实行集中支付；区采购管理办公室根据市财政局政府采购管理科批准的采购方式执行。在采购目录和规定限额以内的货物、服务采购，原则上由广元市政府采购中心统一组织，也可由采购单位委托政府采购代理机构组织实施。在采购目录和规定限额以外的货物、服务采购，实行分期采购，由采购单位委托政府采购代理机构组织实施；所有采购活动结束后，采购单位与中标供应商签订采购合同并验收其产品质量，区政府采购管理办公室根据采购单位提供的验收清单、采购合同及付款委托书开出支付令，区国库支付中心根据支付令将采购款直接支付到供货单位。

第三章　施　政

第一节　体制改革

一、行政管理体制改革

1989—1991 年，区政府按上级下达的计划对经济社会进行管理，组织生产发展。1992 年起，区政府不断进行行政管理体制改革，转变政府工作职能，把政府对经济、社会的管理从对微观经济活动的组织管理转到制定政策方略、宏观调控、提供服务、加强监督、管理社会上来。转换企业经营机制，把企业推向市场，通过理顺产权关系，实行政企分开，落实企业自主权，推行企业法人制度。1998 年，区政府继续推进企业产权制度改革，按照产权明晰、责权明确、政企分开、管理科学的现代企业制定要求，加大国有、集体企业出售改制力度，对资不抵债的企业，采取抵贷返租、分离重组、公开拍卖和依法破产等多种形式，触动产权，实现企业增资减债，减员增效。2001 年，区政府和各经济主管部门先后按照国务院颁布的《全民所有制工业企业转换经营机制条例》和企业深化改革的要求，落实企业享有的劳动人事权、工资资金分配权、产品定价权、投资决策权等多项生产经营权利；从转换企业经营机制、尊重和发挥企业经营自主权出发，认真研究行业管理的内容、方式和方法；根据国家中长期规划、产业政策，制定行业发展规划、年度计划，监督引导企业的经营活动，保护行业内部的平等竞争，掌握企业发展动态；建立信息发布制度，为企业提供产品、市场、投资、政策等重要信息服务；建立技术服务中心，组织技术攻关，开发应用和推广新技术，为企业提供技术支持和服务；破除人才使用上的部门、单位所有制，疏通人才交流渠道，制定吸引人才的政策措施，积极为企业引进、推荐紧缺专门人才；坚持社会主义市场经济发展方向，建立和完善市场经济体系，帮助企业和农户发展生产、开拓商品（产品）市场；建立和完善社会保障体系，发展各种形式的社会保险，为各类企业发展和全区经济增长提供社会保障服务。区政府本着转变职能、理顺关系、精兵简政、提高效率的指导思想和“精简、统一、效能”的原则，改革行政机构和管理体制，加强对全区经济和社会事业发展及城乡经济体制改革的统筹、规划和协调，进一步弱化政府和各经济主管部门的微观管理职能，强化政府宏观调控、政策指导、社会管理和服务职能，逐步建立适应社会主义市场经济体制要求的行政管理体制。2003年，区政府提出，坚持社会主义市场经济改革方向，整体推进，重点突破，注重制度建设和创新，不断深化企业改制，大力推进业主开发，实施财政改革，推进事业单位改革，转变政府职能。2005年，区政府继续深化行政体制改革，进一步规范行政审批制度，把政府工作职能转变到经济调节、市场监督、社会管理和公共服务职能上来，全面推行“行政公开、管理规范、运转协调、公正透明、廉洁高效”的行政管理体制。2006年，推行政务公开，全面清理并减少行政许可项目。2007年编制出《农村综合改革总体方案》，其主要内容：转变乡镇政府职能，维持现行行政区划，规范机关、事业单位机构设置，精简编制和人员，提高社会管理和公共服务水平，加快建立行为规范、运转协调、公正透明、廉洁高效的行政管理体制和运行机制；农村义务教育管理体制改革。完善农村义务教育以区为主的管理体制，建立健全农村义务教育的保障机制，进一步加强师资队伍建设，优化学校布局调整和资源配置，全面实施素质教育，不断提高教育质量，加强农村义务教育为督导评估；区乡财政管理体制改革。主要任务是进一步增强财政收入汲取能力，做大财政收入“蛋糕”。积极探索财政支出绩效评价素质，增强财政的服务保障能力。加快推进国库集中支付、政府采购等财政改革步伐，完善县乡财政管理体制，逐步建立适应元坝财政的公共财政基本框架体系。

二、农村经济体制改革

1989年，全区农村继续实行集体耕地家庭联产承包经营责任制，属于集体所有的从事种养业的场、厂、园推行个人承包经营责任制，并逐步建立统分结合的双层经营责任制。1993年，区政府通过试点，在全区建立和完善统分结合的双层经营责任制，鼓励土地经营权合理流转。在坚持土地所有权不变、不破坏农业生态环境的原则下，鼓励有生产能力和投资能力的企事业单位或个人与农户或村、组集体联合经营土地，联合开发非耕地。土地经营权可以转让，经农业主管部门和土地管理部门审查确认后，土地可以入股办企业，并获得红利；荒山、荒坡、荒地、荒滩等“四荒”土地可以依法拍卖和租赁经营。1998年，区政府提出稳步推进农村改革，在稳定土地承包期30年不变的基础上，坚持明确所有权，稳定承包权，放活使用权的原则，积极推进土地流转使用制度改革，发展土地适度规模经营。1999年，区委办、区政府办联合下发了《关于认真搞好稳定和完善第二轮土地承包工作的通知》，对全区完善和落实第二轮土地承包经营责任制作出布置，要求土地承包经营期再延长30年不变，在稳定土地承包责任制的基础上，进一步放活土地使用权，提高土地使用效益。2001年，区政府提出：扶持“龙头”产业和围绕“三高”（高效、优质、高产）农业调整农业结构；建立农业信息、科技、市场三大服务体系；发展专业村（社）、专业农户和专业场、厂、园；培育“农、工、商”一体化农业经营体系。2002年，区政府提出深化农村经济体制改革，即以业主经营为载体，走“公司+农户”“农户联基地”之路，全力推进农业产业化进程的农业生产经营模式。2003年，区政府面对农业要适应加入世界贸易组织和国内外市场的新形势，提出“创新土地流转和市场营销机制，依托市场与项目，发展业主，壮大基地，培育龙头，调整结构，建设新村，促进增收”的农村工作思路。2004年，区政府制定“突出农业结构调整主线，健全农业社会化服务体系，实行贸、工、农一体化，产、加、销一条龙，引进业主开发，扶持一批有特色、有规模、有市场的农业经营业主和种、养业大户，提高农业专业化、集约化、标准化水平”的工作方针。2005年，采取项目配套方式和财政贴息办法，支持和培育龙头企业，扶持农业经营业主和种养业大户，推进农业产业化经营。2006年，培育认定玉田农业开发有限责任公司、大宝米业有限责任公司等区级龙头企业。2007年，区政府鼓励和引进龙头企业参与农业产业基地建设，协调指导企业（业主）与农户建立合理的利益分配机制，风险共担，利益均沾。按照“民办、民管、民受益”的原则，培育壮大农村专业合作经济组织，提高农民进入市场的组织化程度。继续推动土地流转，鼓励营销大户、务工返乡人员及基层农技人员从事规模种养业，建立健全引业主、建基地、促增收的激励机制，积极推进业主开发。

三、城市经济体制改革

1991 年，区委、区政府作出《关于进一步发展乡镇企业的决定》，大力发展乡镇企业。1993 年，对所有国合商贸企业的零售环节全部放开，实行个体经营，鼓励有条件的企业联合、兼并，组建企业集团，允许一些效益不高的小型企业出租或出售给个人经营，允许企业 嫁接、转业、租赁、兼并或破产倒闭。1994 年，区政府提出以产权拍卖、建立股份合作制为主的企业改制方案，结合实际，一企一策。1997—1998 年，区经济体制改革办公室先后审核批复了“区食品公司实行全员租赁经营”、区医药管理局改制组建“新元药业有限公司”、区粮油综合厂产权制度改革、区油脂有限责任公司产权制度改革、供销系统产权制度改革、区矿业公司产权制度改革等一批企业的改革方案。2001 年，区政府按照《中华人民共和国公司法》和《中华人民共和国企业破产法》的规定，以依法破产为重点，继续深化企业改制，降低企业资产负债率。2002 年，区政府提出：已改制企业要进一步完善法人治理结构，加强内部管理，转换经营机制；进入破产程序的企业依法做好终结工作，盘活资产；对区缫丝厂、区粮油综合加工厂等企业依法实施破产。2003 年，区政府以建立现代企业制度为目标，推进企业管理体制创新，鼓励非公有制经济实体和企业主通过收购、兼并、参股、控股等方式参与国有企业改革。2004 年，区政府继续加大企业破产重组的力度，依法解散和出售亏损严重、资不抵债的城镇集体企业，要求企业改革要在规范法人流通量结构、加快经营机制转换、完善和创新企业经营体制上下功夫，引导、鼓励企业实现股权多元化，支持民营企业组建股份制公司。2005 年，区政府帮助企业推进规范化管理，及时解决企业生产经营中的突出问题；通过整合矿产、土地等资源要素，运用市场化手段促进资源向优势企业集聚；加强投资环境建设，继续深化企业改革，整顿和规范市场经济秩序。

商贸企业主要推行股份制，实行国有民营或公有私营。通过破产、重组，建立以股份制为主的新型经营体制。

四、城乡统筹配套改革（试点）

2007 年，元坝区被列为四川省统筹城乡综合改革试点县（区）之一，编制《广元市元坝区统筹城乡综合改革实施方案》。其基本内容是：工业和农业、城市和农村的建设和发展纳入统筹安排，即规划统筹、产业统筹、投入统筹、体制统筹、政策统筹；以富民惠民、改善民生、科学发展、构建和谐社会为改革的重点；以市场配置资源、培育龙头企业、农业现代化、城镇化、国际化、均等化为方向。

第二节　发展民营经济

1991 年，区政府提出积极支持城乡个体、私营经济的发展，要求各乡镇政府都必须把支持发展个体、私营经济纳入工作议事日程；坚持“三不变”政策，即在坚持以公有制为主体的前提下，发展个体、私营经济等多种经济成分的政策不变，鼓励一部分人诚实劳动、合法经营、先富起来的政策不变，国家保护个体、私营经济的合法权益的政策不变。与此同时，区政府组织力量全面清理向个体工商户、私营企业乱收费、乱罚款、乱摊派等“三乱”问题，要求工商管理部门和相关行业主管部门对个体、私营经济要依法保护、积极支持、提供有效服务。1992 年，区政府提出放手发展个体私营经济的政策措施，坚持以国合商业为主，其他成分共存，相互竞争，相互促进的商贸流通体系，为个体私营经济的发展创造宽松的政策环境，做到真帮实扶。1994 年，区政府提出“发展个体私营经济、构筑区域经济框架”的总体思路。1998 年，区政府提出以民营经济构筑区域经济的框架。突出抓好三个一批：即立足现有基础，发展壮大一批；通过对外开放，引进嫁接一批；抓住企业改制机遇，改造转化一批。坚持先发展、后规范，先繁荣、后管理的原则，政治上给地位，政策上给扶持，经营上给环境，发展上给条件；在对个体和私营经济的管理上坚持放宽经营主体、经营范围、经营方式和注册登记条件；坚持国有、集体、民营一视同仁；坚持领导干部、党政群机关联系企业的制度，加强对发展民营经济工作的领导，搞好协调服务，为发展民营经济创造良好的外部环境。2001 年，区政府下决心解决民营经济发展中的“梗阻”问题，严禁“三乱”和“吃、拿、卡、要”，排除观念和体制上的障碍，狠抓政府职能和工作作风的转变，为非公有制经济发展创造良好的舆论环境、政策环境和治安环境，引导其经营上规模、技术上水平、管理上台阶、产品上档次。2003 年，区政府作出决定，放宽民间资本的市场准入制度，放宽从业范围，鼓励支持个体私营企业参与国有集体企业改制、改组和改造。深化商贸企业改制，兴办农产品加工业，扩大“晋贤牌”大米的生产加工和市场营销能力，提高工业对国民经济增长的贡献率。同时，要求有关管理部门在个体私营企业开办、土地征用、税费征收、资金融通、产业扶持、政策优惠、管理服务等方面与公有制企业同等对待。规定凡是国家法律、法规和政策未明确限制的领域，均鼓励和允许非公有制企业投资；凡是对外开放的领域，均鼓励非公有制企业进入；凡是实行优惠政策的领域，同样适用于非公有制企业。2006 年，区政府成立了“万村千乡市场工程”领导小组，制定了一系列“实施万村千乡市场工程”建设的优惠政策。即：每建设一家标准化的乡级农家店补助 200 元，村级店补助 300 元；利用企业闲置资产开办农家店的，三年内免收租金，并享受国家对贫困地区规定的税收优惠政策等。2007 年，制定民营经济发展的“六项原则”，即：坚持发展是硬道理，坚持科学发展观，坚持解放思想，实事求是，坚持开放带动战略，坚持骨干扶持战略，坚持科技带动战略。成立民营经济中小企业发展领导小组，进一步解放思想，深化改革，创新体制机制，落实完善政策，优化发展环境，激活民众、个体工商户和私营企业三大层面，促进全民创业，推动全民致富。大力培育优势产业，加大结构调整力度，优化经济发展环境，构建和谐社会，实现经济更快发展和社会全面进步。

第三节　科教兴区

1987 年 4 月，广元市市中区卫子区公所召开全区教育工作会议，专题研究教育行政机构的设置、机关建设、普及初等教育工作。9 月，贯彻落实广元市教育局《关于以乡镇规划义务教育的意见》，要求乡镇党委政府狠抓普及初等教育，堵住山区儿童失学辍学的缺口，纠正乡镇中心校重初中“帽子”轻小学基础的错误倾向。1988 年 11 月，全区进一步落实“分级办学分级管理”体制，推行校长负责制。12 月，建立柏林、张家、观音、文村四所乡镇初级中学。1989 年 9 月召开全区教育工作会，布置中小学排除危房和勤工俭学工作，并层层签订责任书。

1990年，区委、区政府制定“重点普及初等教育，适当发展初中教育，控制发展高中教育，填补特殊教育空白，大力发展幼教和学校体育卫生事业”的具体措施。1991年，全区28个乡镇均成立了科学技术协会。1991年3月，区政府下发《关于发展校园经济的决定》，使学校勤工俭学有章可循，步入正轨。1993年，完善元坝中学与卫子、昭化两所职业中学的管理体制。加强中小学教育和业余教育。1996年，区政府批转了《广元市元坝区国家贫困地区义务教育工程领导小组关于实施义务教育工程的意见》。1998年，区政府在乡、镇、村分别设置科技副乡（镇）长和科技副村主任的职位，选派懂科技、有专长的精明人担任其职务；区政府设科技副区长，其人员由省委组织部在大专院校和技术部门选派。区农业、工业、商业、劳动等部门和乡镇政府针对业务管理人员、职工和农村各级干部的实际情况，举办相关科技知识培训班，建立科技培训体系；各企业分别成立科学技术协会，在农村建设乡、村科普网络，开展实用技术与物资配套相结合的产前、产中、产后服务，厂矿企业组建科技推广中心，实行领导、帮扶人员、群众三结合，引进、试验、推广新技术、新工艺，形成科技推广体系。当年，区政府提出贯彻经济建设要依靠科技进步的方针，大力推广农业增产增收实用技术，引导企业加快技术改造，采用新技术，开发新产品；确定“普九”目标，层层落实责任，制定了一系列配套保障措施。1998年后，区政府规定，各乡、镇的乡、镇长要亲自抓科技和教育工作，并明确一位副书记和政府副职主抓科技和教育工作，不再设置科技副乡（镇）长的职位。1999年，区政府制定《广元市元坝区科学技术进步奖励办法》，编制下达1999年至2000年度科技“千亿工程”目标任务。2004年，区政府下发《关于大力推进教育改革与发展的意见》，有效整合教育资源完善经费保障体制，实施农村远程教育工程。2005年，区政府要求以发展科技教育为先导，抓好科普宣传教育，推广应用科技成果，提高科技对经济增长的贡献率；扩大非义务阶段的办学规模，大力发展职业教育和成人教育，着实抓好幼儿教育，巩固元坝中学省级示范性高中创建成果，提高各级各类学校的教育教学水平；编制印发《广元市元坝区科技发展“十一五”规划》，强调进一步加大实施科技兴区战略，加强科技工作力度，进一步提高人民群众科技教育意识，促进全区科技事业健康快速发展，同时加快科技成果向生产力转化，加速科技产业化进程，提高科技进步对工、农业及国民经济增长的贡献率，提高科学技术的普及率；编制并组织实施《元坝区万户科技投入户工程实施方案》。2006年，继续坚持优先发展教育，办好让人民满意的教育，实行科技和人才兴区战略。2007年，全区学校实施“四改一加强”工程，即改水、改厕、改厨、改不良卫生习惯，实现农村中小学校生活饮用水达标，校校建成卫生厕所，学校食堂规范经营，学生养成良好卫生习惯；制定《广元市元坝区“十一五”人才规划》，明确2006—2010年人才发展的总体目标：在全面提高全体公民思想文化素质的基础上，稳步增加人才总量，全面提升人才队伍素质，努力建设一支适应本区经济社会事业发展需要的人才队伍；保证经济建设和社会事业各方面近期发展与长期发展的人才需求，尤其要保证优势产业、重点产业和重点发展领域的人才需求；建立健全人才开发机制。

第四节 扶贫开发

1989年元坝区越过温饱线（贫困户人均收入达到500元，400公斤粮食）后，扶贫开发工作持续开展。1994年3月，国务院将广元市元坝区列为“八七”（国家用八年时间，解决七千万贫困人口温饱）扶贫攻坚县区。1995年，区委、区人大常委会、区政府、区政协领导及副县级非领导职务的30

余名县级干部定点联系乡、镇、村和农户，开展扶贫示范工作；区级60余个机关和企事业单位定点帮村、组、农户；由区委组织部、区人事局、区扶贫开发办共同牵头，组织40余个部门28个乡镇120余名机关干部组成扶贫工作团，与乡、村干部一起组成1000余人的扶贫开发工作组，深入村、组和农户，开展扶贫开发攻坚工作。区政府把解决贫困户的温饱作为压倒一切的中心工作，落实国家为解决贫困户温饱问题所制定的粮食订购、农税减免等一系列优惠政策，多渠道筹集资金，确保扶贫投入及时到位；因地制宜，帮助贫困户发展粮食、生猪、烤烟、棉花、油料、劳务输出等增收项目，坚持把扶贫信贷资金的85%投放到种植业项目上；落实党政一把手责任制，实行干部包扶贫困户制度，层层签订目标责任书，限期脱贫达标。1998年，按照《中国农村扶贫开发纲要（2001—2010）》和省、市的具体要求，制定《广元市元坝区（2001—2010）十年扶贫规划》，规划10年期间，建设扶贫新村100个，稳步推进4703个贫困人口自愿移民搬迁，实施卫生扶贫项目12处。2004年，国家对扶贫开发实行了战略性调整，即以“一体两翼”（新村扶贫、劳务扶贫和产业化扶贫）为工作重点，坚持以整村推进为核心，大力实施“五项扶贫工程”（新村扶贫、产业化扶贫、劳务扶贫、移民扶贫、社会事业扶贫），广泛引导社会力量参与社会扶贫，加速推进农村三个文明建设的步伐。2001—2007年，建设扶贫新村65个，投资2966.10万元；实施卫生扶贫项目3个，投资30万元；旱山村集雨节灌工程2个，投资200万元；产业化（科技）扶贫项目8个，投资593万元；移民扶贫242户，投资156.30万元，劳务扶贫培训2550人，投资170万元。使贫困群众生产生活条件得到明显改善，项目区群众联户达到一口池、建有一口卫生井，生产生活用水困难能得到基本解决；80%的通村公路连线成网，85%的农户石板路、水泥路入户进院，使长期交通不便、行路难能得到基本解决，增加贫困农民收入。打造一批扶贫示范新村和浙川新村扶贫工程先进典型村。

第五节　减轻农民负担

1992年，区政府下发《关于贯彻〈四川省农民负担管理条例〉的通知》，根据国务院《农民承担费用和劳务管理条例》《四川省农民负担管理条例》的规定，确定由区农业局为全区农民负担管理机构，在区人民政府的领导下，负责全区农民负担管理工作。区政府决定全区统一实行农民负担预算审批制度：每年初，各乡、镇将应由农民负担的“提留统筹费”和应承担的“义务工、劳动积累工”的预算方案报区农业局审核，然后提交乡、镇人民代表大会审查通过后公布实施；年底，各乡、镇将农民负担费用收、管、用的决算情况报区农业局备案，并在次年的乡、镇人民代表大会上作出报告。1993年，区政府再次强调办一切公益事业都要坚持量力而行的原则，制止各种不合理的摊派与超过群众承受能力的集资；取消一切达标升级活动；把农民负担控制在其纯收入的5%以内；在农副产品的收购中尽可能减少并逐步杜绝“打白条”的现象。同时，印发并使用《农民负担管理手册》。1994年，改《农民负担管理手册》为“农民负担卡”，农民承担费用的收支情况由农民负担管理机构会同财政、审计、纪检监察等部门实施监督、检查和审计，严格制止各类达标升级、增加农民负担的活动。1998年，农民负担实行“一定三年不变”政策，农村义务工按标准日计算，每个劳动力每年承担义务工5~10个，主要用于植树绿化、防汛、公路维护等；承担劳动积累工10~20个，用于农田水利建设。2002年，实施农村税费改革，市政府批复了《广元市元坝区农村税费改革实施方案》，取消乡镇统筹费，取消农村教育集资等专门向农民征收的行政事业性收费和基金、集资，取消屠宰税及随屠宰税收取的附加、基金，逐步取消劳动积累工和义务工；农业税率由15.50%调减为7%，调整农业特产税政策。2004年，全区农业税率再次统一下调，农业税率及附加率合计执行4.80%的征收率。2005年，全区取消农业税和农业税附加，农民不再承担任何费用 。

第六节　工业强区

建区开始，区政府便注重抓工业发展，相继建立区缫丝厂，区第一、第二、第三建筑公司，建立川北肉类食品加工厂。同时要求每个乡镇建成1~2个年产值100万元以上的骨干企业。1994年8月，实施“学山东经验，超常规发展元坝经济”战略，区委、区政府决定建立“广元市元坝区工业开发小区”，成立了“广元市元坝区工业开发小区管理委员会”；实施“农业稳区、工业富区、科教兴区”战略，把依靠工业致富放到政府工作的重要位置。1996年，区政府制定《广元市元坝工业区规划方案》并获市政府批准，计划到2010年，工业区人口达到2万人，用地1.20平方公里。1996年起，区政府积极推进工业企业改革，加大企业破产重组的力度，核销贷款，剥离不良贷款，盘活企业存量资产，创造宽松环境。1998年，区政府把“工业和乡镇企业龙头工程”作为区政府的三大工程之一，因地制宜、突出重点、培育龙头，以农副产品的发展促进龙头企业的建设，以龙头企业的发展带动农副产品的生产，发挥龙头企业在经济发展中的带动作用。按照“抓大放小”和抓重点、保重点、扶优限劣的区别，在资金上扶持、政策上倾斜、管理上加强、改革上深化，集中财力物力抓好川北肉类食品加工厂和区缫丝厂两个龙头企业的发展。2003年，区政府提出以招商引资为重点，强势推进工业发展，创造良好的硬环境，营造良好的软环境，落实招商引资责任，追求招商引资实效。积极促进川北肉类食品加工厂恢复正常生产，支持区缫丝厂、广元市元坝区农机制造有限公司、广元市厨乐食品厂、广元市蜀丰酒厂等工业企业把产品做优，规模做大，企业做强。2006年，立足资源，引进龙头企业，同时加大原有企业的培育力度，培育出广元福润、星荣机焦、广旺机制、山清米业等一批重点企业，壮大了工业基础。同年9月，中共广元市元坝区委四届九次全会（扩大）会议通过了《关于强力推进工业强区战略的实施意见》，成立了广元市元坝区工业产业推进领导小组及产业推进办公室，领导小组由区长任组长，区委副书记、常务副区长、分管副区长任副组长，相关部门主要负责人为成员，并设畜产品加工业、林产品加工业、茧丝绸加工业、煤焦化产业、机械冶金产业等5个产业推进办公室，挂靠相关局。各办公室主要负责捕捉产业项目信息，牵头搞好相关产业的项目储备、论证、包装、招商、争取、组织、协调和服务工作；牵头落实中共广元市元坝区委、区政府关于产业发展的重大工作部署及政策措施；根据国家有关产业发展政策及行业发展方向，牵头研究制定区相关产业发展的长、中、短期规划和发展政策、措施，提出产业发展的建议。同年11月，元坝区工业集中区管理委员会成立，工业园区建设进入了新的发展阶段。2007年，区政府坚持把推进新型工业化作为实现全区经济结构大转型的战略突破口，把招商引资作为推进元坝又好又快发展的着力点来抓。坚持发展以工业第一、工业以项目第一、项目以招商第一、招商以实效第一，园区建设与项目落地两手抓、做大增量与做活存量两手抓，强力突出工业、突破工业。

第七节 旅游开发

1993年5月，区政府批准开放平乐寺，并进行较大规模地修缮，依照国家法律予以保护。1995年，准予开发太公镇太清宫等道教活动场所。2000年后，区政府重点解决旅游区交通、通信和重要景区的基础设施建设，规划设计并开工建设昭化古城至牛头山、大朝的旅游交通线路。2003年，拣银岩名胜区被评定为市级风景名胜区。2005年，突出昭化古城保护与发展，着手古城内修建性详规和古城外控制性详规的制定。区政府确立并获市政府批准把昭化镇费祎墓、天雄关、怡心园、益合堂、龙门书院等纳入市级文物保护单位。2006年，区政府批准成立“昭化古城旅游发展有限公司”，批准成立“紫云湖风景旅游区管理委员会”，着手对昭化古城进行一期工程改造，以昭化古城打造为重点的旅游业实现突破性发展，按照“世外千年古城——蜀道三国重镇”的发展定位，完成昭化小集镇基础设施建设项目，打造牛头山景区，加快平乐寺景区建设，申报昭化古城龙门书院、益合堂、怡心园、考棚、费祎墓等为“省级文物保护单位”。2007年，集全民之智，举全区之力，创新开发定位，创新领导体制和工作机制，创新技术力量保障机制，创新投入机制，创新工作作风，继续打造昭化古城旅游景区。完成古城墙修复、游客接待中心及停车场、东西门城楼、汉寿广场、街景立面改造等12项重大工程建设，开通广元至昭化旅游线班车，举办首届中国四川·昭化古城三国文化旅游节，加快平乐景区、乡村旅游、红色旅游发展步伐。

第八节 基础设施建设

1990—1992年，全区狠抓农田水利基本建设，对山水林田路实行综合治理，重点抓能源、交通、通信基础设施建设。1993年确定了用5年时间建成16万亩稳产高产农田、整治乡村公路达到山区四级路标准、完善城市配套设施等15件实事。1995年1月，开工并完成区镇广旺过境干道改造、1000门程控电话、元坝汽车站、区镇综合影剧院、川北肉类食品加工厂一期工程、城区饮水改造工程等6大工程。1998年，区政府提出进一步夯实交通、通信、能源基础。坚持改造与新建相结合，建、管、养并举，重点抓好卫子—王家、太公—虎跳、广元—红岩公路的整治，新建文庙河电站，实现农村电力全覆盖，对现有程控交换系统进行增容扩能以提高综合通信能力，建成城区防洪河堤，修建一座设施配套、功能齐全的体育场，加快东西进出口道路和长坝工业开发小区的建设。2001年，从紫云乡的金华—梅树—明觉—黄龙—丁家—虎跳—张家—太公108公里的环线公路纳入全省三级路网改造计划，争取补助资金1000万元，改造路基，实现油路摊铺；元坝—广元24公里一、二级公路改造，纳入全省二级收费公路建设，争取建设资金贷款3000万元。2003年，确定了8大重点建设工程：完成元坝城区规划修编工作，扩建新城区1平方公里，治理长滩河污染，建设5级拦水坝，亮化、美化城区4.3公里进出口干道及5.5公里滨河路，建成小型城市广场2处、4公里防洪河堤；完成108公里环线路、102公里磨（滩）沙（坝）路油路摊铺，红土垭—分水岭（元坝区与旺苍县交界处）10公里二级公路改造，完成国道212线境内段改造；以建设国道212线境内段“绿色走廊”为亮点，使全区森林覆盖率达到50%，推出“绿色元坝，天然氧吧”品牌；完成城区电网改造和天然气建设工程，新建沼气池

1.50万口；完成从区到乡到村光纤宽带网建设；完成元坝中学二期建设、老年活动中心建设等工程；做好昭化防洪河堤建设及古城保护工作；完成10个乡镇办公楼改造，5个场镇饮水工程建设。2006年，区政府在“十一五”目标任务中明确规划：100%的乡镇和40%以上的行政村通沥青路或水泥路，乡镇客车通达率、行政村通车率均达到100%；移动通信实现村村通，广播电视混合覆盖率达到99%。2007年，实施农村公路建设、城镇饮水工程、安全饮水、乡镇卫生院建设等项目119个，其中1000万元以上的项目5个，累计投入资金1.30亿元，城镇化率达到21.10%。

第九节　自身建设

1990年3月，区政府印发《广元市元坝区人民政府领导同志分工和元坝区人民政府工作规划（试行）的通知》，政府工作逐步走上规范化、制度化。1990年和1991年，学习社会主义初级阶段理论和商品经济观念，要求领导干部保持廉洁勤政。1992—1995年，学习邓小平建设有中国特色社会主义理论，联系元坝实际，着力转变政府工作作风。1994年9月，印发《关于〈领导干部个人重大事情报告制度〉的实施办法》的通知，在全区范围内认真开展反腐倡廉，加强党风政风建设。1996年以后，区政府机关开展“三讲”（讲学习、讲政治、讲正气）和“三个代表”重要思想以及社会主义市场经济理论、产权制度改革的宣传学习，要求领导干部和政府公职人员牢固树立为民服务的公仆意识，建设廉洁、勤政、高效的政府工作机关。2003年，区政府提出按照“三个代表”重要思想的要求，着力建设“精明、廉洁、诚信、务实”的政府，把职能从计划、命令、控制转向规划、指导、服务，做好经济调节、执法监督、社会管理、公共服务工作。重新完善和建立学习制度、廉洁制度、季度述职制度、分工协作制度、绩效考评制度、责任追究制度，优化发展环境，转变政府职能，规范政府行为，提高行政效率。2004年，区政府提出建设学习型政府，积聚智慧和良策，提高驾驭全局的能力；建设实干型政府，以实干精神和突出成绩取信于民；建设高效型政府，降低行政成本，提高工作效益；建设责任型政府，做到情为民系、权为民用、利为民谋；建设廉洁型政府，树立清正廉洁的政府形象；建设诚信型政府，推行“首问责任制”和“限时办结制”，提高政府公信度。2005年，区政府突出创新务实，着力建设规范化服务型法治政府，努力履行政府经济调节、市场监管、社会管理、公共服务的职能；实施《中华人民共和国行政许可法》，运用法律手段调节、管理经济和社会事务；深入实际调查研究，密切党群、政群、干群之间的鱼水关系；加强廉政建设，推行领导干部任前廉政谈话制度和对“一把手”的廉政评议制度，拓宽群众监督渠道，完善监督机制，从源头上预防和解决腐败问题；严肃查处干部以权谋私、与民争利、侵害群众利益的违法违纪行为，维护政府形象。2006年，全面履行政府职能，建设行为规范、运转协调、公开透明、廉洁高效的规范化服务型政府。2007年，区政府围绕“坚持科学发展，构建和谐元坝，推进新的跨越”主题和“做大做强元坝新城，做活做靓昭化古城，扎实推进新农村建设”的主体工作思路，按照“建设责任政府、建设法治政府、建设务实政府、建设高效政府、建设和谐政府、建设清廉政府”和领导班子创“四好”活动的要求，以人为本，强化学习，珍视团结，勤政为民，廉洁从政，班子的凝聚力、战斗力切实增强，为区政府各项工作卓有成效地开展提供有力的组织保障。

第四章　政　务

第一节　法定政务

区政府依法主持的政务为10项：执行区和区以上人大及其常委会的决议，以及上级国家行政机关的决定和命令，规定行政措施，发布决定和命令；领导区级各工作部门和下级人民政府的工作；改变或者撤销区级工作部门的不适当的命令、指示和乡镇政府不适当的决定、命令；依法任免、培训、考核和奖惩区、乡镇行政机关工作人员；执行区人代会议批准的本级国民经济和社会发展计划、财政预算，管理区行政区域内的经济、教育、科学、文化、卫生、体育事业、环境和资源保护、城乡建设事业和财政、民政、公安、民族事务、司法行政、监察、计划生育等行政工作；保护全民、集体和私人所有的合法财产，维护社会秩序，保障公民人身权利、民主权利和其他权利；保护各种经济组织的合法权益；保障少数民族的权利，尊重少数民族的风俗习惯，帮助少数民族在经济上发展，在文化上提高，在政治上进步；依法保障妇女的男女平等、同工同酬和婚姻自由等各项权利；办理上级国家行政机关交办的其他事项。

第二节　区政府办公室工作

一、机构

1986年11月，广元市市中区卫子区公所设区公所办公室，1986年11月至1988年6月，由母文明任副主任主持工作，张著明任副主任（1986－11—1989－03）。1988年6月至1989年3月，杨在尧任主任。1989年3月起，由张克汉任副主任主持工作。

1989年12月，广元市元坝区人民政府设区人民政府办公室（简称区政府办），区政府办设文秘组、行政组。1991年，撤销文秘组、行政组，设文秘科、行政科和调研室。1997年，区政府办设秘书股（挂体改办、地方志办牌子）、信息调研股、督办室（挂目标办牌子）、行政管理股（挂后勤服务中心牌子）、区长热线电话办公室。2001年，区政府办设秘书股、信息调研股、行政股、综合股、人事计财股、保卫股。至2007年，机构无变化。

挂靠管理机构：

广元市元坝区精神文明建设办公室，1989年12月成立，挂靠区政府办；1998年8月，正式划归区委宣传部。

广元市元坝区爱国卫生运动委员会办公室，1989年12月成立，挂靠区卫生局；1991年10月，挂靠区政府办，但人员编制仍留区卫生局，1998 年 3 月，正式挂靠区政府办；2000 年 7 月，再次挂靠区卫生局。

中共广元市元坝区委、区人民政府信访办公室，1990 年 2 月成立，挂靠区委办公室；1997 年，加挂“区热线办”牌子，仍挂靠区政府办。至 2007 年，挂靠关系未变。

广元市元坝区档案馆，1990 年 8 月成立，挂靠区政府办公室；1993 年 2 月，成立广元市元坝区档案局，区档案馆与区档案局合署办公，挂靠区政府办；2001 年 12 月，单列为区政府直属事业机构。

广元市元坝区人民政府救灾办公室，1991 年成立，与区农经委合署办公；1997 年，挂靠区政府办。至 2007 年，挂靠关系未变。

广元市元坝区人民政府法制局，1991 年成立，挂靠区政府办。至 2007 年，挂靠关系未变。

广元市元坝区人民政府民族宗教事务管理办公室，1992 年 5 月成立，由区政府办代行其职；2000 年 9 月，区编委明确区民族宗教事务管理办公室为副科级，挂靠区政府办。2002 年 8 月，升格为广元市元坝区民族宗教事务局，挂靠区委统战部。

广元市元坝区财贸办公室，1997 年成立，挂靠区政府办；2005 年 12 月，成立广元市元坝区经济和商务局，区财贸办撤销。

广元市元坝区地方志办公室，2000 年 9 月成立，挂靠区政府办。至 2007 年，挂靠关系未变。

广元市元坝区政府安全生产监督管理办公室，2001 年 12 月成立，挂靠区政府办；2002 年 5 月，建立广元市元坝区安全生产监督管理局，为区政府直属正科级事业单位。

广元市元坝区人民防空办公室，2004 年 4 月成立，挂靠区人武部；同年 10 月，挂靠区政府办。至 2007 年，挂靠关系未变。

广元市元坝区外事侨务办公室，2004 年由区委统战部分出侨务管理职能而成立，挂靠区政府办。至 2007 年，挂靠关系未变。

广元市元坝区城市综合管理办公室，2004 年成立，挂靠区政府办。至 2007 年，挂靠关系未变。

广元市元坝区政务服务中心，2005 年成立，挂靠区政府办。至 2007 年，挂靠关系未变。

广元市元坝区人民政府办公室领导名录

表 6－7

姓　名	性别	籍　贯	政治面貌	职　务	任职期间	备　注
张克汉	男	广元市元坝区	中共党员	副主任	1989－12—1993－10	主持工作至 1992－10
母长海	男	广元市元坝区	中共党员	副主任	1990－02—1991－11	
刘兴朝	男	广元市元坝区	中共党员	副主任	1990－02—1993－06	
李旭春	男	广元市元坝区	中共党员	主　任	1992－11—1995－06	
刘兴泉	男	广元市元坝区	中共党员	副主任	1992－11—1995－06	
李中美	男	广元市元坝区	中共党员	副主任	1992－11—1994－10	
侯　宏	男	广元市旺苍县	中共党员	副主任	1995－06—1998－03	
魏三映	男	广元市元坝区	中共党员	主　任	1995－07—1998－03	
侯　宏	男	广元市元坝区	中共党员	主　任	1998－03—2003－02	
刘宝洲	男	广元市元坝区	中共党员	副主任	2000－08—2001－12	
刘志荣	男	广元市元坝区	中共党员	副主任	2001－01—2003－02	

续表

姓　名	性别	籍　贯	政治面貌	职　务	任职期间	备　注
文凌云	男	广元市元坝区	中共党员	副主任	2001－07—2003－06	
张四海	男	广元市元坝区	中共党员	副主任	2001－12—2007－12	
范子熠	男	广元市元坝区	中共党员	副主任	2003－03—2007－01	
文凌云	男	广元市元坝区	中共党员	主　任	2003－06—2007－03	
朱永国	男	广元市元坝区	中共党员	主　任	2007－03—	
龚贵宏	男	广元市元坝区	中共党员	副主任	2007－05—	

广元市元坝区人民政府办公室部分挂靠部门领导名录

表6－8

姓　名	性别	籍　贯	政治面貌	职　务	任职期间	备　注
杨显俊	男	广元市旺苍县	中共党员	主任（兼）	2005－11—2006－12	政务服务中心，常务副区长
张四海	男	广元市元坝区	中共党员	常务副主任(兼)	2005－11—	政务服务中心，区政府办副主任
蔡发勇	男	广元市元坝区	中共党员	副主任	2005－11—	政务服务中心
欧阳琰	男	广元市元坝区	中共党员	主　任	1990－02—1995－10	区委区政府信访办
张达彦	男	广元市元坝区	中共党员	主　任	1995－10—2007－03	区委区政府信访办
许家文	男	广元市元坝区	中共党员	主　任	2007－03—	区委区政府信访办
刘志荣	男	广元市元坝区	中共党员	局长（兼）	2000－01—2003－02	区法制局，区政府办副主任
李清智	男	广元市元坝区	中共党员	局　长	2003－02—2007－04	区法制局
戴自才	男	广元市元坝区	中共党员	局　长	2007－04—	区法制局
陆登德	男	广元市元坝区	中共党员	主　任	1997－03—1998－03	区救灾办
陆登锦	男	广元市元坝区	中共党员	主　任	1998－03—2007－06	区救灾办
黄定科	男	广元市元坝区	中共党员	主　任	2007－06—	区救灾办

二、参与政务

区政府办围绕区政府工作目标，立足“三跟”（跟领导、跟会议、跟中心工作）开展工作，当好参谋助手，协助领导处理日常事务，深入基层调查研究，认真办理人大代表的建议、批评、意见和区政协成立后的政协委员提案，不断改进工作。1995年10月，区政府办就“整顿农电管理，降低农用电费价格”和“治理农电管理混乱现象”的问题组织人员深入实地进行调查，找出电价过高的主要原因，有针对性地提出了完善和健全农电管理体制的整顿实施方案，得到区政府的采纳和人大常委会的认可，经过整顿之后，农电价格大幅下降。1996年，围绕政府决策开展信息调研，撰写出《关于深化农村改革系列问题的调查报告》，为区委、区政府制定全区农村改革政策提供了重要依据。全年上报信息209条，被省政府办公厅（后简称为省府办）采纳6条，被市政府办公厅（后简称为市府办）采纳66条；在省、市报刊上发表调研文章2篇。同时积极与市府办联系开通了微机联网，改善了全区信息传输的基础条件。完成领导交办的督查任务10件，完成市府交办的督办件（含热线电话）16件；按时办理人大代表建议、批评和意见及政协委员提案87件和人大议案2件。1997年，全程参与区政府各部门目标任务的检查考评。1998年办理人大议案、批评意见、建议3件；政协提案、来信交办案8件。2000年，深入调研后编发《一季度经济形势分析》，全面分析了农业和农村经济、工业经济、商贸经济、财政金融、重点工程建设的现状，并提出了下一步工作的重点。2001年先后进行3次经济形势分析。全年整理上报信息4500余条，被国办采用2条，省府办采用16条，市府办采用100条，综合评分占全市第二名。采写的《大力实施业主开发，推进产业化经营》被国办共享信息采用，《全民办交通，全年办交通》《围绕特色产业发展，大力推进科技承包》《大旱之年的反思》等文章，先后被市政府工作通报、督查工作通报、广元经济研究等刊物采用。与省、市党政网联网，实现了信息畅通。2003年，创办信息刊物《每日快报》，全年编发70期，采用信息800余条。开通区政府公众网、古城昭化网站，实现了市、区之间公文网上交换。当年整理上报信息3000余条，被省府办采用23条、市府办采用160余条，综合评分居全市县区第一名；编发《信息与调研》28期、《政府工作大事记》4期，组织撰写调研文章30余篇，在省、市刊物发表16篇。全年办理各类公文611件，其中，制发文件218份、会议纪要34期、工作通报3期，处理各类请示、报告96件，办结率100%。2005年，共办理各类公文521件，上报信息1000余条，市府办采用300余条，连续6年保持全市前列。区政府办被市府办评为2005年度信息工作先进单位。2006年共办理各类公文433件，开办《重点工作专报》，其中《元坝区大灾之年烤烟喜获丰收》《夯实发展基础，做大茧丝绸产业》《狠抓食品卫生安全，构建平安和谐校园》等5期专报获市委、市政府领导批示。全年在市政府信息刊物上刊发领导署名文章4篇，上报市级信息突破600条，信息工作评比获全市第二名。2007年，办结人大代表建议和政协委员提案183件，并对《关于高质量建设生猪生态养殖小区的提案》等8个重点件落实专人督查落实，办结率100%，满意和基本满意率达98%以上。围绕旅游开发、工业强区、惠民行动等政府工作重点深入进行调查研究。《逗硬落实六项制度，强势助推十大惠民行动》《持续光大农村公路建管养运一体化模式》等30余篇调研文章被省、市报纸杂志采用，其中《思路一变天地宽》《民生大如天》《妙手巧解千千结》等19篇通讯被《广元日报》刊载。全年编发13期《重点工作专报》、12期《政府工作通报》、6期《调查与研究》，为领导科学决策提供了较有价值的参考。信息化建设与市府办连通政务外网，公文无纸化传输平台投入试运行。全年向市政府报送信息2000余条，被采用1200余条，完成目标任务的600%；办理各类文件600余件次；顺利完成省一级档案复查认定；建立政务公开栏，实行限时办文、首问责任制。

三、事务管理

1989年11月，区政府办公室主持完成区政府搬迁工作，在元坝镇落实了办公室地点、干部职工临时住所，开办了机关伙食团，启动政府综合办公楼建设。至1995年，充实完善《公文处理制度》《学习制度》《精神文明建设制度》《对口联系区长工作制度》《考勤制度》《上级文件收发、运转管理制度》《督办、查办制度》《行政科接待工作暂行办法》《小车管理使用制度》《财务管理制度》《机关食堂管理办法》等11种制度，根据各自不同的岗位职责，全体干部职工逐一签订《目标量化考核责任书》，实行量化管理。响应区委区政府关于创办经济实体的号召，创办机关第二食堂和机关汽车修配厂，1992年，半年时间实现产值16万元，上缴国家税收3600元，实现利润1.20万元。建立广元市元坝区旭达综合贸易公司。制定并印发《区政府办公室有关工作制度和岗位职责》，进一步规范办公室的岗位职责和各项规章制度。参与并妥善处理了原卫子区公所第一住宅楼产权转移的相关手续。1996年，全面推行政府目标管理，加大行政协调工作力度，严格公文处理程序化、规范化。强化后勤保障工作，多方筹资新建1幢住宅楼。至1999年，筹集资金10余万元，装修政府餐厅、政府二楼会议厅、一楼会议室，对政府综合办公楼进行维修，改造。2004 年，筹资 100 多万元对政府综合楼老化电路、通信线路进行了改造，对综合楼、单身楼等外墙进行了装修粉饰，办公环境得到改善。2005—2007 年，结合创卫迎复检，抽派 18 名干部组成 4 个工作队，协同各部门对红土垭、机制公司、欧家河、区政协广场、任家湾 5 个片区城乡接合部实施综合整治。目标管理进一步规范，督查督办业务工作连续 5 年受到市委督查室表彰。投资 20 余万元改建下水道，拆除水池，铺设地砖，扩大绿地面积，添置休闲座椅，改善政府院内办公生活条件，机关形象进一步提升。2006 年 7 月，办公室通过省级最佳文明单位验收。2007 年，结合作风教育整顿活动，及时修改完善区政府各项议事规则，出台《行政效能手册》，健全人事、财务、办文、接待、安全等方面的规章制度，坚持用制度管人管事，严格实行办公用品统购分线登记发放、小车“三定”（定点维修、定点加油、定点洗车）、接待报告登记、文秘定点打印、上班签到、驾驶员驾车日志、油费会签等相关制度，全年资金节约率达到 15%。

第三节 政务（集中）服务

广元市元坝区人民政府政务服务中心（简称区政务服务中心）组织区人民政府所属工作部门统一受理、集中办理行政许可事项和其他服务事项，组织协调有关部门依法对行政审批、公共资源交易以及其他政务服务活动实施监督，对进入政务中心的各部门人员的教育、培训、工作管理和考核，承办区行政审批制度改革领导小组办公室和区政府交办的其他具体事务。2006 年，投入近 150 万元购买装修政务中心办公用房、购置办公设备。6 月，区政务服务中心对各单位选派的单设窗口工作人员 36 人进行为期一周的军事化训练和岗前技能培训，政务中心建成投入使用。8 月，在区政府政务服务中心二楼招投标政府采购室召开欧家河农业综合开发水保项目招投标会，标志着区政府招投标正式纳入政务服务中心受理、办理和监管。当年，区政务服务中心共受理行政许可等各类政务服务事项 16172 件，办结 15615 件，实现税费总收入 878.60 万元。2007 年，将煤炭矿产品准运证纳入政务中心受理、办理和监管，追缴应征税费 14.89 万元。12 月，区政务服务中心在朝阳乡开展了“窗口前移，为残疾人服务”的全市首次在乡镇实行政务服务集中代办的活动。朝阳乡 120 余名残疾人参加活动，现场受理办证服务 80 余件，发放残疾证 9 件，发放办事指南 150 余份。市政务服务中心常务副主任王晓林应邀到现场观摩指导。当年，区政务服务中心全年受理各类政务服务事项 43550 项，综合办结率达 99%。《政务服务月报》多次受到区委、区政府领导的表扬。区政务服务中心按照“一站式”服务和“一个窗口对外”的总要求，创新工作理念，创新工作方式，提高服务质量，建设文明窗口单位，2007 年 12 月，被共青团广元市委命名为市级“青年文明号”单位。

第四节 信访工作

1990 年 2 月，中共广元市元坝区委、广元市元坝区人民政府信访办公室（简称区信访办）正式建立，挂靠区委办公室，设正副主任、专干各 1 人。1997 年，区信访办公室（挂热线办牌子）被列为政府办代管。

区信访办建立健全接待、登记、转办、摘报、交办、督办、结案、档案等制度，基本实现信访工作规范化、程序化。1993—1996 年，处理来信来访 600 件次，接待人民群众来访 389 件次。1994 年，主持或参与信访联席会，研究处理“老、难”信访问题13起。1997年，开通区长热线电话，实行区长接待日（每月15日）现场办公，全年接待上访群众150人次，办理市长热线电话24件次，市长批示件13件次，区长热线电话23件次；区长接待日办结群众反映问题35件次，上访群众反映的问题内容涉及土地林权纠纷、退休人（职）员待遇及子女就业、民事案件、乱摊滥罚等。1998—2002年，共受理人民群众来信来访2000件次，其中，处理来信646件次，办理市、区长热线电话140件次，市委、市政府领导批办件7件次。2003年，受理群众来信92件次，接待群众来访827件次，接待区长热线电话334个。全年完成市领导批示4件次、区委区政府领导批示件186件次，办结率100%。开展了涉法、重复信访专项治理，对排查出的16件进行专题研究，限期办结。重点督办信访批示件，全年督办61件次。加强信访调研工作，上报信息6条，被《社情民意》杂志采用3条、《四川农村日报》采用1条，编《信访简报》3期，撰写调查报告7篇。区信访办获市委市政府“2001—2003年信访工作先进集体”。2004—2007年，受理群众来信来访2800件次，办结率98.30%，其中，集体上访21批次，318人次，接办群众打来区长热线电话102个，办结率100%，办理上级交、查、办件33件次，办结率100%。

附：信访案例二则

2001年5月22日，城区几十名失地农民再次到区政府上访，要求解决土地工安置问题。这是建区以来遗留下来的老大难问题，区委区政府主要领导作出批示：全面调查处理。区信访办立即对33个用地单位、283名土地工的安置情况采取查人事档案、查财务账目、找村社干部和当事人座谈了解等方法进行全面调查，形成了专题报告。6月27日，区委、区政府召开专题会议，在听取了区信访办关于城区土地工安置调查情况汇报后做出决定，坚持“谁用地谁安置”的原则，由用地单位将应安置而未安置的土地工，实行一次性货币安置，并纠正土地工安置中的违规行为，要求“新官要理旧账”，哪怕是砸锅卖铁也要在1个月内兑现土地工安置费。至此，历时10年的信访老问题得到妥善解决。

2001年6月，晋贤乡新华村一组村民徐洪清给市长陈宝根写信，反映其母亲多病、妻子重病共开支医药费1.10万余元，儿子徐万超1999年考入南京大学共花去2.80万余元，现已失学，请求解决生活困难。区政府立即组织人员调查，徐洪清所反映的情况属实，区政府及时研究了解决办法，责成区信访办负责具体落实：其一，由团区委联系“希望工程”救助金或“助学贷款”5000元，供徐万超上学；其二，由区民政局在“社会救济金”中解决部分资金，解决其家庭药费和日常生活开支；其三，由晋贤乡政府解决部分返销口粮、衣物，以保证其冬、春的基本生活开支；其四，由晋贤乡团委在新华村组织3~5名青年志愿者，在农忙季节给予劳动力帮助；其五，由区扶贫开发办解决部分扶贫资金，用以发展木耳、中药材等种植业和养猪、兔、鸡等养殖业。市长陈宝根在元坝热线办回复材料上批示：“很好，对群众的困难带着感情去帮，肩负责任去助，只要想办法，就会有办法。”

第五节 法制建设

广元市元坝区人民政府法制局（简称区法制局）与区政府办公室文秘工作相结合，对区政府下发的规范性文件进行审查把关，凡是规范性文件未经区政府法制局审查不得签发，保证国家法律、法规的严肃性和统一性。2001年，共审查文件52个，纠正文件26个。受理行政复议申请4件，结案4件。2002年，制定《广元市元坝区行政执法责任制实施办法》。组织行政执法人员教育培训，总人数达1500余人次。受区政府委托参与协调、处理涉法事务35件次。收到行政复议申请7件，受理5件。

2003年，将行政执法责任制工作纳入区政府综合目标管理。全年共审查文件60余个，纠正违法违规文件12个。对区交通局等8个行政执法部门的依法行政工作进行全面检查，审理行政复议案件1件，处理举报投诉5件，错误行政行为得到及时纠正。2005年，审查规范性文件和涉法文件31件（含合同），办理行政复议案件5件，完成了对全区43个项目审批部门的审批项目的清理核实，共保留行政审批项目231项，非行政许可项目201项。牵头组织相关部门对《中华人民共和国行政许可法》的执行情况进行全面检查，及时发现和纠正部门的违法行政行为。2006年，健全《依法行政实施纲要贯彻意见》《行政过错责任追究办法》《政府议事规则》《规范性文件制定程序》等重大建设项目审批制度。坚持政府行文法律审核制度和政府决策法律咨询论证制度，明确区政府法制局长列席政府常务会议制度，为政府决策提供法律咨询，全程审查把关政府文件40余件，提出修改建议和意见31条，其中与法律法规规章相抵触、不同意行文的2件。对全区36个区级主要行政执法机关的执法依据、执法主体、执法职权进行了全面清理。对各行政执法部门落实行政执法责任制工作情况进行了专门考核；依法审理行政复议案件8件，纠正违法实施行政许可案件1件。2007年，调整充实全区推进依法行政落实行政执法责任制工作领导小组。当年先后接待各类涉法上访人员和电话求助380余人次。坚持政府规范性文件和涉法文件签发制度，共审查把关政府规范性文件和涉法文件38件，提出修改意见和建议60余条。强化执法监督，对全区430余个行政执法证件进行验审，新办各类行政执法证280个；收到行政复议申请19件，其中依法审理复议案件16件，不予受理、转送转办3件，维持9件，撤销6件，变更1件，无一件行政复议引起行政诉讼。同时，对新出台的《中华人民共和国行政复议法实施条例》进行多形式、多渠道法制宣传达3000余人次。

第七篇 人民政治协商

第一章 人民政协

第一节 政协组织机构

一、政协广元县委员会和政协广元市市中区委员会

1955年3月，昭化县成立各界人士学习会。1958年10月，昭化县各界人士学习会并入中国人民政治协商会议四川省广元县委员会（简称广元县政协）。“文化大革命”期间，政协工作停顿。1979年7月，恢复广元县政协工作。1985年5月，广元县政协更名为广元市市中区政协，主席、副主席、秘书长及常委会委员任期到换届为止。

1987年3月，广元市市中区政协第七届委员会第十三次常委会决定，广元市市中区政协的届次重新起计。同年4月，广元市市中区政协召开了一届一次全委会议。

广元县政协、广元市市中区政协领导名录

表7-1

县（区）	届别	任期	职务		
			主席	副主席	秘书长
广元县	第一届	1955-03—1957-06	白佩珩（兼）	权章夷　雷世煦　李天职	武　琦
	第二届	1957-06—1959-12	白佩珩（兼）	武　琦（兼）　雷世熙　李天职　权章夷	武琦（兼）
	第三届	1959-12—1963-05	田景风（兼）	杨振山（兼）　童朝俊　蔡达源　孟寿伯	左文生
	第四届	1963-05—1965-12	范俊德（兼）	王寿茂（兼）　童朝俊　蔡达源　孟寿伯	左文生
	第五届	1965-12—1981-03	范俊德（兼）	苟登寿　蔡达源　童朝俊　孟寿伯	左文生

续表

县（区）	届　别	任　期	职务：主　席	职务：副主席	职务：秘书长
	第六届	1981-03—1984-03	王兴裕（至1983-08） 郭永瑞（1983-08起）	郭佐城　穆培仁　白　雄　雷世熙 蔡达源　孟寿伯　刘方治　王献揖（兼）	杜明昌
	第七届	1984-03—1985-05	彭　钺	刘方治　童朝俊　孟寿伯　郭佐城 蔡达源　左文生　穆培仁　王献楫	汤昭林
市中区	第一届	1985-05—1990-02	彭　钺	左文生　童朝俊　宋寿中　刘方治 马万全　孟寿伯　郭佐城　蔡达源 穆培仁　王献揖	汤昭林（兼）

注：按《广元县志》载，广元县政协第六届副主席刘方治、王献揖任职时间是1982年5月至1983年8月

广元县政协、广元市市中区政协常委会委员名录

表7-2

县（区）	届　别	任　期	常委会委员
广元县	第一届	1955-03—1957-06	白佩珩　权章夷　雷世煦　李天职　武　琦　韩尊三　陈美焕　高明海 李振武　寇瑞麟　孟寿伯　蔡达源　阎绍堂　李全德　苏先劼　赵加珍 王良佐　张彩华　华月清（女）
	第二届	1957-06—1959-12	白佩珩　武　琦　雷世熙　李天职　权章夷　韩尊三　五庭玉　王良佐 刘春如　李全德　李振武　苏先劼　孟寿伯　赵加珍　陈美焕　高明海 张东甲　蔡达源　代文华　阎绍堂　卢培筠（女）
	第三届	1959-12—1963-05	田景风　杨振山　童朝俊　蔡达源　孟寿伯　左文生　穆培仁　王庭玉 王良佐　司有义　刘扬山　刘春如　宋先文　苏先劼　李全得　尚子厚 胡永红　赵加珍　崔福祥　许　彬　冯明先　杨映州　张东甲　阎绍堂 黎光全　穆绍在（女）　左廷明（女）
	第四届	1963-05—1965-12	范俊德　王寿茂　童朝俊　蔡达源　孟寿伯　左文生　王庭玉　五兴裕 刘扬山　冯明先　范春锐　马昌煜　张东甲　游星州　蒲子问　穆培仁 刘春如　尚子厚　赵炳华　阎绍堂　杨荣卿　方明成　廖运掌　白玉萍（女） 任桂珍（女）　熊伯林（女）　申群芝（女）
	第五届	1965-12—1981-03	范俊德　苟登寿　蔡达源　童朝俊　孟寿伯　左文生　杨荣卿　王汝伟 杨昆山　刘扬山　冯明先　范春锐　王顺德　杜明昌　游星州　方明成 赵加珍　蒲子问　廖运掌　穆培仁　刘春如　尚子厚　赵炳华　梁锦川 黎天琼（女）　白玉萍（女）　熊伯林（女）
	第六届	1981-03—1984-03	王兴裕　郭永瑞　郭佐城　穆培仁　白　雄　雷世熙　蔡达源　孟寿伯 刘方治　王献揖　杜明昌　王绍贤　杨荣卿　蔡成兴　胡永红　文对章 何永方　权开甲　樊怀京　苏东云　胡灿升　方仁山　王献楫　张正余 姜　楷　蒲子问　白聪智　马万全　阎岳生　李良才　孙正跃　杨元琼（女） 汪群丽（女）　胡兴琪（女）
	第七届	1984-03—1985-05	彭　钺　刘方治　童朝俊　孟寿伯　郭佐城　蔡达源　左文生　穆培仁 王献楫　汤昭林　王绍贤　赵国凡　黄明望　蔡成兴　刘昌荣　翟廷富 王　平　许德厚　余端清　赵朝荣　李鹏远　李奇林　王承先　杨德寿 刘仁山　蒲子问　杨荣卿　马　森　邓盛荣　白聪智　雷世熙　卫根娣（女） 王晓萍（女）　杨元琼（女）　马雪琴（女）　汪群丽（女）　柳文玲（女） 胡兴琪（女）

续表

县(区)	届别	任期	常委会委员
市中区	第一届	1985-05—1990-02	彭　钺　左文生　童朝俊　宋寿中　刘方治　马万全　孟寿伯　郭佐城　蔡达源　穆培仁　王献揖　汤昭林　马　彦　王承先　兰成明　师德文　沈　章　许德厚　吴孝恺　吴兴平　蹇　鏐　余炎生　余继龙　杨荣卿　张学荣　赵万清　胡灿开　泰朝炽　焦志轩　马　森　邹绍贵　杨枝萃　徐丕泉　马雪琴(女)　吴远秋(女)　何玉清(女)　宋树清(女)　金月华(女)　陆　忠(女)

二、政协广元市元坝区委员会

1989年11月，元坝区建立由区委书记翟廷富任组长的政协广元市元坝区委员会筹备组，对外代表元坝区参与政协活动。1993年11月，建立中国人民政治协商会议广元市元坝区委员会（简称区政协），原政协筹备组即行撤销。1994年1月，建立中共广元市元坝区政协党组。同月，区政协设置学习宣传委员会、经济科技委员会、教卫文体委员会、提案委员会。1995年7月，设区政协办公室。1997年5月，区政协设办公室（内设秘书股和行政股）和专委会办公室（即学习宣传委员会、提案法制委员会、科技经济委员会、教卫文体委员会的综合办公室）。2001年12月，区政协设政协办公室（内设秘书股和行政股）、提案法制委员会、科技经济委员会、教卫文体委员会、学习宣传委员会、社会联谊文史资料委员会。

区政协由中国共产党、民主党派、无党派人士、人民团体、少数民族及各界别代表以及特邀人士组成。每届任期五年。区政协组织机构分为全体委员会（简称全委会）、常务委员会（简称常委会）和主席会。全委会由全体委员组成，一般每年召开一次会议，每届第一次全委会选举本届常务委员、主席、副主席及秘书长。常委会由主席、副主席、秘书长和常务委员组成，原则上每季度召开一次会议。主席会由主席、副主席、秘书长组成，原则上每月召开一次会议，处理常务委员会日常重要工作。

政协广元市元坝区委员会领导名录

表7-3　　第一届（1993-12—1998-02）

姓名	性别	籍贯	政治面貌	职务	任职期间	备注
翟枝贵	男	广元市元坝区	中共党员	主席	1993-12—1998-02	党组书记
贾北朝	男	广元市元坝区	中共党员	副主席	1993-12—1998-02	党组副书记
祝明培	男	广元市利州区	非党	副主席	1993-12—1998-02	未驻会
刘芝发	男	广元市元坝区	非党	副主席	1990-02—1993-02	未驻会
胡维明	男	广元市元坝区	中共党员	副主席	1996-02—1998-02	（届中补选）党组成员
郭全孝	男	广元市元坝区	中共党员	秘书长	1993-12—1998-02	党组成员

表7-4　　第二届（1998-02—2003-01）

姓名	性别	籍贯	政治面貌	职务	任职期间	备注
李奎元	男	广元市元坝区	中共党员	主席	1998-02—2003-01	党组书记
胡维明	男	广元市元坝区	中共党员	副主席	1998-02—2002-01	党组副书记
刘芝发	男	广元市元坝区	非党	副主席	1998-02—2003-01	未驻会

续表

姓　名	性别	籍　贯	政治面貌	职　务	任职期间	备　注
魏兴武	男	广元市元坝区	中共党员	副主席	1998－02—2002－01	2000－05 前未驻会
薛开元	男	广元市元坝区	九三学社社员	副主席	1998－02—2003－01	未驻会
梁　黎	女	广元市元坝区	中共党员	副主席	2002－01—2003－01	（届中补选）党组成员
孟成显	男	广元市元坝区	中共党员	副主席	2002－01—2003－01	（届中补选）党组成员
刘兴泉	男	广元市元坝区	中共党员	秘书长	1998－02—2003－01	党组成员

表 7－5　　**第三届**（2003－01—2007－01）

姓　名	性别	籍　贯	政治面貌	职　务	任职期间	备　注
李奎元	男	广元市元坝区	中共党员	主　席	2003－01—2007－01	党组书记
薛开元	男	广元市元坝区	九三学社社员	副主席	2003－01—2007－01	未驻会
孟成显	男	广元市元坝区	中共党员	副主席	2003－01—2007－01	党组副书记
杨云清	男	广元市元坝区	中共党员	副主席	2003－01—2007－01	党组成员
刘兴泉	男	广元市元坝区	中共党员	副主席	2003－01—2007－01	兼秘书长
王正蓉	女	广元市元坝区	非　党	副主席	2003－01—2007－01	
卢克俊	男	广元市元坝区	非　党	副主席	2003－01—2007－01	未驻会

表 7－6　　**第四届**（2007－01—　）

姓　名	性别	籍　贯	政治面貌	职　务	任职期间	备　注
熊光辉	男	广元市元坝区	中共党员	主　席	2007－01—	党组书记
薛开元	男	广元市元坝区	九三学社社员	副主席	2007－01—	九三元坝区支社主委
孟成显	男	广元市元坝区	中共党员	副主席	2007－01—	党组副书记
杨云清	男	广元市元坝区	中共党员	副主席	2007－01—	未驻会
刘兴泉	男	广元市元坝区	中共党员	副主席	2007－01—	党组成员
王正蓉	女	广元市元坝区	非　党	副主席	2007－01—	未驻会
卢克俊	男	广元市元坝区	非　党	副主席	2007－01—	未驻会
沈国平	男	广元市元坝区	中共党员	秘书长	2007－01—	党组成员

政协广元市元坝区委员会常委会委员名录

表 7－7

届　别	任　期	常委会委员
第一届	1993－12—1998－02	翟枝贵　贾北朝　祝明培　刘芝发　胡维明　郭全孝　王中华　刘玉坤　吴万奎　沈美玲（女）　陈　波　姚永安　赵安德　贾元碧　杨红梅（女）　郭光廷　陆登明（补选）　吴根昌（补选）　毛　洋（补选）　杨宪萍（女，补选）

续表

届 别	任 期	常委会委员
第二届	1998-02—2003-01	李奎元 胡维明 刘芝发 魏兴武 薛开元 孟成显 刘兴泉 毛 洋 吴万奎 张克洵 张正军 张明伟 杜维喜 赵安德 敦福林 释彻利 何玉华（女） 梁 黎（女） 赖翠兰（女） 卢克俊（补选） 夏登坤（补选） 龚潘清（补选） 李成元（补选） 张克举（补选）
第三届	2003-01—2007-01	李奎元 薛开元 孟成显 杨云清 刘兴泉 卢克俊 王兴旺 冯树传 张兴林 张安明 肖继泽 何登九 陈昌文 赵泽元 龚潘清 商明泽 释彻利 张晓红（女） 王正蓉（女） 文方国（补选） 张家仁（补选） 周达文（补选）
第四届	2007-01—	熊光辉 薛开元 孟成显 杨云清 刘兴泉 卢克俊 王正蓉（女） 沈国平 许兴远 苏 波 杜清尧 肖玉林（女） 肖继泽 何登九 沈庆文 张仕迁 陆茂华（女） 周达文 赵泽元 夏敏（女） 蒲玉学

政协广元市元坝区委员会机关委、室领导名录

表7-8

姓 名	性别	籍 贯	政治面貌	职 务	任职期间	备 注
郭全孝	男	广元市元坝区	中共党员	办公室主任	1993-12—1997-05	秘书长兼
刘兴泉	男	广元市元坝区	中共党员	办公室主任	1997-05—2003-01	秘书长兼
田德华	男	广元市元坝区	中共党员	办公室主任	2003-01—2007-01	
任国富	男	广元市元坝区	中共党员	办公室主任	2007-01—	
翟枝贵	男	广元市元坝区	中共党员	学习宣传委主任	1993-12—1998-02	主席兼
刘芝发	男	广元市元坝区	非 党	学习宣传委主任	1998-02—2000-03	副主席兼
郭全孝	男	广元市元坝区	中共党员	学习宣传委主任	2000-03—2002-03	
孟成显	男	广元市元坝区	中共党员	学习宣传委主任	2002-03—2003-01	副主席兼
任国富	男	广元市元坝区	中共党员	学习宣传委主任	2003-01—2007-01	
赵自泽	男	广元市青川县	中共党员	学习宣传委主任	2007-01—	
贾北朝	男	广元市元坝区	中共党员	经济科技委主任	1993-12—1998-02	副主席兼
魏兴武	男	广元市元坝区	中共党员	经济科技委主任	1998-02—2001-03	副主席兼
李成元	男	广元市元坝区	中共党员	经济科技委主任	2001-03—2003-01	
张兴林	男	广元市元坝区	中共党员	经济科技委主任	2003-01—2004-06	
吴有贵	男	广元市元坝区	中共党员	经济科技委主任	2004-11—2005-09	
许兴远	男	江苏省宿州市	中共党员	经济科技委主任	2007-01—	
祝明培	男	广元市利州区	非 党	教卫文体委主任	1993-12—1998-02	副主席兼
薛开元	男	广元市元坝区	九三社员	教卫文体委主任	1998-02—2000-03	副主席兼

续表

姓　名	性别	籍　贯	政治面貌	职　务	任职期间	备　注
李成元	男	广元市元坝区	中共党员	教卫文体委主任	2000－03—2001－03	
张克举	男	广元市元坝区	中共党员	教卫文体委主任	2001－03—2003－01	
母志林	男	广元市剑阁县	中共党员	教卫文体委主任	2003－01—2004－01	
赵自泽	男	广元市青川县	中共党员	教卫文体委主任	2004－04—2007－01	
刘红兰	女	广元市元坝区	民革党员	教卫文体委主任	2007－01—	
郭全孝	男	广元市元坝区	中共党员	提案法制委主任	1993－12—1998－02	秘书长兼
胡维明	男	广元市元坝区	中共党员	提案法制委主任	1998－02—2002－03	副主席兼
梁　黎	女	广元市元坝区	中共党员	提案法制委主任	2002－03—2003－01	副主席兼
孟成显	男	广元市元坝区	中共党员	提案法制委主任	2003－01—2006－03	副主席兼
刘红兰	女	广元市元坝区	民革党员	提案法制委主任	2006－03—2007－01	
周达文	男	广元市元坝区	中共党员	提案法制委主任	2007－01—	
王扬声	男	广元市元坝区	中共党员	社联文史委负责人	1993－12—2002－03	
张兴林	男	广元市元坝区	中共党员	社联文史委副主任	2002－03—2003－01	主持工作
蒲国庆	男	广元市元坝区	中共党员	社联文史委主任	2003－01—	
王扬声	男	广元市元坝区	中共党员	专委办主任	1998－05—2001－12	

第二节　届期会议

一、广元县政协历届全委会议

一届一次会议：1955 年 3 月 28—30 日召开。出席委员 71 名，列席人员 49 名。会议主要内容为：听取和审议广元县各界人民代表会议常务委员会五年来的工作报告；听取和讨论省政协首届一次会议精神的传达报告；选举出广元县政协第一届委员会主席、副主席、秘书长及常务委员 18 名；通过了会议决议。

一届二次会议：1956 年 4 月 29 日至 5 月 4 日召开。出席委员 99 名，列席人员 124 名。会议主要内容为：听取和审议广元县政协第一届常委会工作报告；学习和讨论 1956—1967 年全国农业发展纲要；听取和讨论知识分子问题及对资本主义工商业社会主义改造问题的专题发言；选举出主席、副主席、秘书长及常务委员 19 名；通过了会议决议。

二届一次会议：1957 年 6 月 3—8 日召开。出席委员 116 名，列席人员 114 名。会议主要内容为：听取和讨论广元县政协主席白佩珩传达毛主席关于正确处理人民矛盾问题的讲话；传达和讨论全国政协二届三次会议的精神；听取和审议上届委员会的工作报告；选举出广元县政协二届委员会主席、副主席、秘书长及常务委员 21 名；通过会议决议；通过声援台湾同胞反美爱国斗争的电文。

三届一次会议：1959 年 12 月 20—24 日召开。出席委员 141 名，列席人员 43 名。会议主要内容为：听取和审议广元县政协二届常委会工作报告；列席广元县第三届人民代表大会第二次会议；选举出广元县政协三届委员会主席、副主席、秘书长及常务委员 27 名；通过会议决议。

三届二次会议：1962 年 5 月 15—22 日召开。出席委员 129 名，列席人员 35 名。会议主要内容为：听取传达国务院总理周恩来在全国人大二届三次会上所作的政府工作报告；传达和讨论省人代会、省政协会议精神；听取和审议广元县政协第三届委员会常务委员会工作报告；通过会议决议。

三届三次会议：1962 年 8 月 20—22 日召开。出席委员 116 名，列席人员 25 名。会议期间，听取和讨论了政协全国委员会和政协四川省第二届委员会第三次会议精神的传达报告；通过会议决议。

四届一次会议：1963 年 5 月 15—18 日召开。出席委员 141 名，列席人员 12 名。会议主要内容为：听取和审议广元县政协第三届委员会工作报告；列席广元县第五届人民代表大会第一次会议，听取广元县人大常委员工作报告及其他报告；听取中国人民解放军关于“中印”边境问题的报告；选举出广元县政协第四届委员会主席、副主席、秘书长及常务委员 27 名；通过会议决议。

五届一次会议：1965 年 12 月 21—25 日召开。出席委员 142 名。会议主要内容为：传达和讨论省人大、省政协三届三次会议精神；列席广元县六届一次人民代表大会，听取各项报告；听取和审议广元县政协第五届常委会工作报告；选举出广元县政协第五届委员会主席、副主席、秘书长及常务委员 27 名；通过会议决议。

六届一次会议：1981 年 3 月 29 日至 4 月 6 日召开。出席委员 212 名。会议期间，听取和审议广元县政协第五届常委会工作报告；列席广元县第九届一次人民代表大会；选举出广元县政协第六届委员会主席、副主席、秘书长及常务委员 27 名；通过会议决议。

六届二次会议：1982 年 5 月 7—11 日召开。出席委员 240 名。会议期间，听取和审议广元县政协第六届常委会工作报告；列席广元县第九届二次人民代表大会；增选广元县政协副主席；通过会议决议。

六届三次会议：1983 年 3 月 22—25 日召开。出席委员 263 名，列席人员 30 名。会议期间，听取和审议广元县政协第六届常委会工作报告；列席广元县第九届三次人民代表大会；通过会议决议。

七届一次会议：1984 年 3 月 31 日至 4 月 7 日召开。出席委员 251 名。会议主要内容为：听取和审议广元县政协第六届常委会工作报告；列席广元县十届一次人民代表大会；选举出广元县政协七届委员会主席、副主席、秘书长及常务委员 39 名；通过会议决议。

七届二次会议：1985 年 5 月 14—19 日召开。出席委员 200 名。会议期间，听取和审议广元县政协第七届常委会工作报告；列席广元县第十届二次人民代表大会；协商首届广元市市中区政协委员会名单；增选宋寿中、马万全为副主席；会议决定“广元县政协”更名为“广元市市中区政协”；通过会议决议。

二、市中区政协历届全委会议

一届一次会议：1987 年 4 月 17—18 日召开。会议期间，听取和审议广元市市中区政协常务委员会工作报告和提案工作报告；选举出市中区政协一届委员会主席、副主席、秘书长及常务委员 37 名；通过会议决议。

一届二次会议：1989 年 9 月 26—27 日召开。会议期间，听取和审议市中区政协一届常委会工作报告，通过会议决议。学习和讨论了经国务院批准，四川省人民政府批复的关于“缩小广元市市中区，设立元坝、朝天县级郊区”的决定。

三、广元市元坝区政协历届全委会议

一届一次会议：1993 年 12 月 29—30 日召开。出席委员 105 名。会议期间，区委副书记、筹备领导小组组长陈广霖作《政协第一届广元市元坝区委员会筹备工作的报告》；主席团执行主席翟枝贵作《关于首届政协如何开展工作的报告》；选举出元坝区政协一届委员会主席、副主席、秘书长和常务委员；通过会议决议。

一届二次会议：1994 年 3 月 1—4 日召开。会议期间，听取和审议元坝区政协第一届常委会工作报告；列席元坝区第二届人民代表大会第二次会议；通过会议决议。

一届三次会议：1995 年 2 月 27 日至 3 月 2 日召开。会议期间，听取和审议元坝区政协第一届常委会工作报告；听取和审议元坝区政协《关于一届二次会议以来提案工作情况的报告》；传达省政协七届三次会议精神；增选元坝区一届政协常委会委员；列席元坝区第二届人民代表大会第三次会议；通过会议决议。

一届四次会议：1996 年 2 月 5—8 日召开。会议期间，听取和审议元坝区政协第一届常委会工作报告；听取和审议元坝区政协《关于一届三次会议以来提案工作情况的报告》；增选元坝区政协副主席和常务委员；列席元坝区第二届人民代表大会第四次会议；通过区政协一届四次会议提案审查工作情况报告；通过会议决议。

一届五次会议：1997 年 2 月 24—27 日召开。会议期间，听取和审议元坝区政协第一届常委会工作报告；听取和审议元坝区政协《关于一届四次会议以来提案工作情况的报告》；列席元坝区第二届人民代表大会第五次会议；通过会议决议。

二届一次会议：1998 年 2 月 12—16 日召开。出席委员 103 名。会议期间，听取和审议元坝区政协第一届常委会工作报告；听取和审议元坝区政协第一届常委会《关于一届一次会议以来提案工作情况的报告》；列席元坝区第三届人民代表大会第一次会议；选举出元坝区政协二届委员会主席、副主席、秘书长和常务委员；听取和审议元坝区政协二届提案委员会《关于提案审查情况的报告》；通过会议决议。

二届二次会议：1999 年 1 月 24—29 日召开。会议期间，听取和审议元坝区政协第二届常委会工作报告；听取和审议元坝区政协《关于二届一次会议以来提案办理及法制工作情况的报告》；通过区政协二届二次会议提案审查工作情况报告；列席元坝区第三届人民代表大会第二次会议；增选区政协常务委员会委员；通过会议决议。

二届三次会议：1999 年 12 月 28—31 日召开。会议期间，听取和审议元坝区政协第二届常务委员会工作报告；听取和审议元坝区政协《关于二届二次会议以来提案工作情况的报告》；列席元坝区人民代表大会第三届第三次会议；听取和审议元坝区政协提案委员会《关于元坝区政协二届三次会议提案审查情况的报告》；增选区政协二届委员会常务委员；通过会议决议。

二届四次会议：2001 年 1 月 5—9 日召开。会议期间，听取和审议元坝区政协第二届常委会工作报告；听取和审议元坝区政协《关于二届三次会议以来提案工作情况的报告》；列席元坝区第三届人民代表大会第四次会议；听取和审议元坝区政协提案委员会《关于元坝区政协二届四次会议提案审查情况的报告》；增选元坝区政协二届委员会常务委员；通过会议决议。

二届五次会议：2002 年 1 月 19—22 日召开。会议期间，听取和审议元坝区政协第二届常委会工作报告；听取审议区政协《关于二届四次会议以来提案工作情况的报告》；列席元坝区第三届人民代表大会第五次会议；听取并审议元坝区政协提案委员会《关于元坝区政协二届五次会议提案审查情况的报告》；通过会议决议。

三届一次会议：2003 年 1 月 18—23 日召开。出席委员 116 名。会议期间，听取和审议元坝区政协第二届常委会工作报告；听取审议元坝区政协第二届常委会《关于五年来提案工作情况的报告》；选举产生元坝区政协三届委员会主席、副主席、秘书长和常务委员；列席元坝区第四届人民代表大会第一次会议；听取审议元坝区政协提案委员会《关于元坝区政协三届一次会议提案审查情况的报告》；通过大会决议。

三届二次会议：2004 年 2 月 29 日至 3 月 5 日召开。出席委员 108 名。会议期间，听取审议元坝区政协第三届常委会工作报告；听取审议元坝区政协《关于三届一次会议以来提案工作情况的报告》；补选元坝区第三届政协常务委员；列席元坝区第四届人民代表大会第二次会议；听取审议元坝区政协提案委员会《关于元坝区政协三届二次会议提案审查情况的报告》；通过大会政治决议。

三届三次会议：2005 年 3 月 23—26 日召开。出席委员 109 名。会议期间，听取审议元坝区政协第三届常委会工作报告；听取审议元坝区政协《关于三届二次会议以来提案工作情况的报告》；列席元坝区第四届人民代表大会第三次会议；听取审议元坝区政协提案委员会《关于元坝区政协三届三次会议提案审查情况的报告》；通过大会政治决议。

三届四次会议：2006 年 1 月 19—23 日召开。出席会议委员 110 名。会议期间，听取审议元坝区政协第三届常委会工作报告；听取审议元坝区政协《关于三届三次会议以来提案工作情况的报告》；列席元坝区第四届人民代表大会第五次会议；听取审议元坝区政协提案法制委《关于元坝区政协三届四次会议提案审查情况的报告》；表彰 2005 年度提案办案先进单位和优秀提案；通过大会政治决议。

四届一次会议：2007 年 1 月 14—18 日召开。出席会议委员 119 名，会议期间，听取和审议元坝区政协第三届常务委员会工作报告；听取审议元坝区政协第三届常委会《提案工作的报告》；选举产生元坝区政协第四届委员会主席、副主席、秘书长和常务委员；列席元坝区第五届人民代表大会第一次会议；听取审议区政协提案法制委员会《关于元坝区政协四届一次会议提案审查情况的报告》；通过大会政治决议。

第三节　参政议政

调查研究与视察是政协深入实际，了解和反映社情民意，履行政协职能的重要基础和关键环节。区政协及其各专委会每年都要围绕区委、区政府的中心工作，选定事关全局、社会反映强烈、群众普遍关心的热点问题作为调研视察的内容，组织委员及有关部门开展调查研究、参观视察，提出意见和建议，并形成调查报告，送区委、区人民政府及有关部门参考，对党政决策及工作开展提供参考依据。至 2007 年，主要专题调研有：

1994 年，区政协组织有关部门联合对全区发展非公有制经济的情况进行调查研究，形成《关于发展非公有制经济的调查及建议》，经区政协一届二次常委会议讨论通过后，送区人民政府参考；组织部分市、区政协委员就教育工作进行视察，并在一届三次常委会上对教育工作进行专题讨论，形成《关于贯彻实施〈中国教育改革和发展纲要〉的建议》，送区人民政府参考。

1995 年，区政协组织部分市、区政协委员，分别对全区教育、林业工作进行视察，形成了《关于对全区教育、林业工作视察情况的报告》，送区委、区人民政府参考。

1996 年，区政协组织部分市、区政协委员，并邀请市政协副主席解大德和区财政局、区烟办、区烟草公司到晋贤乡对烤烟生产情况进行视察，通过听取汇报、走访座谈，对该乡烤烟生产进行全面了解，就全区烤烟生产向区人民政府提出“移栽改密为疏、推广科学施肥、烤房统一设计、合理进行田管、精心组织烘烤”5条建议。

1997年，区政协组织机关干部及区畜牧局负责人组成调查组，到王家、石井铺、太公、清水、香溪、陈江、虎跳、白果、明觉等乡镇的部分村、组和农户，对全区的畜牧业进行调研，并形成调查报告送区人民政府参考；提出《关于迅速发展骨干支柱产业的几点建议》，送区委、区人民政府参考；组织力量对全区人畜饮水工程建设情况进行调研，形成了《加强领导，精心组织，全民动员，再掀高潮，打好“人畜饮水”攻坚战的调查报告》，送区人民政府参考。

1998年，区政协组织力量对全区中小学布局调整情况进行调研，形成了《合理配置资源，优化教育结构的调查报告》，送区委、区人民政府参考；组织部分市、区政协委员对全区第二期粮食自给工程的实施情况进行调研，形成《关于全区实施粮食自给工程的建议》，并经元坝区政协二届二次常委会议审议通过后，送区委、区人民政府参考；组织区改制办、区财贸办、区计经委、区乡镇企业局等单位，对全区企业改制工作进行调研，形成《关于规范全区改制企业运作的建议》后送区委、区人民政府参考。

1999年，区政协组织两个专题调查组，分别到昭化、红岩、王家、虎跳、太公、石井铺等13个乡镇的部分村、组和农户，对全区农业产业化经营情况进行调研，形成《关于全区农业产业化经营的调查及建议》，经区政协二届六次常委会议讨论通过后送区委、区人民政府参考；会同有关部门，组成五个调查组，分别到王家、文村、香溪、虎跳、紫云、柳桥、射箭、柏林沟等20个乡镇的村、组、农户，对全区1982年以来，稳定和完善农村土地承包关系的情况进行深入细致地调研，形成《切实搞好农村土地延包工作的调查报告》，送区委、区人民政府参考；组织区委统战部、区商会联合会、区工商局等部门，对全区非公有制经济发展情况进行调研，形成《关于元坝区非公有制经济发展情况的调查报告》，送区委、区人民政府参考；组织元坝区市、区政协委员，对昭化、红岩、太公、虎跳、黄龙、白果等乡镇落实区委三届三次会议精神，调整农业产业结构工作进行视察，向区人民政府提出了6条建议。

2000年，区政协科技经济委员会组织有关人员，分别到虎跳、陈江、丁家、黄龙、柳桥、石井铺、卫子、磨滩、射箭、王家等10个乡镇的村、组和农户就全区庭园经济建设及乡村道路建设情况进行调研，形成了《关于加快发展庭园经济的调查及建议》《关于乡村道路建设的调查及建议》，并经区政协二届十次常委会议审议通过，送区委、区人民政府参考；就发展非公有制经济，增加城市人口、增强城市辐射功能等内容进行调研后形成调查报告，并经区政协二届十一次常委会议审议通过，送区委、区人民政府参考。

2001年，区政协科技经济委员会组织农口有关部门，组成四个调查组，到王家、磨滩、元坝、晋贤、昭化、柳桥、石井铺、香溪、清水、虎跳等乡镇以及区级涉农部门就“科技兴农”工作进行调研，内容涉及粮油、畜牧、蚕桑、林果、蔬菜、烤烟等产业，形成了《关于科技兴农的调查及建议》，经元坝区政协二届十三次常委会议审议通过，送区委、区人民政府参考；就全区种草养畜情况进行调研，形成了《关于大力推进种草养畜的建议》，送区人民政府参考。

2002年，区政协科技经济委员会对全区农业产业结构调整的现状进行调研，并向区人民政府提出了4条建议；组织调查组分别深入元坝城区和太公、卫子、柳桥、王家、晋贤等乡镇对全区工业经济发展情况进行调研，形成了《关于加快发展工业经济的建议》，经元坝区政协二届十七次常委会议审议通过，送区委、区人民政府参考。

2003年，区政协组织部分委员到射箭将军岭、昭化古城、柳桥平乐寺景区和农家乐进行视察，形成了《关于全区旅游产业开发及应对“五一黄金周”工作的报告》，送区委、区人民政府参考；通过现场调查和专题研讨，形成了《关于进一步加快发展全区民营经济的建议》，经元坝区政协三届三次常委会议审议通过，送区委、区人民政府参考；组织区城建局、区水务局、区国土局等部门负责人和技术人员，到“七一五”洪灾现场进行调研，形成《关于加强城区防洪配套设施建设的建议》，送区委、区人民政府参考。

2004年，区政协组成三个调查组先后到王家、文村等14个乡镇及其畜牧兽医站，对全区生猪三元杂交工作及生猪产业发展情况进行了调研，形成《关于推进全区生猪三元杂交做强生猪产业的调查与建议》，并经元坝区政协三届七次常委会议审议通过，送区委、区人民政府参考；区政协组织区计经局、区财贸办、区企业局、区工商分局等有关部门深入元坝镇、卫子镇、柳桥乡及部分工业企业对全区工业经济情况进行了调研，形成了《关于加快工业经济发展的建议》，并经元坝区政协三届八次常委会议审议通过，送区委、区人民政府参考；区政协组织力量对城区网吧整治情况进行了调查，形成了《关于进一步加强网吧整治的建议》，提出了加强协调、强化整治，加强宣传教育，增强保障、强化执法和开展丰富的校园文体活动等四个方面的建议，送区人民政府。

2005年，区政协先后到元坝、紫云、虎跳、青牛、王家、卫子、朝阳、红岩等8个乡镇，就乡镇债权债务及“消赤减债”情况进行调查，形成《关于乡镇“债权债务”情况的调查报告》，提出严格推行乡镇“消赤减债”任期目标责任制；加强资金管理，严格控制基建项目，采取措施加大债权清收和生息债务的处置力度；用活相关政策以务实的态度搞好债权处置等五个方面的建议，送区人民政府参考；深入项目建设的村组、农户及项目主管单位，对全区生态家园示范村及农村沼气建设情况进行调查，形成《关于生态家园示范村及农村沼气建设情况的调查报告》，提出扎实搞好“十一五”规划，集中财力打好总体战，加强产业培育和物业管理，为部门创造较好的工作环境等四个方面的建议，送区政府参考；组织调研组，对全区城镇工业经济发展情况进行专题调查研究，形成《关于推进元坝经济追赶型发展的建议》，提出从创新思路入手，在改进工作方法上求突破；从优先发展三产业入手，在着力打造“后花园”上求突破；从加快基础建设入手，在壮大现有企业规模与实力上求突破；从区域战略入手，在城市扩张增容上求突破；从强化基础建设入手，在吸引外来投资与本地投资相结合上求突破等五个方面的建议，送区委、区政府参考。

2006年，区政协调研组到城区长滩河治污工作的源头及沿河两岸的企业、机关单位、学校、商店等处进行实地查看走访调查，形成《关于城区长滩河治污工作情况的调查报告》，提出加大宣传及执法力度，认真落实环保审批制，进一步规范完善城市配套功能，继续全面完成沼气净化工程，加强城市管理的综合治理工作，加快城乡结合部位的整治工作等六个方面的建议，送区委、区人民政府参考；组织3个调研小组，分别就全区土地开发和整理，小集镇建设发展，第三产业发展进行调研，形成《关于土地开发和整理情况的调查报告》《关于全区第三产业发展情况的调查报告》，送区委、区人民政府参考；到有关乡镇和一些试点村组，就生态小康新村建设工作进行调研，形成《关于生态小康新村建设的调查报告》，提出强化组织领导，完善充实规划，重点推进突破，示范以点带面，加强指导协调等五个方面的建议，送区人民政府参考。

2007年，区政协组织调查组到有关乡镇和部门，对全区农资市场管理情况进行调研，形成《关于进一步加强农贸市场管理的建议》；对全区工业企业发展与运行情况进行调研，形成《关于工业企业发展与运行的调查与建议》；对全区畜牧业发展情况进行调研，形成《关于全区现代畜牧业发展情况的调查报告》；对全区黑木耳发展状况进行调研，形成《关于全区黑木耳基地建设及发展情况的调查报告》；对农村公路养护工作情况进行了实地调研，形成《关于农村公路管理和养护工作的调查与建议》；对嘉陵江亭子口水利枢纽工程前期移民工作进行调研，形成《关于切实做好嘉陵江亭子口水利枢纽工程移民工作的调查与建议》；对全区2007年新型农村合作医疗改革试点工作开展情况进行调研，形成《关于实施新型农村合作医疗改革试点情况的调查及建议》，提出强化宣传引导，加强统筹协调，转变工作作风，扎实稳步推进等四个方面的建议。送区委、区人民政府参考。

第四节 民主监督

一、行风评议

根据中共广元市元坝区委要求，区政协不定期与区纪委、区监察局等部门配合，选择重点服务窗口行业，开展行业作风民主评议。评议时，通过召开动员会、开展自查自纠、开门纳谏、调查组调查、召开评议大会、整顿验收等过程，对受评部门（系统）行风建设提出整改意见，督促整改。1999年，区政协首次会同区精神文明办、区纠风办、区工商联、区公安分局、区委政法委、区广播电视局等相关单位对区交警大队行业作风建设工作进行民主评议。内容涉及交通秩序、交通法规、交通事故处理、车辆管理、便民服务设施、队伍素质、精神文明建设及“学济”（学习济南交警）、“双争”活动的开展情况。通过评议，推动了区交警大队的行风建设工作，也为区政协履行民主监督职能探索了新的方法。2001年，区政协与区纪委、区纠风办联合对区教育系统和区信用合作系统行风建设进行民主评议。组织各方面代表人士，深入群众和有关单位广泛走访、调查了解、征询意见、收集情况，形成十个内容翔实的调查评议报告，客观公正地评价了两系统的工作，指出存在的不足，提出合理化的整改意见和建议。2002年，区政协组织力量对区城建和环保系统行风建设情况进行民主评议，组织部分政协委员和群众代表深入建筑企业及环保任务较重的厂矿进行认真调查研究，指出存在的问题，提出整改意见。2003年，区政协党组与区纪委联合对区卫生系统、计生系统、文体旅游局、科技局进行行业作风评议，选聘25名评议代表，组成6个调查小组，到全区28个乡镇及社区的卫生院、个体诊所、计生指导站、文化站、农业服务站和区级有关部门进行调查研究，撰写出调查报告，客观地评价行风建设取得的成绩，指出存在的问题，并就存在的问题提出了科学合理的整改建议。2000年和2004年，区政协组织行风监督员及部分政协委员对区国税局的行风建设进行民主评议。2005年，区政协对元坝质监局和元坝区运管所行业作风进行民主评议。

二、建言献策

在区政协全委会期间，组织委员大会发言，是政协委员建言献策的一种重要形式。委员发言的题目及人选在全委会召开之前，由政协常委会根据当年全区政治、经济、社会事业发展中的基本情况及人民群众普遍关注的热难点问题予以确定。发言的委员根据安排的题目，在深入调查研究的基础上撰写出材料，由区政协办公室审阅后打印汇集成册，分发至全体人员。委员大会发言时，邀请区委、区人民政府有关领导及相关职能部门领导参加，听取委员的意见和建议。至2007年，政协委员累计调研105个专题，并形成调查报告，为领导科学、民主决策起到了积极作用。

第五节 提案工作

从第一届一次会议至第四届一次会议期间，共收到政协委员提案916件，经审查立案的有902件，占提案总数98.47%，办理了885件，占审查立案总数的98.12%。内容涉及经济建设、城市建设和城市管理、环境保护、教育科学、文化旅游事业、农业和农村工作、宗教统战工作、社会治安、综合治理及群众生活等方面。其中第一届委员会立案195件，办理190件，占立案数的97%；第二届委员会立案323件，办理314件，占97%；第三届委员会征集委员提案308件，核准立案297件，作信访答复的11件，办理294件，占98%。第四届一次会议征集提案89件，会后1件，共90件，经审查立案87件，办理87件，办复率达100%。每次全委会议一结束，提案工作委员会立即将委员提案进行登记，会同区政府办及有关部门负责人进行提案交办，逐件落实，限期办理。在办理提案的过程中，坚持“审阅、立案、交办、办理、回复”的程序，对重大提案实施当面办理和跟踪监督。

第六节 文史工作

1995年春，编辑出版《元坝区文史资料》第一辑，其内容涵盖政治、经济、文化、历史沿革、宗教、地方风土民情等，共计10万字。1996年8月，元坝区文史资料（第二辑）《巴蜀第一县——昭化》出版，收集文章53篇，图片13幅，内容涉及昭化县的历史演变，有关历史人物的传说、三国文化的研讨、蜀道旅游的开发等，计15万字。1997年12月，《元坝区文史资料》（第三辑）出版。收集历史资料40篇，领导及名人题词5幅，图片12幅，内容涉及教育、文化、地方风物、古城历史、红军文化及城镇发展等，计10万字。1998年12月，元坝区文史资料（第四辑）《川北民歌》出版，共收集民歌283首（篇），内容涉及红军歌曲、儿歌、情歌、劳动号子和感事咏物、谐趣讽喻、风俗礼仪等方面的民歌，计15万字。2000年8月，元坝区文史资料（第五辑）《平湖丰碑》（水利专辑）出版，共收史料108篇，图片102幅，内容涉及全区28个乡镇中型及小型水库的建设，计55万字。2004年7月，《广元市元坝区政协志》付梓问世。2006年6月，《元坝区文史资料》（第七辑）出版，内容涉及纪念红军长征胜利七十周年，收集红军足迹、历史云烟、人文轶事、峥嵘岁月等资料36篇，14.5万字。

第七节 学习宣传

区政协紧紧围绕党的大政方针和全区经济、社会发展，积极组织各界人士开展丰富多彩的学习宣传活动。至2007年，区政协坚持每季度组织部分政协委员和各界人士学习一次，坚持学习与工作相结合，与参政议政相结合，与知情出力相结合。区政协每年为委员征订一份《四川政协报》，为部分委员赠阅一套由省政协编印的《学习资料》。1995—1998年，编印《学习资料》三辑。2002年，创办《元坝政协》报刊资料5期共印1000份。2003年，创办《学习参考活页资料》5期共600份，赠送委员及有关部门和领导。为反映社会热难点及群众普遍关心的重要问题，创办并编印

《社情民意》共55期。1996年，区政协宣传政协委员在各条战线上取得的优秀业绩，组织采写了14位政协委员的先进事迹，编印成《政协委员风采录》赠送全体委员及区级有关部门和领导。区政协办公室同区有线电视台联合录制了电视专题片《搏击浪潮的人们》，直观地反映了区政协委员为元坝发展和建设竭诚尽智、乐于奉献的风采。同时，区政协积极撰写调研论文和反映政协工作动态的新闻稿件，向报刊、电台、电视台投稿，市级以上媒体年发稿50篇以上。并先后获得宣传工作先进集体受到市、省政协表彰。

第二章　民主党派

第一节　中国国民党革命委员会广元市元坝区支部委员会

一、民革组织机构

2006年7月27日，中国国民党革命委员会广元市元坝区支部委员会（简称民革元坝区支部）成立，当年有正式党员5名，预备党员2名，主任委员由卢春刚担任，杜清尧、刘江任委员。2007年年末，共有党员7名。民革元坝区支部坚持每一季度开一次支部生活会，积极宣传贯彻社会主义初级阶段的基本路线和基本纲领及各项方针、政策，传达、执行上级组织的决议和所布置的任务，教育和鼓励党员做好本职工作，努力完成本单位安排的各项工作任务；调动党员的积极性和创造性，为改革开放、社会主义现代建设和促进祖国和平统一事业贡献力量，表扬先进，推广先进经验；发扬自我教育的优良传统，组织党员学习马克思列宁主义、毛泽东思想、邓小平理论、“三个代表”重要思想和科学发展观，学习本党历史和章程，开展思想政治工作，提高党员的思想政治素质；遵守中国国民党革命委员会纪律，开展批评与自我批评，教育和监督党员遵纪守法，廉洁奉公；维护党员的合法权益；维护社会政治稳定，坚决同违法犯罪和破坏安定团结局面的行为作斗争；发现、培养并向上级组织推荐优秀人才；发展党员，收缴党费，讨论对党员的奖励和处分。

二、民革组织活动

开展调查研究，积极参政议政，参与民主监督。坚持一月一次学习会和一次组织生活会，一季度一次联谊会。学习、了解、掌握本组织的性质、任务和各个时期所起的作用，增强党员的使命感、责任感和光荣感。学习中共中央的方针政策、文件，提高党员的思想觉悟和政策水平。主委卢春刚当选为省第十一届、市第四、五届、区第四、五届人大代表，杜清尧被选为市第五届政协委员、区第四届政协常委，刘江、经洪海被推选为元坝区第四届政协委员，为民革党员搭建了参政议政的平台。民革党员中的市、区政协委员针对社会“热点、难点”问题，积极向政府和有关部门（单位）提出建议，为政府排忧解难。2006年，杜清尧撰写的《关于医疗卫生体制改革建议》提案被民革市委表彰为优秀提案。2007 年，民革元坝区支部撰写的《关于加强长滩河污染治理的建议》被区政府列为 1 号提案重点办理。2007 年，民革元坝区支部被民革广元市委表彰为优秀支部。

第二节　九三学社广元市元坝区支社委员会

一、九三学社组织机构

2003 年 12 月，成立九三学社广元市委员会元坝直属小组，时有社员 4 名，薛开元任直属小组组长。2006 年 7 月，九三学社广元市元坝区支社委员会（简称九三学社元坝区支社）正式成立，薛开元当选为支社主委，沈庆文当选为支社副主委。2007 年末，九三学社元坝区支社共有社员 11 名。其中，有区政协委员 5 名，区人大代表 3 名，市政协委员 3 名；副县级、正科级、副科级干部各 1 名；女社员 5 名，男社员 6 名；获硕士学位 1 名，学士学位 3 名，大专学历 7 名；高级职称 2 名，中级职称 9 名。社员平均年龄 39 岁，均属相关部门的技术骨干。九三学社元坝区直属小组和九三学社元坝区支社委员会严格按照《九三学社章程》和《九三学社中央关于组织建设的若干规定》要求，重视提高社员的政治素质，严格入社条件，正确把握数量与质量，重点与非重点，发展骨干成员与一般成员的关系，组织得到稳步健康发展。

二、九三学社组织活动

九三学社元坝区支社多次参与区委、区政协、区委统战部召开的座谈会、协商会和情况通报会，参与全区政治、经济的协商，并提出建设性的意见。充分发挥参政议政、民主监督主渠道作用。组织和支持社员中的市、区政协委员在市、区政协全委会上以提案形式，反映社情民意，围绕经济发展、社会事业、招商引资、城镇建设、水利工程应急除险加固等人民群众普遍关心的热点、难点问题撰写提案和调研报告。至 2007 年末，在区政协全委会上共提提案 36 件，被评为优秀提案 6 件，大会交流发言 4 人次；在市政协全委会上共提提案 15 件，大会交流发言 2 人次。主撰参与全区有关林业、水利、水产等方面的科技论文共 7 篇，均在省级刊物发表。2007 年 8 月，经中共广元市委统战部和九三学社广元市委员会牵线搭桥，邀请河北省沧州眼科医院到元坝区开展免费治疗白内障手术，成功治疗白内障病人 50 例，并促成沧州眼科医院与元坝区人民医院结成帮扶对象，元坝区人民政府与该院签订了协作协议。同时邀请广元协和医院、广元众象牙科医院、广元同济外科医院送医到元坝。同年 9 月，争取九三学社四川省委员会定点帮扶元坝镇青树村，完成青树村的文明新村建设规划。还组织对新农村公路建设、水利建设、德援项目、退耕还林等重点项目进行调研。为元坝镇的杏树、长坝、胜利、元坝四个村新村建设开展了具体指导、协调和服务工作。

第三章　工商业联合会

第一节　工商联机构

1994 年 10 月，成立广元市元坝区工商业联合会筹备委员会。同年 12 月，召开广元市元坝区工商业联合会第一次会员代表大会，广元市元坝区工商业联合会（简称区工商联）正式成立。区工商联内设办公室、组织教育宣传股、对外经济联络股。2001 年 12 月，区工商联内设办公室、会员部、经济联络部。1999 年 5 月 10 日，广元市元坝区商会成立。

广元市元坝区工商联第一届执行委员会组成人员名录

表 7－9

姓　名	性别	籍　贯	政治面貌	职　务	任职期间	备　注
吴根昌	男	广元市元坝区	中共党员	主任委员	1994－12—1996－05	
李清堂	男	广元市元坝区	中共党员	副主任委员	1994－12—1998－12	
毛　洋	男	泸州市江阳区	非　党	副主任委员	1994－12—2001－12	兼
陈廷卓	男	广元市元坝区	中共党员	副主任委员	1994－12—2001－12	兼
邓锡高	男	南充市南部县	非　党	副主任委员	1994－12—2001－12	兼
王家品	男	广元市元坝区	中共党员	主任委员	1996－05—2001－03	
樊占金	男	广元市利州区	中共党员	副主任委员	1999－05—2001－12	兼
魏　超	男	广元市元坝区	中共党员	副主任委员	1999－05—2000－03	兼
何涌泉	男	巴中市南江县	中共党员	副主任委员	1999－05—2000－03	兼
何登九	男	南充市仪陇县	非　党	副主任委员	1999－05—2001－12	兼
魏　成	男	泸州市江阳区	中共党员	副主任委员	1999－05—2001－12	兼
李学贵	男	广元市元坝区	非　党	副主任委员	1999－05—2001－12	兼
廖　刚	男	广元市元坝区	非　党	副主任委员	1999－05—2001－12	兼
杨正富	男	广元市元坝区	非　党	副主任委员	2000－03—2001－12	兼
张安明	男	广元市元坝区	九三学社社员	副主任委员	2000－03—2001－12	兼
周达文	男	广元市元坝区	中共党员	主任委员	2001－03—2001－12	
李清堂	男	广元市旺苍县	中共党员	秘书长	1994－12—1998－12	
梁全林	男	广元市元坝区	中共党员	秘书长	1999－05—2001－12	
李学贵	男	广元市元坝区	非　党	副主任委员	1999－05—2001－12	兼

续表

姓　名	性别	籍　贯	政治面貌	职　务	任职期间	备　注
廖　刚	男	广元市元坝区	非　党	副主任委员	1999－05—2001－12	兼
杨正富	男	广元市元坝区	非　党	副主任委员	2000－03—2001－12	兼
张安明	男	广元市元坝区	九三学社社员	副主任委员	2000－03—2001－12	兼
周达文	男	广元市元坝区	中共党员	主任委员	2001－03—2001－12	
李清堂	男	广元市旺苍县	中共党员	秘书长	1994－12—1998－12	
梁全林	男	广元市元坝区	中共党员	秘书长	1999－05—2001－12	

广元市元坝区工商联第二届执行委员会组成人员名录

表7－10

姓　名	性别	籍　贯	政治面貌	职　务	任职期间	备　注
薛开元	男	广元市元坝区	九三社员	会　长	2001－12—2007－03	
周达文	男	广元市元坝区	中共党员	副会长	2001－12—2007－03	2001－04始任党组书记
樊占金	男	广元市元坝区	中共党员	副会长	2001－12—2007－03	兼
何登九	男	南充市仪陇县	非　党	副会长	2001－12—2007－03	兼
陈廷卓	男	广元市元坝区	中共党员	副会长	2001－12—2007－03	兼
姚永安	男	广元市剑阁县	九三社员	副会长	2001－12—2007－03	兼
杨正富	男	广元市元坝区	非　党	副会长	2001－12—2007－03	兼
赵泽元	男	绵阳市三台县	非　党	副会长	2002－09—2007－03	兼
魏　成	男	泸州市江阳区	中共党员	副会长	2002－09—2007－03	兼
彭仕华	女	广元市元坝区	中共党员	秘书长	2001－12—2003－02	
赵自泽	男	广元市青川县	中共党员	秘书长	2003－03—2004－03	
柏建兰	男	广元市元坝区	中共党员	秘书长	2004－05—2007－03	

广元市元坝区工商联第三届执行委员会组成人员名录

表7－11

姓　名	性别	籍　贯	政治面貌	职　务	任职期间	备　注
王正蓉	女	广元市元坝区	非　党	会　长	2007－03—	
冯子军	男	广元市元坝区	中共党员	副会长	2007－03—	党组书记
柏建兰	男	广元市元坝区	中共党员	副会长	2007－03—	
冉浩明	男	广元市元坝区	中共党员	副会长	2007－03—	兼
何登九	男	南充市仪陇县	非　党	副会长	2007－03—	兼
赵泽元	男	绵阳市三台县	非　党	副会长	2007－03—	兼
魏　成	男	泸州市江阳区	中共党员	副会长	2007－03—	兼
吴真华	男	广元市元坝区	非　党	副会长	2007－03—	兼
张克宝	男	广元市元坝区	中共党员	副会长	2007－03—	兼
柏建兰	男	广元市元坝区	中共党员	秘书长	2007－03—	兼

第二节　代表大会

广元市元坝区工商业联合会第一次会员代表大会于1994年12月20日召开。应出席会议代表93名，实到代表63名，区级相关部门负责人列席会议。市政协、市委统战部、市工商联、区委、区人大常委会、区政府、区政协领导出席会议并讲话。大会听取和审议了贾北朝代表筹备委员会所作的工作报告，讨论通过《广元市元坝区工商业联合会章程（草案）》，选举产生区工商联第一届执行委员会。毛洋、邓锡高、李泽彬、罗显荣等15人当选为执行委员。同日，举行区工商联一届一次执行委员会议。选举吴根昌为主任委员，李清堂、陈廷卓、毛洋、邓锡高为副主任委员，李清堂兼秘书长。

广元市元坝区工商业联合会（商会）第二次会员代表大会于2001年12月25日召开。应出席会议代表105名，实到代表76名。市工商联、区委、区人大常委会、区政府、区政协、区委统战部领导出席会议并讲话。大会听取和审议了王家品代表第一届工商联（商会）执行委员会所作的工作报告，讨论通过《广元市元坝区工商业联合会章程（修正案）》，选举产生区工商联（商会）第二届执行委员会。薛开元、周达文、樊占金、何登九等27人当选为执行委员。同日，召开区工商联（商会）二届一次执行委员会议。选举薛开元为会长，周达文、樊占金、何登九等13人为常务委员。

广元市元坝区工商业联合会（商会）第三次会员代表大会于2007年3月12日召开。应出席会议代表108名，实到代表82名。市工商联、区委、区人大常委会、区政府、区政协、区委统战部领导出席会议并讲话。民革元坝区支部、九三学社元坝区支社应邀列席会议并致贺词。大会听取和审议了薛开元代表区工商联（商会）第二届执行委员会所作的题为《务实创新求发展，努力开创工商联工作新局面》的工作报告，审议通过《第三次会员代表大会选举办法（草案）》，选举产生区工商联（商会）第三届执行委员会。王正蓉、冯子军、柏建兰、冉浩明、田义勇等31人当选为执行委员。同日，举行区工商联（商会）三届一次执行委员会议。选举王正蓉为会长，冯子军、柏建兰、冉浩明、何登九、赵泽元、魏成、吴真华、张克宝为副会长，柏建兰兼秘书长，王正蓉、冯子军、柏建兰等16人为常务委员。

第三节　组织建设

一、领导班子

区工商联与区商会实行两块牌子、一套人马的运行模式。由区委统战部与区工商联（或区工商联筹委会）协商后提出下届区工商联（区商会）领导班子建议人选，经区委同意后报请市委统战部批复，然后提交大会选举产生。1994年12月，选举产生第一届工商联执行委员会，时设主任委员1人、副主任委员若干、秘书长1人。2001年12月以后，设会长、副会长、秘书长。2007年11月，根据《中华全国工商业联合会章程》规定，区工商联会长、副会长职务称谓变更为主席、副主席。区商会领导班子设会长、副会长、秘书长，均由区工商联领导班子成员兼任。2001年4月，建立中共广元市元坝区工商联党组，书记由区委统战部副部长兼任。

二、基层组织和会员

2007年年末，全区建立4个乡镇工商业联合会（商会）：2000年12月，卫子镇工商业联合会（商会）、太公镇工商业联合会（商会）分别成立；2002年1月，虎跳镇工商业联合会（商会）成立；2007年12月，昭化镇工商业联合会（商会）成立。

1994年年末，共有会员93名，其中团体会员4名、个人会员51名、企业会员38名。2001年年末，共有会员125名，其中团体会员4名，个人会员73名，企业会员48名。2004年年末，共有会员155名，其中团体会员4名，个人会员99名，企业会员52名。2007年年末，共有会员183名，其中团体会员4名，个人会员99名，企业会员54名。

第四节 主要活动

一、参政议政

区工商联始终围绕区委、区政府的中心工作，立足促进非公有制经济健康发展，着眼社会稳定的热点、难点、焦点问题，深入开展调查研究。1994年12月至2007年，撰写出《广元市元坝区非公有制经济发展现状》《贫困山区发展非公有制经济对策初探》《企业改制情况的调查报告》《广元市元坝区商业、餐饮业、服务业现状》《关于加快太公小城镇建设的调查及建议》《广元市元坝区二、三产业发展的思考》《广元市元坝区二、三产业的调查建议》《关于元坝区规模以上工业企业发展与运行的调查报告》《元坝区非公有制经济人才队伍建设情况的调查与建议》《做大龙头企业、统筹城乡发展》等40余篇调研文章，反映全区非公有制经济发展中存在的问题，并提出对策和建议，多数被区委、区政府采纳。同时，组织工商界党代表、人大代表、政协委员开展调研活动，向“两会”提出意见和建议136条。

二、参与社会慈善事业

区工商联注重加强非公有制经济人士“致富思源、富而思进”教育，组织他们积极参与光彩事业。自1994年12月开始，广元市九州实业有限公司、广元市元坝区矿业公司、广元市元坝三元茧丝绸有限责任公司、陈家湾煤矿等企业会员累计捐资35万余元，改善柳桥乡东山村小学、黄龙乡水磨村小学、张家乡刘庄村小学、太公镇玄真村小学等学校的办学条件。2000年，副会长、广元市九州实业有限公司董事长何登九垫资900万元修建元坝中学学生公寓，改善了元坝中学校教学环境。组织会员捐资6万余元，资助41名儿童完成学业。副会长、广元市元坝区矿业公司经理陈廷卓，常委、潼南菜刀厂厂长黄河，会员何玉华共收养4名孤儿。组织会员向贫困村建设累计捐款捐物5万余元。1995年，会员、陈家湾煤矿矿长李学贵捐资18万元修建东山水库。2001—2007年，副会长、广元市元坝三元茧丝绸有限责任公司董事长赵泽元为蚕桑生产基地农户无偿提供化肥、蚕具、桑苗等物资价值70余万元。2007年3月，常委、陈家湾煤矿矿长李学贵捐款8000元，解决柳桥乡东山村人畜饮水问题。1994年12月至2007年，广元市九州实业有限公司、广元市元坝三元茧丝绸有限责任公司、广元福润肉类食品有限公司、广元市华康食品有限责任公司、广元市元坝区矿业公司、广元市经源建筑有限责任公司、广元市元坝区第二建筑工程公司、广元市太宝米业有限责任公司、广元市钏琰生物科技有限公司等会员企业安置就业人员1000余人，其中下岗职工61人，残疾人员8人。何登九、黄河、赵泽元先后被推荐为广元市光彩事业促进会理事。何登九、会员何玉华分别于2001年和2003年被评为广元市“光彩事业之星”，赵泽元于2003年、2004年、2006年被评为广元市“光彩事业之星”。

三、创优争先

区工商联每年均要组织非公有制经济体开展以“安全生产、诚信经营、优质服务”为主题的竞赛活动。广元市元坝区矿业公司、广元市元坝三元茧丝绸有限责任公司、广元市元坝区华兴汽车修配厂等6家民营企业被评为市“诚信示范单位”，广元市九州实业有限公司、广元市经源建筑有限责任公司、广元市华康食品有限责任公司、潼南菜刀厂等31家民营企业被评为市级“非公有制企业质量工作先进单位”，广元市元坝区友谊名店、家乐福百货商店、广元市华康食品有限责任公司等5家企业被评为市级“非公有制企业服务质量先进单位”。2002年4月，广元市九州实业有限公司董事长何登九，广元市元坝区矿业公司董事长陈廷卓被评为“广元市优秀社会主义事业建设者”。2007年，广元福润肉类食品有限公司被评为市级十佳民营企业，区工商联机关被命名为市级文明单位、市级卫生工作先进单位、市级无烟单位。

四、招商引资

区工商联自建立以后，采取“走出去、请进来”等多种方式，积极协助政府做好招商引资工作。通过与省、市工商联、广元浙江温州商会、广元市商会城南分会、广元福建商会以及省、市重点民营企业的联系与交流合作，大力宣传元坝的优势和招商引资优惠政策，推介招商引资项目。2006年8月3日，邀请市内20余家市工商联会员企业，举办“广元市工商联会员企业赴元坝考察新农村建设活动暨民营经济发展恳谈会”。同年9月，邀请广元浙江温州商会组织20余名会员参加“浙江温州商会会员企业考察元坝民营经济发展活动”。2007年5月，邀请省市内50余家民营企业，在昭化古城举办“昭化古城景区旅游项目招商推介会”。同日，省工商联（总商会）副会长谢光大带领科创集团董事长何俊明到区考察昭化古城景区招商项目和欧家河小区整体开发项目。当年6月，邀请广元市商会城南分会20余名会员考察了昭化古城旅游招商项目。此外，还多次邀请省、市工商联领导和部分会员企业负责人到元坝考察投资项目，为省市重点民营企业的联系与合作搭建平台。1994—2007年，引进项目5个，共参与引进资金1000余万元。

第八篇　群众团体

第一章　工　会

第一节　工会机构

1987年2月，广元市总工会在卫子区设四川省广元市总工会卫子办事处，唐惠明任主任。1988年8月，由谭正才任主任。

1989年11月，广元市总工会将四川省广元市总工会卫子办事处更名为广元市总工会元坝区办事处（简称区工会办事处）。1991年1月，元坝区政府建立广元市元坝区劳动竞赛委员会，办公室设于区工会办事处。1994年1月，建区工会办事处女职工委员会。1997年6月，区工会办事处设办公室、综合保障部、女职工部；同年9月，综合保障部更名为综合工作部。2001年12月，区工会办事处设办公室、综合工作部、女职工部。2003年1月，成立广元市元坝区总工会（简称区总工会），设办公室、综合工作部、女职工部，并设女职工委员会、经费审查委员会。至2007年，区总工会机构无变化。

广元市元坝区总工会领导名录

表8-1

姓　名	性别	籍　贯	政治面貌	职　务	任职期间	备　注
谭正才	男	广元市元坝区	中共党员	办事处主任	1989-11—1993-11	
陈　波	男	南充市嘉陵区	中共党员	办事处副主任	1993-11—1996-07	
查正荣	男	广元市元坝区	中共党员	办事处主任	1993-12—1996-03	
赵自泽	男	广元市青川县	中共党员	办事处副主任	1996-04—1997-02	主持工作
赵自泽	男	广元市青川县	中共党员	办事处主任	1997-02—2001-07	

续表

姓　名	性别	籍　贯	政治面貌	职　务	任职期间	备　注
肖光林	男	广元市元坝区	中共党员	办事处主任	2001－07—2002－12	区委宣传部部长
赵自泽	男	广元市青川县	中共党员	办事处常务副主任	2001－07—2002－12	
梁　黎	女	广元市元坝区	中共党员	办事处主任	2003－01—2003－03	区委统战部部长
梁　黎	女	广元市元坝区	中共党员	主　席	2003－04—2007－05	区委统战部部长
敦福林	男	广元市元坝区	中共党员	常务副主席	2003－04—	
余飞宇	男	广安市邻水县	中共党员	主　席	2007－08—	区委宣传部部长
潘晓红	女	广安市岳池县	非　党	副主席	2007－08—	

第二节　工会代表大会

广元市元坝区第一次工会代表大会：于2003年4月22日召开，出席会议的正式代表120人，实到代表119人。列席代表30人，实到代表28人。大会选举梁黎任工会主席，选举敦福林任常务副主席；选举产生常务委员9人、委员17人。选举产生经费审查委员会委员5人，潘晓红任主任。当年全区有会员5400人。

广元市元坝区第二次工会代表大会：于2007年8月3日召开，出席会议的正式代表90人，实到代表80人。大会选举余飞宇任工会主席，敦福林任常务副主席，潘晓红任副主席。选举产生常务委员9人、委员21人。选举产生经费审查委员会委员5人，潘晓红任主任。当年会员21610人。

第三节　工会工作

一、工会组织建设

1989年发展基层工会组织17个，会员由1528人增加到1627人。1993年，基层工会总数80个，有会员2800人。期间相继建立有教育系统、粮食系统、供销系统三个工会工作委员会。1997年，建立区乡镇企业工会工作委员会、区卫生系统工会工作委员会、区直机关党政工会工作委员会等3个区级系统工会。当年，全区基层工会组织达到110个。到2004年，全区基层工会总数达到194个，会员人数达到6483人。2006年，建立村级工会100个，发展8602名农民入会。2007年新建村级工会114个，发展农民6225人入会。年末，全区基层工会总数达到421个，会员总人数21610人。其中村级工会214个，农民会员14827人。

二、“职工之家”建设

1991年3月，按照全国总工会提出的6条标准，在基层开展“职工之家”建设活动，当年建职工之家7个。1995年发展到40个，其中建成模范职工之家1个，合格职工之家7个。2000年，全区共建73个合格职工之家，其中1个市级模范职工之家，3个市级先进职工之家。2名工会积极分子和11名优秀工会干部、10个区级部门工会受市总工会表彰。当年与区精神文明办公室联合开展“文明窗口、文明行业”及“三爱”（爱国立志、爱厂奉献、爱岗敬业）教育活动，建立4个“文明窗口”示范单位。2003年，积极推动职工之家上档升级，“五一节”表彰10个先进职工之家、20名先进工会工作者和积极分子。2007年，以实施“经济技术创新工程”为载体，在基层工会中开展学技术、促生产活动，当年创文明示范单位60个，职工之家创建率达90%。年末，全区基层工会共建职工之家145个，其中市级模范职工之家15个，区级先进职工之家和合格职工之家共130个。

三、参与民主管理

（一）厂务公开民主监督

1991年，落实企业职工代表会审议企业重大决策职权，制定并完善实施细则，全区有70%的企业建立民主管理小组，75%的企业工会组织在决策、监督、维权中发挥作用。1996年，区工会、区劳动局、区计经委、区财贸办制定《关于进一步加强企业民主管理和平等协商签订劳动合同的意见》，要求所有企业都必须认真贯彻《中华人民共和国劳动法》，由厂长代表企业与职工签订劳动合同。当年全区企业与职工签订劳动合同面达60%以上。1997年，全区20家企业中签订劳动合同14家，在11家企业开展了企业领导评议活动。2001年，区委办、区政府办制发《关于企业建立厂务公开民主监督工作制度的通知》。区工会办根据文件要求会同区委组织部、区纪委、区监察局、区人事局、区劳动局对40个企业单位57名领导进行民主评议，评议结果称职的40名，优秀的17名。2003年4月，召开厂务公开现场会，总结企业实行厂务公开的经验，全区企业实行厂务公开面达98%，建立职代会面达98%，实行事务公开面达100%，集体合同签订企业达30家，签订率达76%，覆盖职工2,500人。

（二）职工劳动保护

1991年，区工会组织检查组，针对企业劳动保护和安全生产措施落实等情况进行全面检查，现场整改存在的问题。1996年，对企业落实劳动保护政策开展检查、督导。当年，全区共有4家企业与职工签订集体合同。2004年11月，区政府召开联席会议，解决教育系统职工“三大保险”的问题。2006年5月，建立广元市元坝区劳动维权领导小组，全年开展劳动维权检查4次，联合处理维权案件5起。2007年，开展工资专项检查，查处、整改违法行为11起。

四、女职工工作

（一）组织建设

1992年，贯彻落实中华全国总工会《女职工委员会工作条例》，女职工组织得到快速发展，当年80%的基层工会成立女职工委员会或女工小组。2003年1月，组织250名女职工参加“职工大病互助保险”。2007年，全区有女职工15583人，约占职工总数39658人的39.30%，基层工会建女职工委员会或女职工小组达到100%。

（二）学习培训

从1991年起，区工会办事处每年组织女职工学习邓小平理论、“三个代表”重要思想和《中华人民共和国工会法》《中华人民共和国劳动法》等法律法规，参加普法知识竞赛，开展科学文化和业务、技能培训。1994年，区工会办事处动员女职工学手工编织、服装设计，举办“安康杯”迎1995年世界妇女大会知识竞赛。1996年，对女职工进行“四自”“四有”教育，开展“学习成才活动”。2003

年，区总工会配合区劳动局举办3期“再就业”培训班，300多人参加学习。使下岗女职工掌握理发、美容、按摩等技术，有100多人重新走上工作岗位。2004年5月，区总工会聘请卫生专家为女职工举办卫生知识讲座，160名女职工听讲。当年开展“实施素质提升工程、争做新时期学习型女职工”活动，全区有2941名女职工制定了“素质提升工程”达标计划。

（三）女权维护

在厂务公开和平等协商签订集体合同工作中，把女工“维权”纳入合同签订、厂务公开的内容。支持女职工对个别侵犯合法权益的不法行为作斗争。1988—1998年间，组织女职工进行三次体检，使有病的女职工及时得到治疗。2000年，组织机关女职工308人普查妇科病，使208名女职工得到及时治疗。2003年，组织270人参加妇科病检查。2006年，开展女职工特殊权益维护检查工作，对部分企业违法经营的行为进行了现场整改。

（四）先进表彰

1991年，区工会办事处开展“四自”演讲比赛，当场评奖。1994年，38个先进女工集体、36名先进女工作者、29名先进女职工受区工会办事处表彰奖励。1992年，纪念“三八”妇女节82周年，区工会办事处表彰全区18名先进女职工。1996年，为顺利实现“九五”计划目标，区工会办事处在全区广泛开展“女职工双文明建功立业竞赛”活动，对先进集体和个人颁发了荣誉证书和奖状。2003年，3个乡镇妇联、8个巾帼文明示范岗、15名巾帼标兵受区总工会表彰。

五、职工教育培训

1991年，区工会办事处组织工会干部100多人赴绵阳等地参加技术培训。同年7月，对35岁以下的291名工会会员进行技术轮训、考试。1992年和1993年，区工会办事处组织区级部门职工集中学习《中华人民共和国工会法》，并聘请律师为基层工会领导辅导，进行法律知识考试，组织190名女工参加四川省百万公民法律知识竞赛。1997年，组织基层工会领导到苍溪县、剑阁县、旺苍县、广元市市中区等县区学习参观；组织10名基层工会领导参加省总工会的集中培训。2003年，区总工会邀请四川省总工会干部学校校长万群定和教师龙天池讲工会知识及法律知识，全区300名基层工会领导参加培训；举办《四川省〈工会法〉实施办法》《中国工会章程》知识轮训，参训会员1200余人。2004—2007年，开展学习型工会创建活动，组织工会主席16人到苍溪县学习建设学习型工会经验。对新任工会干部70人开展上岗业务学习教育培训，并组织受训人员到苍溪县和广元市利州区学习考察；7月，组织8名基层工会领导参加广元市总工会在市委党校举办的学习培训。

六、组织劳动竞赛与文体活动

（一）劳动竞赛

全区基层工会广泛开展“创先、创新、创汇、创优、创最佳经济效益”“增产节约，增收节支”“质量、品种、效益”“岗位创一流，班组创先进，企业创效益”劳动竞赛。1993年区农业银行开展“点钞、珠算、打传单”技术比赛，女职工王德丽夺得限时打百张凭条、单据、多指点钞三项第一名，并参加市农行举办的业务技术比武夺得第三名；陈晓燕代表广元市元坝区参加省农行比赛，获“点钞能手”称号。卫子农机厂开展老师傅传绝技活动，使青工业务技能明显提高。粮食系统为实现“四无”粮仓，开展“保防”劳动竞赛，有31名职工受到区粮食局表彰奖励。1996年，职工向企业提出合理化建议共295条，采纳150条，技术革新20项，增产节支51.10万元。2000年，组织56个企事业单位开展“练兵比武”劳动竞赛，参赛职工人数达3000人，创经济价值280多万元，提合理化建议

360条（项）。2005年，开展“百日安全生产活动”技术大比赛，以“强意识、反违章、查隐患、保安全”为主题，开展“遵章守纪，关爱生命”“八个一”安全教育（读一本安全书，提一条安全生产建议，查一起隐患和违章行为，写一条安全警示标语，看一部安全警示片，接受一次安全培训，忆一次事故教训，当一次安全检查员），组织180多个单位8000余名职工参加四川省“安全生产法律法规”知识竞赛，全区共评比表彰10个先进集体和50名先进个人。2006年，区总工会组织130个企事业单位7000余名职工参加劳动竞赛，竞赛面达93%；组织1500名职工进行技术比武，涌现出24名先进能手。2007年，在劳动竞赛活动中开展以“安全生产、科技创新、合理化建议、技术操作、窗口服务”为内容的五项“十佳”评选，推动了“创学习型组织，争做技术型职工”“我为节能减排献一策”等建功立业活动的深入开展，全区基层工会参与率达90%，共评出劳动竞赛“十佳”标兵50人、劳动竞赛创新先进集体10个。

（二）文体活动

1989年4月，工会卫子办事处组织全区机关企事业单位在卫子中学、卫子粮站开展职工篮球、象棋、台球比赛。1991年5月，工会元坝办事处组织全区机关企事业单位开展职工“三热爱”诗歌朗诵、卡拉OK、球类、棋类比赛。7月，组织全区首届书、画、摄影展，展出21个单位40人的作品150幅，经评选，杨万选的行书、张国勇的板画、肖国志的摄影获一等奖。1992年5月，举办区级机关企事业单位职工篮球、4×100米接力赛运动会以及时装歌舞文艺晚会。1993年5月，举办区级机关企事业单位“迎七运、盼奥运”职工越野、拔河比赛，300多人参赛。1996年4月，组织区级机关企事业单位开展“保险杯”篮球比赛、职工文艺晚会和知识技能竞赛。1997年“三八”节，组织球队与广元市市中区上西管委会举行联谊舞会；“五一”节举办全区“信合杯”篮球赛；还组织区级有关单位举办“七一迎回归”“八一军民团结话未来”文艺活动。2003年3月，举办广元市元坝区首届民间艺术节，举办象棋比赛、“太平杯”篮球比赛；10月，举办“文体、法律、卫生、科技”四进社区文化体育活动；11月，举办全民健身运动会。2004年，区首届桂花节召开，邀请友邻县区开展了全市教职工篮球赛。2006年5月，组织知识竞赛、文艺演出和“光彩杯”篮球赛。组织10人参加广元市劳动系统男子篮球赛获第一名；10月，组织20个代表队参加“2006广元市牛头山登山比赛”。同年底，区总工会被省总工会评为“四川省群众体育工作先进集体”。2007年“三八”节，组织160名女职工在昭化牛头山开展登山比赛；“五一节”，组织300名职工举行“迎奥运”篮球、乒乓球、象棋比赛，组织1万名职工开展了1万米越野比赛。

七、扶贫帮困

1989年，区工会慰问老弱病残、离退休职工1450余人次，为困难职工补助10300元，为职工代购化肥110多吨，代购种子6000多公斤。1995年，慰问全区基层工会18户困难职工，送慰问金2300元；开展“伸出一双手，捐献2元钱，救助困难职工失学子女”活动，收到44个单位1000余人捐款2484元，帮助4名困难职工子女重返校园。1997年，开展“捐资助学”活动，另建立特困职工档案，对下岗职工造册登记。当年元旦期间，区工会办筹措资金2万元，对30户特困职工、50户困难职工进行走访慰问。2000年，实施“送温暖工程”和扶贫解困工作有新突破，全年对困难职工发放慰问金27万元，慰问100人次，并成立区工会职业介绍所，介绍岗位15个，指导就业20人次；提供法律咨询210人次，建立和规范企业调解组织14家。2001年，区工会办制定春节慰问实施方案，筹集资金2.50万元，先后对供销、食品、交通、粮食、教育等系统共计136名困难职工进行了慰问。2003年，区工会办与教育、卫生等单位协商，从2004年起，减免特困职工子女义务教育学杂费和对特困职工实行优惠就诊；开展“关爱妇女健康，珍爱幸福生活”义务就诊活动；元坝城区遭受特大洪灾后，及时妥善安置受灾职工300余人。2006年，区总工会筹慰问金3.5万元，对100户特困职工进行慰问，争取资金1.4万元，对70户困难户予以救助；筹资4000元资助20名特困户学生就读；对考取“二一一”工程的特困户大学生每人一次补助资金500元；区财政每年解决资金10万元，作为拣银社区特困职工的帮扶金；开展“送清凉”活动，筹资5000元，购买物资，深入公路建设一线慰问筑路工人。2007年，实施“金秋助学”行动，区总工会筹资10.66万元，帮扶农民工子女71人、单亲职工子女30人就读，资助31名困难职工子女圆了大学梦；筹资5000元购买矿泉水、毛巾、手套等物品，到昭化古城建设工地慰问350名农民工；春节期间，发“送温暖”资金11.80万元，帮助困难职工510人。建区18年，区总工会共向困难职工放慰问金65.70万元，筹集资金68.60万元，资助583名困难职工入学。

八、经费审查

1991年3月，区工会办事处成立经费审查小组，之后每年均要对工会财务进行清理。当年8月，组织人员就昭化、王家、卫子、虎跳、元坝5个片区对工会经费使用情况进行对等互审。1996年，在清理、收缴会费工作中，发催缴通知60份，使会费收缴率达65%。2003年，在基层工会中建立经费审查委员会，实行工会单列账户独立管理经费制度，并开展经费自查工作，全区上缴会费同比增长31%。2004年，对教育系统、民爆公司等10个基层工会进行重点审查，对审查出的问题要求及时整改，进一步规范了全区基础工会财务管理制度。2006年和2007年，坚持对基层工会经费收、管、用情况进行全面审查，采取“七查七看”，即查预算执行，看收支；查经费使用，看是否侧重会员；查拨交收入，看是否拨付到位；查内部控制，看制度是否健全和执行；查原始凭证，看会计基础是否规范；查固定资产，看是否安全完整；查来往款及投资，看有无守死账和投资效益。先后审查了区交通局、区卫生局、通达自来水公司、民爆公司、区水务农机局等30个单位的基层工会，对欠缴会费、白条入账问题进行核实和整改。

九、劳动模范评选

1995年，明觉乡八庙村农民刘成富被评为全国劳模。2000年和2005年，虎跳镇乐国民、文村乡荣华村干部金平先后被评为省劳模。1990年广元市第一届劳模表彰，全区共10人获表彰；2000年，广元市第二届劳模表彰，全区3人获表彰；2005年，广元市第三届劳模表彰，全区8人获表彰。1990—2005年，全区进行了3次劳模表彰，累计表彰劳模30人。

至2007年，全区共有全国劳模1人、省劳模3人、市劳模21人、区劳模30人。区总工会经常组织召开劳模座谈会，听取意见和建议，并大力宣传劳模的先进事迹，促使全社会形成学习劳模、尊重劳模的良好风尚。

第二章　共青团

第一节　共青团机构

1986年11月，成立共青团广元市市中区卫子区委员会，李旭春任书记；1987年6月，谢波任书记。

1990年12月，中国共产主义青年团广元市元坝区第一次代表大会召开，正式成立共青团广元市元坝区委员会（简称团区委）。1997年5月，团区委设办公室（青年秘书部）、青工青农工作部、学校少先队工作部。至2007年，团区委机构无变化。

共青团广元市元坝区委领导名录

表8-2

姓　名	性别	籍　贯	政治面貌	职　务	任职期间	备　注
赵志强	男	广元市元坝区	中共党员	书　记	1990-09—1993-10	
熊明和	男	广元市元坝区	中共党员	副书记	1990-09—1991-10	
陈　波	男	南充市嘉陵区	中共党员	副书记	1993-03—1993-11	
何道芬	女	广元市旺苍县	中共党员	副书记	1993-05—1995-06	
徐继先	男	广元市元坝区	中共党员	书　记	1993-10—1995-06	
何道芬	女	广元市旺苍县	中共党员	书　记	1995-06—1996-03	
蒲国春	男	广元市元坝区	中共党员	副书记	1995-08—1996-03	
蒲国春	男	广元市元坝区	中共党员	副书记	1996-03—1997-01	主持工作
蒲国春	男	广元市元坝区	中共党员	书　记	1997-01—1998-11	
安宗明	男	广元市元坝区	中共党员	书　记	1998-11—2001-11	
魏绍敏	女	广元市元坝区	中共党员	副书记	2001-02—2001-11	
魏绍敏	女	广元市元坝区	中共党员	副书记	2001-11—2002-10	主持工作
夏　静	女	广元市元坝区	中共党员	副书记	2004-05—2007-06	
魏绍敏	女	广元市元坝区	中共党员	书　记	2002-10—2005-11	
肖　冰	男	广元市元坝区	中共党员	副书记	2002-10—2002-11	
李　放	男	成都市成华区	中共党员	副书记	2005-11—2007-02	主持工作
李　放	男	成都市成华区	中共党员	书　记	2007-02—	
杜嫣然	女	绵阳市江油市	中共党员	副书记	2007-06—	

第二节　代表大会

一、共青团广元市元坝区代表大会

共青团广元市元坝区第一次代表大会：于1990年12月2日召开。参加会议代表120名，其中正式代表83名，特邀代表12名，列席代表25名。83名正式代表中，女代表20人，占24.10%；专（兼）职共青团干部代表36人，占43.40%；先进个人和集体代表47人，占56.60%。从代表的分布看，农业一线的代表23人，占27.70%；工业财贸一线的代表3人，占3.60%；文教卫生一线的代表19人，占22.90%；政法系统一线的代表1人，占1.20%；区级党政机关代表37人，占44.60%。会议总结卫子区时期团的工作，分析建元坝区后共青团所面临的新的机遇和挑战，讨论并明确了今后三年团的工作任务、奋斗目标及完成任务的基本措施；选举产生共青团广元市元坝区第一届委员会委员15名，选举赵志强为团区委书记。

共青团广元市元坝区第二次代表大会：于1993年12月26日召开，参加会议代表共120名，其中正式代表90人，特邀代表12名，列席代表18名。90名正式代表中，女代表20人，占22.20%；团干部代表46人，占51.10%；先进集体和个人代表44人，占48.80%。从代表的分布看，农业一线的代表16人，占17.70%；工业财贸一线的代表4人，占4.40%；文教卫生一线的代表17人，占18.80%；政法系统一线的代表4人，占4.40%；区级党政机关代表23人，占25.50%；乡镇企业代表8人，占8.80%；少先队辅导员代表5人，占5.50%；学生代表3人，占3.30%；其他代表10人，占11.10%。会议总结元坝区第一届团委的工作，讨论并通过今后三年元坝区团委的工作任务；选举产生共青团广元市元坝区第二届委员会委员17名，选举徐继先为团区委书记。

共青团广元市元坝区第三次代表大会：于2004年5月18日召开，参加会议的代表共150人，其中正式代表100人，特邀代表和列席代表50名。100名正式代表中，女代表29人，占29%；专（兼）职共青团干部代表42人，占42%；先进个人和集体代表48人，占48%。从代表的分布看，农业一线的代表15人，占15%；工业财贸一线的代表5人，占5%；文教卫生一线的代表26人，占26%；政法系统一线的代表3人，占3%；区级党政机关代表16人，占16%；乡镇政府代表29人，占29%；学生代表6人，占6%。会议总结元坝区第二届团委的工作，讨论并通过今后几年元坝区团委的工作任务；选举产生共青团广元市元坝区第三届委员会委员17名，选举魏绍敏为团区委书记。

二、中国少年先锋队广元市元坝区代表大会

1995年11月14日，中国少年先锋队广元市元坝区第一次代表大会召开，参加会议代表120名，其中正式代表100名，特邀代表10名，列席代表10名。会议内容为总结建区六年来少先队工作，传达全国第三次少代会精神，分析元坝区少先队工作所面临的机遇和挑战，提出今后五年全区少先队工作的奋斗目标及完成任务的措施；选举产生少先队广元市元坝区第一届工作委员会委员31人，选举蒲国春任少先队广元市元坝区第一届工作委员会主任。至2007年，全区未再召开少先队代表大会。

三、广元市元坝区青年联合会

1996年9月26日，广元市元坝区青年联合会第一届委员会第一次会议召开。来自各行业的委员

79 人参加会议。会议选举产生广元市元坝青年联合会第一届委员会常务委员 15 名，选举蒲国春任广元市元坝青年联合会第一届委员会主席。至 2007 年，全区未再召开青年联合会会议。

第三节　共青团工作

一、基层团组织建设

1987 年，共青团卫子区委有基层团委 30 个，团总支 4 个，团支部 387 个，团员 6000 余人。1989 年，贯彻落实《中共中央关于加强和改善党对工会、共青团、妇联工作领导的通知》和《关于进一步做好共青团干部管理工作的意见》，整顿建立基层团组织，在全区 203 个农村团支部中选配团支部正副书记共 250 人，9 个乡镇团委组织团员进行“民主竞选团支书”活动；在全区农村团支部建立“活动室”81 个，“青年之家”65 个，经费基地 64 亩。1990 年，各基层团组织广泛开展“达标创优”活动；区直机关团组织整顿建立 22 个团支部，并建立学习活动制度，加强团费收缴工作，定期组织机关舞会，活跃了机关业余文化生活。同年 9 月，各乡镇召开团员代表大会，选举产生乡镇团委书记 28 人，团委委员 112 人，配齐 4 个办事处团委书记各 1 人，机关团委书记 1 人；新建立基层团委 34 个，团支部 368 个。全区共有共青团员 10096 人。1996 年，团组织进一步完善，全区有 51 个区直机关团支部、10 个乡镇团委、5 个单设中学团委、10 个区直企业团支部；28 所乡镇中心小学设有少先队大队部。1997 年，建成“四有”（即有房子、有牌子、有制度、有档案）青年活动室 183 个，进一步加强了农村共青团工作的阵地建设。2000 年 6 月，举办全区团干部培训班，广泛开展创建“五四红旗团委”活动，推进“强乡带村”工作；加强企业中团组织的建设，探索与现代企业制度相适应的团组织的设置、工作运行和活动方式；团区委制定《团员发展和管理制度》《推优工作制度》《团费收缴制度》《团员教育评议制度》《团员年度团籍注册制度》；全区 28 个乡镇均配备了专兼职团委书记，建成标准化团支部 33 个，全区农村团支部书记“三位一体”配置率达到 50%，共青团员在青年中的比例达到 21. 30%。2001 年，全区共发展新团员 12310 名，推优入党 150 名，受省级表彰的先进个人 2 名，受市级表彰的先进个人 15 名，受区级表彰的先进个人 46 名，受市级表彰的红旗团委和优秀团组织 3 个，受区级表彰的红旗团委和优秀团组织 8 个。2005 年，加大社区团建力度，对社区在职团员实行“社区报到制度”，对流动团员进行“登记管理”，对下岗青工进行“注册管理”，对直管团员进行“全权管理”。2007 年，全区共有青年 57184 人，团员 17163 人，共有 29 个乡镇团委，15 个学校团委，9 个非公有制企业团委，202 个团支部。

二、青少年思想政治教育

1989 年，卫子区团委聘任首批区、乡镇小学少先队总辅导员共 16 名，加强少先队组织建设。1990 年，团区委开始编印《元坝青年》，广泛宣传全区青少年优秀典型和工作先进经验。当年，全区农村和学校开展“学雷锋、学赖宁”活动，全区所属 227 所中小学（含村小）参与这次活动的少先队员达 10 万人次，共青团员达 1 万余人次，做好事 3. 20 万多件，义务植树 12 万余株，为孤寡老人、受灾者捐款 500 余元；全区共有 63 名少先队员获区级表彰，20 名获市级优秀少先队员称号。1991 年，团区委在全区推行中学生团校制度。团区委成立“中学生中心团校”，指导全区中学生团校工作，负责培训骨干，组织考试等；全区普通中学、职业中学，各乡级中学均建立中学生团校，学校专（兼）职团干部负责日常工作，学校党支部书记或校长担任中学生团校校长。当年，在农村青年中广泛开展社会主义思想教育活动，组织1万余名青少年参与教育，全区各级团组织刷标语15万条，成立文艺演唱队872个，演出节目5.60万多个；全区农村各级团组织组建"帮户助耕"小组2350个，做好事达24500多件。1994年，全区开展以"学雷锋，见行动；学洪刚，树新风；为四化，争奉献"为主要内容的"元坝青年志愿者奉献年"活动，并开始建立青年志愿者服务活动。至1999年，全区共建成志愿者服务中心35个，服务站98个，服务队300余个，志愿者人数近万人。2001年，团区委建立青少年新世纪读书俱乐部，促进全区青少年读书活动深入开展；在中小学开展以《中华人民共和国未成年人保护法》《中华人民共和国预防未成年人犯罪法》为主要内容的法制宣教活动，在全区团员青年中广泛开展"三个代表"重要思想理论学习；在元坝城区学校开展"崇尚科学"座谈会和千名师生签名活动。2005年，申请筹建区青少年宫，加强青少年活动阵地建设；团区委编印《成年人思想道德建设工作手册》。2006年，团区委开展"未成年人零犯罪社区"创建活动，建立广元市元坝区青年中心，区青少年宫挂牌成立。当年，广元市元坝区青年中心被共青团四川省委办公室评为四川省优秀城市青年中心。2007年，团区委组织开展党的十七大精神学习活动，印发《共青团学习宣传十七大精神材料》和《十七大报告读本》到基层团组织，并组建宣讲团进行巡回宣讲；开展"一生忠诚跟党走"主题教育实践活动和举办建团85周年"共青人精神"新老团干座谈会。

三、希望工程

1992年10月，全区开始实施"希望工程"救助工作。到1993年3月，帮助435名家庭贫困的失学儿童重返校园。1994年，开展"希望工程——1+100万爱心助学行动"，全区456名失学儿童得到资助，其中海外资助327名，国内结对资助129名（其中区内资助10名）。1997年，利用浙江对口帮扶和希望工程全国最后一轮劝募行动，先后搜集、整理待救助学生资料1200余份，申请援助希望小学5所。广东健力宝集团公司出资15万元在紫云乡援建元坝区健力宝小学；浙江中保人寿保险有限公司、嘉兴市政府出资45万元分别在梅树乡和丁家乡援建"希望小学"各一所；嘉兴市政府及所属三个县救助元坝区失学儿童621名，资助贫困大学生10名；四川省青少年发展基金会及社会救助80余名，援建希望书库3个。从1998年起，团区委在区内党政机关、社会团体及效益较好的企事业单位和驻区厂矿组织开展希望工程劝募行动，至2000年，累计筹措各类捐款及捐物价值170余万元，救助失学儿童3000余名，建成希望小学5所，建立希望书库6个。2006年，团区委以建设和谐元坝为主题，大力开展"青春助困创和谐工程"，被广元团市委评为2006年广元市共青团特色工作。当年救助农村贫困孤儿50名，资助金额1.10万余元；多方争取支持，得到中国心桥图书馆、广元星航通信公司、市青少年宫等单位的大力支持，筹集帮扶资金和物资价值共计6万余元，在昭化、文村等乡镇建起了"留守儿童"之家；与"心守家园"助学组织、成都文殊院建立良好的合作关系。结对资助28名贫困学生，资助金额近10万余元；争取到成都文殊院捐款6.50万元，重建梅树乡潼梓小学教学用房；为白血病患儿何芊、梁丹募捐共计8.50万元。

四、青年建功创业

1991年，团区委与元坝新元丝厂联合举办元坝区青年实用技术（蚕桑）培训班，培训星火带头人152人；与市青年联合会举办了农科技术（果树栽培、植物保护）培训。各办事处、乡镇团委在团区委的带动下，全年共举办各类实用技术培训班27期，培训青年"星火"带头人3000余人。163个团支部建起"青年之家"和"团员活动室"。在实施"青年绿化工程"中，全区团员青年共整地1.64万亩，打窝264万个，建造青年林800亩，植树150万株。1997年，以元坝区机械厂、元坝区矿业公司、区农行、区地税局等单位为“青年岗位能手”培训基地，开展青工技术培训活动。1999年，成立青年再就业服务中心，为下岗青年和外出务工青年提供劳动、就业、务工经商等方面信息。2000年，广泛开展百万农村青年脱贫致富奔小康竞赛活动，向用工单位输送近1000名外出务工青年。2000年和2001年，开展“保护母亲河——我与世纪林一起成长”“绿化、美化、净化元坝”的活动，团区委组织青少年在城区长滩河附近山上植树造林，各中小学成立“环保大队”“绿色小分队”100多支，半年植树20多万株；在全区青少年中广泛开展5元钱捐植一棵树、团队组织200元捐建一亩林活动，建设“共青林”30亩，植树1.20万株；各乡镇团组织利用团校、青年科技示范基地，采用送科技下村、办科技板报、举办专题技术讲座、印发宣传资料等方法，开展农村实用科学技术轮训，培训农村青年2万余人次；组织成立“环保大队”“绿化小分队”50余支，各乡镇团组织积极招募农业、林业、农机水电、畜牧等多方面的青年星火带头人和团员青年组建科技服务小组，创办科技项目。

1997年，团区委协同区委组织部、区委宣传部、区青年联合会、区广播电视局开展首届元坝“十佳青年”和“优秀青年”的评选活动。至2007年，共开展了四届“十佳青年”和“优秀青年”评选活动，累计评选“十佳青年”和“优秀青年”60人次。

五、青年文明号创建活动

1995年，团区委开始启动“青年文明号”评比工程。1996年，团区委命名表彰“青年文明号”单位2个：农行元坝支行草市街储蓄所、元坝区国税局直属征收所。1997年，团区委命名表彰“青年文明号”单位2个：中保财产保险公司广元市元坝区支公司、区地税局柳桥地税所。1998年，团区委命名表彰“青年文明号”单位5个：区国税局税务管理分局、区国土局、区社会保险事业管理局、区信用联社、柏林沟镇农业服务站。1999年，团区委命名表彰“青年文明号”单位7个：广元市烟草公司元坝区烟叶生产管理部、区工商局元坝工商所、元坝信用社、区畜牧局牧工商公司、区公安分局交通警察大队、区检察院、国道公路212线红土垭收费站。2001年，团区委命名表彰“青年文明号”单位8个：区林业局、区科技局、区工商局、区公安分局刑警大队、区纪委监察局、元坝镇财政所、王家镇派出所、王家镇工商所。2004年，团区委命名表彰“青年文明号”单位4个：卫子镇财政所、区教育局、区水利水电勘测设计队、昭化镇供电所。2005年，“青年文明号”活动开展十周年，团区委命名表彰区级“青年文明号”9个：区工商局、太公镇国土村建所、石井铺乡小学、昭化镇财政所、卫子镇财政所、元坝镇财政所、区水利水电勘测设计队、区地税局元坝税务所、区地税局直属税务所；推荐市级“青年文明号”8个：石井铺乡财政所、区工商局元坝工商所、区运管所、区公安分局交警大队、市烟草公司元坝区烟叶生产管理部、区审计局、区公安消防大队、元坝区稽征所；推荐省级“青年文明号”1个：区国税局；推荐市十佳“青年文明号”1个：区财政局。2007年，区国税局继续被认定为省级“青年文明号”，元坝电信营销中心被命名为市十佳“青年文明号”，区政务服务大厅、清水乡财政所2个单位被命名为市级“青年文明号”。到2007年末，全区共有2个省级“青年文明号”集体、27个市级“青年文明号”集体和37个区级“青年文明号”集体。

六、文体活动

1989年，卫子团区委开展纪念“五四运动”七十周年庆祝活动。举行了男子篮球友谊赛、象棋赛、台球赛、纪念大会、演讲赛、青春乐舞会、电影晚会等。1990年，元坝团区委在元坝场镇开展“五四”青年节一系列庆祝活动，包括青年“百事通”知识竞赛，与元坝区机械厂团总支举办“五四”

联谊晚会，举办“青年、人生、价值观”演讲赛；组织区级机关团员青年举办了“迎新春”元旦文娱晚会。1999 年，举行“庆祝建国五十周年暨建区十周年‘信合杯’卡拉 ok 大赛”；举行“迎澳门回归演讲赛”。2001 年，团区委与区总工会、区文体旅游局联合举办“元坝区首届中国象棋大赛”，与区文体旅游局联合举办“元坝区第十一届职工篮球比赛”，与区农业银行联合举办“农行金穗之夜暨‘五四’青年节”文艺晚会。2004 年，团区委承办“元坝区健美操比赛”大型活动，共有 19 个代表队参赛，参赛人数近千人。

七、西部计划项目

2005 年，“大学生志愿服务西部计划”（简称西部计划）项目开始在元坝区实施，当年接收和安排志愿者 29 名。2006 年，团区委以人才工程建设为主题，大力开展“西部计划”，当年接收和安排志愿者 30 名。团区委被四川省西部计划项目办公室授予 2005 年至 2006 年度“西部计划”宣传工作二等奖、综合工作三等奖。2007 年，接收和安排志愿者 25 名，年内有 39 名志愿者（含续聘志愿者）服务于全区各条战线。团区委被四川省西部计划项目办公室表彰为 2006 年至 2007 年度大学生志愿服务“西部计划”优秀集体。

第三章　妇女联合会

第一节　妇女工作机构

1986 年 11 月，广元市中区卫子区设妇女联合会，王芳任主任；1988 年 7 月，由侯兴莲任主任。

1990 年 7 月，广元市元坝区成立首届妇代会筹备组；同年 12 月，广元市元坝区妇女联合会（简称区妇联）成立。至 2007 年末，全区有乡镇妇联 28 个，社区妇联 1 个，区级部门机关和区级事业单位妇委会 44 个，基层妇代会 211 个。区妇联的最高权力机构是全区妇女代表大会（简称区妇代会），每 5 年举行一次，由区妇代会选举产生执委若干人，执委再选举产生主席 1 人、副主席 1 人、常务委员若干人组成常务委员会，领导妇联工作。乡镇、社区街道妇代会每 3 年举行一次，不设常委，由主任、副主任若干人负责日常工作。

广元市元坝区妇女联合会领导名录

表 8－3

姓　名	性别	籍　贯	政治面貌	职　务	任职期间	备　注
侯兴莲	女	广元市苍溪县	中共党员	负责人	1990－07—1990－09	区妇代会筹备组
陈　薇	女	南充市仪陇县	中共党员	负责人	1990－09—1990－12	区妇代会筹备组

续表

姓　名	性别	籍　贯	政治面貌	职　务	任职期间	备　注
陈　薇	女	南充市仪陇县	中共党员	主　席	1990－12—1992－12	
侯兴莲	女	广元市苍溪县	中共党员	副主席	1990－12—1992－02	
欧萍兰	女	广元市元坝区	中共党员	副主席	1992－05—1993－12	1993－01 起主持工作
欧萍兰	女	广元市元坝区	中共党员	主　席	1993－12—1994－09	
刘益萍	女	广元市元坝区	中共党员	副主席	1993－12—1995－12	
梁　黎	女	广元市元坝区	中共党员	副主席	1994－09—1996－04	主持工作
梁　黎	女	广元市元坝区	中共党员	主　席	1996－04—2001－12	
商翠蓉	女	广元市元坝区	中共党员	副主席	1998－10—2001－02	
蒋　琳	女	乐山市犍为县	中共党员	副主席	2001－02—2002－09	
青久蓉	女	广元市青川县	中共党员	主　席	2002－03—2007－02	
张晓红	女	广元市元坝区	中共党员	副主席	2003－02—2007－06	
王　蓉	女	广元市青川县	中共党员	主　席	2007－02—	
夏　敏	女	广元市元坝区	非　党	副主席	2007－06—	

第二节　妇女代表大会

广元市元坝区第一次全区妇女代表大会：于 1990 年 12 月 5—7 日召开，出席会议的正式代表 91 人，列席代表 12 人，特邀代表 8 人。大会听取并审议通过了陈薇所作的题为《团结奋进，艰苦创业，全面开创我区妇女工作新局面》的工作报告，通过《关于工作报告的决议》；选举产生广元市元坝区妇女联合会第一届执行委员会。随后举行第一届执委第一次会议，选举产生常务委员 7 人，陈薇、侯兴莲分别被选举为主席和副主席。

广元市元坝区第二次全区妇女代表大会：于 1993 年 12 月 23—25 日召开。出席会议的正式代表 90 人，特邀代表 6 人，列席代表 3 人。大会听取并审议了广元市元坝区妇联第一届执委会《工作报告》；选举产生第二届执委 15 人。随后举行第二届执委会第一次会议，选举产生常务委员 7 人，欧萍兰、刘益萍分别被选举为主席和副主席。

广元市元坝区第三次全区妇女代表大会：于 2004 年 3 月 8—9 日召开，出席会议的正式代表 90 人，列席代表 4 人，特邀代表 6 人，大会听取并审议了区妇联二届执委会工作报告，通过了《关于工作报告的决议》；选举产生由 15 人组成的广元市元坝区妇女联合会第三届执行委员会。随后举行第三届执行委员会第一次会议，选举产生常务委员 7 人，青久蓉、张晓红分别被选举为主席和副主席。

第三节 妇女工作

一、妇女教育

区妇联常年通过报告会、演讲会、橱窗、板报、广播等多种形式，学习宣传党的各次代表大会精神，对全区妇女广泛进行党的基本路线教育，爱国主义、艰苦奋斗、勤俭建国教育，社会主义法制教育和“四有”（有理想、有道德、有文化、有纪律）、“四自”（自尊、自信、自立、自强）教育，实施“巾帼文明工程”。1989年，引导全区妇女旗帜鲜明地反对资产阶级自由化，通过写信、电报等形式教育本地籍大中专在校女学生以实际行动与党中央保持一致。1990年，进行“四项基本原则”“改革进取”“新道德 新风尚”“四自”“艰苦奋斗”“讲科学反迷信”六个主题教育，开展学雷锋见行动、“做见义勇为公民”活动。1995年，印发第四次世界妇女大会在北京召开的宣传资料1万多份，召开各种宣讲会议12场次。1996—2000年，区妇联先后组织全区妇女学习邓小平视察南方重要讲话，学习党的“十四大”“十五大”精神，紧紧抓住新中国成立五十周年和香港、澳门回归，举办纪念会、报告会8场，专题讲演会6次，知识竞赛5次，办专栏14期。2000—2004年，区妇联组织全区妇女认真学习贯彻党的“十六大”精神和《公民道德建设实施纲要》；在农村组织妇女持续深入开展创“五好文明家庭”“美德进农家”“婚育新风进万家”系列活动；在城镇，组织妇女积极参与“学习型家庭（个人）”“文明楼院”“文明市民”创建活动；通过各种创建活动的开展，在全区妇女中形成了争做“四有”“四自”新女性的局面，涌现出许多女能人、女巧手、好媳妇、好婆婆，尤其在抗击“非典”的斗争中，全区女医务工作者临危不惧，忠于职守，舍小家顾大家，表现了良好的精神面貌。1992—2004年，全区表彰“三八红旗手”93人次，“三八红旗集体”24个，石井铺乡石井铺村女农民陈秀兰获得全国“三八绿色奖章”。2005年，区妇联组织全区妇女开展保持共产党员先进性教育，结合该项教育活动开展了革命传统教育和“保持先进性、服务为基层”活动。2006年，开展社会主义荣辱观教育，认真践行“八荣八耻”；深入学习《公民道德实施纲要》，开展“美德在农家”“尊重母亲，弘扬母爱”活动；继续开展学习型家庭创建活动。2007年，在区有线电视台开办“元坝女性”动态专栏节目；成立广元市元坝区妇女培训中心，为妇女学习交流搭建平台。2005—2007年，全区获省市级表彰的“红旗妇女组织17个”，黄晓蓉被评为市级“三八”红旗手，区劳动局和区人民医院分别被评为省、市级三八红旗集体。2007年，全区开展评选表彰“十佳好母亲”和“十佳廉内助”活动，王含秀、宋慧、胡翠琼、王金慧、刘再秀、乔春兰、王桂兰、张秀春、田孝华、毛宗德被评为“十佳好母亲”，刘智华、胡春梅、石慧芬、王伦翠、刘国清、黄晓蓉、张小蓉、王金莲、刘桂清、李桂珍被评为“十佳廉内助”。

二、“双学双赛”活动

从1989年起，在全区农村妇女中开展“学文化、学技术、赛贡献、赛新风”活动。区委、区政府成立主要领导人担任组长的“双学双赛领导小组”，各乡镇、村也相应成立“双学双赛”活动领导小组230个，负责制定各级竞赛活动规划、目的、措施，落实参赛对象。至2004年，各级妇女组织以“双学双赛”“巾帼致富”为载体，以科技培训、科技服务、科技示范为途径，引导全区农村妇女积极参与农业产业结构调整，大力发展生猪、黄羊、长毛兔、小家禽、蚕桑、药材、蔬菜等骨干特色产业。

通过妇女“养殖大户达标赛”“养蚕达标赛”“妇女增收赛”“妇女脱贫赛”“饲养禽畜规模赛”等一系列竞赛活动，形成规模养殖、种植业，参赛妇女创产值8500万元。区妇联累计印发“双学双赛”宣传资料12万份，提供信息近1000条，投入资金20万元，组织妇女参赛60万人次；举办培训班30余期，召开经验交流会10余场，参训妇女20万人次；各级妇联组织联系贫困户560户，帮助500户脱贫，脱贫率达89%；全区表彰“双学双赛”先进个人200余名，受省、市学赛领导小组表彰的妇联干部12人次，区妇联分别于1998年、2000年两次获四川省“双学双赛活动先进协调组织”称号。2005—2007年，全区开展农村妇女“学文化、学科技、比发展、比贡献”的“双学双比”活动，推进“百万妇女创业成才行动”，通过技术服务、召开经验交流会、技能竞赛、表彰典型大户、选派人员参加培训等途径，帮助和引导广大农村妇女勤劳致富，累计组织2200名农村妇女实现劳动力转移。2006年，卫子镇沈家阁村沈碧雪获全国妇女“双学双比女能手”称号，文村乡邢培英、晋贤乡何光雪、卫子镇康小红、紫云乡李明秀、黄龙乡仲月和陈莉、太公镇徐春华、元坝镇孙建蓉、昭化镇刘永芬等9名创业成才先进个人受省市表彰。2007年，全区开展“十佳女致富能手”评选表彰活动，李菊香、李明秀、沈碧雪、沈琼芳、陈小蓉、孙建蓉、熊秀华、步江兰、赵秀芳、严桂华被评为“十佳女致富能手”。

三、巾帼建功活动

从1991年起，在城镇妇女中开展“做‘四有’‘四自’女性，为实现‘八五’计划建功”的竞赛活动。在各行业系统中开展“巾帼建功”夺杯活动：工交战线为“双增双节奉献杯”，财贸系统为“优质服务满意杯”，农业战线为“科技兴农丰收杯”，教育战线为“教书育人园丁杯”，卫生战线为“救死扶伤医德杯”，党政群机关为“为民服务公仆杯”，政法、税务、工商、物价等部门为“秉公执法爱民杯”，个体户为“遵章纳税守法杯”。各行业、各单位因地制宜地开展竞赛活动。形成区级部门“夺杯”，单位系统内“夺旗”，股室、车间、门市、班级“夺奖”等多赛并举格局。1999年，实施“巾帼助困工程”，在联系的150户贫困户妇女中，有140户脱贫致富。1992—2004年全区共表彰“巾帼建功”先进集体14个，先进个人56名。2005—2007年，开展巾帼志愿者活动，发放法律法规、科普资料11000余份，开展以“关爱女性”为主题的生殖健康活动，元坝城区4家医疗机构为2800余人进行免费体检；在行业窗口开展以“献优质服务、展巾帼风采”为主要内容的“巾帼文明示范岗”创建活动。2005年，区国税局获全国“巾帼文明示范岗”称号。至2007年，有4个单位获市级“巾帼文明岗”称号。2007年，全区开展“十佳女工作者”评选表彰活动，张桂兰、郑桂芬、尚兰、郑菊华、罗彩霞、张小英、杨雪梅、张晓红、石凤鸣、叶静被评为“十佳女工作者”。同年，区妇联获得省级“百万妇女创业成才”先进集体称号。

四、家庭教育

1989年后，区妇联相继成立家长学校和家庭教育辅导站，培训家庭教育骨干，评比好家长，努力推进家庭教育工作。2002年，建立家庭教育组织网络，制定了《家庭教育十五规划》。至2004年，全区建立家长学校165所；以妇幼保健所（站、室）为中心，建立科学育儿咨询站18个，开展优生、优育、优教知识的宣传普及工作，累计举办培训班35期，培训13万人次，举办家庭教育经验交流会5场，全区“三优”知识普及率达94%；成立家教小组29个，成员145人；成立以中小学、幼儿园为基地的家庭辅导站7个，参加学习、活动的学生和家长近万人次。2005—2007年，区妇联继续做好家教工作，成立家庭教育协调领导小组，制定出元坝区家庭教育“十一五”规划，举办大型家庭教育讲座3次。2007年，张家乡小学被命名为“全国千所流动人口子女农村留守儿童示范家长学校”，元坝中学教师杨秀芳获全国“好家长”称号。

五、维护妇女儿童合法权益

1989年后，区妇联按照“依法维权、源头参与”的原则，充分利用各种宣传途径，全方位、多角度加强中华人民共和国《中华人民共和国宪法》《中华人民共和国刑法》《中华人民共和国婚姻法》《中华人民共和国妇女儿童权益保障法》《中华人民共和国未成年人保护法》《四川省保护妇女儿童合法权益的若干规定》等法律法规和马克思主义妇女观的宣传。2000年，全区开展“爱心助你行”“春蕾桥”“西部母亲援助”等活动，努力为贫困母亲、贫困儿童办实事、办好事，争取项目资金6万元援建“春蕾女童班”一个，筹集社会资金10万元救助失辍学儿童300余名。同时，配合劳动就业部门为下岗失业妇女提供就业援助，帮助140余人重返就业岗位。2001年，争取中国妇女发展基金会项目资金8万元，在太公镇场埃村建设“大地之爱·母亲水窖”工程。同年，制定出《广元市元坝区妇女发展纲要（2001—2010）》《广元市元坝区儿童发展纲要（2001—2010）》，并协调妇女儿童工作委员会成员单位加强“两纲”指标统计、监测评估工作。自2003年起，在区、乡镇、社区分别组建“妇女儿童法律援助站（点）”，建立特邀妇干陪审员制度，配合相关部门定期或不定期开展打击黄、赌、毒和拐卖妇女儿童专项治理，社会化维权网络初步完善。同时，在全区妇女干部中开始推行民情解忧记事制度、首问责任制、信访接待制度，受理各类妇女儿童信访案件132件，办结率达90%以上。2002—2004年，建立“元坝区优秀妇女人才库”，收录各行各业优秀妇女人才300余名，并以人才库为依托，积极配合组织人事部门做好女党员发展、女干部培养选拔工作，各级领导班子中女性比例大幅度提高，在县乡换届中，乡镇女干部配备率达70%以上，有9名女干部走上主要领导岗位。从2005年起，开展禁毒、廉政文化进家庭等系列共创平安和谐元坝的工作。2006年，开展“贫困母亲救助行动”，争取物质资金12万余元，救助贫困母亲430余人；开展“爱心妈妈”“心手相牵助成长”等活动，结对帮扶农村留守儿童270余名，为白血病儿童募集资金2万余元。2005年区妇联被表彰为全省“四五”普法先进集体，青久蓉被表彰为全省“百万妇女普法维权”先进个人。1989—2007年，全区累计受理妇女儿童来信来访案件164年，办结率98%。

第四章 残疾人联合会

第一节 残联工作机构

1989年以前，广元市市中区卫子区残疾人工作由卫子区公所民政科（局）负责。建广元市元坝区后至1997年，残疾人工作由区民政局负责。

1992年3月12日，广元市元坝区召开残疾人联合会第一次代表大会，正式成立广元市元坝区残疾人联合会（简称区残联），代表大会选举产生了理事长和副理事长。随后成立残疾人康复工作办公室。机构均挂靠区民政局。1997 年底机构改革中，区编委批准区残联 1998 年 1 月起经费和编制单列，但未实施。

1998 年 5 月，成立广元市元坝区残疾人工作协调委员会，由副区长段晓明任主任，区残联负责日常工作；9 月，建立广元市元坝区残疾人服务总社；12 月，建立广元市元坝区残疾人就业服务所和残疾人康复服务指导站。

2002 年，区残联正式单列，设办公室、康复股、教育就业股。至 2007 年，区残联机构无变化。

广元市元坝区残疾人联合会领导名录

表 8－4

姓　名	性别	籍　贯	政治面貌	职　务	任职期间	备　注
贾芝发	男	广元市元坝区	中共党员	理事长(兼)	1992－03—1996－05	区民政局长
侯兴莲	女	广元市苍溪县	中共党员	副理事长	1992－03—1996－06	
易文寿	男	广元市元坝区	中共党员	理事长	1996－06—2001－03	
冯利传	男	广元市元坝区	中共党员	理事长	2001－02—2007－03	
李仕廉	男	广元市元坝区	中共党员	副理事长	2001－10—2007－08	
罗炳福	男	广元市元坝区	中共党员	理事长	2007－04—	

第二节　残疾人代表大会

广元市元坝区第一次残疾人代表大会：于 1992 年 3 月 12 日召开，出席大会的代表 54 人，实到 38 人。大会听取和审议贾芝发作的《认清形势，团结奋斗，开创残疾人工作新局面》的工作报告；讨论制定《1992—1997 年残疾人五年康复工作规划》；选举沈定均和贾芝发分别任区残疾人联合会第一届主席团主席和副主席；聘请陈广霖和徐丕泉分别为主席团名誉主席和名誉副主席；选举贾芝发和侯兴莲分别任第一届残疾人联合会执行理事会理事长和副理事长。此后至 2007 年，未再召开全区残疾人代表大会。

第三节　基层残联组织建设

1998 年，28 个乡镇成立残疾人联合会，区委组织部发文任命曾科等 28 人为各乡镇残联理事长，同时明确村主任具体负责所在村的残疾人工作。2005 年，在拣银岩社区街道办事处六四〇居委会和轻管所居委会、太公镇居委会、虎跳镇居委会建立残疾人协会，由居委会主任兼任残疾人协会主席。同年 7 月，建立了广元市元坝区肢残人协会、广元市元坝区聋人、盲人协会和精神病人亲友会。2007 年，把基层残疾人组织建设作为发展残疾人事业的基础工作，以创建国家级基层残疾人组织为目标，进一步加强区、乡镇残联和村（社区）残协组织规范化建设。巩固和规范全区 28 个乡镇和 1 个社区街道办事处的残联组织，落实办公地点和工作经费，配备 1 名专（兼）职理事长，统一 15 种档案资料，确保工作有记载、活动有记录。建立健全村（社区）残协9个，落实活动室，配备残疾人专职委员。确定9个乡镇和18个村（社区）残联（残协）为全区残疾人工作示范单位，全区残疾人工作朝着“横向到边、纵向到底”的网络体系发展。

第四节　残疾人康复治疗

1993年，摸底普查出全区“三康”（聋幼儿、小儿麻痹症、白内障）人员共275人，其中聋幼儿16人、小儿麻痹症治疗患者83人、白内障患者176人，为147人做了白内障手术，区残联为每位患者补助手术费50元。1995年，区残联组织区人民医院、区中医院深入乡镇、企业进行抽样调查，确认康复对象中需作白内障手术的63人，其中城镇8人，农村55人；需做残疾手术的18人、进行听力语言训练的10人、进行智力残疾预防的9804人。进行智力残疾预防的人中有0～2岁的智力残疾婴幼儿418人。全区残疾人中需要供应辅助器具的肢体残疾人有100人；学龄儿童中有残疾人133人，其中盲儿7人，聋儿30人，弱智96人；全区丧失劳动能力的贫困残疾人有290人。1995年全区共有各类残疾人10410人，占全区总人口的4.38%。上级拨付经费及区残联自筹资金共15万余元，补助困难残疾人640人，补助现金43500元。期间国家、省、市先后次组织康复医疗队到元坝与区人民医院、中医院、妇幼保健院为残疾人进行康复治疗。

1992—1995年，全区共康复治疗白内障210例，复明190人，症状减轻20人；小儿麻痹症治疗83例，恢复好转50人，有效率60.24%；聋儿听力语言培训46人，有效率93.48%。从1996年起，逐步建立以区人民医院为主，乡镇医院为辅，社区康复为基础的社会康复体系。同时对无依无靠，丧失劳动能力的残疾人实行“五保”，对部分特困残疾人实行低保。将有条件的残疾人纳入养老、医疗、失业等社会保险，对特困残疾人的日常生活、危房改造、大病治疗、康复医疗、助学和意外灾害等都给予特殊补助。

1997年，全区投入残疾康复资金8.50万元，完成特需人群补碘2.10万人次，完成老年白内障手术51人，脱盲48人，脱盲率94.12%；进行聋儿培训3人、弱智儿训练6人；实施肢体矫治手术6人；为每位白内障手术患者补助现金150元，发放捐赠救济物资78356件。1999年，经过对全区的残疾人进行全面调查，全区共有肢体残疾人6886人，视力残疾人898人，智力残疾人1890人，语言听力残疾人1652人，精神残疾人174人，共计11500人，占全区总人口240760人的4.78%。针对此情况，区残联投入康复资金1.50万元，在元坝城区建区康复门诊部1个，在乡镇建康复门诊点32个，当年完成白内障康手术75例，训练聋儿以及各类需进行训练的残疾人16人，发放残疾器具113件，对特殊人群补碘1.50万人次。2000年，全区组织实施“视觉第一中国行动”等康复工程，全年完成白内障手术125例，其中国家医疗机构完成白内障患者手术治疗17例。

1996—2000年，全区投入残疾人康复治疗经费25万余元，2700余残疾患者享受了不同程度的康复服务。实施白内障康复手术治疗366例，低视力康复治疗898例，小儿麻痹症治疗51例，肢残术后功能康复训练110例，视力矫形1123例，聋儿听力语言培训210例，装配假肢、赔矫形器等340例，组织供应各类残疾人用品、器具856件，为下肢残疾患者免费发放轮椅21辆。

从2001年开始，每年投入专项资金对贫困、特困残疾人进行救助，对进行手术的特困复明患者除国家补助外，区残联另外每人补助200元；对安装假肢的患者每人补助650元，聋儿语言培训的每人补助1200元。2003年，实施白内障康复治疗125例，其中组织到广元市第九人民医院进行复明手术

16 例；送省残联安装假肢 3 例，送市残联聋儿语言培训部 3 人，为聋儿配助听器 3 部，进行麻风病畸残矫治手术 5 例，发辅助器具和各类残疾用品、用具 111 件，脑残康复治疗 1 人，智力残疾康复训练 4 人。2001—2005 年，先后投入残疾人康复治疗经费 80.50 万余元，使 5700 余名残疾患者享受不同程度的康复治疗和服务。实施白内障手术 544 例，其中 2003 年国家医疗机构完成白内障手术 31 例；低视力康复治疗 780 例，小儿麻痹症治疗 20 例，肢残术后功能康复训练 22 例，视力矫正治疗 1123 例，聋儿听力语言培训 70 例，装配假肢、配矫形器等 190 例，组织供应各类残疾人用品、器具 480 件，为下肢残疾患者免费发轮椅 25 辆。

2006 年和 2007 年，进行白内障手术 224 例，其中送广元市定点医院治疗 18 例，河北省九三学社专家到元坝区人民医院治疗 58 例。区级医院治疗 148 例。投入白内障复明患者资金补助 3.60 万元，共补助特困残疾患者 120 例，每例补助 300 元；聋儿语言训练和聋儿家长训练各 24 例；残疾儿童训练、智残儿童家长训练共 15 例；为低视力儿童配戴助视器 6 例；为聋儿供应助听器 4 部；送 3 名聋儿到市康复中心语训部训练；麻风康复训练和麻风畸残康复训练 14 例；肢体康复训练、脑瘫康复训练、精神病康复训练、智力康复训练共 28 例；普及型小腿假肢安装、普及型大腿假肢安装、矫形器装配共 12 例；盲人定向行走训练 2 例；贫困精神病人免费服药 2 例；供应各类残疾用品、用具 526 件（辆），其中轮椅 39 辆；动员农村 5910 名残疾人和城镇 351 名残疾人参加新型农村合作医疗保险以及城镇居民医疗保险。

第五节 残疾人扶贫就业

1992 年区残联成立前，全区残疾人中除部分自谋职业外，大多数人靠父母供养，成为残疾人家庭的沉重负担。区残联成立后，广泛开展“建、帮、包、带、扶”等形式的扶贫助残活动，以“一帮一”“众人帮一”“单位包户”等活动形式帮助贫困残疾人脱贫。1993 年，区残联狠抓残疾人就业技能培训，为残疾人就业创造条件，帮助残疾人发展种养植业、经商办店。柳桥乡残疾人步松林营销煤炭，年创税 1.20 万元；射箭乡残疾人母定国、丁家乡残疾人刘枝生分别在家乡发展红橘和养中华鳖，年纯收入上万元。至 1995 年，全区共安排残疾人就业资金 35 万多元，建残疾人扶贫基地 1 个（昭化镇黄姜基地）；培训残疾人 3600 多人；安排残疾人就业 410 人；扶助贫困残疾人 3500 多人；帮助农村 105 户残疾人发展种养业；建设残疾人小康家庭 226 个。

1998 年，建立了“广元市元坝区残疾人服务总社”，对残疾人就业工作实行了优惠政策落实到户、种养植规划到户、就业技术培训到户、党员干部和社会各界人士“帮、包、带、扶”到户的“四到户”政策，促进了残疾人就业。1999 年，组织发放小额康复贷款 40 万元，其中 20 万元扶持 17 户残疾人贫困户发展种养殖业。2000 年，全区举办城镇残疾人培训班 4 期，先后培训残疾人 1000 余人，主要传授钟表维修、电器修理、理发、小食店经营等技术；举办农村残疾人培训班 25 期，共培训 5600 人，主要对农村残疾人培训种果、养蚕、养猪、养牛、养羊等技术。在参加培训的学员中，虎跳镇的农民殷仕兰承包荒山 50 亩种果树，还在果园里修了能够养 200 头猪的猪圈和 0.50 亩的鱼塘，进行种养“一条龙”开发，1996 年出栏 124 头肥猪，1997 年后每年出栏肥猪都在 100 头以上，累计创产值 100 多万元，纯利润 8 万多元，创税收 5 万多元。1996—2000 年，全区举办残疾人培训班 14 期，先后培训残疾人 2800 余人；安排残疾人就业资金 40 多万元，新建了 2 个残疾人扶贫基地（虎跳镇养猪基地和明觉乡养兔基地），安排就业 500 多人；扶助贫困残疾人 3800 多人；帮助农村 120 多户残疾人发展种养业；建设残疾人小康家庭250多个。

2001年，制定《广元市元坝区残疾人就业保障金征收管理办法》，全年安置残疾人37人就业；开展“百人结对，扶贫帮困”活动，先后有81个区直机关单位和17个乡镇与339名残疾人结成对子。2002年，安置12名残疾人就业，向承包福利企业推介安置残疾人2人，4名残疾盲人开起了按摩和洗衣店；同时在全区广泛开展“进千村万户、扶贫奔小康”的扶贫活动，年底有115户278人脱贫。2003年，从区残疾人就业保障金中安排11万元资金，开展残疾人技能培训，共培训残疾人448人。全年共帮助77名残疾人就业，其中有16人搞个体经营，7人到广元市金山制药厂上班。陈江乡肢体残疾人魏三桃在市残联接受就业培训后，被广元市南河汽车修理厂录用。安排就业资金8万元扶持农村46户残疾人发展种养业和多经生产，同时开展“扶强帮弱”“脱贫致富工程”等扶贫行动，扶助贫困残疾人842人，扶持种养专业大户17人；建设残疾人小康家庭71个。2004年在昭化、红岩、紫云、石井铺、文村等乡镇培训残疾人970人，其中参加电脑培训23人，参加缝纫、修理、美容美发和其他技能培训947人。2001—2005年，全区共安排残疾人就业资金40多万元，新建1个残疾人扶贫基地（紫云乡猕猴桃基地），培训残疾人4000多人；安排就业500多人；扶助贫困残疾人3800多人；帮助农村120多户残疾人发展种养业；建设残疾人小康家庭250多个。

2006年和2007年，两年共安排残疾人就业资金10多万元，在各乡镇培训残疾人1500多人，其中参加电脑培训300多人，参加缝纫、修理、美容、美发和其他技能培训1200多人；安排就业40人；扶助贫困残疾人210多人；帮助农村30多户残疾人发展种养业；建设残疾人小康家庭24个。

第六节　残疾人困难补助与救济

1992—1995年，解决全区131名伤残军人的定额补助和医疗问题；调整提高50位带病回乡的残疾退伍军人的定补标准。其中二等以上伤残军人除享受国家定补外，还享受公费医疗，实行实报实销，二等甲、乙伤残军人除享受伤残金外，另外每月享受20～45元的生活定补，由银行代发。区民政局安排救济金38.50万元用于特困残疾人帮扶，社会各界捐赠物资1.20万余件救助困难残疾人，有500多名残疾人得到救助后自谋职业，搞种养植和经商办店。

1996—2000年，区残联与乡镇、区教育局进行协调，每年为残疾人减免提留、义务工和其他负担25万余元，中小学为残疾儿童减免书学费2万余元。动员城镇残疾人经商办企业，从事力所能及的修补、缝纫和手工行业，区民政局每年为有困难的残疾人予以民政救济和补助，全区服务窗口实行残疾人优先。1998年，全区开展向残疾人捐献“两元钱”活动，当年收到全区80多个单位的捐款2万余元。5年里，全区通过民政救济、社会捐赠、结对帮扶等形式，共扶助贫困残疾人4.10万人次，9200多名农村残疾人越温脱贫；区、乡镇医院等医疗机构为特困残疾人免收诊费11万余元；乡镇政府减免农村残疾人“两工”（农村义务工、民工建勤）50.60万个，解决“两工”纠纷181余起，减免全区1.2万多名农村残疾人各项建设类集资100多万元；税务、工商部门减免160多户残疾人工商税费7.20万多元；区民政局为140多名城镇残疾人解决最低生活保障问题，实行按月发放。

2000—2005年，区残联与区教育局联合开展“残疾学生保障活动”，资助100余名残疾少年入学，将全区170余名在校残疾学生全部纳入教育保障体系；从残疾人事业经费中安排专项经费，给予每人每年100～200元生活费补助，每月打卡发放；全区通过民政救济、社会捐赠、结对帮扶等形式，共救助贫困残疾人4.30万人次，使7200多农村残疾人越温脱贫；全区农村残疾人全部参加了农村合作医疗保险，区、乡镇医院等医疗机构为特困残疾人免收诊费 15 万余元；解决因收取从事经营活动的残疾人的费用而引发的纠纷 50 余起；税务、工商部门减免 110 多户残疾人税费 5. 10 万多元；区民政局为 120 多名城镇残疾人解决最低生活保障问题，实行按月发放。

2006 年和 2007 年，初步建立残疾职工社会保障机制，残疾职工按照规定享受基本养老、医疗、失业、工伤等保险待遇。2007 年，241 名丧失劳力的特困农村残疾人纳入最低生活保障；企业按规定交纳残疾职工的基本养老、基本医疗、失业、工伤等社会保险；区残联、区教育局联合制发《关于进一步做好残疾少年教育工作的通知》，对残疾学生兑现“两免一补”政策；353 名重度特困残疾人纳入保障范围，按季打卡发放专项补助。

2001 年，制发《广元市元坝区残疾人就业保障金征收管理办法》，区残联委托区地税局代征残疾人就业保障金，当年在全区按政策收取残疾人就业保障金 3. 50 万元。至 2007 年，共征收入库残疾人就业保障金 121. 16 万元。其中，2007 年征收入库 56. 91 万元，占征收总额的 46. 97%，是 2011 年的 16 倍。

第七节　残疾人信访工作和文体活动

一、残疾人信访工作

区残联注重处理残疾人来信、来访问题，努力维护残疾人的合法权益。1993 年，区残联接待残疾人信访 80 人次，协助解决 10 名残疾学生顺利升学，协调区税务、工商等部门为 18 位从事个体经营的残疾人按照政策减免了相关税费。1999 年，区残联接待残疾人信访 86 人次，依法解决了白果乡薛明松、晋贤乡刘定奎、柳桥乡肢体残疾人步秀连三人反映的从业行医、申请执行、土地纠纷等问题。2004 年，解决残疾人务工信访纠纷 8 起，协调工商等部门解决 12 起向残疾人收取公益事业费和其他负担等信访问题，协调区法律援助中心解决 3 起法律援助信访案件。2006 年，建立了区残联理事长接待制度，全年接待并妥善解决残疾人信访 40 余起，处理残疾人信访案件 4 起，配合区委、区政府办结领导批示的残疾人信访案件 3 件，办结率 100%。2007 年，落实专人负责残疾人信访维权工作，与区司法局联合建立残疾人法律援助咨询服务站，开通残疾人维权热线电话，受理并处理落实残疾人信访案例 1 件。

二、残疾人文体活动

2006 年 5 月，广元市首届残疾人运动会在元坝区召开！该会由区残联具体承办，全市 7 个县区 300 多名运动员参加运动会，项目主要有田径、足球、举重、篮球等。元坝区运动员获得了总分第一，奖牌第一的成绩，共获金牌 31 枚、银牌 28 枚，铜牌 8 枚，还为省六届残疾人运动会选拔 2 名运动员，所选运动员在省六届残疾人运动会上获金牌 1 枚，银牌和铜牌各 2 枚。

第九篇　政　法

第一章　政法委及综治工作

第一节　综合协调管理机构

1986年11月，中共广元市市中区卫子区委设政法办公室（简称卫子区委政法办公室），受中共广元市市中区委政法委领导。易文福任卫子区委政法办公室主任。1987年7月，胡绍枢任卫子区委政法办公室副主任。

1989年12月，广元市元坝区设中共广元市元坝区委政法委员会（简称区委政法委），内设办公室。1997年4月，区委政法委增设政工股、执法督查督办室。2000年10月，政工股更名为政工科，2001年12月，改设为政治处。至2007年，区委政法委历经七届，每届设书记1人，副书记2~3人，委员4~6人。第一至第六届由区委副书记任书记，区人民政府常务副区长、区公安分局局长（至第四届中）任副书记，区人民检察院检察长、区人民法院院长、区人民武装部部长（至第四届）、区公安分局局长（第四届中之后）、区司法局局长、区委政法委办公室主任（第一至第四届）、区委维稳办主任（第五届起）任委员。从1992年8月（第一届中）至2006年12月（第六届中），区委政法委配设专职副书记，主持政法委日常工作。

2007年，挂靠机构有：

中共广元市元坝区委维护社会稳定领导小组办公室（简称区委维稳办），1998年3月成立。

广元市元坝区社会治安综合治理委员会办公室（简称区综治办），1991年4月成立。

中共广元市元坝区委政法委员会领导名录

表9－1

姓　名	性别	籍　贯	政治面貌	职　务	任职期间	备　注
陈广霖	男	河南省孟津县	中共党员	书　记	1989－12—1993－01	区委副书记
赵俊普	男	广元市旺苍县	中共党员	副书记	1989－12—1993－01	区政府副区长
罗　勇	男	广元市利州区	中共党员	副书记	1989－12—1993－01	区公安分局局长
陈广霖	男	河南省孟津县	中共党员	书　记	1993－01—1995－05	区委副书记
沈定均	男	广元市元坝区	中共党员	副书记	1993－01—1996－02	区政府常务副区长
罗　勇	男	广元市利州区	中共党员	副书记	1993－01—1996－02	区公安分局局长
杨守清	男	广元市元坝区	中共党员	专职副书记	1992－08—1996－02	
田现平	男	广元市利州区	中共党员	书　记	1995－05—1998－03	区委副书记
李奎元	男	广元市元坝区	中共党员	副书记	1996－02—1998－03	区政府常务副区长
杨守清	男	广元市元坝区	中共党员	专职副书记	1996－02—1998－03	
凌晓华	男	广元市剑阁县	中共党员	副书记	1996－02—1998－03	区公安分局局长
李旭春	男	广元市元坝区	中共党员	书　记	1998－03—2001－07	区委副书记
田现平	男	广元市利州区	中共党员	副书记	1998－03—2000－05	区政府常务副区长
凌晓华	男	广元市剑阁县	中共党员	副书记	1998－03—2000－07	区公安分局局长
苟英明	女	广元市剑阁县	中共党员	副书记	2000－05—2001－07	区政府常务副区长
夏国科	男	广元市元坝区	中共党员	专职副书记	1998－03—2003－02	
李旭春	男	广元市元坝区	中共党员	书　记	2001－07—2003－02	区委副书记
苟英明	女	广元市剑阁县	中共党员	副书记	2001－07—2003－02	区政府常务副区长
夏国科	男	广元市元坝区	中共党员	专职副书记	2001－07—2003－02	
邢国富	男	广元市元坝区	中共党员	副书记	2001－02—2003－02	
赵天禄	男	广元市朝天区	中共党员	书　记	2003－02—2006－12	区委副书记
杨显俊	男	广元市旺苍县	中共党员	副书记	2003－02—2007－04	区政府常务副区长
侯　宏	男	广元市旺苍县	中共党员	专职副书记	2003－02—2007－04	
刘　丰	男	广元市苍溪县	中共党员	副书记	2003－02—2007－04	
罗仕发	男	广元市元坝区	中共党员	书　记	2006－12—	区委常委
刘炳忠	男	广元市元坝区	中共党员	副书记	2007－04—	兼区委维稳办主任
李清智	男	广元市元坝区	中共党员	副书记	2007－04—	

中共广元市元坝区委政法委挂靠部门领导名录

表9－2

姓　名	性别	籍　贯	政治面貌	职　务	任职期间	备　注
夏国科	男	广元市元坝区	中共党员	主　任	1998－03—2002－03	区委维稳办
徐显荣	男	广元市苍溪县	中共党员	副主任	1998－03—2002－03	区委维稳办
徐显荣	男	广元市苍溪县	中共党员	主　任	2002－03—2007－04	区委维稳办

续表

姓 名	性别	籍 贯	政治面貌	职 务	任职期间	备 注
何 军	女	凉山州西昌市	中共党员	副主任	2004－02—2004－12	区委维稳办
刘炳忠	男	广元市元坝区	中共党员	主 任	2007－04—	区委维稳办
蒲国全	男	广元市元坝区	中共党员	主 任	1991－04—1993－02	区综治办
杨守清	男	广元市元坝区	中共党员	主 任	1993－02—1998－03	区综治办
蒲国全	男	广元市元坝区	中共党员	副主任	1993－02—1995－07	区综治办
段 学	女	绵阳市北川县	中共党员	副主任	1995－07—1999－02	区综治办
夏国科	男	广元市元坝区	中共党员	主 任	1998－03—2000－08	区综治办
徐显荣	男	广元市苍溪县	中共党员	副主任	1998－08—2000－08	区综治办
徐显荣	男	广元市苍溪县	中共党员	主 任	2000－08—	区综治办

第二节 政法队伍建设

一、领导班子建设

1990年2月，广元市元坝区第一届人民代表大会选举产生了区人民检察院检察长、区人民法院院长。随后，区公安分局、区司法局领导班子相继完善。同年，区人民法院、区人民检察院先后建立党组，区司法局建立党支部。1992年4月，区公安分局建立党委。1999年，全区政法部门领导班子开展“三讲”教育活动（讲政治、讲正气、讲学习）。当年，区委政法委根据中央政法委“努力建设一支高素质政法干部队伍”的要求，提出了“抓班子、带队伍、保稳定”的工作思路，在全区政法部门开展争创“四好班子”活动。2000年，区公安分局被区委评为“四好领导班子”。2001年，区委组织部、区委政法委、区人事局联合制发《关于区委政法委协管政法部门领导干部有关问题的通知》，规范了政法委协管政法部门领导干部的范围和程序。到2007年，区公安分局、区人民检察院、区人民法院、区司法局、区委政法委领导班子都曾进入“四好”行列。

二、干警队伍建设

1994年，区公安分局开展队伍集中教育整顿。重点解决一部分干警存在“四难”（门难进、脸难看、话难说、事难办）现象和纪律涣散、作风拖拉、办事效率低、工作不负责任、违法违纪等问题。1998年，全区政法部门统一开展队伍集中教育整顿。坚持内严整改，外护形象，以正面教育为主、自我教育为主，各部门领导干部身体力行，避免了“整”下不“整”上，只“整”民警不“整”领导的现象。2001年，按照中央政法委“政治坚定、思想纯洁、业务精通、纪律严明、作风过硬”的要求，全区大力开展了政法队伍正规化建设。在政法各部门推行竞争上岗。按照干部选拔任用条件，实行双向选择，根据人员的能力、气质特点，做到用得其所。在政法队伍中分期分批开展教育整顿活动。在开展干警作风教育整顿的同时，政法各部门采取办培训班、岗位练兵、选送到政治院校学习等形式加强干警业务技能培训。2002年底，全区完成了中央政法委提出的三年内对政法系统干警进行一次普遍轮训的任务。2003年，贯彻落实公安部制定的“五条禁令”，全区政法各部门根据各自的工作特点也相应制定了“严禁”规定，全面推行警务、检务、审务、政务公开，主动接受区委、区人大常委会、区政协、区纪委的监督，自觉接受群众监督和社会舆论监督。2007年，按照区委《关于开展领导干部作风整顿建设活动的实施意见》的要求，全区政法系统开展了为期3个月的以领导干部纪律作风为重点的集中教育整顿。同年，在全区政法干警中开展了社会主义荣辱观教育和社会主义法治理念教育。

第三节 执法督查督办

1999年，在农村合作基金会清理整顿工作中，区委政法委督查、指导政法部门发挥职能，协助搞好清欠、兑付工作，维护社会治安秩序。区人民法院共受理合作基金会清欠案件127件，涉及标的155.90万元，采取诉讼保全措施36件，执行和划转资金100余万元，为元坝农村基金会首期兑付提供了法律保障。当年，区委政法委受理群众来信、来访22件次，协调重大、疑难案件3件。2001年，区委政法委把执法督查督办工作纳入政法各部门目标管理责任书进行量化考核。同年，开展了对“优化投资环境年”活动情况的执法检查，共走访企业3家，检查各类案件180余起，督促政法部门处理违法违纪干警4人，纠正执法违法行为5起。2003年，区委政法委制定了《关于进一步保护和促进民营经济发展的意见》，政法各部门的主要领导联系、帮扶重点企业，适时组织开展打击危害重点工程建设的专项斗争。2004—2007年，围绕“创造和谐稳定社会环境”开展执法督查督办工作。重点解决和处理涉法、涉诉上访问题。重点督查处理政法领导干部和政法干警徇私枉法、贪污受贿等在社会上造成恶劣影响，领导关心、群众关注的重大案件。督促政法各部门及时地落实维护社会稳定的各项措施，为元坝区经济建设和社会发展提供有力的法律保障。

第四节 维护社会稳定

一、排查社会不稳定因素

1992年，把维护全区社会稳定作为政法工作的中心。当年，区政法部门排查出危害社会稳定的案件3起。1991—1997年，把“反渗透、反颠覆、反分裂、反破坏、反和平演变”作为排查工作重点，并为区委、区政府领导提出了预警、决策性建议和意见。1998年，区委制定了《关于切实加强维护全区社会稳定工作的意见》。区委政法委组织相关部门对影响社会稳定的潜在因素进行了调查、分析，针对农副产品价格低，农民负担过重，乱收费、乱集资现象还未完全禁止，企业改制带来新的矛盾，职工下岗再就业、养老保险等问题突出，土地工安置、大中专生毕业分配难度较大，个别干部作风粗暴，个别乡镇和村、组财务混乱，奢侈腐败现象突出等问题，向区委、区政府提出了建议。2002年，全区各乡镇建立了维护社会稳定的领导机构，区委维稳办制定了《危害社会稳定重大情报信息报告制度》，规范了情报信息报送范围、报告方法和程序。至2007年，在全区范围内启动了维护社会稳定“四大体系”（组织制度、不稳定因素排处、情报信息报告、突发事件处置）建设。建立健全了重大稳定隐患挂牌督办制度和社会稳定风险评估机制。重点排查了全区企业改制重组过程中出现的问题、非法集资遗留问题、农村税费改革中出现的问题、城市建设和重点工程建设中的问题、“两金”（农村合作基金、供销社股金）后期兑付等问题。对可能发生群体性事件的苗头，坚持“以教育疏导为主”的方针，坚持“可散不可聚，可顺不可激，可解不可结”和“属地管理”的原则，建立健全了群体事件防范监控体系，做到早发现，早报告，早控制，早解决，2006年和2007年，辖区内均未发生影响社会稳定的群体性事件。

二、处置突发事件

1991年，区委政法委针对辖区重大治安案件和严重暴力性案件增多的情况，指导公安机关制定了《关于处置重大事件和严重暴力犯罪案件的预备方案》，建立了指挥中心、应急队、防暴队。同年6月11日，石井铺乡茶店村等3个村的800余名群众，乘坐几辆大卡车到团结水库同白果乡狮子村200余名群众争水，双方群众对峙，准备械斗。区委政法委得知这一信息后，迅速启动预案，组织公安干警和乡镇干部赶赴现场，平息了事态。1998年4月，区委制定了《广元市元坝区处置突发事件的预备方案》。2003年4月，针对当时“非典”疫情形势严峻的情况，区委、区政府制定了《预防非典型肺炎应急方案》，并成立应急分队。同年5月1日，区政府征用三七六二油库空库房设“非典”留观站，当地群众数百人不理解、不支持、不配合，阻碍工作人员进场，截断了通往留观站的交通，并围攻奉命维护治安秩序的警察。5月2日下午，区委、区政府启动“应急方案”，处置了暴力阻碍政府设置“非典”留观站的群体性事件，将行凶闹事的谋划者、首要人员依法予以刑事拘留，为抗击“非典”工作扫清了障碍。2004年，依法处置了元坝镇胜利村村民因讨工资堵截国道212线公路事件和元坝宾馆“向某某死亡事件”引发的群体闹事事件。2005年，元坝区环线公路和乡村公路建设中拖欠农民工工资，致使辖区内连续发生数起堵截公路交通的群体性事件，区委维护社会稳定领导小组组织相关部门依法进行疏导，妥善处置，均未造成严重后果。

三、情报信息工作

自1998年3月区委维稳办成立后，相继建立了维稳信息收集报告制度。主要收集、掌握危害本辖区社会稳定社会治安的苗头性、内幕性、预警性和深层次的情报信息，及时向区委、区政府预警，为领导决策提供服务。2002年底，全区各机关单位、各乡镇都确定了1～2名维稳信息联络员，具体负责本地区、本系统、本部门的矛盾纠纷情况信息的收集、汇总、上报工作，实行每月一报，重大问题即发即报，经排查没有发现问题的，实行“零报告”制度。2003年，依托元坝区公安分局“公安信息网”，建立了“元坝区维护稳定信息”专业网站，并与中共广元市委维护社会稳定信息网络中心连接。网站基本涵盖了全区机关、乡镇和企事业单位维护社会稳定的基本信息资料。

第五节　社会治安综合治理

一、“严打”整治斗争

元坝建区后，政法部门严格按照全国人大常委会颁布的《关于严惩严重危害社会治安的犯罪分子的决定》，从重从快严厉打击各种严重刑事犯罪和经济犯罪活动（简称“严打”）。1989—1991年，相继开展“打击流窜犯罪”“打击拐卖妇女儿童犯罪”“反盗窃农用输电线”“反车盗、打击车匪路霸”等专项斗争。1992—1995年，针对盗窃案件不断上升的势头，开展了为期三年的“反盗窃专项斗争”。

期间，适时开展了“小破案战役”“小专项治理”“小区域治理”“反盗窃、保春耕”“春季严打攻势”“夏季破案战役”“百日破案战役”“严打冬季行动”等专项斗争和集中统一行动。1996—2007 年，开展“集中整治农村社会治安”“严打整治”“打黑除恶”“打击‘两抢一盗’（抢劫、抢夺、盗窃）专项斗争”“侦破命案专项行动”“追逃专项行动”等。

二、治安防范工作

1990 年起，坚持打击、防范、管理、建设相结合，依靠群众，逐步建立以乡镇治安室为依托的治安防范网络，至 1991 年底，全区共建乡镇治安室 29 个，整顿、健全村级治保会 224 个。1992—2000 年，以落实领导责任制为主，层层签订《社会治安综合治理目标责任书》《社会治安综合治理保一方平安责任书》，建立多层次、立体性的治安防范网络，形成了城乡居民守楼护院，农村三、五户大院联防，企事业单位门卫值班等人防、技防相结合的治安防范体系。同时，在全区范围内开展文明小区、文明村社、文明单位和文明校园的创建活动。2001—2007 年，贯彻落实中央“打防结合、预防为主”的方针，在辖区内构建社会治安整体联动防范机制，加强治安防范体系建设，开展和推行“三大警务”（农村、社区、校园）和“警校共育”工作，实现“打、防、管、控”工作前置。

三、矛盾纠纷排查调处

从 1990 年起，元坝区社会治安综合治理委员会把矛盾纠纷的调解工作纳入了社会治安综合治理的目标管理，充实、调整了各乡镇村、组和机关、企事业单位的调解组织，并加强了调解人员的业务培训。各乡镇发挥基层调解组织的作用，实行矛盾纠纷调解责任制，做到小纠纷不出组，一般纠纷不出村，大的纠纷不出乡。2002 年，区委、区政府转发区综治委《广元市元坝区社会治安综合治理委员会关于进一步做好矛盾纠纷排查调处工作及任务分工的意见》，全区开展了“矛盾纠纷排查调处年”工作。坚持“属地管理”和“谁主管谁负责”的总体原则，实行分级负责，归口调处，把责任制落实到了部门、单位和人头。2004 年，各级调解组织坚持“及时排查、各负其责、工作在前、预防为主”和“教育疏导、依法处理、防止激化”的原则，落实中共四川省委、省人民政府提出的“七句话二十八个字”（即加强领导，关心群众，化解矛盾，强化专政，畅通信息，控制舆论，严格纪律）的工作要求，做到“五到位”（即党政主要领导负总责，党政系统主干线齐抓共管，解决社会矛盾和问题的各种通道畅通，各方面的主管部门切实负起应尽的责任，政法部门充分发挥主力军作用）。当年，全区各级各部门成立矛盾纠纷排查调处工作领导小组 90 余个，培训综治人员、司法助理员、人民调解员 800 余人次，共排查调处各种矛盾纠纷 1300 余件，调处成功率达 96.80%。2005—2007 年，贯彻落实中共中央办公厅、国务院办公厅转发的《中央综治委关于进一步加强矛盾排查调处工作意见》，逐步完善了纠纷排查调处的各项工作制度，形成了预防和化解矛盾纠纷的合力。1990—2007 年，全区共排查出矛盾纠纷 9807 起，调处 9772 起，调处成功 9417 起，调处成功率 96%，大量的矛盾纠纷被化解在基层，解决在萌芽状态，基本做到了矛盾纠纷发现得早，化解得了，控制得住，处置稳妥。

四、铁路护路联防

1991 年前，区境内的铁路护路工作归广元市市中区整顿铁路治安秩序领导小组管理。同年 11 月，元坝区政府成立整顿铁路治安秩序领导小组，领导小组办公室设在区公安分局治安科，同时建立了元坝区铁路护路联防队。1997 年 4 月，区人民政府整顿铁路治安秩序领导小组更名为元坝区铁路护路联防工作领导小组，领导小组办公室仍设在区公安分局治安科。在此期间，元坝区铁路护路联防工作坚持“稳定、完善、发展”的指导思想，以确保铁路运输畅通为中心，以清除隐患、集中整治、保春运、防洪为重点，加强《中华人民共和国铁路法》的宣传力度，健全防范机制，强化管理机制，坚持日查夜巡，与铁路沿线的乡镇、村组、机关、厂矿、学校等单位签订《铁路护路公约》《文明护路协议》《防止机动车辆肇事合约书》《不收购加工偷盗铁路器材合约书》以及《综合治理、保路平安、共建护路文明村协议》和《共建护路文明班、组建“红领巾”护路队协议》，配合“严打”整治斗争，协助公安机关破获、查处了一批盗窃铁路器材和破坏铁路运输的刑事、治安案件，完成了第四、五、六、七轮铁路护路联防承包工作，并连续四年被四川省整铁办评为“铁路护路联防先进集体”。1999年，按照四川省综治委《关于进一步加强铁路护路联防工作的意见》的要求，进一步理顺了领导体制和工作关系，“整铁办”更名为“护铁办”，挂靠区综治委。把铁路护路联防纳入了社会治安综合治理的重要内容，落实了各种责任制，实行一体化管理、一体化考核、一体化奖惩。至2007年，突出抓好重点区段、重点部位、重点时期、重点问题的治安防范，加强铁路沿线影响治安秩序的矛盾纠纷排查调处，加大以中、小学生、机动车驾驶员、大牲畜户和残疾人员为重点对象的护路宣传力度，开展创建“平安铁道线”“五无”（境内铁路区段无货盗案件、无拆盗案件、无路外伤亡事故、无大牲畜上道肇事事件和无摆放路障事件）活动，维护了辖区铁路治安持续稳定。

第二章 审判工作

第一节 审判机构

广元市市中区卫子区的审判工作由广元市市中区人民法院主管，区内共有卫子、王家、虎跳、昭化4个基层人民法庭。

1989年12月，广元市元坝区成立区人民法院筹备组，许世业任组长。1990年2月，广元市元坝区人民法院（简称区人民法院）正式成立。设刑事审判庭、民事审判庭、办公室；同月，建立中共广元市元坝区人民法院党组。1991年3月，区人民法院设办公室、政工科、刑事审判庭、民事审判庭、经济审判庭、行政审判庭、告诉申诉庭、执行庭。1996年，建立广元市元坝区人民法院法警队。1997年7月，区人民法院设办公室、政工科、刑事审判庭、民事审判庭、经济审判庭、行政审判庭、执行庭、告诉立案庭、审判监督庭、政策法律研究室、法警队。同年9月，建立广元市元坝区人民法院机关事务管理部。2001年12月，区人民法院设办公室（与研究室合署办公）、政治处、立案庭、刑事审判庭、民事审判一庭、民事审判二庭、行政审判庭、审判监督庭、执行局、司法警察大队、监察室（与纪检组合署办公）。至2007年，区人民法院机构无变化。

1990年，区人民法院下设虎跳、王家、卫子、昭化4个基层人民法庭。1991年5月，增设元坝人民法庭。1993年3月，增设磨滩、清水、石井铺、太公、明觉、红岩6个基层人民法庭，至此，全区基层人民法庭共有11个。从1998年1月开始，根据广元市中级人民法院的意见，陆续撤销了磨滩、清水、石井铺、明觉、红岩、元坝6个基层人民法庭，当年末，仅保留虎跳、王家、卫子、昭化、太公5个基层人民法庭。至2007年，区人民法院基层人民法庭无变化。

广元市元坝区人民法院领导名录

表9-3

姓名	性别	籍贯	政治面貌	职务	任职期间	备注
许世业	男	广元市元坝区	中共党员	院长	1990-02—1998-02	党组书记
李怀良	男	广元市利州区	中共党员	副院长	1990-02—1998-02	党组成员
马良全	男	广元市市中区	中共党员	副院长	1990-07—1993-02	党组成员
田澍塘	男	广元市元坝区	中共党员	副院长	1993-03—1998-02	党组成员
汪晓燕	女	广元市元坝区	中共党员	副院长	1996-11—2003-05	党组成员
田澍塘	男	广元市元坝区	中共党员	院长	1998-02—2002-02	党组书记
张续伟	男	广元市元坝区	中共党员	副院长	1998-06—2002-08	党组成员
任洪	男	广元市利州区	中共党员	副院长	2002-02—2002-08	党组书记，主持工作
王孝先	男	广元市旺苍县	中共党员	副院长	2002-03—2003-02	党组成员
牛和平	男	广元市苍溪县	中共党员	副院长	2002-08—2003-01	党组书记，主持工作
牛和平	男	广元市苍溪县	中共党员	院长	2003-01—	党组书记
谢波	男	广元市元坝区	中共党员	副院长	2003-03—2006-08	党组成员
牟禄德	男	广元市苍溪县	中共党员	副院长	2003-03—	党组成员
苏波	男	陕西省岐山县	非党	副院长	2003-10—	
盛明春	男	广元市元坝区	中共党员	纪检组长	2004-02—	2003-02始任院党组成员
伏勇	男	广元市元坝区	中共党员	政治处主任	2004-02—	2005-06始任院党组成员
段学	女	绵阳市北川县	中共党员	副院长	2007-05—	党组成员

第二节 刑事审判

1990年，元坝区人民法院在刑事审判中坚持“两手抓、两手硬”，发挥刑事审判的专政职能作用，持续开展“严打”斗争，把严厉打击严重危害社会治安的犯罪分子和严重破坏经济建设的犯罪分子作为刑事审判的重要任务来抓。至1995年，区人民法院共审结各类刑事案件442件，其中公诉案件259件，自诉案件183件。判处有期徒刑的415人，其中判处5年以下有期徒刑的258人，判处5年以上有期徒刑的157人（其中判处5~10年有期徒刑的125人，10年以上有期徒刑的32人）；判处缓刑70人，拘役14人，免予刑事处罚11人。1996—2000年，区人民法院共审结各类刑事案件487件，其中公诉案件216件，自诉案件271件。判处有期徒刑299人，其中判处5年以下有期徒刑209人，判处5年以上有期徒刑90人（判处5~10年有期徒刑的53人，10年以上有期徒刑的37人）；判处缓刑90人，拘役49人，免予刑事处罚2人。其中：1998年，审结抢劫、敲诈勒索、诈骗、放火等案件8件12人，审结妨害婚姻家庭犯罪案件6件11人，其中有2人被依法判处有期徒刑；审结盗窃案件18件25人，其中有4人判处5年以上有期徒刑。对刑事自诉案件则发挥基层法庭的前沿阵地作用，对邻里、山林、土地、水事纠纷等案件大多采用现场调查、疏导、调解结案方式，以求达到化解矛盾和积怨，促进当事人和谐相处的目的，全年共审理刑事自诉案件10件11人。1999年，区人民法院在全院开展了“审判质量年”活动，通过开展庭审竞赛、法律文书评查、评选活动，全年审结的案件质量比1998年明显提高。在刑事审判中重点打击破坏社会主义市场经济秩序的犯罪和利用职权贪污、贿赂、挪用公款等犯罪，依法判处磨滩镇某信贷员利用白条子诈骗64户储户128笔现金20余万元有期徒刑14年。开展打击盗窃犯罪专项活动，对某盗窃集团盗窃国家通信电缆案主犯判处有期徒刑15年，处罚金2万元。2001—2005年，区人民法院共审结各类刑事案件285件，其中公诉案件203件，自诉案件82件。判处有期徒刑的179人，其中判处5年以下有期徒刑122人，判处5年以上有期徒刑的57人（判处5～10年有期徒刑的31人，10年以上有期徒刑的26人）；判处缓刑53人，拘役23人，免予刑事处罚3人。其中：2001年，树立“办案质量第一”的意识，坚持“稳、准、狠”的“严打”方针，做到了两个“基本”（搞清楚案件的基本事实、影响定罪量刑的基本证据充分）。严厉打击了危害公共安全的故意杀人、爆炸、伤害、抢劫、强奸、投毒等暴力犯罪，全年共审理此类案件16件24人，其中判处5年以上有期徒刑的6件9人。2003年，区人民法院在刑事审判中严厉打击了强奸幼女犯罪和阻挠区政府建立“非典”观察站的危害社会治安的犯罪分子。全年共受理各类刑事犯罪案件45件55人，审结44件54人，审结率达97.77%。2005年，区人民法院依法从重从快惩处危及人身、财产安全的杀人、强奸、抢劫等暴力犯罪，全年共审理杀人、强奸、抢劫等犯罪案件31件，判处5年以上有期徒刑8件12人。参与整顿和规范经济秩序工作，依法打击危害市场经济秩序的犯罪活动，全年共审理贷款诈骗、合同诈骗案件5件，4人被判处5年以上有期徒刑。进一步加大对贪污、挪用公款、玩忽职守等职务犯罪的审理力度，全年审理此类案件6件，判处6人有期徒刑。注重自诉刑事案件的调解工作，全年审理的12件自诉案件，经调解撤诉的7件，调解结案的5件。2006年和2007年，区人民法院在严厉打击重大刑事犯罪的同时，贯彻宽严相济的刑事政策，注重刑事司法领域的人权保障，坚持罪刑相适应原则。对刑事自诉案件贯彻“当判则判、调判结合”的原则。两年里，区人民法院共审结各类刑事案件136件，判处有期徒刑的96人，其中判处5年以下有期徒刑38人，判处5年以上有期徒刑58人（判处5～10年有期徒刑的51人，10年以上有期徒刑的7人）；判处缓刑28人、拘役19人，判处免予刑事处罚2人。

广元市元坝区人民法院刑事案件审理情况统计表

表9-4

单位：件、人

年度	受理件数/人数	审结件数/人数	其中				判处刑罚						备注
			公诉案件		自诉案件								
			受理件数/人数	审结件数/人数	受理件数/人数	审结件数/人数	5年以下	5年至10年	10年以上	缓刑	拘役	免予刑事处罚	
1990	58/97	56/93	48/83	48/83	10/14	8/10	65	18	7	3	-	-	
1991	55/96	55/96	37/74	37/74	18/22	18/22	59	21	4	12	3	3	
1992	68/90	64/84	40/51	39/49	28/39	25/35	26	10	3	11	-	-	
1993	67/104	61/97	38/67	38/67	29/37	23/30	29	21	5	15	2	1	
1994	98/120	94/116	48/68	48/68	50/52	46/48	21	35	6	13	4	4	
1995	115/130	112/123	50/53	49/51	65/77	63/72	58	20	7	16	5	3	
1996	106/141	103/136	49/67	49/67	57/74	54/69	59	17	4	28	5	2	

续表

年度	受理件数/人数	审结件数/人数	其中				判处刑罚						备注
			公诉案件		自诉案件		5年以下	5年至10年	10年以上	缓刑	拘役	免予刑事处罚	
			受理件数/人数	审结件数/人数	受理件数/人数	审结件数/人数							
1997	120/124	111/119	48/50	48/50	72/74	63/69	22	4	7	22	14	-	
1998	106/109	104/105	42/45	41/42	64/64	63/63	83	10	8	1	-	-	
1999	89/123	87/120	44/63	44/63	45/60	43/57	42	12	6	18	12	-	
2000	85/100	82/96	35/49	34/48	50/51	48/48	3	10	12	21	18	-	
2001	66/89	65/81	32/48	32/48	34/41	33/33	25	5	10	10	12	-	
2002	86/90	83/84	74/75	73/74	12/15	10/10	34	6	7	16	3	-	
2003	45/55	44/54	33/42	33/43	12/12	11/11	34	2	1	12	2	-	
2004	40/50	37/46	21/30	21/30	19/20	16/16	17	7	3	5	1	-	
2005	62/78	56/62	49/60	44/50	13/18	12/12	12	11	5	10	5	3	
2006	99/115	96/110	65/66	64/64	34/49	32/46	20	42	3	11	14	-	
2007	41/60	40/58	35/48	35/48	6/12	5/10	18	9	4	17	5	2	
合计	1406/1771	1350/1680	788/1040	777/1019	618/731	573/661	627	260	102	241	105	18	

第三节 民事审判

1990—1995年，区人民法院累计受理各类民事案件2507件，审结2342件，审结率93.42%。其中审结婚姻家庭、邻里、债务纠纷案件1675件，占审结案件总数的71.52%。调解结案1481件，占审结案件的63.24%；在判决的861件案件中，有119件的当事人不服提起上诉，广元市中级人民法院审理后，有75件维持原判，43件作部分改判。其中：1990年，贯彻执行当事人举证责任制度，将办案人员的主要精力从以前的庭前调查转移到庭审调查、庭审取证、庭审质证和审查判断证据的效力上，减少了人力、物力的浪费，提高了法官办案的效率。通过对民事案件的审理和调处，防止了55起重大矛盾纠纷激化，使42对要求离婚的夫妻重归于好。1993年，突出侵权纠纷、债务纠纷案件的审理。对经济发展中新出现的涉及股权转让、票据纠纷、汇票支取、股票购买等案件，及时进行研究，探索新的审判方式方法。全年依法审理此类案件3件，其中有1件当事人上诉后，广元市中级人民法院审理后维持了原判。1994年，区人民法院改革民事案件审判方式，坚持谁主张，谁举证，加重庭审中当事人的举证责任。在案件办理中实行巡回办案和就地办案，深入乡村、厂矿、农户院舍，及时为群众排忧解难，把大量民事案件解决在基层，全年基层法庭共巡回办案246件，占全院民事案件审结总数的70%。1996—2000年，区人民法院共受理各类民事案件3369件，审结3254件，审结率96.59%。其中审结婚姻、家庭、邻里、债务纠纷案件1852件，占审结案件总数的56.92%。调解结案1444件，占审结案件的44.38%；在判决的1810件案件中有220件的当事人不服提起上诉，广元市中级人民法院审理后，对其中146件维持原判，74件作部分改判。其中：1996年，对房地产纠纷、劳动争议、侵害名誉权、婚姻、家庭、债务、损害赔偿邻里纠纷等类型案件作为民事审判中的重点予以及时、合法地审理。通对土地侵权案件的审理促进房地产市场健康发展；通过对劳动争议案件的审理促进劳动用工制度的改革；通过对婚姻、家庭纠纷案件的审理对当事人进行法制宣传教育和社会主义道德教育，引导当事人正确处理婚姻、家庭、财产关系，促进安定团结。如虎跳法庭审理76岁老人诉7个子女不赡养一案，通过以案讲法，使子女认识到赡养老人是应尽的义务，使老人老有所养；审理张某某诉某电视台名誉侵权一案，既保护了当事人的合法权益，又支持了正当的舆论监督。1997年，推进审判方式改革，执行三大诉讼法（民事、刑事、行政诉讼法）规定的公开审判制度，改纠问式审判为辩论式审判，进一步强化庭审功能，强化当事人举证责任，强化合议庭和独任审判员职责，使当事人有理讲在法庭，有证举在法庭，是非明在法庭，将审判活动置于社会监督之中。各基层法庭在审理婚姻、家庭、邻里纠纷案件中多采用讲政策、讲法律，用调解方式解决纠纷，全年审理的272件各类纠纷案件中调解和好的有27件，通过调解当事人申请撤诉的42件，离婚案件中调解离婚的99件。1999年，在民事审判中开展“审判质量年”和“两满意”（人民满意好法院和人民满意好法官）活动，把“三讲”教育同“两满意”活动以及“形象工程教育”活动有机结合，互为动力，互相促进。在基层法庭开展庭审竞赛等活动，提高审判员的办案能力；在人事制度改革上引进竞争激励机制，实行竞争上岗；结合农村合作基金会改革，加强了对农村合作基金会案件审理，全年共审理农村合作基金会案件198件，涉及标的150万元，为农村合作基金会收回现金110万元。2001—2005年，区人民法院共受理各类民商事案件2626件，审结2472件，审结率94.14%。其中审结婚姻家庭、邻里、债务纠纷案件1150件，占审结案件总数的43.79%。调解结案1269件，占审结案件的51.33%；在判决的1203件案件中，有122件的当事人不服提起上诉，广元市中级人民法院审理后，有96件维持原判，26件作部分改判。其中：2001年，区人民法院依据修正后的《中华人民共和国婚姻法》规定，在离婚案件审理中对有过错方进行惩戒、教育，判决赔偿无过错方损失。全年审理离婚、赡养、抚养、继承等各类家庭纠纷案件285件。2002—2004年，区人民法院建立健全立案审查、定期开庭、审限跟踪、审判监督为一体的审判流程管理制度，减少当事人因接收副本和开庭传票以及催案所产生的经济负担，立案时就送达当事人诉讼风险告知书，使当事人事先知道应当承担的义务和责任；组织有丰富经验的法官重点检查各类民事、经济案件共1015件，加强案件质量检查，提高办案质量。2006年和2007年，区人民法院进一步落实四川省高级人民法院关于加强调解工作的意见，以“案结事了”为目标，以服务于经济发展为第一要务，重点审理产业结构调整中的债权纠纷、流通领域的合同纠纷、涉及“三农”的侵权纠纷、进城务工人员工资纠纷等四种案件。共受理各类民商事案件1227件，审结1120件，在判决的383件案件中，有42件的当事人不服提起上诉，广元市中级人民法院审理后，有35件维持原判，7件作部分改判。

广元市元坝区人民法院民事案件审理情况统计表

表9－5　　　　单位：件

年度	受　理	审　结	调解结案	判决结案	上　诉	上诉案件中			备　注
						维持	改判	发回重审	
1990	190	175	142	33	3	3	—	—	
1991	224	209	194	15	9	5	4	—	
1992	377	358	280	78	16	15	—	1	
1993	479	442	315	127	8	7	1	—	
1994	462	426	175	251	26	20	6	—	
1995	775	732	375	357	57	25	32	—	

续表

年度	受　理	审　结	调解结案	判决结案	上　诉	上诉案件中			备　注
						维持	改判	发回重审	
1996	744	705	415	290	58	38	20	—	
1997	707	650	273	377	56	37	19	—	
1998	657	644	181	463	50	31	19	—	
1999	652	648	395	253	25	19	6	—	
2000	609	607	180	427	31	21	10	—	
2001	463	440	244	196	24	16	8	—	
2002	516	466	213	253	11	9	2	—	
2003	521	503	350	153	25	20	5	—	
2004	494	459	266	193	24	19	5	—	
2005	632	581	181	400	38	32	6	—	
2006	682	627	413	214	25	21	4	—	
2007	545	493	324	169	17	14	3	—	
合计	9729	9165	4916	4249	503	352	150	1	

第四节　经济审判

1990—1995 年，区人民法院累计受理各类经济纠纷案件 635 件，审结 604 件，涉及争议标的 2100 万元，审结率 93. 35%，兑现 898 万元，达成还款协议 1202 万元。其中：1994 年，针对计划经济向市场经济转轨过程中，企业单位三角债众多，欠款严重的实际情况，加强纠纷案件审理，应用法律手段为企业排忧解难。当年共受理经济纠纷案件争议标的 640 万元，其中兑现 280 万元，达成还款协议 360 万元。其中受理供销、粮食、物资等单位的各类欠款纠纷案件 35 件，争议标的 87 万元，通过审理兑现 58 万元；受理信用借款合同纠纷案件 23 件，争议标的 150 万元，通过审理兑现 84 万元，保证了企业正常业务的开展。1996—2000 年，区人民法院共受理经济纠纷案件 1136 件，审结 1087 件，涉及争议标的 3510 万余元，审结率 95. 69%。其中兑现 1504 万元，达成还款协议 2006 万元。其中：1996 年，区人民法院针对市场经济改革中，部分企业大量借款、担保贷款等实际情况，着重抓好审理企业改制案件，先后为广元市农业银行元坝区支行挽回经济损失 230 万元，为柳桥乡信用社收回贷款 34 万元，审理了 40 余起供销部门诉农户拖欠农用化肥款案，为供销部门收回了资金 100 余万元。当年区人民法院共受理经济案件 164 件，审结 161 件，审结率达 98. 14%，涉及诉讼标的 500 万元，兑现 264 万元，达成还款协议 236 万元。1998 年，区人民法院在经济审判中继续坚持以有利于企业改革和社会稳定为目标，认真审理涉及金融秩序的经济纠纷案件，对合法有效的企业承包合同、企业租赁经营合同依法保护其效力，促使其当事人履行；对不利于企业改革的坚决制止，并依照国家法律，妥善处理破产与兼并的关系；对发现的假破产、真逃债行为坚决进行制止，防止国有资产流失。全年共受理经济纠纷案件 189 件，审结 178 件，涉及诉讼标的 400 余万元。其中加工承揽合同纠纷案件和建筑工程承包合同纠纷案件共 21 件，审结 19 件，涉及诉讼标的 80 余万元。2001 年，区人民法院在经济审判中重点审理金融机构、农村合作基金会借贷纠纷案和农资市场经济合同纠纷案以及建筑合同纠纷案，为金融单位收回大量资金，化解了挤兑风险，全年共审理各类经济纠纷案件204件。其中审理金融机构借贷纠纷案189件，诉讼标的500万元；审理农资市场经济合同纠纷案8件，诉讼标的15万余元；审理建筑合同纠纷案7件，诉讼标的100万余元。同年12月，区法院进行机构改革，撤销经济审判庭，建立民事审判二庭。从2002年起，经济案件的统计纳入民商事案件统计。

第五节　行政审判

1990—1995年，区人民法院累计受理行政诉讼案件20件，审结19件，审结率95%；责令被告赔偿公民、法人和其他组织经济损失1.10万元。受理行政机关申请执行案件56件，经审查准予执行的54件，全部执行终结。其中：1991年，《中华人民共和国行政诉讼法》实施后，区人民法院组建了行政审判庭，正式开展行政审判工作。当年受理并审结8件行政纠纷案件中，判决维持行政机关处罚决定的5件，判决撤销并要求行政机关重新做出处罚的1件，原告撤诉的1件，移送其他法院的1件。1994年，区人民法院分别到工商、税务、渔政等部门和柏林沟镇、卫子镇等乡镇宣传、讲解《行政诉讼法》，提高干部职工的行政法律意识，争取社会各界对行政审判工作的理解和支持，努力改善行政审判的司法环境。全年受理行政案件2件，审结2件，受理行政机关申请执行案件18件，经审查准予执行的18件，全部执行终结。1996—2000年，区人民法院共受理行政案件40件，审结40件，审结率100%；责令被告赔偿公民、法人和其他组织的经济损失1万余元。受理行政机关申请执行案件142件，准予执行的137件，全部执行终结。其中：1997年，在行政审判中既注重保护当事人的合法权益，又注重维护行政机关的权威，同时也注重有效地监督行政机关依法行政，遏制“以言代法、以权代法”的现象，从收案起就注重缓解矛盾，注重消除不安定因素，防止集体上访、聚众闹事和突发事件发生。全年共受理并审结行政案件6件，受理行政机关申请执行案件37件，经审查准予执行37件，全部执行终结。1998年，区人民法院在行政审判中帮助当事人消除“畏官”心理，促使其大胆使用法律武器维护自身的合法权益，同时监督行政机关依法履法定义务。当年受理并审结行政案件13件。其中10件判令行政机关重新作出行政处罚。受理行政机关申请执行案件13件，经审查准予执行13件，全部执行终结。2001—2005年，区人民法院共受理行政案件42件，审结41件，占97.62%；责令被告赔偿公民、法人和其他组织的经济损失1万余元。受理行政机关申请执行案件132件，准予执行的127件，全部执行终结。其中：2003年，区人民法院及时提出司法建议，建议乡镇规范行政处罚，正确适用法律，其建议得到区政府领导重视，采取措施责令违法行政乡镇及时纠正。在区人民法院受理并审结的7件行政诉讼案中，判决维持行政机关处罚的3件，判决变更行政处罚的2件，撤销具体行政行为的2件。2005年，区人民法院共受理行政诉讼案件6件（包括广元市中级人民法院指定管辖的3件。其中判决确认合法的2件，驳回当事人起诉1件，当事人撤回诉讼3件），受理行政机关申请执行案件62件，经审查准予执行60件，全部执行终结。2006年和2007年，区人民法院坚持审查行政行为合法性与保护当事人诉讼权相结合的原则，按照“保护合法利益、促进依法行政、优化司法环境、化解行政争议”的要求，依法审理行政案件36件，全部审结。其中2006年26件，有9件属广元市中级人民法院指定审理；2007年10件，受理行政机关申请执行案件47件，经审查准予执行43件，全部执行终结。

第六节 执行工作

1991—1995年，区人民法院累计受理各类执行案2363件，执行终结2092件，占受理案件总数的88.53%，执行标的900余万元。其中：区人民法院于1991年3月建立执行庭，全年共执行兑现民事、经济案件215件。其中民事案件162件，经济案件53件。1993年，坚持审理与执行相结合，全年随审理随执行的案件达534件，占全部执行案件的98.71%，其中民事案件361件，经济案件173件。对有执行能力拒不执行的由执行庭依法强制执行，如昭化镇供销社拖欠农业银行贷款案，金额大，时间长，牵涉面广，执行庭干警三赴昭化，使该案全部执行到位。1994年，区人民法院在执行工作中多做疏导工作，尽量促使当事人自觉履行义务，对有执行能力又拒不执行判决的，果断采取强制措施予以执行。如虎跳镇某个体经营户拒绝执行税务机关对其偷税、违章经营的处理决定，甚至扬言要炸平税务所，在税务部门和虎跳镇政府多次做工作无效的情况下，区人民法院采取果断措施进行强制执行，将罚款和滞纳金全部执行到位，维护了行政机关依法行政。当年共受理各类执行案件601件，执结各类案件601件。1996—2000年，区人民法院充分利用法律赋予的强制执行手段，通过责令被执行人申报财产和对被执行人的财产及时查封、扣押、冻结、拍卖，对抗拒执行的人依法采取罚款、司法拘留等措施，促使判决顺利执行；积极探索执行工作新方法，讲究执行艺术，把握执行时机，促使一些老、难案件顺利执行；积极争取有关部门的配合和支持，扫除地方保护主义对执行工作的阻碍，结合实际，适时开展集中执行和专项执行活动，提高案件执结率。共受理各类执行案件1395件（含旧存案189件），执行终结1194件，执结率85.37%，执行标的1950万元。其中：1996年和1997年，区人民法院改进执行措施，纠正执行乱和执行难的现象，规定除当庭兑现的案件外，其余案件一律由执行庭统一执行，基层法庭实行审执结合，严格按照程序依法执行，严格使用武器、械具，严禁扣押人质。同时加大执行力度，对经教育拒不执行的采取果断措施予以执行。两年共受理各类执行案件360件，执行终结260件，占受理案件总数的72.22%，执行标的210余万元。1998年和1999年，区人民法院在广元市中级人民法院的统一安排部署下，加大执行力度，采取分片集中执行和集中力量打歼灭战的方式，两年共受理各类执行案件784件，其中执行结案513件，占受理案件总数的65.43%，执行标的1540余万元。2001—2005年，区人民法院共受理各类执行案1183件，执行终结964件，占受理案件总数的81.49%，执行标的953万多元。其中：2001年，区人民法院对抗拒执行的人充分利用法律赋予的强制手段，依法予以拘留、罚款，责令被执行人申报财产，及时查封、扣押、冻结、拍卖被执行人的财产，使大量以前未执行到位的案件顺利执行到位。全年共受理各类执行案件218件，执行终结192件，执行中止20件，部分执行6件，执行标的180余万元。2003年，区人民法院开展金融案件专项执法活动，与广元市农业银行元坝区支行共同制发《关于开展金融案件集中专项执行活动的通知》，通过开展4个月的专项执行，共执行金融案件36件，执行标的200万元，防范和化解了金融风险。其中在执行巴中市巴州镇政府欠款案中，执行干警不分昼夜多次前往巴中市，在当地银行不但不协助查账反而将被执行单位现金划走7万元的情况下，区人民法院果断对该银行罚款2.60万元，使得该案顺利执行终结，执行标的10万元。全年共受理各类执行案件183件，执行终结161件，部分执行18件，执行标的1500万元。2005年，区人民法院开展“规范执行行为、促进司法公正”专项整治和为期3个月的“集中执行”活动，共受理各类执行案件358件，执行标的920万元。执行终结220件，执行标的

671万元。其中执行金融纠纷案件88件，执行债务纠纷、劳动报酬纠纷、婚姻纠纷、损害赔偿纠纷等案件132件。对有执行能力又拒不执行的采取强制执行措施，全年司法拘留28人，罚款15人。2006年和2007年，区人民法院采取集中执行、专项执行、公告执行、提级执行、交叉执行等方式，攻克“骨头案”“钉子案”。对有能力又拒不执行或者暴力抗拒执行的，进行强制执行，对久执不决的案件采取领导包案督办，两年共受理各类执行案件903件，执行终结814件，占受理案件总数的90.14%，执行标的5328万元，其中执行2007年以前的旧存案90件。

广元市元坝区人民法院各类案件审理与执行情况表

表9-6　　单位：件

年度	合计		刑事		民事		行政		经济		执行	
	受理	审结	受理	审结	受理	审结	受理	审结	受理	审结	受理	执行终结
1990	330	308	58	56	190	175	—	—	82	77	—	—
1991	620	555	55	55	224	209	8	8	69	68	264	215
1992	923	777	68	64	377	358	5	5	28	20	445	330
1993	1209	1146	67	61	479	442	2	2	120	107	541	534
1994	1284	1240	98	94	462	426	2	2	121	117	601	601
1995	1620	1473	115	112	775	732	3	2	215	215	512	412
1996	1192	1124	106	103	744	705	9	9	161	158	172	149
1997	1172	1016	120	111	707	650	6	6	151	138	188	111
1998	1328	1131	106	104	657	644	13	13	189	178	363	192
1999	1572	1452	89	87	652	648	6	6	404	390	421	321
2000	1371	1336	85	82	609	607	6	6	231	223	440	418
2001	968	917	66	65	463	440	17	16	204	204	218	192
2002	828	774	86	83	516	466	6	6	—	—	220	219
2003	756	715	45	44	521	503	7	7	—	—	183	161
2004	743	673	40	37	494	459	5	5	—	—	204	172
2005	1058	863	62	56	632	581	6	6	—	—	358	220
2006	1477	1419	99	96	682	627	26	26	—	—	670	670
2007	829	687	41	40	545	493	10	10	—	—	233	144
合计	19280	17606	1406	1350	9729	9165	137	135	1975	1895	6033	5061

注：2001年12月，经济审判庭撤销，经济案件纳入民商事案件统计，同时民事案件统称为民商事案件。2003年以前，行政机关申请人民法院强制执行的非诉案件，由行政审判庭审查并执行，2003年以后由执行庭（局）执行。各年审（执）结的案件数，并不一定是当年受理后当年审（执）结的案件数

第七节　审判监督

1991年3月，区人民法院设立告诉申诉庭，实行每周星期二、星期四“院长接待日”制度，作为缓解群众告状难和密切联系群众的窗口。1994年，为方便群众诉讼，强化内部监督制约机制，区人民法院安排了专职审判人员负责告诉申诉工作。当年适用审判监督程序审结案件22件，做到了立审分离，杜绝了有案不立的不良现象。1992—1995年，全院累计受理申诉案件9件，驳回申诉3件，调解2件，再审改判4件；处理群众来信13件次，接待来访600人次，接待群众法律咨询1100人次。1996—2000年，区人民法院累计受理当事人申诉案件76件，驳回申诉22件，对符合再审规定的54件审理后依法进行了改判。院长发现有错误并提交审委会讨论决定再审的案件6件，其中驳回2件，4件作了部分改判。检察机关提起抗诉的案件2件，均作了部分改判。其中：1996年，区人民法院实行“三分开”（立案不审案、收费不收案、审案人员不自行立案）、“四统一”（统一接受告诉、统一审查、统一计算预交诉讼费、统一编案号）一步到位。认真审查当事人的申诉和再审申请，对原判决确实有错误的案件及时按照审判监督程序提起再审。认真接待当事人的来信来访，做到了事事有答复，件件有回音。1997年7月，区人民法院撤销告诉申诉庭，设立审判监督庭，受理申诉案件；设告诉立案庭，负责立案工作。1998年，区人民法院成立督办室，负责查处干警的违法行为。2001—2005年，区人民法院共受理当事人申诉案件67件，驳回申诉24件，对符合再审规定的43件审理后依法进行了改判。院长发现有错误并提交审委会讨论决定再审的案件13件，检察机关提起抗诉案件15件，两种案件均作了部分改判。其中：2001年，区人民法院审判监督庭共审结审判监督案件16件，通过审理改判6件。其中检察机关提起抗诉的7件，改判3件，调解结案3件，维持原判决1件。2003年，区人民法院坚持依法纠错原则，慎重启动再审程序。全年共审理各类审判监督案件13件，其中审理检察机关提起抗诉案件4件，审结2件；审理由当事人申请再审案件6件；审理由本院院长发现原判决有错误，经审委会讨论进入再审案件3件。2005年，区人民法院审理当事人申请再审的案件和区人民检察院提起的抗诉案件12件，审结11件，其中维持原判3件，改判7件，另有1件被区人民检察院撤回。2006年，全年驳回当事人申诉案件22件，依法受理本院决定再审和检察机关提起抗诉的案件43件，审结41件。其中维持原判23件，改判18件。2007年，区人民法院针对集体上访和重复上访等问题，按照“四定一包”要求，对涉诉信访、涉法信访的案件进行认真复查，建立老上访户档案，落实稳控措施，对多次上访的，院领导带办案人员到当地会同党政部门做工作，全年共办理老上访户案件3件7人。当年区人民法院共受理各类申诉案件19件，办结17件。

第八节　立案工作

1996年，区人民法院实行“三分开、四统一”后，立案工作开始独立进行。1997年7月，区人民法院设立告诉立案庭后，在立案、审案、执行三方面正式做到“立审、审执、审监”三大分离和案件归口管理。当年共接受群众来信来访1107件次，采取诉前保全措施1件，发支付令12件，涉案标的8万元。对符合立案条件的119件及时立案并移交相关业务庭办理。1999年，区人民法院共接受群众来信来访1100件次，采取诉前保全措施1件，发支付令33件，涉案标的10万元。对符合立案条件的

1572件及时立案并移交相关业务庭办理，解答法律咨询580件次，说服息诉63件次，交有关部门处理33件次。2001年，区人民法院共接待群众来信来访1650人次，解答法律咨询1210人次，运用督促程序发支付令26件，涉案标的18万元。采取诉前保全措施6件，对符合立案条件的968件及时立案并移交相关业务庭办理，对40件案件实施了司法救助，共减、缓诉讼费7万元。2003年，区人民法院共接待群众来信来访1500人次，解答法律咨询1120人次，运用督促程序发支付令14件，涉案标的9.80万元。采取诉前保全措施6件，对符合立案条件的756件及时立案并移交相关业务庭办理，对96件案件实施了司法救助，共减、缓诉讼费47万余元。其中免诉讼费0.50万元，涉及案件5件。2004年，区人民法院购买了由最高人民法院绘制的23项司法便民措施挂图，在法院立案庭和其他法庭广泛张贴，引导当事人正确诉讼。全年共接待群众来信来访1289人次，解答法律咨询1100人次，处理涉法上访案件14件，办理市法院和区委转办的案件2件，对98件案件实施了司法救助，共减、缓诉讼费32万元。运用督促程序发支付令11件，采取诉前保全措施2件，诉前调解纠纷40件。对符合立案条件的743件及时立案并移交相关业务庭办理。2006年和2007年，区人民法院共接待群众来信来访789人次，运用督促程序发支付令8件，采取诉前保全措施5件，涉案标的143万元。对118件案件实施司法救助，共减、免、缓诉讼费41.85万余元。从1997年建立立案庭起到2007年，区人民法院立案庭累计接待群众来信来访11,850人次，解答法律咨询7900余人次，发支付令131件，采取诉前保全措施70件，对符合立案条件的9796件及时立案并移交相关业务庭办理，其中对244件案件实施司法救助，共减、缓诉讼费166万元。

第三章　检察工作

第一节　检察机构

1989年12月，广元市元坝区成立区人民检察院筹备组，王丕越任组长。1990年2月，广元市元坝区人民检察院正式成立（简称区人民检察院），设办公室、刑事检察一科、刑事检察二科、控告申诉科、政工科、法纪检察科、贪污贿赂检察科；同年3月，建立中共广元市元坝区人民检察院党组。1993年9月，成立区人民检察院纪检组和税务检察室。1996年4月，贪污贿赂检察科更名为广元市元坝区人民检察院反贪污贿赂局。1997年6月，区人民检察院设办公室、政治协理员办公室（含法警队）、审查批捕科、审查起诉科、反贪污贿赂局、法纪检察科、监所检察科、控告申诉检察科、民事行政检察科、技术检察科、法律政策研究室、纪检组（与监察科合署办公）。1999年11月，成立区人民检察院机关事务管理部。2001年12月，审查批捕科更名为侦查监督科，审查起诉科更名为公诉科，法纪检察科更名为渎职侵权检察科，政治协理员办公室更名为政治处。2002年3月，撤销监察科，将监察业务归并到院纪检组。2007年2月，渎职侵权检察科更名为反渎职侵权局。年末，区人民检察院设侦查监督科、公诉科、反渎职侵权局、反贪污贿赂局、控告申诉检察科、民事行政检察科、办公室、政治处、法律政策研究室。

广元市元坝区人民检察院领导名录

表 9－7

姓　名	性别	籍　贯	政治面貌	职　务	任职期间	备　注
王丕越	男	广元市剑阁县	中共党员	检察长	1990－02—1997－04	院党组书记
杨泉碧	男	山西省长治市	中共党员	副检察长	1990－05—1993－02	院党组成员
夏国科	男	广元市元坝区	中共党员	副检察长	1993－02—1997－04	院党组成员
郑春阳	男	黑龙江省宁安市	中共党员	副检察长	1994－06—1998－04	院党组成员
李　辽	男	广元市旺苍县	中共党员	副检察长	1997－04—1998－02	院党组书记，主持工作
李　辽	男	广元市旺苍县	中共党员	检察长	1998－02—2005－12	院党组书记
牟禄德	男	广元市苍溪县	中共党员	副检察长	1998－04—2003－02	院党组成员
刘　丰	男	广元市苍溪县	中共党员	副检察长	1998－06—2001－12	院党组成员
段　学	女	绵阳市北川县	中共党员	副检察长	2001－12—2007－08	院党组成员、纪检组长
王孝先	男	广元市旺苍县	中共党员	副检察长	2003－02—2006－12	院党组成员
付丕林	男	广元市朝天区	中共党员	检察长	2006－02—	院党组书记
商翠蓉	女	广元市元坝区	中共党员	副检察长	2007－08—	院党组成员
刘　伟	男	广元市元坝区	中共党员	副检察长	2007－10—	院党组成员

第二节　刑事检察

一、审查批捕

1990—1992 年，区人民检察院坚持对社会危害大、影响坏的刑事犯罪及贪污贿赂犯罪进行从重从快打击，共受理公安机关和检察院自侦部门提请批准逮捕案件 151 件 248 人。经审查，批准决定逮捕 128 件 206 人，决定不予逮捕 20 件 37 人，退回补充侦查 2 件 3 人，公安机关撤案 1 件 2 人。1993—1995 年，认真贯彻中央维护稳定的方针，积极开展严厉打击严重刑事犯罪斗争。共受理公安机关和检察院自侦部门提请批捕各类案犯 284 人，经审查，批准逮捕 235 人。区人民检察院在“严打”斗争中，与公安、法院等部门积极配合，开展了各种专项斗争，仅审查批准逮捕杀人、放火、抢劫、强奸、拐卖人口、重大盗窃等案犯就达 113 人。1996 年，在中央部署的三个阶段性的“严打”斗争中，区人民检察院共受理公安机关提请审查逮捕的各类案犯 81 人，经审查批准逮捕 71 人。其中：批准逮捕杀人、放火、拐卖妇女儿童、扰农、害农等七类刑事案件 42 件 60 人，占批准逮捕总数的 87%。1997—2000 年，区人民检察院认真执行修订后的《中华人民共和国刑法》和《中华人民共和国刑事诉讼法》，共受理公安机关和本院自侦部门提请审查逮捕各类案犯 252 人，经审查批准逮捕 192 人。其中：区人民检察院在 1997 年突出打击盗窃耕牛、畜禽、农资产品等犯罪分子，批准逮捕盗窃耕牛案 5 件 5 人、盗杀山羊团伙犯罪 1 件 5 人；1998 年批捕重大案件 18 件 25 人，批捕特大案件 2 件 8 人，提前介入重特大案件 3 件 9 人；1999 年 9 月，批捕重大案件 11 件 18 人，批捕特大案件 2 件 4 人，提前介入磨滩镇某信贷员诈骗农户存款 20 余万元一案，并向其主管部门发出了《检察建议》书；2000 年批捕重大案件 10 件 15 人，批捕特大案件 4 件 5 人。2001—2004 年，区人民检察院认真贯彻中央“严打”精神，严厉打击危害社会治安的犯罪分子，全力维护社会稳定，共批准逮捕犯罪嫌疑人 153 人，其中批捕重大案件 27 件 38 人，批捕特大案件 9 件 14 人。在正确行使审查批捕权的同时，2001 年开始全面推进侦监改革，不仅与公安机关建立了联席会议制度，还制作了《审查逮捕案件意见书》《要求提供法庭证据意见书》《不批准逮捕案件补查意见书》等，促进了批捕案件法律文书的规范。2004 年，牵头与 14 个行政执法单位建立刑事执法与行政执法衔接工作机制，制定《关于建立行政执法与刑事执法衔接工作机制的实施方案》，得到广元市人民检察院的肯定，并予以转发。2005 年，坚持“从重从快”方针，坚持区别对待、少捕慎捕政策的统一、打击犯罪与保障人权的统一，准确掌握逮捕条件，加大追捕力度。共受理各类移送审查逮捕案件 28 件 36 人，经审查批准逮捕 25 件 29 人，其中批捕特大案件 4 件 7 人，批捕重大案件 5 件 10 人；依法不批准逮捕 3 件 7 人；依法追捕 3 件 12 人。2006 年，强化审查逮捕工作，加大打击力度和强化证据意识，确保案件质量，运用《提供法庭审判所需证据材料意见书》，加强与公安机关的联系，建立了捕诉协作机制。全年共受理各类移送审查逮捕案件 21 件 36 人，经审查批准逮捕 18 件 39 人，其中批捕特大案件 2 件 4 人，批捕重大案件 1 件 1 人，依法不批准逮捕 3 件 7 人。2007 年，在执行《人民检察院审查逮捕案件质量标准》中，认真贯彻宽严相济的刑事司法政策。共受理各类移送审查逮捕案件 29 件 43 人，经审查批准逮捕 24 件 37 人，其中批捕重特大案件 3 件 6 人，依法不批准逮捕 5 件 6 人。

二、审查起诉

1990—1995 年，共受理各类移送审查起诉案件 287 件 480 人，审查后向法院提起公诉 251 件 427 人。1990—1993 年，针对区内频发抢劫、盗窃、诈骗等重特大案件，做到快审快诉。对自侦案件和公安机关移送的审查起诉案件坚持提前介入，三年中依法在起诉阶段提前介入 35 件 73 人。至 1995 年，贯彻中央关于稳定和加强社会治安综合治理的决策，继续对刑事犯罪分子实行“从重从快”处理，共受理各类移送审查起诉案件 153 件 257 人，审查后向法院提起公诉 130 件 222 人。1996—2004 年，累计受理各类移送审查起诉案件 425 件 597 人，审查后向法院提起公诉 309 件 440 人。1996 年配合“严打”斗争中，与公安、法院分别在发案率高的场镇、地段开展了四次集中行动和专项治理。其中，审查起诉盗窃耕牛达 17 头之多的李某某、谢某二案犯，经法院审理依法处以重刑，在社会上引起强烈反响。至 2000 年，区人民检察院贯彻、执行修订后的《中华人民共和国刑事诉讼法》，推行主诉检察官办案责任制。2005—2007 年，累计受理各类移送审查起诉案件 124 件 185 人，审查后向法院提起公诉 111 件 167 人。2005 年，举办《保障完善内勤工作的有效体制》《常见个案的审查要点》《出庭预案的制作》《庭审中的实质应对》等学习讲座，开展“优秀公诉人”“优秀法律文书”“办案能手”“优秀书记员”等评选活动，提高了公诉业务素质。2006 年，区内“重、特、疑”案件比重较大和“两抢一盗”、交通肇事、破坏公用电信设施、商业贿赂、渎职案件、未成年人犯罪较为突出，区人民检察院以《公诉工作规范化建设汇编》为办案指导，落实办案责任制，提高办案效率和质量。全年受理各类移送审查起诉案件 40 件 57 人，经审查后向法院提起公诉 38 件 55 人。2007 年，提出了“程序规范、实体精准、指控慎严、诉讼及时”的要求。全年受理各类移送起诉案件 42 件 65 人，经审查后向法院提起公诉 37 件 60 人。其中，依据宽严相济的刑事司法政策处理 7 件案件，取得了较好的法律效果和社会效果。

三、侦查监督

1990—1998年，共提前介入重大疑难案件和重大刑事案件70余件，退回公安机关补充侦查16件32人，旁听预审和参与公安机关讨论案件58次，向公安机关发出书面检察建议和追捕人犯建议16次。1999年起，根据《人民检察院刑事诉讼规则》等规定，开始开展刑事立案监督。2000年，办理立案监督1件，实现了立案监督“零”的突破。2001年，受理了9件立案监督线索，立案监督3件，通过起诉均作有罪判处。其中对柳桥乡滥伐林木一案，通过现场公开听证形式以案讲法，当场通报了有关责任人的行政处罚、兑现了行政罚款。这一立案监督不捕案件实行公开听证的创举，被省、市人民检察院分别通报转发，同时被国家、省、市有关报刊登载肯定。2002年，通过清理公安刑拘情况的专门调查，对侦查人员在侦查活动中违法的行为及时提出纠正意见，应立案的监督其立案。全年立案监督4件。对侦查活动发出书面纠正违法通知2次、检察建议3份、提前介入案件3次。2003年，在对侦查活动的监督中，审查监督了刑拘违法延长留置盘查时限、行政拘留所变相代替刑拘室、不捕案件不放或转劳教、治安处罚拖延执行等问题，并清理了当年拘转捕案件。2004年，在侦查监督中发出检察建议2份、书面纠正违法1次、提前介入案件3次；立案监督案件9件10人，其中通知立案4件4人，纠正不应当立案而立案3件3人，要求说明不立案理由2件3人。立案监督后做出批准逮捕1件1人。同时，区人民检察院侦监部门还深入工商、药监、质监等行政执法部门，调阅案卷30余件，建议移送案件3件。2005年，对公安机关立案监督3件，其中：监督其不应当立案而立案1件，监督其应当立案而不立案2件。同时，通过与行政执法部门联系，建议移送涉嫌犯罪案件2件2人；通过审查逮捕案件，决定不捕3件7人，追捕3件12人。2006年，开展了侦查机关逮捕执行情况的监督，并督促区公安机关执行检察院依法批准逮捕和做出的不捕决定；检查监督了2005年的刑拘案件，对存在的将刑事案件转治安案件等降格处理和滥用刑拘强制措施的现象，提出并督促侦查机关纠正。在强化立案监督工作中，共立案监督4件，同时，通过审查案件，依法决定不捕3件7人。2007年，在落实最高人民检察院《关于建立适用刑事拘留强制措施情况通报机制，进一步加强侦查监督的意见》中，建立了每月对刑事拘留案件登记制度和跟踪监督机制。当年，监督公安机关应当立案而不立案3件，不该立案而立案1件，公安机关均作了纠正。

四、审判监督

从1990年起，区人民检察院在担负审查起诉、出庭支持公诉的同时，还通过履行法律监督职能对区人民法院在审判活动中违反法定程序的行为予以纠正，开展审判监督工作。至1997年，在案件审判过程中改变定性4件，免诉10件，追免1人，追诉2件，提高审级1件，退回补充侦查6件，依法提起抗诉1件，提出书面、口头检察建议37条次。1998—2002年，在案件审理过程中改变定性11件，改判4件，追漏1件，提出抗诉1件，出庭支持抗诉12件，自行决定侦查2件，提高审级1件，提出纠正意见、检察建议11次。同时，在强化侦、诉、审联席会议制度的同时，还参与了区公安分局、区人民法院案件讨论。2003—2004年，提出抗诉并改判案件1件，纠正2件，追漏罪1件，追漏犯2人。同时，针对个别律师不当的执业行为，向其所在律师事务所和主管部门提出了检察建议。在监督中，注重审查证据发现和追诉余罪漏犯，突出监督取证的合法性以及对强制措施的使用是否存在不当或超期羁押等问题。2005年，按照市检察院《关于开展对人民法院刑事判决、裁定中刑期计算错误专项检查》的通知精神，开展了对区法院刑事判决、裁定中刑期计算错误专项检查活动；对侦查机关移送审查起诉意见书中注明的“另案处理”“在逃”“取保候审”进行了专项清理，对发现的问题及时提出了整改意见。2006年，在监督区公安机关2004年、2005年移送起诉意见书中所涉及的“另案处理”“在逃”“取保候审”中，发现“另案处理”无处理依据；“在逃”无追逃措施；“取保候审”的不在案等问题突出，及时发出了检察建议，同时，通过审查案件，依法追诉3件3人，均被法院作有罪判决。2007年，坚持“依法、准确、有效”的监督原则，对移送审查起诉案件中的共同犯罪打击不全，特别是盗窃罪中收赃环节的漏犯，依法追诉漏罪漏犯1件2人；对提起公诉的案件，及时审查刑事判决裁定，保证抗诉时效性，并注重审查了同罪不同罚的判决；对刑期计算错误和诉讼裁定不准确提出了纠正意见4件，均被纠正，维护了公平正义。

广元市元坝区检察院刑事案件批捕、起诉统计表

表9-8　　单位：件/人

年　度	移送审查批捕	批准逮捕	决定不捕	追捕	移送审查起诉	提起公诉	决定(免)不诉	追　诉	备　注
1990	46/82	41/72	5/10	—	51/90	41/71	4/4	—	
1991	42/75	38/63	4/12	—	42/77	38/73	2/2	—	
1992	63/91	49/71	14/20	—	41/56	32/61	6/10	—	
1993	45/93	38/73		—	40/73	37/68	4/4	—	
1994	42/79	31/57	5/10	—	62/92	52/72	9/9	—	
1995	42/42	40/89	1/1	—	48/89	40/80	6/7	—	
1996	54/87	47/71	4/5		53/82	45/71	6/6	2/2	
1997	41/64	38/58	3/6	2人	56/83	47/65	5/6	—	
1998	48/74	39/54	7/11	—	50/65	36/51	2/3	—	
1999	38/57	30/43	6/12	—	44/55	39/50	1/1	1/1	
2000	35/57	24/37	8/17	4/5	53/80	32/51	1/1	—	
2001	43/81	35/54	6/20	1/1	44/69	32/45	—	—	
2002	33/48	25/32	7/15	2人	43/49	25/28	3/4	—	
2003	31/49	25/40	5/7	2人	43/67	31/51	1/1	—	
2004	25/31	22/27	3/4	1/1	39/49	22/28	2/2	3/3	
2005	28/36	25/29	3/7	3/12	42/63	36/52	1/2	—	
2006	21/36	18/29	3/7	—	40/57	38/55	2/2	3/3	
2007	29/43	24/37	5/6	—	42/65	37/60	4/4	1/2	

第三节　监所检察

检察机关依照法律的规定对刑事判决、裁定的执行情况实行监督，对监狱、劳动改造机关的活动实行监督，打击“两劳（劳动改造和劳动教养）”人员的重新犯罪活动，处理人犯及家属的控告申诉案件，保障其应有的合法权益。1990—1996年，区人民检察院通过法律、政策教育，促使120余名违法人员主动交代了所犯罪行；通过对人犯200余人次的定期训话，促进了在押犯和监改对象的思想转化；配合公安、武警对看守所的3次安全大检查；会同有关部门对全区就地改造人员的监改情况进行逐一摸底、造册，落实了监改措施，减少了重新犯罪。1998—2001年，把监所检察重点放在刑罚执行和监管执法活动上，对暂予监外执行、减刑共5件5人逐一备案，并审查是否符合法定条件，手续是否完备齐全，条件是否消失等。其中，徐某某因抢劫罪于2001年4月被判处实刑4年后，在暂予监外执行期间又流窜外地作案，为此，区人民检察院向区人民法院提出书面建议被采纳，撤销其暂予监外执行决定，对其收监执行并数罪并罚。2005年，在落实省人民检察院《关于建立适用刑事拘留强制措施情况通报机制，进一步加强侦查监督意见》中，除逐月对刑拘人员进行登记了解外，还严格审查了批准延长侦查羁押期限案件。2006年，通过逐月对刑事案件的统计，掌握了刑拘人员情况、案件处理情况和羁押期限。2007年，开展脱管、漏管专项检查，对辖区的“五刑”（缓刑、管制、剥夺政治权利、假释、暂予监外执行）人员进行了全面清理，并深入派出所监督对监外执行罪犯的监管落实情况。

第四节　经济检察

经济检察，即反贪污贿赂，由人民检察院反贪局（科）负责案件查办。按照中共中央关于深入开展反腐败斗争的部署，严格执法，狠抓办案，至1996年，累计受理经济案件线索110件118人，初查后立案侦查37件40人。侦查终结万元以上经济大案16件17人。其中，1995年组成“专案组”，查处了王家供销社67名职工挪用公款案，一次性挽回经济损失40余万元。1997—2004年，在办案中坚持“一要坚决、二要慎重、务必搞准”的原则，严格执行程序法，查办了区级机关、企事业单位和乡镇的一些领导干部利用职务之便，贪污、挪用公款案件。同时，积极运用检察职能，开展预防职务犯罪工作。2001年，与区国税局、区地税局制定《关于联合在税务系统开展预防职务犯罪工作实施意见》。2002年，除发出《检察建议书》6份外，还开展以“预防职务犯罪大家来参与”为主题的“举报宣传周”活动。2004年，为规范公务人员执政行为，开展行业预防，寄送以廉政警示为内容的贺年卡200余张，发送各种宣传资料3000余份，讲法制课7次，受教育职工700余人。四年间累计受理贪污受贿案件线索93件100人，初查后立案侦查50件57人。2005—2007年，根据《人民检察院办案质量考评办法》，制定了《初（侦）查案件操作规程（试行）》（简称《查案规程》），依据《查案规程》，主动出击，在打防结合，加强预防职务犯罪工作中，按照区委《关于加强预防职务犯罪工作的意见》，对国家投资五百多万元的紫云水库枢纽加固工程实行了重点预防；组织全区科级以上领导干部以及区国税、地税、农行、农发行的干部职工到广元监狱接受警示教育；先后给电力、卫生、区政府办公室等单位和行业上法制课；针对发案单位管理上存在的漏洞，开展了个案预防，并提出检察建议8份；制作了预防职务犯罪的公益灯箱、路灯广告100幅。2005年，共受理各类举报线索22件24人，初查18件20人，初查后立案侦查5件5人，除1人在逃后移送公安管辖外，侦查终结4件4人，移送审查起诉4件4人。在查办职务犯罪中，坚持立得起、诉得出、判得了的原则，确保办案的社会效果和法律效果的有机统一。同时，为了从源头上预防和减少职务犯罪，深化预防职务犯罪工作，提出了建立工程廉政报告制度；在对农村村级财务管理的调研中，撰写了《关于“村财乡管”制度的思考》一文，被市人民检察院转发；重点对交通、国土等热点行业开展职务犯罪预防工作，举办法制讲座，并建立了预防职务犯罪资料库；对长滩河生态河堤、平乐寺桥梁、昭化中学教学楼、绿色通道建设等工程的招投标（比选）过程进行了监督；结合办案开展法制宣传，其中在查办张家乡大雾村原村主任挪用公款案中，前往该村召开案情通报及法制宣传会，并将追缴的赃款现场返还该村；组织区信用联社、国土局、建设局等单位干部职工和全区中、小学校长到广元监狱接受警示教育；深化个案预防，不仅对发案单位管理上暴露的漏洞提出了6份《检察建议》，还组织涉案单位干部职工旁听法庭审理3次。2006年，共受理贪污贿赂举报线索18件，初查18件，初查后立案查办4件4人（涉嫌贪污2件2人、涉嫌受贿2件2人），4案全部侦结并移送审查起诉，为国家、集体挽回直接经济损失21万余元。2007年，加强与审计部门的联系，建立起联席会、案件线索移送、提前介入等工作机制。对涉及新农村建设的一些亲民、爱民、惠民工作中的职务犯罪重点预防，其中，制定出全区农村沼气建设国债项目廉政预案（该工程投资450万元，涉及12个乡镇、13个项目村，建沼气池1500口，惠及1500户农户民）。深入开展个案预防，提出检察建议5份。与区工商、审计等20多个行政执法单位召开联席会，宣传反渎职侵权工作的性质、职责，举办“珍惜岗位、积极履职、预防渎职犯罪”的法律讲座。全年共受理贪污贿赂举报线索8件，自行摸排线索7件，初查后立案侦查3件3人，侦查结案并移送审查起诉3件3人，经审查后提起公诉1件1人，决定不起诉1件1人（另1件1人尚在审查中）。

第五节　法纪检察

法纪检察，是人民检察院对国家机关工作人员是否遵守宪法和法律行使的检察权。1990年，区人民检察院成立后，除针对部分乡镇治安员和个别干警执法违法的现象配合有关部门进行培训、清查和整顿外，还在宣传活动中向各乡镇转发了最高人民检察院关于“侵权”“渎职”案件的标准。全年受理法纪案件举报线索7件15人，初查后立案1件1人。1991年和1992年，共受理各类“侵权”“渎职”案件17件17人，立案5件6人。其中，非法侵入他人住宅的3件4人；非法拘禁的1件1人；刑讯逼供的1件1人。1993—1995年，共受理法纪案件35件47人，立案12件16人，其中，属重大责任事故的5件6人，玩忽职守的3件4人，刑讯逼供的2件3人，非法侵入他人住宅和非法拘禁的各有1件3人。同期，相继还配合区安全生产管理办公室组织了5次安全大检查，配合交通航管部门对辖区内嘉陵江航道上零散船只进行了3次整顿，查出建筑行业安全隐患20余处，平息百人以上群众性闹事苗头2起，举办法律安全知识讲座15次。1996—2000年，共受理法纪案件线索76件97人，立案8件15人。其中，1997年立案侦查诬告陷害案1件1人、破坏通信自由案1件1人、伪证案1件2人，均为区人民检察院建院以来的空白案件。1998年立案侦查1件5人；1999年立案侦查1件1人；2000年立案侦查3件5人，移送起诉3件4人。2001年，受理法纪案件线索25件37人，立案侦查1件1人。2002—2004年，共受理侵权、渎职案件线索50件，初查后立案7件，其中，涉嫌滥用职权犯罪案件3件3人。2004年5月至2005年6月，区人民检察院按照最高人民检察院在全国范围内开展为期一年的“查办国家机关工作人员利用职权实施的侵犯人权犯罪案件专项活动”的要求，把查办国家机关领域内的渎职侵权犯罪案件作为法纪检察的重点。2005年，积极参与全区矿产资源的拍卖监督和河道采砂的整顿工作，建立起区人民检察院与区安全生产监督管理部门的衔接机制，加强对安全生产执法的监督，并在区电视台播出《职责与犯罪》系列警示教育专题片。全年共受理各类渎职侵权案件线索12件16人，经初查后，立案侦查涉嫌玩忽职守案件2件2人。2006年，共受理各类渎职侵权案件线索11件16人，经初查后，立案侦查涉嫌玩忽职守案件2件2人。2007年，共受理各类渎职侵权案件线索9件9人。

第六节 民事行政检察

民事行政检察，是人民检察院依照法律规定，对人民法院的民事审判、行政诉讼活动是否合法实行的监督。1995年起，区人民检察院开始开展民事行政检察工作，至2000年，累计立案审查民事行政诉讼案件28件，审查终结后依法提请抗诉19件，息诉11件。其中，2000年出庭支持抗诉12件，区人民法院作出判决4件，改判4件。2001年，受理民事行政申诉案件16件，立案审查10件，审查后向市人民检察院提请抗诉10件；出庭支持抗诉6件，区人民法院再审后均作了改判。同时，市人民检察院决定在元坝区人民检察院进行保护国家资产案提起公诉试点后，区人民检察院与区人民法院、区国资局召开联席会，共同制定《关于对损害国家利益，造成国有资产流失行为提起公诉试行办法》，通过摸排导致国有资产流失案线索，以原告身份将元坝区某建筑公司因管理不善造成国有资产流失向区人民法院提起公诉。2002年，受理各类民事行政申诉案件15件，立案审查7件，经审查后，提请抗诉5件，建议提请抗诉2件；着眼社会稳定大局，做好4件区人民法院判决无误案件的息诉工作；与区司法局、律师事务所及各乡镇司法所建立起联系网络，广泛开辟案源。2003年，受理已发生法律效力的民事行政申诉案件线索15件，立案审查9件，审查后向市人民检察院提请抗诉7件，向区人民法院建议再审2件。同时，还与区人民法院共同制定了《关于在民事、行政诉讼中应用检察建议的暂行办法》。2004年，受理民事行政申诉案件10件，经审查后立案8件，提请抗诉5件，检察建议3件。2005年，共受理民事行政申诉案件线索8件，立案审查5件，经审查后向市院提请抗诉3件，建议提请抗诉1件，息诉1件；出庭支持抗诉4件，法院改判3件，维持原判1件。其中，积极配合公诉部门对一盗窃通信设施案，依法提起刑事附带民事诉讼，为国家挽回经济损失20余万元。2006年，区人民检察院结合举报宣传和“五下乡”活动，大力宣传民事行政检察的工作职责、受案范围。坚持“敢抗、会抗、抗准”的原则，并认真做好服判息诉工作，维护社会稳定，提高抗诉率和改判率。全年共受理民事行政申诉案件线索9件，立案审查6件，经审查后向广元市人民检察院提请抗诉5件，向区人民法院提出再审检察建议1件，息诉3件。同时，初查审判人员职务犯罪1件。2007年，为了建立民事行政申诉联系的长效机制，与区司法局共同制定了《关于建立民事行政联席制度的暂行办法》。同时，对犯罪行为给国家、集体财产造成损害的案件依法提起刑事附带民事诉讼。全年共受理民事行政申诉案件线索6件，立案审查2件，经审查后向广元市人民检察院提请抗诉2件。另办理刑事附带民事诉讼案件1件。

第七节 控告申诉检察

一、来信来访

1990年8月，区人民检察院建立控告申诉接待制度，成立经济、法纪罪案举报中心。1990—1992年，共受理举报线索32件，按照“分级负责，归口办理”的原则，及时转办或自办自查；共受理来信来访239件，其中首次信访209件，转公安、法院和其他有关部门97件，自办76件，直接答复36件。从1991年1月起，开始实行“检察长接待日”制度，每月5日、15日、25日为检察长接待日，接待处理信访案件。1993—1995 年，受理各类举报线索 106 件；受理来信来访 511 件，转有关部门 146 件，直接答复 239 件，自办 126 件。1996—1998 年，严格执行《人民检察院举报工作规定》，大胆探索控申工作新路子，通过开展举报工作和文明接待活动，共接待群众来信来访 446 件次，受理举报线索 101 件，调解集体上访案件 2 件 67 人，初查案件 13 件。1999—2001 年，区人民检察院举报中心受理各类举报线索 177 件，受理来信来访 390 件次，其中，属检察机关管辖的反贪、法纪线索 70 件，转其他机关处理的 107 件。其间，1999 年，按照四川省人民检察院关于检务公开的部署，举行了两次大规模的宣传活动，共出动干警 60 余人次、散发宣传资料 5000 余份，接待咨询群众 5000 余人次、现场受理各类控告、举报线索 13 件；2000 年，发挥控申部门的“窗口”作用，除办理交办案件 15 件外，还加强与外地检察机关的协作配合，共协查案件 2 件。2002—2004 年，共受理举报线索 75 件，审查后移送反贪部门 43 件，移送渎检部门 15 件，转其他部门 12 件，控申部门初查 5 件。对受理的举报线索均实行微机和台账双重管理制度，做到了举报线索及时分流和在控申部门不延误、不积压、不失泄密。2005 年，开展了集中处理涉检上访问题专项清理工作，通过排查，无涉检上访案件发生。全年共受理各类举报线索 28 件，接待群众来访 17 件次。2006 年，按照中央政法委《关于在联合接访活动中认真办理北京重点地区和敏感部位非正常上访案件的通知》要求，在区委政法委的组织下，会同区人民法院、区公安分局、区司法局，开展了为期 3 个月的联合接访活动。全年共接待来信来访 53 件 75 人次，受理举报线索 23 件。2007 年，在创建“省级文明接待室”和开展涉检案件“零上访”活动中，经省、市人民检察院考核，达到了“省级文明接待室”的验收标准。全年接待来信来访 33 件 47 人次，受理举报线索 11 件。

二、控告申诉

区人民检察院建院后，将受理的控告、申诉案件纳入信访工作日程合并办理。至 1996 年，在自查处理的 228 件信访中，重点办理了各类控告申诉案件 33 件，其中复查了不服区人民检察院作免诉处理的申诉案 2 件。1998 年，受理刑事申诉案 1 件，审查后作维持原决定；受理刑事赔偿申诉 1 件，经立案审查后，依法作出了不予赔偿的决定。2005 年，按照《人民检察院刑事赔偿工作规定》，受理 2 件刑事赔偿申诉，经审查作了不予确认的决定；市人民检察院经过复查此 2 件刑事赔偿案，予以纠正，区人民检察院及时纠正错误，按照《中华人民共和国国家赔偿法》和《人民检察院刑事赔偿工作规定》，对 2 件刑事赔偿案件作出赔偿决定，维护了当事人的合法权益。2006 年，受理刑事赔偿案件 1 件，并按照《国家赔偿法》和《人民检察院刑事赔偿工作规定》对该案立案审查，经与区人民法院审查后，依法作出共同赔偿决定并及时兑付了赔偿金。2007 年，重点开展了举报奖励未兑现案件、涉检案件、1995 年之后办理“不予确认、不予立案、不予赔偿”的刑事赔偿案件三项清理工作，经清理后，形成书面报告，上报广元市人民检察院。

第四章　公安工作

第一节　公安机构

1987年1月，广元市公安局设广元市公安局卫子区分局筹备组，罗勇任组长。设办公室，治安组、刑侦组，辖昭化、卫子、王家、虎跳4个派出所。1988年5月，成立广元市公安局卫子区分局，罗勇任局长，杨守清任政委。设办公室、治安科、刑警队、预审科、消防科，原所辖4个派出所未变。1989年5月，赵明坤任副局长。

1989年12月，广元市元坝区设广元市公安局元坝区分局（简称区公安分局）。1990年2月正式成立，设办公室、治安科、刑警队、预审科、消防科。1990年3月，建立中共广元市公安局元坝区分局党组。1992年4月，建立中共广元市公安局元坝区分局党委。1990年，增设一科（政保）、林业科。1994年3月，增设法医室、法制科。1995年，增设政工科，监察科，经济、文化保卫科（二科）。1997年11月，增设户政科。1998年10月，增设税务科。1999年5月，撤税务科。2000年12月，撤户政科。2001年12月，政工科更名为政治处。

1991年12月，建立区公安分局交通警察队。1998年1月，将预审科并入刑警队扩建为区公安分局刑事警察大队，下设太公、卫子、王家、昭化、明觉、虎跳、直属刑警中队。同年3月，成立禁毒大队，挂靠刑警大队；交通警察队改建为区公安分局交通警察大队，同时挂公路巡逻民警大队的牌子。1999年1月，一科（政保）改建为区公安分局国内安全保卫大队；同时撤二科，文化保卫工作划归国内安全保卫大队，企业保卫划归治安科。1999年5月，刑警大队增设经侦中队。2000年12月，撤户政科建立区公安分局治安大队。同时建立治安拘留所和审计财务装备科。2001年1月，林业科改建为区公安分局森林警察大队（设在区林业局，与区林业局森林警察大队为两块牌子，一套人马），同时建立元坝区城市综合执法大队。2001年12月，增设警务督察队，城市综合执法大队改建为区公安分局巡逻警察大队。2003年3月，建立了区公安分局经侦大队（与刑警大队合署办公）。

1989年年末，区公安分局辖昭化、卫子、王家、虎跳4个派出所。1990年10月，建立元坝派出所。1993年12月，建立区公安分局黄龙、太公、清水、柏林沟、石井铺、白果、磨滩、射箭、明觉、沙坝、红岩派出所。1996年6月，全区各派出所的辖区进行归并；清水派出所的辖区调整为由太公派出所主管；黄龙派出所的辖区调整为由虎跳派出所主管；柏林沟、石井铺、白果3个派出所的辖区调整为由卫子派出所主管；射箭派出所的辖区调整为由明觉派出所主管；沙坝、红岩派出所的辖区调整为由昭化派出所主管。原派出所的财产由各主管派出所管理和使用，但权属不变。1997年9月，青川县公安局将白水金矿派出所移交元坝区公安分局管理，移交后更名为区公安分局白水派出所（企业派出所）。2004年12月，白水派出所撤销。

2007年年末，区公安分局设办公室、政治处、纪委、监察科、警务督察队、法制科、装备财务科、国保大队、治安大队、刑警大队、经侦大队、巡警大队、交警大队、治安拘留所。下辖卫子、王家、磨滩、柏林沟、石井铺、白果、太公、清水、黄龙、虎跳、明觉、射箭、红岩、沙坝、昭化、元坝派出所。森林警察大队、消防大队为区公安分局代管机构。

广元市公安局元坝区分局领导名录

表9－9

姓　名	性别	籍　贯	政治面貌	职　务	任职期间	备　注
罗　勇	男	广元市利州区	中共党员	局　长	1990－02—1995－12	党组（委）书记
杨守清	男	广元市元坝区	中共党员	政　委	1990－02—1992－08	党组成员 1992－04 始任党委副书记
赵明坤	男	广元市元坝区	中共党员	副局长	1990－02—1992－08	
肖道荣	男	广元市元坝区	中共党员	副局长	1991－11—1995－11	1992－04 始任党委委员
赵明坤	男	广元市元坝区	中共党员	政　委	1992－08—1999－12	党委副书记
凌晓华	男	广元市剑阁县	中共党员	副局长	1992－09—1995－12	党委委员
凌晓华	男	广元市剑阁县	中共党员	局　长	1995－12—2000－08	党委书记
张家和	男	广元市元坝区	中共党员	副局长	1995－12—2003－06	党委委员
李　军	男	广元市旺苍县	中共党员	副局长	1996－04—2001－01	党委委员
谢　伟	男	广元市元坝区	中共党员	副局长	1997－01—	党委委员
王　绩	男	广元市青川县	中共党员	局　长	2000－09—	党委书记
李　军	男	广元市旺苍县	中共党员	政　委	2001－01—2002－01	党委副书记
张德全	男	广元市元坝区	中共党员	副局长	2001－12—	党委委员
张　黎	男	广元市朝天区	中共党员	副局长	2002－09—2007－04	党委委员
张家和	男	广元市元坝区	中共党员	政　委	2003－06—2006－04	2004－07 始任党委副书记
张　黎	男	广元市朝天区	中共党员	政　委	2007－04—	党委副书记

第二节　治安管理

一、群防群治

群防群治是通过建立治安保卫委员会（简称治保会）、治安室等机构，开展治安联防工作。

（一）治安保卫委员会

从1952年起，在城镇、农村及厂矿企事业单位开始建立治保会。卫子区时期，卫子区公安分局通过对全区的治保会组织进行整顿培训，重新建立了治保会214个，治保小组767个。1989年，虎跳镇南斗村治保会被表彰为全市先进集体，元坝镇青树村治保会被四川省公安厅表彰为“群众组织先进集体”。1995年底，全区治保会发展到492个，调解委员会471个。当年共调解各类民事纠纷3789起，防止矛盾激化29起，协助公安机关破案587起，挡获各类违法犯罪人员925人，检查、整改治安隐患126处。1997年，随着社会治安综合治理各项措施的落实，在全区农村、机关、企事业单位坚持“谁主管、谁负责”原则，建立了以治保会为主体的各种群防群治组织，区、乡（镇）、村、组四级治安防范网络基本建立。从2000年起，各村治保会与村民小组和农户签订责任书6500余份，落实农村守楼护院措施，守护面达78%以上。在金融、粮食、仓库、国家重点工程建设项目、机关、学校等单位建立内保机构127个，落实专兼职治安保卫人员245人。2004年，全区305个基层治保组织认真实施社会治安“整体联动防范工程”，依托基层治保组织和乡镇治安联防队伍，建立了群众治安防范网络。至2007年，全区有治保会512个，调解委员会492个，内保机构127个。

（二）治安室

1987年，卫子区所辖乡镇共建立治安室24个，占乡镇总数的92.30%，治安室有工作人员65人。当年协助公安机关抓获违法犯罪人员17人，提供破案线索43起。1989年，乡镇治安室增至28个，区公安分局为乡镇治安室统一设置了15种业务登记表册和4种业务报表，还为治安室工作人员购置了统一的治安服装和用具。当年协助公安机关破获刑事案件98件，查处治安隐患150起。1992年，区公安分局对全区28个治安室进行整顿，并按省公安厅的要求，把乡镇治安室情况纳入了公安基层基础工作统计范围。1993年7月，贯彻中央《关于加强农村工作的决定》，切实减轻农民负担，区政府撤销了乡镇治安室。

（三）治安联防

元坝区（含卫子区时期）贯彻“小治安由地方和单位负责”的精神，各乡镇组织各种形式的治安联防组织，开展村组与村组、乡镇与乡镇、地区与地区的群众治安联防。1991年，全区共建有联防队23个，护楼、护院等群众治安联防组织189个，参与治安联防人员有2894人。区公安机关协助乡镇把综合治理责任书签到村和户。1993年，新建立机关单位保卫科7个，充实和调整了区铁路护路队员，形成了以派出所为中心，以治保会、保卫科、联防队为基础的防范机制，并将防范重点部位放在金融、物资等部门，将防范重点地区放在元坝、卫子、昭化以及与外县（区）的接合部上。在农村实行“守楼护院”制度。在城镇建立了三方（警方、治安联防、保卫科）安全防范网络，基本形成了单位自防、社会联防、公安专防的多层次防范格局。全区“三无”（无案件、无事故、无违法犯罪）单位达到86.60%。1995年，治安联防以“两线”（国道212线、省道202线）为中心，10集镇（卫子、元坝、王家、太公、清水、虎跳、磨滩、明觉、红岩、昭化）为重点，共调解民事纠纷1632件，为公安机关提供案件线索117起，查破案件128起。1997年，共建立群防群治组织250个，参与人员达1029人。并落实村民守楼护院36,698户，护村面达85%。形成了门户、村户、警民、社区、边界五联防体系。1998年，抓防控网络和城镇安全文明小区建设，基本做到了“防范得严，发现得了，控制得住”。全区“三无”村组达90%，“三无”厂矿达95%，“三无”金融网点达100%。2000—2004年，区公安机关深入乡村和街道，共召开各类宣传会议800余次，发放宣传资料5340余份，签订守楼护院责任书8038份，边际联防协议书80份；建立村民巡逻队7个、护校队158个、设单位门卫68个，形成了信息灵通、巡逻轮流、责任到人的基层治安联防形式。2004年，群众联防组织公安机关反馈治安热点问题20起，调解民间纠纷764起，举报违法犯罪线索54起，协助公安机关抓捕犯罪嫌疑人3人。2005年，在抓交警、巡警、刑警、治安警（社区民警）为主体的专业防范网和技术防范网（安装监控、报警系统和防护设施等）建设的同时，重点抓好群众防范网建设。全年仅“四车两员”（人力三轮车，出租车，长、短途客车和环卫清洁员，商店营业员）就为公安机关提供案件线索16条，协助破获刑事案件16件，协助抓获犯罪嫌疑人7人，其中破获市公安局督办的抢劫案2件，破获杀人案2件。2006年，区公安分局制定了《全面推行“警校共育”工作实施方案》，派出32名民警担任了39所中、小学校法制副校长，并对全区各中、小学进行了一次全方位安全大检查。2007年，进一步深化农村、社区、校园警务建设，全区建成了统一规范的校园警务室43个，社区警务室1个，农村警务室

23 个和 37 个村警务联系点；还建立 88 个治保组织和 30 支共 200 余人的义务巡逻、护厂、护校队，初步形成了覆盖全区的群防群治网络。

二、特种行业管理

特种行业管理范围主要是旅馆业、印刷刻字业、生产性废旧收购站、信托寄卖行业。1987 年，卫子区辖区内有特种行业 35 家，各基层派出所分别对这些行业的从业人员进行培训，帮助经营者建立健全了管理制度，并建立了 16 个治保组织。当年对 4 家治安问题较多的旅馆进行了停业整顿，协同工商部门依法吊销了 1 家个体旅店的营业执照，并对经营者予以治安处罚。1988 年，对全区的特种行业进行了集中清理整顿和换证工作，在整顿中取缔了严重违反《四川省旅店业治安管理办法》的个体旅店 2 家，停业整顿旅店业 6 家。1992 年，将机动车修理业、出租车等行业纳入了特种行业管理。同年 8 月，对所有特种行业换发“治安管理许可证”，废除旅馆业食宿登记簿制度，实行建卡管理，改变过去对旅店业普遍查房搞“大清查”的做法，对轻微违反治安管理行为的，坚持处罚与教育相结合的原则，一般不采用停业整顿、吊销营业执照等处罚手段。1995 年，进一步改进了对特种行业的管理方式。对 88 个特种行业单位换发“特种行业许可证”；各派出所以辖区对 580 名从业人员进行业务培训，颁发了“上岗合格证”；建立治保组织 91 个。特种行业中无案件、无犯罪、无事故发生的“三无”单位占行业总数的 97.70%。1997 年，实行“治安检查证”制度，治安检查人员在执行任务时必须出示“治安检查证”。2000 年，全区有特种行业 69 家，其中旅店业 42 家、旧货业 5 家、印刷业 3 家、刊刻业 1 家，电脑打字 18 家。为服务西部大开发战略，市公安局制定了 49 条措施，按照“三个有利于”的原则，放宽了对特种行业的限制。2003 年，公安机关取消了对特种行业实行的“治安管理登记证”制度。2005 年，加强了对特种行业、文化场所的监督检查，开展了“扫黄打非”“禁赌禁娼”专项斗争，依法查处“黄、赌、毒”案件 5 件，处罚违法人员 12 人。至 2007 年，通过深入宣传《文化娱乐场所管理条例》等有关法律法规，完善了对旅店、宾馆、废旧收购、网吧、歌舞厅、茶楼、美容按摩业、印章业、汽车修理等行业的管理制度和管理档案，进一步规范了特种行业的经营行为。

三、公共复杂场所管理

1987 年，卫子区公安分局筹备组将辖区内的农贸市场、影剧院、车站、码头等公共复杂场所纳入治安管理范围，落实“谁主管，谁负责”的治安管理责任制，开展“防特、防火、防盗、防事故”的宣传教育。1988 年，公安机关集中开展查禁取缔赌博和卖淫嫖娼专项行动，对辖区内的“路边店”进行清理整治，查获赌博案件 3 起 12 人，抓获卖淫嫖娼 2 起 4 人，破获盗窃案件 5 件，依法打击处理违法犯罪人员 25 人。1992 年，区境内国道 212 公路沿线“路边店”和出租房日益增多，赌博、卖淫嫖娼、传播淫秽物品等案件时有发生，特别是乡镇场镇开办的一些歌舞厅、录像放映厅，色情交易、放映色情影像现象比较严重，公安机关对此重点查处，全年共查处赌博、卖淫嫖娼、传播淫秽物品等案件 99 起 258 人。1993 年，针对公共复杂场所的治安问题，区公安分局开展区域性的“小破案战役、小专项整顿、小区域治理、小治安清查”等“四小”活动，变过去的管理限制为管理服务。还对辖区内的激光电影、录像厅、电子游戏厅、台球、歌舞厅、茶楼、酒吧等文化娱乐场所进行安全大检查。1994 年，继续开展专项斗争，查处赌博案 77 件。1995 年，列入管理的公共场所形成了公安机关专门管理，单位、法人自我管理，人民群众监督管理的多层次管理格局。1996 年 4 月 28 日晚，开始“严打”第一仗的集中搜捕清查行动。清查了全区所有的“路边店”“出租房、歌舞厅、电子游戏厅”等城乡治安复杂部位、场所、路段，挡获审查违法犯罪嫌疑人员 897 人次，检查车辆 96 辆，抓获逃犯 2

人，缴获火药枪3支、炸药8公斤及香烟等物。1997年，公安机关坚持“繁荣与发展、管理与服务并重，管在其中，重在引导服务”的原则，共查处卖淫嫖娼案件35件，赌博案27件，处罚200人。1999年和2000年，区公安分局坚持为经济发展服务，按照“管而不死，活而不乱，稳健发展”的要求，适时开展“扫黄打非”“禁赌禁娼”等专项斗争，重点铲除一批组织、强迫、引诱、容留妇女卖淫及嫖宿、组织淫秽表演的犯罪团伙。对辖区内的37家茶旅店、5家录像放映点、8家歌舞厅、34家美容美发厅、4家电子游戏厅、1家桑拿按摩房、2家网吧进行逐个清理。共查破卖淫嫖娼案10件、赌博案1件，查封游戏机79台，处罚违法人员84人。从2002年到2004年，公安机关以“有利于治安稳定，有利于经济发展”为指导思想，坚持“保护合法，取缔非法，规范经营”的方针，通过加强对业主、从业人员的业务培训和建立治安防范制度，公共复杂场所的治安秩序有了明显好转。从2005年起，在建设群防群治网络的同时，加强公共复杂场所管理，到2006年共清查各类场所100余家，加强了对刑释解教、吸毒人员等重点人口的管理。2007年，按照省公安厅的部署，开展整治农村突出治安问题集中统一行动，共清查娱乐场所、旅馆、网吧等83家，收缴民用枪支4支，炸药17.50公斤，雷管680发，查获涉嫌盗窃犯罪嫌疑人4人，破获盗窃案1件，查处治安案件2件。

四、危险物品管理

列入治安行政管理的危险物品有枪支、弹药、爆炸物品、毒害物品和放射性同位素等。

（一）枪支管理

1986年，民兵武器由区人民武装部负责管理，非军事用枪（公务用枪）及民用枪支由公安机关负责管理。1990年，区政府印发《关于认真搞好清理整顿，进一步加强枪支弹药、爆炸物品管理工作的通知》，公安机关对辖区内39支非军事用枪，3496支民用火药枪，103支气枪进行了登记、编号、换证。1991—1995年，共登记、验证民用枪支2838支，收缴非法持有枪支（火药枪）25支和雷管20发，炸药5公斤，手榴弹1枚，管制刀具17件。1996年7月，《中华人民共和国枪支管理法》实施后，区公安分局在全区有计划、有重点地开展了“清理收缴枪支工作”的专项整治，共收缴民用枪支831支，管制刀具41件。同时对非军用枪支进行了清理登记，重新核发证件。1997年，共清理登记公务枪支107支，验证民用枪支1750支，收缴非法持有民用枪支300余支。2001年4月，区公安分局按照公安部和省公安厅电视电话会议精神，制发了《治爆缉枪专项行动工作方案》，行动要求：对民用火药枪一律收缴，对配枪单位内部安全工作状况和安全管理制度落实情况进行检查，对配枪人员进行实弹训练和纪律教育。该次专项行动共查处涉枪案件94件，处罚92人，收缴民用枪支2270支。2002年，区公安分局按照国务院修改后施行的《公务用枪配备办法》和公安部、省公安厅对公务用枪的规定，开展了公务用枪专项整治。从2003年起，继续收缴民用枪支和加强公务用枪的日常安全管理。到2007年，共收缴非法民用枪支136支，管制刀具84把。

（二）爆炸物品管理

卫子区时期，区公安机关坚持经常安全大检查，做到底数清、情况明，并取缔了9家非法生产烟花爆竹的私人作坊，整改事故隐患43起，收缴炸药250公斤、雷管10,609发、导火索400米、黑火药202公斤，烟花爆竹128箱，处理违法人员23人。1992年，在清理中收缴雷管7502发，烟花爆竹39箱，查封非法生产厂点3个，培训爆破人员143名。2001年，对207名从事爆炸作业的人员进行了培训，层层落实安全管理责任制，并加大爆炸物的清理整顿力度。在清理中，查处涉爆案件5件、刑事拘留10人，收缴散失雷管800余发，导火索500余米，炸药513公斤，烟花爆竹3万余响，摧毁非法生产烟花爆竹手工作坊30余个。从2002年起，区公安机关除对爆炸物品继续进行严格、依法管理外，还对其在购买、运输、储存、使用的各个环节进行了全程跟踪管理和服务。2004 年 9 月，区公安分局按照上级有关要求，将烟花爆竹安全管理的部分职能移交给区安监局。2006 年，共收缴非法民用炸药 300 多公斤、雷管 2084 发、导火索 80 多米，消除重大治安隐患 30 余起。2007 年，根据国务院《民用爆炸物品安全管理条例》等有关规定，区公安分局制定了《民用爆炸物品管理规定》。开展了对全区 12 家民爆物品仓库夜间安全防范情况的突击检查和为期 60 天的涉爆安全隐患排查整治。共对 11 家库房发放了责令限期整改通知书，对 47 家砖厂进行了停业整顿，并及时查处了石井铺砖厂违反民爆物品管理规定案件 1 件，收缴违规储存炸药 1440 公斤、导火索 500 米、雷管 3749 发。

五、治安案件查处

治安案件主要是由基层派出所和公安分局治安部门负责受理和查处。1987 年，共立治安案件 69 起，查处 66 起，治安处罚 78 人。1988 年，在贯彻执行《中华人民共和国治安管理处罚条例》中，结合颁发居民身份证工作，对全区重点人口进行了一次全面清理整顿，同时加大了治安案件的查处力度，共查处治安案件 961 起，治安处罚 546 人。1991 年，区分安分局加强了对 28 个乡镇的治安室和 215 个治保会及 1043 个治保小组的建设和业务指导。1994 年，根据省公安厅《关于在全省开展集中整治农村社会治安的意见》，对元坝、卫子、昭化、王家、虎跳、太公、清水、明觉、红岩、石井铺等乡镇和国道 212 线元坝至清水段，广旺公路元坝至白水段等治安秩序混乱的地段进行了重点整治，共查处治安案件 812 起，治安处罚 965 人。1997 年，完成了安全文明小区创建活动的试点工作；对民用枪支和爆炸物品进行了清理整顿；集中检查了文化娱乐场所。全年共查处治安案件 356 起，治安处罚 539 人。到 2000 年，累计查处治安案件 9793 起，治安处罚 6453 人。2004 年，治安工作以构建整体联动防范机制为重点，全年的刑事案件和治安案件的发案数都有所下降。2005 年，共受理治安案件 489 件，查处 446 件，整治治安隐患 230 余起，调解民事纠纷 267 起，行政拘留 61 人。2006 年，共受理治安行政案件 449 起，查处 405 起；共行政处罚 369 人，其中拘留 166 人、罚款 180 人，警告 23 人。2007 年，按照省、市政法委和公安机关的统一部署，在开展城乡社会治安整顿专项斗争中，结合“警校共育”“人口百日攻坚战”“收枪治爆”“矿产秩序整顿”等专项工作，共受理行政案件 484 起，查处 467 起；共查处行政违法人员 598 人，行政处罚 235 人，其中警告 41 人，罚款 130 人，行政拘留 64 人。2001—2007 年，累计查处治安案件 4439 件，治安处罚 4549 人。

六、处置治安事件

1987—1988 年，加强情报信息工作，及时发现社会治安上出现的不安定因素和闹事苗头，共调解各类民事纠纷 769 件，调解成功率达 89. 90%。1989 年 4 月，白果乡的部分农民因未买到化肥、良种，聚集到乡政府，并砸烂乡政府的吊牌，区公安机关了解到事件引发的原因后，耐心做群众说服工作，很快平息了事态。1991 年，区公安机关及时发现和妥善处置了群众性闹事苗头 14 起，处置治安事件 3 起。1994 年，区公安分局制定《关于处置重大治安事件和严重暴力犯罪案件的预备方案》，相继建立了指挥中心、应急队、防暴队、防暴分队，落实了交通、通信、武器等装备保障。同年 6 月，石井铺乡茶店村等 3 个村的 800 余名村民到团结水库同白果乡狮子村的 200 余名村民争水。区公安分局接警后，启动“预备方案”，赶赴现场，与区政府领导一起向群众宣讲法律、政策，做好疏导工作，平息了一场恶性治安事件的发生。1996 年，将原来的《预备方案》修改为《关于处置紧急治安事件的预备方案》，并设置指挥部总指挥长 1 人，副总指挥长 5 人，分别指挥应急队、防暴分队、后勤保障组、情报信息宣传组。同年 12 月，明觉乡因交通事故引起 100 余人闹丧的事件后，区公安分局迅速出动警力控制事态，并进行了妥善处置。1999 年，在兑付农村合作基金会资金期间，公安机关投入大量警力，及时掌握社会动态和不稳定因素，维护了资金兑付现场的治安秩序。2002 年，区公安分局坚持“稳定压倒一切”，狠抓情报信息工作，及时排查掌握全区影响稳定的矛盾纠纷 13 种 137 起，及时处置因人民内部矛盾引发的各种群体性上访和闹事苗头 26 起。2003 年 4 月，区公安分局按照区委、区政府的统一部署和上级公安机关的要求，成立了防“非典”工作领导小组，制发《预防非典型肺炎应急方案》，组建了应急分队。5 月，成功处置了暴力阻碍政府设置“非典”留观站的群众性治安事件。2004 年，区公安分局修订完善了处置突发事件的预案，并结合“大练兵”重点训练了分析应变能力、各警种协调配合能力、制敌平暴战术技术能力。并依法处置了元坝镇胜利村村民和民工因讨工资堵截国道 212 公路事件以及元坝宾馆“向举美死亡”引发的群众闹事等事件。2006 年，妥善处置了紫云水库当地群众阻止水库大坝整治工程施工和元坝镇群众阻拦 11 路公交车事件。2007 年，区公安分局重新修订了《处置突发事件预案》，并与区人武部一起组织民兵、公安民警 120 余人组成“联合处突队”，进行了“处置聚众堵截道路事件、处置群体械斗事件、堵截搜捕犯罪嫌疑人、野外宿营、就地待命”等项目的演练，提升了公安机关的快速反应能力和群体治安事件处置能力。全年及时劝说疏导了两起因欠工程款，民工集体到区政府上访事件；妥善处理了昭化镇一中学生洗澡死亡，其家属、亲戚 20 余人到镇政府“讨说法”的群体事件和广巴高速公路建设中施工人员死亡纠纷事件。

七、治安巡逻

从 1987 年起，区内各乡镇相继建立义务巡逻队，并依托乡镇治安室加强了各场镇的治安巡逻。1988 年 11 月，广元市公安局交警支队、卫子区公安分局联合组建了“治安、交通检查站”，负责公路治安巡逻和道路安全检查。1990 年 11 月，元坝区政府成立了整顿铁路治安秩序领导小组，同时建立了元坝区铁路护路队，至 2007 年，护路队先后清除铁路治安隐患 130 余件，查获治安、刑事案件 120 余件，挡获各类违法犯罪人员 250 余人，连续 4 年被省整铁办评为“铁路护路、治安联防先进集体”。从 1996 年开始，在重点场镇推行夜间巡逻制度。1998 年 3 月，区公安分局交警大队承担了公路治安巡逻任务，并行使在公路上对刑事、治安案件的先期处理权。2004 年，治安巡逻工作以城区治安防范为主，实行责任倒查制。巡逻民警昼夜在城区治安巡逻，共盘查可疑人员 2358 人，可疑车辆 185 辆，消除各类安全隐患 379 起，化解纠纷 48 起，制止精神病、醉酒人肇事 178 起，寻找走失儿童 15 人，破获刑事案件 6 起，治安案件 8 件，抓获违法犯罪嫌疑人 18 人，接送急救病人到医院救治 13 人次。2005 年，区公安分局针对元坝城区盗窃案件不断上升的治安形势，结合开展打击“两抢一盗”专项斗争，集中兵力，坚持每天对城区 24 小时巡逻守护，并在红土垭设查缉点，有效遏制了城区治安案件高发的势头。2006 年，在创建“平安元坝”工作中，城区治安巡逻覆盖面达到 87%，见警率达到 90%。2007 年，在维护城区社会治安秩序中，巡逻警察大队共救助群众 56 人，帮助找回走失人员 49 人，抓捕现行作案人员 28 人，破获刑事案件 9 起、治安案件 3 起，挡获被盗摩托车 2 辆，抓获犯罪嫌疑人 5 人，调处民事纠纷 15 起。

第三节　打击刑事犯罪

一、刑事侦查

1988 年，卫子全区共发生刑事案件 142 起，破获 120 起，依法逮捕 35 人，直接起诉 6 人，劳动教养1人。1989年，区公安分局预审科受理各类报捕材料68件132人，经审查，提请批准逮捕53件100人，移送起诉43件77人，追诉、免诉10件29人。通过预审，扩大侦查线索、深挖余罪21件，其中重特大案件5件，追缴赃款物（折款）8000余元。1990年，全区共发生刑事案件390起，破获258起，受理各类报捕案件67件、140人，依法逮捕103人，劳动教养30人，直接起诉12人，收容审查184人，通过预审挖余罪破案23起。1991年9月，按省、市公安机关制定的《关于反盗窃斗争实施方案》要求，全区开展反盗窃专项行动，共破获盗窃案件492件，查获犯罪嫌疑人723人。1992年，区公安分局预审科共受理案件55起89人，依法逮捕49人，受理预审案件60件76人，通过预审移送起诉42案54人。1995—1996年，区公安机关预审部门共提请批准逮捕91案178人，审结起诉74案153人，审结率达98%，合格率达100%。通过预审查破各类刑事案件3件，其中重特大案件1件，深挖犯罪分子3人，追究刑事责任3人。1997年，区公安机关侦查、预审工作机构合并。全年共发生刑事案件185件，破获149件，提请批准逮捕50人，直接起诉6人，劳动教养5人。1998年5月7日，区境内发生一起盗割邮电通信线2.20万余米，直接经济损失10余万元的特大案件，区公安分局迅速组成专案组，转战川北六县区，经过7天7夜的巡查守候，抓获了4名犯罪嫌疑人。省公安厅给专案组记集体二等功。1999年，区公安机关按上级安排布置，相继开展了“冬季行动”“春季严打”“夏季破案战役”以及反盗窃专项斗争和打击走私、盗抢机动车专项斗争。2000年，破获刑事案件323件（其中重特大案件30件），抓获涉嫌刑事犯罪人员119人，追捕在册逃犯4人，摧毁犯罪团伙13个，为国家、集体、个人挽回经济损失近100万元。其中，破获了“四一七”投毒杀人案、“七二九”杀人案、“八二八”抢劫杀人案、“一一二四”特大团伙抢劫案等重大案件。被区委、区政府通报嘉奖，省公安厅给刑警大队荣记集体二等功。2004年，共破刑事案件146起，抓获逃犯7名，依法逮捕犯罪嫌疑人22名。2005年，落实刑事侦查破案责任制，全年共立案210件，破案160件。其中，杀人案发1件破2件（积案1件），伤害案发5件破5件，强奸案发4件破4件，抢劫案发14件破14件，盗窃案发129件破73件，诈骗案发7件破3件。特别是大朝乡牛头村二组一杀人案发生后，刑警部门经过一个多月的侦查，排查线索100余条，成功抓获了犯罪嫌疑人。2006年，在“打黑除恶”中，充分整合利用侦查破案资源，全年共立刑事案件249起，破198起，共抓获刑事案件作案成员142人，打击处理69人。其中，提请批准逮捕36人，劳教8人，直接起诉25人，共收缴罚没违法犯罪财物价值6万多元。2007年，结合“打黑除恶”“命案侦破”、打击“两抢一盗”“百日破案攻坚战”等专项行动，共侦破刑事案件160件。其中，破获了晋贤乡一小学教师系列强奸学生案，王家、卫子等地系列白天盗窃案，以办奥运会建航空雷达移动基站为名用“金乌龟”为诱饵的系列诈骗案，文村乡党阳村6起耕牛被盗案等。

二、打击犯罪

（一）打击拐卖妇女儿童犯罪

1987年，中央政法委就开展“坚决取缔卖淫嫖娼活动和严厉打击拐卖妇女儿童”专项斗争作出部署安排后，卫子区委下发了《关于坚决取缔卖淫嫖娼活动和严厉打击拐卖妇女儿童犯罪的通知》，卫子区公安分局共组织了13个专案组、30人（干警13人，区乡干部17人）分赴山东、山西、河南、河北、江苏、新疆六省区进行调查取证，共破获11件拐卖人口案，抓获案犯20人（其中提请批准逮捕13人），摧毁拐卖团伙1个，解救妇女12名、儿童2名。1990年，共立拐卖人口案11件，破获10件，抓获犯罪嫌疑人16人（其中提请批准逮捕9人），解救妇女7人。1994年，区公安分局解救被拐妇女4人，查获案犯4人，追缴赃款1.25万元。1995年，区公安机关结合辖区实际，把打击拐卖妇女儿童犯罪与“破大案、追逃犯”专项行动相结合，积极开展“打拐”专项斗争。2000 年，区公安分局在辖区内摸排出人贩子和犯罪嫌疑人 99 人，立拐卖人口案 8 件，破获 7 件，抓获山西、河南、河北等地的犯罪嫌疑人 14 人，解救妇女 18 人。当年区公安分局刑警大队被省公安厅记集体二等功。至 2004 年，仅发生 2 起人口拐卖案，均被破获。

（二）打击流窜犯罪

1989 年，根据公安部、省公安厅、市公安局的统一部署，开展了集中清查打击流窜犯罪统一行动，共检查各种车辆 2019 辆，船只 1836 艘，清查包工队、施工队 5 个，旅店 82 家，内部招待所 39 家，影剧院 14 家，单位 159 个，出租房 332 处，破获刑事案件 14 起，治安案件 20 起，抓获各类违法犯罪人员 32 人，其中劳改脱逃犯 1 人，盗窃 8 人，抢劫 1 人，诈骗 4 人，强奸 2 人，拐卖人口 2 人，赌博 4 人，嫖宿 2 人，流窜嫌疑人 8 人，收容审查 16 人，收容遣送 2 人，治安处罚 14 人。1990 年以后，随着社会主义市场经济的建立和人口的大量流动，加之公安机关在治安管理上加强了对外来暂住人口、流动人口的管理工作，在开展的各项专项行动中再未提及打击流窜犯的斗争。

（三）打击车匪路霸

1988 年，国道 212 公路线上频发“车盗”案件，卫子区公安分局与苍溪县公安局密切配合，协同作战，开展了反“车盗”保障运输物资安全的专项斗争，挖出 2 个隐蔽深、危害大的“车盗”团伙，破获“车盗”案件 40 起（其中重大案件 5 起），抓获处理了一批危害公路干线治安的违法犯罪分子。1990 年，元坝区公安分局组织开展“四点一线”（元坝、卫子、太公、清水为四点，国道 212 线元坝至清水为一线）专项治理和打击“车匪路霸”专项斗争，共查破“车匪路霸”案件 172 件，抓获作案成员 64 人，摧毁犯罪团伙 10 个，缴获刀具等凶器 23 件，收缴赃款赃物计 2 万余元。其中抓获的以陈德清为首的“车匪路霸”团伙 9 人中，有 4 名被处死刑、2 名判处死缓、2 名判处无期徒刑、1 名判处有期徒刑 16 年。1993 年，查获了 2 个“车盗”团伙，抓获作案人员 11 人。破获“车盗”案件 35 件（其中隐案 22 件，重大案件 2 件），提请批准逮捕 8 人，治安处罚 3 人，同时缴获赃物折款 1.80 万余元。2003 年，破获了盗窃长途货车运输物资团伙 1 个，抓获犯罪嫌疑人 8 名，提请批准逮捕 5 名；破获盗窃摩托车团伙 1 个。2005 年，捣毁盗窃摩托车团伙 3 个，收缴摩托车 7 辆；破获一起团伙盗窃汽车案，打掉作案团伙 3 个，抓获作案成员 11 人。全年共追回被盗机动车 11 辆，同时破获了国道 212 线卫子段“八五”抢劫摩托车案。2006 年，侦破了 5 月 27 日出租车抢劫案及盗窃摩托车系列案。全年共立“两抢一盗”案件 97 件，破 76 件。2007 年，区公安分局在破获系列盗窃摩托车案中，追回被盗摩托车 20 辆，抓获犯罪嫌疑人 7 人。并根据全国治理自行车被盗问题专项行动电视电话会议精神，印制了《关于严厉打击盗窃自行车等违法犯罪活动的通告》。

（四）打击盗窃团伙犯罪

1987 年，卫子区公安机关按照市公安局的安排，开展了以“打现行，反盗窃，挖团伙，端窝子”为重点的专项斗争，破获盗窃案 37 起，打击摧毁盗窃团伙 3 个，抓获作案成员 13 人。1988 年，共发生盗窃案件 113 起，破获 92 起，其中破重大盗窃案 9 起；查获盗窃案犯 114 人，其中依法逮捕 10 人，治安拘留 7 人，罚款 19 人；摧毁盗窃团伙 9 个，抓获作案成员 35 人。1989 年，开展了“反盗窃、打抢劫 、挖团伙”专项斗争，共摧毁盗窃团伙 15 个、抓获作案成员 48 人。1990 年，元坝区结合“严打”斗争，破获盗窃电力设备团伙 4 个、抓获作案成员 13 人。1991 年 9 月起，区治安综合治理委员会贯彻中央、省、市关于开展反盗窃斗争的会议精神，制定了《关于开展反盗窃斗争的安排意见》，进行了一场为期 3 年的“反盗窃”斗争。3 年间，区公安机关适时开展“春季、夏季、冬季”破案战役，共破获盗窃案件 492 件，摧毁盗窃犯罪团伙 13 个，打击处理盗窃犯罪分子 723 人。1995 年，区公安机关在“反盗窃耕牛案”专项行动中，打掉盗窃耕牛团伙 2 个、盗窃生猪团伙 1 个，抓获团伙成员 13 人，破获耕牛被盗案 21 件、生猪被盗案 18 件；在“反白天盗窃”专项斗争中，摧毁团伙 1 个，追回被盗耕牛 4 头。1998 年，破获盗割通信线 220 档 2. 20 万米的特大盗窃团伙。1999 年，贯彻省公安厅《关于加强农村公安工作的意见》，破获了农村盗窃案件 57 起。2000 年，共破获盗窃案件 90 起，摧毁盗窃团伙 3 个、抓获作案成员 12 人。2002 年，共破盗窃案件 102 件，其中，成功破获了元坝区首例国家金库被盗 8 万元的特大案件。2004 年，开展“百日破案战役、侦破命案、打击盗窃通信设施”专项行动，共破获盗窃案件 69 件。2005 年，共破获盗窃、抢劫案 87 件，抓捕“两抢一盗”作案嫌疑人 44 人，提请批准逮捕 18 人，起诉 24 人。其中，10 月 7 日破获了柏林沟“九龙碑”文物被盗案；10 月底破获了一起涉案金额达 7 万余元的特大盗窃案。2006 年，除破获 3 名外地人技术开锁入室盗窃案、结伙盗窃和抢劫案、现金被骗案外，还抓获了盗窃电力、电信案 8 起 3 人；侦破了王家、卫子片区系列盗窃破坏变压器、电动机等农电设施案件 28 起，抓获犯罪嫌疑人 5 名，查处销赃窝点 3 个；侦破了广元元坝、旺苍、巴中南江等地一系列盗窃破坏移动通信设施案件 20 余起。2007 年，共立“两抢一盗”案件 165 件，破获 99 件，打掉“两抢一盗”犯罪团伙 4 个 13 人，抓获在逃人员 12 人，打击处理 29 人。

（五）追缉逃犯

1983 年“严打”之后，一批重大积案未破，一批重要逃犯未抓获。公安部、省公安厅要求，在继续开展“严打”斗争的同时，注意追捕在逃、负案在逃、劳改劳教在逃的“三逃”人员。1996 年，元坝区历年批捕在逃和负案在逃犯共 23 名，当年抓获批捕在逃 3 人，负案在逃 6 人。1999 年，全国首次运用现代科技手段实行“网上追逃”。区公安分局购置了微机、扫描仪、“在逃人员信息系统光盘”等，成立了“追逃”领导小组，各派出所和各刑警中队设立了追捕小分队。先后派出 5 个追捕组前往河北、山西、江苏、新疆、广东、北京、上海、重庆等省区（市）追捕逃犯 7 人，并将逃跑数年的省级督捕逃犯卢强德、市级督捕逃犯张政文等在逃犯缉捕归案；在区境内开展集中搜捕行动 3 次，出动警力 509 人次、治安积极分子 66 人次、党政干部 120 人次，共清查旅店、娱乐场所 185 处和外来人员居住地 50 余处、复杂场所 25 处，设立路卡 12 个，审查嫌疑人员 323 人，抓获逃犯 38 人（其中协助外地公安机关抓获 2 人）。当年 11 月，省公安厅召开了“追逃”工作表彰大会，区公安分局昭化刑警中队队长吴杰被省公安厅记个人三等功一次。2001 年，元坝区成立“追逃”领导小组，制定出《追逃专项行动方案》，区人民政府拨专款 3 万元用于“追逃”工作。区公安机关把历年在逃犯全部上网通报全国，开展代号为“狂飙 - D”和“狂飙 - E”的追逃集中清查行动。在行动中，广泛宣传发动群众，动员逃犯亲属积极配合，督促逃犯投案自首，当年抓获逃犯 12 人（其中含市级督捕逃犯 2 人，协助外地公安机关抓获逃犯 3 人）。至 2007 年，共抓获在逃犯 94 人。

三、禁毒缉毒

1990 年 5 月，区公安分局查处红岩乡坪林村二组刘某某家包产地内私种罂粟 160 株，原植物被铲除，对刘某某处以治安罚款 200 元。1997 年 5 月，区公安分局查处了张家乡刘庄村四组刘某在菜园中种植罂粟 395 株、张家乡大雾村四组熊某某在菜园中种植罂粟 30 株、虎跳镇东岩村三组谭某某父子在菜园中种植罂粟 645 株，6 月 18 日，区政府在张家乡召开群众大会，对私种罂粟的违法人员给予了治安处罚。2000 年，元坝区开展了“无毒社区”创建活动。区委、区政府成立了创建“无毒社区”领导小组，制定了“搞好试点、全面推开、分步实施、务求实效”的创建实施方案，并把宣传教育作为了创建活动的主要任务。到 2002 年底，全区各级领导共发表禁毒广播电视讲话 50 余次，举办禁毒知识讲座40余次，开展禁毒文艺演出10多场次，散发禁毒宣传资料2万余份，制作刻录禁毒光盘50余套，播放禁毒录音录像258场次，制作禁毒警示牌380张。区公安分局禁毒大队积极掌握涉毒犯罪线索，加强路检路查，堵截毒品流通。在2002年5月“狂飙”统一收捕行动中，截获贩毒涉嫌人，缴获杜冷丁30盒300支。2003年，在“狂飙－F”行动中，进行了清理整治易制毒化学品市场及禁毒专项斗争、禁种铲毒专项斗争等一系列禁毒行动。2004年，公安机关围绕创建“无毒区”和“六二六”国际禁毒日搞好禁毒宣传工作的同时，指导督促乡镇搞好禁毒档案资料建设，为确保无毒流通、无毒过境和巩固“无毒社区”成果创造了条件。2005年，重点在中、小学生中广泛开展毒品预防教育，印发各类宣传品1500余份。并巡回开展禁毒图片、影像展，全年无涉毒案件发生。2006年，在巩固创建“无毒社区”成果中，把全区531名护林员聘为禁种铲毒协管员；把全部外出务工人员纳入禁毒宣传教育重点对象。2007年，全区共成立村级以上创建“无毒社区”领导机构359个，专职人员38人，兼职人员1748人，并建立了定期禁毒会议制度、情报信息通报制度，开展了“防吸食、防种植、防流通、防盗窃”专项行动和宣传活动。当年全区28个乡镇分别被市综治委、市禁毒委命名为“无毒乡镇”，元坝区被省禁毒委授予“无毒区”称号，并被列为全省创建工作试点单位。

四、经济犯罪侦查

1998年以前，区公安分局尚未设立专门的经济犯罪案件侦查机构，经济犯罪案件由刑侦部门负责查处。至1998年，全区累计查处经济犯罪案件78件。1999年，区公安分局刑警大队经济犯罪侦查中队成立后，查处经济犯罪案件力度加大。2001年，经济犯罪侦查中队查处信用诈骗案、涉嫌职务侵占罪、抗税偷税案、非法经营和贷款诈骗案、侵吞集体资金案等，共挽回损失20万元。2002年，全年共立经济案件13件，破案13件。打击处理2人（提请批准逮捕1人，直诉1人）。2003年，经济犯罪侦查大队从4月份起开展了为期3个月的整顿金融秩序专项行动，共发现犯罪线索20条，破案6件，其中，非法持有使用假币案3件，贷款诈骗案1件，信用卡诈骗案2件。共抓获犯罪嫌疑人14人，提请批准逮捕1人，挽回经济损失15万余元。6月下旬，破获公司企业中挪用资金案2件，职务侵占案1件，偷税案1件，抓获犯罪嫌疑人4人，为受害单位挽回经济损失12万余元。8月，公安部在全国开展了为期6个月的打击制售假发票和建筑安装业偷税等违法犯罪专项行动，区公安分局成立领导小组，与税务部门协同作战，查出涉税案件线索6起，查获了南充市南部县某建筑公司廖某某1999年以来偷逃建安营业税17.30万余元的重大案件，追回税款5万元。2004年，结合省公安厅关于打击虚开货物运输发票和制售假发票等涉税违法犯罪专项整治行动，区公安机关配合税务部门对辖区内的高收入阶层、房屋转让户、从事建筑安装工程和金矿开采的单位和个人的偷、逃税情况进行了清理整顿。11月24日，广元福润肉类食品加工有限公司价值20万元的冻肉在运往广东的途中杳无音信，区公安分局经侦大队接案后立即立案侦查，并于12月17日将犯罪嫌疑人抓获，当场追缴赃款5万元。全年共受理各类经济犯罪案件15件，破案14件，共抓获犯罪嫌疑人10人，刑事拘留5人，打击处理3人，为国家、集体、个人挽回经济损失2000余万元。2005年，在贯彻实施四川省公安厅《关于加强经济犯罪侦查工作的意见》中，共立经济犯罪案件10件，破获9件。2006年，在打击经济犯罪案件专项工作中，共立破坏社会主义市场经济秩序案4件，破4件，挽回经济损失30余万元。2007年，区公安经侦部门先后开展了治理商业贿赂、打击非法传销、打击假币犯罪、打击地下钱庄违法犯罪案件等专项行动。全年共受理各类经济犯罪案件举报、控告线索7起，通过立案审查后立经济犯罪案件2件，破案2件，抓获犯罪嫌疑人2人，为受害单位和个人挽回经济损失10余万元。

第四节 出入境管理

卫子区出入境管理工作由市公安局有关业务部门主管，卫子区公安部门负责对有外事接待任务的单位进行安全教育、户口申报等日常检查工作。1995 年，市公安局将部分外事管理工作任务下放到元坝区公安分局。1996 年，区公安分局对辖区内涉外亲属 32 人进行了调查、摸底和登记管理，加强了出入境的管理工作。1997 年，省公安厅印发公安部《关于加强基层公安机关境外人员管理工作的通知》后，区公安分局对各派出所的外事管理民警进行了业务培训，指导各派出所建立了各种业务管理制度。1999 年，根据《中华人民共和国公民出境入境管理办法》的规定，公安机关对法定不准出境人员实行通报备案制度。随着改革开放的不断深入，中国公民出入境条件逐渐放宽。公安机关按规定受理中国公民因私出境，内地居民往来港澳，本地居民港、澳旅游，大陆居民往来台湾，台湾居民往来大陆等通行证照的申请、审查、办理有关手续。2004 年，区公安分局将出入境管理工作由国内安全保卫大队划归治安大队管理。2005 年，元坝区的出入境管理工作由广元市公安局管理，区公安分局对法定不准出境人员实行系统内通报备案制度。2006 年，区分安分局实现了境外人员住宿和报备人员信息化管理。全年共审核办理出国证件 43 份、出境 43 人次，对 55 名公务人员出境证件进行了审核，审查登记报备人员 64 人。1997—2007 年，累计审核批准入境 51 人，批准出境 798 人。

第五节 户政管理

1997 年以前，区公安分局三科（治安）负责人口统计和户口管理。1997 年，区公安分局建立户政科专管户政工作。2000 年，撤户政科，人口统计和户政管理工作由区公安分局治安大队负责。

一、户口管理

（一）户口登记

户口登记机关是公安派出所，未设公安派出所的乡镇，由乡镇人民政府代行户口登记机关的职权。户口登记以户为单位，分为家庭户和集体户。我国现行的户口登记制度，包括城镇实行常往、暂停、出生、死亡、迁出、迁入、变更更正等事项。

（二）户籍管理

1987 年，卫子、王家、虎跳、昭化 4 个派出所所辖 26 个乡镇 186 个村、1301 个村民小组，共登记常住人口 44551 户，198325 人，其中非农业户口 4716 人。1988 年 11 月，按公安部下发的《关于启用新的户口迁移证、户口准迁证的通知》要求，凡非农业人口迁移开具黑色的户口迁移证，农业人迁移开具墨绿色的户口迁移证。新的户口迁移证、户口准迁证从 1989 年 7 月 1 日起正式启用。1991 年，对全区 1982 年之后的非农业户口和农业户口进行了清理，各派出所牵头协助乡镇颁发了农村家庭“户口簿”5.6 万个，在 203 个行政村建立农村户口册。1991 年末，全区常住人口 57862 户，229385 人，其中非农业人口 11877 人。1994 年，按照《中华人民共和国户口登记条例》，由派出所接管了原乡镇人民政府管理的农村户口，通过逐村、逐户核对户头和人口后，统一使用了盒式活页户口簿。1995 年，进一步健全和完善城乡户籍管理制度，规范了农村户口四项变动登记，保证了派出所户口簿、村户口簿与实有人数的一致。当年，区公安分局治安科和元坝派出所实行了人口信息微机管理。1997 年 5 月，在全区范围内开展换发户口簿、常住人口登记表和设置门牌号码的工作，推行农村户口“三册一簿”、一村一员（户口协办员）、一户一号（门牌号）的管理模式。到 1998 年底，全区换发居民户口簿 60150 户，共 228570 人，编制门牌号 62080 户，理顺了户口登记管理体制。2005 年，为加强嘉陵江亭子口水利工程在区境内的规划淹没范围的户口管理，区公安分局根据《中华人民共和国户口登记条例》和《四川省公安厅印发关于推进城市户籍管理制度改革意见有关问题的通知》，“依法管理、从严控制、畅通出口、严把入口”，预防土地赔偿、移民搬迁、人口安置等问题引发群体性事件。2006 年，公安分局办证项目窗口开始向区政务中心过渡，按时完成了公安审核、审批的 30 余种、50 余项上网公示项目的清理工作。2007 年，区公安分局落实便民利民措施，根据有关条例规定，进一步规范户籍管理。

（三）户口迁移

根据国务院和公安部的有关规定，农业户口转为非农业户口（以下简称“农转非”）的户口迁移分别执行“从严控制、适当控制、不加控制、农民自理口粮到集镇落户”的政策。1987 年，广元市市中区卫子区公所“农转非”人口 115 人，其中招工 14 人，职工家属 45 人，落实政策 1 人，自理口粮 34 人，其他 21 人。1988 年，“农转非”实行指标控制，卫子区公安分局职工家属“农转非”户口审批数为 40 人。1990 年，贯彻执行省政府《关于认真做好严格控制“农转非”工作的通知》精神，实行“农转非入户卡”办理“农转非”户口迁移手续的制度。公安机关掌握审批的职工居民家属“农转非”指标，由省计经委“戴帽”下达。1993 年，省公安厅、省计经委、省粮食局《关于解决收编农业户口公安员“农转非”问题的通知》下达给元坝区“农转非”指标 21 人；市公安局、粮食局分配给元坝区 1993 年度职工居民家属“农转非”指标 19 人。1994 年，贯彻省委、省政府《关于在小城镇建设试点镇进行户籍改革的试行意见》，区委制发《关于办理乡镇聘用干部经济户口的通知》，解决了 34 名乡镇聘用干部“农转非”，收费标准为每人 1300 元；区人民政府《关于乡镇企业职工办理元坝区经济户口的通知》规定，凡自愿交 2000 元人民币，均可办理一名非农业户口。同年，全区常住人口 60831 户，237206 人，其中非农业人口 15531 人，比 1987 年增加了 10815 人。从 2002 年起，根据区委、区政府《关于加强推进城镇化进程的意见》精神，对经批准在小城镇落户的人员，不再办理粮油供应关系手续；公安机关除收取办理户口手续及工本费 50 元费用外，不再收取其他费用。2005 年，区境内凡涉及嘉陵江亭子口水利枢纽工程规划淹没区的 13 个乡镇的户口迁入，必须由辖区内户籍民警、派出所所长、公安分局治安大队长审核后，报分局局长或分管治安的局领导审批同意，方可办理准予迁入手续。2006 年，实现了市内户口迁移网上办公。当年共办理小城镇户口落户 90 余人。2007 年，根据区情，取消了人口流动限制条件，放宽了在集镇和城区落户的准入条例，解决了一批长期人户分离现状，实现了人口的有序和自然流动。同时，继续对嘉陵江亭子口水利枢纽工程淹没区的人口迁入实行严格控制。

广元市元坝区人口迁移分年度统计表

表 9－10　　　　单位：人

年度	迁入		迁出	人口净增	年度	迁入		迁出	人口净增
	省内	省外				省内	省外		
1987	3638	61	3818	—	1998	1608	128	2318	472
1988	2379	36	1797	2257	1999	1377	152	2222	220

续表

年　度	迁　入		迁　出	人口净增	年　度	迁　入		迁　出	人口净增
	省　内	省　外				省　内	省　外		
1989	1528	39	1828	1506	2000	1913	183	1994	1279
1990	2364	55	2399	25653	2001	1201	143	1842	-208
1991	2850	66	2910	1644	2002	1357	106	2244	-772
1992	2959	99	3861	852	2003	386	231	793	-78
1993	2855	70	3602	5751	2004	367	171	1371	-2326
1994	3395	57	3952	1218	2005	914	157	1890	-383
1995	2856	73	3457	1491	2006	741	167	1846	-1063
1996	2426	64	3601	441	2007	1529	514	3356	784
1997	2217	116	2718	930	—	—	—	—	—

二、人口管理

（一）重点人口管理

根据公安部1985年3月重新修订的《重点人口管理工作规定》，重点人口包括6类15种：有反革命活动可疑的，因民事纠纷激化的，有行凶闹事苗头的，可能铤而走险的，依法判处管制、剥夺政治权利、缓刑、假释、监外执行、被监视居住和取保候审的，刑满释放、解除劳教、解除收容教育不满三年的。1987年6月底，全区共列管重点人口150名，经过帮教已改为撤管的52名；重新犯罪被打击处理的7名；新列管49名。当年底共列管重点人口141名，建立帮教小组153个，帮教力量372人。1988年，结合颁发居民身份证工作，对重点人口进行了一次全面清理整顿，积累了部分现行活动及其表现材料。1990年，各基层派出所坚持定期与重点人见面，听其思想汇报，指出其改进成绩和存在的问题，并协助当地党委、政府解决重点人员的实际困难，实行管、控、帮、教相结合，取得了较好效果。全年，重点人口为公安机关提供破案线索140起，协助查获刑事案件9件、查处治理案件94起、挡获各类违法犯罪人口128人。1991—1993年，区公安机关在重点人口管理上实行“三个层次管理”，即对有现实危害可能有危险的人员和刑满释放、解除劳教、被判缓刑、保外就医等人员实行重点管理，对长期流窜外地和外地流入本地的人员，实行跟踪管理，向流往地和流来地公安机关发函调查、交换情况，坚持日常管理。1994年，全区各派出所将辖区内列管的重点人口进行了一次全面清理，落实了管控制度，使重点人口列管率、控制率分别达到66.50%和62.30%，其中昭化派出所分别达到83%和100%，超过了公安部规定的标准，另5个派出所经市公安机关验收，成为达标优胜所。1995年，共列重点人口515人，打击处理重点人口29人，控制率达到100%；全区554个帮教小组，为公安机关提供破案线索48起，查破案件38件。1998年5月，公安部发布了新的《重点人口管理工作规定》，将重点人口的列管范围分为四大类共十九种对象。区治安管理部门和基层派出所对重点人口实行由户口所在地管理向以现住地管理为主转变；由静态管理向动态管理为主转变；由公开管理向公秘结合管理转变；把管理工作向重点人口涉足场地延伸。重点将影响政治社会稳定的人员，以及刚刚刑满释放、解除劳教人员、流氓恶势力成员和可能从事重大犯罪活动的对象及时纳入工作视线报请列管。当年通过集中警力、时间进行清理整顿后，全区原有重点人口401人，撤管165人，新列管82人，其中一类54人，二类92人，三类9人，四类163人，接管企事业单位内部重点人口11人，并重新建立健全了重点人口列管、审批、查证、控制、帮教、考核、信息采集、档案管理及打击处理等规章制度。1999—2004年，在重点人口管理中，建立了重大刑事案件、治安案件、治安灾害事故案前管制责任倒查制。2005年，考察重点人口291人，其中考察监督改造人员27人，安置“两劳”（劳改、劳教）释放人员13人，登记掌握纳入视线管理人员168人。2006年和2007年，重点加强对被判处管制、剥夺政治权利、缓刑、假释、保外就医罪犯的监管，派出所建立上述五刑监管人员信息档案49人，由派出所民警、村组干部建立监管、帮教小组，做到了底数清，去向明，情况清楚。

（二）暂住人口管理

1985年7月，公安部颁布了《关于城镇暂住人口管理的暂行规定》。1987年，卫子区公安分局筹备组根据不同情况，依靠用人单位对暂住人口审查、登记、教育管理；对混迹其中的违法犯罪分子，注意发现、审查和控制。全年共登记暂住人口931人，发现有违法犯罪活动的37人，给予治安处罚23人，批评教育和作其他处理的14人。1989年，四川省公安厅制发了《关于进一步加强暂住人口管理工作的意见》，区公安机关努力提高暂住人口登记率，并结合人口普查前的户口整顿工作，开展了对暂住人口的清理整顿。全年共登记暂住人口1486人，统一由派出所建立了档案。在管理中发现违法犯罪人员261人，其中提请批准逮捕19人，劳动教养4人，治安处罚238人。1991年，区公安机关共清理暂住人口1931人，其中，按时间分，3个月以下的663人，暂住3个月以上一年以下的1063人，一年以上的205人；按暂住地分，居住在居民家中的176人，旅店、招待所62人，工棚、集体宿舍1115人，商业店铺245人，出租房屋333人；按暂住性质分，务工的1460人，经商的190人，服务业122人，运输业11人，探亲访友的44人，治病的17人，寄住读书的18人，保姆7人，公务活动8人，其他54人。共摸排出暂住人口中违法犯罪人员52人。暂住人口出租房加强了管理，除发给房主“出租房证”、签订《出租房屋安全管理责任书》外，同时交纳租金的5%～10%作为安全抵押金。1997年3月，开始执行《四川省暂住人口治安管理条例》，全年登记发证731人。1999年，省政府办公厅下发了《关于我省流动人口管理服务收费的通知》，公安机关按通知规定收取“暂住证”工本费5元/本，管理服务费每人每月10元。2001年，开展了清理整顿出租房屋规范流动人口管理专项行动，共清理登记暂住人口856人，房屋出租464户。2002年，省政府办公厅下发了《关于进一步加强流动人口管理的通知》，取消了收取流动人口管理服务费每人每月10元的规定。2004年，区公安机关建立了能有效预防、发现、查获犯罪的控制网络。通过暂住人口登记管理，查破刑事案件9件，查处治安案件27件。2005年和2006年，共登记暂住人口679人。2007年，区公安分局通过掌握辖区内出租房屋底数，建立高危人群台账，实行租房备案制，对特殊行业特别管控，建立秘密“情报站”等措施，为及时发现可疑流动人员和案件线索创造了条件。

（三）居民身份证管理

1985年9月，《中华人民共和国居民身份证条例》颁布。1988年1月，广元市市中区人民政府制定了《颁发居民身份证工作实施方案》。同年2月，卫子区公所成立了颁发居民身份证领导小组及办公室，并于3月由卫子区公所转发颁发居民身份证办公室《关于颁发居民身份证工作的安排意见》。区公安机关当年完成了应发证人数的84%。1989年，公安部制定了《临时身份证管理暂行规定》，1990年8月25日起，元坝区公安机关开始办理临时居民身份证业务。元坝区居民身份证行政代码为510811。从1991年1月1日起，元坝区使用新的行政代码和序码。1993年12月底前，允许使用三种不同式样的临时身份证，从1994年1月1日起除老式样有效期未满的证件使用外，其余均统一使用新式样的证件。区公安分局对辖区内8个派出所的户籍民警进行了居民身份证清理纠错的业务培训，并集中对全区居民身份证编码进行清理，进一步完善了居民身份证编码档案。1999年，国务院《关于实行公民身份号码制度的决定》明确：自1999年10月1日起，在全国建立和实行公民身份号码制度。2004年，区人民政府办公室印发了《广元市元坝区换发第二代居民身份证工作实施方案》。区公安机关全年核对户口6万余户24万余人；清理户口待定人员2202人，落实解决1300人；清理人户分离人口10041人；清理未注销人口2670人；依法变更户口项目2843人；身份证纠错1006人。2005年，区公安分局完成居民身份头像扫描18万余人，办证7000余人。2006年共办理居民身份证7000个，全区实有持证人数达16万余人。2007年，区公安分局实现了照相、受理及公民个人信息更正一体化服务。

（四）人口信息管理

1988年以前，卫子区未建立人口信息档案。1988年，区公安机关在全区颁发居民身份证工作中，组织力量对居民身份证底卡统一编号、入柜，建立人口卡档案。1998年，元坝区启动以常住人口为基础与居民身份证底卡相统一等多功能的人口综合信息系统，实行人口信息计算机管理。1999年，对居民身份证号码进行升位的同时，完成了人口信息的计算机录入工作。2004年底，人口信息录入238600人，人口照片扫描178000人。2005年，区公安分局完成了派出所人口信息系统建设，实现了与广元市公安局中心数据库的联网。当年，通过人口信息查询，为侦破案件提供嫌疑人资料24人次，抓获逃犯2人。2006—2007年区公安分局按照“金盾工程”的建设标准和要求，公安四级网络建设实现光纤接入，宽带升级至2M，主要公安业务工作开始在网上全程办公。人口信息化管理由常住人口录入管理扩展到“出租房信息、高危人员信息、监管对象信息、重点人口信息、暂住人口信息”等信息化管理。

第六节 交通安全管理

一、宣传教育

1987—1991年，区境内交通安全宣传教育工作由市公安局交警支队指导，卫子区公安分局治安科具体管理，并联合建立了“治安、交通检查站”。1992年，元坝区公安分局交警队以乡镇、行业为单位，重新组建了11个交通安全联合组，对辖区内的车辆和驾驶员进行安全管理，制作警示、警告标语牌21块，消除事故隐患40起。1993年6月，在全区开展“安全宣传月活动中”，区公安分局交警队在国道212线、省道202线的场镇和虎跳、王家、昭化等地，以及事故易发区的中、小学开展交通安全宣传教育，共办宣传橱窗5期，协助安全联合组制作标语牌19块，书写山岩标语800余幅，播放重大交通事故案例和事故发生情况的宣传片10部。1994年4月，区政府交通安全联合组制定了《驾驶员学习制度》，实行奖惩。1996—1998年，是全面实施公安部《交通安全宣传教育三年计划（1996—1998)》的三年，区公安分局建立了“交通安全宣传教育领导小组”，制定了《关于贯彻公安部“交通安全宣传教育三年计划”的实施方案》，按照“谁主管、谁负责”的原则，对青少年进行交通安全法制教育，并升展“交通安全宣传周”活动，在新闻媒体开辟了“交通安全”宣传栏目等。2000—2003年“春运”期间，区公安分局交警大队均要在区有线电视台播放《致全区驾驶员的一封信》；以创建“平安大道”为主题，共设置大型标语牌40面；积极参与“五下乡”活动，到各乡镇、城区巡回展出交通安全宣传图片，开展交通安全咨询服务。2006年，在创建“优秀旅游城市”和“省级文明县城”中，区公安分局交警大队在城区展出交通安全展板30余张，发送宣传资料2000余份。2007年，区交警大队编印《交通安全手册》5000本，发送《交通文明手册》3000本、《道路交通安全法律法规汇编》2000册和交通安全提示卡；与有关部门和车辆驾驶员签订交通安全责任书2000余份。

二、车辆与驾驶员管理

1987—1991年，区境内的车辆管理工作由广元市公安局交通警察支队直接管理。1992年，元坝区车管部门全年共检审机动车辆632辆，占机动车总数的90.50%。各安联组对辖区内机动车驾驶员进行培训考试，驾驶员年度审验800名，占应审验总数的94.20%。区车管部门培训合格摩托、农用车驾驶员48名。1993年，加强机动车辆路面控制管理，全年共上路检查车辆15000台次，纠正违章10115人次，清理、整顿“三无”（无号牌、无行驶证、无保险）车辆138辆，机动车辆上户140辆。1995年，全区换发“九二”式牌、证共187辆。1996年6月，公安部发布《中华人民共和国机动驾驶证管理办法》，对机动车驾驶证审验作了部分调整。除对持有大型客车、大型货车、无轨电车、有轨电车和从事劳动性运输的小型汽车驾驶员驾驶证仍然每年审验一次外，其他机动车驾驶证每两年审验一次。1997年，区公安分局建立了公路巡逻民警大队，加大了对机动车辆和驾驶的管理力度，全年共纠正违章11064人次，并扣驾驶证622本，罚款31万元，清除违章占道36起，调解道路纠纷10起。2000年3月，施行中华人民共和国公安部《机动车驾驶员交通违章记分办法》《交通违章处理程序规定》。当年，区交警部门与元坝区运管、路政部门对违章载客、载货车辆进行专项整治，共纠正违章1410人次，吊扣驾驶证62本，驾驶证扣分377人次。2002年，区公安分局交警大队聘用了9名协警员，协助交警管理交通秩序。交警部门把警力集中在一线，加强路检、路查，坚决取缔无牌、无证车辆和摩托车非法营运载客违法行为，依法纠正超速、超载行为，同时加强机动车对驾驶员进行职业道德教育和基本技能的培训。当年，共纠正违章1935人次，路检处罚1659人次，吊扣驾驶证20本，驾驶证扣分841人次、累计扣分1458分，治安拘留13人。2004年5月，《中华人民共和国道路交通安全法》正式施行，区交警大队对辖区机动车驾驶员进行了《道路交通安全法》的宣传和培训学习，增强了机动车驾驶员的安全责任意识。2005年，检验机动车2545辆，办理机动车上户1110辆，纠正交通安全违法行为2458人次，受理驾驶员办证1232人；2006年10月，开展了为期一周的摩托车交通违法行为专项整治。在专项整治期间，查处无牌无证摩托车130余辆，无证驾驶人员143名，按规定销毁机动车驾驶员档案512个，并将年内两次以上严重超员或严重超速以及发生交通事故负主要责任的5名驾驶员列入重点管理；2007年，经上级检查验收，全区车管业务工作达到了二等管理水平。全年受理驾驶员办证1575人，纠正、处罚交通违法行为11075人次，采集重点交通违法人员指纹信息42套。

广元市元坝区机动车辆与驾驶审检情况统计表

表9-11

年度	机动车辆（辆）				驾驶员（人）				
	登记发证	年度审验			培训考核	发学习证	年度审验		
		总数	合格数	合格率%			总数	合格数	合格率%
1992	702	632	571	90.5	48	48	800	754	94.2
1993	140	802	797	99.5	254	254	860	856	99.6
1994	89	421	408	97	228	228	621	606	97.6
1995	216	836	818	97.8	260	260	978	946	96.7
1996	237	921	896	97.3	264	264	1783	1721	96.5
1997	180	1075	897	83.5	582	582	2573	2462	95.7
1998	289	1486	1304	87.8	865	865	2885	2770	96

续表

年度	机动车辆（辆）				驾驶员（人）				
	登记发证	年度审验			培训考核	发学习证	年度审验		
		总数	合格数	合格率%			总数	合格数	合格率%
1999	372	1000	840	84	1395	1395	1927	1069	97
2000	454	1492	984	66	1781	1781	1269	1192	94
2001	1148	1212	1151	95.5	1231	1231	1432	1366	95.4
2002	842	1630	1536	96	1502	1502	1821	1772	97.3
2003	752	1843	1769	96.03	872	872	2227	2140	96.1
2004	886	2137	2075	97.1	821	821	2030	1973	97.2
2005	1110	2610	2545	97.5	1339	1339	425	420	99.8
2006	1108	2708	2632	972	2052	2052	342	342	100
2007	2300	3650	3577	98	1623	1623	569	569	100

三、交通秩序管理

1992 年，区公安分局交警队以“纠违章，压事故，保畅通”为主，全年全队上路巡逻 1548 天·人次，检查车辆 9768 辆次，纠正交通违章 4849 人次，其中警告 763 人次，罚款 4065 人次，吊扣证照 21 人，治安拘留 3 人，追究刑事责任 1 人。1993 年，把路检路查、纠正违章、清除隐患、加强路面控制作为主要工作，开展了便民服务、文明执法和“道路交通专项治理”活动；共纠正违章车辆 1.50 万辆次，处罚 1 万余人次，罚款 14.50 万元，协调道路纠纷 11 起。1994 年，交通管理工作开始实行目标管理，其重点是以预防为主，抓好源头管理；每月对辖区内客运车辆进行一次临检；全年上路检查车辆 16826 辆，纠正违章 13523 人次，处理道路纠纷 6 起，吊扣驾驶证 95 人。1996 年，按照市交警支队《关于集中开展道路交通秩序整顿工作的通知》，区交警队除对重点路线、客车较多的始发站重点监督外，还对人力客运三轮车、无证照载客车辆、昭化片区农用三轮车进行了专项整治。1998 年，对辖区城镇街道车辆乱停乱放、行车无牌、驾驶无证等现象进行了整顿。全年共纠正违章 11064 人次，吊扣驾驶证 622 本，罚款 31 万元，清除违章占道 36 起，调解道路纠纷 10 起。1999 年，开展了夏季、冬季安全管理专项治理和交通安全示范村建设。2000 年 3 月，开始施行公安部《机动车驾驶员交通违章记分办法》《交通违章处理程序规定》。全年共纠正违章 1410 人次，吊扣驾驶证 62 本，扣分 377 人次。同时，在创建“平安大道”活动中，建立了 9 个交通安全村、11 个交通安全学校，并与城区沿街单位签订了共建文明街公约。2003—2004 年，每年均开展道路交通安全专项整治和“反盗抢、查违章、除事故、保安全”战役；开展“春运安全 40 天”和“五一安全周”“十一安全周”活动；开展了“平安大道、畅通工程”创建活动。2006 年 8 月，按照省、市、区的部署，区公安分局开展了“百日交通安全”专项整治，并在红岩镇召开了整治现场会。会上公开处理了 3 名交通违法人员，对报废农用车实行了强制报废。9 月，结合元坝实际，区公安局在全区推行农村派出所管理道路交通安全。11 月，区交警大队进行了为期一周的摩托车交通违法行为专项整治，查处无牌无证摩托车 174 辆，无证驾驶人员 97 名，督促办理驾驶证 180 本，新车入户 65 辆。全年共发生道路交通事故 105 起，死亡 9 人，伤 125 人，直接经济损失 7.20 万元。2007 年，区交警大队以“压事故、保畅通、保安全”为工作目标。同时，为迎接“2007 中国·四川广元昭化古镇文化旅游节”，制定了《关于进一步加强旅游公路沿线交通秩序整治方案》，重点对元坝城区、昭化镇、牛头山风景区路段交通秩序进行了专项整治。全年共发生交通事故98起，死亡10人，伤154人，直接经济损失10.27万元。

四、交通事故处理

1992年，根据公安部、交通部《城市和公路交通管理规则》和《四川省城市和公路交通事故处理试行办法》处理交通事故。2000年3月，为配合国家实施西部大开发战略，区公安分局交警大队严格按四川省公安厅制定的《四川省道路交通事故简易程序处理规定》处理交通安全事故。2005年，区公安分局交警大队制定了《处置道路交通事故预案》，进行了一次以客运交通安全为重点的预防群死群伤特大道路交通事故专项整治。全年，辖区内共发生道路交通事故90起，结案81起。2006年，在贯彻《道路交通安全法》中，紧密结合"交通安全宣传教育、预防交通事故、治理交通秩序、依法处理交通事故"，杜绝了一次死亡三人以上的重大道路交通事故发生。辖区内全年共发生道路交通事故105起，结案103起。2007年，为进一步加强客运安全管理，区交警大队采取了"四不放过"（原因不查清不放过、隐患不清除不放过、责任不追究不放过、安全教育不到位不放过）措施。全年共发生道路交通事故98起，结案98起。

广元市元坝区交通事故四项指标统计表

表9－12　　单位：件、人、万元

年　份	事故总数	死亡人数	受伤人数	经济损失	年　份	事故总数	死亡人数	受伤人数	经济损失
1992	136	12	102	14.67	2000	159	14	189	14.775
1993	76	9	84	14.185	2001	149	15	214	14.79
1994	100	12	109	15.985	2002	146	13	211	12.2
1995	173	21	156	18.995	2003	121	8	198	19.725
1996	153	15	126	5.6	2004	97	20	146	12.39
1997	178	15	148	23.23	2005	90	6	163	9.2
1998	153	8	154	27.635	2006	105	9	125	7.2
1999	113	13	114	14.84	2007	98	10	136	10.27

第七节　消防工作

1987年前，辖区内仅有广元市石油公司三七六二油库（地址在元坝镇砖灰村）的一支专职消防队。1987年，卫子区在王家、昭化场镇建立了义务消防队；在防火条件差、水源缺乏的10个场镇建立了防火小组，同时对215个单位落实了防火责任人。1988年12月，卫子区防火委员会成立，各乡镇、企事业单位亦相应建立了防火委员会和消防机构。1990年，全区28个乡镇做到了每个乡镇都有一支义务消防队。1992年底，全区共建立健全义务消防队35支，义务消防员413名。1995年5月，石油公司改制，三七六二油库消防队撤销。1997年6月，开展文明小区创建活动，实行社会治安综合治理，义务消防组织被治安联防队代替，把消防工作落实到了群防群治中。

一、防火监督

1987 年，卫子区公安机关落实防火措施，检查整改火灾隐患，健全岗位防火责任制。当年组织义务消防队参加广元市首届消防运动会，夺得团体总分第一名，受到市政府的表彰。全年共发生火灾 10 次，经济损失 8500 元。1988 年，为搞好冬季防火工作，卫子区公所决定对重点单位进行消防工作 10 项标准查验，并由区公安分局消防科监督管理一级重点单位，各派出所监督管理二级重点单位，三级重点单位由乡镇政府（治安室、公安员）负责管理。当年，共发生火灾 2 次，损失折款 1500 元。1990 年，元坝区消防部门开展了对仓库、电线的防火专项治理，督促对全区 30 多座粮库，40 多座物资仓库，200 多个营业门市部的电线进行了整治。全年无火灾发生。1992 年，对建筑单位严格按建筑防火审核规定进行检查验收；对供销、粮食等 13 个单位进行消防培训 13 次 500 余人。全年未发生一起火灾。1993 年，区公安分局制定了《消防重点单位十项标准》，规定每年对一、二级消防重点单位进行一次达标验收。1994 年，签订目标责任书 58 份，给 72 人颁发了消防检查证。当年，查处火险隐患 96 起，其中责令当场整改 71 起、限期整改 20 起、行政处罚 5 起、罚款 2450 元；建筑防火审验 16 个单位，审核资料 24 套，查处违章建筑 8 处。1997 年，继续抓好重点防火单位法人、保卫干部培训工作，建立健全重点防火单位防火档案，检查整改火险隐患 200 起，下发整改通知书 80 份，当场整改 120 起，全年无重大火灾事故发生。2000 年省公安厅制定了《四川省公安消防行政处罚程序规定》，区消防监督部门加大了消防执法监督力度，在日常检查中坚持填写检查记录、指出隐患、督促整改、依法处罚“四到位”，对娱乐服务场所开展了消防安全专项治理。全年共发生一般火灾事故 6 起，依法查处责任单位 3 个，处罚第一责任人 6 人。2002 年 8 月，为改善农村消防安全环境，提高乡镇抗御火灾能力，区政府决定在王家、卫子、太公、虎跳、梅树、射箭、红岩、昭化八乡镇推行消防“1234”工程，即在每个乡镇场镇设置 1 口消防池，2 台机动水泵，300 米消防水带，4 支消防水枪，并健全义务消防队。区公安机关按照公安部《机关、团体、企业、事业单位消防安全管理规定》和《公安派出所消防监督管理职责》的要求，重新确定了消防重点单位及管理范围，由消防大队与各派出所负责鉴定辖区重点防火单位。2004 年，区公安分局按照有关规定明确了消防大队和派出所消防工作管理责任，并与各乡镇、各消防重点单位签订了《消防责任告知书》200 份。开展了古建筑消防安全专项治理和消防安全通道专项治理工作，在治理中整改隐患 134 起。全年共发生火灾事故 3 起，经济损失 1.75 万元。2005 年在消防监督检查中，依法查处了文村乡小学新建建筑工程消防设计图纸未向区消防大队申报审核而擅自施工、永宁和卫子加油站工作人员违章加油等违反消防法律法规的行为。2006 年，元坝区继续实施“1234”消防工程，投入 6 万余元在农村进行消防设施建设；梅树、王家、卫子、柏林沟、射箭、红岩、昭化七乡镇按要求配备了基本的消防设备。区消防大队全年共填发消防监督检查记录表 140 份，办理消防行政案件 11 起，处罚责任单位 8 个，处罚责任人员 11 人，罚款 0.83 万元，责令停止营业、停止施工 7 家，警告 2 人。2007 年，在采取加强基层干部、农村电工、校园学生的教育，结合“五下乡”、新闻宣传、新农村建设，进一步深化农村消防宣传工作的同时，区消防大队对昭化古城的消防设施、重点防火部位进行了安全检查，对发现的火灾隐患督促进行了整改。王家派出所与王家镇政府在王家小学举办了消防培训和开展了消防演练，1200 余人参加了培训演练。11 月 9 日，区消防大队和昭化派出所在昭化小学举行了“119”消防宣传活动，昭化古城各单位、各经营业主和昭化中小学踊跃参加，其中有两个班的学生进行了火灾发生后如何疏散的模拟演练。

二、火灾事故

1989 年 9 月 15 日，王家供销社百货仓库发生火灾，烧毁商品 9 种，虽经供销社职工奋力扑救，避免了一场恶性火灾事故，但还是造成经济损失 2679 元。1994 年 5 月 31 日，白果乡竹林村二组村民王明甫家、元坝镇柳桥乡四组村民吕维红家因小孩玩火而发生两起火灾，烧毁房屋，烧死、烧伤生猪和耕牛，造成经济损失 1.50 万余元。同年 8 月 6 日，元坝镇清水路集贸市场个体户马从志的沙发店因用电不慎引发火灾，将沙发加工棚烧毁，并将二楼一底的楼房烧成危房，损失 7 万余元。1995 年 6 月 7 日，元坝镇胜利村一组村民乔曾云家发生火灾，造成经济损失 3 万余元。2000 年 11 月 16 日上午，王家镇红庙村村民杨道德故意放火，企图将其兄弟俩的房屋全部烧毁，经场镇机关干部和居民扑救，造成经济损失 3000 余元。2001 年 5 月 31 日，卫子镇沈家阁村张伟因报复，点燃张子林家的谷草堆、柴房，群众闻讯扑灭了大火，但烧毁了粮食 600 公斤，房屋 2 间，造成直接经济损失约 5000 元。2005 年 7 月 22 日，元坝城区九州电影院对面何启禄经营的一间棉花加工房发生火灾，直接经济损失 2 万元。7 月 24 日，元坝镇红土垭一居民房发生火灾，室内财物付之一炬，并造成轻伤 1 人。7 月 26 日，卫子镇商家梁村九组商友才家发生火灾，其 3 间猪圈、17 头生猪、14 只鸡、2 立方米木材全部被毁。当年全区共发生火灾 7 起，伤 1 人，直接经济损失 2.56 万元。2006 年，全区共发生火灾 12 起，伤 3 人，直接经济损失 14.34 万元。2007 年全区共发生火灾 4 起，无人员伤亡，直接经济损失 10 万余元。

第五章　司法行政工作

第一节　司法管理机构

1986 年，卫子区公所设司法科；1988 年 6 月，撤卫子区公所司法科，建广元市市中区卫子区司法局，严加才任局长，莫小彪任副局长。

1989 年 12 月，广元市元坝区设司法局（简称区司法局），1990 年 2 月正式成立。设办公室、法制宣传教育科、基层工作管理科、政工科。1992 年，成立区法制建设领导小组，下设办公室（简称区法建办），挂靠区司法局。1996 年 3 月，建立中共广元市元坝区司法局党组。2001 年机构改革，区司法局设办公室、政工股、基层工作股、公证律师工作股（挂法律援助工作股牌子）、司法鉴定管理股（挂区司法鉴定管理工作委员会办公室牌子），保留区法建办和区公证处牌子，挂广元市元坝区安置帮教领导小组办公室牌子。

1993 年 7 月，建立王家、虎跳、昭化、卫子、太公、明觉、元坝、清水、石井铺、红岩、磨滩、白果、沙坝共 13 个乡镇司法所，由区司法局指导管理。

广元市元坝区司法局领导名录

表 9-13

姓 名	性别	籍 贯	政治面貌	职 务	任职期间	备 注
严加才	男	广元市利州区	中共党员	副局长	1990-02—1993-03	主持工作
邢国富	男	广元市元坝区	中共党员	副局长	1992-08—1993-04	
刘志荣	男	广元市元坝区	中共党员	副局长	1993-03—1994-07	
邢国富	男	广元市元坝区	中共党员	局 长	1993-04—2001-02	1996-04 始任党组书记
赖翠兰	女	广元市元坝区	非 党	副局长	1995-12—2003-01	
冯开朗	男	广元市元坝区	中共党员	副局长	1998-03—2003-01	党组成员
赵志强	男	广元市元坝区	中共党员	局 长	2001-02—2007-02	党组书记
孙友忠	男	广元市元坝区	中共党员	副局长	2003-02—	党组成员
张俊贤	男	广元市旺苍县	中共党员	副局长	2003-02—2007-05	党组成员
王康宁	男	南充市阆中市	中共党员	纪检组长	2003-02—2007-02	党组成员
李朝银	男	广元市旺苍县	中共党员	局 长	2007-03—	党组书记
刘 丰	男	广元市苍溪县	中共党员	副局长	2007-05—	党组成员

第二节 法制宣传

1986 年，卫子区开始实施公民普及法律常识的第一个五年规划（简称“一五”普法）。“一五”普法的对象、重点为各级领导干部和企业厂长、经理，普法的内容为《中华人民共和国宪法》《中华人民共和国刑法》《中华人民共和国刑事诉讼法》《中华人民共和国民事诉讼法》《中华人民共和国经济合同法》《中华人民共和国民法通则》《中华人民共和国婚姻法》《中华人民共和国兵役法》《中华人民共和国治安管理处罚条例》等。1986 年春，卫子区机关、乡（镇）、学校、厂矿相继建立普法领导小组，组织订购《干部法律常识读本》《常用法律法规选编》等法律书籍 2100 册，区司法科采取培训普法骨干、办普法学习班、出动法制宣传车、办普法专栏等各种形式，并抽调干部和宣讲员 54 人，深入机关、厂矿、学校、乡村大力开展法制宣传。1989 年，卫子区司法局举行有4000 多名干部、教师参加的普法考试，合格率达 90% 以上。

1991 年，在完成“一五”普法任务的基础上，开始了第二个五年普法（简称“二五”普法）。同年 9 月，区人大常委会审议批准了区政府第二个五年普法规划，作出了《关于“二五”普法规划的决议》。“二五”普法在内容上以《中华人民共和国宪法》为核心，普遍学习《中华人民共和国行政诉讼法》《中华人民共和国民事诉讼法》《中华人民共和国义务教育法》《中华人民共和国国旗法》《中华人民共和国国徽法》和《中共中央、国务院关于加强社会治安综合治理的决定》《四川省禁赌条例》等；各部门根据工作职能，有针对性地学习掌握《中华人民共和国地方组织法》《中华人民共和国水土保持法》《中华人民共和国土地管理法》《中华人民共和国森林法》《中华人民共和国工业企业法》

《中华人民共和国村民委员会组织法》《四川省计划生育条例》以及保密、卫生、交通、廉政等方面的法律、法规。普法的重点对象是各级领导干部、执法人员、宣传教育工作者和青少年，并要求各中学要把法制教育列入教学计划。1992 年，区司法局组织宣传车在全区宣传《中华人民共和国宪法》，并组织 1 万人参加了全省开展的“百万公民宪法知识大赛”。1996 年，区人大常委会审议批准了区政府制定的《广元市元坝区开展法制宣传教育第三个五年（1996—2000 年）规划》（简称“三五”普法），同时，区法建办主任改由区司法局局长兼任。普法工作中，区司法局、区法建办组织普法讲师团分头到陈江乡、柏林沟镇、王家镇、区教育局、区企业局等乡镇和部门讲解法律知识。1997 年，区法建办、区司法局编印 5000 册《常用法律法规选编》作为普法学习用书，组织全区干部、教师进行法律考试，并给 4500 人颁发法律考试合格证。1998 年，举办有 23 个行政单位和 11 个乡镇共 110 名领导干部和执法人员参加的普法培训班。同时指导全区 50 个行政机关、28 个乡镇举办类似的培训班，并对参训人员进行法律考试。“三五”普法中，全区有 6 个单位和 15 名个人分别被评为全市普法“先进单位”和“先进个人”。

2001 年，“四五”普法开始。普法对象是一切有接受教育能力的公民，重点对象是各级领导干部、司法人员、行政执法人员、青少年和企业经营管理人员。当年 8 月，区人大常委会作出《关于进一步开展法制宣传教育的决议》，明确普法的目标、任务。同时，为保障必要的普法经费，决议要求“区法建办的普法工作经费，应按全区每年每人不低于 0. 10 元的标准纳入财政预算，乡（镇）政府也要在财政预算中列入适当的、必需的工作经费”。区法建办、区司法局及时印制“四五”普法学习资料（机关读本和农村读本）4500 册，并陆续聘请中共广元市委讲师团、西南财经大学、中共四川省委党校、四川师范大学教授到区为干部讲授法制课。区司法局采取广播电视讲法、调阅干部学法笔记、集中时间学法、开展“法律进万家”活动等形式，推动了普法工作深入开展。在“四五”普法教育中，调解民间纠纷 7000 件，防止民间纠纷转化为刑事案件的 430 件，防止非正常死亡 110 人次。通过“四五”普法教育，全区广大干部群众的法律素质普遍提高，社会治安进一步得到治理。其中 2004 年城区的治安案件由 2003 年的 80 多件下降到 22 件。2005 年，区司法局、区法建办制定出《广元市元坝区“四五”普法依法治理考核验收标准》，组织五个考核检查组分别对全区机关、企事业单位和学校的普法工作进行考核验收，评选出的 20 个先进集体、34 名先进个人受到区委、区政府的表彰奖励。同年 11 月，市普法检查组对元坝区“四五”普法工作进行检查验收后，元坝区被评为全市“先进县区”，区法建办被中共四川省委、四川省人民政府表彰为“先进集体”。

2006 年，区委、区政府制定了《广元市元坝区（2006—2010 年）五年普法依法治理规划》（简称“五五”普法规划）。领导干部、国家公务员、青少年、企业经营管理人员、村组干部和农民是“五五”普法的重点对象；普法中重点学习的法律是《中华人民共和国宪法》《中华人民共和国公务员法》《中华人民共和国行政诉讼法》《中华人民共和国行政处罚法》《中华人民共和国行政复议法》《中华人民共和国国家赔偿法》《中华人民共和国产品质量法》《中华人民共和国义务教育法》《中华人民共和国婚姻法》等 120 部法律。实施普法规划中，区委、区人民政府将普法工作纳入年度工作目标考核，与综合治理检查一并进行。区司法局在健全普法监督检查和考核评价制度的同时，大力促进普法工作扎实向学校、向社区、向村组延伸；以区人民政府常务会议学法活动为契机，认真督促、指导、检查各级各部门建立领导干部学法档案；广泛宣传《中华人民共和国物权法》和提高农民维权知识，推进依法行政和“民主法治示范村”建设；指导企业经营管理人员通过普法，提高依法管理、依法治企的能力。当年全区普法工作深入开展，元坝区被中共广元市委、市政府表彰为“先进县区”。

第三节 法律服务

一、律师工作

1990年6月，四川省司法厅批准建立广元市元坝区法律顾问处，受区司法局领导和管理，时有执业律师4人，主要担任全区18个行政、企事业单位的法律顾问工作，当年办理各类法律事务2件。1991年起，随着经济和社会事业不断发展，律师服务范围逐步扩大，办理案件迅速增加，1993年，办理案件220件。1994年，广元市元坝区法律顾问处更名为广元市元坝区律师事务所，全区从事律师及律师辅助工作的有6人，除法律顾问业务外，还拓展了诉讼代理和辩护业务。1996年4月，广元市元坝区律师事务所更名为四川广元永升律师事务所。至2000年，全区从事律师及律师辅助工作的有7人，其中1994—2000年，年均办理各类法律案件120余件。2004年4月，四川广元永升律师事务所又更名为四川永升律师事务所，仍隶属区司法局领导。至2007年，四川永升律师事务所仍是元坝区境内唯一一家律师服务机构，有执业律师3人，实习律师1人，行政管理人员1人，律师辅助人员6人，律师事务所与区内30多个行政、企事业单位和私营企业建立了平稳的法律顾问关系。1990—2007年，四川永升律师事务所（原区法律顾问处、区律师事务所、四川广元永升律师事务所）累计办理1917件诉讼代理（辩护）业务，其中办理了400余件非诉讼法律事务，涉及标的0.80亿元。四川永升律师事务所从2004年起连续四年被区人事局、区司法局表彰为先进集体。

广元市元坝区律师服务机构工作情况统计表

表9－14

年 度	办理各类法律事务(件)	其 中					避免和挽回经济损失(万元)
		民 事	经 济	涉 外	招投标	其 他	
1990	2	—	2	—	—	—	0.30
1991	25	10	15	—	—	—	2
1992	55	20	35	—	—	—	14
1993	220	81	36	—	—	103	62
1994	109	35	20	—	—	54	35
1995	189	86	31	—	—	72	41
1996	120	50	40	—	—	30	37
1997	86	21	18	—	—	47	35
1998	83	32	23	—	—	28	13
1999	129	53	21	—	—	55	17
2000	141	67	25	—	—	49	34
2001	178	73	24	—	—	81	51
2002	177	75	30	—	—	72	62
2003	196	80	45	—	—	71	57

续表

年度	办理各类法律事务(件)	其中					避免和挽回经济损失(万元)
		民事	经济	涉外	招投标	其他	
2004	165	81	21	—	—	63	85
2005	40	29	8	—	—	3	150
2006	46	34	8	—	—	4	340
2007	68	57	6	—	—	5	170
合计	2029	884	408	—	—	737	1205.30

二、公证工作

1990 年 4 月，广元市元坝区公证处成立，受区司法局领导和管理，时有公证员 1 人、公证辅助人员 2 人，主要从事根据自然人、法人或者其他组织的申请，办理合同、继承、委托、声明、赠予、遗嘱、财产分割、招标投标、拍卖等 11 项公证证明事项。以后，业务逐步扩展。2001 年开始实行要素式公证文书，主要围绕招商引资、银行贷款、房屋买卖、证据保全、土地征用、安置补偿、政府采购、发展农村经济项目提供公证服务。2004 年，区公证处在坚持常规办证、下乡办证的基础上，大力推进基层法律服务所公证网络建设，广泛开辟证源渠道；利用广播、电视、专栏和“五下乡”（科技、卫生、理论、法律、文化下乡）活动，对公证工作的性质、任务、地位等进行广泛宣传，让群众了解公证，利用公证，充分发挥公证工作“预防纠纷，减少诉讼 ”的作用；在公证工作中，坚持“真实、合法”的原则，严格办证程序，做到证件不齐备、双方意见表示不真实不出证；不真实不合法的伪、假合同不办证；按照公证程序规则，公证处完善了“公证文书审批制度”“重大疑难公证事项集体讨论制度”“统一收费制度”“留存赔偿金制度”“回访制度”等，加强内部制约和激励机制，防止办“人情证”“关系证”，规范公证行为。2006 年，广元市元坝区公证处更名为广元市昭明公证处。1990—2007 年，广元市元坝区公证机构累计办理公证 5243 件，办证优质率 95% 以上，避免和挽回经济损失 3228 万元。其间参与了 1998 年 5 月的区委组织部组织的领导干部“双推双考” 面试公证和 2006 年 6 月的“太虎”公路野鸡浩大桥修建中的证据保全以及 2007 年的财政周转金借款、农行贷款、青年歌手比赛、昭化古城居民拆迁补偿等公证活动。

广元市元坝区公证机构工作情况统计表

表 9 - 15

年度	办理公证						避免和挽回经济损失(万元)
	件数	其中					
		民事	经济	涉外	招投标	其他	
1990	72	41	31	—	—	—	20
1991	135	83	52	—	—	—	37
1992	186	104	82	—	—	—	56
1993	202	103	99	—	—	—	75
1994	187	126	61	—	—	—	76
1995	202	133	69	—	—	—	83

续表

年度	办理公证						避免和挽回经济损失（万元）
	件数	其中					
		民事	经济	涉外	招投标	其他	
1996	207	135	72	—	—	—	103
1997	267	143	124	—	—	—	126
1998	309	216	93	—	—	—	274
1999	374	251	123	—	—	—	286
2000	442	280	162	—	—	—	306
2001	460	274	186	—	—	—	314
2002	523	313	210	—	—	—	356
2003	550	324	226	—	—	—	426
2004	608	356	252	—	—	—	509
2005	225	167	55	—	3	—	68
2006	176	105	65	—	6	—	42
2007	180	108	67	—	5	—	71
合计	5305	3262	2029	—	14	—	3228

三、法律援助

法律援助是国家以法律化、制度化的形式，在国家设立的法律援助机构的指导、协调下，律师、公证员、基层法律工作者等法律服务人员，为经济困难或特殊案件的当事人给予减免收费提供法律服务，以保障其合法权益得以实现的一项法律制度。2001 年，省人大常委会颁布《四川省法律援助条例》。当年，经区编委批准，区司法局增设法律援助工作股，管理、指导、监督法律援助工作。2003 年 12 月，区编委批复区司法局，同意建立广元市元坝区法律援助中心（简称法援中心）。法援中心专门负责区境内法律援助申请的受理、审查，并指派人员为符合规定的公民提供法律援助。截至 2007 年，累计办理法律援助案件 146 件（其中办理民事法律援助案件 128 件，办理刑事法律援助案件 18 件），代写法律文书 520 份，解答法律咨询 3115 人次，为当事人挽回经济损失 410 万元。

四、基层法律服务

基层法律服务所是“自愿结合、自我管理、共同出资、共担风险”的合作制社会法律服务机构。从 1990 年起，王家、卫子、虎跳、元坝、昭化、太公、东方共 7 个基层法律服务组相继改组建所，其主要开展的工作和业务有：接受自然人、法人或其他组织的委托担任法律顾问；接受民事案件、行政案件当事人委托担任代理人，参加诉讼；接受委托，代理各类民事诉讼案件的申诉；接受委托，参加调解、仲裁活动；接受委托参加非诉讼法律服务；解答法律咨询，代写诉讼文书和有关法律事务的其他文书。至 2007 年底，全区 7 个基层法律服务所先后为 11 个乡镇、121 个村、20 个企事业单位担任常年法律顾问。累计代理民事、经济诉讼案件 8126 件，协助办理公证 110 件，见证 238 件，参与调解纠纷 280 件，为集体、个人避免和挽回经济损失 980 万元。

第四节 人民调解

人民调解，是指在调解委员会主持下，依法对民间纠纷当事人说服劝解、消除纷争的一种群众自治活动。1989年《人民调解委员会组织条例》颁布实施后，全区各乡镇配齐了司法综治员，村（居委会或企业）建立了调解委员会，组（居民小组）建立调解小组。调解工作坚持“调防结合，以防为主”的人民调解方针，在开展纠纷排查、调解和民间纠纷专项治理中，做到了小纠纷不出村组，大纠纷不出乡镇；发生纠纷有调解、有登记、有回访。1999年，各乡镇分别建立了调解中心。至2004年底，根据上级司法行政部门的要求，在全区28个乡镇、1个社区的106个村（居）民委员会和8个厂矿企业、2个集贸市场建立了144个调解委员会，有调解人员542人。通过整顿提高，70%的调解组织做到了“六有”（即有吊牌、印章、工作场所、回访记录、统计台账、业务学习资料）。1990—2007年，全区各级调解组织累计调解纠纷9772件，调解成功率达98%以上；开展专项治理145次，揭发犯罪嫌疑人26人，防止民间纠纷引起自杀案37件84人，防止民间纠纷转化为刑事案件94件185人，制止群众性械斗50件，防止群体上访30件；由于调解工作成绩显著，全区先后有3个调解委员会被评为省级优秀调解组织，有5名调解员被评为省级优秀调解员。

第五节 安置帮教

安置帮教工作是避免刑释解教人员重新犯罪的一项重要工作。1997年，国务院将“劳动改造、劳动教养（简称两劳）”刑满释放人员安置帮教工作划归司法部管辖。按照上级要求，成立了广元市元坝区“两劳”人员安置帮教工作领导小组，其办公室设在区司法局。2001年，国务院将“两劳”人员改称为“刑释解教”人员，区“两劳”人员安置帮教工作领导小组改名为“刑释解教人员安置帮教领导小组”，在各乡镇、社区也成立了相应的机构。各级安置帮教办公室每年都制定有工作计划和安置帮教工作措施，要求安置帮教工作做到“六到位”（接纳到位、通报到位、回归到位、安置到位、回访到位、宣传到位），并制定《安置帮教办公室工作职责》《安置帮教工作任务》等规章制度。对每年的刑释人员进行登记造册、建档，适时掌握其平时表现、思想动态等情况。同时，还开展了送温暖活动，活动中做到“四个一”（打一个电话问候，送一本书、进行一次探望、召开一次座谈会），较好地帮助了刑释人员消除顾虑、消除担心、消除犯罪感。2003年，区帮教办公室还协同公安、民政、工商、劳动等部门，对刑释人员的住所地、劳动工作情况、思想状况等一一进行了排查清理和帮教谈话，并对外地来的刑释人员进行了地区间的情况通报和协查。2004年，在元坝镇胜利砖厂建立了刑释解教人员安置帮教基地，先后安置了4名刑释解教人员。2007年，区司法局与位于元坝镇的四川省星荣焦化有限公司协商，建立了元坝区第二个刑释解教人员安置帮教基地，安置刑释解教人员3人。为了进一步规范安置帮教工作，区司法局制定了“四定”工作措施（即定帮教对象、定帮教力量、定帮教措施、定期检查帮教效果），并要求各司法所采取经常谈话、季度座谈、暗访等办法加强对刑释解教人员的管理，严防脱管、漏管现象发生。1997—2007年，全区各帮教办公室共与刑释解教人员进行帮教谈话2160人次，协助落实刑释解教人员的责任田地等问题130多件。由于安置帮教工作成绩突出，有效地预防了刑释解教人员的重新犯罪，2006年12月，区司法局被四川省综治委表彰为全省安置帮教工作先进集体。

第十篇　人民武装

第一章　组织机构

第一节　军事组织

一、人民武装部

1986年6月，广元军分区成立，广元市市中区人民武装部军事上受广元军分区领导。1986年6月以后，县（区）委书记不再兼任县（区）人民武装部第一政委，只兼任县（区）人民武装部党委第一书记。1986年7月，广元市市中区人民武装部由军队建制改为地方建制。

1986年11月，广元市市中区卫子区建立人民武装部。广元市市中区人民武装部任命夏国科为广元市市中区卫子区人民武装部副部长并主持工作。

1989年11月，建立广元市元坝区人民武装部（简称区人武部）和中共广元市元坝区人民武装部委员会，区人武部作为广元市元坝区军事领导指挥机关和兵役机关，在中共广元市元坝区委和广元军分区双重领导下，负责元坝区的民兵工作和兵役工作。设军事科、政工科、后勤科。1996年4月，区人武部由地方建制改归军队建制。

至2007年，元坝区所辖28个乡镇和拣银岩社区街道办事处均设有人武部，由行政副职领导兼任部长。

二、公安、武警部队

1997年8月，广元市元坝区公安消防大队和中国人民武装警察部队广元市元坝区消防大队（正营级）成立（两块牌子，一支队伍）。接受武警广元市消防支队和广元市公安局元坝区分局双重领导（见本志《政法》篇）。

广元市元坝区人民武装部领导名录

表 10－1

姓　名	性别	籍　贯	政治面貌	职　务	任职期间	备　注
赵华明	男	广元市旺苍县	中共党员	部　长	1989－11—1996－03	1989－10—1995－12 任区委常委
冯新添	男	广东省惠东县	中共党员	政　委	1990－02—1996－03	
武贵仁	男	江苏省盱眙县	中共党员	部　长	1996－04—2000－04	1996－05 始任区委常委
黄爱兵	男	湖北省枝江市	中共党员	政　委	1996－04—1998－04	
吴启贵	男	广安市华蓥市	中共党员	副部长	1996－04—2000－04	
陈洪泉	男	广元市旺苍县	中共党员	政　委	1998－05—2002－03	2000－07 始任区委常委
喻贞亮	男	资阳市乐至县	中共党员	部　长	2000－05—2004－03	
李晓辉	男	陕西省宝鸡市	中共党员	副部长	2000－05—2003－06	
蒋和亮	男	南充市原南充县	中共党员	政　委	2002－03—2003－03	2002－09 始任区委常委
党新华	男	广元市青川县	中共党员	政　委	2003－04—2005－03	2003－08 始任区委常委
王贤昌	男	广元市旺苍县	中共党员	副部长	2003－07—2004－03	
汪建荣	男	重庆市开县	中共党员	部　长	2004－03—2006－03	
唐昌明	男	广元市苍溪县	中共党员	副部长	2004－11—2005－03	
左地阳	男	广元市青川县	中共党员	政　委	2005－03—2006－04	2005－08 始任区委常委
廖　治	男	南充市营山县	中共党员	副部长	2005－06—2006－03	
左地阳	男	广元市青川县	中共党员	部　长	2006－04—	区委常委
赵立新	男	达州市渠县	中共党员	政　委	2006－05—2007－03	
陈正华	男	广元市旺苍县	中共党员	副部长	2006－09—2007－03	
吴　东	男	广元市苍溪县	中共党员	政　委	2007－03—	
罗　杰	男	广元市元坝区	中共党员	副部长	2007－03—	

第二节　协调动员教育机构

一、人民武装委员会

1990 年 7 月，中共广元市元坝区委人民武装委员会（简称区武委会）成立，由区委、区政府、区人武部及区委办、区委组织部、区委宣传部、区计经委以及公安、民政、财政、文教、卫生、粮食、交通、邮电等部门和团区委、区妇联、区工会主要领导组成，区委书记任主任、区政府分管副区长、区人武部部长、政委任副主任。区武委会办公室设区人武部，区人武部军事科长兼办公室主任。

二、国防动员委员会

1997 年 2 月，广元市元坝区国防动员委员会成立，由区委、区政府、区人武部及其相关部门主要领导组成。区国防动员委员会的日常工作由区政府分管副区长主持，秘书长由区人武部军事科长兼任。下设人民武装动员办公室（设区人武部）、经济动员办公室（设区计经委）、交通战备办公室（设区交通局），各办公室在秘书长领导下承办区国防动员委员会的日常事务。从2000年9月起，区国防动员委员会日常工作由区人武部部长主持。

三、国防教育领导机构

广元市元坝区国防教育领导小组，1990年7月成立，由区委、区政府、区人武部各一名领导及其相关部门主要领导组成。由区委一名副书记任组长，区政府一名分管副区长、区人武部一名主要领导和区委宣传部部长任副组长。具体事务由区委宣传部和区人武部政工科承办。

广元市元坝区国防教育委员会，1993年3月成立，由区人民政府分管副区长任主任，区人武部、区委宣传部、区教育部门领导任副主任，成员有区政府办、财政局、广播电视局、党校、团委、妇联负责人等。元坝区国防教育以中学生为重点，由区教育部门统筹安排，区人武部和区委宣传部定期检查。

第三节 战备工作机构

一、三七六二油库值勤民兵连

1970年4月，四川省军区在广元县元坝乡（今元坝镇）与拣银岩煤矿交界处修建三七六二油库，省军区某部二营三排执行守护任务。1974年9月，广元县人武部奉命组建脱产民兵排接替省军区某部二营三排守护。民兵排扩建为连后，县人武部派员到连队任连长。1984年12月，油库执勤民兵连被绵阳军分区表彰为先进单位。1985年2月，绵阳军分区通报表扬三七六二油库值勤民兵连，并在该库召开民兵执勤经验交流现场会。1990年12月，三七六二油库值勤民兵连由元坝区人武部管理。1991年11月，三七六二油库值勤民兵连撤销。1994年3月，油库值勤民兵连武器装备转为区民兵装备。2001年4月，油库关闭。

二、人民防空办公室

广元市元坝区人民防空办公室（简称区人防办）成立于2004年4月，挂靠区人武部。同年10月，区人防办划归区政府办公室代管，编制随转。由毛刚元任副主任主持工作，2007年6月任主任。

区人防办成立当年，即在元坝有线电视台开办“元坝人防宣传之窗”栏目，播放宣传片《抵御空中的威胁》和《永远的蓝天》10余次，编印《人民防空知识读本》300本，作为全区科级以上的领导干部开展人防知识学习的专用教材。2005年，开展人民防空法律法规知识培训和人民防空法律法规知识竞赛。在全区各初级中学开展人民防空教育。2007年，签订疏散基地共建协议，接受战时疏散安置市广电局289户760人、市招商局22户50人的任务，并选定了共建帮扶项目。

三、交通战备工作领导小组办公室

1991年3月，成立广元市元坝区人民政府交通战备工作领导小组，由区人民政府副区长担任组长，区人武部部长、区人民政府办公室副主任、区计经委副主任、区交通局副局长任副组长，区运管所、区邮电局、区水电农机局、元坝火车站、区城环局、区财政局、区公安分局等单位负责人为成员。领导小组下设办公室（简称区交通战备办公室），挂靠区交通局。2001 年，区交通战备办公室挂广元市元坝区保护通信线路安全办公室牌子。区交通战备办公室主任由区交通局局长兼任，2003 年 2 月，始设专职副主任，黎君（女）任专职副主任。

2003 年以前，区交通战备办公室工作不够规范，2003 年人员配备相对完善后，当年即对区内特种车辆潜力进行调查，并成立区内客运、货运汽车保障队伍及战备公路抢修保障队伍。从 2004 年起，每年“五一七”全国电信日，均由区交通战备办公室牵头，组织相关部门召开座谈会，安排部署通信保障工作。2007 年，区交通战备办公室配合区人武部开展民用运力调查，并成立区内城市民兵公路工程抢险保障分队、区内城市民兵运输保障分队、区内城市民兵运输保障应急车辆分队。

第二章 兵 役

西魏时期，开创府兵制，挑选有勇力的农民充当府兵，另立军籍。府兵自备弓、刀，不负担其他课役，平时耕种，闲时操练，可随时征召。隋朝和唐初沿袭府兵制，之后府兵制被募兵制取代。民国初期沿袭清代募兵制，凡愿投军的，不分阶层、年龄，只要无严重生理缺陷均可受募雇佣入营。民国 22 年（1933 年）6 月，南京国民政府颁布《兵役法》，废除募兵制，实行征兵制，规定兵役分常备役和预备役两种，服役年龄为 18～45 周岁。民国 22 年至 24 年（1933—1935 年），红军在昭化县、广元县境内实行志愿兵役制，即通过宣传教育，启发群众觉悟，使其自愿参加红军和游击队、赤卫队等地方革命武装组织。民国 27 年（1938 年）10 月，中华民国四川省政府根据国防部指令，颁布《非常时期征集兵员第一次抽签实施办法》，实行“抽签摊派制”。抗战胜利后，恢复征兵制。

中华人民共和国初期的兵员征集仍沿用志愿兵役制。1955 年颁布第一部《兵役法》，实行义务兵役制，规定凡是中华人民共和国的公民都必须依法服兵役，兵役分现役和预备役两种，服役年龄为 18～40 周岁。服现役年限为：陆军 3 年，空军 4 年，海军 5 年。1978 年，为适应军队装备现代化需要，改义务兵役制为义务兵与志愿兵相结合的兵役制，保留部分服役时间较长的技术骨干为志愿兵。1984 年 5 月，国家颁布新修订的《兵役法》，规定实行以义务兵役制为主体的义务兵与志愿兵相结合、民兵与预备役相结合的兵役制度，规定预备役分为士兵预备役和军官预备役。士兵预备役又分第一类预备役和第二类预备役。1998 年 12 月，修改后的《兵役法》规定：义务兵服现役的期限统一为 2 年，士兵预备役的种类仍分为第一类预备役和第二类预备役。

第一节 预备役登记

中华人民共和国成立初期，昭化县的人民武装自卫队、民兵即是当时的预备役组织。1955 年 7 月 30 日，国家颁布第一部《中华人民共和国兵役法》（简称《兵役法》）。1956 年，昭化县兵役机关对应征适龄（18～20周岁）公民进行首次兵役登记，登记后召开群众大会颁发“兵役证”。至1983年，广元县每年都要对本年度6月30日前年满18～30岁的男性公民和具有专门技术的女性公民以及40岁以下的退伍士兵，按第一部《兵役法》相关规定进行调查摸底，凡符合条件的，登记服预备役。1984年5月31日，国家颁布的第二部《兵役法》规定，预备役分为士兵预备役和军官预备役，预备役士兵包括全体民兵和18～35岁的退伍士兵及符合条件的男性公民，预备役军官包括退役军官、确定服预备役的士兵、专职人民武装干部、高校毕业生、民兵干部以及非军事部门的干部和技术人员；规定18～28岁经过训练的民兵和组建民兵单位的符合服预备役条件的退伍军人编入基干民兵组织，为第一类预备役人员，其余民兵和未建成民兵组织单位的35岁以下的退伍军人为第二类预备役人员。规定凡已登记服预备役的士兵，年满35周岁后，退出预备役；退伍女义务兵和身残、有严重疾病的退伍军人，应免服预备役；对死亡或犯政治性错误和依照法律受到刑事处罚不适合服预备役的，应消除预备役登记。预备役士兵退出预备役以后，以乡镇、社区街道办事处为单位，每年在民兵整组的同时，进行核对、注销登记。凡被批准登记服预备役的军官已满下列年龄的，应当退出预备役：排级职务40岁，连级职务45岁，营级职务50岁，团、师级职务55岁；初级专业技术职务50岁，中级专业技术职务55岁，高级专业技术职务60岁。对死亡、身体不能坚持正常工作和出国定居的，应消除预备役登记。对犯政治性错误和依法受到刑事处罚不适合服预备役的，应注销预备役登记。由县（区）兵役机关每年对预备役军官进行认真核对，按规定条件将符合退役的预备役军官注销登记。1985年4—5月，广元县人武部按新的《兵役法》规定，在民兵整组的同时，对全县适龄（18～35岁）公民进行兵役登记。

元坝区建立后的第一次兵役登记，于1990年4月下旬至6月与是年的民兵整组一并进行。区人武部机关干部与各乡镇人武干部，以村、组为单位逐户逐人调查摸底，按规定条件确定服预备役人员。1992年1月18日，区人武部被广元军分区表彰为“1991年度民兵预备役单项工作（基本建设）先进单位”。1998年12月29日，全国人大常委会通过了关于修改《兵役法》的决定，新修改后的《兵役法》规定士兵预备役种类仍分为第一类预备役和第二类预备役。经过登记服士兵预备役的35岁以下退出现役的士兵、经过登记服士兵预备役的35岁以下的地方与军事专业对口的技术人员、编入预备役部队和预编到现役部队的28岁以下的预备役士兵，为第一类预备役人员；除服第一类预备役的人员外编入民兵组织的人员、其他经过登记服士兵预备役的35岁以下的男性公民，以及编入预备役部队或预编到现役部队29～35岁的预备役士兵为第二类预备役人员。从第二年起，士兵预备役登记即按新的规定执行。1999—2007年，广元军分区每年都要对民兵组织整顿工作提出具体要求，区人武部严格按照广元军分区的指示，对民兵预备役人员的数量质量作出适当调整，搞好出入转队，使各类民兵队伍编配更加合理、科学、实用，年年都完成了任务。

2001年，在实施预备役登记时，对全区35岁以下的复员退伍军人进行重点核实，并逐个填写了登记卡片。

第二节　征　兵

民国22年至24年（1933—1935年），红四方面军在昭化、广元两县活动期间，扩充红军和地方武装兵员，实行志愿兵役制，苏区人民群众积极响应。今元坝区境内当年正式参加红军有5000余人。从民国27年（1938年）11月起，国民党昭、广两县政府实行“抽签法”征集壮丁，地方势力弄虚作假，富豪人家子弟中签不应征，为完成任务，便强拉壮丁，民众对此十分不满，纷纷逃役。部队军官虐待士兵，壮丁即使被抓入伍也想方设法逃跑。

1951年，昭化县人民政府开展抗美援朝保家卫国宣传教育，青壮年踊跃报名参军。凡年满18周岁并小于25周岁，身体健康，审查合格，即可应征服役。短时间内即完成500名兵员的征集任务。经抗美援朝、土地改革之后，广大人民对参军保家卫国已形成自觉行动，昭化县每年都顺利完成征兵任务。1985年，广元县按时按质完成征兵任务，被四川省政府表彰为征兵工作先进县。

广元市元坝区建立后，每年征兵时，区政府都成立征兵工作领导小组，由区政府分管副区长任组长，区人武部部长、政委任副组长，征兵工作领导小组办公室（简称区征兵办）设区人武部，由区人武部军事科长任办公室主任。办公室所需其他工作人员从区人武部机关和区纪委、宣传、公安、卫生、民政等部门抽调（征兵工作结束后，抽调人员返回原单位或原岗位）。办公室下设秘书、体检、政审、后勤四个组。秘书组负责汇集情况，传递信息，整理文书档案；体检组负责培训体检医生，组织体检；政审组负责对体检合格应征青年的现实表现情况进行调查了解，并负责安全保卫；后勤组负责服装领发、安排运输车辆、经费管理等。至2007年，元坝区根据上级要求和本区征兵工作实际情况，不断总结经验，使征兵工作程序逐步规范化，主要步骤分为准备、宣传动员报名、体检、政审定兵、移交起运和复查六个阶段。不合格的，由部队在规定时限内退回原征集机关。

1990年实行春季、冬季两次征兵，全区广泛宣传动员。利用有线广播和乡镇逢场天进行宣传，还自制幻灯片在放电影时加放。乡镇人武部长、民兵连长走村串户，召开家庭会、院落会，送政策上门。全区有父母送儿子、姐妹送兄弟报名的共215人，还有52名应征青年递交了决心书。从1991年起，仍实行冬季征兵。1992年征兵期间，全区数千民兵正承担着国道212线整治工程施工任务。沿线9个乡镇的党委书记、乡镇长、人武部长既抓征兵工作，又抓公路整治，全区适龄青年报名参军的热情仍然很高，有不少青年步行翻山越岭到乡镇报名，到区上参加体检。青牛乡应征青年王锦，其父送他到区上体检时发生车祸当场死亡，他将父亲遗体送到广元殡仪馆后就赶回区体检站，当场咬破手指头用鲜血写下“我一定要当兵，报慰父亲英灵”的决心书。该青年各方面合格被征集到驻藏部队。1997年征兵期间，有在外务工青年三十余人放弃高薪待遇回乡报名应征。1999年征兵时，在定兵环节坚持“五个不定”：身体不合格的不定，政治结论不清的不定，现实表现不明的不定，参军热情不高的不定，入伍动机不端正、选兵种、挑去向的不定。当年，毕业于西南工学院空气动力系的本科生朱福双积极报名应征，踏上从军路。在广州打工的李明放弃2000多元的月薪，赶回家乡报名参军。2000—2007年征集新兵中，具有大中专以上文化程度的占81%。

第三节 双拥工作

民国22年至24年（1933—1935年），红四方面军在昭化、广元地区领导人民打土豪、分田地，建立民主政权，还帮驻地老百姓挑水、扫地、维修房屋、收割庄稼；人民群众踊跃报名参军参战，并源源不断地向红军提供粮食和其他军用物资，慰问红军和优待军烈属。中华人民共和国成立后，昭、广两县继续支援人民军队，动员青壮年报名参军，开展拥军优属活动；人民军队继续支援地方政权建设、经济建设，抢险救灾，积极开展拥政爱民活动。

广元市元坝区继承发扬革命老区“双拥”（拥军优属、拥政爱民）优良传统，坚持把双拥工作列入各级党委、政府工作的重要议事日程，纳入经济和社会发展总体规划，纳入各级干部目标管理和政绩考核。并随形势发展注入新的内容，使双拥工作日益制度化、规范化，进一步密切了军政、军民关系。区人民政府先后制发《广元市元坝区拥军优属若干规定》《广元市元坝区关于对农村重点优抚对象实行医疗减免和补助规定》《关于建立优抚对象抚恤补助标准自然增长机制的规定》《城镇退役士兵安置保障金制度》等，落实各项优抚安置政策。为解决全区重点优抚对象的吃穿、居住、医疗实际困难，由区民政部门牵头，区工会、共青团、妇联等群团组织配合，在全区开展“爱心献功臣”和实施安身工程活动，并在全区民政干部队伍中开展为重点优抚对象“解一个难题，办一件实事”的活动。2003—2007年，全区共解决困难优抚对象826户、2892人的吃、穿、住、医等困难；共结对帮扶困难优抚对象600余户，解决帮扶资金80余万元，解决“三红”（在乡退伍红军老战士、在乡西路红军老战士、红军失散人员）住房困难8户、32人，其他优抚对象住居困难35户、123人的住房120余间，资金68万余元。曾于1933年参加革命的柳桥乡东山村的在乡西路红军老战士唐全武，全家4口人，只有两间不足40平方米的破旧瓦房，通过实施“安身工程”和“爱心献功臣”活动，区民政局为其补助现金1.50万元，乡政府为他从优安排宅基地并减免了所有费用，村委会帮工帮料，新修了三楼一底共12间260余平方米的砖木结构楼房。太公镇六级残疾军人杨芝地，2005年7月不慎失火房屋被全部烧毁，区民政局会同该镇党委政府为其解决现金4500余元，当地群众帮工帮料，十天左右就修复了住房。对全区享受公费医疗的老红军、西路红军、六级以上残疾军人实行医疗费实报实销，每年达30余万元。对红军流落人员、老复员军人、带病回乡退伍军人实行住院医疗费补助的办法，每年补助达10万余元，同时按照省、市要求，对特别困难的志愿军老战士和志愿军烈士家属进行走访，全区每年给予困难补助金总额在5万元以上。陈江乡老复员军人杨培荣，1950年入伍，同年入朝作战负伤，未评残，1978年伤口复发，2004年后特别严重，区民政局共解决其住院生活困难补助5000余元，报销医药费2.50万余元。2005年10月，根据省、市文件精神，区民政局将本区的老退伍军人20余人，带到省疾控中心进行了体检。近年来，共解决优抚对象子女入学难问题达100余人。对全区六级以上的残疾军人，不分农村和城镇，每年给予生活补助费。对城镇户口的六级以上残疾军人，全部列为最低生活保障对象。对全区“三红”“三属”（烈士遗属、因公牺牲军人遗属、病故军人遗属）、优先给予最低生活保障，老复军人定补面达100%。

驻区军警尽力为驻地人民群众办实事。区人武部积极协助地方维护社会治安、参与抢险救灾和经济建设，还多方筹集资金，为其联系乡镇的优抚对象解决帮扶资金发展养殖业。1997年11月，四川省军区表彰广元市元坝区人武部为扶贫工作先进单位。

2003—2007年，先后有区民政局、区国税局、区地税局、区人民医院、区计生局、区水务农机局、区农业局、区物价局等单位与区人武部，区政府办公室与区公安消防大队结成军警民共建对子，签订了共建协议。2005年，元坝区创建市级文明县城活动，京兆路各单位与区人武部签订军民共建协议。共建单位每年开展一次军事日活动，举行双拥知识竞赛和射击表演。地方共建单位发挥行业特点和优势，为驻区军警和优抚对象办实事、办好事。区人民医院为重点优抚对象免收挂号费，为老红军、一至四级残疾军人住院优先安排床位，并指派专人护理；区国税局、地税局为优抚对象和自谋职业从事服务行业的退伍军人给予税收减免；区政府在财力十分紧张的情况下，2003年以来，共挤出资金150余万元，帮助驻区军警部队，改善交通、通信和基础设施。每年“八一”、国庆、春节，邀请驻区军警举行座谈会，开展慰问活动。

第三章 民 兵

第一节 民兵整组

1953年起，昭化县根据《中华人民共和国民兵组织暂行条例》，每年进行一次民兵组织整顿（简称民兵整组），落实出入队制度，重点整顿基干民兵和民兵干部，清退不符合民兵条件的人员。1959年，广元县结合当时的整风整社等中心工作，对民兵组织进行了3次整顿。1962年冬至1963年春，根据毛泽东主席关于民兵工作“三落实”（组织落实、政治落实、军事落实）指示，县人武部抽调干部参加地方工作团（队），结合社会主义教育运动，对全县民兵组织普遍进行整顿。1977年，民兵整组工作重点抓武装基干民兵和民兵干部的整顿，组织民兵批判“江青反革命集团”利用民兵这支武装力量为其帮派服务，搞“第二武装”的反革命罪行，教育民兵“跟党走，跟党不跟人，跟党不跟派”。1981年6月民兵整组增加预训、预征、预编等内容，规范了民兵整组的内容、步骤、程序、方法及相关制度。1985年，广元县被绵阳军分区表彰为民兵整组工作先进单位。

广元市元坝区每年上半年用1~2个月的时间开展民兵整组工作，以乡为单位进行了点验。民兵点验期间，较好地解决了民兵的报酬问题，对参加点验的民兵，每人每天记基建义务工1个，民兵点验到点率平均达到90%以上。1992年，规范了民兵点验程序。当年民兵整组后，还成立扶贫帮困、护林防火、学科技、维护治安、抢险救灾等组织203个。1994年，各乡镇在民兵整组中普遍建立了民兵蚕桑基地、民兵荒山绿化基地、民兵果园基地、民兵种养专业户和劳武农产品经销公司等。1996年，广元军分区在市中区大石镇进行民兵整组试点，探索社会主义市场经济条件下的民兵编组办法，制订了《民兵管理和活动制度落实措施》，保证外出民兵不漏编，促进民兵活动正常开展。区人武部根据广元军分区制订的措施并结合本区实际开展民兵整组。1997年，在国道212沿线5个乡镇组建民兵应急分队。1998年，重点从基干民兵、民兵应急分队、民兵信息网络分队的整组入手，按照相对集中、便于执行任务的原则，调整充实了民兵应急分队。同时，建立了1站、28点、243人的民兵信息网络。1999年民兵整组后，组织了120人的应急分队，完成对元坝区级机关、医疗系统、机械厂组建的专业技术分队和7个乡镇的民兵整组点验工作。2000年民兵整组紧紧围绕“战场”特点和“市场”需求，重点抓基干民兵、民兵应急分队、民兵信息网的整组工作，增大地方专业技术的科技含量。结合宣传教育，区人武部派出人员深入村组调查研究，指导乡镇人武部长填写外出民兵登记卡，以便随时掌握民兵外出人员数量、分布和流动情况。2002年，按照减少步兵数量、增加专业技术兵数量、扩大对口专业分队组建范围的原则，着重抓“三队一网”建设。并结合实际，对民兵组织结构作适当调整，实现民兵组织布局合理，重点突出，可靠管用的目标。2004年，坚持民兵“三落实”标准，按照“深化改革、突出重点、抓好基层、打牢基础、注重质量、全面发展”的工作思路，重点对基干民兵、民兵应急分队、民兵情报信息网络分队和民兵高技术专业分队进行组织整顿。2005—2007年，民兵整组以优化结构，增大民兵科技含量为目标，突出“两队一网”（民兵信息分队、民兵技术分队，军事局域网）建设，向机关部门、行业系统拓展民兵组织，以提高民兵队伍质量为重点，狠抓了城市民兵工作调整改革。

第二节 民兵训练

民兵训练主要是军事训练。通过训练，提高民兵担负战备任务的能力，为战时动员储备足够的兵员。中华人民共和国成立初期，根据中央“不违农时，不误生产，节约国家财力”的方针原则，昭化县民兵干部集中到县上训练，其余民兵在村上训练，每年10天左右。训练内容为：学习步枪、手榴弹、机枪的使用与保养，单个战斗动作以及护粮、护仓、护桥、护线。1962年，农村武装基干民兵着重演练防空和歼灭空降特务。1964年，再度掀起训练高潮，训练质量明显提高，广元县民兵中涌现一批神枪手、神炮手和技术能手。1973年，开始按解放军总参谋部制订的《民兵军事训练纲要》进行训练。1975年10月，解放军某部在今元坝区境内带旺苍县30名民兵举行军事演习。1980年以后，对民兵军事训练进行了一系列重大改革：精减训练人数，缩短训练周期，由分散训练逐步过渡为集中到区公所住训，训练重点由以步兵训练为主改为以专业技术兵训练为主，压缩训练内容突出重点科目，同时增加适合农村民兵的种植、养殖、家电维修等技术培训。1983年3月，绵阳军分区工作组来广元元坝、卫子、陈江等公社抽查民兵第一周期训练情况，抽查结果合格率为98.60%，储备率为93.20%。

1988年7月以后，广元市民兵训练开始基地化训练，以县、区集中住训。1986—1989年，卫子区集中训练基干民兵共560人。当时每个乡镇有一个基干民兵排的武器装备，区人武部实行严格管理，未发生一起涉枪涉弹事故。1988年9月底，所有民兵武器上交区人武部。

1990年，元坝区民兵训练应训步兵、机炮分队80名，实训80名。步兵分队实弹射击第一练习参加20人，及格率86.50%，第二练习参加20人，及格率85.50%。参加手榴弹实弹投掷80人，及格率91.70%。高机分队30人参加实弹射击，全部完成所有练习。单兵战术及共同科目均取得优良以上成绩。1991年，元坝区采取集中设点的方式，一次性完成本年度民兵军事训练任务。应训130人，实训130人，其中步兵分队70人，高机分队30人，“双三七”高炮分队30人。步兵分队主要进行队列、射击、投弹、战术、爆破等训练；高机分队和高炮分队主要进行单枪手、单炮手的基本操作与班排的协同训练。9月1日，部分民兵参加了军分区组织的广元“秋交会”“女儿节”民兵阅兵式、分列式表演。1992年，组织民兵120名参训，其中步兵分队60人，高机分队和高炮分队各30人。步兵分队主要进行队列、射击、投弹、爆破、战术等训练；高机分队和高炮分队主要进行兵器常识、单兵及班操作的协同训练。训练中采取了穿插训练、以赛促训等办法。结业考核步兵分队优秀率63%，高机分队优秀率53%，高炮分队优秀率43.50%。1993年，组织民兵120名参训，其中步兵分队60人，高机分队和高炮分队各30人。结业考核步兵分队优秀率53%，高炮分队优秀率47.50%。教学法考核有14名民兵达到会组训、会任教的能力。

1994年，广元军分区在元坝区民兵训练基地举办民兵应急分队骨干集训，共训35人。当年广元市各县、区基干民兵军事训练接受四川省军区组织的交叉考核，元坝区获一等奖。1995年，组织民兵190名参训，其中步兵分队120人，重机枪分队70人。结业考核步兵分队优秀率47%，重机枪分队优秀率64%。此外还开展了种养业及蚕桑科技培训，开展了“比纪律赛作风，比工作赛团结，比技术赛成绩，比吃苦精神赛练兵热情”的“四比四赛”活动。1996年，组织民兵180人参训，其中应急分队

80 人。参训人员总评成绩达到良好以上，储备合格率为 100%。训练期间，区人武部坚持把思想政治工作做到训练场，政工科还主办了内容丰富的文娱活动，全体参训民兵自始至终保持了高昂的练兵热情。1999 年，共计训练民兵 148 名，其中：民兵应急分队 120 人，专武干部 28 人。对民兵应急分队主要进行队列、射击、战术、擒敌技术、警棍盾牌术和国防教育等科目训练。对专武干部进行民兵整组业务、军事训练程序、队列组织指挥、轻武器实弹射击和战术基础动作、民兵政治教育以及征兵工作程序等基础科目的业务培训。考核优秀率为 45%，总体成绩在良好以上。特别是在建区十周年庆祝会上汇报表演的军训节目，深受领导和群众赞扬。2002 年，重点开展应急分队规范性训练、专武干部业务技能培训和学生军训。应急分队参训 210 人，主要训练内容为：队列、擒敌术、警棍盾牌术、投弹、射击，合格率达 98%，综合成绩为良好以上。8 月底至 9 月初，根据地方学校需要，区人武部机关先后派出军事教员，组织指导了 4 所初级中学的军训。同年，针对 60% 的乡镇新任专武干部没有参加过上级组织的任何形式的专业培训，业务技能和军事素质普遍较差的情况，区人武部又对全区 28 个乡镇的专武干部进行集中培训。培训内容为：队列、射击、民兵的"四课"教育、基层武装部建设、民兵组织建设、民兵战备工作、民兵动员和征兵工作等课程。通过理论和实际操作考核，总评成绩达到良好。

2003 年，主要对区人武部机关、民兵应急分队和基干民兵进行训练。其中，应急分队进行队列、战术基础、射击等科目的训练，基干民兵训练进行队列和射击科目的训练，区人武部机关训练进行三大条令（中国人民解放军纪律条令、内务条令、队列条令）、射击、单兵战术、微机基本操作，以及战备、抗洪抢险、应急动员、武器库联防等预案的学习和训练。全年共训民兵 200 名，考核验收合格率 100%。优良率达到 70% 以上，应急分队训练成绩总评为优秀。2004 年，采取以会代训的形式，对乡镇专武干部进行集中培训；对区人武部机关干部开展为期 2 周的机关共同科目训练及计算机知识的培训。2005 年，重点对区人武部机关干部职工、全区乡镇专武干部、城市民兵应急分队、专业对口分队和防空高机分队进行训练。其中，对区人武部机关人员主要进行三大条令学习、微机操作、武器射击、单兵战术、战术作业训练，以及抗洪抢险、应急动员、武器库联防等预案的演练；共训乡镇专武干部 28 人，主要进行队列、射击、单兵战术、战术作业训练，以及抗洪抢险、应急动员等预案的演练；共训城市民兵应急分队 100 人，主要进行队列、战术基础、应急动员拉动、射击等科目的训练；共训专业对口分队和防空高机分队 64 人，主要进行队列、高机兵器操作、高机实弹射击等科目的训练。广元军分区对所训项目考核验收，合格率达 100%，优良率达 70% 以上。

2006 年和 2007 年，着重对民兵应急分队进行训练，各年参训人数皆为 125 人。训练按大纲实施，主要内容有：队列、警棍盾牌术、轻武器射击、战术基本技能。2006 年，经广元军分区考核，整体熟练程度为 95%。2007 年经四川省军区考核验收，熟练掌握程度为 98%，并获省政府和省军区颁发的达标先进单位一等奖。

第三节　后勤保障

一、基地建设

广元市元坝区民兵训练基地与区人武部机关驻地合二为一，占地 5469 平方米，包括办公大楼、宿舍楼、民兵食堂，1992 年 10 月竣工，交付使用。1998 年，投资 23 万元，对综合办公楼进行了改建，新增面积200平方米，购买了办公桌椅、文件柜，新建门卫值班室20平方米，维修了厨房设施和住宿楼。

区人武部自1989年11月组建之后，一直没有民兵训练射击靶场，每年民兵训练、区领导干部过“军事日”组织实弹射击，都是在三七六二油库库区内进行。该处山脊较低，民居较多，道路交错，过往行人多，存在严重安全隐患。2005年7月，在三七六二油库附近山脚下的三角地带征地2500平方米，修建一个相对规范、安全实用的民兵训练靶场。

二、民兵经费

民兵经费主要分两大部分，即民兵事业费和民兵教育经费。民兵事业费是保障民兵建设的专项经费，是国家预算的组成部分。1951年，开始单独设立。国家对该项经费的开支范围作出了规定，实行专款专用，不得挪作他用。1980年以前，一直是由财政部从中央财政单独划拨，由解放军总参谋部掌管，并具体负责经费指标的分配和经费使用情况的检查。1980年，国家对财政实行“划分收支、分级包干”的管理制度后，民兵事业经费由各省、自治区、直辖市人民政府预算后层层下拨。民兵事业经费主要用于民兵的军事训练、武器装备维修管理、组织建设、政治工作等项开支。民兵教育经费主要是弥补民兵建设经费不足和民兵教育训练的误工补贴及伙食费、差旅费。在各个时期统筹的办法、标准不一样。

1957年前，民兵参加训练等活动无报酬。1958年后，农村民兵、民兵干部参加训练等活动作为正常出工，照记工分，回生产队参加分配。1981年农村实行联产承包责任制后，民兵误工报酬改为支付现金。所需支出从公社公益金中解决。1984年后，依照《兵役法》规定，由县确定提留标准，各乡镇采取平衡负担的原则，按人口多少或田地面积，从群众统筹中提留民兵活动费。经济发展好的乡镇仍从公益金中解决。1986年，市中区人均提留0. 20元。以后随着经济的发展，民兵提留费有所增加。

1996年以后，根据四川省《农民负担管理条例》规定，中共广元市委人民武装委员会决定，民兵教育训练统筹经费按上年度农民纯收入的千分之一提留。元坝区人平提留0. 70元。企业单位的民兵、民兵干部参加军事等活动，由所在单位照发工资和奖金，原有的福利待遇不变，伙食补助费和差旅费由原单位在成本中列支，奖金在奖励基金中列支。事业单位在事业费中列支。企业自行组织的民兵活动，所需费用从企业成本中列支。为解决民兵教育训练经费统筹难的问题，从1998年起，元坝区民兵教育训练经费实行全区统筹，由区人民政府确定统筹标准，乡镇按标准将提留上交区财政，区财政将统筹的经费全额拨给区人武部统一管理使用，同时接受区财政监督，民兵教育训练经费得到兑现落实。

1994年，区人武部被广元市爱卫会评为卫生工作先进单位。1996年，广元军分区在区人武部召开管理现场会。1999年，区人武部后勤科被广元军分区表彰为先进后勤科，工作人员罗进才、吕友霞、曹志江受军分区嘉奖。2001年，区人武部后勤科长张林、工作人员罗进才、曹志江、杨静荣受广元军分区嘉奖。2004年，广元军分区给区人武部后勤科长王从岭记三等功。

第四节　参建参治

一、维护社会治安

1950年后，昭化、广元两县组织大量民兵守护铁路、公路、桥梁、隧道、涵洞、电线、仓库、塘堰，制止宰杀耕牛，保护名胜古迹等。20 世纪 70 年代，广元县还根据形势和任务的需要，组织民兵参加战备执勤。组建脱产民兵队伍，担负三七六二油库和宝成铁路、广旺铁路桥梁、隧道的守护任务。1981 年 12 月 27 日，太公公社人武部长仲友权，带领 4 个基干民兵智擒走私犯，缴获现金 1.10 万多元，如数上交公安部门，受到县公安局的表扬。

1995 年，元坝区出动民兵 457 人次，配合公安部门抓获各类违法犯罪人员 214 人。1996 年民兵整组期间，昭化镇民兵曹志昭及时给公安机关提供情报，并协助公安机关将深圳市公安局通缉的特大抢劫杀人犯罪嫌疑人江某、王某二人抓获，受到奖励。2003 年抗击“非典”期间，5 月 2 日，元坝镇发生阻挠建立“返乡民工留观站”的恶性事件，区人武部在请示广元军分区同意后，立即启动应急预案，调派民兵应急分队协助地方政府迅速予以制止。2004 年，全区出动民兵 648 人次。配合公安机关抓获各类违法犯罪人员 283 人。区人武部被区委、区人民政府评为社会治安综合治理先进单位。

二、抢险救灾

执行人工降雨任务。1990 年 6 月中旬，区人武部动用民兵 15 人、“双三七”高炮 2 门在紫云乡古楼寨无名高地执行人工降雨任务，6 月 18 日晚实施射击，共发射降雨弹 60 发，全区平均降雨量 60 毫米，邻近县区也普遍受益。1991 年入春以来，元坝区又遇长达八个月的严重干旱。5 月下旬，区人武部动用“双三七”高炮 1 门，基干民兵 8 人，专武干部 6 人，于 23 日凌晨 5 时实施人工降雨，共发射人工降雨炮弹 68 发，上午 9 时开始降雨。全区平均降雨量 118. 80 毫米，降雨量最多的昭化达 169 毫米，全区旱情基本解除。

投入抗洪抢险。1994 年 6 月 29 日，嘉陵江水暴涨，红岩镇红江村张正学等 8 位民兵驾船参加抢险救灾，经过近两小时的奋战，救出被洪水围困的六〇六地质队 3 名探矿工人。1998 年 8 月 20 日，广元地区连降暴雨，嘉陵江、白龙江、清江河等流域洪水陡涨，嘉陵江广元段水位达到 477. 12 米。元坝区人武部组织机关干部和民兵在广元军分区首长的统一指挥下，火速投入抗洪抢险救灾战斗。先后出动车辆 15 台次、民兵 300 余人次，抢运救灾物品 10 吨。区人武部干部职工还捐款 3000 元，捐物 300 余件。2003 年 7 月 15 日，元坝镇发生特大洪灾，区人武部组织民兵 55 人奔赴元坝中学排除了险情。区人武部营区被洪水围困，在确保营区和武器装备绝对安全的前提下，区人武部机关干部职工连续奋战 10 余小时帮助城内群众抗灾脱险。全区共组织民兵近千人次投入抗洪救灾，还组织民兵 3000 余人次参与灾后重建。2004 年 8 月，区人武部组建了 5 个抗洪抢险小分队共 200 人参加元坝区城乡抗洪抢险。

参与火灾抢险。2007 年 5 月 20 日，广元市利州区境内发生重大火灾，元坝区人武部组织 150 名民兵前往救援，被广元市防火指挥部表彰为先进单位。

三、参加国防和地方经济建设

1991 年 4 月 15—25 日，区人武部组织民兵 7980 人奋战 10 昼夜，完成 212 国道的突击整治工程任务，共投劳 9. 47 万个，开山放炮 3680 多炮，备石料 2. 40 万余立方米，疏通排水沟 29 公里，平整路面 31 公里。1992 年 10 月至 1993 年 4 月，区人武部成建制地组织 15 个民兵营、119 个民兵连、774 个民兵排计 25600 多人投入国道 212 线路基改造工程，完成路基改造任务 47. 90 公里。这是广元市元坝区建立后第一次大规模成建制动用民兵队伍投入国家建设。同年，区人武部被广元军分区评为民兵参建先进单位。1993 年以后，区人武部还成建制地组织民兵参加了广元市元坝区环线公路建设和乡村公路建设大会战。

1999 年 3 月 25 日至 7 月 25 日，区人武部带领民兵参加广元军分区统一组织的西（安）—渝（重庆）—成（都）国防光缆工程广元—巴中段的施工任务。其中元坝段长22公里，东起与旺苍交界的白水镇，西至与市中区接壤的康家湾，沿公路埋设光缆11.30公里，开挖硬路肩9900米、土路肩688米、一般边沟540米，浆砌边沟250米，开挖油路5处65米，跨涵洞铺光缆3处共长22米。2003年，结合“万名民兵建功长征路”活动，区人武部发动民兵参与富裕文明新村建设。

2007年，区人武部机关出动人力、物力支援昭化古城立面改造建设。

第四章　重要战事

第一节　元坝区境内古代战事简述

古时昭化、广元两地皆为川北战略要地，嘉陵江、白龙江、金牛道等水陆交通要道纵贯全境，天雄关、白水关、朝天关、七盘关等大小关隘星罗棋布，沿江两岸平坝土地肥沃，人口众多，物产丰富，自古兵家必争。主要战事有：

周慎靓王五年（前316年），蜀王开明氏十二世开率师伐苴，战于葭萌，苴求救于巴，引发巴蜀之战，巴求救于秦，又引发秦蜀葭萌之战。

东汉建安十八年（213年），刘备留中郎将霍峻领兵八百守卫葭萌。益州牧刘璋部将向存、扶禁率军万余人，从巴西郡（今阆中）进攻葭萌。攻守双方对战一年多时间。

三国魏景元四年（263年）秋天，蜀汉在今昭化的守将胡济、关索夫妻率军与魏国钟会军队拼死搏斗，关索之妻鲍三娘及蜀军许多将士战死。

西晋太安元年（302年）5月，西晋官军与李特军在今昭化激战。

南朝宋、齐、梁三朝时，昭化、广元地处南朝与北魏、西魏交接地带，100多年中，南北双方在今昭化进行过无数次战斗。其中，南北朝梁天监十五年（516年），梁与西魏争夺今昭化的大战长达三四个月。

后唐同光三年（925年），后唐兴兵伐蜀，占领今昭化。

北宋乾德元年（963年），北宋王全斌率军入蜀战于今昭化。

南宋理宗、度宗期间，蒙古军以今广元为全蜀咽喉，与南宋守军多次争夺。南宋端平三年（1236年），蒙古军占领利州后，派重兵驻守并加固城池，与南宋在苦竹隘（剑门关西侧）的守军对峙。

明崇祯十年（1637年），李自成攻破七盘关，明朝总兵侯良柱战死，接着又攻下朝天关，占领广元县、昭化县，昭化知县王时化被杀。

明崇祯十三年（1640年），张献忠率军攻占广元、昭化。

清康熙十三年至康熙十九年（1674—1680年）平定吴三桂叛乱中，清军与叛军反复争夺广元、昭化。

清嘉庆二年（1797年），白莲教起义军攻入广元，继被清军击退。至清嘉庆六年（1801年），起义军曾多次在广元与清军激战。

第二节 红四方面军在元坝区境内的战事

民国22年（1933年）2月，红四方面军在通江县成立川陕省苏维埃政府，同年6月，粉碎川军田颂尧三路围攻收复通江、南江、巴中，红七十三师（后扩编为三十一军）乘胜西进，占领旺苍坝，继而占领今元坝区大部分地方。7月，在元坝子（今元坝镇老场）建立中共嘉陵县委和川陕省嘉陵县苏维埃政府。时嘉陵县辖8区58乡，面积2450平方公里，人口约17万。为捍卫苏维埃政权，在以元坝为中心的这块土地上，红军与川军进行了多次战斗。

一、合击檬梓垭

檬梓垭位于古城昭化嘉陵江对面的笔架山上。田颂尧三路围攻失败后，刘汉雄部的一个团退至昭化城，并派部分兵力驻守檬梓垭作为护城前哨。该部经常骚扰板石乡苏维埃政府和抢劫农民财物，群众对其恨之入骨，红军决定对其围剿。民国22年（1933年）8月下旬，红九十三师二七四团派一营分进合击檬梓垭：一连从射箭河进逼，一连由乡苏维埃主席黄万帮和游击队长江国奇带路，从板石铺经胡家岩直插，一连从界牌垭攻其左翼。是夜，从板石铺进攻的连队首先与刘部短兵相接，随即另两路红军也相继赶到向其发起攻击。经激战，刘部被击溃，死伤百余，红军缴获大批枪炮弹药。

二、击溃永宁铺残敌

民国22年（1933年）9月5日，川军二十八军一个营纠集地方保安队袭扰嘉陵县永宁铺区苏维埃政府。红三十一军二七六团驻清水铺乡龙凤场的一个连，带领当地游击队向川军发起攻击。红军和游击队首先占领永宁铺北面的黄土包，居高临下打击川军，川军退至与黄土包相望的白鹤观顽抗。红军部分兵力从白石坎下山，再爬上金紫寺山梁绕至白鹤观后对川军进行前后夹击，川军纷纷向鸳溪口方向逃跑。

三、进剿反动民团

民国22年（1933年）10月初，驻马鞍山红军蒋队长率嘉陵县梅树区苏游击队200余人，进剿黄金口（今黄龙乡）反动民团。游击队分三路出击：左翼从玉罗坝到破庙子，右翼从太平场直下黄金口，正面从高道观、三岔口进攻。民团头目阳春晖（曾任昭化县参议员）闻风逃往嘉陵江西岸，带领川军刘汉雄部一营人过江袭扰苏区，游击队经一天多的英勇战斗，将川军和民团击溃。

红军占领元坝子后，嘉陵县大石板李家山的何丕然、姚世骥两家恶霸地主的民团数百人，勾结一起躲进吴家垭一带深山密林，经常偷偷出来骚扰百姓。民国22年（1933年）11月上半月，县游击队总指挥赵龙来和赤卫军师长高天真率队两次进剿，皆因山高林深，地形复杂，进剿失利。游击队连长李连山被俘，惨遭杀害。后由红九十三师二七四团支援，再次前往进剿，在红军强大火力掩护下，游击队员奋勇冲杀，将该民团消灭。

苍溪县九龙山反动民团经常骚扰嘉陵县南面边界苏区。民国22年（1933年）11月下旬，王家坝区苏独立营在红九十三师二七四团蔡营长带领下，经半个月的艰苦战斗，将该民团击溃，残余逃往罗汉寺（今清水乡树丰村）以南。

四、元坝子阻击战

民国22年（1933年）11月，刘湘率六路川军围攻川陕苏区，红四方面军采取“收缩阵地，诱敌深入”战略。12月下旬，川军第一路二十八军游宴如、杨晒轩、陶宗伯三个旅各一部，从昭化、广元分路向东推进逼抵元坝子。这时红九十三师主力已主动撤离元坝子到旺苍集中，留下的少量兵力一面带领游击队在元坝子寨堡梁进行阻击，一面组织群众抢运县苏维埃政府的粮食。红军和游击队采用声东击西的战术，一边在寨堡梁山上遍插红旗，猛吹军号，高声喊杀，造成千军万马进击之势，迷惑川军；一边突然出兵插到川军两翼，左右夹击。少先队和童子团又时而向东、时而向西呐喊助威，遍山杀声震天，火把通明，弄得川军不知红军虚实，只得疲于奔命，胡乱打抢。待川军大举进攻时，十余万斤粮食已转运完毕。红军和游击队且战且退，经过滩梁、二里沟、乔家坡到红地梁后，又突然转身向川军反击，川军见状不敢穷追。这天夜晚，红军和游击队扎了数百个草人立于山坡上，又燃起无数火堆。川军误以为红军主力在红土梁，仍四面合围，疯狂向草人及火堆枪击炮轰。翌日黎明敌人冲上山时，红军和游击队已安全转移。这次战斗从12月23日起历时7天，消耗、疲惫了川军，安全转移了粮食，有力配合主力部队粉碎了刘湘六路围攻的第一期总攻。

五、漩涡塘疑阵滞敌

漩涡塘位于今元坝区磨滩镇中华村。民国23年（1934年）1月上旬，川军二十八军陶宗伯旅一部，疯狂袭击嘉陵县王家坝区苏。红二七四团一部在熨斗山（今晋贤乡境内）与川军激战一天一夜后，转移至漩涡塘。川军尾随追来，红军据险英勇战斗，双方均有重大伤亡。为镇住川军，使红军安全转移，当夜，红军在漩涡塘布下疑阵。在周围树上绑上火把，将一匹白马拴在山垭口上。川军见此情景，以为是红军援军到来，便整夜密弹射击，及至天亮，方知中计。这时，红军已完成阻击任务正向旺苍白水转移。

六、血战凉亭子

昭化城后有一道长长的岭，岭上驿道旁原来有座接官亭，当地人叫这道岭为“凉亭子”。民国24年（1935年）1月，红四方面军发起广（元）昭（化）战役。1月22日晚，红三十一军九十三师渡过嘉陵江向昭化县的宝轮挺进，途中与增援昭化的川军杨秀春师相遇，激战一昼夜并将其击溃，又以一部向昭化县城进发。1月25日拂晓，红军向昭化城守军胡宗南第一师丁德隆旅第二团发起进攻。守军凭借险要地形及坚固工事，死守凉亭子、天雄关及县城后的制高点。当天晚上，红军又渡过白龙江抄袭凉亭子。红军姜团长率该团第一营进攻不克，第二营接着猛冲，仍未成功，第三营闻讯踩水过河支援。血战一夜，双方均有伤亡。红军屡攻不克，为寻求新的战机，遂主动撤离。

七、激战傲盘观

民国24年（1935年）2月初，嘉陵江西岸的川军二十八军一个营趁红军主力参加陕南战役之机，过江袭扰苏区，抢劫粮食。驻傲盘观山（今香溪乡境内）的红二七六团林政委带领三营二连一部和一百多名游击队员与川军展开激战。战斗从早上打到中午，红军和游击队多次打退川军进攻，后驻永宁铺红军赶来增援，将川军击溃。

在傲盘观战斗的同时，川军二十八军一个营，由营长许学诗带领过江袭击易家湾（今黄龙乡境内）乡苏。红二七六团三营一个排同游击队在元山子奋勇阻击，战斗近一天，川军伤亡惨重。天黑时，残余川军逃回嘉陵江西岸。

八、强渡嘉陵江

民国24年（1935年）2月，红四方面军决定集中主力“打过嘉陵江，扩大根据地”，策应正转战川滇黔的红一方面军。于3月中旬在王家坝蒲家大院召开了军事会议，详细部署强渡嘉陵江作战任务。参加会议的有连以上干部共四百多人，会议开了7天。根据总体部署，红三十一军和红三十军、红九军在渡江前夕扫清了嘉陵江东岸昭化至南部县川军。红三十一军一面将军部、政治部迁往永宁铺，将广元境内的部队集结在沿江一线，进行渡江训练和政治动员；一面派出人员在沿江侦察对岸敌情，察看地形。虎跳仙人山上驻扎的红军特务连，依靠当地苏维埃干部组织群众赶造船只，准备架设浮桥的木材、竹子等各种材料。刘家山、朱子庙、麻石嘴、双庙子和永宁铺一碗水等处丛林里都有隐蔽的造船场所，参与造船的木工、铁工达四五百人。

民国24年（1935年）3月29日凌晨3时，强渡嘉陵江战役开始。红三十一军从红岩、黄龙、丁家、虎跳、青牛、鸳溪口强渡成功。渡江后各路红军迅速穿插、迂回，歼灭、击溃川军，红三十一军主力北进三堆坝、羊模坝阻击胡宗南部南下，其一部与红三十军一部攻占剑门关、剑阁县城、昭化县城，控制了嘉陵江以西近400里的沿江地区。其中：

3月29日，驻青牛邢家店的红三十一军九十三师二七六团三营八连和一个工兵连首先奉令渡江，毁敌碉堡，从剑阁木马寺经高观子参加攻打剑门关的战斗。驻虎跳后山傲盘观的红三十一军九十三师二七四团一部，以隐蔽在野鸡浩的小船，于29日傍晚飞速渡江后，连夜在虎跳王爷庙河湾到嘉陵江对岸的熊家坝之间架起一座浮桥。翌日晨，红九十三师二七四团、二七九团一部从浮桥上急速渡江直奔剑门关。随后，驻旺苍坝、元坝子、大石板、永宁铺等地的红四方面军总部、川陕省机关、总医院和三十一军军部等单位人员，以及妇女独立师、儿童团和抬着伤病员的担架队、驮着辎重的马匹，相继在虎跳渡口集结西进。

3月30日，驻丁家玉罗坝对岸剑阁江口的川军，闻下游江防已破，便将江边船只放火点燃后逃走。次日晨，部分红军来到江边，江口青年农民刘玉贵将隐藏下来的一只船划过江来迎接红军。红军过江后，依靠当地群众，用从太公双庙子等地运来的船只，和经抢救未被川军烧掉的船只，奋力抢搭由玉罗坝到西岸新场湾的浮桥。当天傍晚，浮桥搭成。从南江、巴中、旺苍坝、王家坝、柏林沟、太公寺等地汇集来的红军即从此西渡。

在上游红岩寺渡口，红九十三师二七九团一部、红十师三十六团用六只船渡了整整一天。红九十三师二七六团在红岩下游即剑阁张王庙对岸成功渡过嘉陵江。

第三节　中华人民共和国成立后元坝区境内的战事

一、解放广元、昭化

1949年10月，胡宗南部第五兵团、第七兵团、第十八兵团败退广元和昭化等地，其第七兵团驻防广元、昭化境内的川陕公路及嘉陵江沿线。昭化县城内还驻有国民党第四十七陆军医院和第三十军留守处，国民党昭化县政府驻有一支警卫队，400余人和枪。

1949年12月9日，中国人民解放军第十八兵团分三路向川北进军，中路第六十军沿川陕公路向南挺进。六十军一八〇师五四〇团行至广元须家河又兵分两路向广元县城发起进攻。13 日，驻广元县城的国民党第七兵团司令长官裴昌会率部向剑阁撤退。14 日凌晨 1 时，解放军五四〇团东路在广元东坝击溃国民党守军进至平桥一带，五四〇团西路从北门攻入广元县城，广元解放。

五四〇团解放广元后，继续沿川陕公路向成都方向追击胡宗南军，12 月 15 日，解放昭化县。五四〇团政委张向震临时被任命为昭化县代理县长，并带领部队部分人员留驻昭化县宝轮院，负责支前工作。同时以代理县长的名义发布《安民告示》，宣传约法八章，要求各界人士遵守政府法令，积极支援前线。昭化县临时人民政府设在宝轮乡政府。12 月 27 日，昭化县委书记胡谦带领分配至昭化、青川、平武的南下干部以及县大队武装人员约 50 人进入昭化县城。当日，王继功接替临时代理县长张向震的工作，昭化县临时政府由宝轮迁往昭化。1950 年 1 月，昭化县人民政府在昭化古城发布《布告》，正式对外宣告成立。

二、清剿匪特

昭、广两县解放之初，国民党残余势力和土匪、特务情况复杂，破坏活动猖獗。川陕甘反共忠义救国军司令姜东一、副司令张德鸿、参谋长王跃东等人，组织了 8 个纵队 1000 余人，还有其他零星土匪 860 多人，流窜于川陕甘及广元、昭化、旺苍、苍溪交界处的大滩、两河、临溪、李家、白水、王家等边远山区，杀人、放火、抢劫，策划反革命暴动，妄图颠覆新生人民政权。1950 年 2 月初，解放军第六十一军一八二师由南充进驻广元地区。该师第五四四团团部驻昭化，3 个营分驻昭化、剑阁、青川。遵照中共川北军区党委“对国民党反动派的残余势力及封建势力，采取有步骤有策略地逐步消灭”的指示，结合广元、昭化实际情况，重点清剿县边界土匪，实行政治瓦解与军事清剿相结合的办法，发动群众检举揭发，掌握匪情，武装打击顽固匪特。昭化、广元两县先后召开的第一届各界人民代表会议，均作出“发动群众配合解放军清剿匪特，安定社会秩序，巩固新生人民政权”的决议。县委、县政府紧密配合剿匪部队，深入发动群众，广泛宣传党的“坦白从宽，抗拒从严，首恶必办，胁从不问，立功受奖”政策，利用各种力量，形成强大政治攻势。广元、昭化知名人士余子云（后任省政协委员、伊斯兰教协会会长）骑马到昭化县凉水井（今青川县凉水镇）深山老林，以自己亲身体会，宣传党的政策，收到良好效果，许多匪徒纷纷向政府自新。昭化县匪首杨某某等 100 余人在白水自新，广元县反共忠义救国军一名大队长在临溪缴械投降。从当年 3 月起，解放军五四四团和剑阁军分区所属部队，对广元、昭化县范围内的匪特进行包干清剿，区乡农民自卫队紧密配合，向所有匪特展开全面清剿。至 6 月底，消灭了昭化县内 10 余股土匪。据昭化县统计，击毙土匪 3 人，俘获匪首李成义、牟桂林等 20 余人，匪徒自新者 100 多人，缴获长短枪 1100 多支、迫击炮 1 门、手榴弹 8 箱、电台 1 部。6—7 月，剑阁军分区四团、六团主力，配合陕南解放军部队，对大巴山一带土匪进行围剿。歼灭川陕甘反共忠义救国军，俘获司令姜东一等主要头目。11 月，昭、广两县组织工作团到各区乡发动群众，开展清匪反霸运动，清除残余分子。12 月中旬，剑阁军分区第六团在昭化县三道河一带活捉匪首、反共同盟军政治组长王某某。1951 年 6 月，昭、广两县先后成立清匪情报委员会，各区乡成立清匪情报联防机构，并破获昭化“救国义勇军”徐德文、广元县剿共总队副司令王万顺等匪特及其他反动党团组织。至 1952 年，昭、广两县境内的匪患全部平息。

第十一篇　民政和劳动人事

第一章　民　政

第一节　民政工作机构

1986年11月，广元市市中区卫子区公所设立民政科，贾芝发任科长。1988年6月，成立卫子区民政局，贾芝发任局长。

1989年12月，广元市元坝区设民政局（简称区民政局），1990年2月正式成立。区民政局设办公室、民政股、优抚股、救济股；自设地名办，地名办主要开展地名普查、资料更新和行政区划界线勘定等工作。1991年，增设社团管理股。1994年，建立中共广元市元坝区民政局党组。1997年，区民政局设办公室、优抚安置股、救灾救济股、基层政权建设股、区划地名股、社会事务股、计划财务审计股。2001年12月，区民政局设办公室、优抚安置股（同设区拥军优属拥政爱民工作领导小组办公室）、救灾救济股（同设区国际减灾十年委员会办公室）、社会事务股（同设区勘界办公室）、计划财务股。2002年8月，增设城乡低保股。之后，区民政局内设机构几经撤并整合，至2007年，内设机构为社会事务股、优抚安置股、城乡低保股、救灾救济股、计划财务股、办公室。

1992年3月，广元市元坝区残疾人联合会（简称区残联）成立，挂靠区民政局，区民政局长兼任理事长。1997年底机构改革中，区编委明确区残联单列，但至2002年时，区残联方正式划出单列。

1994年4月，广元市元坝区农村社会养老保险事业管理局（简称区农保局）成立，挂靠区民政局。2002年7月，区农保局划归区劳动和社会保障局。

2001年5月，增设广元市元坝区青龙山墓园（事业单位）。2003年11月，广元市元坝区青龙山墓园更名为广元市元坝区殡葬管理所。

2001年12月，广元市元坝区老龄工作委员会办公室（简称区老龄办）由区人事局划归区民政局。

2004年，广元市元坝区社会老年人福利服务中心（事业单位）成立。

广元市元坝区民政局领导名录

表 11－1

姓　名	性别	籍　贯	政治面貌	职　务	任职期间	备　注
贾芝发	男	广元市元坝区	中共党员	局　长	1990－02—1994－04	
肖文益	男	广元市元坝区	中共党员	副局长	1990－02—1995－10	1994－04 始任党组成员
冯开勋	男	广元市元坝区	中共党员	副局长	1992－09—1995－10	1994－04 始任党组成员
高大志	男	广元市元坝区	中共党员	局　长	1994－04—2001－12	党组书记
肖义先	男	广元市元坝区	中共党员	副局长	1995－10—2003－02	党组成员
纪桂花	女	广元市苍溪县	中共党员	副局长	1996－02—2007－02	党组成员，2001－03 兼纪检组长
吴根昌	男	广元市元坝区	中共党员	局　长	2001－12—2007－02	党组书记
秦中吉	男	广元市元坝区	中共党员	副局长	2003－02—2004－10	党组成员
乐天勤	男	广元市元坝区	中共党员	副局长	2003－02—2007－02	党组成员
仲青成	男	广元市元坝区	中共党员	纪检组长	2006－03—	党组成员
范永昌	男	广元市元坝区	中共党员	局　长	2007－02—	党组书记
王正功	男	广元市元坝区	中共党员	副局长	2007－02—	党组成员
冯德志	男	绵阳市梓潼县	中共党员	副局长	2007－02—	党组成员

第二节　村（居）委会

元朝时期始设村社、里甲，明朝时期，城中设“坊”、城郊设“厢”、乡村设“里”，其下设保、甲。清朝沿袭元朝里甲制度。清雍正四年（1726 年）规定保甲编制：10 户立 1 牌设 1 牌头，10 牌立 1 甲，设 1 甲头，10 甲立 1 保，设 1 保正。中华民国时期，昭化县在县以下设团区和堡，民国 24 年（1935 年）设区署，改团区、堡为联保，设联保办事处。民国 29 年（1940 年），改联保为乡镇，设乡镇公所，在乡镇之下设立保、甲组织。民国 38 年（1949 年），昭化县辖 3 个区、12 个乡镇、155 个保、1524 个甲。

一、村（居）委会的设立

中华人民共和国成立后，在乡镇以下废除保、甲制度，改保为村，改甲为组。1958 年实行人民公社化后，改村为生产大队，改组为生产队。生产大队由社员大会选举的大队管理委员会行使职权，在委员中产生大队长。1968 年 11 月各生产大队均成立革命委员会，1981 年 1 月恢复为生产大队管理委员会。1984 年农村实行体制改革，生产大队改为村，生产队改为村民小组。至 1985 年，广元县（广元市中区）在乡（镇）共设村 675 个、村民小组 4528 个。

1986 年 12 月至 1989 年 1 月，广元市市中区卫子区所辖 26 个乡镇，设村 186 个，村民小组 1268

个。1989 年 2 月 18 日，元坝镇和柳桥乡从广元市市中区中心区划入后，增至 203 个村，1376 个村民小组。1993 年 4 月苍溪县小新乡划入元坝区，全区增至 209 个村 1413 个村民小组。1996 年文村乡增设荣华村，2000 年梅树乡增设潼北村，至此，元坝区辖 211 个村，1413 个村民小组。

2004 年 10—11 月，全区实行强村并组。经村民会议讨论同意、乡镇人民政府提出，区人民政府批准，全区 211 个村调整为 109 个，村民小组调整为 734 个。

2006 年 7—8 月，针对村、组“规模过大，不便群众自治作用发挥”的现状，再次对全区村的设立及其辖区进行调整。全区 109 个村调整为 211 个，下设村民小组 1410 个。其中，206 个村的名称与 2004 年 10 月调整前相同；有 4 个村使用 2004 年 10 月调整时所更名称，即元坝镇砖灰村为桂花村，紫云乡金华村为金花村，磨滩镇山青村为工农村，大朝乡高庙村为松宁村；柏林沟镇帽盒山村改名帽盒村。

广元市元坝区 2004—2006 年行政村建制调整情况一览表

表 11－2

乡镇（街道）	2004 年前		2004 年调整后			2006 年调整后	
	村数（个）	村名	村数（个）	村名	范围	村数（个）	村名
（合计）	211		109			211	
元坝镇	11	元坝	6	元坝	原元坝村、胜利村全部 原光华村的一、二组	11	元坝
		胜利					胜利
		光华					光华
		中梁		中梁	原中梁村全部 原光华村三、四组		中梁
		砖灰		桂花	原砖灰、五一村全部		桂花
		五一					五一
		杏树		杏花	原杏树、吴沟村全部		杏花
		吴沟					吴沟
		大坝		大坝	原大坝、青树村全部		大坝
		青树					青树
		长坝		长坝	原村不变		长坝
拣银岩社区街道办事处	1	拣银岩	1	拣银岩	原村不变	1	拣银岩
柳桥乡	5	分水岭	3	分水岭	原分水岭、新胜村全部	5	分水岭
		新胜					新胜
		东山		东峰	原东山、普子村全部		东山
		普子					普子
		柳桥		柳桥	原村不变		柳桥
紫云乡	6	嘉川	3	嘉川	原嘉川、三清村全部	6	嘉川
		三清					三清
		紫云		紫云	原紫云、中漕村全部		紫云
		中漕					中漕
		金华		金花	原金华、云雾村全部		金花
		云雾					云雾

续表

乡镇（街道）	2004年前		2004年调整后			2006年调整后	
	村数（个）	村　名	村数（个）	村　名	范　　围	村数（个）	村　名
王家镇	11	五　马	5	文　武	五马、文星村全部	11	五　马
		文　星					文　星
		红　庙		红　庙	原红庙、石马村全部，原安平村一、二、三、四、六、七、八、九组		红　庙
		石　马					石　马
		安　平					安　平
		更　新		金　帽	原更新、金星村全部 原安平村五组		更　新
		金　星					金　星
		金　峨		金　檀	原金峨、檀木村全部		金　峨
		檀　木					檀　木
		银　鱼		银　山	原银鱼、方山村全部		银　鱼
		方　山					方　山
文村乡	7	荣　华	4	国　华	原荣华村全部，原助国村四、五、六、七组，原云台村一组	7	荣　华
		助　国					助　国
		党　阳		双　龙	原助国村一、二、三组，原党阳村全部，原双龙村一、五、六、七组		党　阳
		双　龙					双　龙
		云　台		云　峰	原双龙村二、三、四组，原云台村二、三、四、五、六组，原银峰村全部		云　台
		银　峰					银　峰
		作　功		作　功	原村不变		作　功
磨滩镇	13	金　堂	7	金　桥	原金堂、龙桥村全部	13	金　堂
		龙　桥					龙　桥
		金　华		尖　山	原金华、佛岩村全部		金　华
		佛　岩					佛　岩
		碧　松		小　新	原碧松、照山村全部		碧　松
		照　山					照　山
		百　胜		工　农	原百胜、山青村全部		百　胜
		山　青					工　农
		长　青		观　音	原长青、马安村全部		长　青
		马　安					马　安
		中　华		金　凤	原中华、金包村全部		中　华
		金　包					金　包
		磨　滩		磨　滩	原村不变		磨　滩
晋贤乡	6	道　角	3	道　角	原道角、中山村全部	6	道　角
		中　山					中　山
		保　民		保　民	原保民村全部、原千秋村四、五、六组		保　民
		千　秋					千　秋
		新　华		新　熨	原千秋村一、二、三、七组，原新华、熨斗村全部		新　华
		熨　斗					熨　斗

续表

乡镇（街道）	2004年前		2004年调整后			2006年调整后	
	村数(个)	村　名	村数(个)	村　名	范　围	村数(个)	村　名
卫子镇	7	卫　子	3	卫　子	原卫子、刘家河、新云村全部	7	卫　子
		刘家河					刘家河
		新　云					新　云
		板石沟		快　活	原板石沟、冯家岭村全部		板石沟
		冯家岭					冯家岭
		沈家阁		连　心	原沈家阁、商家梁村全部		沈家阁
		商家梁					商家梁
柏林沟镇	7	向　阳	3	岚　桥	原向阳、帽盒山村全部	7	向　阳
		帽盒山					帽　盒
		岚　黎		岚　黎	原岚黎、冯家坪村全部		岚　黎
		冯家坪					冯家坪
		白　马		赤　岚	原白马、民安、马蹄村全部		白　马
		民　安					民　安
		马蹄滩					马蹄滩
清水乡	8	鞍　山	4	龙　凤	原鞍山村全部，原龙凤村一、二、三、四、六、七、八组	8	鞍　山
		龙　凤					龙　凤
		文　华		清　宁	原龙凤村五组，原文华、普贤村全部		文　华
		普　贤					普　贤
		清　凉		清　水	原关帝庙、清凉、艺丰村全部		清　凉
		关帝庙					关帝庙
		艺　丰					艺　丰
		树　丰		树　丰	原村不变		树　丰
石井铺乡	10	板　庙	6	石　井	原板庙、石井村全部	10	板　庙
		石　井					石　井
		元　柏		元　柏	原肖家寨、元柏村全部		元　柏
		肖家寨					肖家寨
		新　场		新　场	原新场、八庙村全部		新　场
		八　庙					八　庙
		茶　店		茶　店	原茶店、龙口村全部		茶　店
		龙　口					龙　口
		庙儿顶		庙儿顶	原村不变		庙儿顶
		长　岭		长　岭	原村不变		长　岭
白果乡	7	狮　子	5	白果树	原狮子、田岩村全部	7	狮　子
		田　岩					田　岩
		青　光		青　光	原村不变		青　光
		山　溪		山　溪	原山溪、竹林村全部		山　溪
		竹　林					竹　林
		会　果		会　果	原村不变		会　果
		金　牛		金　牛	原村不变		金　牛

续表

乡镇（街道）	2004年前		2004年调整后			2006年调整后	
	村数(个)	村　名	村数(个)	村　名	范　　围	村数(个)	村　名
梅树乡	8	梅　树	5	梅　树	原梅树、潜力村全部	8	梅　树
		潜　力					潜　力
		潼　梓		潼　梓	原潼梓、潼北村全部		潼　梓
		潼　北					潼　北
		梅　岭		梅　岭	原梅岭、新力村全部		梅　岭
		新　力					新　力
		春　花		春　花	原村不变		春　花
		穿　心		穿　心	原村不变		穿　心
太公镇	9	场　埃	6	场　埃	原场埃村全部，原太公岭村一、二组	9	场　埃
		太公岭					太公岭
		大　树		大　树	原大树村全部,原太公岭村三、四组		大　树
		玄　真		玄　真	原村不变		玄　真
		红　卫		红　卫	原村不变		红　卫
		学　堂		学　堂	原村不变		学　堂
		双　庙		红豆垭	原双庙、朱真、白头村全部		双　庙
		朱　真					朱　真
		白　头					白　头
张家乡	11	松　梁	5	松　梁	原松梁、尖山、石庙村全部	11	松　梁
		尖　山					尖　山
		石　庙					石　庙
		洞　坪		洞　坪	原洞坪、回龙、雷音村全部		洞　坪
		回　龙					回　龙
		雷　音					雷　音
		金　紫		金　紫	原金紫、茯苓、双柏村全部		金　紫
		茯　苓					茯　苓
		双　柏					双　柏
		刘　庄		刘　庄	原村不变		刘　庄
		大　雾		大　雾	原村不变		大　雾
香溪乡	5	玉　莲	3	玉　莲	原玉莲村全部,原白鹤村一、二组	5	玉　莲
		白　鹤		坳　盘	原白鹤村三、四、五、六、七组，原坳盘村全部,原春阳村三、四、五组		白　鹤
		坳　盘					坳　盘
		春　阳					春　阳
		元　林		元　林	原元林村全部,原春阳村一、二、六组		元　林
虎跳镇	8	南　斗	4	南　斗	原南斗、樟树村全部	8	南　斗
		樟　树					樟　树
		东　沟		东　沟	原东沟、东岩、竹江村全部		东　沟
		东　岩					东　岩
		竹　江					竹　江
		毗　鹿		毗　鹿	原毗鹿、仙山村全部		毗　鹿
		仙　山					仙　山
		三　公		三　公	原村不变		三　公

续表

乡镇（街道）	2004 年前		2004 年调整后			2006 年调整后	
	村数（个）	村　名	村数（个）	村　名	范　　围	村数（个）	村　名
丁家乡	5	玉　罗	3	玉　桥	原玉罗、断桥村全部	5	玉　罗
		断　桥					断　桥
		青　龙		青　双	原青龙、双龙村全部		青　龙
		双　龙					双　龙
		湖　溪		湖　溪	原村不变		湖　溪
黄龙乡	8	黄　金	4	黄　金	原黄金、明水村全部	8	黄　金
		明　水					明　水
		陵　江		高　道	原陵江、高照村全部		陵　江
		高　照					高　照
		水　磨		水　磨	原水磨村全部，原红林村五、六组		水　磨
		红　林		太　平	原红林村一、二、三、四、七组，原太平、普照村全部		红　林
		太　平					太　平
		普　照					普　照
青牛乡	6	苏　山	3	苏　山	原苏山、莲池村全部	6	苏　山
		莲　池					莲　池
		白　牛		白　牛	原白牛、南流村全部		白　牛
		南　流					南　流
		团　结		凤　凰	原团结、文书村全部		团　结
		文　书					文　书
陈江乡	6	雷　鸣	3	雷　鸣	原雷鸣、金宝村全部	6	雷　鸣
		金　宝					金　宝
		紫　金		紫　金	原紫金、罗江村全部		紫　金
		罗　江					罗　江
		陈　江		五　龙	原五龙、陈江村全部		陈　江
		五　龙					五　龙
明觉乡	7	华　丰	3	八庙梁	原华丰、前峰、利华村全部	7	华　丰
		前　峰					前　峰
		利　华					利　华
		五　房		灵宝山	原五房、鹅项村全部		五　房
		鹅　项					鹅　项
		帽　壳		三　垭	原帽壳、云峰村全部		帽　壳
		云　峰					云　峰
射箭乡	9	京　元	3	金　笔	原京元、笔架、塔子村全部	9	京　元
		笔　架					笔　架
		塔　子					塔　子
		板　石		将军岭	原板石、三好、红花村全部		板　石
		三　好					三　好
		红　花					红　花
		晒　金		射　箭	原晒金、丁角、龙江村全部		晒　金
		丁　角					丁　角
		龙　江					龙　江

续表

乡镇（街道）	2004 年前		2004 年调整后			2006 年调整后	
	村数（个）	村名	村数（个）	村名	范围	村数（个）	村名
昭化镇	8	城关	3	葭萌	原城关、战胜、摆宴村全部	8	城关
		战胜					战胜
		摆宴					摆宴
		石盘		苴国	原石盘、坪雾村全部		石盘
		坪雾					坪雾
		天雄		天雄	原天雄、凤凰、鸭浮村全部		天雄
		凤凰					凤凰
		鸭浮					鸭浮
朝阳乡	6	凤阳	3	凤阳	原凤阳、五马、柏杨村全部，原南马村八组	6	凤阳
		五马					五马
		柏杨					柏杨
		南马		南马	原南马村一、二、三、四、五、六、七、九、十、十一、十二组		南马
		群峰		新民	原群峰、灯杆村全部		群峰
		灯杆					灯杆
红岩镇	6	百花	3	复兴	原百花、坪林村全部	6	百花
		坪林					坪林
		天星		玉皇	原天星、玉皇村全部		天星
		玉皇					玉皇
		红江		九龙	原红江、广吉村全部		红江
		广吉					广吉
大朝乡	6	云台	3	云台	原云台、孟江、五堆村全部	6	云台
		孟江					孟江
		五堆					五堆
		新凡		牛头	原新凡、牛头村全部		新凡
		牛头					牛头
		高庙		松宁	原高庙村辖区范围不变		松宁
沙坝乡	4	照壁	2	照壁	原照壁村全部，原红寨村一、二、三、八、九、十、十一、十二、十三组	4	照壁
		红寨					红寨
		双狮		金龙	原双狮、长梁村全部，原红寨村四、五、六、七组		双狮
		长梁					长梁

随着经济不断发展和场镇人口的不断增多，1997—1999 年，虎跳、太公、卫子三镇相继各设置社区居民委员会（简称居委会）1 个。2000 年，元坝镇设京兆路社区居委会、青梅路社区居委会。2003 年，拣银岩社区街道办事处下设六四〇居委会、轻管所居委会。2004 年，昭化镇、王家镇各设社区居委会 1 个。2007 年，明觉乡设社区居委会 1 个，昭化镇增设坪雾社区居委会。至 2007 年末，全区共设村委会 211 个，下设村民小组 1410 个；设居委会 11 个，下设居民小组 29 个。

二、村（居）委会选举

1954—1958 年，村委会由 7～9 人组成；1984—1988 年，村委会一般由 5～9 人组成。由全体村

（居）民会议或村（居）民代表会议选举产生村（居）委会成员。

1989年12月公布实施的《中华人民共和国城市居委会组织法》和1998年11月公布实施的《中华人民共和国村民委员会组织法》规定：村民委员会由主任、副主任和委员共5~7人组成，由本村有选举权的村民直接选举产生。每届任期三年；居民委员会由主任、副主任和委员共5~9人组成，由本居住地区全体有选举权的居民或者由每户派代表选举产生，也可由每个居民小组选出的代表2~3人选举产生。居民委员会每届任期三年。

在历次换届选举期间，区及各乡、镇、街道办事处均要成立村（居）委会换届选举工作指导小组，负责组织实施本行政区域内的村（居）委的换届选举工作，并成立村民选举委员会、居民选举领导小组负责主持村（居）委会换届选举工作，组织选民依法产生候选人，提倡选民将遵守国家法律、法规、政策，品行端正，办事公道，廉洁奉公，作风民主，身体健康，工作能力较强，热心为群众服务的选民，提名为村（居）委会成员候选人。选举村（居）委会成员，实行差额选举，采取无记名投票方式进行。有全体选民的过半数参加投票，选举有效，正式候选人获得参加投票选民的过半数选票，方能当选。

三、村级组织干部培训

元坝区建立后，于1990年3月，集中全区的200多名村党支部书记进行了为期3天的培训，主要内容为学习《中国共产党章程》《中华人民共和国村民委员会组织法（试行）》等。1994年4月，集中全区村党支部书记就强化村级组织建设进行了为期3天的培训，广元市副市长赵洪银到培训班讲课。以后随农村形势发展需要，几乎每年都办班对村（居）委会干部进行法规政策、市场经济、产业发展以及生猪繁殖、种草养畜等方面的培训。其中依托区委党校进行培训3次：1998年7月，以邓小平中国特色社会主义理论、基层组织建设、村（居）务公开为主要内容，对全区的村（居）委会主任，进行了为期4天的培训；1999年7月，对全区村党支部书记以产业结构调整、基层民主法制、农村实用技术为内容进行4天培训；2000年7月，对全区村党支部书记培训6天，主要内容是基层民主建设和农村实用技术，7月下旬又对全区村委会主任培训6天，主要内容为村委会建设、农村实用技术、农村沼气建设。区民政局还结合实际工作，采取集中和分散相结合的方式，组织村（居）委会成员和有关工作人员，学习有关村（居）委会选举、村（居）务公开和民主管理方面的法规政策，指导、帮助村（居）委会建立、健全村（居）务公开制度和民主管理制度。

四、村民自治示范村创建

1991年，区人民政府根据省政府的统一安排部署，在全区开展村（居）民自治创建活动，并将创建活动纳入乡镇工作目标管理。2001年，区民政局制定出《实施“两法”，开展村（居）委会自治示范活动的规划》，首先在青牛乡白牛村进行试点，然后在全区推广。是年底，区人民政府根据《四川省村民自治验收标准》，对所有示范村进行检查验收。对验收合格的授予“村民自治示范村”称号。2002年，改“示范村（居）委会创建活动”为“村（居）民自治模范村（居）委会、模范乡镇创建活动”。至2007年，全区村民自治模范村27个、居民自治模范居委会6个、村民自治模范乡镇5个。

第三节 优抚安置

一、烈士褒扬

中华人民共和国建立后，不仅为革命烈士修建纪念建筑，编印革命烈士英名录，同时还对他们的家属进行慰问，对有困难的直系亲属发给抚恤金。1957 年，昭化县经调查认定符合享受追恤条件的有 450 人，共补发一次抚恤金 63150 元。1982 年，广元县认定和编入《革命烈士英名录》的革命烈士共 2122 名。至 1989 年，在元坝区境内被认定、追认的革命烈士有 865 人，按照国家政策对烈士亲属进行了抚恤。

二、优待抚恤

（一）优待

抗日战争时期，昭化县在每年的春节、中秋节或“双十节”（中华民国十月十日国庆节），都要以乡或保举行“慰劳征属”大会。民国 26 年（1937 年），开展募捐劳军活动，在全县党政机关人员中动员捐助，各级职员每人捐国币 10 万元，并饬令各娱乐场所，各捐“一日营业所得”，作为前方将士购买寒衣之用。国民党政府还用在农村随粮派征“积谷”、在城镇按户摊派“代金”的办法优待征属。对征属的赤贫户每年按人、自给户每年按户发给“优待谷”或“代金”，对征属中的小康户发给“荣誉状”。

中华人民共和国建立后，昭化县从县到区、乡都成立有“拥军优属委员会”。在每年的“八一”建军节和春节期间，以区或乡召开全体烈军属会议或烈军属代表会议，进行革命形势教育，表扬鼓励先进典型，检查优抚政策落实，帮助解决生产生活困难，会后还给烈军属、老红军、残废军人拜新年，挂“光荣牌”，并由群众自愿捐献，给优抚对象送礼物表示慰问。从 1951 年春耕开始，对贫苦而又缺乏劳动力的烈军属和二等以上的革命残废军人，实行田地义务代耕。1956 年，由于农业实行集体化，土地集体耕种，即改代耕方式为评定优待劳动日的方式，每年评给优待工分，参加生产队粮食和现金分配。1982 年，农村实行土地承包责任制以户耕种后，则将优待工分改为优待金。同时将原由生产队负担逐步改为由生产大队以及全公社负担。次年，对部分确有困难的烈军属实行优待改为对所有烈军属给予优待。1985 年，对农村入伍的义务兵按所在乡同等劳动力年人平收入的 50% 定优，在人平年收入不足 200 元的地方，以不少于 100 元定优。城镇入伍的义务兵，根据家庭具体情况，由本人所在单位或父母所在单位发给优待金；无单位者，即从各有关单位、街道企业中统一筹集后发给。其中，父母有工作单位的，由单位给每个义务兵家庭发优待金 120 元。1986 年 1 月 1 日起，复员退伍军人的优待定额补助在原来基础上每人每月增加 3 元，军队离退休干部每人每月增发洗理费 4 元、燃料费 3 元。7 月 1 日起，退伍红军老战士每人每月增发 10 元。当年，农村义务兵家属优待金提高至每年每户 300 元左右，保留其义务兵承包土地、自留山、自留地，承包土地不交公粮，并免除一切摊派；城镇义务兵家庭优待金未作调整。

1988 年，卫子全区有组织地为烈、军属等优抚对象做好事，维修住房 1000 间，为 250 户生活困难户发放补助 2500 元。再次提高“三红”（在乡退伍红军老战士、在乡西路红军老战士、红军失散人员）人员以及原复员退伍军人的定额补助标准。其中，在乡退伍老红军每人每月增至 65 元，西路红军每人每月增至30元，流落红军每人每月增至17元，老年复员军人每人每月增至14元，带病回乡退伍军人每人每月增至13元。同年，农村义务兵家属优待金户平增至500元，城镇义务兵家属优待金户平增至200元。1989年7月，调整老复员军人定补标准：抗日战争入伍的每人每月25元，解放战争入伍的每人每月20元，中华人民共和国成立后入伍的每人每月15元。

1992年，元坝区对农村义务兵家属优待金实行乡镇统筹，户平600元左右。1993年，调整“三红”人员补助标准：在乡退伍老红军每人每月170元，西路红军每人每月90元，红军失散人员每人每月35元，该标准从当年的1月1日起开始执行。从1995年1月1日起，在乡退休老红军遗属、抗美援朝时期及以前入伍的在乡老复员军人和带病回乡退伍军人在原标准上每人每月增加6元。1996年，提高在乡退伍老红军、西路红军、红军失散人员的生活补助标准，每人每月在原标准上分别增加21元、15元、10元。从1997年起，执行广元市人民政府《关于广元市拥军优属工作若干规定的通知》，对在部队立功的义务兵，由家属所在地民政部门发给优待奖励金：一等功1000元，二等功500元，三等功100元。被评为优秀士兵的，当年增发家属优待金10%。1999年，实施“安身工程”，对全区“三红”“三属”（烈士遗属、因公牺牲军人遗属、病故军人遗属）、老复员军人、伤残军人住房情况进行调查登记后，拨款56万元，帮助160户无房或少房户修建住房，后又拨款22万元为35户住房破旧的烈、军属、老复员军人等优抚对象修建住房；全区义务兵家属优待金实行社会统筹，农村户平增至800元，城镇义务兵家属每户不低于240元。同年，区民政局根据省民政厅、财政厅《关于提高在乡老年复员军人定期生活补助费的通知》，从1月1日起，每人每月增发定期生活补助费10元。2002年，在乡退伍红军老战士、西路红军老战士、红军失散人员生活补助费每人每月分别提高到650元、495元和130元。同时提高特等、一等革命伤残人员和70岁以上在乡老红军的护理标准：因战因公的特等、一等每人每月分别为200元和180元，因病一等革命伤残人员每人每月170元，70岁以上老红军的护理标准参照因病伤残标准执行。从2002年起，送达新兵入伍通知书时，发给“优待安置证”。义务兵家属优待金纳入财政转移支付，农村义务兵家属每年每户增至900元，城镇义务兵家属每年每户增至300元。2001—2004年，区民政局累计安排资金100万元为220余户烈、军属和“三红”人员、老复员军人等优抚对象解决住房困难，共修建住房550间9800平方米。2004年10月，在乡退伍红军老战士、西路红军老战士、红军失散人员每人每年生活补助标准分别提高到：9600元、8640元、2880元；2005年区民政局再拨款85万元，解决烈、军属和老复员军人的住房及生活困难。2006年1月1日起，提高在乡退伍红军老战士、西路红军老战士、红军失散人员每人每年生活补助标准分别为：11400元、10200元、3360元；从2007年8月1日起，每人每年生活补助标准 分别再次提高到：13680元、12240元、4080元。2007年，对农村义务兵家属优待金做出调整，每户增至1000元。

（二）抚恤

中华人民共和国成立后，根据国家抚恤规定：抚恤分牺牲、病故和残废三类，牺牲又分革命烈士和因公牺牲两种。对牺牲和病故，国家除发给其亲属一次性抚恤金外，还对无劳力或无固定收入不能维持生活的直系亲属发给“临时补助”或“定期定量补助”。一次性抚恤金的标准在同一时期各异，革命烈士比因公牺牲的高，因公牺牲的比病故的高。1985年改定期补助为定期抚恤。残废抚恤金的标准，按国家统一规定的四等六级和在职在乡以及因战因公等不同情况分别确定。

1. 一次性抚恤

1950—1985年，一次性抚恤金标准调整过5次。1952年前发给粮食，从1953年起改发现金。1986年，国家调整抚恤金标准。革命军人、国家机关工作人员、参战民兵民工因公牺牲，按牺牲时本人月工资标准，给予20个月数额的一次性抚恤金；军队干部、老复员军人、离退休军人、国家机关工作人员病故，按病故时本人月工资标准给予10个月数额的一次性抚恤金；国家机关工作人员病故一次性抚恤金不得超过3000元。1994年起，国家机关工作人员病故，一次性抚恤金按调整后的10个月工资计发，取消不得超过3000元的规定。1996年11月、1998年5月，国家分别提高公安机关人民警察和司法警察革命烈士、因公牺牲、病故的一次性抚恤金标准：革命烈士按40个月工资计发，因公牺牲按20个月工资计发，病故按10个月工资计发，获得英雄模范称号和荣立一、二、三等功的分别增发30%、25%、15%、5%的一次性抚恤金。2004年10月1日起，提高军人和机关事业单位工作人员一次抚恤金标准。批准为革命烈士的，按本人80个月工资计发；因公死亡的按本人40个月工资计发，病故的按本人20个月工资计发。

2. 残疾抚恤

从1950年12月至1984年7月，国家数次提高革命残废军人和工作人员抚恤标准。1950年和1951年均发粮食。1952年，参加工作的发给现金，复员安家的发给粮食。1953年起，全部改为发现金。1985年7月1日起，广元市市中区根据国家民政部、财政部决定，给全区在乡残废人员增发生活补助费：特等、一等（包括休养院的休养员，不包括退休人员）每人每月12元，二等每人每月6元，三等每人每月4元。1988—2003年，国家先后8次调整在乡伤残人员抚恤金标准。1991—2003年国家先后8次调整在职伤残人员保健金标准。

广元市元坝区在乡伤残人员抚恤金标准表

表11-3　　单位：元/人·年

等级	类别	执行时间							
		1988-01-01	1991-01-01	1994-01-01	1996-01-01	1999-01-01	2001-01-01	2002-01-01	2003-07-01
特等	因战	1200	1560	2240	3240	5340	7000	8400	9960
	因公	1100	1440	2100	3080	5180	6840	8240	9800
一等	因战	1020	1260	1860	2460	4000	5400	6480	7080
	因公	950	1170	1740	2330	3870	5270	6350	7550
	因病	860	1060	1620	2200	3740	5140	6220	7420
二等甲级	因战	740	920	1250	1430	2120	2900	3330	3880
	因公	660	830	1150	1320	2010	2790	3220	3770
	因病	600	760	1070	1230	1920	2700	3130	3680
二等乙级	因战	538	656	856	960	1320	1940	2230	2600
	因公	480	590	780	880	1240	1860	2150	2520
	因病	450	554	740	840	1200	1820	2110	2480
三等甲级	因战	336	416	536	628	900	1180	1360	1560
	因公	322	400	512	608	880	1160	1340	1540
三等乙级	因战	272	342	422	526	780	1050	1210	1390
	因公	272	342	422	526	780	1050	1210	1390

广元市元坝区在职伤残人员保健金标准表

表 11－4　　　　单位：元/人·年

等级	类别	执行时间							
		1991－01－01	1994－01－01	1996－07－01	1999－01－01	2000－01－01	2001－01－01	2002－01－01	2003－07－01
特等	因战	204	450	600	1000	1180	1500	1800	2140
	因公	216	420	570	970	1150	1470	1770	2110
一等	因战	204	374	500	800	980	1200	1440	1720
	因公	184	342	460	760	940	1160	1400	1680
	因病	—	332	450	750	930	1150	1390	1670
二等甲级	因战	156	288	380	455	515	600	690	810
	因公	140	268	360	435	495	580	670	790
	因病	—	250	340	415	475	560	650	770
二等乙级	因战	135	231	300	360	420	500	580	680
	因公	122	214	280	340	400	480	560	660
	因病	—	210	270	330	390	470	550	650
三等甲级	因战	108	174	220	260	320	380	440	510
	因公	98	160	200	240	300	360	420	490
三等乙级	因战	90	132	170	205	265	320	370	430
	因公	82	122	160	195	255	310	360	420

2004 年 10 月 1 日起，“伤残”改称为“残疾”。重新划分的残疾等级为十级。一至六级分：因战、因公、因病 3 个等次；七至十级分：因战、因公 2 个等次。不再有在乡抚恤金和在职保健金的区分，统称残疾抚恤金。重新划分的残疾等级、等次及其年度抚恤金标准从当年 10 月 1 日起执行。2005 年，伤残军人统一换发新证，将“伤残”改称“残疾”。2006 年和 2008 年，对残疾抚恤金标准又分别作了调整。

广元市元坝区残疾抚恤金标准表

表 11－5　　　　单位：元/人·年

等　级	2004－01－01 执行			2006－01－01 执行			2007－08－01 执行		
	因　战	因　公	因　病	因　战	因　公	因　病	因　战	因　公	因　病
一级	11200	10800	10440	14560	14040	13570	18900	18300	17700
二级	10080	9600	9200	13100	12480	11960	17100	16200	15600
三级	8960	8400	7800	11650	10920	10140	15000	14100	13200
四级	7280	6600	6000	9470	8580	7800	12300	11100	10200
五级	5600	5040	4560	7280	6550	5930	9600	8400	7800
六级	4480	4200	3600	5820	5460	4680	7500	7080	6000
七级	3360	3000	—	4350	3880	—	5700	5100	—
八级	2240	1920	—	2880	2480	—	3600	3300	—
九级	1680	1440	—	2180	1870	—	3000	2400	—
十级	1120	960	—	1460	1250	—	2100	1800	—

3. 定期抚恤

1986 年，根据解放军总政治部、总后勤部通知，军队干部遗属生活补贴从 1 月 1 日起执行调整后的标准：因战、因公牺牲的 17 级团以下干部遗属每人每月 50 元，病故军人遗属每人每月 40 元，孤儿增发 10 元。当年，国家还提高死亡职工遗属生活补贴标准，从 5 月 1 日起，遗属生活在城镇和农村的每人每月增加 5 元，分别增至 20～25 元和 17～20 元；红军遗属每人每月按 45 元发给。1988 年，烈士子女每月抚恤金提高到 13.30 元。1990 年，国家调整机关、事业单位工作人员死亡后遗属生活困难补助标准：城镇户口的每人每月提高到 35～40 元，农村户口的每人每月提高到 30～35 元；对民国 26 年（1937 年）7 月 6 日以前参加革命工作的，其遗属生活补助由 40 元提高到 60 元。1994 年，根据民政部、财政部《关于提高部分优抚对象抚恤补助标准的通知》（从 1 月 1 日起），烈属、因公牺牲军人遗属、病故军人遗属（简称“三属”）每月在原基础上提高 10 元；从 11 月起调整机关、企事业单位死亡职工遗属生活困难定期补助，城镇的每月增至 65 元，农村的每月增至 55 元；1995 年在乡退伍老红军遗属定期抚恤金在原标准基础上增加 6 元。1997 年 7 月 1 日起，机关、事业单位死亡职工遗属生活困难补助城镇的每月增至 80 元，农村的增至 70 元。1999 年 1 月 1 日起，国家提高“三属”定期抚恤标准：烈属、因公牺牲军人遗属居住农村的每月 95～100 元，城镇的每月 105～110 元；病故军人遗属居住农村的每月 90～95 元，城镇的每月 100～105 元。从 7 月 1 日起，机关、事业单位死亡职工遗属生活困难补助居住城镇的每月增至 120 元，农村的每月增至 100 元。2001 年 1 月 1 日起，机关、事业单位死亡职工遗属生活困难补助城镇每月增至 160 元，农村的每月增至 140 元。2004 年 10 月 1 日起，烈属居住农村的定期抚恤金标准提高到每年 2640 元，城镇的每年 4200 元；因公牺牲军人遗属居住农村的每年 2520 元，城镇的每年 3900 元；病故军人遗属居住农村的每年 2340 元，城镇的每年 3600 元。2006 年 1 月 1 日起，烈属居住农村的每人每年 3120 元，城镇的 4980 元；因公牺牲军人遗属居住农村的每年 2940 元，城镇的 4620 元；病故军人遗属居住农村的每年 2760 元，城镇的 4260 元。2007 年 8 月 1 日起，烈属居住农村的定期抚恤金标准提高到每年 3600 元，城镇的每年 6000 元；因公牺牲军人遗属居住农村的每年 3420 元，城镇的每年 5400 元；病故军人遗属居住农村的每年 3300 元，城镇的每年 5100 元。1986—2007 年，全区优抚对象给予优待、抚恤及生活补助共 45646 人次，累计发放各类优抚金 3961 万元。

广元市元坝区各类优抚对象优待情况表

表 11－6

年　度	优　抚　对　象　人　数						各类优抚金总额(万元)
	老红军	失散红军	“三属”	老复员军人	残疾军人	合　计	
1986	20	56	432	1414	270	2192	46
1987	20	56	432	1414	270	2192	50
1988	18	54	430	1412	262	2176	52
1989	18	54	430	1411	260	2173	57
1990	17	50	410	1400	258	2135	60
1991	17	50	410	1400	258	2135	64
1992	16	49	408	1396	256	2125	66
1993	16	49	408	1396	256	2125	66

续表

年度	优抚对象人数						各类优抚金总额(万元)
	老红军	失散红军	“三属”	老复员军人	残疾军人	合计	
1994	15	47	406	1394	254	2116	72
1995	14	46	405	1393	253	2111	79
1996	14	46	405	1393	253	2111	80
1997	14	44	400	1390	250	2098	88
1998	13	44	400	1390	250	2097	100
1999	12	42	390	1388	241	2073	190
2000	12	42	389	1387	240	2070	240
2001	11	34	350	1380	237	2012	300
2002	11	32	340	1376	230	1989	310
2003	11	32	340	1375	230	1988	340
2004	11	32	340	1375	230	1988	342
2005	11	32	339	1375	230	1987	400
2006	11	26	288	1169	190	1684	479
2007	11	26	288	1169	190	1684	480

三、退伍安置

中华人民共和国成立后，从1950年起即开始军队复员退伍安置工作。1958年3月底以前，昭化县境内凡从农村入伍的则回到农村参加农业生产劳动，从城镇入伍和由农村入伍但无家可归者，都被安排到机关、厂矿、学校工作。1958年3月起执行义务兵退伍暂行规定，按“从哪里来，回哪里去”的原则安置（包括志愿兵转业）。1983年起，志愿兵转业后由政府统筹安排适当工作。对伤病残退伍军人，根据病残轻重，或进修养院或荣校供养终身，或带病归乡待遇从优，或安排工作予以照顾。至1985年，昭、广两县共接收安置各种复员、退伍军人2.07万人，其中介绍两用人才153名到企事业单位工作。

1986—1993年，采用按系统分配、包干接收安置志愿兵、城镇退伍兵的办法。由民政、组织、人事、劳动等部门协调统筹安置。农村复员军人以回乡务农、自谋职业和在乡镇企业安置为主。1994年起，城镇退伍兵除按系统分配、包干统筹安置外，还采用多渠道、多层次的安置方式，推行双向选择。并把集体企业、股份合作企业纳入安置复退军人范畴。1999年起，各接收单位在未正式安排城镇退伍军人上岗工作期间，由单位向其按月以不低于本系统或本单位确定的最低生活标准发给生活补助费；凡应接收安置而不能落实安置任务的单位，按应安置人数每人3万元的标准交纳安置有偿转移金；如属安置确有困难的单位或部门，经区政府审查批准，可免除安置任务，其安置对象另行安置；城镇退伍军人和转业志愿兵自愿自谋职业的，有接收安置任务的单位按本地区职工年平均工资的2~4倍发给一次性生活补助或安家费。2001年，试行城镇退伍军人自谋职业。至2007年，全区有109名城镇退伍军人自谋职业，开发使用农村军地两用人才500余人。1986—2007年，全区共接收安置复退军人4492名，其中：城镇安置985人，农村安置3398人，自谋职业109人。

广元市元坝区退伍军人安置情况统计表

表 11 -7

年度	退伍总人数	安置去向		年度	退伍总人数	安置去向（方式）		
		农村	城镇			农村	城镇	自谋职业
1986	324	254	70	1997	190	151	39	—
1987	311	249	62	1998	200	160	40	—
1988	261	206	55	1999	160	130	30	—
1989	260	203	57	2000	150	110	40	—
1990	190	147	43	2001	151	97	39	15
1991	240	194	46	2002	171	132	25	14
1992	230	173	57	2003	200	151	36	13
1993	133	86	47	2004	195	150	31	14
1994	270	199	71	2005	185	141	30	14
1995	198	138	60	2006	161	121	22	18
1996	165	104	61	2007	147	102	24	21

第四节 社会事务

一、婚姻和收养登记

1. 婚姻登记

民国以前，昭化县从未实行过婚姻登记。民国时期，仅在城镇少数上层人士中提倡婚姻登记。

中华人民共和国建立后，中央人民政府于1950年4月30日颁布《中华人民共和国婚姻法》（以下简称《婚姻法》），对结婚、离婚和复婚都必须实行登记做了明确的规定。1955年之前，昭化县的婚姻登记一律在县民政科或区公所登记。从1956年起逐步移交给乡、镇办理，离婚和复婚仍在各区公所办理，直到1985年未变。

1986—1991年，广元市市中区卫子区及广元市元坝区的婚姻登记由区民政局和委托各乡镇办理。每年全区办结婚登记1800对左右，办离婚登记手续30对左右。期间在全区多次开展婚姻登记工作检查，共查处违法婚姻登记20对，非婚同居和事实婚姻17起，并依法进行了处理。

1990年10月，收回各乡镇现存的带“广元市中区”字样的婚姻登记专用章，启用“广元市元坝区人民政府婚姻登记专用章”，由区民政局统一管理。1994年，贯彻落实《婚姻登记管理条例》，加强对婚姻登记的管理，区民政局对全区婚姻登记工作人员进行了培训。自此，凡申请结婚登记的男女青年必须在以乡、镇为单位进行婚前教育，同时要求到指定医院进行婚前健康检查，持健康合格证到婚姻登记机关办理登记手续和领取“结婚证”。1992—1995年，全区结婚登记每年2000对左右，至2003年10月，全区每年办理结婚登记1600对左右，离婚登记的都比较少。2003年10月起，按照新颁布的《婚姻法》和《婚姻登记管理条例》相关规定，取消了强制性婚前健康检查，至2007年，区民政局办理结婚登记6800对左右，离婚登记也有所增加，每年90对左右。

2. 收养登记

1992 年 4 月 1 日之前，民间收养弃婴、孤儿，收养因生父母有特殊困难无力抚养的未成年人等类似行为，多为行善者自行收养，或请亲友作证，或签约为据，国家一直无法律予以规范，政府也无收养登记机关，收养人仅向户口登记机关申请登记户口。为保护合法收养关系，明确养父母与养子女间的权力义务，1992 年 4 月 1 日《中华人民共和国收养法》颁布施行。该法规定："收养应当向县级以上人民政府民政部门登记。收养关系自登记之日起成立。"至 2007 年，区民政局共办理收养登记 21 人。

二、社团和民办非企业登记

1991 年以前，社会团体和民办非企业组织实行归口登记管理，属于学术、技术性的专业社团由科协登记管理，属于其他性质的社团和民办非企业组织由综合部门或行业登记管理。1991 年起，对社会团体和民办非企业组织统一实行由区民政局登记管理。1992 年 2 月，区委、区政府成立清理整顿社会团体领导小组，办公室设区民政局，并抽调 15 名工作人员深入城乡进行清理整顿和复查登记。1997 年、1999 年分别再次进行清理整顿。先后共注销 5 个社团和民办非企业组织，新登记 5 个。从 2001 年起，多次对社会团体、民办非企业组织的负责人和财会人员开班培训，进行自律和诚信教育。至 2007 年，全区登记注册的社会团体、民办非企业组织共 29 个，其中：学术社团 4 个、行业社团 2 个、联合社团 9 个、专业社团 12 个、民办非企业组织 2 个，有团体会员 385 个，会员 1258 人。

三、行政区划管理

（一）勘界定桩

元坝区北面与广元市利州区（原广元市市中区）接壤，东与旺苍县、南与苍溪县、西与剑阁县相邻。1995 年 5 月 9 日，广元市民政局带领元坝、苍溪、旺苍三县（区）民政局工作人员在元坝区磨滩镇与苍溪县雍河乡、旺苍县枣林乡边界连接点——枫橡林两河沟汇合处共同勘定和埋设三县（区）交汇点界桩，并签署《三县（区）边界交汇协议书》。1999 年 7 月，元坝区与苍溪县联合勘定"元苍线"，该线全长 105900 米，共设置三面型三交点青石界桩 3 个（单立 1 个、同号双立 2 个）、单立双面型界桩 4 个（单立双面型界桩编号为 1 至 4 号）。沿线涉及双方 11 个乡镇、44 个村。1999 年，元坝区与剑阁县县联合勘定"元剑线"，该线全长 118130 米，共设置单立双面型青石界桩 4 个，编号为 1 至 4 号，实地埋设界桩 7 个。沿线共涉及双方 16 个乡镇、51 个村。同年 8 月，元坝区和市中区（今利州区）联合勘定"中元线"，该线全长 97500 米。共设置单立三面型三交点界桩 2 个、单立双面型界桩 4 个（单立双面型界桩编号为 1 至 4 号）。

（二）地名管理

1992 年，区民政局对以前积累的地名资料进行整理，着手建立地名档案。1993 年和 1994 年，组织工作人员开展地名复查，完成地名资料更新，在 16 个乡镇驻地设置醒目地名标志。1996 年，在全区 18 个乡镇与省县公路交界处及小城镇试点镇均设置地名标志，当年还为编辑《中国县乡大辞典》四川省分篇提供元坝区地名资料。1999 年，全区有 180 个行政村设置了地名标志，占全区 210 个村的 85%。2004—2006 年，完成全区城镇居民门牌的踏勘、编号及安装工作。

四、殡葬改革

1986 年以后，推行殡葬改革。对农村实行土葬的地方，提倡薄棺深埋，不留坟头。2004—2006

年，先后在昭化镇人口稠密、耕地稀少的天雄村、城关村利用荒坡地设立公墓，将分散在住户门前屋后的墓葬迁至公墓。对实行火化的地方，要求党员和干部带头。2001年，因全区农村多数地方交通条件改善，遂将火化区范围扩大。全区28个乡镇除陈江、青牛、香溪、大朝、沙坝5个乡实行土葬外，其余23个乡镇中规划有109个村、363个村民小组纳入火化区。当年，区殡葬改革工作受到广元市政府表彰。2003年11月，设立元坝区殡葬管理所，具体负责殡葬改革工作。该所自成立后，大力宣传《四川省殡葬管理条例》等法规政策，凡遇火化区内出现有人死亡拒不火化的情况，立即派人与当地干部一起给死者家属做思想工作，直到将死者遗体火化为止。2003年，全区火化遗体398具，2004年火化遗体454具，2005年火化遗体479具，2006年火化遗体511具，2007年火化遗体520具。

第五节　救济救助

一、灾害救济

昭化县所辖地域多数地处山区，历年来多种自然灾害发生频繁，尤其以旱灾、水灾居多。民国18年（1929年），昭化县境内遭受特大旱灾、雹灾。“几日难一餐，餐食难一饱，百姓只有卖儿又鬻女”。当时驻广元的国民党第二十九军募捐急赈，给昭化县发款0.95万元，但灾民仍难温饱。民国25年（1936年）冬下雪40天，次年出现大旱，全省包括昭化县、广元县共26个重灾县，灾民以树皮、草根为食，政府救济有限，故逃难或死亡者甚多，仅柏林沟乡就饿死580余人。

1950年，昭化县部分地区降冰雹，发救济粮食1.83万公斤。1956年，昭化县遭大水灾，发放救济款1.70万余元。

1981年7月上旬，广元全县普降暴雨，县境内的嘉陵江、白龙江、清江河水位同时猛涨。雨量之大是清同治九年（1870年）以来百年不遇。国家先后拨救济款405万元，减免征购粮2300万公斤，返销粮食2190万公斤。社会捐献衣物11万件、粮票12万公斤、粮食0.75万公斤、熟食糕点1150公斤、现金43.76万元。

1987年，因旱灾和洪灾，卫子区下拨救济款12万元、粮食300吨，解决4300户19350人的缺粮困难。1989年，因洪涝灾害，全年下拨救灾款18万元、粮食150吨。

1990—1993年，元坝区干旱、洪涝灾害交替发生。四年共下拨救灾款共计92万元，发放价值19万元的救灾物资，发放扶贫款10万元，帮助灾民重建家园。1994年，春旱夏旱持续不断，同时又发生风、雹灾害。全区累计安排救灾扶贫福利储备金25万元扶持生产，安排20万元解决受灾群众生活；区民政局下拨救灾款17万元，同时下拨救灾粮30万公斤，其中小麦12万公斤，每公斤0.86元，大米18万公斤，每公斤1.27元，用于救济灾民。次年4月又下拨9万元春荒救济款。1996年，先后动用15万公斤中央专储大米救灾，按每公斤1.56元解决灾民生活；动用中央专储粮食救灾，其中下拨大米5万公斤，每公斤1.92元，下拨玉米15万公斤，每公斤1.52元。1996—1998年，全区遭受低温寡照、夏旱秋涝和风灾、雹灾等自然灾害。三年共下拨救灾款和物资共484万元。2000年，遭受旱灾和特大暴雨洪灾袭击。累计下拨救灾资金135万元、粮食300吨、物资1.50万件。2001年，全区遭受特大旱灾、洪灾和秋霖。全区向农民开仓借粮588吨。2002年，出现风灾、雹灾和洪灾。下拨救灾资金共178万元。次年出现春荒，有1700户6800人缺粮。全区下拨救灾资金88万元，发放救灾物资2000余件。2005—2007年，全区遭受洪灾、风灾、雹灾。全年下拨救灾款及物资共计420万元。

二、困难救助

（一）最低生活保障

1998 年起，按照《广元市城市居民最低生活保障实施细则》及《补充意见》，对本区非农业户口的城市居民人均月收入低于全市最低保障标准的家庭实行差额救助，以保障其达到全市最低生活标准。当年对全区符合条件的 25 户 49 人，按每人每月 130 元的标准核定补差金额，发给低保金 4.40 万元。

2006 年 10 月，广元市城市低保标准调至 150 元/人·月。当年将元坝场镇失地农民纳入城市低保范围。2007 年 8 月 1 日，广元市城市低保标准调至 165 元/人·月。同年 8 月，全区开展城市低保普查实行动态管理，凡家庭人均月收入达到最低生活保障标准的，立即取消享受低保资格，低于最低生活保障标准的，及时纳入城市低保范围。共取消不符合条件的 199 户 353 人，新增 209 户 219 人。当年全区共纳入低保 1073 户 1516 人，发低保金 149 万元。

2006 年 11 月，区政府制发《广元市元坝区农村居民最低生活保障实施办法》，在全区开展农村居民最低生活保障工作。对全区因病、因残、因灾导致家庭丧失主要劳动力和难以维持日常基本生活的或虽有一定收入，但其家庭生活水平仍明显低于全区农村年最低生活保障水平的农村居民常住户，经批准享受农村居民最低生活保障。当年，农村最低生活保障标准为 668 元/人·年，对符合条件的 2051 户 4110 人核定补差金额后，发给低保金 12.33 万元。2007 年，农村最低生活保障标准为 683 元/人·年，对符合条件的 2006 户 4062 人核发低保金 113.50 万元。

（二）医疗救助

2005 年 6 月，区政府制发《广元市元坝区农村特困户医疗救助暂行办法》（简称《暂行办法》）。对农村五保户、特困户家庭成员，其中农村五保户、在乡优抚对象、特困孕产妇等农村特困户进行医疗救助。其救助标准为：最低为医疗药品费用在 100 元以上不足 1000 元的救助 35%，最高为医疗药品费用在 5000 元以上的救助 1000 元。每户每年最高救助金额不超过 1000 元。2007 年 6 月，区政府办公室印发《广元市元坝区城市医疗救助管理办法》。对本区享受城市最低生活保障待遇的家庭成员、社会福利机构收养的城镇孤寡老人、未纳入城镇职工医疗保险范围人员有效住院费用达到一定数额和已参加城镇职工基本医疗保险但患重大疾病个人负担较重的人员和城市其他特困对象进行医疗救助。救助病种为慢性肾衰竭、恶性肿瘤、急慢性传染病等共 9 个种类。救助最低标准为：一次性自付医疗费用在 500 元以上不足 1000 元的救助 35%，最高为自付 10000 元以上救助 1500～2000 元。每户每年最高救助金不超过 2000 元。申报前，张榜公示，接受群众监督，群众无任何意见的，社区居委会签署意见，报乡镇（社区街道办事处）审查。区民政局在审批时，按规定核减已作基本医疗保险报销等 9 个方面的费用后予以救助。2007 年，共实施农村特困户医疗救助 311 户 313 人，发救助金 345927 元；实施城市特困户医疗救助 21 户 21 人，发救助金 19668 元。

第六节　社会福利

一、农村“五保”

1958 年实行农业合作化后，土地由私有变为集体所有，对农村没有劳动能力、无依无靠、无生活来源的老人、孤儿、残疾人实行“五保”，即保吃、保穿、保住、保医、保葬（孤儿为保学）。但属地主、富农成分，反革命、右派分子和坏分子（在旧社会任过伪职的，干过坏事的，犯过错误的）的不纳入“五保”之列。1958 年昭化县各人民公社办敬老院，实行集中供养。后由于搞生产“大跃进”和遭受三年自然灾害供给困难，到 1963 年，广元全县只剩 7 个敬老院，在院不足 100 人，其余全部实行分散供养。“文化大革命”期间敬老院全部停办。1978 年中共十一届三中全会后，农村五保工作恢复正常。1983 年，民政部、四川省人民政府在文件中明确规定：列为五保供养对象，必须是同时具备没有劳动能力、无依无靠、无生活来源三个条件的老人、残疾人、孤儿。“有女无儿的老人，过去已享受五保的，原则上按《婚姻法》‘子女对父母有赡养扶助的义务’的规定，说服女儿赡养，如果女儿确实无力赡养，经过群众讨论同意，也可以五保，但女儿也要承担一定的扶助义务”。新规定取消了地、富、反、坏、右分子不予五保的规定，凡具有公民权且符合五保条件的，都给予五保。农业合作化和人民公社时期，五保经费来源主要从“公益金”中支付，1981 年实行包产到户后，由人民公社填发“五保供应证”，在群众中统一筹集保证供给，使他们的生活不低于当地一般群众水平。

1987 年，卫子区境内普遍遭受严重自然灾害，绝大多数农户出现不同程度生活困难。区民政局拨救济款、救济粮帮助重灾户，其中有五保户 162 户 201 人。

1990 年，新建卫子、新场 2 个敬老院，全区五保户 256 人，集中供养 23 人，其余均分散供养。1993 年五保供养标准提高到每人每年粮食 375 公斤、钱 420 元。全区 6 个敬老院自己创收 3. 10 万元，纯收入 2 万元。1996 年，全区各乡镇为五保对象筹集粮食 12 万公斤、钱 22. 80 万元，供给每人 350 公斤粮、800 元钱。1998 年，以安身工程为重点，全区给五保户重建、维修住房 210 间，妥善解决他们的住房困难。2004 年，全区五保 215 人，供养金实行财政转移支付，共 10. 69 万元，供养标准每人每月 70 元（粮食继续由乡镇统筹供给）。2006 年，农村五保对象按国务院新颁布的《农村五保供养工作条例》规定条件，全区增至 1112 人。当年，元坝区的供养标准是：分散供养每人每月 100 元，集中供养每人每月 150 元，并实行打卡发放。2007 年，全区农村五保对象 1116 人，实现应保尽保，并全部纳入农村特困户医疗救助范围，其供养标准为：分散供养每人每月 100 元，集中供养每人每月 180 元；柳桥乡敬老院扩建，供养人数由 30 人增至 40 人，被省民政厅评为二级敬老院；按省一级标准新建紫云乡敬老院，供养 10 名老人。至 2007 年末，全区敬老院共有床位 244 张，入住人员 244 人，集中供养率达到 22%。

二、福彩销售和福利企业

（一）福利彩票销售

区民政局多次组织开展“即开型”福利彩票和“电脑型”福利彩票销售，在全区累计销售 500 余万元，除去兑付奖金外，募集社会福利基金 70 余万元；另接受社会捐赠的人民币 45 万元、粮食 8 万多公斤、衣被数千件，连同福彩募集的福利金一起用于残疾人事业、城乡孤儿、特困家庭救助和救灾救济等开支。

（二）创办福利企业

创办福利企业主要是集中残疾人办企业或以企业吸纳残疾人解决残疾人就业。企业在政策、税收等方面得到照顾和优惠。1991 年，区民政局投资 0. 50 万元，以元坝机面厂为基础创办民政福利公司，该公司固定资产约 10 万元，有职工 16 人，其中安置残疾 6 人，当年产值 10 万元，利润 0. 42 万元。1992 年，区民政局投入资金 0. 20 万元扶持新场茶场，安置残疾人 8 人。当年投入资金 0. 30 万元扶持柏林沟养鱼场，安置残疾人 10 人，当年实现产值 16 万元，利润 8 万元，上缴国家税收 0. 50 万元。1993 年以后，由于经济体制改革和管理不善等诸多因素，民政福利公司、新场茶场先后破产解体，柏林沟养鱼场转卖给个人，民政福利企业就此消失。

三、老龄工作

元坝区老龄工作委员会成立后，指导各乡镇和社区街道办事处相继成立了老龄工作委员会，各村和社区居委会成立老龄工作领导小组。各级老龄工作组织采取各种形式，积极宣传党和国家制定的一系列老龄政策和法律法规。部分区级机关和乡镇、社区街道办事处把学习、贯彻《中华人民共和国老年人权益保障法》等涉老法规纳入“五五”普法规划，列入普法教育内容，先后利用广播、电视、简报、标语、墙报等进行宣传，播放稿件52件次，办简报、墙报380余期，书写标语1500余幅，印发宣传资料4.80万份，制作宣传画120幅，征订《晚霞报》100份。同时在村和社区居委会召开群众大会，在中小学举办专题讲座，宣传倡导敬老、爱老、助老活动，建立为老服务志愿队，至2007年，全区为老服务人员达240人。区老龄委办公室累计为5168位老年人办理了“老年优待证”，并监督社会服务窗口和旅游景点落实优惠政策。区人民法院、区司法局分别设立老年合议庭和老年法律援助中心，至2007年，共办理涉老案件11件，办结率达100%。

1990—2007年，全区离退休人员养老金一直纳入财政预算，并优先按月足额发放。2005年起，将离退休人员地方性补贴也纳入财政预算，连同养老金一起打卡发放；2007年，还将全区1495名老年优抚对象的抚恤金或生活补助费通过“一折通”按月打卡足额发放。实行城市低保后，将全区城镇270名“三无”（无劳动能力、无生活来源、无赡养人和扶养人的，或者其赡养人和扶养人确无赡养能力或者扶养能力的）老人全部纳入低保，2006年，人均月补差150元，2007年，人均月补差165元。全区农村1710名贫困老人全部纳入农村低保，2007年，人均月补差22元。

每逢重大节日，区委、区人大、区政府、区政协领导都要组成多个慰问组，慰问百岁老人、离退休老人、特困老人、老年优抚对象。2000—2007年，共慰问1420人次，赠送慰问金、慰问品共值37万元，为解决困难老人房屋垮塌后搬迁和房屋维修，给予的补助资金累计达42万元。区级相关部门积极协作配合。如区劳动和社会保障局，对离退休人员的医疗费按政策规定及时报销不拖欠。区财政局及时报销“三红”人员和六级以上残废军人的医疗费用。区民政局按照国家规定，从2007年起兑现百岁老人每人每月长寿补贴100元。同年1月区民政局为全区710位农村贫困老人统一交纳新型农村合作医疗保险金7100元。2005—2007年，对35名贫困老人实行医疗救助，救助资金15.50万元。区老龄委办公室定期组织医务人员为百岁老人免费检查身体。2007年，协同区教育局一起，组织全区退休教职工和机关及其事业单位退休人员到广元心血管病医院免费体检。在城乡和社区村（居），普遍开展多种形式对老年人健康教育，普及老年保健和卫生科学知识，增强他们的自我预防和保健能力。全区先后投入资金350万元，大力兴办老年活动基础设施建设。2002年，在元坝镇征用沙滩地11亩，投资197万元，修建2420平方米的元坝区老年福利服务中心。2004年竣工后，配备服务人员3名。同时在元坝城区建成3个文化文艺广场，供老年人休闲娱乐。在区民政局、区水务农机局、区农业局修建了高标准的老年门球场3座。各乡镇、街道社区也都建有老年活动室、文艺广场。部分村委会结合两委活动阵地建设，建成老年活动室。

2004年12月，区成立老年人协会，随后各乡镇和社区街道办事处陆续建立老年人协会，2007年末，全区老年人协会有会员8000余人。各级老年人协会充分利用服务设施，积极开展各种文体活动。区老年人协会老年人舞蹈队经常带动元坝城区老年人开展广场文艺健身活动。利用节日、纪念日和区开展的重大活动等表演文艺节目，并多次参加广元“女儿节”暨秋交会文艺演出，积极主动配合区委区政府的中心工作，自编自导自演文艺节目，参与“三下乡”和慰问演出，受到社会各界好评和上级奖励。

至2007年，全区共创建市级敬老模范单位20个；市级敬老模范乡镇（社区街道办事处）18个；区级敬老模范社区7个、敬老模范村65个。先后评选表彰“孝亲敬老好儿女”478人，五好文明家庭5268户。2004年，石井铺乡李支忠获全国“孝亲敬老道德模范”称号。2007年，元坝区被四川省人民政府授予“敬老模范区”称号。

广元市元坝区老龄委办公室领导名录

表11-8

姓　名	性别	籍　贯	政治面貌	职　务	任职期间	备　注
谭正才	男	广元市元坝区	中共党员	主　任	1994-01—1995-10	
田德华	男	广元市元坝区	中共党员	主　任	1995-10—2001-12	区人事局副局长
高大志	男	广元市元坝区	中共党员	主　任	2001-12—2002-11	
吴根昌	男	广元市元坝区	中共党员	主　任	2002-11—2004-10	区民政局长
冉晓初	女	广元市苍溪县	中共党员	副主任	2004-03—	
秦中吉	男	广元市元坝区	中共党员	主　任	2004-10—2007-06	
王正功	男	广元市元坝区	中共党员	主　任	2007-06—	区民政局副局长

第七节　老区建设

广元市元坝区老区建设促进会（简称区老促会）于1996年筹建并开展工作，设会长、副会长、秘书长，时按社团模式运行。2002年1月，区老促会正式建立。从1996—2007年，区老促会广泛宣传、推介元坝红色资源，关于元坝革命老区的宣传稿件被四川电视台、广元电视台、《中国老区建设》《四川老区建设》《四川日报》《广元日报》以及新华网、广元新闻网等媒体采用100余件，编写出介绍红色旅游景点的书物《巍巍红军山》，多年免费为老红军、老干部订阅老区建设杂志共计16万余册。围绕区委、区政府的工作思路，开展工业发展情况的调查研究，向区委、区政府提出《加快推进工业发展，做大做强元坝新城的建议》。根据农业产业推进现状，重点对生猪产业发展情况进行调查，将情况反映给区委、区政府。区老促会联村抓点示范，在紫云乡金华村引导和扶持群众大力发展猕猴桃产业，发展优质“红心果”猕猴桃近100亩。2006年，参与并协助引进浙江客商投入200余万元发展黑木耳，建起面积达110亩的黑木耳生产基地；参与指导并帮助昭化镇战胜村建经济园520亩，改水189处；争取市级部门为元坝镇杏花村环境治理项目资金20余万元。连续6年获得全国老区宣传工作三等奖。2007年10月，承办了全市老促会第十二次会长座谈会。

广元市元坝区老区建设促进会领导名录

表 11 - 9

姓　名	性别	籍　贯	政治面貌	职　务	任职期间	备　注
贾北朝	男	广元市元坝区	中共党员	会　长	1996 - 06—2001 - 08	原区政协副主席
陆登明	男	广元市元坝区	中共党员	秘书长	1996 - 06—2001 - 08	原区城环国土局局长
张书中	男	广元市元坝区	中共党员	会　长	2001 - 08—2007 - 10	区委副县级调研员
黄廷桂	男	广元市元坝区	中共党员	副会长	2001 - 08—2007 - 10	原区监察局局长
姜云茂	男	广元市元坝区	中共党员	秘书长	2001 - 08—2003 - 02	区委办副主任
赵思彦	男	广元市元坝区	中共党员	秘书长	2003 - 02—2007 - 10	区委办副主任
李奎元	男	广元市元坝区	中共党员	会　长	2007 - 10—	原区政协主席
张大培	男	广元市元坝区	中共党员	副会长兼秘书长	2007 - 10—	区人大副调研员
康凤翔	男	广元市元坝区	中共党员	副秘书长	2007 - 10—	区委办信息科科长

第二章　人　事

第一节　人事管理机构

1988 年 6 月，广元市市中区卫子区设劳动人事局，李奎元任局长，刘世锦任副局长。1988 年 10 月，由胡开勇任局长。1989 年 3 月，解锡贵任局长。

1989 年 12 月，广元市元坝区设人事局（简称区人事局），1990 年 2 月正式成立。局设办公室、干部股、工资股。1993 年，建立中共广元市元坝区人事局党组。1997 年，区人事局设办公室、计考奖惩培训股、流动调配任免股、工资福利股、职称管理股（挂广元市元坝区职称改革领导小组办公室牌子）、社会保险退管股。2001 年，区人事局设办公室、公务员管理股、职称管理股（挂区职称改革领导小组办公室牌子）、工资福利与退休股、人才开发培训教育流动股。至 2007 年 12 月，机构无变化。

挂靠和下设机构：

广元市市中区卫子区职称改革领导小组办公室，1988 年 8 月成立，挂靠区科委。1990 年 9 月，广元市元坝区职称改革领导小组成立，下设办公室（简称区职改办），挂靠区人事局。

1989 年 12 月，成立广元市元坝区编制委员会。1993 年，更名为广元市元坝区机构编制委员会（简称区编委），其下设办公室（简称区编办），挂靠区人事局。1997 年，区编办被确定为区委、区政府议事协调机构的常设办事机构。

广元市元坝区区人才交流咨询服务中心，1990 年 8 月成立，为区人事局直属事业单位。1998 年 5

月，区人才交流咨询服务中心更名为区人才交流中心。

1994年1月，广元市元坝区老龄工作委员会成立，其办公室（简称区老龄办）挂靠区人事局。2001年12月，区老龄办挂靠区民政局。

广元市元坝区机关事业单位社会保险局（简称区机保局），1995年成立。2002年4月，区机保局划归区劳动和社会保障局；

广元市元坝区事业单位登记管理所成立，1995年成立。2000年，更名为广元市元坝区事业单位登记管理局（简称区事登局）。

广元市元坝区人事局领导名录

表11－10

姓　名	性别	籍　贯	政治面貌	职　务	任职期间	备　注
郭全孝	男	广元市元坝区	中共党员	局　长	1990－02—1993－02	
胡开勇	男	广元市元坝区	中共党员	局　长	1993－02—1996－08	党组书记
田德华	男	广元市元坝区	中共党员	副局长	1993－02—2003－02	党组成员
许云宗	男	广元市元坝区	中共党员	局　长	1996－08—1998－04	党组书记
邹　蓉	女	广元市元坝区	中共党员	副局长	1997－03—2003－02	党组成员
魏三映	男	广元市元坝区	中共党员	局　长	1998－04—2001－02	党组书记
吴根昌	男	广元市元坝区	中共党员	局　长	2001－02—2001－12	党组书记
何辉云	男	南充市阆中市	中共党员	局　长	2001－12—2007－02	党组书记
安　莉	女	广元市元坝区	中共党员	副局长	2003－02—2005－08	党组成员
罗　勇	男	广元市元坝区	中共党员	副局长	2003－02—	党组成员
申华锋	男	遂宁市蓬溪县	中共党员	副局长	2005－08—2006－07	党组成员
夏登坤	男	广元市元坝区	中共党员	局　长	2007－02—	党组书记，2007－09任市委驻区副县级组织员
刘德清	男	广元市元坝区	中共党员	副局长	2007－02—	党组成员

广元市元坝区编委办公室领导名录

表11－11

姓　名	性别	籍　贯	政治面貌	职　务	任职期间	备　注
郭全孝	男	广元市元坝区	中共党员	主　任	1990－02—1993－02	
胡开勇	男	广元市元坝区	中共党员	主　任	1993－02—1996－08	
许云宗	男	广元市元坝区	中共党员	主　任	1996－08—1998－04	
魏三映	男	广元市元坝区	中共党员	主　任	1998－04—2001－02	
吴根昌	男	广元市元坝区	中共党员	主　任	2001－02—2001－12	
何辉云	男	南充市阆中市	中共党员	主　任	2001－12—2007－02	
夏登坤	男	广元市元坝区	中共党员	主　任	2007－02—	
马一龙	男	广元市元坝区	中共党员	副主任	2001－12—	2007－06兼任区事登局局长

第二节 机构编制

一、编制配备

民国时期，四川除“防区”〔约民国6—23年（1917—1934年）〕时无统一编制外，其余时间县、区、乡镇人员均有编制，并执行“少配经费不减，多配经费不增”的政策。

民国时期昭化县政府部分年度人员编制及配备情况表

表11-12 单位：名、人

年　度	总编人数	县　长	秘　书	科局长	科员	办事员	事务员	雇员	政　警	公役	经收处	其　他
1935	42	1	1	3	6	9	5	8	—	—	4	5
1941	76	1	1	5	10	11	15	—	6	18	—	9
1946	85	1	1	7	14	10	12	—	12	18	—	10
1949	105	1	1	7	17	10	8	7	10	12	10	22

注：其他人员包括督学、技士、检定、收音、工会、会计、统计等，这些人员实际多有空缺或兼管

此外，从民国16年（1927年）起，设国民党昭化县指导委员会，后更名为国民党昭化县党部，其编制有书记长、秘书、委员、干事、助理干事、勤杂等8~16人。民国24年（1935年），昭化县始设区署，下辖联保，每区署设区长1人、巡官1人、录事2人、区员2人、区丁3人，共10人。民国29年（1940年）改联保为乡（镇），设正副乡（镇）长、文书、户籍干事和巡逻队队长。甲等乡镇为14人，乙等乡镇为13人。

中华人民共和国成立初期，县划为特、甲、乙、丙、丁五个等级，昭化县为丙等县。机构设置和编制员额均由川北人民行政公署和剑阁（广元）专署直接配备管理。1953年建四川省后，开始由省下达编制员额，由专区、县统一使用。昭化县县级机关1950年定编415名，实有423人，下设5个区，平均每个区编制和实有人员为10人；1957年定编355名，实有343人，下设5个区，平均每区编制和实有人员均为16人，辖36个乡镇，平均每个乡镇编制及实有人员均为7.40人。

1984年，广元县县级机关定编775人，实有885人。1985年，广元县（广元市市中区）下设14个区公所，包括中共党委和群团组织共确定人员编制293名，年末实有433人；89个乡镇，包括党委、政府、武装、群团共确定人员编制948名，年末实有882人。

1989年年末，广元市元坝区设区级党政群机构50个，市编委下达行政及事业编制共240名。

二、编制管理

区机构编制委员会及区编办统一管理全区党政群机关、事业单位的机构设置和人员编制，并监督检查全区机构编制执行情况；协调区委、区政府各部门职能配置及其调整，协调部门之间以及部门与乡镇之间的职责分工；研究拟订全区机关、事业单位管理体制和机构改革方案，并组织实施；综合管理全区事业单位的登记和年检工作。为使管理规范化，区编委及区编办首先规定了各自工作职责、管理范围、工作权限和审批程序，制定了会议制度，监督检查制度。在机构设置和人员编制管理上，实行由区编委主任一支笔审批、由区机构编制委员会一家行文、由区编办一家承办的“三个一”管理制

度。在管理方式上，实行机构编制基本情况卡片和人员编制管理卡片，1998年以后全部实行实名制。

1997年8月，区工商局人事移交市工商局管理，上划行政编制和事业编制共23名。1998年10月，区地税局人事移交市地税局管理，上划行政编制和事业编制共30名。1999年10月，区质量技术监督局及所属事业单位人事移交市质量技术监督局管理，上划行政编制和事业编制共10名。2004年1月，元坝区公安分局有64人的人事关系由市公安局移交元坝区管理，下划编制64名。2005年11月，区国土资源局人事移交市国土资源局管理，上划行政编制和事业编制共68名。2002年5月，元坝区成立拣银岩社区街道办事处，为正科级行政机构，由区人民政府直接管理，定编7名。2003年停止审批行政执法机构，并冻结人员编制。

1997年、2001年先后两次进行区、乡镇党政机构改革。2003年进行乡镇事业单位机构改革，2005年进行区级部门机构改革。

2007年7月，区编委根据省、市关于中小学教职工编制每两年调整一次的规定，将全区中小学教职工编制调整为1979名。2007年12月，区级党委、人大、政府、政协、审判、检察机关及群团组织定编529名，实有684人；乡镇党政机关定编380名，实有357人；全区事业单位329个，人员编制3425名，实有3378人。

广元市元坝区区和乡镇机关编制及实有人数统计表

表11－13　　单位：名、人

年　度	区级机关		乡镇机关		年　度	区级机关		乡镇机关	
	编制数	实有人数	编制数	实有人数		编制数	实有人数	编制数	实有人数
1986	240	103	328	328	1997	436	587	503	384
1987	240	124	328	330	1998	413	593	503	424
1988	240	180	328	331	1999	594	700	503	461
1989	240	232	328	342	2000	586	715	569	459
1990	240	231	328	347	2001	586	700	569	459
1991	240	340	328	351	2002	417	457	380	412
1992	240	416	328	360	2003	417	416	380	380
1993	240	432	328	368	2004	417	689	380	383
1994	240	509	328	364	2005	417	664	380	384
1995	240	548	328	368	2006	417	681	380	384
1996	387	638	503	395	2007	529	684	380	357

广元市元坝区事业单位编制及实有人数统计表

表11－14　　单位：个、名、人

年度	机构数	编制数	实有人数	年度	机构数	编制数	实有人数
1989	168	1830	1114	1999	419	2768	3151
1990	163	1875	2286	2000	418	2757	2888
1991	170	1940	2521	2001	408	2697	2522
1992	183	2025	2722	2002	465	3028	3834
1993	189	2018	2510	2003	388	3356	3626

续表

年度	机构数	编制数	实有人数	年度	机构数	编制数	实有人数
1994	431	2164	2412	2004	367	3414	3529
1995	434	2232	2241	2005	351	3413	3434
1996	421	2418	2229	2006	343	3345	3361
1997	420	2420	2510	2007	329	3425	3378
1998	423	2771	2816				

三、机构改革

1986 年，卫子区党、政、群机关共有机构 15 个，乡镇机关 26 个。确定行政编制及事业编制共 568 名，其中，区级机关 240 名，乡镇机关 328 名，实有在职人员共 431 名。1989—1995 年，区、乡镇机关仍保留编制数 568 名不变。

（一）区级机构改革

1997 年 3 月，元坝区实施区级机关党政机构改革（简称机改），区级党政群机关 40 个机构开展“三定”（定职能、定机构、定编制）方案编制工作。各单位编制出的“三定”方案，经区编委审定，报区委、区政府批准后实施。当年机改结束，区委设工作机构 6 个，区政府设工作机构 26 个（含不占限额的地税机构），区级议事协调机构设办事机构 2 个，人大、政协、法院、检察院及人民团体机关共 9 个。区委、区政府直属事业单位 6 个。党政机构总数减至 32 个，精减幅度为 20%。机改中，区委、区政府共撤销机构 8 个，归并到其他部门保留牌子的 2 个，改为事业单位或行业协会的 1 个，改为议事协调机构的办事机构 2 个。此次机改，市编委下达区级行政编制 436 名，乡镇行政编制 503 名，区编委在区级 436 名行政编制的基础上，按规定核定工勤人员和离退休服务人员事业编制 43 名，另使用地方事业编制 56 名。分流富余人员 80 名，其中成建制转为事业人员的 44 人。提前退休 56 人，提前离岗 12 人，辞职 1 人。

2001 年 9 月，区委、区政府成立以区委书记任组长的“元坝区党政机构改革领导小组”，负责全区机构改革工作。区委、区政府制发《关于元坝区区级、乡镇机构改革方案的实施意见》和《元坝区区级、乡镇机关人员分流实施方法》，区委办、区政府办、区纪委、区监察局、区财政局、区编办、区审计局等部门分别发出关于做好“三定”、档案管理、纪检监察、国有资产管理、审计监督等工作的通知或意见。至 2002 年 3 月，历时 6 个月，政府职能得到进一步转变，划入职能 68 项，划出职能 36 项，转变职能 53 项。区级党政群团机关共 35 个单位分别制定出“三定”方案。机改结束，区委设工作机构 7 个、议事协调机构的办事机构 1 个；区政府设工作机构 21 个（含不占限额的区监察局、区公安分局）、议事协调机构的办事机构 1 个；人大、政协、法院、检察院及人民团体机关 9 个；区级党政群机关机构数由原来的 43 个减至 37 个。机构精简幅度为 13.90%，区委、区政府共设置直属事业单位 9 个。此次机改，市委、市政府给元坝区核定区级党政机关行政编制 260 名，区编委核定事业编制 138 名，共计 398 名；核定政法系统行政编制 87 名，区编委核定事业编制 26 名，共计 113 名；区编委核定区委、区政府直属事业单位编制共 75 名。至此，全区区级机关共核编 586 名，实有在职人员 700 人。

2005 年 12 月，元坝区区级机关再次机构改革。区委、区政府制发《广元市元坝区机构改革方案》，成立由区委常委、组织部长任组长的区政府机构改革工作领导小组，具体负责政府部门机改工作。这次区政府机构改革，撤销区发展计划经济贸易局，重新组建区发展和改革局；撤销区企业局和区财贸办、区外贸局、区酒类专卖局重新组建区经济和商务局（挂区中小企业局牌子）；区建设局更名为区规划和建设局，区计划生育局更名为区人口和计划生育局，区国资办更名为区国资局（牌子仍挂区财政局，原国资管理格局不变）；将卫生局承担的食品、化妆品质量管理规范并负责认证工作的行政职能划归元坝食品药品监督管理局；区安监局挂区政府安全生产委员会办公室牌子，仍为区政府直属事业单位。共改变机构性质1个，机构更名3个，撤销机构4个，重新组建2个。机改结束，党委序列设纪委、区委办、组织部、宣传部、统战部、政法委、农工委等7个工作机构；政府序列设区政府办、发展和改革局、经济和商务局、教育局、公安分局、监察局、民政局、司法局、财政局、人事局、劳动和社会保障局、规划和建设局、交通局、水务农机局、农业局、林业局、卫生局、人口和计划生育局、审计局、统计局、畜牧食品局共21个；区委、区政府设区编办、区扶贫开发办议事协调机构的常设办事机构2个，设区委党校、广播电视局、安监局、文体旅游局、粮食局、移民局、档案局（档案馆）、供销合作社联合社等8个直属事业单位。同时，各单位重新制定或修改“三定”方案，经区编办审核、区编委审定、区政府批准后，由区政府办统一发文向社会公布。这次机改无编制精简和人员分流任务。但始终坚持“编随事走，人随编走”的原则进行整合。

（二）乡镇机构改革

1992年10月，元坝区调整区、乡镇建制，撤销卫子、王家、虎跳、昭化4个办事处。扩大建制后的元坝、王家、卫子、太公、虎跳、昭化镇和黄龙乡均设党政办、农贸办、企业办、社会事务发展办、计生办、财政所；未调整建制的磨滩、石井铺、清水、柏林沟、白果、射箭、红岩、明觉、沙坝9个乡均设：党政办、经济工作办、社会事业发展办、财政所。

1997年，乡镇内设机构分一、二、三类型设置，一类乡镇磨滩镇设党政办、农贸办、社会事务办、乡镇企业办和财政所5个机构；二类乡镇均设党政办、农贸办、社会事务办和财政所，其中元坝镇、卫子镇、虎跳镇增设乡镇企业办；三类乡镇设党政办、农贸办、社会事务办和财政所4个机构，其中柳桥工委（当年恢复为乡）增设乡镇企业办。这次机改，核定全区乡镇机关行政编制503名，实有在职人员384人。

2001年，全区28个乡镇内设机构不再分类设置，统一设党政办、经济发展办、社会事务与计划生育办、财政所4个机构，全区乡镇内设机构总数由1997年的117个减至112个。这次乡镇机改后，全区共核定乡镇机关编制569名（市核行政编制503名，区核事业编制66名），实有在职人员459名。

2003年，元坝区实施乡镇事业单位机构改革。同年5月，区委、区政府制发《关于全区乡镇事业单位机构改革的实施意见》，成立以一名区委副书记为组长的“元坝区事业单位机构改革领导小组”。区人事局、区编办发出《关于做好乡镇事业单位机构改革“七定”工作的通知》；乡镇事业单位的区级各业务主管部门分别制定出“七定”（定机构名称、定机构性质、定职责、定隶属关系、定人员编制、定主要负责人相应的级别待遇、定经费渠道）方案，经区编办审核，由区编委批准并发文向社会公布。机改中，撤销乡镇28个农技站和28个农经站，组建农业服务站28个，减少机构28个；撤销乡镇水产站和水保站，组建7个片区水利农机站，减少机构11个；原乡镇农机站成建制转为企业，减少机构28个；撤销28个乡镇企业服务站；保留乡镇畜牧兽医站28个、林业站29个，撤销文化站28个和广播站28个，组建28个文化服务中心、28个财会核算中心和10个计生服务站。撤销28个村镇建设管理所、28个农村人才服务站。至此，全区共设置乡镇事业单位158个，比机改前337个减少179个，精减53.10%；核定编制436名，比机改前761名减少325名，精减42.70%。

四、事业单位登记管理

2000年12月，区政府根据国务院关于建立全国统一的事业单位登记管理制度要求，召开会议部署全区事业单位初始登记工作。2001年，全区事业单位共有408个，年末登记276个。2002年，初始登记5个，年末登记281个。2003年重新登记，颁发国家统一印制的“事业单位法人证书”，年末登记135个。2004年初始登记50个，年末登记185个。2005年初始登记16个，年末登记201个。2006年初始登记14个，年末登记215个。2007年初始登记6个，年末登记221个，占应登记事业单位总数的71.1%。

第三节　人事管理

一、吸收录用

中华人民共和国成立初期，昭化县干部队伍主要由中共原地下党员、南下干部、军队干部、留用人员组成。不足部分，从剑阁专署师资干部训练班分配的青年知识分子和工农积极分子中吸收录用。以后补充干部的主要来源渠道有：招收家庭出身成分好、历史清楚、政治可靠、思想进步、作风正派、身体健康的青年积极分子；从军队转业干部、分配的大中专毕业生中吸收；从机关、企事业单位现岗工人中选拔；面向社会，经统一文化考试择优录取。从1984年开始对乡镇干部录用实行公开招聘。

1986年以后，机关、企事业单位增补干部的渠道进一步拓宽。未纳入国家分配但承认学历的各类大中专毕业生、职业高中或普通高中毕业生，不仅可以参加人事部门统一举行的面向社会的招考，还可以通过人才市场应聘到企事业单位工作。1990年，开始从乡镇机关聘用的干部中选拔国家固定干部（即“聘转录”），从1994年起陆续解决乡镇机关聘用制干部调区级机关后的“聘转录”。从1988年起继续从民办教师中录用公办教师（即“民转公”），1994年和1996年通过考试择优录用17名教师子女为公办教师，至2001年，按政策规定全部解决了全区“民转公”。从1987—2006年2月，全区机关、企事业单位通过毕业生分配、军转干部安置、从现岗工人中选拔、面向社会录（聘）用以及人才市场招聘，共吸收录（聘）用干部（教师）3752人。

广元市元坝区吸收录用干部和教师统计表

表11－15　　　　单位：人

年度	大中专生毕业分配		军队转业干部安置	从现岗工人中选拔	面向社会录（聘）用		录用公办教师	合计
	总计	其中：区教育部门分配			总计	其中：聘转录		
1987	70	59	—	—	22	—	68	160
1988	67	55	—	—	33	—	—	100
1989	93	69	2	25	48	—	—	168
1990	99	74	2	3	103	10	—	207
1991	112	76	—	—	35	7	—	147
1992	132	81	—	16	74	7	21	243
1993	120	70	3	75	146	41	35	379

续表

年　度	大中专生毕业分配		军队转业干部安置	从现岗工人中选拔	面向社会录（聘）用		录　用公办教师	合　计
	总　计	其中:区教育部门分配			总　计	其中:聘转录		
1994	152	75	1	27	43	11	79	302
1995	250	115	1	22	71	16	22	366
1996	134	52	1	49	116	10	99	399
1997	255	32	1	52	145	81	62	515
1998	69	65	1	59	82	12	127	338
1999	25	22	1	106	74	88	—	206
2000	8	—	—	15	44	—	103	170
2001	5	—	2	18	—	7	27	52
合计	1591	845	15	467	1036	290	643	3752

2001年下年起，停止招干招工和“聘转录”。大中专毕业生一律不再分配，区、乡（镇）机关增补担任主任科员以下及其他相当层次非领导职务的公务员，按《国家公务员暂行条例》《中华人民共和国公务员法》录用规定，采取“公开考试、严格考察、平等竞争、择优录取”的办法。至2007年12月，全区行政机关共录用担任主任科员以下非领导职务的公务员53人（其中包括2001年之前，全省司法系统率先实施录用规定，区司法局分别于1996年和1998年录用的公务员4人）。事业单位增补专业技术人员和管理人员，由区人事部门和相关业务主管部门按照有关政策规定，面向社会，公开考试，择优聘用。2001—2007年，经业务主管部门审查、区人事局批准，全区事业单位共招聘专业技术人员282名，其中：中小学教师253人、卫生人员10人、计生人员11人、畜牧兽医6人，公路工程技术人员2人。

1988年后，机关和事业单位补充工勤人员的渠道有：接收城镇户口退伍军人和分配的技校毕业生；面向社会招收合同制工人。1990—2007年，全区机关、事业单位共接收城镇户口退伍军人及技校毕业生141人。1990—2001年，全区机关事业单位招收合同制工人227人。

二、职务任免

中华人民共和国成立初，县级干部由川北区党委、行政公署任免，科、区级干部由专员公署任免。1953年起，科、区级干部由县委、县人民政府任免。1955年起，按《选举法》规定，经县、乡（镇）人民代表大会选举产生的干部均分别按管理权限报上级任命，1955年10月以后只上报备案。1958年按照有关规定，股、所、站级干部也由县人民委员会任免。1981年县人民代表大会常务委员会成立后，凡政府系列的科局级干部均由县长提请县人大常委会讨论通过任免，凡政府系列的副科局级干部和非政府系列的正副科局级干部均由县人民政府任免，其余除实行民主选举的以外，由县人事部门任免。

1990—2007年，根据《中华人民共和国地方各级人民代表大会和地方各级人民政府组织法》相关规定，区人事局办理区政府提请区人大常委会通过的副区长及区政府组成部门正职领导职务任免事项累计268人次，承办区政府组成部门副职领导和非政府组成部门正副职领导、事业单位正副科级领导以及主任科员、副主任科员职务任免累计1345人次，审核同意区政府各部门办公室主任、股长、科员、办事员和及事业单位站（所）长、五级职员、六级职员等职务任免累计2576人次。

广元市元坝区人事任免统计表

表 11－16

单位：人

年 度	提请区人大常委会通过的任免	承办区政府决定的任免	区人事局审核同意的任免	年 度	提请区人大常委会通过的任免	承办区政府决定的任免	区人事局审核同意的任免
1990	17	41	9	1999	6	81	45
1991	15	37	220	2000	5	52	37
1992	15	37	557	2001	36	143	25
1993	36	78	163	2002	7	83	209
1994	11	29	261	2003	23	123	70
1995	9	98	177	2004	—	48	159
1996	14	83	136	2005	2	62	30
1997	11	49	242	2006	13	38	30
1998	26	145	176	2007	22	118	30

三、考核

中华人民共和国成立后，对干部的考核内容主要从执行政策、遵纪守法、工作、学习、作风、联系群众等方面进行考核，考核时间安排在年终总结工作和各个时期的政治运动中。1979 年以后，每年年终从德、能、勤、绩四方面进行一次考核，对不同类型的干部按照不同的要求进行考核，仍实行评分方法。

1990 年底，区人事局和区委组织部在区计经委、区农业局、区司法局进行年度考核试点工作。考核内容为德、能、勤、绩，并细化为：政治、忠诚、廉政、品质、知识、表达、方法、管理、实践等 16 个要素，对各个要素还制定出基本标准和量化指标。考核等次分为：优秀、称职、基本称职、不称职四个等次。规定评为优秀等次的人数占本部门参考总人数的 15% 左右，最高不得超过 20%。规定考核程序为：本人述职、民主测评、考核人（部门行政首长）综合评鉴、部门考核委员会审定、反馈。试点结果，三个部门参加考核的中层干部及其以下工作人员共 30 人，优秀 6 人、占 20%，称职 22 人、占 73.30%，基本称职 2 人、占 6.70%，无不称职的。至 1993 年，每年年度考核均按此试点经验进行。

1994 年，人事部印发《国家公务员考核暂行条例》，省办公厅印发《四川省国家公务员考核暂行办法》。从是年起，区、乡镇机关就按照国家和省上规定的考核原则、内容、等次、方法、程序实施，事业单位考核仍按照相关政策规定进行。区级机关各部门和各乡镇都分别成立非常设性的考核小组，负责本部门或本乡镇的年度考核工作。考核小组由部门或乡镇负责人，人事、纪检方面负责人（乡镇为分管组织工作的党委副书记）、公务员代表（未实行向国家公务员过渡前为一般干部代表组成）。考核内容为“德”、“能”、“勤”、“绩”。从 2003 年起，增加“廉”的内容。平时考核除部门或乡镇指定专人负责考勤外，还采取被考核人填写《考核纪实手册》及《工作季度报告表》，由主考人定期审核、评鉴，区人事部门抽查的方式进行。年度考核等次到 2000 年为“优秀”、“称职”、“不称职”。从 2001 年开始增设“基本称职”，原有“暂缓确定等次，给予 3～6 个月考验期”的规定不再执行。对优秀等次人数比例一般掌握在本部门（或乡镇）参考总人数的 15% 以内，被区委、区政府评为完成责任目标的先进单位，可以提高到 18% 以内，未完成责任目标的单位，控制在 12% 以内。事业单位从 2003

年起，考核等次改为“优秀”“合格”“不合格”，并增设“基本合格”等次。从2005年起，元坝区先在乡镇后在全区推行绩效考核办法。

1994—2007年，每年全区行政机关和事业单位参加年度考核人数占应参考人数的99%以上。全区评为优秀等次的占参考总人数的15%～16%，称职或合格等次的占参考总人数的83%～84%，不称职或不合格的占参考总人数的2%～0%。

四、奖惩

从1957年开始，行政奖惩执行《国务院关于国家行政机关工作人员的奖惩暂行规定》，奖励种类为：记功、记大功、授予奖品或奖金、升职、通令、嘉将六种。1994年，为规范行政奖励工作，区人民政府转发了区人事局《关于加强行政奖励工作统一管理的报告》。1995年，人事部印发《国家公务员奖惩暂行规定》，规定了应受奖励的行为、办理的程序和审批权限，规定的奖励种类为：嘉奖，记三等功、二等功、一等功，授予荣誉称号五种。1990—2007年，区人事局共办理1490人的行政奖励。

从1957年开始，按照国务院奖惩暂行规定，对国家行政机关工作人员违反国家规定纪律予以惩戒，执行的行政处分种类为：警告、记过、记大过、降级、降职、开除留用察看、开除八种。从1993年10月起，根据《国家公务员暂行条例》和《中华人民共和国公务员法》，执行行政处分的种类为：警告、记过、记大过、降级、撤职、开除六种。1988—2007年，区、乡镇行政机关以及事业单位工作人员中，共有93人受到行政处分。其中，经区人民政府批准开除的和给聘用制干部解聘处分的共33人。

五、教育培训

1998年5月，区行政学校成立。从1990年至2007年，依托市行政学校对全区机关和事业单位录（聘）用人员进行岗前培训或初任培训并考试合格，累计1869人；2001年和2004年，在区行政学校分别对100名科级干部和50名科级后备干部进行任职培训，培训课程为依法行政、执政能力、经济理论、市场经济知识。有1225名公务员参加了更新知识培训，其中，参加区行政校举办的公务员培训班1092人，培训内容有：行政许可法、公共政策、执政能力、公务员法、公共经济知识；参加省、市行政校举办的创新能力、涉外知识、WTO知识、公务员法等培训共133人。1995—2007年，全区机关事业单位有857名工作人员，在区委党校参加行政管理、经济管理、法律等专业的大专以上学历培训并取得毕业证。

2001年起，继续教育学时开始作为专业技术人员评审专业技术职务任职资格、年度考核、专业技术职务晋升的依据之一。全区建立了继续教育登记管理机制。专业技术人员参加公共知识、专业知识和更新知识培训以及学历培训的积极性进一步提高。至2007年全区专业技术人员中具有大专以上学历的比例达到78%。

六、流动调配

从1980年起，干部省内外调动，由县委组织部、县人事部门直接联系办理。至1985年，广元县调出干部1212名，其中调出省外40名；调入干部1023名，其中省外调入91名。1987—2007年，广元市元坝区人事局（含卫子区）共办理区外调入干部（公务员）及工人手续610人，办理430名干部（公务员）及工人区内调出；办理1565名干部（公务员）及工人区内调配手续。

广元市元坝区机关事业单位人员调配统计表

表 11－17　　单位：人

年度	区外调入	区内调出	区内调配	年度	区外调入	区内调出	区内调配
1987	19	10	42	1998	15	29	73
1988	43	5	87	1999	16	7	89
1989	8	20	26	2000	7	13	42
1990	42	29	54	2001	36	8	55
1991	27	19	49	2002	23	16	79
1992	27	22	81	2003	27	15	82
1993	41	24	96	2004	23	30	59
1994	30	29	103	2005	68	15	47
1995	19	34	216	2006	62	28	52
1996	21	23	103	2007	44	20	39
1997	12	34	91	累计	610	430	1565

七、职称改革

1988 年起，卫子区开展专业技术职称评聘工作。各事业单位及其主管部门都建立了职称评审小组，分别负责本单位、本部门的职称评审认定工作。专业技术职务实行评聘结合的方式管理，岗位实行指标控制，中、高级职务指标由上级每年分配下达到各县、区。1988 年和 1989 年，全区开展职称评聘工作的有 12 个专业系列，其中，评聘高级职务 9 人、中级职务 305 人。之后，职称评审工作暂停。1992 年恢复职称评聘工作，首先对 1988 年以来的岗位设置、职务聘任情况进行清理，此后职称评聘工作便步入正常化轨道。

（一）事业单位职称评聘

1992 年事业单位专业技术职务岗位仍实行指标控制，管理方式仍实行评聘结合。开展职称评聘工作的专业系列增加到 15 个。高级职务任职资格由省相关专业高评委评审、省职称改革工作领导小组审查批准；中级职务任职资格由市相关专业中评委评审、市职称改革工作领导小组审批；初级职务任职资格由区相关专业初评委评审、区职称改革工作领导小组审批。全区分别建立了中小学教师、卫生技术、农业技术、工程技术等初级职务评审委员会，其他未建立初评委系列的初级职务任职资格，由市相关专业中评委代评。至 2000 年，广元市共下达给元坝区高级专业技术职务岗位指标 36 个、中级专业技术职务岗位指标 795 个。

2001 年起，专业技术职务岗位不再用指标控制，实行结构比例控制。即各单位按照本单位专业技术人员总数和省有关部门制定的结构比例算出其高、中级岗位数额，在已取得任职资格的人员中聘任相应的职务。并且打破身份、年龄等限制，有条件的单位可实行评聘分开，有条件的个人都可以评审相应的专业技术职务任职资格，还可以“多师制”，即根据个人的学识水平、工作能力等条件评审多个专业技术职务任职资格。至 2007 年，全区事业单位共有专业技术人员 3035 人，评聘专业技术职务任职资格 2669 人。其中：正高级 1 人、副高级 77 人，高级占全区专业技术人员总数的 2. 50%；中级

990 人，占总数的 32.60%；初级 1601 人，占总数的 52.70%；尚未评聘专业技术职务 366 人，占总数的 12.20%。具有高级职务任职资格的 78 人全部聘任相应职务并执行相应职务工资，其中：中学教师 65 人，卫生技术人员 7 人，畜牧技术人员 1 人，林业工程技术人员 1 人，水利水产工程技术人员 3 人，广播信息工程技术人员 1 人；具有中级职务任职资格的 990 人，其中 851 人被聘任中级职务并执行相应工资标准；其余个有中级职务任职资格的人员执行原薪级工资标准。

（二）职称考试

按照国家和四川省职改政策，全区从 1992 年起组织了会计中级资格考试。1994 年开始，所有会计专业任职资格都要通过考试方可取得。其他系列的任职资格考试由市以上考试机构组织实施，区职改办负责本辖区内经济专业资格、职称外语等考试的报名工作。1993 年起，部分专业实行外语（或古汉语、医古文）等级要求，相应的外语等级合格成为晋升专业技术职务任职资格的必备条件之一。元坝区除教师外，其他凡在县级以上城区工作的专业技术人员晋升中、高级职务任职资格要求外语相应等级考试合格，每年的报考人数大约在 30 人左右。至 2006 年，职称外语标准调整，元坝区专业技术人员晋升中级职务任职资格基本上不要求外语条件，晋升高级职务任职资格要求外语条件的只有工程专业技术人员。每年报考只有四五人。从 2001 年起，增加职称计算机应用能力考试，凡在县级以上城区工作的专业技术人员晋升中、高级职务任职资格，参加全省职称计算机应用能力相应等级统一考试合格成为必备条件之一。从 2006 年起，由原来的一年一次的全省统一考试，转为每季度一次的全国统一考试。中小学教师晋升中级职务任职资格可不参加全国或全省的统一考试，但必须参加市人事局、市教育局组织的中级培训并考试合格。至 2007 年，共有 277 人次报名参考，已合格 229 人，合格率达 80% 以上。

（三）农民技术职称评定

1991 年以前，曾对部分非公有制企业人员评审部分农民技术职称。之后，由于人们对农民技术认识不足，重视不够，这项工作比较滞后。2003 年以后，元坝区进一步加大农村人才资源开发力度，农民技术职称受到各方关注。2005 年有 37 人评定技术职称，2006 年有 68 人，2007 年有 124 人，累计 229 人。其中有 37 人被评为农民技师，有 192 人从事种植、养殖、加工业的被评为农民助理技师。

（四）企业职称评聘

1994 年以前曾经对粮食、供销、金融等系统的工作人员评聘经济、统计、会计等专业的初级职务。之后，这些系列转为通过考试获取任职资格。其他，如工程技术专业任职资格仍按规定向区相关专业初评委或市相关专业中评委、省相关专业高评委申报评审。至 2007 年底，全区各类企业评审通过专业技术职务任职资格 109 人，其中中级 31 人。

从 2004 年起，开始评选广元市学术和技术带头人，元坝中学校长杨洪国通过广元市专家委员会评审，成为元坝区第一位广元市学术和技术带头人。2006 年，区畜牧食品局的畜牧师田德贵成为元坝区第二位广元市学术和技术带头人。2007 年，推荐 4 个专业 9 个学科共 9 人参加广元市第四届学术和技术带头人及其后备人选的评审。

从 2003 年起，元坝区根据《四川省事业单位人员聘用制管理试行办法》和广元市人事局统一部署，在全区事业单位推行聘用制度管理，工作人员个人与单位按规定签订聘用期限不等的聘用合同。至 2005 年，全区推行人员聘用制管理的事业单位共 305 个，占全区事业单位总数的 96%；人员聘用 3154 人，占全区事业单位人员总数的 93%。

广元市元坝区 2007 年各类专业技术人员统计表

表 11－18　　单位：人

专业分类	人数					
	小计	正高	副高	中级	初级	未评
卫生技术人员	322	1	6	35	262	18
护理技术人员	67	—	—	11	53	3
工程技术人员	364	—	5	96	116	147
农业技术人员	183	—	1	36	125	21
经济专业人员	52	—	—	5	8	39
会计人员	41	—	—	1	8	32
统计人员	25	—	—	—	4	21
新闻专业人员	20	—	—	2	13	5
播音专业人员	2	—	—	—	—	2
图书文博人员	23	—	—	2	13	8
档案资料人员	8	—	—	—	4	4
政工人员	4	—	—	1	—	3
中学教师	784	—	65	328	376	15
小学教师	1127	—	—	468	616	43
审计人员	13	—	—	5	3	5

八、工资福利

广元市市中区从 1986 年开始进行工资制度改革。这次改革的主要内容有：国家机关、事业单位改行以职务工资为主的结构工资制。结构工资由基础工资、职务工资（工人为岗位工资）、工龄津贴（含教龄津贴、护龄津贴）、奖金四部分组成；企业与国家机关、事业单位的工资改革和工资调整“脱钩”。执行新工资制度当月，全区国家机关、事业单位人月平增资 27.35 元。

1987—1989 年，卫子区机关、事业单位有 611 名工作人员因晋升职务（含专业技术职务）增加职务工资。1987 年，有 557 名中级专业技术人员提高工资待遇；256 名民办教师增加生活补贴，人月平增加 5.13 元。从 1987 年 10 月 1 日起，全区教师、护士 957 人，工资标准提高 10%，人月平增资 7.52 元；有 900 名民办教师提高生活补贴，人月平增加 2.82 元。从 1989 年 10 月 1 日起，全区机关、事业单位有 2106 名工作人员普调一级职务工资。同年，对全区机关、事业单位在职人员的工资收入和离退休人员的离退休费收入水平进行调查，并将调查情况报告市人事局，1991 年，集体事业单位人员 1063 人再调升一级职务工资。

1990—1993 年，元坝区机关事业单位有 423 人晋升职务增加职务工资。1992 年，全区在职职工 2542 人，离退休 334 人，从当年 1 月 1 日起，工龄津贴由每人每月 0.50 元调整为 1 元。1993 年，调整机关事业单位 407 人的奖励工资，清理全区工资偏低人员情况后给 6 人晋升一级职务工资，按政策规定给全区水电系统一线工作人员浮动一级工资。

1994 年，全区进行工资制度改革。从 1993 年 10 月 1 日起，机关工作人员（不包括工勤人员）实行职级工资制。职级工资由职务工资、级别工资、基础工资（每人每月 90 元）、工龄工资（按工作年限每年1元确定，以后工作年限每增加1年工龄工资增加1元）四部分组成；机关技术工人执行岗位技术等级（职务）工资制，工资由岗位工资、技术等级（职务）工资和奖金三部分组成；机关普通工人执行岗位工资制，工资由岗位工资和奖金两部分组成。事业单位工作人员的工资构成分为固定部分和活的部分两块。专业技术人员、职员、技术工人、普通工人的固定部分分别为：专业技术职务工资、职员职务工资、技术等级（职务）工资、岗位工资，活的部分均为：津贴（所占比例，全额拨款单位为30%、差额拨款单位为40%、自收自支单位为50%）。执行新工资制度当月，全区机关工作人员990人，人月平增资69元；事业单位工作人员2051人，人月平增资100.24元，其中，财政全额拨款单位1579人，人月平增资95元；差额拨款单位196人，人月平增资90元；自收自支单位77人，人月平增资144元；集体单位199人，人月平增资135元。这次工资制度改革建立了正常增资机制。

完成工资套改后，机关事业单位工作人员主要按以下渠道增加工资：其一，晋升职务工资档次。即机关工作人员连续两年考核为称职及以上的，每两年可以在本职务工资或岗位工资标准内晋升一个工资档次；事业单位工作人员凡连续两年考核为合格及以上的可晋升一个工资档次，个别考核优秀并作出突出贡献的专业技术人员可提前晋升或越级晋升（比例一般控制在本单位总人数的3%以内），机关、事业单位工作人员晋升职务（技术等级）后从次月起晋升职务（技术等级）工资。1994—2006年，全区机关工作人员晋升职务工资档次6510人次，事业单位工作人员晋升职务工资档次18590人次，其中事业单位提前晋升职务工资档次738人次。其二，晋升级别工资，即实行职级工资制的工作人员年度考核连续五年为称职或连续三年为优秀的，在本职务对应级别内晋升一级，考核增加的级别工资，从满五年或满三年的次年1月起发给；晋升职务时级别未达到相应的级别，同时增加级别工资。1993年10月1日至1997年9月30日，凡年度考核称职以上并达到上一级别工作年限的可晋升级别（即级别滚动），从级别晋升的下月起提高级别工资。1994—2006年，全区实行职级工资制的工作人员，晋升级别工资2219人次。其中连续三年考核为优秀晋升级别工资204人次。其三，定期调整工资标准。1997—2003年，元坝区先后5次调整机关事业单位工作人员工资标准：从1997年7月1日起，执行职级工资制的工作人员，基础工资由每人每月90元提高到110元。其他人员职务工资标准相应提高。全区4591人增加基础或职务工资，人月平增资21.16元；从1999年7月1日起，基础工资由110元提高到180元，级别工资最低十五级至最高一级由每人每月55～470元提高到每人每月85～720元。其他人员工资标准相应提高。全区4553人增加基础工资、级别工资或职务工资，人月平增资106.34元；从2001年1月1日起，基础工资由180元提高到230元，级别工资由每人每月85～720元提高到115～1166元，其他人员工资标准相应提高。全区4829人增资，人月平增加103.93元；从2001年10月1日起，机关行政人员职务工资由最低50元至最高480元提高到每人每月100～850元。机关事业单位工作人员工资标准相应提高。全区4847人增加职务工资，人月平增资78.85元；从2003年7月1起，机关行政人员职务工资由每人每月100～850元提高到130～1150元。机关、事业单位工作人员工资标准相应提高。全区4780人增资，人月平增加49.91元。5次调资中，全区共有23600人（次）因工资标准提高而增加了工资。

2007年，元坝区实施公务员工资制度改革和事业单位工作人员分配制度改革。从2006年7月1日起，公务员和参照公务员法管理的工作人员实行职级工资制。新的职级工资由“职务工资”“级别工资”两部分组成。机关技术工人工资由“技术等级工资”“岗位工资”两部分组成；普通工人实行“岗位工资”。事业单位工作人员均实行岗位绩效工资制。岗位绩效工资由“岗位工资”“薪级工资”两部分组成。执行新工资制度当月，公务员和参照公务员法管理的工作人员1095人，人月平增资282

元；机关工勤人员62人，人月平增资199元；事业单位工作人员3421人，人月平增资261元，其中：专业技术人员2668人、人月平增资281元，职员299人、人月平增资191元，工勤人员454人、人月平增资190元。按照这次工资制度改革所建立的正常晋升工资办法，从2006年7月1日起至2007年12月31日，全区公务员和参照公务员法管理的工作人员，有108人晋升职务增加工资，人月平增资72.98元；按工资套改办法重新确定级别后，至2007年12月31日，对2006年度考核称职及以上并达到级别工资套改表规定年限的201人，从2007年1月1日起晋升级别增加工资，人月平增资16.57元；事业单位有3362人因2006年度考核合格及以上，从2007年1月起增加一级薪级工资，人月平增资24.21元；有226人岗位变动调整岗位工资，人月平增资67.84元。

1986年至1993年9月，机关、事业单位工作人员陆续执行粮贴、煤菜补贴、肉食补贴等。1993年工资制度改革后归并为每人每月95元作为保留补贴执行。1995年起，人民警察实行警衔津贴，至2007年共6次提高津贴标准。1996年起，区政法委工作人员实行政法工作补贴。1998年1月起，机关工作人员实行工作津贴，每人每月75元（县级干部每人每月80元）。1999年1月起，信访工作人员实行岗位津贴。从2001年起，给年度考核称职（合格）及以上等次的机关事业单位工作人员按本人当年12月份的基本工资标准发放年终一次性奖金。2007年起，实行法官审判津贴和检察官检察津贴。2007年，全区机关工作人员1039人，人年平收入（含津补贴）19771元，事业单位3396人，人年平收入（含津补贴）17029元。

从1995年5月1日起（中小学从当年9月1日起），实行每天工作8小时，每周工作40小时的工时制度。2002年10月1日起，凡取得“独生子女父母光荣证”者，独生子女保健费从每人每月5元提高到10元，由父母所在单位各负担50%。父母退休时退休费计发比例增加5%。

广元市元坝区机关事业单位工作人员工资增长情况统计表

表11－19

年度	增加职务工资				增加级别工资	
	机关		事业单位		人数	人月平增(元)
	人数	人月平增(元)	人数	人月平增(元)		
1994	45	8.96	76	20.35	131	20.38
1995	56	11.36	193	23.42	121	21.45
1996	1054	15.11	2064	25.19	61	20.86
1997	76	14.68	326	21.35	69	18.61
1998	1072	14.83	2587	27.22	471	15.61
1999	101	14.03	387	21.07	31	14.65
2000	983	15.18	2846	26.05	163	29.72
2001	128	14.58	515	22.45	166	27.68
2002	897	21.58	2896	29.96	109	28.96
2003	154	21.66	707	32.24	411	35.45
2004	888	22.76	2802	40.58	106	35.85
2005	214	22.93	722	34.63	155	40.17
2006	842	22.46	2469	41.96	225	41.20
合计	6510	—	18590	—	2219	—

九、离休退休

1987 年底，全区机关、事业单位离退休（职）人员 384 人。1988—2007 年，按照国家规定，离休、退休、退职累计 1029 人。2007 年底，元坝区机关、事业单位共有离退休（职）人员 1068 人，其中：离休 3 人，退休 1054 人，退职 11 人。

在职人员调整工资标准时，离退休人员也相应增加离退休费。2007 年末，全区机关 279 名离退休人员，人年平收入 17690.52 元（其中离休 1 人，年收入 21540 元）；事业单位 789 名离退休（职）人员，人年平收入 16494.50 元（其中离休 2 人，人年平收入 21620 元）。

同时，对离休人员，还相应提高享受一至二个月原工资生活补贴计发基数，对生活长期不能自理以及年满七十周岁的离休人员发给护理费并相应提高标准。

2004 年 10 月 1 日起，提高机关、事业单位死亡人员一次性抚恤金标准。其中，因公死亡的，按本人当月工资（离退休费）标准的 40 个月计发；病故的，按本人当月工资（离退休费）标准的 20 个月计发。1988—2007 年，全区机关、事业单位工作人员死亡 22 人，其中因公死亡 5 人；离退休（职）人员病故 345 人。国家还相应提高遗属生活困难补助标准，2007 年，城镇居民由原来每人每月 160 元、180 元两个标准，统一提高到每人每月 215 元，农村居民由每人每月 140 元提高到每人每月 198 元。全区共 332 名遗属增加生活困难补助费。从 2001 年 1 月 1 日起死亡人员丧葬费由 240 元调整为按去世人员最后一个月的工资或离退休（职）费标准的 10 个月计发。

全区机关事业单位离退休（职）人员增加离退休（职）费统计表

表 11－20　　单位：人、元

年　度	文件依据	人　数	人月平增资	年　度	文件依据	人　数	人月平增资
1988	川工改办〔1988〕1 号	384	14.56	2000	川人退〔2000〕2 号	591	20.00
1989	国发〔1989〕82 号	326	20.32	2001	国办发〔2001〕14 号	693	96.00
					国办发〔2001〕70 号	707	73.00
1991	川人退〔1991〕18 号	140	6.96	2002	川老发〔2002〕12 号	4	115.53
1992	国发〔1992〕28 号	343	108.93	—	川人发〔1998〕9 号	681	20.00
1993	川人退发〔1993〕8 号	383		2003	国办发〔2003〕93 号	928	51.98
1994	国发〔1993〕9 号	408	76.83	—			
1995	国发〔1996〕32 号	419	19.92	2004	川人发〔1998〕9 号	928	20.00
1998	川人发〔1998〕9 号	528	40.55	2006		1017	20.00
1999	国办发〔1999〕8 号	567	108.78	2007	川人发〔2006〕48 号	1042	264.97

第四节　实施公务员制度

1993 年 8 月，颁行《国家公务员暂行条例》，先在国家行政机关实施，其他机关如中国共产党机关、人大机关、政协机关以及群团组织参照实行。又经过十多年的实践，最终形成《中华人民共和国公务员法》（以下简称《公务员法》），于 2005 年 4 月 27 日公布，从 2006 年 1 月 1 日施行。实施范围为：中国共产党机关、人大机关、行政机关、政协机关、审判机关、检察机关、民主党派和工商联机关（以下简称“七类机关”）。工会、共青团、妇联等群团组织参照《公务员法》管理。

一、实施《国家公务员暂行条例》

《国家公务员暂行条例》发布后，元坝区于1994年完成工资制度改革，对考核、培训、职务任免等不以机构改革为执行前提的单项制度相继付诸实施。1997年6月，区人民政府制发《广元市元坝区实施国家公务员制度的意见》。全区按照《国家公务员职位分类实施办法》和《国家公务员非领导职务设置办法》，进行职位设置和制订职位说明书。根据市人事局批复，元坝区国家行政机关列入首批实施国家公务员制度的单位有：区政府办公室、区计济委、区教委、区科委、区公安分局、区监察局、区民政局、区司法局、区财政局、区人事局、区地税局、区乡镇企业局、区粮食局、区编委办、区扶贫开发办、区工商局、区交通局、区农业局、区林业局、区水电农机局、区畜牧食品局、区卫生局、区计划生育委员会、区审计局、区统计局、区劳动局、区城乡建设环境保护局、区国土局、区财贸办共29个。8月，区工商局人事移交市工商局管理，全区列入首批实施国家公务员制度的单位只有28个。同月，进行以《国家公务员制度政策法规汇编》《国家公务员行为规范》为教材的拟过渡人员培训，结束时组织统一考试，全区包括乡镇机关共920人报考，及格916人，不及格4人（后经补考及格）。9月上旬，列入首批实施国家公务员制度范围的28个单位均完成职位设置方案以及职位说明书的编写、审批、备案工作。共设置公务员职位316个，其中设领导职位90个，设主任科员、副主任科员、科员、办事员非领导职位226个。按照《国家机关现有人员向国家公务员过渡实施办法》进行过渡，并按照任免权限对过渡为国家公务员的人员任命职务、确定级别。全区28个单位共有316人过渡为国家公务员，其中：男250人，女66人；任领导职务90人，任非领导职务226人。当年，全区各级党政机构改革完成。

1998年8月，区委组织部和区人事局印发《关于乡镇机关实施国家公务员制度和参照管理工作的通知》。9月中旬，乡镇机关全部完成职位说明书编写工作，全区28个乡镇共设置职位519个，其中设领导职位241个，设科员（干事）、办事员非领导职位278个。当年，实施人员过渡，共有407人过渡为国家公务员或机关工作者。其中：男343人，女64人；任领导职务198人，任科员（干事）、办事员及其他相当职务层次的非领导职务184人；保留科级待遇2人，保留副科级待遇23人。对过渡为国家公务员或机关工作者的聘用制干部，“暂不改变原聘用制身份”，以后“经考试考核，分批择优予以录用”。至2005年12月，全区共录用担任主任科员及其以下非领导职务的公务员51人。其中，2002年、2003年，分别从先期选拔到农村基层锻炼期满经考核合格的大中专毕业生中，录用26人为国家公务员。

2002年，根据用人单位空缺职位所需条件，面向广元全市机关、企事业单位以及社会待业人员招考，择优录用8人为国家公务员。2004年，在区级行政机关现有人员中，录用经全省统一考试合格的13人为国家公务员。乡镇58名过渡为国家公务员的聘用制干部，经考试考核合格，被批准录用。至2005年，有32人从国家行政机关外调入区或乡镇行政机关担任领导职务，有15名国家公务员调出国家行政机关任职，有1名国家公务员批准辞职。区人事局受理了4名国家公务员对所在部门涉及本人权益的人事处理不服的申诉，由本部门变更了原处理决定。1999—2005年，有186名国家公务员和机关工作者按《国家公务员暂行条例》退休规定办理了提前退休。

二、实施《公务员法》

2006年9月，按照市上统一部署，区委组织部和区人事局分别在区政协和元坝镇进行公务员登记试点工作。当年11月起，元坝区开展公务员登记工作。翌年3月，登记工作结束。全区“七类机关”共有921名公务员登记在册。其中，中国共产党区委机关66人，区人大机关21人，区行政机关380人，区政协机关12人，区审判机关53人，区检察机关25人，区工商联机关2人；乡镇党委、人大、政协和人武部共362人。区级行政机关列入登记范围的部门有：区政府办、区人事局、区劳动和社会保障局、区民政局、区财政局、区公安分局、区司法局、区规划和建设局、区环保局、区发改局、区物价局、区招商局、区以工代赈办、区经济和商务局、区统计局、区审计局、区农业局、区林业局、区水务农机局、区畜牧食品局、区交通局、区科技局、区卫生局、区人口和计划生育局、区教育局、区监察局、区编办、区扶贫办。2006年，区公安分局录用2名公务员。同年8月，有1名公务员批准辞退。

对任非领导职务公务员的考核，坚持重点考核实绩，坚持客观公正。2005年，制定出适合区、乡（镇）任非领导职务公务员的绩效考核办法，上报市委组织部和市人事局备案后，于当年在乡镇试行。该绩效考核办法，将德、能、勤、绩、廉细化为易于把握的10项要素，各项要素的测评标准易于操作。按100分计算，90分以上可定为优秀，但必须按规定比例（考核人数的15%）从高到低依次确定，60分以上称职，55至65分为基本称职，54分以下为不称职。2006年，在全区机关试行。各考核单位做好平时绩效考核指标体系记录，并采取“不定时抽查记录”的办法予以督促。2007年上半年，经进一步总结完善，形成了《广元市元坝区任非领导职务公务员绩效考核实施方案》，当年，即按照该方案实施考核。

第五节　人才工作

一、人才交流

从1990—1997年，区人才交流咨询服务中心无专职工作人员，其业务由区人事局干部股代为办理。开展的业务主要有两个方面：对非在职的大中专毕业生（包括“五大生”）、干部类职业高中毕业生（干部类指文秘、财会等专业）、查验“毕业证”和学籍档案后，由本人填写登记表并连同学籍档案留存该中心，至1997年，共登记385人；传递人才需求信息，依托广元市人才市场，为供需双方牵线搭桥，至1997年，385人中有173人被聘用，其中，1990年，有3名大专毕业生被招聘到区内中学任教，有4名中专毕业生被乡镇农业服务站聘用；1991年，有1名学林业的大专毕业生被区林业局聘用到造林站工作，市中区有1名学财会的大专毕业生被聘用到元坝区印刷厂从事财务管理；1992年，有9名“五大生”分别被元坝中学、区人民医院、区农业局直属事业单位以及卫子食品厂聘用；1993年，有38人分别被区卫生、广播电视、畜牧兽医等事业单位和审计事务所等中介服务机构以及元坝二建公司等企业单位聘用，有4名学医的大专毕业生被凉山州美姑县等县医院聘用；1994年广元秋交会期间，通过市人才市场，有24名城镇户口“五大生”、自费中专生、干部类职业高中毕业生，被区内和区外企业单位聘用；1995年，有32人被区内卫生、国土、畜牧食品等事业企业单位聘用；1996年，有省农干院、绵阳农专、农广校等各类大中专毕业生27人被聘用到区内农业事业单位和各城镇企业单位工作；1997 年，有省农干院和各类中专及干部类职业高中毕业生，被聘用到乡镇的农业服务站、企业办、卫生院和区牧工商公司工作。

1999 年起，随着干部人事制度改革深化，普通大中专学校毕业生不再统一分配而通过人才市场，实行“供需见面，双向选择，自主就业”；机关、事业单位因辞职辞退、竞争上岗而离开原单位的人员逐渐增多，当年起，区人才交流中心配备了专职工作人员，建立了元坝区人才市场。人事代理业务由单独的人事档案管理、户粮关系管理扩展到身份认定、合同鉴证、转正定级，工龄计算，档案工资记载，专业技术职称申报评审，党团组织关系接转，办理社会养老、医疗保险和人身保险以及计划生育手续等。人才中介服务由个人求职登记、人才推荐扩展到接受单位委托代聘专业人才。人才信息服务已由电话联系、书面联系提升到网络服务。

广元市元坝区人才交流情况统计表

表 11－21　　单位：人

年度	接收档案人数	提供人事代理人数	求职登记人数	提供人才信息网络服务人数	成功推荐就业人数	备　注
1998	86	—	32	50	32	
1999	175	—	346	251	146	
2000	132	36	620	325	102	
2001	101	42	891	302	90	
2002	365	146	386	412	285	
2003	206	252	407	518	246	
2004	197	142	238	354	307	
2005	152	168	216	405	192	
2006	217	332	241	450	251	
2007	296	284	208	361	182	
合计	1927	1402	3585	3428	1833	

注：2003 年人事代理人数含地方电力公司单位委托 90 人；2004 年人事代理人数含汇通网络公司单位委托 19 人和区农业局单位委托 63 人

二、农村人才资源开发

从 1999 年到 2000 年，区人事局确立了以调整、改善、优化人才结构为重点，把全区整体性人才资源开发工作作为人事人才工作重中之重的思路。与区委组织部共同举办两期计算机应用技术培训班，区和乡镇机关共有 200 多人参加培训。还与区委组织部和其他有关部门相互配合，举办两期农村实用技术培训班，参加培训的人员有全区的村党支部书记和村委会主任。全区人才服务工作开始由人才交流向人才开发方向扩展，其开发力度开始向农村人才资源开发倾斜。

2000 年上半年，区人才交流中心对全区农村人才现状进行调查，全区农业人口 215,188 人，各类实用人才 4284 人，占全区农业总人口的 1.99%。按行业结构分，经营人才 264 人，种植能手 652 人，养殖能手 380 人，农村经纪人 80 人，能工巧匠 935 人，农民技术员 435 人，转移输出型人才 1538 人；按文化结构分，大专及以上学历 183 人，中专学历 186 人，高中学历 693 人，初中学历及以下 3222 人；按年龄结构分，30 岁以下 447 人，30～40 岁 1209 人，41～50 岁 2235 人，51～55 岁 359 人，56

岁以上34人。从总体看，农村实用人才偏少，占全区农村人口的比例不足2%。而且分布极不均匀，交通方便经济发达的乡镇拥有人才较多，地处偏僻经济落后的乡镇则人才较少；从农村人才行业结构看，种养业专业人才少，不足农村实用人才总数的1/3，经营人才少，只占农村人才总数的6%；从文化结构看，具有大中专及以上学历的仅占农村实用人才总数的8.6%，绝大多数人才只受过初中学历教育，且缺少进修提高机会；从年龄结构看，40岁以下的人才仅占38.60%，而且大多外出务工，人才流失严重。区人事局将调查情况及开发建议呈报区委区政府。同年5月，区委、区政府印发《关于加强农村人事人才工作，加速农业和农村人才资源开发的意见》，区政府印发《广元市元坝区2000—2004年农村人才资源开发规划》，并成立了以区委副书记为组长，区委组织部部长、区人事局局长、区农业局局长、区林业局局长、区水电农机局局长、区畜牧食品局局长、区财政局局长、区科委主任等为成员的“元坝区农村人才资源开发领导小组”，其办公室设区人才交流中心，由区人事局长兼任办公室主任、人才交流服务中心主任负责日常事务。各乡镇均建立农村人才服务站，完善农村人才信息库，设置人才信息服务点，并落实专人负责，形成全区上下齐抓共管局面。

针对元坝区农村人才实际情况，区委区政府始终坚持“人才资源是第一资源”的观念，围绕种植业、养殖业、加工业等七大支柱产业的长远规划和近期目标，把产业发展与人才开发结合起来，用产业发展带动人才开发，用人才开发推动产业发展。2000—2007年全区共举办种植、养殖等技术培训班40余期。在养殖业方面，2000年5月在磨滩镇三清村举办长毛兔养殖技术培训班，邀请省科学院和省草原研究所两位专家讲课，全区100个村的长毛兔养殖技术员和养殖户参加培训；2001年5月，举办“牛改”技术培训班，邀请省畜禽繁育改良总站两位高级畜牧师讲课，全区种草养畜乡镇的技术员和规模饲养户主参加培训。2002年3月、2004年8月、2005年9月、2006年7月分别举办生猪三元杂交、规模养殖等技术培训，邀请四川省和绵阳市畜牧师、兽医师讲课，全区农村畜牧生产技术员、人工授精技术员及规模养殖户主参加培训。在种植业方面，邀请市农业局高级农艺师，以农村村组干部和技术员为对象，进行无公害生产、测土配方施肥、蔬菜地膜覆盖、大棚生产、蚕桑生产和沼气综合利用、水稻旱育抛秧等实用技术培训。2003年10月，邀请以色列首席蔬菜专家安吉尔教授在昭化镇天雄村以及大朝乡、元坝镇进行大棚蔬菜种植技术培训及现场指导。邀请省林科院专家和本区林业局工程师，对农村村组干部和专业户主，进行林业“蔬菜”、核桃丰产技术培训。还邀请以色列专家班拉吉进行油橄榄栽培技术培训和现场指导。2005—2007年，多次邀请中科院武汉植物园博士、国际猕猴桃协会秘书长姜正旺和中科院武汉植物园博士钟彩虹到昭化镇发展猕猴桃新品种，并开展猕猴桃技术培训，全区村组干部和猕猴桃技术员参加培训。从2003年开始，区财政先后投资260万元，在全区基础设施好、产业化程度高的5个乡镇28个村，创建30个融课堂教育、示范实践、产业发展、素质训练为一体的农村干部党员培训阵地，建成20多个功能齐全、示范效应明显、辐射作用好的大棚蔬菜、种草养畜、栽桑养蚕、烤烟发展等培训基地，并开展1万名农村党员干部发展产业示范培训，把致富能手培养成为党员，把农村党员培养成为致富能手，把党员致富能手培养成为村干部，把村干部培养成为致富带头人。

2003年，开始依托市、区党校和省行财院实施500名村干部学历培训。2005年，第一批学员50人毕业，取得省行财院大专学历。随着元坝区农村各项产业的蓬勃发展和社会主义新农村的不断涌现，2007年，有540多名学有一技之长的外出务工青年回乡创业。还有外地优秀农村人才120多人到元坝兴办养殖场、发展种植业。元坝区农村人才总量随之有所增加，结构有所改善。2007年，由区委组织部牵头会同相关部门对全区农村人才资源开发情况进行检查，对涌现出的农村优秀人才给予表彰。其中受区委区政府表彰25人，推荐省上表彰1人，推荐市上表彰13人。

第三章　劳动和社会保障

第一节　工作机构

1988 年 6 月，广元市市中区卫子区设劳动人事局。李奎元任局长，刘世锦任副局长。1988 年 10 月，由胡开勇任局长。1989 年 3 月，由解锡贵任局长。

1989 年 12 月，广元市元坝区设劳动局（简称区劳动局）。1990 年 2 月，区劳动局正式成立，设办公室、工资股、仲裁办。1993 年 5 月，建立中共广元市元坝区劳动局党组。1997 年，区劳动局设办公室、监察股、劳动争议处理与信访股、就业与社会保险股、职业技能开发股、综合计划与工资股。2001 年 11 月，在区劳动局基础上组建区劳动和社会保障局（仍简称区劳动局）。区劳动局不再承担全区安全生产综合管理、职业安全监察、矿山安全监察工作职能。设办公室，仲裁、工资股，劳动监察、职业技术鉴定股，保险、就业、基金监督股。

挂靠和下派机构：

广元市元坝区就业服务管理局（简称区就业局），1990 年 8 月成立，管理全区社会劳动力、就业训练、职业介绍、失业保险以及机关、企事业单位劳动服务工作，挂靠区劳动局。

广元市元坝区社会保险事业管理局（简称区社保局），1992 年 1 月成立，管理全区企业人员的养老、工伤、生育保险工作，挂靠区劳动局。

广元市元坝区农村社会养老保险事业管理局（简称区农保局），1994 年 4 月成立，挂靠区民政局，由相关股室代理工作。1999 年 4 月，区农保局更名为广元市元坝区农村社会保险局（仍简称区农保局）。2002 年 7 月，区农保局划归区劳动和社会保障局。区农保局负责全区农村居民养老保险试点工作。

广元市元坝区机关事业单位社会保险局（简称区机保局），1994 年 11 月成立，挂靠区人事局。2002 年 4 月，区机保局划归区劳动和社会保障局，负责全区机关、事业单位人员养老保险工作。

1992 年 3 月，广元市元坝区公费医疗管理委员会成立，其办公室（简称区公医办）设区财政局。1995 年 3 月，建立广元市元坝区公费医疗保险局（简称区公医局），挂靠区财政局。1999 年 4 月，将区财政局、区卫生局承担的医疗保险制度改革和公费医疗管理职能划入区劳动局，区公医局挂靠区劳动局。2000 年 12 月，撤销区公医局，成立广元市元坝区医疗保险管理中心（简称区医保中心），挂靠关系未变，负责包括全区机关、企事业单位人员在内的城镇居民医疗保险工作。

广元市元坝区人民政府安全生产办公室，1990 年 2 月成立，挂靠区劳动局。2001 年 12 月，划出并易名，挂靠区政府办公室。

2004 年 3 月，分别以片区建立元坝、昭化、卫子、虎跳、王家 5 个劳动保障所，为区劳动和社会保障局下派机构。

广元市元坝区劳动和社会保障局领导名录

表 11－22

姓　名	性别	籍　贯	政治面貌	职　务	任职期间	备　注
解锡贵	男	广元市利州区	中共党员	局　长	1990－02—1993－04	
吴满林	男	广元市元坝区	中共党员	局　长	1993－04—2001－02	党组书记
范永昌	男	广元市元坝区	中共党员	副局长	1995－10—2001－02	党组成员
冯华英	女	广元市元坝区	中共党员	副局长	1996－10—2007－06	党组成员
常曾铭	男	广元市元坝区	中共党员	副局长	1998－02—2007－06	党组成员
范永昌	男	广元市元坝区	中共党员	局　长	2001－02—2007－02	党组书记
姜玉福	男	广元市元坝区	中共党员	副局长	2003－02—2004－10	党组成员
李兴强	男	广元市元坝区	中共党员	副局长	2003－02—2004－10	党组成员
吴根昌	男	广元市元坝区	中共党员	局　长	2007－02—	党组书记
李清彪	男	遂宁市射洪县	中共党员	副局长	2007－06—	党组成员
杨永银	男	广元市元坝区	中共党员	副局长	2007－06—	党组成员

广元市元坝区劳动和社会保障局挂靠机构领导名录

表 11－23

姓　名	性别	籍　贯	政治面貌	职　务	任职期间	备　注
解锡贵	男	广元市利州区	中共党员	局　长	1990－08—1993－04	区就业局
胡华银	男	广元市利州区	中共党员	局　长	1993－04—1996－10	区就业局
冯华英	女	广元市元坝区	中共党员	局　长	1996－10—2004－10	区就业局
冷建春	男	广元市元坝区	中共党员	局　长	2004－10—2007－02	区就业局
杨　伟	男	广元市元坝区	中共党员	局　长	2007－06—	区就业局
何全德	男	广元市剑阁县	中共党员	局　长	1992－10—2001－12	区社保局
范永昌	男	广元市元坝区	中共党员	局　长	2001－12—2003－02	区社保局
李兴强	男	广元市元坝区	中共党员	局　长	2003－02—2007－06	区社保局
冯永传	男	广元市元坝区	中共党员	局　长	2007－06—	区社保局
仲永远	男	广元市元坝区	中共党员	局　长	1995－01—2001－12	区机保局
刘宝洲	男	广元市元坝区	中共党员	局　长	2001－12—2003－02	区机保局
姜玉福	男	广元市元坝区	中共党员	局　长	2003－02—2007－02	区机保局
罗光伟	男	广元市元坝区	中共党员	局　长	2007－06—	区机保局
肖义先	男	广元市元坝区	中共党员	局　长	1995－10—1998－02	区农保局
周才琼	女	遂宁市射洪县	中共党员	局　长	1998－02—2007－02	区农保局
罗文祥	男	广元市元坝区	中共党员	局　长	2007－02—	区农保局
周达文	男	广元市元坝区	中共党员	主　任	1992－03—1993－02	区公医办
黄邦杰	男	广元市元坝区	中共党员	局　长	1995－03—1999－04	区公医局
白智辉	男	广元市旺苍县	中共党员	主　任	2004－10—	区医保中心

注：区公医局 1999 年 4 月至 2004 年 10 月先后由范高甫、熊瑛临时负责

第二节 就业培训

一、劳动就业

中华人民共和国成立后，昭化县贯彻执行“介绍就业与自就业”相结合的方针，采取边登记边安置的办法解决城镇劳动力就业问题，对暂时不能安置的人员，采取“以工代赈”过渡办法解决其生计问题。1967—1969 年，广元县企业由临时工、合同工转正补充自然减员。1976 年，招收城镇社会闲散劳动力包括免予下乡和已下乡的独生子女、兄弟姐妹多人下乡后父母无人照顾的知识青年、一户下乡三人以上无一人回城的知识青年等。1977 年和 1978 年，主要招收留城和下乡两年以上的知识青年，采取发展集体经济，兴办街道企业、交通运输和商业服务业等办法，拓宽就业门路，共安置 0.50 万人，其中大集体 0.11 万人。1979 年，采取单位包干安置和统筹安置办法，通过兴办集体企业、技校招生、增设商业网点等办法进行安置。1980 年和 1981 年，采取由劳动部门介绍就业、自愿组织来就业和自谋职业相结合的办法安置。1984 年和 1985 年，安置落实政策和知识分子家属户口“农转非”。

在农村，1958 年搞“大跃进”大炼钢铁，招收和抽调 4 万多个青壮劳动力投入工矿企业。1961 年和 1962 年，国民经济调整，企业“撤、停、并、转”，绝大多数人被精减压缩返回农村。1960 年，因煤炭生产需要，经有关部门批准，到农村指定地区招收轮换工 4400 余人。之后，农村剩余劳动力就业出路受到限制，只允许在农村搞养殖业和副业。1978 年后，允许农村剩余劳动力进城经商，并大力发展乡镇企业。到 1985 年，广元全县农村人口进入乡镇企业者达 2.47 万人，占当年农村劳动力总数的 15%。

1986 年之后，企业招工面向社会、公开招收、全面考核、择优录用。至 1989 年期间，卫子区招收城镇户口待业人员为合同制工人、安置城镇户口退伍军人和技校等学校毕业生共 265 名。就业去向主要为粮食、供销、食品、电力、学校等企事业单位。同时期，农村剩余劳动力每年以近千人的规模离乡外出务工。

1990 年以后，元坝区通过大力发展劳动服务企业、乡镇企业等集体企业和个体经济组织，广开就业门路。1990 年 8 月，区就业局创办元坝区就业服务第一公司。1991 年 5 月，创办元坝区第二就业服务公司。1992 年，开办元坝劳保用品厂。至 1992 年，共安置 823 人就业，其中全民企业 338 人、集体企业 387 人、私营企业 98 人。特别是从 1992 年开始，国家对农村劳动力的流动就业政策，从控制盲目流动变为引导合理有序流动，开始实行以就业证卡管理为主要手段的跨地区流动的就业制度。当年，区就业局直接组织农村劳动力外出务工累计 2166 人，农民自发外出务工达 37500 余人。此后，农民离乡外出就业人数迅速增加，成为农村劳动力转移的主要渠道。1995 年，兴办深圳美冠电子防盗门厂元坝分厂。2004 年 6 月，建立元坝自强家政服务公司。至 2007 年，全区累计发展劳动服务企业 36 户，累计安置城镇待业人员和失业人员共 1034 人。

1992 年 7 月，国务院发布《全民所有制工业企业转换经营机制条例》，赋予企业用人自主权，国家不再下达用人计划。“企业按照面向社会、公开招收、全面考核、择优录用的原则，自主决定招工时间、条件、方式、数量”，企业“有权依照法律、法规和企业规章，解除劳动合同、辞退、开除职工”。1993 年，中央文件明确提出发展劳动力市场，将其作为实现劳动力资源配置的基础。在新的形势下，为加强就业服务工作，1993 年 11 月，元坝区成立区职业介绍所。区就业服务机构进一步加强与区内外企业联系，千方百计收集职业需求信息，及时向社会发布，并大力开展职业介绍。至2007年，共收集、发布用工信息350条，举行劳动力供需双方见面的现场招聘会18次，共安置就业7186人，其中全民企业1421人占19.77%，集体企业1670人占23.24%，私营企业1761人占24.51%，自谋职业2334人占32.48%。直接组织外出务工14796人，通过各种途径安置下岗失业职工实现再就业2044人，2005—2007年向非洲苏丹直接外派劳务142人。

2000年以后，国家取消各方面对农民进城就业的种种不合理限制，逐步实现城乡劳动力市场一体化，并积极推进农村劳动力流动所涉及的就业、保障、户籍、住房诸多方面的配套改革。随之，外出务工农民日益增多。元坝区20世纪90年代外出务工人员平均每年2万人左右，进入21世纪迅速增至平均每年5万人以上，2006年和2007年每年均在6万人以上。

2004—2006年，元坝区按照国家政策规定，为全区下岗失业人员发放“再就业优惠证”2869本，减免税费近100万元。679名下岗失业人员享受社保补贴，379名大龄就业困难对象享受岗位补贴。

广元市元坝区就业安置和外出务工情况统计表

表11－24　　单位：人

年度	就业安置					外出务工		合　计
	全民单位	集体单位	私营企业	自谋职业	合计	直接组织	自发外出	
1986	36	21	—	—	57	—	860	917
1987	40	19	—	—	59	—	910	969
1988	45	22	—	—	67	—	950	1017
1989	50	32	—	—	82	—	1020	1102
1990	125	132	53	—	310	420	8900	9630
1991	133	156	45	—	334	668	12500	13502
1992	80	99	—	—	179	1078	14000	15257
1993	142	213	80	—	435	1039	15100	16574
1994	200	43	—	—	243	1085	16000	17328
1995	188	74	90	—	352	465	18000	18817
1996	155	195	—	—	350	536	20500	21386
1997	193	136	101	83	513	648	25000	26161
1998	74	96	6	85	261	813	28000	29074
1999	98	70	10	90	268	945	31000	32213
2000	30	62	8	103	203	1402	33000	34605
2001	54	138	99	120	411	1530	37000	38941
2002	73	130	128	189	520	1621	40500	42641
2003	83	136	206	210	635	952	44000	45587
2004	39	103	350	290	782	1021	52000	53803
2005	27	87	243	341	698	830	56000	57528
2006	34	80	210	381	705	840	62000	63545

续表

年度	就业安置					外出务工		合计
	全民单位	集体单位	私营企业	自谋职业	合计	直接组织	自发外出	
2007	31	107	230	442	810	1069	65000	66879
合计	1930	2151	1859	2334	8274	16962	582240	607476

二、职业培训

中华人民共和国成立后，为适应企业发展对技术工人的新要求，职业培训以劳动部门举办为主、企业举办为辅。1966年后，一般是先就业后培训，即举办3~6个月的短训班学习或送入技校进行1~2年的深造。1970年，恢复并在职工中实行文化技术考核。1980年起，随着用工制度改革，一般是先培训后就业，即在下达安置任务的同时下达培训任务。1982年，广元县劳动服务公司成立后，设有专门负责就业培训的机构。此外，各厂矿企业根据需要还经常派人出省出县到同行企业学习专业技术和管理经验。1979—1985年，广元县先后举办职业培训班30多期，培训各厂矿企业的职工骨干达1000多人次。

1992年，区劳动部门对新招的61名工人进行了算机操作技能岗前培训。1993年12月，建成元坝区职业技术学校。当年共开办训练班2期，有210人参加为期20天的电工技术培训，结束时经考核有118人合格，其中有116人由区就业局输送到广州中达电子厂务工。1994年，举办培训班6期，对新招243名工人和302名在职职工进行计算机操作技能培训；对登记的1085名外出务工人员先后按片区进行集中培训，培训时间均为1个月，培训内容有电工、电焊工、缝纫技术和家政服务，结业后分批输送到广州、深圳务工。1995年，实行凭培训合格证上岗制度，全年共举办培训班4期，对新招的248名工人和准备外出务工的465人分别进行为期1月的岗前培训。1996年，全年办培训班7期，每期30天，培训内容有家电维修、家政服务、电焊、计算机操作，共培训1667人。2001年，组织150名下岗失业人员参加再就业培训，培训后就业率达60%。后逐步按照市场需求开展多种技能培训，努力提高培训的实用性、有效性和针对性，全年共培训各类人员300人，培训后就业率达65%。2002年，元坝区就业培训中心建立，全年共开办缝纫、计算机操作等培训班5期，共培训下岗失业人员419人，培训后实现再就业281人，就业率为67%。2003年，共开办培训班3期，每期30天，共对230人分3批进行了电工、电焊、建工技术培训。2004年，开办电工、电焊工培训班各3期，计算机、缝纫技术培训班各5期，旅游服务1期，家政服务3期，创业培训2期，共培训下岗失业人员796人，其中创业培训合格80人，培训后成功创业43人，成功率为53%。2005和2006两年，共培训1210人，开设专业有电工、电焊、计算机、家政服务，每期培训时间一至三月不等。2007年8月，成立元坝区职业技术综合培训基地，由区就业培训中心与水电部第五局培训中心联办，地址设在柳桥乡，占地17亩。开设有推土机、挖掘机、装载机司机，机动车驾驶员以及焊工、钢筋工、模板工等培训专业，有教职员工20人，有各类机械设备35台，主要承担元坝区在岗职工、下岗人员、失地农民和农村富余劳动力的培训任务。当年共培训17447人，其中，下岗失业人员就业培训643人，创业培训120人（当年实现成功创业80人），农民工技能培训12184人次，“川妹子”“川厨师”等品牌培训4500人。

2003年4月，经广元市劳动和社会保障局批准，元坝区就业培训中心国家职业技能鉴定站成立。鉴定工种有：计算机操作、美容、美发、焊工、电工、管道工、钢筋工等，鉴定等级为初级，中级、高级在初审后报上级鉴定机构鉴定。

广元市元坝区经鉴定取得职业技能资格证书人数统计表

表 11-25　　单位：人

等级	人数	其中								
		电工	焊工	计算机操作	家政服务	摩托修理	美容	美发	管道工	钢筋工
初级	940	238	160	282	34	6	5	—	6	209
中级	226	142	68	4	—	—	4	3	5	—
高级	1	—	2	—	—	—	—	—	—	—
合计	1167	380	230	286	34	6	9	3	11	209

第三节　劳动及退休待遇

一、劳动待遇

民国时期，昭化县作坊、商店的雇员先为年薪，后为月薪、日薪。规模较大的企业，职员为月薪制，工人为计件制或月薪制。

中华人民共和国成立初期，昭化县对机关、企事业单位职工暂按原职原薪发给或借给“生活维持费”。1950 年 4 月起，对南下干部和新参加工作无家庭负担或负担不重的人员实行“供给制”，对家庭负担较重的实行“薪金制”，对乡镇工作人员和所属小学教师实行“补给制”。1952 年 10 月，进行全国性第一次工资制度改革，将享受“供给制”和“薪金制”的所有人员的工资改为“工资分制”（工资分又叫工薪分，是以一定种类的实物价格作为计算基础，再用货币支付劳动报酬的计算单位）。到 1953 年由于物价趋于稳定，又改为“固定工资分制”。1956 年 4 月 1 日起，进行第二次工资制度改革，全面取消“固定工资分制”“物价补贴制”和“补给制”，一律采取套级的办法，改为按行政职工 1～30 级、技术人员 1～18 级、企业工人 1～8 级的新工资标准发给货币。全国划分为一至十一类工资区。昭化县属最低的一类工资区。执行新工资制度当月，全县机关、企事业单位人平月工资 37.77 元，人月平增资 4.97 元。此后至 1984 年（期间昭化县并入广元县），曾按照国家政策规定，先后 13 次部分调整或普遍调整机关、企事业单位人员工资（集体企事业单位根据“量力而行”原则仿照进行）。广元县所属工资类型区，1963 年 8 月，由一类调为三类，1979 年 11 月，又调为四类，1985 年 7 月，再调为五类。每调一次即按对应类区工资标准增加差额。1985 年，进行第三次工资制度改革。机关和事业单位均实行以行政职务或技术职务工资为主的结构工资制。对国有企业实行职工工资总额同企业经济效益按比例浮动的办法。具体做法是：改企业 8 级工资制和财贸职工 10 级工资制均为 15 级工资制；改企业干部行政工资级为新拟企业干部工资级，即改国有大中型企业干部的工资为 17 个正级、加 10～16 正级的 7 个副级；改四川省国营小型企业干部的工资为 10 个正级、加 3～9 正级的 7 个副级。改革结果，广元市市中区全民所有制企业共 14485 人参加，人月平增资 11.47 元；集体所有制企业共 873 人参加，人月平增资 17.56 元。

企业实行以工资总额同经济效益挂钩为主的基本工资制度，即除工资总量决定以及国务院另行确定的工资政策规定外，企业其他方面的工资决定和工资管理，由各企业根据实际情况自行确定。1991 年，推行以岗位技能工资制为主要形式的企业工资制度。从 1992 年起，在全区所有企业实行效益工资和计件工资。1993年，参照劳动人事部颁布的企业职工标准工资参考表，统一延伸工资等级与技术等级相对应的工资等级标准，并在各企业建立随社会经济发展、企业效益增长、职工业务水平提高和劳动业绩增长而相应增加工资的制度。按政策调资后所增加的工资只记入职工个人档案并作为交纳各类社会保险费的依据。1986—1999年，全区企业按照国家政策规定和企业正常增资制度，先后14次普遍或部分给职工增加工资。其中，1990年，在清理认定标准工资的基础上，63家区属全民、集体企业3780名职工增加标准工资，月人均增资11.20元；1991年，调整区属58户企业4524名职工标准工资，月人均增资4.98元；1992年和1993年，先后按工效挂钩办法对18户企业594名职工增加标准工资，月人均增资52元；1994年4月，按照企业正常增资制度规定，有631名职工升级和8名有特殊贡献职工晋级，同年，全区43户企业3010名职工增加工资，月人均增资42.34元；1995年，全区粮食企业124名职工正常增资，月人均增资6.53元，区物资公司等3户全民和集体企业共240名职工增加工资，月人均增资50元，10户改制企业按当月合同制职工工资总额的8%核增工资性补贴，月人均增资16元；1996年，区第二建筑公司、区农机供应公司按当月合同制职工工资总额的8%核增工资性补贴，月人均增资24元；1998年，区属11个企业单位715名职工提高标准工资，月人均增资55元；1999年，区自来水厂等23户企业和企业化管理的事业单位共1081名职工增加工资，月人均增资10.30元，23户区属企业1709名职工提高标准工资，月人均增资108.40元。

2000年，全区企业完成经营机制转换。企业成为独立自主的市场主体，政府不再直接干预企业内部工资分配。但企业必须遵循按劳分配、民主决策和在国家法律规范及宏观政策指导下进行管理的原则做好内部工资分配。区劳动部门依法对全区企业遵守劳动法律法规的情况实施监督检查。2001—2003年，区供水公司、省粮食储备库、区食品公司、区牧工商公司等单位试行工资集体协商，由企业法人、工会组织、职工代表共同协商谈判，确定工资分配方式及标准，并写入劳动合同，由区劳动部门监督执行；个体私营企业的工资分配方式与标准由业主与员工相互协商确定后纳入劳动合同内容。根据《中华人民共和国劳动法》规定，自广元市政府公布最低工资标准之年起，区劳动部门每年都对区属各企业执行最低工资标准的情况进行检查。2000—2007年，对企业工资的增长，四川省劳动和社会保障厅每年都发布“指导线”及其“基准线”“上线”“下线”的增长比例。要求生产经营正常、经济效益提高的企业，职工工资增长不应低于下线。但由于元坝区企业经济水平普遍低下，连“基准线”增长比例都难以达到。

二、劳动奖励

1956年，昭化县各企业开始实行一次性的单项奖，如劳动竞赛奖、创造发明奖、合理性建议奖等。1959年，广元县在工业、建筑、交通等企业中实行“综合奖”，得奖人数达70%以上。从1966年开始，由于国家调整粮食价格，曾对工人和16级以下干部，根据有无吃商品粮供养人口，分别执行3元和1.50元的粮价补贴。1966年5月，突出政治，反对物质刺激，改“综合奖”为“活工资”，随月工资发放，标准为每人每月2~4元。后又改“活工资”为“附加工资”。1979年11月起，国家机关、事业单位和全民所有制企业的固定职工、学徒工，每人每月发给副食品价格补贴5元。1979年以后随职工工资增加逐步冲销。1978年以后企业恢复奖励制度，按照国家规定的八项经济技术指标，对职工进行考核奖励。当年广元县全民所有制企业有91%的职工每人每月获奖9.60元，集体所有制企业有71.30%的职工每人每月获奖8.36元。1981年，采取一般生产奖，联产计酬奖，超产付酬奖，利润提成奖等奖励办法，进一步完善经济责任制。当年，广元县企业人平获奖79.41元。1984年4月，国务院规定发放奖金同经济效益挂钩，征收奖金税，企业有权自主使用奖金。从此，各企业发放奖金、津补贴情况不尽一致，多少自定。1992 年以后，企业职工的工资、奖金、津贴以及其他工资性收入，逐渐纳入工资总额，并取消工资总额以外的一切单项奖。

三、退休待遇

中华人民共和国成立后的退休制度始于 1950 年 3 月。但国家机关、企事业单位普遍实行退休（养老）则从 1955 年 12 月 29 日国务院颁布《关于国家机关工作人员退休处理暂行办法》和 1958 年《关于工人职员退休处理暂行办法》之后开始。1978 年 6 月起，执行经全国人大常委会通过后颁发的《国务院关于工人退休退职的暂行办法》和《国务院关于安置老弱病残干部的暂行办法》的规定：全民所有制企业、事业单位和党政机关、社会团体的职工，男满 60 周岁、女干部年满 55 周岁、女工人年满 50 周岁，连续工龄满 10 年的；从事井下、高空、高温、特别繁重体力劳动或者有害身体健康的工作，男年满 55 周岁、女年满 45 周岁，连续工龄满 10 年的；或者男年满 50 周岁、女年满 45 周岁，连续工龄满 10 年的，由医院证明并经劳动鉴定委员会确认完全丧失劳动能力的，都应当退休。凡符合退休条件的职工退休后，按本人连续工龄长短每月发给相当于本人退休前月标准工资 60% ~90% 数额的退休（养老）金，直到去世时为止；对在退休时保持荣誉称号和对社会有特殊贡献的，可酌情提高 5% ~ 10%，但提高后的退休费，不得超过本人原工资标准。1954—1985 年，广元县（含原昭化县）机关和企事业单位陆续有 1724 名职工退休。对完全丧失工作能力而不具备退休条件的人员采取退职办法，退职后，按月发给相当于本人标准工资数额的 40% 作为退职生活费，低于 20 元的按 20 元发给，1956—1983 年，广元县（含原昭化县）机关和企事业单位陆续有 1349 名职工退职。为避免物价波动对退休退（职）职工生活的影响，国家采取不定期调整提高退休费或退职生活费的措施。广元县于 1983 年 8 月起对职工退休费、退职生活费每人每月增发 5 元。1984 年起，又给 1949 年 10 月 1 日至 1957 年 12 月 31 日参加工作的 846 名退休职工，按工龄年段分别增加本人原标准工资的 20%、10%、5%，作为生活补贴。1985 年 5 月起，鉴于物价调整，又给 947 名未参加 1985 年工资制度改革的离休、退休职工每人每月发生活补贴 17 元或 12 元和肉食补贴 3 元。

从 1998 年 1 月 1 日起，元坝区执行 1996 年《国务院关于工人退休退职的暂行办法》和《国务院关于深化企业职工养老保险制度改革的通知》（简称《通知》），企业职工男年满 60 周岁，女干部年满 55 周岁、女工人年满 50 周岁，累计缴纳养老保险费年限（包括视同缴费年限）满 10（或 15）年应该退休的政策：达到法定退休年龄；缴费年限（含视同缴费年限的连续工龄，下同）满 15 年。个体劳动者的退休年龄参照企业职工法定正常退休年龄执行，即男满 60 周岁，女年满 50 周岁。基本养老金按上级规定的实施办法和实施细则计发。1998 年当年，全区企业有 28 名职工办理退休手续，人平每月养老金 80 元。从 2006 年 1 月 1 日起，企业职工基本养老金按“1996 年 1 月 1 日及以后参加工作，缴费年限累计满 15 年及以上的职工。月基本养老金 = 基础养老金 + 个人账户养老金；1995 年 12 月 31 日及以前参加工作，缴费年限累计满 15 年及以上的职工。月基本养老金 = 基础养老金 + 个人账户养老金 + 过渡性养老金 + 调节金”的办法计算发放。2006 年，全区企业有 67 名职工办理退休手续，人平每月养老金 480 元，从当年起，企业退休（职）人员、个体劳动者领取基本养老金人员因病或非因工死亡后，退休（职）人员、个体劳动者领取基本养老金人员，按其死亡时上一年全省在岗职工月平均工资的 4 个月计发丧葬补助费，按其死亡时本人月基本养老金标准的 8 个月发给一次抚恤金；离休人员按其死亡时本人月基本养老金标准的 10 个月计发丧葬补助费，再按这一标准的 10 个月发给一次性抚恤金。

1992—2007 年，国家先后 12 次给企业离退休及退职职工增加养老金和退职生活费。

广元市元坝区企业退休职工增加养老金情况统计表

表 11-26 单位：元

执行时间（年月）	增资人数	人月平增资额	执行时间（年月）	增资人数	人月平增资额	执行时间（年月）	增资人数	人月平增资额
1992-01	234	11.14	1997-07	289	18.60	2004-07	315	36.57
1994-10	320	27.12	1998-07	276	14.05	2005-07	326	60.05
1995-07	111	33.50	1999-07	286	54.15	2006-07	390	135.03
1996-07	145	19.30	2002-07	301	29.01	2007-07	408	156.40

第四节 社会保障

1951 年 3 月开始，昭化县在邮电部门所属企业实施劳动保险。1953 年，实施范围扩大到国营交通事业和基本建设单位。1956 年进一步扩大到国营商业、航运、外贸、粮食、供销、地质、水利、水产、金融和国营农、林、牧场等部门。“文化大革命”期间，劳动保险处于无人管的状态。1978 年 4 月，广元县重新试点，6 月起在县属 100 人以上全民企业和 1977 年前新办的县以上集体企业中推行。1984 年对新招收的长期合同制工人也实行劳动保险。截止 1985 年，实行劳动保险的全民和集体企业共 67 个，占全县企业总数的 32%。1986 年以后，社会保障工作随经济发展日益完善，保险项目逐步增加，覆盖范围不断扩大。

一、养老保险

（一）企业养老保险

1992 年 1 月起，元坝区社保局负责国有企业、集体企业职工的基本养老保险工作。保险费按单位退休职工退休费总额和在职职工工资总额之和的 22% 征收。1993 年起，养老保险基金实行省级统筹，统一按全省上一年职工平均工资的 60% 作为最低缴费基数（最高不超过 300%）征收 26% 的养老保险费，其中个人承担 4%，单位承担 22%。1998 年 1 月，根据国务院令第 259 号，基本养老保险基金的征收范围为：国有企业、城镇集体企业、城镇私营企业和其他城镇企业及其职工，实行企业化管理的事业单位及其职工。1999 年，缴费比例为 27%，其中个人承担 4%，单位承担 23%。2000 年和 2001 年，个人承担 6%，单位承担 21%。2003—2007 年，缴费比例为 28%，个人承担 8%，单位承担 20%。1999 年，除城镇各类企业职工参加基本养老保险外，城镇个体工商户和灵活就业人员开始参加企业职工基本养老保险，缴费基数与在职职工一样，缴费比例为 27%（以后缴费比例与企业同步调整）。2001 年，为扩大基本养老保险覆盖面，将城镇个体工商户和灵活就业人员的缴费比例调整为 20%，退休后按企业职工基本养老保险金计发办法领取养老金。1992—1997 年，养老保险费委托银行代扣代缴。1998—2001 年，实行银行代扣代缴与税务部门代扣代缴相结合。2001 年以后，由区社保局直接征收。1992 年至 1997 年 9 月，养老金由用人单位转发给退休人员。1997 年 10 月以后，由区社保局直发。1998 年起，由银行、邮政储蓄所代发。1992—2007 年，累计征收保险基金 4009 万元，支出 2523 万元，余额 1486 万元。

广元市元坝区企业职工养老保险基金收支情况统计表

表 11－27　　单位：万元

年　度	参保人数	退休人数	收入总额	其中本级征收	支付总额	余额累计
1992	1208	234	48	36	36	12
1993	2018	268	96	75	56	52
1994	1684	320	101	96	95	58
1995	1304	303	111	102	82	87
1996	1572	349	145	141	92	140
1997	1348	289	154	144	98	196
1998	955	276	86	76	106	176
1999	888	286	107	102	129	154
2000	1306	292	123	118	118	159
2001	1401	297	137	132	132	164
2002	1149	301	179	91	156	187
2003	751	308	259	114	168	278
2004	1562	315	449	134	168	559
2005	1677	326	478	267	221	816
2006	1744	390	608	414	307	1117
2007	1163	408	928	675	559	1486

（二）机关事业单位养老保险

1995 年 2 月，区政府印发《广元市元坝区机关事业单位工作人员养老保险办法（试行）》。规定参保对象为："凡在元坝区范围内纳入政府人事部门工资基金管理的机关、事业单位工作人员、离退休（职）人员，都必须纳入养老保险。"所需养老保险基金，按照"以支定收，略有结余，适当调剂，部分积累"的原则，"由国家、单位和个人共同合理负担"，由政府统一筹集，统一支付，统一管理。规定征收比例为：国家和单位负担部分，按本单位在职职工工资总额与纳入支付项目的离退休（职）费用两项之和的 16% 征集；个人负担部分，按本人月基本工资的 2% 征集；积累部分，以在职职工工资总额的 2% 提取。试行当年，参保单位 72 个，参保的在职工作人员 3303 人、退休（职）人员 421 人，参保率 100%，实现一步到位。从 1996 年 1 月起，按省人事厅、省劳动厅要求，将过去纳入省级统筹的元坝区机关事业单位合同制工人、自收自支事业单位工作人员的养老保险，由区社保局移交区机保局管理。1997 年，区机保局制定工作人员职责，建立会计核算制度、财务管理等制度，以加强基金管理，维护基金正常增长机制。1999 年，区机保局 1995 年 2 月至 1999 年的基金和财务经区审计局专项审计后，机保基金实行收支两条线管理。1995—2000 年，机关事业单位退休（职）人员享受的养老保险金，由区机保局按月拨给单位，由单位发给离退休（职）人员。从 2001 年起，全部由区机保局通过邮政储蓄所直接发给本人。1995—2007 年，累计征收养老保险基金 9294 万元，支出 8858 万元，余额 436 万元。

广元市元坝区机关事业单位养老保险基金收支情况统计表

表 11－28

年　度	参保人数	征收总额（万元）	离退休人数	支付总额（万元）	月人平支付额（元）	余额累计（万元）
1995	3303	231	421	155	306.81	76
1996	5000	200	425	160	313.73	116
1997	5194	265	502	235	390.11	146
1998	5817	351	550	262	396.97	235
1999	5564	458	583	358	511.72	335
2000	5642	573	650	458	587.18	450
2001	5720	715	707	555	654.17	610
2002	5719	984	860	756	732.56	838
2003	5710	398	925	853	768.47	383
2004	5391	1030	924	893	805.38	520
2005	5495	1285	1004	1162	964.48	643
2006	5356	1293	1066	1366	1067.85	570
2007	5683	1511	1075	1645	1275.19	436

（三）农村养老保险

农村社会养老保险的对象一般为农村人口，包括民办教师、乡镇招聘干部、个体工商户、乡镇企业职工、义务兵、农村医生等；也包括自愿参保的城市居民。投保年龄从 1 周岁起至 60 岁止。缴费以个人为主、集体补助为辅，国家给予必要扶持。个人缴费和集体补助（含国家让利）都归投保人所有。并由区农保局按银行最高利息存入银行保值增值。投保人可自由选择投保档次，即交费标准。1994—2002 年 7 月，实行的投保档次为 2、4、6、8、10、12、14、16、18、20 元十个档次，多交不限。从 2002 年 8 月以后实行的投保档次为 200、400、600、800、1000、1200、1400、1600、1800、2000 十个档次，多交不限。交费后，发给“元坝区农村社会养老保险缴费证”。投保人 60 周岁时，凭“缴费证”换取养老金“领取证”。养老金标准按民政部规定的办法计发。投保人未到领取年龄身亡，其个人交纳基金连同集体补助部分，全部连本带息返还其法定继承人或指定受益人。投保人领取养老金还有 10 年保证期，即领取养老金不足 10 年身亡的，保证期内的养老金，由法定继承人或指定受益人继承，无法定继承人或指定受益人的，由区农保局作为其丧葬费处理。投保人 10 年保证期满仍然健在，继续领取直到终年。1994 年 7 月至 1995 年 12 月，参保 13792 人。1996 年，以动员村组干部参保为工作重点，当年新增参保人员 1657 人。1997 年，区政府把农保工作纳入乡镇年度目标管理，当年新增参保人员 1036 人。2007 年，领取养老金人数为 190 人。

广元市元坝区农村社会养老保险基金收支情况统计表

表 11－29　　单位：万元

年　度	参保人数	收入总额	支付总额	余额累计	年　度	参保人数	收入总额	支付总额	余额累计
1994—1995	13972	79.95	—	79.95	2002	117	5.70	0.67	191.48
1996	1657	50.71	0.05	130.61	2003	213	9.43	0.71	200.20

续表

年　度	参保人数	收入总额	支付总额	余额累计	年　度	参保人数	收入总额	支付总额	余额累计
1997	1036	31. 88	0. 12	162. 37	2004	267	21. 00	0. 46	220. 74
1998	164	6. 47	0. 02	168. 82	2005	156	23. 00	1. 35	242. 39
1999	127	4. 74	0. 02	173. 54	2006	202	39. 00	2. 08	279. 31
2000	257	8. 36	0. 26	181. 64	2007	234	49. 70	5. 70	323. 31
2001	104	5. 20	0. 39	186. 45	合计	—	335. 14	11. 83	2540. 81

二、生育保险

1993 年 12 月起，广元市元坝区按照《广元市企业女职工生育保险办法》实行生育保险。该办法规定：女职工生育保险基金全市统一办法，统一核算，统一调剂，分级管理，以县（区）为基本统筹单位和管理单位；企业按职工人数，以全市上年企业职工月平工资的 0. 80% 缴纳保险费。元坝区参保范围及对象有区属国有企业、城镇集体企业、股份合作企业、私营企业及其在职职工。区社保局按养老保险基金征集办法收缴企业生育保险费，存入女职工生育保险基金专户。生育保险基金用于女职工生育期间按国家规定应享受的工资及福利待遇。在女职工生育后三个月内，由所在企业持“准生证”、婴儿出生证明到区社保局领取生育保险费，标准为上年全市企业职工月平工资的三个半月，难产另加半月，多胞胎每多生一个增加半月。企业将领取的生育保险费按照规定用于女职工生育产假期间应该享受的工资和福利待遇，不足部分由企业补足，结余部分归企业所有。

广元市元坝区企业女职工生育保险基金收支情况统计表

表 11－30　　　　单位：万元

年度	参保人数	征收总额	领取人数	支付总额	余额累计	年度	参保人数	征收总额	领取人数	支付总额	余额累计
1993	1544	4. 7	3	0. 2	4. 5	2001	1404	5. 0	6	1. 0	55. 47
1994	1684	5. 2	2	0. 19	9. 51	2002	398	1. 0	3	0. 54	55. 93
1995	1304	5. 1	2	0. 28	14. 33	2003	423	1. 0	6	1. 25	55. 68
1996	1572	8. 4	2	0. 23	22. 5	2004	532	2. 0	2	0. 46	57. 22
1997	1348	11. 0	4	0. 48	33. 02	2005	678	3. 0	1	0. 25	59. 97
1998	955	8. 0	4	0. 35	40. 67	2006	486	3. 0	—	0	62. 97
1999	888	7. 0	2	0. 5	47. 17	2007	688	9. 0	3	1. 07	70. 97
2000	1306	5. 0	5	0. 7	51. 47	合计	—	78. 40	45	7. 5	641. 38

三、工伤保险

1992 年起，广元市元坝区按照《广元市企业职工工伤保险暂行办法》实行企业工伤保险。该暂行办法规定企业工伤保险全市统一办法，统一核算，统一调剂，市本级和县（区）为基本统筹单位和管理单位；“企业单位必须按照国家规定参加工伤保险，按时足额缴纳工伤保险费”，“职工个人不缴纳工伤保险费”。工伤保险费缴纳标准，根据行业工伤风险比例和伤亡事故及职业病发生率确定。1992 年起，按上年全市平均工资的比例缴纳：建筑、交通行业为 1. 50%，工业、农、林、水等行业为 1%，商业、粮食、供销（不含生产厂家）等行业为0.50%。从1997年7月起，执行重新制定的《广元市企业职工工伤保险暂行办法》规定的标准：矿山、建筑、交通等行业为企业职工工资总额的2.20%，工业、农、林、水利等行业为企业职工工资总额的0.90%，供销、粮油（除粮油加工等工业企业外）、商业等商贸行业以及未列出行业的为企业职工工资总额的0.50%。从2004年开始，执行广元市政府《关于贯彻工伤保险条例的实施意见》确定的行业基准费率：一类行业为0.70%，二类行业为1.80%，三类行业为3.80%，均按本单位职工工资总额为基数计算缴费金额。有雇工的个体工商户以全市上年职工平均工资为缴费基数。从当年起，全市建立工伤保险储备金，按市和县区当年实际征收基金总额的5%提取，主要用于市、县区重特大事故的工伤待遇支付。

工伤保险基金主要用于工伤医疗待遇、护理费、一次性伤残补助金、伤残抚恤金、死亡待遇。

工伤医疗待遇包括职工治疗工伤或职业病所需的挂号费、住院费、医疗费、就医路费全额报销。住院的，按当地因公出差伙食补助标准的2/3发给住院伙食补助费；发给工伤医疗期内工资（1997年7月以后改发相当于工伤职工本人月平工资收入的工伤津贴）。

护理费是工伤职工经评残并确认需要护理的，按“全部护理依赖”“大部分护理依赖”“部分护理依赖”三个等次，分别按上年度全市职工月平工资的50%、40%、30%发给。

一次性伤残补助金标准相当于伤残职工本人6至24个月工资：一级24个月，二级22个月，三级20个月，四级18个月，五级16个月、六级14个月，七级12个月，八级10个月，九级8个月，十级6个月。

伤残抚恤金，从1992年起执行的规定标准是：伤残程度为一、二级的，按本人月工资的90%计发；伤残程度为三、四级的，按80%计发。2004年1月起，一、二、三、四级分别按90%、85%、80%、75%计发。

死亡待遇是职工因工死亡的丧葬补助金，按全市上年度职工月平工资的6个月计发；一次性工亡补助金，按全市上年度职工月平工资的48个月计发；供养亲属抚恤金，1992年起执行的规定标准是：配偶和直系亲属每人每月为全市上年度职工月平工资的40%，其他为30%，孤寡者增发10%。2004年起执行的规定标准是：配偶每月为全市上年度职工月平工资的40%，其他均为30%，孤寡者增发13%。

1992—2007年，累计征收保险基金203.30万元，支出60.10万元，余额143.20万元。

广元市元坝区企业职工工伤保险基金收支情况统计表

表11-31　　单位：万元

年度	参保人数	征收总额	工伤人数	支付总额	余额累计	年度	参保人数	征收总额	工伤人数	支付总额	余额累计
1992	1208	18.0	—	0	18.0	2000	1306	9.0	6	3.0	65.5
1993	1544	3.0	1	0.3	20.7	2001	1404	4.0	5	1.0	68.5
1994	1684	6.7	1	0.4	27.0	2002	398	2.0	—	—	70.5
1995	1304	6.6	1	0.3	33.3	2003	423	2.0	3	1.0	71.5
1996	1572	8.4	1	0.4	41.3	2004	532	3.0	4	2.0	72.5
1997	1348	10.0	3	1.2	50.1	2005	678	13.6	2	0.9	85.2
1998	955	8.0	7	4.0	54.1	2006	928	5.0	12	12.0	78.2
1999	888	6.0	2	0.6	59.5	2007	1163	98.0	25	33.0	143.2

四、失业保险

1993 年 3 月，区政府印发《广元市元坝区全民、集体所有制职工待业保险实施办法》，是年区就业局根据该办法在全区实施待业保险。企业按单位全部职工工资总额的 1% 缴纳保险费。1994 年 5 月《四川省企业职工失业保险规定》发布后，基金征收范围扩展为：国有企业、股份合作企业、城镇集体企业、私营企业。缴费标准为上年末企业全部职工工资总额的 1%，无法核定工资总额的，按广元市上年度职工平均工资额乘以职工总人数计算。1998 年，国务院《失业保险条例》颁布后，失业保险范围由企业扩展到事业单位。从 1999 年起，企事业单位和实行劳动合同制的单位按职工标准工资的 2%、职工个人按标准工资的 1% 缴纳失业保险费。

享受失业保险的对象为：依法宣告破产的企业职工，按国家有关规定被撤销、解散企业的职工，终止或者解除劳动合同的职工，辞退、除名或者开除的职工，依照法律、法规享受失业保险的其他职工。失业保险基金的开支项目有：失业职工的失业救济金、转业训练费、在领取失业救济金期间的医疗费、丧葬补助费、其供养直属亲属的抚恤费等。失业职工领取失业救济金的期限为：失业前连续工作 1 年以上不足 5 年的最长不超 12 个月，5 年以上的最长不超过 24 个月。发放金额按市劳动部门制定的标准执行，2000 年为 128.80 元/人·月，2001 年和 2002 年皆为 147 元/人·月，2003 年和 2004 年皆为 208 元/人·月，2005 年和 2006 年皆为 216 元/人·月，2007 年为 308 元/人·月。

广元市元坝区失业保险基金收支情况统计表

表 11－32　　单位：万元

年度	参保人数	征收总额	领取人数	支付总额	累计余额	年度	参保人数	征收总额	领取人数	支付总额	累计余额
1993	1878	1.36	—	—	1.36	2001	3205	35.00	52	8.4	119.69
1994	2926	7.73	—	—	9.09	2002	3201	26.72	108	19.05	127.36
1995	3055	3.40	—	—	12.49	2003	3306	26.00	213	53.16	100.20
1996	2177	25.52	—	—	38.01	2004	3401	15.00	252	47.02	68.18
1997	3503	3.78	—	—	41.79	2005	3906	58.97	313	81.72	45.43
1998	2028	6.18	—	—	47.97	2006	3283	30.80	205	53.13	23.10
1999	1809	10.37	—	—	58.34	2007	3407	88.50	181	58.37	53.23
2000	2204	40.00	34	5.25	93.09						

五、医疗保险

1951 年和 1952 年，昭化县对机关和企事业单位人员分别实行劳保医疗和公费医疗。伤病就医，除自己负担挂号费和营养滋补药品费外，其余费用由公费承担。这对解决企业和机关事业单位人员伤病治疗、恢复身体健康起了极大的保障作用。后来因出现浪费现象且日益严重，在制度上作了一些改进但收效甚微。1985 年 1 月起，广元县对公费医疗实行两级包干，但年终全县公费医疗费用实际支出远远超出预算。元坝区建立后，机关事业单位实行门诊费包干，住院费由财政承担大部分（最高 70%）、单位和个人承担小部分（老红军、癌症病人、因公严重负伤人员等不负担）。

1992 年 10 月，元坝区政府制发《广元市元坝区职工大病医疗费用社会统筹暂行办法》。参加大病医疗费统筹的对象为机关事业单位工作人员，全民、集体所有制企业的各类职工以及机关、企事业单位的离退休人员。大病统筹基金由国家、集体、个人三方负担，按该暂行办法规定的标准收取。大病医疗费用的报销比例为：400～2000元，统筹基金拨付75%，单位负担15%，个人负担10%；2001～5000元的，统筹基金拨付85%，单位负担10%，个人负担5%；5001元以上的，统筹基金拨付95%，单位负担3%，个人负担2%。离休人员和因工负伤人员个人不负担。1995年2月，区政府批转区公费医疗保险局《元坝区公费医疗管理试行办法》。参保对象为本区机关、事业单位享受公费医疗的人员，参保条件是每个参保对象必须先投3份简易人身保险（每份12元），再投3份住院医疗保险（每份35元，财政、单位、个人各负担1份）。其所发生的住院医疗费用，首先由保险公司按规定赔付70%（最高不超过3000元），其余30%剔除自费部分后，按工龄年段等情况，由财政、单位、个人按规定比例分担。门诊费按每人每年50元标准包干到单位，由单位确定报销办法。2001年2月，区政府制发《广元市元坝区职工基本医疗保险办法》。按照该办法，基本医疗保险费由用人单位和职工共同缴纳。职工缴费率为本人年工资总额的2%，由所在单位代扣代缴，用人单位缴费率为职工年工资总额的7.50%。离退休（职）人员个人不缴费，由所属单位缴纳。特困企业按“低出低进”办法参加住院医疗保险，缴费比例为本单位工资总额与退休费总额的6%，职工平均工资低于全市上年度职工平均工资标准的，以全市上年度职工平均工资的80%作为缴费基数。城镇居民中的个体经济组织的业主及其从业人员、城镇自由职业人员，以全市上年度职工平均工资的9.50%缴纳。已参加和新参加基本医疗保险的所有人员，在2005年1月1日以后退休的，基本医疗保险实际最低缴费年限不足该办法规定年限的，一次性补足后，退休后方可继续享受基本医疗保险待遇。住院医疗费用在基本医疗保险起付线标准以上、最高支付限额标准以下符合报销范围的，在职职工在一级医院住院的本人负担17%，在二级医院住院的本人负担20%，在三级医院住院的本人负担23%，退休（职）人员住院的本人负担比例在在职职工基础上分别降低5%。因公外出或探亲、旅游期间在外地定点医院发生符合基本医疗保险规定范围内的住院医疗费用，在起付标准以上最高支付限额以下的自付比例为：在职职工25%，退休人员20%。一个自然年度内，基本医疗保险基金给个人支付医疗费累计限额为本市上年度职工平均工资额的4倍。门诊费按“45周岁以下按其缴费基数的3%计算，45周岁以上按其缴费基数的3.50%计算，退休（退职）人员按其上年度本人退休费（生活费）总额的4%计算”发给本人。2003年5月，元坝区启动补充医疗保险。参加补充医疗保险人员为参加元坝区城镇职工基本医疗保险的所有用人单位及其职工（含退休退职人员）、个体工商户、自由职业者。每人每年缴补充医疗保险费60元。参加补充医疗保险人员住院和门诊特殊疾病，发生的基本医疗保险支付限额以上的费用，扣除基本医疗保险所规定的自付部分后，按下列比例给付保险金：基本医疗保险支付限额以上至4万元以下按85%支付，4万元以上至8万元以下按90%支付，8万元以上按95%支付。一个自然年段内，一名参加补充医疗保险的人员住院和门诊特殊疾病，除基本医疗保险支付的保险费外，补充医疗保险累计给付保险费金额最高不超过15万元。

2007年8月，元坝区启动城镇居民医疗保险，至年底参保城镇居民35,331人，其中：单位职工8239人，无单位的城镇居民27,092人。

1992—2007年共征收医疗保险基金3327万元，支出2412万元，余额915万元。

广元市元坝区医疗保险基金收支情况统计表

表 11－33　　单位：万元

年度	参保人数	征收总额	支付总额	年度	参保人数	征收总额	支付总额
1992	1241	6	—	2000	5414	133	151
1993	2018	12	8	2001	6291	160	80
1994	2218	25	26	2002	6232	224	198
1995	2025	28	30	2003	6634	266	217
1996	1572	29	21	2004	6634	337	295
1997	1348	38	10	2005	6785	485	467
1998	1413	45	17	2006	7000	605	455
1999	5649	83	22	2007	35331	851	415

第五节　监督管理

一、劳动监察

1990 年起，区劳动部门采取各种方式宣传劳动和社会保障法律法规：在区电视台开辟专题栏目，定期讲解相关法律知识，至 2007 年共办 42 期；开展企业代表访问座谈活动，先后访谈 60 余人；把劳动保障法律法规汇编成册印发各用工单位，共发 1 万余册；编印宣传资料面向社会广为散发，共发 15 万余份；举办专题讲座，请省总工会教授和相关法律专家讲课，组织各企业负责人、工会干部、劳资干部和区政府各部门工会主席参加听课，举办讲座 100 余期；举办贯彻《中华人民共和国劳动合同法》“和谐之春”文艺晚会；在元坝镇市场街和区劳动局办公楼设立咨询点，已接待咨询者上万人次；抽调业务骨干，由局领导带队，深入企业开展送法上门服务活动，并对职工反映的具体问题，当场用法规政策予以解答；到区乡镇、厂矿、学校、集市巡回宣传。1991 年 4 月，区劳动局内设矿山安全卫生监察室。1992 年，矿山安全卫生监察室工作人员到山东省处理元坝农民工采矿死亡事件，通过协商，合理合法地处理了这起事故，受到遗属和群众好评。

1995 年 12 月，区政府印发《广元市元坝区劳动监察暂行办法》，规定劳动监察的内容为：社会劳务中介机构和社会培训机构遵守有关法规的情况；劳动合同的订立和履行情况；单位招聘职工的行为；劳动者的工作时间；企业遵守工资总额调控规定的情况；单位支付职工工资情况；国有企业经营者的收入情况；单位和劳动者缴纳社会保险费情况；社会保险金给付情况；单位遵守职工福利规定的情况；单位和劳动者遵守职业技能开发规定的情况；职业技能考核鉴定机构对劳动者职业技能考核鉴定及发放证书的情况；承办境外承包工程、对外劳务合作、公民个人出境就业的机构维护境外就业人员合法权益的情况；法律、法规、规章规定的其他事项。按照该暂行办法，区劳动部门经常派出劳动监察员到用人单位及其劳动场所进行巡视监察活动；每年对全区用人单位遵守劳动法律法规情况，进行一次普遍的监督检查；还根据工作需要进行专项检查。对群众举报凡属违反劳动法律法规的，均予以受理，并立即派人调查处理。20 世纪 90 年代中期，一些不明身份的人乘机打着各种旗号在元坝招工，甚至非法招收 16 岁以下未成年人，区内有不少劳动者盲目外出上当受骗。为改变这种状况，区劳动部门对区内劳务市场进行整顿和规范。对非法职业介绍机构或擅自到非正式招聘场所招用人员的行为，一经发现，立即查处。1997 年 8 月，劳动监察专兼职人员增至 13 人，并统一着装上岗。2001 年 3 月，规范区内企业和个体工商户用工行为，共举办五期企业负责人和个体户业主参加的培训班，对电工、焊工等特殊工种要求持证上岗。2002 年起，全区将社会保障工作纳入年度目标考核并实行一票否决制：单位负责人不得评先进劳模；领导班子不得评为“四好班子”；单位不得评文明单位；自收自支单位不予调资不晋级，财政拨款单位缓调资缓晋级；不得发 95 元和 75 元的津补贴；不准购买小车；不得组织外出旅游；企业不准兑现经营奖励；不得返还所得税；不予审批非生产性建设项目。2005 年 12 月，新埠花园建筑商拖欠民工工资 30 余万元，100 多民工到区政府上访，区劳动监察大队工作人员立即赶赴现场，在稳定民工情绪后，找到开发商和建筑商座谈协商，并全额支付了民工工资，使上访平息。

1989—2007 年，元坝区共实施劳动合同监察或监证 1.5 万余份，其中监证 2167 份。督促用人单位签订劳动合同 1 万余份，对企业实行全面监察或专项监察累计 2847 户。立案查处劳动监察案件 86 件。

二、劳动能力鉴定

1998 年 7 月，成立广元市元坝区劳动鉴定委员会，由区劳动局长、区卫生局长、区工会负责人、区社保局长等人组成，办公室设区劳动局。该委员会主要负责工伤和患职业病职工伤残等级和劳动能力的鉴定工作。按国家规定，工伤和职业病致残程度分为十个等级，一至四级为全部丧失劳动能力，五至六级为大部分丧失劳动能力，七至十级为部分丧失劳动能力。根据《企业职工工伤保险试行办法》规定，一至四级应当退出生产、工作岗位，终止与企业的劳动关系，发给工伤伤残抚恤证件，并享受按月发给的伤残抚恤金和按伤残等级发给的一次性伤残补助金等待遇；五至十级的，原则上由企业安排适当工作，并享受按伤残等级发给的一次性伤残补助金，由所在单位发给的在职伤残补助金（因伤残造成本人工资降低的）等待遇；伤残程度五级和六级、企业难以安排工作的，按月发给伤残抚恤金；伤残程度七至十级，本人愿意自谋职业并经企业同意的，或者劳动合同期满终止合同后本人另行择业的，由企业发给一次性伤残就业补助金。从 2004 年起，劳动鉴定由市劳动和社会保障局统一组织实施，县区负责所需材料上报。至 2007 年，根据规定的鉴定标准，元坝区共作劳动能力鉴定 260 余人，其中鉴定为一至四级 4 人、五至十级 171 人。

三、劳动争议处理

1992 年 7 月，成立元坝区劳动争议仲裁委员会，由区劳动局长、区工会副主席、区计经委副主任组成，区劳动局长任主任。下设仲裁办公室和仲裁庭，配备专职仲裁员 1 名（2002 年增至 2 名）。区劳动争议仲裁委员会主要负责处理本区范围内的劳动争议案件。按有关规定，用人单位与劳动者发生争议，当事人可以向本单位劳动争议调解委员会申请调解；调解不成或当事人一方要求仲裁的可以向区劳动争议仲裁委员会申请仲裁。对仲裁裁决不服的，可以向人民法院提起诉讼。至 2007 年，区劳动争议仲裁委员会共受理劳动争议案件 138 件。其中：工伤（亡）等保险福利待遇争议 91 件，劳动报酬争议 23 件，确定劳动关系争议 6 件，解除劳动关系经济补偿争议 6 件，除名、辞退争议 5 件，履行合同争议 4 件，工作时间和休息休假争议 3 件。按照劳动争议处理条例和办案规则，调解结案 78 件，裁决结案 45 件，撤诉和庭外调解结案 15 件。

第十二篇　扶贫和经济开发

第一章　扶贫开发

第一节　工作机构

一、广元市元坝区扶贫开发办公室

1987年1月，成立广元市市中区卫子区贫困山区经济开发扶贫领导小组，由区长陈肇治任组长；下设办公室，先后由刘兴政、李旭春兼任主任。1990年3月，成立广元市元坝区贫困地区经济开发领导小组，下设办公室（简称区开发办），内设综合股、项目管理股。1994年10月，区开发办更名为广元市元坝区扶贫开发办公室（简称区扶贫开发办）。2001年12月，区扶贫开发办公室内设综合股、项目管理股和社会扶贫股3个职能股室；同月，建立中共广元市元坝区扶贫开发办公室党组。2005年1月，增设财务股。2007年年末，内设机构无变化。

二、广元市元坝区扶贫开发服务中心

1999年11月，建立广元市元坝区扶贫开发服务中心。至2007年，机构无变化。

三、广元市元坝区对口帮扶办公室

1997年6月，成立广元市元坝区对口帮扶工作领导小组，区长李桂林任组长，领导小组下设办公室（简称区对口帮扶办），张明伟兼任主任。2000年6月，区对口帮扶办归并到区招商局。2004年4月，区对口帮扶办由区招商局划转到区扶贫开发办公室，彭仕华任主任。至2007年，机构无变化。

广元市元坝区扶贫开发办领导名录

表 12－1

姓　名	性别	籍　贯	政治面貌	职　务	任职期间	备　注
张文孝	男	广元市元坝区	中共党员	副主任	1990－03—1991－08	
熊光辉	男	广元市元坝区	中共党员	主任（兼）	1990－03—1990－09	区计经委主任
易文福	男	广元市元坝区	中共党员	主　任	1990－09—1992－12	
张明伟	男	广元市元坝区	中共党员	副主任	1991－08—1992－12	
赵明镜	男	广元市元坝区	中共党员	副主任	1992－11—1994－04	
张明伟	男	广元市元坝区	中共党员	主　任	1992－12—1993－03	
贾北朝	男	广元市元坝区	中共党员	主　任	1993－03—1993－12	
张明伟	男	广元市元坝区	中共党员	主　任	1993－12—2001－02	1997－06—2000－06 兼区对口帮扶办主任
赵克华	男	广元市元坝区	中共党员	副主任	1996－03—1997－03	
许家文	男	广元市元坝区	中共党员	副主任	1997－05—2002－02	
冯明杰	男	广元市元坝区	中共党员	主　任	2001－02—2002－03	
许家文	男	广元市元坝区	中共党员	主　任	2002－03—2007－02	2001－12 始任党组书记
王兴旺	男	广元市苍溪县	非　党	副主任	2002－03—2007－04	
杨明香	女	广元市元坝区	非　党	副主任	2003－03—	
赵思彦	男	广元市元坝区	中共党员	主　任	2007－02—	2007－08 始任党组书记
朱开仁	男	广元市旺苍县	中共党员	副主任	2007－06—	2007－08 始任党组成员
彭仕华	女	广元市元坝区	中共党员	对口办主任	2004－06—	2007－08 始任党组副书记

第二节　项目扶贫

一、扶贫历程

（一）“七五”时期扶贫（1986—1990 年）

1986 年，卫子区人均纯收入低于 200 元有 25053 户 115243 人，生活水平处于“温饱线”以下。户数和人口分别占当时全区农业户数、农业人口的 61.32%、61.06%，被列为全省重点扶贫区。1987 年重新普查，全区还有建卡贫困户 6852 户 30436 人，人均纯收入仍在 200 元以下。

1988 年 4 月，中共四川省委、省政府确定“七五”时期解决农村群众温饱问题的标准是人均年纯收入 200 元、粮食 300 公斤，并附加了“四个一”（即贫困户人均半亩到一亩稳产高产粮田，户均有 1 亩找钱地或人均有 20～30 株果树的小庭园，户均有 1 个种养业的多经骨干项目，户均有 1 个劳动力从粮食生产上转移出来发展多种经营、务工或搞服务业）的基础条件，达到上述标准即谓越过温饱线，简称“越温”。根据中共四川省委、省政府的安排，卫子区应于 1989 年完成任务，接受检查验收。

卫子区委、区公所主要采取有力工作措施以保证实现“七五”时期扶贫目标任务：成立卫子区公所贫困山区经济开发扶贫领导小组以加强扶贫工作领导；与各乡、镇签订扶贫责任书，实行目标管理，建立干部包干扶贫责任制，扶贫工作逐步走上制度化、责任化的轨道；把稳定粮食生产，提高粮食商品率作为扶贫开发工作的重要任务。抓农田水利基本建设，保证贫困户人平不少于半亩高产稳产旱涝保收的粮田；重视技术—物质—资金—人才的配套输入，推广粮食增产新技术，保证农用肥、农膜、农药的供应；科学立项，争取资金，把项目开发与扶贫有机结合；加强生猪、蚕桑、渔业、林果等商品生产基地建设；改变扶表不扶内，扶标不扶本的传统做法，提高资金的使用效益和还款能力，改革过去简单送钱分物的老办法，兴办卫子综合食品厂，开发无铅松花皮蛋等土特产品，与广元市电力开发公司联合修建金华电站等，积极稳步发展能带动当地资源开发的加工业和农业企业。1986—1989年，全区选立项目17个，争取扶贫专项贷款174万元、国家支援不发达地区发展资金53.05万元，用于项目开发，扶持贫困户约3117户14026人。

1989年12月，省、市相关部门和相关人员组成的四川省贫困县解决温饱问题检查验收工作组，对广元市元坝区"越温"工作进行了检查。验收组采用等距抽样到乡镇、随机抽样到村组的方法，在抽中的梅树乡、卫子镇、文村乡、观音乡中随机抽出8个村，再从8个村中抽出11个组57户（其中1户因1989年初父母双亡而自然取消），占全区贫困户的8.20%。抽样方法由广元市市中区公证处进行了公证。

检查验收结果为：人均年纯收入352.87元，产粮522.75公斤，56户247人中有54户239人达到了指标要求，占检查总户数的96.43%、总人数的96.76%。

经省、市认定，广元市元坝区提前一年实现"七五"期间贫困地区解决温饱的目标。

（二）"八五"时期的扶贫（1991—1995年）

"七五"期间，虽然基本解决了温饱问题，奠定了区域性扶贫开发的基础，但是由于长期受历史、社会、经济、自然和人文等条件的限制，区域内经济长期处于落后的二元结构封闭状态，全区总体经济还很落后，自我发展能力弱，经济开发起步困难，返贫问题突出。1990年调查统计，全区有建卡贫困户6617户，贫困人口29898人。

根据《四川省人民政府关于九十年代进一步加强扶贫开发工作的通知》，1992年5月，区政府制定出《广元市元坝区"八五"扶贫开发规划》。1993年，区政府与全区16个乡镇（含12个工委）及相关部门、责任人签订《"八五"实现"两个稳定"目标责任书》。对贫困户实施建卡管理，限期帮助其摆脱贫困状况。"脱贫"标准是：以户为单位计算，90%以上的建卡贫困户建成"四个一"或相当于"四个一"的基础条件，按照1987年主要农副产品价格计算，90%以上的建卡贫困户年人均纯收入达到500元，年人均粮食占有量达到400公斤。

1992年4月，中共四川省委、省政府在绵阳召开全省第八次扶贫开发工作会议，将扶贫目标和任务分解到县（区），元坝区应于1994年接受检查验收。随即，区委、区政府建立健全扶贫目标管理责任制，层层分解目标，落实责任，继续组织区级各部门定点扶贫，不脱贫工作不脱钩。加强职业教育，以教育、人才促发展、促扶贫。大力推广农村实用技术，提高科学技术在农业生产中的贡献率。加强基础设施建设。其中，1991—1994年，改造中低产田土19190亩；对国省道境内段进行整治，修建陈江至剑阁县江口、文村至苍溪县两河口、观音至磨滩断头连接公路，对太（公）虎（跳）公路、卫（子）王（家）公路进行改造。1991—1994年，共争取扶贫贴息信贷资金610万元，其中260万元扶持种植业，212万元用于扶持养殖业，118万元用于扶持加工业，20万元用于电站建设。

在"八五"扶贫期间，全区各部门定点帮扶共201个村，贫困户33657户，贫困人口117800人。开展农业实用技术培训176521人次，户均建成0.50亩至1亩稳产高产农田，支持发展企业19个，兴办社会公益事业11个，共投入扶贫资金720万元。1994年底，广元市扶贫开发办公室对元坝区"八五”期间扶贫目标责任工作情况进行了抽样检查。因国家1994年提出攻坚扶贫目标任务，故此时期的扶贫工作未进行实际验收。

（三）扶贫“攻坚”（1994—2000年）

1994—2000年为扶贫攻坚时期。1994年10月，《广元市元坝区“七一一八”扶贫攻坚计划》中确定：从1994年起用6年时间集中人力、物力、财力，继续动员全区各界力量，基本解决全区1993年人均纯收入还处于500元（按“1990不变价”计算，下同）以下的178253人的温饱问题；用7年时间改变全区基础设施、教育、文化卫生的落后状况。

1993年，全区人均纯收入低于500元的仍有44299户、178253人，分布于175个村，分别占全区农业总户数、总人口数、总村数的75.20%、79.90%和83.70%其中建卡贫困户6852户、31000人。其共同特点是：地域偏远，交通不便，生活条件差，集体经济相当落后。根据国务院制定的扶贫攻坚标准，到1999年，贫困户人均年纯收入要达到500元，人均年占有粮食要达到400公斤；达到“四个一”基础条件。以贫困县为单元，除“五保户”和社会救济户外，90%以上的建卡贫困户要达到上述标准和条件。1997年，中共四川省委、省人民政府决定在“四个一”的基础条件上增加“一个一”，即：一户培训出一个能掌握1~2门实用技术的“明白人”，总称“五个一”。

1994—1997年，区委、区政府从加强农村基层组织建设入手，共组建28个工作队，210个工作组，抽派工作人员2094人次分三批到基层帮助各乡镇加强村级组织及其领导班子建设，为完成扶贫攻坚任务创造组织保证；层层建立扶贫开发领导小组，乡镇落实扶贫专干，区级领导干部、帮村单位的副科级领导干部、乡镇领导干部分别包扶贫困户3户，区下派驻村干部、乡镇帮村干部分别包扶贫困户10户；从区级部门单位抽派250人组建22个扶贫工作队，77个工作组，进驻77个贫困村，开展“百村帮扶”活动；把扶智作为扶贫的重要措施来抓，举办各类扶贫技术培训班340余期，培训基层干部和农民3.50万人次，印发扶贫科技资料1万余册，传授农村实用技术80多项；全区累计改造中低产田土3.32万亩，其中建园1万亩，兴建和整治各类水利工程650处，新建微水池7850口，卫生井1000余口，净增有效蓄水780万立方米，恢复和新增灌溉面积3.50万亩，基本解决9.60万人的饮水问题，整治县乡两级公路182公里，村道800余公里，实现所有的村和80%的组通公路；全区累计争取到位各类扶贫资金3700万元，按照“统一管理、统筹安排、渠道不乱、用途不变、相对集中、重点使用”的原则，以工代赈资金、扶贫信贷资金、财政扶贫资金等都侧重向贫困村、贫困户倾斜，投放重点放在保证解决群众温饱问题的种植业、养殖业以及改善生产条件的基础设施方面。

1998年9月，省、市“越温”验收组对全区22个乡镇的建卡贫困户的越温情况进行了抽样检查验收。按照半距起点、等距抽样的办法，现场计算确定验收样点为大朝乡、梅树乡、王家镇、柏林沟镇、石井铺乡，又采取随机抽样法，现场抽出10个贫困村、36个贫困组、204户建卡贫困户为调查对象。经调查抽样的204户建卡贫困户、780个贫困人口，人均占有粮食601公斤，年人均纯收入763元。“五个一”建设情况是：在204户建卡贫困户中，人均有半亩以上高产稳产粮田的有204户，占验收户的100%；有一亩找钱地或人均有20~30株果树小庭园的有203户，占验收户的99.51%；有一个养殖业骨干项目的有202户，占验收户的99.02%；有一个劳动力从粮田生产方面转移出来，发展多经项目或从事第二、第三产业的有180户，占验收户的88.24%；有一个掌握1~2门致富技术的“明白人”的204户，占验收户的100%。经验收，元坝区的扶贫攻坚达到了省委、省政府确定的验收标准。

（四）扶贫新村建设

2002—2007年，全区共建设扶贫新村65个，投资1966.10万元；实施卫生扶贫项目3个，投资50

万元；实施旱山村集雨节灌工程3个，投资300万元；实施产业化科技扶贫项目7个，投资593万元；移民扶贫302户，投资164.90万元；开展劳务扶贫培训2500人，投资170万元；实施村道扶贫项目2个，投资70万元，修建村道7公里；开展残疾人帮扶事业、实施减灾救济工作，投资187.50万元。其中：2001年，国家财政投资116.10万元在元坝区建设扶贫新村12个：元坝镇胜利村和长坝村、柳桥乡分水村、紫云乡嘉川村、梅树乡潜力村、石井铺乡茶店村、太公镇大树村、白果乡金牛村、明觉乡利华村、昭化镇天雄村；投资293万元，由区畜牧食品局牵头实施产业化科技扶贫项目1个，在全区建设"家庭牧场"，种植苜蓿草3万亩；投资21.90万元，在大朝乡牛头村、五堆村和新凡村，沙坝乡的双狮村，昭化镇战胜村、石盘村和坪雾村共计53户农户，实施移民扶贫；投资100万元由区水务农机局实施了旱山村集雨节灌项目。2002年，国家财政投资100万元，在元坝区建设扶贫新村10个：柳桥乡柳桥村、梅树乡穿心村、卫子镇刘家河村、晋贤乡道角村、王家镇红庙村、磨滩镇山青村、文村乡云华村、石井铺乡元柏村、清水乡文华村、张家乡刘庄村；投资100万元，由区畜牧食品局牵头实施退耕还草养兔产业化扶贫项目，建设了兔舍6000平方米、兔圈1万孔、良种兔繁殖场1个，引进良种兔2700只，人工种草1万亩；投资35.10万元，在柳桥乡东山村和拣银岩村、元坝镇胜利村、紫云乡三清村、金花村和嘉川村共计65家农户实施了移民扶贫；投资20万元，实施卫生扶贫项目1个，分别维修昭化镇卫生院医疗用房800平方米和紫云乡卫生院医疗用房300平方米；投资100万元，由区水务农机局牵头实施了旱山村集雨节灌项目，在卫子镇卫子村和晋贤乡熨斗村建成微水池460口，修建引洪渠2条，集流沟防渗处理9398米。2003年，国家财政投资90万元，在元坝区建设扶贫新村9个：卫子镇卫子村、晋贤乡中山村、磨滩镇山青村、太公镇玄贞村、清水乡艺峰村、丁家乡玉罗村、白果乡山溪村、明觉乡前丰村、红岩镇百花村；投资100万元，由区畜牧食品局牵头实施"家庭牧场"产业扶贫项目，在白果乡田岩村、山溪村、狮子村、竹林村和红岩镇红江村、广吉村建羊圈2万平方米，种植紫花苜蓿草、黑麦草1020亩，购南江黄羊种母羊4000只；投资52.50万元，在石井铺乡元柏村、红岩镇百花村、张家乡刘庄村、卫子镇卫子村、昭化镇天雄村、元坝镇砖灰村和梅树乡穿心村共计74家农户实施了移民扶贫；投资20万元，实施卫生扶贫项目1个，维修白果乡卫生院和王家中心卫生院业务用房共1400平方米；投资100万元，由区水务农机局实施了旱山村集雨节灌扶贫项目，在卫子镇新云村、黄龙乡陵江村、虎跳镇三公村及清水乡文华村整治山平塘25口，新建石河堰1处，建蓄水池103口，集中供水15处，渠系防渗4.70公里，新增水量11.35万立方米，解决旱地浇灌问题3782亩。2004年，国家财政投资360万元，在元坝区建设扶贫新村9个：元坝镇大坝村、柳桥乡新胜村、王家镇石马村、虎跳镇三公村、青牛乡苏山村、昭化镇鸭浮村、石盘村和战胜村；投资50万元，对元坝区1000名农民工进行了非农技能培训；投资50万元，由区畜牧食品局实施牧区养羊产业化扶贫项目，在陈江乡陈江村、大朝乡五堆村建设养羊示范农户125户，种植优质牧草240亩，健地板楼漏缝式羊圈2400平方米，引进南江黄羊母羊1200只；投资37.40万元，在紫云乡紫云村、卫子镇刘家河村、太公镇学堂村、丁家乡玉罗村、香溪乡傲盘村共60家农户实施了移民扶贫；投资10万元，维修磨滩镇卫生院医疗用房600平方米。2005年，国家财政投资450万元，在元坝区建设扶贫新村9个：紫云乡金花村、虎跳镇毗鹿村和东沟村、香溪乡玉莲村、黄龙乡陵江村、白果乡田岩村、明觉乡华丰村和云峰村、红岩镇红江村；投资20万元，对元坝区250名农民工进行了非农技能培训；投资50万元，由区畜牧食品局在虎跳镇毗鹿村和东沟村实施了生猪养殖产业化扶贫项目，修建标准化圈舍；投资18万元，对红岩镇玉皇村、清水乡龙凤村、张家乡洞坪村和元坝镇中梁村的50户农户实施了移民扶贫。2006年，国家财政投资450万元，在元坝区建设扶贫新村8个：元坝镇青树村、柳桥乡普子村、紫云乡紫云村、梅树乡梅树村、王家镇更新村、文村乡云台村、柏林沟镇向阳村、太公镇红卫村；投资50万元，对元坝区625名农民工进行了非农技能培训；投资50万元，由区畜牧食品局牵头分别在王家镇更新村和文村乡云台村实施了生猪养殖产业化扶贫，修建标准化圈舍和购买良种猪；投资30万元，在清水乡艺峰村实施了村道工程扶贫，修建了3公里泥结碎石路面的村道。2007年，国家财政投资400万元，在元坝区建设扶贫新村8个：元坝镇杏树村、晋贤乡保民村、王家镇方山村、磨滩镇百胜村、石井铺乡新场村、清水乡普贤村、张家乡松梁村、射箭乡的板石村；投资50万元，对元坝区625名农民工进行非农技能培训；投资50万元，由区畜牧食品局牵头在卫子镇的沈家阁村、王家镇的方山村和石井铺乡新场村实施了生猪养殖产业化扶贫项目1个；投资40万元，分别在大朝乡的五堆村、文村乡的云华村和黄龙乡的陵江村实施了村道工程扶贫，修建了4公里泥结石路面的村道。

二、扶贫资金投入

（一）信贷扶贫资金

1987—2002年，省、市分配给元坝区（含卫子区）扶贫贴息贷款指标10493.8万元，其中落实能够解决群众温饱的种植业、养殖业以及与种养业相关的加工业的扶贫贴息贷款资金6134.8万元，带动了生猪、蚕桑等产业链的良性循环和龙头企业的发展壮大。全区生猪年均出栏达到35万头，蚕桑年均产茧0.60万担。落实3000万元的扶贫贴息贷款，用于解决制约15个贫困村脱贫致富的交通问题，至2002年，新建、改造县乡、村组道路153公里。2003—2007年，国家政策规定不再发放扶贫贴息贷款。

广元市元坝区争取扶贫贴息信贷资金统计表

表12-2 单位：万元

年度	合计	种植业	养殖业	加工业	林果业	其他
合计	10493.8	2549.4	1287.4	2298	433	3926
1987	47	19	21	7	—	—
1988	57	6	5	16	—	30（小水电站建设）
1989	25	0.4	17.6	7	—	—
1990	113	44	8	61	—	—
1991	50	15	15	—	—	20（小水电站建设）
1992	110	85	25	—	—	—
1993	135	115	12	8	—	—
1994	315	45	160	110	—	—
1995	403	10	73	320	—	—
1996	620	30	70	520	—	—
1997	1114	—	—	400	433	281（集体企业发展生产）
1998	1120	830	—	200	—	90（城市供水扩能）
1999	1328	508	194	262	—	364（新元丝厂建蚕桑基地）
2000	1747	842	677	167	—	61（新元丝厂建蚕桑基地）
2001	1639.8	—	9.8	50	—	1580（改造国道212线元坝城区段）
2002	1670	—	—	170	—	1500（改造国道212线元坝城区段）

（二）财政扶贫资金

1999年，国家为保证如期实现贫困人口“越温”战略目标，中央财政安排扶贫资金用于贫困地区修田造地、解决人畜饮水困难和开展科技推广培训，加快了贫困群众“越温”步伐。从2000年起，国家对扶贫开发工作进行战略性调整，进一步加大了财政扶贫资金的投入。1999—2007年，元坝区共争取财政扶贫资金3581万元。

广元市元坝区争取财政扶贫资金统计表

表12-3　　单位：万元

年度	合计	扶贫新村	劳务扶贫	产业化（含科技扶贫）	移民扶贫	卫生扶贫	旱山村项目	其　他
合计	3581	1966	170	593	164	50	300	338
1999	76	—	—	—	—	—	—	76（人畜饮水、学校和卫生院改造）
2000	—	—	—	—	—	—	—	—
2001	539	116	—	193	22	—	100	108（项目管理费、紫花苜蓿草）
2002	366	100	—	100	35	20	100	11（残疾人扶贫和项目管理费）
2003	371	90	—	100	52	20	100	9（残疾人扶贫和项目管理费）
2004	566	360	50	50	37	10	—	59（支援不发达地区资金、减灾资金、项目管理费）
2005	538	450	20	50	18	—	—	—
2006	580	450	50	50	—		—	30（村道建设）
2007	545	400	50	50	—	—	—	45（村道建设、项目管理费）

三、小额信贷

1999年，浙江省为支持四川省小额信贷扶贫工作，投入500万元在南充市、广元市的12个受扶县开展小额信贷扶贫工作，其中投入到广元市元坝区的资金为24万元，有偿提供给从事种、养业及加工运输业等生产活动需要启动资本金的农户，分期归还，循环使用。当年，柳桥乡柳桥村、普子村被作为推广村，发展农户87户，发放小额贷款8.70万元。2000—2002年8月，有15.30万元小额信贷资金未发放到农户，一直实行专户存储管理。2002年9月，四川省停止开展小额信贷活动。至2007年底，发放到农户的8.70万元小额信贷资金全部收回，原用于元坝区小额信贷的资本金24万元，由区扶贫办全部安排到梅树乡梅树村、晋贤乡保民村和元坝镇杏树村用于扶贫新村建设和贫困农户沼气池建设。

第三节　社会扶贫

一、机关定点帮扶

（一）省级机关定点帮扶

1987年，四川省林科院定点帮扶广元市市中区卫子区；1991年，省电子工业厅定点帮扶广元市元坝区；1997 年，省委宣传部、省经协办定点帮扶元坝区。省级机关定点帮扶工作实行定点帮扶责任制，定点帮扶的时间与《四川省七一一八扶贫攻坚计划》的要求相适应。

（二）区级机关定点帮扶

1994 年 9 月，区委、区政府决定，50 个区级单位对口扶贫 16 个贫困乡镇（含 12 个工委）；1996 年 12 月，区委、区政府决定从区级各机关和有关企事业单位选派一批具有农村及工作经验的年轻干部定点到贫困村帮助扶贫工作。当时元坝区有 77 个贫困村，选派的 77 名区级机关干部于 1997 年 2 月到贫困村开展工作，选派的干部利用部门行业优势，筹措资金、引进项目、提供技术、兴办企业、组织群众治山治水、修建公路，改善农村生产生活条件，发挥了积极作用。到 1998 年底，全区区级机关、企事业单位共直接投入资金 40 余万元，帮助筹措资金 150 余万元，用于改善贫困村交通、水利条件等，推动了扶贫攻坚工作。1999—2007 年底未开展区级机关定点扶贫帮村工作。

二、科技扶贫

（一）选派科技副县（区）长

1988 年 4 月，中共四川省委、省政府决定，从当年开始，为贫困县（区）各派 1 名懂科技的副县（区）长，人员由省科委、省委组织部从省级科研单位和大专院校符合条件的科技人员中选派。1994 年 7 月，中共四川省委办公厅《关于进一步加强和改进科技副县长工作的意见》，对科技副县长的选派条件，职责、职权、待遇等作了进一步的明确规定。科技副县（区）长是县（区）人大正式任命的县（市、区）政府的副县（市、区）长，行政上接受县委、县政府的统一领导，工作上服从县委、县政府的分工，业务上接受派出单位的指导。科技副县（区）长与县政府具有与其他副县（区）长同等的行政决策管理权限。科技副（区）县长的主要职责是领导科技工作，以抓好宏观科技工作、推动科学决策为主攻方向。为了使科技与经济更好结合，除分管科技工作外，也可以协助分管一些经济工作，重点抓几项本地区的支柱产业项目。科技副县（区）长工作由省知识分子工作领导小组统一领导，任期一般两年。1988—2007 年，省、市共下派 19 人到元坝区任科技副区长。

（二）委托培养扶贫大中专生

委托培养扶贫大中专生，是有效地缓解贫困地区人才缺乏的一种重要途径。1990—2003 年，全区推荐培养扶贫大中专生 15 名，毕业后有 10 人在区内就业。2003 年以后不再委托培养大中专生。

三、计划生育扶贫

2001 年，区计划生育局启动计划生育“三结合”（把生产、生活、生育三者有机结合，为育龄妇女提供优质服务，促进计划生育户脱贫致富）工作。至 2007 年末，帮扶计划生育贫困户共 500 余户，建立了黄龙乡明水村、紫云乡金华村、梅树乡潜力村、石井铺乡元柏树村、卫子镇卫子村、新云村等计划生育“三结合”基地村，使所帮扶的计划生育贫困户率先脱贫，跨入致富行列。

四、浙江省对口帮扶

1996 年 5 月，国务院贫困地区经济开发领导小组在京召开东西协作扶贫会议，决定由北京、天津、上海等 13 个发达地区对口支援西部 10 个省（区）。其中，浙江省对口支援四川省。同年 10 月，《中共中央、国务院关于尽快解决农村贫困人口温饱问题的决定》重申东西扶贫协作，并要求“对口帮扶的任务要落实到县，协作要落实到企业和项目，组织富裕县和贫困县结成对子，进行经济合作，开展干部交流。动员富裕县的企业到西部贫困县去，与贫困县共同开发当地资源”。四川省政府于

1996年10月派相关领导和省扶贫办率广元、南充两市及4个贫困县区负责人前往浙江商谈浙江对口帮扶四川贫困地区事宜。11月，浙江省政府副省长张启楣率领省、市级有关领导30余人到四川贫困地区考察，两省就对口帮扶和开展经济技术协作进行会谈，并签订了《对口帮扶脱贫工作会谈纪要》。元坝区于1996年被确定为对口帮扶区，由浙江省嘉兴市、平湖市、嘉善县对口帮扶。1997—2007年，浙江省委、省政府，浙江省对口办、浙江省经协办、浙江省中小企业局、浙江省工商局、钱江晚报社，嘉兴市、嘉兴市秀洲区、嘉兴市协作办、嘉兴市对口办、嘉兴市秀洲区对口办，平湖市、平湖市对口办、平湖市计生委，嘉善县、嘉善县对口办和温州市龙湾区、温岭市工商会、桐乡市、云和县等共派出620人79团次到元坝区考察、洽谈帮扶项目，开展建设项目督导和技术培训等工作。嘉善县西塘小学、魏塘小学、惠明中学、陶庄中心校等，先后派出8名教师到元坝区元坝镇三所小学和柳桥小学挂职交流。11年间，元坝区共25次组团到浙江省对口帮扶市、县、区学习考察，洽谈帮扶项目。先后派出4名县级领导干部、21名区级部门正、副职领导干部和11名正、副乡镇长到浙江省对口帮扶元坝区的相关市、县、区部门及乡镇挂职交流学习，派出9名教师到嘉善县高中、初中和小学挂职交流学习；11年间，浙江省各帮扶单位捐赠给元坝区资金1505.15万元，捐赠物质折价（以捐赠当年价计）共288.18万元，帮扶合作项目到位资金1385万元。

浙江省对口帮扶广元市元坝区捐资情况统计表

表12－4

捐赠时间	捐赠单位	金额（万元）	用　　途
合计		1505.15	
1997	浙江省人寿保险分公司	10	柳桥、紫云、元坝等10个乡镇修建微水池630口
	浙江省乡镇企业局	10	柳桥、紫云、元坝等10个乡镇修建微水池
	浙江省人寿保险分公司	30	修建梅树乡希望小学一所
	嘉兴市嘉善县政府	7.5	救助15名贫困大学生
	嘉兴市政府	7	完善元坝区扶贫培训中心设施
	嘉兴市政府	54	全区28个乡镇3500口微水池修建工程
	嘉兴市政府	6	资助石井、卫子、太公等6个卫生院建设
1998	嘉兴市政府	51	全区28个乡镇3500口微水池修建工程
	嘉兴市政府	6	资助石井、卫子、太公等6个乡镇卫生院建设
	嘉兴市政府	13.74	救助全区621名贫困失学儿童
	嘉兴市政府	15	紫云乡金华村希望小学购置设备
	嘉兴市秀州区政府	10	资助修建黄龙乡太平村希望小学
	平湖市政府	10	资助修建卫子镇刘家河村希望小学
	嘉兴市嘉善县政府	10	资助修建紫云乡金华村小学
	嘉善县农林局	2	援建元坝镇蔬菜大棚基地
	嘉善县对口办	0.2	救助磨滩镇贫困小学生7名
	嘉善县对口办	3	帮扶磨滩镇山青村建设长毛兔养殖基地
	嘉兴市嘉善县政府	15	卫子镇沈家阁村越温示范村建设
	景兴纸业集团	0.35	救助黄龙乡学生秦小丽

续表

捐赠时间	捐赠单位	金额（万元）	用　　途
1999	嘉兴市政府	30	晋贤乡道角村越温示范村建设
	嘉兴市政府	8.5	区扶贫培训中心购买配套设备
	嘉兴市郊区政府	15	紫云乡金华村越温示范村建设
	嘉善县对口办	7.5	资助15名贫困大学生
2000	嘉善县教委	5	区教育局改善办公条件
	嘉善县对口办	8.1	救助全区15名大学生
	浙江省工商局	20	区科技示范园区项目建设
	平湖市对口办	5.55	救助全区的贫困小学生
	平湖市政府	3	柳桥乡普子村越温示范村建设
	平湖市对口办	10	区人民医院更新设备
	嘉兴市政府	18	资助大朝至昭化公路10公里整治工程
	嘉兴市政府	10	资助科技园区基础设施建设
	平湖市政府	15	元坝镇长坝村越温示范村建设
	嘉兴市嘉善县政府	15	紫云乡紫云村越温示范村建设
	嘉兴市秀洲区政府	15	柳桥乡分水村越温示范村建设
	平湖市对口办	0.7	柳桥乡杜瓜烘烤房购置加工设备
2001	嘉兴市秀洲区政府	15	柳桥乡分水村越温示范村建设
	平湖市政府	15	元坝镇长坝村越温示范村建设
	嘉兴市嘉善县政府	15	紫云乡紫云村、元坝镇杏树村越温示范村建设
	嘉兴市政府	10	资助区中医院门诊楼建设
	嘉兴市政府	15	紫云乡金华村希望小学购置设备
	嘉兴市政府	15	资助修建射箭轮渡码头
	嘉兴市政府	10	举办全区农村实用技术培训
	平湖市对口办	6	杜瓜技术员工资及差旅费开支
	浙江省政府	30	资助科技园区种兔场圈舍建设
	平湖市对口办	3.5	救助175名失学儿童
	嘉兴市政府	10	购置人工降雨设备
	浙江省人寿保险公司	15	资助区人民医院门诊楼维修
2002	嘉善县魏塘镇一小	0.25	资助元坝镇二小学校建设
	嘉善县魏塘镇二小	0.32	资助元坝镇二小学校建设
	嘉善县魏塘镇三小	0.25	资助元坝镇二小学校建设
	嘉善县魏塘镇四小	0.25	资助元坝镇二小学校建设
	平湖市对口办	8	发展杜瓜生产合作项目
	平湖市政府	30	元坝中学初中部教室改造
	嘉兴市嘉善县政府	30	卫子镇沈家阁村越温示范村建设
	嘉兴市秀洲区政府	15	资助元坝镇长坝村科技园建设

续表

捐赠时间	捐赠单位	金额（万元）	用　　途
	嘉兴市秀城区政府	13	资助元坝镇长坝村科技园建设
	平湖市对口办	0.84	救助贫困学生10名
	浙江省人寿保险公司	5	帮扶贫困户30户
2003	浙江省协作办	5	春节慰问贫困户100户
	嘉善县陶庄惠明小学	0.6	资助元坝镇三小教育事业
	平湖市对口办	6	发展杜瓜生产
	平湖市科技局	3	俞氏中药材公司购置杜瓜初加工设备
	平湖市政府	30	10个越温示范村建设及发展社会事业
	嘉善县政府	30	
	嘉兴市秀州区政府	20	
	嘉兴市秀城区政府	20	
2004	浙江省政府	150	资助元坝中学科技楼建设
	平湖市政府	30	资助昭化镇鸭浮村扶贫新村建设
	嘉善县政府	30	资助昭化镇天雄村扶贫新村建设
	嘉兴市秀州区政府	20	资助元坝镇杏花村扶贫新村建设
	嘉兴市秀城区政府	20	资助元坝镇长坝村扶贫新村建设
	平湖市对口办	6	区中药材办公室发展杜瓜生产
2005	浙江省人寿保险分公司	5	资助紫云乡金华村、元坝镇胜利村扶贫新村建设
	省工商局	20	资助太公镇卫生院建设
	省乡镇企业局	2.5	开展农民工非农技能培训
	平湖市政府	30	资助昭化镇凤凰村扶贫新村建设
	嘉兴市嘉善县政府	30	资助元坝镇胜利村扶贫新村建设
	嘉兴市秀洲区政府	30	资助昭化镇凤凰村扶贫新村建设
	嘉善县发改委	2	资助区扶贫开发办公室机关购置设备
	秀洲区政府	30	资助昭化镇凤凰村扶贫新村建设
2006	省乡镇企业局　开化县埠镇资产公司	8	资助张家乡卫生院建设
	平湖市发改局	10	开展全区农民工劳务培训
	浙江省中小企业局	7	资助明觉乡华锋村村道建设
	浙江省人寿保险分公司	10	资助石井铺乡村道建设
	浙江省政府	100	资助昭化镇战胜村新农村建设
2007	嘉兴市政府、嘉兴市秀洲区政府、嘉兴市南湖区政府、嘉善县政府	120	资助昭化镇城关村、卫子镇板石村、晋贤乡保民村新村建设
	平湖市协作办	10	资助石井铺乡新场村整治、硬化公路4公里
	浙江省人寿保险分公司	10	资助大朝乡五堆村整治、硬化公路3公里
	浙江省钱江晚报社	1.5	救助50名中、小贫困学生

注：嘉兴市城区于1993年11月更名为嘉兴市秀城区，2005年更名为嘉兴市南湖区；嘉兴市郊区于1999年更名为嘉兴市秀洲区

浙江省对口帮扶元坝区捐物情况统计

表 12-5

时间	捐赠单位	物资名称	数量	价值(万元)	分配情况
合计				288.18	
1997	浙江省政府	耕整机	28 台	10.02	元坝镇 6 台、王家镇 5 台、卫子镇 8 台、虎跳镇 3 台、香溪乡 2 台、昭化镇 4 台
1997	浙江省政府	微水泵	340 台	13.60	元坝镇 45 台、王家镇 63 台、卫子镇 60 台、虎跳镇 60 台、昭化镇 60 台、区抗旱队 52 台
1998	嘉兴市政府	衣物	10 万件	150.48	77 个贫困村 3900 户 1.52 万人
1998	嘉善县政府	广电设备	15 套（件）	28	分配给区广播电视局
1998	平湖市对口办	杜瓜苗	2 万株	4	元坝镇 0.5 万株、柳桥乡 1.5 万株
1998	平湖市对口办	X 光机	3 台	10.60	区人民医院、卫子镇、昭化镇医院各 1 台
1998	嘉善县对口办	长毛兔	10 只	0.25	清水乡夏成凯 5 只、磨滩镇白明贵 5 只
1998	嘉善县政府	拖拉机	1 台	1.50	卫子农机厂
1998	嘉兴市郊区农林局	黑母猪	300 头	6	磨滩、王家、白果、元坝等地种猪场
1999	嘉善县教育局	电脑	10 台	5	区教育局
1999	嘉兴市郊区对口办	银杏苗	3.2 万株	6.40	张家乡大雾村 1.2 万株、晋贤乡道角村 2 万株
1999	嘉兴市郊区对口办	医疗设备	28 台	5	石井铺、文村等 9 个乡镇卫生院
2000-04	嘉善县教委	电脑	37 台	12	虎跳中学 4 台、清水初级中学 6 台、元坝三小 27 台
2000-07	嘉善县教委	图书资料	一批	1	各乡镇小学
	嘉善县教委	学生用具	一批	2	
2001-01	浙江省人保公司	长毛兔种兔	680 只	10	明觉乡、柳桥乡、张家乡、王家镇等 23 个乡镇养兔农民
2001-02	平湖市对口办	杜瓜组	1040 公斤	1	明觉乡、磨滩镇、王家镇等 9 个乡镇杜瓜种植农户
2001-06	平湖市计生局	计划生育服务设备	1 套	6	区计划生育服务指导站
2002-03	嘉善县魏塘镇二小	玻璃	1 件	0.08	元坝镇二小
	嘉善县魏塘镇二小	图书资料	一批	0.05	
	嘉善县魏塘镇三小	彩旗	50 面	0.10	
	嘉善县魏塘镇三小	体育用具	一批	0.10	
	嘉善县教育局	电脑	28 台	10	
2003-01	浙江省人民政府	大米	2.5 万斤	5	15 个乡镇 250 户贫困户
		菜油	2500 斤		
		猪肉	3750 斤		

浙江省对口帮扶部分合作项目统计表

表 12－6

项　目	合作单位		合作内容	投产时间	项目总投资(万元)			到位资金(万元)			就业人数(人)	备注
	浙江方	合作方			合计	浙江	四川	合计	浙江	四川		
承包雨坛包果园	俞仕观	区水电局	承包经营	1999	5	5	—	5	5	—	10	2004年承包期满
长毛兔示范养殖	嘉善县对口办	区畜牧局紫云乡	援助资金技术	1999	12	3	9	12	3	9	740	当年实施完毕
杜瓜种植	平湖市协作办	柳桥乡	种植加工销售	2001	1500	1000	500	340	260	80	3000	当年栽种520亩
生猪品种改良	秀州区农林局	区畜牧局	繁殖良种猪	2000	20	6	14	20	6	14	—	一次性实施完毕
银杏苗圃建设	秀州区农林局	晋贤乡道角村	提供良种苗技	2000	8	4	4	8	4	4	—	当年栽种20亩
援建蔬菜大棚	嘉善县农业局	元坝镇	援建大棚技术指导	2000	10	2	8	10	2	8	100	一次性实施完毕
黑木耳开发	平湖市个体工商者协会	柳桥乡	栽培黑木耳	2000	300	250	50	65	15	50	200	2003年实施完毕
挂毯编织	平湖市企业局	元坝挂毯厂	送缝纫机30台培训技术人员15名	2000	70	70	—	30	30	—	—	一次性实施完毕
蚕茧加工	德清县丝业公司	区企业局	租赁生产茧丝绸	2001	1440	1440	—	840	840	—	200	2003年整体出售
焦炭生产	平湖市乡镇企业局	柳桥乡	生产销售焦炭	2001	250	250	—	50	50	—	50	2006年停产
医疗器械生产	嘉善县医药局	区医药局	生产一次性输液器	2001	150	150	—	150	150	—	35	2002－11迁出区外
珍禽养殖	秀洲区畜牧局	张家乡	养殖野鸡	2001	20	20	—	20	20	—	15	2002－10迁出区外
合　计	—	—	—	—	3785	3200	585	1550	1385	165	4350	—

第二章　招商引资

第一节　工作机构

1999年8月，成立广元市元坝区招商局（简称区招商局）；2000年6月，广元市元坝区对口帮扶办公室归并到区招商局；2001年，区招商局归口元坝区发展计划经济贸易局，对外保留其牌子，但实际上区招商局仍是独立办公；2001 年 12 月，区招商局单列，设办公室、项目股、对口帮扶办公室；2004 年 4 月，区对口帮扶办公室从区招商局划出，挂靠区扶贫开发办公室。2007 年 2 月，建立中共广元市元坝区招商局党组。

广元市元坝区招商局领导名录

表 12 - 7

姓　名	性别	籍　贯	政治面貌	职　务	任职期间	备　注
冯　明	男	广元市元坝区	中共党员	局　长	1999 - 08—2002 - 03	
周通国	男	广元市元坝区	中共党员	副局长	1999 - 08—2002 - 03	
宋　濂	男	广元市苍溪县	中共党员	副局长	2002 - 02—2003 - 02	
周通国	男	广元市元坝区	中共党员	副局长	2002 - 03—2005 - 07	主持工作
彭仕华	女	广元市元坝区	中共党员	副局长	2003 - 02—2004 - 06	
周通国	男	广元市元坝区	中共党员	局　长	2005 - 07—2006 - 03	
朱太义	男	广元市旺苍县	中共党员	局　长	2006 - 03—2007 - 02	
田义勇	男	广元市元坝区	中共党员	局　长	2007 - 02—	党组书记
李亚雪	女	广元市旺苍县	中共党员	纪检组长	2007 - 06—	党组成员

第二节　招商引资政策

一、2001 年制定的优惠政策

2001 年以前，区内已开展招商引资工作，出台了一些促进招商引资的政策，但还没有系统化和书面化。为鼓励国内外投资者到元坝区积极投资，共同发展，2001 年 3 月 10 日，区人民政府制发《广元市元坝区鼓励投资的优惠政策》，规定凡在元坝行政区域内依法投资和兴办企业，且实际完成投资计划的，除国家法律有规定的外，不受行业、类别、参股比例、所有制形式、内外销比例的限制，同时，除享受国家和四川省政府规定的优惠政策外，还享受区定各项优惠政策。

（一）税费优惠

对在元坝投资且不属于国家鼓励类产业的企业，只要其注册资本达到规定标准的 50% 以上，经验资部门认可即可先登记发照，后办理有关审批手续，未到位的资金可缓半年到位。

在元坝区新办的企业可享受国家规定的对贫困地区 3 年内免征企业所得税的政策。其中，从事高新技术产业、工业支柱产业、农业产业化、旅游开发、生态环境保护与建设、能源交通通信等基础设施建设、市政公用设施建设、专业市场发展、社会公益事业、出口创汇产品生产的企业，还可由同级政府财政给予相当于其所交的共享税和地方税中的本级收入的 50% 以上的补助。3 年后，鼓励重点发展的这些企业还可在 3 年内享受同级财政给予的相当于该企业实交企业所得税额的 50% 以内的补助。新办企业的利润用于扩大再生产投资的部分已缴纳的企业所得税可以按 50% 以内的金额由同级财政给予补助。元坝区外企业兼并元坝区严重亏损的国有、集体企业，可享受办企业财政补助的优惠政策。

根据国家规定，以国产设备进行固定资产投资的，可按该国产设备价值的 50% 抵免企业所得税。企业吸纳元坝国有企业的下岗职工和减员增效的分流人员，以社区服务项目为主的，可在 2003 年底之前免征营业税及其附加、企业所得税3年。企业利用大宗煤矸石、炉渣、粉煤灰作主要原料生产建材产品的所得，自生产经营之日起免征企业所得税5年。企业生产原料中掺有煤矸石、粉煤灰的比例在30%以上所生产的砖等建材产品免征增值税。对在新开发的荒山、荒地、滩涂、水面上生产农特产品的企业，自有收入时起3年内免缴农业特产税。外商投资企业在享受国家税收优惠政策的同时，还可以享受元坝区以财政补助给予的一般优惠部分以外的优惠。

对新办企业的各项行政事业性收费，除交省以上的部分外，3年内酌情按规定标准低限的50%以下收取。其中，从事高新技术产业、工业支柱产业、农业产业化、旅游开发、生态环境保护与建设、能源交通通信等基础设施建设、市政公用设施建设、专业市场发展、社会公益事业、出口创汇产品生产的企业的规费，属本区受益部分的原则上免收或减收。

（二）用地优惠

凡兴办生产性企业需使用农用地的，其地价款除土地补偿费、安置补助费、地上附着物的青苗补偿费及向省上缴纳的有关费用外，元坝区分成的有偿使用收入部分可以给予50%以上的返还。

农村集体经济组织利用原有场地作价入股或作为合作条件，或依法利用符合土地利用总体规划的其他土地与投资者合营从事农、林、牧、渔业开发的，在合同期限内可不改变集体土地性质，由合营企业使用。

以出让方式使用存量的国有土地兴办企业的，土地出让金除上交四川省的外，元坝区分成部分可区别情况予以优惠：从事高新技术产业、工业支柱产业、农业产业化、旅游开发、生态环境保护与建设、能源交通通信等基础设施建设、市政公用设施建设、专业市场发展、社会公益事业、出口创汇产品生产的企业，可给予50%以上的优惠。兴办其他企业的，可给予50%以内的优惠。一次性付清的，可再优惠5%；一次付清有困难的，可先付20%～50%进场，其余的2年内付清。土地出让年限可以达到30年。

国家重点扶持的能源、交通、水利等基础设施建设，从事城市基础设施建设、专业市场建设、社会公益事业建设，需使用存量国有土地的，经区人民政府批准也可依法划拨使用。新建或扩建生产性企业，利用现有国有划拨土地的，也可继续划拨使用。划拨使用土地不交土地使用费。

以租赁方式使用存量的国有土地的企业，根据投资额的多少可免交一定年限的土地租赁费：投资50万元～1000万元的免交2—5年，1000万元～3000万元的免交6—7年，3000万元以上的免交8～10年。

可以国有土地使用权作价入股，其入股所获利润可留用于企业扩大再生产投资。

（三）投资保障与服务

投资兴办的企业特别是高新技术企业和生产出口创汇产品的企业，可视情况在一定时期无偿使用区内长期闲置的厂房、设施等。对高新技术企业还可无偿提供新厂房。

对来广元市元坝区投资合作的生产性企业（项目），符合“三有一不”条件的（即有市场、有效益、有信用，不挤占挪用信贷资金），金融部门将其与本区企业一视同仁，积极给予必要的流动资金信贷支持和其他金融服务。

对投资者实行“一站式”办证服务，随到随办，或由广元市元坝区有关方面帮助办理。按国家规定需要行业主管部门核发许可证或专项审批的，在接到申请后，按“一站式”办证服务的规定期限办完有关手续或提出审批意见。

凡到元坝区投资的投资者及其企业的员工，无论是农业户口或是非农业户口，都可以自愿入广元市元坝区城区的非农常住户口。除公安等部门收取有关手续工本费每人共100元外，不收取其他任何费用。其未成年子女可随父母其中一方自愿入元坝城区的非农常住户口。户口在元坝区的投资者的子女在入学、入托、参军等方面，享受与本地居民同等的待遇。

二、2003 年制定的优惠政策

2003 年 5 月，《广元市元坝区鼓励投资的优惠政策》对 2001 年制定的优惠政策进行了补充、修改。

在税费的优惠政策上，主要调整有：投资者利用荒山、荒地、滩涂、水面开发生产农业特产品的或搞农业科技开发项目的，一律免征农业税和农业特产税，其中从事烤烟生产所缴纳的农业特产税，由区财政列支，60% 返还给投资者；新办企业各项行政事业性收费，除交四川省、广元市及以上部分外，3 年内原则上免收，3 年后按规定标准的低限收取。同时，建立企业收费明白卡制度，凡未列入收费明白卡的收费项目，企业有权拒绝缴纳。

在土地的优惠政策上，主要调整有：业主从事农业开发租用土地的，提供优惠的土地租金；进行旅游开发的，除城市集镇规划范围内的土地和从事固定设施建筑所用土地实行征用外，其余用于绿化、美化等方面的土地一律由地方调剂实行无偿使用。

在投资者的家属子女优待政策上，主要调整有：外来投资者及其家属、子女、都可入住元坝城区的非农常住户口。除公安部门收取有关手续的工本费每人 50 元外，不再收取任何费用。其子女在入学、入托、参军等方面，做到优惠优先，免缴转学各项费用。

2005 年，取消了上述优惠政策中有关收费的优惠政策和租用土地的优惠政策。

第三节　招商引资工作

1999—2005 年，市下达元坝区招商引资目标为 46200 万元。到 2005 年，元坝区共实施招商引资项目 135 个，引进到位资金 53164 万元，其中投资额 1000 万元以下的项目 99 个，投资额 1000 万元 ~ 5000 万元的项目 31 个，投资额 5000 万元以上的项目 5 个。引进的重大招商项目主要有新元茧丝绸公司出租、柳桥焦化厂出租、星荣机焦厂新建、元坝宾馆整体转让、天然气使用开发建设、川北肉类食品加工厂改制、元坝光华煤矿采煤、山清米业全自动面粉生产、广旺集团机制公司高锰钢冶炼等项目。

2006 年，市下达元坝区招商引资任务是新引进项目 15 个，到位资金 1. 40 亿元，其中工业项目到位资金 6000 万元以上，新引进投资额 1000 万元 ~ 5000 万元项目 5 个，投资额 5000 万元 ~ 1 亿元的项目 1 个，投资额 1 亿元以上的项目 1 个，规模以上农业产业化龙头企业 1 家。是年，全区共引进项目 23 个，引进协议资金 57575 万元，到位资金 19830 万元。其中新引进广元市外项目 18 个，市外到位资金 18680 万元，完成全年目标 133. 43%；工业项目到位资金 11480 万元，完成目标 191. 33%；投资额 1000 万元以下的项目 11 个，投资额 1000 万元 ~ 5000 万元的项目 7 个，投资额 5000 万元 ~ 1 亿元的项目 2 个，投资额 1 亿元以上的项目 3 个，新引进规模以上农业产业化龙头企业 3 家。

2007 年，区政府根据“做大做强元坝新城，做活做靓昭化古城，扎实推进新农村建设”的总体思路，加大招商引资工作力度，招商引资工作成效愈为明显，取得突破性成绩，全区全年共实现招商引资项目 35 个，其中新引进项目 27 个，续建项目 8 个。引进市外协议资金 125727 万元，市外到位资金 36455 万元，完成目标任务的 182. 2%。其中省外到位资金 20990 万元 ，完成目标任务的 161. 46%；工业项目到位资金 26570 万元，完成目标任务的 265. 7%。新引进 1000 万元 ~ 5000 万元的项目 9 个，

5000 万元 ~1 亿元的项目 4 个，1 亿元以上的项目 2 个。

2006 年和 2007 年，引进的重点项目有：

黑木耳基地建设项目：2006 年 2 月 5 日浙江省云和县汤良川、张祖金联合与紫云乡人民政府签订投资协议，投资 100 万元建设黑木耳生产基地。经过多方洽谈，2006 年 9 月 21 日，浙江省云和县祖金菌种场又与区招商局签订占地 1000 亩、投资 5000 万元的投资协议，建设菌种场 2 个，设计年产量 100 万袋。2007 年 6 月底该项目已正式投产。

东桑西移川北优质良桑品种嫁接体育苗基地建设项目：2006 年 11 月 2 日江苏盐城海韵生物科技有限公司、广元市元坝三元茧丝绸有限责任公司共同与元坝区人民政府签订投资协议，建设川北优质良桑品种嫁接体育苗基地，协议投资 1100 万元，占地 700 亩，建设年产 2000 万株优质良桑品种嫁接体育苗基地一个，同时建设年产 10 万张蚕种的蚕种场一个，2007 年 10 月该项目基地建成并起苗、栽桑。

祥和木制品加工项目：2007 年 1 月 20 日，福建客商郑霜高与元坝区政府签订投资 5000 万元的协议，加工生产木制品。2007 年 2 月 13 日，郑霜高在元坝登记注册，独资成立广元市祥和木业有限公司。该项目占地面积 100 亩，分两期建设。第一期投资 1000 万元，其中固定资产投资 500 万元，占地 50 亩，新建 1 万立方米建筑模板生产线，设计年产值 1000 万元左右，于 2007 年 6 月底建成投产。第二期投资 4000 万元，其中固定资产投资 2000 万元，新增一条 1 万立方米的建筑模板生产线，计划于 2008 年 3 月投入使用，建成后年产值可达 6000 万元，解决当地就业人数 350 人。

四川升达林板一体化建设项目：2007 年 6 月 21 日，四川升达林业产业股份有限公司与元坝区人民政府签订投资 3 亿元的协议，计划建设总占地 300 亩，年产 22 万立方米中纤板生产线、500 立方米强化木地板生产线，并进行其他林产品深加工。建设期为 18 个月，项目建成后，年销售收入可达 2 亿元，年创税 2000 万元。至 2007 年底，已完成项目的备案、环评及厂房钢架建设等工作。

猕猴桃种植基地建设及加工项目：2007 年 9 月四川中新农业科技有限公司与元坝区人民政府签订投资 2 亿元的协议，计划建设一个万亩猕猴桃种植园区和一座猕猴桃加工厂。项目建成后，年销售收入可达 4 亿元，利润约 1.40 亿元，创税收约 2000 万元。至 2007 年底，投资方已完成项目备案、环评等相关工作。

广元市元坝区 1999—2007 年部分招商引资项目情况简表

表 12－8

序目	项目名称	单位名称	协议总投资（万元）
1	新元茧丝绸公司出租项目	浙江德清丝业有限公司	1000
2	柳桥焦化厂出租项目	浙江省平湖市私营业主	300
3	黑木耳种植开发项目	浙江省平湖市私营业主	300
4	杜瓜生产项目	浙江省平湖市私营业主	100
5	元坝光华煤矿采煤项目	成都市光华实业有限公司	300
6	紫花苜蓿草生产项目	四川省吉昌绿业有限公司	20000
7	大朝水电站出租项目	剑阁剑雄电站	100
8	区油脂公司破产租赁项目	苍溪县油脂有限公司	800
9	元坝富锰渣处理项目	广元吉化有限公司	500
10	长坝生态疗养度假村建设项目	成都市金泰桂溪建材有限责任公司	2800

续表

序目	项目名称	单位名称	协议总投资（万元）
11	山清米业全自动面粉生产项目	江油市金口米业有限公司	100
12	广元福润二期技改项目	广元福润肉类食品有限公司	5000
13	35 千伏变电站及城网改造项目	利州电业局	1120
14	新元丝绸公司出售改制项目	广元市元坝三元茧丝绸有限责任公司	120
15	川北肉类食品加工厂出售改制项目	江苏雨润集团	5000
16	星荣机焦厂新建项目	广元九州实业有限公司	4500
17	元坝宾馆整体转让项目	浙江黄岩广益联合投资公司	1000
18	元坝汇集超市建设项目	成都驰天实业有限公司	1000
19	天然气使用开发建设项目	广元市天然气公司	1100
20	煤炭洗选项目	南江县私营业主	300
21	美国红提生产基地建设项目	广元博拉福提子产业发展有限公司	200
22	元坝中学高中部学生公寓建设项目	广元九州实业有限公司	3000
23	高锰钢冶炼项目	广旺集团机制公司	2300
24	石井砖厂建设项目	简阳机砖厂	200
25	疆鸿饮料食品加工项目	广元市疆鸿饮料食品有限公司	13400
26	60 万吨机焦扩能项目	成都恒正和实业有限公司	10800
27	川陕甘林产品加工交易中心建设暨 10 万亩用材林经营项目	四川天意农业产业有限公司	10500
28	新上 80 万头生猪屠宰加工项目	广元福润肉类食品有限公司	6500
29	川北种猪繁育场建设项目	广元市玉田农业开发有限公司	1600
30	黑木耳基地建设项目	浙江省云和县祖金菌种场	5100
31	星荣机焦股权融资项目	广元市九州实业有限公司	1500
32	三元茧丝绸技改扩能项目	广元市元坝三元茧丝绸有限公司	1500
33	元坝宾馆改造扩建工程项目	浙江省黄岩广益食品有限公司	1500
34	广元飞达模具制造项目	广元飞达模具有限公司	1200
35	东桑西移川北优质良桑品种嫁接体育苗基地及蚕种场建设项目	广元市元坝三元茧丝绸有限责任公司 江苏省盐城海韵生物科技有限公司	1100
36	将军岭旅游开发项目	将军岭旅游开发中心	1000
37	元坝中学校舍扩建项目	广元恒昌建筑有限责任公司	400
38	白鹤岭度假山庄建设项目	广元市三元休闲娱乐有限公司	300
39	中小型水库精养项目	重庆客商	200
40	废旧轮胎加工项目	广元市广益再生物质利用有限公司	200
41	木工板加工项目	河北客商	200
42	元坝天脊化肥建库房建设项目	天脊化工集团有限公司	150
43	福惠超市建设项目	元坝福惠超市	100
44	大型养殖场污水净化项目	广元市玉田农业开发有限公司	100

续表

序目	项目名称	单位名称	协议总投资（万元）
45	重庆来记食府建设项目	重庆客商	95
46	彩瓦建设项目	绵阳客商	80
47	万村千乡市场工程	广元市农业生产资料有限公司	50
48	四川升达林板一体化建设项目	四川升达林业产业股份有限公司	30000
49	猕猴桃种植基地建设及加工项目	四川中新农业科技有限公司	20000
50	石油天然气勘探开发项目	中石油西南油气田分公司（川西北气矿）	8000
51	移动基站建设项目	中国移动通讯集团四川有限公司	5300
52	祥和木制品加工项目	广元市祥和木业有限公司	5000
53	森林蔬菜种植及加工项目	浙江云和县祖金菌种场	5500
54	有色金属再生资源产业化项目	广元市元坝区三鑫铜铝业有限公司	3500
55	仿真花生产加工项目	厦门市集美区旺特福人造花厂	3100
56	欧亚腾胜彩印包装项目	广元市拣银岩跃进煤业有限责任公司	3100
57	晋寿路综合开发项目	广元市富康实业有限公司	3000
58	粗苯回收加工项目	江油化工厂	1800
59	冻干食品加工项目	广元市钏琰生物科技有限公司	1560
60	南洋微电子有限责任公司建设项目	广元市南洋微电子有限责任公司	1500
61	昭化土地开发整理项目	四川德阳汇龙市政 工程有限责任公司	1442
62	福润公司三期技改工程项目	广元福润肉类食品有限公司	1100
63	元坝职业技能综合培训基地建设项目	中国水利水电第五工程局驾驶员培训学校	500
64	昭化古城景区春秋苑接待中心建设项目	四川天宇建设有限责任公司	400
65	晋元牌大米加工及技改项目	广元市庆丰实业有限公司	500
66	优质良桑苗圃建设项目	江苏客商	500
67	昭化供销社旅馆及葭萌商场改造项目	成都客商	500
68	明觉乡场镇房地产开发项目	四川汇丰源科技发展有限公司	200
69	韩家垭页岩机砖生产项目	江油客商	200
70	经伟药业经营批发部建设项目	四川经伟药业有限责任公司	500
71	化肥储备库项目	绵阳客商	215
72	丁家砖厂建设项目	江油客商	200
73	太宝联邦骑建材生产加工项目	广安客商	60
74	预制板建设项目	绵阳客商	50
75	黑木耳基地建设项目（续）	浙江省云和县祖金菌种场	5100
76	60 万吨机焦扩能项目（续）	成都恒正和实业有限公司	10800
77	三元茧丝绸技改扩能项目（续）	广元市元坝三元茧丝绸有限责任公司	1500
78	东桑西移川北优质良桑品种嫁接体育苗基地及蚕种场建设项目（续）	江苏省盐城市海韵生物科技有限公司	1100

续表

序目	项目名称	单位名称	协议总投资（万元）
79	川陕甘林产品加工交易中心建设暨10万亩用材林经营项目（续）	四川天意农业产业有限公司	10500
80	广元飞达模具制造有限公司建设项目(续)	广元飞达模具制造有限公司	1200
81	元坝宾馆改造扩建工程项目（续）	浙江省黄岩广益食品有限公司	1500
82	白鹤岭度假山庄建设项目（续）	广元市三元休闲娱乐有限公司	300
合计			238442

第三章　以工代赈

第一节　工作机构

1985年，广元县以及以后的广元市市中区开始试行实施以工代赈项目工程，各区乡开始上报项目，具体事宜由原县（区）计经委负责。广元市元坝区建立之初，以工代赈方面的工作仍然一直由计划经济部门的相关股室负责。1990年8月，成立广元市元坝区以工代赈项目领导小组，实施全区以工代赈项目，区长温燕德兼任组长，领导小组办公室设在区计经委，由区计经委副主任王玉福兼任主任；1995年8月，区政府在区计经委内设以工代赈办公室，由区计经委副主任尚学兼任主任，区计经委计财股股长何治任副主任；1998年9月，成立广元市元坝区以工代赈工作领导小组办公室（简称区以工代赈办），仍挂靠于区计经委，独立开展全区以工代赈工作。2001年，区以工代赈办机构单列，内设综合、计划、工程管理股。至2007年末，机构无变化。

广元市元坝区以工代赈办公室领导名录

表12-9

姓　名	性别	籍　贯	政治面貌	职　务	任职期间	备　注
何　治	男	广元市苍溪县	中共党员	主　任	1998-09—2001-03	
李宗元	男	广元市元坝区	中共党员	主　任	2001-04—2003-03	
李亚雪	女	广元市旺苍县	中共党员	副主任	2001-04—2007-06	
刘荣廷	男	广元市元坝区	中共党员	主　任	2003-03—	
夏　静	女	广元市元坝区	中共党员	副主任	2007-06—	

第二节　资金投入

1985年，广元市中区虎跳、王家、卫子、昭化区公所管辖的乡、镇共使用粮、棉、布补助物资折现79.39万元，其中水利方面32万元，交通方面47.39万元。1986年，卫子区使用国家以工代赈物资补助折现66万元，其中水利方面48万元，交通方面18万元。1987—1989年，国家没有对卫子区安排以工代赈项目和资金。1990—2007年，元坝区共使用国家以工代赈资金4670.63万元。其中，1990年84万元，在1990年的资金中，农业14万元，水利40万元，交通30万元。

"八五"（1991—1995）期间，国家主要以粮食、工业品等物资补助的形式开展以工代赈项目工程建设。元坝区共争取到位粮食及工业品折现金1541.63万元，主要用于农业、水利、交通、畜牧、林业等项目工程建设。1991年256万元，其中农业71万元，水利100万元，交通85万元。1992年198.69万元，其中农业75.37万元，水利118.38万元，林业4.95万元。1993年297.70万元，其中农业89.70万元，水利137.69万元，交通31.16万元，畜牧35万元，林业4.15万元。1994年295.24万元，其中农业62.69万元，水利147.75万元，交通77.43万元，林业7.37万元。1995年494万元，其中农业70万元，水利296万元，交通121万元，林业7万元。

"九五"（1996—2000）期间，国家直接用现金开展以工代赈项目工程建设，项目和资金计划由各级计经委和财政部门下达。在此期间，元坝区共争取到位以工代赈资金1375万元，主要用于农、林、水、畜、交通、林业等基础设施项目建设。1996年，元坝区因"以工代赈办事机构不够健全"没有得到项目安排。1997年，当年争取到位以工代赈项目资金115万元，其中农业15万元，水利40万元，交通60万元。1998年，当年争取到位以工代赈资金295万元，其中农业20万元，水利155万元，交通60万元，林业60万元。1999年，元坝区更进一步充实完善以代赈工作机构，独立开展工作，当年争取到位以工代赈资金550万元，其中农业270万元，水利95万元，交通110万元，畜牧25万元，林业50万元。2000年415万元，其中农业（庭院改土）109万元，水利（人畜饮水工程）148万元，交通（泥结石通乡村道路改造）158万元。

"十五"（2001—2005）期间，元坝区共争取到位以工代赈资金1520万元，用于"路、水、土"项目工程，主要解决项目区困难群众"行路难、吃水难、增收难"的问题。2001年520万元，其中农业（庭院改土）150万元，水利（人畜饮水工程）60万元，交通（泥结石通乡村道路改造）310万元。2002年370万元，其中农业（庭院改土）150万元，水利（人畜饮水工程）50万元，交通（泥结石通乡村道路改造）170万元。2003年400万元，其中农业（庭院改土）80万元，水利（人畜饮水工程）100万元，交通（泥结石通乡村道路改造）125万元，畜牧80万元（圈舍改造、良种繁殖、种植牧草），国土15万元（集中成户改土工程）。2004年，国家以工代赈政策作出调整，只扶持国家级贫困县，元坝区属省贫县而没有安排。2005年230万元，用于实施元坝镇元坝村示范项目，其中农业14万元，水利53万元，交通163万元。

2006年，国家对元坝区没安排。2007年，争取以工代赈资金150万元用于昭化镇城关村示范项目建设，其中农业40万元，水利18万元，交通92万元。

第三节 项目实施成果

1985—2007年，全区共使用国家以工代赈物资折现资金4816万元，以劳务报酬的形式发放赈济物资或资金，组织修建乡村公路、公共水利工程、影响范围较大的小流域治理工程等基础设施及农田水利、中低产田改造、坡改梯、牧区草场建设以及部分到户的人畜饮水工程等户办工程建设。累计新修通乡、村公路78条343公里，拓宽改造太虎公路16公里和卫王公路15.32公里；利用以工代赈资金建成一批高产稳产田土，其中改造中低产田土39240亩，土变田2100亩，坡改梯25190亩，改造下湿田1700亩，新建河堤（小流域综合治理）2400米，恢复损毁耕地1450亩，建设庭园9600户12300亩；建成一批水利、人饮工程，其中新建和整治人工井3365口，恢复和新增灌面5.50万亩，解决了123个村，460个组，10.48万人，10.65万头牧畜的饮水困难；利用以工代赈资金发展林业生产，改造荒山3496亩，植树造林850亩，育苗121亩，修建林区道路12公里；利用以工代赈资金发展畜牧业，扶持三元杂交生猪生产基础建设，发展示范户502户，建标准圈舍620间，优良品种改良2.50万头。

在实施以工代赈项目的过程中，实施以工代赈“三结合”示范村和以工代赈示范项目小康村建设。在元坝镇杏树村、长坝村，太公镇红卫村，柳桥乡分水村，梅树乡穿心村，昭化镇天雄村，建设以工代赈“三结合”（即以工代赈同农村基层组织建设、经济发展和精神文明建设相结合）示范村。2005年、2007年又分别在元坝镇元坝村、昭化镇城关村实施以工代赈示范项目村建设。通过以工代赈“三结合”示范村和以工代赈示范项目村的建设，基本实现了“五三三五”目标，即：农村基层组织全面实现“五个好”（好班子、好队伍、好路子、好机制、好制度），经济发展实现“两个三”（村级集体经济收入3万元，农民人均年纯收入增加300元以上），精神文明建设达到“五个好”（村风民俗好、社会治安好、社会事业发展好、村镇建设规划好、环境卫生好）。另外，项目区通过实施以工代赈项目工程，就地转移了大批农村剩余劳动，人民群众通过投工投劳，共得到以工代赈劳务报酬722万元，因而促进了人民群众生活水平的提高和生产条件的改善。

第四章 移 民

第一节 工作机构

1994年6月，区政府成立广元市元坝区移民工作领导小组，办公室设区国土局。初期主要负责嘉陵江亭子口水利工程移民安置前期筹划等工作。2007年1月，成立广元市元坝区移民局，设办公室、规划发展股、计划财务审计股、政策法规信访股。2007年8月，建立中共广元市元坝区移民局党组。

广元市元坝区移民局领导名录

表 12－10

姓　名	性别	籍　贯	政治面貌	职　务	任职期间	备　注
陆登明	男	广元市元坝区	中共党员	主　任	1994－07—2001－10	区移民办
欧萍兰	女	广元市元坝区	中共党员	主　任	2001－10—2007－01	区移民办
欧萍兰	女	广元市元坝区	中共党员	局　长	2007－02—	党组书记
张远亮	男	广元市元坝区	中共党员	副局长	2007－02—	党组成员
陆崇华	男	广元市元坝区	中共党员	副局长	2007－02—	党组成员
张琼德	男	广元市利州区	中共党员	纪检组长	2007－02—	党组成员

第二节　移民工作

一、嘉陵江亭子口水利枢纽工程元坝区移民

亭子口水利枢纽是嘉陵江干流的控制性工程，是四川省“十一五”期间重点开发建设的水利水电项目之一。位于广元市苍溪县境内，下距苍溪县城约 10.50 公里，是嘉陵江干流开发中唯一的控制性工程，以防洪、灌溉及城乡供水为主，兼顾发电、航运，并具有拦沙减淤等综合效益。坝址以上集水面积为 61089 平方公里，总库容 40.67 亿立方米，回水长度约 150 公里；正常蓄水位 458 米，相应水库面积 109.20 平方公里，库容 34.68 亿立方米；防洪高水位 458 米，汛期限制水位 447 米（6 月下旬至 8 月底）；电站装机 110 万千瓦，通航建筑物为 500 吨级。根据《水利水电工程等级划分及洪水标准》确定，该工程的工程等别为一等，工程规模为大（一）型。工程建成后，可将以南充为代表的嘉陵江中下游沿江城市的防洪标准提高到 50 年一遇，同时可向下游嘉陵江渠道灌溉地区引水 12.58 亿立方米，从根本上解决灌区内 292.14 万亩耕地的灌溉和 3 座县城、213 个缺水集镇、180 万农村用水困难人口的供水问题。

嘉陵江亭子口水利枢纽工程库区淹没涉及元坝区 13 个乡镇、57 个村、1 个居委会、188 个村民小组、3 个居民小组、6 个集镇（场镇）、43 个单位、6 家企业。移民迁移线下涉及 2723 户，8896 人，其中农业人口 7860 人，非农业人口 1036 人；房屋面积 81.45 万平方米；土地总面积 82125.20 亩，其中农业用地 44680.08 亩（水田 6938.26 亩、旱地 9029.39 亩、菜地 247.75 亩、河滩地 776.10 亩、采金地 1466.20 亩、园地 847.21 亩、有林地 19638.64 亩、灌木林 3079.30 亩、疏林地 43.90 亩、未成林造林地 90.90 亩、其他农用地 2522.43 亩），建设用地 2230.17 亩，未利用地 35214.95 亩；零星林果木 340041 株（兜）；坟墓 8047 座；村组副业设施（小型商业网点）335 处；四级及以上公路 51.89 公里，等外公路 29.03 公里，大中型桥梁 6 座、384 延米，客货运码头 29 处；电信线路 111.70 公里，广播电视线路 182.07 公里，10 千伏及以上输电线 46.87 公里；10 千伏配电变压器 26 台，35 千伏变电站 1 座，水电站 1 座。

从 2007 年 6 月起，区移民局会同长江设计院组织有关部门和乡镇开始开展移民安置规划的外业工作，完成了淹没线下实物指标调查工作。至 2007 年 11 月，通过现场调查、分析，选定了安置区，并制定出移民安置标准，提出安置去向、安置方式和相应的生产配套措施，选定迁建集镇和集中居民点

新址。同时，开展集镇和居民点勘察、规划工作，提出专业项目和工矿企业淹没处理、复改建规划方案，提出农田防护工程可行性研究报告。

二、两河口电站移民后扶项目

广元市涉及库区后期扶持的大中型水电工程有利州区境内的紫兰坝、宝珠寺和元坝区境内的两河口水电站。库区后期扶持总人数为2424人，其中：宝珠寺电站18人、紫兰坝电站4人、两河口电站18人，共40人实行直发直补，年度直发直补资金2.40万元；两河口电站库区涉及柏林沟镇、清水乡、太公镇、石井铺乡、卫子镇、文村乡、晋贤乡、王家镇8个乡镇的24个村67个组共2384人实行项目扶持，年度项目扶持资金143.04万元，总扶持期限为20年（2006—2026）。

两河口电站位于元坝区柏林沟镇境内马蹄滩，总库容7000万立方米，装机容量4000千瓦，该电站于1964年动工修建，主要以发电为主。库区淹没土地2732亩，房屋1200余间，人口2384人。由于受当时政策的影响，搬迁移民都是采用就近安置，无移民安置规划方案。2006年6月，将两河口电站移民纳入后期扶持范围，扶持项目主要是以移民安置区基础设施建设和产业经济发展为主。从2006年下半年开始实施，至2007年底，共编制实施产业发展、基础设施建设、社会公益事业发展等后扶项目71个，总投资528.90万元，其中后期扶持项目资金214.56万元，群众投工投劳等自筹资金314.34万元。

第十三篇　国土资源

第一章　管理机构

第一节　区国土管理机构

1987年4月，广元市市中区卫子区公所成立乡镇建设管理办公室。1988年6月，卫子区设城乡建设局（含国土管理）。

1989年12月，广元市元坝区设国土局（与区城建局联合办公）。1990年2月，区城建局更名为区城环局，区国土局与其分设。1991年7月，区城环局、区国土局合署办公，两块牌子、一套人马，行使国土、城建、环保“三位一体”的管理职能。1993年2月，区国土局与区城环局正式合并为广元市元坝区城环国土局。1994年12月，区国土局、区城环局再次分设。1996年6月，建立中共广元市元坝区国土局党组。1997年2月，中共广元市委、市政府批复确认元坝区城环、国土机构分设。2005年8月，区国土局上划市国土资源局管理，更名为广元市元坝区国土资源局。2006年12月，撤销元坝区国土资源局，成立广元市国土资源局元坝区分局（简称为区国土资源分局），为市国土资源局的派出机构，承担元坝区国土资源管理职能。

2001年11月，区国土局设办公室、财务审计股、法规监察宣教股、规划耕地保护股、地籍管理股、土地利用管理股、地质矿产管理股、国土资源执法监察大队。其中法规监察宣教股与国土资源执法监察大队实行两块牌子一套人马的模式开展工作。2001年12月，区国土局的农业资源区划管理职能划交区农业局，区计经委的区地质矿产资源管理职能、制订全区国土开发、利用、整治、保护规划等职能划入区国土局，同时将区城建局承担的乡镇村镇建设管理工作职能划入区国土局。2002年1月，成立广元市元坝区土地统征开发整理办公室、广元市元坝区地产交易土地收购储备中心，均为区国土局下属全民事业单位性质。2002年9月，广元市元坝区土地统征开发整理办公室更名为广元市元坝区土地统征开发整理中心。2003年，法规监察宣教股的监察职能移交国土资源执法监察大队，更名为法规宣教股。2005年8月，区国土资源局应设办公室、财务股、规划股、耕地保护股、地籍管理股、土地资产管理股、矿产管理股、地质管理股、法规监察股、行政许可股。但在实际工作中，规划股与耕地保护股合二为一，仍以规划耕地保护股履行其职能，地质管理股与矿产管理股合二为一，仍以地质矿产管理股履行其职能，法规监察股未设立，仍以法规宣教股和国土资源执法监察大队分别履行其职能。另应设立广元市土地矿权储备交易中心元坝分中心、广元市土地开发复垦整理中心元坝分中心、广元市建设用地统征办公室元坝办事处，广元市国土资源执法监察支队元坝大队（简称区国土执法监察大队）。业务由广元市国土资源局相关事业单位管理，具体工作由区国土资源局统一安排。除执法监察大队外，各事业单位财务独立核算。但上述四个机构实际并未设立，有关土地统征土地开发整理和土地使用权交易等方面的工作仍分别由元坝区土地统征开发整理中心和元坝区地产交易土地收购储备中心承担。

1997 年 9 月，成立区地价评估事务所，为区国土局下属事业单位。2006 年 12 月，撤销区地价评估事务所、元坝区地产交易土地收购储备中心、元坝区土地统征开发整理中心，成立广元市国土资源管理元坝事务中心，为市国土资源局直属事业单位，负责元坝区国土资源管理事务性、技术性工作，日常业务工作由市国土资源局元坝区分局管理。但实际工作中，仅撤销元坝区地价评估事务所和元坝区地产交易土地收购储备中心。

广元市国土资源局元坝区分局领导名录

表 13－1

姓　名	性别	籍　贯	政治面貌	职　务	任职期间	备　注
陆登明	男	广元市元坝区	中共党员	局　长	1990－02—1994－12	区城环局、区城环国土局
王明泽	男	广元市元坝区	中共党员	副局长	1990－02—1999－05	区城环国土局
王康宁	男	南充市阆中市	中共党员	副局长	1991－07—1994－12	区城环国土局
张克汉	男	广元市元坝区	中共党员	副局长	1993－10—1994－12	区城环国土局
夏成礼	男	广元市元坝区	中共党员	副局长	1994－12—1996－05	主持工作
胡华银	男	广元市元坝区	中共党员	副局长	1995－02—1996－03	
杨永昌	男	广元市元坝区	中共党员	副局长	1995－12—	党组成员
阳定康	男	广元市元坝区	中共党员	局　长	1996－06—2003－03	党组书记
欧萍兰	女	广元市元坝区	中共党员	副局长	1998－03—2007－02	党组成员
王培林	男	广元市元坝区	中共党员	副局长	2003－02—	党组成员
刘志荣	男	广元市元坝区	中共党员	局　长	2003－03—2007－07	党组书记
樊恩来	男	广元市利州区	中共党员	局　长	2007－07—	党组书记

第二节　乡镇国土管理机构

1990 年 2 月，全区 28 个乡镇均设有国土管理所，作为区国土局的派出机构，负责所属乡镇的土地管理和村镇建设管理工作。1999 年 6 月，土地管理和村镇建设管理职能分设，28 个乡镇分设国土管理所和村镇建设管理所。2003 年 9 月，撤销乡镇村建所、国土所，组建 28 个乡镇国土村建管理所。2004 年，增设拣银岩社区街道办事处国土村建管理所。2006 年 2 月，撤销 29 个乡镇国土村建所，按区域设置8个国土资源管理所：元坝国土资源管理所，辖元坝镇、柳桥乡、紫云乡、拣银岩社区街道办事处；卫子国土资源管理所，辖卫子镇、石井铺乡、柏林沟镇、晋贤乡；太公国土资源管理所，辖太公镇、清水乡、香溪乡、张家乡；王家国土资源管理所，辖王家镇、文村乡、磨滩镇；虎跳国土资源管理所，辖虎跳镇、黄龙乡、丁家乡、陈江乡、青牛乡；明觉国土资源管理所，辖明觉乡、白果乡、梅树乡、射箭乡；红岩国土资源管理所，辖红岩镇、朝阳乡、沙坝乡；昭化国土资源管理所，辖昭化镇、大朝乡。至2007年，机构无变化。

第二章　国土资源

第一节　土地资源

一、1994年调查的土地利用状况

1992—1994年，元坝区对全区国有土地、荒山、耕地、滩涂、林地、未利用地等进行了土地利用现状调查。查实全区面积为1432.32平方公里，折合143232公顷。其中，耕地35099公顷；园地2685公顷；林地76266公顷；居民点及工矿用地5594公顷；交通用地1078公顷；水域用地7411公顷；未利用土地15099公顷。

二、2007年末土地利用状况

（一）耕地

1994—2007年，因实施建设项目而减少耕地170.54公顷。其中，绵广高速改公路修建占用耕地40.50公顷，广巴高速公路新建占用耕地53.65公顷，省道公路202线扩建占用耕地1公顷，城市建设占用耕地58.96公顷，农村居民建设占用耕地12.93公顷，工矿企业用地占用耕地3.50公顷（比1997年第一轮土地规划的5.88公顷少用地2.38公顷）。1995—1999年开发土地78.58公顷；2000—2007年，实施15个荒草地开发项目新增耕地152.33公顷，1个土地整理项目（昭化曲回坝土地整理）新增耕地155.70公顷，三项共增耕地386.61公顷。2007年年末，全区耕地面积实际为35315公顷，与1994年相比，新增耕地216公顷。

（二）园地

2007年末，果园面积395.17公顷；桑园面积2126.60公顷；茶园面积28.90公顷；其他园地184.15公顷。园地面积共2734.82公顷。与1994年的调查数据相比，园地增加49.67公顷。

（三）工矿企业用地及农村居民建设用地

由于农村生活水平的不断提高，农民新建、改扩建房屋增多，1997—2007年，全区共审批农民建房（包括中心村、小康示范村）项目用地用125.60公顷，其中耕地12.93公顷。另外，独立工矿建设

用地 25 公顷，其中耕地 3.50 公顷。2007 年末，全区工矿及农村居民建设用地达 5745.41 公顷，用地面积比 1994 年增加 150.60 公顷，其中占用耕地 16.43 公顷。

（四）交通用地

2007 年末，全区交通运输用地面积 1401.47 公顷，与 1994 年土地利用状况调查数据相比，全区新增交通建设用地 322.55 公顷。其中，1997—2007 年交通建设项目用地 161.14 公顷。

（五）林地

1989 年，全区有林地 76688 公顷。根据元坝区土地利用总体规划，1997—2000 年，计划退耕还林 120 公顷，荒地开发增加林地 30 公顷，2000 年，林地开发增加林地 46 公顷；2001—2010 年，退耕还林 180 公顷，荒地开发增加林地 46 公顷。通过十多年实施长江中上游防护林造林、绿色希望工程造林、中德合作嘉陵江上游防护林工程、生态工程、退耕还林等工程，特别是 1998 年以后，受国家退耕宏观政策的影响，本着农村生态优先，保持水土与农业产业结构调整相结合的原则，将大于 25 度以上坡耕地和中低产田地退耕还林，实际退耕还林共 1540 公顷，林地面积与原规划的新增 422 公顷相比，实际增加 1118 公顷，2007 年年末，全区林地面积达到 80100 公顷。

（六）水域用地

2007 年年末，全区人工水面总计 2960 公顷，比建区之初增加 650 公顷。

（七）未利用地

1994 年土地利用现状调查显示全区有未利用地 15310 公顷。1995 年后对未利用地开始进行适度开发以新增耕地，至 2007 年年末，累计开发未利用地 334 公顷，全区未利用地面积为 14976 公顷。

三、土地开发和改造

（一）耕地开发

元坝区所辖境域在 1958 年有耕地面积 19884 公顷。1991 年，保有耕地面积 35099 公顷。1995—1999 年，开发土地新增耕地 78.58 公顷。2000—2007 年，元坝区共实施 15 个省级荒草地开发项目，总投资 663.08 万元，开发土地 188.05 公顷，其中新增耕地 152.33 公顷。15 个荒草地开发情况为：2000 年，砖灰村六组，开发荒草地 25 公顷，新增耕地 7 公顷，总投资 23.10 万元；2001 年，白果乡会果村一组开发荒草地 12 公顷，新增耕地 10 公顷，总投资 20.37 万元；2002 年，虎跳镇三公村、王家镇红庙村，开发荒草地 17 公顷，新增耕地 14 公顷，总投资 39.91 万元；2003 年，石井铺乡新场村、昭化镇鸭浮村开发荒草地、河滩地 54 公顷，新增耕地 47 公顷，总投资 120 余万元；2005 年，清水乡清凉村和黄龙乡普照村开发荒草地 21 公顷，新增耕地 19 公顷，总投资 127.65 万元；2006 年，白果乡田岩村、石井铺乡八庙村、香溪乡玉莲村和白鹤村共开发荒草地 38 公顷亩，新增耕地 35 公顷，总投资 241.28 万元；2007 年，红岩镇坪林村、石井铺乡元柏村和明觉乡前锋村共开发荒草地 20 公顷，新增耕地 19 公顷，总投资 90.77 万元。另实施昭化曲回坝土地整理项目，新增耕地 155.70 公顷。

（二）耕地复垦整理

1990 年，新场乡（今石井铺乡）开始实施坡薄地改造工程。该项目 1990 年被列入“以工代赈”（农业）项目，计划改造坡薄地 20 公顷，其中：地变田 6.7 公顷，坡改梯 13.3 公顷。经新场乡和元坝区农业局全面规划，综合治理，组织实施，投劳 2.10 万个，动工石方 3.15 万立方米，投入资金 1.44 万元，当年地变田 6.7 公顷，坡改梯 5.3 公顷；1991 年夏，投工 0.40 万个，除完善去冬改造的坡面水系外，又新改坡地 2.7 公顷。1991 年，晋贤乡熨斗村开始实施对 100 公顷下湿田的改造工程。是年投工 4758 万个，挖土方 2.70 万立方米，安砌石方 3358 立方米，开挖渠道 1982 米，改造下湿田 46.7 公顷。1992年，元坝区共完成中低产田改造472.7公顷。其中工业品以工代赈项目改土200公顷，粮食以工代赈项目改土272.7公顷。总投资91.70万元，累计投工114.36万个，填挖土石方121.78立方米，修建排灌渠系32050米，建造防旱池354口。改造坡薄土394公顷，改造下湿田78.7公顷。1993年完成改土446.7公顷。其中粮食以工代赈工程项目246.7公顷，主要分布于昭化、卫子、柏林沟、红岩、元坝、王家等6个乡镇；工业品以工代赈工程项目改造低产田土200公顷，主要在元坝、清水、梅树、大朝乡等4个乡镇。1994年，全区共完成中低产田土改造面积313公顷。其中粮食以工代赈工程项目233公顷，分布于虎跳、清水、太公、卫子、磨滩、梅树、元坝等7个乡镇；工业品以工代赈改土80公顷，布点于虎跳、太公两镇。1995年，石井铺乡结束于1990年开工的20公顷坡改梯扫尾工程；晋贤乡全面完成于1991年开工的100公顷的下湿田改造扫尾工程。1996年，全区共改土150公顷。其中石井铺乡80公顷，晋贤乡70公顷。两乡实施坡薄土改造期间，共投工11.17万个，建排水沟40条，蓄水池27口，挖填土石方1.30万立方米，安砌石方7853立方米。1997年，全区改土306.7公顷。其中：国家粮食自给工程项目中低产田改造面积206.7公顷，主要分布于昭化镇和元坝镇，总投资64万元；国家旱作农业示范工程项目改土86.7公顷，主要分布于晋贤、石井铺、昭化等3个乡镇。实施该项目的乡镇，共新建蓄水池23口，容积0.29万立方米；修建排灌渠系1.18万米，修复公路和机耕道6条，总长5.80公里，扎砌地埂9040米。其中，元坝镇杏树村以庭院改土为突破口，大力发展庭院经济，实施庭院经济改土面积29公顷，种植果树9718株，蔬菜7公顷，桑园4公顷。1998年，全区实施改土326.7公顷。其中，旱作农业示范工程项目改土120公顷，主要分布于石井铺乡和晋贤乡；以粮代赈项目改土206公顷（昭化镇140公顷，元坝镇的长坝村33公顷，磨滩镇的百胜村33公顷）。其中，元坝镇的胜利、长坝两村利用以粮代赈项目资金，投劳2万多个，投资350余万元，砌堡坎2.50公里，在长滩河段围河造田造地6.7公顷。2007年，实施昭化镇曲回坝国家投资土地整理项目。工程涉及昭化镇凤凰村、鸭浮村、天雄村，整理土地面积946.7公顷，新增耕地155.7公顷，总投资1936万元。项目建设按照区委、区政府提出的“三个结合、六个示范”的总体要求，在征求村组意见的基础上，由专业设计单位进行科学合理的施工设计。项目工程内容包括：土方平整125.29万立方米，整治山平塘16座，整治提灌站2座，新建蓄水池32套；设置路涵167座，人行桥673座，修建生产路10.53公里，田间路19.08公里；修建乡村公路1条，全长4.80公里；修建河堤0.75公里，兴建排水沟、灌溉渠7条，总长3150米；挖填土石方53197立方米，浆砌石方3717立方米。1990—2007年，全区改造低产田土近3330公顷。

四、城区土地开发

1989年末，元坝区治地元坝镇城区面积为0.55平方公里。至1992年，开发整治京兆路、晋寿路等，增加城市建设用地27347平方米。

1998—2000年，实施长滩河红土垭河堤段改道建设工程，总投资161万元，开挖土石方5337立方米，逐年增加城市建设用地4335平方米；2001年12月至2002年5月，完成长滩河欧家河河堤建设工程，项目总投资340万元，开挖土石方56378立方米，构筑防洪河堤1000米，新增城市建设用地9672平方米。2003年，启动长滩河乔家坡削山工程和陈家沟新建河堤，共计投资121万元，开挖土石方63500立方米，新增城市建设用地2万平方米。2005年12月至2006年5月，开工建设长滩河生态防洪工程，筑建河堤长2100米，开挖土石方、堤硬加高、清淤等共计14.70万立方米，总投资538万元。

第二节 矿产资源

区境内的矿产资源的勘察工作，主要集中在20世纪60—80年代，先后有省地勘局川西北队、区调队、化探队、省地调院、冶金西南地勘局六〇二队、六〇五队、六〇六队以及核工业部、建材部等地勘单位在区境内开展过地质找矿工作。其中，60年代勘探了元坝至柳桥一带的煤炭资源，70年代完成了1: 20万区域地质调查，80年代完成了1: 20区域化探。通过这一时期的勘察，发现了拣银岩煤矿和白水煤矿东山矿区。同时，也对荣山煤矿以南的元坝镇中梁村境内的煤炭资源情况进行了逐步调查，初步测算这一区域的煤矿资源储量大约在200万吨以上。

20世纪90年代初期，荣山煤矿对这一地区进行了地质勘查，在钻探过程中发现了具有饮用价值的矿泉水，并及时进行开发利用。20世纪80年代后期对纵贯区境西部的嘉陵江（包括白龙江和青水河）进行勘察并圈定了三个沙金矿区，即白水金矿昭化矿区、白水金矿红岩矿区和广元金矿虎跳矿区，初步调查沙金储量5000公斤左右，建筑用沙在8亿吨左右（见附表）。2002年在矿山企业进行“采矿许可证”延续登记的过程中，按照规定由四川省冶金地质勘查局六〇四队对各煤矿的保有资源储量进行了核实。

2000年，元坝区编制出2001—2010年矿产资源开发利用规划，对矿产资源开采、勘察进行了分区。

广元市元坝区矿产资源勘察规划分区表

表 13－2

规划区类别	矿 种	规划区域	面积(平方公里)
鼓励勘察区	煤	元坝镇光华村、柳桥乡东山村	14.39
	沙 金	虎跳镇、青牛乡	18.90
	天然气	柳桥乡、拣银岩社区、紫云乡	174.84
限制勘察区	煤	拣银岩社区	—
禁止勘察区	沙 金	昭化古城	5.20
	其他矿产资源	各风景名胜区，主要交通、通信设施范围内	—

广元市元坝区主要矿产资源分布及储量表

表 13－3

类 别	矿种及储量	分布区域
已探明部分矿产资源储量	煤119.20万吨	元坝镇、柳桥乡
	矿泉水116.60万立方米	元坝镇
	沙金1.93吨	虎跳镇、青牛乡
	建筑用沙8亿吨	分布于嘉陵江、白龙江流域

续表

类　别	矿种及储量	分布区域
未探明部分矿产资源储量	沙　金	昭化镇、射箭乡、朝阳乡、红岩镇、白果乡、黄龙乡、丁家乡、虎跳镇、陈江乡
	天然气	柳桥乡、拣银岩社区、紫云乡
不需作详细地质工作	页　岩	全区各乡镇

广元市元坝区矿产资源开采分区表

表 13－4

规划区分类	矿　种	位　　置	资源储量
鼓励开采区	煤	元坝镇光华村、柳桥乡东山村	88.15 万吨
	建筑用沙	嘉陵江、白龙江流域	—
	砖瓦用页岩	各乡镇	—
	沙　金	虎跳镇、青牛乡	1.93 吨
限制开采区	煤	拣银岩社区街道办事处	31.05 万吨
	建筑用沙	嘉陵江、白龙江各渡口，影响耕地损毁	—
禁止开采区	沙　金	昭化古城	—
	建筑用沙	昭化古城	—
	其他矿产资源	各风景名胜区、重要交通、通信设施范围内	—

第三章　国土管理

第一节　土地规划

一、土地利用总体规划

广元市元坝区第一轮土地利用总体规划于 1997 年开始编制。拟订出《广元市元坝区土地利用总体规划》草案。1998 年 4 月《广元市元坝区土地利用总体规划》通过广元市人民政府评审验收，1999 年 3 月经四川省人民政府批准实施。该规划以 1996 年为基期年，2000 年为近期年，2010 年为规划目标年，同时展望 2020 年。

（一）1997 年市政府下达的土地利用指标

1. 建设用地指标

1997—2010 年，各类建设占地 2243.24 公顷，其中占用耕地 958 公顷。建设用地中省以上重点建设项目占地 1651.28 公顷（亭子口水利枢纽工程占地 1550 公顷，广巴高速公路占地 43.28 公顷，绵广高速公路占地 58 公顷），其中耕地 794.67 公顷。

2. 耕地总量动态平衡目标

1997—2010 年，开发整理补充耕地 1660 公顷，2010 年耕地保有量 35328.70 公顷，其中基本农田保护面积 30700 公顷。

3. 城市规划区控制面积

2010 年元坝城市建成区面积控制在 320 公顷以内。

4. 退耕还林指标

1997—2010 年退耕还林 300 公顷。

（二）规划期间建设项目用地安排

按市政府下达的土地利用指标，1997—2010 年规划期间，以交通、水利、城镇基础设施建设为重点分解安排建设用地指标，全区建设项目占地 2243.24 公顷，其中占耕地 958 公顷。

1. 交通建设用地

交通建设项目安排用地 103.90 公顷，占用耕地 103.90 公顷。其中：广巴高速公路新建和绵广高速新建分别占用耕地 36.67 公顷和 58 公顷。

2. 水利设施建设用地

水利设施建设项目安排用地 1626.60 公顷，占用耕地 706.86 公顷。其中：亭子口水利工程安排用地 1550 公顷，占用耕地 700 公顷；何家坝水库安排用地 16.60 公顷，占用耕地 2.76 公顷；磨滩河水利设施项目安排用地 30 公顷，占用耕地 1.34 公顷；文庙河水利设施项目安排用地 30 公顷，占用耕地 2.76 公顷。

3. 城镇建设用地

城镇建设项目安排用地 355.96 公顷，占用耕地 107.80 公顷。

4. 村居民点（包括中心村）建设用地

村居民点建设安排用地 131.78 公顷，占用耕地 33.56 公顷。

5. 独立工矿建设用地

独立工矿建设安排用地 5 项共 25 公顷，占用耕地 5.88 公顷。其中：广元机场辅助设施安排用地 5 公顷，占用耕地 1 公顷；元坝城镇人畜饮水工程安排用地 1 公顷，占用耕地 0.28 公顷；畜禽基地用安排地 4 公顷，占用耕地 1 公顷；工业集中安排用地 8 公顷，占用耕地 3 公顷；青龙山公墓安排用地 7 公顷，占用耕地 0.60 公顷。

（三）各类建设项目实际用地情况

自元坝区土地利用总体规划和土地利用年度计划实施以后，严格审核报批各类建设用地。除国家重点建设项目外，其余建设用地指标未突破市上下达的计划。2007 年，末共上报审批各类建设用地 422.38 公顷，其中耕地 170.54 公顷。

1. 交通建设项目用地

1997—2007 年，交通建设项目实际用地 161.14 公顷，其中耕地 95.15 公顷。在交通建设项目用地中：绵广高速建设项目用地 58.80 公顷，其中耕地 40.50 公顷；广巴高速公路建设项目用地 97.24 公顷，其中耕地53.65公顷；省道202线广旺路改扩建工程项目用地5.10公顷，其中耕地1公顷。

2. 水利设施建设项目用地

1997年，共规划了何家坝水库、磨滩河电站、文庙河电站、亭子口水利枢纽工程四个水利设施建设项目。亭子口水利工程是国家发改委审批拟建的重点项目，至2007年已进入可行性研究阶段，按长江水利委员会设计院的规划，元坝库区拟淹没土地5437公顷，其中耕地1314公顷，突破了1997年规划的用地指标。因此原规划的磨滩河、文庙河水利设施工程及何家坝水库工程在规划期间已不能实施。

3. 城镇建设用地

1997—2007年，城镇建设用地总量为123.90公顷，其中耕地58.96公顷。

4. 乡村建设及农村居民点（包括中心村）用地

1998—2007年，审批的农房建设（包括中心村、小康示范村）项目用地共为125.60公顷，其中耕地12.93公顷。

5. 独立工矿建设用地

独立工矿用地11.74公顷，其中耕地3.50公顷。

（四）土地利用总体规划修编

元坝区第一轮土地利用总体规划实施近十年来，除国家投资的交通、水利设施项目用地指标突破外，城镇、农村居民点及独立工矿用地均未超出计划指标。原规划的部分农村居民点建设项目及几个小（一）型水利设施项目未实施，建设用地指标还有剩余。但由于城镇、农村居民点等建设项目剩余指标较为分散且布局不合理，导致元坝城区及主要乡镇招商引资的重点建设项目又无地可用，用地矛盾十分突出。因此，按省、市的安排部署，一是将剩余指标统筹安排，调整部分乡镇土地利用总体规划，保障近两年重点建设项目的用地需求；二是推进区乡两级土地利用总体规划修编工作，加快规划修编进度，2008年年底出台规划大纲，2009年全面完成土地利用总体规划修编工作。

二、基本农田保护区规划

基本农田保护区规划工作始于1996年。当时按《基本农田保护条例》的规定，划定元坝区基本农田面积为30400公顷，占总耕地的86.70%。1997年，广元市人民政府下达给元坝区2010年基本农田保护面积为30700公顷，比原划定的面积增加了300公顷，因此在编制元坝区土地利用总体规划时，对全区基本农田保护区范围予以重新划定。根据原国家土地管理局《关于认真做好土地利用总体规划编制、修订和实施工作的通知》规定，除全区土地利用总体规划把要占用的耕地、坡度大于25度的耕地以及江河泄洪区的耕地划为一般农田外，划定基本农田保护面积为30700公顷。2000年，实际划定基本农田保护面积为30785公顷，保护率为87.20%。2000年，元坝区基本农田保护区划定工作经省市组织验收后被评为国土资源部表彰的先进单位。2004年，在全区28个乡镇全面开展基本农田保护情况调查，完成了基本农田质量分等定级工作。2007年，对已划定但布局不合理的基本农田、退耕还林区域的部分基本农田、已依法批准占用的基本农田，重新进行了补划，并按省、市下达的元坝区基本农田保护面积必须达到29063公顷的指标，严格划定基本农田保护区，重新制作表册及基本农田保护图，其成果作为土地利用总体规划修编和第二次土地资源调查的基准依据，进入全省基本农田基础信息数据库和数字化动态监测系统。

广元市元坝区基本农田保护面积规划分解表

表 13-5　　单位：公顷

乡 镇	耕地保有量					基本农田保护面积
	1996 年	2000 年	比 1996 年净增耕地	2010 年	比 2000 年净增	
元坝镇	1354.52	1357.82	3.3	1368.52	10.7	1185
柳桥乡	930.04	933.64	3.6	939.04	5.4	816
紫云乡	815.53	819.13	3.6	824.53	5.4	716
卫子镇	1509.33	1512.93	3.6	1518.33	5.4	1320
梅树乡	1285.85	1289.45	3.6	1294.85	5.4	1125
晋贤乡	1531.23	1534.83	3.6	1540.23	5.4	1340
王家镇	2471.95	2476.45	4.5	2481.95	5.5	2156
文村乡	1308.74	1312.34	3.6	1317.74	5.4	1145
石井乡	2214.42	2218.92	4.5	2223.42	4.5	1930
太公镇	1346.32	1350.82	4.5	1356.32	5.5	1178
柏林沟镇	1225.74	1229.34	3.6	1234.74	5.4	1075
清水乡	1720.26	1784.76	4.5	1730.26	5.5	1505
张家乡	1199.53	1204.03	4.5	1308.53	5.5	1050
虎跳镇	1083.12	1087.66	4.5	1093.16	5.5	950
陈江乡	748.55	752.15	3.6	757.55	5.4	660
香溪乡	631.34	634.94	3.6	640.34	5.4	555
青牛乡	880.12	883.72	3.6	889.12	5.4	780
黄龙乡	1088.86	1092.46	3.6	1097.86	5.4	955
丁家乡	756.84	760.44	3.6	765.84	5.4	665
昭化镇	1312.31	1317.31	5	1326.31	9	1150
朝阳乡	1164.63	1168.23	3.6	1173.63	5.4	1020
明觉乡	1220.06	1223.66	3.6	1229.06	5.4	1068
射箭乡	1017.25	1020.85	3.6	1026.25	5.4	895
红岩镇	829.44	833.04	3.6	838.44	5.4	726
白果乡	1308.73	1312.33	3.6	1317.73	5.4	1142
沙坝乡	846.85	850.45	3.6	855.85	5.4	745
磨滩镇	2591.04	2596.04	5	2605.04	9	2270
大朝乡	664.12	667.72	3.6	676.72	5.4	578
合 计	35056.72	35225.46	108.7	35431.36	163.3	30700

三、城市建设用地规划

1997 年编制元坝城区土地利用总体规划时，由于区建设局规划的元坝城区建设范围仅局限在“三桥”（原三七六二油库与广旺集团机制公司厂区之间的桥、由广元方向进入元坝城区的花果园桥、由苍溪方向进入元坝城区的红土垭桥）以内，规划的城市建设用地总面积仅为170公顷，其中耕地66公顷。除砖灰村规划40公顷、欧家河10公顷外，其余120公顷主要集中在胜利、长坝村靠山边一侧。2005—2007年，区国土资源分局依据新修编的城市建设规划和招商引资建设项目用地的需要，将元坝镇元坝村、胜利村、长坝村沿广旺铁路与国道212线之间的60公顷土地全部调整纳入城市建设用地规划范围，将胜利、长坝村靠山边一侧的大部分土地调出不再作为建设用地。经调整后，元坝城区建设用地总规模不变，调进调出占用耕地面积保持不变。

第二节　地籍管理

一、土地调查

1992年4月，成立广元市元坝区土地详查领导小组。同年10月，按照《详查外业调绘实施细则》的要求，在柳桥等乡镇进行外业试点工作。1993年3月，野外调查工作全部结束，转为内业工作阶段。1994年10月，调查工作全部结束。1994年12月，成果资料通过省、市专家评审小组验收合格。按照《国家土地管理局土地利用现状调查成果技术规程》和《四川省土地利用现状调查技术规范》，全区土地划为8个一级类，52个二级类。根据全区不同地形、地貌、土壤性质、利用方式，布设净土地样方101个，建立全区净土地系数运用指南，使用样方50个。土地详查中，获得全区面积汇总表、国有土地面积汇总表、集体土地面积汇总表和区、乡两级土地利用现状图，全区行政区划权属范围内各类地貌的相关问题得以全面反映。

二、土地统计制度

1990年，开始建立内容较为全面的土地统计制度（之前仅限于耕地统计），土地统计包括各类土地变化情况、土地开发情况、土地案件与信访情况、国土资源系统管理机构及人员变化情况、各类建设用地面积增加情况、地质及矿产资源出让情况、城镇建设用地面积当年增加情况、国有土地使用权出让情况、获得土地使用方式及资金来源情况等内容。国土资源局和乡镇国土资源管理所分别设立土地统计台账，按各类土地的使用情况、用地类别，分季度、年度和不定期逐级上报上级国土资源管理部门。

三、土地登记发证

（一）国有土地使用权登记发证

元坝区于1990年2月开始开展土地登记发证工作。发布了土地登记通告之后，按照申请—地籍调查—权属审核—注册登记—核发土地证书的程序，按照权属合法，四至界线清楚，面积准确无争议的原则，进行土地登记和发证。针对在权属调查中出现的问题，本着尊重历史、面对现实，有利团结和生产的原则，逐宗调查核实，至1998年底，基本完成初始登记任务。2007年底，全区共完成颁发国有土地使用证3247宗。

（二）农村集体土地所有权及集体土地使用权登记发证

1999年1月，在全区范围内开展了农村集体土地所有权登记发证工作。至8月，全区调查登记28个乡镇，210个村，1424个组，发证1420份，调解土地权属纠纷150余起。至2007年，全区共完成集体土地使用权登记发证12300宗，面积147.60万平方米。

（三）土地权属变更登记

1990年，元坝区在开始初始土地登记工作，后又陆续开展了土地权属变更登记工作，并逐步进入日常地籍管理。至2007年末，全区共办理变更登记1124宗。

四、土地权属争议处理

1987—2007年，全区共处理权属纠纷210宗，达成协议298份，确权面积18900平方米，其中解决单位与单位之间权属纠纷48宗，单位与个人之间89宗，个人与个人之间73宗。

第三节 用地管理

一、计划指标管理

元坝区国家、集体、个人三项非农业建设用地计划管理始于1990年。按规定，应按照上级下达指标编制出本区的用地控制计划，规定结余指标延后使用，超出指标扣减下年度计划。当年，广元市人民政府下达元坝区三项建设用地计划指标35公顷，其中耕地计划指标18公顷，非耕地17公顷。元坝区将国家建设用地指标留区掌握，将集体和农房建设用地指标分解到乡镇控制使用。鉴于乡镇用地指标时有突破的问题，区政府及时发出的《关于严格实行土地计划指标控制管理的通知》中指出："耕地计划指标是指令性计划，只能节约，不能突破。"1990—2003年，广元市总计下达元坝区非农业建设用地计划指标291.67公顷，其中耕地168.66公顷，未利用土地123.01公顷。实际用地159.76公顷，其中耕地76.46公顷，未利用地83.26公顷，占计划指标的54.77%，共节约用地131.91公顷，其中耕地92.20公顷，未利用地39.71公顷，占下达计划的45.23%。2001—2003年，新增耕地69公顷，实现了耕地占补平衡目标。从2004年开始，非农业建设用地指标由市国土资源局统一控制，不再向县区下达指令性建设用地计划。

广元市元坝区非农业建设用地统计表

表13-6

年度	市下达计划（公顷）			实际用地（公顷）			节余指标（公顷）		
	合计	耕地	未利用地	合计	耕地	未利用地	合计	耕地	未利用地
1990	34.67	18	16.67	26.02	12.55	13.47	8.64	5.45	3.19
1991	35	18.33	16.67	25.8	13.33	12.47	9.2	5	4.2
1992	36.67	19	17.67	29	14.55	14.45	7.67	4.45	3.22
1993	37.67	20	17.67	25.9	13.42	12.48	11.77	6.58	5.19
1994	40	20	20	22.9	9.5	13.4	17.10	10.5	6.6
1995	26.66	13.33	13.33	13	4.5	8.5	13.66	8.83	4.83
1996	国家冻结审批非农建设用地								
1997									
1998									

续表

年度	市下达计划（公顷）			实际用地（公顷）			节余指标（公顷）		
	合计	耕地	未利用地	合计	耕地	未利用地	合计	耕地	未利用地
1999	22	17	5	2.53	1.69	0.84	19.45	15.30	4.15
2000	17	13	4	1.60	1.29	0.31	15.38	11.70	3.68
2001	17	15	2	4.43	4.09	0.34	12.55	10.90	1.65
2002	15	10	5	3.53	1.47	2.06	11.45	8.52	2.93
2003	10	5	5	5	0.05	4.95	4.98	4.94	0.04
合计	291.67	168.66	123.01	159.71	76.44	83.27	131.85	92.17	39.68

二、用地审批

（一）国家建设用地

元坝建区至1998年，区镇建设项目需要使用国有土地的，由建设用地单位持项目立项批准文件、规划许可证、项目用地红线图、平面布置图等资料，向国土管理部门提出申请，由区国土部门审核后代区政府和被征地村组签订土地补偿协议，再逐级依法按照限额审批权限上报省、市、区人民政府批准。建设项目占用耕地3亩以下（含3亩），其他土地10亩以下（含10亩）的，报区政府审批；建设项目占用耕地3亩以上10亩以下的，其他土地10亩以上30亩以下的，报市人民政府审批；建设项目占用耕地1000亩以下（含占用耕地3亩以下，但被征地村组人均耕地低于0.40亩，需办理农转非审批手续的），其他土地2000亩以下的，报省人民政府审批。批复下达以后，由区城建国土局规划股按项目用地红线图放线进场施工。1989—1997年，元坝区国家建设项目用地主要是区政府及各机关事业单位办公、住宅用地约70公顷（15亩=1公顷），元坝区自来水厂、元坝区农贸市场等基础设施用地（含道路用地）20公顷，冰鸟矿泉水厂、昭化白水金矿、元坝区植物油厂、粮油综合食品厂、川北肉类食品加工厂、新元丝绸厂、元坝区印刷厂、元坝区机械厂、拣银岩煤矿等企业用地约30公顷，合计120公顷（其中耕地98公顷）。

修订后的《中华人民共和国土地管理法》于1999年1月1日施行以后，土地管理方式从分级限额审批制度转变为用途管制制度，建设占用土地，涉及农用地（耕地、林地、牧草地、养殖水面、农村道路等直接用于农业生产的土地）转为建设用地的，应当办理农用地转用审批手续。规定国家建设项目用地凡占用基本农田，或占用一般耕地超过了35公顷，或其他土地超过70公顷的，必须报国务院审批；上述规定以外的建设用地由省人民政府批准；市县（区）人民政府没有审批权。1998—2007年，元坝区国家建设项目用地主要是元坝中学、元坝区三小（后改称元坝区实验小学）、昭化职中、紫云中心校、太公中学、清水小学、昭化卫生院、紫云卫生院、政协等机关事业单位，元坝机焦厂、拣银岩沉陷区居民小区、升达木业有限公司、PPR管材、广元含羞泉水业有限公司等企业用地，青龙山公墓、广巴高速公路、绵广高速公路、省道202线、广元机场辅助设施项目用地，合计296.78公顷，其中耕地157.61公顷。

2004年8月，再次修改后的《中华人民共和国土地管理法》将国家建设项目“征用”土地改为“征收”土地。

（二）集体建设用地项目审批

元坝建区至1998年，乡镇村企业建设项目用地审批权限与国家建设项目审批权限相同。农村居民修建住宅用地，经本人申请，乡镇国土所工作人员现场规划，并填写农村村民建房用地审批表，村组及乡镇人民政府签字同意后，统一由乡镇国土所上报区国土部门审核，区国土部门审核后填发盖有区人民政府公章的建设用地许可证（区政府授权区国土局审核发证）。其宅基地面积每人20～30平方米，3人以下的户按3人计算，4人的户按4人计算，5人以上的户按5人计算。这期间乡镇企事业用地主要是个体户在集镇建房用地，共审批集镇建房用地289户，面积4.50公顷（其中耕地1公顷），农房建设用地（改扩建及新建）10800余户，面积120公顷（其中耕地35公顷）。

从1999年1月1日起，只有兴办乡镇企业和村民建设住宅使用本集体经济组织土地的，或者修建乡村公共实施、发展公益事业才能经批准后，使用农民集体所有的土地。其审批权限为：项目占用土地1公顷（含1公顷）以下的，由县（区）人民政府审批；项目占用1公顷以上，2公顷（含2公顷）以下的，由市人民政府审批；超过以上审批权限的报省人民政府审批。农村村民使用宅基地面积标准未变。1998—2007年，共审批乡村建设用地125.60公顷（其中耕地12.93公顷），其中王家、太公、柳桥、晋贤、石井铺砖厂、元坝杏树砖厂、太公米业加工厂、虎跳京川食品厂、石井铺小学、长坝小学等乡村企事业用地20余宗，用地面积36.50公顷（其中耕地3.30公顷），农民建房10186户，面积89.10公顷（其中耕地9.63公顷）。

2004年8月，再次修改后的《中华人民共和国土地管理法》将集体建设“占用”土地改为“征用”土地。

三、征地补偿

1990—1997年，原《中华人民共和国土地管理法》及《四川省中华人民共和国土地管理法实施办法》规定，征用耕地的土地补偿费按该耕地被征用前三年平均年产值的4～6倍计算，安置补助费按照需要安置的农业人口数计算，征用耕地需要安置的每一个农业人口的安置补助费标准，为该耕地被征用前三年平均年产值的2～3倍，但每亩被征用耕地的安置补助费，最高不超过被征用前三年平均年产值的10倍（若按前两项规定支付的补偿费尚不能保持被安置人员原有生活水平的，经省人民政府批准，可适当增加安置补助费，但每亩土地的土地补偿费和安置补助费总和不得超过土地被征用前三年平均年产值的20倍）；征用其他土地的两项费用按征用耕地的土地补偿费和安置补助费标准减半计算。元坝区建立初期，元坝城区建设项目用地主要是征用元坝镇砖灰村一至五组和七组土地，根据各组基本情况和土地所处位置，年产值取值在每亩1000～1400元，土地补偿费和安置补助费之和在10～20倍之间。征地补偿费最高的是砖灰村一组（因该组为蔬菜队，年产值高，人均耕地较少），为每亩3万元，最低的征地补偿费为每亩1万元。至1997年，区镇建设共征用砖灰村土地约为130公顷，砖灰村七组土地已全部征完，并报省人民政府批准拆销建制，剩余农村人口全部转为非农业人口，并组建成立居委会。

1998年，修改后的《中华人民共和国土地管理法》提高了征地补偿费标准，征用耕地的土地补偿费为该耕地被征用前三年平均年产值的6～10倍，征用耕地的安置补助费，按照需要安置的农业人口数计算，征用耕地需要安置的每一个农业人口的安置补助费标准，为该耕地被征用前三年平均年产值的4～6倍，但每亩被征用耕地的安置补助费，最高不超过被征用前三年平均年产值的20倍（若按前两项规定支付的补偿费尚不能保持被安置人员原有生活水平的，经省人民政府批准，可适当增加安置补助费，但每亩土地的土地补偿费和安置补助费总和不得超过土地被征用前三年平均年产值的30倍）。1998—2007年，元坝区建设项目用地主要在分布在元坝村、胜利村、长坝村，征地年产值为每亩1200

~1600 元，土地补偿费和安置补助费之和为被征用土地前三年年均产值的 16~30 倍，因元坝村二组为蔬菜队，且人均耕地只有 0.3 亩，征地补偿费最高达到每亩 5 万元。

四、用地统征

1991 年前，因国家建设而征用土地，由用地单位与被征地单位协商签订用地补偿协议，区国土资源局只办理相关用地手续。从 1991 年开始，国家为保护集体农业组织和村民的合法权益，出台相关政策，实行国家、集体建设用地统一征用，统一开发。同年 7 月，区人民政府成立“元坝区建设用地统征办公室”，挂靠区国土局，专门负责全区国有土地有偿使用、划拨或临时用地租用工作。1991—2007 年全区共办理国家建设用地 428.20 公顷，其中耕地 169.76 公顷。

五、其他规费

（一）土地管理费

1983 年 1 月开始，向使用集体、国有土地从事非农业生产建设的农村居民和城镇机关单位收取土地管理费。农村居民建房，占用耕地每平方米向其收取 0.80 元，占用非耕地每平方米向其收取 0.20 元，利用旧宅基地每平方米向其收取 0.15 元。1991 年 7 月，四川省物价局、四川省国土局、四川省财政厅印发的《四川省国土部门行政事业性收费的规定》规定：“自 1991 年 7 月 1 日起，凡在省内因建设需要，经国土管理部门统一办理征用、划拨或占用土地（临时用地）的单位和个人，均应向县（市）以上国土管理部门交纳土地管理费。”收费标准：征用集体所有土地的按征地费用总和的比例交纳。一次性征地在 100 亩以上的交纳 1%，一次性征地在 50~100 亩的交纳 2%，一次性征地 50 亩以下的交纳 3%。乡镇村企业经依法批准占用集体所有土地进行非农业生产建设的，比照上述标准交纳；划拨国有土地的，原则上应参照征用土地的标准交纳土地管理费，不能超过当地征用耕地的收费标准。土地管理费不便按百分比计算的，可按每平方米 0.50~2 元交纳；农村居民修建住宅用地，交纳农村建房占地管理费。元坝区执行小城市（含县及建制镇）范围收费标准：占用耕地，每平方米 0.5~0.8 元；占用非耕地，每平方米 0.25~0.4 元；利用原基地新建，每平方米 0.05~0.15 元。

单位和城镇居民利用原宅改造，不改变土地权属关系的，因依法买卖、转让地上建筑物、附着物等而使土地使用权转移的，不收取土地管理费。只对用地单位和个人办理土地权属关系变更登记手续的，不得收取土地管理费。农村居民改造住宅（不改变原房屋的基地和墙体）不收取农房用地管理费。

用地单位和个人所交纳的土地管理费，由区国土局负责收缴，按比例分成：属于征、拨土地收缴的土地管理费，区国土局 70%，市国土局 20%，省国土局 10%；农村居民建房用地的农房用地管理费，由乡镇土地管理员负责收取，上交区国土局。

2003 年 7 月 30 日，省政府印发《关于规定农民修建自用住房缴纳税费》的通知，规定每户只收取工本费 5.00 元，原拆原建不收取任何费用。至此所有农村居民修建住房和生产用房全部停止收费。

所收土地管理费主要用于征、拨用地的拆迁、安置、办公、会议费，借用、招聘人员的工资、福利、差旅费、业务培训、宣传教育，经验交流和其他必要的费用。

（二）临时用地补偿

元坝区临时用地补偿费，按该土地被占用前 3 年的平均年产值的标准，对农业集体经济组织给予补偿，占用 1 年补偿 1 年，其土地管理费按补偿费的 2% 收取。征用（划拨占用）土地依法由区国土局负责办理，按以上规定的标准收取土地管理费。

第四节　国土资产管理

根据《中华人民共和国城镇国有土地使用权出让和转让暂行条例》《四川省城镇国有土地使用权出让和转让实施办法》和《广元市划拨土地使用权转让、出租、抵押办法》，1992 年 11 月，区人民政府发出通知："对从 1990 年 5 月 20 日至 1992 年 11 月 30 日期间，擅自转让、出租、抵押国有土地使用权的，应重新向区国土局申报，并按规定补办出让手续。"同年 12 月，区人民政府印发《广元市元坝区国有土地使用权出让、转让、出租、抵押管理暂行办法》，对全区国有土地使用权出让标准作出明确规定，并对自 1990 年 5 月 20 日起至本办法实施前发生的转让、出租、抵押土地使用权，所应补交土地使用权出让金的标准作出规定，即转让国有土地使用权按区政府公布的标准地价补交；出租国有土地使用权的，按其收益的 40% 收取（经营性用地按照收益的 50% 补交土地使用权出让金，其他用地的按收益的 40% 补交）。《广元市元坝区国有土地使用权出让、转让、出租、抵押管理暂行办法》印发后，全区实际于 1993 年 3 月开始试行国有土地有偿出让，而土地转让、出租、抵押直到 1995 年以后才开始进行清理，补交土地出让金。

1997 年，元坝区公布了区镇和昭化、卫子等九个集镇的基准地价。区镇商业用地一级类收取国有土地出让金每平方米 60 元，二级类收取国有土地出让金每平方米 40 元，三级类收取国有土地出让金每平方米 30 元；工业用地一级类收取国有土地出让金每平方米 10 元，二级类收取国有土地出让金每平方米 5 元；住宅用地一级类收取国有土地出让金每平方米 20 元，二级类收取国有土地出让金每平方米 15 元，三级类收取国有土地出让金每平方米 10 元。昭化镇一级类收取国有土地出让金每平方米 10 ~ 20 元，二级类收取国有土地出让金每平方米 10 ~ 15 元；卫子镇一级类收取国有土地出让金每平方米 10 ~ 15 元，二级类收取国有土地出让金每平方米 10 ~ 12 元；虎跳镇一级类收取国有土地出让金每平方米 10 ~ 15 元，二级类收取国有土地出让金每平方米 8 ~ 10 元；王家镇一级类收取国有土地出让金每平方米 10 ~ 15 元，二级类收取国有土地出让金每平方米 8 ~ 10 元；磨滩镇一级类收取国有土地出让金每平方米 5 ~ 10 元，二级类收取国有土地出让金每平方米 5 ~ 8 元；清水乡一级类收取国有土地出让金每平方米 5 ~ 10 元，二级类收取国有土地出让金每平方米 5 ~ 8 元；石井铺乡一级类收取国有土地出让金每平方米 5 ~ 10 元，二级类收取国有土地出让金每平方米 5 ~ 8 元；明觉乡一级类收取国有土地出让金每平方米 2 ~ 10 元，二级类收取国有土地出让金每平方米 2 ~ 8 元。

建区至 1998 年底，土地出让金由区国土局代区财政部门收取，区国土局提取 2% ~ 5% 的业务费，主要用于清理整顿土地市场。土地出让金按中央财政 32%、省财政 10%、市财政 10%、区财政 48% 分成。留区财政的土地出让金主要用于区镇基础设施建设和土地开发。如 1994 年整治国道 212 线区镇过境公路就投入土地出让金 70 多万元，2006 年城区改造投入 400 万元。1999 年 1 月 1 日后，"新增建设用地的土地有偿使用费 30% 上缴中央财政，70% 留给有关地方人民政府，都专项用于土地开发"。

随着市场经济的不断发展，特别是中央提出"西部大开发"的战略部署后，为适应城市经济的不断发展，依据城市经济的现时、现状，对土地级别进行重新评定，并在 2004 年 4 月以后对区镇 1999—2010 年土地利用总体规划所确定的区镇建设用地范围内的 8.23 平方公里的土地基准地价进行了更新。同时，区国土资源局采取多种渠道筹集资金收购储备国有土地 48 公顷，解决建设项目与使用土地的供需矛盾。

1993—2004 年，全区共出让国有土地 217 宗，出让面积 112.86 公顷，按每公顷 18 万元～22.50 万元标准共收取国有土地出让金 228.46 万元，土地出让纯收益占土地出让总价款的比重为 65.94%（除减、缓、免国有土地的出让金）。2005—2007 年，全区协议出让土地 137 宗，面积 38,869 平方米，土地收益 133.27 万元；拍卖土地 21 宗，面积 12726 平方米，出让合同总价款 913.02 万元，土地收益 478.54 万元；挂牌出让 2 宗，面积 26024 平方米，出让合同价款 277 万元，划拨土地 2 宗，面积 557 平方米。

广元市元坝区城区各土地级别类用地基准地价

表 13－7　　单位：元/平方米

用途级别	Ⅰ	Ⅱ	Ⅲ	Ⅳ	最高平均设定土地使用年期
商业用地	540.61	384.01	256.48	221.23	40
住宅用地	406.48	332.93	253.40	212.01	70
工业用地	—	233.22	160.70	115.90	50

广元市元坝区国有建设用地使用权出让统计表

表 13－8

序号	年度	供地方式						供地面积（平方米）	出让合同总价款（万元）	土地收益（元）	备　注
		划　拨	宗　数	招牌挂	宗　数	协　议	宗　数				
1	2001	—	—	—	—	协议	1	150	—	—	
2	2002	—	—	—	—	协议	6	1450	—	1.87	
3	2003	—	—	—	—	协议	39	28980	—	91.66	
4	2003	—	—	拍卖	1	—	—	565	11.40	—	
5	2003	—	—	挂牌	3	—	—	390	5.58	—	
6	2003	划拨	4	—	—	—	—	9228	—	—	
7	2004	—	—	—	—	协议	45	8412	—	14.81	
8	2004	—	—	拍卖	9	—	—	2586	66.91	17.49	
9	2004	—	—	挂牌	1	—	—	132	1.80	0.59	
10	2004	划拨	3	—	—	—	—	3334	—	—	
11	2005	—	—	—	—	协议	56	35446	—	118.63	
12	2005	—	—	拍卖	1	—	—	469	8.30	1.13	
13	2005	划拨	2	—	—	—	—	5557	—	—	
14	2006	—	—	—	—	协议	42	2133	—	8.17	
15	2006	—	—	拍卖	12	—	—	2397	133.22	21.14	
16	2007	—	—	—	—	协议	75	1390	—	6.46	
17	2007	—	—	挂牌	2	—	—	26024	277.00	—	
18	2007	—	—	拍卖	8	—	—	9859	771.50	456.25	
19	合计	—	9	—	37	—	264	138502	1275.71	738.20	

第五节 土地监察

一、处理土地信访案件

1989年前，土地信访案件全部由区公所和乡镇政府处理。1989年后开始建立区、乡镇、村三级土地信访制度，实行分级处理。1992年前，基层信访内容大多是土地、山林界畔问题；1994年后多为迁出、迁入人口的土地承包问题；2002年后多为采矿、土地转让、征地拆迁、安置补偿、土地登记、土地开发整理、矿权和土地纠纷、地质灾害防治等问题。到2007年，全区共接受土地来信来访403件次，处理389件次，处理率96.53%。

二、创建“三无”乡镇

1992年，全区各乡镇开展创建“无违法批地、无违法管地、无违法用地”（简称“三无”）活动。年底有元坝镇柳桥乡、紫云乡3个乡镇达标，占当时全区28个乡镇总数的10.70%；1993年，有昭化镇等10个乡镇达标，达标乡镇上升到35.71%；到2007年，创建“三无”乡镇达27个，达标乡镇上升到93.10%。元坝镇连续三年保持“三无”标准。

三、清理违法占地

1986年3月20日，卫子区公所成立土地清理领导小组，组织全区农房管理员，在乡镇政府配合下，对1984年和1985年农房占地情况分片进行清理，共查出无手续建房803户，占地106.80亩；批少占多1107户，占地87.25亩；处以拆房还田29户，拆迁38间，面积1.30亩，恢复耕地0.90亩；对批少占多户，收取管理费13285元。1988年10月，中共广元市市中区卫子区委、卫子区公所成立土地专项监督领导小组，并制发《关于清查处理各类非农业违法占地问题的通知》，至1989年6月，共查出28个乡镇非农建设违法占地970户，违法超占耕地面积12.50亩，违法占地率25.90%。其中，副科级以上领导干部10人共违法占地0.29亩，除补办手续、收取税费、处以罚款外，还分别给予党纪政纪处分；清理中，共收取相关税费37980元，处罚款71300元。1995年7月至1996年7月，为贯彻《四川省人民政府关于清查处理荒芜土地和越权批地的紧急通知》精神，区政府成立清查荒芜土地和越权批地领导小组，全面清理查处城镇建设闲置荒芜土地案件。清理出荒芜土地23宗，面积1.45亩；越权批地2宗，面积1.02亩，复耕荒芜土地1.20亩。1997年4月15日，中共中央、国务院《关于进一步加强土地管理切实保护耕地的通知》下发后，区委、区政府成立非农建设用地清理领导小组，清理出1987—1997年4月15日前各类非农业用地753宗、面积7.94亩，其中耕地2.42亩。清理后补办手续753宗、面积7.94亩（耕地2.42亩），处罚金43.94万元。

第六节　矿产资源管理

一、核发矿山开采许可证

1987年，元坝境内只有一家国有煤矿即拣银岩煤矿，集体煤矿三个即东山煤矿、陈家湾煤矿和跃进煤矿。1989—2005年，全区有矿山企业16家。2005年区政府按照国家和省市相关文件的要求，对煤矿企业进行整顿，对一些不具备开采条件的小煤窑进行关闭，到2005年底，全区核发矿山企业开采许可证16个，其中省级审批7个，煤炭企业6个，矿泉水企业1个；区级审批9个，均是小型砖瓦用岩矿山企业。

二、征收矿产资源补偿金

1990年10月，全区开始征收矿产资源管理费，1992年11月起，矿产资源管理费改征为矿产资源补偿金。1990—2001年，区地质矿产管理办公室在全区共征收矿产资源管理费（矿产资源补偿金）39.60万元（主要在煤炭企业征收）。2002—2007年，全区共征收矿产资源补偿金67.80万元，并按规定全额上缴国库，其返还部分用于全区矿产资源勘探、环境保护和地质灾害整治。

三、整顿矿业秩序

1987年，卫子区公所成立矿产资源管理委员会，下设办公室，由副区长熊光辉兼任办公室主任，张礼忠任副主任。结合“一五”普法规划的实施，区公所在卫子、虎跳、王家等乡镇组织了第一次矿产资源法律知识宣传活动，印发宣传资料2000多份。1989年10月，全省整顿矿业秩序会议在广元市青川县召开，会议主要精神是贯彻国务院《关于整顿矿业秩序的通知》，要求严格执行《中华人民共和国矿产资源法》，任何单位和个人未经批准一律不准私挖乱采矿产资源，特别是贵重资源。是月，区委、区政府召开会议传达省整顿矿业秩序会议精神，责成区矿管办认真履行职责，加大管理力度，会后即发布了整顿矿业秩序公告。1990年，区矿管办加大对矿产资源的管理力度，组织专人对全区所有矿产资源落实“三区”（可采区、限采区、禁采区）划定和“四统一”（统一年检，统一登记发证、统一勘界、统一规划）管理。1996年，区政府落实国务院对乡镇及以下煤矿执行“扶持、改造、整顿、联合、提高”的“十字”方针精神，加大对矿山企业的监督、检查力度，在全区所有乡镇设立矿产资源管理站，对辖区内矿产资源按国家有关政策和法律规定进行全封闭性管理，落实矿产资源管理责任人（乡镇政府乡镇长）和直接负责人（乡镇政府副职领导）。区人民政府制发《关于全面封闭矿区彻底制止私挖乱采矿产资源的督办通知》，区矿管办一方面以文件形式对矿山企业采矿范围进行界定，避免因争夺资源发生纠纷；另一方面严厉打击无证开采行为。当年，投资300万元，改造扩建煤井2处，建选煤厂1家，完成公路配套工程2处；加大对矿山企业的“三率”（污水排放率、废物处理率、污染治理率）考核，坚决制止“先污染后治理”的错误做法，要求矿山企业要树立“贫富兼采、综合治理、综合利用”的办矿宗旨。同年9月，区矿管办、区安全生产办公室、区公安分局三家联合对柳桥工委所属的拣银岩村村民冯杰私挖乱采进行处理，没收了设备，对矿井予以封闭。1997年，根据国务院“年采煤达不到3万吨的小煤井（窑）一律无条件地关闭”的规定，全区相继对1991年后开办的6个不达标煤井予以关闭。1999年，区人民政府制定出《元坝区乡镇人民政府矿产资源管理职责》，并开展了大规模的矿业秩序整顿活动。整个治理整顿活动共分“宣传教育、调查摸底、主动退出、自行拆除、依法打击、强制拆除、严格执法、规范管理”四个阶段推进。活动中，区矿管办印发大量资料，组织宣传车开展“法制赶场”活动，采取送法进矿山、进河滩、进农户的“三进”措施，把政策交给群众，把法律知识送给农民，《中华人民共和国矿产资源法》的宣传覆盖率达100%。同年配合中央“关井压产”的指示精神，依法关闭了不符合上级要求的矿山企业11个，将欠缴矿产资源费和资源利用率低，不按要求自查自检的矿山企业作为重点对象，依法进行查处，收缴罚款10.40万元。从2004年12月开始，全区开展矿业秩序治理整顿工作。按照中共四川省委办公厅、四川省政府办公厅《关于深入彻底整治和规范矿业秩序全面推进市场化配置矿产资源的通知》和省政府《关于进一步加强整顿和规范矿产资源开发秩序工作的通知》以及市委、市政府要求，成立了区委、区政府主要领导任组长，区纪检、监察、检察、法院、公安、国土、环保、林业、安监、经济和商务等部门负责人为成员的整治和规范矿业秩序领导小组，各有关乡镇也成立了相应的领导机构，全区上下把整治和规范矿业秩序工作纳入重要议事日程。区人民政府与相关部门和有关乡镇（社区街道办事处）签订目标责任书，连续3年将此项工作纳入政府年度目标考核内容。全区先后召开区委常委（扩大会）和区政府常务会（扩大）会20余次，专题研究整治工作，重点对嘉陵江河道、煤矿和非煤矿山进行全面整顿和规范。仅2005年，全区共出动武警50余人次，公安警察200余人次，法警50余人次，打击河道无证开采十多宗，烧毁工棚40余间700余平方米，查处各类违法案件55起。从2005年5月1日起，由区公安、区政府领导带队，从有关乡镇抽调40余人组成4个工作组，分段在全区范围内开展河道清障回填工作，落实专人24小时值班现场监督，将拒不回填的业主移送司法机关依法处理（三个月内共移送业主13人），共投入清障资金2600余万元，清除行洪障碍物800余万立方米。2005年和2006年，全区共查处煤炭开采违法案件23件，其中无证采矿19件，越界开采2件，非法转让2件，罚款13万元，没收违法所得57.50万元，炸毁无证井口4家，查封井口13个。在整顿过程中，全区涉矿的14个部门600多名干部进行了自查，分别向组织递交了不参与采矿入股、办矿的承诺书。通过三年的集中整治，全区矿业权市场明显好转，矿权管理监督长效机制逐步建立健全，矿权审批程序进一步规范，矿产品准运、矿山储量动态监管、矿山生态环境保护和恢复补偿制度进一步完善。

四、市场化配置矿产

元坝区在全面整治规范的基础上，按照中央、省市的要求，全面推进、实行资源的市场化配置，以解决经济发展的动力和活力问题，最大限度地杜绝暗箱操作、谋取私利、搞权钱交易的违法犯罪行为，从源头上预防腐败，建立合法健康有序的经济秩序。在此过程中，一方面对依法收回的还需进行勘察开发的矿山，重新规划调协矿权，另一方面完善探矿权采矿权有偿取得制度，规范探矿权采矿权招标挂牌拍卖活动，维护国家对矿产资源的所有权，保护探采矿权的合法权益。从2003年开始，按照国土资源部《探矿权采矿权招标拍卖挂牌管理办法》和《四川省采矿权出让暂行规定》等文件的规定，区人民政府调整了矿产资源管理委员会，明确了主要职责和任务，根据元坝区矿产资源的特点，编制了总体规划、专项规划和年度规划，研究解决了河道砂金、煤面料、页岩等资源的勘察、开发、布局和调配工作，区级相关的林业、环保、安监、建设、水利、发展与改革等部门全力配合，全面开展矿产资源市场化配置工作。特别是对嘉陵江河道砂金、页岩等资源，在条件具备的情况下必须采取拍卖方式进行，其余的一律采取挂牌方式进行。至2007年，共出让采矿权67宗，收取采矿权价款655.76万元。

第十四篇　城建　环保

第一章　城乡规划和建设

第一节　城建管理机构

1987年，广元市市中区卫子区公所设乡镇建设管理办公室。1988年6月，卫子区设城乡建设局（含国土管理），陆登明任局长，黄邦俊任副局长。

1989年12月，广元市元坝区设城乡建设局（简称区城建局），与区国土局联合办公。1990年2月，更名为广元市元坝区城建环保局（简称区城环局），与区国土局分设。1991年7月，区城环局与区国土局合署办公，区城环局设城环办、规划管理股、建设管理股、环保办、环卫所、城监中队。局属企业有广元市元坝区金属构件厂、广元市元坝区市政工程公司。1993年2月，区城环局与区国土局正式合并为广元市元坝区城环国土局（简称区城环国土局）。1994年12月，区城环局与区国土局再次分设，更名为广元市元坝区城乡建设环境保护局（仍简称区城环局），设办公室、计财股、规划股、村建股、档案室、质监站、测量队、环保办、城建监察中队、房管办。1996年6月，建立中共广元市元坝区城乡建设环境保护局党组。1997年2月，中共广元市委、市政府批复确认区城环局、国土局分设；同年4月，区城环局设办公室、计划财务股、规划管理股、基建建筑业管理股、村镇建设管理股、城镇建设管理股、房地产管理办公室、环境保护办公室。1998年8月，区城环局更名为广元市元坝区建设委员会（简称区建委），增设广元市元坝区环境保护局（简称区环保局），两块牌子，一套人马。2001年11月，区建委更名为广元市元坝区城乡建设管理局（简称区城建局），设办公室、计划财务股、城乡规划股、建筑管理股、城市建设股、住宅与房地产业股（住房制度改革办公室）。2003年2月，区环保局单设。2005年12月，区城建局更名为广元市元坝区规划和建设局（简称区规划和建设局），设办公室、计划财务计股、城乡规划股、建筑管理股、定额与招标股、城建园林股、村镇建设股、住宅与房地产业股（挂区住房制度改革办公室牌子）。至2007年，机构无变化。

广元市元坝区规划和建设局领导名录

表 14-1

姓　名	性别	籍　贯	政治面貌	职　务	任职期间	备　注
熊光辉	男	广元市元坝区	中共党员	局长（兼）	1990-09—1991-07	区计经委主任
王康宁	男	南充市阆中市	中共党员	局长助理	1990-02—1991-07	区城环局
陆登明	男	广元市元坝区	中共党员	局　长	1991-07—1994-12	区城环国土局
王明泽	男	广元市元坝区	中共党员	副局长	1991-07—1994-12	区城环国土局
王康宁	男	南充市阆中市	中共党员	副局长 副主任	1991-07—2003-02	区城环国土局、城环局、建委、城建局；1996-07 始任党组成员
张克汉	男	广元市元坝区	中共党员	副局长	1992-10—1994-12	区城环国土局
张克汉	男	广元市元坝区	中共党员	局　长	1994-12—1998-08	区城环局；1996-07 始任党组书记
周仕龙	男	南充市南部县	中共党员	副局长 副主任	1994-12—2003-02	区城环局、建委、城建局；1996-07 始任党组成员
张克汉	男	广元市元坝区	中共党员	主　任	1998-08—2001-02	区建委；党组书记 1998-09 始兼区环保局长
王元如	男	广元市元坝区	中共党员	纪检组长	1998-10—	区建委党组副书记；区城建局、区规划和建设局党组成员
魏三映	男	广元市元坝区	中共党员	局　长	2001-02—2003-02	区城建局；党组书记 2001-04 始兼区环保局长
王振全	男	广元市元坝区	中共党员	副局长	2001-12—2004-06	区城建局；党组成员
李兴鸿	男	广元市元坝区	中共党员	局　长	2003-02—	区城建局、规划和建设局；党组书记
俞正军	男	广元市朝天区	中共党员	副局长	2003-11—	区城建局、规划和建设局；党组成员

第二节　城市建设

一、建设规划

元坝建区后，即着手进行元坝区城市建设的总体规划，按照“立足现实，着眼未来，统筹规划”的原则，当年完成收集资料、探测地下岩层等准备工作，并完成元坝城区道路工程、管线等总体规划总图和 50 公顷 1：500 地形图测绘。1990 年，在广元市建委规划处、广旺矿务局机修厂的支持下，完成元坝区镇建设的总体规划和 50 公顷的详细规划，全年出征地红线图 32 处，总用地面积 78900 平方米；开工 20 处，建筑总面积 33538 平方米。1991 年 4 月，完成《广元市元坝区城市总体规划纲要》（简称《总规》）、《广元市元坝区城市总体规划说明书》的编制，并制定出道路管线、用地等详细规划。对元坝城镇按 6 个分功能区域（行政、商业、工业、文教卫生、文化娱乐、交通）进行规划管理，为 41 个单位办理“一书两证”（即建设项目选址意见书、建设用地规划许可证、建设工程规划许可证），占应办证的 51%。

1992—1995 年，根据《总规》，完成 0.86 平方公里元坝镇道路规划，规划面积 18243 平方米，元坝镇防洪堤控制性详规 1.20 平方公里。累计办理“一书两证”78 件，安排建筑 59000 平方米，用地 31500 平方米。完成平乐寺旅游开发区 0.30 平方公里 1：500 地形图测绘，完成区镇道路横断面 2.50

平方公里1∶500地形图测绘，完成元坝镇工业开发小区0.60平方公里1∶500地形图测绘。

1996年，完成元坝镇青梅路、晋寿路、杏树街、红岩路的规划设计、中心点埋设工作，规划长度1.20公里，总规划面积18000平方米；完成区工商局、利州供电局元坝供电所用地测量及滨河路、青梅路、杏树街的断面测量工作。完成工业开发区规划编制工作，规划面积1.83平方公里，并通过广元市政府评审验收。全年共办理区镇"一书两证"59件，安排个体工商户88户，规划用地总面积42300平方米。1997年，完成元坝镇青梅路、红岩路、白果街、杏树街、香溪东路的中心点埋设和规划设计，规划长度0.68公里，规划面积9960平方米；完成防洪堤规划，规划面积1560平方米；完成元坝镇乔家坡地段0.20平方公里1∶500地形图测绘；完成镇香溪东路、白果街改造断面测量及换填方计算工作。全年共办理"一书两证"80件，规划用地面积61800平方米，规划建筑面积45500平方米，计划总投资约2400万元。1998年，完成元坝镇红岩路、青梅路、长滩路、香溪东路等4条子道的规划设计和中心线桩埋设工作，规划长度1公里，面积13000平方米；编制安居工程、住宅小区、供水工程、供气工程、防洪河堤、长滩河桥等6个专题规划；完成30000平方米1∶500地形图测绘，开展测绘标志的普查和保护工作，普查面积10平方公里，保护标志20余个。

1999年，全面完成《广元市元坝区城市总体规划》修编任务。在修编工作中，聘请四川省建设委员会规划处专家主持修编，历时两个月，勘察了7个建制镇，收集基础资料1000余份，图纸100余张，于11月份完成修编，经广元市专家评审会议通过上报省政府审批。完成元坝镇陶朱街、市场街、香溪东路、长滩路的规划，规划长度0.85公里，面积1万平方米。完成垃圾场规划选址工作。共审批个户建房33户，规划用地5470平方米，规划建筑面积5160平方米，计划投资200万元。办理单位建房"一书两证"21件，规划用地面积7840平方米，建筑面积21460平方米，计划总投资1200万元。2000年完成规划修编的评审工作。共办理个户"一书两证"51户，规划用地8244平方米，建筑面积17781平方米，预计投资200万元；办理单位"一书两证"15件，规划用地面积5973平方米，建筑面积7781平方米，计划总投资900万元。

2001年，完成城市进出口道路2.90公里及元坝镇晋寿路、长滩路、长滩河改道15公里和欧家河的详细规划。共办理个户"一书两证"71件，规划用地6420平方米，建筑面积12111平方米，预计投资350万元；办理单位"一书两证"28件，规划用地面积54621平方米，建筑面积31106平方米，预计总投资300余万元。强化对城区"三线"（即建筑红线、道路黄线、绿化绿线）和户外广告的规划管理，城区"三线"及户外广告、个户排污均全部纳入规划。完成2.70平方公里1∶500地形图测绘，道路断面3.20公里1∶500地形图测绘，河堤3.50公里1∶500地形图测绘。2002年，完成城区欧家河组团详规31.13公顷，拆迁安置详规3.40公顷，规划拆迁310户。办理单位"一书两证"29件，规划用地13406平方米；办理个户"一书两证"140件，规划用地6800平方米，建筑面积1.80万平方米，计划总投资700余万元。2003年，推进勘察设计体制改革，落实防震抗灾配套工程设计规划，按《西南设计规划》，广元被划为"六度设防区"，自此，元坝城乡建设房屋规划均按"六度设防区"设计。2004年，完成红上垭入城广场、滨河路、俏姑娘山公园修建详细规划，对3.20平方公里的城区街景立面进行控制性详细规划，完成通信、道路、供水、供电等多项专业规划。做到建设依据规划，规划指导建设，有效地克服了建设的盲目性。在市政府组织的全市城市规划工作检查评比中，元坝区名列第二。全年共办理"一书两证"279件，规划用地面积46723平方米，计划总投资2300万元。

2005年，完成元坝新区控制性详细规划。完成城区经济适用住房的选址定点及总平面规划方案论证工作，规划用地面积2.30万平方米。完成城区35千伏变电站、城区电网改造、长滩河生态防洪堤设计、元（坝）广（元）公路元坝段3.10公里绿色通道建设、元坝城区两个居民点的规划以及城区陈家路、晋贤路改造规划和城区公交车站台的规划选址工作。年内共办理“一书两证”89件，规划用地面积3.89万平方米。2006年，完成城市重点地段、长滩河生态防洪堤绿化、工业园区道路、广巴高速公路拆迁居民安置点规划和元坝镇长坝入口生态广场方案设计。聘请专家进行城市风貌规划专题研究，对元坝城市风貌建设提出指导性意见。完善城市规划区内农民建房管理体制，出台《城市规划区内农民修建住宅管理规定》。完成广元市飞达模具制造公司、疆鸿饮料、博斯扑克牌厂、农资市场、煤炭市场等项目选址工作。完成广（广元）巴（巴中）高速公路移民安置小区2平方公里1∶500地形图测绘，补测长坝、胜利、晋寿路片区、欧家河片区1平方公里1∶500地形图测绘。2007年，完成广巴高速公路元坝段拆迁居民安置区、拣银岩地质沉陷治理居住小区、元坝镇胜利村三组居民点改造、马克思街民居改造、乔家坡居民点规划和晋寿路片区整体改造规划设计。完成城区长滩河生活污水治理近期规划、工业园道路规划方案调整、元坝一小校园总平面规划和南洋微电子公司等项目选址工作。共核发选址意见书209份、办理建设用地规划许可证209份，总用地面积48020平方米；办理建设工程规划许可证104份，建筑面积10.45万平方米。完成16万平方米1∶500地形图测绘，放（验）线40余处。

二、区镇街道

1989年9月，元坝区政府迁址元坝镇，当时元坝镇集镇没有成型的街道。1991年4月，《广元市元坝区城市总体规划纲要》完成后，严格按《总规》落实区镇建设，至2007年，先后建成京兆路、葭萌路、滨河路等市政基础设施，计街道16条，总长6530米。

（一）主干道

京兆路：南北向，北与葭萌路相接，南至滨河路，长380米，宽27米，车道为沥青路面，两边植桂花树绿化，人行道铺铜板石地砖。

葭萌路：即国道212线过境干道，东西向，东起红土垭入城口，西止于花果园大桥，长1700米，宽32米，车道为沥青路面，两边植桂花树绿化，人行道铺铜板石地砖。

汉寿路：东西向，西起于京兆路，东止于战神路，长350米，宽27米，车道为水泥路面，两边植桂花树，人行道铺青石或铜板石。

（二）次干道

城区次干道有育才路、青梅路等13条，总长4100米，街道一般宽12米，车道为水泥路面，两边植桂花树绿化，人行道铺青石或铜板石地砖，其中滨河路沿河堤设绿化带。

（三）房屋

1989年末，除镇机关用房外，其余为民房，共有房屋2.40万平方米，其中，机关用房（元坝镇）0.22万平方米，民房2.18万平方米。至2007年，城区单位公房20.68万平方米，居民私房21万平方米。

广元市元坝区元坝镇主要街道一览表

表14－2

名　称	起止地段	长度(米)	宽度(米)
葭萌路	由国道212花果园桥东行至红土垭三岔路口	1700	32
沉香街	由葭萌路北行经元坝宾馆至文轩印刷厂三岔路口与晋寿路相接	100	12

续表

名　称	起止地段	长度(米)	宽度(米)
晋寿路	由文轩印刷厂三岔路口至元坝派出所与陶朱街相接	420	14
陶朱街	由元坝派出所南行至葭萌路与战神街相接	125	12
京兆路	由葭萌路南行经区政府门口至滨河路	380	27
滨河路	由花果园桥东端教育颂广场沿长滩河东行与葭萌路相接	1500	12
青梅路	由葭萌路北行至原三七六二油库桥	450	12
益昌路	由青梅路东行至元坝火车站	150	12
永波路	由青梅路东行至羽毛球馆	260	12
杏林路	由京兆路与葭萌路交接处西行至滨河路	200	12
汉寿路	由京兆路东行与紫云路相交后与战神街相接	450	27
育才路	由京兆路西行至元坝中学高中部门口	150	12
曲回路	由元坝中学高中部门口南行经区民政局办公楼与京兆路相接	250	12
战神街	由葭萌路南行经汉寿路东端至滨河路	170	12
紫云路	由葭萌路元坝中学旧校区门口南行过汉寿路至滨河路	230	12(南段稍窄)
文化街	由战神街东行经区计经局办公楼门口至滨河路	95	12

三、市政建设

1990年，元坝城镇基础设施建设开始启动。3月1日，区综合办公楼（区委、区人大、区政府、区政协四大班子及部分区级部门综合办公楼）奠基；日产2000吨的水厂可行性论证报告完成并开始设计；元坝电管站新增容200千伏安。当年，在城市建设经费紧张的情况下，向国家贷款24万元，建成第一条城区主干道汉寿路。1991年，已有69个建设单位（其中全民33个、集体3个、个体23个）进入建设施工阶段，总建筑面积为11万平方米，总投资2000万元，截至年底，竣工验收24个建设项目，竣工面积4.70万平方米，投资额100万元。其中有综合办公楼2幢，住宿楼11幢，教学楼2幢，宾馆1幢，工矿企业用房6幢，个体营业用房18幢。配套设施建设以道路和急需配套工程为重点，修建区镇干道2条，宽24米，总长668米，建排污管道1340米，建成日产2000吨水厂1座，新增电容525千伏安变压器3台。1992年，批准落实27个建设单位，总投资1200万元，共41000平方米。其中，区人民医院住院部投资30万元，建筑面积1440平方米，主体工程完工；电影院、汽车站营业楼、离退休职工活动中心先后开始施工；紫云街建成，青梅路建设进场施工，共完成投资86.50万元；工业品市场建筑面积2252平方米，投资45万元，主体工程完工。农贸市场建筑面积21998平方米，投资250万元，完成工程的50%；垃圾场建设、青梅路防洪河堤建设基本完工；长滩河排污管道建设、铁路通讯改造均在该年度竣工；火车站、电信1000门程控电话机房和办公楼建设分别进入施工和拆迁阶段。1993年，区人民政府以抓市政基础设施建设为突破口，大力改善投资环境。征用非耕地7133平方米，砌筑堡坎731.40立方米，挖填土石方2800立方米，建成区镇垃圾场，设计垃圾堆放处理能力达到20年以上；完成大石至元坝10千伏高压输电线路建设，全长9.20公里，44级64杆位120线型，总投资58.40万元；农贸市场建成棚盖面积4094平方米，固定摊位407个，总投资400.50万元。1994年，区镇新增各类建筑面积50496平方米。拓宽整治区镇过境公路1200米，区镇饮水工程日产水5000立方米、1000门程控电话工程投入使用。1995年，集资105万元用于基础设施建设：新建街道3条

(紫云路上、下段及战神路),共4006平方米;铺设排污管道2595.20米,安装葭萌路街灯47盏,组织铺设街道彩色地面砖2000平方米;疏通维修排污管道12段1500米,疏通沟渠13段250米。1996年,按照“统一规划、综合开发、多方投资、超前建设”和“以路带房、以房补路、路房结合,综合开发”的原则,通过有偿转让商业口岸、开发商品房出租等方式共筹集建设资金105万元,加快基础设施建设。全年共完成青梅路、晋寿路上段、杏树街的路面硬化,总长620米,面积1.05万平方米;铺设排污管道1540米,安装葭萌路路灯电缆2000米;疏通维修排污管道5段800米,疏通沟渠11段230米;修建工业园区内欧家河水渠工程120米,开挖土石方270立方米。1997年,筹集资金220万元投入基础设施建设。完成区镇青梅路、杏树街、白果街的路面硬化和红岩路、晋寿路、香溪东路的整治,共计1050米,面积1.90万平方米,总投资40万元;铺设排污管道650米,疏通维修排污管道540米,总投资120万元;完成长滩河防洪堤一期工程建设,长400米,堤高6米,投资60万元。

1998年,重点治理青梅路、红岩路、香溪东路3条干道,其中硬化干道2条,面积6000平方米,新安装地下管道500米;动工修建长滩河大桥,投资600余万元;完成总投资2670万的元坝区供水工程项目的方案设计、选址、找井和地下水勘测工作;招商引资200余万元,建成轻烃燃气站一座;建立公交公司,配备公交车2辆,方便城乡群众的交通(后因管理不善,营运状况不佳,于2001年停运)。1999年,元坝城市供水工程项目启动,“六〇四”钻井施工队开始进场作业;完成红岩路、香溪东路级硬化,硬化面积5000平方米;安装排污管道500米,下水管道窨擎盖10余张;长滩河防洪河堤二期工程建成300米,河面下游由15米扩宽至36米,城市防洪功能增强。2000年,硬化香溪东路、香溪西路、陶朱街等11条街道,硬化面积6200平方米,总长1200米;安装雨污管道1400米,疏通雨污管道2500米;铺贴人行道地面彩砖6840平方米,维修路灯81盏,铺设电缆65米;长滩河城区段清淤1.20公里,清除淤泥3000立方米。2001年,完成城市进出口道路的测绘、设计、迁杆、移线、拆迁工作,800米路基基本成型,于10月份移交区交通局建设;城区防洪河堤三期工程建成500米;垃圾场进出道路硬化、排洪、化污等其他配套建设基本完善;硬化城市道路360米,铺设排污管道120米,安居工程3800平方米全面竣工。

2002—2004年,按照区委、区政府“改善城市生活和投资环境,完善城市配套功能,打造城市品牌,提升城市综合竞争能力”的要求,坚持城市建设服务于经济建设的原则,解放思想,创新工作,加大市政基础设施建设力度。监督完成进出口道路、河堤、大沙地回填、山沟进口处的截坡成形等工程;建成全长1.50公里的滨河路,工程建有休闲景点5处、亲水平台1处、精品雕塑5座,总投资700余万元;建成长滩河大桥,全长55.80米,宽14.20米;城区街景立面进行统一规划和改造,27个单位参与改造,共改造面积2.30万平方米,投资200余万元;对城区人行道进行统一改造整治,结合元坝城市定位,突出广元“后花园”特色,采用天然青石板代替原砼方块砖,改造面积2万余平方米;实施城区光亮工程,总投资60万元,安装各类灯具400余盏;对城区生活污水进行沼气净化,投资近200万元。2005年,启动晋寿路改造、火车站至红土垭人行道改造工程。晋寿路改造从元坝宾馆至区地税局,全长350米,宽14米,更换人行道地面砖1900平方米,安装排污管道120米,埋设电缆线400米,新增双臂高杆路灯12盏;火车站至红土垭人行道改造,全长2611.88米,安砌路沿石371.60米,更换人行道地面砖1019.13平方米。另完成陈家沟路基整治407米,挖运土方1.20万立方米,回填连砂石2500立方米,面积4070平方米。2006年,陈家沟大桥建设主体工程全面完工,大桥长20米,宽12米;平乐寺景区、工业园区基础设施建设全面推进,完成平乐寺景区1300余米雨污管网铺设、4000余平方米景区绿化、人行桥等基础设施建设;完成工业园区(元坝镇长坝村)道路回填250米,回填砂砾石9800余立方米。2007年,晋寿路改造全面启动,拆迁2000平方米,房地产开发项目开工建设；完成工业园区（畜产品交易市场）土方回填1.30万余立方米，投资80万余元；完成长滩河砖灰桥段排污倒洪管改造150米及青梅路道路改造。

四、城市供水

（一）供水机构

元坝城市供水始于20世纪70年代末元坝场镇及周边部分农户集中供水。1990年10月，在其基础上成立自来水厂，隶属于区水电农机局，主要负责供水设施建设及元坝场镇、区级各部门企事业单位的生产和生活供水。1993年7月，成立元坝区供水公司，并从区水电农机局分离，与区人饮办两块牌子、一套人马，合署办公。除满足元坝城市供水外，还承担乡镇供水设施建设和管理。1996年12月，公司改制为广元市元坝区股份合作制供水公司，人员编制、机构及职能、隶属关系不变。2000年11月至2001年1月，原供水公司按照《公司法》及现代企业管理制度进行改制，城区供水与乡镇供水分离。2001年7月，注册成立广元市元坝区通达自来水有限责任公司。

（二）供水基础设施建设

长滩河水厂：1990年10月至1993年6月，由西南市政工程设计院勘测设计，以长滩河为水源，在元坝镇砖灰村七组与香溪路交界处（今九洲电影院外）建水厂，占地0.40亩，总投资95万元，设计供水规模2000立方米/日。建设内容包括：口径0.35米渗渠170米，口径5.50米、深8.50米沉井一口，以及取水机泵、净水设备、变电设备、输水管网、防洪堤、500立方米高位水池等。基本解决了区人民政府新建时各企事业单位生产、办公及城镇近万人生活用水。由于水处理工艺简单，长滩河随城市发展水源污染日益严重，1995年青树垭净水厂投产后，长滩河水厂停运。

青树垭净水厂：1994年3月至1996年10月，实施城区改水工程，总投资207万元，以紫云水库为水源，供水能力3000立方米/日。建设内容包括青树垭净水厂、青树垭至元坝管径300毫米供水管道10.40公里。净水厂采用常规水处理工艺。原水经预处理→沉淀→过滤→消毒后进入用户。1995年紫云水库成为元坝城区供水水源。由于网箱养鱼，水体受到严重污染，呈富营养化。1998年区委、区政府取消网箱养鱼，2000年划定水源保护区。2001年投资15万元，在净水厂改进净化剂投注设施和原水酸碱度的调节控制，采用预氯化消毒；改善排淤系统，提高排淤效果；使用“丰”字配水管，提高滤料极配；购置二氧化氯发生器，用二氧化氯替代漂白粉消毒。通过技术改造，城市供水水质得到保证。

细家岩城市供水工程：随着区镇城市建设发展，用水需求日益增长。紫云水库在干旱年月水量严重不足，且原水水质较差，达标处理困难，而水厂净水工艺相对简陋，水处理能力极为有限，青树垭净水厂生产能力已不能适应区镇经济和社会事业发展需要。2004年，启动新建元坝区城市供水工程项目，2007年3月工程开工建设，概算总投资2000余万元，设计日供水能力1万吨，工程包括取水头部、净水厂、输水管道三部分。取水点位于利州区荣山镇张坝场上游200米处，建泵房、配电房各一座，采取低栏栅钢笼取水，净水厂选址细家岩，占地8.01亩，含厂前区和生产区、附属工程，采用常规深度水处理工艺，安装弱电自动控制系统；输水工程安装直径300～500毫米球墨铸铁管和PE管，全长9.85公里。至2007年末，工程尚处于建设之中。

欧家河3000立方米备用蓄水池：2000—2001年，在元坝镇元坝村四组欧家河修建3000立方米蓄水池一座，主要用于解决青树垭至杏树10.40公里主供水管道停水维修（恢复供水需2～4天）时城区的持续、稳定供水难题，工程投资80余万元。

（三）供水能力

元坝区建立初期，元坝场镇日供水能力200立方米左右，用户为农户和场镇居民，近300户，管网不足2公里，以铸铁、钢管为主，最大管径100毫米。1996年青树垭水厂运行时，拥有用户800多户，以城镇居民和单位办公用水为主，城区日供水规模500立方米，主供水管网总长14公里，最大管径300毫米，使用预应力水泥管、钢管。2000年，城区供水管网覆盖范围包括红土垭、城区、稽征所，达到1平方公里，注册用户超过1400户，日均供水规模1200立方米。2000年后，加快供水基础设施配套建设步伐，延伸、改造供水管网，发展沿线用户，并向城周村组辐射发展，依法逐步取缔自备井源，发展企业用户，使用PPR、PE等环保管材取缔钢管、铸铁管。2004年起，城区开始推广"一户一表"供水。2007年末，元坝城市供水主管网东起红土垭，穿越城区、工业园区，西至利州区荣山镇泉坝村界，北至三七六二油库，南至区政协办公区、元坝镇陈家沟，管网总长26.80公里，城市供水范围达到2.50平方公里，注册用户4000多户，日均供水规模1800立方米。

广元市元坝区供水公司领导名录

表14-3

姓　名	性别	籍　贯	政治面貌	职　务	任职期间	备　注
赵文训	男	广元市元坝区	中共党员	厂　长	1990-10—1992-08	元坝自来水厂
刘宗远	男	广元市元坝区	非　党	负责人	1992-08—1993-07	元坝自来水厂
李登凡	男	广元市元坝区	中共党员	经　理	1993-07—2000-06	元坝区供水公司
王俊龙	男	广元市利州区	中共党员	经　理	2000-06—2001-07	元坝区供水公司
王俊龙	男	广元市利州区	中共党员	董事长兼经理	2001-07—	通达自来水公司
罗显军	男	广元市苍溪县	中共党员	副经理	2005-06—	通达自来水公司

五、城市绿化

（一）管理机构

1995年10月，广元市元坝区园林绿化管理所成立，由区城环局主管，负责城区的绿化工作。2005年1月以后，按照区城建局的安排，城区绿化工作由区园林绿化管理所转交区环卫所负责。

（二）街道绿化

1989—1994年，编制了区镇绿化规划，区政府与25个单位签订了绿化目标责任书，在汉寿路、京兆路等干道上建成12个街心花园、绿化面积1900平方米，单位庭院绿化4900平方米。城区共栽植花木2720株，景观树376株，建草坪2000平方米。1995年，区园林绿化管理所组建后，参照《四川省城市园林管理办法》制定了《广元市元坝区城镇绿化管理办法》，对街道绿化、公园绿化管理等提出了总体要求。全年绿化街道3000平方米，栽植树木花草6200株；建苗圃1000余平方米，育苗近万株。1997—2002年，街道绿化植树2万余株，城区绿化面积10.20万平方米，覆盖率达到63%，人均拥有绿地面积15.10平方米。2004年，城区新增绿地面积2.90万平方米，城区园林绿化总面积达36.64万平方米，人均绿地提升到18.32平方米，新栽植桂花树（区树）近1000株，建成了以桂花树为主的绿地广场一处，新增园林式单位1个。2005—2007年，绿化工业园区生态河堤6.70公里，城区新增绿地面积7.35万平方米，更新草坪6500平方米，栽植各类树木8000余株，城区人居环境进一步改善。

第三节　村镇建设

一、规划

20 世纪 80 年代中后期，随着社会、经济的发展，境内小集镇建设发展步伐加快，但由于无科学统一规划，多为无序建设。

元坝建区后，区政府把集镇规划纳入重要工作日程。1991 年，区城建部门收集、整理、踏勘乡村建设规划资料，编制了 28 个集镇的总体规划和卫子集镇的详细规划。1992 年，区政府关于加速小集镇建设、发展农村经济的优惠政策出台后，农村小集镇建设发展加快。白果乡、明觉乡、王家镇分别完成集镇测图，制定了集镇建设控制性规划。昭化镇测图 0.31 平方公里，对古城西门开发区建设作出了规划。新建的石井铺乡和磨滩镇按新集镇建设要求，着手进行测图规划。1993 年，绘制出清水、石井铺、磨滩、虎跳、丁家、太公、元坝等乡镇的测绘详细现状图共 1.20 平方公里，为乡镇总规划编制提供了详细可靠的地形资料，编制出 7 乡镇的集镇建设总体规划，其中虎跳镇的总体规划在全省集镇规划优秀方案评选中被授予优秀方案奖。1994 年，编制出 7 个建制镇（卫子、太公、王家、柏林沟、虎跳、昭化、红岩）的集镇建设规划，总面积共 7.60 平方公里；完成亭子口电站移民安置规划和 10 个居民点 4 个集镇（青牛、虎跳、丁家、黄龙）面积 2576 亩的选址、定点工作，以及昭化镇坪雾村 43 户 181 人的广元飞机场建设搬迁规划工作。1995—1997 年，为卫子、太公两个市级试点集镇总体规划修编 0.40 平方公里和 2.10 平方公里 1∶500 地形图测绘。完成了太公镇、张家乡以及太公镇玄真村、黄龙乡太平村两个中心村的规划编制工作，并通过评审。1998—1999 年，全区村建工作坚持建设效益、经济效益、社会效益同步发展的思路。市级试点集镇卫子镇总体规划完成并通过评审，共制图 9 张，文本 3 套；完成黄龙乡集镇规划修编和黄龙乡太平村、昭化镇曲回村两个中心村的规划工作；制定出元坝镇砖灰村二组、四组、六组的小康社建设规划，规划建设户 200 户，用地面积 6000 平方米；初步规划了张家乡、明觉乡集镇建设。

2000 年，完成王家镇规划修编，共制图 9 张，文本 3 套；制定出清水乡树丰村的建设规划。2001 年，完成王家镇、明觉乡、文村乡规划修编任务，共制图 27 张，规划文本 19 套；对柳桥乡平乐寺中心村、昭化镇天雄村居民点的建设进行了规划；完成元坝镇新农村建设 4 个小康社的规划，规划 378 户，建筑面积 42750 平方米。2002 年，完成梅树乡 0.50 平方公里 1∶500 地形图测绘和柳桥乡集镇规划工作。2003—2004 年，完成张家乡、陈江乡街道整治规划 0.80 公里和陈江乡 0.20 平方公里 1∶500 地形图测绘；完成柳桥乡、明觉乡场镇建设规划方案；完成昭化镇小城镇基础设施建设规划和昭化镇天雄村、元坝镇长坝村、杏树村文明新村建设规划。2005 年，结合区环线公路建设，编制出太公、张家、黄龙、白果 4 个场镇排水系统规划；完成昭化镇鸭浮村 1.20 平方公里、柳桥乡平乐寺 0.36 平方公里 1∶500 地形图测绘。2006 年，完成昭化古城修建详细规划编制和旅游策划以及平乐寺景区控制性详细规划编制；启动梅树、柏林、清水 3 个乡镇总体规划编制前期工作；会同区农工委，推广运用广元市《生态新村民居通用图集》，完成全区生态新村建设规划；严格"一书两证"规划管理制度，核发选址意见书 112 份，办理建设用地规划许可证 112 份，办理建设工程规划许可证 61 份，建筑面积 45400 平方米。2007 年，完成卫子镇、梅树乡集镇道路改造规划；组织编制出《川北民居建筑风格图集》用以指导村民建房；强化对各规划区内农民建房的管理，严格统一规划、统一设计、统一监管，农民建房无序状态得到根本好转。

二、建设

建区后，区城环局加快镇村建设规划的编制，并坚持要求小集镇及村居民房按规划施工，同时加强集镇基础设施建设以进一步加快小集镇建设。1991年，区委、区政府讨论制定了元坝区村镇建设“八五”规划，对明觉乡、太公镇、虎跳镇在村镇建设上取得的成绩予以表彰。其中虎跳镇在集镇的基础设施建设中成绩突出，累计铺设下水管道450米，修排水沟1800米，新建街道2条共8760平方米，铺筑水泥路面4640平方米；建自来水厂1座，水塔2个，安装自来水管1.20万米；新建公共厕所3座，面积138平方米；修砌堡坎9处，挖填土石方5.80万立方米；铺设闭路电视电缆4800米；栽植花木2万余株，共投资275万元。1989—1991年，全区镇村建设新增建筑1.75万平方米，公共建筑1730平方米；28个集镇安装了自来水，受益人口10844人；建乡村公路1063公里，26个集镇192个村实现通电。1992年，农村小集镇建设按照“五统一、一分散”原则（统一规划、统一设计、统一手续、统一建修、统一管理；分户实施），引进个体工商户进场镇建房经商，全区个体工商户到各集镇建商品房1000余户6万余平方米，总投资1000余万元。农房建设本着方便群众生产生活的目的，优先安排因灾害造成房屋垮塌的农户和人平不足30平方米的农户建房，全年批准建房3780户，建房屋25.81万平方米。为适应农村经济发展的需要，全区统筹安排了加工养殖专业户建房1096户，面积3469平方米。1993年，坚持以发展农村经济为重点，大力推进村镇建设。全区村镇建设发展迅速，新建改建住宅33.74万平方米，新建公共建筑2200平方米，新建生产性建筑80547平方米，铺设集镇街道砼面15720平方米。1994—1995年，批准建设农村生产用房1200户，占地57087平方米。指导完成广元飞机场建设中昭化镇坪雾村43户搬迁户的农房建设。全区乡镇硬化街道4条3700平方米，安装集镇排污管道6条700米，饮水工程管道4条4500米。各集镇街道共绿化2600平方米，种植花木2500株，治理卫生死角8处1270平方米。1996年，全区村镇建设总投资2209万元，其中住宅建设投资1523万元，公共建筑投资179.50万元，生产建筑投资201万元，公共设施286.60万元，竣工房屋面积4.74万平方米。乡镇硬化街道3条3600平方米，安装集镇排污管道6条800米，街道绿化2500平方米。1997年，新建住宅建筑面积14.50万平方米，公共建筑0.75万平方米，生产建筑0.42万平方米，改扩街道（硬化）1.20公里，铺砌排水沟2.60公里，园林绿化0.73平方公里，安装程控电话450户，新建农贸市场2处、公厕5处。共计投资2080万元，其中住宅投资1040万元，公共建筑投资340万元，生产建筑投资126万元，基础设施投资574万元。1998年，村镇建设新增建筑面积15万平方米，其中公共设施建设2万平方米；改扩建街道3公里。1999—2001年，村镇建设共审批个人建房269户，建筑面积55883平方米；单位建房48个，建筑面积2932平方米。2002—2005年，按规划实施了张家、陈江、柳桥、明觉等乡镇的场镇建设与改造，启动昭化镇天雄村、元坝镇长坝村、杏树村新村建设；实施了太公、张家、黄龙、白果等场镇的排水工程及昭化镇鸭浮村等新村建设的房屋新建和改造工程。2006年，卫子、柳桥等集镇新建垃圾房9座，新增果皮箱、垃圾桶120余个。全年共审批农村私人建房84户，建筑面积2.80万平方米。小集镇基础设施建设快速推进，新安装、维修路灯80余盏、铺设下水管网2000余米，人行地面砖9000余平方米，房屋立面改造2000余平方米。2007年，在昭化古城一期恢复工程建设中，完成一、二期古城房屋立面改造设计210户，高质量完成了古城汉寿广场和东门、西门广场建设、网球场建设，建筑总面积4000余平方米。

第四节 城建管理

一、建筑市场管理

1989年，对建筑市场开展了清理整顿工作，卫子镇、元坝镇、清水乡3个建筑工程队接受了资质审查，并确认为四级企业，将3个建筑工程队合并成立了广元市元坝区第二建筑工程公司（集体企业），纳入区企业局直接管理。加强对外来建筑队的资质审查、注册工作。开始对建设单位收取建设工程安全保证金，建立竣工档案。当年对全区的13个建设单位的房屋进行了竣工验收。1990年，对区内各建筑企业进行资质审查后，保留原四级企业3家（区第二建筑工程公司、区第五建筑工程公司、区市政公司）。全区9家预制物件厂（场）有5家（吴丕林预制厂、虎跳预制厂、石井预制厂、卫子吴真华预制厂、元坝镇预制厂）取得“预制构件资质证”和“工商营业执照”。在区镇建设的20家单位中，绝大部分单位都委托了质检；对全区28个乡镇的建设工地进行了清理检查，查处无证施工、无证建设2起，规范了建筑市场。1991年，按规划共选址定点79个建设单位，其中全民49处，集体7个，个体23个。建设实行“五落实”（资审、招议标、建设手续、施工合同、安全责任）；质量监督实行“五坚持”（委托质检、质量达标、规范操作、资料齐全、竣工验收）。1992年，20个建设单位纳入质监工程，建筑面积3.90万平方米，总投资1092万元。当年验收工程9个，面积16650平方米，其中优良工程3个。对区内13个预制构件厂进行整顿，取缔了6个无资质和无证企业。全年审批新建开工面积14508平方米（不包括构筑物），产值（包括五个建筑公司）共825.40万元，竣工产值472万元。全区建筑企业资质审查全部符合规定，四级5个（区第一建筑工程公司、区第三建筑工程公司、市政工程公司、昭化镇建筑队、元坝城建建筑工程队），三级1个（区第二建筑工程公司）。共办理施工员、质安员、预算员、会计员中级上岗证34人，初级上岗证27人；举办城乡建筑建设岗位培训班3期，31人领取了合格证。1993年，对天然矿泉水饮料厂、元坝区食品加工厂、元坝电信综合大楼、元坝汽车站等重点工程建设实行上门服务，现场监理，确保了重点工程按期进场施工和质量安全。加强施工企业的资质动态管理，对区内7个施工企业进行资质复查，其中升省三级企业2个（区第一、第二建筑工程公司）、四级3个（区第三建筑工程公司、元坝城建建筑工程队、区第五建筑工程公司）、五级2个（昭化镇建筑队、市政工程公司）。对外地进入本地3个企业进行了审查，结果全部合格。先后培训初级、中级施工员、质检员、预算员、安全员各23人，培训砖工、拌灰工、钢筋工共30人。全年质监工程44个（包括各乡镇），面积60044平方米，工程总造价2069.90万元。验收工程18个，面积26923平方米，造价1008.40万元。审查决算10起，总金额250万元，审减金额近30万元。

1994—1995年，依法处理城市规划、土地占用中的违规违法行为6起。审批工程项目初设方案26个，总投资1482.78万元，建筑面积34.50万平方米。开办建筑企业专业技术培训，培训专业技术人员38人，对全区预制构件厂、场进行现场检查，合格率为71%，并颁发了等级证书。查处区镇违章建筑13处，在建面积3.30万平方米。查处乡镇无证、越级施工建筑队及个体工匠14家，在建面积1.10万平方米。对区辖7个建筑企业的资质进行审查，注销四级企业1家，保留等级6家。强化工程质量监督，全年受监工程59个，总面积7.08万平方米，受监率90%；年度竣工工程12个，建筑面积3.90万平方米，合格率100%。其中优良工程2个。完成工程预算编制67万元，决算审核138万元，危房鉴定800多平方米，造价仲裁2处，清查处理工程质量事故3起。

1996年，审批工程项目初设方案15个，建筑面积2.1 7万平方米。办理施工许可证20个。开展工程项目执法监察，区城环局、监察局、工商局、计经委协同检查工程项目49个，在建面积4.84万平方米，总投资2610万元。查处违法违章建筑项目12个，处罚施工单位3个，拆除存在严重质量问题工程1处。建立区建设工程招投标领导小组和办公室，强化工程的招投标管理，将新开工的造价在20万元以上的建设项目全部纳入招投标管理。强化工程质量监督管理，全区受监督工程71个，总面积7.40万平方米，总投资3617万元。城区监督覆盖率达100%，乡镇工程监督覆盖率达95%以上。年度竣工工程10个，竣工面积1.52万平方米，其中合格工程8个，优良工程2个。完成工程预算编制89万元，鉴定房屋4处2150平方米，造价仲裁2处。清理整顿预制构件厂11家，清查处理工程质量问题6件。1997年，共审批工程项目24个，办理建设工程项目初设方案22件，总建筑面积2.37万平方米，总投资1165.66万元。检查在建工程项目73个，建筑面积9.23万平方米，占应检查的96.50%，查出未办理报建手续的工程7个，建筑面积2079.46平方米；未纳入质监的工程10个，建筑面积4890平方米；违法违章建设项目12个，处罚施工单位3个。对存在严重质量问题的石井铺乡卫生院进行了拆除。以贯彻《四川省建筑管理条例》为契机，建立工程结算确认制度。全年承接对外工程造价审查项目19个，建筑面积2.81万平方米，共审减造价166.28万元。加大招投标管理执法力度，全年共报建项目24个，其中20万元以上工程14个，公开招标8个，建筑面积1.45万平方米，总造价705万元；议标6个，建筑面积0.51万平方米，总造价245万元。强化工程质量监督管理，全区受监工程85个，建筑面积10万平方米，总投资5000余万元。城区监督覆盖率达到100%，村镇达到95%。年度竣工验收工程16个，竣工建筑面积8000余平方米，竣工造价500余万元，合格工程12个，优良工程4个。竣工工程档案资料回收率100%。全年发放质量整改通知书14份，停工通知书12份，拆除返工工程10起，查处未纳入质监管理工程5起，挽回直接经济损失80余万元。

1998年，把建设工程的立项、选址、会审、办证、放线、质量监督和施工验收等纳入依法管理。共办“建设用地规划许可证”“建设工程规划许可证”“红线图”48件，审批建设初设方案23件；审批城镇房屋建设面积29805平方米，总投资1500万元；按照“公开、公平、公正”的原则进行建设工程的招标投标，全区28个新开工工程，纳入招标11个，议标17个；规范建筑管理，全年受监工程59个，面积6.70万平方米，总投资近2980余万元，受监率100%，验收工程20个，合格率100%，优良率30%；规范工程质量检测，建立工程检测所，完成砂卵石换填、预制构件、预应力板等测试40处，工程质量鉴定6起；全年共审批建筑装饰施工企业2家（广元市元坝区劲松装饰责任有限公司、广元市元坝区工商工艺美术装饰装潢责任有限公司）、水安装企业1家（广元市元坝区股份合作制供水公司）、电安装企业1家（广元市元坝区电气设备安装有限公司），对6家建筑施工企业进行了严格的资质审查，年检率100%；审计竣工工程造价11处，工程造价认证率92%；组织各类建筑执法检查14次，开展联合执法大检查1次，查处违法建设案件30余件，发整改通知14份，拆除返工10起，对20个建设违法单位进行了通报，违法案件查处率达到90%以上。1999年，全年共审批工程22个，办开工通知19份，发放施工许可证22份，建筑面积19910平方米。开展项目执法监察和建筑企业的资质管理，共查处无证施工、无证建设5起。培训项目经理18人，年检企业资质10家，注销1家（广元市元坝区市政工程公司），基本合格2家（广元市元坝城建建筑工程队，广元市元坝电气设备安装有限公司），合格7家（元坝建筑一、二、三、五公司，昭化建筑队，通达自来水安装公司，工商工艺美术装潢公司）。在工程招投标管理中，宣传贯彻《四川省建设工程招标投标评标实施办法》及《建筑工程施工招标文件范本》，制定新的评标办法，建立评标专家档案，实行专家评标制。全年招标工程7处，建筑面积13090平方米，中标工程标价619.94万元，招标投标率为100%。在工程造价管理中，执行“九五”（1995年价）计价定额，杜绝高估冒算和压级压价等错误行为。组织办理7个施工企业的取费证年检，对9名建设工程概预算人员的资格证进行了初审。建立合同人员持证上岗制度，共审定土建工程造价6个，6183平方米，审减造价51万元；审定市政工程造价2个，审减造价63.57万元。贯彻国务院及省、市人民政府发出的《关于加强基础设施工程质量管理的紧急通知》，在对全区“三无”（无规划、无监理、无验收）及“豆腐渣工程”进行了一次全面的清理后，又不定期清理检查4次，共清理出违章建筑14处，违章造房户52户，建筑面积9000平方米，分别依法进行了停工、限期整改、拆除返工、补交税费等处理。对全区建筑工匠组织培训2次，培训合格后发“村镇建设工匠从业资格证”42份；对各建筑施工企业负责人利用年检、会议进行了两次培训。建立《专职质量监督员责任制度》《建设工程质量投诉制度》。公布投诉电话，全年受理投诉20余件，对元坝农业银行、元坝植物油厂、昭化粮油经营站等8处工程质量问题进行了查处，挽回直接经济损失250万元。建设工程质量监督覆盖率达到100%，受监工程60个，建筑面积58100平方米，总投资2500万元；验收竣工工程12处，竣工面积18000平方米，一次验收合格率达到100%，优良率33%；进行各类检测1000余次，砂卵石换填测试4处，进行工程预应力板现场检测20多个，部分砼构件回弹测试5个；质量鉴定12处，鉴定面积32000平方米，造价1300万元。

2000年，共审批工程23个32567平方米，总投资1713.30万元。发出开工通知7份，发放施工许可证17份，建筑面积14511平方米，投资772.30万元。查处无证施工、无证建设3起，培训项目经理18人，年检企业资质9家。招标工程7处，建筑面积7500平方米，中标工程标价382万元，招标投标率100%，并全部实行了双合同制度。编审工程造价18个2605平方米，造价368万元，审减造价95.28万元。成立了“建设工程安全领导小组”，层层签订责任书，全面落实安全生产责任制，全年建设工程无安全事故发生。对全区“三无”及“豆腐渣工程”进行集中清理检查，查出违章建筑8处，面积5000余平方米，分别依法予以停工、限期整改、拆除返工等处理。对竣工工程质量回访4次，处理质量投诉3处2000余平方米，挽回直接经济损失200万元。受监工程63个，建筑面积56250平方米，总投资3000万元，建设工程质量监督率100%；验收竣工工程6处，竣工面积4200平方米，一次验收合格率100%，优良率18%；完成砂卵石换填测试、预制构件等建筑材料测试、回弹测试1000多次，确保了工程材料的合格使用。2001年，共审批工程15个建筑面积35609平方米，总投资945万元，当年结合建筑市场秩序的集中整治，积极开展项目执法监察和建筑企业的资质就位和管理，查处无证施工、无证建设6起，复查项目经理升级13人，企业资质就位8家，工程招标5处，建筑面积16497平方米，中标工程标价944.70万元，招标投标率100%，全部实行了双合同制度。执行“二〇”（2000年价）计价定额，办理了8个施工企业的取费证年检，对9名建设工程概预算人员的资格证进行了年检初审。编审工程造价11个1600平方米，造价743.04万元，为国家节约能源资金110.75万元。对全区“豆腐渣工程”进行定期清理检查，查出违章建筑6处，面积7450平方米，分别予以停工、限期整改、拆除返工等处理。对竣工工程进行质量回访，共鉴定房屋35处5000余平方米，处理质量投诉3处2000余平方米，挽回直接经济损失200万元。受监工程63个，建筑面积56250平方米，总投资3000万元，工程质量监督率100%。验收竣工工程7处，竣工面积6400平方米，一次验收合格率达到100%，优良率18%。完成砂卵石换填测试、预制构件等建筑材料测试、回弹测试1000多次。2002年，招标工程4个，建筑面积6239平方米，中标价304万元。市批工程12个，开工建设10个，建筑面积15900平方米，总投资870万元。竣工面积6500平方米，竣工工程合格率100%。

2003年，按照产业化发展、企业化经营、社会化服务方向，在统一规划、统一服务质量标准、统一市场准入制度、统一价格收费监督制度的前提下，采取一企一策，探索适应市场经济发展的新机制、新思路、新办法，改革公用事业投资、价格、收费管理体制，实行社会公开招标的办法，鼓励企业、社会和个人投资建设和经营公益事业。全年招标工程6个，建筑面积7210平方米，中标价格366万元；市批工程13个，开工建设11个，建筑面积1.70万平方米，总投资910万元，竣工面积7200平方米，招投标及报件、受监、竣工工程合格率均达到100%。2004年，全区新开工工程19个，建筑面积26379平方米，投资1472.80万元。招投标造价工程备案12件次，其中招标备案3件次，免予招标备案9件次。编制市政工程预结算15件次。完成区内5家施工企业取费证年检和工程量报价取费证的申报工作。受监工程36个，建筑面积8.30万平方米，工程投资4100万元，工程受监率100%。发整改通知28份，停工通知5份，处理违章施工企业（项目部）15件次。处理建设工程质量投诉3起，挽回经济损失100万元。完成建筑材料及预制构配件检测500批次。2005年，新开工工程16个，建筑面积22,379平方米，投资1623万元。招投标造价工程备案22件次，其中招标备案18件次，建筑面积9753平方米；施工单位比选备案4件次，建筑面积2702. 26平方米。办理施工合同备案15件次，办理竣工验收工程造价确认4件次。受监工程37个，建筑面积7.80万平方米，工程投资4000万元，工程受监率100%。开展建设工程质量和安全大检查，发出施工安全限期整改通知36份，停工整改通知24份，现场处理工程建设违章施工11件次，查处相关责任主体违法违规行为9件次。开展质量鉴定工作38件次，受理建设工程质量投诉13起，挽回经济损失100万元。完成建筑材料及预制构配件检测820批次。全年竣工备案工程10个，竣工面积13000平方米，竣工验收备案率100%。清理建设领域拖欠工程款及民工工资取得阶段性成果，通过清理，上报中国建设网全区建设领域拖欠工程款总额574.20万元，其中拖欠农民工资138万元；其他拖欠79万元，到12月底偿还440万元，兑付农民工工资114.80万元。2006年，有形建筑市场逐步建立。当年全区招标工程1个，比选工程19个，实行竞争性谈判工程3个，审批新开工工程17个，建筑面积18961平方米，工程报建率100%。受监工程36个，建筑面积8.60万平方米，总投资5220万元，报建工程受监率100%；验收备案工程8个，建筑面积13000平方米，竣工验收备案率100%；组织各类安全检查11次，集中整治4次，累计检查房屋工程40余个，建筑面积近30000平方米，发放整改通知30余份，及时消除安全隐患，有效控制事故的发生。2007年，新开工工程34个，建筑面积18330平方米，工程报建率100%。受监工程41个，建筑面积7.40万平方米，总投资5220万元，报建工程受监率100%。验收备案工程22个，面积3.40万平方米，竣工验收备案率100%。全年共组织安全检查12次，集中整治4次，累计检查房屋工程40余个，建筑面积近3万平方米，发放整改通知26份，施工安全停工整改通知书8份。全年未发生四级以上的安全事故。

二、市容管理

（一）城管综合执法

1990—2003年，城市的日常管理工作由区城环（建）部门负责。经常开展对城区环境卫生的检查、督导和通报，对市场摊点进行划区域规范，加强对建筑工地建材的堆放管理，集中整治城区占道经营，临街乱堆乱放等现象，严格制止临街面违反规划建筑。1992年，拆除违章建筑5起，停工待处理3起。组织开展市容市貌大检查12次，处理影响市容市貌乱堆乱放、侵占道路施工处理10起。1993年，坚持“依法治城，严管重罚”的原则，以搞好城市环境整治为重点，抓“门前三包”责任制落实，综合治理脏、乱、差，取得明显成效。加强城区建设监察管理，全年共清理查处城区各类违法建筑活动27件，调解建筑纠纷15件，制止违章12件，推动了城区建设总体规划的实施。1995年7月，城市监察中队成立后，坚持“依法治城”，对乱堆乱放、乱搭乱占街道等行为从严整治，清除卫生死角，取缔马路市场。全年共出动人员100余人次，治理台球桌、自行车修理、个体摊点侵占人行道120余次，治理乱贴、乱挂标语25次，处罚违法违章建房单位6个，调解建筑纠纷7起。1996年，贯彻执行新的《城建监察规定》和国务院发布的《城市道路管理条例》，加大对城区乱堆乱放乱挂和乱搭乱占乱建的整治力度，治理台球桌、自行车修理、个体摊点侵占人行道80余次，清除卫生死角18处，处理违章建设24件，查处损坏市政公用设施案件12件，调解建筑纠纷2件。

1997—1999年，共治理违章占道200余处，拆除各种乱搭乱建晴雨棚60余户，处罚违章建筑31处，查处损坏市政公用设施案件10件。印发宣传资料5000余份，悬宣传标语80余幅，督促制作永久性标语100余幅，出动宣传车巡回宣传20余次。2000—2003年，贯彻执行国务院《城市市容和环境卫生管理条例》和建设部《城建监察规定》，实施城市“四化”（净化、绿化、亮化、美化）工程，推进文明卫生城市建设。严格审批和控制开挖占用道路，加强市政设施的维护管理和户外广告设置审批的管理。按照“门前三包，各负其责，依法治城，严管重罚”的城市管理方针，加大综合执法的力度，加强对城区摆摊设点、以街为市的“马路经济”的整治。全面治理城市乱停、乱放、乱建等现象，强制拆除违章搭建物4处，清除不规范广告店牌158处，划定机动车、人力三轮车、自行车停放点30余处。查处违反城市管理法规的行为500余件。

2004年1月，建立广元市元坝区城市综合管理办公室（简称区城管办），挂靠区政府办。区城管办建立后，与工商、城监、交警等部门的工作协调，通过经常性的检查、督导和通报，对城区占道经营、乱摆（摊）、乱停（车）、乱堆、乱放、乱挖、乱建等现象加大整治力度，城市综合管理得到加强。至2005年，采取多种形式宣传城市管理法律、法规，先后出动宣传车50余台次，印发资料5万余份，制作城管专题节目8期；组织开展市容市貌整治检查20余次；划定机动车、人力车、自行车停放点30余处；加强市政设施的维护管理，依法拆除乱搭乱建60余户；加大对违法行为的查处力度，累计查处各类违反城市管理行为184起，办结182起，查处城区建筑市场违法案件43件，纠正违规违章行为700余人次，清理城市“牛皮癣”200余处，处理乱堆乱放乱建等320余起。2006年，区城建管理监察中队更名为广元市元坝区城建管理监察大队，城市综合执法管理的力度进一步加大。坚持全面管理与重点管理相结合、突击整治与日常管理相结合、堵截与疏导相结合的“三结合”原则，强化城市监管，全年累计查处各类违法违规行为354起，清理小广告200余处，纠正处理违章乱停乱放240余起，取缔路边烧烤摊点、煤炭市场、农资市场27处。受理群众信访投诉6起，签订“门前三包”责任书428份。城市管理工作受到省建设厅城监总队的充分肯定，其他县区多次到元坝交流学习。当年5月，配合完成广元市第一届残运会的举办。区城管办积极协调各相关部门整治环境卫生，组织志愿者队伍，宣传环保知识，共清运垃圾50余车，确保运动会场干净、整洁、有序；整治交通秩序，查处非法营运10余起，治理车辆乱停乱放60余次；协调卫生、防疫、文化等部门，开展食品安全大检查，整治文化娱乐场所，对网吧、游戏厅、歌舞厅等进行专项治理。各部门密切配合，确保了残运会在元坝区的成功举办。2007年，查处违反城市管理法律法规案件218件，清理小广告1800余份，纠正处理违章乱停乱放192起，拆除违章建筑7处421.30平方米，受理群众信访投诉7件，签订“门前三包”责任书428份。在昭化古城改造过程中，区城管办协调相关部门，认真做好古城的综合管理工作。在保护好古迹，突出古城历史文化特点的前提下，结合居民生产和生活实际，科学规划，合理改造。对垃圾乱倒、车辆乱停、摊位乱摆、广告乱贴等现象进行专项治理，对一些不文明陋习进行暗访曝光，进一步规范了古城综合管理秩序。当年城市管理工作被省建设厅评为先进集体。

广元市元坝区城管办领导名录

表 14 - 4

姓 名	性别	籍 贯	政治面貌	职 务	任职期间	备 注
刘应文	男	广元市元坝区	中共党员	主 任	2004 - 03—2004 - 10	区政府办副主任
蒲 华	男	广元市元坝区	中共党员	副主任	2004 - 03—2006 - 08	
梁冬云	女	广元市元坝区	中共党员	主 任	2004 - 10—2007 - 04	区委政府督查室副主任
张子键	男	广元市元坝区	中共党员	主 任	2007 - 06—	

（二）环境卫生管理

1991 年 5 月，设置广元市元坝区区环境卫生管理所（简称区环卫所），由区城环局主管。其主要职责是负责城区环卫保洁工作。2003 年以后，逐步增加城区边缘的红土垭、欧家河一带的公路及河道，2006 年又从红土垭向东延伸至平乐寺一带。2005 年 1 月开始，按照区城建局的安排，区环卫所增加城区绿化职责。至 2007 年底，环卫区域包括：城区及红土垭、欧家河的街道、公共活动场所、绿化带、公共厕所；长滩河在城区的河道及从花果园至利州区交界的河道；欧家河至利州区交界的公路绿化带。绿化区域包括：元坝城区、平乐寺景区，花果园至利州区交界的公路人行通道、生态河堤。

1994 年以前，因无垃圾处理场，城区垃圾主要靠拖拉机转运，大多数垃圾被运到长滩河道元坝段露天倾倒，部分用于建筑工程填方，二次污染的问题比较严重。1994 年 3 月，花果园垃圾场投入使用。1998 年，区委、区政府启动省级卫生县城创建工作，组建创卫指挥部及其办公室，由区爱卫办、区精神文明办和区城建局共同负责，区爱卫办牵头，区环卫所作为重要成员参与创建工作。组织和发动区级各部门、各企事业单位及城区各住户居民，全面治理“脏、乱、差”。1999 年，投资 200 多万元，在元坝镇杏树村重新选址建设垃圾处理场，于当年 5 月完成前期工程并投入使用；新建垃圾转运站 2 个（青梅路 1 个，滨河路上段 1 个）；对全城住宅楼、办公楼的垃圾道进行封闭，改为分点布设垃圾桶，先后投放垃圾桶 150 个，并购置垃圾挂桶车 1 辆、洒水车 1 辆、平板车 1 辆、垃圾收集人力三轮车 6 辆。

2000 年 3 月，元坝城镇创建为市级卫生县城。2001 年 9 月，元坝城镇创建为四川省卫生县城。之后，城区卫生管理坚持专业化管理和群众管理相结合。区环卫所负责街道清扫保洁和垃圾清运、消杀、垃圾填埋等专业管理工作，对街道卫生清扫人员实行“定人员、定路段、定质量标准”的三定管理责任制。区工商行政管理局与各门面签订“门前三包”（包绿化、包秩序、包卫生）责任合同，落实群众管理，开展文明街道共建活动。区环卫所环卫监察组负责监督检查，做到垃圾日产日清，街道容貌保持随时干净整洁。

2003—2007 年，元坝城区环卫重点放在提升城市品位。进一步加大卫生死角和重污染区的专项治理力度。先后投资 100 多万元，将滨河路垃圾转运站迁址重建，添置垃圾桶 450 个，购置果皮箱 600 个、洒水车 1 辆、平板车 1 辆、垃圾挂桶车 1 辆、人力三轮车 20 辆，对城区实行全天无空档长效保洁。

广元市元坝区环卫所领导名录

表 14-5

姓 名	性别	籍 贯	政治面貌	职 务	任职期间	备 注
张仔国	男	广元市元坝区	非 党	环卫所负责人	1991-05—1992-12	
李生忠	男	广元市元坝区	中共党员	环卫所长	1993-01—1998-12	
刘 涛	男	广元市元坝区	中共党员	环卫所负责人	1999-01—1999-12	
熊光金	男	广元市元坝区	中共党员	环卫所长	2000-01—2003-02	
徐永全	男	广元市元坝区	中共党员	环卫所长	2003-03—	

三、房产管理

1989 年，元坝城区仅有私房 82 套 2.18 万平方米，随着区镇的发展和人口的增加，私房建设步伐加快，至 2007 年，城区私房达 2456 套 21 万平方米。

1991 年，在规划区内实行统一征地、统一办证、统一规划、各户自建的办法，共征地 3704 平方米，落实 60 户个体工商户进入元坝新区规划建房地点自建，缓解个体工商户经商建房难的问题。在服从区镇总体规划的前提下，优先安排，优先选街面，优先批办手续，为 17 户街道搬迁户落实建房地点。新建营业型住房 1275 平方米。1993 年，加快房改步伐，促进住宅建设。区镇 37 个单位新建成套标准住房 44 栋 915 套，面积 61000 平方米，按房改政策，37 个单位评估出售了共 44 栋 802 套，出售住房总面积 53392.50 平方米，计价面积 48389 平方米，应回收售住房款总金额 278.97 万元，已收 247.94 万元，单位干部职工 800 余户搬进新居，户平面积 58.30 平方米，基本解决了城镇居民住房难问题。1994 年，配合国土管理，参与清理土地隐形市场，清理出租房屋 317 户，面积 23447 平方米，月租全额 56579 元；转让房屋 12 户，面积 1340 平方米，成交额 17.40 万元。1995 年，受理房屋产权登记申请 40 余件，发证单位 5 件、个体 30 件，发证建筑面积 5498 平方米。开办房屋抵押贷款业务，核发“他项权利证”20 本，面积 10471 平方米，抵押贷款权利价值 209.20 万元；办理房产转移登记、房屋评估 4 件，配合法院协调房地产纠纷案 2 件。1996 年，共办理房屋产权证 46 件，发证建筑面积 13032 平方米，办理房屋他项权利证 26 件，抵押贷款权利价值 310 万元；办理房屋现值评估 19 宗，价值 278.50 万元。1997 年，办理房屋产权证 65 件，办理房屋他项权利证 27 件，房屋现值评估 27 宗。对区镇党政机关事业单位干部职工住房进行一次全面清理，共清理 46 个单位共有住宅 768 套，建筑面积 52000 平方米，清查出违规违纪住房 21 户，超占面积的 55 户。至此，完成全区公有住房的出售工作。

1998 年，住房制度改革，实施住宅小区建设试点，加大安居工程建设力度。停止福利住房分配，完成区镇 52 个单位的公房出售工作，售房 1044 户 88423 平方米，金额 987 万余元，专户储存 607 万元，归集率 61.80%，归纳住房公积金 90 万元，归交率 100%。完成新竣工的 16 幢楼房的确权发证工作，确权面积 2.80 万平方米，现值 1725.50 万元。办理个体工商户建房 40 件 1.20 万平方米，为个体房屋确权认证面积 1700 平方米，价值 30 万元。开展房屋现值评估工作，年评估面积 1726 平方米，总值 150 万元，使房屋价格管理工作开始走上制度化、规范化的轨道。启动住宅小区建设试点和安居工程，完成全区商品房和安居工作的市场需求调查摸底，组织安居工程的立项审批。1999 年，组织新式房屋权属证书换发工作，加强房地产行业管理，对房产的转让、租赁、买卖、抵押等经营活动进行评估、安全鉴定。进一步深化住房制度改革，加强住房公积金、售房资金的归集、协调管理。开展农村房屋产权发证工作。一年中，共办理房屋所有权证 84 户 36180 平方米，其中集体办证 20 家 21742 平方米。房屋评估58件28600平方米，评估现值1456.30万元，其中公房20639平方米，现值10,904万元。办理房屋他项权证68件，其中集体32件39305平方米。为企业改制办证评估16个单位384户，面积31183平方米，售房资金413.86万元。建立村镇房屋初始登记档案1500宗，审批办证300户。2000年，完善单位房改售房32户2772平方米，售价55.59万元。办理单位购房职工产权证99户8281平方米，售价107.20万元。协助拆除旧房6户2450平方米，办理个户房屋产权证115户52166平方米，房屋抵押评估办证72件17517平方米，评估金额560万元。办理房屋他项权利证100件29542平方米，抵押贷款金额484万元。2001年，办理房屋所有权54439平方米，办理房改售房10个单位164户14706平方米，房屋抵押评估办证108件52563平方米，评估金额1800万元。办理房屋他项权利证233件5.30万平方米，抵押贷款金额1332万元。办理拆迁委托3件，发放拆迁许可证2件；协助法院执行房地产案10件。全区住房分配货币化和住房二级市场开放工作有了良好开端，建立职工个人住房档案1028宗。67个单位参加住房公积金，累计归集金额2077万元，结存金额1897万元。

2003年，围绕启动个人住宅消费和推进城镇化进程，进一步加大住房制度改革，稳步开放住房二级市场。协同财政部门做好住房货币化分配的资金筹集准备工作，稳妥推进住房公积金个人担保贷款，提高住房公积金覆盖面。进一步整顿和规范房地产市场秩序，加强房屋产权产籍管理。2004年，共办理房屋产权证166宗，房屋他项权利登记86宗，抵押金额1218.80万元，办房产交易101案，成立价值470万元。办理农村房屋产权证150余件，面积1.40万余平方米，建筑面积3万余平方米。2005年，共办理房屋产权证156宗，登记面积47424平方米，抵押办证65宗，登记面积16599平方米，抵押金额1218.80万元。完成育才路房屋拆迁、晋寿路改造和亭子口电站移民搬迁建筑实物调查工作。2006年，加强产权产籍管理，全年房产办证191宗，登记面积29932平方米，其中转移登记154宗，初始登记29宗，变更登记8宗。抵押办证49宗39484.37平方米，权利价值1080.70万元。强化开发市场管理，整顿房地产开发市场秩序，促进房地产市场规范、健康发展。对广元新埠房地产开发公司未履行合同按期交房的行为进行严肃查处。2007年，办理房屋产权证148件，房屋转移登记105宗，建筑面积51165平方米；抵押登记20宗，抵押价值320.80万元。强化开发市场管理，妥善解决了新埠家园因市场房价上涨，建筑材料涨价，建筑老板对已预售的房子提价销售而业主不接受因此停建的遗留问题，老板复工，所有住房户全部入住。落实城镇低收入家庭廉租住房保障制度，建立城镇低收入家庭住房档案65户，第一期住房租金补贴全部兑现。

第二章　环境保护

第一节　环保管理机构

1990年2月，区城建局更名为区城环局后，内设环境保护办公室。1991年12月，经区编委批准在区城环局内正式设置区环境保护办公室并明确含环卫、园林绿化管理工作职能。1997年机构改革时，在区城环局仍设环境保护办公室。

1998 年 8 月，成立广元市元坝区环境保护局（简称区环保局），与区建委合署办公，区建委正副主任兼任区环保局正副局长。2001 年 12 月，区环保局设办公室、污染控制股、建设项目环境管理股、环境监察大队。2003 年 2 月，区环保局与城建局分设；同月，建中共广元市元坝区环境保护局党组。2005 年 12 月机构改革方案中，区环保局并入区政府办公室，保留其牌子（但没有实际施行，仍单列）。2006 年增设法规宣教股。至 2007 年，机构无变化。

广元市元坝区环境保护局领导名录

表 14－6

姓　名	性别	籍　贯	政治面貌	职　务	任职期间	备　注
张克汉	男	广元市元坝区	中共党员	局长（兼）	1998－09—2001－02	区建委主任
王康宁	男	南充市阆中市	中共党员	副局长（兼）	1998－09—2003－02	区建委副主任 区城建局副局长
魏三映	男	广元市元坝区	中共党员	局长（兼）	2001－04—2003－02	区城建局局长
魏三映	男	广元市元坝区	中共党员	局　长	2003－02—2005－08	党组书记
王清培	男	广元市元坝区	中共党员	副局长	2003－02—	党组成员
张　磊	男	广元市苍溪县	中共党员	副局长	2005－09—2007－02	党组书记；主持工作
张　磊	男	广元市苍溪县	中共党员	局　长	2007－02—	党组书记
冯华英	女	广元市元坝区	中共党员	副局长	2007－06—	党组成员

第二节　环境污染

一、污染源调查

（一）乡镇企业主要污染源调查

1991—1997 年，区环境保护办公室、区乡镇企业局、区统计局、区财政局等部门联合进行了 2 次乡镇工业企业污染源调查。区内有建材、酿酒、化工等主要污染源，但规模小、排污量少、污染源小。2001 年 12 月，区环保局、区畜牧局等部门联合开展规模化畜禽养殖污染情况调查。全区有规模以上养鸡场 1 个（广元市元坝区欧家河养殖场），年产生污水 720 吨，粪便 40 吨，粪便综合利用率 100%。

（二）第一次全国污染源普查

2007 年，元坝区开展了第一次全国污染源普查工作。共普查生活源 227 个、工业源 49 个、农业源 2262 个、集中式污染治理设施 1 个，同时对普查汇总数据与环境统计数据、社会经济数据进行了对比分析。

二、污染状况

（一）废水污染

2006年和2007年，区内产生废水的生活源有200余家，主要分布于9个建制镇的餐饮、服务等行业；工业源近30家，主要是广元福润肉类食品有限公司、广元市元坝三元茧丝绸有限责任公司、广元市元坝区德源牧业有限公司、广元市华康食品有限公司、四川广旺集团机械制造有限责任公司、广元市玉田农业开发有限责任公司、广元市元坝区昭化天雄养殖场等。根据市环境监测站对有关企业废水排放量的监测数据以及物料衡算方法进行计算，2006年，全区工业废水排放量42.06万吨，化学需氧量169.36吨，氨氮22.32吨，城镇生活污水排放量131.40万吨，城镇生活污水COD排放量324吨，城镇生活污水氨氮排放量41.32吨。2007年，全区工业废水排放量31.41万吨，比2006年减少10.64万吨；化学需氧量186.25吨，比2006年增长16.89吨；氨氮34.83吨，比2006年增长12.51吨。城镇生活污水排放量131. 95万吨，比2006年增长0.55万吨；城镇生活污水COD排放量659.73吨，比2006年增长335.73吨；城镇生活污水氨氮排放量61.57吨，比2006年增长20.25吨。

（二）废气污染

2006年和2007年，区内产生废气的主要是工业企业有：四川星荣焦化有限公司、广元福润肉类食品有限公司、广元市元坝区德源牧业有限公司、广元市华康食品有限公司、四川广旺集团机械制造有限责任公司、广元市元坝区城关页岩机砖厂、广元市元坝区元坝镇胜利砖厂、广元市元坝区元坝镇杏树页岩机砖厂、广元市元坝区柳桥页岩机砖厂、广元市元坝区梅树金涛页岩机砖厂、广元市三元建材有限责任公司、广元市元坝区王家镇红庙砖厂、广元市元坝区虎跳砖厂等。根据市环境监测站对有关企业废气排放量的监测数据以及物料衡算方法进行计算，2006年，全区工业废气排放总量58071万标立方米，二氧化硫排放量918.63吨，烟尘排放量831.51吨；生活及其他二氧化硫排放量56吨，生活及其他烟尘排放量280吨，生活及其他氮氧化物排放量27吨。2007年，全区工业废气排放总量108466万标立方米，比2006年增加86.78%；二氧化硫排放量1288.24吨，比2006年增长40.23%；烟尘排放量829.98吨，比2006年减少0.02%。

（三）废渣污染

2006年和2007年，产生工业固体废物的企业主要有：四川广旺集团机械制造有限责任公司、广元市东山煤业有限公司、广元市元坝区光华煤矿、广元市元坝区跃进煤矿、广元市元坝区城关页岩机砖厂、广元市元坝区元坝镇胜利砖厂、广元市元坝区元坝镇杏树页岩机砖厂、广元市元坝区柳桥页岩机砖厂、广元市元坝区梅树金涛页岩机砖厂、广元市三元建材有限责任公司、广元市元坝区王家镇红庙砖厂、广元市元坝区虎跳砖厂等。区环保局、区统计局按照物料衡算方法进行计算，2006年，工业固体废物产生量10.37万吨，工业固体废物利用量6.57万吨；2007年，工业固体废物产生量11.02万吨，比2006年减少3.33%；工业固体废物利用量7.77万吨，比2006年增长18.24%。

（四）噪声污染

区境内产生噪声主要产生于工业企业、文化娱乐场所、交通和建筑施工。2007年末，全区产生噪声的工业企业主要有：四川广旺集团机械制造有限责任公司、广元市山清米业有限责任公司、广元福润肉类食品有限公司3家工业企业和20余个文化娱乐场所，由于未采取消声降噪措施，不同程度地对周边群众造成影响。交通噪声属流动噪声，随着车辆的不断增多，交通噪声产生时间相应增加。

（五）其他污染

2007年3月至2007年末，全区开展全国第一次污染源普查，区环保局、区农业局对辖区内的农业污染源进行了普查。当年辖区内有从事水产养殖的27户，其中网箱养殖3户，规模化水产养殖1户，养殖过程中饲料使用量103.50吨，药物使用量81.06吨，肥料使用量1225.50吨。其中网箱养殖饲料使用量57吨，药物使用量0.08吨。种植业施用肥料389.98吨，其中氮、五氧化二磷、氧化钾的含量分别为20.86吨、8.69吨和7.02吨；施用农药毒死蜱0.18千克，丁草胺0.1千克，乙草胺17.05千克，氟虫腈0.73千克，吡虫啉0.41千克。

第三节 污染治理

一、城市环境综合治理

区环保局建立后，坚持以改善人居和投资发展环境为目标，以解决烟尘、噪声、油烟、生活污水和生活垃圾污染为重点，加大城市环境综合整治力度。坚持开展城区原煤禁止散烧专项整治工作，拆除和淘汰一批原煤散烧、污染严重的大灶和锅炉，2000年，建成烟尘控制区0.80平方公里，城区大气环境质量达到国家二级环境空气质量标准。以中、高考禁噪专项工作为契机，重点整治城区建筑施工噪声和城区生活娱乐噪声污染，2002年，建成噪声达标区0.85平方公里，城市声环境质量达到相应功能区标准。加大生活污水沼气净化工程推广和跟踪督查力度，严把验收程序、工程结算、资质认证、监测分析、软件资料、水质达标“六关”，全面推进生活污水治理工作。2003年，规划分两批实施的106处沼气净化工程，至2004年8月，共建成59处，通过水质验收监测达标的有42处。2004年，城区生活污水沼气净化工程的实施，使长滩河出境断面水质由2002年的劣Ⅴ类水质提升到Ⅲ类地表水环境质量标准。2007年，对红土垭、元坝镇桂花村二组、三七六二油库区、元坝镇长坝村至元坝村沿河一线、陈家沟、乔家坡、柳桥等城郊接合部居民生活污水沼气净化工程进行规划，新建生活污水沼气厌氧处理设施90处共计1440立方米，完善雨污分流管网，新建排污管网730米，维修排污管道1110米，改造城区集中污水处理设施3处，城区80%的生活污水得到处理。

二、废气治理

1997年3月，整治“十五小”企业，其中全部关停取缔分布于广旺公路沿线的元坝镇长坝村、胜利村和柳桥乡的土法炼焦企业20家，拆除炼焦炉窑29个，削减烟尘排放量60余吨。1999年3月至2000年12月，全面开展工业企业排污达标工作，12家烟尘排污企业，投资100余万元治理，采取消烟除尘措施，全部实现达标排放，削减烟尘排放量565吨，削减粉尘排放量38.60吨。2000年，区政府决定在城区开展烟控区创建工作，通过改造锅炉3台、燃煤大灶40余台，全年削减城区烟尘排放量3.50吨、二氧化硫4吨，建成烟尘控制区0.80公里，于2000年12月底通过广元市政府组织的“一控双达标”验收。2003年，城区天然气主管道全面完成铺设。2004年5月，关停取缔全区12家土法炼焦企业（含7家改良焦企业和5家违法建设的土法炼焦企业），全年削减烟尘排放量36吨、二氧化硫42吨。2007年，星荣焦化公司投资356万元完成废气污染治理任务，全区关停淘汰落后砖瓦生产企业12个，削减二氧化硫146.40吨。

三、废水治理

1992年统计资料显示，区内4个工业企业（四川广旺集团机械制造有限公司、川北肉类食品加工厂、元坝食品公司和卫子食品厂），安装废水处理设施4套，年处理废水2.90万吨，处理后达标排放2.10万吨，处理率90%，处理达标率72.40%。1997年建成废水处理设施6套，处理废水12.30万吨，处理率87%，处理后达标排放7.30万吨，处理达标率59%。2000年，9家工业企业共投资39.70万元安装废水处理设施9套，处理废水18.30万吨，处理率90%以上，处理后达标排放14.80万吨，处理达标率100%。2000年5月，16家工业企业与区政府签订了2000年工业企业污染源达标目标责任书，同时对绵兴磷肥厂、柳桥砖厂、元坝三元茧丝绸有限公司、广元市三清米业有限公司、区棉麻公司扎花厂、川北肉类食品加工厂、四川广旺集团机械制造有限公司7家企业下达限期治理任务。2000年12月，全区工业企业排污达标工作通过市政府、市环保局组织的考核验收。2001年7月至2002年5月，川北肉类食品加工厂投资53.50万元，采用群体组合技术处理屠宰废水10.20万吨，处理率达85%以上，化学需氧量由处理前的每升1529毫克降为99毫克，氨氮由处理前的每升22.44毫克降为11.79毫克，共计削减化学需氧量0.65吨，削减氨氮0.02吨。2001—2003年，广元市元坝三元茧丝绸有限责任公司投资10.70万元处理缫丝废水2.88万吨，处理率达90%以上，化学需氧量由处理前的每升135毫克降为64毫克，氨氮由处理前的每升10.20毫克降为8.70毫克，共计削减化学需氧量0.18吨，削减氨氮0.70吨。2007年，广元市元坝三元茧丝绸有限公司、广元市玉田农业开发有限责任公司和昭化天雄养殖场分别投资108万元、180.50万元、40万元完成污染治理工程，共削减化学需氧量7.29吨，削减氨氮1.27吨。区政府实施长滩河流域生活污水集中处理工程3处，削减化学需氧量44.20吨，削减氨氮3.80吨。

四、废渣治理

1999—2002年，投资200余万元，在元坝镇杏树村田家沟征用68亩，建成垃圾处理场，处理城区生活垃圾，设计年处理生活垃圾1.80万吨，近期实际年处理1.10万吨。2001年，投资50余万元，在城区修建垃圾中转站2座，主要街道全部取消垃圾桶，由垃圾车定时收集，清运至垃圾处理场进行填埋处置。

五、噪声治理

城区噪声主要来自家电、文化娱乐场所及建筑施工等。建区以后，区环保部门配合相关职能部门，对城区家电商场、文化娱乐场所及建筑施工噪声进行了综合治理，环保局、公安分局、教育局、文化局联合发出《禁止噪声扰民通告》，向社会公开举报电话，在高考期间采取提前告知、昼夜巡查、限时营业和施工等措施，为中、高考学生和广大市民营造安宁的工作、学习、休息和考试环境。

第四节 环保规划与管理

一、环保规划

1993年6月，划定城区环境噪声功能区。城区区域环境噪声小于55dB（A）；城区各功能区域噪声昼间达标率大于90%，夜间达标率大于85%；城市道路交通噪声小于70dB（A）。1994年10月，划定全区地面水环境功能区。长滩河断面的水质达到Ⅲ类水域标准，境内主要河流、省控和市控断面水质达标率大于80%；城市集中式饮用水源地水质达标率100%，农村饮用水源水质达标率80%；重点流域规划控制断面水质达标率大于70%。1994年11月，划定城区大气环境功能区。城区环境空气质量达到国家空气质量二级标准的天数大于292天/年，达到80%，各乡镇政府所在地环境空气质量维持在2005年的水平。1997年2月，广元市政府把元坝区大气环境功能区划分纳入广元市统一划分，将区境大气环境功能区全部调整为二类区。2002年6月，元坝区开展国家级生态示范区建设试点。同年9月，完成国家级生态示范区建设总体规划并通过省环保局组织的专家评审。

二、宣传教育

在每年的“四二二”地球日和“六五”世界环境日等环保纪念日，采取开展环保宣传咨询活动、印发宣传资料、开展环保知识竞赛和演讲比赛、播放环保专题片、举办环境警示教育图片展等形式，面向社会大力开展环保知识宣传教育。在全区每年组织的“三下乡”“五下乡”活动中均要开展环保宣传，面向广大农村深入宣传环保法规知识。每年利用“三一五”“三八”“一二·四”等纪念、宣传日，开展经常性的环保宣传活动。以普及环境科学知识和素质教育为重点，在全区中小学校和青少年、儿童中开展争做“环保小卫士”和“绿色学校”创建活动，面向中、小学生开展环保宣传，累计命名5所学校（太公中学、柳桥小学、元坝中学、元坝镇第一小学、元坝镇第三小学）为争做“环保小卫士”先进学校和55名“环保小卫士”，建成1所市级“绿色学校”（太公中学）和1所区级“绿色学校”（柳桥小学）。1990—2007年共举办各类宣传、咨询活动200余次，张贴标语1万余幅，印发各种宣传资料10万余份，编发环保工作简报2000多期，印发《常用环保法律法规汇编》5000多本。

三、农村生态保护

从2003年起，以贯彻落实《全国生态环境保护纲要》为突破口，强化农村生态环境和农业面源污染的监管。2003年4—7月，对农村分布广泛、严重破坏资源、污染环境的75个柏油提炼项目进行了清理整顿。对无任何污染防治措施且分布集中、效益低下的30余个项目进行了现场拆除或限期整改。2003年3月，实施生态示范新村和全国环境优美乡镇、生态小区建设。实施过程中，元坝区把国家级生态示范区建设试点和实施生态家园建设相结合，大力发展生态农业，改变全区生态环境脆弱的局面，改善农业和农村生产条件，调整农村产业结构，发展特色经济、特色项目和特色产业。从2003年9月开始，对嘉陵江流域采沙项目加大跟踪监察力度，遏制了嘉陵江流域的生态破坏。2005年，昭化镇天雄村、元坝镇元坝村被命名为省级农业生态园区。2006年昭化、元坝、柳桥、紫云、梅树、明觉6个乡镇被列为全国环境优美试点乡镇；同年，昭化镇天雄村、石盘村、城关村及元坝镇元坝村、柳桥乡柳桥村、紫云乡紫云村建成省级文明生态村，昭化镇石盘村、元坝镇长坝村建成省级农业生态园区。2007年，昭化镇被国家环保总局命名为全国环境优美乡镇，明觉乡华丰村被创建为省级文明生态村。

四、建设工程环保项目审批

从2005年起，开始对新建项目实施环保审批，当年全区共审批新、扩、改建项目12个，总投资1337.50万元，其中环保投资41.40万元。2006年，全区审批新建项目3个，总投资660万元，其中环保投资88万元。2007年，全区共办理新建项目选址、环评审查、环评批复15个，项目总投资7439万元，其中环保投资332.20万元。

五、污染事故仲裁

1992 年 4—7 月，广元市元坝区生化厂发生三次污染事故，造成长滩河鱼虾大量死亡，赔偿鱼类损失 2 万余元，该企业被关闭。

1995 年 12 月，剑阁县“七一”纸厂造纸废水致使元坝区青牛乡白牛村、文书村、莲池村部分村组和青牛乡场镇居民饮用水困难，永红电站养鱼塘鱼苗死亡，共死亡耕牛 17 头、生猪 167 头，耕地污染 400 余亩，粮食减产，直接损失达 10 万余元。1996 年 1—5 月，经广元市环保局、元坝区环保办、剑阁县环保局等部门现场调查，市政府召开专题会议调解处理，责成剑阁县“七一”纸厂立即停产，由剑阁县政府落实对青牛乡白牛村一次性补偿 3 万元。

2003 年 8 月，元坝区东山片区煤矿因“七一五”洪灾导致煤矸石污染柳桥乡普子村农田，经区环保局、柳桥乡政府调解，东山片区煤矿给予普子村补偿 1.50 万元，重点用于恢复群众饮水设施及受损的农田基础设施建设。

2004—2007 年，全区共处理环境污染纠纷 160 多件，其中饮用水源污染纠纷 100 多件，噪声污染纠纷 40 多件，固废污染纠纷 20 多件。

六、排污费征收与管理

从 1991 年开始，全区按照国务院 1982 年发布的《征收排污费暂行办法》，开展超标排污费征收工作。1993 年，开征超标排污费，同年开征污水排污费。1997 年，征收餐饮、娱乐服务行业超标排污费。从 2003 年 7 月起，全面开征排污费。区境内排污单位年初向环境监理站（2002 年后更名为环境监察大队）申报年度排放污染物的种类、数量和浓度，由环境监理站（监察大队）按政策原则核定后，向申报单位发出核定通知，并按季度填发缴款通知书，排污单位按照缴款书通知的数额和期限交纳排污费。征收的排污费，纳入区财政预算，作为环保专用资金。规定 70%（不含加倍收费、提高征收标准费、滞纳金、补偿性罚款）用于污染源治理补助，30% 环保部门留用（其中 10% 上缴省、市环保部门）。2003 年征收入库排污费 15 万元。2004 年征收入库排污费 22 万元，比 2003 年增长 46.70%。2005 年征收入库排污费 25 万元，比 2004 年增长 13.60%。2006 年征收入库排污费 46 万元，比 2005 年增长 84%。2007 年征收入库排污费 85.10 万元，比 2006 年增长 85%。

七、环保执法

1995 年 9 月，区粮食局所属的沙坝、紫云、观音、卫子、虎跳五个养殖场因污染治理措施不落实被责令关闭。1997 年 1 月，全部关停取缔分布于省道 202 线的长坝、胜利、柳桥等土法炼焦企业 20 家，取缔土焦炉窑 29 个。1998 年 10 月，区政府对元坝区油脂公司、元坝区焦厂、长坝焦厂、光明焦厂、光华焦厂、四联焦厂、柳桥焦厂 7 家企业下达限期治理任务。1999 年 2 月，关停“土法炼焦”企业 4 家（长坝焦厂、胜利焦厂、柳桥焦厂、光华焦厂）。2006 年，组织区经济和商务局、区安监局、区环保局、区国土局开展矿业秩序整顿，制止违法开矿项目 13 个，取缔非法开采的煤矿矿井 12 个，依法取缔污染严重的小作坊加工企业 3 个，查处擅自停运环保设施的违法行为 2 件、非法焚烧医疗废物的违法行为 1 件、不按规定缴纳排污费的违法行为 3 件，查处城区原煤散烧烟尘扰民行为 6 件，解决建筑夜间施工、文化娱乐噪声扰民问题 4 件，移送人民法院强制执行 3 件。2007 年，立案查处环境违法案件 11 件，依法关闭 6 件，申请法院进行强制拆除 1 件，处罚款共计 8.23 万元。

八、环境监测

元坝区无环境监测机构，大气监测由广元市环境监测站进行，工业企业的有关监测、水质监测等一般由旺苍县或苍溪县的环境监测站进行。2002 年 10 月，广元市环境监测站对元坝区创建 0.85 平方公里噪声达标区进行验收监测。2003 年 11 月，市环境监测站对区噪声达标区巩固情况进行复查监测，城区噪声环境质量达到相应功能区标准。2004—2007 年，每年市环境监测站定期对辖区噪声进行监测，监测数据均达标，城区声环境质量符合相应功能区标准。

广元市元坝区 2001—2007 年大气监测情况登记表

表 14－7　　单位：毫克/立方米

年度	二氧化硫		氮氧化物		悬浮物（TSP）		主要污染物
	年日均值浓度范围	年日平均浓度范围	年日均值浓度范围	年日平均浓度范围	年日均值浓度范围	年日平均浓度范围	
2001	0.002～0.147	0.036	0.002～0.078	0.027	0.009～0.0871	0.252	悬浮物
2002	0.002～0.152	0.024	0.002～0.89	0.026	0.009～0.464	0.139	悬浮物
2003	0.002～0.152	0.024	0.002～0.089	0.026	0.009～0.464	0.139	悬浮物
2004	0.002～0.114	0.026	0.002～0.62	0.019	0.009～0.356	0.117	悬浮物
2005	0.002～0.118	0.028	0.002～0.064	0.023	0.009～0.356	0.123	悬浮物
2006	0.002～0.148	0.024	0.002～0.65	0.026	0.009～0.460	0.123	悬浮物
2007	0.002～0.146	0.024	0.002～0.062	0.026	0.009～0.458	0.117	悬浮物

广元市元坝区 2001—2007 年水质监测情况登记表

表 14－8

年度	河　流	河流监测断面位置	规定类别	实测类别	是否达标	备　注
2001	长滩河	广元市元坝三元茧丝绸公司对面	Ⅲ	Ⅱ	是	
2002	长滩河	广元市元坝三元茧丝绸公司对面	Ⅲ	Ⅲ	是	
2003	长滩河	广元市元坝三元茧丝绸公司对面	Ⅲ	Ⅲ	是	
2004	长滩河	广元市元坝三元茧丝绸公司对面	Ⅲ	Ⅲ	是	
2005	长滩河	广元市元坝三元茧丝绸公司对面	Ⅲ	Ⅱ	是	
2006	长滩河	广元市元坝三元茧丝绸公司对面	Ⅲ	Ⅲ	是	
2007	长滩河	广元市元坝三元茧丝绸公司对面	Ⅲ	Ⅲ	是	

广元市元坝区2001—2007年噪声监测情况登记表

表14－9

监测时间	测点编号	测量位置	昼间		功能区类别
			声值(Lcq)	影响声源	
2001－11－15；2002－10－23；2003－11－07；2004－12－13；2005－11－26；2006－09－21；2007－12－25。每年监测一次，每次都在38个点进行监测	1	区信用社联社院内	65.1	交通噪声	1
	2	开元酒店后边（任洪宝宅）	51.4	生活噪声	1
	3	砖灰村（城关砖厂门口）	48.9	自然噪声	1
	4	任家湾铁道（吕有国宅）	50.3	交通噪声	1
	5	三七六二油库（许景华宅北）	49.5	自然噪声	1
	6	区人民医院住院部门口	51.4	生活噪声	1
	7	区林业局大门	58.2	生活噪声	1
	8	成都酒楼路口	62.1	交通噪声	1
	9	开元酒店路口	61.8	交通噪声	1
	10	区地税局办公楼	52.6	生活噪声	1
	11	青梅路铁路桥下边	57.8	交通噪声	1
	12	区实验小学门口	60.1	交通噪声	3
	13	广旺集团机制公司门口	56.4	生活噪声	3
	14	砖灰村（元坝火车站西北边沟口）	51.1	生活噪声	3
	15	广旺集团机制公司加工车间外墙	50.9	生活噪声	3
	16	元坝中学高中部门口	51.7	生活噪声	1
	17	区农业局门外	57.6	生活噪声	1
	18	区国税局大门口	61.4	生活噪声	1
	19	区农业银行办公楼门口	51.3	生活噪声	1
	20	元坝镇政府路口	65.5	交通噪声	1
	21	元坝市场	65.8	交通噪声	2
	22	区审计局办公楼北边空地	58.2	生活噪声	3
	23	区实验小学图书室	58.9	生活噪声	3
	24	广旺集团机制公司修理车间外墙	59.5	生活噪声	3
	25	广旺集团机制公司后大门	59.2	生活噪声	3
	26	元坝中学高中部操场	51.2	生活噪声	1
	27	区民政局院内	52.6	生活噪声	1
	28	区人武部院内	52.7	生活噪声	1
	29	区法院院内	53.1	生活噪声	1
	30	九州电影院（发改局对面）	52.7	生活噪声	1
	31	区供销社联社办公楼门口	65.6	交通噪声	2
	32	元坝火车站路口（银河宾馆门口）	65.2	交通噪声	2
	33	火车站西北面（轻管所浴室）	64.7	交通噪声	3
	34	区城建局（区规划和建设局）后门	50.2	生活噪声	1
	35	区政协办公楼门前	50.7	生活噪声	1
	36	红土垭丁字路口	62.1	交通噪声	2
	37	城关粮站仓库	58.3	交通噪声	2
	38	红土垭加油站桥上	65.1	交通噪声	2

第十五篇　经济管理

第一章　经济计划与发展

第一节　管理机构

1986年11月，广元市市中区卫子区设计划经济委员会，主要负责财贸、经济开发、计划与投资、工业、统计、物价等管理工作，内设办公室、农贸办、计划劳动统计办、企业办、村镇建设办、交通科。王恩俊任主任，副主任胡开勇（1986-11—1988-06）、刘兴政（1986-11—1987-05）、李旭春（1988-06—1989-02）。

1989年12月，广元市元坝区设计划经济委员会（简称区计经委），含标准计量、经济协作工作。1990年2月，区计经委正式成立，设办公室、财贸办公室、开发办公室、计划投资股、科技企管股、工业综合股、统计股、物价股。1997年5月，设办公室、综合计划股、固定资产投资股、社会发展股、工业企业管理股、科技技改股、能源股、外经外贸经济合作股。1999年11月，建立中共广元市元坝区计划经济委员会党组。2001年11月，区计经委更名为广元市元坝区发展计划经济贸易局（简称区计经局），设办公室、国民经济综合股、投资股、农村经济发展股、社会发展股、交通能源股、贸易流通股、企业股、电力股。2005年12月，撤销区发展计划经济贸易局和区经济体制改革办公室，组建区发展和改革局（简称区发改局），设办公室、国民经济综合股、固定资产投资股、农村经济发展股、经济体制改革和政策法规股、社会发展和交通能源股。至2007年，区发改局机构无变化。

挂靠部门有：

广元市元坝区技术监督局，1993年10月成立。1995年5月，列入区政府行政编制序列，仍挂靠区计经委。1999年10月，因全省质监系统实行“垂直管理”而分设。

广元市元坝区地质矿产资源管理办公室（挂广元市元坝区黄金工业管理办公室的牌子），1990年成立。2001年12月机构改革时，其职能划入区国土局而撤销。

广元市元坝区以工代赈办公室，1990年8月成立，2001年12月单列。

广元市元坝区生态项目建设领导小组办公室，1999年8月成立。2007年末，仍挂靠区发改局。

广元市元坝区实施西部大开发领导小组办公室，2000年7月成立。2007年末，仍挂靠区发改局。

广元市元坝区招标投标监督管理领导小组办公室，2000年9月成立。2007年末，仍挂靠区发改局。

广元市元坝区经济动员领导小组办公室，2002年3月成立。2007年末，仍挂靠区发改局。

广元市元坝区计经委（局）、发展和改革局领导名录

表15－1

姓　名	性别	籍　贯	政治面貌	职　务	任职期间	备　注
熊光辉	男	广元市元坝区	中共党员	主　任	1990－03—1991－11	
王玉福	男	广元市元坝区	中共党员	副主任	1990－08—1996－05	1995－08始主持工作
李旭春	男	广元市元坝区	中共党员	主　任	1991－11—1992－11	
解锡贵	男	广元市利州区	中共党员	主　任	1992－11—1995－07	
易文福	男	广元市元坝区	中共党员	副主任	1993－02—1995－10	
欧萍兰	女	广元市元坝区	中共党员	副主任	1994－09—1998－03	
许兴远	男	江苏省宿州市	中共党员	副主任	1995－10—1998－03	1996－05始主持工作
尚　学	男	广元市元坝区	中共党员	副主任	1998－03—1999－10	1998－11始主持工作
李中美	男	广元市元坝区	中共党员	主　任	1998－04—1998－10	
简恩国	男	巴中市南江县	中共党员	副主任	1998－08—2002－01	
袁相林	男	广元市元坝区	中共党员	副主任	1998－11—2002－01	党组成员
张　健	男	广元市苍溪县	中共党员	主　任	1999－11—2002－01	党组书记
刘奉明	男	广元市元坝区	中共党员	副主任	2000－05—2002－01	党组成员
张　健	男	广元市苍溪县	中共党员	局　长	2002－01—2007－03	党组书记
简恩国	男	巴中市南江县	中共党员	副局长	2002－01—2004－12	党组成员
刘奉明	男	广元市元坝区	中共党员	副局长	2002－01—2007－06	党组成员
袁相林	男	广元市元坝区	中共党员	副局长	2002－01—2007－06	党组成员
甘　磊	男	广元市朝天区	中共党员	副局长	2002－01—2006－12	党组成员
余茂兴	男	广元市元坝区	中共党员	纪检组长	2002－03—2007－06	党组成员
李承柏	男	广元市元坝区	中共党员	副局长	2005－09—	党组成员
青久蓉	女	广元市青川县	中共党员	局　长	2007－03—	党组书记
严正清	男	广元市利州区	中共党员	副局长	2007－06—	党组成员

第二节　计　划

一、计划编制

从20世纪50年代开始，国家实行计划经济。1978年后，调整计划管理结构，贯彻执行对外开放，对内搞活和以计划经济为主，市场调节为辅等政策，缩小指令性计划范围，扩大指导性计划和市场调

节范围，把关系国计民生的主要方面管住管好，次要方面放开搞活。1985 年后，开放市场，活跃流通，取消粮食、油料的统购政策，实行合同订购和市场收购，计划管理分配的商品范围进一步缩小。

1987 年 7 月，广元市市中区卫子区计经委编制出《广元市市中区卫子大区 1986—2000 年国民经济和社会发展中长期规划（草案）》。1990 年 5 月，区计经委编制出《广元市元坝区国民经济和社会发展第八个五年计划》，“八五”计划正处于贯彻执行中央提出的“计划与市场调节相结合”的方针和“实行社会主义市场经济体制”的时期。区委、区政府作出农业稳区、工业富区、第三产业兴区、科技强区的战略决策。在农业方面提出“稳粮、增收、调结构”，大办乡村企业，发展农村经济；在工业发展方面，巩固发展现有国有工业，加强工业技术改造，大力发展乡镇工业；在城市经济方面，深化国有商贸业的改革，扶持、发展第三产业，整顿生产资料市场，规范煤炭、成品油市场管理。1996 年 5 月，编制出《广元市元坝区国民经济和社会发展第九个五年计划纲要》。“九五”计划是贯彻中央提出的“抓住机遇，深化改革，扩大开放，促进发展，保持稳定”的方针，农业以“脱贫致富奔小康”为目标，实施“以工代赈”，开展“对口扶贫”，在发展粮食生产的同时，调整农业结构，发展种、养和加工业；在工业方面，大力推进现代企业制度建设，转换经营机制，优化产业结构，对外招商引资，在国有和集体企业全面推行改制，实施破产、兼并、重组和资产转让，实行租赁、承包、私营和股份制经营，发展非公有制经济；在城市建设方面，进一步规范市场经济秩序，逐步实行市场调节价格机制，同时进一步加快发展个体经济。2001 年 1 月，制定出《广元市元坝区国民经济和社会发展第十个五年计划纲要》。“十五”计划提出坚持科学发展，坚持以人为本，转变发展观念、创新发展模式、提高发展质量，促进经济平衡、协调、快速发展。农业在加强基础建设的同时，发展生态特色农业和多经生产；工业以发展能源、建材、冶金、化工、农副产品加工业，做强一批企业，培育新的经济增长点，增大经济总量，扩大劳动就业；城市经济主要加强各类服务业的市场规范化建设，第三产业快速发展。2005 年 9 月，编制出《广元市元坝区国民经济和社会发展“十一五”规划纲要》，“十一五”规划把转变经济增长方式、调整经济结构、促进协调发展作为三大任务。农业以完善农村流通体系，建立粮棉油生产基地和优质粮食产业工程为主，抓好“三大工程”（沃土工程、植保工程、种养业良种工程），挖掘农业增收潜力，增加农民收入。工业走一条符合区情和长远利益的新型工业化道路，坚持以信息化带动工业化，注重提高产业的技术水平、产品的技术含量，提高产业的竞争力；加快城市化进程，缩小城乡和区域差距，继续提高居民收入，健全社会保障和公共服务体系。同时还编制、审定了《广元市元坝区天然气利用规划》《广元市元坝区旅游发展规划》《广元市元坝区小城镇建设规划》《广元市元坝区以工代赈规划》《广元市元坝区农村电网改造规划》《广元市元坝区农业产业发展规划》《广元市元坝区固定资产投资规划》以及《广元市元坝区公路建设规划》等中长期计划、规划以及农业、工业经济发展年度计划，对全区经济发展提出具体目标和实施措施。区委、区政府以此作为统一全区干部、群众的思想认识和行动步伐，推动全区经济发展和社会发展的经济工作纲要。

二、计划管理

中华人民共和国成立后，国民经济计划编制长期实行集中型统一计划管理模式，强调有计划的管理与流通，忽视市场调节作用，地方和部门管理权限缩小。1978 年中共十一届三中全会决定对计划体制初步进行改革，下放管理权限，扩大指导性计划和市场调节。其中，在农业生产计划安排上，对粮油总产量实行指导性计划，指标完成有一定灵活性；在工业方面，对县属国有工业直接下达工业总产值和主要产品产量的指令性计划；对城市集体工业企业只对其主管部门安排总产值计划，产品、利润等具体指标由主管部门编制下达。

20世纪80年代末期，随着经济体制改革的推进和不断深化，计划经济体制逐渐向社会主义市场体制过渡，区计划管理部门坚持“抓住机遇，深化改革，扩大开放，促进发展，保持稳定”的基本方针，改变过去“下指标、批项目、分投资、分物资”的工作模式，正确处理改革、发展、稳定的关系，推进经济体制改革和经济增长方式转变，各项计划均较好地实现。1991年是“八五”计划的第一年，区委提出“一年准备，两年起步，三年打下经济持续、稳定、协调发展基础”的目标，制定出《关于进一步发展乡镇企业的决定》，要求“思想大解放，门户大开放，市场大活跃，资源大利用”，立足区情，加大经济改革的力度，改善单一的经济结构。到1994年，基本实现区委、区政府提出的“三年见成效”目标。1995年，妥善处理改革、发展与稳定的关系，统筹安排、抓住重点，突出发展，全面深化国有企业改革，加强工业企业结构调整和重点建设，继续坚持科教兴区战略，推进社会全面进步，经济建设保持持续快速发展的势头。2000年，抓住西部大开发的机遇，围绕区三届三次人大会议确定的各项经济指标和社会发展目标，在计划管理方式上从直接微观管理转向宏观间接调控，逐步减少指令性计划，扩大指导性计划和市场调节机制，注重综合平衡，讲求经济效益，使计划管理工作由管理型向服务型转变。2005—2007年，在计划管理中，贯彻中共十六届三中、四中、五中全会精神，以科学发展观统领经济发展全局，落实一把手抓经济发展责任制，推进科技承包、科技示范，实施科技兴区战略，围绕经济建设和重点项目推广使用新技术，管理方式以服务为主，以提高经济效益为重点。

第三节　投　资

一、建设投资

元坝区建立后，建设投资快速增长，到2007年，大项目投资累计达到327689万元。

“八五期间”（1991—1995），投资831万元，建人畜饮水工程15处；投资752万元，建水果基地24个，其中建柑橘基地11个，苹果基地13个；投入资金1548万元，建广元市元坝区综合食品厂、广元市元坝区针织厂、广元市元坝区自来水厂。交通方面，投入资金483万元，新建观（音）磨（滩）公路9公里，桥700米；新建白（果）黄（龙）公路13公里，大桥96.6米。投入资金300万元，改造元坝高完中，增加18个班的学生容量。投入资金600万元，建邮电系统1000门程控电话。整个“八五”计划期间，建设投资共16659万元，150万元以上项目共16个，150万元以下项目20个，水利大项目投资1964万多元。

“九五”期间（1996—2000），建设投资进一步增加。投入资金4976万元，建水果商品杏基地5万亩，商品梨基地2万亩。投入资金1580万元，乡镇建起了农经、农技服务站和畜牧兽医服务站，元坝区建成了国家秸秆养牛示范区。投入资金3740万元，用于紫云水库渠系配套和全区水土保持，治理流失面积达250平方公里。投入资金2100万元，用于广元市元坝区川北肉类联合加工厂二、三期工程建设和广元市元坝机械厂家用组合机和红外线燃气炉生产线建设，家用组合机和红外线燃气炉年产量分别达1万台和5000台。城区投资1000万元建起农产品市场。文教、卫生系统投入资金2500万元，建起了5万平方米校舍和医疗卫生用房。各机关单位办公、生活用房建设速度加快，建成5万平方米，改善了干部职工的生活条件。“九五”计划期间，建设投资共40024万元，比“八五”投资增加23365万元，增加140.25%。

“十五”期间（2001—2005），固定资产投资快速增长，基础设施条件明显改善，5 年里 300 万元以上大项目累计投入资金 61439 万元。大型投资主要有：投入资金 8990 万元，改造环线路（从国道 212 线金华起经明觉、黄龙、丁家等乡镇至太公）三级公路 108 公里；投资 3000 万元，建起了占地 1000 亩的广元绿色生态科技园；投入资金 1180 万元，整治紫云水库渠系 16.60 公里和治理麻蹄滩水土流失面积 39 平方公里；投入资金 2585.90 万元，新建长滩河堤 6.18 公里，修整了从元坝城区到市中区交界的防洪河堤；投入资金 3450 万元，新建了元坝中学高中部教学楼、学生宿舍楼和科技楼；投入资金 2120 万元，用于全区 44 所中小学排危工程，共新建教学设施 4 万平方米；投入资金 1800 万元进行昭化古城一期开发和保护项目建设，新建昭化县衙、文庙等 11 个风景区及牛头山风景区，开发元坝旅游业；投入资金 398.60 万元，解决 1.50 万人人畜饮水和 5 万头牲畜饮水；投入资金 1470 万元，铺设、改造天然气主管道 101 公里，城区铺设 10 公里，解决了元坝城区用气问题；投入 2465 万元，建起了南方草场草坡示范工程，新开发草坡、草山 15 万亩，发展了元坝优质牧草深加工基地，兴建了加工厂，购置了加工设备；投入资金 1500 万元，扩建了区人民医院卫生用房 300 平方米，新增加医疗卫生检查专用设备 24 台，解决了群众看病难问题；投入资金 13020 万元，建设嘉陵江防洪堤 18.02 公里；投入资金 4620 万元，用于广元市元坝区川北肉类食品加工厂土建项目 5194 平方米建设，购置生产设备。“十五”计划期间，建设投资共 150541 万元，比“九五”投资增加 110517 万元，增长 276.12%。

2006—2007 年，全区建设投资完成 120465 万元，其中 2006 年 51261 万元，2007 年 69204 万元。两年累计投入公路建设资金 2 亿元，改造泥结石路基 800 公里，新铺油路、水泥路 335 公里。投入资金 100465 万元，新建 1.80 公里的城区景观带；建 35 千伏变电站一座和 28 个乡镇医院 1 个社区街道办事处医院；红层找水打井 1.50 万口，建人饮工程 67 处，解决了 1.80 万人饮水问题；建 777 口烟水配套工程微水池，开发土地 1953 亩；累计建农村沼气池 1.76 万口；建成 73 个生猪生态养殖小区；昭化古城修复完成一期工程立面改造重大项目 12 个；治理原广旺矿务局拣银岩煤矿采煤沉陷区和建设“两所一庭”（派出所、司法所、法庭）。投资总额分别比 2005 年、2000 年和 1995 年增加 95.39%、437.76% 和 1587.90%。

广元市元坝区 1991—2007 年建设投资情况表

表 15－2　　　　单位：万元

计划年度	年　度	投资总额	其　中			
			全民所有	集体所有	私人或个体	其　他
八五期间	1991	1862	1414	233	215	—
	1992	1843	—	90	1753	—
	1993	2461	885	232	1344	—
	1994	6393	2671	1655	2067	—
	1995	4100	870	750	2480	—
九五期间	1996	7800	475	790	1035	5500
	1997	8410	534	842	1424	5610
	1998	8205	无分类数据			
	1999	2740	争取无偿资金 1540 万元，交通投资 200 万元，电网改造 1000 万元。			
	2000	12869	5056	2226	3257	2330

续表

计划年度	年　度	投资总额	其　中			
			全民所有	集体所有	私人或个体	其　他
十五期间	2001	24651	14456	2850	1464	5881
	2002	25058	13160	4995	4407	2496
	2003	36832	18469	2343	9842	6178
	2004	34757	17576	3287	7716	6178
	2005	35419	22774	4381	3504	4760
十一五期间	2006	51261	41911	5571	3779	—
	2007	69204	47173	6120	10893	5018

二、投资管理

1988—1990年，争取上级财政扶持资金500多万元。1991年根据省、市“控制总量，调整结构，整顿秩序，提高效益”的要求，区委、区政府当年安排自筹项目14个，投资1862万元。同时积极争取省、市主管部门的支持，争取大项目早日列入省、市项目计划蓝本。1992—1993年，坚持实行投资5万元以上的项目由区计经委审批的原则，同时清理在建项目，压缩基本建设中超越财力、物力限度的建设。两年共完成固定资产投资4304万元。1994年，在优化投资环境，提高管理效率上加强对固定资产投资的宏观管理，并适当控制非生产型项目的开工建设，集中资金保重点，全年完成固定资产投资6393万元，建好了长1.24公里，宽30米的城市过境干道，完成日产5000吨自来水的城区供水厂以及元坝电影院、元坝汽车客运站、元坝区1000门程控电话等重大工程的建设。1995—1998年，投资总量有一定增加，结构进一步改善，4年共完成固定资产投资28515万元。1999年，贯彻落实中央、省、市积极的财政和稳健的金融政策，结合元坝实际，落实了一系列的以扩大内需为主的有效政策措施。全区基础设施建设步伐加快，固定资产投资力度加大。争取上级无偿项目资金1540万元，重点实施了农、林、水利、公路、水土保持和区镇城市供水以及经济适用住房等基础产业、基础设施项目。积极筹措资金进行卫子到王家公路油路铺筑、太公到虎跳公路改造、长滩河大桥建设等基础设施建设以及国债转贷重点项目元坝供水工程、黑水河小流域治理工程建设。同时投资1200万元，实施农村电网改造。2000—2003年完成国道212线元坝区段改造，全区环线公路建设，城区至拣银岩公路硬化，文明新村等建设，共完成固定资产投资93232万元。2004—2005年，按照“区别对待，有保有压”的宏观调控政策，优化投资结构，保证投资适度较快增长。两年固定资产投资70176万元，其中国债投资40350万元，城镇工矿区投资11220万元，其他投资18606万元。实施国道212线元坝城区过境道改造以及乡村公路建设等工程。2006年，执行“富民惠民”“改善民生”作风建设年活动，实施了一批涉及产业发展、重点工程和关系群众切身利益的项目工程建设。在投资管理中，进一步加强和改进目标管理，对昭化古城景区、元坝新城建设实行跟踪督查，定期督办，建立健全区级部门和乡镇“一把手”季度述职制度。修订完善工业发展集中区规划，按照“布局园区化、投资多元化、收益大众化、配套规范化、生态标准化”的指导思想，加大投资管理。突出竞争性和基础性项目投入，着力建设一批拉动力强、支撑作用明显的重大项目工程，坚持区级领导联挂重点项目和重大项目督查、督办例会制度，强化项目五制（项目法人责任制、招投标制、资本金制、合同管理制和工程监理制）管理，全年固定资产投资完成51261万元。2007年按照“做大做强元坝新城，做活做靓昭化古城，扎实推进新农村建设”的总体要求，贯彻中央宏观调控政策，推进经济结构调整，保持经济快速增长，效益显著提高，可持续发展的后劲增强，完成区第五届人代会第一次会议确定的各项任务。社会固定资产投资完成69204万元，其中基本建设投资完成48470万元，占社会固定资产投资的70%。在投资管理中抓住推进统筹城乡综合改革试点，着力构建统筹城乡发展体制机制，执行《政府核准的投资项目目录》，建立健全重大项目公示制度和责任追究制度。推进乡镇和事业单位机构改革，转变政府职能，推行政务公开，进一步完善阳光政务，规范行政许可，推行采矿权、探矿权、土地使用权“招、拍、挂”出让制度，推进商贸、电力改革，促进各项事业建设健康发展。

第四节　经济体制改革

一、农村经济体制改革

农村经济体制改革是从1978年中共十一届三中全会以后开始的。主要是完善农村社会主义市场经济体制，包括土地制度、农村税费改革、粮食流通体制改革和对农民的支持与帮助等。

1990年初，区委、区政府采取有力措施发展农业，落实家庭联产承包责任制，完善“有统有分，统分结合”的双层经营体制。进一步完善农村土地制度，使农户真正享有对土地的占有、使用、收益和分配四权统一的承包经营权，继续建立了依法自愿有偿流转的经营机制，以发展烤烟、蚕桑、养殖、科技种植园、中药材生产为重点，狠抓多经生产，加快农村经济发展进程；发挥农业银行为“三农”服务的功能，加大支农力度，建立农村金融服务体系；建立城乡劳动者自主择业、平等就业的新型就业制度，引导农村富余劳动力在城乡、地区间有序流动，取消限制性就业政策，取消对企业使用农民工的行政审批，简化农民外出就业手续，取消专对农民工设置的办就业证等各种登记项目，清理针对农民的不合理收费；允许农民在城镇落户，继续保留土地承包权，享受集体资产的收益分配，继续保留农村的宅基地使用权。从1996年起，进行粮食流通体制改革，建立粮食市场体系，解决了农民“卖粮难”问题。2002年制定《广元市元坝区粮食风险基金补贴办法》，完善粮食风险基金包干政策，当年政策性补贴538万元。2003年，实行资金拨付按季清算、拨付，消化粮食财务挂账170万元。2005年支持“三农”中变暗补为直补（补助种粮户），将189.70万元兑现到56796户。2006年解决粮食企业挂账利息171万元。同时按照“打基础、攻重点、抓落实、求突破”的工作思路，围绕粮增产、钱增收的“双增目标”，改革农村产业发展结构，重点发展多经生产，层层建立了目标责任制，通过广泛宣传、技术培训、现场示范和强力推行示范经验等行之有效的措施，发展多经生产，把推进农村经济体制改革与发展农业经济相结合，把增产增收目标落实到责任人，着眼市场追求，以庭园经济为载体，扶持优质粮油、林果、蚕茧、畜牧“四大”支柱产业和烤烟、药材、蔬菜“三大”特色产业，全区种金花梨、猕猴桃、晚白柚优质水果200万株，在巩固10个蚕桑基地乡镇的同时，加大了非基地乡镇发展，创造出“桑草套作种养蚕，猪、兔、藕、鱼、果齐发展”的农业开发立体模式和山、水、林、田、路的综合治理的改革模式。多经种植面积达12.30万亩，全区新栽桑1000万株，实现产值10452万元。从2001年起，大力贯彻落实惠农政策，进一步深化农村经济体制改革，促进农民减负致富。发展农民新型合作经济组织，提高农民进入市场的组织化程度，采用因地制宜形式，明确集体经济组织的功能，发挥为家庭承包经营提供服务等职能，探索集体经济的多种实现形式，为农民提供科技、信息、资金、物资和产品销售等服务；完善国家对农业和农民的支持与保护，使支农增长幅度高于收入增长幅度，新增财力向“三农”倾斜，增加政府财政支农资金投入总量，建设投资方面把农业基础作为重点，教育、卫生和文化等部门新增加的投入主要用于农村；着手进行农村税费改革，用“以税惠农”的办法保证农民直接受益，妥善解决税费改革中出现的乡村道路维修难筹资金、农田水利年久失修等问题。2007 年，继续总结农村经济改革经验，增添措施，制定政策，加快农村中小城镇建设的步伐，解决进城农民不公正待遇问题，建立和健全农村社会保障体系，形成社会保险、社会救济、社会福利、优抚安置和社会互助、个人储蓄积累保障相结合的多层次的农村社会保障制度，因地制宜发展和完善不同形式的农村养老保险和农村合作医疗保障制度，部分外出务工农民返乡搞农业。同时实施“沃土计划”，加大田土改造力度，改善农业生产条件。农业骨干产业不断壮大，畜牧、蚕桑、烟叶等特色农业初具规模，率先在全省建成生猪三元杂交普及区。

二、工业经济体制改革

1992 年，围绕市场经济体制，把转换企业经营机制作为改革的中心环节，在工业企业推行了“劳动人事、工资分配、社会保险”三项制度改革，加强考核管理，推动了企业经营的市场化进程。1996 年，区政府制定了《关于加强企业产权制度改革工作试行意见》，经过采取“改组、联合、兼并、股份合作、租赁、承包经营”六项改革方式，理顺了产权关系。同时提高质量、提高效益、加强企业内部管理、降低成本，向管理要效益、向质量要发展，加强基础管理，促进企业持续快速发展。1998—2004 年，由于工业投资资金紧缺，市场疲软等诸多原因，限制了工业企业的发展，全区工业连续五年走低。区委、区政府坚持以明晰产权为核心，实行一厂一策，股份为主，“租、卖、并、破”多管齐下进行增资减债。全区 156 家企业完成改制，触动产权面 83. 30%。粮食企业执行“敞开收购、顺价销售、资金封闭运行”三项政策，顺利实现了粮食企业改革。同时采取“抓大放小，扭亏增盈”等措施，以农产品加工业为重点，培育壮大了支柱产业。制定了《广元市元坝区招商引资优惠政策》，确立了具体优惠办法。广元福润肉类食品有限责任公司、浙江黄岩广益公司落户元坝。工业速度、质量、效益同步提升，培育上规模工业企业 2 家，以肉食品加工、能源、缫丝、粮油加工、机械制造为支撑的基础工业初步形成，外贸企业出口创汇实现零的突破，4 家企业获得外贸出口权，累计实现出口 450 万美元。2006 年，工业发展集中区初具规模，基础设施进一步完善，承载力、吸引力进一步增加，一大批工业企业相继落户工业集中区。到 2007 年底，全区规模以上工业企业 13 个，国有工业企业 2 个（广元市地方电力公司和国有控股的广元市元坝区通达自来水有限责任公司），集体企业 8 个，股份企业 1 个（广元福润肉类食品有限责任公司），私营企业 47 个，其他类联营企业 6 个。

三、商贸业经济体制改革

1989 年，商业在全区国民生产总值构成中仅占 1. 20%。1990—1996 年，商贸业在“抓改革、调结构、强管理、增效益”过程中，采取经营范围、价格、工资分配、劳动用工“四放开”措施，实行“转、租、卖”，采用“股份合作、产权转让、挂户经营”等多种形式，城乡市场繁荣活跃、购销平稳、价格稳定。国有粮食企业、集体供销企业的体制发生了巨大变化。同时区委、区政府及时制定个体私营经济发展的优惠政策，确立了个体私营经营同步发展的多种形式，将个体私营经济发展纳入目标考核，奖惩兑现，个体户快速增加。1990 年，全区个体工商户有 1722 户，集体商业企业有 574 家。1991 年，全区个体户增加 30 家，其中元坝城区增加 25 家，城区个体户达到 110 家。到 1995 年，全区个体工商户已达到 4980 家，是 1990 年的近 3 倍。从 1998 年起，区委、区政府进一步加大贯彻落实加快发展非公有制经济各项优惠政策的力度，加强了市场管理，依法查处了扰乱市场和违反物价政策的行为，吸引了不少外地商户和本区人到元坝城区经商。2000 年，全区个体工商户总数达到 5185 家。2005 年，以搞活商贸流通为目标，以深化改革，扩大开放为重点，全面进行了产权制度改革，实行经营、价格、用工和分配为主要内容的“四分开”制度，扩大了商贸业的自主经营权，大力增资减债，减人增效，增强了活力。实行了批发与零售相结合的批零兼营体制，实行一业为主，多业经营、规模经营，增强了商业企业的活力。以餐饮娱乐、旅游、商贸流通为重点的第三产业有了发展。2007 年，继续深化商贸体制改革，加快转换行业管理和协调服务，努力开拓农村商贸市场，合理布局商业网点，积极组织农副产品收购，保障市场掌握农产品货源和农业生产资料的供应，改善群众购物环境，增强经济和社会效益。同时大力发展个体私营商业，促进市场繁荣，三产业发展迅速。

第五节　经济发展概况

一、经济规模

“七五”期间（1986—1990），按照中央“治理经济环境，整顿经济秩序，全面深化改革”的方针政策，全区农业在提高粮食产量，发展多种经济，狠抓蚕桑、烟叶、水果的同时，积极发展乡镇企业；工业以加快技术改造为主，同时发展能源、建材、食品加工；城市经济以国有、集体商贸企业为主，大力发展个体私营企业。到“七五”末：

全区农业总产值（当年价，下同）实现 14238 万元，比 1987 年的 12364 万元增加 1874 万元，增长 15.16%；土地和山林由农民承包经营，实现的产值占全区农业总产值的 79%，比 1986 年增长 4%。

工业总产值（当年价，下同）实现 2877 万元，比 1986 年 977 万元增加 1900 万元，增长 194.47%；建筑业总产值 547 万元，比 1986 年的 190 万元增加 357 万元，增长 187.89%。

社会消费品零售总额（当年价，下同）实现 6668 万元，比 1989 年的 5978 万元增加 690 万元，增长 11.54%。其中全民所有制商业企业社会消费品零售总额 1114 万元，占全区社会消费品零售总额的 16.71%，集体所有制商业企业社会消费品零售总额 3226 万元，占全区社会消费品零售总额的 48.38%，个体私营商业企业的社会消费品零售总额 2328 万元，占全区社会消费品零售总额的 34.91%。

第一产业、第二产业、第三产业增加值（当年价，下同）与 1986 年相比，第一产业增加值实现 8476 万元，比 1986 年的 3777 万元增加 4699 万元，增长 124.41%；第二产业增加值实现 1239 万元，比 1986 年的 530 万元增加 709 万元，增长 133.77%；第三产业增加值实现 2422 万元，比 1986 年的 1102 万元增加 1320 万元，增长 119.78%。

“八五”期间（1991—1995），是贯彻执行中央提出的“计划与市场调节相结合”的方针和实行“社会主义经济体制改革”的时期。区委、区政府提出了“农业稳区、工业富区、产业兴区、科技强区”的战略决策。在农业方面，立足区情、扬长避短，积极争取国家、省、市支持；增加投入，改善农业生产条件，调整种植业内部结构，逐步发展粮油、生猪、蚕桑、林果、渔业五大基地；在工业方面，加大现有工业体制改革力度，依靠内涵发展，适度外延扩张，积极稳妥地发展以农副产品为主的轻工业，奠定工业基础，培植税源，不断增加财政投入，逐步缩小财政收支差距。在城市经济方面，提出了“搞活商贸流通，推动第三产业发展”的口号，利用元坝靠近广元城区、交通方便、口岸好的优势，建立城乡畅通，地区交流，纵横交错，四通八达的商贸流通网络。健全了粮食、供销、食品、物资、烟酒等商贸流通的主渠道，扩大了购销业务。到“八五”末：

全区农业总产值实现38346万元，比1990年增长169.32%。

工业总产值实现14404万元，比1990年增长400.66%。其中，全民所有制工业产值实现784万元，占工业总产值的5.44%；集体所有制工业产值实现4278万元，占工业总产值的29.70%；个体私营工业产值实现9342万元，占工业总产值的64.86%。建筑业产值实现1283万元，比1990年的632万元增加651万元，增长103%。

社会消费品零售总额实现17938万元，比1990年增长169.02%。国有商业企业的社会消费品零售总额6413万元，占全区社会消费品零售总额额的35.75%；集体所有制商业企业的社会消费品零售总额3500万元，占全区社会消费品零售总额的19.51%；个体私营商业企业的社会消费品零售总额8025万元，占全区社会消费品零售总额的44.74%。

第一产业、第二产业、第三产业增加值与1990年相比，第一产业增加值实现23450万元，比1990年增长176.66%；第二产业增加值实现8053万元，比1990年增长549.96%；第三产业增加值实现9204万元，比1990年增长280.02%。

“九五”期间（1996—2000），区委、区政府坚持中央提出的“抓住机遇，深化改革，扩大开放，促进发展，保持稳定”的方针。在农业方面以“农民致富奔小康”为目标，实施“以工代赈”，对口扶贫，在发展粮食生产的同时，大力调整产业结构，大力发展种养业，促进商品生产，注重生态环境建设；在工业方面，转换经营机制，优化产业结构，对外招商引资，在国有和集体企业中实行改制，实施破产兼并、资产重组和资产转换，实行租赁、承包、私营和股份制经营，发展非公有制经济；城市经济方面，进一步规范市场经济秩序，逐步形成市场调节价格机制，国有企业一统天下的格局被打破。到“九五”末：

全区农业总产值实现55262万元，比1995年增长44.11%。

工业总产值实现16337万元，比1995年增长13.42%。其中，国有工业企业产值实现794万元，占工业总产值的4.86%。集体工业企业产值实现3425万元，占工业总产值的20.96%。全年销售产值1089.50万元，占工业总产值的6.67%，产销率67.03%。

社会消费品零售总额实现24758万元，比1995年增长38.02%。国有及国有控股商业企业社会消费品零售总额2486万元，占全区社会消费品零售总额的10.04%；集体所有制商业企业社会消费品零售总额4494万元，占全区社会消费品零售总额的18.15%；个体私营商业企业社会消费品零售总额17778万元，占全区社会消费品零售总额的71.81%。

第一产业、第二产业、第三产业增加值与1995年相比，第一产业增加值实现33760万元，比1995年增长43.97%；第二产业增加值实现7095万元，比1995年减少11.90%；第三产业增加值实现17249万元，比1995年增长87.41%。

“十五”期间（2001—2005），区委、区政府依据中央“三步走”的战略，坚持中央提出的科学发展观，调整经济结构，促进经济平衡、协调、快速发展，把“经济结构战略调整”和“加快发展”作为主线，提出了“推进农业产业化、振兴工业、加强基础设施建设、坚持可持续发展”和“科教兴区”五大战略，突出了经济发展重点。农业经济中，全面完成集体所有土地的第二轮承包合同的续签工作。在加强基础设施建设的同时，调整农业生产结构，发展生态特色农业和多经生产。在国有和集体所有的土地上实行业主开发和产业化经营，全区有农业业主120家，其中农民业主100户，企事业单位职工业主10户，城镇居民业主10户，覆盖23个乡镇，107个村125个组。主要从事水果、茶叶、蔬菜、中药材和蚕桑生产。5年中围绕农业结构调整，全区共投入资金4000万元，增加产值8000万元。工业依据资源和存量发展能源、建材、冶炼、化工、农副产品加工业，做强一批企业，培育新的增长点，增大经济总量，扩大劳动就业；城市经济加强各类服务业的市场规范化建设，第三产业快速发展。到“十五”末：

全区农业总产值实现78714万元，比2000年增长42.44%。

工业总产值实现35684万元，比2000年增长118.42%。其中，规模以上工业产值实现23106万元，实现利润总额91万元，实现利税总额348万元，规模以下工业实现产值12578万元。

社会消费品零售总额实现33881万元，比2000年增长36.85%。

第一产业、第二产业、第三产业增加值与2000年相比，第一产业增加值实现46710万元，比2000年增长38.36%；第二产业增加值实现15937万元，比2000年增长124.62%；第三产业增加值实现35731万元，比2000年增长107.15%。

“十一五”期间（2006—2010），根据中央把“三农”问题作为“全党工作的重中之重”的要求，区委、区政府提出从元坝实际出发，“把农业放在发展经济的首位”，引导农民“以土生财”，制定了农业结构改革的基本方针，建立产业科技园，实行科技兴农。坚持以人为本、协调可持续发展、跨越式发展的原则，着眼增加农民收入，提高生活质量、改善生活环境，注重与经济发展水平相适应。

2007年末，全区农业总产值实现113364万元，比2005年增长44.02%；工业总产值实现107656万元，比2005年增长201.69%；社会消费品零售总额实现45754万元，比2005年增长35.04%。

2007年末，第一产业增加值实现59900万元，比2005年增长28.24%；第二产业增加值实现36451万元，比2005年增长128.72%；第三产业增加值实现46055万元，比2005年增长28.89%。

广元市元坝区1990—2005年经济结构构成表

表15-3

经济结构		1990年	1995年	2000年	2005年
所有制结构	国有工业企业个数占企业总数的%	0.71	2.00	1.30	1.05
	集体工业企业个数占企业总数的%	8.90	3.40	4.06	6.80
	个体工业企业个数占企业总数的%	90.39	95.60	94.67	93.08
	国有商业个数占企业总数的%	2.00	2.70	1.50	0.10
	集体商业个数占企业总数的%	16.83	2.50	2.10	1.15
	个体商业个数占企业总数的%	81.17	94.80	96.40	98.75
商品零售总额	国有商业占零售总额的%	16.71	35.75	10.04	0.44
	集体商业占零售总额的%	48.38	19.51	18.15	0.46
	个体商业占零售总额的%	34.91	44.74	71.81	99.10
农业总产值	种植业占农业总产值的%	50.70	51.91	63.39	46.03
	林业占农业总产值的%	9.60	8.50	6.31	4.77
	牧业占农业总产值的%	38.40	38.55	28.98	47.09
	渔业占农业总产值的%	1.30	1.05	1.32	2.11
地区生产总值	第一产业增加值占地区生产总值的%	69.84	57.61	58.10	47.78
	第二产业增加值占地区生产总值的%	10.21	19.78	12.21	16.20
	第三产业增加占地区生产总值的%	19.96	22.61	29.69	36.32

二、生产水平

（一）第一产业

1986年，农村继续实行家庭联产承包经营、统分结合的双层经营体制的同时，进一步扩大农民的自主经营权，农业发展水平不断提高。到1990年，粮食总产量12.18万吨，比1986年的11.80万吨增加0.38万吨，增长3.22%。蚕茧产量达2600担，生猪出栏15万头。此后全区坚持以市场为导向，全区重点发展烤烟、蚕桑、养殖、中药材，紧紧围绕六大多经基地建设，狠抓多经生产，加快农业产业化进程，农村经济快速发展。1995年，农业生产完成了一批渠道配套、水库整治、除险加固等维修，新建小（二）型水库4座，新建山平塘200口，建设标准石渠50公里，全区有效灌溉面积达到12万亩。粮食总产量10.70万吨，比1990年的12.18万吨减少1.48万吨，减少12.15%。1996年大力发展多经种植，推行地膜覆盖，多经种植12.30万亩，收入实现10452万元。随着农村市场经济快速发展和推广农作物新品种、实行种植新技术，小型农机具的推广使用，农业生产中开始实行专业分工，种养大户、业主不断涌现，生产规模扩大，农业生产与市场的关联越来越紧密。2000年，粮食总产量13.61万吨，比1995年的10.70万吨增加2.91万吨，增长27.20%。通过多年的农田基本建设，到2005年底，粮油生产中普遍使用良种、推广旱育秧、育苗移栽、旱地改制、两季田固定厢沟双免耕、药剂拌种、科学施肥、化学除草、病虫害防治等增产新技术。养殖方面实行科学养猪，良种繁殖。果树栽培方面嫁接换种、低产经济林改造等生产实用技术普遍推广。相继建成了一批无公害畜产品基地和无公害农产品基地。随着农民外出务工潮的日益高涨，田地经济作物种植的扩大化和退耕还林，粮食生产渐为缩减，2007年，全区粮食总产量13.21万吨，比2000年减少2.94%。

（二）第二产业

1986年，卫子区第二产业增加值实现530万元。元坝区建立时，第二产业增加值实现1355万元。从1997年起，区属工业企业进行了企业改制。2003年后，全区各企业围绕提高产品质量，增加品种，降低能耗，提高技术含量，低资源消耗和节能减排、清洁生产为目标，加强技术改造。建材、能源、化工、农副产品深加工等产业的工艺、技术和装备水平大幅提高，质量、效益同步提升，培育上规模工业企业2家（广元市三元茧丝绸有限责任公司、广元市三清米业有限公司），实现外贸出口333万美元，比上一年增加70%。广元福润肉类食品有限责任公司、浙江黄岩广益公司落户元坝，招商引资到位资金1.41亿元。矿产资源的就地加工转换增加值能力增强，并打造和延伸产业链条。

（三）第三产业

1986年，以交通运输、餐饮娱乐、批发零售为主的第三产业实现增加值1102万元，比1985年的935万元增加167万元，增长17.86%。从1993年起，元坝城区的通信信息业发展速度加快，城市功能向农村辐射，促进了城乡经济快速发展。1995年，通信、信息逐步实现了电脑操作，其他生产性行业也多使用机械化和半机械化生产。2001年后，区委、区政府提出大力发展交通，大力加强环线公路建设，推进城镇基础设施为重点的基础产业和以旅游、金融、保险、房地产为重点的新兴产业，同时注重发展 、教育、卫生、文化体育等有利于提高社会生产力的相关产业。

广元市元坝区地区生产总值及构成情况表

表 15-4　　单位：万元

年度	地区生产总值（按当年价计算）				地区生产总值构成%		
	合　计	一产业	二产业	三产业	一产业	二产业	三产业
1987	7023	4984	727	1312	70.97	10.35	18.68
1988	9636	6849	1058	1729	71.08	10.98	17.94
1989	10657	7121	1355	2181	66.82	12.72	20.46
1990	12137	8476	1239	2422	69.84	10.21	19.95
1991	12965	8126	1735	3104	62.44	13.56	24.00
1992	15684	9311	2502	3871	59.37	15.95	24.68
1993	20432	12419	3457	4556	60.78	16.92	22.30
1994	30214	17713	5816	6685	58.62	19.25	22.13
1995	40689	23450	8035	9204	57.63	19.75	22.62
1996	48802	28963	8121	11718	59.45	16.59	23.96
1997	53156	30507	8747	13902	57.39	16.46	26.15
1998	56938	32977	8599	15362	57.92	15.10	26.98
1999	56568	33481	6846	16241	59.19	12.10	28.71
2000	58104	33760	7095	17249	58.10	12.21	29.69
2001	56263	29685	7606	18972	52.76	13.52	33.72
2002	61203	32998	8322	19883	53.92	13.60	32.48
2003	68060	36276	9959	21825	53.30	14.63	32.07
2004	83136	45313	13366	24457	54.50	16.08	29.42
2005	98378	46710	15937	35731	47.78	16.20	36.32
2006	111887	48319	23108	40460	43.19	20.65	36.16
2007	142406	59900	36451	46055	42.06	25.60	32.34

三、人民生活

中华人民共和国成立后，国民经济迅速得到恢复和发展，但是由于长期的过度集中和平均主义的影响，人们的生产积极性、创造性受到极大束缚，加之受“文化大革命”的严重影响，到1978年时，今元坝地区的经济发展水平和人民生活状况仍然较差。中共十一届三中全会后，实行改革开放，国民经济有了稳步增长，人民生活亦明显改善。尤其1982年农村实行家庭联产承包责任制后，农民收入逐步增加。至1985年，广元全县城镇居民平均纯收入达到995元，农民人均年纯收入达到306元，消费水平也明显提高了。

1989年，农民年人均纯收入330元。区境内绝大部分地区为纯农业经济区域，全区有贫困人口35000余人。1990年起，区委、区政府把握区情，依靠全区广大干部和群众，扎实开展各项工作，推动了社会经济持续稳定增长。1991年，全区工农业总产值实现19303万元，比1989年增长18.10%；

人均产值836元，比1989年增长15.60%；农民年人均纯收入382元，比1989年增长15.75%；人均粮食538.36公斤，比1989年的534.12公斤增加4.24公斤，增长0.79%。城乡居民储蓄存款余额1740万元，贷款余额7403万元。全区公路交通、城镇设施、邮电通信、广播电视等建设开始进入发展起步阶段。部分机关单位开始新建职工住房，解决住宅紧张问题。1991年底，全区竣工住房25434平方米，其中城镇竣工住宅22000平方米，城乡居民居住条件改善；职工年平均货币工资1873元，比1989年的1444元增加429元，增长29.71%；全区有中小学在校学生26159人，入学率97.10%，有卫生机构33个，病床160张；有村医疗点412个，乡村医生262人，卫生员256人；儿童免疫率93.60%，超过世界卫生组织规定的85%的标准；全区有电视差转台9座，区电视台开办了《元坝新闻》等节目，丰富了人民的文化生活；人民生活由温饱型向营养型转化，副食品消费量上升，主食品下降，居民食品支出总额占个人消费支出总额的65.30%；衣着由西装革履转向时兴款式；大型家电已经开始进入部分职工家庭。调查每100户农村住户中，有自行车17辆，缝纫机9台，时钟2台，手表112只，电风扇14台，收录音机8台，黑白电视机69台，无彩电，人平消费粮食185公斤，年末人平存粮220公斤。

到1995年，农民年人均纯收入778元，比1989年增加448元，增长135.76%。人均粮食450.37公斤，比1989年减少83.76公斤，减少15.68%；城乡居民储蓄存款总额2759万元，贷款总余额24881万元，分别比1989年增长46.83%和236.09%。城乡人民生活水平和生活质量得到提高，生活环境明显改善，城镇居民实际收入增加，消费水平提高。年末职工货币工资为3343元。城镇居民人均消费支出2550元。其中食品消费支出增长6.10%，衣着消费支出增长4.30%。农村居民人均消费支出317元。城镇竣工住宅13100平方米，农村竣工住房87400平方米。城镇居民人均住宅面积8.52平方米，农村人均住宅面积47.48平方米。元坝城镇通过第一次住房制度改革，大多数职工购买了单位房产45%的产权。科技、教育、卫生、环保、通信、城市建设、集贸市场、社会保险等各项社会事业得到发展。城镇居民开始使用高档家具、电器、手机、程控电话，一般家用电器基本普及。全区中小学229所，学生30720人，中小学教师1786人。通电话村4个，通自来水村8个。有医院34所，病床263张。调查100户农村住户中，有自行车25辆，缝纫机11台，黑白电视机75台，彩电8台；每100人中有固定电话22部，人平0.20部。

到2000年，电网覆盖全区，城区建设、开发已形成规模，城区交通、供水、供电基本满足居民的需要，教育、卫生条件明显改善，电视、电话（移动电话或固定电话）在城镇已全面普及。农村大多农户有彩色电视机，部分农户安装了固定电话或使用移动电话，物质文化生活较为丰富。城镇通过第二次住房改革，住房全面商品化，职工购买了原属国有资产的单位住房的全部产权。经商务工农民进入城市并购房居住，元坝城区人口快速增长。开通了元坝城区到广元城区的公交车（后停运）。少数先富起来的人开始拥有私家小汽车。社会养老、就业、医疗、保险形成体系，机构较为健全。居住在城区和乡镇所在地附近以及公路沿线的农民大多建有砖混结构的楼房。居民四季衣着特色明显，成衣消费量增加，城乡居民家庭开支结构发生明显变化。教育、保险、再生产支出、住房、中高档服饰、文化娱乐等费用增加，用于膳食费用降低。农民年人均纯收入1366元，比1995年增长75.57%；人均粮食562.50公斤，比1995年增加112.13公斤，增长24.89%。年末职工货币工资为5676元。城乡居民储蓄存款余额20079万元。城镇居民人均消费支出3170元，其中食品消费支出增长6.10%，衣着消费支出增长4.30%；农村人均消费支出1021元，其中食品消费支出453元，占44.37%。衣着支出111元，居住支出80元，其他支出377元。全区有中小学217所，其中中学12所，有中学生11684人，小学生24064人，学龄儿童入学率达99.72%，小学生升学率达93%。有医院37所，病床263个。

广播电视覆盖率达100%。通自来水村44个，通电话村69个。调查100户农村住户中，有大家具219件，电风扇67个，热水器9个，自行车38辆，摩托车8辆，黑白电视机72台，彩电32台，收录音机28台，移动电话15部。

2005年，农民年人均纯收入1965元，比2000年增长40.56%；人平有粮食546.9公斤，比2000年减少2.67%。年末职工货币工资为12683元。城乡居民储蓄存款余额46727万元。农民人均消费支出1887.83元，其中食品支出798.83元，衣着消费支出102.73元，居住消费支出190.35元，家庭设备支出94.38元，医疗保健支出168元，通信支出214.46元，其他支出319.08元。农民人均住房面积52.91平方米，比2004年增长31.88%。2005年，通电话村70个，通自来水村54个，村村通公路；有小学27所，学生17327人，中学13所，学生11233人；有医疗机构32个，有病床276张；广播电视覆盖率达100%；移动通信覆盖率75%。调查100户农村住户中，有洗衣机15台，电冰箱1台，热水器13个，摩托车19辆，电话机48部，移动电话41部，彩色电视69台，黑白电视机37台。80%的农民参加了农村合作医疗保险。

2007年，城乡居民生活水平逐步提高，劳动就业形势稳定。农民年人均纯收入2734元，比2005年增长39.13%。城镇职工可支配收入8128元。城乡居民储蓄存款余额63491万元。城镇居民消费支出5953元，其中服务性消费支出1156.66元；农村居民消费支出3075元，其中食品支出1322元，衣着消费支出17元。农村居民住宅面积59.44平方米。有中学12所，学生12651人；小学25所，学生15550人；中小学教师1740人。电视覆盖率100%，移动通信覆盖率80%。95%以上的农民参加了农村合作医疗保险。调查100户农村住户中，有洗衣机19台，电冰箱4台，空调2台，热水器4个，摩托车25辆，座机电话71部，移动电话87部，彩电97台，黑白电视机3台，摄像机3部，数码照相机6个，工资性收入1262元，家庭经营性收入3231元，生活用汽车10辆。

注：本节数据由区统计局依据《数说广元——改革开放30年》和《元坝统计年鉴》相关年度数据进行核实修正。

第二章　工商行政管理

第一节　工商管理机构

1987年，成立广元市市中区工商行政管理局卫子中心工商所，原广元市市中区工商行政管理局管辖的王家、虎跳、昭化3个工商所的行政管理工作由卫子中心工商所负责，业务工作继续由广元市市中区工商行政管理局管理。1988年11月，成立广元市市中区卫子区工商局，与卫子中心工商所合署办公，内设市场管理股、企业管理股、办公室，人、财、物及业务工作由广元市工商行政管理局统一管理，因此职能未完全下放，卫子区工商局尚未独立行使工商管理职能。李琦任副局长主持工作，陆登孝任副局长。

1989年12月，设广元市元坝区工商局（简称区工商局）。1990年2月，区工商局正式挂牌成立，其人事、编制归元坝区管理，业务受市工商局指导。设办公室（含财务）、政工股、个体经济管理股、市场管理股（含经济检查）、企业登记管理股（含合同、广告、商标管理）。区工商局独立行使县级工商行政管理职能。1991 年 3 月，局机关股室调整为人事股、企业登记股、个体经济管理股、市场管理股、经济合同管理股、经济检查股、办公室。1994 年 7 月，区工商局更名为广元市工商行政管理局元坝分局，属市工商行政管理局的派出机构，人权、财权及人员编制归广元市工商行政管理局管理，履行县级工商行政管理职能，负责元坝区内的工商行政管理工作。1996 年 1 月，建立中共广元市工商行政管理局元坝分局党组。1999 年 7 月，广元市工商行政管理局元坝分局更名为四川省广元市工商行政管理局元坝分局。既是广元市工商行政管理局的派出机构，又是元坝区人民政府主管市场监督管理和行政执法的职能部门。2002 年 3 月，四川省广元市工商行政管理局元坝分局更名为四川省广元市元坝区工商行政管理局（仍简称区工商局），作为市工商行政管理局的直属机构。设办公室、综合业务股、企业注册监督管理股、市场监督管理股、监察室、经济检查大队。同年 6 月，区工商局下设运输市场管理所。2005 年 2 月，增设消费者权益保护股。

1991 年 3 月，区工商局下设广元市元坝区元坝工商所、广元市元坝区卫子工商所、广元市元坝区王家工商所、广元市元坝区虎跳工商所、广元市元坝区昭化工商所。2002 年 4 月，各工商所分别更名为广元市元坝区工商行政管理局元坝工商所、广元市元坝区工商行政管理局卫子工商所、广元市元坝区工商行政管理局王家工商所、广元市元坝区工商行政管理局虎跳工商所、广元市元坝区工商行政管理局昭化工商所。

1990 年 3 月，成立广元市元坝区个体劳动者协会（简称区个协）和广元市元坝区消费者协会（简称区消协），两协会均挂靠区工商局。同年 4 月，成立广元市元坝区经济合同仲裁委员会，挂靠区工商局。

至 2007 年末，区工商局机构设置无变化。

广元市元坝区工商行政管理局领导名录

表 15 - 5

姓　名	性别	籍　贯	政治面貌	职　务	任职期间	备　注
李　琦	男	广元市朝天区	非　党	副局长	1990 - 03—1992 - 11	主持工作
王德勋	男	广元市元坝区	中共党员	副局长	1990 - 03—1993 - 10	
张克轩	男	广元市元坝区	中共党员	局　长	1992 - 11—1993 - 12	
樊占金	男	广元市利州区	中共党员	局长助理	1993 - 02—1993 - 10	
冯友华	男	广元市元坝区	中共党员	副局长	1993 - 10—1997 - 05	
樊占金	男	广元市利州区	中共党员	副局长	1993 - 10—2004 - 03	1999 - 11 始任党组成员
贾映树	男	广元市元坝区	中共党员	副局长	1993 - 12—1995 - 06	主持工作
张克轩	男	广元市元坝区	中共党员	纪检组长	1996 - 01—2001 - 12	党组成员
贾映树	男	广元市元坝区	中共党员	局　长	1995 - 06—2002 - 03	1996 - 01 始任党组书记
张克洲	男	广元市元坝区	中共党员	副局长	1999 - 08—2002 - 02	党组成员
孙　军	男	广元市苍溪县	中共党员	局　长	2002 - 03—2004 - 02	党组书记
冉浩明	男	广元市元坝区	中共党员	副局长	2002 - 07—	党组成员
蒲国元	男	广元市元坝区	中共党员	纪检组长	2002 - 08—	党组成员

续表

姓　名	性别	籍　贯	政治面貌	职　务	任职期间	备　注
李枢清	男	广元市元坝区	中共党员	党组成员	2002－08—	党总支书记
樊占金	男	广元市利州区	中共党员	局　长	2004－03—	党组书记
许明清	男	广元市元坝区	中共党员	副局长	2004－03—2005－12	市工商局下派
青　科	男	广元市旺苍县	中共党员	副局长	2006－02—	党组成员

第二节　企业登记管理

汉、唐时期，实行“市籍”制度，由当地府衙划定区域作“官市”，由专职官吏管理。凡入市买卖的商贾，均须登记注册，交纳费用，加入行会，方可从事商业活动。宋、明时期亦沿袭旧制。清光绪二十九年（1903 年）三月，钦定商律规定：凡经营商务贸易，买卖贩运货物者，均为商人。为商必须呈报备案，经理姓名，商店名称，抽资或合资，均须统一登记。民国 26 年（1937 年）6 月 28 日，国民政府公布《商业登记法》规定：凡经营商业必须向所在地官署登记，领取营业执照，始得营业。民国 31 年（1942 年）和民国 32 年（1943 年）间，广、昭两县分别组织有 32 个、8 个同业工会，工商业开业首先在同业工会登记，然后核转县政府审批注册。

中华人民共和国成立后，工商企业的开、停、转、歇业，由县工商业联合会登记转报县人民政府审批。1956 年和 1957 年，广、昭两县对私营工商业大部分实行了公私合营与合作改造，并对全部工商业进行清理登记，达到了行行归业，业业归口。“文化大革命”中，工商行政管理瘫痪，对企业的清理登记和监督管理无法执行。1973 年工商行政管理机构恢复后，工商企业的登记管理逐步恢复。

1986—1987 年 4 月，卫子区的企业登记管理工作由广元市市中区工商局负责。1987 年 5 月，广元市工商局将卫子区辖区内企业登记档案移交给卫子中心工商所。当时共移交企业档案 693 户，其中法人企业登记档案 114 户，非法人营业单位 579 户。

1990 年，广元市元坝区登记在册企业总数 700 个，其中营业单位 600 个，非公司及分公司 100 个。1993—1995 年，结合企业年检，清理出“三无”企业（无资金、无场地、无机构）、名存实亡企业、“假集体”等违章企业 183 个，并依法对其进行了处理。1996—1998 年，全区共新开业并登记的法人企业和营业企业 32 户。2000 年全区换发新营业执照，登记注册企业 678 户。2002 年 4 月，工商系统机构改革，设立注册登记监督管理股，负责企业、个体登记管理工作，当年登记在册企业 589 户。2003 年 6 月，按照四川省工商行政管理局《关于进一步加快民营经济发展的实施意见》“工商受理、抄告相关，同步审批，限时反馈，一次办结”的原则，实施审批办照的“互联审批制”和“一审一核制”。但由于受法律法规、软件、硬件等各方面因素的制约，“互联审批制”未落实。注册登记由注册登记监督管理股股长审查，分管副局长核准，即“一审一核”，免去工商所受理环节，提高了企业登记效率。2006 年 4 月，市工商行政管理局将原由其登记的元坝区辖区内的 33 户有限责任公司登记档案移交区工商局，区工商局开始受理有限责任公司的登记。2007 年全区登记在册企业总数 725 个，其中法人企业（含有限责任公司）183 个，合伙企业 14 个，个人独资企业 67 个，营业性单位和分公司 461 个。

广元市元坝区 1990—2007 年企业登记基本情况统计表

表 15－6

年度	设立（开业）登记数						变更登记数						注销登记数						在册企业总数					
	法人企业		营业企业		合伙企业	个人独资	法人企业		营业企业		合伙企业	个人独资	法人企业		营业企业		合伙企业	个人独资	法人企业		营业企业		合伙企业	个人独资
	非公司	公司	营业单位	公司			非公司	公司	营业单位	公司			非公司	公司	营业单位	公司			非公司	公司	营业单位	公司		
1990	75	—	600	25	—	—	5	—	212	9	—	—	—	—	—	—	—	—	75	—	600	25	—	—
1991	35	—	67	10	—	—	6	—	203	11	—	—	35	—	—	—	—	—	35	—	667	35	—	—
1992	37	—	—	155	—	—	12	—	251	23	—	—	—	—	52	—	—	—	72	—	615	190	—	—
1993	122	—	7	—	—	—	31	—	249	25	—	—	—	—	26	22	—	—	194	—	596	168	—	—
1994	42	—	7	8	—	—	81	—	182	40	—	—	—	—	57	26	—	—	236	—	546	150	—	—
1995	—	—	54	8	—	—	56	—	218	43	—	—	—	—	—	—	—	—	236	—	600	158	—	—
1996	1	—	15	—	—	—	60	—	227	51	—	—	—	—	—	36	—	—	237	—	615	122	—	—
1997	2	—	3	—	—	—	44	—	230	42	—	—	—	—	—	35	—	—	239	—	618	98	—	—
1998	—	—	—	11	—	—	43	—	199	47	—	—	3	—	101	—	—	—	236	—	517	109	—	—
1999	3	—	9	6	1	38	37	—	97	34	—	—	24	—	123	10	—	—	215	—	403	95	1	38
2000	6	—	13	5	1	2	21	—	102	30	—	—	86	—	80	15	—	—	135	—	416	85	2	40
2001	14	—	5	11	2	—	29	—	86	22	—	—	—	—	118	36	—	16	149	—	303	60	4	24
2002	5	—	8	11	1	24	43	—	89	25	—	—	—	—	27	—	—	—	154	—	311	71	5	48
2003	52	—	—	8	1	2	55	—	77	24	—	—	—	—	16	11	—	—	206	—	295	68	6	50
2004	6	—	11	17	—	6	59	—	67	21	—	—	—	—	91	25	—	—	212	—	215	60	6	56
2005	2	—	54	17	—	8	17	—	114	47	—	—	27	—	37	19	—	—	187	—	269	77	6	64
2006	—	5	72	25	10	14	2	—	143	57	—	2	27	14	24	11	1	20	160	32	341	102	16	58
2007	—	9	18	15	—	5	5	—	167	62	10	2	19	—	48	17	—	1	136	47	313	148	14	67
合计	402	14	943	332	16	99	606	0	2913	613	10	4	221	14	800	263	1	37	3114	79	8240	1821	60	445

注：本表所称“公司”是指依照《中华人民共和国公司法》登记注册的公司（包括分公司），不包括 1994 年 7 月《中华人民共和国公司法》实施前登记的名称中含有“公司”字样的公司。《中华人民共和国公司法》实施前登记的企业统属“非公司制企业”。1994 年《公司登记管理条例》实施起至 2006 年《公司登记管理条例》修改后元坝区工商局开始受理登记有限公司之前，由市工商局受理登记的属于元坝辖区的公司未纳入本表中统计。2006 年有限公司登记档案由市工商局移交元坝区工商局后，纳入在册企业总数统计

第三节 个体私营经济管理

1956 年，广元、昭化两县私营工商业除纳入公私合营和合作组织外，还保留个体工商户 555 户。1965 年 5 月工商企业登记，个体户下降到 185 户，到 1978 年仅存 34 户。中共十一届三中全会以后，个体工商业又得到恢复和发展，到 1985 年，广元县个体户发展到 9499 户。1987 年 7 月国务院发布《关于城镇非农业个体经济若干政策性规定》后，广元市政府对城镇从事个体经济的劳动者，给予同国营经济的职工同等的政治权利和社会地位，对农民从事工商业，按照有关规定给予优惠，年底，卫子区登记个体工商户 1617 户。1990 年年底，元坝全区登记个体工商户达 1722 户。1993 年，区委、区

政府在贯彻落实中共四川省委、四川省政府《决定》和《条例》，市委、市府《通知》和《决议》，发展个体私营经济的过程中，制定了《关于加快发展个体私营经济的决定》和《发展个体私营经济的六条措施》，规定各级行政部门对个体私营经济的发展实行“五放一保”，即：在政策条规、发展对象、权益、经营方式、生产经营项目上放宽政策，保护个体私营经济的合法权益。规定放宽经济主体和经营范围，不限制发展对象和户数，允许个体私营企业承包、租赁国营或集体企业，对个体购买集体企业的工商户，区委、区政府大力支持，提供方便；鼓励农民进城镇经商办企业，从事经商活动，对于场地、门店、服务摊位，坚持谁建设，谁使用，谁受益的原则，资金有困难者，区委、区府及时安排银行贷款扶持；并指定区城环国土局及相关部门统一解决用水、用电问题，在建房、转户、子女入学等方面给予优惠政策。1998 年，区委、区政府又制定了《关于大力发展非公有制经济的决定》，为个体私营业主的发展提供了政策保障。至 2000 年，全区个体工商户发展到 5185 户，比 1990 年增加 2 倍。从 2001 年起，区工商局继续遵循“放而有度，活而有序，管而有法”的原则，对个体私营经济坚持“先发展，后管理”，实行“放开经营方式，放开经营范围，放开经营价格和从业对象”的“四放”开政策，简化办证手续，支持鼓励全区个体私营经济的发展。2003 年，区工商局开始实行由工商所核发个体工商户营业执照，并依照法律法规对私营企业登记推行“一审一核”制，保证在法定时间的基础上，尽量缩短办照时间。登记时根据所依据的法律法规和登记的类型，实行分层分类登记管理和备案管理；建立“经济户口”（个体工商户、私营企业、股份公司等经工商部门核定颁发营业执照的所有经营性单位）；实行亮证经营，禁止无证经营。从登记、市场管理、经济检查、合同管理、消费者权益保护、商标、广告管理等各个不同角度对个体私营企业行为进行规范和管理。

自 1990 年“区消协”和“区个协”成立后，区工商局从人力安排、经费使用上都给予全力支持，在工作安排上，与其他业务工作同安排、同部署，充分发挥个协的职能作用，加强对个体工商户遵纪守法和职业道德教育。1993 年，区工商局、区个协组织个体私营业主参加“二五”普法教育 2100 人次，受教育面达到 95% 以上；印发《个体之友》手册 2500 册；举办 3 次个体技能培训班，参培人数 180 人次。1994 年 5 月，印发《个体工商户收费手册》2000 本。让个体工商户知道哪些是合理收费，哪些是乱收费，制止对个体私营企业的“乱收费、乱罚款、乱摊派”行为，维护个体工商户经营的合法权益，个体私营经济业主的自信心和生产经营积极性得到提高。利用每年“三一五”活动，组织一些有专业技术的个体户组成便民服务队上街提供免费服务，并在个体工商户和私营企业主中加强文明经商意识，推选典型，悬挂牌匾。协会工作的顺利开展，促进了全区个体工商企业健康发展。

至 2007 年底，全区个体工商户发展有 4879 户，私营企业 542 户。

广元市元坝区 1989—2007 年个体工商户基本情况统计表

表 15－7

年度 数量 项目	基本情况					其中									
	总户数	从业人员	注册资金	新发展	营业额	商贸		饮食		修理贩运		交通运输		其他	
						户数	人数	户数	人数	户数	人数	户数	人数	户数	人数
1989	1617	2026	152	45	120	751	987	107	181	85	100	8	12	666	746
1990	1722	2144	1836	105	1359	842	1662	136	212	22	25	12	14	136	201
1991	1551	2136	112	55	1433	643	981	324	461	44	63	16	18	524	615
1992	2002	2059	2796	71	2951	833	994	204	217	51	66	17	18	897	764
1993	2504	2656	3717	102	4129	914	1084	217	223	97	10	15	16	1261	627

续表

年度 数量 项目	基本情况					其中									
	总户数	从业人员	注册资金	新发展	营业额	商贸		饮食		修理贩运		交通运输		其他	
						户数	人数	户数	人数	户数	人数	户数	人数	户数	人数
1994	4502	4784	427	115	13950	2665	2776	324	367	129	154	16	18	1368	1469
1995	4980	5501	460	162	8505	2839	3071	356	367	278	280	46	47	1461	1796
1996	5145	7436	796	1191	8716	3261	4182	493	504	282	289	50	52	1059	2409
1997	8097	9025	922	1231	11362	4973	5147	674	688	295	297	69	72	2086	2821
1998	6385	6845	769	651	14482	3903	4217	503	522	210	104	54	56	1715	1846
1999	7047	7559	916	277	15567	4197	4586	563	678	265	267	71	74	1951	1954
2000	5185	5725	991	89	698	3086	3976	201	218	56	58	215	276	1627	1197
2001	5118	5518	2169	1300	9820	1108	1364	287	348	189	201	307	494	3139	3125
2002	4847	5283	2427	1215	10952	1327	1486	219	282	189	201	466	564	2646	2705
2003	5887	6308	3597	635	1967	1519	1832	245	311	348	449	511	611	2096	3114
2004	6321	6768	1809	813	3968	2149	2305	281	356	210	222	540	655	3141	3155
2005	6906	7496	3891	709	7682	1976	2070	323	370	216	231	604	725	3787	4100
2006	4599	5472	4569	789	18519	2251	2384	471	672	233	155	667	802	155	170
2007	4879	5714	4843	620	9420	2383	2461	632	952	310	240	715	850	197	214

第四节　市场建设与监督管理

从20世纪80年代起，工商行政管理部门开始参与生产资料和生活资料等各类市场的管理，市场管理的范围由集贸市场扩大到商品流通的各个领域。

一、集贸市场建设

建广元市元坝区前，区境内卫子、新场、王家、虎跳、昭化、红岩、明觉、射箭、梅树、太公、黄龙、观音等乡镇的集镇上沿街摆有摊点，集贸市场仅具雏形。

建元坝区后，区委、区政府即把建设集贸市场作为当务之急来抓。1992年，区委、区政府作出了“大力发展小集镇建设”的决定，鼓励农民集资建市场。全区近800余户农户到小集镇投资建房。1993年末，投资423.90余万元建成元坝镇白家坝综合市场和元坝镇集贸市场，共建面积11710平方米，其中棚盖3幢，面积2460平方米，设交易摊位112个；并按照城建统一规划，在两市场之间的清水河上砌堡坎680立方米，架设“来来”石拱桥一座，使之相互通联，方便客商交往。区政府制订11条优惠措施，招来部分商贾，促进了元坝市场的繁荣。1994年3月，太公镇建成了“四川省农村小商品示范集镇”。

至2007年底，全区注册登记的有形市场4个（元坝镇集贸市场、元坝镇白家坝综合市场、卫子镇集贸市场、王家镇红庙集贸市场），未登记注册但在用的有形市场3个（磨滩、文村、石井铺），固定场期而以街为市的无形市场13个，无固定场期的乡场10个（紫云、晋贤、张家、香溪、青牛、陈江、丁家、大朝、柳桥等9乡和拣银岩社区街道办事处）。

1997年前，全区共有牲畜专业市场9个，随着市场经济的繁荣，牲畜交易逐步由集中的场内交易演变到场外分散交易，至2007年年底，9个牲畜专业市场全部闲置。

广元市元坝区2007年12月市场情况统计表

表15－8　　　　金额：万元

市场地址	市场名称	规模或投资(万元)	建成时间	备　注
元坝镇	元坝集贸市场	366.9	1993－11	登记注册的有形市场
	元坝区粮油批发交易市场	库房转用	2000－03	有形市场（闲置）
	元坝白家坝综合市场	57	1993－12	登记注册的有形市场
王家镇	王家红庙集贸市场	9.5	1992－06	登记注册的有形市场
	更新综合市场	10	1993－05	有形市场（闲置）
	鑫峨交易市场	15	1997－11	有形市场
卫子镇	卫子集贸市场	29	1994－10	登记注册的有形市场
磨滩镇	磨滩集贸市场	38	1995－11	有形市场
文村乡	文村集贸市场	8	1993－12	有形市场
石井铺乡	石井集贸市场	20	1994－10	有形市场
太公镇	太公集贸市场	沿街为市		
虎跳镇	虎跳集贸市场	沿街为市		
梅树乡	梅树集贸市场	沿街为市		
白果乡	白果集贸市场	沿街为市		
黄龙乡	黄龙集贸市场	沿街为市		
昭化镇	昭化集贸市场	沿街为市		
明觉乡	明觉集贸市场	沿街为市		
红岩镇	红岩集贸市场	沿街为市		
射箭乡	射箭集贸市场	沿街为市		
沙坝乡	沙坝集贸市场	沿街为市		
朝阳乡	朝阳集贸市场	沿街为市		
清水乡	清水集贸市场	沿街为市		与苍溪县永宁镇集贸市场同街
柏林沟镇	柏林沟集贸市场	沿街为市		
磨滩镇	磨滩牲畜市场	1	1993－11	闲　置
王家镇	王家牲畜市场	1.3	1984－09	闲　置
卫子镇	卫子牲畜市场	3	1995－07	闲　置
太公镇	太公畜禽市场	80	1997－10	闲　置
虎跳镇	虎跳牲畜市场	1.2	1983－11	闲　置
石井铺乡	新场牲畜市场	1.1	1985－10	闲　置

续表

市场地址	市场名称	规模或投资(万元)	建成时间	备　注
沙坝乡	沙坝牲畜市场	2	1993－11	闲　置
昭化镇	昭化牲畜市场	2	1993－11	闲　置
红岩镇	红岩牲畜市场	2	1993－11	闲　置

二、集贸市场的监督管理

中华人民共和国成立后，昭化县政府设工商科，1951 年分别设立市场管理委员会。按照川北行署颁布的市场组织通则和管理办法，积极创造条件，鼓励合法经营，活跃市场贸易。“大跃进”时期，物资极度缺乏，市场秩序混乱，投机倒把活动猖獗一时。1962 年 3 月，在中共四川省委统一部署下，广元县工商管理部门与县公安局配合，开展严厉打击投机倒把专项活动，共查获投机倒把案件 576 件。投机倒把由此销声匿迹，但由于打击面过宽，处理过严，伤害了农民贸易的积极性，市场交易处于停滞状态。1978 年中共十一届三中全会后，工农业生产有较大发展，为维护正常经济秩序，1981 年贯彻国务院《关于加强市场管理，打击投机倒把和走私活动的指示》精神，对历年积案 332 件作了全面清理，对新发案件做到实事求是，处理得当，以理服人，当年开始放宽生猪、粮食、禽蛋等上市品种，建立大牲畜市场。1984 年 9 月统计，全县从事贩运活动的人数已发展到 6000 余人，年贩运物资 5800 余吨。同年县工商局与 9 省 88 个市、县建立市场信息联系网络，通过《市场信息》周报交流商品信息。

1986 年 11 月，卫子全区共有大小集市 18 个，工商管理部门重点打击哄抬物价、就地转手倒卖、投机倒把重要生产资料和紧俏耐用商品的行为，管理统配物资的执行情况，查处无照经营行为等。

从 1990 年起，元坝区工商局在不断探索和总结的实践中，逐步制定了一系列监管制度，包括《市场巡查制度》《市场管理责任制度》《商品交易市场主办者“第一责任人”制度》《商品交易市场重要商品索证索票制度》《商品交易市场重要商品准入制度》《商品交易市场不合格商品退出制度》《违法纪录公示制度》《卫生、消防安全管理制度》《市场预警制度》《食品安全准入制度》《食品质量信息公示制度》《12315 消费申诉举报制度》《工业品摊区管理制度》《蔬菜、农副产品摊区管理制度》《肉食、水产品摊区管理规定》《修补摊区管理规定》《入市须知》等，对集贸市场进行监管。区工商局每年都要不定期地在各交易市场采取散发传单、喇叭广播或张贴公告等方式，禁止下列物品上市交易：棉花、麝香；反动、荒诞、淫秽书刊图片和音像制品；非出版单位出版的书报杂志；麻醉品、剧毒药品、伪劣药品和国家规定不准出售的其他药品以及化学农药；有毒、有害、污秽不洁、腐烂变质的食物以及病死、毒死或死因不明的禽、畜、兽、水产及其制品；迷信活动和迷信宣传品；野生保护动物；国务院和省政府不准上市出售的其他物品。在开展和加强日常监管的同时，还在特殊时期加强对特殊商品的管理。2003 年“非典型肺炎”流行期间对其防治物资、猪链球菌传播期间对猪肉、禽流感流行期间对禽类等，与其他部门联合行动，实行 24 小时值班制度，及时通报工作情况，形成特有的监管合力。

在市场监管中开展文明市场创建活动。根据《广元市县（级）文明市场考评标准》和《广元市元坝区工商局关于元坝文明市场管理的规定》，工商行政管理机关建章立制，创建文明市场。各专业市场投入使用后，由业主负责落实卫生人员，负责市场的卫生及管理。2000 年，元坝镇集贸市场被广元市工商局评为“示范市场”；2001 年，元坝镇集贸市场被区委、区政府表彰为“最佳文明单位”。

广元市元坝区各集市逢场日期

表 15-9

市场所在地	市场名称	逢场日期	市场所在地	市场名称	逢场日期
元坝镇	元坝集贸市场	百日场	太公镇	太公集贸市场	2、4、6、8、10
	元坝百家坝综合市场		虎跳镇	虎跳集贸市场	1、3、5、7、9
王家镇	红庙集贸市场	1、3、5、7、9	梅树乡	梅树集贸市场	2、5、8
	更新综合市场		明觉乡	明觉集贸市场	3、6、9
	鑫峨交易市场		白果乡	白果集贸市场	1、4、7
卫子镇	卫子集贸市场	2、4、6、8、10	黄龙乡	黄龙集贸市场	3、6、9
磨滩镇	磨滩集贸市场	2、4、6、8、10	昭化镇	昭化集贸市场	1、3、5、7、9
文村乡	文村集贸市场	2、5、8	红岩镇	红岩集贸市场	2、5、8
柏林沟镇	柏林沟集贸市场	2、5、8	朝阳乡	朝阳集贸市场	2、5、8
清水乡	清水集贸市场	1、4、7	射箭乡	射箭集贸市场	4、7、10
石井铺乡	石井集贸市场	1、3、5、7、9	沙坝乡	沙坝集贸市场	1、4、7

三、农资市场管理

元坝区系农业区，化肥、农药、农膜、种子、农用机具是农业生产重要的必备资料。2003 年以前，农资交易经历了以农资部门销售为主，个体经销逐渐兴起，直至形成农资部门、个体经销并存的格局，假化肥、假农药坑农害农的事件时有发生。2003 年开始，元坝区根据国家和省、市人民政府的要求，陆续开展了《打假护农保春耕》《红盾打假——金穗行动》《红盾护农》等专项行动。2006 年 3 月，区工商局依法对未按照《中华人民共和国种子法》的相关规定销售种子的个别工商户进行了集中学习教育。至 2007 年，共检查农资经营户 3600 余户，出动执法人员 800 余人次，执法车辆近 200 台次，立案查处违法案件 71 件，处罚款 8.85 万元，没收不合格化肥 1665 吨。

四、粮食市场管理

为维护正常的粮油流通秩序，保护市场粮油价格的基本稳定，国务院办公厅于 1994 年下发《关于加强粮油市场管理保持市场稳定的通知》，省人民政府于 1995 年 11 月 2 日制发《四川省粮油购销管理办法》，明确规定除承担国家粮食收购任务的单位外，其他单位和个人不允许到农村直接采购粮食，工商、粮食管理部门要采取坚决措施，管好粮油市场。但粮油市场管理政策、法规不配套，其市场未能完全管住，个体粮贩违法收购依然活跃。

1998 年，区工商局按照《中华人民共和国粮食收购条例》的规定，开展粮食市场专项整治，按照“管好收购，规范批发，搞活零售”的原则，重点查处私商粮贩的违法收购行为，清理整顿粮食加工企业、经营企业和个体工商户。从 2000 年起，随着国家粮食政策改革，区工商局会同区粮食局成立粮食执法大队，加强对粮食市场的管理工作，强化和完善粮食收购、运输、加工和销售环节的规范管理，督促粮食经营户建立粮食经营台账，落实粮食市场监督联络员制度，推行市场巡查制度，打击无照经营、违规经营行为。2004 年 5 月，国务院颁布《中华人民共和国粮流通管理条例》，区工商局与区粮食局一道开展粮食市场检查及其专项整治，到乡镇对粮食经营户宣传国家的粮食流通政策，规范粮食收购加工企业和个体工商户的工营行为。2006 年，共计立案查处未经粮食管理部门登记办理“粮食收购许可证”和未经工商行政管理部门注册而擅自从事粮食收购的经营户 5 户，涉案金额 30 余万元，共处罚款 6 万余元。

广元市元坝区工商局 1989—2007 年市场检查情况

表 15－10　　　　单位：次、件、万元、吨

续上年度	基本情况						其中									
	集中检查次数	常规检查次数	查处案件数	挡扣物品数	物品价值	罚没金额	粮食市场		农资市场		种子市场		商贸交易市场			其他案件
							案件	数量	案件	数量	案件	数量	案件	数量	价值	数量
1989	4	33	1	0.03	0.05	0.02	—	—	—	—	—	—	1	0.03	0.05	—
1990	4	35	2	0.02	0.80	0.60	—	—	—	—	—	—	1	0.02	0.80	1
1991	4	35	2	1	0.10	0.06	—	—	—	—	—	—	1	0.05	1	1
1992	4	36	10	0.05	1	0.70	—	—	—	—	—	—	3	0.05	1	7
1993	4	38	7	0.10	0.50	—	—	—	—	—	—	—	2	0.1	0.50	5
1994	4	42	9	554	1.30	0.80	—	—	1	553	—	—	2	1	1.20	6
1995	4	58	15	457.6	11	5.70	—	—	4	454	1	1.6	2	2	11	8
1996	4	51	25	5	3.50	5.50	—	—	10	1	6	2.5	2	1	2	7
1997	4	63	10	90.4	2.10	2	—	—	5	9	1	0.02	1	0.2	13	3
1998	4	65	19	252.2	5.50	2	4	250	—	—	1	0.2	6	2	4.50	8
1999	6	138	54	46	8.40	12.65	14	30	2	10	10	4.5	7	1.5	8.40	21
2000	5	125	31	36	9.20	11	3	25	2	11	—	—	8	1	2.60	18
2001	13	140	49	49	16.50	14.80	8	29	3	75	1	0.03	11	3.2	1.30	26
2002	6	128	46	23	16	12	1	1.2	5	12	—	—	12	1	8.50	28
2003	6	131	47	4.65	19.80	12	1	3	3	265	—	—	5	2	10	38
2004	6	123	51	62.5	15	13	8	6.5	15	54	—	—	11	2	10	23
2005	10	133	17	51	9.88	3.85	—	—	6	41	1	0.11	10	2	1.50	25
2006	11	136	32	37.8	4.50	3	4	17	11	18	5	0.5	12	2.8	4.50	22
2007	13	130	31	35.2	12.30	11	1	5	8	21	1	0.1	13	2.6	4.80	8
合计	116	1640	458	1705.55	137.43	110.68	44	366.7	75	1524	27	9.56	110	24.55	86.65	255

第五节　合同管理

一、合同鉴证

民国时期，广元、昭化两县经济往来，双方一般要订立契约，亦称“文约”，一式二纸，骑缝书写“合约”二字，各执其一，共同信守，如有违反，则作为提请官府审理的依据。

中华人民共和国成立后，国家重视合同管理，契约与合同一度并用。1979 年贯彻国家工商行政管理总局制定的《工商、农商企业经济合同管理暂行办法》，广元县推广合同制，当年 11 月，县工商局印发《经济合同仲裁条例》，推动合同管理工作的开展。1982 年 7 月 1 日起实施《中华人民共和国经济合同法》，县工商局对合同的监督、检查与鉴证工作作出了具体规定。1985 年 8 月 13 日，国家工商行政管理局颁布《关于经济合同鉴证的暂行规定》，1997 年 11 月 3 日废止该暂行规定，颁布实施《经济合同鉴证办法》。1999 年《中华人民共和国经济合同法》实施后，合同自治原则逐步确立，除对利用合同危害国家利益和社会公众利益的违法行为进行查处，行政机关利用行政手段干预合同的职能逐渐弱化，因此，合同鉴证逐步减少，到 2006 年，合同鉴证工作基本停止。全区共办理各类合同鉴证 5547 份，鉴证金额 24882 万元。

1990—2007 年，区工商局先后共印发有关合同管理的宣传资料 5 万余份，办专栏 36 期，举办培训班 28 起，参培人员达 5420 人次，积极推行合同示范文本，让群众明确工商行政管理部门是各类经济合同的鉴证机关。组织工作人员学习《关于经济合同鉴证的暂行规定》《经济合同鉴证办法》《中华人民共和国经济合同法》《合同基本知识问答》《经济合同鉴证须知》等法律法规和资料，使其在合同管理中准确掌握经济合同的“三性”（合法性、可行性、真实性），“三书”（法定代表证明书、代订经济合同委托书、法人授权证明书）及“三证”（营业许可证、经营执照、法人资格证），协助企业建立合同管理制度，健全合同档案。至 2007 年，查处各类经济合同案件 362 件，涉案金额 3566 万元。

广元市元坝区 1989—2007 年合同管理情况统计表

表 15－11

年度	合同鉴证情况				其中					
	合同鉴证数	鉴证金额（万元）	收取鉴证费（万元）	查处合同案件	调解纠纷案		无效合同案		违章违法案	
					件数	金额（万元）	件数	金额（万元）	件数	金额（万元）
1989	98	428	0. 12	76	9	4. 70	61	32	6	21
1990	103	450	0. 14	47	7	21	36	31. 22	4	17. 80
1991	135	489	0. 18	61	1	10	58	38. 80	2	11. 50
1992	147	580	0. 16	39	5	8	31	19. 50	3	24
1993	160	562	0. 10	18	11	4. 73	3	13. 85	4	33
1994	162	575	1. 69	14	8	7. 20	1	17	5	21. 35
1995	165	612	0. 30	18	7	13. 60	2	4. 70	9	15. 72
1996	223	3406	0. 26	9	4	6. 50	3	8. 20	2	0. 07
1997	519	3015	0. 57	10	5	204	—	—	5	1. 57
1998	549	3205	1. 02	11	1	9	5	217. 50	5	384. 80
1999	586	4032	1. 60	10	2	23	3	47. 91	5	356. 20
2000	487	2853	0. 86	10	4	11	1	1. 87	5	2. 64
2001	269	954	1. 27	13	4	1. 70	2	57. 50	7	32. 40
2002	972	2515	3. 53	12	5	65. 30	1	62	6	7. 40
2003	686	113	1. 13	11	4	52. 38	1	3. 20	6	1533
2004	286	1090	0. 95	13	3	8. 50	5	9. 20	5	15. 80

续表

年度	合同鉴证情况				其中					
	合同鉴证数	鉴证金额（万元）	收取鉴证费（万元）	查处合同案件	调解纠纷案		无效合同案		违章违法案	
					件数	金额（万元）	件数	金额（万元）	件数	金额（万元）
2005	—	—	—	8	5	23	—	—	3	42.85
2006	—	—	—	2	—	—	2	2.80	—	—
2007	—	—	—	3	—	—	3	4.20	—	—
合计	5547	24879	13.88	385	85	473.61	218	571.45	82	2521.10

二、企业动产抵押登记

从1996年开始，区工商局依据国家工商行政管理局《企业动产抵押登记管理办法》和《四川省工商行政管理局抵押物登记实施办法》对企业动产抵押物实行登记管理，并坚持核审与审批相结合，对部分抵押申请事项组织抵押双方上门勘验，确保抵押的真实性。至2007年，共办理企业动产抵押物登记109件，抵押值8390.70万元，实现贷款1200万元。

广元市元坝区1996—2007年企业动产抵押物登记表

表15－12　　金额：万元

年度	抵押件数	财产现值	抵押值	登记费	年度	抵押件数	财产现值	抵押值	登记费
1996	15	2060	1617.50	0.67	2003	4	413.08	209.80	0.02
1997	13	3069.40	1218	1.01	2004	6	569.63	282	0.17
1998	17	3339.90	2459	1.10	2005	1	42.30	25	0.02
1999	27	1970.70	1312.40	1.76	2006	2	85	60	0.02
2000	9	1302.49	438	0.54	2007	1	80	55	0.02
2001	9	780.60	587	0.38					
2002	5	200.90	127	0.14	合计	109	13914	8390.70	5.85

第六节　商标、广告管理

一、商标管理

1985年以前，今元坝辖区内的商标注册还是空白。元坝区建立后，经过调整产业结构，积极发展第二产业、第三产业，大力招商引资，区内经济形势渐趋繁荣和活跃，群众的商标维权意识也在不断增强。到2007年底，全区已有注册商标38件，其中酒类商标9件，饮料商标4件，农副产品商标12件，工业品商标10件，蔬菜类商标3件。

区工商局按照《中华人民共和国商标法》（简称《商标法》）、《中华人民共和国商标法实施细则》等法规履行职责，加大对商标的监管力度，1996—2007年，配合区域内各项经济检查，共查处商标违法违规案件23起，其中，擅自制造注册商标标志和冒充注册商标案11件，违反《商标法》案10件，商标侵权案2件，罚没金额2.80万元。收缴假冒商标标识200套，违反《商标法》商标标识12,800套，侵权商标标志500余套（1996年以前，查处商标违法违规案件无统计资料）。

广元市元坝区1985—2007年注册商标情况

表15－13

商　标	核定使用商品	注册人	注册时间	备　注
玉女泉	饮料	昭化葭萌饮料厂	1985－09－30	过期未续展
长阳寺	酒	太公公社酒厂	1986－07－30	过期未续展
金银猫	酒	虎跳酒厂	1986－09－20	过期未续展
牌坊垭	酒	元坝曲酒厂	1986－10－30	过期未续展
芝　花	汽酒	元坝镇饮料厂	1987－02－20	过期未续展
新　型	罐头	广元市新型食品罐头厂	1989－01－20	过期未续展
金印寺	腌腊、板鸭、香肠、皮蛋	广元市元坝区卫子镇食品厂	1989－11－20	过期未续展
银　花	爆竹、烟花	广元市柳桥花炮厂	1989－11－20	过期未续展 尚在使用
雪　苑	合成洗衣粉;润滑油、液体燃料	广元市元坝区日用化工厂	1992－07－30	过期未续展
冰　鸟	矿泉水、无酒精饮料	广元冰鸟天然矿泉水公司	1994－02－21	正常使用
康　尔	洗衣粉	广元市合成洗涤剂厂	1994－04－28	过期未续展
元　穗	面条、米、玉米粉、玉米、粉条豆粉	广元市元坝区城关粮站	1995－04－21	过期未续展
川　虎	豆瓣酱、辣椒粉、辣椒油、含淀粉食物	广元市京川食品厂	1996－03－28	过期未续展
园　蕾	混合肥料;磷肥(肥料)	广元市元坝区复混肥厂	1997－11－28	正常使用
山　清	大米	广元市元坝粮油批发交易中心	1998－01－14	正常使用
双　元	农业机械、打谷机、谷物脱粒机、谷物除壳机、玉米脱壳机	广元市元坝区机械制造股份合作公司	2000－03－21	过期未续展
葭　萌	米、面条、面粉、面粉制品、谷类制品、豆粉	广元市元坝区昭化粮油食品经营站	2000－11－28	闲　　置
味　新	米、面粉制品、面条、米粉、面粉、谷类制品、豆粉	广元市元坝区卫子粮油食品经营站	2000－12－07	闲　　置
虎　泉	米、面粉制品、面条、米粉、面粉、谷类制品、豆粉	广元市元坝区虎跳粮油食品经营站	2000－12－07	闲　　置
晋　贤	米、面及其他粮油制品	广元市元坝区王家粮油食品经营站	2001－05－31	转　　让
昭　化	黄瓜、南瓜、青蒜、险扁豆、鲜食用菌、鲜土豆、鲜豌豆、新鲜蘑菇、新鲜蔬菜、莴苣	广元市元坝区昭化镇农业服务站	2002－05－14	闲　　置
武凤阁	酒(饮料)	广元市蜀丰酒业有限责任公司	2004－05－07	正常使用
庄子沟	水(饮料)、矿泉水(饮料)、纯净水(饮料)、无酒精饮料	广元市元坝区庄子沟山泉水厂	2004－06－21	正常使用

续表

商　标	核定使用商品	注册人	注册时间	备　注
山　清	谷制食品糊、挂面、米粉、面条	广元市元坝区粮油批发交易中心	2005－06－14	闲　　置
山　清（图案）	食用面粉、豆类细粉、人食用的去壳谷物、汤圆粉、谷制食品糊；挂面、米粉、米、粗面粉、面条	广元市元坝区粮油批发交易中心	2005－07－25	正常使用
太　宝	米、玉米粉、麦片、蛋糕粉、玉米、粗面粉、汤圆粉	广元市太宝米业有限责任公司	2006－10－27	正常使用
葭萌坊	米酒、黄酒、料酒、葡萄酒、清酒、酒（利口酒）；白兰地、酒（饮料）；果酒，威士弟酒	朱太义	2006－10－31	闲　　置
红磨坊	象棋、跳棋、国际象棋、国纸牌；扑克牌	朱太义	2006－10－31	闲　　置
金稻城	啤酒；姜汁淡啤酒；制啤酒用麦芽；姜汁啤酒；水	朱太义	2006－10－31	闲　　置
金稻城	啤酒；无酒精果汁；无酒精果汁饮料；果汁；番茄汁	朱太义	2006－11－16	闲　　置
含羞泉	啤酒；无酒精果汁；无酒精果汁饮料；果汁	朱太义	2006－11－16	闲　　置
牛头山	家具；非金属管；像管；竹木工艺品；泥塑工艺品；草垫	四川昭化古城旅游发展有限公司	2007－02－06	闲　　置
昭化山水太极	广告；电视广告；广告策划；室外广告、广告宣传版本的出牌	四川昭化古城旅游发展有限公司	2007－02－06	闲　　置
昭化古城	住宿；供膳；餐馆；假日野营服务；茶馆；出租椅子；桌布	四川昭化古城旅游发展有限公司	2007－02－06	闲　　置
虎　跳	果酒；开胃酒；烧酒；苹果酒；蒸煮提取物；葡萄酒	魏绍敏	2007－05－25	闲　　置
紫云湖	猕猴桃；鲜葡萄；辣椒；坚果；柿子；鲜水果；活鱼	广元市元坝区紫云猕猴桃协会	2007－07－23	正常使用
新　元	丝绸；装饰饰品；纺织织物；丝织美术品；标签布	广元市元坝三元茧丝绸有限责任公司	2007－08－30	正常使用
昭化古城	运输；观光旅游；旅游安排；旅行订制；旅行社	广元市元坝区昭化古城保护与发展管理委员会办公室	2007－10－23	闲　　置

二、广告管理

元坝建区以后，区工商行政管理机关贯彻执行国家广告管理法规，整顿、规范不合法广告经营单位，及时清理户外违法广告。1989—2007 年，开展检查 32 次，洗刷户外广告 1.30 万余张，清理 390 余条（幅），收缴虚假广告宣传品 128 张（套），取缔不合格霓虹灯广告 25 处，对 112 个户外广告招牌、灯箱进行核对规范，整改广告牌位 23 处、灯箱广告 68 个；取缔违法广告 8 户。开展创建文明卫生城市活动中，区工商局对城区内广告经营单位重新进行登记，新办理经营单位登记 3 户，临时性广告登记 3 户，户外广告登记 80 件，印刷品广告 23 件，店堂广告 35 件，查处广告违法案 8 件，规范有限电视台、内部刊物广告 4 件，拆除灯箱 48 个，招牌广告 38 件，清除张贴广告 53 条，安装大型灯箱广告 3 个，建立牌匾广告 10 个，设置专栏 8 个，市容市貌焕然一新，为创建活动达标发挥了积极作用。

第七节　经济检查

区工商局依照国家的法律、法规和规章，根据区内经济活动实际，坚持“打防结合、以防为主、标本兼治”的基本监管方略，运用经济、行政等多种手段进行综合监督检查。

1989年和1990年，以打击经济活动中的投机倒把为主，查处违法违章案件5件，罚没款0.42万元。1991—1994年，重点突出“两法”（《中华人民共和国商标法》《中华人民共和国经济合同法》）、“五例”（《中华人民共和国企业法人登记管理条例》《中华人民共和国投机倒把行政处罚暂行条例》《中华人民共和国城乡个体工商户管理条例》《中华人民共和国私营企业登记管理条例》《中华人民共和国广告管理条例》）的贯彻和实施，清理无照经营128户，违法转让证照2户，补办证照103户，立案查处案件30件，结案24件，其中制售假化肥案6件，商标侵权案1件。1995—1997年，本着有利于改革和经营发展，有利于体现工商权威，有利于保护消费者权益的原则，加强对经济案件的查处工作，按照工商行政管理形象工程建设的要求，以“公平交易执法年”“工商形象建设年”为主线，立足大、要案的查处，解决群众反映的热点问题，三年共查处案件64件，其中简易处罚案14件，移交市工商局查处案件4件。元坝区某种子公司销售假冒伪劣种子，违犯了法律规定，被处罚款1万元。1998年，元坝区采取各种措施加强对粮食市场的管理，重点查处个体、私营和乡镇加工企业利用粮食加工、兑换、代储名义直接或变相收购粮食的违法行为，为促进粮食流通体制改革的顺利进行发挥了积极作用。同年5月，以一瓶假“丰谷”白酒为线索，端掉一制售假冒名酒窝点，查获假冒“五粮液”“剑南春”“茅台”等名酒699瓶，假名酒空瓶3008个及大量包装盒、纸箱、瓶盖、商标及作案工具。元坝区某印刷厂擅自制造他人注册商标标志，违犯了《四川省反不正当竞争条例》规定，区工商局处罚款10万元。全年共立案查处各类经济违法案件48件，案件总值达32万元。1999年，除进一步加强维护粮食收购秩序，查处非法收购粮食的行为外，积极开展“打假”保名优产品等活动。全年共查处各类案件48件，没收粮食1.31吨、非法印制的良种包装袋3.14万个、制袋模具一台、半成品包装袋1.50万个。2000年，经济检查和整治的重点是食品、饮料、燃气具、走私冷冻鸡肉制品、非法传销和变相传销等。在执法行动中，区工商局共出动执法人员近300人次，检查企业500余户，个体工商户3000余户次，全年共查处经济违法案件88件，其中立案查处44件。2001—2007年，区工商行政管理机关或牵头组织或协助相关部门陆续开展一系列专项执法活动，包括以打击销售假冒伪劣汽车、摩托车零配件，整治机动车辆修理市场为重点的“金轮行动”，查处制售假、仿、冒“六朵金花”（指“五粮液”“剑南春”“全兴”“泸州老窖”“郎酒”“沱牌”6种四川名酒）的“金花行动”，整治烟草市场的“金叶行动”，以整治粮食市场、棉花市场、蚕茧市场为重点的“金穗行动”，以整治洗化产品市场及美容美发服务业为重点的“洁美行动”，整治文化市场的“整顿和规范文化、电子、信息市场秩序执法行动”。2001—2002年，先后查处广元市某牧工公司欺行霸市哄抬物价扰乱市场案和杜某某销售未经检验生猪产品案，分别处罚款4.30万元和0.03万元。2003年，查处了广元市某电力公司在二期农网改造材料招标活动中串通招标投标案、钟某某无照经营成品油案、李某某无照从事砂金开采案、李某某擅自承揽村镇建筑工程修建案、元坝区某废旧金属回收有限公司非法回收报废汽车案、元坝区某农村信用合作社强制借款人交纳股金案共6件案件，共处罚款14.80万元。2004年，查处了元坝区某供销合作社农资经营部销售不合格美达牌复混肥案，处罚款2.88万元。2005年，查处了宋某某、张某某参与爱可欣国际有限公司以电子商务名义从事传销案和爱可欣国际有限公司以电子商务名义从事传销活动案，分别处罚款35万元和1.49万元。2006年，查处了元坝区某林产品公司未办理财产所有权转移手续案，处罚款0.50万元。2007年，查处了元坝区某中学为无照经营者提供经营场所案，处罚款1万元。

广元市元坝区工商局1989—2007年经济检查案件统计表

表15-14 单位：件、万元

年　度	案件数	罚没款	案　值	年　度	案件数	罚没款	案　值
1989—1990	5	0.45	—	2001	65	7.80	32
1991—1994	30	1.45	1.50	2002	115	19.50	56.50
1995	18	6.70	11	2003	88	36.84	160.81
1996	25	5.55	15.70	2004	191	44.33	106.62
1997	39	4.40	27	2005	205	36.37	75
1998	48	5.93	32	2006	68	45.70	96.30
1999	48	9.30	26.90	2007	50	41	80
2000	44	2.02	1	合计	1039	267.34	722.33

第八节　消费者权益保护

区消协成立前，消费者在购买、使用商品或接受服务中，其权益经常受到侵害，合法权益得不到依法保护，经济损失无法获得合理赔偿。1990年2月区消协成立后，主要接受消费者咨询，投诉等工作。1992年，区消协参与全国“质量、品种、效益年”和“中国质量万里行”活动，按照《四川省消费者委员会投诉处理规定》，规范消费者投诉工作。1994年1月1日，《中华人民共和国消费者权益保护法》（简称《消法》）实施，至1997年6月，区工商局、区消费者协会共接待消费者来访咨询1236人次，受理各类申（投）诉案件150件，为消费者挽回经济损失13万余元。7月区工商局与区消费者协会围绕“讲诚信、反欺诈”主题，广泛宣传《消法》，使消费者的维权意识增强，申（投）诉范围拓宽，全年共接待消费者来访咨询95人次，受理消费者申（投）诉举报案件87件，为消费者挽回经济损失3.50万元。1998—2000年，以为了农村消费者“安全健康消费”为主题，深入农村开展宣传和维权工作，向农民发放维权卡，提供申（投）诉方便电话，杜绝、假、冒、伪劣商品“下乡”，并加强市场规范化管理。3年共接待消费者咨询540人次，受理消费者申（投）诉案件285件，立案查处侵害消者合法权益案件18件，为消费者挽回经济损失23.50万元。从2001年起，国务院将流通领域商品质量监督管理的职能赋予工商行政管理部门后，元坝区在消费维权方面，分年段开展了一系列专项整治活动；建立“千村万户拒伪劣示范村”；开展查伪劣、反欺诈、抓大案、维权益活动；实行“四制两查”（商品准入制、重要商品备案制、商品质量登记制、不合格商品退市制；商品质量的监督抽查和日常监督检查）制度。2005年2月，元坝区工商局按照上级关于机构配置的要求，单设消费者权益保护股，专职负责消费者权益保护工作。2005—2007年，除会同其他职能部门对元坝区内经济流通领域的各个市场进行清理、整顿，受理消费者申（投）诉案件外，特别加强食品质量安全监管，购置食品安全快速检测箱配备到各工商所，改变过去在食品质量检查中依靠“看、摸、闻、嗅”

的传统方法，提高了执法效能和执法的科学性，并建立12315维权网站53个，为维护全区消费者权益发挥了积极的作用。

第三章　审　计

第一节　审计机构

1986—1989年末，广元市市中区卫子区的审计工作由广元市市中区审计局负责。

1989年12月，广元市元坝区设审计局（简称区审计局），1990年2月，区审计局正式成立，与区财政局联合办公；8月，区审计局独立办公。1991年12月，区审计局设财政金融股、行政事业股、工交商贸股、基建外资股、办公室。1997年，区审计局设办公室、财政审计股、综合股、行政事业审计股、企业审计股、固定资产投资审计股；同年8月，建立中共广元市元坝区审计局党组。2002年4月，区审计局设办公室、财政审计股、经济责任审计股、行政事业审计股、企业审计股、固定资产投资审计股。至2007年，区审计局机构无变化。

广元市元坝区审计局领导名录

表15－15

姓　名	性别	籍　贯	政治面貌	职　务	任职期间	备　注
胡维明	男	广元市元坝区	中共党员	副局长	1990－02—1992－07	主持工作
胡维明	男	广元市元坝区	中共党员	局　长	1992－07—1993－02	
彭科文	男	南充市西充县	中共党员	副局长	1993－02—1996－11	主持工作
杨文龙	男	广元市元坝区	中共党员	副局长	1993－02—1995－11	
范廷和	男	广元市元坝区	中共党员	副局长	1995－06—2007－06	1997－08始任党组成员
彭科文	男	南充市西充县	中共党员	局　长	1996－11—1998－02	1997－08始任党组书记
刘素英	女	资阳市安岳县	非　党	副局长	1997－03—2002－09	
冯树传	男	广元市元坝区	中共党员	局　长	1998－02—2003－02	党组书记
梁文龙	男	广元市元坝区	中共党员	副局长	2002－10—2003－02	党组成员
王普春	男	广元市元坝区	中共党员	副局长	2002－10—	党组成员
梁文龙	男	广元市元坝区	中共党员	局　长	2003－02—	党组书记
程朝晖	男	广元市剑阁县	中共党员	纪检组长	2003－02—2007－06	党组成员
程朝晖	男	广元市剑阁县	中共党员	副局长	2007－06—	党组成员
黄晓蓉	女	绵阳市盐亭县	中共党员	纪检组长	2007－06—	党组成员

第二节 国家审计

一、财政金融审计

1991年和1992年，区审计局开展了财政金融审计工作。1991年3月，按照区政府的要求，采取“一审两年，两年一审”的办法，开始对全区4个办事处和28个乡镇财务收支进行审计。当年过半，查出各项违纪金额26.64万元。其中，截留契税的单位占80%，金额12976元；截留历年农税减免的单位占60%，金额24648元；挪用农税减免用于照明线路、公路维修等各种修建工程的单位占90%，金额129000元；挪用各种支农资金的单位占50%，金额38247元；动用本级各种经费超发奖金55304元；10余名财务经办人员超报冒领资金6236元。5人被移交区纪委审理。1992年，区审计局配合撤乡并镇，开展财务收支审计，对上一年未审完的两个办事处、13个乡镇的财务收支进行了审计。查出违纪金额29.20万元，收缴3.20万元。针对各乡镇农业税减免存在的挪用、虚报冒领、克扣转移等问题，与区财政局一道向区政府报送了《关于改进农业税减免管理办法的建议》，区政府以《批转财政局关于改进农业税减免管理工作意见的通知》转发全区执行。

1994年，完成对王家、昭化、太公、红岩、沙坝、元坝、白果、磨滩8个乡镇林业站1992—1993年育林基金、更改基金征收管理和使用情况的审计。审计项目8个，查处违纪违规资金2.70万元，收缴财政0.10万元。

1994—1999年，开展了对区内金融、保险行业的审计。1994年5月，对农业银行元坝区支行1992—1993年度信贷资金管理、财务收支、自办经济实体及营运外资金和新旧会计制度对接情况进行了审计。审计项目1个，查处违纪违规资金9万元，调账处理9万元，移送案件2件。1995年，完成对农业银行元坝区支行1994年度资产、负债、损益的审计。出具审计意见书。1996年，完成对农业银行元坝区支行、元坝信用联社、元坝、虎跳、红岩、卫子信用社等非银行金融机构，中国人民保险公司广元市分公司元坝办事处1995年度资产、负债、损益的审计。完成对区社会事业保险局、区机关事业单位保险局1995年度失业保险基金和养老保险基金的征收发放管理情况的审计。审计项目9个，查处违纪违规资金32.15万元，收缴财政1万元，移送案件1件。1997年，开展对农业银行元坝区支行和昭化、太公、王家信用社1996年度资产、负债、损益情况的审计。审计项目4个，查处违纪违规资金178.68万元，收缴财政0.06万元。1998年，完成区信用联社机关及其营业部、红岩、虎跳、卫子、元坝4个中心信用社，中国人民财产保险公司广元市元坝支公司1997年度的资产、负债、损益情况的审计，查出违纪违制金额68万元，处理上缴财政21350元。1999年完成对区机关事业单位保险局、区社会事业保险局、区农村社会保险局3个保险机构1998年度养老保险基金的征、管、用情况的审计。审计项目3个，查处违纪违规资金37.96万元，收缴财政2.22万元，调整归还原资金渠道34.62万元，调账处理141万元。

1998—2004年，开展了对乡镇财政的审计。1998年，完成柳桥、石井铺、清水、文村、张家、陈江、明觉、白果8个乡镇1996年至1997年度财政决算和其他财政财务收支情况的审计，查出违纪违规金额479万元，处理处罚上缴财政金额15万元。1999年，对王家镇 、磨滩镇、卫子镇、青牛乡、红岩镇、丁家乡、朝阳乡、沙坝乡8个乡镇人民政府1997年至1998年度财政决算和其他财务收支情况进行了审计；在公费医疗经费移交专项审计、财政决算审计和其他财务收支审计中，查出违纪违规金额146万元，处理收缴财政1.50万元，入库率100%。2000年，对元坝镇、虎跳镇、太公镇、昭化镇、黄龙乡、香溪乡、梅树乡、紫云乡、大朝乡9个乡镇人民政府1998年至1999年度乡镇财政决算和其他财政收支情况进行了审计，查出违纪违规金额124万元，处理收缴财政10万元。从2002年8月起，对全区28个乡镇财政进行了内审监督，组织实施对全区28个乡镇和211个行政村截至2001年年底债权债务的清理核实，锁定乡镇村两级债务总额，并通过了省市乡村债权债务核实办的验收。2003年，完成对卫子镇、清水乡等15个乡镇2001—2002年的乡镇财政决算和其他财政收支的审计，查出违规金额330万元，管理不规范金额129万元。2004年，完成对卫子镇、虎跳镇、柳桥乡等12个乡镇2002年至2003年度的财政决算、其他财政收支审计和公路建设资金的审计，查出违规金额360万元，比2003年增长11%；管理不规范金额122万元，比2003年下降5.42%。并依据有关规章制度进行了审计处理处罚，收缴财政11万元，归还原资金渠道35万元，调账处理2万元，自行纠正122万元。审计结果表明乡镇财政仍不同程度地存在隐瞒截留应缴财政预算收入、挤占挪用财政专项资金、乱收费、不严格执行“收支两条线”、固定资产管理不规范等问题。

1995—2007年，开展对区级财政预算执行和其他财政收支审计，区级部门预算执行和其他财政收支审计。1995年10月，区审计局在全区首次开展当年同级预算执行情况和其他财政收支情况的审计，自此建立逐年将审计结果形成同级预算执行情况和其他财政收支情况的审计工作报告的制度，并代表区人民政府向区人大常委会报告。1999年3月，完成区财政局、区地税局、区司法局、区统计局、区档案局、区水电农机局、区农业局、区文体旅游局、区公安分局等部门的预算执行和其他财政收支情况的审计，并对使用财政支农、工交周转金数额在50万元以上的单位进行了延伸审计。向区政府提交了《1998年度同级财政预算执行情况和其他财政收支情况的审计结果报告》，在同级预算执行审计中查出违纪违规金额249万元，处理处罚收缴财政3万元。2000年3月，完成对区财政局、区地税局、国家金库广元市元坝区支金库、区公安分局、区林业局等5个主体单位1999年度区级财政预算执行和其他财政收支情况的审计。并对区国土局、区计生委、区劳动局涉及的财政收入、社会保障支出、公费医疗收支、企业和行政单位职工养老保险费收支等相关内容进行了延伸审计。向区人民政府提交《1999年度区同级财政预算执行和其他财政收支情况的审计结果报告》，在同级预算执行审计中查出违纪违规金额702万元，处理处罚收缴财政35万元，纠正违纪违规金额273万元。2001年3月，完成对区财政局、区地税局、区民政局、区社会保险局、区劳动局、区机关事业单位养老保险局、区计经委等单位预算执行、其他财政收支和社会保障资金预算执行情况的审计。当年还对全区28个乡镇人民政府2000年度财政决算和其他财务收支情况进行了审计，对乡镇年度决算审计覆盖面达100%。并首次将乡镇中小学财政收支纳入财政决算审计范围，共计查出违纪违规金额598万元，处理处罚收缴财政27万元，收缴入库率为100%，归还原资金渠道276万元。区委、区政府根据区审计局所提建议，制发了《加强乡镇财政财务收支管理的决定》和《加强全区预算内外资金管理的意见》。2002年4月，完成对区财政局、区地税局、区委办、区人大办、区政府办、区政协办、区委组织部、区人民法院、区交通局、区水务农机局等单位预算执行和其他财政收支的审计。2003年，开展对区财政局、区地税局和国家金库广元市元坝区支金库2002年度财政预算执行和其他财政收支的审计，发现一些单位存在未设置财政总预备费、虚列财政支出、资金挤占滞留、税款入库不及时、违规设置银行账户、处置固定资产、超标准收费并截留财政收入等问题，查出违规金额35万元，管理不规范金额454万元。2004年，分别对区财政局、区地方税务局2003年度同级财政预算执行、税收征管和其他财政收支情况，国家金库广元市元坝区支金库2003年办理地方财政预算收纳情况进行了审计，并对区招商局、区农经委、区乡镇企业局、区安监局4个单位的预算执行情况进行审计。通过审计发现存在未设置财政总预备费、财政短收、挤占滞留专项资金、违规设置税收过渡账户、坐支预算外资金等问题，查出违规金额107万元。2005年，分别对区财政局、区地方税务局2004年度同级财政预算执行、税收征管和其他财政收支情况，国家金库广元市元坝区支金库2004年办理地方财政预算收纳情况进行了审计。通过审计，发现存在未设置财政总预备费、违规设置税收过渡账户、滞留财政专项资金等问题，查出违规金额、管理不规范金额248万元。2007年，分别对区财政局、区地方税务局2006年度同级财政预算执行、税收征管和其他财政收支情况、国家金库广元市元坝区支金库2006年办理地方财政预算收纳情况进行了审计。通过审计发现区财政在年初预算安排中，未按《中华人民共和国预算法》的规定设置财政总预备费，年初区财政批复部门预算时保留一般预算支出1037万元，2006年度动用国库资金对外违规借款103万元，2006年底区财政滞留各项财政专项资金625.96万元。审计后形成了《关于元坝区2006年度本级财政预算执行和其他财政收支情况的审计工作报告》，被2007年8月28日区四届人大常委会第十六次会议审议通过。

二、行政事业审计

1994年，区审计局开始开展行政事业审计工作。1994—1997年，开展了对区级部门行政事业性收费资金的审计。1994年，完成对区公安分局1992年至1993年度居民户口“农转非”所收资金的审计，查处违纪违规资金2.46万元，收缴财政1.47万元。1995年，完成对区司法局、区人民检察院、区人民法院1991年至1994年办案收费和罚没款物管理情况的审计。审计项目4个，查处违纪违规资金3.54万元，收缴财政3.39万元。1997年，开展对区财政局、区扶贫开发办、区以工代赈办分配使用开发性扶贫资金的审计，区计生委1995年至1996年度计生经费投入、征收、管理和使用情况的审计以及对区城环局、区公安分局、区文体旅游局行政事业性收费征收、管理和使用情况的审计。审计项目7个，查处违纪违规资金1506.63万元，收缴财政11万元。

1995—2007年，开展了对区级部门和事业单位预算内外财务收支和部分专项资金的审计工作。当年开展了对区党政机关、企事业单位私设“小金库”的审计检查，并向市审计局提交了检查报告。1996年，完成对区民政局1994年至1995年预算内外财务收支的行业审计和区城建局、区教育局1995年度预算内外财务收支的行业审计。审计项目3个，查处违纪违规资金36.11万元，收缴财政1.19万元，移送案件3件。1998年，完成对区企业局、区交通局、区民政局、区劳动局1996年至1997年度预算内外财务收支审计，完成区建委1997年度环保资金征、管、用情况的审计。审计项目5个，查处违纪违规资金210万元，收缴财政17.04万元。1999年，完成对区国土局、区卫生局、区计经委、区人民法院、区人民检察院、区广播电视局、区建委、区妇幼保健站、区计生指导站9个单位1997年至1998年度预算内外财务收支情况的审计。审计项目9个，查处违纪违规资金170万元，收缴财政15万元，调整归还原资金渠道45万元，调账处理金额31万元。2000年，完成对区人大常委会办公室、区委宣传部、区水电农机局、区农业局、区教委、区农经委、区扶贫开发办7个区级行政单位1998年至1999年度预算内外财务收支情况的审计，完成原王家、虎跳、太公、卫子、昭化、元坝5个学区1997年至2000年8月的财务收支情况的审计。查出违纪违规金额560万元，处理处罚收缴财政2万元，为单位挽回直接经济损失19万元，向司法机关移送涉嫌经济犯罪案件2件。2001年，完成对区政府办、区纪委、元坝镇第三小学2000年度财务收支审计，完成对全区1998年至2001年6月以工代赈资金拨付管理使用情况、以工代赈办机关经费和区水电农机局的债权债务、职工住宅楼建设规模、资金来源拨付、工程进度等情况的审计。以上审计共计查出违纪违规金额479万元，处理处罚收缴财政5万元，追还被侵占挪用资金173万元，实施审计处罚，处罚个人5人，涉及单位主要领导2人。2002年，完成对区人民法院等8个行政事业单位财务收支审计，完成区社会事业保险局、区农村社会养老保险局、区机关事业单位养老保险局职能划转时的账务终结审计，完成对区住房公积金管理中心管理权上划时的账务审计。审计项目12个，查处违纪违规资金130万元，收缴财政9.80万元，调整归还原资金渠道28万元。2004年，完成对区人民检察院、区国土局、区司法局、区水务农机局等9个单位的财务收支情况的审计。审计查出违规金额354万元，管理不规范金额167万元。对存在的问题做出了相应处理处罚，收缴财政37万元，归还原资金渠道168万元，调账处理104万元，自行纠正168万元。2007年，完成对区发改局、区水务农机局、区林业局、区畜牧食品局、区卫生局、区司法局、区民政局等单位财务收支审计，查出违规金额64万元，管理不规范金额478万元，处理处罚收缴、上缴财政14万元。

三、基础建设投资审计

从1996年开始，区审计局开始开展固定资产投资审计。至1998年，先后对区计经委、区交通局办公大楼等工程进行了竣工决算审计，对区人民医院住宿楼和川北肉类食品加工厂基建竣工决算审计，对四川广元元坝省粮食储备库竣工决算审计。

1996—1998年，基础建设投资审计中共审计项目5个审减工程造价680万元，审减率9%。查处了项目竣工决算中的高估冒算等问题。1999年，全年共完成国家建设项目竣工决算审计项目8个，送审额1774.69万元，审定额1370.57万元，审减额404.12万元，完成市审计局下达的建设项目审减额任务200万元的102.06%，平均审减率22.77%。向区政府报告了区内基建审计现状和杜绝国有资产流失的方法建议后，区政府制发了《关于加强全区基建决算审计的通知》。

2000—2001年，完成对区地税局、区国土局、区农业局住宅楼和柳桥小学综合楼4个建设项目的竣工决算审计，核减工程造价165万元，平均审减率19.12%，审减额占市审计局下达计划150万元的110%。与区教委联合制发了《关于加强全区教育系统基建决算审计的通知》。对广元市元坝区股份合作制供水公司城区供水国债项目工程竣工决算及资金拨付、使用情况进行了专项审计。审计项目投资总额209万元，核减工程造价26万元，审减率12.44%。完成对区政协综合楼、元坝中学教学楼、区委会议室和办公室装修工程竣工决算审计，核减工程造价130万元，平均审减率31.70%。

2004年采取现场开挖、多方调查取证、三方协商定量议价等方式方法，对建设单位报送的城区长滩河大桥拆建、部分街道硬化等20多个市政建设项目的工程造价、工程资金支付情况进行了审计和调查。送审工程造价397万元，审减工程造价85余万元，审减率达21.41%。2006年，开展区环线公路工程10个合同段的造价审计、长滩河生态河堤工程8个施工单位的竣工决算审计、2所学校基建工程的竣工决算审计。开展区内重点建设项目投资审计。先后完成对区交通局环线路路基工程、二灰工程、欧家河滨河路工程，元坝中学科技信息楼建设工程、慧眼广场和运动场看台建设工程，区政府政务中心装修工程、文村乡政府综合楼修建工程、大朝乡小学教学楼修建工程等项目的投资审计，送审工程造价3283万元，审减300余万元，审减率9.14%。2007年，开展对长滩河生态河堤工程、张家小学学生公寓食堂和附属工程、王家小学教学楼建修等工程的竣工决算审计。三个基建项目送审工程造价1934万元（其中长滩河生态河堤工程1631万元），审定工程造价1598万元，审减工程造价336万元（其中长滩河生态河堤273万元），审减率17.38%。对昭化古城开发一期建设工程政府投资的21个项目的工程概预算造价1566万元进行了审计核实，核减工程预算400万元，对部分已完工程进行了竣工决算审计。11月，昭化古城开发二期工程一开始，区审计局就聘请专业人员、组织力量对工程项目的投资预算进行了认真编制，先后对48户居民立面改造项目、古城内公厕、龙门书院修复、费公祠墓、县衙等建设项目的工程造价进行了预算，预算造价比先期概算投资减少了20%左右。

四、企业审计

1993年3—5月，区审计局对虎跳、卫子、王家、昭化、城关粮站5个单位1992年的财务收支和1992年新增粮食财务挂账情况进行了审计，对区针织厂1990年8月至1993年4月的财务收支和资产负债情况进行了审计。审计项目6个，查处违纪违规资金304.10万元，收缴财政14.90万元，调减1992年粮食财务挂账金额238.06万元，其他调账金额4.10万元。

1994年完成对区矿业公司、广元市元坝区林产品股份合作公司、广元市元坝区农业生产资料公司、广元市地方电力公司1992年至1993年度财务收支、资产负债和所有者权益的审计，会同农业银行元坝区支行等部门完成了对区粮食局及虎跳、卫子、王家、昭化、城关粮站6个单位1989年至1992年度的粮食财务挂账的审计核实工作。审计项目10个，查处违纪违规资金166.72万元，收缴财政3.09万元，调账处理156.69万元。

1996年分别开展对区挂毯厂、王家粮站、城关粮站及其相应主管部门区计经委、区粮食局的审计和区矿业公司、四川省广元市元坝区医药公司、区食品公司的定期审计。审计项目5个，查处违纪违规资金170万元，收缴财政16万元，调账处理125万元。1997年，区审计局对广元市地方电力公司、广元川北肉类食品加工厂等9个企业1995年至1996年度资产、负债、效益问题进行审计。审计项目9个，查处违纪违规资金110万元，收缴财政19.80万元，调账处理78万元。1999年，完成对区棉麻公司、区食品公司、广元市地方电力公司、区供水公司4个单位1997年至1998年度资产、负债、损益的审计。查出违纪违规金额136万元，处理收缴财政1万元。

2000年，完成对虎跳、元坝、王家、太公4个农村信用社、广元市元坝区林产品股份合作公司、广元市元坝区种子公司、新元药业有限责任公司1998年至1999年度投资、负债、损益的审计。同时完成了对四川省广元市元坝区省粮食储备库与成都国联公司购销业务中商品损失情况的核实审计。共计查出违纪违规金额98万元，处理收缴财政1万元。2001年，完成对广元市地方电力公司2000年度资产负债、损益的审计，查出违纪违规金额60万元，处理收缴财政1万元，追还被侵占、挪用资金47万元。2002年，完成对卫子粮站、昭化粮站、区农业发展银行2001年度企业资产、负债、损益的审计。审计项目3个，查处违纪违规资金15.22万元，收缴财政3.09万元，调整归还原资金渠道310万元，责令应清退金额374万元。2005年，对四川广元元坝省粮食储备库、区粮油购销中心、区粮油批发中心3个国有粮食购销企业1998年6月至2004年12月的亏损情况进行了审计。审计核实资产总额为150131万元，负债总额为21111万元，亏损总额为7338万元。查出了隐瞒亏损、乱列开支费用、少计提利息折旧、财务核算不合规等问题，经上报市、省审定，核定区国有粮食购销企业政策性亏损、企业改制分流人员、建仓建罐占用农发行贷款本息计7232万元，3个企业政策性亏损从企业债务中剥离，减轻了企业负担。

五、专项审计

1990—1994年，开展了对国家下达的扶贫贷款、支农扶贫、救灾资金和物资、教育经费、企业技术更新（改造）资金等五个项目的专项审计，对区政府办、区民政局、区计生委、区畜牧局、区交通局、区乡镇企业局、区工商局、区城环局、区广播电视局、区农业局、区林业局等11个单位进行“三大检查”（财务、税收、物价），开展对昭化镇等10个乡镇1990—1992年年末的教育费附加、集资办学经费以及国拨教育资金的收支管理和农民教育费负担情况的审计，向区政府报送了专项审计报告。

完成了对农业综合开发世行贷款蚕桑项目 1993 年度物资、财务管理和项目计划执行情况的跟踪审计，并进行了复查。

1998 年，完成对秸秆氨化养牛项目竣工验收、粮食自给工程、住房公积金及售房收入、农业综合开发蚕桑项目世行贷款等专项资金的审计，共查出违纪违制金额 19 万元，处理应上缴财政金额 2 万元。1999 年，完成对全区 1997 年至 1999 年 10 月全区人畜饮水资金专项清理，查出违纪违规金额 140 多万元。2000 年，完成对昭化镇、清水乡、石井铺乡 1998 年 1 月至 2000 年 6 月计划外生育费、计划生育统筹费的专项审计，完成区对口办帮扶资金、区建委引水项目前期费用、区财政局粮食自给工程资金的清理审计。共计查出违纪违规金额 263 万元，处理处罚收缴财政 6 万元，追还被侵占挪用资金 76 万元。2001 年，完成对国家审计署决定的普教经费、退耕还林还草试点工程专项资金审计。审计项目 2 个，查处违纪违规资金 96 万元，收缴财政 2. 70 万元，调整归还原资金渠道 63 万元，查处违纪个人 5 人。2003 年，对区扶贫开发办所管理的 2001 年至 2002 年度中央、省、市以及地方财政安排的财政、信贷扶贫资金、以工代赈资金等进行了专项审计。审计专项资金总额 5651 万元，查出违规金额 87 万元，管理不规范金额 23 万元。完成对“非典”防治专项资金的审计，审计金额 101 万元，上报审计综合报告 1 个。

六、经济责任审计

从 1998 年起，开展了对离任领导干部任期经济责任审计。1998—2000 年，先后完成了对区物价局、区劳动局、区乡镇企业局、区文体旅游局、区供销联社原任局长（主任）和区油脂有限责任公司法人代表的任期经济责任审计。2003 年，完成了对区卫生局、元坝镇、紫云乡等 22 个乡镇和部门的 24 名原任主要领导的任期经济责任审计。审计查出违规金额 1436 万元，其中负主管责任金额 1365 万元，负直接管理责任金额 71 万元。处理处罚收缴财政 47 万元，归还资金原渠道 280 万元，清退违规收费 125 万元。2005 年完成了 5 个部门和乡镇的 6 位领导干部的离任经济责任审计。审计查出负主管责任金额 141 万元，负直接领导责任金额 69 万元，其中违反财经法规应负个人责任的 1 万元。按照有关规定，对查出的问题分别进行了审计处理：上缴财政 5 万元，归还原资金渠道 62 万元，调账处理 19 万元，自行纠正 117 万元。

七、审计调查

区审计局围绕经济发展的热点问题，针对单位普遍存在资金管理、台账管理等方面的薄弱环节以及部分单位家底不清、财务经济信息混乱等问题。发挥专项审计调查覆盖面广、针对性强、灵活性大的优势，开展专项审计调查，目的在于加强对被审计单位资金的管理、控制，掌握被审计单位资金流程，发现内部控制关键点，认定内部控制存在的缺陷，以此作为审计重点。通过审计调查，解决了资金使用不规范问题，确保了专项资金的使用效益。

1993—2000 年，区审计局完成了对虎跳、卫子、工家 3 个粮站 1991 年底以前的粮食财务挂账情况进行审计调查，对中国农行元坝区支行及其营业部、虎跳、太公营业所 1993 年 6 月 20 日至 9 月 22 日在资金执行国家利率政策、占用汇差资金、压单压票、结算纪律及自办经济实体等方面的情况进行了审计调查，对全区 1992—1993 年拥有标准住房的 39 个单位向职工出售的 47 栋 940 套住房的房改资金的收管用情况进行了审计调查，对区粮食局及其城关粮站、卫子粮站“两线运行”情况进行了审计调查，对区民爆公司企业改制和区粮食系统 1993—1997 年粮食财务亏损挂账情况的审计调查，对全区生态林业审计调查，对区防疫站综合楼、区信用联社综合楼、元坝派出所综合楼、元坝军粮供应中心、区教委电教楼建设项目税费审计调查，对区社会事业保局1998年至1999年度养老保险费的征收、管理、使用情况的审计调查。

2003—2005年，完成省定企业审计调查工作，共调查企业单位1296个，调查金额80527万元，提交专项调查报告4个。完成粮食企业财务挂账审前调查工作，共调查粮食企业3个，提交专项调查报告1个。完成对区劳动和社会保障局管理的2001—2004年农村社会养老保险基金征收管理使用情况的审计调查工作，4年的基金总收入为59.17万元，总支出为16.25万元，结余42.92万元，基金累计结余277.40万元。

广元市元坝区审计局1990—2007年审计情况统计表

表15-16 单位：万元、个、件

年度	审计项目（单位）	查出违纪违规金额	管理不规范金额	收缴财政金额	追还侵占挪用资金	调整归还原资金渠道	调账处理金额	责令应清退金额	自行纠正金额	查处违纪个人	移送案件
1990	16	20	—	6	—	—	—	—	—	5	1
1991	32	85	—	7	48	—	—	—	—	10	1
1992	55	34	—	4	15	—	9	—	—	—	2
1993	27	370	—	23	245	—	14	—	—	—	—
1994	48	90	—	6	—	—	—	—	—	—	—
1995	40	508	—	20	13	—	10	—	—	—	3
1996	40	447	—	28	15	—	214	—	—	—	—
1997	38	1706	—	36	—	—	—	—	—	—	—
1998	32	1045	—	17	—	180	68	—	—	—	—
1999	43	1116	—	32	—	53	—	—	—	—	—
2000	49	1909	—	59	76	349	—	—	—	—	2
2001	54	2162	—	38	220	582	—	—	—	5	—
2002	30	1024	—	33	—	364	—	374	—	—	—
2003	55	1888	1162	91	—	474	185	125	1162	—	—
2004	27	821	289	54	—	205	145	—	290	—	—
2005	35	5573	520	50	—	128	5227	—	520	1	—
2006	45	8895	3071	60	1378	2335	497	599	3072	—	1
2007	45	27693	478	14	—	—	—	—	478	—	—
合计	711	55386	5520	578	2010	4670	6369	1098	5522	21	10

第三节　内部审计

1991年4月，区审计局督促区民政局等9个行政、企事业单位建立起第一批内审机构。至2001年末，全区内审机构发展已增至21个，配备专兼职内审人员24人。内审机构建立后，区审计局对内部审计工作的业务进行指导和监督，推动了内部审计事业的发展。结合《中华人民共和国审计法》和《审计机关指导监督内部审计业务的规定》《中国内部审计准则》的颁布实施，着力加大宣传、学习贯彻落实的力度，提高建立内审机构的单位领导和相关人员对内审工作的认识，进一步支持内部审计工作，为内部审计营造良好的环境。1992年12月、1993年12月、1994年11月和1997年11月举办4期内审培训班，培训内容集中在内审工作方法、技巧、操作程序及业务报表方面，由此规范内审行为，提高内审质量；区审计局主动了解、掌握内审动态，分析解决内审工作面临的具体困难问题，使内审内容由单纯的单位财务收支审计逐渐向领导个人经济责任审计方面拓展。1991—1995年年末，全区内部审计工作开展无具体成果记载。1996—2001年，共查出损失浪费及违纪违规金额649万元，纠正违规金额211.43万元，促进增收节支提高经济效益63万元，建议给予行政处分11人。2002—2007年，区审计局不再对行政、企事业单位内审机构进行监督指导，其工作由各单位自行开展。

广元市元坝区1996—2001年内部审计情况统计表

表15－17　　　　单位：万元、人

年度	查出损失浪费及违规金额	纠正违规金额	促进增收节支提高经济效益	建议给予行政处分
1996	16	24.43	3	11
1997	17	11	2	—
1998	10	176	10	—
1999	204	—	36	—
2000	138	—	12	—
2001	264	—	—	—
合计	649	211.43	63	11

第四节　社会审计

1992年，经四川省审计局批准成立广元市元坝区审计事务所。审计事务所实行自收自支，自负盈亏，独立核算，人员编制8人，聘用3人，人事、财务等均一直受区审计局的管理和监督。1995—1996年两年间一度同广元市元坝区审计局合署办公。1999年7月，区审计事务所与区审计局脱钩并改制，更名为四川省新元会计师事务所。区审计事务所改制后，与区审计局无隶属关系。2002年，该所同四川省恒正会计师事务所合并。

区审计事务所成立至改制前的8年（1992—1999）中，共审计委托审计项目单位309个，核减虚假注册资金29万元，核减基建预决算为委托单位挽回经济损失158万元，查出有问题资金298.80万元，查出涉嫌贪污案件2起，由委托方移交司法部门处理2人，实现业务收入112.46万元。

广元市元坝区审计事务所1992—1999年审计情况统计表

表15-18　　单位：万元、个、件、人

年度	审计项目单位	核减虚假注册资金	核减基建预决算	查出有问题资金	查出涉嫌贪污案件	委托方移交司法部门处理	实现业务收入
1992	20	—	—	68.80	2	2	—
1993	37	—	—	—	—	—	5.60
1994	42	—	40	—	—	—	5.46
1995	55	—	—	—	—	—	14.60
1996	26	29	118	—	—	—	25.80
1997	62	—	—	—	—	—	30
1998	35	—	—	230	—	—	12.50
1999	32	—	—	—	—	—	18.50
合　计	309	29	158	298.80	2	2	112.46

第四章　质量监督管理

第一节　质量监督管理机构

1990年2月，广元市元坝区计划经济委员会（简称区计经委）设技术监督科，承担全区质量技术监督的职能。1993年10月，广元市元坝区技术监督局（简称区技术监督局）成立，挂靠区计经委。1995年1月，成立广元市元坝区计量检定测试所和广元市元坝区产品质量监督检验所。1995年5月，区技术监督局列入区政府行政编制序列，但仍挂靠在区计经委。1997年4月，设办公室、综合管理股、稽查股（区技术监督稽查大队）。

1999年7月，四川省质量技术监督系统实行垂直管理体制；同年10月，区技术监督局按上级要求完成机构、人员、编制、经费、业务、管理体制改革。在原有的工作职能基础上，将过去由劳动部门负责的锅炉、压力容器、压力管道等特种设备监督检测职能，经贸部门承担的有关质量管理等工作职能，电力工业部门、邮电部门承担的用于贸易结算的电能表、电话计费器的监督检测职能，农业部门承担的农药质量的宏观指导和监督职能划转到了质量技术监督部门，区技术监督局自此承担起全区标准化、计量、质量的监督、特种设备安全监察和组织机构代码办理的综合管理及其行政执法职能。同年12月，区技术监督局内设办公室、综合管理股、稽查队和法制股四个股室。2000年5月，区技术监督局撤销，成立四川省广元质量技术监督局元坝分局；同月，成立四川省广元质量技术监督局元坝分局稽查大队；8月，成立中共广元质量技术监督局元坝分局党组。2001年10月，四川省广元质量技术监督局元坝分局更名为四川省广元市元坝质量技术监督局（简称元坝质监局），局内机构调整为综合股、监督监察股、业务管理股和政策法规宣传股。2007年年末，局设综合股（含组织机构代码办公室）、监督监察股（含12365投诉办公室）、业务管理股、政策法规宣传股。

四川省广元市元坝质量技术监督局领导名录

表15－19

姓　名	性别	籍　贯	政治面貌	职　务	任职期间	备　注
尚　学	男	广元市元坝区	中共党员	局　长	1993－12—2006－02	2000－08始任党组书记
刘　剑	男	广元市元坝区	中共党员	纪检员	2002－10—2005－05	
王　伟	男	广元市旺苍县	中共党员	副局长	2004－03—2005－04	党组成员
陈　霞	女	绵阳市三台县	中共党员	副局长	2005－05—	党组成员
熊　静	女	广元市元坝区	中共党员	纪检员	2005－05—	
黄安波	男	广元市元坝区	中共党员	局　长	2006－02—	党组书记
罗　勇	男	达州市渠县	中共党员	副局长	2007－03—	党组成员

第二节　计量监督

一、计量检定

1995年以前，由广元市技术监督局负责区域内的计量检定监督工作。1995年，聘请检定人员在全区开展了台、案秤的检定工作。1996年，向广元市技术监督局申请建立台、案、电子秤检定装置（四等砝码标准器计量标准）。1998年，开始规范全区计量器具，特别是在粮油购销、蚕茧收购等领域加强计量器具的检定工作，受检合格率均达到100%。1999年，制定区级社会公用计量标准，完成了四等砝码标准器的建标工作，并通过广元市技术监督局的考核，获得“计量标准合格证书”。自此，全面承担起全区台、案秤的周期检定工作。当年，生活用水表、气表、电能表的首次强制检定工作在全区也开始起步。截至2007年12月，元坝质量技术监督局只能对台、案秤开展周期检定，水表、气表、电能表实施委托检定，加油机、医用计量器具等计量器具的检定工作由广元市计量检定测试所负责。

二、计量监督

从1994年下半年开始，区技术监督局依据《中华人民共和国计量法》《中华人民共和国计量法实施细则》《零售商品称重计量监督管理办法》《定量包装商品计量监督管理办法》等系列计量法律、法规开展计量监督。除加强日常监管外，每年元旦、春节、“五一”、国庆节都要定期对集贸市场、超市的在用计量器具和定量包装商品开展计量专项检查。1997年，联合区工商行政管理分局开展了限制在公众贸易中使用杆秤的活动，在元坝场镇推行了杆秤淘汰工作，淘汰52支杆秤，换用度盘秤20支，案秤30支。1999年，联合区农业局加强对农业和农村计量的监督管理。联合区工商联开展元坝城区用于贸易结算计量器具的检定工作，解决了城区计量检定难的问题。随着《集贸市场计量监督管理办法》《加油站计量监督管理办法》《眼镜制配计量监督管理办法》三规章在2002年、2003年的实施，元坝质监局每年都要在全区开展1~2次集贸市场和加油站的计量专项整治工作，在眼镜行业开展“光明工程”活动，有力地规范了集贸市场、加油站、眼镜制配场所的计量行为。在三项整治活动中，累计查处各类不合格计量器具100余台（件），不诚实计量违法行为50余起。2005年按照《广元市集贸市场计量管理考核验收办法》对元坝、昭化、太公、卫子4个集贸市场进行了计量整治和规范。2006年，抽查定量包装商品19个批次，合格率95%。2007年，首次对广巴高速公路LSI中心实验室计量器具开展监督工作。2000—2007年，先后对全区汽车维修行业、医疗行业、邮政电信通信行业、电力行业、烟叶、蚕茧、粮食收购行业、水表、电表、气表等开展了计量监管工作。

三、计量管理

1996年，开始开展为企业的计量服务工作，当年组织技术人员为陈家湾煤矿安装了价值3万元的地秤。当年6月，元坝区复合肥厂获得四川省技术监督局颁发的“计量评价合格证”。1999年，开始开展计量培训工作。举办石油行业检验、计量等专业技术人员培训班。2000年，在全区各加油站实施计量验收考核工作，当年考核验收发放企业计量验收证书11家。2001年度，对安装、修理计量器具单位实施资格证管理。向广元市地方电力公司、元坝区通达自来水有限责任公司、广元利州供电局元坝、昭化、柳桥供电所等5家单位发放了电能表、水表的安装、修理计量器具资格证书。对电能表检定装置进行考核授权，授予广元市地方电力公司及其下属的卫子、太公、潼梓观供电所单相电能表检定权。对利州供电局下属的柳桥、昭化、元坝三所电能表检定装置进行了考核授权，确定为元坝区电能表首检工作机构。2001年，首检电能表1万余只。2002年，对蚕茧收购单位进行计量保证能力考核确认工作，对区内13家蚕茧收购站（点）进行了现场审核。同年，联合区物价局在全区开展了“价格计量信得过单位”活动，全区有16家单位获得“价格计量信得过单位”称号。2004年“新华眼镜行”顺利通过计量验收（一级）。2005年，对15家加油站、2家眼镜制配店进行了计量考核验收。2007年，帮促“元坝至诚建材检验公司”开展“实验室资质认定”工作，并通过了市质监局验收。

第三节　质量监督

1996年以前，区域内有关产品质量监督工作由广元市技术监督局负责。1996年，区人民政府制发了《在全区生产经销企业中开展产（商）品质量信得过活动的通知》，由区技术监督局具体组织实施。当年区人民政府授予昭化粮站、供销合作社、太公加油站等7家单位“质量信得过单位”称号。1997年，授予区省粮食储备库、广旺矿务局机修厂等5家单位“质量信得过单位”称号。1998年，在生产企业中开展发放生产企业出具产品质量检验合格证明资格证工作，在对企业质量检验人员、检验设备、质量机构、质量管理制度等方面严格考核后，分情况发放A（自检）、B（集资联合检验）、C（委托检验）三种证书。当年，共发放A、C类证书30套。1999年，联合区财贸办、区物价局、区财政局、区农发行组成粮食品质鉴定小组，对全区30个储粮点的稻谷、小麦、玉米进行抽样送检，共抽检69个样品，代表批量19873.80吨，为全区陈化粮的鉴定工作提供了技术依据。

2000年6月，成立广元市元坝区质量工作领导小组，其办公室设在广元市质量技术监督局元坝分局。2001年，质监部门全面负责生产领域的质量监管工作。2000—2007年间，开展“质量兴区”活动，到2007年底，全区产品质量等级品率达75%，产品质量稳定提高率达92%，全区有2家企业获得ISO 9000质量体系认证，3家企业获市级知名品牌，8家企业被四川省广元质量技术监督局授予“质量管理先进单位”荣誉称号，22 家企业获得生产许可证。

2002—2005 年，对全区 28 个乡镇所有的生产、加工、仓储企业从质量、计量与认证、标准化、特种设备的使用等方面进行了全面普查，分类建立 166 家企业质量的文书档案，生产产品主要包括食品、建材、农资 3 大类近 30 种。2002 年 7 月，国家质检总局对食品质量安全监管实行食品质量安全市场准入制度。元坝质监局在全区开展“食品企业保证产品质量必备条件”专项调查工作，为取证企业举办了 3 次培训班。2003 年，完成了首批五类食品（大米、小麦粉、食用植物油、酱油、醋）生产企业“食品生产许可证”的取证工作，全区有 13 家食品生产企业顺利通过审查，取得了食品生产许可证。至 2007 年，全区已有 14 家食品生产企业取得“食品生产许可证”，取证单元达到 6 种。2005 年，开始实行定区域、定企业、定人员、定责任的“四定”监管模式，实现企业建档率 100%、日常监管面 100%、产品抽查面 100%。

2006 年，与全区 77 家食品生产企业和小作坊签订《质量安全责任书》《限定区域销售承诺书》。在各乡镇、社区设置 29 名食品安全协管员。实行食品添加剂备案制，当年食品添加剂备案 28 家。2007 年，根据企业生产条件、质量管理能力、检测能力、诚信记录和产品质量状况等，将企业划分为 A、B、C、D 四个质量安全等级，分类进行监管。同年下半年，开展了为期半年的产品质量暨食品安全专项整治工作，区政府制发了《关于加强全区食品生产加工企业产品质量暨食品安全监管的通知》《全区产品质量暨食品安全专项整治方案》《关于明确乡镇食品质量安全协管员及其职责的通知》。共出动执法人员 103 人次，车辆 48 台次，建立了 111 家食品企业电子和纸质档案（企业 7 家、小作坊 27 家、无证无照 77 家），检查食品生产、销售企业 80 余家，各类食品抽样 21 个批次，合格 15 个批次，合格率 71.40%；立案 6 起，涉及货值金额 3.30 万元，都依法进行了处罚。

第四节　标准化监督

一、工业标准化

1996 年以前，区域内标准化工作由广元市技术监督局负责。1996 年，组织全区食品生产、销售单位（个人）在区粮食局开展了 GB7718－1994《食品标签通用标准》宣传贯彻会议。1999 年，开展了 DB51/286－1998《中小学生作业本》宣传贯彻会议，广元市元坝区校办股份合作公司首先取得了承印中小学生作业本的资格。同年，元坝区被确定为消灭无标生产试点县（区）。6 月，区政府成立了消灭无标生产工作领导小组，区政府制发了《关于认真做好消灭无标生产工作的通知》。2000 年，元坝质监分局对全区 28 个乡镇逐个开展了消灭无标准生产（简称“消无”）普查工作，建立了普查登记台账，颁发“四川省企业产品执行标准证书”。经普查，全区共有企业 54 家，其中 25 家企业经审查合格，获得了“四川省企业产品执行标准证书”，27 家企业列入“消无”对象（其中无标生产的企业 16 家），产品共计 6 大类 33 种。同年 2 月，举办了“消无”培训班 1 期。2000 年 9 月 12 日，元坝区通过了省级“消无”生产试点县（区）的验收，全区产品标准覆盖率达到 96%。2001 年 3 月 12 日，四川省质量技术监督局授予元坝区“消灭无标生产县（市、区）”荣誉。2000—2007 年间，全区工业企业共执行各类标准 197 个，其中国家标准 82 个、地方标准 88 个、企业标准 9 个。冰鸟矿泉水公司制定有《矿物质饮用水》《饮用天然泉水》企业标准；广元福润肉类食品有限公司制定有《分割鲜（冻）猪肉及副产品》企业标准。2007 年“四川省企业产品标准执行登记证书”停办后，元坝质监局开展了

"标准有效性确认"服务工作，对企业执行的产品标准进行确认，确保企业执行标准的有效性。

二、农业标准化

2002年4月27日，昭化韭黄被四川省质量技术监督局批准为四川省第一批农业标准化示范乡项目，实施周期为3年。2003年，区政府调整充实了元坝区农业标准化工作领导小组，由分管农业的副区长龚治名任组长，13个相关部门主要负责人为成员。先后印发了《广元市元坝区农业标准化工作实施方案》《关于进一步明确有关职能部门农业标准化工作职责的通知》。在昭化镇召开无公害农产品标准化生产示范现场会40余次，印发各类技术及宣传资料4万余份，推广示范面积1200亩，示范户1700户。同时，组织相关部门技术人员深入全区各乡镇进行现场指导，全区水稻、玉米、蔬菜、水果、生猪等农产品都按标准组织生产。2004年，制定了《昭化韭黄》《无公害韭黄种子》《无公害韭黄产地环境条件》《无公害韭黄生产技术规程》《无公害韭黄病虫害综合防治技术》《无公害韭黄农药使用规则》和《无公害韭黄生产用肥使用准则》7个农业地方标准，2005年顺利通过省考核组验收。2005年4月，元坝区政府申报了国家级生猪农业标准化示范区，示范户2000户，实现产、供、销、贸、工、农一体的综合标准化，带动了全区无公害生猪发展。2006年，制定出《生猪饲养管理准则》《生猪饲养管理技术规程》《食品猪肉卫生标准》。区畜牧局建立冷链实验室，主要检验区内生猪的疫病情况。区农业局建立产品检测站，主要检测蔬菜和水果中的农药残留量，土壤中有机质、重金属含量。在国家级生猪农业标准化示范区创建工程的带动下，2007年底实现生猪养殖业主（年出栏1000头以上）50户，专业村80个，全区实现年出栏商品猪52万头，其中外售DLY三杂仔猪24万头。同年，国家级生猪标准化示范区顺利通过国家标准化委员会的验收。

三、服务业标准化

元坝区服务业标准工作起步较晚，至2007年，全区服务行业执行国家标准17个、行业标准2个，涉及旅游、交通、酒店、餐饮、文化娱乐场所等行业。全区在道路交通方面标志和标线等公共信息图形符号（包括通用符号、客运和货运符号）80%符合标准要求。在昭化古城旅游景区，开展安全标志、旅游设施与服务符号、地名、城乡标牌以及旅游区（点）质量等级的划分与评定等标准化工作。收集了涉及酒店、图书馆、商业、服务业经营场所、医院、理发店、美容店、餐馆、文化娱乐场所、公共浴室、旅店业等行业的各类标准，并进行推广。

第五节 监督执法

1989—1994年，区域内的质量技术监督执法活动由广元市技术监督局主导进行。1995—1999年，区技术监督局在流通领域开展行政执法工作，主要查处销售过期、变质食品、农药，无证产品，假冒名优烟酒，食品标签不符合规定，计量器具未按规定检定等违法行为。2000年6月，成立了广元市元坝区"打假"工作领导小组，办公室设在元坝质监分局，具体负责打假联合行动的日常联络和协调。2000年11月10日，区政府办公室制发《关于认真贯彻〈国务院关于开展严厉打击制售假冒伪劣商品违法犯罪活动联合行动的通知〉的通知》。2001年，开展一次性注射器和输液器、农资打假、食品专项整治、黑心棉、建筑材料专项整治和"质监利剑"打假、百日打假联合行动。2002年，开展了"查建材，保建设"的"金厦行动战役""查食品，保健康"的"百姓健康工程行动战役""查汽车消费品，保行驶安全”的“平安行动战役”“查农资，保丰收”的“金穗行动战役”“查危险化学品，保公共财产、人身安全”的“放心行动战役”“查棉絮制品，除黑心棉”的“民心行动战役”“查锅容管特、消除安全隐患”的“泰山行动战役”“查进出口产品，保产品安全”的“护国门行动战役”的“八大战役”打假行动。同年，“12365”质监举报投诉专线开通。当年，区政府要求查清全区蚕农投诉的“夏用蚕种质量存在孵化率低、孵化不齐，孵化率只有70%”的问题，元坝质量技术监督局着手进行了全面调查处理，调查结论是：使用越年蚕种，冷藏时间过长，温度、湿度受到影响。2004 年，元坝质监局没收了元坝森源油脂厂生产的 80 余吨酸价超标的菜籽油，并将其移送公安机关处理。2004 年行政处罚罚款突破 10 万元，达到 11 万元。2005 年，元坝质监局查办区烟草公司下属的石井烟叶收购站烟叶收购短斤少两计量案件，处罚没款 2 万余元。2000—2007 年，每年都将农资、食品、建材专项打假作为重点来抓，同时也开展了黑心棉、黑心床垫打假行动，开展了集贸市场、加油站、气瓶安全专项整治，开展防“非典”、防禽流感相关产品和强制性产品认证查处等执法活动。共查处违法案件 280 余件，涉案金额 600 余万元，处罚款 50 余万元；案件办结率 100%；受理消费者投诉 200 余件，全部进行了处理；端掉制假售假窝点 2 个。

第六节　特种设备安全监察

2000 年，特种设备安全监察工作职能由劳动部门划入元坝质监分局，主要综合管理全区锅炉、电梯、压力容器、压力管道、起重机械、客运索道、厂内机动车辆、游乐设施等特种设备的安全监察工作。2000 年 9 月，区政府办公室制发了《关于加强全区锅容管特设备安全管理的通知》。2001 年，广元市质监局元坝分局开始了锅容管特设备的普查登记工作，建立起 43 台锅炉（其中蒸汽 4 台，小型 8 台，常压 31 台）、1 辆槽车、2000 余只气瓶、7 辆行车、4 台龙门架、42 台防爆电器、4 架游乐设施的安全档案。同年 8 月，举办了全区锅容管特设备使用单位人员参加的培训班。当年 6 月，对全区锅炉开展检验工作，锅炉定检率从原来不到 10% 提高到 90%。2002 年起，每年区委、区人民政府都要在年初与元坝质监局签订特种设备安全目标责任书，同时也将特种设备安全目标纳入到全区各乡镇的安全目标工作中去，纳入年终考核。2002 年，在全区开展了锅容管特设备普查整治专项工作，普查各类在用设备 2541 台。对列入普查对象的全部设备录入微机进行管理，制作分布图实行日常监管责任制，普查整治工作通过省级验收。2003 年 6 月，区委、区人大、区政府、区政协以及区级有关部门领导参加了气瓶普查整治工作专题会议，开展了全区气瓶普查建档工作。氧气瓶普查登记建档数 1713 只，产权转移数 1713 只，产权转移率为 100%。石油液化气钢瓶普查登记建档数 10698 只；产权转移数 8952 只，产权转移率为 83. 70%。在特种设备安全监察方面，开展日常安全监察，推行特种设备安全巡查制。每年节假日前，联合相关部门对各特种设备使用单位进行安全监察。2003 年，开展了“土锅炉”“土容器”的整治工作。元坝质监局联合元坝镇政府对元坝场镇周围 10 余家豆腐坊使用的自制“土锅炉”“土容器”进行了强制拆除。2005 年，建立安全协管员制度，共设立协管员 29 名（各乡镇、拣银岩社区街道办事处各设 1 名）。2006 年，取缔昭化场镇“土锅炉”2 台。

第七节 组织机构代码管理

1989年10月，国务院制发《批转国家技术监督局等部门关于建立企业、事业单位和社会团体统一代码标识制度报告的通知》，经区政府批准，从1993年12月起由区技术监督局负责向全区每一个企业、事业和社会团体赋码，并颁发代码证书。1993—1994年，在机关企业事业单位和社会团体中推行统一代码标志制度。至1994年底，完成400余家单位申领统一代码标志的申报表填写、录入工作，发证311个，其中机关35个，事业179个，企业93个，社团4个。2006年开始了组织机构代码资料电子扫描工作，当年扫描812条，扫描率100%。2007年底，全区共办理组织机构代码证1139条，其中废止数据676条，有效数据463条。数据更新率85%，扫描率100%。

第五章 统 计

第一节 统计工作机构

一、区统计机构

1986—1989年，广元市市中区卫子区未设置统计机构，统计工作由区计划经济委员会兼管，各项统计数据资料由相关部门汇总后直接上报市统计局。

1989年12月，广元市元坝区设统计局（简称区统计局）。1990年2月，广元市元坝区统计局正式挂牌成立。1993年3月，区统计局设办公室和统计业务股。1997年4月，区统计局设办公室、综合统计股、农业统计股、工业统计股。1999年8月，建立区统计局党组。至2007年，区统计局机构无变化。

至2007年，挂靠部门有广元市元坝区普查中心，2002年11月建立。

二、乡镇统计机构

1991年5月，全区4个办事处、28个乡镇均建立了统计工作站。统计工作站一般由7至9人组成，站长由办事处、乡镇政府主管统计工作的领导兼任，副站长由办事处、乡镇专职或兼职统计员担任。成员由办事处、乡镇农经站、财政、税务、工商、粮食、企业公司、畜牧兽医等有关单位的统计员组成。统计工作站所需经费由同级政府解决。之后，由于多种原因，乡镇统计工作站人员变动频繁，机构处于名存实亡的状态。

1997年4月，区政府要求“各乡镇、工委必须建立统计站。按照乡镇机构改革的方案，统计站挂靠在乡镇、工委农贸办公室，由分管农业的乡镇长、工委主任兼任站长，配备一名兼职统计员，负责本行政区域内的统计工作”。同年5月，区人事局、区统计局制发了《关于配备乡镇工委统计站站长和兼职统计员的通知》，确定了全区9个镇17个乡和柳桥、紫云2个工委统计站站长和兼职统计员。28个兼职统计员有26名是乡镇、工委农经干部。2002年7月，通过公开招考的办法，将全区28个乡镇信息员转录为信息统计员，工资由财政全额供给。信息统计员主要负责所辖乡镇统计和党政网信息等工作。至此，全区乡镇统计人员得以落实。

广元市元坝区统计局领导名录

表15－20

姓　名	性别	籍　贯	政治面貌	职　务	任职期间	备　注
杨先茂	男	巴中市南江县	非　党	副局长	1990－02—1990－09	主持工作
冯树传	男	广元市元坝区	中共党员	副局长	1990－09—1993－02	主持工作
周达文	男	广元市元坝区	中共党员	局　长	1993－02—2001－02	1999－08始任党组书记
刘自强	男	广元市元坝区	中共党员	副局长	1993－02—1996－06	
张克洵	男	广元市元坝区	非　党	副局长	1996－02—2002－02	
严正清	男	广元市利州区	中共党员	副局长	1998－02—2007－06	党组成员
徐继先	男	广元市元坝区	中共党员	局　长	2001－02—	党组书记
吴有贵	男	广元市元坝区	中共党员	副局长	2002－02—2003－06	党组成员
许　超	男	广元市旺苍县	中共党员	副局长	2005－08—	党组成员
肖玉林	女	广元市元坝区	非　党	副局长	2007－06—	
张清枝	男	广元市元坝区	中共党员	纪检组长	2007－06—	党组成员

第二节　统计调查

一、专业统计

（一）农业综合统计

1994年开始，国家统计局增加了农业综合统计调查内容，增设了县（市）社会经济基本情况（县卡）；2002年开始，增设了乡、建制镇基本情况年报；2005年开始增设了村基本情况（村卡）年报表。从2004年开始，广元市在本市内试行乡镇一套表制度，包括综合统计、乡镇信息系统、农村经济、劳动工资、农村固定资产投资、乡镇GDP核算和规模以下工业调查等7个专业23种报表，由各县（区）统计局农业统计人员组织实施。

元坝区农林牧渔业统计资料取自于乡镇和区级业务部门，由区统计局汇总上报。2007年年末，全区农村劳动力为12.69万人，耕地面积21.18万亩（注：本文中有关土地方面的数据系按习惯办法和习惯口径计算产生，由组、村、乡镇统计后层层上报至区农业局），有效灌溉面积12.70万亩。农业总产值按上年价计算为93607万元，按当年价计算为113364万元，其中农业产值43979万元，林业产值4774万元，畜业产值59521万元，渔业产值2758万元，农林牧渔服务业产值2332万元。农业总产值（当年价）构成为：农业38.80%、林业4.20%、畜牧业52.50%、渔业2.40%、农林牧渔服务业

2.10%。农村经济总收入66065万元。

（二）工业统计

1989—1997年，区统计局根据省、市对工业统计的要求，对辖区内工业企业实行全部工业调查统计报表制度。1998年开始，实行全部国有及规模以上（年产值销售收入500万元以上）的非国有企业的调查统计报表制度。当年，全区全部国有及规模以上非国有工业企业21个，增加值（当年价）1001万元，利润总额-297万元。2007年末，全区全部国有及规模以上非国有工业企业13个，工业总产值（当年价）88026万元，工业增加值（当年价）16814万元，资产总计24515万元，主营业务收入87400万元，利税总额10256万元，利润总额2140万元。

（三）运输邮电业统计

根据国家运输邮电业综合统计报表制度和省、市统计局的要求，元坝区对该项统计资料采取由区级相关业务部门统计报送，区统计局审核汇总上报的办法。2007年末，全区民用汽车拥有量为1523辆，其中私人汽车1278辆，占总量的83.91%。公路客运周转量8550/万人公里，公路货运周转量为3526/万吨公里。邮政业务总量136万元，电信业务总量656万元。邮电业务主营收入815万元，其中电信主营业务收入715万元。本地固定电话用户（不包括分机）1.56万户。

（四）固定资产投资统计

本报表制度实行全国统一的统计分类标准和统一编码，报告期分别为年报和月报。2007年年末，全区全社会固定资产投资总额69204万元，其中，国有39067万元，占投资总额的56.45%；城镇集体17674万元，占25.54%；农村集体10893万元，占15.74%；私人投资1570万元，占2.27%。

（五）建筑业统计

建筑业统计的范围，在2002年7月1日前为建筑业资质四级及四级以上的独立核算建筑业企业。之后，按照国家统计局规定，为总承包和劳务分包的建筑企业。2007年末，全区有建筑业企业6个，从业人员1489人，总产值8161万元。

（六）房地产开发统计

元坝区房地产开发起步晚，房地产开发企业数量极少，且不稳定。2007年年末，只有“广元市元坝区九州实业有限公司”一家房地产开发企业，当年为停歇企业。

（七）劳动工资统计

劳动统计的范围为全部城乡劳动力，即16岁以上具有劳动能力的全部人口。统计数据资料来自区级机关、社会团体、企事业单位，由区统计局收集、汇总上报。2007年年末，元坝区全社会就业人员为12.36万人，其中第一产业6.87万人，第二产业2.08万人，第三产业3.41万人。城镇单位职工人数为7437人，其中国有单位5240人，城镇集体单位340人，其他1857人。全区城镇单位职工工资总额13340万元，人年均工资17937元。

（八）批发零售贸易、餐饮业统计

该项统计调查的内容，包括批发零售贸易业商品购进、销售、库存情况；限额以上批发零售贸易、餐饮企业财务状况；亿元以上商品的交易市场成交情况。统计数据来源的基本方法是目录抽样调查，进行社会消费品零售总额统计时还要采取重点和利用有关部门统计数据加工推算的办法。2007年年末，全区商贸网点5226个，其中商业2851个，餐饮业455个，服务业1920个，从业人员7545人。批发零售业销售总额72469万元，社会消费品零售总额45754万元。社会消费品零售总额中：国有166万元，集体166万元，其他45422万元。

（九）能源统计

2007年年末，全区能源调查单位有广元福润肉类食品有限公司、广元市元坝三元茧丝绸有限责任公司、广元市地方电力公司、四川星荣焦化有限公司、广元市华康食品有限公司等13个。

（十）基本单位名录库

四川省基本单位名录库系统建设工作开始于第二次全国基本单位普查。2004年，全省建立起覆盖全省的基本单位名录库系统。元坝区于2000年开始执行基本单位名录库制度。2007年末，全区拥有全部法人单位906个，产业活动单位544个。

二、抽样调查

（一）农村居民住户抽样调查

农村居民的现金收支和实物收支情况通过农村住户记账取得资料，其余调查内容采取年底对调查户一次性访问调查方式取得资料。1991年，元坝区统计局开展农村住户抽样调查工作。抽样调查网点（对象）为10个调查点，100户农村居民户，每个调查点10户农户。调查网点每五年为一轮换周期，每年可换轮20%的调查户。至2007年末，区内农村住户调查网点经历了四个周期轮换。第一周期由市统计局组织实施，从第二周期开始由省统计局组织实施。调查网点（样本）的抽样方式是以人均收入为主要指标和以家庭人口为辅助指标进行排序，采取“随机起点，对称等距抽样”确定网点。农村住户调查数据汇总方式，1995年以前实行手工汇总。由网点辅导员按月收集调查户账单，进行过录、编码、汇总，按季度将资料报送区统计局。1995年后，区级统计逐步实行计算机处理程序。2004年，调查程序下发到调查网点，由网点辅导员操作。

（二）规模以下工业抽样调查

元坝区规模以下工业企业（年产值销售收入500万元以下）调查始于1998年，1998—2001年，只开展省级样本调查。2002年取消规模以下工业全面调查，直接使用抽样调查数据。即以区为总体的抽样调查，以抽样调查数据的推算结果，代表全区规模以下工业企业的生产经营情况。2007年，全区抽中目录样本企业22个，40个整群样本村，每季度用抽中企业、整群村的数据推算全区规模以下工业企业生产情况。当年全区规模以下工业企业（含个体）为578个，工业总产值（当年价）19630万元，工业增加值（当年价）6752万元，主营业务收入19240万元，利税总额2564万元，利润总额1787万元，固定资产总额16231万元，从业人员3591人。

（三）工业品价格抽样调查

工业品价格调查采用重点调查和抽样调查相结合。重点调查是将全部国有企业和年销售收入500万元以上的非国有企业列为调查对象，采用主观选择的方法选择调查企业；抽样调查是把年销售收入500万元以下非国有企业作为抽样对象，采用随机抽样的调查方法。工业品价格调查单位数每年均有增减变化，全区年调查单位数最多达15个，最少4个，2007年调查单位为5个。

（四）企业景气调查

元坝区从1998年开始企业景气调查。2007年，全区企业景气调查样本单位5个，其中工业企业3个，批发零售贸易业2个。

（五）城镇居民住户抽样调查

调查对象是在城市和县城关镇中随机抽选部分非农业居民家庭及其成员，包括单身户，但不包括集体户口中的单身者。抽样方法采取多阶段随机抽样方法确定调查城市（或县城）、街道、家庭户。住户调查采用样本户进行连续记账方式，由记账户对其家庭的各项支出逐笔记账，然后由调查员定期整理，按月汇总。记账户一般连续被调查三年，每年轮换⅓。元坝区于2006年开始城镇住户调查，当年抽中样本户60户。2007年重新更换了样本，抽样样本360户，抽中样本60户，抽中样本户中细账20户，粗账40户。

（六）人口抽样调查

1. 人口变动情况抽样调查

国务院规定，从1983年开始，每年进行一次人口变动情况抽样调查。元坝区于1990—1991年开展了2次人口变动情况抽样调查，均按期完成了调查任务，上报了相关数据。

2. 全国1%人口抽样调查

2005年，按照《国务院办公厅关于开展2005年全国1%人口抽样调查的通知》精神和《广元市人民政府办公室关于开展2005年全国1%人口抽样调查的通知》的要求，区人民政府成立全国1%人口抽样调查领导小组，被抽中的乡镇亦建立了相应的机构。对区级相关部门落实责任，区公安分局负责提供全区户籍人口、流动人口等统计数据基础资料，协调有关派出所配合开展现场登记工作；区人口计划生育局配合协调调查登记工作，提供有关计划生育资料；区委宣传部负责1%人口抽样调查宣传的组织协调工作。普查人员在所涉及的乡镇、村（居）委会选调，并由区统计局统一组织进行培训。全国1%人口抽样调查内容主要包括住户的基本情况和个人的年龄、性别、受教育程度、职业、迁移流动、生育、社会保障、住房情况等指标。同时，对2004年11月1日零时至2005年10月31日24时有死亡人口的户，填报《死亡人口调查表》。调查时点为2005年11月1时零时。全区1%人的抽样调查涉及元坝镇、虎跳镇、磨滩镇、石井铺乡、张家乡、晋贤乡、明觉乡、紫云乡等8个乡镇、38个村民委员会和2个城镇居民委员会，共634户。通过精心组织，规范操作，高质量地完成了任务。区统计局刘玲分别被国务院1%人口抽样调查领导小组办公室和四川省1%人口抽样调查领导小组办公室表彰为“2005年全国1%人口抽样调查先进个人”。

三、统计监测

（一）“两纲”监测

“两纲”是指《中国儿童发展纲要》和《中国妇女发展纲要》。“两纲”监测是20世纪90年代，党和国家为促进儿童健康发展，保障妇女合法权益而开展的一项重大的统计调查工作。1996年6月，广元市人民政府妇女儿童工作委员会、广元市NPA监测评估领导小组根据《九十年代中国儿童发展规划纲要》和《四川儿童发展规划纲要》，制定《九十年代广元儿童发展规划纲要》预测方案（试行稿）、《九十年代广元儿童发展规划纲要》评估方案（试行稿）和《广元市NPA监测统计指标体系》，对广元市、县区的NPA监测工作作出具体的安排部署。1990—2007年，区统计局、各有关业务主管部门按照《广元市九十年代NPA监测方案》和《广元市NPA监测统计指标体系》的内容和要求，每年都要对“两纲”监测统计数据进行收集、整理、审查、汇总和分析论证，并及时报送。

（二）旅游业统计监测

2004年，区统计局根据四川省人民政府办公厅《关于开展旅游业产业发展统计监测工作的通知》和广元市人民政府办公厅《关于开展旅游业产业发展统计监测工作的通知》精神，在全区开展旅游产业发展统计监测工作。2003年底完成各项准备工作，2004年一季度开始正式开展统计监测调查。区统计局落实专人负责旅游统计监测工作，并积极协调配合区文体旅游局等有关部门做好每年旅游统计监测季报和年报等各项工作。

（三）民营经济统计监测

根据四川省人民政府办公厅《关于建立四川省民营经济统计监测报制度的通知》和广元市人民政府办公厅《关于建立广元市民营经济统计监测制度的通知》精神，从2003年第四季度开始在全区开展民营经济统计监测工作。

第三节　全国普查

1986—2007年，元坝区先后开展了2次全国人口普查、1次全国第三产业普查、1次全国工业普查、2次全国基本单位普查、2次全国农业普查和1次全国经济普查。普查工作一般都要经过以下几个阶段：

普查准备阶段：进行组织准备。区、乡镇及区级相关部门建立普查机构（领导小组及其办公室）、选调普查人员（工作人员、普查员、普查指导员），落实普查经费，落实目标任务，签订责任书；业务准备。制定普查实施方案和普查宣传方案、制定工作流程、整理资料、调查研究、业务培训、普查试点、清查模底。

普查登记及复查阶段：入户填写登记表、审查复核、查漏补缺、质量验收。

普查数据处理阶段：进行手工汇总、审核编码、微机录入、查询修改、汇总评估、逐级上报。

普查资料开发应用阶段：发布普查结果公告、基础资源归档、资料编辑印刷，分析、研究、总结普查工作，评选表彰先进集体和先进个人。

一、全国人口普查

（一）1990年第四次全国人口普查

第四次全国人口普查的标准时间为1990年7月1日零时。区人民政府成立以区人民政府常务副区长张华图为组长的广元市元坝区第四次全国人口普查领导小组，下设人口普查办公室具体负责全区人口普查工作。各办事处、乡镇也建立人口普查机构。全区划分为203个普查区，1376个普查小区，选调210名普查指导员，1400名普查员。通过广泛宣传动员、业务培训、登记试点、入户登记、手工汇总编码和数据处理，完成了这次人口普查任务。经上级抽查验收，各项普查数据均达到国家规定的标准。元坝区被评为“四川省第四次全国人口普查先进集体”。张华图等3人被国务院第四次全国人口普查领导小组授予“先进个人”称号。刘兴朝、杨建生、刘兴泉等8人被四川省人口普查领导小组表彰为“先进个人”。普查结果，全区总人口为225179人，其中男性115533人，女性109646人。

（二）2000年第五次全国人口普查

第五次全国人口普查的标准时间为2000年11月1日零时。区人民政府成立以区委常委、区人民政府常务副区长苟英明任组长，副区长许云宗任副组长的广元市元坝区第五次全国人口普查领导小组及办公室，各乡镇人民政府同时建立了普查机构，由乡镇人民政府主要负责人主抓普查工作。全区共划分为220个普查区，1495个普查小区，选调了265名普查指导员，1499名普查员。全区落实普查经费68万元。2000年8月，在元坝区的京兆路、青梅路居委会开展户口整顿培训、试点工作。9月，开展普查业务培训，并在元坝镇砖灰村、京兆路、青梅路居委会进行了普查登记试点工作。10月6—16日，全区进行人口普查摸底调查。11月1—10日，开展人口普查登记工作，逐户填写人口普查登记表。普查登记结束后，各普查区普查指导员组织普查员按规定的方法对普查登记表进行全面复查，并进行手工汇总。普查表经复查后，区人口普查办公室于2001年3月3日至4月3日，组织全区62名编码员，按照规定的标准，统一集中在区人口普查办公室进行为期40天的编码工作。4月12—20日组织15名录入员对普查表进行数据处理（光电录入）。市统计局、市人口普查办公室对元坝区人口普查质量抽查验收，各项普查登记数据均达到国家规定的标准。元坝区被国务院第五次全国人口普查领导小组评为第五次全国人口普查先进集体，常务副区长苟英明、副区长许云宗、区统计局副局长张克洵被国务院第五次全国人口普查领导小组评为第五次全国人口普查先进个人。元坝镇人口普查办公室及周达文、刘方国等6人被四川省第五次全国人口普查领导小组办公室表彰为四川省第五次全国人口普查先进集体和先进个人。普查结果显示，全区2000年11月1日零时登记人口为234541人（包括外来人口，不含外出人口）。有家庭户64305户，家庭户人口为230108人，占登记人的98.1%，平均家庭户规模为3.58人，比1990年第四次全国人口普查的户均4.04人下降0.46人。在登记人口中，男性为120898人，占51.55%；女性为113643人，占48.45%；性别比为106.38，比1990年第四次全国人口普查上升1.02%。

二、全国第三产业普查

国务院决定从1993年开始，对全国第三产业进行一次普查。普查的范围为从事第三产业的所有单位。普查的年度为1991—1992年。元坝区从1993年启动，1994年底完成了建区后首次第三产业普查工作。元坝区第三产业普查办公室被四川省第三产业普查协调小组表彰为四川省首次全国第三产业普查先进单位，区统计局局长周达文被国务院全国第三产业普查协调小组表彰为先进个人。普查结果显示：1991年全区第三产业企业单位109个，年末从业人员1899人；事业行政单位492个，年末从业人员4502人；个体户282户，年末从业人员375人。1992年全区第三产业企业单位127个，年末从业人员2054人；事业行政单位503个，年末从业人员4608人；个体工商户1131户，年末从业人员1444人。

三、全国工业普查

1995年，元坝区根据国务院《关于进行第三次全国工业普查的通知》、四川省人民政府《关于做好全省第三次工业普查的通知》和广元市人民政府《关于做好全市第三次工业普查的通知》的精神，在全区开展了第三次全国工业普查。普查的对象为国有工业企业和附营单位、乡及乡以上独立核算工业企业和附营单位、年产品销售收入在100万元以上的村办工业、私营工业、个体工业和生产单位。首先按地域分布分块清查，即由乡镇、村（居委会）的普查员对辖区内工业企业进行摸底登记，由乡镇工业普查办公室与当地工商所、税务所进行核对，然后正式填报普查登记表。全区按时按质完成本次普查任务。区工业普查办公室、区统计局和周达文、韩鹏2人被四川省第三次全国工业普查办公室分别表彰为先进集体和先进个人。

四、全国基本单位普查

（一）第一次全国基本单位普查

第一次全国基本单位普查的标准时点为1996年12月31日。1996年12月以前为普查准备阶段；1997年6月以前完成普查登记、普查资料的审核汇总和数据处理；1997年底以前国家、省、地（市）三级建立企事业单位名录库，并对普查资料分析研究开发利用。全区按时按质完成本次普查任务。区统计局和周达文、何进2人被国务院第一次全国基本单位普查办公室分别表彰为先进集体和先进个人。

区教育局计财股和冯国昌、白永贵等4人被四川省基本单位普查办公室四川省第一次全国基本单位普查办公室分别表彰为先进单位和先进个人。

（二）第二次全国基本单位普查

第二次全国基本单位普查的标准时点为2001年12月31日。普查资料的调查年度为2001年。普查的范围是中华人民共和国境内的法人单位及其他的所属的产业活动单位。地方政府需要并有财力保证的，可将范围扩大到个体工商户。元坝区按要求开展了第二次全国基本单位普查工作。

五、农业普查

（一）第一次全国农业普查

第一次全国农业普查的时点指标的标准时间为1996年12月31日，时期指标的标准时间为1996年7月1日至1996年12月31日。元坝区从1995年10月开展该项工作，1998年初全面完成了普查任务。昭化镇、磨滩镇、元坝镇、清水乡等4个乡镇农业普查办公室被四川省第一次全国农业普查领导小组办公室表彰为四川省第一次全国农业普查先进集体。区委常委、区政府常务副区长李奎元、区统计局副局长张克洵等3人被国务院第一次全国农业普查领导小组办公室表彰为先进个人。

（二）第二次全国农业普查

第二次全国农业普查的普查对象为中华人民共和国境内从事第一产业活动的单位和农户，所有农村乡镇和村。普查主要内容为从事第一产业活动的单位和农户的生产经营情况、乡镇、村委会及社区环境情况、农业土地利用情况、农业和农村固定资产投资情况、农村劳动力就业及流动情况和农民生活质量情况。普查的标准时点为2006年12月31日，时期资料为2006年度。元坝区按时按质完成了普查任务。区政府、区统计局、元坝镇人民政府、虎跳镇人民政府被国务院第二次全国农业普查领导小组办公室表彰为第二次全国农业普查先进集体，李建碧、王忠生、许超等7人被国务院第二次全国农业普查领导小组办公室、国家统计局联合表彰为第二次全国农业普查先进个人；区统计局局长徐继先被四川省人民政府表彰为先进个人，刘玲、王德召等2人被四川省第二次全国人口普查领导小组办公室、四川省统计局、四川省人事厅联合表彰为先进个人。

六、全国经济普查

国务院决定2004年开展第一次全国经济普查。普查的标准时点为2004年12月31日，全区于2005年底完成第一次全国经济普查工作。

第四节 综合与核算

一、综合统计

综合统计工作主要有综合统计年报和日常综合服务。综合统计年报实行一年一次性报送，报送时间为次年的2月或3月。日常综合服务工作主要包括编印发行《统计年鉴》《统计月报》，发布《统计公报》，撰写国民经济运行状况和统计监测、统计预测情况，开展统计分析，提出经济和社会发展宏观调控建议、意见，对统计数据进行综合整理、汇总、管理、利用，为政府和区级各部门提供统计资料和咨询意见等信息服务。

二、国民经济核算

根据《国务院办公厅转发国家统计局关于改进地区 GDP 核算工作意见的通知》《四川省人民政府办公厅关于改进和规范地区 GDP 核算工作的实施意见》和《广元市人民政府关于改进和规范 GDP 核算工作的实施意见》“建立 GDP 核算数据下管一级制度和数据评估审核制度”的要求，元坝区季度和年度 GDP 核算数据，从 2005 年一季度开始实行“先上报审核，后公布使用”的原则，经上报市统计局审定后，正式对外公布。全区在开展区级 GDP 核算的同时，于 2004 年开展乡镇一级的 GDP 核算。乡镇 GDP 核算实行“简化方法”，即采取行业增加值率法，计算增加值均按现价计算，没有生成可比价增加值，因此没有可比价增速。通过对乡镇 GDP 核算，评价乡镇经济发展。这种方法易操作，程序简单，但准确率较差，仅限核算基础资料不易或难以收集情况下采用。乡镇 GDP 核算只报送季度和年度各行业总产值及增长率。

第五节　统计管理

一、上岗培训

1992 年开始，区统计局根据国家统计局制定的《统计人员持证上岗暂行规定》和《实施办法》，多次集中举办统计系统职工、统计专（兼）职人员的业务培训、上岗培训、资格考试和继续教育工作。培训的范围对象为乡镇、区级机关、企事业单位的专（兼）职统计员，1992 年之后，培训重点是全区未参加过统计上岗培训的统计员。培训的内容主要是统计业务、法律知识。一般培训时间为 7 天左右，每次培训结束后，对参训人员进行统一考试（上岗培训考试题由省统计局统一命题），对考试合格者上报省统计局发给统计上岗证。2003 年，区统计局为提高乡镇统计信息员的统计业务和电脑操作等知识，使之尽快进入角色，举办为期一周的乡镇生产总值核算知识和电脑操作技能培训。1992—2007 年全区举办统计培训 10 余期，其中上岗培训 8 期，参训人员 360 余人，办理统计上岗证 200 多个。2007 年年末，全区统计持证上岗人员 130 余人，占统计人员总数的 90% 以上。

二、统计登记

1996 年 3 月 6 日，四川省统计局根据四川省人民政府关于发布实施《四川省统计登记办法的批复》，发布了《四川省统计登记办法公告》，要求从发布之日起在全省范围内组织实施《四川省统计登记办法》。《四川省统计登记办法》规定：“统计登记对象包括国家机关、社会团体、事业企业单位和其他组织及个体工商户。”“县级以上统计机构是统计登记的主管部门，负责依法组织、协调和管理本行政区域内的统计登记工作。”对办理统计登记的依据、程序和收费办法都作了明确的规定。同年 10 月，区人民政府根据省、市人民政府的安排意见，制发《关于开展统计登记工作的通知》，区统计局制发了《关于办理统计登记证的通知》，对全区开展统计登记工作提出具体的安排意见和要求，在全区范围内开展了统计登记工作。2007 年末，全区各类法人单位共办理统计登记 230 个。

第六节　统计执法

一、制度建设

1998年7月，广元市元坝区统计局行政执法领导小组成立后，建立健全了保证依法行政、推进法制建设的各项规章制度，使统计行政执法做到了有法可依，执法必严。1996年6月，制定出《广元市元坝区统计局行政执法责任制》和《统计行政执法试行办法》，确定出执法责任、执法程序、执法监督、考核与奖励等办法。2003年9月，区统计局参照《四川省统计局行政执法责任制》和《广元市统计局关于印发〈广元市统计行政执法责任十项制度〉的通知》，制发了《广元市元坝区统计局行政执法十项制度》。

二、法制宣传

1990—2007年，元坝区采取多种措施，广泛、深入、持久地开展了统计法制宣传教育工作。把《统计法》《统计法实施细则》等法规纳入全区“一五”至“五五”普法内容。定期组织学习、宣传、检查、考核。1993年，区人民政府制发了《关于加强〈统计法〉宣传工作的通知》，对全区《统计法》宣传工作作出了具体安排。1998年，区人大常委会对区政府贯彻落实《统计法》的情况进行了专项审议。印发统计法规书籍。区统计局印发《统计法》单行本1100册，《统计法律法规汇编》1200册，《四川省统计管理条例》400册，《统计法律法规知识读本》350册发至各乡镇、区级机关、企事业单位及村委会和统计人员。利用有线广播电视宣传。宣讲《统计法》《统计法实施细则》等法规知识，区、乡镇领导发表贯彻实施统计法规的广播电视讲话。利用各种会议宣传。即利用全区综合统计年报会、统计业务培训会、统计上岗培训会等讲解统计法规知识。召开专题座谈会，组织统计人员参加省、市统计局组织的《统计法》知识竞赛活动。在开展统计执法大检查和全国周期性普查工作中，层层建立宣传机构、制定宣传方案、组织宣传队伍、印制宣传资料、书写张贴悬挂标语、出动宣传车，把统计法制宣传教育贯穿始终。

三、检查监督

从1994年开始，元坝区每年都要组织开展统计违法行为检查和统计基础工作检查。统计违法行为检查。重点检查虚报、瞒报、伪造、篡改统计资料，特别是违反统计法规和工作秩序编造统计数据的；拒报、屡次迟报统计资料的；未经法定程序，擅自制发统计调查表的；地方、部门、单位的领导人侵犯统计机构和统计人员的职权，干扰统计数据正常上报的；不具备法定资格或未依法报经审批，违法进行涉外社会调查的；利用统计调查危害国家安全，损害社会公共利益或者进行欺诈活动的。统计基础工作检查。重点检查有关单位是否依法设立了统计机构，是否按照统计制度的规定设置有原始记录、统计台账，统计工作制度是否健全，统计人员是否持证上岗等。2001年，根据《中共中央办公厅、国务院办公厅关于坚决反对和制止在统计上弄虚作假的通知》（简称“两办通知”）和国家统计局、监察部、司法部下发《关于开展〈统计法〉和“两办通知”执行情况大检查的通知》精神，区人民政府及乡镇人民政府成立了《统计法》和“两办通知”执行情况大检查领导小组及其办公室，同年6月，元坝区召开各乡镇分管统计工作的副乡镇长、区级各部门负责人、企事业单位法人代表、部分个体私营企业代表和全区专（兼）职统计人员共160多人参加的《统计法》和“两办通知”执行情况大检查动员及培训会议，随即在全区开展自查和重点抽查的统计执法大检查。1994—2007年，全区开展统计执法大检查18次，检查单位200多个，经查有统计违法的单位占检查单位总数的60%以上。通过检查，对统计违法行为按照“自查从宽，被查从严”和“教育为主，处罚为辅”的原则和行政执法程序进行处理。被处罚的单位共80多个，其中通报批评，责令限期整改的单位40多个，给予经济处罚的单位7个。

第六章　物　价

第一节　物价管理机构

1986年11月，广元市市中区卫子区设财贸办公室（简称财办），履行物价管理职能。

1989年12月，广元市元坝区设物价局（简称区物价局）。1990年3月正式成立。1997年区级机构改革时，区物价局并入区计经委，保留牌子（但未实施），当年区物价局设办公室、价格业务股、收费管理股。2001年12月，区物价局设办公室、价格管理股、收费管理股。2007年11月，建立中共广元市元坝区物价局党组。

1998年12月，建立广元市元坝区价格事务所，受区物价局管理。2001年1月，广元市元坝区价格事务所更名为“广元市元坝区价格认证中心”。至2007年，隶属关系未变。

2001年12月，设置广元市元坝区物价检查所。至2007年，隶属关系未变。

广元市元坝区物价局领导名录

表15-21

姓　名	性别	籍　贯	政治面貌	职　务	任职期间	备　注
叶清益	男	广元市元坝区	中共党员	副局长	1990-03—1993-04	主持工作
叶清益	男	广元市元坝区	中共党员	局长	1993-04—1998-04	
许兴远	男	江苏省宿州市	中共党员	局长	1998-04—2007-02	
周素琼	女	广元市元坝区	中共党员	副局长	1999-08—2003-01	
敦绍永	男	广元市元坝区	中共党员	副局长	2003-02—	2007-11始任党组成员
杨永银	男	广元市元坝区	中共党员	副局长	2003-02—2007-06	
胡晓蓉	女	广元市元坝区	中共党员	局　长	2007-02—	2007-11始任党组书记
肖文军	男	广元市元坝区	中共党员	副局长	2007-06—	2007-11始任党组成员
王金洲	男	广元市元坝区	中共党员	纪检组长	2007-11—	党组成员

第二节　物价管理

1990—1995 年，共调整和规范了粮食、猪肉、油料等四十余种日用商品和柴油、煤油、化肥、农药等 30 余种农用物资的价格，使消费者减少支出 1500 余万元。规范教育、医疗、电视收费以及餐饮、娱乐、修理等服务行业的收费，使消费者减少支出 200 余万元。其中：1990 年，坚持“稳定、疏导、治乱”的总方针，贯彻执行国务院关于减轻农民负担的决定，加强对生产、生活资料价格的管理，适当调整柴油、煤油、食糖、肥皂、洗衣粉等生活日用品的价格及城乡销售差率以及柴油、煤油等商品的运杂费。同年 8 月，对化肥销售价进行调价，使全区农民支出减少约 56 万元。1993 年，根据市政府和区政府规定，及时制定出《广元市元坝区机关房屋改革实施办法》，设计制发各种表册、合同 2000 余份，对 36 个有住房的单位 44 栋住房逐一按规定办法进行现场评估并计算到户，回收售房资金 283.22 万余元。根据售房单位的不同情况，审批使用房改资金 57.22 万元，解决了部分单位拖欠建房款的问题。当年还与区供销社和区粮食局协商，落实粮食“三挂钩”价格政策，制定出向农户补款的办法，并向全区农民补粮食差价款共计 26.10 万元。1994 年，针对各项物价管理政策的不配套，部分经营者片面追求经济效益，个别经营者扰乱市场，哄抬物价，牟取高额利润，粮油价格迅速上涨，老百姓反映强烈等问题，区物价局及时派人进驻市场，对价格进行监测、预警，印发了《关于对元坝场镇及各乡镇场镇粮油价格实行限价的通告》，要求粮食供销点延长营业时间，方便群众购买，保障供应。按照国家规定，对部分畅销食用粮实行限价销售，标一米限价 1.60 元/公斤、标二米限价 1.40 元/公斤、标粉限价 1.80 元/公斤、精粉限价 2.00 元/公斤；对食用油实行限价销售，每 0.50 公斤不超过 5.20 元；对猪肉要求食品部门实行挂牌销售，每 0.50 千克销售价不超过 5 元。并与工商部门协调，委托乡镇工商所负责价格日常监管。在短时间内稳定了市场物价，食品价格回落，安定了民心。

1996—2000 年，共调整了生产资料、粮食、猪肉、油料、棉花等 50 余种日用商品和柴油、煤油、化肥、药品等 30 余种物资价格，使消费者减少支出 1800 余万元。规范了自来水和农用灌溉水、农机监理、医疗、电视、邮电收费以及餐饮、娱乐、汽车修理等服务行业的收费，使消费者减少支出 500 余万元。其中：1996 年，针对物价较为混乱的情况，按照省、市人民政府规定，在全区范围内开展了一次价格秩序整顿工作，明确合理价格，对收费进行适当调整，部分价格按照分级管理原则实行归口管理，严禁价出多门，费出多门现象，对抑制物价上涨起到了一定作用；完善价格报告制度，加强价格调节基金管理；针对元坝地方电力公司需用电力价调基金改造电力线路问题，制发《关于广元市元坝区地方电力公司使用价格调节基金的批复》，同意该公司使用 10.60 万元电力价调基金对电力线路进行改造。1997 年，区物价局对农业生产资料、电力、自来水、农用灌溉水等关系农民及消费者利益的重要商品价格进行调查研究，对部分农用物资限价销售，以碳酸氢铵为代表的小化肥价格在上年同期的基础上降低 11.10%，省定大化肥（尿素）价格上涨 14.50%，其他生产资料价格下降 7.80%，为全区农民减少支出 110 万元。加强了对粮食、油料、蚕茧、棉花、烟叶等农副产品购销价格的监管，跟踪有关部门查看价格政策执行情况。协助区农业局整顿农用种子市场，测算种子购销价格，使两杂良种价格比 1996 年降低 9.70%，为全区农民减少支出 100 万余元。同时根据国家计划委员会《关于商品和服务收费实行明码标价的规定》，要求全区所有经营商家和服务企事业单位全部实行明码标价，当年明码标价率达 98%。1999 年，进一步规范农业用水和水利行业收费，对全区 9 个小（一）型水库和 67 个小（二）型水库的固定资产投资、生产管理费用、灌溉面积、收费情况进行了全面调查核实，按照3~5年完全收回成本的标准，制定出全区农业用水价格，小（一）型水库为0.08元/立方米，小（二）型水库为0.06元/立方米，促进农村节约用水。

2001—2005年，共调整了食品、油类、酒类等150余种日用商品和化肥、农药、农膜、建材等四十余种农用物资价格，使消费者减少支出800余万元。规范餐饮、娱乐、汽车修理等服务行业，使消费者减少支出600余万元。其中：2003年，受世界经济形势和"非典"影响，全区物价呈上升趋势，区物价局6次制定和印发"防非典"控制物价的公告，告诫、提醒商家不得哄抬物价，有效控制了"防非典"期间物价飞涨。针对群众反映强烈的教育收费问题，按照政府、家庭、学校共同承担原则，对全区41所中小学校的后勤服务和元坝中学等8所学校的学生公寓收费进行核实、调整，确定了合理的收费标准；重新核定虎跳轮渡价格；重新规范城区垃圾处理、电视服务收费；配合广元市物价局对全区电价成本进行了测算，按照"三公开、四到户、五统一"的电价政策，制定出新的电价方案，减轻了农民负担。2004年，国家发改委、省物价局5次发出通知，控制国家定价商品上调价格，区物价局坚持每天对与人民生活密切相关的大米、蔬菜、客运价、货运价等进行价格监测，每天上报变动情况，加强价格调控监督。同时根据市场供求变化和市场发展程度，重新编制了各类商品和服务价格分类管理目录，对垄断性、保护性、强制性和公共福利性的少数商品和服务价格，除由政府直接管理的外，凡属于竞争性商品均实行价格放开；对定价商品和服务性收费项目按照价值规律，制定收费标准；对公益性事业项目，逐步实行价格决策听证制度，提高政府定价的科学性和透明度；对自来水费、农机监理费、医疗费、电视收视费、邮电收费等控制调价，防止全面涨价、过猛涨价；对餐饮、娱乐、汽车修理等行业按不同级别规定利润率，实施收费备案和年审制度，统一核实，统一把关。2005年制定一系列扶持农业生产，促进农资流通，保证农资供应的优惠政策，对农用种子、大肥料（尿素）实行零售限价的干预措施；对环线公路班车客运价按照成本核算和认证，制定了合理的收费价格。

2006年和2007年，针对商品价格波动大，特别是2006年上半年能源、建材等商品的价格大幅度上涨，2007年下半年粮食、主副食品价格一路上扬的问题，加强了价格监督，及时在全区设立了8个价格监测点，充分发挥全区28个乡镇和1个社区街道办事处价格监督站的作用，对国家定价商品和指导价商品进行严格监管。两年中共调整建材等50余种用品和30余种农用物资价格，使消费者减少支出200余万元。规范了客运价以及服务行业收费，使消费者减少支出100余万元。

第三节　行政事业性收费管理

1990年，在国家物价局统一部署下，全国开展全面清理和整顿行政事业性收费，实施"收费许可证"制度，收费单位凭"收费许可证"在财政部门领取收费发票，实行开票收费。对无证收费、白条收费及自立项目、提高标准、搭车收费的，一律作为乱收费处理。

1992—2000年，开展了对行政事业单位收费年审工作。其中：1992年，审核了82个单位的收费许可证，当年全区行政事业性收费金额为1400万元。会同财政部门对全区行政事业单位的收费情况进行了清理和整顿，清理和整顿率达98%。1993年，对有收费项目的21个部门84个单位进行进一步年审，查出自立项目收费28.70万余元，依法进行清退。取消了95个收费项目，暂停收费项目3项，年减少收费总额146.16万余元，使全区人平减少6.50元。1995年，对全区26个系统，78个单位的行政事业收费进行年审，年审收费总额33.91万元，取消不合理收费项目17个，年减少收费56万余元。1999年，共年审收费单位230个，年审面达98%，年审收费总额749万元，查出自立收费项目1项，涉及金额1.16万余元，重新换发收费许可证193本，公布取消城市规划管理费等行政事业性收费项目20项，降低收费标准19项，年减少收费30余万元。2000年，对33个部门206个单位的“收费许可证”进行了年审，年审面达95%，年审总额558万元。对行政事业性单位收费情况进行了检查，查处超标准收费1项，涉案金额0.25万元。

2001—2007年，加强对行政事业性收费的管理。其中：2001年，在全区实行涉农价格收费公示制度、涉企收费公示制度、“一证一票”收费制度。区物价局要求所有行政事业性收费单位，必须使用财政部门统一印发的行政事业单位收费票据和税务部门核发的税务票据；对政府定价商品和服务收费项目按照价值规律，制定专项管理办法；对垄断性的公用事业项目，逐步实行价格决策听证制度，提高政府定价的科学性和透明度。同时，针对全区行政机关乱办班、乱收费实行“先规范，后管理”的办法，加大了对各类短期培训班收费的管理，约束了乱办班和乱收费行为。2003年，配合区财政局取消和降低了部分单位不合理的收费项目107项，降低收费项目3项，暂停收费3项；在对294个“收费许可证”进行一年一度的审验中查出了2项自立收费项目，涉及金额8.52万元，取消2项不合理收费项目，涉及金额0.70万元，查处违反法律、法规收费2项，涉及金额9.22万元；加强教育收费管理，在学校春、秋季开学前，制作学校收费公示牌，张贴在学校醒目地方，方便学生及家长监督。2005年，治理和整顿党政机关及其所属事业单位乱办班、乱收费、乱发证的“三乱”行为。对全区32个收费单位296个收费许可证和147个临时收费许可证进行年审和换发新证工作，办证率达100%。

2006年和2007年，严格审查行政事业性收费项目和标准。在收费项目上严格执行国务院规定，一律以省人民政府和省物价、财政部门的批准文件为依据办理收费许可证。特别强化对农村教育收费的规范，继续巩固和保障“一费制”的贯彻和实施，加强对“一费制”外自愿部分收费和服务性收费的监督，要求学校严格执行学杂费收取规定，禁止收取学生各类试卷和教辅资料费用。两年里共对73个收费单位269个正、副收费许可证和18个临时收费许可证进行年审和换发证工作，办证率达100%。

第四节　价格调整

区物价局建立后，开始实行商品调价审批制，对居民生活必需品和密切相关的事项如食盐、液化气、自来水、交通运输、医疗服务、农村生活用电、电视收视服务等价格实行成本监审，确定调价方案，经区物价局上报批准后执行。1990年，区物价局根据市场疲软，企业经营困难的实际，根据价格管理权限对部分商品价格进行了调整，农用化肥碳酸氢铵由每吨420元调为360元，使全区农民减少支出50余万元。放开全区生猪和猪肉价格，实行国家指导价，当年收购价提高7.30%；粮食收购实行比例价，提高农村返销价格，并制定了粮食收购最低保护价政策；提高了煤炭、成品油、洗衣粉、食糖、保温瓶、奶制品、纺织品、邮政资费、水泥等资料的价格，将平价供应的城镇居民日用粮油全部改为议价销售，经过调整，使当年日用品价格矛盾有所缓解。1991年，进一步调整了煤炭、电力、成品油、木材、洗衣粉、食糖、钢材等基础成品的价格；城镇居民统配大米每50公斤由13.70元提高到25元，面粉每50公斤由17元提高到27元，玉米每50公斤由9.50元提高到16元；菜油由每0.50公斤0.74元提高到2.23元。职工每人每月在工资中补助6元，以解决粮油购销价格倒挂问题。1992年4月，根据省人民政府要求，按照购销合同价原则，大米、面粉、玉米收购价每0.50公斤提高0.11元，提高幅度为44%，每月发给干部职工粮价补贴5元。同年11月，根据中共四川省委、省政府《关于扩大粮食购销体制改革试点范围的通知》精神，粮食购销价、调拨价（包括饲料、粮食制品的价格）全部放开，实行市场调节，取消统配制度。对原农村、城镇平价供应的口粮改为按照市场价供应，每月发给干部职工补贴2元。从1992年起，国家对申报和专管的各类商品实行逐步放开，由市场调节。1993年，全面放开粮价，统一按照议价收购，以50公斤为单位，稻谷（中等品）收购价为37.90元，玉米收购价为42.40元，小麦收购价为51元，油菜籽收购价为68元。销售价以50公斤为单位，大米70元，面粉60元，玉米50元，菜油300元。1994年，农产品价格进行了调整，以50公斤为单位，稻谷收购价由1993年的37.90元提高到70元，玉米由1993年的42.40元提高到58元，小麦由1993年的每51元提高到68元，油菜籽由1993年的68元提高到92元。其他主要农副产品价格均由企业根据原材料、能源、交通和人工费用自行定价。饮食行业价格由主管部门按照上级规定的毛利率核定。

1997年，国家订购粮食、专项储备粮食，按照保护价敞开收购农民余粮。当年两次提高乡镇供水价格，两次提高公路客运票价。1998年《中华人民共和国价格法》发布后，对与人民生活密切相关的重要商品实行价格听证会。区物价局听证的项目有：自来水价格、电视收视费、旅游门票、汽车客运价。1998—2005年，区物价局实行商品调价申报备案制，对国家规定的“米袋子”“菜篮子”工程由供应部门向价格主管部门申报备案，备案的主要商品有：粮食、酱油、醋、食糖、肉类等。其他商品有纺织品、百货、文化用品、五金交电、化工建材、土产日杂及各类化学药品等80多个品种，凡不申报者按照越权提价处理，防止了市场价格暴跌、暴涨。从1999年起，国家对粮食收购价实行宏观调控管理，粮油收购价实行最低保护价。纳入区物价局管理的主要品种有：中汕稻每50公斤70~72元，玉米、小麦、油菜籽、蚕茧、烟叶实行政府指导价收购。1998年后，农村用电实行“两改一同价”（改革供电体制，改革农村电网，城乡用电同网同价），此后，农村电费逐步下降，到2007年底，全区农村到户电价平均为0.80元/千瓦时。

广元市元坝区部分年度主要农产品收购价格表

表15-22　　单位：元/50公斤

品　种	1985年	1990年	1995年	2000年	2005年	2007年
稻　谷	23	37	50	56	80	83
玉　米	27	42	58	60	61	84
小　麦	31	51	56	58	78	72
油菜籽	70	68	92	98	130	187

第五节　物价检查

1994年4月，区人民政府成立元坝区物价大检查领导小组，由副区长曾虎昭任组长，领导小组办公室设在区物价局，负责日常工作。同年9月，区税收、财务、物价大检查领导小组下设3个检查组，其中物价检查领导小组组长由区物价局局长叶清益担任。

1990—1995年，区物价局共对全区500多个涉及收费的单位和经营商家进行物价检查，查处价格违法案件210余件，违法金额731万余元，没收违法所得126万余元，上缴财政72万余元，责令清退533万余元；取消自立收费项目251项，涉及金额568万余元，规范收费项目905个和收费标准4150

个。其中：1990年3月，贯彻广元市物价局《关于农业生产资料专营的规定》，对全区32个商贸单位、12个农经服务站进行了全面检查，查处价格违法案件6起，违法金额5.66万余元，收缴财政2.98万余元，留作发展资金2.68万元。查处不按照规定收费项目105项，涉案金额170.20万元；查处自立收费项目11个，涉案金额48.95万元；取消违法收费项目24个，减少收费28.80万元；降低收费标准项目4个，减少金额1万元。同时，对王家供销社、王家粮站、昭化粮站等企业依法执行国家物价政策的行为给予了表彰。当年还在全区开展蚕茧价格巡回检查。1993年，全面清理了事业收费，整理行政事业性收费196类，905个项目，4150个标准，同时还派出专人参加了涉及农民负担、教育收费的财务、税收、物价三大检查，检查中查处了区劳动局等6个单位乱收费1.54万元，上缴区财政；取消了文教局、公安分局等6个单位自立收费项目34个，减少收费77.80万元；没收太公镇供电所、太公镇卫生院、虎跳卫生院提高电价、药价的非法所得1.83万元，上缴区财政；协调解决区食品公司与区畜牧局的检疫争议；制定中小学杂费和高中学费收费标准，使群众反映强烈的学校乱收费问题得到控制。同时进一步强调了物价纪律，禁止了个别经营单位联手提价、限价销售和降价竞销、垄断价格等违法行为，要求粮食、猪肉、植物油销售部门严格执行提价申报制度。1994年，区物价局按照国务院和省、市人民政府关于“抑制通货膨胀，控制市场物价”的指示精神，把加强物价监督，查处价格违法行为与保护公平合法竞争，促进经济发展结合起来，依法开展了用生产资料价格检查，共检查94个经营农用物资和生活用品的经营商家，查处违纪案件17件，违纪金额12.59万元，没收违法所得上缴财政0.33万元，责令清退2.86万元。1995年，区物价局除开展物价专项检查外，还参加了全区财务、税收、物价三大检查，重点检查与人民生活密切相关的粮食、供销、农资、种子等经营部门和群众反映强烈的学校、医疗部门共114个单位，查处违法案件27件，其中重大违法案件3件，一般违法案件15件，一般违法行为9件，查处违法金额94.17万元，没收违法所得8.20万元，上缴财政2.10万余元，罚款0.23万元，责令清退6.10万元，使乱涨价、乱收费行为得到有效的遏制。对5个粮站的粮食销售价格进行专项检查，查出在粮食经营中的违纪案件5起，涉及金额79.32万元，没收违法所得5.06万元，罚款0.15万元，退还农民74万余元。

1996—2000年，区物价局共对全区430多个涉及收费的单位和经营商家进行了物价检查，查处价格违法案件120余件，违法金额331万余元，没收违法所得36万余元，上缴财政23万余元，责令清退272万余元，处罚款1.20万余元；取消自立收费项目151项，涉及金额258万余元，规范收费项目1005个和收费标准5450个。其中：1996年，在市场物价管理中，重点查处牟取暴利、价格欺诈、价格垄断等不正当行为，查处违纪案件31件，查处的违纪金额全部退还消费者，处罚款0.29万元。1999年，区物价局按照《国务院关于进一步深化粮食流通体制改革的决定》精神，组织专人深入全区28个粮站，检查国家粮食政策执行情况，检查中弄清陈化粮的入库时间、品种、数量、陈化程度和购进滚存价格，协调粮食部门及时制定了陈化粮食销售价，共处理陈化粮食1.86万吨，减值金额1240万元。同时对粮食资金运行、政策补贴到位情况、顺价销售执行情况和粮食收购保护价执行情况进行全面检查，使国家粮食改革政策得到顺利实施。当年还查处个别乡镇修建学校违法集资21万元，并责令退还农民。2000年，对全区18个乡镇电价执行情况进行检查，对擅自加价和自加表损的情况进行查处，责令把多收的电费退还农户；查出学校不开票收费和收取代管费不清退款共24万元，经请示区人大常委会同意，用于学校建设；对卫子镇、明觉乡、清水乡等加油站的成品油价格进行了检查，查处违法提价汽油2616.90升，柴油13548.30升，没收非法所得0.06万元，处罚款0.32万元。

2001—2005年，区物价局共对全区620多个涉及收费的单位和经营商家进行了物价检查，查处价格违法案件220余件，违法金额425万余元，没收违法所得56万余元，上缴财政42万余元，责令清退327万余元，处罚款20万余元。取消自立收费项目150余项，涉及金额248万余元，规范收费项目1000余个和收费标准5450多个。其中：2003年，开展“防非典”所需药物、消毒制品、卫生口罩等用品的价格检查，查处了梅树乡卫生院收取返乡农民工的体检费、照片费问题，责令退还。全年共查处价格违法案件45件，处罚款6.31万元。2004年，针对影响国计民生的重要商品的价格，开展物价大检查，全年共查处各类价格违法案件10起，查处违法所得金额87.26万元，处罚款上缴财政4万元，责令清退83.26万元。同时，针对违反《中华人民共和国价格法》的行为，加强了市场整顿，进一步推进明码标价工作。2005年，对行政事业性收费进行了检查、清理和整顿。查处事业单位价格违法行为2件，涉案金额18.30万元。取消收费项目1项，涉案金额4万元；取消自立收费项目1项，违纪金额14.30万元。2005年共查处行政事业单位各类价格违法案件30件，涉案金额114.03万元，清退109.12万元，处罚款上缴财政11万元。针对群众反映的教育收费问题，制定出《中小学试验教材管理办法》，规范教育收费，整治乱收中小学代收费、借读费和择校费问题，落实全区教育“一费制”收费标准。

2006—2007年，区物价局把价格监督检查重点放在群众关心的和反映强烈的教育收费、农资价格、成品油价格等商品的检查上，两年里查处行政事业单位价格违法行为2件，涉案金额1.96万元。检查、整顿了涉农收费，进一步规范乡镇涉农收费公示栏，统一制作挂图下发到28个乡镇和1个社区街道办事处。查处乡镇各类价格违法案件6起，违法金额10.87万元，责令全部退还农户，年度价格违法案件结案率达100%。

第六节　价格鉴定

2000年，四川省人民政府制定《四川省涉案物品价格鉴定管理条例》，把涉案物品价格鉴定工作划归物价部门管理。区物价局从当年起开展涉案物品价格鉴定工作。当年，区物价局就区内涉案物品价格鉴定工作提请区人大常委会召集区公安局、区人民检察院、区人民法院、区司法局等有关单位进行座谈，对《四川省涉案物品价格鉴定管理条例》等内容进行学习，对涉案物品价格鉴定程序、鉴定的基本做法及法律责任作了详细讲解。至2007年，区物价局累计受理区公安分局、区人民检察院、区人民法院、区司法局等单位委托鉴定的各类案件536件，涉及金额3015万余元。其中刑事案件214件，涉案标的350万余元；民事案件317件，涉案标的2657万余元；仲裁案件5件，涉案标的8万余元。其中：2000年，受理各类物价鉴定案45件，涉案标的150万元，为司法机关办案提供了方便。2003年，区物价局为使价格鉴定人员准确掌握认证的程序和鉴定的方法，先后选派人员到省、市学习。全年受理物价鉴定案件52件，涉案标的91万元。2005年，受理区公安分局、区人民检察院、区人民法院、区司法局委托的各类民事、经济、刑事案件56件，涉案标的158.65万余元，其中刑事案件54件，涉案标的150.25万元；民事案件2件，涉案标的8.40万元。2006年，区物价局遵循独立、客观、公正的原则，积极拓展和延伸价格评估、确认、计算工作，及时受理司法机关委托的各类涉案财物鉴定，全年共受理物价鉴定案件135件，涉案标的377万元。其中刑事案件119件，涉案标的107万元；民事案件16件，涉案标的270万元。2007年共受理物价鉴定案件117件，涉案标的1631.40万元；涉案物品鉴定75件，涉案标的40.20万元；行政案件8件，涉案标的851.20万元；仲裁案件2件，涉案标的2.50万元；其他案件32件，涉案标的737.50万元。

第七章　安全生产

第一节　管理机构

1986年12月，卫子区公所成立区安全生产领导小组，由一名副区长兼任组长。

1989年9月，区安全生产领导小组下设办公室，挂靠区劳动人事局，解锡贵任主任。1990年2月，广元市元坝区人民政府成立安全生产委员会，其办公室（简称区安办）设在区劳动局。2001年12月，将安全生产综合管理、职业安全监察、矿山安全监察工作职能从区劳动和社会保障局划出，成立广元市元坝区政府安全生产监督管理办公室，挂靠区政府办公室，负责全区安全生产工作目标的制定、检查、考核和奖惩，指导、协调有关部门承担的专项安全生产检查、监督工作等。2002年5月，建立广元市元坝区安全生产监督管理局（简称区安监局），为区政府直属正科级事业单位，保留区政府安全生产委员会办公室牌子。区安监局设办公室、安全执法监督股和综合股。2006年5月，区安监局设办公室、安全执法监督管理股、危险化学品管理股、法规宣传培训股。

广元市元坝区安全生产监督管理局（办）领导名录

表15－23

姓　名	性别	籍　贯	政治面貌	职　务	任职期间	备　注
解锡贵	男	广元市利州区	中共党员	主　任	1990－02—1993－04	区劳动局长
樊占金	男	广元市利州区	中共党员	副主任	1990－02—1993－04	
吴满林	男	广元市元坝区	中共党员	主　任	1993－05—2001－12	区劳动局长
赵自泽	男	广元市青川县	中共党员	副主任	1993－05—1993－06	
郭晓宇	男	广元市利州区	中共党员	副主任	1993－06—1999－11	
母文权	男	广元市元坝区	中共党员	副主任	1999－12—2002－05	
刘志荣	男	广元市元坝区	中共党员	主　任	2002－01—2002－05	区政府办副主任
刘志荣	男	广元市元坝区	中共党员	局　长	2002－05—2003－05	
母文权	男	广元市元坝区	中共党员	副局长	2002－05—	
冯子钊	男	广元市元坝区	中共党员	局　长	2003－05—	

第二节 管理措施

一、宣传培训

从1980年开始，按照国家经委、建委、劳动总局等十部门通知要求，每年5月均要开展“安全月”活动。1994年6月，区安办组织安委会成员单位在元坝城区开展以“勿忘安全，珍惜生命”为主题、在其他重点乡镇开展以“不伤害自己，不伤害他人，不被他人伤害”为主题的安全生产月宣传活动。

从2001年起，每年全国“安全生产宣传月”活动定为6月。2002年6月，区安办牵头，组织公安、城建、消防等17个部门的主要负责人及行政执法人员共40余人，在元坝城区市场街桥头至区交通局门口，开展安全生产宣传咨询活动，悬挂标语7幅，印发宣传资料4300份，接待咨询群众1000余人。同年，区政府组织安监局和公安、建设、国土等15个部门在元坝城区集贸市场，开展《中华人民共和国安全生产法》（以下简称《安全生产法》）及其他相关法律法规宣传活动，发放各类宣传资料8000余份；组织全区28个乡镇长、14个企业厂长、6个矿长、150名企业安全管理人员和836名汽车车主、船主、业主、211名村主任，分别参加省安监局和市安监局举办的培训会；组织全区28个乡镇长、56个区级机关部门负责人和20多个事业单位法人代表进行《安全生产法》专题培训。2003年，区安监局分别在王家、卫子、虎跳、昭化镇组织各乡镇危险化学品从业人员、管理人员进行《安全生产法》《危险化学品安全管理条例》等法律法规知识培训。2004年，区安监局组织全区企业经理及安全管理人员共52人到市安监局接受培训；区政府组织区级机关各部门、各乡镇（社区街道办事处）安全生产第一责任人共120余人进行安全生产知识培训；区安全生产委员会27个成员的单位工作人员，在元坝城街头举行以“以人为本，安全第一”为主题的安全生产宣传咨询日活动，现场解答群众提出的热难点问题100余个，发放宣传资料2000余份；对全区汽车、拖拉机以及摩托车驾驶员逐乡镇集中进行安全知识培训。2005年，区安监局组织区公安、交通、水务农机等30个部门及单位开展以“关爱生命，关注安全”为主题的安全知识宣传活动，共悬挂横幅标语60余幅，出动机关工作人员300余人次，发放宣传单、图片、挂图5000份，受教育群众达3万余人次；对全区446名拖拉机驾驶员进行法律法规知识培训；组织全区煤矿矿长、安全管理人员、从业人员进行安全知识培训；组织全区工矿、商贸等企业和学校负责人进行劳动防护用品及安全知识培训；组织昭化、红岩、柏林沟三个委托执法试点镇分管领导到省安监局参加培训，结束时均考核合格并取得安全生产委托执法证；对全区危险化学品从业人员再次集中培训并严格考核，有61人合格并领到上岗证。2006年，区安监局对全区煤矿矿长、安全管理人员、危险化学品生产企业、公路加油站（点）负责人，烟花爆竹生产和批发企业法人及各零售网点从业人员进行安全知识培训，对考核合格的71人发给上岗证；组织区公安、交通、建设等部门到各乡镇开展以“安全发展，国泰民安”为主题的安全生产月宣传活动，共悬挂横幅标语60幅，发放宣传单、图片、挂图近5000份，受教育对象包括中小学生达10余万人次。2007年，区安监局对全区拖拉机、客运汽车驾驶员、管理员，生产和销售企业负责人共883人进行安全法律法规知识培训；在元坝城区和区内其他重点场镇开展以“综合治理，保障平安”为主题的安全生产宣传月活动，共悬挂横幅标语60幅，发放各种宣传资料2万份，还将编印的《元坝区安全生产知识读本》5000余册，发到乡镇、村、组和区级机关各部门以及全区所有企事业单位。

二、执法检查

1990—1998 年，通过开展部门执法检查和联合执法检查，共发出隐患整改指令书 1500 余份，整治安全隐患 4000 余处。1999 年，区安监局联合各部门开展安全执法大检查 6 次，查处各类违章行为 100 余起，发出隐患整改指令书 200 余份、停产通知书 3 份，整治安全隐患 150 余处。对虎跳轮渡、车渡进行跟踪监控。2001 年，重点加强农村交通运输秩序整顿，在区内重点交通场镇太公镇设置交警中队；进一步强化重点乡镇道路交通安全管理，发出隐患整改指令书 20 份，其中对龙王沟、鸭浮岩两处非法渡口予以取缔。2003 年，以行业专项治理为重点，各行业主管部门按照职责，对企业安全生产检查达 2200 余次，排查和治理隐患 600 余处，现场纠正 50 余处，限期整改 32 处，停产整顿企业 3 家；开展道路安全专项检查 84 次，纠正各类违法行为 1528 人次，处罚 608 人次，违章扣分 240 人次，治安拘留 15 人，暂扣驾驶证 172 本。开展水上交通安全检查 25 次，整治安全隐患 7 处，督促渡船业主更换救生衣 145 套；关闭了不符合安全生产条件的大田煤矿；整改元坝城区和重点消防场镇火灾隐患 35 处。2004 年，全年共开展企业安全检查 54 次，整治安全隐患 230 余处，停产停业整顿 3 家；排除国道、省道和区乡公路危险路段隐患 25 处，制止各类交通违章行为 1802 余次，处罚 803 人次，违章扣分 145 人次，治安拘留 10 人，暂扣驾驶证 180 本；开展水上交通安全检查 24 次，整改安全隐患 8 处，免费为客渡船配备救生衣 220 件；整改元坝城区和重点消防场镇火灾隐患 21 处；开展农电安全隐患检查治理，共排查 23 个乡镇、173 个村、1165 个组的电路安全隐患，检查台区 588 个，清理高压线路 899.20 公里、低压线路 6599.90 公里，更换破损线 256.70 公里。2005 年，区政府直接组织安全大检查 28 次，区安办牵头组织安全大检查 31 次。暂扣非法运营面包车 8 辆、农用车 8 辆，处理违规驾驶员 120 余人次，责令 3000 余辆摩托车驾驶人员限期办齐相关证件。取缔无证船舶 2 只，督促 5 只船舶驾驶人员办齐相关证件。继续督促有关部门整治农村电路隐患，清理电力通道障碍 675 公里，增补拉线 160 根，更换不合格电杆 418 根，更换顶端横杆 1100 根，拆除电力线、广播线与通讯线交叉跨越 42 处，更换低压线路 600 米，改造台区 10 处。区安监、水务、公安、国土等部门抽派专门工作人员在嘉陵江河道督促采沙（金）尾矿回填。取缔不符合安全条件的乡镇加油点 7 个。在昭化、元坝、柳桥、柏林沟等乡镇开展安全生产规范化管理乡镇创建试点工作。2006 年，把打击非法营运作为全年工作重点。暂扣非法营运面包车 12 辆、农用车 12 辆，现场解割红岩镇无证客运三轮车 3 辆，责令 1897 辆摩托车驾驶员限期办齐相关证件。销毁安全条件差、严重危及老百姓生命财产安全的船舶 8 只，督促 8 名船主限期办齐相关证件。责令 3 家煤矿停产整顿，炸毁非法矿井 2 口，关闭不合格非法采石场 3 处，取缔不符合安全生产条件的加油点 5 个。排除火灾隐患 10 处。开展学校安全专项整治，关闭不合格小卖部 5 家，查处不合格食品 25 件，督促 38 所学校的 40 个食堂限期完成整改。2007 年，区政府成立道路交通专项整治领导小组，从区安监局、区公安分局交警大队和区交通局及运管所、海事处抽调人员组成道路交通联合执法大队，查扣违法车辆 135 台，查处违章车辆 98 台。对全区 14 艘低质量船舶进行了整治，配备客渡船救生衣 915 件，使所有客渡船均实现配穿两个 100%（即按核载人数的 100% 配备，100% 的乘船过渡人员穿戴救生衣），销毁无证船舶 3 只，限期 2 名船主办齐相关证件。还责令 2 家砖厂停业整顿，取缔不符合安全条件的加油点 3 家。根据市政府要求，于 6 月底关闭元坝花炮厂，取缔非法烟花爆竹生产窝点 2 个，拆除学校 D 级危房 3293 平方米。

三、制度建设

（一）“十长”安全生产会商制度

2007 年 7 月，建立“十长”安全生产会商制度。“十长”为区公安分局、区发展和改革局、区交通局、区规划和建设局、区水务农机局、区教育局、区经济和商务局、元坝质量技术监督分局、区财政局、区林业局十个局的局长。“十长会商”会议由区安监局牵头，原则上每月召开一次。会商会议所议定的事项，由牵头部门和有关单位负责落实，落实情况在下一次会商会上报告。至2007年，召开会商会议18次。

（二）道路交通局际联席会议制度

2004年，区建立道路交通局际联席会议制度，成员单位有区安监局、区公安分局、区委宣传部、区计划经济贸易局（后为区发展和改革局）、区监察局、区交通局、区财政局、区规划和建设局、区水务农机局、元坝质量技术监督分局、区政府法制局、区卫生局、元坝工商分局、区公安分局交警大队。区公安分局局长为联席会议召集人。联席会议每季度首月中旬召开一次，特殊情况例外。道路交通局际联席会议的职责是：分析研究全区道路交通安全重大问题，制定预防事故对策，定期通报全区道路交通安全工作情况。联席会议办公室设区公安分局交警大队，由交警大队长兼任联席会议办公室主任。会毕，即将议定的主要事项形成《会议纪要》报区政府并发至各有关单位，各有关单位按职能分工具体落实。至2007年，道路交通局际联席会议共召开21次。

（三）较大安全生产事故责任追究沟通协调联席会议制度

2007年，区建立较大安全生产事故责任追究沟通协调联席会议制度，联席会议主要掌握全区安全生产事故责任追究情况，协调解决责任追究工作中的重大问题；研究制订贯彻落实安全生产法律法规和中央、省、市安全生产事故调查处理方面决策部署的措施，向区政府提出相关工作建议；对较大安全生产事故责任追究落实情况组织进行检查，督促落实对事故责任人的责任追究决定或建议，承办区政府交办的安全生产责任追究工作的其他事项。联席会议原则上每年召开一次例会，因工作需要，可临时召开，会议由区监察局召集，联席会议成员因故不能出席，应委派相关人员参加；联席会议研究议定的事项经与相关单位同意后以《会议纪要》的形式印发，同时抄报区政府。联席会议难以解决的事故责任追究中的重大问题，以联席会议的名义（区监察局代章）报区政府；联席会议每半年召开一次联络员会议，因工作需要也可以临时召开。会议内容为通报安全生产事故情况，研究分析责任追究中的相关问题，协调具体事项，成员单位依据职责分工，认真落实涉及本部门（单位）的工作任务和议定事项，相互支持配合，及时处理责任追究中需要跨部门协调解决的问题，加强信息交流，形成工作合力，共同做好生产安全事故责任追究工作。2007年共召开联席会议3次，解决3起责任事故追究中的重大问题。

（四）一票否决制度

元坝建区后，对当年发生下列情况的乡镇（社区街道办事处）和负有安全生产监督管理职责的乡镇（社区街道办事处）和行业主管部门，除依照法律、法规追究有关责任单位、责任人的行政、民事、刑事责任外，并实行一票否决制度：其一，当年安全事故死亡人数超标的乡镇（社区街道办事处）以及行业主管部门（死亡控制指标以其与区政府签订的目标责任书为准）。其二，一年内发生较大安全责任事故（一次造成3人以上10人以下死亡，或者10人以上50人以下重伤，或者1000万元以上5000万以下直接经济损失）的乡镇（社区街道办事处）及行业主管部门。其三，一年内发生1次重大安全责任事故（一次造成10人以上30人以下死亡，或者50人以上100人以下重伤，或者5000万以上1亿元以下直接经济损失）的乡镇（社区街道办事处）及行业主管部门。其四，一年内发生1次恶性中毒30人以上且情节严重的责任事故的乡镇（社区街道办事处）及行业主管部门。其五，一年内发生2次安全生产责任事故造成较大经济损失（一次直接经济损失1000万以上5000万元以下）的乡镇（社区街道办事处）及行业主管部门。其六，年度安全生产目标考核在80分以下的乡镇（社区街道办事处）及行业主管部门。其七，区安办下达的年度整改重特大安全隐患任务，经多次督促未按期完成的负有安全生产监督管理职责的乡镇（社区街道办事处）及行业主管部门。

2005 年，晋贤乡政府因发生一起 2 人死亡 1 人受伤的安全生产责任事故，被“一票否决”。2007 年，张家乡政府因发生一起 3 人死亡的较大安全事故，被“一票否决”。

（五）安全生产目标考核制度

区政府及其安全生产办公室，建立安全生产目标考核制度，对乡镇（社区街道办事处）、区级有关部门年度安全生产宣传教育、从业人员安全培训、安全管理机构建设和安全管理责任制度建设、资料报送、安全检查、死亡控制指标执行情况等进行年终考核。考核得分在 80 分以下的以及年内发生较大安全生产责任事故的均为“一票否决”对象，取消当年评选任何先进的资格。对安全生产先进单位，由区政府给予表彰奖励。

四、基础设施建设

2002 年，先后在昭化镇等消防重点场镇投入 6 万元配备灭火器 103 具，机动水泵 2 台，建消防池 3 口；投资 600 万元在朝阳乡、黄龙乡、磨滩镇境内新建桥梁 3 座；投资 26 万元修建丁家、红岩、江口客渡码头。2003 年，投入 11.80 万元，对青牛浩渡码头、南流渡口，射箭乡邓家河渡口进行改造。投入 4 万元增设国道、省道、通乡公路警示牌。2004 年，投资 120 万元，在国道、省道和区乡公路危险路段安装防撞墙、防护栏，在急弯处安装凸透镜。投资 9750 万元，在长达 108 公里的区环线公路上，安装波形防护栏 3500 米、埋设警示桩 3000 个，设置标志牌 500 个。2005 年，投资 25 万元对存在严重安全隐患的柏林沟镇岚黎大桥进行改建。2006 年，在柏林沟、王家、昭化、梅树 4 个乡镇完成“1234”（1 口消防水池、2 台机动水泵、3 支水枪、400 米水带）消防工程。投资 80 万元，对旅游景点平乐寺的罗汉堂进行维修加固。投资 220 万元，整治昭化桔柏渡及其下游至虎跳客渡等 14 处码头的安全隐患；投资 400 万元在昭化古城至牛头山景点的公路上安装波形防护栏 1300 米，设置防撞墙 150 米、防撞墩 130 个、标志牌 30 个；投资 30 万元购买地方专用消防车，在元坝镇、昭化镇增设消防栓共 12 具。2007 年，投资 80 万元，整治元坝镇登滩堡地质灾害造成的安全隐患。投资 500 万元，建立东山煤业有限公司、光华煤矿等煤炭企业瓦斯监控平台。投资 20 万元，完成东山煤业有限公司、光华煤矿、胜利砖厂等 11 个企业的安全生产质量标准化建设。在全区 28 个乡镇和 1 个社区街道办事处，开展“安全生产规范化管理乡镇”创建活动。

第三节　安全事故

1986—2007 年，元坝区境内共发生伤亡事故 2500 次，死亡 237 人、重伤 2847 人，直接经济损失 536.15 万元。其中：1998—2007 年发生 1213 次，死亡 132 人，重伤 1595 人，直接经济损失 289.27 万元。其中：

1998 年 12 月 11 日上午，红岩至广元的中巴客车掉入昭化白龙江中，致使 2 人死亡。

1999 年 1 月 8 日，李某某个体煤矿的工人在井下作业时，由于操作不当，荒煤垮塌，致使 1 人死亡。

1999 年 3 月 19 日，朝阳乡在修建何家坝水库时，由于土石塌方，造成 1 人死亡、2 人重伤的安全生产责任事故。

1999年4月3日上午10时左右，青牛乡莲池二组王某某驾驶的四轮拖拉机在运粮途中搭乘卖粮农民5人，当行至青牛乡粮管所坡段时，由于速度过快，处置不当，搭乘的5位农民全部摔下拖拉机，其中1人抢救无效死亡。

2001年9月9日上午，昭化镇渔船业主张某用渔船给成都通信建设工程局拉钢缆线过河。在施工过程中，由于操作不当导致渔船翻沉，1人死亡。

2002年5月22日上午10时左右，装载机主柏某某从广元购配件后到虎跳镇竹江二组河边准备渡河，见船主不在，聘请金坑民工梁某某驾船，同船渡河的还有王某某、刘某、王某3人，当船行至嘉陵江中心时，遭遇急流大浪，梁某某处置不当，船失控翻沉，梁某某、王某溺水死亡。

2003年7月15日，元坝镇普降大雨引发山洪，下泄洪水流经红土垭天合加油站时，将废弃输油管内的陈积汽油冲入该站生活用房，遇不明火源发生爆燃，致使2人重伤、1人轻伤。

2003年8月23日上午，陈家湾煤矿6人在井下作业过程中，顶子发生冒顶与棚煤脱落，砸在林某的头部和背部，经医院抢救无效死亡。

2004年5月30日上午，太公镇一号变压器短路，造成停电，10时左右，供电所职工尚某某在对其维修加固过程中，违反操作规程，头部与高压线接触，当场触电身亡。

2004年6月15日，石井铺乡新场村二组某村民将牛拴在广播线杆上，牛将广播线杆拉断，导致广播线路与照明电路相交，广播线掉落距地面仅约1.30米高，元柏村一组村民肖某某回家路经广播线时，用手提线以便通过，当场触电身亡。

2004年8月31日上午7时40分左右，中国第五冶金建设公司在元坝宾馆改建过程中，作业人员在搭内支木架时，外支架上的钢管从架上滑落，触地后飞速弹起，正好插入路过施工现场的梅树乡春花村村民向某某右侧腹部，使其严重受伤，经医院抢救无效于当日上午10时40分左右死亡。

2005年4月6日8时20分左右，嘉龙实业有限责任公司元坝中学项目部在修建该校科技信息楼过程中，木工吴某某在拆新教学楼五楼木支架时，在无安全防护措施的情况下，加之操作不慎，从五楼掉地摔成重伤，经医院抢救无效死亡。

2005年5月27日17时15分左右，成都瑞通公司省道202线A合同段第二施工队在冷家湾料场施工过程中，川F32367号工程车进入油区加油，由于料场灰尘大，视线不好，当车倒退至储油罐约10米处，右后轮将摘桑叶回家路过该处的柳桥乡分水村二组村民冷某某当场碾压致死。

2005年8月12日上午9：30分左右，晋贤乡政府在拆除礼堂过程中，拆墙施工人员用钢钎掏墙柱基石，墙体坍塌，致使2人身亡、1人受伤。

2006年7月11日，广元市经源建筑公司在修建元坝镇派出所综合楼过程中，工人吕某某、胡某某、王某某在补二楼门窗过梁上的砖墙。7点45左右，王某某在给架上的砖工吕某某递灰浆不小心将砖砌架支墩撞倒，砖砌架倒塌时将窗台上的砖墙及过梁撬翻，下塌的墙体及过梁将王某某当场砸死。

2006年12月9日上午，明觉乡帽壳村村民胡某某等人在常家梁从汽车上卸电杆，因在放下电杆时速度不一致，电杆将胡绊倒砸在其胸部，送医院抢救无效死亡。

2007年7月24日18：10分左右，赵某某（男，重庆渝北石油局测井公司职工）驾驶大型专用车（渝B88983）行至太（公）虎（跳）路肖家湾处，与刘某某（男，47岁，张家乡刘庄村七组人）驾驶的摩托车（川H66031）相撞，致使刘某某和熊某（6个月婴儿）2人当场死亡，刘某某（女，24岁，张家乡刘庄村七组人）重伤，送医院抢救无效死亡。

第十六篇　农　业

第一章　农村工作

第一节　综合管理机构

1988年11月，广元市市中区卫子区公所办公室下设农业办公室，王德永任主任。

1989年11月，广元市元坝区设农村经济委员会（简称区农经委），1990年2月正式挂牌成立。1991年3月，区农经委设办公室（含人事）、经营管理科、农情信息科、多种经营办公室。1996年4月，成立广元市元坝区小康建设工作领导小组办公室（简称区小康办）和广元市元坝区烤烟生产领导小组办公室（简称区烤烟办），挂靠区农经委。1997年4月机构改革，撤销区农村经济委员会，建立中共广元市元坝区委农村工作委员会（简称区委农工委），挂广元市元坝区人民政府农村经济工作委员会（简称区政府农经委）牌子，列入区委工作机构序列。设办公室、生产科技股、多经贸易股（挂区多种经营生产领导小组办公室牌子）、经济管理计划股、综合调研股（挂区小康办牌子）。1999年3月，成立广元市元坝区农业产业化领导小组办公室（简称区农业产业办），挂靠区委农工委。2000年7月，成立广元市元坝区农村能源管理办公室（简称区农能办），挂靠区委农工委，2004年4月划归区农业局。2005年，区委农工委设办公室、经营管理股、信息调研股。2007年11月，区委农工委设办公室、经营管理股、信息调研督查股、区新村建设办公室（与区小康办两块牌子，一套人马）、区农业产业化发展办公室（挂区烟办牌子）。

广元市元坝区人民政府救灾办公室（简称区救灾办）于1991年成立，与区农经委合署办公。1997年，区救灾办划归区政府办公室。

广元市元坝区委农工委、区政府农经委及挂靠部门领导名录

表 16-1

姓 名	性别	籍 贯	政治面貌	职 务	任职期间	备 注
沈定均	男	广元市元坝区	中共党员	主任（兼）	1990-02—1991-03	区政府副区长
杨在尧	男	广元市元坝区	中共党员	副主任	1990-03—1991-03	
易文福	男	广元市元坝区	中共党员	副主任	1990-05—1991-08	
杨在尧	男	广元市元坝区	中共党员	主 任	1991-03—1994-04	兼区救灾办主任
李成元	男	广元市元坝区	中共党员	副主任	1991-11—1994-04	
陆登德	男	广元市元坝区	中共党员	副主任	1993-08—2001-12	
李成元	男	广元市元坝区	中共党员	主 任	1994-04—1995-11	兼区救灾办主任
梁建业	男	广元市元坝区	中共党员	副主任	1995-11—1996-04	主持工作
王金洲	男	广元市元坝区	中共党员	副主任	1996-04—1998-03	
王金洲	男	广元市元坝区	中共党员	区烟办主任	1996-04—2007-09	
梁建业	男	广元市元坝区	中共党员	主 任	1996-04—1997-10	兼区救灾办主任至1997-03
梁瑞龙	男	广元市元坝区	中共党员	副主任	1998-02—2001-12	
孟成显	男	广元市元坝区	中共党员	主 任	1998-03—2001-12	
李宗元	男	广元市元坝区	中共党员	副主任	2000-03—2001-03	
王大强	男	广元市元坝区	中共党员	副主任	2001-02—	兼区小康办(新村办)主任
杨云清	男	广元市元坝区	中共党员	主 任	2001-12—2005-08	
黄定科	男	广元市元坝区	中共党员	副主任	2003-02—2007-06	
张家贵	男	广元市苍溪县	中共党员	副主任	2003-02—2004-08	兼区农能办主任
田义智	男	广元市元坝区	中共党员	主 任	2005-08—	
李尧生	男	广元市元坝区	中共党员	副主任	2007-06—	

第二节 农村经营方式

一、租佃

1949年前，昭化县土地租佃形式有三种。一是定租，又叫铁板租。无地农民租种地主的田地，先要写文约，确定租数及时间，无论天旱雨霖，颗粒不少，超过约定时间按日、月计息。约定交租时间，一般为夏收五月和秋收后十月。二是活租，又叫见籽平分。收获前由佃户向出租户禀告粮食收打时间，请出租户亲临田间地头观看认可。收割时，按约定项目数量分配。实行活租办法的多是小土地出租者和富农，或占有土地较少的地主。三是力租，即佃户按约定数量，每年给出租者做农活，佃种一亩地，佃户要给出租者种一亩地，包种包收，不付报酬。

二、自耕

自耕是以土地私有制为基础的个体经营。1952年土地改革后，开展互助合作，实行劳动互助，以

工换工，自耕开始改变。但仍有少数居住零散边远的贫困户。个别较富裕的中农户未参加互助组，仍实行自耕，其粮食产量低于参加互助组的农户。当时，已显示出互助合作的优越性和吸引力。随着农村经营体制的改变逐步取代了自耕经营方式。

三、互助合作

农民互助合作的主要形式有简单的临时性或季节性的劳动互助、常年的互助组和以土地入股为特点的农业生产合作社等三种形式。昭化县土地改革结束后，按照中共中央农业生产互助合作的有关规定，在自愿互利的原则上，经过了由临时性、季节性的换工互助到常年的互助组的发展过程。1952 年 4 月，中共昭化县委在昭化县曲回乡（今昭化镇）试点建立王登芝互助组。1953 年，在互助组大发展的基础上，开始试办初级农业生产合作社。

四、农业生产合作社

农业生产合作社包括初级农业生产合作社和高级农业生产合作社，经历了由小到大，由初级到高级的发展过程。

初级合作社。初级农业生产合作社是在农民自愿的原则上，实行土地入股、耕牛评级，大型农具折旧入社，统一经营管理、使用，合理评定报酬。年终收益分配，主要按产品核算，除集体提留下年所需要种子、饲料外，按比例付给土地分红和劳动报酬，人均耕地较少的社，土地分红比例为四至五成，人均耕地较多的社，土地分红比例为三成，最多不超过四成。1953 年 3 月，昭化县曲回乡互助组组长王登芝建立了昭化县第一个农业生产合作社。入社农户 12 户，给昭化县初级农业生产合作社的发展起了示范推广作用。

高级合作社。高级农业生产合作社是在初级农业合作社的基础上形成的，社员的土地、林木、耕牛等主要生产资料均为合作社集体所有，林木、耕牛及大型农具按统一标准折价入社，取消土地分红，组织集体劳动，实行“各尽所能，按劳取酬”。高级农业合作社统一筹集生产费、公有化基金，基金多少按全社入社的林木、耕牛、农具折价款，以及当年生产所需要种子、肥料、饲料等生产费用总额计算，然后按劳动力分摊。社员入社的各项折价款可抵本户应摊的基金。相抵不足时，可分年交付，或逐年在分配中抵还；相抵有余，由合作社分年付给。土地全部入社后，合作社抽出全社土地总数的 5%，划分社员作自留地，用于种植蔬菜。1957 年自留地增加到占土地总数的 10%，用于种植饲料，发展私人养猪。1955 年 11 月，昭化县曲回乡成为全省 5 个首先实行合作社的试点乡之一。全年 18 个初级合作社合并建立嘉陵、石盘、天雄 3 个高级农业生产合作社，为昭化县农业合作社树立了样板。1956 年，农业合作社进入高潮。

五、人民公社

人民公社是在高级农业生产合作社的基础上建立的以乡为单位，实行农、工、商、学、兵五位一体，政社合一，文、财、教、建统一管理的体制，既是社会主义集体经济在农村中的基层组织，又是社会主义政权在农村中的基层单位。1958 年，中共中央作出了《关于在农村建立人民公社问题的决议》，同年 10 月，昭化县各行政乡均建立了人民公社，以行政村设耕作管理区，耕作管理区下设生产队。农业合作社的财产、积累、储备粮，统归公社所有；收回社员自留地，社员私有猪和成片竹木一律折价归公；实行全公社统一核算，工资制与供给制结合的分配方法。在农村推行“三化”，即：生活集体化（统一在公共食堂吃饭），行动军事化（生产劳动按排、连、营、团组织，以作业组为排，生产队为连，耕作管理区为营，公社为团），生产战斗化（农事活动，按季节、生产门类，采取人海战术“大兵团作战”的方法）。1959 年，人民公社统一经营改为人民公社实行统一领导，队为基础；分级管理，权力下放；三级核算，各计盈亏；分配计划，由社决定；适当积累，合理调剂；物资劳力，等价交换；按劳分配，承认差别。各人民公社的耕作管理区改名为生产大队，并以生产大队为核算单位。1961 年 7 月，广元县撤销公共食堂，纠正“一平二调”，从上到下进行退赔。实行“四固定”，即将劳动力、土地、耕牛、农具固定到生产队，生产队向公社、大队提交积累；原收归的自留地重新划给社员，原属社员经营的零星果树，亦划给社员经营，允许并鼓励社员和养生猪、羊和家禽；社员自留地内收获的农产品一律归社员所有；以大队为单位统一核算，对生产队实行包工包产包财务，超产奖励的“三包一奖”制度。1962 年，再次清理平调、落实退赔、下放财权，实行以生产队为核算单位。允许社员开垦田边、地边、路边、沟边、林边、塘边、埝边、住房边（即“八边”）增耕地。农村人民公社实行统一领导，分级管理，以生产队为基本核算单位的制度，坚持了近 20 年，到 1982 年全面实行以户营为主的联产承包制，生产队不再统一核算分配。1984 年初，人民公社化结束。

六、家庭联产承包责任制

中共十一届三中全会后，农村生产关系发生重大调整。1980 年，广元县半数以上的生产队实行包产到组、到户责任制，农村包干到户迅速发展。当年，广元全县有 4140 个生产队在坚持土地集体所有制不变的前提下，除按耕地总面积的 15% 留作机动地外，其余按人平计算到户，实行以户经营为主的大包干承包制。在土地承包到户的同时，将集体耕牛、农机具等生产资料，通过社员民主定价下放到户；将农业税，集体提高等按农户承包的耕地面积计算落实到户，在此基础上，生产队与各户签订农业承包合同。广大群众认为包干到户简便易行，利益直接，“除了国家的，交够集体的，剩下全是自己的”。在大田生产责任制普遍推行的同时，逐步建立了林、牧、副、渔业产业责任制。1984 年“政社分开”后，改人民公社管理委员会为乡人民政府，改大队管理委员会为村民委员会，改生产队为村民小组，并建立农业生产合作社。农业生产合作社是独立核算的集体组织，行政工作的受村委会和乡人民政府的领导。1983—1985 年，农村开展对生产对集体债权债务和固定资产的清理工作，通过清理，将债权债务、固定资产等折价按人平分配到户，转作农民底垫资金。1986—1989 年，各级政府多次部署完善家庭联产承包责任制，并实施一年一度的“小调整”。1990 年，广元市元坝区人民政府成立区农业承包合同委员会。1991 年，根据人口变化情况对承包地实行“大稳定，小调整”，将一年一度调整为 3 ~ 5 年的小调整。1992 年，元坝区人民政府制定《农村土地承包经营权流转管理办法》，鼓励土地经营权合理流转，对农村土地采用“村社集体开发，机关单位出资，村组出地，农民投劳”的方式联合开发，按股分红；坚持土地所有权不变的原则，鼓励有生产能力和投资能力的单位和个人到村组依法租赁非耕地开发；鼓励依法拍卖“四荒”地和租赁经营。1996 年，元坝区开展第二轮土地承包工作，二轮土地承包期仍坚持“大稳定，小调整”的原则，耕地承包期再延长 30 年不变；凡是原承包合同基本合理，多数群众满意的，可在原承包关系的基础上重新签订合同；因人口变动较大或因基本建设等因素造成人平土地严重不均，群众意见较大的，经民主议定后，做适当调整，再签订承包合同；对城周第二产业、第三产业较发达，大部分劳动力已转向非农产业并有稳定收入的村组，充分尊重群众意愿，对土地作必要调整，实行适度规模经营。

七、双层经营体制

从 1985 年开始，农业合作经济进入完善、深化改革的阶段。这一阶段的特点是，合作经济由过去的注重“分”发展到加强集体“统”的功能，做到统分结合；合作经济由农业合作向多业发展；联合的要素由单一的土地向多种要素发展。1987 年冬，中共广元市市中区卫子区委、区公所根据省、市的安排，组织各乡镇分管农业的副乡长、经营管理干部和区公所涉农部门的有关人员在紫云乡开展了完善统分结合的双层经营合作制的试点工作。1988 年春，全区农村全面开展了健全和完善双层经营体制工作，健全合作经济组织——农业合作社，加强和完善承包合同管理，因地制宜兴办村、组集体企业，清理整顿财务，加强集体资产和积累的管理，强化生产服务和协调工作，制定规划，调整农村产业结构，全面发展多种经营，落实塘、堰等水利基础设施的承包管理。

第三节　农村经营管理

一、集体经济管理

从农业合作化开始，农村便逐步实行集体经济。集体经济管理主要包括计划和劳动管理、财务管理、收益分配管理等。实行家庭联产责任制后，集体经济管理主要是对土地、山林的宏观管理。

（一）计划和劳动管理

1. 计划管理

1953 年试办常年性互助组，开始制定简单的生产计划。1956 年农业合作化形成高潮，集体经济组织初具规模，各农业合作社能制定年度生产计划、水利计划、劳动调配计划、收益分配计划，逐步形成集体经济系统的计划管理。1957 年春，各级政府逐级下达计划，农业合作社的各项计划均报上级人民政府审定，实行上下级计划衔接。在计划经济体制时期，各级政府每年都要下达农业生产计划，下达的计划指标分解到各大队（村），各大队（村）又分解下达到生产队（组）。在建立市场经济体制后，各级政府在安排农业生产计划时，改过去指令性计划为指导性计划，改过去强制性为以市场为导向，建立目标责任制，强化了对各项经济指标完成情况的考核。

2. 劳动管理

在互助合作运动初期仅限于排工调劳，评记工分，提倡按劳评分。1957 年高级农业合作社时，开始对农业劳动精心分级，对各种农活制定劳动定额工分，出工社员按劳动定额工分进行活评。1958—1960 年“大跃进”时期，劳动力以大兵团作战，公社为团，营、连、排的劳动力均由公社统一调配，同时以耕作管理区为基本核算单位，生产队没有劳动调配权。1961 年以生产队为核算单位后，对以下设临时性或季节性或“四固定”（土地、劳力、耕牛、农具）作业组实行定额管理，按件记分或责任到人。1962 年，广元全县统一实行劳动定额管理。1964 年，广元县统一印制《劳动定额手册》，提供各生产队参考，定额管理日趋合理。1965 年开始，评“大寨式”工分，即每天考勤，记劳动时间和劳动态度，一月评记一次工分。“文化大革命”期间，全面推行大寨评记政治工分经验，形成“男 10 分，女 8 分，老头小孩拄拐棍（7 分）”“你上坡，我上坡，画的圈圈一样多”的“大锅饭”状态，劳动积极性受到抑制。1972 年，恢复了按劳动定额评记工分，以分计酬。1979 年之后，先后实行“分组作业，以产定工，超产奖励”“包产到组、联产到劳”“包产到户，包干到户”“家庭联产承包责任制”等生产形式，劳动力由农户自己安排。1987 年，在稳定家庭联产承包责任制的同时，建立健全双层经营体制，由村或组利用农闲时间，统一调配劳动力参加农田基本建设、公路建设，劳弱户可用现金作抵。

（二）财务管理

1. 会计核算管理

自1956年农村合作社开始，实行以货币为主要形式对集体经济活动进行收、支、结存、核算的会计制度。农业合作社时期，仿效苏联集体农庄管理经验，实行借贷记账法，利用会计核算，统计核算和业务核算，根据农产品产量、产值，固定资产和流动资金，将折旧基金与劳动报酬纳入生产成本核算。1959年，人民公社试行增减记账法，现金、实物固定资产分别管理，分户记账，分项核算。1964年，健全生产队会计制度，设置现金、实物、工分、明细分类、社员往来、总账等六账及工分日记、财产登记、物资出入库登记簿。绝大多数生产队做到日清月结、按月公布、严格管理。1981年后，随着农村经营体制的改变，农村会计核算管理也相应地发生了变化，农村会计核算管理重点是加强对社员承包合同签发、结算管理。20世纪末，村民小组均不配备会计，也不存在会计核算管理。

2. 账务管理

大队（管理区或村）、生产队（组）都设置会计、出纳、保管，生产队设置日记账、分类账、明细账、总账，财产、粮食、工分、肥料登记簿，社员往来手册。生产队的会计、出纳、保管员随时做到账钱、账物、账据、账册和账内外的日记、分类账"五相符"，并于每月30日前向社员（村民）公布。凡不符合手续、制度的单据，出纳员有权拒绝报销，保管员有权拒绝收发实物，会计员有权拒绝入账。为保证账目清楚，公社每月（或每季度）召开赛账会，集中审查，民主评议。规定各种账簿、单据及分配方案等一律保存10年。

3. 现金管理

坚持会计管账不管钱，出纳管钱不管账，现金开支，坚持审批制度，按计划开支。

4. 物资管理

1962年，各大队、生产队普遍建立财产、物资管理制度。凡大型农具、粮食、种子和其他公共财物（如拌桶、水车等）由专职保管员管理，小型农具谁使用谁保管。对购进物资坚持验收制度，实物进出库有账有据，出入实行"三把锁"（队长、会计、保管员联锁）。

（三）收益分配

互助组时期，农民自负盈亏。初级农业合作社时期，农民的土地、耕牛、农具等主要生产资料作股入社，承认社员的私有权，分配上既有按劳分配，又有土地按股分红。总收入实行"四六开"，即劳动工分占60%，土地入股占40%，或"对半开"。初级社转高级社后，把耕牛、大型农具都折价归公，取消了土地分红，总收入全部按工分分配。人民公社化初期，实行"半供给半工资"分配制，即"吃饭不要钱，月月发工资"制度。1961年，大队对生产队实行"三包一奖"（包产、包工、包投资、超产奖励），余粮归队。1962年，贯彻落实中共中央《关于农村人民公社当前政策问题的紧急通知》和《农村人民公社工作条例（修正草案）》，坚持以大队为基础，实行以队为核算单位，口粮分配实行基本口粮和工分、肥料分粮"三结合"，强调粮食65%以上分配给社员，1964年起，实行"多劳多得，承认差别"的政策。1978年，实行包产到劳，超产全奖。1982年，实行以户营为主的联产承包责任制后，分配上实行"交了国家（税收、粮油征购）、集体（公积金、公益金、统筹物等）的，剩下全是自己的"的一种方式。2005年，停征农业税，2006年停征农业特产税。2007年，农业收入全部归农民自己所有。

二、土地承包管理

在农村实行家庭联产承包责任制和双层经营体制中，县（区）以上人民政府农业行政主管部门主管本行政区域内土地承包合同的管理工作，农业行政主管部门的农村合作经济经营管理机构负责承包合同管理的日常工作；乡镇人民政府负责管理本辖区内的承包合同，乡镇农业承包合同管理委员会或乡镇农村合作经济经营管理机构负责本辖区内承包合同管理的日常工作。坚持“大稳定、小调整”的原则，即根据人口的变化每5年进行一次小的调整，承包土地该划进的划进，该划出的划出。1999年7月，元坝区开展了第二轮土地承包工作，规定了稳定和完善第二轮土地承包关系的原则。即：坚持土地集体所有，任何情况下都不能改变其所有权性质；必须以稳定第一轮承包关系和承包办法为基础，不准打乱重来；确需进行调整或合理流转使用权的，必须尊重农民意愿，不准强迫命令；不得以稳定和完善第二轮土地承包关系为由，增加农民负担；要有利于保护耕地和实行计划生育的基本国策。土地承包的期限：凡第一轮土地承包期届满后都要按照中央的政策再延长承包期30年，即1999年9月1日至2029年8月31日从事开发性生产和“四荒”治理的项目可以延长到50～70年。在延长土地承包期时，要以原承包合同为基础适当进行调整，通过续签或重签的形式直接延长30年。已经开展了延包工作的地方，如果承包期不足30年的要加以完善后一并延至30年。土地承包期延长后，各乡镇人民政府按照中央的规定，向承包户颁发由区人民政府统一印制的“土地承包经营权证书”。当年10月，全区完成颁发“土地承包经营权证书”和建立土地承包档案工作。《中华人民共和国农村土地承包法》于2002年8月颁布后，区农业局组织培训乡镇农业站站长及农经干部和农业局全体人员，翻印《农村土地承包法》500份下发到乡镇、村、组和区级有关部门学习。2004年春，区农业局组织全区农经干部学习《中华人民共和国农村土地承包经营权证管理办法》，2005年4月，组织乡镇农经干部和村出纳员再次学习培训“一法两办法”，并通过会议、广播、电视、板报、标语、印发资料等方式，广泛宣传，做到家喻户晓；同年11—12月，完成了全区5.8万农户换发由农业部监制、四川省人民政府印制的“中华人民共和国农村土地承包经营权证”。

三、农民负担监督管理

广元市元坝区农民负担有农业税、农业特产税、村提留、乡统筹、社会负担、各项集资、基建工、义务工、以资代劳等。1989年，全区农民人均负担税费20.13元，义务工39.25个。区农业局在区人民政府的领导下负责全区农民负担管理工作，区农业局下属各办事处农业服务指导站、乡镇农业服务站在办事处、乡镇人民政府的领导下，负责本行政区内农民负担的管理工作。1996年2月，建立了广元市元坝区农民负担监督管理领导小组，其办公室设区农业局。20世纪90年代中后期，农民负担急剧加重。至2000年，全区农民人均负担税费达到138.83元，此外还有一些隐形负担，建区11年间增加了近7倍。其主要原因是国家对农业、对基础设施投入少，基层乱集资、乱摊派。如乡镇自收自支人员、村组干部增多，其工资和工作经费等主要由农民负担，建农贸市场、改建学校、硬化街道、维修改建乡政府、兴修水利、硬化渠系、改造山平塘、整治公路等均需农民集资建设，乡镇、村盲目上项目办企业也要农民出资，加之管理混乱、监督不到位，更加重了农民负担。这种格局直到2002年农村税费改革后才得以扭转，农民负担逐年下降。到2005年，国家取消农业税，至年底，农民不再承担基建工和义务工。

广元市元坝区 1989—2005 年农民负担情况表

表 16-2

年 度	国家税金（万元）	村提留乡统筹（万元）	上交国家有关部门（万元）	社会负担（万元）	合计（万元）	人均（元）	基建工	义务工
							合计（万个）	劳均（个）
1989	333	101	—	—	434	20.13	—	—
1990	352	280	12	221	865	39.94	369	39.25
1991	379	267	21	106	773	35.52	474	48.36
1992	524	335	5	108	972	44.76	347	35.77
1993	462	377	30	52	921	38.07	280	28.86
1994	873	408	27	75	1383	62.72	191	19.89
1995	921	503	20	198	1642	74.44	267	28.70
1996	1259	674	38	312	2283	104.42	337	32.97
1997	1316	740	39	120	2215	101.42	282	28.15
1998	1209	883	17	152	2261	104.05	280	28.10
1999	1354	722	49	161	2286	106.18	274	27.68
2000	1260	1456	16	234	2966	138.83	244	24.89
2001	1268	776	28	432	2504	118.46	297	29.03
2002	1428	279	23	3	1733	83.08	150	13.42
2003	1179	244	38	—	1461	69.91	91	8.17
2004	834	226	—	—	1060	50.39	62	5.75
2005	132	73	—	—	205	9.68	33	2.86

第四节　农村产业结构调整

中华人民共和国成立之后，党和国家就对农业发展提出了以粮食为中心发展多种经营的方针，组织农民在搞好粮食增产的同时，大力发展生猪、栽桑养蚕和植树造林。1964 年，国家对农业生产提出“以粮为纲，多种经营全面发展”的方针。即坚持在抓好粮食生产的同时，积极发展棉花、油料、药材、麻类等经济作物和以生猪为主的养殖业，林业、副业、渔业。省、地、县建立了多种经营办公室，各公社配备了多种经营干部，大队、生产队配备了多种经营副大队长、副队长，负责多种经营发展工作，并把多种经营生产纳入年度计划，层层按项目分解下达任务。1978 年起，在农村开展了农业结构调整，但一直未形成规模，农业生产仍然是以种植业为主，种植业以粮食为主的单一格局。元坝区建立后，区委、区政府曾多次对农业产业结构进行了规划、实施，如规模发展烤烟、栽桑养蚕；开发肉牛、黄羊、长毛兔、大棚蔬菜等基地建设，投入了大量的人力、物力、资金，推动农业结构调整和产业化进程，农业内部结构发生了明显的变化，农业产业结构由单一的种植业逐步向种、养、加、产、供、销多元化结构发展，粮食作物播种面积下降，经济作物播种面积扩大。2004 年，粮经作物种植比例由 1987 年的 81.65∶18.35 变为 65.19∶34.81，农、林、牧的产值比例构成由 1987 年的 64.13∶8.30

:25. 57 变为 48. 78 :4. 84 :46. 38，农业产业结构逐步向科学、生态、效益和可持续方向转变。

第五节　农业基础设施建设

一、农田基本建设

大集体生产时期，以生产队为单位组织劳动力利用冬春农闲时间开展改土工程，主要是改薄为厚，改地为田，改小块田地为大田大地，以便耕作管理，改善生产条件，提高种植效益。土地分户承包经营后，主要以一家一户进行农业培肥改土为主，以项目资金投入进行工程改土为辅。元坝区建立之后，以“人平半亩吨粮田、1 亩双千元地”为目标，发动群众自行投入改造中低产田土，至 1994 年，全区累计改造中低产田土 24495 亩，坡改梯 28890 亩。从 1995 年起，除继续抓中低产田土改造和坡改梯工程外，大力发展庭园经济，以户平建庭园经济 2 亩，种、养、加结合，年收入达到 5000 元为目标，同时配套微水池、卫生井、石板路、沼气池、新农居建设，改善生活环境。区人民政府统筹农田基建专项资金、以工代赈资金、扶贫资金进行补助扶持等，同时在绵（阳）广（元）高速、国道 212、省道 202 等公路区境内沿线抓典型示范。至 2000 年，共改造中低产田土 14100 亩，坡改梯 22200 亩，庭园改土 27500 亩。

2001—2004 年，区人民政府坚持围绕产业发展抓基础设施配套建设，整合资金 1000 多万元集中投放于 34 个村，重点打造出元坝镇杏树村、昭化镇天雄村等一批农田基本建设示范工程。元坝镇杏树村成片改土 500 亩，其中发展美国红提 300 亩、良桑 200 亩；昭化镇天雄村围绕蔬菜产业进行培育改土 800 亩，并配套建设大棚 100 余栋，滴喷灌配套，扶持业主经营，提高了反季节无公害蔬菜的质量和效益。全区累计改造中低产田土 62100 亩，人均占有高产稳产农田 0. 64 亩；庭园改土 68400 亩，户均 1. 2 亩，其中建成生态示范庭园（即园、池、井、路、气、居配套）14 个村 1. 2 万户。

2005 年，完成全区农业综合开发土地治理项目实施方案的规划、编制工作；完成“十一五”农业项目规划；完成改田改土 12200 亩，实施沃土工程 16. 50 万亩，实施稻田生态耕作 32000 亩；完成基本农田保护分等定级工作。储备农业项目 30 个，筛选上报项目 12 个。编制全区农业综合开发项目报告及项目实施方案，争取国家投入 240 万元，实施 80 万元。争取省级专项补助 60 万元，区级专项补助 14 万元。落实招商引资项目 5 个，协议总投资 1200 万元，落实到位资金 1200 万元。2006 年，采取“以政府投入为引导，群众投入为主体，社会投入为补充”的多元化投入方式，完成农田基建总投入 9600 万元，其中国家投入 5400 万元，群众投入（含资金投入和投劳折资）4200 万元。改造中低产田土 13700 亩，实施沃土工程 15. 60 万亩，新增和改善灌面 23000 亩，建成节灌工程 14000 亩，配套田间道路 43. 60 公里，田间渠系 31 公里；新建农村户用沼气池 3023 口，完成目标任务的 101%，其中：完成 2005 年农村沼气建设国债项目 1500 口，占计划的 100%，市级新村建设资金修建沼气池 118 口，占计划的 59%，农户自筹资金建池 1405 口；新增省柴节煤灶 2600 户，新建城镇生活污水净化沼气池 7 处，容积为 480 立方米，推广沼气综合利用农户 16560 户，推广沼液浸种面积 65000 亩。在项目和招商引资工作方面，共编制和上报项目 20 余个，落实招商引资项目资金 1600 万元。争取 2006 年沼气建设国债项目中央预算内专项资金 150 万元，农业科技示范场建设项目 20 万元，重点先进实用技术推广项目 5 万元；引进江苏盐城市海韵生物科技有限公司投资 1100 万元在区境建设年育苗 2000 万株的优质嫁接桑苗育苗基地，新建年产 10 万张的优质蚕种场 1 个，年产值可达 1500 万元，创利税 200 万元；

引进成都三康公司在区境内发展脱毒高淀粉红苕生产基地，辐射带动川北地区专用薯类生产和加工；利用区内丰富的枥树资源，引进省内外业主投资1000万元，在全区发展黑木耳生产600亩，在虎跳镇三公村新建菌种场1个。2007年，全年农田基本建设总投入9596万元，其中争取国家投入5023万元，农民自筹4573万元，改造中低产田土9500亩，实施沃土工程13万亩，新增和改善灌面45000亩，建成节灌工程18000亩，配套建设田间道路36公里，田间渠系48公里。全年争取到位项目5个，财政总投资423万元；实现招商引资到位资金5000万元，其中，引进成都中新公司投资1500万元在昭化镇建猕猴桃核心示范基地1500亩，在元坝农产品加工园区建猕猴桃冷藏库1座和包装分选线1条；引进广元市钏琰生物科技有限公司，投资2400万元在元坝农产品加工园区新建冻干食品厂1个，并在昭化镇建香葱核心示范基地67公顷；引进中国农科院蚕业研究所、江苏盐城市海韵生物科技有限公司，与广元市元坝三元茧丝绸有限公司共同投资1100万元在昭化镇石盘村建立了560亩的蚕桑育苗基地，当年培植优质桑苗2200万株。

二、农业信息化建设

1990年6月，区农业局成立广元市元坝区农情信息站，2001年5月，更名为广元市元坝区农业信息服务站。2004年，乡镇农经、农技干部为兼职信息员。至1992年，全区农业信息收集整理和报送以电话报送为主，1993年开始采用传真形式报送，自2001年实施“信息入乡工程”以后，将龙头企业、种植大户、业主、协会、专业村社负责人发展为农村信息员，定期或不定期地进行培训，提高信息报送时效。2004年，实现网上信息传输，并对昭化蔬菜、沙坝黄姜、紫云猕猴桃、山清米业公司、三元丝绸公司等农产品和企业制作了网页进行宣传，联系信息增收大户10个，基本建成了县级农业宣传信息平台。当年通过销售蔬菜、猕猴桃、优质稻米等农产品420吨，销售桑苗、银杏苗200余万株，实现销售额410余万元。2005年，农业信息服务坚持以“硬件建设为基础，信息宣传为突破，服务农民增收为宗旨”的原则，抓好农业信息服务，在资金十分紧张的情况下，多方筹措资金，添置交换机、计算机等硬件设备，以党政网为主骨架，建成局域网，全区29个乡镇、社区街道办事处全部建成信息服务站，开通了互联网和党政网，从乡镇到局机关基本上实现信息报送网络化。全年被中国农业信息网采用信息12条，省农业信息网采用信息14条，《广元日报》采用信息6条，市农业刊物采用信息40余条，编撰《元坝农村工作》《元坝农业》信息简报23期。通过“一站通”网络发布供求信息20条次，收到反馈信息30余次。其中，通过网络信息从浙江海宁购回优质杂交桑苗200万株，价值20万元，引进成都三元果业公司与紫云乡签订了猕猴桃技术指导和保护价收购合同，公司无偿提供果袋60万个，收购紫云红心果猕猴桃50多吨，给当地农户创产值达30多万元。2007年，全区已建成区、乡、村、户四级信息网络服务体系，建成并开通元坝农业信息网。全年编发《元坝农村工作》《元坝农业》《元坝农能》《元坝植保》《农产品质量安全》《蚕桑基地建设》等信息刊物70余期，上报各类信息500余条；开展多种形式的农业信息服务，形成以电话、农业简报、有线电视、手机短信、标语、科技下乡、现场会等多种形式的农业信息服务方式；通过网上发布信息，引进农业产业化龙头企业3个，投资总额达2000多万元，引进5户种植业主承包昭化无公害蔬菜基地40余亩土地种植大棚蔬菜，户均实现销售收入近8万元。

第六节　农村经济发展

中华人民共和国成立后，农村进行土地改革，发展互助合作，实行生产资料集体所有制，农业生产得到发展。但在“大跃进”中，农业受瞎指挥、浮夸风、“共产风”“左”倾错误的影响，在人民公社化中，强调“一大二公”，取消农民的自留地和家庭副业，农民生产缺乏积极性，农村经济发展受到严重影响。1980—1992年，农村全面推广家庭联产承包责任制，鼓励发展重点户、专业户，允许一部分先富起来，从根本上改变了原集体经济管理办法，进一步解放了生产力，极大地调动了广大农民的生产积极性。同时，因地制宜地调整农业产业结构发展商品经济，采取农、工、商、运、服五个轮子一起转，以乡镇、村、组、个体、联办企业等多层次经营，促进了农村经济的发展。粮食总产量大幅度增加，农业总产值迅速增长，1985年，广元县农业总产值比1980年增长41.93%。

元坝区建立后，贯彻执行党中央、国务院关于发展农村经济的一系列方针政策，把农业、农村、农民（简称“三农”）作为头等大事。在继续坚持以户营为主的家庭联产承包责任制的同时，建立和完善统分结合的双层经营体制，认真开展第二次土地承包；坚持科技发展，增加农业投入，积极争取项目资金，实施以粮代赈，以工代赈，粮食自给等农业项目，不断改善农业生产条件；因地制宜调整农业结构，大力发展高产、优质、高效农业，突破性发展优质粮油；依托农村小集镇建设，促进农、林、牧、副、渔、工、商、运、建、服等各业全面发展；充分挖掘农村剩余劳动潜力，组织劳动力合理有序流动，拓宽新的增收门路，全区农村经济得到持续健康发展。

1999年，元坝区以烤烟产业化发展为突破口，抓以地膜覆盖和新法烘烤为主的科技推广，种植烤烟8700亩，产烟15110担，实现产值420.16万元。2001年，在通过招商引资、企业改制等方式盘活区食品公司、区牧工商公司等企业基础上，狠抓业主开发，扶持一批个体私营大户和流通专业户，培植引进广元利民蚕业发展中心、广元余氏中药材公司等农业开发业主580多个；立足优质和大宗农产品，发展农副产品市场，筹建川北畜禽交易市场和昭化蔬菜专业批发市场，组织农产品参加“西部农博会”，创“昭化牌”无公害蔬菜品牌，以名、特、优扩大市场占有份额。2003年，用“订单”农业的形式带动优质粮油、蚕桑、中药材等产业发展，按照“业主+农户”的模式发展经作产业。当年全区参与农业开发的业主有584户，开发承包土地总面积78000亩，其中承包30亩以上土地的业主达140户，100亩以上的达15户，1000亩以上的达7户，总投资3746万元。2004年，按照“种植千亩成片，养殖百头成线，业主大户包干，党员干部示范，群众大干快干”的要求，瞄准市场需求，因地制宜，从区域结构、品种品质结构、劳动力结构和投入结构等方面进行全方位调整，在确保粮食生产能力和粮食安全的前提下，扩大优质粮食播面、增加经济作物种植、增加畜禽养殖量。规范建立产业发展档案，大力培育农民增收主体，搭建天府农业信息平台，完善市场体系建设，活跃农产品流通，走“市场牵龙头、龙头联基地、基地建协会、协会带农户”的路子，当年新增“专合组织”（农村专业合作社）2个，累计达34个；广元三清米业有限公司和广元三元茧丝绸有限公司融资技改扩能，广元市元坝区江源牧业有限公司、广元市元坝区卫子华康有限公司等与农户建立订单关系，扩增“山清牌”大米、“昭化牌”蔬菜和“红心果”猕猴桃的品牌效能。2005年，围绕生猪、优质粮油骨干产业发展，新组建农村专合组织23个，累计建成57个。当年，全区4家市级龙头企业、7家区级龙头企业、5130名专合组织会（社）员、600余家农业开发业主、1000余户农产品流通大户和农民经纪人带动3.5万农户、交叉带动近6.6万农户进入农业产业化经营网络，实现增收3507万元，助推农民人均产业化经营增收163元。2006年，在标准化基地建设中，完善配套农业标准16个，实施有关国家、行业标准30个。2007年，新增省、市级重点龙头企业各1家，市级以上重点龙头企业达到6家，省市级重点龙头企业固定资产总值达1.45亿元，实现总产值5.20亿元，净利润1196万元，入库税金488.60万元，带动农户37668户，助农人均增收302元。全区参与农业产业化经营的劳动力达4万人，占全区农村劳动力人数的35%；标准化生产基地规模不断扩大，全区标准化基地建设面积达35500亩，其中在元坝镇杏花村、青树村建高产密植标准化蚕桑基地3500亩，在磨滩镇、石井铺乡、朝阳乡等16个乡镇建烤烟生产基地15000亩，在紫云乡建猕猴桃生产基地2000亩，在昭化镇建无害化优质蔬菜生产基地15000亩。当年新发展5个农村专合组织，全区各类农村专业合作组织发展到67个，会员5972人，带动农户2万余户，会员人均增收500元以上；全区累计建成国家级无公害农产品基地5个，无公害农产品8个。

第七节 农村能源建设

20世纪80—90年代，全区农村已有零星农户建成沼气池、供家庭照明及作燃料使用。2000—2001年，区农能办对全区农村沼气建设基础情况进行全面调查，并做好项目建设的前期准备工作。2002年，申报并实施了农业部农村小型公益设施建设沼气项目共800口，覆盖4个村，其中元坝镇长坝村200口，柳桥乡柳桥村200口，石井铺乡茶店村200口，昭化镇天雄村200口，国家补助资金40万元，每户补助500元，于2004年3月，通过省农能办组织验收。2003年，申报并实施了神内四川生态家园建设项目（即日本神内公司援助中国四川生态家园建设项目），分别在10个乡镇的12个村内实施，共建设户用沼气池2550口，每户补助1000元，该项目当年全面通过省、市的验收；申报农村沼气建设国债项目并在9个乡镇14个村内实施，建设户用沼气池2800口，总投资420万元，户平补助资金1000元，该项目于2005年3月通过省农业厅、省发改委检查验收。2004年，申报实施农村沼气建设国债续建项目并在12个乡镇17个行政村内实施，建成户用沼气池1790口，总投资286.40万元，其中国家补助资金179万元，每户补助1000元。2005年，申报实施了农村沼气建设国债续建项目，该项目在14个乡镇15个村内实施，建设任务1500口，国家投入225万元，每户补助1000元。同时，实施市财政沼气建设项目200口，补助资金10万元，每户补助500元。2006年，实施市财政沼气建设项目200口，补助资金10万元，每户补助500元。2007年，继续实施农村沼气国债项目1200口，补助资金120万元，每户补助1000元。同时，实施省农村沼气建设项目1500口，省、市、区三级财政共投入资金75万元，每户补助500元。至2007年，全区累计投入资金2036.10万元，其中国家补助1184万元，群众自筹及以劳折资投入852.10万元，共建成沼气池12340口，涵盖全区29个乡（镇、社区街道办事处）121个行政村。

第八节 小康新村建设

元坝区建立初期，全区小康村建设主要处于学习、宣传精神、鼓舞建设热情阶段。1993年，区农经委印发小康村建设标准，并确定元坝镇砖灰、胜利、元坝、长坝村，柳桥乡柳桥村、更新村，卫子镇卫子村，虎跳镇南斗村，红岩镇坪林村，昭化镇战胜村为小康建设示范村，组织有关部门积极对口帮扶，按标准建设，用示范村的经验带动中间村，促进后进村。1996 年，区委制发《元坝区小康建设达标进度规划》，树立元坝镇砖灰村、明觉乡利华村为小康村建设典型。1998 年，区委农工委制发《元坝区小康建设规划》《元坝区小康村、小康户验收标准》等指导性文件。当年 12 月，区委、区政府抽调 62 名区级机关副科级以上干部到元坝、柳桥、紫云 3 乡镇定点帮助建设小康示范 14 个村 50 个组。1999 年，在继续抓元坝、柳桥、紫云 3 乡镇 14 个村 50 个组小康建设的同时，其余各乡镇各抓 1 个小康示范村的建设。当年，全区小康示范村建庭园 12000 亩，发展优质水果 100 余万株，建蔬菜大棚 400 栋，出栏生猪 11 万头。2000 年，区小康办规划全区第一轮 20 个生态小康示范村（含 1993 年确立并在建的 10 个小康村）和 1 个小康乡镇（昭化镇）的建设目标，并着力加以指导建设。2001 年，以昭化镇天雄村为小康示范建设试点村，结合庭园建设、农业结构调整、计划生育、卫生、教育等工作，全面推进全区小康建设工作。至 2003 年全区建成小康村 10 个。

2004 年初，启动第二轮 35 个生态家园示范村建设，指派专人联挂元坝镇长坝村、石井铺乡茶店村、昭化镇天雄村，区委农工委一名副主任负责组织全区新村和昭化“绿色经济长廊”建设，其产业发展、人居环境改造、基础建设当年启动。2005 年，实施改造传统农业、改造人居环境、改造传统观念“三大改造”工程，按照“户办工程六个一”（园、池、井、路、气、居）和新村建设“六个联”（交通道路联成网、水利灌溉联到地、绿化美化联庭院、骨干产业联成片、学校医疗联农户、活动阵地联村民）标准和要求，续建绵广高速公路昭化段“绿色经济长廊”，新启动区环线公路沿线 10 个村示范建设。结合省、市两级示范小康村的建设，捆绑国债沼气、扶贫开发、国债人饮、退耕还林、以工代赈、水土保持、农业综合开发等部分项目资金，累计完成投入 1660 万元，推进全区 35 个生态小康村产业发展壮大。其中在紫云乡紫云村改造、扩植红心果猕猴桃 2000 亩，房屋改造 1200 平方米，粉墙座脊 2.50 万平方米，院坝硬化 3200 平方米，改水 5 处，改厨 120 户，建沼气池 65 户，维修塘堰 2 口，维修提灌站 1 处，安装自来水 183 户，硬化村道 500 米，完成泥结石村道 6 公里，居民点建设 720 平方米。年末，全区共建成小康村示范村 20 个，其中省级示范小康村 2 个，市级示范小康村 5 个。

从 2006 年起，小康村建设统一称为“社会主义新农村建设”，按照市委、市政府提出的“四新一建”（新产业、新家园、新农民、新机制、建好班子）要求，区小康办制定出生态小康新村建设标准，并完成全区生态小康新村建设的整体规划，共规划建设 15 个村 106 个组 3853 户。2007 年，以“一心两控三建四改”（以产业发展为中心；控制民居风貌和建设布局；建园、建池、建沼气；改厨、改厕、改灶、改猪圈）为基本思路，充分发挥农户在新村建设中的主体作用，着力抓好生猪、蚕桑、食用菌、猕猴桃等新村特色产业的发展。其中在卫子镇沈家阁村投入 630 万元，初步建成年出栏万头以上的标准化生态养殖示范园区。至年末，全区共建成生态小康新村 30 个，在建小康乡镇 1 个、生态小康新村 25 个。

第九节　农村救灾工作

元坝区属自然灾害多发地区，主要灾害为旱灾和洪灾。抗击灾害主要采取生产自救、人工降雨、灾害救济和增强灾害抗御能力等方法。

一、生产自救

1993 年干旱、洪涝等灾害严重。区政府制发《关于开展生产自救，安排好灾区群众生活的通知》，要求区级部门和乡镇把关心群众生活作为党和政府密切联系群众的一件大事来抓，在坚持自力更生、生产自救的前提下，对“三缺户”给予适当救济，同时解决好“五保”老人过冬的防寒衣被。全区发动区级部门捐款7000元，农资部门抢运化肥1.20万吨、抗旱种子2万余公斤，水电农机局动用420台抽水机，先后投入救灾资金30万元，帮助农民生产自救。1994年2—7月，全区遭受严重旱灾，旱情长达140余天。区委、区政府把抗灾自救作为压倒一切的中心工作，从区级机关抽调110余名干部下基层发动群众抗灾自救，副县级领导干部分六片深入基层协助抗灾。投入抗旱20余万人，动用提水设备1400余台（套），投入资金402万元，其中地方财政投入42万元，群众自筹资金360万元，抗旱浇灌面积达17.20万亩，临时解决10.50万人、9.50万头（只）牲畜饮水问题。并号召大力种植晚秋作物，扩大红苕、蔬菜种植面积，在财力相当紧张的情况下，区财政挤出10余万元从绵阳、南充等地购回苕腾150余吨，从市种子公司、朝天等地调供抗旱种子1.50万余公斤发送给受灾农户生产自救。2001年，全区遭受特大旱灾，区政府提出“以水制旱，以早制旱，以调制旱，以改制旱，以管制旱，以科技制旱”的抗旱减灾新思路，带领全区人民抗灾。2003年7月，全区普降特大暴雨。区救灾办统筹协调各相关部门实施抗灾救灾工作，先后组织干部20余次深入灾区查灾报灾。2004年5月，开通了《元坝减灾信息网》，提高了灾情和抗灾救灾信息的通报速度，促进了抗灾救灾工作的开展。

二、人工增雨

元坝区建立后，区内人工增雨作业由市气象局、区气象站组织，区人民武装部负责作业。至1997年，区人武部动用民兵和“双三七”高炮执行人工降雨任务，共发射降雨弹998发。1998年，成立广元市元坝区人工防雹增雨指挥部，其办公室（简称区人降办）设区救灾办，专司区内人工高炮增雨管理，组建了专门的人工高炮增雨队伍。至2007年，共实施人工降雨113次，发射降雨弹2314发，有效地缓解了旱情。

三、基础建设

1990年，全区共筹集资金353.70万元，投劳7319万个工日，完成各类工程4853处，组平3.2处，新增蓄水量190.30万方，恢复扩大灌面9774亩。1991年，全区开工建设各类工程3400处，共投入资金437.98万元，投劳397.74万个工日，整治改造山平塘1876口，开挖浆砌渠系112.20公里，完成标准化石渠配套117公里，挖防旱池6843口，新增蓄、提、引水能力420.18万立方米，恢复改善灌面17837亩，解决了2.14万人和1.02万头牲畜的饮水问题。1992年，整治山平塘1317口，改造渠系156公里。1996年和1997年，累计修建微水池8686口，兴建人畜饮水工程1.45万处，新修小（二）型水库2座，新修山平塘152口，解除旱山社120个。之后，重点进行改造中低产田土，至2007年，改造中低产田土7400公顷，提高了抗御自然灾害的能力。

四、灾害救济

（见本志《民政和劳动人事》篇）

第二章　种植业

第一节　农业管理机构

1988年6月，广元市市中区卫子区设农业局，王伦任局长，王甫奎、刘自强任副局长。

1989年11月，广元市元坝区设农业局（简称区农业局），1990年2月正式挂牌成立。1997年，区农业局设办公室、科教人事股、计财股（挂农业开发项目办公室牌子）、农村合作经济经营管理股、土壤肥料股、粮油作物股、经济作物股。2001年12月，建立中共广元市元坝区农业局党组。2007年，区农业局设办公室、计划财务审计股（挂农业项目办公室和区绿色食品办公室牌子）、政策法规股（与农业行政执法大队合署办公）、农村合作经济经营管理股（挂区农民负担监督管理办公室牌子）、生产科技股（挂无公害农产品办公室、优质粮油领导小组办公室、农科教结合领导小组办公室、水果生产办公室、区政府蔬菜生产办公室、农业资源区划办公室、生态建设办公室牌子）、植保植检站。

2007年末，仍挂靠区农业局的机构有：

广元市元坝区蚕业局（简称区蚕业局），2001年8月成立，局长由区农业局副局长兼任。此前无此机构，蚕桑生产主要由广元女皇丝绸公司元坝分公司负责管理。

广元市元坝区农村能源管理办公室（简称区农能办），2004年6月由区委农工委划转区农业局，主任由区农业局副局长兼任。

广元市元坝区农业局领导名录

表16-3

姓　名	性别	籍　贯	政治面貌	职　务	任职期间	备　注
刘　军	男	广元市元坝区	中共党员	局　长	1990-02—1996-04	
王甫奎	男	广元市元坝区	中共党员	副局长	1990-02—1992-08	
刘自强	男	广元市元坝区	中共党员	副局长	1990-02—1993-03	
梁瑞龙	男	广元市元坝区	中共党员	副局长	1992-08—1994-09	
张克洵	男	广元市元坝区	非　党	副局长	1993-03—1996-04	
李宗元	男	广元市元坝区	中共党员	副局长	1994-09—1998-07	
杨云清	男	广元市元坝区	中共党员	局　长	1996-04—2001-12	
冯子军	男	广元市元坝区	中共党员	副局长	1996-04—2007-03	2001-08始兼区蚕业局局长 2001-12始任党组成员
柏剑兰	男	广元市元坝区	中共党员	副局长	1998-07—2004-06	2001-12始任党组成员
刘振川	男	广元市苍溪县	中共党员	副局长	2001-02—2003-02	

续表

姓　名	性别	籍　贯	政治面貌	职　务	任职期间	备　注
肖元清	男	广元市元坝区	中共党员	局　长	2001－12—	党组书记
李尧生	男	广元市苍溪县	中共党员	副局长	2003－02—2007－06	党组成员
张家贵	男	南充市阆中市	中共党员	副局长	2004－08—	兼区农能办主任，党组成员
张仕良	男	广元市元坝区	中共党员	纪检组长	2006－03—	党组成员
刘方余	男	广元市元坝区	中共党员	副局长	2007－03—	兼区蚕业局局长，党组成员
吴晓军	男	广元市元坝区	中共党员	副局长	2007－06—	党组成员

第二节　主要农作物

一、粮食作物

全区粮食作物按收获季节分为夏粮和秋粮两类。夏粮通称小春作物，主要有小麦、大麦、豌豆、胡豆、春洋芋等。20世纪70年代以前，由于水利基础设施较差，有部分农田作用冬季蓄水以供第二年栽植水稻，因此，小春粮食作物播种的面积较少，且产量低。随着农田水利基础设施的改变和农业科技技术的推广，冬囤水田、冬炕田土面积大量减少，小春农作物播种面积随之逐年增加，总产量也相应增加。在夏粮中，以小麦为主，小麦的产量均占夏粮产量的90%以上。秋粮，通称大春作物，主要有水稻、玉米、大豆、红苕、小豆、绿豆、高粱等，以水稻、玉米为主。大春粮食作物春播秋收，季节性较活，生长期较夏粮短，但产量较高，一般占全年粮食总产的70%以上。

水稻：其适宜生产的土壤分布全区，常年栽种面积为13万多亩，占耕地总面积的50%。其中保灌农田11万亩，占常年（平均）栽种面积的61%。1989年全区水稻种植以杂交水稻良种为主，主要品种有汕优2号、岗朝23号、岗朝24号、青科51号、D优2号、汕窄8号、冈优22、汕优63、汕优64、D优63、D优64、冈优725、K优5号、冈优1577、宜香3724、金优18、Ⅱ优838、Ⅱ优448、Ⅱ优7号、B优827等杂交一代种。当年杂交一代水稻种在区境内全面普及栽培成功，比常规稻平均亩产增加32.30%。同时引进杂交稻“三系”（即不育、保持、恢复系）亲本原种，就地配制杂交一代种，年均生产种子5万公斤，最高年产杂交一代稻种8万公斤。根据区内气候特点，把“汕窄8号”类似品种，划分为早熟品种，宜在海拔850~1000米播区种植；“汕优64”类似品种划分为中熟品种，宜在海拔700~850米稻区种植；汕优63”类似品种划分为迟熟品种，宜在海拔700以下种植。全区水稻育秧季节一般为3月下旬至4月中旬，先后经历水育秧、旱育秧、温润育秧、通气秧田育秧、温室两段育秧、塑料薄膜保温育秧、旱地育秧等七种育秧技术改革，20世纪90年代中后期，主要推广节水的旱地育秧和塑料保温育秧。无论哪种育秧方式，秧田都要选择向阳、背风、泥脚浅、排灌方便的壤质土作秧母田。秧龄可长可短，随即要适时栽播，“种稻，低田较早，高田较迟，以阳气自下而上，早则多在春分，迟则多在清明”。一般推广“16厘米×16厘米×16厘米”少秧密植和“条栽宽窄行”或“16厘米×23厘米”栽插技术。秧田要及时施肥，两叶期施“断奶肥”，三叶期施“壮苗肥、分蘖肥”，移栽前施“送嫁肥”，移栽时本田施“迎亲肥”，栽后要做好田间管理，预防病虫害。

玉米：20世纪80—90年代，玉米杂交种以“绵单1号”“陈单4号”“中单15号”“广花1号”等为主；21世纪初，以“鄂玉18”“潞玉13”“川单13”等品种为主。玉米大多种在三级以上台阶地和望天田、两季田。一般采取预留行形式套种，采取“0.83米×0.83米”“1米×0.83米”“1米×1米”留行，冬春深挖空行，面肥泥，使土壤增强保水、保肥能力，为玉米生长创造良好的环境条件。根据海拔高低，玉米播期各有不同。海拔600米左右地区，一般在3月15至30日播种；海拔600米以上地区，一般在3月25日至4月5日播种。1989年以前，种植以传统的点播为主；1989年后，逐步改为育苗移栽，一般3月21日左右育苗、4月4日左右移栽。育苗移栽的玉米，实收有效穗、单株产量、千粒重、亩平产量都比直播的高。1989年，全区采用方格育苗、营养托育苗（汤圆苞谷、薄膜育苗）移栽4.59万亩，占玉米总面积的85%。此后，玉米育苗移栽每年保持在4万亩左右，亩产450公斤以上。

红苕：又称“番薯”。1989年前的品种多以白红苕为主，平均亩产鲜苕700公斤左右。1989年后，大面积推广良种，其中“川薯27”比白红苕增产35%左右；“徐薯18”比白红苕增产30%左右。

马铃薯：又名土豆、洋芋。区境内春、秋两季均播种，既作粮食，又作蔬菜。春洋芋一般于“雨水”节后10天左右在冬炕地中播种，行距0.46米，窝距0.13米，错窝双行，亩栽1万窝，120天成熟。1995年后开始大量种植秋洋芋，把秋洋芋作为避灾增产的主要措施推广，年种面积约占薯类面积的1/3。秋洋芋8月上旬播种，亩产鲜重一般为1000公斤左右。

小麦：20世纪80年代，小麦种植以繁六、繁七及甘麦系列和阿波系列为主。1989年后，推行品种更新，以川育5号、川育6号、绵阳11号、绵阳15号、绵阳19号、内麦11号、西科麦2号、蓉麦3号、川麦47号品种为主。小麦传统播种方式古有窝播、条播、“满天星”（撒播）等，规格原则为“正其行，通其气”。20世纪80年代推广“1米×1米”和“0.53米×0.83米”规格的“麦、玉、苕”轮作制，一行撒播小麦，次年大春栽红苕；一行冬季深挖面土，次年春播早玉米。20世纪90年代在土质黏重，不宜窝播、条播的田块搞小厢撒播。因露天麦粒多，出苗不齐，后又改为连窝点播、开沟点播、撬窝点播。无论哪种播种方式，在播种时都须做到“五匀”，即丢种匀、施肥匀、播沟铲匀、窝子挖匀、盖土厚薄匀。全区年种小麦在11万亩左右，亩产200多公斤，并逐年有所增加，到2007年亩产达到301公斤。

豆类：区境内种植主要有春夏播种的黄豆（大豆）、绿豆、小豆、豇豆和秋播的蚕豆（胡豆）、豌豆、冰豆等。其中以黄豆为大宗，有抱鸡母黄豆、八月黄豆、绿黄豆、高山青黄豆、六月黄豆、黑黄豆、棉花黄豆等。多与高秆作物套种、间种，其中，春玉米中每隔两行玉米套种两行“八月黄豆”，黄豆平均亩产40公斤左右。胡豆，古称蚕豆，全区每年播种1万亩左右，多为增、间、套种，平均亩产达150公斤，总产约150万公斤。豌豆，大多净作于薄边瘦地，山坡台地，或与小麦、大麦混种。其品种有麻豌豆（云南豌豆）、红豌豆、黄豌豆、大白豌豆、小白豌豆、绿豌豆等，豌豆增产靠磷肥，亩平增施过磷酸钙35公斤，亩产豌豆可达140公斤，比不施磷肥的增产40%以上。豇豆，一般与玉米、高粱等高秆作物混种，嫩荚角及其籽作蔬菜食用，后引进无筋豇豆作为蔬菜；净作主打品种以“之豇28”和“小五叶”为主，一般亩产1000公斤左右，比地方品种增产65%以上。绿豆，品种有黄绿豆、青绿豆，籽粒供食用，食用有清热、解毒、利尿、明目和降血压的功能，多与玉米、高粱、红苕等混种、间种，全区常年播种5000~10000亩。小豆，品种有米小豆、红小豆、青小豆、爬山小豆，多与玉米、高粱、红苕间种，籽粒供食用，一般年种植5000亩左右。冰豆，品种有绿冰豆、红冰豆等，因产量低，20世纪90年代后只有零星栽培。

广元市元坝区1989—2007年粮食播种面积统计表

表16-4　　单位：亩

年度	耕地总面积			粮食播种面积	年度	耕地总面积			粮食播种面积
	田	地	合计			田	地	合计	
1989	180367	84748	265115	396088	1999	182865	84780	267645	351915
1990	180097	84803	264900	387561	2000	175541	65972	241513	330693
1991	179766	85344	265110	371803	2001	168386	63112	231498	325995
1992	181395	83715	265110	343800	2002	166941	54702	221643	343800
1993	184305	84570	268875	337515	2003	158584	45626	204210	297202
1994	183855	84885	268740	331830	2004	157334	43339	200673	329275
1995	183465	85320	268785	327570	2005	154050	46620	200670	319195
1996	182610	86460	269070	361470	2006	153495	47640	201135	317938
1997	182865	86175	269040	353520	2007	161625	50130	211755	332251
1998	182865	84990	267855	338985	—	—	—	—	—

广元市元坝区1989—2007年主要粮食作物面积及产量统计表

表16-5　　单位：亩、公斤、吨

年度	水稻			玉米			薯类			小麦		
	播种面积	单产	总产	播种面积	单产	总产	播种面积	单产	总产	播种面积	单产	总产
1989	153000	469	71709	63264	233	14723	12434	151	1875	139020	154	21461
1990	157000	505	79275	59000	251	14819	10667	182	1946	138000	168	23184
1991	157645	517	81429	55253	321	17722	9799	180	1764	131069	192	25152
1992	151320	515	77966	48450	369	17874	7770	279	2168	119865	217	26020
1993	129264	470	60700	54801	345	18900	17653	330	5823	116160	216	25065
1994	134940	448	60388	55023	236	12967	15690	205	3216	109283	247	27035
1995	95160	505	48009	72570	293	21231	27660	236	6521	103470	275	28471
1996	128970	558	72016	67275	377	25375	17475	285	4989	120795	244	29447
1997	144870	432	62550	50670	298	15120	14265	172	2457	120510	273	32933
1998	138034	528	72818	46381	399	18496	11953	299	3579	124800	261	32539
1999	138765	538	74680	50340	453	22807	16155	265	4279	122580	221	27157
2000	131076	560	73357	48136	481	23165	15718	359	5643	111761	275	30713
2001	104384	169	17687	60358	106	6382	20691	65	1344	111250	247	27441
2002	123783	574	71090	47651	444	21171	15483	302	4679	104837	266	27925
2003	101681	582	59188	54404	466	25344	17650	420	7413	96360	287	27645
2004	125048	442	55269	60063	403	24233	15508	395	6119	96130	289	27738
2005	123167	528	65013	54599	405	22116	16736	406	6791	94895	293	27771
2006	119700	522	62483	55860	404	22567	35504	413	14678	90548	307	27786
2007	126001	501	63146	58290	401	23356	39405	381	15023	92445	301	27858

注：表内薯类产量系按其出产的25%折算的细粮产量

二、经济作物

全区经济作物种类繁多。油料作物有油菜、花生、芝麻等；麻类有黄麻、红麻、苎麻；烟叶有土烟、晒烟、烤烟；蔬菜类有白菜，白萝卜、胡萝卜、莴笋、菠菜、南瓜、冬瓜、苦瓜、丝瓜、豇豆、四季豆、扁豆、辣椒、葱、蒜、生姜、韭菜、韭黄、番茄等30多种，还种植有甘蔗、药材等等。随着市场经济的发展和农业结构的调整，有些经济作物已逐步淘汰，如麻类，土烟、晒烟等。

油菜：20世纪80年代，区境内种植的主要品种有黄油菜（白菜型油菜）、甘蓝型油菜（杂交油菜）、马尾油菜（棱角油菜）等。1990年后，主要推广三系杂交油菜和双低（即低芥酸、低硫代葡萄糖甙）高产高出油品种绵新油19，绵油11、12、13，南油12，蓉油5、11、12，德油5、6、16等，年用种量2.5万公斤左右。1991年前，全区油菜种植面积一般为4万亩左右。从1991年起，种植面积增加到6万亩以上。年产量5000吨以上。1995年，区委、区政府贯彻落实国务院“油菜综合计价，敞开收购，有多少收多少”政策，把油菜生产列为重点。从2004年起，单产达到140公斤以上，总产达到1万吨以上。2007年，单产达到158公斤，总产达到1.3万吨。

花生：又名地豆，俗称落花生。因营养丰富，古称“长生果”“千岁子”。1990年前，大多种植爬地花生（分大、小两个品系），1991年开始种植“川府三号”，常年种植6000亩左右。2007年，全区播种12090亩，总产1910吨，平均亩产158公斤。

蔬菜：区境内土壤气候等条件较好，适宜多种蔬菜生长。农民有种植蔬菜的传统习惯，每户农户的房前屋后都有一块菜园子用作种植蔬菜解决自食需要。昭化镇种植的萝卜、韭黄、大蒜等蔬菜，品质好，别具风味，畅销川北及邻近的陕西省甘肃省的一些城镇。20世纪50年代末60年代初，连续三年遭受特大自然灾害时期，各级政府为解决农民的生活问题，提出了“蔬菜半年粮”的口号，动员集体、个人大力种植蔬菜度过灾害，除集体落实人员、耕地专门种植蔬菜外，还号召农民利用自留地和“八边地”种植蔬菜。为解决城镇、厂矿居民和机关事业单位职工的蔬菜供应问题，还建立了蔬菜队，专门从事种植蔬菜，蔬菜队农民的粮油问题由国家供给。当时，元坝人民公社元坝大队三生产队就被确定为蔬菜队。中共十一届三中全会以后，随着人民生活的逐步提高和粮食结构的改善，蔬菜的需求量大幅度增加。1994年，元坝区政府组建了蔬菜生产指挥部及督办室，负责蔬菜生产，发展商品蔬菜。为解决淡季蔬菜短缺问题，各级政府还增加了种植蔬菜的投入，先后在元坝镇元坝村和昭化镇天雄村发展大棚蔬菜。从1999年开始，全区年种植蔬菜均在3万亩以上，占经济作物播种面积的30%以上。2000年后在昭化镇，元坝镇种植无公害商品蔬菜，逐步形成规模，产业化生产，拓展了农民增收渠道。2004年，蔬菜的主导产业优势日渐凸现，全区蔬菜生产总面积达55657亩，其中无公害蔬菜种植面积达1800亩，商品蔬菜种植面积达3300亩。蔬菜总产量达15.90万吨，总产值达1.43亿元，同比增加2%，其中商品蔬菜总产量达11万吨，总产值达1.10亿元，同比增加10%。2005年，无公害蔬菜产业坚持以抓基地、重科技、增效益，在昭化镇天雄村完成省级无公害标准化基地建设1000亩，在城关、战胜、石盘三个村完成韭黄标准化基地建设1500亩，制定并发布元坝区昭化韭黄地颁标准（DB510811/［T01-07］-2005）；昭化、元坝两镇的韭黄、生姜、茄子、苦瓜等四个品牌蔬菜于当年10月通过国家无公害农产品复检。2006年，采用电热线育苗方式实现了蔬菜越冬栽培，成功地进行了20亩黄瓜嫁接栽培试验示范；引导和扶持蔬菜生产业主蒲元平在元坝镇元坝村承包土地60余亩种植蔬菜，为成都泡菜加工厂提供原料。全年共引进业主24户，培育10亩以上的生产大户65户，生产面积达1800亩。全区以昭化镇、红岩镇等为重点的外销蔬菜生产基地和以元坝镇、柳桥乡等为重点的城郊蔬菜生产基地得到较好的发展。2007年，新增蔬菜生产面积2000亩，全区蔬菜生产面积67688亩，年产蔬菜16.20万吨。

附：昭化韭黄

昭化韭黄，产于昭化镇境内嘉陵江、白龙江、青江河三江汇合处的江河两岸。该地区为冲积沙壤土，土质疏松肥沃，有机质含量高，土壤pH值介于5.5至6.5之间，呈微酸性；韭黄灌溉用水取于15米以下地下水；气候温和，四季分明，光照充足，热量丰富，雨量充沛。良好的土壤和水质以及气候条件为韭黄的种植提供了适宜环境。昭化韭黄种植历史悠久，产区农民积累了丰富的种植经验。昭化韭黄采用高畦方式育苗。春播于3月上旬至4月上旬，秋播于9月上旬。每平方米播种量不超过9克，每平方米留苗不超过380株。苗高18~20厘米时定植，每亩定植株数不超过26000株。实行沟栽，定植16~20厘米。每亩每年施充分腐熟的有机肥不少于3吨。软化覆盖后培土3至4次，培至垄高25厘米以上。与葱蒜类轮作2年以上。10月上旬到第二年2月，当假茎长度超过20厘米时收割。昭化韭黄比其他韭黄茎长肥壮，支杆粗，总株长超过45厘米。假茎长超过20厘米，呈白色；叶片厚实，淡黄色。味浓，质脆，富含类胡萝卜素、维生素C、铁、钙等元素。

水果：20世纪90年代初，全区大力发展水果生产，其中在红岩镇坪林村成片发展1000亩雪梨，园中套种蔬菜，收益颇丰。至1995年，全区共建成优质水果基地5000亩。2004年，在紫云乡紫云村改造扩建猕猴桃基地2000亩、嘉川村建日本甜柿基地500亩；在元坝镇、柳桥乡建红提（葡萄）基地600亩，在元坝镇建优质黄金梨基地1000亩。全年新增优质水果生产基地3000亩，总面积达5万亩，总产量达3万吨，产值达6000万元，果农户平增收80元。2005年，新增特色水果生产基地4000亩，其中新增早熟梨1000亩，红阳猕猴桃1000亩，优质小水果1500亩，改造品种1400亩。依托农业综合开发、文明新村建设等项目实施，对紫云2000亩红阳猕猴桃基地、500亩甜柿基地，元坝、柳桥600亩红提（葡萄），元坝、昭化1000亩早熟梨基地的基础设施进行完善，完成1200户庭院小水果改造，通过改接和淘汰老品种，果树的良种比例达到70%，优质果率达到60%。建立紫云猕猴桃协会、柳桥水果协会、元坝红提协会等一批农村专业合作经济组织，培育农民经纪人200余人。全区水果总面积达到5.40万亩，总产量3.10万吨，新增1000吨，总产值6500万元，当年新增500万元，农民人均纯收入新增70元。2006年，水果产业结合新农村建设，新增优质果园1600亩，其中：新发展猕猴桃生产面积800亩，在昭化镇战胜村新植优质枇杷1万余株；改造老化、劣质果园2500亩。通过协会牵线搭桥，元坝镇、柳桥乡的提子和紫云乡的猕猴桃基本实现了“订单”生产。全区水果生产散、杂等现状得到一定改变，规模化、优质化、特色化发展势头良好。2007年，新增水果面积5500亩，全区水果面积6.25万亩，其中，优质水果基地达到4.50万亩，年产优质果品2.71万吨。

药材：20世纪90年代，全区药材种植面积较少，一般在500亩以下，仅1993年达到1140亩。2000年以后，种植面积有较大幅度增加，其中，2003—2005年达到1万亩以上，2006年和2007年，种植面积有所减少，但单产却有所提高。2007年，种植中药材5910亩，产药材4205吨。

棉花：20世纪60至80年代初期，区境内大多数人民公社均按县政府下达的计划种植棉花。各种植棉花的生产队，均选配了棉花技术人员1~2人，并按播种面积的多少，固定了一定数量的劳动力组成专业组负责棉花生产。生产的棉花除完成国家下达的定购任务外，余下的分配给社员或以超购价卖给国家。1983年，广元县因棉花种植产量低而停止种植。1995年前，区内有个别农户因自用需要有少量的种植。1995年，区供销联社组建了棉麻公司，全区的棉麻生产实行公司加农户的经营模式，并在种植棉花的乡镇配置了棉花技术员。1996年，全区种植棉花4170亩，总产195吨。1997年，区棉麻公司在卫子镇兴办了棉花加工厂对棉花进行初加工。促进了全区棉花生产的发展，并形成了一定的规模。当年，全区种植棉花10600亩，总产581吨。1998年，种植面积33650亩，总产1693吨。之后因元坝区被确定为优质粮油基地县（区），加之棉花市场销售疲软等原因，2000 年全区棉花种植面积减少，从 2002 年起，区内不再种植棉花。

广元市元坝区 1989—2007 年主要经济作物面积及产量统计表

表 16－6　　单位：亩、公斤、吨

项目/年度	油菜			花生			药材		蔬菜面积
	面积	单产	总产	面积	单产	总产	面积	总产	
1989	37508	53	1978	3809	75	287	330	117	11394
1990	41000	71	2873	3717	87	325	238	84	18358
1991	64230	79	5048	7524	83	622	532	188	13289
1992	74400	77	5705	7080	94	668	510	180	26850
1993	67590	56	3763	6480	91	587	1140	403	35085
1994	67275	79	5296	6615	75	498	630	223	22725
1995	86550	77	6634	6465	78	504	420	148	28470
1996	76365	81	6216	4620	137	632	255	90	23850
1997	73110	93	6835	4320	76	329	135	48	24645
1998	78090	85	6666	5370	99	531	165	58	28950
1999	78420	67	5223	5370	132	707	90	32	39825
2000	86639	78	6801	6784	140	948	1431	506	48670
2001	79526	74	5885	5599	60	334	3356	730	41963
2002	75305	88	6610	5501	145	796	6763	1421	37133
2003	76821	99	7588	4965	126	625	10560	4755	42193
2004	78562	140	11016	5116	130	663	15354	3550	55657
2005	79898	144	11505	4838	141	682	15254	7601	39440
2006	77454	150	11626	5000	146	731	3849	2365	40675
2007	82830	158	13080	12090	158	1910	5910	4205	67688

烤烟：烤烟的种植技术要求高，难度大，要具备适宜的气候，充足的雨量和光照，pH 值在 6～7 的酸性土壤。而且要经过播种、假植、移栽、田管、采收、晾晒、烘烤等十几道工序。1988 年，卫子区在王家、晋贤两乡初步试种 100 亩，由广元市烟草专卖局派人作临时技术指导，共产烟叶 90 担（1 担等于 50 公斤），亩产 45 公斤。1989 年烟叶种植面积扩大到 1500 亩，生产烟叶 1470 担，亩产 49 公斤。王家乡文星村 3 组种烟大户谭学一种烟 10 亩，由于烘烤技术不到位，大部分烟每公斤只卖到一角钱，该户当年种烟亏本 3000 多元，农民种烟积极性受到伤害。1990 年，区委、区政府制定《广元市元坝区关于大力发展烤烟生产的决定》，把逐步在全区种植烤烟，培植税源作为农村经济发展重点。1991 年在王家、晋贤、文村、观音等乡镇试种烤烟 3000 亩，产烟 2700 担，亩产 45 公斤，虽然亩产不高，但由于技术指导到位，烟叶烘烤质量较高，其销售价格也相应提高，种烟农户人平增收达 200 元以上。之后，继续在种过烤烟的王家镇和晋贤乡搞试点，区烟草局将烤烟种植技术的相关资料印发到农户，到乡镇办培训班传授种烟技术，落实种植示范农户，组织专业技术人员深入田间地头，手把手地教农民种烟技术。通过摸索实践，总结出“选好品种、规范移栽、科学施肥、合理田管、精心烘烤”20 字种烟要诀；推行“三改”，即移栽改密为疏，推行单垄移栽新技术；改革施肥方法，推广科

学施肥；改建烤房，烤房实行统一设计，统一指导修建，现场培训烘烤。1993 年，全区种烟 5799 亩，单产达到 131 公斤，总产达到 15140 担。从 1994 年起，陆续在区内 25 个乡镇种植烤烟，适宜种烤烟的磨滩、卫子、柏林沟、梅树等乡镇被确定为重点种植区，乡镇也成立了烤烟协会，区政府与种烟乡镇签订目标责任书，乡镇与村组签订目标责任书。1994 年，全区共种植烤烟 5482 亩，但单产下降到 80 公斤，总产量 8800 担。

1997 年，烤烟种植进入稳定推进阶段，扩大规模，全区凡有条件的乡镇都大面积种植烤烟，品种在原有的五个常规品种的基础上增加了优良品种，种植面积从 1996 年的 3900 亩增加到 1.85 万亩。当年，王家、磨滩、文村、晋贤、卫子、梅树、明觉、白果、石井铺、紫云、射箭、香溪、朝阳、陈江等乡镇都成功种植了成片的烤烟，涌现出一批种植 10 亩以上的种烟大户。当年，全区产烟 33670 担，完成年计划的 245%，是上年的 3.56 倍，农民人均收入也从 1996 年的 998 元增加到 1150 元，实现了烟农平均收入超收 200 元的目标。元坝区被广元市烟草专卖局定为烤烟生产基地。2000 年，针对个别乡镇烟田分散，种植不规范，良种化程度不高等问题，明确了发展烤烟走调整产品结构，实行良种良法化、区域化规范化的路子，提出了成片种植，规模发展，高起点，高标准，高效益建设烤烟基地的思路。当年调减了部分不具备种植条件的农户，全区种烤烟 1.04 万亩，单产 113 公斤，全年产烟 23504 担，产值 639 万元，比 1999 年的 15138 担增加 8366 担，增加 55.26%。2005 年，区烟草局每亩补贴烟农 240 元，区政府还将烤烟特产税全部返还给乡镇用于发展烤烟，其中 60%（即每亩 190 元）直接补给烟农，同时，在农业发展项目资金上向烤烟基地乡镇倾斜，突出规模化发展。2007 年，烤烟生产实现历史性的突破，产量达到 40260 担。

广元市元坝区 1998—2007 年烤烟生产地面积、产量统计表

表 16-7

年 度	面积（亩）	单产（公斤）	总产（担）	年 度	面积（亩）	单产（公斤）	总产（担）
1988	100	45	90	1998	4900	95	9310
1989	1500	49	1470	1999	8700	87	15138
1990	2400	60	2900	2000	10400	113	23504
1991	3000	45	2700	2001	5270	46	4848
1992	1080	156	3380	2002	4689	79	7408
1993	5799	131	15140	2003	6100	84	10248
1994	5482	80	8800	2004	6222	46	5724
1995	3700	112	8288	2005	16000	125	39680
1996	3900	121	9438	2006	17463	114	39815
1997	18500	91	33670	2007	14819	136	40260

三、蚕桑

广元市元坝区有 25 个乡镇有栽桑养蚕历史，其中 15 个乡镇具备一定基础和规模。1989 年，卫子全区栽植桑树约 4000 亩 700 万株，产鲜茧 2160 担。1993 年，中共广元市元坝区委、区政府确立了“新栽桑 4.86 万亩 5750 万株，桑园总面积达到 8 万亩，桑树总数达到 12000 万株”的三年蚕桑生产目标。在实施中采取了由财政补贴、政府统一采购、免费发放桑苗；乡、村、组层层培训蚕桑技术员，由丝绸公司和区、乡财政共同负担技术人员工资；25个蚕桑发展乡镇中有23个乡镇建立了蚕茧站，就地收购蚕茧；每收1公斤茧（鲜正茧）给乡镇返还人民币0.3元作为蚕桑发展经费，蚕茧价格涨到每公斤18元左右。至1995年，桑树总数达到8900万株，桑园总面积达到8万亩（其中“四边桑”2万亩），产茧12604担，达到历史最高峰。其中清水乡产茧3150担，清水乡树丰村产茧1160担，成为全市的先进典型。但从1996年起，蚕茧价格大幅下滑，在蚕茧收购中连续几年出现“打白条”不能兑现的情况。2001年，全区各地普遍出现挖桑毁桑情况，桑树数量降至1100万株，7000亩，年蚕茧产量下降至7280担。2004年和2005年，全区蚕茧产量连续两年仅2000余担，为建区以来最低点。2006年，蚕茧价格回升，区政府先后制发了《广元市元坝区2006—2010年茧丝绸产业发展规划》和《广元市元坝区2006年新栽桑实施方案》，制定了一系列的优惠政策和具体抓落实的措施，即从2006年起，发展成密植桑园的，可享受国家退耕还林的相关补贴；年养蚕10张以上，产茧7担以上的农户享受补助设施改造费200元；单季育种80张以上的标准化共育户，一次性补助300元；对纳入全区规划的3000户养蚕大户由企业每户扶持300元；栽植良桑嫁接苗的农户，由区政府给予苗款贷款贴息一年；对产鲜茧首次达到1000担、2000担、3000担的乡镇，由区政府分别按1万元、5万元、10万元的标准予以奖励。全区蚕桑生产呈现恢复性增长。2007年，全区桑树恢复发展到1万亩1500万株，产鲜茧3650担。

广元市元坝区1989—2007年桑蚕质量统计表

表16－8

年　度	上车率（%）	解舒率（%）	茧丝长（米）	年　度	上车率（%）	解舒率（%）	茧丝长（米）
1989	87	68	1132	1999	90	70	986
1990	90	68	1158	2000	91	69	995
1991	89	68	1165	2001	90	71	1012
1992	91	65	1100	2002	91	70	968
1993	88	66	940	2003	93	72	1017
1994	83	64	890	2004	93	73	1033
1995	82	63	880	2005	94	73	1028
1996	85	66	919	2006	95	75	991
1997	87	67	1019	2007	95	75	1091
1998	89	69	977	—	—	—	—

广元市元坝区1989—2007年蚕桑生产情况统计表

表16－9

年　度	桑树（万株）	发种（张）	产茧（担）	单产（公斤）	年　度	桑树（万株）	发种（张）	产茧（担）	单产（公斤）
1989	700	4910	2160	22	1999	2000	21740	9220	21.2
1990	800	5882	2600	22.1	2000	1500	17350	8260	23.8
1991	900	6726	3040	22.6	2001	1100	16000	7280	22.7
1992	2500	11632	5300	22.8	2002	1300	14800	6860	23.1

续表

年度	桑树（万株）	发种（张）	产茧（担）	单产（公斤）	年度	桑树（万株）	发种（张）	产茧（担）	单产（公斤）
1993	3000	19200	8560	22.3	2003	1000	8700	4120	23.7
1994	6200	28180	11780	20.9	2004	900	5710	2648	23.2
1995	8900	32548	12604	19.4	2005	1000	5172	2368	22.9
1996	6800	20420	8780	21.5	2006	1200	5900	3180	26.9
1997	4600	18700	8380	22.4	2007	1500	6500	3650	28
1998	3000	19950	9060	22.7	—	—	—	—	—

第三节　种植技术

一、种子管理经营机构

1992 年 5 月，成立广元市元坝区种子公司（简称区种子公司），专营“两杂”（杂交水稻、玉米）种子，同时成立广元市元坝区种子管理站（简称区种子管理站），站司合一，两块牌子，一套人马。2000 年 7 月，《中华人民共和国种子法》（简称种子法）颁行，根据《种子法》中关于种子生产、经营和管理职能分开的有关规定，将种子管理职能从种子公司中分离出来，单设区种子管理站，专门行使种子的管理职能，种子公司只从事种子生产、经营活动。随着市场经济体制的不断深化，2007 年 10 月，区种子公司解体。

二、耕作制度

长期以来，境内农作物种植以水稻、玉米、小麦、油菜为主，以豆类、薯类等为辅，推行复种（间作、套种、混种），一年多收。元坝建区后，区政府倡导改冬水田为旱田，增加小麦播种面积，或种冬季绿肥、蔬菜。全年农作物布局为小麦—中稻，油菜—早中稻；油菜—早玉米或中晚稻。1990 年开始发展晚秋作物，种秋玉米、秋红苕、秋洋芋、秋蔬菜，并将宜农地分为水稻、旱作区，一般河流冲积坝一、二级阶地到中丘、深丘以及低山沟河两岸有水源的地方种水稻，山腰、山脚、丘腰、丘脚和嘉陵江两岸的漕坝潮土及一、二级阶地种植小麦、油菜、玉米、棉花、洋芋及小杂粮、经济作物等。全区通过阶段性农业内部结构的调整，在耕作制度上，稻田以“水稻—小麦（油菜）”二熟为主，旱地以“小麦—玉米—红苕”三熟为主。粮食作物播种面积年平均为 34.10 万亩，其中小麦占 32.90%，水稻占 38%，玉米占 16.50%，薯类占 5.60%；年均产量在 12.50 万吨左右。2007 年粮食作物面积比 1987 年的粮食面积减少 12%，经济作物面积扩大 2.8 倍，粮经比为 6∶4。

区境山岭重叠，沟谷交错，农业生产条件差，存在大量的低产田和冷寒田土。分布山上、山腰、平台的田土常被地表水冲刷侵蚀，肥力丢失严重，称为低产田，分布在山脚、沟（河）边的田土常年渍水，冷浸潮湿，光照不足，土温较低，通透性，称为冷寒田土；对这些常称的冷害田土和低产田，除用基本耕作方式耕翻和深耕外，还因地制宜地进行排湿改造。1989 年，全区共有 3 万亩冷浸田、冷沙田、浮脚田、烂泥田，随后对其采取晒田、掺沙、起旱、压青、施自然有机肥、种短期绿肥、豆科作物及油菜下田进行培肥等措施改造，至2007年，累计改造2.5万亩。

在辅助耕作方法上，对一年一作的水稻田在秋收后立即进行翻耕，一般年前一犁一耙，年后二犁二耙（耕耙两次）；对一年作的水稻田（简易田）采用“黄熟落干”，即稻穗散籽时排水晒田。从实践中总结的轮作形式有：改冬水田—中稻为早稻—晚稻（或小麦或油菜或绿肥）—中稻；改冬炕田—中稻为豌豆（或胡豆或油菜）—中稻；改休闲地—红苕（或洋芋）为绿豆（或胡豆）—玉米（或红苕）；改小麦（或油菜或豌豆或洋芋）—红苕（或玉米间种黄豆）为小麦（或油菜或豌豆或洋芋）—早玉米间种黄豆—红苕；改油菜（或小麦）—水稻为油菜（或绿肥或小麦）—早稻—晚稻。还有“一年四熟”制，即深翻炕土的冬闲地，每年2月以0.73米×0.27米种春洋芋，3月中旬行间套种早玉米，春洋芋收后种中玉米，8月初收早玉米，种秋洋芋，合计亩产可达1280公斤。

三、良种繁育

1992—2007年，区种子公司先后示范、推广杂交水稻种“汕优63、汕优2号、冈优22、冈优725”、优质稻“k优5号、金优725”等主要品种60余个，优质常规稻“昌米011”；杂交玉米种“绵单1号、川单9号、登海11号”等品种40余个；高产优质杂交油菜“蜀杂7号、蜀杂11号、蓉油3号、蓉油4号、绵油11号”等品种30余个，并先后在晋贤、张家、卫子、元坝、文村、虎跳等乡镇进行水稻、玉米的杂交制种和小麦的良种繁育。1991—2005年先后进行水稻制种1.5万亩，累计繁育良种2250吨；玉米制种1万亩，累计繁育良种1800吨；小麦良种繁育3万亩，累计繁育良种6000吨。

1989—2007年，全区累计推广高产优质杂交水稻种3000吨，200万亩次；高产优质杂交玉米种1800吨，120万亩次；高产优质杂交油菜种100吨，100万亩次；高产优质小麦种2000吨，20万亩次。

第四节　植物保护

一、植保机构

1991年3月，区编委批准成立广元市元坝区农业局植保植检站（简称植保植检站），为区农业局的下属事业单位。主要负责全区农作物病、虫、草、鼠害的中、短期预测预报和综合防治，农作物种子种苗和农作物产品的产地、调运及市场检疫，农作物保护的新技术、新产品和农药新品种的试验、示范、推广及相关项目申报实施，农作物检疫性病害的监测、普查和上报等工作。1993年成立广元市元坝区植保公司，经营植保药物及用品。2003年，广元市元坝区植保公司破产。

二、农药管理

控制病虫害，通常采用抗性品种、健身栽培、水肥科学管理、减少初感染源等物理、生物技术，协调使用化学农药的综合防治，将重大病虫的危害控制在最低限度。

2003年，国家明令禁止六六六、滴滴涕、毒杀芬、二溴氯丙烷、杀虫脒、二溴乙烷、除草醚、艾氏剂、狄氏剂、汞制剂、砷类、铅类、敌枯双、氟乙酰胺、甘氟、毒鼠强、氟乙酰钠、毒鼠硅等18种农药在蔬菜、果树、茶叶、中草药材上使用，同时公布了限制使用的21种农药品种为：甲胺磷（如氧化乐果）、甲基对硫磷（俗称甲基1605）、对硫磷、久效磷、磷胺、甲拌磷、甲基异柳磷、特丁硫磷、甲基硫环磷、治螟磷、内吸磷、克百威、涕灭威、灭线磷、硫环磷、蝇毒磷、地虫硫磷、氯唑硫、苯线磷、三氯杀螨醇、氰戊菊酯。从2004年1月1日起，撤销所有含甲胺磷等5种高毒有机磷农药的复配产品的登记证，同年6月30日起，禁止在国内销售和使用含有甲胺磷等5种高毒有机磷农药的复配产品。从2007年1月1日起，全面禁止甲胺磷等5种高毒有机磷农药在农业上使用。同时撤销含有甲胺磷等5种高毒有机磷农药的制剂产品的登记。

三、病虫灾害及防治

（一）病虫害种类

稻苞虫：一年产生3~4代，第三代量大面广，危害严重。其种类有一字纹、隐纹、小黄斑3种。分布在各乡镇的一字纹占80%，隐纹次之，小黄斑发生量极少。

水稻螟虫：主要是二化螟、三化螟、大螟。以二化螟数量最多，分布最广，危害最重（一代），三化螟次之，大螟仅在部分地区产生危害。二化螟枯心危害率占0.84%，三化螟枯心危害率为0.17%，大螟枯心危害率0.04%。

稻飞虱：有褐飞虱、背飞虱、灰飞虱，各地均有发生。

玉米螟虫：有玉米螟、大螟两种，一年发生3代，遍布各玉米产区，早、中、晚均受其害。

麦蚜虫：是危害小麦生长的主要虫害，分小麦长管蚜和二叉蚜两种，各地均有发生。

油菜蚜虫：油菜产区皆有发生。

稻瘟病：包括苗瘟、叶瘟、颈瘟等，以稻颈瘟危害最大，各产稻区均有发生，尤以带病品种为重。

纹枯病：分布面广，以分蘖多、荫蔽面积大的杂交稻田发病较普遍。

玉米丝黑穗病：是危害玉米生长的主要病害，各地均有发生，尤以早玉米发病率高。

小麦锈病：分条锈、叶锈、杆锈3种，各麦区均有发生，尤以条锈发病面大，损失重。昭化、虎跳等沿河一带每年最先发病且较严重。

白粉病：各小麦品种均有发生，病株率10%~20%，个别田块达90%。

白锈病、病毒病、霜霉病、菌核病等，是危害油菜生长的主要病害，区内曾不同程度地发生。尤其是白锈病为重，一般发病株率12%左右，病毒病发病株率7.50%，霜霉病发病株率0.10%~0.20%，菌核病发病株率较低。

（二）病虫害灾情及防治

1989年，全区设有2个病虫害预测预报站，即卫子镇板石沟村预测预报站，元坝镇杏树村预测预报站。至2007年，两站都随时将监测情况报区农业局。

元坝区在农作物病虫害防治上贯彻“预防为主，综合防治”的植保方针，采取选用抗虫品种、加强肥水管理、做到基肥足、追肥早、适时搁田、合理轮作等方法，促使农作物健壮生长，提高抗虫能力，同时使用药物防治。1989年，全区有机动喷雾器、手动喷雾器1万余台（套）。2005年，全区也仅2万余台（套）。2006年起，国家加大对农业的补贴力度，植保机械化迅速发展，至2007年底，全区机动喷雾器、手动喷雾器达到5.78万台，基本保证了每个农户有一台喷雾器。

1990年，全区15.7万亩水稻遭受病虫灾害。1997年9月连续降雨，全区稻瘟病发病3万亩，损失产量700吨。1998年，锈病在全区局部地方发生，危害面积4万亩，损失产量600吨。1999年，由于从冬到春气温比常年偏高2℃~3℃，小麦条锈病发病较重。2000年，锈病在沿江河的乡镇发病严重；同年，王家、磨滩、卫子、香溪等乡镇发生恶苗病。2001年，境内条锈病、白粉病较重，发病面积6万亩；同年4月，全区沙尘暴10余天，造成小麦病害流行。2002年10月，射箭乡疫情普查时发现柑橘大实蝇，当即取样送检确认。2003年跟踪调查，发现该虫害已在射箭、红岩、明觉3个乡镇发生，当地政府采取砍树、摘果深埋等防治措施，取得一定效果。2004年，又发现相邻的朝阳乡2个村以及昭化镇3个村都有不同程度的发生和蔓延，区政府及时研究布置，农业、公安部门配合协作，乡镇干部联村包组，层层落实责任，限期完成任务，果农被销毁处理的柑橘由政府给予种苗补助。同年，元坝、柳桥、卫子、紫云、王家等5个乡镇发生芒草危害，面积3000亩。4—5月，区政府两次在元坝、卫子召开分管农业的副乡镇长、农技员参加的现场会，分管农业的副区长参会安排部署。采用10%的骠马、高效异丙隆进行防治；乡镇村干部责任落实到田块，定期核查考核与年度考核挂钩。通过连续3年的防除治理，先后施药剂共2.50吨。2005年，文村、梅树、柏林沟、明觉等13个乡镇不同程度地发生稻颈瘟，发病面积1770亩。主要发病品种是金优18、川丰7号、金优晚3、绿优633、泸优2号等。发病田块轻者减产30%，中度减产50%。2004—2006年间，稻曲病连续在卫子、元坝、王家、虎跳等乡镇的部分田块发生，造成较大损失。2006年稻纵卷叶螟害在全区水稻中、后期大面积发生，造成水稻减产。2007年，稻飞虱在柏林、太公、文村、晋贤、元坝、卫子、紫云等乡镇的局部地方呈爆发态势，全区受灾1.62万亩，亩虫量达10万头以上。灾情发生后，各乡镇发挥各个村级植保专业机防组织的作用，全力组织机动喷雾器打歼灭战，采取专业队统一防治与群众分户防治相结合的办法，全区出动机动喷雾器120余台、手动喷雾器3万余台，防治面积5万余亩，区农业局出资4万余元，购买内吸及触杀性剂1000余件分发到重灾区农户，同时发放稻飞虱防治挂图700余份，制作光盘50余张，印发病虫防治技术资料3万余份，召开现场会10余次，利用电视滚动宣传防治措施，加强防治指导，提高农民的防范意识。2006年和2007年，重新栽植的柑橘幼树再次遭受危害，各地采取挂盆诱杀、清除果园、摘除青果深埋、用药物防治、冬季清园等方法防治，收到了一定成效。至2007年，除元坝、柳桥2个乡镇还有残余芒草外，其余乡镇基本消除。

四、标准化生产

农业标准化建设主要内容为农业标准体系、农业质量监测体系、农产品评价认证体系三大体系建设。20世纪90年代中后期全区开始进行农业标准化生产建设。1998年注册“三清”牌大米，2002年注册“昭化”牌蔬菜。2004年，完成王家、晋贤等16个乡镇10万亩无公害优质稻生产基地和昭化、元坝无公害蔬菜基地国家认证转换工作，获得国家无公害农产品基地称号，完成“山清牌”系列无公害优质米和“昭化牌”系列无公害蔬菜等农产品国家认证转换工作，获得国家无公害农产品称号。申请使用无公害标志11.40万枚。全区有5个农产品获得全国无公害农产品称号，有2个基地13万亩获得全国无公害农产品基地称号。2005年，坚持“政府推动、市场引导、龙头带动、农民实施”的农业标准化生产方针，通过农业、质监部门的共同努力，在16个乡镇10万亩无公害优质稻生产基地建立了22个示范村，156个示范社；在昭化无公害蔬菜基地建立了3个韭黄种植示范村，2500个示范户，大棚蔬菜示范户12个，全面实行统一供种、统一用药、统一配方施肥、统一病虫害防治、统一收获分级的“五统一”办法进行规范种植。2003—2005年，连续三年进行韭黄示范种植，平均亩产达1325公斤，比示范前平均每亩增产25%，年人均种植收入359元，比示范前增收139元，韭黄标准化示范通过省级验收。2006年，结合元坝区产业发展实际，制发了《广元市元坝区2006年标准化工作意见》，集中打捆使用土地整理、农业综合开发和文明新村建设等项目资金，打造了以优质水果、蔬菜等特色产业为重点的标准化生产示范基地4个，面积9000亩。其中：昭化镇标准化无公害蔬菜生产示范基地4500亩，元坝镇、柳桥乡红提标准化生产示范基地1000亩，紫云乡猕猴桃标准化生产示范基地

1000亩，元坝镇蚕桑标准化生产示范基地2500亩。同时，在生产上实行以户建档建卡，定人指导，定期服务，跟踪督查。所有标准化生产基地设立标志牌，编印《无公害生产技术规程》5000余册下发到农户。当年，完成紫云乡猕猴桃、甜柿2个无公害农产品生产基地和产品的国家级认定和认证工作。2007年，全区累计建立无公害农产品生产基地4个，认证无公害农产品7个。新建元坝镇市级标准化蚕桑科技生产示范基地1个，紫云猕猴桃标准化生产基地1个。成立村级植保专业合作组织63个，吸引会员350余人。

第五节　农村合作基金会

1990年6月，区政府决定建立农村合作基金会。首先在昭化、卫子两镇的农业服务站进行了试办，由于政策不配套，未形成规模。1995年9月，区委、区政府制发《关于大力发展农村合作基金会的决定》，加大了发展农村合作基金会的力度。1995年12月21日，区政府批准建立广元市元坝区农村合作基金会联合会。到1999年3月，全区在元坝、柳桥、昭化、射箭、明觉、红岩、朝阳、沙坝、清水、柏林沟、石井铺、卫子、梅树、白果、王家、磨滩、晋贤、文村、虎跳、青牛、陈江、太公、香溪、大朝、黄龙等乡镇建立农村合作基金会，区农业局建立农村合作基金联合会，共26个农村合作基金会组织，吸收股金1841万元，投放借款1422万元。1999年3月，区委、区政府根据《四川省清理整顿农村合作基金会实施方案》精神，开展农村合作基金会清理整顿工作；同年4月，文村、沙坝两个农村合作基金会整体转交农村信用合作社，明觉、朝阳、黄龙、大朝、清水、虎跳等6个农村合作基金会完成清盘关闭任务，元坝、柳桥、昭化、射箭、红岩、磨滩、王家、晋贤、卫子、石井、白果、梅树、柏林、香溪、太公、陈江、青牛和区农村合作基金联合会等18个农村合作基金会未完成清盘关闭任务，尚有101.12万元个人股金未兑付。至2004年，完成了元坝区元坝镇农业服务站、元坝镇农村合作基金会等28个乡镇农业站（基金会）机构改革，分流下岗人员62人。到2007年底，使用国家补助资金和区财政安排了一定资金，全区农村合作基金会个人股金全部兑付完毕。

第六节　农业行政执法

2001年6月之前，农业执法由相关部门代行。如农业植保站负责农药市场的监管检查执法；种子管理站对种子市场进行监管检查执法。其所属机构分散，既当“裁判”，又当“队员”，执法欠规范和公正。2001年6月，广元市元坝区农业行政执法大队（简称区农业执法大队）成立，与区农业局政策法规股合署办公，负责涉农法律、法规和章程的宣传，监督检查农业行政执法，受理涉农法律、法规和章程管理范围内的投诉、举报，依法履行法律法规和规章赋予的执法权力，查处涉农违法案件和协同有关部门整顿农资市场等。2003年8月下旬至9月初，大部分乡镇反映绵阳西科种业销售的水稻种“K优17”因种子质量问题给农民造成损失，经农业行政执法大队调查取证、核实销售数量和种植面积后，责令绵阳西科种业赔偿农民损失28万元。至2007年，区农业执法大队累计查处涉农违法案件19件，挽回经济损失520万元。2007年，区农业执法大队获广元市该年度农业行政执法工作先进单位。

第三章　林　业

第一节　林业管理机构

一、区级林政机构及直属单位

1986年11月，广元市市中区卫子区公所设林业工作站，隶属广元市市中区林业局。1988年6月，建立广元市市中区卫子区林业局，设办公室、计财股、营林造林站、森林资源保护站，易文福任局长，吴万奎任副局长。

1989年12月，广元市元坝区设林业局（含绿化、护林防火工作，简称区林业局）。1990年2月正式挂牌成立，设办公室、计财股、森林资源保护站、营林造林站。1990年，建立广元市元坝区林业局公安科，与广元市公安局元坝区分局林业科合署办公，实行以区林业局为主，区公安分局为辅的双重管理体制。1997年，区林业局设办公室、计划财务股、营林造林站、林业公安科、森林资源保护站、绿化管理股。1998年8月，建立中共广元市元坝区林业局党组。1999年，增设人事宣传教育股、林政资源管理股。2000年4月，成立广元市元坝区昭化古驿道自然保护区管理所（股级）；同年12月，广元市元坝区林业公安科更名为广元市元坝区林业局森林警察大队。2002年5月，成立四川省翠云廊古柏省级自然保护区元坝管理处。2002年11月，成立广元市元坝区林业科技推广服务中心。2004年3月，成立广元市元坝区中药材产业发展办公室，挂靠区林业局。2006年7月，成立广元市元坝区林产品加工业推进办公室。2007年，区林业局设办公室、人事宣传教育股、计划财务股、森林警察大队、林政资源管理股。

区林业局下属事业单位有营林造林站、森林资源保护站、林业科技推广服务中心、四川省翠云廊古柏省级自然保护区元坝管理处、清水木材检查站；局属企业有元坝区林产品股份合作公司。

二、基层林政机构

卫子区时期，区林业站（局）下设昭化、虎跳、王家、卫子4个片区林业工作站。各乡镇设林业工作站。1990年2月，元坝区林业局下设昭化、虎跳、王家、卫子4个办事处林业工作站，各乡镇设林业工作站。1992年10月，撤销4个办事处林业工作站。2004年3月，增设广元市元坝区拣银岩社区街道办事处林业工作站。2007年年末，全区下设28个乡镇和1个社区街道办事处林业工作站。

1987年，卫子区公所境内设虎跳、清水两个木材检查站，由广元市林业局领导和管理。1988年10月，卫子区林业局设黑水塘、唐家湾、磨滩子3个护林站，负责辖区内的木材运输、采伐和监督管理。1989年，柳桥木材检查站随乡划入。1990年，撤销黑水塘、唐家湾、磨滩子3个护林站，将柳桥木材检查站移至元坝镇红土垭，更名为元坝木材检查站。1991年，撤销虎跳木材检查站。1998年，撤销元坝木材检查站。至2007年，元坝区境内只保留清水木材检查站。

广元市元坝区林业局领导名录

表16-10

姓　名	性别	籍　贯	政治面貌	职　务	任职期间	备　注
易文福	男	广元市元坝区	中共党员	局　长	1990-02—1990-07	
吴万奎	男	广元市元坝区	中共党员	副局长	1990-07—1992-07	主持工作
吴万奎	男	广元市元坝区	中共党员	局　长	1992-07—1998-03	
徐世雄	男	广元市元坝区	中共党员	副局长	1991-10—1997-03	
潘志虎	男	绵阳市盐亭县	中共党员	副局长	1994-02—1995-12	
何雪刚	男	广元市元坝区	中共党员	副局长	1994-12—1996-03	
刘映文	男	广元市元坝区	中共党员	副局长	1995-11—2004-03	1999-08始任党组成员
李晓蓉	女	广元市元坝区	九三学社社员	副局长	1997-12—	
张运雄	男	广元市苍溪县	中共党员	局　长	1998-03—2003-02	1999-08始任党组书记
肖国友	男	广元市元坝区	中共党员	副局长	1998-03—2007-04	党组成员
田义智	男	广元市元坝区	中共党员	局　长	2003-02—2005-08	党组书记
刘永春	男	广元市元坝区	中共党员	副局长	2004-03—2004-11	党组成员
刘映文	男	广元市元坝区	中共党员	局　长	2005-08—2006-09	党组书记
杨　雄	男	广元市元坝区	中共党员	局　长	2006-09—	党组书记
魏玉广	男	广元市元坝区	中共党员	副局长	2007-02—	党组成员
刘福坤	男	广元市元坝区	中共党员	纪检组长	2003-03—2007-06	党组成员
吴友万	男	广元市元坝区	中共党员	纪检组长	2007-06—	党组成员

第二节　森林资源

一、林业资源

1999年，广元市元坝区在四川省林业勘测设计研究院的指导下，完成了全区森林资源二类调查任务。全区林分总蓄积量473.91万立方米（林分蓄积指该片林木胸径大于或等于6厘米树木的蓄积总和），林木年净生长量为35.07万立方米。其主要树种是柏树、马尾松。

（一）林地资源

1989年建区时，林业用地面积59261公顷，占国土总面积的39.90%；非林业用地面积91626公顷，占国土总面积的60.70%。全区森林覆盖率30.40%。建区之后，经过近二十年的绿化和管理，至2007年林业统计资料显示，林业用地面积80100公顷，占国土总面积的55.83%；非林业用地面积63377公顷，占国土总面积的44.17%。全区森林覆盖率50.76%。

（二）林木资源

1. 自然林木资源

1989年建区之初，按照主要树种综合年生产率推算，境内活立木蓄积量341.89万立方米，其中，林分蓄积量313.08万立方米，占活立木总蓄积量的91.57%；散生木蓄积量7.88万立方米；四旁树蓄积量20.93万立方米。有竹子41.37万株，其中成片竹林5.94公顷30.16万株，占总株数的72.90%，四旁竹11.24万株，占总株数的27.10%。有经济林木81.20万株，其中成片经济林17.60公顷45.80万株，占经济林木总株数的56.40%；四旁经济树35.40万株，占经济林木总数的43.60%。建区后经过近二十年的绿化和管理，至2007年，按照主要树种综合年生产率推算，境内活立木蓄积量536.35万立方米，其中，林分蓄积量528.47万立方米，占活立木总蓄积量的98.53%；散生木蓄积量2.62万立方米；四旁树蓄积量5.26万立方米。有竹子38.60万株，其中成片竹林5.75公顷26.97万株，占总株数的69.87%，四旁竹11.63万株，占总株数的30.13%。有经济林木220.29万株，其中成片经济林712.34公顷149.60万株，占经济林木总株数的67.91%，四旁经济树70.69万株，占经济林木总数的32.09%。

2. 人工造林林木资源

1989年，全区有人工造林面积4184公顷，占林业用地总面积的7.06%，人工林总蓄积28.44万立方米，占活立木总蓄积的8.32%。在人工造林资源中，用材林面积2966公顷，占人工造林面积的70.89%，活立木蓄积22.35万立方米，占人工造林总蓄积的78.59%；防护林面积1090公顷，占人工造林面积的26.04%，活立木蓄积6.09万立方米，占人工造林蓄积的21.41%，经济林面积128公顷，占人工造林面积的3.07%。至2007年，全区人工造林面积达28947公顷，占林业用地总面积的37.26%，人工林总蓄积214.48万立方米，占活立木总蓄积的40%。在人工造林资源中，用材林面积12643公顷，占人工造林面积的43.68%，活立木蓄积107.14万立方米，占人工造林总蓄积的50%；防护林面积15073公顷，占人工造林面积的52.07%，活立木蓄积104.93万立方米，占人工造林蓄积的48.90%；特用林面积710公顷，占人工造林面积的2.45%，活立木蓄积2.40万立方米，占人工造林蓄积的1.10%；经济林面积520公顷，占人工造林面积的1.80%。

3. 植物资源

按《四川省植被区划》划分，元坝区属川东盆地及西南山地常绿阔叶林地带—盆地底部丘陵低山植被区—川南深丘植被小区。区内气候温暖湿润，雨量充沛，植物资源丰富。据调查统计，全区有维管束植物53科118属1023种（其中：蕨类植物8科20属150余种，裸子植物7科9属13种，被子植物38科89属860余种）及禾本科植物100余种。其主要特点是：亚热带和温带的科、属较多；起源古老，孑遗植物多；裸子植物分布面广、种类单一；被子植物种类丰富，分布较杂。

二、名木古树

名木古树是指树龄在百年以上，具有重要的社会、经济价值的树木。元坝区境内名木古树众多，较为著名的有以下几处：

红军树，位于国道212线（广元至苍溪66公里处）的太公镇马鞍山垭口十字路旁的一株黄梁树，树高7米，胸径98厘米。因20世纪30年代红四方面军在区境建立革命根据地时有19名红军游击队员及乡苏维埃人员在此树下被国民党地方武装杀害，当地民众为纪念他们而将此树命名。

太公古柏，太公镇红军山寺庙旁有古柏5株，胸径105~149厘米，树高18~22米，树龄均在千年左右，其形状奇特，被称为“老柏采桑”“干龙上树”“老黄劝子”“仙女捧盘”。于2001年由广元市元坝区人民政府挂牌保护。

广善寺古柏，柏林沟镇广善寺（相传修建于唐朝初期）大门口有古柏1株，树高30余米，胸径140厘米，树干通直，生长茂盛。于2001年由广元市元坝区人民政府挂牌保护。

古驿道古柏，四川省翠云廊古柏省级自然保护区昭化至大朝段保护区面积4000公顷，其中核心区37公顷。共有古柏1072株，其中300年以上树龄的538株，600年以上树龄的144株，最大树龄1400年左右，最大胸径138厘米，最高达30余米。

丁家玉罗坝罗汉松，丁家乡玉罗村三组有古树罗汉松1株，当地称罗汉树。树高7米，胸径84厘米。传说为明代剑州人兵部尚书赵炳然引入，树龄在600年以上，“为迄今发现引入广元最早的1株罗汉松”（《广元县志》1994年出版），于2001年由广元市元坝区人民政府挂牌保护。

第三节　营林造林

一、采种育苗

（一）采种

元坝区是柏树、马尾松主产区，柏树种子的蕴藏量很大，年产量可达1.50万公斤。不但满足本区造林育苗的需要，还为四川省飞机播种造林提供了大量的种源，同时还销往南部、阆中和陕西汉中等市县。元坝区还建设有藏柏母树林、台湾桤木基地，年可产种子1500余公斤。林木种子经营仍以市场经济为导向，使林木种子经营更加活跃。为确保林木种子质量，区林业局落实专人负责指导采种技术和种子的检验检疫工作，并配备有恒温箱、干燥箱、天平秤等检验、试验设备，以开展进库种子质量检验，保证种子的纯度、净度和优良度。

（二）育苗

1988年，在省林科院工程师、省下派任卫子区公所科技副区长刘源智的支持和指导下，卫子区引进速生树湿地松、火炬松、藏柏、墨西哥柏等优良树种，采取营养袋育苗方法进行试验育苗。当年3月播种，8月苗高即达50厘米以上，根径达0.80厘米，育苗质量显著提高。对营养袋育苗进行技术探索研究，实行沙床培育芽苗，移植到营养袋中精心管理，称之为营养袋两段育苗培植技术。经过两年的实验和研究，移植成活率达98%以上，且苗木生长快，苗高根壮，超过国家规定的标准，其造林成活率、保存率均达95%以上。四川省林业专家鉴定认为元坝区营养袋两段育苗技术研究达到了国家先进技术标准，建议在全省推广运用。1990年，营养袋两段育苗培植技术获得广元市人民政府颁发的科学技术进步三等奖。1989—2004年，元坝区平均每年培养营养袋苗500万株，提高了全区林业项目工程的造林质量。

二、义务植树

区委、区政府高度重视全民义务植树，区建立绿化委员会，各乡镇建立绿化工作领导小组，以加强对全民义务植树的组织协调、检查指导。1987—2007年，全区义务植树3000余万株，建立义务植树基地24个，成片造林达1200公顷，义务植树参与率98%，义务植树建卡率99%。

三、工程造林

1989年起，区境内相继实施《速生丰产用材林基地建设项目》《长江中上游防护林体系建设项目》《天然林资源保护工程》和《退耕还林工程》等工程造林项目，至2007年，全区工程植树造林累计达63398公顷。

（一）速生丰产用材林基地建设工程

1988年10月，卫子区实施四川省第一期速生丰产林基地建设。区林业局严格按照造林规划设计方案，坚持“五统一”（即统一领导、统一指挥、统一规划、统一时间、统一行动、统一标准），严格按60×60×40厘米的打窝规格进行放线打窝，用营养袋培养的优质壮苗栽植，并采取封山管护措施。至1990年，全区群众投劳20余万个，区林业局投资9.50万元，营造速生丰产林630公顷，完成四川省第一期速生丰产林基地建设任务。经省林业厅实地检查验收，成活率、保存率和生长率均达到规定标准，获得省林业专项资金14.17万元。

1991年，四川省第二期速生丰产林基地建设在元坝区启动，区制订了《广元市元坝区速生丰产林基地建设总体设计》，并认真组织实施。在省林业科学院专家的指导下，引进优质速生树种湿地松、火炬松、藏柏、墨西哥柏、杉木等，发展本地速生马尾松、桤木。按照《四川省速生丰产用材林培育技术规程》“坚持科学造林、科学经营管理，严格检查验收”的要求。工程由林场管理，采取“以场养场，以短养长，多种经营”的模式，把林种结构调整作为改革的重点，实行“五林”（用材林、防护林、经济林、薪炭林、特用林）并重，适当扩大经济林的比重，壮大林业发展的经济实力。区林业局采取以“政绩林、示范林”为样板，每个乡镇每年营造100亩政绩林，纳入对乡镇政府当年政绩考核的重要内容，并制定了奖惩办法，签订目标责任书。至2000年，全区营造6710公顷速生丰产林，总投资1073.81万元，其中国家扶持600万元，区育林基金补助300万元，群众自筹投资173.81万。元坝区被四川省人民政府授予“四川省第二期速生丰产林基地建设先进集体”。

（二）飞播、人工点撒播造林

元坝区的飞播造林始于1966年，终于2002年，共造林2832公顷，其中建区前飞播造林1700公顷，建区之后飞播造林1132公顷。人工点撒播造林始于1966年，终于2005年，共实施造林14875公顷，其中建区前造林3484公顷，建区之后造林11391公顷，主要树种有马尾松、藏柏、青冈等，成活率71%。

广元市元坝区人工点撒播造林统计

表16－11　　单位：公顷

年度	面积	年度	面积	年度	面积
1990	700	1996	650	2003	1051
1991	800	1997	600	2004	1033
1992	700	1998	500	2005	607
1993	1300	1999	600	—	—
1994	850	2000	533	—	—
1995	800	2001	667	合计	11391

（三）长江防护林体系建设工程

1990年，元坝区开始实施《长江防护林体系建设工程》（简称长防林体系建设）。区委、区政府组建了广元市元坝区长江防护林体系建设工程领导小组，负责组织领导，统一指挥，协调安排工程建设，编制了《广元市元坝区长江防护林体系建设作业设计方案》，按照工程技术规程开展工作。至1997年，全区累计投劳23.60万人，投工70.20万个。元坝区长江防护林体系建设工程共造林23794公顷，其中植苗造林5715公顷，直播造林67公顷，飞播造林2332公顷，封山育林15680公顷，绿化达标率为

95.50%，森林覆盖率提高到42.90%，符合长防林体系建设工程质量标准。工程建设质量达到国家规定标准，元坝区被表彰为“四川省实现基地绿化达标县区”。

广元市元坝区实施长江防护林体系建设统计表

表16-12　　　　单位：公顷

时　间	植苗造林	直播造林	飞播造林	封山育林	合　计
1990	682	—	—	1143	1825
1991	860	—	—	2400	3260
1992	970	—	—	2700	3670
1993	1191	—	—	3100	4291
1994	890	—	882	2300	4072
1995	550	—	700	1500	2750
1996	450	—	350	1230	2030
1997	122	67	400	1307	1895
合计	5715	67	2332	15680	23794

（四）中德合作四川省嘉陵江上游防护林工程项目（简称中德合作四川造林项目）

1998年3月，中德合作四川造林项目正式在元坝区开始实施，区人民政府成立了中德合作项目造林领导小组，区林业局建立了中德合作造林项目办公室。至2007年，全区实施中德合作四川造林项目涉及23个乡镇1个社区、106个村、544个小班（小班指根据不同的地类、林种，把林地区划为最小作业单位）、5253户农户，项目建设总投入资金1070.60万元。其中，德方援助521.10万元，中方配套470.80万元，农户投劳折资78.70万元，累计造林4497公顷。其中用材林、防护林1668公顷，经济林209公顷，封山育林2200公顷，封山补植420公顷，并完成后续项目除草620公顷，抚育间伐240公顷。扶持贫困农户建节能灶、修建沼气池1100多处，并在石井铺乡建立森林经营管理协会。

（五）退耕还林工程

2000年，元坝区为四川省率先开展的退耕还林试点县区之一。当年实施的试点工作中，退耕还林1667公顷，还从浙江省引进优质板栗（毛板红）树苗5万余株。2002年，国家制定“退耕还林、封山绿化、以工代赈、个体承包”和“谁退耕、谁造林、谁经营、谁受益”及免征农业税、定购粮，实行物资、资金补助等政策措施，对退耕还林（草）的农户，每年每亩补助粮食（大米）150公斤，医教补助20元，给林业部门每亩一次性补助种苗款50元，由林业部门给退耕还林农户提供合格种苗。营造生态林按同一标准补助8年，营造经济林补助5年。从2002年开始，按照国家对退耕还林的补助项目和标准，直接补助给退耕还林农户。2003年改粮食补助为现金补助，每亩补助现金210元，区财政局实行专款专户，直接打卡到退耕还林农户。区林业局按照“生态优先”的原则和国家确定的退耕还林以80%营造生态林，20%营造经济林的要求，全区退耕还林地重点栽植马尾松、火炬松、湿地松、藏柏、台湾桤木、杨树、核桃、刺槐等速生树种。当年从甘肃省调运油橄榄树苗40余万株，在太公、石井、香溪、红岩、磨滩、元坝、柳桥等乡镇栽植。除香溪乡林场栽植的板栗树和红岩镇栽植的油橄榄树长势良好并于2005年开始挂果外，其余乡镇都因土壤、气候等因素和管理技术方面的问题，成活率低，长势较差，大部分栽植面积改植其他树种。2007年，中央财政继续对退耕还林农户给予适当的现金补助，补助期限为：还生态林补助在原规定年限期满后再延续8年，还经济林补助再延续5

年。补助标准为每亩退耕还林年补助现金105元。2006年底前补助已期满的，从2007年开始发放补助，2007年以后期满的，从次年开始发放补助。2000—2007年，全区累计退耕还林面积5200公顷，其中营造生态林面积5087公顷，经济林面积114公顷。国家投资总计达11666万元（补助粮食折合人民币计算在内）。

广元市元坝区2000—2007年退耕还林工程实施情况统计表

表16－13　　单位：公顷、吨、万元

年　度	退耕还林面积	植树造林面积			补助情况				
		合计	其　中		补助金额合计	补助粮食		医救补助资金	种苗补助资金
			生态林	经济林		数　量	折现金		
2000	1667	1667	1626	41	737	3750	562	50	125
2001	666.4	666.4	663	3.40	960	5250	840	70	50
2002	667	667	612	55	1220	675	1080	90	50
2003	1200.3	1200.3	1186	14.30	1728	9450	1512	126	90
2004	333	333	333	—	1589	—	1428	136	25
2005	667	667	667	—	1844	—	1638	156	50
2006	—	—	—	—	1794	—	1638	156	—
2007	—	—	—	—	1794	—	1638	156	—
合计	5200.7	5200.7	5087	113.7	11666	25200	10336	940	390

（六）日元贷款四川生态建设项目

2004年12月，日本政府同意贷款1亿美元用于长江上游生态建设，建设区域为四川、云南省，元坝区被列为四川生态建设项目县（区）之一。该项目于2005年7月正式启动，计划3年完成，分别在卫子、梅树、石井铺、白果、射箭、柏林沟、晋贤、王家、文村、磨滩、元坝、柳桥、昭化、明觉14个乡镇实施，总规模10053公顷，其中，建设苗圃10公顷，营造松、柏、桤木等生态林2463公顷，营造杜仲、栀子等经济林木760公顷，封山育林6820公顷，项目总投资2200万元。至2007年底，项目已实施完毕，待日方检查验收。

四、城周绿化

1989年，元坝城区四周的山上树木稀少，石土裸露，处处荒坡秃山。区委、区政府把城周绿化纳入城市建设的重点来抓，每年利用植树节，动员机关干部、城镇居民上山植树造林，但由于管理不善，成效较差。1997年2月，区政府制发《关于认真开展城周绿化的通知》，提出“城周绿化与城市建设同步发展，城区街道绿化要达到30%以上，人平绿地面积要达到8平方米，每个职工和居民都要为其献计出力，自觉投入绿化城周、美化城市、创建文明城镇的活动中去”。并成立城周绿化指挥部，由区长李桂林任指挥长，区人大常委会副主任李映雪、区政府副区长杨在尧、区林业局局长吴万奎任副指挥长，相关单位负责人为成员。由区委办、区政府办、区直机关工委牵头，把城周绿化任务落实到各区级机关、企事业单位，严格实行目标管理，区政府与其签订目标责任书，纳入年度考核的重要内容。同时，按《四川省绿化条例》的有关规定，区级各部门、企事业单位的每个干部职工每年缴纳城周绿化费5元，用于城周造林及林地管护。至2003年，元坝城周130多公顷的裸露荒山秃岭全部完成植树绿化。2004年，区委、区政府提出城市街道绿化以桂花树为主体，高标准高规模栽植、提高绿化档次的要求。当年城区栽植树木5600余株，其中桂花树1600余株，各类花卉植物20余万株，种植草坪4万平方米，绿地面积达6.50万平方米，城区绿地覆盖率达26.20%，人均绿地12.50平方米。2004年9月21日，举办了“首届四川·广元元坝桂花节”。2005年，区委、区政府按照“城市园林化、城周森林化、道路林荫化、庭园花园化”的要求，制定出以“三线”（国道212线境内段、省道202线境内段、县乡道）、“三片”（元坝城周至云山寨、昭化古城城周至冀山和茅河坝）为主的“两大工程”建设规划，继续组织开展城周绿化工作。当年3月5日，中共广元市委书记高烽、市长侍俊带领市级四大班子及相关部门主要领导与元坝区级部门职工一道，在国道212线长坝段公路两旁栽植香樟、银杏树1000余株。当年即完成国道212线利州区和元坝区交界处至元坝城区3公里道路两旁植树任务和其他各地段绿化任务。随后全区掀起“两大工程”建设高潮。至2007年，全区完成植树2731公顷。其中，各乡镇完成乡镇场镇及周边绿化241公顷，林业局组织完成“三片”及“三线”（可视范围内）的绿化1839公顷，区规划和建设局组织完成城周绿化230公顷，区交通局组织完成“三线”沿线两旁的绿化178公顷，区水务局组织完成水库、渠系及白龙江、嘉陵江沿岸的绿化243公顷。2006年和2007年，区委、区政府把昭化古城城周绿化、昭化古城至绵广高速公路进出口公路和昭化古城至牛头山公路两旁绿化美化作为“两大工程”的重点，由区林业局具体负责组织实施。在实施中，聘请农民工1.30万余人次，动用挖掘机、吊车等大型机械100余台次，从省内的成都、巴中、青川、剑阁、苍溪和陕西省的汉中等地采购苗木12.50万株，其中胸径30～100厘米的银杏、菩提大树共16株，分别栽植在昭化古城北门、东门、西门、停车场、汉寿广场、费祎墓等处，总投资近400万元。

第四节　林政管理

一、林权

（一）林权证换（颁）发

1989年建区之时，山林权属已落实到户（除极少的国有林、集体林外）。从1999年11月开始，全区对林权证进行审核换发。2000年起实施退耕还林，从2003年开始，按政策规定给农户办理退耕还林林权证。至2007年，共为50064户农户5200公顷退耕还林面积办理了退耕还林林权证。

（二）森林分类区划界定

森林分类区划是依据森林体系，按照森林主导功能的不同，将林地划分为公益林和商品林两大类。公益林是指生态区位极为脆弱，对国土生态安全、生物多样性保护和经济社会可持续发展具有重要作用，以提供森林生态和社会服务产品为主要经营目的的重点防护林和特种材林。主要包括：嘉陵江、白龙江两岸，坡度≥36度的土层浅薄的森林、林木和林地；翠云廊省级保护区核心区的森林、林木和林地。商品林是指满足林业产业发展需要，以提供木材和林副产品为主要经营目的，发挥森林经济效益主导利用为主的森林、林木和林地。主要包括：短轮伐期工业原料林、速生丰产林、珍贵大径级的用材林、部分常规用林、脂材两用林、经济林、薪炭林等。通过区划界定，以便对主导功能不同的林地进行分类经营管理。森林分类区划界是建立和实施生态补偿制度，实施生态效益补偿的基础工作，直接关系到林业发展和林权所有者、经营者的切身利益和集体林权制度改革。2001—2007年，区林业部门按照省林业厅的安排部署，先后进行了4次分类区划工作。2001年天然林保护工程实施时，把全区林业用地划分为重点生态林、兼用林、商品林三类。2004年，根据《国家林业局、财政部重点公益林区划界定办法》要求，全区在2001年森林分类区划基础上，开展了重点公益林分类区划。2006年底，通过对天然林保护工程公益林造林和退耕还林新增的重点公益林进行了区划。2007年3月，区林业局、省林业勘测设计研究院营调队根据《四川省林业厅关于进一步推进我省森林分类区划界定工作的通知》要求，按照"生态优先和因地制宜，尊重林农意愿，本着统筹兼顾，相对集中连片和适度规模经营"的原则，组织区划调查人员到各乡镇、林场，现场核对小班数据，更新、修改、完善小班因子（小班因子指小班内土壤类别，厚度，阴、阳坡，海拔，植被的种类和覆盖度），完成了全区12658个小班的生态区位，森林类别等区划调查工作。12月，各乡镇林业站工作人员与林地林权人亲临现场，将规划的公益林、商品林逐一落实到山头地块，并登记绘图造册，以村或组进行公布，完成事权确定工作。全区分类区划界定小班20613个，林地面积80101公顷，其中有林地面积72795公顷。在林地面积中公益林（全部为国家公益林）5779个小班40206.9公顷，占50.20%，商品林6896个小班39894.1公顷，占49.80%。在公益林中，防护林36074.9公顷，特种用材林4132公顷。全区公益林均属亚林种，其中水土保持林16136公顷，水源涵养林19938.9公顷，自然保护林4132公顷。

广元市元坝区2007年末生态区位地类面积统计表

表16－14　　单位：公顷

区位名称	重点公益林							
	合计	有林地	疏林地	灌木林地	灌丛地	未成林地	宜林地	苗圃地
合计	40206.90	35605	81.50	3654	62	698	105	1.40
一、江河两岸	19938.90	18107	5.50	1138	58	524	105	1.40
嘉陵江两岸	19367.90	17648	5.50	1056	58	500	99	1.40
白龙江两岸	571	459	—	82	—	24	6	—
二、自然保护区及遗产地	4132	2685	—	1269	4	174	—	—
三、荒漠化及水土流失	16136	14813	76	1247	—	—	—	—

二、林地管理

1989年建区时，林地已划分为个人山林、集体山林、国有山林三大类，山林拥有者持有"林权证"。国有山林大块连片的由林业部门直管，小块分散的委托当地社队代管。1990年以后，国有林均由林业部门统一管理，管护形式有三种：合同代管，由林业局与国有林所在的乡镇林业站签订代管合同；建站保护，对面积较大，地处偏远的国有林地建立护林站；确定专人专职或兼职护林员管护。集体山林在1984年扩大社员自管山范围后面积缩小，由乡村林场管理。个人山林由农户自行管理，经营中接受国家计划安排，并建有相应的经营管理制度。

三、依法治林

元坝区在贯彻《天然林保护条例》《退耕还林条例》《中共中央国务院关于加快林业发展的决定》中，先后开展了"创建平安林区""法律进万家""绿剑行动""天保行动""雷霆行动""飞鹰行动""打击破坏森林资源专项活动"，健全"四网"（情报信息、群防群治、边际联防、案件协查），及时掌握林区"三情"（山情、林情、社情），加强林区治安综合治理。全区共查处森林案件1081件，其中刑事案件35件，治安案件19件，林政案件1027件。1046人受到法律制裁和经济处罚，其中判刑9

人，林政罚款811人，其他处罚226人，没收木材3340立方米，收缴财物折款213.35万元。2005年，区林业局林政股长姜仁德被国家林业局表彰为“全国打击破坏森林资源专项活动先进个人”，2006年，区森林警察大队被省林业厅表彰为“创建平安林区先进集体”。

四、林业站示范县（区）建设

1990年，元坝区各乡镇均建立有林业站，配备了林业员，实行以林业部门为主、乡镇政府为辅的管理体制。2000年，经国家林业局林业工作站管理总站抽查审核，国家林业局林业管理总站确认元坝区为2000年全国林业工作站建设合格县（区）。2001年8月，元坝区被列为全国24个林业站示范县建设之一之后，区林业局按照林业站示范县建设标准，进一步加强队伍建设和基础设施建设。实行全员持证上岗；组织林业站职工参加西昌农学院函授学习，参加省、市业务培训；建立健全制度，实行规范管理；积极开展学教活动，加强“两个文明”建设；改造新建办公场所，并配置电脑29台，通信工具80部，交通工具（摩托车）30辆。2003年8月，国家林业局林业工作站管理总站对元坝区林业工作站建设进行抽查验收。2004年3月，元坝区被国家林业局表彰为“全国林业站示范县建设合格县（区）”。

第五节 森林保护

一、护林防火

卫子区时期，区公安机关的消防部门、治安部门和各派出所协助乡镇完善护林防火工作的各项规章制度，落实了护林责任制，林区群众开展了经常性巡回护林活动。

1990年，区政府成立护林防火指挥部，各乡镇相继成立护林防火领导小组，对护林防火工作实行“四长”（区长、乡镇长、林业局长、林业站长）责任制，层层签订责任书，把责任落实到人头，做到山有人管，林有人护，责任有人承担。同时，区林业局编制《元坝区护林防火预案》，把森林防火区划为不同等级的火险区，实行分类指导，综合治理。其中将元坝、柳桥、紫云、晋贤、文村、磨滩、石井铺、虎跳、青牛、黄龙、白果、射箭、朝阳、红岩、沙坝15个乡镇划为一级防火区，卫子、王家、昭化、梅树、陈江、大朝、香溪7个乡镇划为二级防火区，清水、太公、张家、丁家、柏林沟、明觉6个乡镇划为三级防火区。1993年，组建了村、组护林组织和扑火队伍210个，落实了专职护林人员950人，义务灭火队54个985人。各乡镇都制定了火灾预案。1994年，对全区专职护林员进行了培训调整，区政府还为各乡镇增加了防火把100把，防火服50套，防火头盔50个，防火铲60个，防火手套50双，加强了防火装备。1997年，区公安分局林业科深入林区督促乡镇护林领导小组对210个村级护林组织的2103人进行了培训。全年，护林组织为公安机关提供案件线索21条，查破案件21件。2005年，区公安机关在林区开始实行用火许可制度，并在林区庙会期间及重要节、假日林区人员聚集区派警力驻守防范，对精神病、痴呆重点人员加强监管。全年发放森林防火整改通知书24份，林区施工作业单位防火责任告知书16份，较好地从源头治理了森林火灾事故。2006年，区森林警察大队聘请了专职巡山员220人，并在重要区域、地段、路口加派警力，增加巡逻密度。同时，全区还投入森林防火资金10万余元，购置了机动消防泵4台，风力灭火机4台，灭火水枪4支，油锯4台，对讲机5只，定位导航仪2个，多功能面积测量仪1个，防火服20套，小气候综合观测仪1个，电热恒温干燥箱2个等森林防火装备。全区1989—2007年仅发生一般性火灾8次，受损面积24.45公顷。

二、森林病虫害防治

元坝区森林病虫害主要是柏毛虫危害较大，柏毛虫是蜀柏毒蛾（俗称小柏毛虫）和云南松毛虫（俗称大柏毛虫）的总称。1996年，区境内张家、太公、虎跳、青牛、黄龙、红岩、白果、射箭、石井铺、柏林沟等乡镇大面积发生柏毛虫危害，受害面积达2130公顷。区政府成立了蜀柏毒蛾防治指挥部，落实乡镇和区级有关部门责任，发动群众利用灯光诱杀蜀柏毒蛾成虫和采摘云南松毛虫茧4.20万公斤。区林业局从永川森林病虫防治站和四川省林科院森保所购回氧化乐果、敌马油剂、森保1号等药物进行防治。同年，广元市人民政府落实“谁经营、谁防治”的森林病虫害防治责任制度，区林业局从当年开始对区境内发生的柏毛虫森林实施统防统治，森林病虫害得到有效控制。2002年11月，国家林业局森林病虫防治检疫总站在元坝区成立“元坝国家级森林病虫害中心测报点”，负责元坝区境内森林病虫害监测预报。2003年11月，四川省森林病虫害预测预报工作会议在元坝召开，21个地、市、州森防负责人等100多人参加了会议。当年，元坝区被国家林业局命名为森林病虫防治检疫达标站，区林业局获全省林业有害生物防治工作第一名。2004年，区林业局被国家林业局授予“森林病虫害防治先进集体”。2006年，元坝区境内大面积发生柏毛虫危害，面积达4300多公顷。2007年区境内再次大面积暴发柏毛虫危害，面积达4700多公顷，主要虫害为蜀柏毒蛾，涉及区内所有柏木林资源的乡镇，造成虎跳、青牛、张家、卫子、白果、石井铺、红岩等乡镇柏木林部分成灾。2005—2007年，元坝区连续3年开展飞机防治蜀柏毒蛾等森林病虫综合防治工程，防治面积达6000余公顷，同时，区林业局加强测报网络体系建设，定期对森林有害生物进行全面普查，严格植物及其产品的产地检疫和调运检疫，强化植物检疫的执法力度，检疫率达100%，有效地控制了森林病虫危害。

三、封山育林

封山育林是中国一种传统的森林资源保护方法，简便易行，用工少，见效快。元坝建区后，就把封山育林列为保护森林，加快林业发展的重要措施，大力宣传封山育林保护森林的目的意义，落实专业护林人员，建立健全治安防范控制网络，制作封山护林碑1000余座，大型广告宣传画6幅。在实施中德四川造林项目、天然林保护工程等项目中，把封山育林作为工程项目的重要内容。2000年实施的天然林保护工程，把全区8.03万公顷的林业用地全部纳入封山育林的范畴。2007年末，全区封山育林面积达8.25万公顷。

四、天然林保护工程

2000年10月，国家全面启动实施天然林保护工程，为期11年。当年，元坝区根据天然林资源保护工程管理工作的有关规定，区人民政府成立了天然林资源保护工程领导小组，区林业局组建了天然林资源保护工程管理中心，内设项目管理办公室、计划财务部、营林生产部、林政稽查队和工程质量监理部。各乡镇人民政府对林区森林资源管埋负总责，加强组织领导，做好宣传动员，协调指挥，解决管护中出现的问题等项工作。乡镇林业站负责设立护林哨卡，聘请护林人员，制作宣传标牌，具体实施森林管理工作，处理授权范围内的林业行政案件。元坝区天然林资源保护工程的范围是：辖区内所有的国有林、集体和个人所有的森林，包括非林业单位所有森林资源在内。其主要地类是：有林地、灌木林地、疏林地和未成林造林地。全区森林管护规模为72905公顷，其中集体与个人所有林地72532公顷，国有林地374公顷。在28个乡镇建设生态公益林面积10183公顷。其中人工栽植造林1667公顷，飞播造林5023公顷，封山育林3493公顷。该项目总投资2778.90万元（全属中央财政投资），其中森林资源保护费1774.50万元，生态公益林建设1004.40万元。在实施天然林保护工程中，全区按森林权属确定了三种管护类型：一种为集体与个人林地管护。对地势偏远、人烟稀小、牲畜活动较少的香溪、青牛、陈江、黄龙、丁家、白果、红岩、朝阳、射箭、沙坝、大朝、磨滩、文村等13个远山区乡镇，以林业站为基础设立护林站，聘请农民护林员实行封山设卡，定期巡山护林的管护形式。对交通方便，人畜活动频繁，管护难度较大的元坝、柳桥、紫云、卫子、石井铺、太公、清水、柏林沟、晋贤、王家、张家、虎跳、梅树、明觉、昭化等15个近山区乡镇，以林业站为基础设管护站，聘请农民护林员实行巡山护林为主、设卡为辅的形式进行管护。二种为零星国有林及非林业单位林地的管护。由区林业局国有林管理站工作人员与聘用的护林员或非林业单位职工一起巡山护林为主，设卡为辅的管理方法。1990年以后，国有林由区林业局管理，管护形式为合同代管，由区林业局与国有林所在的乡镇林业站签订代管合同，按照“四无”（无森林火灾、无乱砍滥伐林木、无毁林开荒、无滥猎乱捕野生动物等）标准，落实“五定一奖”责任制；建站管护，对面积较大，地处偏远的国有林，建立护林站，确定专人专职或兼职护林员管护。三种为昭化古驿道古柏自然保护区的森林资源管护。由保护区工作人员实行巡山护林为主、设卡为辅的形式进行管护。三种管护类型的管护费按全国统一标准人平管护380公顷，有林地（含未成林造林地）每公顷36.30元/年，灌木林地每公顷7.35元/年。在农民护林人员的选聘中，全区采取“本人申请，村组推荐，林业站考察，乡镇政府审批，林业局备案”的办法进行选聘。各村在选聘的护林员中，选一名有一定组织能力的人员作为中心护林员，加强对其他护林员的管理。2001年，全区共选聘农民护林员1014人，2002年以后每年稳定在400人左右。区林业局每年初与各乡镇林业站签订天然林管护责任书，统一印制了《管护人员职责》《管护人员考评办法》《管护人员学习制度》等分发到乡林业站和管护人员。林业站对护林员实行一年一聘用，并签订年度聘用合同，明确每个护林员的管护区域、面积、职责和管护报酬。在抓好天然林保护工程管护工作时，全区对森林采伐实行限额管理，全面停止商品材采伐，减少农村燃料消耗和自用材的资源消耗，对木材流通渠道进行整顿，并关闭林区木材市场，取缔了一批无证非法加工木材制品的私营小企业，取消林区柏木油、樟木油加工厂，大幅降低森林资源消耗量。通过对天然林的管护，森林资源恢复和增长速度加快，生态环境明显改善。尤其是国道212线紫云段，道路两旁枫香、枫杨、红叶、千樟密布，枝繁叶茂，形成了一道“人在树下走，车在林中行”的风景线，国家林业局给予高度评价。2004年5月，元坝区应邀参加了全国“切实搞好天然林保护工程现场会”，并在会上作典型发言，其经验在全国推广。

五、野生动物保护

1992年，元坝区野生动物保护协会成立。至2007年，全区除日常加强对野生动物的保护工作外，还集中开展了两次打击非法狩猎、非法运输野生动物的专项行动，查处违法案件12起，收缴活蛇84公斤，并全部放归大自然，共收缴野生动物保护费1.50万元。

第六节　林业经济

一、林木采伐

林业采伐限额是国家指令性指标，任何单位和个人都不得突破。按照《四川省林木采伐管理办法》《四川省核伐许可证实施办法》规定的批准权限、审批程序办理林木采伐许可证。林木采伐许可证由省林业厅统一印发，区林业局按国家批准的年采伐限额，根据各乡镇林木资源现状和农村居民生产生活需要量以及农村建设发展的需要，给各乡镇下达年度采伐计划。区林业局核发林木采伐许可证的程序为：农村居民（必须是林木所有者）申请采伐树木，由本人申请，村组审查加具意见，乡镇人民政府办公会议集体研究，在年度采伐计划指标内审批。乡镇林业站凭乡镇政府签具的审批意见填发林木采伐许可证，林木采伐者领取采伐许可证后，由村组护林员现场指定采伐的树木。实施采伐后，实行砍一栽三的采伐制度，按采伐许可证上规定的时间限期更新造林。1986—2007 年，全区林木采伐计划 658187 立方米，批准采伐 462900 立方米，占计划采伐的 70.33%。

广元市元坝区 1986—2007 年木材采伐统计表

表 16-15　　　　单位：立方米

年　度	国家下达计划数	区下达计划数	批　准采伐数	采伐数占区下达计划%	年　度	国家下达计划数	区下达计划数	批　准采伐数	采伐数占区下达计划%
1986	21894	8846	6103	68.99	1998	101100	23496	21922	93.30
1987	21897	7850	5108	65.07	1999	101100	78400	31360	40
1988	21897	6800	4981	73.25	2000	37500	31840	18246	57.31
1989	21897	4900	4401	89.82	2001	37500	17500	7481	42.75
1990	95697	6410	5110	79.72	2002	37500	17500	6772	38.70
1991	95697	72894	48911	67.10	2003	37500	17500	7825	44.71
1992	95697	70500	52142	73.96	2004	37500	32500	19090	58.74
1993	95697	23000	12110	52.65	2005	19090	16772	16023	95.53
1994	95697	19405	10741	55.35	2006	124663	108222	98776	91.27
1995	101100	14100	9290	65.89	2007	124663	60744	60354	99.36
1996	101100	10358	8277	79.91	合计	1527486	658187	462900	70.33
1997	101100	8650	7877	91.06	—	—	—	—	—

二、木材购销加工

（一）木材购销

木材购销纳入由国家木材经营机构设点收购，按国家下达的计划进行购销。区林业局下属的广元市元坝区林业产品经营公司（简称林产品公司）1992 年 3 月成立，依照《中华人民共和国森林法》规定实施木材经营，按照企业运作模式管理。从 2000 年国家正式开始实施天然林保护工程后，林产品公司歇业，原有人员中部分年老的离岗待退，其余人员转为乡镇护林员。1994 年，区林业局根据国家规定，对从事木材经营的单位和个人提出了具体的要求：必须持有木材经营许可证、营业执照；在林业局登记后，按指定的地域、树种、材种和规定的数量从事购销，并主动接受林政部门的监督和管理；凡从林区运出的木材及其产品，必须持有木材准运证。区林产品公司驻各地的检尺员严格现场检尺、上号，遵守行为道德规范。各乡镇林业员要认真履行现场监管职责，木材检查站必须严格按照《四川省木材运输管理办法》的规定，对违规违法运输的木材一律扣留，报区林政执法部门依法查处。2004 年，国家开始下达部分商品木材指标。区林业局切实加强指标的控制和采伐销售的管理，深入各乡镇林区实地调查规划，统一调配木商，采伐指标落实到人，并进行张榜公示上墙。同时建立伐材地点、归堆检尺台账、起运现场监察等操作程序，制止了非法经营和偷拉盗运。2006年，元坝区率先在全省推行人工商品材采伐销售权拍卖试点，凡参与拍卖的林木，私营林木由林农自愿提出申请，集体的林木必须召开村民会或村民代表大会，经2/3以上村民（或村民代表）同意后提出申请，同时林权所有者向林业部门提出书面委托，区林业局聘请有资质的林业设计单位进行采伐作业设计，委托拟定采伐、销售合同文本，委托召开拍卖会，并对拟采伐的地点、面积、方式、蓄积量、出材量、采伐时间及拍卖等信息进行公示。为保证拍卖顺利进行，木材经营者首先交纳竞买保证金，对未成交者，拍卖会后三日内全额退回保证金。对拍卖所得价款金额交付林权所有者。2007年6月15日，区林业局委托广元市朋成拍卖有限公司，在区工商、纪检、监察等相关部门的监督下，按照拍卖程序，对柳桥乡、磨滩镇的四处人工商品林采伐销售权进行公开竞拍。省、市林业部门领导，广元市各县区林业局、元坝区政府主要领导，木材经营者等300余人出席和参加了拍卖会，4名竞拍人以抚育间伐材310元/立方米，择伐和皆伐370~400元/立方米的价格获得采伐销售权。每立方米的销售价格超过区内历史最高价格120~180元。商品林采伐销售权公开竞拍，得到了省、市林业主管部门领导的赞赏，当年在广元市各县区推广。

（二）木材加工

2000年，元坝区实施天然林资源保护工程，停止了天然林商品性采伐，多数木材加工企业停厂转业，全区仅存6处木材（家具）加工企业，其原材料均使用刨花板、胶合板等制品。随着全区林木资源的快速增长，为充分利用区内木材资源，加快林业经济发展，2006年从福建省引进祥和木业，2007年试投产即生产木胶合板6000平方米，当年解决农村剩余劳动力60余人。2007年底，全区木材经营加工户已恢复到101户。

三、林副产品

元坝区境内经济林木种类较多，但数量少，大多未形成规模。20世纪80至90年代，随着农村经济体制改革深入进行，经济结构调整力度逐年加大，经济林木有了较大的发展，先后引进梨、猕猴桃、油橄榄等经济林木优良品种进行规模种植。1991年，红岩乡坪林村引进苍溪雪梨，成片栽植30多公顷。1993年，紫云乡栽植猕猴桃30多公顷。1995年，太公镇栽植金花梨近70公顷。2002年起，全区规模栽植油橄榄628公顷。2004年，区政府成立中药材生产办公室，把培植中药材作为全区的特色产业来抓，以打造中药材基地区为目标，实行订单种植，强化管理，突出规模效益。当年全区种植杜瓜667公顷、玄参333公顷、黄姜333公顷，其他药材333公顷，总产量达到1.78万吨，实现产值1470万元。2005年，区林业局为开发利用薪炭林资源，从浙江云合县引进木耳种植大户汤良川，在紫云乡金华村国道212线旁租地4公顷，购椴棒（直径8~12厘米，长130厘米）30万棒，建成元坝区第一个椴棒木耳生产基地，当年每棒产木耳100~120克，产值10元以上，每棒纯利润5元左右，其产品品质优良，运销日本，货源供不应求。2006年，区林业局组织了部分乡镇林业站站长20余人，到浙江实地考察，再次从浙江引进木耳种植大户张祖金、范长伟、叶朝水、董付根等，在区内的虎跳、磨滩、晋贤、元坝等4乡镇发展木耳44公顷。其中，张祖金在虎跳镇南斗村租地16公顷，新建了年产3万公斤的菌种场，购椴棒120万棒，成为川北最大的木耳菌种场和木耳生产基地。2007年，全区在木耳生产基地的带动下，新发展了木耳种植大户和部分兼植农户，新增种植面积近50公顷。全区当年种植木耳95公顷，710万棒，实现产值7000余万元。在发展木耳生产的同时，还狠抓林果业的发展。2007年底，区林业局在区境内国道212线、昭化至大朝旅游沿线新建“百里核桃产业带”，种植优质核桃树470公顷。

第七节　林业科技

一、科技队伍

元坝区林业局建立之后，为加强科技队伍建设，重视对林业技术人才的培养和使用，采取办林业技术培训班、聘请四川省林科院教授授课、选派业务骨干到四川省林科院学习深造、组织技术人员开展林业科技项目研究、到外地学习考察等措施，大大提高了林业科技人员的专业知识和科技水平。2007年底，全区林业系统职工总人数121人，其中乡镇林业站70人。职工总人数中有高级工程师1人，工程师36人，助理工程师26人，技术员11人，有大专以上学历的职工83人，占职工总数的68.60%，其中大学本科25人。为充分发挥科技人员的真才实学，促进全区林业发展，2002年，成立广元市元坝区林业科技推广服务中心和广元市元坝区林业勘测设计队。

二、林业科研

（一）营养袋两段育苗技术研究与推广

1989年，元坝区林业局开始运用营养袋培养壮苗，改变了大田育苗的粗放经营模式。至1992年，全区共育营养袋苗5724万袋，其中一级苗占80%，营造高质量的速丰林和长防林2.1万公顷，经省林业厅、省林业科学研究院和广元市科委的专家现场考察鉴定，该成果选题准确，研究方法科学，达到和超过省内同行的先进水平，并在全省范围内推广运用。1990年受到省林业厅的嘉奖，并获“广元市科技进步三等奖”。

（二）引种藏柏母树林营建技术研究

藏柏原产于青藏高原，树体高大，适应特殊的气候和复杂险要的地形，20世纪70年代中期引入四川省栽培，表现出生长快速，适应性强，材质优良的特点。80年代末90年代初引入元坝区形成规模造林。但藏柏种子产量较少，造成元坝区造林长期无可靠的种子来源保障。1989年，区林业局开展藏柏母树林营建技术研究，研究与生产同步并行，在区内14个乡镇共引种栽植藏柏1360公顷，建立母树林1000公顷。经过10多年的努力，母树林长势良好。研究结果证明，藏柏在区境内低海拔（1000米以下）半阴半阳山坡地、土层厚度40~60厘米以上的斜坡（20~25度）上生长良好，结实率高，产种量大，每亩可生产种子2公斤以上，最高可达4公斤，现年产种可达3000余公斤。建立母树林既达到了生产、研究的目的，又取得了较好经济效益、生态效益、社会效益及栽植经验。2000年，该科研项目获“广元市科技进步三等奖”。

（三）优质纤维工业用材林定向培育技术研究

1996年，元坝区林业局在四川省林科院高级工程师、元坝区科技副区长（下派挂职）刘合林的指导下，以建立丰产、高效的纤维用材林基地为目的，研究纤维工业原料林基地布局及林地条件选择技术、苗木优化技术，进行优化栽培模式的试验示范；以培育高产、优质纤维用材林为目标，研究现有桤木、松类人工林的定向调控技术与集约经营技术；研究施肥种类、施肥量等因素对纤维产量、质量的影响，提出合理的技术措施；研究林分经济结构、密度与生物量、纤维量的关系，提出合理的林分密度及相应的调控技术。按定向培育新技术营造和管理，使两年生马尾松平均树高达0.75米以上，四年生达4.70米以上；国外松两年生平均树高达1.10米以上，四年生达2.40米以上；桤木两年生树高达2.30米以上，四年生达14米以上，轮伐期缩短2~3年，其木材较常规品种提高3%~5%，单位面积蓄积生长量提高5%以上，林分经营的经济效益提高5%以上，元坝林业经营水平明显提高，林农获得经济实惠。该课题主题依据充分，攻关目标明确，综合配套性强，产、学、研结合，技术经济指标和考核目标比较先进合理，使工业原料林基地建设提高到一个新的水平，2002年，获“四川省科技进步三等奖”。

（四）生态经济防护林营造技术研究

1997年5月，在四川省林业干部学校教授侯广维，四川省林科院高级工程师刘源智、副研究员龚固堂的指导下，元坝区开始对生态经济防护林营造技术、水土流失、监测和治理、森林水文效益计量评价、多元化的植物类型配置和反映生物多样性的林果、林经、林药、林园间种混交模式技术进行系统深入地研究。在退耕山地水土流失区提出并建立生态经济防护林化模式，即“一山四带”山地生态经济林绿化治理模式和“一针二阔三灌”（即针叶林、阔叶林、灌木林）的造林优化模式。至2001年，通过四年的研究和试验示范，特别是对研究项目的实践，取得了明显的效果。在中德合作造林工程营造2.10万公顷防护用材林、6000公顷经济林和封山育林1.5万公顷工程中进行推广，并在广元市退耕还林还草工程中推广运用，使工程造林成活率由原来的65%提高到98%以上，生态效益显著。其坡地沟蚀面得到有效控制，减少水土流失79.30%，土壤侵蚀模式减少700吨/平方公里。营造植物类型多元化及反映生物多样的混交林技术，为长江上游防护林工程、退耕还林还草工程、天然林保护工程、流域生态治理工程等提供了优化模式理论和技术。该项目提出的生态经济防护林技术措施，通过技术组装形成配套的综合技术，即：集疏林技术、保灌栽植阔叶技术、百日苗造林技术、护坡固埂生物篱技术、柳谷坊技术等6项新技术，首次应用到生态治理工程，丰富和发展了生态经济型防护林营造理论与技术研究的整体水平，经四川省科技厅组织专家鉴定后，获“四川省2002年度科技进步三等奖”。

（五）速生丰产用材林集约经营工程造林技术研究与推广

区林业局自1989年进行营养袋两段育苗技术研究和元坝主要森林类生物生产力及水源涵养能力研究和试验示范的同时，组织工程技术人员进行《速生丰产用材林集约经营工程造林技术研究与推广》的课题研究，共培育营养袋优质壮苗4500余万株，累计完成速生丰产用材林1000公顷，造林成活率达90%以上，经四川省林业厅检查验收一类面积达95%以上。本项目提出的元坝区工程造林主要立地类型划分方法和气候与土壤墒情变化规律，确定了以秋季造林为主的栽植方法。该项目获“广元市2003年度科技进步二等奖”。

（六）中德合作四川造林项目生态经济防护林营造技术研究

1998年，元坝区启动实施中德合作四川造林项目。为了高质量、高标准完成项目工程造林，区林业局结合项目实施中的技术问题，确立为专门课题进行研究，在开展生态经济防护林营造技术与水土流失、森林水文效益监测基础上，应用“一坡四带”山地生态经济优化治理模式，采用“一针二阔三灌”的造林优化模式和集疏林业技术、稳温稳湿技术、百日苗造林技术、护坡固硬生物篱技术等多项新技术，通过技术组装集成运用到工程项目，推动了中德四川造林项目、退耕还林工程、天然林资源保护工程建设的快速发展。累计推广面积达3450公顷，减少水土流失79.30%。经广元市科学技术局组织省内专家进行成果鉴定，认为项目研究选题正确，技术线路合理，资料翔实，数据可信，具有创新性、先进性和可操作性，获“广元市2004年度科技进步二等奖”。

第四章　水务农机

第一节　水务农机管理机构

1987年3月，广元市市中区卫子区建水电农机管理站；1988年6月，成立广元市市中区卫子区水电农机管理局，安昌明任局长，刘明顺任副局长。

1989年12月，广元市元坝区设水电农机局（含防洪、抗旱、江河管理工作，简称区水电农机局）；1990年2月正式挂牌成立，设办公室、计划财务审计股、水利建设与管理股、地方电力管理股、农机管理股；2001年8月，建立中共广元市元坝区水电农机管理局党组。2001年11月，区水电农机局更名为广元市元坝区水务农机局（简称区水务局），增设水政水资源股、水土保持股、水产渔政管理股、水务综合监察大队，撤销地方电力管理股。至2007年，区水务局内设机构无变化。

2007年年末，区水务局直属事业单位5个：

紫云水库管理处，1973年成立时名为广元县紫云水库修建指挥部，1981年更名为广元县紫云水库管理所，1990年3月更名为广元市元坝区紫云水库管理所，2004年更名为广元市元坝区紫云水库管理处。

工农水库管理处，1973年成立时名为广元县工农水库管理所，1990年3月更名为广元市元坝区工农水库管理所，2005年更名为广元市元坝区工农水库管理处。

广元市元坝区水利水电勘测设计队，1991年3月成立。

广元市元坝区抗旱服务队，1994年3月成立。

广元市元坝区乡镇供水总站，2000年6月成立，下设卫子、王家、虎跳、昭化、太公、明觉6个中心供水站。其中，卫子中心供水站代管石井铺乡和白果乡供水站；王家中心供水站代管文村乡和磨滩镇供水站；昭化中心供水站代管沙坝乡、朝阳乡和昭化镇天雄村供水站；明觉中心供水站代管红岩镇和梅树乡供水站。

2007年年末，区水务局直属企业单位1个：广元市元坝区通达自来水有限责任公司，建于1990年10月，原名为广元市元坝区自来水厂，1993年7月成立区供水公司，2000年11月开始改制，2001年7月易今名并注册。

2007年年末，挂靠区水务局的机构2个：广元市元坝区防汛抗旱江河管理办公室（简称区防洪办），1990年2月成立；广元市元坝区人畜饮水领导小组办公室（简称区人饮办），1990年2月成立。

2007年年末，区水务局基层单位7个：元坝、卫子、王家、虎跳、昭化、太公、明觉7个片区水务农机管理站。

广元市元坝区水务农机局领导名录

表16－16

姓　名	性别	籍　贯	政治面貌	职　务	任职期间	备　注
安昌明	男	南充市阆中市	中共党员	局　长	1990－02—1990－05	
刘明顺	男	广元市朝天区	非　党	副局长	1990－02—1993－02	
段绍东	男	遂宁市安居区	中共党员	副局长	1990－04—1997－03	兼元坝供电公司经理
段晓明	男	陕西省耀县	中共党员	副局长	1990－05—1991－05	主持工作
段晓明	男	陕西省耀县	中共党员	局　长	1991－05—1998－02	1997－05始任区政府副区长
刘承枝	男	广元市元坝区	中共党员	副局长	1992－01—1995－12	1994－05始兼磨滩党委副书记
薛开元	男	广元市元坝区	九三学社社员	副局长	1995－04—2002－03	1998－02始任区政协副主席
冯明杰	男	广元市元坝区	中共党员	副局长	1995－04—1998－02	
杨怀银	男	南充市蓬安县	中共党员	副局长	1995－11—1998－02	
冯明杰	男	广元市元坝区	中共党员	局　长	1998－02—2001－02	
李登凡	男	广元市元坝区	中共党员	副局长	1998－03—2002－07	2001－08始任党组成员
郭仕友	男	广元市旺苍县	中共党员	副局长	1998－07—1999－08	
刘承枝	男	广元市元坝区	中共党员	局　长	2001－02—2006－11	2001－08始任党组书记
李清彪	男	遂宁市射洪县	中共党员	副局长	2001－03—2003－03	2001－08始任党组成员
吴松林	男	广元市元坝区	中共党员	副局长	2001－08—	党组成员
李登凡	男	广元市元坝区	中共党员	纪检组长	2002－07—2007－06	党组成员
廖晓容	男	广元市元坝区	中共党员	副局长	2003－02—	党组成员,2006－11始主持工作
李宗元	男	广元市元坝区	中共党员	副局长	2003－04—2004－04	党组成员
吴有贵	男	广元市元坝区	中共党员	副局长	2003－07—2005－06	党组成员
张　健	男	广元市苍溪县	中共党员	局　长	2007－02—	党组书记
张菊华	女	广元市苍溪县	中共党员	纪检组长	2007－06—	党组成员

第二节　水利工程

一、山平塘

1989年，全区有山平塘5450口，总蓄水量2516万立方米，灌溉总面积6.29万亩。2007年，全区有山平塘7102口，分布于全区的28个乡镇，总蓄水量3355立方米，设计灌溉总面积7.14万亩，其中田6.73万亩。综合经济效益较好的是位于明觉乡五房村四组的松树沟山平塘，该塘大坝长约70米，坝高约20米，总库容4.50万立方米，有效库容3.80万立方米，设计灌溉面积150亩，有效灌溉面积120亩，另供明觉场镇3000余人生活用水。于1976年10月动工修建，1978年3月完工，总投资45万元。

二、水库

20世纪70年代，国家号召大兴水利，发展生产。在其后20余年间，“夏修30天，冬修100天”，吃住在工地，形成了千军万马兴修水利的大气候，元坝区境内90%的水库工程均为该期间建成。20世纪90年代以后，主要是加强对水库的维修整治和渠系的配套建设，让其充分发挥效益。至2007年年末，全区共建有各型水库79座。其中有2座中型水库，分别为紫云水库、工农水库；小（一）型水库9座，分别为石井铺乡团结水库、清水乡胜利水库、晋贤乡新华水库、红岩镇青春水库、明觉乡红卫水库、黄龙乡自力水库、张家乡八一水库、太公镇高峰水库、朝阳乡何家坝水库，共计蓄水1151万立方米，控制灌溉面积3.30万亩，实际灌溉面积2.30万亩。小（二）型水库68座，分布在全区的28个乡镇境内，总蓄水量为1310万立方米，设计灌溉面积4.90万亩，实际灌溉面积3.90万亩。

工农水库：坐落在烟灯山下龙潭河（磨滩河）上游，海拔高程895米。设计库容1263万立方米，有效蓄水1037万立方米，控灌6个乡镇25个行政村的5万余亩农田，保灌面积3.30万亩，受益人口6万余人。该工程始建于1971年7月，为原广元县王家区公所组织所属王家、文村、观音、晋贤等人民公社和卫子人民公社、柏林沟人民公社部分生产大队共同修建。1974年11月竣工；随即建成37.50公里主干渠，并与新华水库、石马水库、黑沟湾水库、文村水库等4个小型水库渠系相连。通过调整灌区，实现了“长藤结瓜、高水高灌、低水低灌、蓄灌结合、余缺调剂、相互补充、相得益彰”的目的。1974年11月全面完工，1975年春开闸试渠放水。

紫云水库：位于硬头河上游紫云乡紫云村境内的麻蹄滩，距元坝镇12公里、广元城36公里，与国道212线相距300米，海拔高程640米，大坝高40米、坝顶长157米、坝顶宽6米，为厚斜墙土石混合坝。设计库容1326万立方米，其中，兴利库容807万立方米，滞洪库容258万立方米，死库容255万立方米 。库区年降雨量1100毫米，年径流深450毫米，集雨面积36.40平方公里，年均来水量1638万立方米，防洪标准按100年设计。水库配套主干渠长29.10公里，灌溉元坝区元坝镇、柳桥乡和广元市利州区的大石镇、东坝办事处部分村组农田，灌溉面积为1.03万亩。该工程于1973年7月动工修建，1981年3月主体完工，为当时广元县境内设计库容量最大的水库。元坝区建立后，紫云水库成为元坝城区集中供水的主要水源地。

团结水库：坐落在梅树乡梅树村与白果乡狮子村交界处，集雨面积6.40平方公里，总库容258万立方米，有效蓄水175万立方米，控灌面积约8700万亩，是一座以灌溉、防洪、养殖为主的水利工程。工程总投资491万元，其中国家补助181万元，自筹资金310万元。该工程始建于1972年，1976年4月完工。共动用土石方51.20万立方米，其中石方1.20万立方米、土方50万立方米，动用劳力41.66万个，灌区人平投劳800个。控灌白果乡的狮子村和石井铺乡的板庙村、石井铺村、元柏村、肖家寨村、庙儿顶村、茶店村、龙口村、八庙村、长岭村、新场村以及柏林沟镇的向阳村。

何家坝水库：位于朝阳乡群峰村境内，海拔高程700米。总库容268.5万立方米，有效库容214.44万立方米，提供养殖水面368亩，控灌6个村34个组5283亩。并能供给4100人、9000头牲畜的饮用水。该工程始建于1997年，1999年竣工。是元坝区建立以后新建的最大的水利灌溉工程。

三、石河堰

1989年，全区有石河堰23处，总蓄水量1450万立方米，可灌面积1900亩，大都建修于20世纪70—80年代，主要由群众投劳集资修建，水利部门给予技术指导。至2007年，全区有石河堰32处，分布在全区的20个乡镇，总蓄水量1493万立方米，总灌溉面积2800亩。由于石河堰具有集雨面积大，年调洪能力强的特点，在解决人畜饮水，庭院、农田灌溉等方面发挥着重要作用。区内最大的石河堰是位于黄龙乡黄金村境内的黄金石河堰，工程动工于1966年7月，完工于1967年7月，共投资30余万元，由国家补助和群众投劳修建，共用土石方7万立方米，其中，砌石方3万立方米。该石河堰大坝长100米、高3米，常年蓄水15万立方米，先期用于黄龙场镇发电和打米磨面，后期仅用于黄金村一组部分农田灌溉。

四、微型水利

（一）川北示范工程

1996—1997年，四川省水利厅确定在川北地区实施以带动水利建设的快速发展和改善农村生产生活条件为目的的典型示范工程。区境内主要实施项目为农村饮水和水利建设，主要分布在柳桥乡柳桥村六组，元坝镇长坝村五组，红岩镇玉皇村一、二、三组，文村乡助国村、党阳村，共解决农村6500人和1.20万头牲畜的饮水困难。总投资230万元，其中国家补助资金80万元，群众投劳2.20万个工日，集资128万元。

（二）集雨节灌工程

即在贫困旱山村，为集蓄地表水而修建蓄水池或水窖，用来解决农村旱地浇灌或人畜饮水的工程。2001年在紫云乡加川和紫云两村实施。2003年在梅树乡梅树村、张家乡刘庄村实施。2004年在卫子镇卫子村、晋贤乡熨斗村实施。三年共计修建蓄水池992口，整治山平塘15处，新增蓄水17万立方米，新增旱地浇灌面积4500亩。共计投资560万元，其中国家补助资金300万元，群众集资及以劳折资投入360万元。

五、节水工程

（一）渠道防渗

渠道防渗是提高水库水利用率，增大灌溉面积的主要途径。自20世纪80年代起，通过工业粮棉布以工代赈、粮食自给工程、农村土地治理工程等项目的实施，对全区渠道主要采用条石浆砌的形式进行防渗处理，水库灌溉水的利用系数逐步提高。至2007年，累计建成石渠防渗68条，总长115公里，分布在全区两座中型水库、8座小（一）型水库、56座小（二）型水库灌区，共计完成投资1725万元，受益群众投入115万个工日。

1999年12月，区抗旱服务队在虎跳镇东沟水库动工实施U形渠槽防渗工程，工程全长3公里，渠系建筑物42个，其中放水洞36个，飞砂洞6个。2000年7月完工，灌溉东沟村5个组1200亩农田。此后，又在梅树乡梅树村、柳桥乡分水村和柳桥村、昭化镇鸭浮村实施U形渠防渗工程。至2007年，全区共建成U形渠241公里，解决农田灌溉面积3000亩，完成总投资240万元。

（二）山平塘防渗

1997年9月，区水务局在太公镇红卫村一组进行山平塘防渗整治示范，对内坝进行削坡、整形，采用PVC黑色塑料薄膜进行治漏，开挖土石方980立方米，回填夯实土方620立方米，共投资5670元，投劳480个工日，当年12月底完工。改造后，无散漏现象，1998年汛期蓄水3000立方米，1999年春灌时蓄水2450立方米，同比多蓄1050立方米。从1997—2007年，全区采用C15砼面板护坡、塑料薄膜护坡、重新筑坝等措施进行治漏，改造山平塘1800口，完成投资1500万元。整治后，全区山平塘新增蓄水能力210万立方米，新增灌面1200亩，恢复灌溉面积3400亩。

第三节　水利管理

一、建设管理

项目管理，主要包括项目论证和规划，即对建设的可行性和必要性、工程规模、投资投劳、效益、建后管理等进行评估。项目设计资质权限：工程根据水利部制订的《水土建筑物手册》和《水利工程设计规范》进行定型设计，山平塘设计由主管部门进行，小（二）、小（一）型水库设计单位资质在丙级以上（含丙级），中型水库设计单位资质在乙级以上（含乙级）。项目审批程序：小（二）型及以下水利工程由县级水政主管部门审批，报市级主管部门备案；小（一）型水库由市级主管部门审批，报省水利厅备案；中型水库由省水利厅审批，报水利部备案，大型水库由水利部审批。项目资金管理：水利工程资金来源一般有受益户投劳投资、国家补助、贷款及其他渠道募集建设资金等形式，按“专户储存、专账管理、专款专用”原则使用，按程序划拨。

施工管理，对户办的微水池工程、堵溪截流工程等，组办的山平塘、石河堰、小型提灌工程等，联组的山平塘、石河堰等的施工管理主要根据工程规模的大小采取不同的管理模式。其组织形式、管理职能、组成人员及分工、实施管理的方式和主要管理制度亦各不相同。户办工程以独户或联户为主兴建，由独户或联户管理使用。独户的不存在人员分工、管理制度等问题，联户的由各户自行协商约定。集体水利工程，以集体管理和组长管理或群众推选的管理人员管理为主，产权归集体所有，因规模和用途不同，管理制度也不尽相同，一般都有工程管理、财务管理等制度。联组工程使用权归联社共同所有，一般都有较完善的管理制度或协议，制度执行的监督由村级组织完成，设有专人管理。所有工程的质量监督和施工安全管理均实行行业管理，即区水务部门对全区的所有水利工程实行行业管理，区安全生产监督局实行监督和指导。

二、运行管理

工程维护，包括水库观测和养护维修。水库观测是确保大坝安全措施的重要组成部分，主要由水库管理人员实施，观测的内容主要包括大坝水平位移观测、沉陷观测、白蚁观测、渗漏观测、坝体其他日常管理观测、溢洪道观测、放水设施的观测、水文观测（水位观测、水量观测、降雨观测）、灌溉渠道的观测。对观测后需养护、维修的水利工程由水库管理人员或受益群众组织队伍进行施工，确保水库安全运行。大修工程则采取专业施工队伍与群众投劳相结合的方式进行施工。水库等水利工程的日常安全生产管理由所在乡镇的行政负责人、水库管理人员负责，按防汛值班制度、大坝日常安全生产管理制度、重大事故上报制度等对大坝日常管理、防汛、放水等过程实施管理。

经营管理，全区水利工程一般兼具经营性服务和公益性服务的职能，按各级管理原则和工程规模设立经营管理机构。中型水库设“管理处”，小型水库设“管理站”，主要负责制订用水管理制度和工程维护管理。用水制度经灌区代表大会通过，报上级主管部门批准后实施，具体内容主要包括组织领导、权利和义务、放水时间和供水量的确定、分配的方式、放水的管理、水费的收取、费用的管理使用、工程的运行维护及处罚规定等。发生用水纠纷时，由乡村按制度进行调解，协商不成的报区水政执法大队调查处理，对处理不服的可向区人民法院起诉。为了合理利用水资源，优化分配方案，最大限度地保障灌区人民利益，管理机构根据灌区需水量以及现有水量进行科学调度，合理分配，实行计划用水。各中型水库灌区建有用水协会，即以灌区受益户为主体，按照自愿、互利、民主、平等的原则，以各村民委员会为依托建立起的民主管水组织，接受水库管委会（管理处）和辖区内乡镇党委政府的领导和管理。水利工程主要以灌溉为主，兼有防汛、供水、发电、养殖、种植、旅游等多种功能。其经营方式主要有承包和集体管理两种。本着合理利用水资源，促进节约用水，保证水利工程必需的运行管理、大修和更新改造费用，凡水利工程都实行“以水养水”有偿供水。为弥补公益性管理经费的不足，增强自我积累、自我发展的能力，区内的紫云水库、新华水库、自力水库、青春水库等兼有城乡供水的经营性服务。2007 年，全区 79 座水库工程年均供水约 400 万立方米，年均总收入 300 万元，其中农业灌溉水费收入约 170 万元，综合经营收入 130 万元。1998—2000 年，对小型水利工程产权制度进行改革，全区除 1300 余口骨干山平塘落实管护责任外，其余 5800 余口山平塘全部拍卖给农户。2001 年起，对 2 座中型水库、9 座小（一）型水库、68 座小（二）型水库的管理体制进行了改革，明确权责，规范管理，并划分水管单位类别和性质，定编定岗。中型水库由过去的“管理所”统一更改为“管理处”，管理机构按照“精简、统一、效能”的原则制定管理岗位，并以此按下限核定人员编制总数为 30 名，其中紫云水库 15 名、工农水库 15 名。小（一）型水库为“管理站”，核定水库管理人员 18 名。另外还对中、小型水库的债务、运行费用、人员工资、下岗人员补偿、各类保险进行了清理和核算，制定出水库管理各项新的规章制度。改革于 2007 年年底基本结束。

三、水政监察

元坝区的水政监察主要由区水政监察大队和区水资源办公室（2001 年 12 月区水务局增设水政水资源管理股后该办撤销）负责。1996 年 10—12 月，在财政、民政、国土等相关部门的配合下，对城区河段“清障”与“非清障”的界线作了划定。元坝城镇海拔高程（黄海）以区交警大队所处位置为代表断面，警戒水位 515.40 米（2 年一遇洪水），相应流量 81 立方米/秒，江河管理范围线以 20 年一遇洪水，以水位 517.75 米，相应流量 329 立方米/秒的行洪线为基础，结合历史形成的自然河岸及城区防洪治理后的具体情况，留足堤（岸）宽度而划，上起于红土垭三岔路口大桥，下至金坟寺（元坝区与利州区交界处），河道长 17.50 公里，定桩定界划定（元坝城区）江河管理范围线。此后，坚持按此规划指导、管理城区河道。2000 年，对区境内涉及嘉陵江、白龙江 149 公里河道进行了勘测，就年度采沙作了规划，每年由区政府审查，市水利行政主管部门批准后组织实施，水利监察配合国土、公安、安监、环保等部门进行监督管理。2003 年，按照区委、区政府的安排对河道采沙进行专项整治，建立了清障保障金制度，对采沙业主根据其许可的采沙量收取 5 万元～10 万元的清障保证金，采沙结束经验收合格后退还。2004—2005 年，配合相关部门，分段分组对红岩、虎跳、青牛、陈江等地嘉陵江沿岸河段进行集中清障，清除弃沙障碍物 1000 万余立方米，使嘉陵江河道行洪得以畅通。

2006 年 1 月，修改后的《中华人民共和国水法》出台后，对取水、用水实行许可制度。至 2007 年底，区水政监察大队先后核发取水许可证 125 套，批准许可取水量 300 余万立方米。取水方式有机电提水、自流取水两种。取水收费标准为工业取水（含火力发电），地表水 0.075 元/立方米，地下水 0.15 元/立方米；生活取水（含自来水厂取水），地表水 0.05 元/立方米，地下水 0.13 元/立方米；其他取水，地表水 0.08 元/立方米，地下水 0.18 元/立方米；水力发电取水，0.0035 元/千瓦时。2006 年 5 月，对元坝冰鸟矿泉水厂擅自取水案，依法作出“不予批准取水”处理，督促其自行拆除取水设施，封闭井口。同时加强节约用水、入河排污口和河流纳污总量的控制和监管。

第四节　水土保持

一、水土流失概况

降雨集中、强度大及山体坡度大是水土流失的自然因素。1989—2007 年，区境内平均降雨量为 901.80 毫米，年内降水量集中分部于 5～9 月，雨量充沛，降雨集中对水土侵蚀冲刷加剧。加之本区地处嘉陵江脊背，群山起伏，山体多而河沟切割深窄，坡长且陡峻，水系发达，大小溪河蜿蜒密布，岩性松散易风化，砂页岩互层厚、抗压力弱，易溶蚀。

人口密度大、垦殖率较高是水土流失的人为因素。1958—1960 年“大跃进”时期乱砍滥伐，植被遭到严重破坏。1975—1978 年“农业学大寨”，建设所谓的“千亩大田、万亩大地”，人为增加了耕地坡度，造成了新的水土流失。兴建工厂、开山采矿、修建公路、采石、烧窑、兴修水利等，不注重水土保持，任意破坏地表植被、乱弃泥沙，人为地加剧了水土流失的程度。区境内水土流失的类型主要有片蚀、沟蚀、母质侵蚀三大类。凡具有产生土壤侵蚀潜在因素的地面，只要有降水径流就要产生片蚀，片蚀汇流加剧而形成沟蚀，片蚀和沟蚀造成基岩裸露。区境内坡耕地有 15.73 万亩，其中，坡面为 5～15 度的坡耕地有 8.58 万亩，坡面为 5～25 度的有 5.60 万亩，坡面达 25 度以上的坡耕地有 1.55 万亩；另有荒山荒坡 55.68 万亩。

二、水土保持综合治理

2000 年 1 月，根据土地利用现状及适宜性评价，制订出《广元市元坝区水土保持综合治理规划》。其治理的措施有坡改梯工程、水保林营造工程、经果林营造工程、种草、封禁治理及小型水利水保工程。截至 2007 年，完成麻蹄滩小流域水土保持综合治理重点工程。麻蹄滩小流域工程是中央财政预算内专项资金水土保持项目。项目区涉及紫云乡紫云村、中槽村、云雾村、嘉川村 4 个行政村，治理水土流失面积为 16.50 平方公里，其中坡耕地整治 38 平方公里，栽植水保林 164 平方公里，栽植经果林 88 平方公里，封禁治理 1030 平方公里，种草 330 平方公里。区内修建小型水利水保工程 39 处，其中塘堰 5 座、谷坊 5 座、排灌沟渠 2.50 公里、蓄水池 25 口，工程于 2003 年 9 月动工，至 2003 年 12 底结束。综合治理后，使用项目区的环境和生产条件得到显著改善。通过营造水保林和经济林，小区气候和生态环境明显改善，减少侵蚀总量 65%，森林覆盖率提高到 50.62%，新增蓄水 367.23 万立方米。

第五节　防　汛

一、河堤建设

城区防洪河堤建设始于 1992 年，当年完成清水路防洪河堤建设 60 米，1997 年完成续建防洪堤 400 米。1999 年完成防洪河堤续建工程 300 米，下游河道（区保健院桥头以下）由原 15 米扩宽至 36 米，城市防洪功能得以增强。2000—2002 年 4 月，完成 10 年一遇洪水设计堤防工程 15.50 公里（包括支渠堤防)。2003年7月15日，元坝城区遭遇百年不遇的洪水，部分堤防被损毁，城市其他基础设施也遭到严重破坏。区委区政府决定整治长滩河堤防工程，按20年一遇洪水设计，采取拓宽河道、加高堤防的措施，达到河宽40米，河堤平均加高40厘米。2004年完成整治任务，连同前期投资共3000余万元。2005年10月，区委、区政府又作出建设元坝生态河堤的决定，由区水务农机局、区畜牧食品局、区国土资源分局、区交通局、区林业局、区农业局、元坝镇等7个单位共同投资建设。当年12月全线动工，2007年5月底竣工，完成投资1500万元，建成生态堤防6.50公里。至此，元坝城区防洪河堤基本建成。22公里堤防工程先后完成投资4500余万元，其中800余万元来自国家防汛资金投入，区财政投入资金400余万元，其余资金由各建设单位自筹。

二、防汛抢险

1988年9月16日清晨6—9时，大朝乡发生暴雨、降雨总量达150毫米，引起山洪暴发及泥石流，造成房屋垮塌、农田毁坏、水利设施冲毁、交通和通信中断，全乡6村31组926户、3835人均受到不同程度损失，累计损失122.32万元。灾情发生后，卫子区公所领导率农办、水利、民政等部门亲临现场与乡党委政府一起查报灾情，组织生产自救，安排资金5万元用于恢复通信、交通抢险，三日内便以恢复。对垮塌的房屋及毁坏农田、水利设施等，在冬季农田搭建中组织群众进行修复，并给予一定的资金、物资支持。

1998年7月，全区降雨达597.1毫米，占全年降雨量的1/3，全区各地不同程度地遭受了洪灾侵袭，灾情发生后，区防汛指挥部启动《防汛应急预案》，副县级以上领导分赴各乡镇和重点工程，现场组织指挥抢险救灾，全区共投入抢险救灾物资680吨，资金120万元，工程机械11台，抢险人员2800人。

2000年8月17日，元坝区降雨达250.90毫米，遭受建区11年以来首次特大暴雨袭击。元坝镇砖灰、长坝、胜利等村洪水成片淹没农田上千亩。区内5座水库出现险情，香溪乡小（二）型水库被洪水冲开长7米的缺口，广普铁路TK25+935处于早上7时发生大规模山体滑坡，滑坡体达4万余立方米堆积于铁道，并堵塞9号铁路隧道出口，致使铁路运输中断；212线、广旺线元坝段因泥石流造成交通间断性中断；元坝城区场镇长滩河大桥淹没，京兆路、滨河路、紫云路以及区民政局、区司法局、区广播电视局院内进水，直接经济损失达1000余万元。灾情发生后，区抗旱防汛指挥部立即召开紧急会议安排部署抢险救灾工作，区委、区人大、区政府、区政协四大班子领导、区级各部门全力出动抢险，滨河路各单位组织人员转移，区公安、公安交警对红土垭淹没路段进行交通管制，元坝镇党委、政府组织民兵突击队配合铁路部门对广普铁路滑坡进行排险抢修，同时组织工作组到28个乡镇指导抢险，查报灾情。此次抗洪抢险共出动3万余人次，出动车辆140余辆次，省、市、区安排救灾资金80余万元。灾后，对毁坏的水利设施、农田、城区防洪堤等进行申报、立项，组织了较大规模的市建工程，使水毁设施得到较好恢复。

2003年7月14—16日，区境内普降特大暴雨，大范围降雨量平均达324.70毫米，其中7月15日早晨较短时间内集中降雨237.70毫米。元坝镇长滩河海拔水位高达517.80毫米，超出警戒水位2.40米，212线低洼地段，城内青梅路、京兆路、紫云路、滨河路被洪水淹没，最大水深达1.20米；区公安分局交警大队、区司法局、区人武部、区广播电视局宿舍、区民政局、元坝中学、区城建局进水，最大水深达1.20米；元坝镇砖灰村、胜利村、长坝村近2000亩农田被淹，135户9000余平方米的住房进水，防洪河堤垮塌数十处、总长达1.20公里，城市基础设施遭受毁灭性损坏，城市供水供电中断长达10余小时；长滩河五级翻水闸坝遭到损坏；砖灰村登滩堡出现长达100余米的山体滑坡，使40

余户住房受到影响，120余人被迫暂时撤离。特大洪灾造成经济损失累计达1958万元。7月15日上午10时许，区政府防汛指挥部启动城市防汛预案，全体市民及机关干部职工投入抗洪抢险。区四大班子领导、防汛指挥部各成员单位负责人分段、分片深入一线组织抗洪抢险和生产自救。上午11时40分，区人武部、公安分局组织民兵预备役300余人、公安干警50余人，投入一线抢险和维持社会秩序。中午12时10分，广元武警部队奉命增援，营救被洪水围困群众近100人。同时，市政府市长田维钊带领市防汛指挥部指挥长张兴德、副指挥长李桂林一同深入元坝抗洪抢险一线指导抢险。区级各部门1000余干部职工投身抗洪抢险和生产自救，16—17日全面清除洪水带来的淤泥、杂草。区委、区政府迅速组织召开灾后重建工作会议，对重新打造滨河路，建设恢复城市河堤作出了决定。至2004年汛期前，城市堤防按20年一遇设防标准进行整治，投资2500余万元。水毁设施全部得到恢复，滨河路打造一新。同时，划定长滩河元坝城区段管理范围线，以20年一遇洪水（即水位为517.75米、相应流量329立方米/秒）的行洪范围线为基础，结合历史形成的自然河岸及城区防洪治理后具体情况，按规定留足护堤（岸）地的宽度，上起红土垭加油站三岔路口大桥、下至元坝镇第一小学旁，河段长2.82公里立桩定界，元坝城区城市防汛安全基本得到保障。

第六节　水　产

一、渔业水域

区境内沟谷纵横，水网密布，自然水面总计为11.78万亩，主要分布于白龙江、嘉陵江及其支流。人工水面中，有中小型水库、石河堰102座，水面面积1.60万亩，可养鱼水面利用率92.50%。有标准化池塘200亩，山平塘7049口共4.50万亩，可养鱼水面2.80万亩，利用率65%。有微水池2020口，可养鱼水面210亩。至2007年，全区人工水面总计44410亩，比1990年增加9743亩。

二、渔业生产

1989年以前，渔业生产较少，全区仅有工农水库于1984年投资20万元建成30亩鱼种池，1985年紫云水库在杏树村建成30亩鱼种池，其余河流、水库、山平塘以自然生长为主，单产10～20公斤/亩。1989年全区水产品产量有350吨，其中60%为江河捕捞。1989年，紫云水库利用自身优越的水面资源和交通条件，引进水电部第五工程局投入资金50万元，发展网箱养鱼800平方米，成为全市集约化网箱养鱼发展的示范。1990年紫云水库自身发展网箱养鱼100平方米。1992年，紫云水库100平方米网箱养鱼产成鲤7500公斤，实现利润1.80万元，创全市最佳水平。1993年，广元市水产站、元坝区水产站分别在紫云水库发展网箱养鱼600平方米，紫云水库自身发展的网箱养鱼也扩大到600平方米，库区冯云山等6户农民群众发展网箱养鱼700平方米，使紫云水库网箱养鱼面积达到了2500平方米。1998年，引进以德阳王文林为首的一批成渝地区外来业主开发利用区境内工程水面，使全区2座中型水库、9座小（一）型水库、50座小（二）型水库实施了施肥投饲养鱼，亩产量由过去的10～20公斤增加到240公斤，成为元坝水产业发展的支柱项目。1999年，先后投入以工代赈资金30万元，扶贫贷款15万元，群众投劳折资和自筹资金60万元进行统一规划，成片开发，共投放鱼种9.63万尾，栽植藕种1.50万公斤，栽植良种枇杷7000株，建成柳桥乡柳桥村至分水村1000多亩稻田工程养鱼示范片。2000年后，稻田工程养鱼得到长足发展，面积达到2000亩/年，建成元坝、柳桥、王家、晋贤四个稻田养鱼基地乡，实现“稻千斤、鱼百斤、产值逾千元”的行业目标。其中稻、鱼、藕工程养鱼产值达到4000元/亩，成为部分农民群众脱贫致富的主导产业。其中，2000年产量850吨，实现产值350万元；2001年产量1100吨，实现产值473万元；2002年产量1300吨，实现产值585万元；2003年产量1531吨，实现产值680万元；2004年产量1950吨，实现产值936万元；2005年产量2400吨，实现产值2112万元；2006年产量2930吨，实现产值2666万元。至2007年底，全区水产养殖面积达到1.25万亩，其中水库0.92万亩、池塘及山平塘0.14万亩、稻田0.20万亩，分别占可养殖面积的75%、22%、2%；水产品社会总产量3680吨，实现产值5350万元；人均水产品占有量14.70公斤，水产业为农民人均增收25元，达到全市平均水平。

三、水产资源保护

1979年2月，国务院颁布《水产资源繁殖保护条例》，开始实施禁渔期。自1989年开始，元坝区在每年的2—4月禁渔期内，与区、乡镇、村、组层层签订目标管理责任书，同时加大查处力度，基本实现“江中无渔船、船中无网具、市场无野生鱼销售”的春季禁渔目标。

四、水产管理

2002年，编制了《广元市元坝区水产业“一村一品”建设规划》。从2003年开始，对全区水生野生动物经营利用市场进行了清理整顿，对辖区内涉鱼餐饮业、市场野生鱼销售摊点、经营业主等进行了登记造册，凡涉及经营利用水生野生动物的单位和个人，均按规定办理了“水生野生动物经营利用许可证”，并依照国家计委、财政部有关规定，依法每年征收水生野生动物资源保护费，实行年度审核签转。

第七节　农业机械

一、农业机械推广

20世纪七八十年代，区境内开始引进推广中小型拖拉机、内燃机、农业加工脱粒机等机具。到1989年建区时，全区拥有农业机械总动力3.50万千瓦，其中有大、中型拖拉机15台1500千瓦，手扶拖拉机750台9525千瓦，排灌机械1380台8756千瓦；到2007年，有农业机械总动力21.40万千瓦，其中，电动机1.10万台7.60万千瓦，柴油机4500台9.50万千瓦，汽油机7160台4.30万千瓦。

（一）农业耕作机械

历史上，区境内农业生产长期主要依靠传统畜力耕作。20世纪70年代后期，部分生产大队、生产队购置少量的手扶拖拉机，但大都用于农村运输工具而未用于犁地。到1989年，全区仅有农业机械320台。20世纪90年代初期，全区农业耕作机械主要配备有DIGL－11型号旋耕机、ILSG－325三铧犁、工农－12旋耕机等型号。1996年起，开始推广小型旋耕机和化肥深施器（LYJ多功能追肥枪），当年投放1600台。1997年，小型耕整机推广使用，当年投入1260台。至2007年，全区共有耕作机械2.10万台（套），主要以旋耕机为主，年耕作面积达16.50万亩次。

（二）农业植保机械

1989年，全区有单管式和压缩式喷雾器、手摇喷雾器等植保机械1万余台（套）。2007年达到

5.78 万台，基本为户均1台。其中，供农技员使用的“工农－36型”“工农－18型”、丰收－10型喷雾器达到171台。

（三）农用提灌机械

1989年，全区拥有农用提灌机械765台/12500千瓦。以电动机、柴油机为动力，匹配水泵抽水或水轮泵抽水。1990年以后，微型电泵逐步发展，主要用于临时抽水。1997年9月，浙江省对口扶贫赠送给元坝区微型水泵1050台，分配给全区各地，用于抽水灌田和人畜饮水。到2006年，原有的固定机电提灌站，由于灌面萎缩、电价上涨等原因，部分停止使用并报废，全区仅存55台套/2300千瓦。但小微型移动提灌机具、微型电泵却大幅增长，达到1524台（套）/15886千瓦，年提水能力达到1251万立方米。至2007年，全区共有各型实用提灌机械1883台（套）/21226千瓦。

（四）农业收获加工机械

1989年，全区有大中型联合收割机20台。1990年后推广人力手摇打谷机，因省时、省工、易操作被农村大量推广使用，至1993年，打谷机基本取代了拌桶等传统工具。1989年，全区有农业加工机械1685台，其中脱粒机1563台，主要以柴油机、电动机、水轮泵、水轮机为动力。1989年后，元坝农机厂对“3号打米机”进行技改，微型加工机具逐步发展起来。至2006年，微型加工机械已发展到12535台25323千瓦，至2007年，全区共有各型农业加工机械3.20万台。

（五）农用运输机械

20世纪70年代后期至1992年，农运机械主要以手扶拖拉机为主，1992年后，小四轮拖拉机、农用汽车逐步取代了手扶式拖拉机。到2006年，全区有小四轮拖拉机1250台12756千瓦，农用汽车560辆10225千瓦。2007年分别增至1346台17635千瓦和780辆。

二、农机基础设施

（一）农机提灌站

农机提灌站主要建设于1989年以前，建区时全区有56台（套）。1989年以后，机电提灌站的建设管理纳入区水电农机局。2002年，广元市市中区将昭化四角嘴提灌站划归元坝区管理，后来停止使用并报废。至2007年，全区共有提灌站71座，可灌面积1.60万亩。

（二）农村机耕道

农村机耕道主要是指乡镇以下通往村、组、院的道路。区境内通村机耕道大多数修建于20世纪70—80年代，通组、院的机耕道大多数修建于2000年后。2000年前，由区交通局、区扶贫办投资，乡、村、组自筹资金和投劳修建，每年的农田基本建设主要以修路为主。2000年，四川省将机耕道划归农机部门管理，但元坝区仍然按原管理办法由区交通局管理未变，自2006年以后，才有少量的机耕道建设资金划至区水务局，由区水务局组织实施。到2007年，全区有农村机耕道1932公里，其中硬化机耕道170公里。

三、农机经营

（一）农机工业

全区农机工业主要以广元市元坝区机械厂和卫子农机厂两家生产企业为主。其中卫子农机厂始建于1982年，2000年破产还债；元坝区机械厂于1991年5月建厂，主要生产收割机、打料机、脱粒机、磨粉机、多功能粉碎机、铸件等，产品销往河南、河北、甘肃、川北等地。2001年，元坝区机械厂被苍溪县农机制造有限公司兼并为元坝分公司。

（二）农机油料供应

1989 年起，区水务农机局按区政府农用柴油的分配指标（包括农用平价柴油指标、救灾油指标、粮挂油指标、计划内高价油指标）、用途发售农业生产用油。1992 年压缩供油网点，由原来的 37 个减少到 7 个，即 5 个水利农机管理站和 2 个供油网点。各供油点统一使用区水电农机局制发的农用柴油票凭证供油。1994 年起取缔油料计划供应，取缔农用计划柴油票，全部执行市场价售油。

四、农机管理

1990 年，设立广元市元坝区农机监理站和广元市元坝区水电农机局农机管理股后，相继恢复了原广元县组建的片区水电农机管理站，即昭化、元坝、卫子、虎跳、王家水电农机管理站。至 1992 年，陆续组建了元坝、昭化、明觉、射箭、红岩、沙坝、大朝、朝阳、白果、晋贤、石井铺、柏林沟、清水、张家、太公、黄龙、陈江、青牛、香溪、丁家、柳桥、虎跳、王家、卫子、磨滩、文村等 26 个乡镇农机站。2003 年，乡镇农机站归属乡（镇）人民政府管理。1993—1995 年，相继成立元坝、昭化、卫子、虎跳、王家 5 个农机安全联组。1997 年 1 月《四川省农业技术推广法实施办法》施行。当年按照“技物结合，武装服务体系，集中统一使用”的原则，将浙江援助的 28 台耕整机和 90 台水泵全部投入农业生产第一线，作业面积 2640 亩。1998 年 8 月成立元坝、柳桥、王家、磨滩、文村、清水、白果、昭化、红岩、沙坝、明觉、射箭等 12 个农机技术推广站。当年由质监局牵头，区工商局、区水电局为成员，对全区 14 个农机网点进行质量监督和农机维修改造工人考核发证。在油料补贴的优惠政策引导下，红岩镇玉皇村率先在全区以耕作机械代替了耕牛，创建全区第一个无耕牛村。

区农机管理站加强了对农机普及、维修改造、安全管理和行政执法工作。1999 年完成机电提灌维修改造 195 台 2100 千瓦，实施提水 700 万立方米，机耕面积 6.50 万亩，机收作业 1500 亩，农副产品加工 3000 万公斤，机械脱粒 15 万吨，机械植保 16 万亩次，农机运输 2600 万吨公里，农机培训 200 人次，耕整机推广 60 台，农机总动力 7.40 万千瓦。当年共查处无牌证拖拉机 200 余台，无证驾驶 150 余人。2000 年完成机电提灌维修改造 260 台 2650 千瓦，新增机电提灌设备 40 台 440 千瓦，提水 300 万立方米，灌溉面积 4.60 万亩，机耕面积 8 万亩次，农机运输 2200 万吨公里，完成农机培训 190 人次。2001 年，开展运输拖拉机专项治理 2 次，开展农机加油站消防安全检查 1 次，清理“三无”车 15 辆，查扣运拖载客 2 辆，纠正违章 250 余人次，完成农机培训 240 人次。2002 年，完成机电提灌维修改造 255 台 2400 千瓦，新增机电提灌设备 61 台 780 千瓦，提水 380 万立方米，灌溉作业面积 6 万亩次，机耕作业面积 8.60 万亩次，农副产品加工 16 万吨，机械脱粒 10.40 万吨，机械植保 16.60 万亩次，农机运输 2400 万吨公里，农机培训 212 人次，新修乡村机耕道 12 公里，硬化 6 公里，农机总动力 8 万千瓦。查处纠正违章 980 起，清理黑车 25 辆，对个别严重违章拒不参加年度检审、无证驾驶的人员申请人民法院强制执行 7 人。成立太公、明觉水利农机管理站。2003 年，完成机电提灌维修改造 361 台 4000 千瓦，新增机电提灌设备 100 台 1160 千瓦，提水 1000 万立方米，灌溉面积 7.60 万亩，机耕面积 10 万亩次，机收作业 800 亩，农机运输 2100 万吨公里，农机培训 215 人次。2004 年，农业机械总动力 12.76 万千瓦，其中首次推广使用联合收割机 1 台。2006 年，全区农业机械总动力达 13.98 万千瓦。当年在国家惠农政策的帮助下，全区首年实施购机补贴项目 8 大类 23 小项，补贴资金 30 万元，并指导农民购买安全可靠、质量合格的大中型拖拉机 5 台、耕整机 121 台、联合收割机 11 台，受益农户达 137 户，培训农业机械操作人员 600 余人。2007 年，农业机械总动力 21.40 万千瓦。在国家惠农政策的帮助下，实施购机补贴 8 大类 23 小项，补贴资金 70 万，推广机具 452 台，受益农户达 452 户，完成机电提灌维修改造 360 台 3950 千瓦、新增机电提灌设备 80 台 928 千瓦，新修乡村机耕道 9

公里，硬化6公里、清理黑车非驾（未上户、无证驾驶）121台次。机耕作业面积达12.60万亩次。

第八节　水利工程科技成果应用

山平塘塑料薄膜防渗技术：该技术借鉴新疆地区治漏经验进行的改良，适用于山平塘渗漏而又难以找准渗漏位置的水利工程，1995—1998年在全区山平塘整治中开始应用推广，主要方法是对大坝削坡后，铺上质量好的塑料薄膜，再用黏土回填夯实。此项技术在本区部分山平塘整治工程中成功应用并取得很好效果。

U型预制渠槽输水技术：借鉴其他地区防渗经验而形成的渠道防渗技术，用U形模具将砼制成0.50米长的U形预制件，将渠道开挖成形后，将此预制件安砌好，连接处用水泥砂浆填实抹面。自1996年以来，由于该技术比石渠省投资、省劳力、工效高、防渗效果好，在全区广泛应用。

微型水利工程技术在山区的推广应用：在不适宜修建较大水利工程的地区，开挖100立方米左右的圆形水池，底部采用0.20米厚的混凝土浇筑，边墙采用火砖砌成0.24米厚的圆形墙体，墙外用黏土夯实，墙内用水泥砂浆抹面。这种微型水利工程技术投资省，蓄水效果好，自1998年以来在全区广泛运用。

水利工程管理系统的研究应用：采用数据库技术实现对水利工程的管理，使全区各单项水利工程图、表、文字资料等管理更加规范和完善，而且检索、调阅、录入方便快捷，较之传统管理更科学，资料更完整，方便领导和有关工程技术人员使用，2004年投入应用。

第五章　畜　牧

第一节　畜牧管理机构

1987年5月，广元市市中区卫子区设畜牧站，邓学斌任站长；1988年6月，成立广元市市中区卫子区畜牧局，赵思清任局长，邓学斌任副局长。

1989年12月，广元市元坝区设畜牧局（简称区畜牧局），1990年2月正式挂牌成立；1991年3月，设办公室、业务股、项目开发办公室、计财股、兽医防疫检疫站、畜禽品种改良站；1993年2月，区畜牧局更名为广元市元坝区畜牧食品局（简称区畜牧食品局）；1997年，区畜牧食品局设办公室、计划财务审计股、人事劳资股、生产科教股、市场流通股、兽医卫生监察所（挂广元市元坝区饲料工业办公室牌子）；2001年2月，建立中共广元市元坝区畜牧食品局党组；2001年12月，区畜牧食品局设办公室、生产科教股、品种繁育改良股、兽医股和动物防疫监督股。至2007年，机构无变化。

1990年2月，区畜牧局下设卫子、王家、虎跳、昭化4个畜牧兽医中心站和28个乡镇畜牧兽医站；1996年11月，28个乡镇畜牧兽医站核定事业编制189名；2003年5月，乡镇畜牧兽医站控编100名。

1990年2月，成立广元市元坝区牧工商公司，为区畜牧局下属企业。到2007年，按照国务院兽药行政管理部门制定的《兽药经营质量管理规范》《兽用生物制品管理办法》，统一采购发放兽药、饲料，同时对全区兽药、兽用饲料的经营者进行资格审查、监督，实行企业化管理。

2007年，区畜牧系统共有在编人员131人。

广元市元坝区畜牧食品局领导名录

表16-17

姓　名	性别	籍　贯	政治面貌	职　务	任职期间	备　注
赵思清	男	广元市元坝区	中共党员	局　长	1990-02—1993-02	
李洪泉	男	广元市元坝区	中共党员	局长助理	1990-11—1993-02	
王大强	男	广元市元坝区	中共党员	副局长	1991-03—1993-02	
王大强	男	广元市元坝区	中共党员	局　长	1993-02—2001-02	
李洪泉	男	广元市元坝区	中共党员	副局长	1993-02—1998-08	
卢克俊	男	广元市元坝区	非　党	副局长	1996-07—	2003-01始任区政协副主席
仲永明	男	广元市元坝区	中共党员	副局长	1997-02—2003-07	2001-02始任党组成员
杨建生	男	广元市苍溪县	中共党员	局　长	2001-02—2003-02	党组书记
申华锋	男	遂宁市蓬溪县	中共党员	副局长	1999-10—2006-02	党组成员
朱永国	男	广元市元坝区	中共党员	局　长	2003-02—2007-01	党组书记
唐　勋	男	广元市苍溪县	中共党员	副局长	2003-02—2006-01	党组成员
刘永海	男	广元市元坝区	中共党员	纪检组长	2003-03—	党组成员
王大俊	男	广元市元坝区	中共党员	局　长	2007-01—	党组书记
仲传武	男	广元市元坝区	中共党员	副局长	2007-05—	党组成员

第二节　畜牧生产

一、畜禽饲养

（一）养猪

生猪产业是元坝区传统的农业支柱产业，是农民增收的重要渠道之一。1989年底，全区生猪存栏15.39万头，出栏13.01万头，能繁母猪1.16万头。1990年，对现有母猪进行了人工授精改良，逐步淘汰本地黑母猪。全年出栏生猪15.07万头，年末存栏17.50万头。1991年，存栏种用性能良好的长白、杜洛克种猪仅有38头。全年出栏生猪17.10万头，年存栏18.84万头。1992年，被四川省列为生猪三大体系建设基地县（区），经区政府批准，用国家“议转平”饲料粮差价60万元，用3年时间在全区建立健全生猪良种繁育、饲料加工、防疫检疫三大服务体系项目，促进商品瘦肉猪发展。1992年，出栏生猪20.47万头，年末存栏21.79万头。1993年，广元市元坝区种畜场在元坝镇三沟村建成，当年存栏荣昌、太湖母猪原种、嘉兴黑猪配套系各一组，向社会提供嘉兴黑猪配套系等优良母本750头，全区年出栏生猪23.81万头，年末存栏24.75万头。1995年，区粮食局在全区粮食系统发展生猪规模养殖。王家粮站在观音粮管所投资49.20万元，新建生猪养殖场1000平方米；卫子粮站投资149.50万元，在卫子村2组龙门滩租用土地新建养殖场1880平方米；昭化粮站投资88万元，在沙坝乡红寨村5组租用土地12亩，新建养殖场2189平方米；元坝城关粮站投资68.40万元，在紫云乡金华村5组租用林地17亩，新建养殖场2184平方米。当年全区新老养殖场出栏生猪2086头，全区年出栏生猪35万头，年末存栏26.14万头。1996年全区出栏生猪34万头，年末存栏25.83万头。1997年，全区推广明觉乡利华村规模养猪（户养30～50头）模式，重点普及推广三元杂交，推广仔猪早期补饲，推广定期驱虫、圈舍消毒；改单一饲料为配合饲料，改喂熟食稀料为生食干料，改喂干糠填充料为青绿饲料，改自然交配为人工授精，改垫草潮湿黑暗圈舍为板式圈舍的“三推五改”成套科学养猪技术，当年出栏生猪21.46万头，年末存栏19.62万头。

1998年2月，元坝区被列为广元市瘦肉型生猪生产基地县及广元市畜牧、食品联合产销一条龙改革试点县区。当年，卫子镇农民吴真华投资10万元建起全区第一个标准化猪场，面积800平方米，饲养母猪50头、种公猪3头，全年出售仔猪432头，肥猪9头，实现养猪收入4.75万元，纯利1.50万余元。白果乡引进纯繁荣昌母猪200头，淘汰本地黑母猪群，采用人工和自然交配方式，利用长白、约克公猪生产二杂母猪（含有2个品种或品系血缘的母猪），三元杂交（二杂母猪与另一个品种或品系的种公猪交配所产生的后代）面达33.3%，三杂仔猪生长快、肉质好、瘦肉多。同年，文村乡云华村走专业大户带动发展之路，成立了以养猪大户夏国朴、金平牵头的生猪发展服务队，对全村生猪生产实行统一配套服务，全村年出栏生猪30头以上的有25户，10头以上的54户，创利税30万元，其中夏国朴一家全年出栏生猪76头，出售仔猪120头。全区当年出栏生猪22.10万头，年末存栏19.26万头。1999年，全区完成14个乡19个人工输精站的改、扩建和19名人工输精员的培训工作。从浙江引回扶贫援赠的太湖母猪260头、嘉兴I系种猪二级40头投放于元坝三沟村养殖场。全区淘汰劣种公猪40头，累计选留二杂母猪10063头，占能繁母猪的50%。全区当年出栏生猪20.16万头，年末存栏18.87万头。

2000年，全区开展良繁母猪建档建卡工作，并坚持“鉴定发卡、配种填卡、阉割验卡、卡随猪行、优质优价”的程序化管理。在卫子、王家、晋贤、太公、虎跳等10乡百村3000户，实施以工代赈生态化三元杂交生猪生产基地项目，共投入资金1650万元，其中农民自筹1310万元，区财政配套周转资金220万元，以工代赈资金120万元。全区当年出栏生猪22.01万头，年末存栏18.03万头。2001年，大力开展生猪三元杂交工作。引进长白、约克种公猪130头，建立完善了65个生猪人工授精点，淘汰布局外非人工输精种公猪110头，选留二杂母猪1.40万头，生猪三元杂交面达到60%。石井铺乡选留三杂母猪960头，户平近0.40头；紫云乡淘汰布局外直配种公猪12头，在全区率先彻底淘汰了非人工输精种猪，选留二杂母猪536头，选留面达到85%。全区当年出栏生猪23.03万头，年末存栏18.20万头。2002年，全面实行人工授精站（点）配种不收费，骟割、流通环节统收统支的管理制度。建立文村乡云华村“DLY”洋二杂母猪基地，向区内外推广洋二杂母猪800头。全区当年出栏生猪27.01万头，年末存栏21.08万头。2003年，区委、区政府制发《关于副科级以上领导干部帮扶发展养殖大户和区级部门定点帮扶工作的通知》，30余名县级领导干部和44名科级领导干部帮扶发展养殖大户。区委书记赵修云多次到昭化镇天雄村调研，帮扶黄天忠家确定养殖生猪项目，并协调昭化镇畜牧兽医站技术人员指导改猪圈5孔、填槽仔猪30余头。其余县级领导干部和科级领导干部到帮扶户指导改圈，为帮扶户买草种、购种猪，为养殖户捐资送物，提供技术服务。全区1100余名干部累计帮扶养殖户2300户，捐资捐物达50余万元。当年，全区出栏生猪30.07万头，年末存栏23.41万头。全区选留洋二杂母猪1.90万头，占母猪存栏数的90%；建立紫云江源牧业公司洋二杂母猪繁育场和卫子镇沈家阁村洋二杂母猪繁育场，推广洋二杂母猪2000余头。2004年，普及三元杂交，高标准建设无公害生猪生产基地，建立昭化镇天雄村外二杂母猪繁育供种场（基地），引进纯种母猪376头。全区当年出栏生猪30.91万头，年末存栏23.04万头。2005年，全区母猪存栏总数2.50万头，其中，洋二杂母猪存栏2.14万头，内三杂母猪存栏3600头，外血纯种母猪存栏431头。全区生猪三元杂交面达到98%以上，其中外三元杂交面达到21.80%。母猪情期受胎率达86.50%，超过国标1.5%，商品肉猪胴体瘦肉率达到61%以上。文村乡荣华村、江源牧业、卫子镇沈家阁村、昭化镇天雄村等4个外二杂母猪繁育供种场（基地），共存栏纯种母猪431头（其中长白86头、约克345头），年产LY、YL二杂母猪达4000头以上。当年出栏生猪36.03万头，年末存栏25.16万头。

2006年，在长期生猪生产科技和产业发展实践中总结出“六分离六配套”（人畜分离，配套建设生物隔离带；雨污分离，配套建设明暗隔离沟；粪尿分离，配套建设沼气池、贮粪塔；母子分离，配套仔猪保育栏、隔热顶；料水分离、配套自动喂料箱、饮水器；病健分离，配套消毒和隔离舍）和“六个对接”（良种、良法、良舍、良料、良防、良销的对接）措施在全市推广。区政府制发《关于加快生猪生态养殖小区建设的意见》《广元市元坝区生猪生态养殖小区建设技术规范》，制订出全区生猪生态养殖小区当前及长远规划。卫子镇刘家河养殖场李思平在连续两年年均出栏生猪近1000头的基础上，继续增加投入，扩建规模到年产生猪3000头；石井铺乡培育年出栏生猪1000头以上的户8户，500头以上大户20户；虎跳镇毗鹿村依托项目建设的实施，结合新农村建设，坚持标准化圈舍改造同环境保护并重的发展理念，集中连片发展年出栏生猪100头以上的大户60户。区畜牧食品局实行畜牧系统干部职工联挂养殖大户制度，对年出栏生猪500头以上的养殖场指派专业技术部门和人员开展“一对一”帮扶，并鼓励在职系统职工创办或领办规模养殖场，全区基层畜牧兽医技术人员创办或领办规模养殖场达48个。当年全区年母猪存栏总量达2.70万头，瘦肉型生猪普及面达到98%以上，其中生猪外三元杂交面达30%以上，内四元杂交面达40%以上，分别比2005年增长3%、5%、20%，生猪内四元杂交面居全省第一，外三元杂交面列全市前茅。全区当年出栏生猪38.03万头，年末存栏23.33万头。2007年，按照“四化一型”（产业化、标准化、规模化、规范化、生态型）的小区建设理念，制定出《广元市元坝区生猪生态养殖小区建设与管理规范》和《广元市元坝区畜禽养殖业污染综合整治方案》，把产业发展与环境保护有机结合。全年新推广外二杂母猪3000头，引进纯种母猪102头；建成生猪人工授精站80个，饲养优质种公猪212头，其中杜洛克124头、约克52头、长白36头；培育年出栏生猪50头以上的规模户3580户，占全区养猪总户数的15.2%，其中50~100头的2543户，100~500头的730户，500~1000头的大户125户，1000头以上场（户）182个；新建生猪生态养殖小区40个，其中二杂母猪养殖小区2个。当年9月，以卫子镇沈家阁村、石井铺乡新场村、王家镇方山村为重点，发动项目农户200户（其中建卡贫困农户104户）实施产业化扶贫优质肉猪滚动发展养殖项目，总投资237.40万元。同年，为加强种畜禽管理，保障畜牧业健康发展，根据国务院《关于促进生猪生产发展稳定市场供应的意见》精神，严格“四见”（见猪、见人、见标、见榜）要求，按照能繁母猪100%、商品猪20%参保指标，对全区2.80万头能繁母猪和7.61万头商品猪进行了保险。全区当年出栏生猪44.17万头，年末存栏27.18万头，分别是2000年的2倍和1.5倍。

（二）养牛

养牛是区境内农村传统养殖项目之一，主要是养用于农田耕作的牛。20世纪90年代中期开始推广养殖肉牛和老牛育肥。1989—1992年，全区当年存栏牛分别为38146头、37799头、37845头、

37685头，当年出售和自宰牛分别为688头、847头、709头、1168头。

1993年4月，元坝区被列为四川省商品牛羊养殖示范县（区）后，区政府计划用以工代赈项目建立16个乡镇牛品改站，建设元坝、虎跳、白果、王家4个秸秆青贮氨化育肥肉牛场，发展10个示范乡镇、35个示范村、70个示范社、1400户示范户，总投资120万元。当年6月，区财政配套秸秆氨化肉牛育肥项目资金30万元，在元坝镇三沟村建成肉牛养殖场，并先后从陕西、甘肃等地收购黄牛进行短期育肥，带动全区18个乡镇发展肉牛养殖。当年全区存栏牛39561头，出售和自宰3176头。

1995年，农业部确立元坝区为国家秸秆养牛（羊）示范县（区）。该项目在元坝、王家、白果、太公、卫子等乡镇实施，中央财政投资70万元。当年全区存栏牛发展到53572头，出售和自宰达8926头。到1997年底，全区40%的农户达到户均存栏3头能繁母牛的生产规模，全区牛存栏总数近10万头（人均0.50头），出栏肉牛2.50万头，直接创税240万元，农民人平增收250元。至1997年实施国家秸秆养牛项目的3年中，全区共科学育肥肉牛3.72万头，实现养牛纯收益2976万元，养牛农户人均增收53元。全区发展养牛重点乡镇6个，重点户521户，改圈2万户，改圈面积28万平方米，建氨化青贮池1.50万口，使用氨化秸秆6.68万吨，青贮秸秆11.62万吨，1998年2月顺利通过省、市验收。后因自然灾害（1998年部分乡镇发生硬蜱）和牛产品市场低迷等原因，项目于1998年停办。

1998年，针对区境内牛群基础规模大，生产性能低，肉质差，急需引入优良牛种进行改良提高品质的实际，根据国务院《种畜禽管理条例》有关精神，区人民政府制发《关于加强黄、水牛配种管理的通知》。其主要内容为：凡区境内的种公牛均属鉴定、发证、管理对象，种公牛经区畜牧食品局批准配备，严禁任何单位和个人私自配备；凡无“种畜禽合格证”“种畜禽生产经营许可证”的农村种用公牛，一律强行淘汰；对持有“种畜禽合格证”“种畜禽生产经营许可证”的农村种用公牛，允许在划定的区域从事配种。区指定的肉牛改良品种为摩拉水牛、西门塔尔牛，改良方式为冷配，改良方向为提高役肉性能。专兼职输精员凭“广元市牛人工输精员合格证”上岗作业，以乡镇建立能繁母牛户口簿，实行档案管理。到2000年，全区存栏牛下降到49357头，出售和自宰仅15178头。2001年，投入10万元更换超期服役的牛改设备，进一步完善15个牛冷配改良站，全区牛冷配改良面达20%。当年全区年末存栏牛42846头，出售和自宰15447头。2002—2006年，全区年末平均存栏不足4万头，出售和自宰仅年均1万余头。2007年，全区引进和培育高代杂交种公牛5头，全区牛改良面达到35%。全区年末存栏牛38169头，出售和自宰13920头。

（三）养羊

1988年以前由农户自发散养，品种老化，效益不高，存栏量小，一般在2000只左右。1988—1989年，区畜牧局在梅树、白果、新场、晋贤、文村、虎跳、朝阳等乡镇建立了山羊繁殖基地，养羊量大增。1989年末全区存栏羊4019只。1991—1993年，在白果乡建设商品山羊基地，配套建成南江黄羊纯种繁殖场，引进南江黄羊原种500只，年提供种公羊400只，母羊400只，推动了全区养羊业的发展，1993年，全区年末存栏羊10237只。1994年，在白果乡建立川北草食牲畜养殖基地，被省确定为全国南江黄羊供种基地，并先后成为省级养羊协会会员、全国养羊协会会员。当年全区年末存栏羊12864只。

1996年，以白果基地为中心，在项目乡镇建种羊分场，统一分发品种，统一外调，确保黄羊纯种，全区年末存栏羊发展到31965只。1997年，因市场疲软等诸多原因造成养羊产业严重亏损，全区年末存栏羊仅14079只。1998年10月，川北草食牲畜养殖基地终止养殖。1999年，全区养羊业以品种改良为突破口，在王家、白果、大朝、梅树、紫云等5乡镇建成南江黄羊扩繁基地5个，大朝波尔山羊扩繁基地乡1个，专业村30个，示范组60个，年末存栏羊23080只。2001年，全区狠抓山羊杂交改良，加大对波尔山羊与南江黄羊的杂交选育推广力度，全区波杂羊、南江黄羊覆盖面达60%以上，年末存栏羊24800只。2002年，推广地板漏缝式饲羊圈舍，养羊水平得以提高。全区年出售和自宰羊27875只，年末存栏38654只。2003年11月，在白果乡狮子村、田岩村、山溪村，红岩镇红江村实施推广适度规模种草养羊配套技术。主要引进南江黄羊、纯种波尔山羊及建立波尔山羊种公羊站，开展“波×黄、波×本二元杂交”和“波×黄×本三元杂交”生产。全区年出售和自宰羊30328只，年末存栏数呈现恢复性增长，达39632只。2004年，全区新增推广波尔山羊种公羊40余头，山羊良种覆盖面达65%以上，新引进纯种乐至黑山羊52只，加快了山羊杂交改良步伐。全年出售和自宰羊32124只，年末存栏羊达41399只。2005年，新建广元香山羊业有限公司，存栏纯种波尔山羊168只，波黄杂交F2代、F3代8000余只，累计向区内推广波杂种公羊800余只，广泛开展波尔羊纯繁和波黄杂交改良；新引进和扩繁乐至黑山羊100余只，山羊良种覆盖面达60%以上。全区年出售和自宰羊37782只，年末存栏40380只。至2007年，全区良种山羊及杂交改良面达85%，全区年出售和自宰羊44510只，年末存栏39274只。

（四）养兔

1989年以前，以农户散养普通肉兔为主，数量少，也有个别学校养獭兔。1989年，实施肉兔商品基地建设扶贫项目，在王家镇建成肉兔商品基地，当年基地种兔达1.30万只，出售商品兔8000余只。1991—1993年，在王家镇金星村、梅树乡梅树村、晋贤乡道角村实施商品肉兔基地建设扶贫项目，总投资10万元。涉及农户800户3246人。1994年，项目区年出栏肉兔13.44万只，年总收入96.77万元。

1991—1997年，全区建毛兔基地乡14个、专业村28个、养殖户2000户、建圈10万孔，存栏长毛兔7万只，并总结出了“五推三改一防”（推广名优品种，实行人工授精改良，推广种草养兔及兔专用颗粒饲料喂养，推广仔兔适时断奶和早期补饲技术，推广半开放双列式标准化圈舍和水泥预制件组装兔笼，推广手拔毛和分级采毛；改近亲频密繁殖为定期换血适密繁殖，改传统人工饮水为自动饮水，改传统分散、零星饲养为区域化、规模化养殖；综合防治兔烈性传染病和寄生虫病技术）毛兔养殖综合配套技术。

1998年，浙江省嘉善县对口帮扶，帮助元坝区在磨滩镇山青村建立一个长毛兔养殖示范村，援助资金3万元，共建标准化兔舍2530孔，存栏毛兔600余只，毛兔养殖户60余户。1999年，投资11万元在元坝镇三沟村建立400平方米的县级种兔核心场一个，引进年产毛量1公斤以上的浙江兴昌长毛兔216只，年向乡镇扩繁提供种兔3000只。同时建立磨滩镇山青村、龙桥村两个乡级种兔扩繁村，年向农户提供种兔3万只。投资扶贫资金90万元，用于磨滩、元坝等四个乡镇发展长毛兔生产。2000年10月，广元市元坝区畜牧科技园区开发中心（简称科技园）在元坝镇长坝村成立。2001年5月，在科技园内建设了长毛兔良种扩繁场，即宁波市镇海种兔场元坝分场，总投资61万元，占地28.80亩，建兔圈1200孔，购浙江“巨高牌”镇海长毛兔300只。至2003年，该场为区内及川北地区输送合格种兔万余只。科技园种兔场在2001年7月和2003年7月两次遭受洪灾严重袭击，加之受资金和市场影响，于2003年7月停产。

2001年，以家庭牧场种草养兔为载体，采取先种草、先建圈、先培训、后养兔的办法，实施长毛兔“百村万户百万只兔工程”，新建兔圈30万孔，新培育紫云乡加川村“三百式”（100孔圈、100只兔、100公斤毛）长毛兔养殖示范户15户，并结合栽桑养蚕、沼气池建设，大搞桑、草、兔立体养殖开发，在朝阳乡南马村、昭化镇天雄村、柳桥乡普子村、文村乡助国村等地发展规模化养兔生产。2002年，按照户“种2亩草、建100孔圈、存栏100只兔”的规模发展长毛兔专业大户的要求，适度规模发展长毛兔生产。张家乡刘庄村王成林、文村乡作功村邢仓元、卫子镇沈家阁村沈定坤等大力发展种草养兔，户均建兔圈200孔以上，饲养“巨高牌”长毛兔200只以上，年实现收入近2万元。2004年，全区“巨高牌”长毛兔存栏占长毛兔存栏总数的70%，提高了只平产毛量和兔毛质量。磨滩镇山青村二组，以户建200孔圈、户养200只兔、产毛200公斤、实现收入2万元以上为发展目标，当年存栏毛兔4000余只，实现兔毛销售收入30余万元。2006年，良种毛兔推广面达60%以上，并获得全市首届长毛兔竞赛单只毛兔剪毛量第三名。2007年，全区养兔3.70万只，其中养肉兔3.20万只，养毛兔5000只，产毛0.80吨，实现产值160万元。

（五）养禽

全区家禽养殖长期以农户散养为主，主要为鸡、鸭、鹅。1989年以前，全区年均养殖量在50万只左右。1990年，养鸡总数在40万只以上，有小型孵房（年孵雏鸡5000只）12个。1991年，元坝镇企业办在三沟村开办养鸡场。1998年，王家镇以专业大户为基础，以科技为依托，大力发展以肉、蛋、鸭为主的家禽养殖业，仅红庙村小家禽饲养量就突破4万只，人平30只，出栏3.70万只，实现肉蛋产量10吨，创产值33.80万元，人均小家禽收入260元，全村养鸭200只以上的专业户38户，100只以上的40户，50只以上的73户。2000年，全区小家禽存、出栏同比增长30%和22.1%，养殖总量逾100万只。2001年，小家禽生产走集约化发展道路，加大了具有广元特色的鸡、鸭、鹅品种的选育和推广。石井铺乡年养小家禽100只以上的农户达52户，全乡小家禽出栏5万余只；卫子镇全年出栏小家禽10万只。2002年，引进德阳旌城禽业有限公司与业主蔡永斌合作建立川北禽苗基地。在晋贤、清水、卫子等乡镇建花边鸭、四川白鹅种蛋基地3个。2003年，建成江源牧业有限公司紫云孵化场，推行“工厂化孵抱、集约化育雏、程序化免疫、分户规模化饲养”的家禽养殖模式。2004年，建成柳桥乡柳桥村、元坝镇长坝村、杏树村等优质肉禽生产基地。其中元坝镇长坝村村民杨光勇养殖蛋鸭5600只，年产蛋40余吨，年收入10余万元。2007年，建小家禽养殖小区1个，年出栏家禽1000只以上的饲养户达到165户，饲养蛋禽5000只以上的大户有24户。全区小家禽养殖约60万只，年产禽蛋750吨。

二、产业发展

畜产品交易市场长期以来在集镇露天市场交易，20世纪80—90年代，在一些较大的集镇修建了敞房作为市场，但设施简陋，不成规模，除出栏肥猪由政府定价统一收购外，其他畜禽均在市场自由交易。1995年，动工建设太公镇牧业一条街，1997年初具规模，先后引来内蒙古、湖南、陕西、甘肃等40多个地区的客商到太公镇市场交易，当年实现猪交易量14万头、牛1060头、禽17万羽、交易额达2580万元。1998年，流通仔猪11万头、牛1513头、羊2300只、禽12万羽，交易额达2095万元，实现站级收入15万元。到1999年，全区建成明觉、青牛、虎跳、太公等15个畜禽交易市场。

2000年，围绕畜牧商品基地建设，抓产前、产中、产后服务，当年，区牧工商总公司通过畜禽良种供应，兽药饲料销售，兔业开发服务、畜禽产品经营、后勤服务等业务。全年累计流通生猪15万头，仔猪10万头，饲料3000吨，创企业利税95万元。促进了产销一体化格局形成。2001年，组建浙江省宁波市镇海种兔场元坝分场，以“场联农户”形式开展长毛兔种兔生产、兔毛收购一体化经营，对兔毛以不低于80元/公斤的价格保价回收。同时对区内食品公司、牧工商公司等现有畜禽流通企业进行改革，规范流通秩序，实行一个产业一个龙头企业，走“公司+农户”之路，带动全区生猪、长毛兔、小家禽发展。如区牧工商公司为柳桥乡普子村、紫云乡加川村发展长毛兔提供担保贷款15万元，联结农户60户；区食品公司为梅树乡潜力村、文村乡云华村等发展生猪提供担保贷款30万元，联结农户100户。同时，积极鼓励农民从事畜禽产品流通，培育农民经纪人，兴办了太公、虎跳、卫子、王家、明觉等乡镇畜禽市场并加强管理。全区形成了以太公为中心的仔猪集散地，以白果为中心的肉羊集散地，以磨滩三清村为中心的兔毛集散地，以王家、卫子为中心的小家禽集散地。全区利用摩托车从事仔猪、小家禽、兔毛、肉羊贩运的流通队伍随处可见。

2003年，发挥广元市元坝区牧工商公司、广元福润肉类食品有限公司（简称福润公司）主渠道优势，通过优质优价收购三杂肉猪，建立“DLY”肉猪销售专柜，带动了以生猪为主的畜产品市场流通。在立足牧草就地转化利用的基础上，区牧工商公司建立了清水、太公、石井、卫子、梅树等商品草收购点，收购和加工商品牧草130余吨。同时建立养殖协会，发挥养殖协会的带动作用，带领农民闯市场。先后建立了以大朝波尔山羊种羊场为核心的大朝乡养羊协会，并聘请省畜牧食品局高级畜牧师文廷富为会长；成立了以磨滩镇山青村为中心的养兔协会，联结养兔户100余户；建立了以江源牧业公司为龙头的生猪养殖协会，带动紫云、卫子、柏林、石井、晋贤等乡镇1000余户会员农户，实行“仔猪赊销、合同回收、优质优价”的产业化经营。通过媒体、网络等积极宣传元坝畜牧业，吸引了广州、深圳、安徽、陕西等外地客商参与区内畜产品流通。如绵阳什景有限公司落户陈江乡，与农户联结为一体，推行“公司+农户”的发展模式，公司为农户提供优质畜种、无公害饲料和技术服务，并负责优质优价收购畜禽及畜禽产品，农户规范化改造圈舍，按技术要求饲养畜禽，收到良好成效。2004年，全区推行“支部+协会+农户”和完善制度、规范运作的发展模式，新增各类畜牧养殖专业技术协会15个，联结会员农户近3000户。明觉乡建立了生猪养殖协会并实行规范化运作，成为全省百强协会之一。2005年，以福润公司为龙头，按照“龙头企业+协会+基地带农户”的思路，建立了文村猪业经济发展协会和虎跳猪业经济协会（猪业经济协会于2007年均更名为生猪养殖专业合作社），当年，协会组织销售生猪近5000头，实现销售额近400万元，为会员农户直接增收近25万元。引进铁骑力士牧业集团生产的饲料作为元坝区无公害畜产品基地建设的专用饲料，实行饲料厂家与养殖大户的直接对接，每吨饲料比市场价低350元左右。全区年销售饲料近1000吨，为养殖户节约饲料投入成本近40万元。2006年，引导和鼓励加工龙头企业、种猪繁育龙头企业、饲料供应企业参与基地建设，形成“三企共建”基地的良性发展格局，畜牧产业化链条不断延伸。新建明觉、石井铺等乡镇猪业合作社，累计发展会员农户1000余户，销售生猪近3万头，实现销售金额2000余万元，为养殖农户直接增收150万余元。2007年，持续开展“三企共建”产业化经营模式，坚持以小（园）区建立的猪业合作社为纽带，引联以玉田种猪场为主的种猪繁育企业、铁骑力士饲料销售企业、福润公司为主的肉类加工企业参与基地建设，实现利益均沾，风险共担的产业化运作模式。基地农户通过“三企共建”机制，享受购买种猪低于市场价50元/头，享受饲料直销供应带来的低于市场价200~300元/吨或赊销贴息饲料，享受肉类加工企业保护性收购价格和高于同期收购执行价0.20~0.40元/公斤，享受合作社直销生猪减少中间环节利润30~50元/头，通过几个环节的增值，养殖户每出栏1头生猪在原来的基础上可以净增利润80~100元，最大限度地保护了养殖户的利益。在继续巩固和壮大文村、虎跳、明觉、太公、石井铺等生猪专业合作经济组织的基础上，新发展和建立起卫子、王家、朝阳、柏林沟、黄龙等乡镇猪业合作社，累计发展会员农户3000余户，销售生猪近4万头，实现销售金额5600余万元，为养殖农户直接增收200万余元。2006—2007年，累计发展“三企共建”示范基地30余个，示范农户（业主）2000余户。2007年，全区畜牧业产值达到59521万元，比1989年的2987万元增长了20倍，占农业总产值（当年价）113364万元的52.50%。

广元市元坝区畜牧业发展情况统计表（一）

表 16－18

项　目	单位	1987 年	1988 年	1989 年	1990 年	1991 年	1992 年	1993 年
一、年末生猪存栏	头	—	137375	153907	175026	188475	217902	247512
能繁殖母猪	头	8065	10346	11560	12071	9699	15408	16952
仔猪	头	19686	29667	33209	30183	28880	30728	43678
二、年末大牲畜存栏	头	—	35349	38146	37799	37845	37685	39561
牛合计	头	33671	35330	38122	37757	37794	37640	39221
能繁殖母牛	头	10191	—	12589	2839	2742	8276	13622
三、年末山羊存栏	只	3105	3986	4019	3791	4997	6870	10237
四、当年出栏生猪	头	100934	120850	130120	150686	171000	204716	238147
五、出售和自宰的肉牛	头	428	1044	688	847	709	1168	3176
六、出售和自宰的肉羊	头	370	1243	1065	942	1543	7232	7200
七、出售和自宰的家禽	百只	—	1747	1856	—	—	10257	12500
八、年内肉类总产量	吨	6072.8	7893	7449	10275	12726	—	—
猪肉	吨	6055.9	6642	7187	9933	12312	13301	15479
牛肉	吨	45	83	57	75	61	—	523
羊肉	吨	4.4	16	15	23	21	45	86
禽肉	吨	120	193	190	251	294	153	188
九、牛奶产量	吨	—	—	—	—	3	—	—
十、兔毛产量	吨	0.3	0.1	—	—	—	—	—
十一、蜂蜜产量	吨	0.3	3.9	4	6	7	6	11
十二、禽蛋产量	吨	50	179	180	181	177	174	211
十三、农业总产值	万元	9413	10234	11313	14238	15323	16750	26841
十四、牧业总产值	万元	2194	2747	2987	3823	4083	5324	9823

广元市元坝区畜牧业发展情况统计表（二）

表 16－19

项　目	单位	1994 年	1995 年	1996 年	1997 年	1998 年	1999 年	2000 年
一、年末生猪存栏	头	235920	261356	258342	196200	192572	188666	180292
能繁殖母猪	头	16800	24555	19822	18386	—	—	—
仔猪	头	145214	78857	77622	61477	—	—	—
二、年末大牲畜存栏	头	39584	53572	61522	70484	70798	63147	49357
牛合计	头	39519	53511	60197	70425	70735	63083	49320
能繁殖母牛	头	14530	20875	29325	33730	—	—	—
三、年末山羊存栏	只	12864	19949	31965	14079	31696	23080	22152
四、当年出栏生猪	头	30020	350012	350008	214642	220975	201611	220110

续表

项　目	单位	1994 年	1995 年	1996 年	1997 年	1998 年	1999 年	2000 年
五、出售和自宰肉牛	头	3449	8926	16159	21530	20530	15269	15178
六、出售和自宰肉羊	头	7595	9683	18057	24186	20740	21030	18723
七、出售和自宰家禽	百只	5226	8260	9180	7478	11058	11918	13610
八、年内肉类总产量	吨	—	—	—	—	—	—	—
猪肉	吨	16801	17501	18202	17171	—	—	—
牛肉	吨	345	893	2117	3014	—	—	—
羊肉	吨	114	145	275	367	—	—	—
禽肉	吨	79	124	138	112	—	—	—
九、牛奶产量	吨	—	—	—	—	—	—	—
十、兔毛产量	吨	—	—	—	—	—	—	—
十一、蜂蜜产量	吨	16	3	1	1	—	—	—
十二、禽蛋产量	吨	230	273	343	310	364	—	—
十三、农业总产值	万元	32886	38346	44524	47917	54571	53694	55262
十四、牧业总产值	万元	13285	14701	17624	14284	15640	15609	16017

广元市元坝区畜牧业发展情况统计表（三）

表 16－20

项　目	单位	2001 年	2002 年	2003 年	2004 年	2005 年	2006 年	2007 年
一、年末生猪存栏	头	182000	210836	234116	230447	251592	233305	271824
能繁殖母猪	头	—	—	—	—	—	—	45521
仔猪	头	—	—	—	—	—	—	—
二、年末大牲畜存栏	头	42846	37613	35673	34948	39731	37186	38169
牛合计	头	42801	37601	35641	34917	36412	37186	38169
能繁殖母牛	头	—	—	—	—	—	—	—
三、年末山羊存栏	只	24800	38654	39632	41399	40380	41387	39274
四、当年出栏生猪	头	230311	270136	300713	309122	360305	380348	441774
五、出售和自宰的肉牛	头	15447	17876	17884	9878	12648	10406	13920
六、出售和自宰的肉羊	头	21840	27875	30328	32124	37782	36882	44510
七、出售和自宰的家禽	百只	15069	15413	20104	19100	23692	22028	26417
八、年内肉类总产量	吨	—	—	—	—	—	38460	43416
猪肉	吨	—	—	—	—	—	32940	37101
牛肉	吨	—	—	—	—	—	—	—
羊肉	吨	—	—	—	—	—	—	—
禽肉	吨	—	—	—	—	—	—	—
九、牛奶产量	吨	—	—	—	—	—	20	22
十、兔毛产量	吨	197	215	94	97	—	—	—

续表

项　目	单位	2001 年	2002 年	2003 年	2004 年	2005 年	2006 年	2007 年
十一、蜂蜜产量	吨	—	—	—	—	—	—	—
十二、禽蛋产量	吨	—	—	—	—	—	709	745
十三、农业总产值	万元	51268	58386	64146	74065	78714	85749	113364
十四、牧业总产值	万元	19815	21382	25908	32024	35020	37791	59521

第三节　饲料生产

一、饲料

1990 年，王家、虎跳、昭化、卫子畜牧兽医站办起了小型饲料加工厂，除固定加工浓缩饲料外，还走乡串户为农民加工，年生产饲料在 100 吨左右。后随着家用小饲料加工机器的发展，于 1995 年前后停办。区畜牧开发公司共组织销售各种浓缩料、预混料 120 吨、饲料添加剂 20 多吨，各类畜禽药品销售 20 万元以上。1991 年，晋贤乡建立全区首家种兔颗粒饲料加工厂，年产饲料 500 吨（后因兔毛行情持续走低，1993 年停产）。1994 年 5 月，成立广元市元坝区饲料工业办公室，区长任主任，办公室设在区畜牧食品局，加强对畜禽饲料的管理工作。同年，广元市山清粮油有限公司开始加工饲料，当年实现产值 39 万元。区畜牧食品局以承包方式租赁晋贤乡种兔颗粒饲料加工厂生产生猪饲料，年加工饲料 1000 余吨，满足了当地生猪生产发展的需要（年底，因人员调离和投入资金少等原因，加工厂宣告破产）。1999 年，因多种原因，广元市山清粮油有限公司饲料生产基本停止。2001 年 10 月，广元市元坝区众望畜牧饲料厂申请办理了饲料生产企业合格证，研制开发出元牧精兔全价配合饲料、猪用全价配合饲料和浓缩料，年销售逾 100 万吨。2006 年因厂房拍卖，整体迁到广元城区。

二、饲草

1988 年，经人工改良栽种黑麦草、苜蓿、聚合草与优质牧草 50 多亩，饲用牛皮草 1000 余亩。区内可利用草山、草坡 120 万亩。1992 年，元坝区人工种草及草山、草坡总面积达 150.61 万亩。1994 年，调整种植结构，提高复种指数，充分利用“四边地”、冬闲地、果（桑）园地、河滩地等，推广“粮草、果草、桑草、经草”多种模式，发展青绿饲料养殖畜禽。牧草主要有籽粒苋、鸭茅草、黑麦草、三叶草、墨西哥玉米、胡萝卜等，全年新增人工种草、护草 3 万亩，年总产 59.40 万吨。1998 年，全区先后采取除杂、翻耕、补种、围栏等形式进行人工草地、半人工草地建设及家庭小牧场的建设试点，种植紫花苜蓿、黑麦草、菊苣等优质牧草 7 万余亩，建设人工草地和改良草地 5 万余亩。1999 年，全区种草 4 万亩，其中黑麦草 1 万亩，牛皮草、聚合草 1 万亩，红苕 1.50 万亩，其他 0.50 万亩，年节约成品饲料近 1.80 万吨。2000 年，主要种植黑麦草、三叶草、苜蓿等优质牧草 2000 亩，并采取除杂、补播等方式改良草地 1.50 万亩；退耕还草 1.06 万亩，建立了人工丰产草地。2001 年，全区共调回草种 20 余吨，新增种植紫花苜蓿 2 万亩，菊苣、串叶松香草、黑麦草 1 万亩。全区累计种草、改良草地面积达到 26.30 万亩。其中，石井铺乡当年秋季种植优质牧草 800 亩，累计种草面积达到 3800 亩，户平 1.50 亩，大块成片在桑园、果园间作种草，成为全区农业结构调整的典型；黄龙乡新增种植紫花苜蓿、菊苣等优质牧草800余亩，户平达0.50亩。2002年，区政府继续对当年秋季种草实行草种价格补贴，鼓励农民种草。2003年在紫云乡加川村、金花村，卫子镇新云村，石井铺乡茶店村等9个乡镇10个村推广以工代赈种草养畜项目，大量种植盛世紫花苜蓿、牛鞭草、多年生黑麦草、苇状羊茅、鸭茅、高羊茅等产量高、品质优、适口性好的优质牧草品种。该项目总投资145.40万元，其中以工代赈资金71万元，农民自筹74.40万元，通过推广优质牧草种植，引导农民积极发展种草养畜。特别是石井铺乡引进业主承包撂荒地、退耕地、集中成片种植优质牧草3000余亩，其中百亩以上的成片牧草有10处，既改善了当地草地生态环境，又促进了草食牲畜的发展。

2002—2004年，全区实施天然草地恢复和建设项目，累计种植人工饲草（料）地面积1.26万亩，平均亩产鲜草4000公斤以上，比项目实施前净增1200公斤左右，年产草10万吨，产值701.61万元。同时改良草地面积4.10万亩，草地围栏32万米。2004年6月，《盛世苜蓿、菊苣丰产栽培和利用关键技术研究》项目获广元市科技进步三等奖，同年8月获省政府二等奖。2006年，全区新增种草4000亩，累计种植苜蓿、菊苣、黑麦草、羊茅、鸭茅、牛鞭草等优质牧草7万亩，种植饲料玉米2.40万亩，“粮—经—饲”三元种植结构初步形成。其中王家镇红庙村六组户均种草1~2亩，改造猪圈30平方米以上，发展适度规模养殖，成为全区的先进。2007年，全区人工种草7万亩，天然草山、草坡保有量达60万亩，饲草种植稳定发展。

第四节　疫病防治

全区坚持“防疫为主、防治结合、以检促防、防检并重”的方针，采取畜禽春、秋两季预防注射，常年市场补针和疫病综合防治措施。1993年夏秋，射箭乡、石井铺乡、红岩镇等相继发生猪副伤寒疫病。疫情最重的红岩镇红江村一、二、三、六组发生猪副伤寒病，死亡生猪254头，扫圈23户。最多户死亡18头，经济损失近20万元。区畜牧局发放猪瘟冻干苗20万头份，猪三联苗5万头份，猪副伤寒弱毒苗10万头份，牛出败、气肿疽菌苗5万头份。全区防疫密度达到98%以上，消毒面95%、驱虫95%。从当年11月1日起，全区实行先消毒后采购，先检疫后屠宰的防疫规程。1996年，全区共注射畜禽各类疫苗87.20万头（只羽）份。生猪、牛（羊）、家禽防疫密度分别达到98%、90%、30%；猪、牛、羊、禽的发病率控制在5%、5%、5%、10%以内；总死亡率控制在2.50%、0.50%、0.50%、10%以内，全区无疫情发生。

从1997年起，把每年8月份定为《中华人民共和国动物防疫法》（简称《防疫法》）宣传月，集中开展动物防疫法律法规和动物防疫知识宣传。同年，由于长期受旱灾影响，白果、石井铺等乡镇相继发生牛羊硬蜱。当年4月至次年4月，在全区开展应用“新型兽药防治畜禽疫病”畜牧新科技推广项目。兽用药品为“杀虫王片”，一年共推广使用100件，实验动物数5000只（羽），减少了畜禽体内残留，控制了仔猪副伤寒、黄白痢、禽霍乱、鸡白痢等畜禽疫病的发生。

1998年，受高温和洪灾影响，全区有15个乡镇32个村61个组490多家农户畜禽发生零星猪瘟、副伤寒等。其中猪瘟发生1810头、死亡950头，牛病毒性痢疾发生125头、死亡29头，其他疫病发生2500余头只、死亡780余头只。其中，紫云乡二、三、四组于3月相继发生慢性猪瘟、猪副伤寒烈性传染病，部分农户猪圈一扫而光。仅三组30户就有16户猪普遍患病，其中9户无圈存，共死亡78头，直接经济损失达1.77万元。区畜牧食品局立即成立防制小组，封锁疫区、预防接种、消毒灭源，短期内控制了疫情。全区畜牧兽医部门走常规免疫和集中免疫相结合的道路，坚持“春秋两季普打、四季常年补针”，对一类动物传染病和多发疫病实施强制免疫措施。注射密度达到猪98%、牛96%、羊90%、禽60%、兔95%、犬98%以上。

2001年，废除原有猪瘟免疫标志管理，实行“联窝免疫、骟防结合、耳标管理、有偿服务”的新的免疫耳标标志管理制度，制订了《广元市元坝区骟割免疫技术操作规程》。2002年5月28日至6月2日，沙坝乡照壁村七组农户饲养耕牛发生输入性口蹄疫，经省、市主管部门鉴定后，进行了强制扑杀。2003年，元坝区实施建设畜牧业防疫与冷链体系项目，中央预算专项资金80万元。区畜牧食品局建立了实验室，购置了冷链项目设施设备，各乡（镇）畜牧兽医站配备了快速检疫箱、红外线测温仪，建立了疫情快速反应机制。同年，元坝区被表彰为四川省动物防疫先进县（区）。从2004年起，全面推行生猪骟割“双免”（在生猪骟割时同时注射2个品种疫苗）制度。

2005—2007年，相继发生从市中区宝轮镇屠宰场启运1车46头生猪疑似口蹄疫到广元福润公司待宰，从青川运往广元福润公司的32头生猪被查出疑似口蹄疫，广元市玉田农业开发有限责任公司从广元铁骑力士饲料有限公司引进的129头种猪发生口蹄疫；相继发生石井铺乡板庙村、卫子镇刘家河村、文村乡双龙村、张家乡石堰村和黄龙乡陵江村共12户养殖户饲养的546头生猪输入性高致病性蓝耳病。上述疫情均及时上报并全部扑杀进行无害化处理。2007年，各类畜禽及犬只基础防疫密度达98%以上，高致病性禽流感、口蹄疫、狂犬病等重大动物疫病免疫注射和清圈消毒面达100%。耳标管理进一步规范，佩戴率99%以上。

第五节 行政执法

卫子区时期，畜禽检疫收费标准为：大家畜（牛）每次1元，中家畜（猪、羊、犬）每头0.30元；每50公斤猪肉0.40元、牛肉0.50元、羊犬肉0.15元，禽0.03元/只。1990年起，实行防疫、注射、路费、诊断、手术、科技培训六种费用合并统筹，标准是每出栏1头生猪2元，耕牛3元。此后，虽常有变化，但都坚持按政策规定收取，所收费用主要用于畜禽防疫、疫病诊断等加强防疫体系建设支出。1992年4月，区政府批准区畜牧局在元坝场镇红土垭、昭化镇鸭浮岩、明觉乡黑水塘三处设置检疫站。畜禽运输中要具备“畜禽运输检疫证明”“畜禽产品检疫（验）证明”“畜禽及畜禽产品运载工具消毒证明”。1998年3月10日起，元坝区开始实行“四川省动物免疫证”制度，采取“先免疫后发证、证苗结合、一针一畜、一畜一证、证随畜行、过期作废、动物病死或屠宰回收注销”的发放原则及管理办法。1999年，区境内实行“定点屠宰、集中检疫、统一纳税、分散经营”的管理办法。对全区的屠宰场点进行清理整顿，并在王家、虎跳、昭化、卫子、元坝、太公、明觉7个镇建立定点屠宰厂，磨滩、文村、黄龙、梅树、白果、柏林、石井、红岩、沙坝、射箭10个乡镇以集镇为中心，其余乡镇以乡镇所在地为中心建立屠宰场。定点屠宰厂（场）原则上建立在食品部门。所有从事生猪经营的单位和个人都必须在规定的厂（场）宰杀、检疫、纳税，每头生猪交纳13~15元的屠宰加工费。

2001年7月1日起施行《广元市元坝区生猪免疫耳标管理暂行办法》，凡无耳标标志的生猪不准上市交易、流通和屠宰，同时实行免疫耳标回收管理制度（原生猪免疫耳缺标注和免疫证明管理制度同时废除），加强对种畜禽、兽药、饲料经营的管理和监督检查力度，全年没收销售假劣兽药1000余件，饲料添加剂4000余公斤，处理各类违法、违规案件10起。2002年，全年立案查处各类动物防疫违法案件11起。处罚金3800元，检查兽药饲料经营市场18个，检查经营户206户，受检产品106个，涉及生产经营违规产品21个，处罚金额4060元。

2003年，创新检疫体制，推行“动物和动物产品申报检疫证明”和“屠宰动物准入证明”制度，狠抓产地和屠宰检疫程序化管理，检疫面达到100%。2004年，加强动物及动物产品检疫票证的管理，实行“一站一证、一次一页、一年一册、凭证领购、签字核销”管理。2006年，先后开展了“瘦肉精”“苏丹红”等违禁药品的药检工作4次，查处不具备“兽药经营许可证”经营兽药的业主10个，查处违反《兽药标签和说明书管理办法》的行为19起、经营违禁药品5起、经营过期兽药8件、经营被污染的兽药6件，涉及15个厂家；进行限期整顿的经营户32家、厂家3个，无害化处理假（劣）饲料、兽药5吨。2007年9月，动物防疫费（防疫注射、驱虫、药浴）为0.80~1元/头·份·次；动物检疫费（活猪产地检疫）为2元/头；动物产品检疫费（生猪屠宰检疫费）为3元/头；集贸市场管理费6元/头。并按规定收取排污费。服务性收费坚持“自愿委托、有偿服务”的原则收取。取消在生猪饲养、屠宰和销售环节收取的技术监督管理费、商业定点屠宰管理费、动物防疫耳标费、治安管理费、生猪生产技术改进费、产地出境检疫费、产地出境消毒费、重大疫病防治劳务费等收费项目，停止对农民生猪的饲养、屠宰环节和生猪（活猪）交易市场收取集贸市场管理费，并对生猪收费实行全面公示制度。

第十七篇　工　业

第一章　经营管理

第一节　管理体制

1987 年，广元市市中区卫子区的工业工作由区计划经济委员会管理。1988 年，工业企业按门类实行归口管理，粮油工业企业由区粮食局管理，乡镇工业企业由乡镇和区乡镇企业管理局管理。

元坝区建立后，广元市元坝区计划经济委员会统一管理全区工业工作，区级各部门兴办的工业企业由各部门主管，乡镇集体工业企业属乡镇办的由乡镇和区乡镇企业局管理，属村、组办的由村、组管理，校办工业企业由学校管理，私营及个体工业企业由区工商行政管理局管理。1990—1996 年，区级各部门管理的工业企业有：区粮食局管理的区粮油加工厂、区植物油厂，区水电农机局管理的广元市地方电力公司、区自来水厂、汽车拖拉机修配厂、鱼用饲料厂、青树垭电站，区国土局管理的区金属构件厂，区文教局管理的区教育印刷厂、校办企业公司，区供销联社管理的区复混肥厂、区化工厂，区财贸办管理的区食品公司，区物资局管理的区金属制品厂，区农业局管理的区塑料厂、区新型保温材料厂，区乡镇企业局直属的元坝区印刷厂、元坝区焦化厂、元坝区铸造厂、新元缫丝厂、元坝建筑一公司、明尼康生化药业有限公司，区计经委直属的区针织厂、区机械厂、区挂毯厂、区综合食品厂、广元川北肉类食品加工厂等。2001 年，区计划经济委员会更名为区发展计划经济贸易局，仍负责全区工业管理工作，但不再审批全区企业（公司）的成立，改为按国家规定的条件实行自动工商登记制度；不再审批企业用自有资金和商业银行贷款进行的技术改造项目，改为项目登记备案制度，并将大量的工业指标改为预测指标。

2005 年 12 月，组建广元市元坝区经济和商务局（简称区经济和商务局），挂广元市元坝区中小企业局牌子，主管全区经济运行及商务工作。区发展计划经济贸易局承担的编制全区工业经济中、长期发展规划和年度计划并组织实施，工业企业行业管理，指导企业建立现代企业制度等工业管理职能，以及区财贸办、区乡镇企业局的职能，由区经济和商务局承担，撤销区财贸办和区乡镇企业局。2006

年4月，建立中共广元市元坝区经济和商务局党组；5月，区经济和商务局正式成立，设办公室、政策法规股、商务贸易股、经济运行综合股、技术改造投资股、中小企业股（挂广元市元坝区煤炭工业管理局和企业投诉中心牌子）。2007年，区经济和商务局设办公室、工业股、商贸股、政策法规股、煤管办、能源办、金融办和民营办。

广元市元坝区经济和商务局领导名录

表17－1

姓　名	性别	籍　贯	政治面貌	职　务	任职期间	备　注
黄邦杰	男	广元市元坝区	中共党员	局　长	2006－01—	2006－05任党组书记
田义勇	男	广元市元坝区	中共党员	副局长	2006－04—2007－03	党组副书记
韩　鹏	男	广元市苍溪县	中共党员	副局长	2006－04—	党组成员
周通国	男	广元市元坝区	中共党员	副局长	2006－04—2006－06	党组成员
邓明辉	男	广元市元坝区	中共党员	纪检组长	2006－04—	党组成员
王振全	男	广元市元坝区	中共党员	副局长	2007－04—	党组成员
樊开培	男	广元市元坝区	中共党员	副局长	2007－04—	

第二节　经营体制改革

1987—1989年，卫子区对工业企业实行所有权与经营权分离改革及推行承包和租赁经营责任制。1988年，全区国有工业企业和乡镇、村、组集体工业企业共98个。其中实行承包经营责任制的90个，实行租赁经营责任制的2个，实行其他经营模式的6个。实行承包经营责任制的90个工业企业，年初承包总产值任务为358.65万元，年终实际完成382.50万元；年初承包的销售收入任务为386.74万元，年终实际完成422.41万元；年初承包的利润任务总额为14.74万元，年终实际完成36.72万元。实行租赁经营责任制的工业企业，年初预交租金0.25万元，年终均达到租赁合同约定的各项经营目标。

建广元市元坝区后，继续在国有和集体工业企业中转换经营机制，实行厂长（经理）负责制，进一步扩大企业经营自主权，企业不仅可以根据政府宏观计划指导和市场需求自主作出生产经营决策，可以自主销售本企业生产的指令性计划外的产品，还享有相关规定赋予的劳动用工权，产品、劳务定价权，与其他事业、企业单位联营、兼并权以及从事进出口业务的权利。1993年，全区国有和集体工业企业共171个，实行承包经营责任制的156个，实行租赁经营责任制的3个，实行其他经营模式的12个。在实行承包经营责任制的156个企业中，采取利润包干全奖全赔方式的112个，采取利润包干超额分成方式的35个，采取其他方式的9个。当年底，实行承包经营责任制或租赁经营责任制的工业企业大多数实现经营合同约定的各项目标，采取利润包干全奖全赔方式而未完成上缴利润的少数工业企业，则用预先缴纳的风险抵押金补足。区委、区政府及企业主管部门，对连续三年全面完成上交任务并实现企业财产增值的企业厂长（经理），给予相应的物质奖励和精神鼓励，对连续两年因经营不善造成亏损且亏损额持续增加的企业，核减其工资总额，并对企业领导班子进行调整，对厂级领导予以免职或降级、降职。在企业内部，中层干部经党支部集体研究后由厂长（经理）任免；企业用工实行优化组合和合同管理；职工工资根据企业经济效益决定增减，普遍实行计件工资、浮动工资、结构工资、岗位工资等分配形式。区政府及其企业主管部门和经济管理部门对企业的管理方式，已开始由单纯管理型向综合服务型转变，除决定或批准企业厂长（经理）任免和奖惩、监督企业安全管理、考核企业财产保值增值情况外，还维护企业依法行使经营权，加强市场管理，制止违法经营和不正当竞争；为企业决策和经营管理提供信息咨询，开展技术和业务培训；建立健全劳动争议仲裁制度，及时妥善处理劳动纠纷，协调企业和其他单位的关系，企业保持了正常的生产经营秩序。

1991—1996 年，区内有元坝区针织厂、卫子农机厂等 6 个工业企业与区外国有企业和其他企业开展联合经营，其中，生产联营的 2 个，产销联营的 2 个，技术联营的 1 个，资金联营的 1 个；4 个工业企业通过四川省外贸公司向英国、日本、新加坡、韩国出口食品、纺织品。1997 年后，随着市场经济体系的逐步建立和完善，政府对企业的管理方式由管理型变为服务型，政府不直接参与企业的生产经营活动，原来分行业管理的企业纷纷引入竞争机制，面向市场自主经营。自 1999 年起，统计部门将所有不同性质的工业企业划分为规模以上工业企业和规模以下工业企业进行统计，区计经部门管理全区规模以上工业企业的经济运行，其余工业企业仍由原管理部门管理。

第三节　区属企业产权制度改革

1996 年，区委、区政府开始部署对区属企业进行产权制度改革。5 月 15—16 日，全区召开有乡镇党委书记和乡镇长、区属企业厂长（经理）、区级各部门主要领导参加的企业改制工作会议。5 月 20 日，区人民政府根据省、市有关会议、文件精神和元坝区实际情况，制发《关于加快企业产权制度改革工作的试行意见》，成立以区长为组长、一名区委副书记、一名副区长（后又增补一名副区长）为副组长的全区企业改制工作领导小组，并要求各乡镇和有改制任务的区级部门相应建立企业改制帮促小组，区人民政府还与各乡镇、区级有关部门签订企业改制目标责任书。区企业改制工作领导小组下设的办公室挂靠区计经委，从区计经委、区财贸办、区国资局、中国农业银行广元市元坝区支行、区工商局、区国土局、区地税局等部门抽调人员组成两个企业改制工作组。分别负责国有和城镇集体企业改制和乡镇集体企业改制。副县级以上领导每人定点联系一个企业帮助完成改制。5 月下旬，区企业改制工作领导小组办公室举办企业产权制度改革培训班，全区改制企业的法定代表人和负责改制的业务骨干参加了培训。

企业改制的范围包括国有企业、城镇集体企业和乡镇集体企业，改制的具体模式以股份合作制为重点，采取改、转、租、卖、破、嫁、并、联、送多管齐下，将现有企业资产整体或部分有偿转让给内部职工并增量扩股，改组为股份合作制企业；对资产存量大，有发展前景、管理较规范、经济效益较好的企业，进行公司制改造；对长期亏损的小型企业，进行产权转让或拍卖，可协议出售或公开拍卖，也可全部或局部包、租、卖，分块搞活；对长期亏损、扭亏无望、资不抵债的企业，可将部分资产有偿转让给职工，“救活”一个车间、一个项目；支持优势企业兼并劣势企业并扩股增量。为规范企业产权制度改革程序，还规定必须在“清产核资”“资产评估”“产权界定”“产权转让”“企业组织结构调整”“社会保险体系建立”等重要环节上严格按照有关规定操作。其中，在建立和完善职工保障体系方面要求“改制企业必须参加职工养老、失业、医疗和工伤保险，逐步做到由社会保险机构统一经办和向职工支付”；在政府与企业的关系上，规定政府主要通过法律和经济手段加强对改制企业的协调、监督和服务，以进一步改变政企不分、大包大揽的管理方式，企业主管部门要以企业领导班子为关键、产品为根本，帮助企业制定发展规划，促进企业发展，企业自身要认真贯彻国家企业法规，落实企业的各项权利，把企业推向市场。对企业改制方案的审批权限规定为“改制企业凡牵涉转让国有资产必须经国资部门报请区企业改制工作领导小组审批，公司制改造报工商部门审批，城镇企业和乡镇企业由企业主管部门审批（乡镇企业由乡镇人民政府审批，报乡镇企业主管部门备案），新建有限责任公司、股份有限公司由市体改委审批，新建股份合作制由企业自主决定，报主管部门审批和工商部门登记认可”。

1996 年 6 月上旬，企业改制工作由宣传、准备阶段转入实施阶段，首先进行清产核资、资产评估、产权界定，然后根据企业自身实际选择确定改制具体模式。8 月下旬，确定对现有效益较好的广元市元坝区机械厂实行股份合作制改造，对广元市元坝区合成洗涤剂厂实行租赁经营，对广元市元坝区卫子综合食品厂实行剥离经营，分块搞活。针对随着实施工作的深入遇到的许多具体问题，10 月 10 日，区政府印发区企业改制办制定的《企业产权制度改革涉及若干问题的解决办法》，分别对资产处置、职工和离退休人员安置、减轻债务、减轻负担、改制后的经营机制等 9 个方面问题提出相应解决办法，使改制工作继续推进。1997 年下半年，针对企业改制中“触及产权制度的改革力度不大，涉及面不宽”的问题，区委、区政府制发了《关于实现企业产权制度突破性改革的决定》（简称《改革决定》）和《关于大力推进企业产权制度改革的实施意见》（简称《实施意见》）。《改革决定》指出：“改制企业中 80% 的企业必须采用多种形式触动产权，用股权这个纽带使职工和企业结成命运共同体，达到‘劳者有资产，工者有其股’的目的”；“不再新办计划经济体制下那种集体企业和国有独资或国有控股的企业”。《实施意见》列出了企业产权制度改革的基本形式，包括公开出售、企业兼并、企业破产、股份合作制企业、股份公司（有限责任公司、股份有限公司）、划小单位分块搞活、租赁经营；对改制企业富余人员采取自谋职业、退职等办法分流下岗，由劳动部门办理失业保险，改制中触动了产权的企业，要按有关规定和程序把已离退休人员与原企业剥离出来后再改制，由社会保险局建立相应的服务机构办理好离退休职工的养老保险金发放工作。《改革决定》和《实施意见》印发后，全区改制企业、改制工作机构和有关部门都严格按照新的要求，采取各种方式扩大产权改革触动面并及时落实各项配套措施；已改为股份公司或股份合作制的企业，分别按照《中华人民共和国公司法》《四川省股份合作制企业试行办法》和各自章程进行经营和管理。

1998 年 6 月，应改企业中大多数已完成改制。同年下半年，区挂毯厂、区金属构件厂等城镇集体工业企业均公开出售，一次性卖断全部产权。1999 年，东山煤矿承债整体出售后重组为广元市东山煤业有限公司，因不符合环保要求而停产的元坝区焦化厂将其资产一次性卖给私营业主，观音饮料厂破产，观音玻璃厂分块出租后转产。当年底，区属国有和集体工业企业改为有限责任公司的 1 个（广元市东山煤业有限公司），改为股份合作制的 26 个，出售 36 个，摘帽（指非集体企业摘掉因挂靠所戴“集体”帽子）36 个，破产 1 个（观音饮料厂），解散 19 个，出租 12 个，合计 131 个，占改制前工业企业总数的 79.80%。2000 年，卫子农机厂破产还债，区油脂公司破产后由债权方租赁给苍溪县油脂公司改为元坝分公司，区食品公司、区供水公司（即区自来水厂）改组为有限责任公司。同年 12 月底，全区企业改制工作基本结束。

第二章 企业结构

第一节 国有工业企业

1986—1988年，卫子区内国有性质的工业企业仅有卫子、王家、虎跳、昭化4个粮站的粮油加工厂。1988年，全区国有工业企业共有职工32人，年总产值40.50万元（当年价，下同），分别占全区工业企业单位总数（642个）的0.6%、全区工业企业职工总人数（1631人）的1.96%、全区工业总产值（1014.70万元）的3.99%，实现利税总额4万元。

1989年2月，元坝镇和柳桥乡划归卫子区后，境内随之增加国有工业企业1个，即广旺矿务局所属机修厂（厂址在元坝镇，1998年更名为广旺集团机械设备制造有限公司，简称广旺集团机制公司）。1990年4月，市电力开发公司移交广元市元坝区，更名为广元市元坝区电力公司；10月，元坝区自来水厂建成。1991年，卫子综合食品厂更名为元坝区综合食品厂（厂址在卫子镇）并转为国有工业企业，隶属区计经委管理。是年，区属国有工业企业共有4个，即区粮油综合加工厂（将卫子、王家、虎跳、昭化、城关粮站开办的粮油及饲料加工厂统计为1个粮油综合加工厂）、区电力公司、区自来水厂、区综合食品厂，总计固定资产原值244万元，累计折旧后净值175万元，职工164人，工业总产值420万元，国有工业企业个数占全区工业企业总数（961个）的0.4%，其工业总产值占全区工业总产值2856万元的14.60%，利税总额22万元（其中产品销售税金7万元）。1992年6月，区电力公司更名为广元市地方电力公司。1995年10月，区植物油厂（厂址红土垭）由区粮食局建成投产，区人民政府明确该厂为国有企业，实行独立核算、自主经营、自负盈亏。区属国有工业企业增至5个，职工增至268人，总产值784万元，占全区工业企业单位总数（2515）个的0.20%，职工总人数（6618人）的4%，总产值8404万元的9.30%。区属5个国有工业企业中亏损2个，亏损总额70万元。

1996年5月，元坝区开始进行企业产权制度改革；6月，广元川北肉类食品加工厂建成投入试运行，区属国有工业企业仍为5个（曾经转为区属国有工业企业的原卫子综合食品厂复为乡镇集体工业企业）。1997年，5个区属国有企业，年末资产总计4989.40万元，债务总计4260万元，职工254人，工业总产值2049万元，占全区工业总产值18434万元的11.10%，其中亏损企业4个，亏损总额421.70万元。2000年，区属国有工业企业5个，职工158人，工业总产值901万元，占全区工业总产值16337万元的5.50%，其中亏损企业3个，亏损总额22.80万元。2001年7月，区自来水厂改制为广元市元坝区通达自来水有限责任公司（国有控股），破产2个（区植物油厂、区粮油综合加工厂），仅存3个（广元市地方电力公司、广元川北肉类食品加工厂、广元市元坝区通达自来水有限责任公司）。2003年5月20日，区政府与四川省电力公司签订协议，将广元市地方电力公司交由对方代管，四川省电力公司委托广元电业局管理；同年7月8日，挂牌成立“广元电业局元坝供电公司”，与“广元市地方电力公司”一套人马两块牌子。2003年，广元市地方电力公司、广元川北肉类食品加工厂两个国有企业从业人员280人，工业总产值643.50万元，占全区工业总产值9571.30万元的6.70%。其中，广元川北肉类食品加工厂当年亏损66.60万元。2004年，广元川北肉类食品加工厂破产还债，区属国有工业企业仅有2个，即广元市地方电力公司和广元市元坝区通达自来水有限责任公司。2007年，广元市地方电力公司全部从业人员178人，工业总产值和销售收入均为850.20万元，工业增加值286.40万元（当年价，下同），利税总额17.60万元，年末资产总计5861.50万元（其中固定资产净值5140.30万元），负债合计4024.70万元。

第二节　集体与股份合作企业

1988年，卫子区内集体工业企业发展到90个（其中：乡办59个、村及社办31个），占当年全区工业企业单位总数的14.02%，从业人员968人，占全区工业企业从业人员总数的59.35%；工业总产值761.20万元（当年价，下同），占全区工业总产值的75.02%。这些集体工业企业主要从事烧砖烧瓦、制作家具、修造农机具、加工米面、烤酒酿醋以及发电、印刷、缝纫等。1989年元坝镇和柳桥乡划入后，集体工业又增加采煤、炼焦两个主要门类，尽管年内有4个乡办工业企业关停，但全区集体工业企业仍增至108个。1990年起，为改变全区工业薄弱状况，实现经济快速增长，坚持一手抓乡镇工业，一手抓城镇工业，还制定出一系列优惠政策鼓励机关单位创办经济实体。1991年，元坝城区已建立的有区教育印刷厂、区针织厂、区机械厂等城镇集体工业企业11个。当年底，全区乡及乡以上集体工业企业增至75个，工业总产值1712万元（其中城镇集体工业企业264万元，乡镇集体工业企业1448万元）。全区包括村社集体工业企业在内增至135个，总产值2057万元，分别占全区工业企业单位总数的14%、工业总产值的72%。1995年，全区集体工业企业117个，占全区工业企业单位总数（2515个）的4.60%；从业人员2120人，占全区工业企业从业人员总数（6618人）的32%；总产值4296万元，占全区工业企业总产值8404万元的51.10%。

1996年后，因管理不善，产品质量低下，效益差，及区内大批农民外出务工等原因，集体工业企业数量逐年减少。1998年，区内大部分集体工业企业已改制为私营企业，也有一些改制为股份合作制企业。1999年，全区集体工业企业减至39个，从业人员662人，工业总产值2983.10万元，上缴税金32.20万元，分别占全区工业企业单位总数（2197个）的1.70%、从业人员总数（5046人）的13.10%、工业总产值（16807.30万元）的17.70%、上缴税金总额（203.50万元）的15.80%。同年，全区股份合作制工业企业26个、工业有限责任公司1个（广元市东山煤业有限公司），从业人员共372人，工业总产值2240万元，上缴税金19.60万元，分别占全区工业企业单位总数的1.20%、从业人员总数的7.30%、工业总产值的13.30%，上缴税金总额的9.60%。2000年，全区集体工业企业仅存37个，工业有限责任公司2个（广元市东山煤业有限公司、广元市元坝区华康实业有限公司），股份合作制工业企业18个，均不属规模以上企业（即年销售收入500万元以下）。

从2000年起，元坝区实施工业振兴计划，巩固壮大现有企业，引进科技含量较高、产品有市场潜力的高新企业，努力提高工业经济质量和效益。至2004年，全区工业有限责任公司增至5个，即2001—2004年新增3个：广元市元坝三元茧丝绸有限责任公司、广元市山清米业有限责任公司、广元市福润肉类食品有限公司。其中规模以上4个，职工432人，工业总产值5462.50万元，占全区工业总产值14390.80万元的37.30%。2006年，全区工业有限责任公司增至8个，其中规模以上7个，即：广元市东山煤业有限公司、广元福润肉类食品有限公司、广元市元坝三元茧丝绸有限责任公司、广元市元坝区华康实业有限公司、广元市山清米业有限责任公司、四川星荣焦化有限公司、广元市太宝米业有限责任公司，全部从业人员1112人，工业总产值45357.90万元，占全区工业总产值61211.90万元的74%，工业增加值12397.20万元，利税总额814.60万元。全区集体工业企业18个，均不属规模以上企业，年末从业人员233人，工业总产值89.70万元，工业增加值23.30万元，利税总额9.60万元。2007年，全区新增广元市飞达模具制造有限公司、广元市钏琰生物科技有限公司两个规模以上工业企业。当年规模以上工业企业全部从业人员194人，工业总产值1012万元，占全区工业产值（19630万元）的5.20%，实现工业增加值337万元，利税总额148万元。全区集体工业企业18个，仍无一个在规模以上，年末从业人员192人，全年工业总产值101.20万元，工业增加值33.70万元，利税总额14.30万元，年末资产总额254.70万元。

第三节　私营及个体企业

1988年，卫子区有私营及个体工业企业544个，从业人员631人，实现工业总产值213万元（当年价，下同），分别占全区工业企业单位总数的84.73%、从业人员总数的38.69%、工业总产值的20.99%。这些私营及个体工业企业绝大部分在农村，主要从事粮食及饲料加工，另有少数的私营工业企业从事烧瓦、制酒、制作水泥预制构件等。

1991年，元坝区城乡私营及个体工业企业发展到828个、工业总产值达到379万元。1992年，全区私营及个体工业企业994个（城镇22个、农村972个），占全区工业企业单位总数（1145个）的86.80%，工业总产值1013万元（城镇私营及个体工业50万元、农村私营及个体工业963万元），占全区工业企业总产值4328万元的23.40%。1995年，全区城乡私营及个体工业企业已增至2373个（私营4个、城镇个体20个、农村个体2349个），占全区工业企业单位总数（2515个）的94.40%，工业总产值2911万元（私营工业64万元、城镇个体工业171万元、农村个体工业2676万元），占全区工业总产值（8404万元）的34.70%。至1998年，随产权制度改革步伐加快，集体工业企业减少，全区私营工业企业增至50个，从业人员407人，工业总产值2221万元；城乡个体工业2537户，从业人员4298人，工业总产值13998万元。私营与个体工业企业个数占全区工业企业总数（2666个）的97%，从业人数占全区当年工业企业从业人员总数（6283人）的74.80%，工业总产值占全区工业总产值25701万元的63.10%。1999年，全区私营工业企业59个，全年从业人员平均数为649人，工业总产值1447万元，产品销售收入1167万元，上缴税金14.50万元。2000年，全区私营工业企业37个，从业人员943人，工业总产值3270.30万元，产品销售收入2877.80万元，交纳税金33.50万元。2001年，全区私营工业企业40个，年末从业人员1123人，工业总产值1125万元，产品销售收入1080万元，上缴税金12.70万元。

2001年以后，区内许多农户购买小型打米机、磨面机、粉碎机作为家庭自用，个体加工工业企业大幅度减少。2003年，全区私营及个体工业企业由2001年的2429个减至不足1400个。2005年，全区私营及个体工业企业仅存531个，占全区工业企业总数554个的95.80%；从业人员2977人，占全区工业企业从业人员总数4162人的71.50%；工业总产值10848万元，占全区工业总产值35684.10万元的30.40%；工业增加值4352万元，占全区工业增加值（是年起，广旺机制公司工业增加值纳入统计范围）11062万元的39.30%。其中私营企业38个，从业人员1412人，工业总产值5611万元，工业增加值2240万元，利税总额517万元，资产总额8337万元；个体工业企业493个，从业人员1565

人，工业总产值5237万元，工业增加值2112万元，利税总额723万元，资产总额1634万元。至2007年，全区有私营及个体工业企业566个（私营50个，个体516个），占全区工业企业单位总数（591个）的95.70%；从业人员3526人（私营1935人，个体1591人），占全区工业企业从业人员总数（5385人）的65.40%；工业总产值19429.10万元（私营11711.10万元，个体7718万元），占全区工业总产值107656.30万元的18%；工业增加值6852.70万元（私营3285.70万元，个体3567万元），占全区工业增加值23565.50万元的29%；私营企业中有3个规模以上企业，即：广元市元坝区跃进煤矿、广元市元坝区光华煤矿、广元市元坝区徐家沟煤炭洗选厂。

第三章　工业门类

第一节　能　源

一、煤炭开采

广元、昭化两县煤炭开采历史悠久，据《中国古代煤炭开发史》记载，两县采煤史可追溯至唐代，但其资源分布及储量直到中华民国时均无确切记载。中华人民共和国成立后，从1953年开始，经四川省地质局系统勘察证实，煤炭资源主要分布在竹园坝（今青川县境内）至广元城一线北侧5~10.50公里和广元城至旺苍县城一线北侧5~10公里，成弧状分布，蕴藏量约1亿吨，并按其煤系走向划为9大井田区域18个矿点及许多零星资源点。其后建立的拣银岩煤矿所在区域即为这9大井田区域之一。1958年“大办钢铁”运动中，盐亭县驻广元钢铁指挥部在广元县柳桥乡拣银岩村挖煤冶炼钢铁。1959年指挥部改名广元县大石钢铁厂，为广元、盐亭合办县属企业。1960年建拣银岩煤矿，所辖东山、二重岩、五条沟三个矿区地质总储量692.90万吨。1962年国民经济调整时，拣银岩煤矿收归省属，成为四川省煤炭厅广旺矿务局下属煤矿，后经技术改造、设备更新，发展为半机械化的中型煤矿。到1985年时，矿区总面积为19平方公里，有固定资产1035万元、职工1685人，年产原煤30万吨。因矿区资源衰竭，1987年该矿闭坑。

1989年2月，元坝镇和柳桥乡划入后，辖区内始有乡镇、村集体小煤窑4个，职工368人。当年采煤4.40万吨，总产值163.92万元（当年价，下同）。其中：元坝镇光华煤矿60人，采煤0.57万吨，产值20.45万元；柳桥乡东山煤矿153人，采煤2.01万吨，产值75.41万元；柳桥乡拣银岩村煤矿85人，采煤1.09万吨，产值40.74万元；柳桥乡东山村陈家湾煤矿70人，采煤0.73万吨，产值27.32万元。同年，柳桥乡及其柳桥村、普子村以及村以下开办的7个焦化厂，从业人员150人，共炼土焦3300吨，总产值54.50万元。其中产量最大的柳桥乡焦化厂有从业人员27人，炼焦1200吨，总产值19.70万元。

1990年，元坝区煤矿采煤4.82万吨，总产值207.70万元。其中柳桥乡东山煤矿采煤2万吨，产值86.24万元，成为全区10个年产值50万元以上乡镇企业之一。1991年，全区煤矿采煤4.80万吨，总产值192.16万元；村及村以上焦化厂5个，从业人员203人，炼焦6530吨，总产值190.76万元，其中柳桥乡焦化厂炼焦2549吨，产值74.46万元。1994年，全区采煤企业12个（个体小煤窑8个），采煤6.50万吨（个体煤窑0.70万吨），总产值1078万元。其中柳桥乡东山煤矿营业收入190万元，柳桥乡东山村陈家湾煤矿营业收入140万元，进入全区17个营业收入100万元以上乡镇企业之列。全区焦化厂发展到18个（其中乡及乡以上办3个），炼焦20457吨，总产值1027万元，销售产值743万元，其中柳桥工委（原柳桥乡）焦化厂炼焦5219吨，总产值262万元，营业收入172万元，成为全区17个营业收入100万元以上乡镇企业之一。1996年，全区焦化厂20个（其中村及村以下18个），炼焦21254吨，总产值690.27万元。1997年，全区开始整顿煤炭及焦炭生产秩序，当年关闭生产条件落后的煤窑8个，取缔污染严重的土焦窑12个。是年全区煤矿采煤6.50万吨，总产值1320万元，销售产值1100万元；全区焦化厂炼焦18100吨，总产值661万元，销售产值578万元，工业增加值131万元。

1998年，柳桥乡原东山煤矿经拍卖分化重组为新的东山煤矿与大田煤矿，柳桥乡原拣银岩村煤矿经拍卖分化重组为跃进煤矿与南丰煤矿；同年，关闭年产量500吨以下的炼焦企业。1999年，东山煤矿改组为广元市东山煤业有限公司；同年11月，关闭区境内全部炼焦企业。2000年8月，因资金紧张而停产的光华煤矿筹措到30万元周转金恢复生产。2004年，光华煤矿以289万元价额拍卖给旺苍远达工贸公司。2005年，全区6家煤矿从业人员583人，采煤11万吨（其中光华煤矿1.38万吨、东山煤业有限公司2.97万吨、大田煤矿1.17万吨、跃进煤矿1.80万吨，南丰煤矿1.96万吨、陈家湾煤矿1.72万吨），销售收入1241.70万元；柳桥乡引进的徐家沟煤炭洗选厂洗精煤1800吨，销售收入56万元。四川星荣焦化有限公司第一期工程竣工后于5月30日投入试生产，下半年生产机制焦炭8000吨，销售收入505万元。2006年，全区进行煤炭资源整合，推进煤焦产业发展，确定保留合法煤矿6家，并根据国家政策和区情，对煤炭零星资源本着有利于安全生产，临近、优先、有偿的原则，以标高线成块进行配置，将时有合法煤矿规划成三片：元坝镇以光华煤矿为主，扩储配置临近可采资源；广元市元坝区拣银岩社区街道办事处以跃进煤矿为主，配置901米以上资源；柳桥乡以东山煤业有限公司和陈家湾煤矿为主，分别配置550～850米和970米以上资源。确定以四川星荣焦化有限公司为龙头，带动全区煤焦产业发展，凡区内开采的煤炭可以炼焦的全部在区内洗选，再加工成焦炭出售。当年全区采煤9.80万吨，加工焦炭38897吨。2007年，全年煤矿共采煤16.10万吨，四川星荣焦化有限公司加工焦炭13.55万吨。规模以上的东山煤业有限公司、跃进煤矿、光华煤矿，以及徐家沟煤炭洗选厂、四川星荣焦化有限公司5家煤焦企业全部从业人员659人，工业总产值12037万元、工业增加值3744万元，利润总额608.90万元，均进入全区13个规模以上工业企业之列。

二、电力

（一）发电

中华人民共和国成立初期，昭化县农村无电力设施，照明用桐油、煤油，粮食加工用人力、畜力。1958年，两县农村人民公社开展大规模水利建设时，因地制宜开发当地水能资源，采取社队集资投劳、国家补贴扶持等形式修建小型水电站。1970年，广元县农村小水电站发展到16处，总装机容量204千瓦，年发电量7.20万千瓦时。至1985年，累计修建小水电站104处，因水毁或电力不足陆续淘汰33处，保留71处，经扩建装机83台总容量3631.50千瓦，年发电量476万千瓦时。

1986—1988年，分布在卫子区境内的农村水电站有3处，即青牛乡永红水电站、大朝乡大朝水电站、红岩乡天星水电站。青牛乡永红水电站位于青牛乡白牛村四组，1972 年动工修建，1977 年建成投产，装机容量 75 千瓦，平均年发电量 4 万千瓦时左右，供青牛乡白牛、文书两村和青牛场镇照明、加工及电力提灌；大朝乡水电站位于大朝乡云台村三组，1979 年 11 月动工修建，总投资 23 万元（其中贷款 8 万元，国家补助 1.80 万元，自筹及以劳折资共计 13.20 万元），1980 年投产运行，装机容量 55 千瓦，每年枯水季节用柴油机作动力，平均年发电量 5 万千瓦时左右，能基本供应全乡 800 多户 3000 多人生产生活用电；红岩乡天星水电站位于红岩乡天星村五组，1983 年建成发电，总投资 79.70 万元（其中贷款 30.70 万元，自筹及群众投劳折资 49 万元），装机容量 160 千瓦，平均年发电量 5 万千瓦时，可供红岩、沙坝两乡 10 个村 2300 多户人照明和加工用电。1988 年，上述 3 座乡办水电站共发电 14.10 万千瓦时，总产值 2.58 万元，实现利税 0.15 万元。

1989 年，广元市电力开发公司与卫子镇联合建成金华电站，总投资 115.70 万元（40% 为贷款，其余资金双方各筹一半），装机 2 台总容量 500 千瓦，设计年发电量 169 万千瓦时。1991 年，文村乡投资 47 万元建成文村水电站，该电站其位于文村乡双龙村赖家河，装机 2 台总容量 175 千瓦，设计年发电量 87.70 万千瓦时；红岩乡天星水电站增设 320 千瓦发电机 1 台，总装机容量达到 480 千瓦，设计年发电量 155.50 万千瓦时。是年，全区水电站 5 座，总装机容量 1285 千瓦，发电 137 万千瓦时，占全区 28 个乡镇用电量 656 万千瓦时的 20.80%。1992 年 10 月，紫云乡水库管理所利用灌溉余水建成青树垭水电站（位于元坝镇青树村三组），装机 1 台容量 250 千瓦，设计年发电量 116.80 万千瓦时，总投资 45 万元（全部为银行贷款）。1992 年底，苍溪县小新乡及所属响滩子水电站划入元坝区。响滩子水电站位于小新村磨滩河，1968 年建成，总投资 27 万元，装机 1 台容量 200 千瓦，年均发电量 45 万千瓦时。1996 年，元坝区被列为四川省农村初级电气化建设县。1997 年，柳桥乡柳桥村投资 16 万元在长坝河建成平乐寺电站，装机 1 台容量 40 千瓦，设计年发电量 17.40 万千瓦时。1998 年 6 月，青牛乡将永红水电站租赁给杜永兴等 5 户农民联合经营，5 户投入资金 50 万元，重新装机 2 台总容量 250 千瓦，设计年发电量 77.50 万千瓦时。是年全区水电站 8 处，装机 12 台总容量 1900 千瓦，设计年发电量 725.10 万千瓦时。当年发电 243.20 万千瓦时，占全区 28 个乡镇用电量 1201 万千瓦时的 20.20%。除大朝水电站、平乐寺水电站自发自供外，其余 6 处电站所发的电由广元市地方电力公司购买进入元坝区电网。

广元市元坝区 1998 年农村小水电站情况统计表

表 17-2

电站名称	所在河流	装机容量（台/千瓦）	调节性能	设计流量（立方米/秒）	设计水头（米）	设计年发电量（万千瓦时）	建成时间
永红电站	太子河	2/250	径流式	0.20	120	77.5	1977 年
大朝电站	泥溪浩河	1/55	径流式	0.15	70	23.7	1980 年
天星电站	张家沟	2/480	月调节	0.45	150	155.5	1983 年
金华电站	硬头河	2/500	径流式	1.00	75	169.0	1989 年
文村电站	赖家河	2/175	月调节	0.20	120	87.7	1991 年
青树垭电站	硬头河	1/200	径流式	0.45	70	116.8	1992 年
响滩子电站	磨滩河	1/200	径流式	0.20	120	77.5	1968 年
平乐寺电站	长滩河	1/40	径流式	0.35	15	17.4	1997 年

20 世纪 70 年代，苍溪县占用柏林乡（今柏林沟镇）土地建成马蹄滩电站，该电站每年以供电 130 万千瓦时作为赔偿，通过当地电网向柏林乡（今柏林沟镇）供电。

1999 年，大朝乡水电站卖给剑阁县剑雄电站，发电供电并入剑阁县电网。2003 年 1 月，大朝电站因机器设备老化停止发电。2005 年，文村水电站租赁给广元地方电力公司继续发电。2006 年 8 月，青牛乡永红水电站河堰被洪水冲毁发电中断，因地处即将修建的嘉陵江亭子口水利工程淹没区而被决定不再修复。

（二）供电

1989 年，区内元坝镇、三七六二油库、柳桥乡、昭化镇由国家电网供电，广旺矿务局机修厂和广旺矿务局拣银岩矿区从相邻电网购电，其他乡镇用电除自发及赔偿供电外，由广元市电力开发公司购买国网计划外的议价电供应。

1990 年 4 月，广元市电力开发公司划归元坝区管理并改称广元市元坝区电力公司，时有潼梓观、柏林两座 35 千伏变电站，主变总容量为 3800 千伏安。之后，元坝区为满足全区农村日益增高的用电需求，逐年投入资金对现有电网进行改造，到 1998 年，改造后的元坝区地方电网以 35 千伏为主干线，北连国网懒土坡 110 千伏变电站，南接苍溪县电网，长 8.43 万米，在这条主干线上的潼梓观、柏林两座变电站总容量增至 5800 千伏安，并以这两座变电站为中心，分出 10 千伏配电线路 9 条加上支线全长 83 万米，向各乡镇、村供电；网内还有配电变压器 377 台（总容量 10370 千伏安），0.40 千伏线路 398 万米，全区通电户率达 99.90%。同年 12 月，元坝区农村初级电气化建设经四川省政府验收为合格。1999 年，广元市地方电力公司趸售及转供电 1073 万千瓦时，工业总产值、销售产值均为 205.20 万元，利润总额 9 万元。2001 年，网内新建 35 千伏王家变电站、虎跳变电站并投入运行。同年 3 月，成立王家、虎跳、红岩 3 个供电所，与先前成立的卫子、太公、潼梓观供电所共招收农电工 135 人，全面实行抄表到户。2002 年 6 月，建成 35 千伏石井铺开关站。2007 年 7 月，石井铺开关站升级为变电站，柏林变电站退出运行。至此，元坝区电网内有 35 千伏变电站 4 座（潼梓观、王家、虎跳、石井铺），35 千伏变压器 4 台，10 千伏配电变压器 651 台，10 千伏配电线路 96.10 万米，低压配电线路 581.50 万米，累计改造用户电表 4 万余只。广元市地方电力公司 2007 年趸售及转供电达 1193 万千瓦时。

第二节 采 金

境内嘉陵江的淘金业在晋代《华阳国志》中已有记载："晋寿县本葭萌城……有金银矿，民岁岁洗取之。"唐《元和郡县志》记利州"开元时贡黄金"。民国时期，广元、昭化两县境内白龙江、嘉陵江等河流沿岸每年都有农民淘金。中华人民共和国成立后，从 1958 年起，沙金开采由农村人民公社作为副业生产经营。1978 年后，广元县沙金产量逐年大幅度上升，至 1982 年，全县 1700 多人 400 个金床共采金 13.27 千克，其中青牛乡农民王芝顺一家 5 口人采金 0.65 千克，全部卖给国家得现金 9650 元，被评为省先进生产者。1983 年以后，河滩表层沙金资源已经很少，底层沙金虽好但开采难度大，故产量逐年下降，至 1985 年广元全县仅采金 2.56 千克。

1986—1990 年，嘉陵江昭化镇至青牛乡河段仍有人采金，但产量甚微。1991 年共有 4 户农民采金，产量 0.57 千克，总产值 1.61 万元（当年价，下同）。1993 年，虎跳镇成立采金队，开始底层采金，当年采金 1.54 千克，另有农民个体户采金 0.30 千克，合计 1.84 千克，总产值 1.50 万元。1994

年，虎跳镇采金队480人用船采金95千克，总产值1045万元，营业收入943万元，增加值50万元，利税总额27万元，成为元坝区当年17个营业收入100万元以上的乡镇企业之一。当年，全区共采金134千克（区属企业产量）。1995年全区采金38.97千克，其中：2个乡镇企业共170人采金35.23千克，总产值365万元，销售收入275万元；私营及个体户采金3.74千克，总产值38万元。1996年，全区采金企业增加到11个，其中：3个乡镇集体企业采金28.60千克，私营企业8家采金17.40千克。同年，各乡镇成立矿产资源管理站，区政府发出《关于封闭矿区制止私挖乱采矿产资源的督办通知》，区矿产资源管理办公室印发大量宣传资料送法进河滩、进矿山、进农户，对私挖乱采沙金等矿产资源行为进行制止和处理。1999年，全区开展大规模的矿业秩序整顿工作，河道采金秩序有所好转。2003年全区有采金业主31个，共采沙金213.50千克，其中：昭化镇嘉陵江河段30个业主从业人员200人采金143千克，营业收入837万元，上缴税金12.74万元；青牛乡8人合伙采金5千克，营业收入48万元，上缴税金3万元。2004年，元坝区进一步整顿和规范矿产资源开采秩序，将嘉陵江河道采金秩序列为整治重点之一，从当年起连续三年将此项工作纳入区及乡镇政府年度目标考核内容。2005年5月1日起，从沿江两岸乡镇抽调40余人组成4个工作组，由区政府领导带队分段组织开展河道清障回填，并落实专人现场监督，实行24小时值班，依法将拒不回填的个别业主送司法机关处理。全年共投入资金2600余万元，清除行洪障碍物800余万立方米。在整顿过程中，还组织全区14个涉矿工作部门的600多名干部进行自查，向组织递交不参与入股采矿承诺书。同年，区内嘉陵江河道共有采金船主19个，从业人员1050人，其中昭化镇4个250人、红岩镇14个750人、丁家乡1个50人，共采沙金93.50千克，营业收入1403.75万元，利润236.73万元，税金35.40万元。至2007年，经三年集中整治，全区逐步建立健全金矿监督管理长效机制，规范了审批程序，完善了生态环境保护和恢复补偿制度。

第三节　建　材

一、砖瓦

1980年以前，今元坝区境内农村普遍采用人工挖泥、畜力踩调、手工做坯、小窑煅烧的办法生产青瓦青砖。1980年起，农村社队开始有机砖厂生产页岩砖。1985年年末，广元市中区（原广元县）乡镇企业中的机砖厂已达42个，从业人员1764人，生产机砖6100万块，总产值228万元（当年价，下同）；瓦厂42个，从业人员151人，烧青瓦533万匹，总产值40余万元。

1988年，卫子区有砖厂3个。其中晋贤乡机砖厂于1985年开办，年产机砖210万块。当年3个砖厂从业人员98人，烧砖220万块，总产值16.95万元，1989年，元坝区砖厂增加到4个（乡办1个，村办1个，村以下2个），从业人员278人，烧砖1100万块，总产值87.92万元。其中新增胜利机砖厂从业148人，生产页岩砖800万块，总产值49.35万元。同年，全区瓦窑、石灰窑（均为村及村以下开办）烧制青瓦1.40万匹、石灰800吨。1991年，全区砖厂9个（其中乡办、村办各1个，村以下增至7个），烧砖1200万块。其中晋贤乡机砖厂和胜利村机砖厂进行技改扩能，计划总投资35万元，当年实际投入10.20万元（自筹3.20万元，银行贷款7万元）。1994年，全区砖瓦厂18个（乡办5个，村及村以下13个），从业人员326人，烧砖3618万块、瓦12207万匹，总产值795万元。其中：石井铺乡装饰建材厂生产琉璃瓦1.40万匹，总产值31万元；元坝镇胜利村机砖厂从业人员全年月均

91人，生产页岩砖1754万块，总产值193万元；晋贤乡机砖厂从业人员全年月均36人，生产页岩砖536万块，总产值58.96万元。1996年，全区砖瓦厂11个（乡办4个、村及村以下7个）从业人员月均299人，烧砖（折标准砖）2592.70万块、瓦1500万匹，总产值176万元，实现工业增加值66.29万元。1997年因砖瓦市场需求量减小，有的企业流动资金困难而停产，全区砖瓦厂减至8个，砖产量降至1540万块，1998年降至1228万块。1999年，停产砖瓦厂全部恢复生产，还新上砖灰机砖厂等砖瓦生产企业，产量成倍增长。2000年，石井铺乡引进成都龙泉驿区一私营业主开办石井页岩机砖厂。至2003年，全区砖厂发展到18家，当年烧砖3994万块，销售收入463.30万元，上缴税金12.02万元；瓦厂2家，烧制青瓦133万匹，销售收入20万元，上缴税金0.21万元；石棉瓦厂1家，生产石棉瓦10万张，销售收入38.50万元，上缴税金0.10万元。2005年，全区机砖厂有16家，烧砖3725万块，总产值745万元。2007年，全区机砖厂仍为16家，烧砖5150万块，工业总产值（当年价）1184.50万元，实现工业增加值（当年价）360万元。

二、水泥构件

1988年，卫子区仅有虎跳镇建材厂、卫子镇建筑工程公司等建材、建筑企业，当年生产水泥预制构件1669立方米，总产值2.35万元。1991年，元坝区水泥制品厂发展到11个（乡办4个，村以下7个），从业人员83人，生产水泥预制构件7500立方米，总产值76.33万元。1992年，3个乡办水泥制品企业生产预制构件1.10万立方米，总产值39.68万元。1994年，广元市元坝区建材公司和元坝、柳桥、昭化等7个乡（镇）的水泥制品厂生产预制构件9600立方米，总产值263万元（当年价，下同）。1996年，全区水泥制品企业增至25个（乡及乡以上10个、村及村以下15个），共有从业人员255人，生产水泥预制构件5.40万立方米，总产值307万元，实现增加值62万元。之后水泥制品企业及其产量逐年减少。2003年，元坝、柳桥、虎跳、昭化、青牛、柏林沟等乡镇12家水泥制品厂，生产水泥预制板5.41万张，销售收入324.60万元。同年，元坝镇5个采石场31名工匠，采石料1.77万立方米，营业收入77万元。2005年，元坝镇、昭化镇及紫云、石井铺、太公、柏林沟等乡镇共有水泥预制构件厂13家，生产水泥预制构件3.80万立方米，总产值231万元；嘉陵江沿岸白果、虎跳、青牛等乡镇有110余人开采河沙，销售收入151万余元。2007年，全区有水泥预制构件厂11家，生产水泥预制板5.80万张，工业产值348万元。

三、金属门窗

1992年8月，区城环国土局开办金属构件厂，生产钢门窗。当年下半年生产钢门窗20.20吨，工业总产值21.80万元，销售收入11.10万元，实现利润0.80万元。1993年，生产钢门窗99.70吨，工业总产值108万元。1996年，生产钢门窗216吨。因产品销路不畅，周转资金困难，于次年停办。1996年前后，元坝城区已出现铝合金窗加工店。到2007年，全区城乡有铝合金窗加工店4个，其中元坝镇1个、太公镇2个、明觉乡1个。

四、玻璃制品

1985年，观音乡在广元城区东坝建成广元市玻璃厂，主要生产玻璃瓶。1987年，该厂职工180人，生产玻璃制品2700吨，总产值418.50万元。1988年，职工196人，玻璃制品产量1334.40吨，总产值207.14万元，是卫子区唯一的产值上百万的乡镇企业，但因经常停电和原材料涨价亏损31.20万元，至年底已累计负债226万元（其中银行贷款216万元）。之后产量起伏较大，1993年最低为158

吨，1996年最高为5400吨。因设备和技术落后，亏损较多，于1997年停办。1999年出租改为粮油加工厂和养鸡场。

第四节 机械 化学

一、机械

民国14年（1925年），四川军阀田颂尧部在昭化兴办兵工厂，有职工110人，修造步枪、小钢炮。民国21年（1932年）将厂迁往重庆。1951年3月，广元县城有4人联合集资成立广元汽车零件行，后改为地方国营广元县人民机器修配。1959年，将广元五金厂、白铁社和昭化农具厂并入，更名为广元县机械修配厂，有职工486人。1962年贯彻调整方针，分出原并厂社，转为集体所有制，更名为广元县农具合作工厂。20世纪70年代，各区相继建立农具厂。1978年，广元县将12个区属农具厂划给当地人民公社管理，归口广元县社队企业局领导。这12个农具厂中只有少数农具厂设备比较先进，可生产、加工农机配件，其他多数厂仅能生产小型旧式农具，且管理不善，连年亏损。1980年，县社队企业局在各区和公社配合下对农具厂逐个进行整顿，其生产管理有所改进，经营业务也有一定扩展，但时隔不久，多数农具厂因技术落后、设备简陋、经济效益差陆续停产歇业，业务逐渐被新的集体和个体企业取代。1982年，卫子农机厂成立，主营农机修造，时有固定资产36万元。1988年，卫子农机厂有职工78人，生产农用拖车80辆及各类铸件，总产值达56万元（当年价，下同），当年，区内其他集体和个体企业生产锄头、镰刀、犁铧等农具3万余件。

1990年，卫子农机厂发展到有职工（含清水分厂）81人，生产拖车53辆，脱粒机202台（其中机动脱粒机26台）的规模，总产值达87.76万元，1991年，元坝区机械厂建成投产，拥有固定资产48.70万元，职工39人，当年生产脱粒机501台，总产值42.20万元；卫子农机厂年末职工人数61人，生产拖车192辆，总产值145.58万元。1992年，卫子农机厂试制成功小型四轮拖拉机2辆。1993年，全区农机具修造企业12个（其中乡及乡以上5个），生产四轮拖拉机30辆、拖车100辆、机动脱粒机900台，加上农用汽车配件和中小农具，总产值229万元。1995年，元坝区机械厂生产的ST—500型多用脱粒机获国家科委、四川省政府金奖。当年，元坝区机械厂生产机动脱粒机285台、耕整机30台；卫子农机厂生产TCH—15型四轮拖拉机218辆、TCH—15型液压自卸车233辆，总产值411万元。1997年，全区农机具制造企业生产脱粒机3763台、农用运输机械614台，铁制小农具2.20万件，其中，元坝区机械厂开发的清选脱粒机和卫子农机厂开发的康庄牌拖拉机在市场上销售情况较好。1998年，卫子农机厂因职工减少，只生产农用运输车61辆，加上其他产品总产值78万元，营业收入46万元；元坝区机械厂42人，生产脱粒机2326台，总产值221.10万元，销售收入122.10万元，亏损17.70万元。1999年，元坝区机械厂研制的6N—8型分离碾米机经省、市鉴定合格，其经营继续亏损，年末资产总计242.20万元，累计负债517.90万元；同年，卫子农机厂职工和产品继续减少，也出现亏损，资产总计276.60万元，负债合计521.20万元。2000年，卫子农机厂破产还债。2001年，元坝区机械厂被苍溪县农机制造有限公司兼并为元坝分公司，资金困难得到缓解，在原6N—8型米机基础上开发出系列6N—8B型双道碾米机，产品市场销量开始扩大。2005年，苍溪县农机公司元坝分公司从业人员26人，主要产品为脱粒机、磨粉机，销售收入为115.60万元。各乡镇有农机具修理造店（铺）23家，从业人员30余人，全年营业收入30余万元左右。2007年，苍溪县农机公司元坝分公司从业人员 28 人，生产脱粒机、磨粉机等农业机械，营业收入 220 万元。

二、化学工业

（一）洗衣粉

1993 年，元坝镇在元坝村建成广元市合成洗涤剂厂。该厂与香港中巍实业公司合资生产的无毒“康尔”洗衣粉，质量达到国家标准，销往西藏、内蒙古、山东、河南等地，被列为全国 185 个专业厂家之一，并编入国家技术监督局监督序列。建成当年，65 名职工生产“康尔”洗衣粉 155 吨，总产值 57.88 万元，销售收入 57.35 万元。1994 年，职工 43 人，生产洗衣粉 400 吨，总产值 159.96 万元。1995 年，该厂生产的无毒“康尔”洗衣粉在中国（成都）“双新”交易博览会上获得金奖。1996 年，职工 33 人，生产“康尔”洗衣粉 510 吨，总产值 211.14 万元，销售收入 171 万元，利税总额 1.90 万元。1997 年上半年生产洗衣粉 250 吨，下半年遭受一场火灾后破产。

（二）复合甘油

元坝区日化厂于 1991 年在元坝镇砖灰村二组开办，1993 年有职工 24 人，生产复合甘油 270 吨，总产值 120 万元，实现增加值 30 万元，上缴税金 1 万元，实现利润 0.70 万元。1994 年，职工 15 人，生产复合甘油 320 吨，总产值 180 万元，销售收入 174 万元，利润 1 万元。1995 年职工 8 人，生产精甘油 60 吨，总产值 55 万元。1997 年，生产精甘油 110 吨，总产值 100.83 万元。1998 年，因卷烟厂不再用甘油作香烟保湿剂，元坝日化厂停办，2000 年破产。

（三）化肥

1996 年 1 月，元坝区复混肥厂建成，为区供销联社直属集体企业，当年生产复混肥 1743 吨，总产值 21 万元。1997 年，生产复混肥 4843 吨，总产值 62 万元。1999 年，生产复混肥 6150 吨，总产值 80 万元，销售收入 98.10 万元，上缴税金 0.60 万元，实现利润 2 万元。2000 年，该厂从业人员 13 人，生产的复混肥 6900 吨，总产值 119 万元，销售收入 37.80 万元，亏损 2.40 万元，年末资产合计 187.60 万元，负债合计 141.40 万元。同年 9 月，元坝镇砖灰村引进绵竹市正荣设备有限公司开办绵竹磷肥厂。2001 年，元坝区复混肥厂停产，次年 10 月，租赁给广汉蜀西化工厂并改为其分厂。2003 年 3 月，德阳佳禾元坝磷肥厂建成投产。当年绵竹磷肥厂和德阳佳禾元坝磷肥厂共生产磷肥 19534 吨，总产值 605.55 万元；广汉蜀西化工厂元坝分厂从业人员 30 人，生产复合肥 4583 吨，总产值 550 万元，销售收入 541.20 万元，成为全区 5 家规模以上企业之一。2006—2007 年，3 个厂累计生产农用氮、磷、钾化肥折纯后总产量 10232 吨，其中氮肥（折含氮 100%）1449 吨，磷肥（折含五氧化二磷 100%）8050 吨，总产值 1204 万。

第五节　印刷　纺织

一、印刷

1976 年 3 月，广元县张家公社印刷厂开业，印制学生作业本及各种表册。1988 年，张家乡印刷厂在卫子镇设立分厂，当年全厂职工 16 人，实现总产值 8 万元（当年价，下同），销售收入 15 万元，上缴税金 0.25 万元，实现利润 0.40 万元。1989 年，该厂职工 26 人，总产值 16 万元，净产值 10.32 万元，利税总额 0.85 万元。同年 11 月，全厂迁至元坝镇。1990 年，元坝区教育印刷厂成立，主要生产学生作业本；张家乡印刷厂从陕西渭南购回彩印机并投入使用。1990年，张家乡印刷厂更名为广元市元坝区印刷厂（简称区印刷厂），直属元坝区乡镇企业局管理。当年，区印刷厂和区教育印刷厂总产值46万元（其中区印刷厂26万元，区教育印刷厂20万元），销售产值34万元（区印刷厂16万元，区教育印刷厂18万元）。1992年，区印刷厂有职工43人，区教育印刷厂有职工15人，两个印刷厂实现总产值85万元，销售产值51.10万元。其中，区教育印刷厂总产值64万元，销售产值30.10万元。1993年，区印刷厂、区教育印刷厂与新开办的联民印刷厂印制的学生作业本、表册、书刊总产值80万元。1994年，上述3个印刷厂实现总产值101万元，销售产值90万元，亏损10万元。当年末，区印刷厂因亏损和债务沉重停办。1995年，区教育印刷厂和联民印刷厂有职工20余人，实现总产值56万元。1996年，私营业主王振轩收购区印刷厂改名文轩印刷厂。是年区教育印刷厂、联民印刷厂、文轩印刷厂共有职工30人，生产的印刷品总产值107万元。1998年，联民印刷厂改为广元市元坝区联民印制有限公司。1999年，区教育印刷厂与生产校服的校办企业公司合并为广元市元坝区校办股份合作公司。同年10月，区校办股份合作公司彩印车间试车成功。2000年，联民印制有限公司、文轩印刷厂和区校办股份合作公司共有印刷职工32人，实现总产值76万元。2005年9月，广元一私营业主买下区校办股份合作公司，改名鑫兴教育印刷厂，不再生产校服。是年，联民、文轩、鑫兴三家印刷企业从业人员28人，总产值119.80万元。2007年，联民、文轩、鑫兴三家印刷企业共有从业人员24人，实现总产值118.60万元。

二、纺织

（一）针棉制品

1991年1月，区计经委创办广元市元坝区针织厂（简称区针织厂），生产针棉服装制品。有职工77人，当年实现总产值45万元，销售收入12万元。1992年，区针织厂与天津市国营针织四厂联营，运用天津针织四厂技术和商标生产，当年1—8月，元坝区针织厂实现工业总产值52.50万元，销售产值41.50万元。9月，该厂共有职工95人，由于内部管理混乱，产品质量差，大批积压，货款难以收回，已累计亏损31万余元，于是停业申请破产。1993年7月7日，广元市元坝区人民法院对区针织厂作出破产还债裁定。

（二）挂毯

1991年底，红岩乡筹措资金建立红岩挂毯厂，翌年1月建成，利用乡政府礼堂作车间生产人造棉挂毯。1992年职工88人，生产挂毯4400平方英尺，总产值21万元，实现利润9万余元。1993年2月，元坝区挂毯厂建成投产，当年职工60余人，租用区人武部库房，生产人造棉挂毯3000平方英尺，总产值150万余元。同年，红岩挂毯厂职工人数不断增加，最多时达280人，全年生产挂毯1.40万平方英尺。1994年，元坝区挂毯厂职工人数增至220余人，生产挂毯1.10万平方英尺，总产值52.50万元；红岩地毯厂职工112人，生产挂毯5600平方英尺，总产值27万元。其大部分出口销往日本、新加坡。1995年，元坝区挂毯厂有职工187人，红岩挂毯厂有职工43人，两厂共生产挂毯1.15万平方英尺，总产值65万元，同年，区挂毯厂从区人武部院内迁至原区针织厂房内。1996年12月，红岩镇将礼堂等建筑设施租给白水金矿使用，红岩挂毯厂停办。1998年3月，元坝区挂毯厂卖给一个体户经营，8月份转为木器加工。

（三）丝绸

1993年，红岩乡私营业主蒲正凡在元坝镇政府楼下办起武源丝织厂，用韩国丝线加工成丝织品销往韩国。1994年，该厂职工达30余人，实现总产值21.12万元。1995年，职工增加到50余人，总产值27万元。1996年，职工因劳动报酬太低陆续离去，年底该厂解散。

1997年2月，总投资610万元的广元市元坝区新元缫丝厂（简称新元缫丝厂）建成投产，当年产生丝0.90吨。1998—1999年，累计产丝11.70吨。1999年底，因机器设备落后和内部管理不善，已累计负债747.42万元，随即进入破产阶段。2000年，该厂被一浙江老板租赁，当年产丝11吨。

2001年6月，新元缫丝厂被三台县业主赵文元收购后重组注册为广元市元坝三元茧丝绸有限责任公司（简称三元茧丝绸公司），公司注册资金200万元，固定资产600余万元，总资产1100万元。2002年，三元茧丝绸公司投资60余万元，购进DIC2—1.5AIII新型环城环保锅炉1台，SFD507高速自动缫丝机4组，滞头机、真空煮茧机、打孔机各1台。设备改进后，生产能力增强，生丝等级达到3A级以上。当年从业人员86人，生丝产量达到29.70吨，总产值503.30万元，产品销售收入511.50万元，销售利润43.80万元，缴税金0.10万元。2003年，三元茧丝绸公司又投资300余万元，购进3组SFD507高速自动缫丝机、40台织绸机及辅助机械。从业人员增加到148人，产丝达40.40吨，总产值627.50万元，销售收入541.20万元，利润总额31.30万元。2006年，为解决蚕茧供不应求的矛盾，三元茧丝绸公司在区内投入资金建设蚕桑基地1067公顷，通过对蚕农给予补贴、引进新品种、推广新技术、建立蚕桑专业协会、建设标准化蚕房、培训蚕农等措施提高蚕农积极性和技术水平。当年，产丝37.82吨、绸28.09万米。2007年，三元茧丝绸公司与农户签订蚕茧收购合同3000余份，承诺“三个保证”，即保证按最低保护价全额收购，保证现金收购，保证提供优良蚕种、合格蚕药和无偿技术服务；给蚕农无偿供应化肥166吨。在元坝镇青树村集中修建专业化蚕房6000平方米，栽植优质桑树600万株。是年，三元茧丝绸公司从业人员达168人，产丝43.35吨、绸64.39万米，工业总产值2262.20万元，销售产值2193.30万元，工业增加值554.60万元，利税总额216.90万元。年末资产总计1776.80万元（其中固定资产净值828.90万元），负债合计734.60万元。

第六节 食品 酿造

一、食品

1987年，卫子区有食品加工站（厂、点）466个。其中：大米面粉加工厂437个、挂面厂20个、糕点厂1个、淀粉及淀粉制品厂2个、植物油加工厂6个。1988年，卫子综合食品厂建成，主要加工皮蛋、板鸭、香肠、豆瓣、醋等食品。是年全区食品工业站（厂、点）551个，从业人员916人，加工大米、面粉共5.50万吨及挂面802.80吨、粉条32吨、植物油211.30吨，加上肉、蛋、调料等食品，总产值272.70万元（当年价，下同）。其中卫子综合食品厂有职工26人，总产值20万元，销售收入23万元，上缴税金0.50万元。

1989年，村以下粮油加工户继续大量增加，年底全区食品加工厂（站、户）725个，全年总产值339.36万元。其中村以下粮油加工户由上年的499个增至663个，其工业总产值由1988年的129.40万元上升至194.39万元。同年，区粮食部门投资27万元在晋贤乡粮管所建成可日产30吨大米的加工厂，次年又投入12万元在虎跳建成粮油加工厂。1990年，乡及乡以上食品工业企业增至25个，工业总产值由1989年的107.67万元增加到204.43万元。其中卫子综合食品厂职工68人，总产值56.55万元，销售收入45万元，由于销量减少亏损1.80万元。1991年，该厂改名元坝区综合食品厂（厂址一直在卫子镇），转为区属国有工业企业；同年，区粮食部门又投资25万元，将王家粮站所在地的大米加工厂从乡办企业中收购再通过技改扩大生产能力。是年全区乡及乡以上食品工业企业28个，工业总产值653万元。1992年，区粮油综合加工厂开发的“珠光仙米”畅销省内外。1993年，区综合食品厂生产的“金印寺”无铅松花皮蛋在中国西部商品交易博览会获得金奖；全年乡及乡以上食品加工企业总产值1170万元，大米、挂面、粉条、食用植物油、无铅皮蛋、板鸭、香肠、豆瓣、食醋等产品畅销省内外。同年，经省经委批准成立的广元川北肉类食品加工厂在元坝镇长坝村动工修建。1994年12月，区粮食局决定新建的区植物油厂在元坝镇红土垭开始修建，次年10月竣工，总投资610万元，设计年加工油菜籽1万吨，为区属国有企业。同年，区综合食品厂生产的30吨香肠和10吨五香猪肝经四川省外贸公司出口英国。1995年，区粮油综合加工厂生产的“珠光仙米”、区综合食品加工厂生产的“中华养身醋”在中国（成都）“双新”交易博览会上获得金奖。1996年6月，广元川北肉类食品加工厂基建工程竣工，建成白条肉生产线、分割肉生产线、畜产品冷冻冷藏库及供水供电污水处理等配套设施，资产总计2930.90万元，设计生产能力为年宰生猪30万头，同年10月投入试运行，由于该厂系全额负债修建，建成后资金一直紧困，生产时续时停。1997年，全区所有食品工业主要产品产量为：大米30609吨（其中乡及乡以上企业12986吨），面粉20250吨（其中乡及乡以上企业10500吨），食用植物油1713吨（其中乡及乡以上企业1223吨），鲜、冻猪肉210吨、豆瓣及食醋45吨（均为乡及乡以上企业生产）。1998年，区油脂公司（原名区植物油厂）从业人员43人，工业总产值1183万元，产品销售收入817.50万元，亏损193.70万元；川北肉类加工厂处于停产歇业状态。1999年，卫子综合食品厂因流动资金紧缺，生产难以继续，进入停业阶段；区油脂公司从业人员50人，工业总产值765.80万元，产品销售收入709.70万元，亏损155.10万元，年末资产总计955.60万元，负债累计1388.70万元。2000年4月，区油脂公司依法破产，不久被债权人（农业银行元坝区支行）租给苍溪县油脂公司，经维修技改于11月1日重新投入生产。同年，卫子镇私营业主吴真华以26万元买下卫子综合食品厂，重组为广元市元坝区华康实业有限公司（简称华康实业公司），屠宰生猪加工白条肉。2001年，川北肉类加工厂（被四川光路冷冻食品公司租赁）与华康实业公司生产鲜冻猪肉4544吨。川北肉类加工厂成为全区6个规模以上企业之一，是年从业人员305人，实现工业总产值3295.20万元，产品销售收入2636.10万元，营业利润29.40万元。2002年，川北肉类加工厂从业人员189人，工业总产值4189.10万元，产品销售收入4105.30万元，营业利润97.10万元。2003年，广元市山清米业有限责任公司成立（简称山清米业公司），其当年开发的山清牌荷花大米、王家大米受到消费者喜爱；川北肉类加工厂188名从业人员，工业总产值508.50万元，产品销售收入572.60万元，营业利润24万元。年底资产总计2930.90万元，负债（含世行贷款、农行贷款，基建及设备欠款）2965.80万元，已资不抵债，次年租赁期满，即依法进行破产处理。2004年4月，广元市太宝米业公司成立，当年有从业人员10余人，主要加工生产大米，其次是食用植物油。2004年6月，江苏雨润集团收购川北肉类加工厂，重组为广元福润肉类食品有限公司（简称福润食品公司），主要产品有冷、鲜分割猪肉，冻、鲜骨头及油脂产品等。2005年，全区食品工业企业260个，从业人员625人，加工冷、鲜猪肉16195吨、大米38660吨、精制食用植物油1831吨。其中：华康实业公司、福润食品公司、山清米业公司、太宝米业公司4个规模以上企业，从业人员268人，产品销售收入18344万元，实现工业增加值3573万元，利税总额5.85万元。2007年12月，广元市钏琰生物科技有限公司建成并投入生产。年末，规模以上的福润食品公司、华康实业公司、三清米业公司、太宝米业公司有从业人员731人，加工生产鲜肉及冷藏冻肉42398吨、大米23951吨、面粉882吨，工业总产值64629.70万元，销售产值64174.30万元，利税总额7918.70万元。其中加工肉类的福润、华康两家公司，从业人员441人，总产值58431.50万元，销售产值57893.20万元，利税总额7274.40万元；以加工大米面粉为主的三清、太宝两家公司，总产值5539.20万元，销售产值5626.10万元，利税总额548.40万元；从事蔬菜果品加工的钏琰公司从业人员250人，加工冻干食品，总产值659万元，销售产值655万元，利税总额95.90万元。

二、酿造

民国时期，境内农村各地饮用白酒主要靠私人小作坊烤制，其中较为有名的是虎跳酒厂。中华人民共和国成立后，禁止私人酿酒。1953年，虎跳酒厂收归国营。1955年，昭化县酒类专卖局在宝轮兴建昭化酿酒制曲厂，后改名为宝轮酒厂，1960年因管理不善停产，1963年恢复生产，年产白酒300余吨，1985年建市后更名为"广元市曲酒厂"。1983年，虎跳酒厂转交虎跳镇经营。1985年，广元市保健饮料厂建成投产，主要以观音乡出产的山楂为原料生产山楂饮料及小食品，其浓缩山楂汁饮料曾获省、市"优质产品奖"。1986年起，虎跳酒厂每年生产的10余吨"金银猫"牌高粱系列酒连续数年远销省内外。1987年，卫子区内有饮料生产厂（站、户）43个（乡办16个，村办3个，村以下24个）。1988年，全区饮料生产企业40个（乡办15个、村办2个、村以下23个），从业人员171人，生产白酒166吨、山楂饮料169吨，总产值129.50万元。其中广元市保健饮料厂职工32人，总产值45万元，销售收入50万元，因白糖等原料涨价亏损9.50万元；虎跳酒厂8人，生产高粱白酒38吨，总产值6.39万元，实现利税1.37万元。

1990年，昭化镇开办川北饮料厂，生产汽水饮料。同年，元坝区饮料生产厂家37户，从业人员181人，生产白酒177吨，山楂汁及汽水饮料181吨，总产值140.39万元。1991年，全区饮料生产厂家24家（乡办11家、村办3家、村以下10家），从业人员152人，生产白酒300吨、山楂汁和汽水252吨，总产值101.24万元。其中元坝曲酒厂（元坝镇1985年开办）职工23人，总产值13万元，销售收入12.76万元，利税总额1.86万元；广元市保健饮料厂45人，总产值71万元，销售收入42万元，亏损1.71万元。

1992—1993年，广元市保健饮料厂的山楂饮料系列产品在全国"星火计划"成果展评会分别获银奖和铜奖。之后两年，全区白酒产量连续下滑，1993年降至200.90吨。1994年，全区饮料生产厂家23户，从业人员189人，生产白酒274.40吨、山楂汁及汽水997吨，总产值504万元。其中广元市保健饮料厂职工44人，总产值278万元，销售收入204万元，亏损38万元；川北饮料厂从业人员19人，总产值95.60万元，销售收入59万元，亏损0.90万元。1997年，川北饮料厂停办。1999年，广元市保健饮料厂因债务沉重、周转资金困难、设备落后等原因破产还债。2003年，全区白酒酿造业共21户，从业人员147人，生产白酒387吨，总产值270.90万元。2007年，全区酿酒的私营及个体户31个，生产白酒（折65度，商品量）1050吨，总产值840万元。

第十八篇　乡镇企业

第一章　体制与结构

第一节　管理机构

1986年11月，广元市卫子区公所设乡镇企业管理科。1988年6月，成立广元市卫子区乡镇企业管理局，隶属广元市市中区乡镇企业局，局长赵朝富，副局长刘军、张克林。

1989年12月，广元市元坝区设乡镇企业局（简称区企业局），1990年2月正式成立，设办公室、生产股、安全股、经营管理股。1993年5月，增设科技信息股。1997年4月，设办公室、直属企业办公室、政工科教股、财务审计股、生产综合股、安全环保股。1998年12月，设广元市元坝区煤炭管理办公室（简称煤管办），隶属于区企业局领导。1999年8月，建立中共广元市元坝区乡镇企业局党组。2001年12月，设办公室、生产综合股、安全股、煤管办。2002年4月，增设广元市元坝区小工业发展办公室和广元市元坝区民营经济发展办公室。2003年5月，区企业局加挂广元市元坝区中小企业局牌子。2005年12月，撤销区企业局、区财贸办，组建广元市元坝区经济和商务局。

1991年3月，区企业局在虎跳、王家、卫子、昭化4个办事处和元坝镇建乡镇企业办公室（简称乡镇企业办）；1992年撤乡并镇后，4个办事处乡镇企业办分别更名为虎跳镇乡镇企业办、王家镇乡镇企业办、卫子镇乡镇企业办和昭化镇乡镇企业办。1993年6月，磨滩、清水、柏林沟、石井铺、白果、红岩、沙坝、明觉、射箭等9个乡镇设企业办。1999年，各乡镇企业办撤销。

广元市元坝区乡镇企业局领导名录

表18-1

姓　名	性别	籍　贯	政治面貌	职　务	任职期间	备　注
赵朝富	男	广元市元坝区	中共党员	副局长	1990-02—1991-08	主持工作

续表

姓　名	性别	籍　贯	政治面貌	职　务	任职期间	备　注
张文孝	男	广元市元坝区	中共党员	副局长	1991-08—1992-08	
王家品	男	广元市元坝区	中共党员	局　长	1991-11—1996-04	
吴根昌	男	广元市元坝区	中共党员	副局长	1992-05—1995-06	
蒲国军	男	广元市元坝区	中共党员	副局长	1993-02—1996-12	
邓明辉	男	广元市元坝区	中共党员	副局长	1995-10—2005-12	1999-08 任党组成员
陈廷卓	男	广元市元坝区	中共党员	副局长	1995-10—1998-12	矿业公司经理
姚永安	男	广元市剑阁县	九三学社社员	副局长	1995-10—1998-12	元坝建筑一公司经理
何雪刚	男	广元市元坝区	中共党员	局　长	1996-04—1998-02	
刘永海	男	广元市元坝区	中共党员	局　长	1998-02—2000-04	党组书记
胡华银	男	广元市元坝区	中共党员	局　长	2000-04—2001-12	党组书记
田义勇	男	广元市元坝区	中共党员	局　长	2001-12—2005-12	党组书记
李方甫	男	重庆市城口县	中共党员	副局长	2003-02—2004-06	
王振全	男	广元市元坝区	中共党员	副局长	2004-06—2005-12	党组成员

第二节　企业类别

一、集体企业

1987年，卫子区有乡镇集体企业134个。其中乡办企业94个，从业人员2439人；村办企业40个，从业人员1055人。当年产值2540万元（当年价，下同），总收入1800万元。

1989年，广元市元坝区有乡镇集体企业145个。其中乡办企业104个，从业人员2510人；村办企业41个，从业人员420人。当年产值2194万元，总收入2100万元。1991年7月，中共广元市元坝区委、区政府制定《关于进一步加快发展乡镇企业的决定》，改过去单抓农业为一手抓农业，一手抓乡镇企业，全区机关、乡镇以及村组形成各行各业办企业的局面。当年，全区有乡镇集体企业163个，共有从业人员3273人。其中乡办企业99个，从业人员2780人；村办企业64个，从业人员493人。实现产值3170万元，比1989年的2194万元增加976万元，增长44.48%，总收入达到2992万元，比1989年增加892万元，增长29.81%。1992年全区有乡镇集体企业168个，共有从业人员3298人。其中乡办企业102个，从业人员2810人；村办企业66个，从业人员488人。实现产值4070万元。从1993年开始，区企业局围绕区委、区政府提出的实现产值四亿二的目标，加强管理，加强指导和政策扶持，提出利于企业发展的有针对性的建议，并适时做好扶持资金的申报等工作。据1995年区《统计年鉴》记载，到1995年底，全区有乡镇企业6356个（统计口径变化，此为集体性质的乡镇企业），共有职工21568人。实现产值88196万元，比1991年乡镇集体企业产值3170万元增加85026万元，增长2682.21%，总收入达到73685万元，比1991年乡镇集体企业总收入2992万元增加70693万元，增长2362.73%。

1996年，区委、区政府决定对全区乡镇企业进行整顿，并对企业产值重新予以核实，全区有乡镇企业7786个，共有职工22301人。实现产值39632万元，比1995年的88196万元减少48564万元，减少55.06%，总收入37483万元，比1995年的73685万元减少36202万元，减少49.13%。1997年，《中华人民共和国乡镇企业法》正式实施，全区进行乡镇企业产权改革，把经营差的集体企业改制为民营或个体私营企业，全区乡镇企业单位总数从1996年的7786个减少到5565个；职工从1996年的22301人减少到16570人；产值从1996年的39632万元增加到47058万元，增加7426万元，增长18.74%；总收入40799万元，比1996年的37483万元增加3316万元，增长8.85%。1998年，全区乡镇企业单位总数从1997年的5565个增加到6242个；职工从1997年的16570人减少到16022人；产值从1997年的49799万元增加到57100万元，增长14.66%。总收入42000万元，比1997年的40799万元增加1201万元，增长2.94%。1999年，全区乡镇企业单位总数从1998年的6242个减少到6209个；职工从1998年的16022人减少到15853人；产值从1998年的57100万元减少到53489万元；总收入从1998年的47198万元增加到48803万元，增加1605万元，增长3.40%。1999年完成改制。

二、个体、合作企业

1990年，全区共有个体、合作企业2432个，从业人员2981人，其中个体企业2421个，从业人员2948人；合作企业11个，从业人员33人。总产值1812万元，总收入1600万元。其中个体企业总产值1796万元，总收入1586万元；合作企业总产值16万元，总收入14万元。共占乡镇企业总产值的36.55%。到1992年底，个体、合作企业增加到2540个，从业人员3158人。其中个体企业2525个，从业人员3100人；合作企业15个，从业人员58人。总产值2441万元，总收入2440万元。其中个体企业总产值2410万元，总收入2413万元。合作企业总产值31万元，总收入27万元。占乡镇企业总产值的37.50%。1995年，区委、区政府把发展乡镇个体、合作企业作为富民兴区的战略重点，随着小集镇的发展，能者进城、富者进镇谋发展，个体、合作企业发展较快。到2000年，污染严重的“十五小”企业被关闭，许多加工企业自动停产后。全区仍有个体合作企业2615个，从业人员3250人。按新口径统计，创产值13075万元，总收入12800万元。占乡镇企业总产值的65%。2002年，区委、区政府贯彻落实中共十六大会议精神和《中华人民共和国中小企业促进法》，大力发展以个体私营企业为主的非公有制经济。2003年个体、合作企业发展到2710个，从业人员3060人。创产值15400万元，总收入14850万元。之后，由于整顿和关闭制作柏木油等污染小企业，加之部分个体、合作企业主经营不良，自行关闭歇业，至2005年，据乡镇企业局统计，个体、合作企业个数下降至2530个，从业人员3250人。创产值15200万元，总收入14600万元。2007年，全区个体、合作企业增加到2610个，从业人员2958人。创产值16500万元，总收入16100万元。

三、区乡镇企业局直属企业

1990年，全区有2家直属乡镇企业（广元市元坝区第一建筑工程公司、元坝印刷厂），有职工120人，年产值50万元。1991年，元坝印刷厂经过技改，新上了彩印车间，当年产值105万元。同年4月，引进人才，新办了元坝区汽车修理厂、元坝区木器加工厂、元坝区焦化厂、元坝矿业公司。1991年，区企业局代管了广元观音玻璃厂、广元观音饮料厂，两厂当年增加产值100万元。到1991年底，区企业局直属企业达8家，总产值1200万元。1992年，新建直属企业5家（元坝明尼康生化药业有限公司、元坝轧钢厂、元坝铸造厂、元坝第二建筑公司、元坝新元丝厂）。当年末，直属企业达13家，其中投入生产的企业11家，总产值1410万元。1993年，区企业局重点抓直属企业上等升级。到1994年直属企业总产值实现1550万元，为国家创税28万元。其中，元坝矿业公司完成产值722万元，实现销售收入310万元，上缴税金4.47万元，实现利润18.23万元。1995年，元坝明尼康生化药业有限公司、元坝轧钢厂、元坝铸造厂经过技改，产值有所增加，当年直属企业总产值4000余万元。为国家创税30万元，比1993年增加2万元，增长7.14%。其中，元坝矿业公司完成产值850万元，实现销售收入510万元，上缴税金15万元，实现利润61万元。1996—1998年，进行了乡镇企业改制整顿，其中，1996年，通过拍卖、出售、承包等方式对直属企业广元市元坝区第一建筑工程公司、元坝区木器加工厂、元坝区焦化厂进行改制。当年直属企业实行承包经营，使企业效益有一定增长，总产值实现4150万元，为国家创税46万元，比1995年增加16万元，增长53.33%。1997—1998年，元坝区印刷厂、广元观音玻璃厂、广元观音饮料厂、元坝区汽车修理厂、元坝矿业公司改制成个体私营企业；元坝明尼康生化药业有限公司、元坝轧钢厂、元坝铸造厂、元坝第二建筑公司等改制成民营企业。到1999年底，全区仅剩1家直属企业（元坝新元丝厂）未完成改制，但已停止生产。2000年，区政府决定对元坝新元丝厂实行招商引资，2001年被民间资本收购，并改制成为民营股份有限责任公司（广元市元坝三元茧丝绸有限责任公司）。

第三节　乡镇企业产权制度改革

1994年，元坝区人民政府根据《四川省乡镇企业推行股份合作制的试行意见》和《广元市乡镇企业推行股份合作制的试行意见》精神，制发《广元市元坝区乡镇企业体制改革试行办法》（简称《试行办法》），成立乡镇企业产权制度改革领导小组，同时建立清产核资小组、资产评估机构等。各乡镇亦建立相应机构。1996年，区企业局根据《试行办法》，对乡镇的企业办主任进行了培训，组织部分乡镇干部、厂长、经理、企业办主任到金堂县、宜宾市、广元市市中区等地考察学习改革经验。从区级部门抽调10多人组成产权制度改革工作组，由城建、国土、税务、金融等部门配合，在进行清产核资、评估界定的基础上，按“一厂一策”“因厂适策”的原则，对优势企业实行股份制和股份合作改造；对一些投资大、经营差、处于停产、半停产的企业实行租赁、拍卖或者分体经营；对少数经营不善的企业进行兼并或者予以注销；对挂集体招牌的个体企业，取消集体招牌，还其本来面目。当年底，全区7786个乡镇企业中，集体乡镇企业、村级企业完成改制221个。1997年，对一些应改未改和改制不彻底的企业进行租赁、拍卖和股份制合作改造，元坝印刷厂、观音玻璃厂、元坝区汽车修理厂、元坝矿业公司等121个企业实行拍卖、出售。1998年，元坝明尼康生化药业有限公司、元坝轧钢厂、元坝铸造厂等130个企业进行出售和转让。到1999年底，全区乡镇集体企业完成改制96.33%，仅剩18家集体乡镇企业未完成改制，占3.67%。2000年，本着“三个有利于”原则和“公退民进”的要求，采用拍卖、出售等方式完成了除区企业局1家直属企业（元坝新元丝厂）之外的其他17家乡镇企业的产权制度改革。2001年，该企业被民间资本收购。

第二章 企业门类

第一节 采 煤

1990 年，区企业局组织专家对柳桥乡境内的东山和陈家湾等地的煤炭资源进行普查，查明有煤炭资源 100 余万吨。其中广旺矿务局拣银岩煤矿有残留煤体 5000 余吨。1991 年全区有 6 个煤矿（元坝镇光华煤矿、柳桥乡东山煤矿、柳桥乡拣银岩村煤矿、柳桥乡陈家湾煤矿、杨二湾煤矿、柏林湾煤矿），当年，区人民政府为了增加税源，报四川省人民政府批准，复活了 1985—1988 年前后采过煤，1989 年因政策规定歇业的柳桥乡张家湾煤井、柳桥乡水井湾煤井共 2 个乡镇煤井，使乡镇煤矿企业达 8 个。全年采煤 4.82 万吨，其中无烟煤 2.80 万吨，有烟煤 2.02 万吨，总产值 977 万元（当年价，下同），销售收入 950 万元。1992—1996 年共采煤 29.32 万吨，其中无烟煤 14 万吨，有烟煤 15.32 万吨，总产值 5952 万元，销售收入 5870 万元。1997 年，根据国务院规定，先后关闭年采煤达不到 3 万吨（元坝区规定 1 万吨）的乡镇小煤矿 4 个（柳桥乡境内的水井湾煤井、杨二湾煤矿、柏林湾煤矿、柳桥乡张家湾煤井）。当年采煤 6.50 万吨，其中无烟煤 2.50 万吨，有烟煤 4 万吨，总产值 1320 万元，销售收入 1100 万元，与 1996 年持平。1998 年柳桥乡东山煤矿分化重组为柳桥乡东山煤矿和柳桥乡大田煤矿，当年柳桥乡大田煤矿和柳桥乡东山村陈家湾煤矿均改制成民营企业。1999 年元坝镇光华煤矿、柳桥乡拣银岩村煤矿先后改制为民营企业，柳桥乡拣银岩村煤矿改制后重组为跃进煤矿和南丰煤矿。同年，柳桥乡东山煤矿改制成民营企业后更名为广元市东山煤业有限公司。至 2000 年全区共采煤 19.56 万吨，其中无烟煤 9 万吨，有烟煤 10.56 万吨，总产值 3971 万元，销售收入 3900 万元。从 2001 年起，改制后的煤炭企业先后进行技术改造和设备更新，到 2005 年，当年煤炭产量达 11 万吨，其中无烟煤 6 万吨，有烟煤 5 万吨，总产值 2233 万元，销售收入 2120 万元。2004 年南丰煤矿停产。2005—2007 年，元坝区共有 5 个煤矿（广元市东山煤业有限公司、柳桥乡大田煤矿、元坝镇光华煤矿、柳桥乡东山村陈家湾煤矿、跃进煤矿），2007 年煤炭产量 16.10 余万吨，其中无烟煤 7 万吨，有烟煤 9.10 万吨，总产值 3268 万元，销售收入 3150 万元，比 2006 年增加 64.30%。

第二节 酿 造

1984 年，观音乡饮料厂与广元县中医院联合试制山楂液，土法上马生产山楂酒饮料，经广元县防疫站检验符合部颁标准，仅 3 个月该厂生产山楂酒饮料 8 吨，总产值 1.80 万元，利润 0.65 万元。至 1986 年底，卫子区有酒厂 11 家。

1990 年昭化镇建川北饮料厂；卫子综合食品厂开始生产“中华健身醋”，年产 40 吨。到年底，元坝区白酒产量达300吨，食醋560吨，产值247万元。1991年，磨滩镇建磨滩酒厂，元坝曲酒厂恢复生产（该厂1985年建，1989年停产），到1991年底，全区酒厂及其他酿造作坊达20余家，主要生产酒和食醋。当年生产白酒278吨，食醋360吨，产值210万元（当年价，下同）。1992年全区白酒产量246吨，食醋产量750吨，产值194万元。从1993年起，酿造业进行技术改造，产品质量提高，产量增加，至1995年，全区白酒产量达663吨，食醋797吨，产值495万元。1997年昭化镇川北饮料厂停办。1998年卫子综合食品厂改制为民营企业，同年磨滩酒厂停办。1999年，观音乡饮料厂因债务沉重、周转资金困难、设备落后等原因破产。到2000年，全区24家酿造业（乡镇办11家、村办13家）改制成民营企业14家，转产、停办10家。到2005年底，区企业局统计，全区有25家民营酒厂和6家民营食醋作坊，年产白酒976吨、食醋312吨，产值623万元。2007年，全区有私营酿造企业及个体酿造户发展到31家，年产白酒1050吨、食醋320吨，产值668万元。

广元市元坝区酿造业发展情况统计表

表18-2　　　　单位：吨、万元

时间	白酒		食醋（含酱油）		饮料		备注
	产量	产值	产量	产值	产量	产值	
1990	300	180	560	67	181	54	
1991	278	167	360	43	252	76	
1992	246	148	385	46	390	117	
1993	200	120	400	48	815	244	
1994	—	—	510	61	1567	470	无酒精饮料统计
1995	663	398	797	97	276	83	
1996	350	210	600	72	390	117	
1997	230	138	510	61	450	135	
1998	431	259	450	54	650	195	
1999	438	263	285	35	495	149	
2000	548	329	310	38	510	153	
2001	407	244	340	40	500	150	
2002	220	132	350	42	495	149	
2003	431	259	290	35	535	161	
2004	400	240	295	34	520	109	
2005	976	586	312	37	380	114	
2006	950	570	290	34	460	138	
2007	1050	630	320	38	450	135	

第三节　建　筑

元坝区建立后，区镇建设刺激了乡镇建筑企业的发展。1991年，全区有乡镇建筑企业15个，从业人员1203人，施工面积达15万平方米，竣工面积12万平方米，当年总产值2850万元（当年价，

下同）。从1992年起，元坝城区房屋建筑和工矿建设工程大量上马，建筑企业逐年增多。到1994年，元坝区乡镇建筑企业增加到25个，从业人员7850人，当年施工面积达16万平方米，竣工面积13万平方米，总产值3200余万元。1995年部分乡镇建筑企业因建房单位大量拖欠建修款，债务增加，面临经营困难。到1996年，广元市元坝区第三建筑工程公司、广元市元坝区市政建筑公司歇业整顿。当年元坝乡镇建筑企业施工面积10万平方米，竣工面积6万平方米，总产值1500余万元。1997年，乡镇建筑企业改制，区企业局直属企业建筑二公司改制为元坝镇集体企业，名称未变。其余乡镇建筑企业于1997—1998年大部分先后歇业、倒闭或解散，少部分改制成个体企业。1997年，全区建筑企业增加值1360万元，增长9.20%，人平产值4.57万元，提高11.40%，竣工产值3400万元，房屋竣工面积8.80万平方米，增加17.30%。1998年，全区有四级以上资质的私营建筑企业6家，从业人员1662人，房屋竣工面积9.40万平方米，产值8480万元。1999年全区建筑企业没有增减，从业人员减少到1100人，房屋竣工面积6.20万平方米，比1998年减少3.20万平方米，产值6875万元，比1998年减少1605万元。2005年，全区有四级以上资质的私营建筑企业减少到6家，从业人员810人，房屋竣工面积3.06万平方米，产值4161万元。2007年，全区私营建筑企业仍为6家，从业人员1450人，房屋竣工面积8.02万平方米，比2005年增加4.96万平方米；产值10336万元，比2005年增加6175万元。

第四节　粮油加工

1953年，城镇粮食统一由国家粮食部门按规定加工并出售，农民加工粮油交纳加工费，山区农村则由农民自己加工。从1954年起，粮油集体加工业不断发展。1963年，中共广元县委决定，将距城市远的昭654化、红岩、射箭、朝阳、青牛、虎跳、新场、文村等11个由县粮食局主管的粮油加工厂下放到人民公社经营。1965年，又将县粮食局主管的王家、柏林、卫子等4个粮油加工厂下放到人民公社经营。随着社队企业的不断发展，广元县境内有一些机器提灌站、电灌站和人民公社农机管理站配备了打米、磨面、榨油的机械设备，为农民加工粮油，粮油加工业发展迅速。

1986年，卫子区有乡镇集体粮油加工企业26个。1990年，元坝区乡镇集体粮油加工业发展到42个，其中晋贤乡中山面粉加工厂规模较大，年加工粮食3.27万吨，产值500余万元，盈利3.10万元。1991年，随着农村养殖业的发展，一些集体粮油加工业同时办起了饲料加工厂。到1995年，全区乡镇粮油加工业发展到49家，加工粮食5.87万吨，产值710万元，盈利4.10万元。1995年，由于打米、磨面、粉碎、榨油等小型机械逐步进入千家万户，乡镇集体粮油加工业逐年减少。随着市场经济的深入发展，一批成规模的粮油加工厂逐步发展起来，区粮食局投资610万元，于1995年初在元坝镇境内红土垭建国有企业植物油加工厂，10月投产，年加工油菜籽1万吨，产值1000万余元，部分乡镇集体粮油加工厂因此而处于无活可揽状态，只得转产和歇业。1997—2000年乡镇集体粮油加工业全部改制成个体企业。4年共加工粮食22443吨，加工油菜籽10860吨。2001—2007年，加工粮食43606吨，加工油菜籽16300吨。

第三章　生产管理

第一节　质量管理

一、管理机制

1987 年，卫子区公所乡镇企业管理科对 26 个乡镇的企业产品质量进行抽查，合格率为 71.10%。

1990 年，区政府制定了《广元市元坝区乡镇企业质量管理试行意见》《广元市元坝区乡镇企业质量责任制》，提出具体质量要求，对领导人、职能部门以及操作人员明确质量责任；对机砖生产、酿造、焦煤等行业各个生产环节进行细化；对食品生产行业制定了严格的质量规定。1991 年进行全区乡镇企业产品质量抽查，合格率达 85%。从 1992 年起，区企业局分行业实际制定质量标准、操作规程及管理制度，并把产品质量和工作标准结合在一起，促使产品质量不断提高。1994 年进行全区乡镇企业产品质量抽查，合格率达 91%。1995—1996 年，区企业局协同区质量技术监督部门与各乡镇企业签订了《产品质量责任书》，企业与生产一线职工签订了《岗位质量责任书》，促使产品质量上等级。乡镇企业产品质量有明显提高。这两年，对全区乡镇企业的产品质量进行抽查，合格率均达 96% 以上。1997 年起，乡镇企业先后改制成民营企业和私人企业，产品质量管理工作由区质量技术监督部门负责。2003 年，区企业局根据市企业局规定，对全区乡镇企业性质的煤矿进行了整顿和验收，以加强煤矿安全和煤炭质量管理。2004—2005 年，根据广元市企业局规定，区企业局协助区经济主管部门，会同质量技术监督部门根据《中华人民共和国产品质量法》《中华人民共和国标准化法》的规定，建立健全了企业产品质量管理制度、岗位质量规范、质量责任以及相应的考核办法及考核标准。

二、产品创优

1991 年，区企业局把机关股室干部派到企业具体指导生产，按股室包片，以人定点，把产品质量创优工作与奖惩挂钩。虎跳镇企业办专干深入一线指导建筑企业生产，当年见效，使建筑质量名列全区 4 个乡镇建筑企业第一。1992 年，虎跳镇酒厂通过技术革新，生产的虎跳酒获“广元市优质产品”称号；柳桥乡花炮厂生产的电光炮在当年的广元市秋季商品交易会上经评比获得全市第二名。从 1993 年起，区企业局、质量技术监督部门每年安排专人对口帮助食品、酿造、生化等企业开展产品创优活动。其中 1993 年的中国西部商品交易会上，元坝区乡镇企业生产的浓缩山楂汁、无铅松花皮蛋、复活甘油、人造大理石、洗净剂、多用脱粒机、“女皇”牌洗衣粉被评为中国西部商品交易会名优产品，其中元坝区综合食品厂生产的“无铅松花皮蛋”获得中国西部商品交易会金奖；广元保健食品饮料厂生产的保健饮料（浓缩山楂汁）获得国家科委、四川省政府铜奖；同年 6 月，区企业局被省乡镇企业局表彰为全省质量管理先进单位。1990—1997 年，全区乡镇企业生产的中华新养身益智醋、无铅松花皮蛋、康尔牌洗衣粉商标、甘油获得市级金奖，16 种获得市级银奖，14 种获得市级三等奖，分别受到广元市政府表彰奖励。获省乡镇企业局表彰的企业 3 个（元坝区综合食品厂、元坝日用化工厂、元坝康尔洗衣粉厂），中华新养身益智醋、康尔牌洗衣粉获国家科委和四川省政府金奖。1997 年乡镇企业改制后，区企业局不再负责乡镇企业产品创优工作。

三、企业达标升级

1991 年，区政府根据广元市人民政府关于在全市企业开展达标升级的要求，成立了乡镇企业上等升级领导小组，办公室设在区企业局，由主持工作的副局长赵朝富任组长。同年，根据区政府《关于进一步加快发展乡镇企业的决定》，区企业局制定了《关于争创省级、市级先进企业的通知》《关于在全区乡镇企业中开展上等升级工作的通知》《关于开展企业产品单项达标活动的通知》，并将国家、省、市、区有关企业上等升级的文件汇编成册，发至乡镇和各企业，在全区企业开展了达标升级活动。按照先进企业的评定标准，经逐级申报和复核考评后报批，1992 年全区有 2 个企业达市级标准（元坝区食品厂、市政建筑公司），1993 年 5 个企业达市级标准，1 个建筑企业被评为省级 3 级企业（元坝建筑二公司）。1995 年有 2 个企业（元坝区印刷厂、元坝区机械厂）达国家安全质量标准。1997 年乡镇企业改制后，到 2000 年底，全区共有 8 个民营企业质量管理全面达到国家标准，15 个民营和私营企业管理基础工作分别达到国家一、二、三级标准，9 个民营和私人企业先后被评为市级先进企业，1 个集体建筑企业被省委、省政府表彰为先进单位（元坝建筑二公司）。2001 年后，按照国家规定，取消了乡镇企业达标升级活动。

第二节　安全管理

一、管理制度

1990 年 3 月，区政府成立企业安全工作领导小组，领导小组办公室设区企业局。负责安全生产的领导和监督管理，同时在全区 4 个办事处和元坝镇成立了相应机构。同年 4 月，各办事处要求各乡镇落实 1 人负责安全生产工作。从 1991 年 1 月起，每年由区政府与 4 个办事处及元坝镇签订《乡镇企业安全目标责任书》，纳入年度目标考核。1993 年，各乡镇建立乡镇企业安全领导小组。1996 年，区政府根据矿山、建材、化工、烟花爆竹等企业的规模和生产实际，配备了专职安全管理员，按行业的特点制定了安全生产制度，并落实安全生产责任。从 1998 年起，乡镇企业安全生产工作纳入劳动安全生产的范畴，由区安全生产管理办公室（设区劳动局）负责。1998 年，区政府制发《广元市元坝区关于加强乡镇煤矿管理的通知》，把煤炭企业的安全管理工作落实给区企业局。根据区政府的规定，区企业局制定《广元市元坝区乡镇煤矿管理守则》《乡镇煤矿矿长管理规则》《广元市元坝区乡镇煤矿矿长安全职责》，建立健全了安全大检查和伤亡事故报告制度。2003 年，区企业局与煤矿签订《安全责任承诺书》，实行安全承诺制和定期例会制。2004 年，区企业局制定了《煤矿安全质量标准化建设实施细则》和《煤矿停产整顿验收标准》等安全管理制度，进一步规范了煤炭企业安全管理。2005 年后，煤矿安全管理工作划归区安全生产监督管理局负责。

二、安全技能培训

1991 年，区企业局把乡镇企业安全管理员和矿山、高空、高温、易燃易爆生产岗位的特种作业人员作为安全教育的重点，分批集中培训，当年培训爆破员 70 人、安全员 180 人。1992—1993 年，重点对煤矿瓦斯检查员进行培训，累计培训 120 人。1995 年起，培训的重点增加了技术安全员项目。1996—1997 年，2 年共培训技术安全员 470 人次，瓦斯检查员 140 人次。1998 年 1 月，区企业局对改制后的新任矿长、经理进行安全管理知识和基本技能培训，至 2000 年共培训 160 人次。2000 年 4 月，组织专人到煤矿进行安全制度落实情况大检查，到 2002 年，先后组织安全检查 30 次，查处并整改安全隐患 51 起。2002 年底，全区煤矿安全生产均达到合格要求。2001 年起，按照国家对乡镇煤矿的全体员工均要开展岗前安全基本知识培训的要求，区企业局先后深入各煤矿培训员工，至 2004 年共培训 1450 人次。2005—2007 年，区企业局先后培训煤矿安全检查员 190 人次、瓦斯检查员 210 人次，煤矿员工 1500 人次。

三、安全生产秩序整顿

1990 年 2 月，区政府制发《关于开展乡镇煤矿安全生产整顿工作的通知》，成立安全生产整顿领导小组，办公室设在区企业局。3 月，由区企业局牵头与区质量技术监督部门、区工商部门组成检查组，对 28 个乡镇的企业开展安全生产大检查。对不具备安全生产条件的 56 家企业，1 家煤矿（陈家湾煤矿）进行整改，向符合安全生产条件的企业核发了证书。通过考试、考核，对 40 余名煤矿厂长、经理、副厂长颁发了安全生产资格证。1992 年，根据“统一规划、合理布局、保护资源、保障安全、提高效益”的方针，坚持“重点扶持乡镇办矿，限制村、组办矿，改造和取缔个体办矿，关闭无证矿”的原则，整顿安全生产秩序。1993 年，根据国务院《关于加强安全生产工作的通知》，区企业局领导分片包干，负责完善企业生产措施，层层签订安全生产责任书，开展职工安全培训，当年组织了 2 次安全检查，查处安全隐患 12 起。从 1994—2000 年全区煤矿无死亡工人事件发生。2001 年，区政府贯彻《国务院办公厅关于关闭国有煤矿矿办小井和乡镇煤矿停产整顿的紧急通知》，制定了《关于全面封闭国有矿区彻底制止私挖乱采矿产资源的督办通知》，区企业局根据区政府的要求，与国有煤矿区所在地的村委会（东山村、拣银岩村）签订了打击私挖乱采工作目标责任书，做到工作明确、责任到人，并组织检查组对可能出现私挖乱采的地区进行巡回检查，将非法开采行为消灭在萌芽状态。2005 年 8 月，区政府按照国务院《关于坚决整顿关闭不具备安全生产条件和非法煤矿的紧急通知》的要求，对煤矿按安全生产规范进行整改和检查验收，对符合条件的（广元市东山煤业有限公司、柳桥乡大田煤矿、元坝镇光华煤矿、柳桥乡东山村陈家湾煤矿、跃进煤矿）颁发了安全生产许可证。

第三节　财务管理

一、管理体制

1990 年，区企业局设经营管理股，负责乡镇企业管理费、维修费的收缴与管理。各企业设会计、出纳和物资保管员，负责企业的财务核算、资产管理工作。乡镇企业办由一人任会计，负责对企业生产成本进行核算和填报企业财务报表等，并指导管理企业财务。到 1991 年底，全区乡镇企业系统有财务人员1600余人。1992年，区企业局规定凡固定资产在30万元以上或职工在100人以上的企业均要设财务科（室、股），根据需要配备主办会计、成本会计、材料会计、银行出纳、物资保管等专职或兼职人员。同时规定小企业设专（兼）职会计、出纳各1人。乡镇企业办的会计接受所在乡镇的领导，业务上接受区企业局的指导，同时要求乡村企业财会人员的更换要由乡镇企业办报区企业局批准同意。到1993年，全区企业财会人员达2300多人。当年采取区培训重点企业财会人员，乡镇企业办培训其他企业财会人员的办法，全部经过培训并颁发了培训合格证书。1997年，根据企业改制现状，对在岗的210余名财会人员进行财会业务知识培训，要求财会人员按照财政部制定的《企业财务通则》和《会计准则》履行职责。1997年底，乡镇企业经过改制后，裁减了财务人员。从1998年起政府不再对企业财务进行直接管理。

二、资产管理

1987年，全区乡镇企业有固定资产573万元，企业按照生产用固定资产和非生产用固定资产两类适当提取折旧费。1991年，制定《广元市元坝区乡镇企业管理试行意见》，对企业固定资产的划分标准、折旧办法、各种费用提取标准、管理办法等作出具体规定，并一直执行到1995年。1996年，根据广元市企业局规定，区企业局制定了《广元市元坝区乡镇企业保值增值管理试行办法》，在乡镇企业管理中实行保值增值管理。1997年初区企业局与区审计部门共同对企业资产进行清理，依据清理结果下达资产保值增值计划，年终以净资产保值增值额作为考核标准，根据固定资产增值率、应收账款下降率、无效资产占有率、利润包干上缴额作为考核指标，对厂长（经理）进行考评奖惩。从1998年起，根据企业改制现状，取消了对企业进行资产管理。

三、收费管理

区企业局根据省、市企业局的规定，向企业收取的管理费，主要用于乡镇企业行政主管部门未列入行政编制的人员的工资和企业干部培训、开会以及推广新技术与开发新产品的开支。向采煤企业收取的煤矿技改费和安监费，主要集中用于煤矿技术改造和安全设施建设以及安全人员的培训支出。管理费除按照规定开支外，列出20%作为补助企业发展基金、改善工作条件、购置为企业服务的设备等费用开支。1990年，区企业局按省、市企业局规定的比例，每年向各企业收取管理费、安监费，对乡镇实行管理费等上缴定额包干，一定3年不变。1993年后，按照财政部的规定，所收乡镇企业管理费乡镇留50%，交区企业局50%，按月提取，层层解交。乡镇每年在下达各项经济目标任务时，将应上交的管理费额一并下达到企业，并按上缴情况进行奖惩。1996年后取消收取管理费，安监费改为安全服务费，原管理原则不变。1998年，国家取消对企业的各种收费后，区企业局停止了向企业收取任何费用。

四、财务审计

1990年，区企业局建立财务审计小组，各乡镇企业办配备了财务专、兼职审计人员，每年配合区审计部门对乡镇企业开展财务审计工作。1991年2月，区企业局对全区100个重点企业进行财务审计后，调整财会人员5名，没收违法资金15.90万元。当年8月，对各企业的财务组织交叉检查，制止了企业财务混乱现象。1995年，制定了《广元市元坝区乡镇企业厂长（经理）经济责任工程项目竣工决算审计实施办法》（简称《实施办法》），将审计内容、方法具体化。1996年，按照《实施办法》对全区企业资产的使用及管理情况、财务收支的合理性与真实性、企业利润分配的合法性、税费收缴等情况进行审计，审计中发现2家企业财务收支违规，收回违规资金1.20万元。1997年机构改革，区企业局设财务审计股。企业改制期间，先后对直属企业厂长（经理）进行了经济责任审计和财务清理。1998年，区企业局财务审计股的职责转为负责局机关财务管理。各企业的财务审计由区审计局统一安排，负责进行财务审计。

第四节　劳动人事管理

一、乡镇企业办人员管理

1991年以前，乡镇企业办以及负责管理乡镇企业的工作人员60余人，少数是国家在职干部，大多数是乡镇聘用的企业业务骨干。1991年，区企业局根据企业发展速度和业务范围，把管理乡镇企业的干部职数和岗位人员数下达到各办事处，通过基层提名，乡镇党委、政府向区企业局申报，由区企业局同意并报区人事局备案，确定乡镇企业办工作人员。其中聘用人员与当地政府签订合同，建立了人头档案。到1992年，工作人员的工资标准、医疗、福利待遇均按全民事业单位工作人员的政策规定，由区人事部门核定，所需的费用在收取的乡镇企业管理费留成部分中列支（1996年取消管理费后，所需费用在安全服务费和煤矿技改费中列支）。从1993年起，区企业局每年均要对乡镇企业工作人员的德、能、勤、绩进行考核，评出优秀、称职、不称职3个等次，对优秀者进行奖励，对不称职的进行教育，连续两年不称职的，建议乡镇政府解除劳动合同。1996—1997年，在乡镇企业改制中，先后有110名乡镇企业办工作人员自己出资兴办企业或其他原因自愿离职。1998年，全区清退乡镇企业办计划外用工人员60人退回原籍，40人安排工作列为事业编制。1999年，撤销各乡镇企业办。

二、企业用工管理

卫子区时期，集体企业的厂（矿）长、经理由兴办企业的单位委派，所需固定用工由兴办单位招收，部分企业采取农忙务农、农闲务工的办法招收农民工充任。

1990年起骨干企业逐步实行厂长、经理聘任制和选举制，工人与企业签订劳动合同，实行合同制。元坝区企业局直属企业按岗位核定编制，签订合同，并办理养老保险。1992年，各企业按照“谁引进、谁受益、谁用人、谁负担”的原则引进人才，全区先后引进技术人才25人，其中工程师2人，大专毕业生9人，其他技术人才14人。1994—1997年，区人民政府规定，科技人才、大中专毕业生凡到乡镇企业工作的，户口落实在区政府所在地，工作在企业；机关工作人员领办企业的，编制留在原单位，工作在企业。工人实行招聘制，建立新的劳动用工关系，签订劳动合同。1998年，企业改制完成后，由企业主按照法律规定聘用员工，由区劳动和社会保障部门对企业用工进行监督管理。

三、职称管理

1990年，区企业局成立乡镇企业技术职称考评小组，开展职称评定工作。当年经企业初评，报区、市职改部门审批，评出助理工程师2名，技术员60名。从1991年起，每年均要开展职称评定工作，由乡镇企业办公室考核初评，按符合高、中、初级和技术员几个等级报区企业局初审，审核后报市职改部门批准。到1992年，评出中级职称11名，初级职称45名，技术员85名。1993年以后，对原评定职称的人员按政策实行逐年评定、晋升，到1997年底，全区乡镇企业中有中级职称的45人，初级职称150人，技术人员260余人。乡镇企业改制后，职称评定仍按照原规定继续进行，2005年12月区企业局撤销后，该工作由区人事部门负责。到2007年全区各类企业中有中级职称的65人，初级职称350人，技术人员1260余人。

广元市元坝区乡镇企业基本情况统计表

表18－3 单位：万元、个、人

年度	企业个数			职工人数			总产值			总收入			上缴税金
	合计	集体企业	直属企业	合计	集体企业	直属企业	合计	集体企业	直属企业	合计	集体企业	直属企业	
1989	145	145	—	2930	2930	—	2194	2194	—	2100	2100	—	105
1990	162	160	2	3220	3100	120	2550	2500	50	2445	2400	45	110
1991	170	163	7	3488	3273	215	3270	3170	100	3092	2992	100	119.6
1992	181	168	13	3518	3298	220	5480	4070	1410	5365	4065	1300	371
1993	5044	5031	13	11300	11080	220	19155	17735	1420	17701	16391	1310	720
1994	5749	5736	13	13940	13684	256	49612	47962	1650	43766	40666	3100	182
1995	6369	6356	13	21829	21568	261	92196	88196	4000	77485	73685	3800	307
1996	7802	7786	16	22716	22301	415	43782	39632	4150	41333	37483	3850	689
1997	5581	5565	16	16986	16570	416	53449	49799	3650	47940	44820	3120	314
1998	6242	6242	—	16022	16022	—	59000	59000	—	47198	47198	—	432
1999	6209	6209	—	15853	15853	—	53489	53489	—	48803	48803	—	129

第十九篇　交通通信

第一章　交　通

第一节　交通管理机构

一、广元市元坝区交通局

1986年，广元市市中区卫子区公所设交通办公室，挂靠于卫子区计经委。1987年9月，撤销交通办公室，设广元市市中区卫子区交通科，郑德寿任科长，冯美山任副科长。1988年6月，设广元市市中区卫子区交通局，童长江任局长，胡绍枢任副局长。

1989年11月，广元市元坝区设交通局（简称区交通局）。1990年2月，区交通局正式挂牌成立。1995年6月，建立中共广元市元坝区交通局党组。2007年，区交通局设计划财务股、建设管理股、运输安全股、人事教育股、办公室。区交通局机关、区公路养护段、区路政管理所、区海事处、区运管所、区稽征所、国道212线红土垭收费站，组成广元市元坝区交通系统。

挂靠机构有广元市元坝区人民政府交通战备领导小组办公室，挂广元市元坝区保护通信线路安全办公室牌子（见本志《军事》篇）。

1990年6月，区交通局设王家、卫子、昭化、虎跳4个交通管理站。2001年4月，4个交通管理站撤销。

广元市元坝区交通局领导名录

表19-1

姓　名	性别	籍　贯	政治面貌	职　务	任职期间	备　注
童长江	男	广元市元坝区	中共党员	副局长	1990-02—1991-03	主持工作

续表

姓　名	性别	籍　贯	政治面貌	职　务	任职期间	备　注
胡绍枢	男	广元市元坝区	中共党员	副局长	1990－02—1992－09	
童长江	男	广元市元坝区	中共党员	局　长	1991－03—1993－02	
范映才	男	广元市元坝区	中共党员	副局长	1992－09—1993－02	
范映才	男	广元市元坝区	中共党员	局　长	1993－02—2001－03	1995－06 始任党组书记
魏三映	男	广元市元坝区	中共党员	副局长	1993－02—1995－06	
仲永攀	男	广元市元坝区	中共党员	副局长	1995－11—2005－08	1995－06 始任党组成员
王玉福	男	广元市元坝区	中共党员	副局长	1996－07—2003－02	党组成员
魏玉广	男	广元市元坝区	中共党员	副局长	1998－06—2003－02	党组成员
罗仕发	男	广元市元坝区	中共党员	局　长	2001－03—2003－02	党组书记
杨建生	男	广元市苍溪县	中共党员	局　长	2003－02—2006－06	党组书记
李清彪	男	遂宁市射洪县	中共党员	副局长	2003－02—2007－06	党组成员
张　磊	男	广元市苍溪县	中共党员	副局长	2003－02—2004－10	党组成员
余天俊	男	广元市元坝区	中共党员	副局长	2006－01—	党组成员
李江山	男	广元市元坝区	中共党员	局　长	2006－06—	党组书记
张远略	男	广元市元坝区	中共党员	纪检组长	2007－02—	党组成员
刘丰明	男	广元市元坝区	中共党员	副局长	2007－06—	党组成员

二、成都铁路局广元车务段元坝火车站

1955 年 10 月，成都铁路局在广元建立了车务段、车辆段、建筑段、机务折返段等四个基层管理单位，各自行使临时营业的管理职权。1958 年宝成线正式通车营运，设置成都铁路局广元办事处，行使铁路运输生产的组织指挥和经营管理职权，同时增设广元工务段，将绵阳电务段迁驻广元，改称广元电务段。1965 年，成立成都铁路分局，撤销成都铁路局广元办事处，广元火车站归成都铁路分局直辖，处于今广（元）乐（坝）铁路线上的元坝火车站归成都铁路分局广元车务段管辖。

元坝火车站位于广元市元坝区元坝场镇东北角。在广乐线上 27 公里 029 米处，与安家湾火车站站间相距 8.70 公里，与白水火车站站间相距 10.50 公里。按业务性质为货运站；按技术性质为中间站；查定等级为四等站。1964 年 10 月，元坝火车站开站运业。1996 年，停办客运售票业务后，为旅客乘降点。主要是办理接发列车和本站作业车及中转车的调车作业、旅客乘降和整车货物发到，不办理危险货物发到。1997 年 6 月以前，属成都铁路分局广元车务段管辖，1997 年 6 月，广元车务段迁到江油归并成都铁路分局江油车务段，2004 年 3 月，撤成都铁路分局后，2004 年 6 月，元坝火车站划归成都铁路局广元火车站直管。车站处在国道 212 线和省道 202 线的交叉点上，成为广（元）普（济）铁路上的一个重要物质集散地。每年到达的化肥，或经汽车分散运输到区内各乡镇，或经汽车南运苍溪、阆中等地。

元坝火车站领导名录

表 19-2

姓 名	性别	籍 贯	政治面貌	职 务	任职期间	备 注
王启明	男	资阳市市中区	中共党员	站 长	1964-10—1980-10	
黄忠海	男	德阳市中江县	中共党员	站 长	1980-10—1987-09	
王叙林	男	宜宾市宜宾县	中共党员	站 长	1987-10—1995-01	区一届人大常委会副主任
王晓峰	男	遂宁市船山区	中共党员	站 长	1995-10—1996-12	
刘世熊	男	广元市利州区	中共党员	站 长	1996-12—2001-08	
熊 烈	男	广元市利州区	中共党员	副站长	1997-04—1998-03	
吴国林	男	重庆市丰都县	中共党员	副站长	1998-03—2007-12	
张仁俊	男	内江市市中区	中共党员	站 长	2001-08—2003-02	
舒辅昌	男	内江市市中区	中共党员	站 长	2003-02—2004-03	
尤 春	男	广元市利州区	中共党员	站 长	2004-03—2005-01	
廖祥国	男	绵阳市游仙区	中共党员	站 长	2005-01—2005-11	
万方明	男	绵阳市江油市	中共党员	党支部书记	2005-01—2006-05	
汤 凡	男	广元市利州区	中共党员	站 长	2005-11—2006-05	
陈 锷	男	重庆市江津市	中共党员	站 长	2006-05—	

第二节 公路交通

一、国道

（一）国道212线境内段

国道212线境内段起于元坝镇长坝村，止于清水乡与苍溪县永宁镇交界处（永宁场镇上），途经紫云、卫子、石井铺、太公等乡镇。修建于20世纪60年代初。弯道最小半径30米，路基宽度8米，路面宽度7.50米。2007年年末总长66.74公里，其中元坝区与利州区交界处至元坝城区红土垭8.74公里（东西向），元坝城区红土垭至苍溪县永宁场镇58公里（南北向），纵贯元坝腹地，是区境内的重要干线公路。国道212线境内段是广（元）苍（溪）公路的一部分。广苍公路于1958年兴建，当年建至新场乡停工。1963年复工，次年5月与苍溪县永宁乡接通，可直达重庆。后被国家列入以兰州为起点，经广元、南充，到达重庆的212国道。在元坝城区红土垭与省道202线广（元）巴（中）段公路相接（元坝区与利州区交界处至元坝城区红土垭段8.74公里为区境内国道212线与省道202线的复线）。元坝建区之初，国道212线境内段里程为69公里。以后有部分路段改线，2007年末，境内里程降为66.74公里。1991—2007年，对境内段路面进行了几次较大的改造：

肖家湾改线：1991年12月25日，国道212线肖家弯改线工程动工，改线长3.70公里，按山岭重丘三级公路标准修建，省补助以工代赈资金100万元，1993年4月竣工，比原路缩短里程3公里。

元坝红土垭至永宁段路面整治：1991年，区政府下达民工建勤任务。从4月1日起，片石备料2.86万立方米，清挖水沟54公里，分别完成任务的95.54%和90%。1992年3月初，国道212线元坝红土垭至永宁场镇段路基改造工程动工，年底基本完成路基工程。安砌路基石12.20万立方米，铺筑碎石路面2.50万平方米。1993年，完成路面整治。1998年8月15日特大洪灾造成国道212线卫子境内老鹰嘴、太公镇场镇北端两处大滑坡共长160余米，区交通局在抢通临时便道保证畅通的同时，共投资50余万元，砌筑堡坎1440立方米，于1999年4月竣工。2003年，元坝区配合市交通局对国道212线元坝城区至永宁场镇段实施了油路摊铺工程。

城区过境段路面改造：1994年3月，国道212线元坝城区过境道改造工程动工，全长1.30公里（红土垭至花果园桥），当年12月竣工。2001年，又对元坝城区进出口道路进行改造。为解决进出口路建设资金紧张的矛盾，通过区农行、区开发办争取，获贷3000万元扶贫贷款，省交通厅按照二级路网建设补助标准配套补助资金1000万元。当年初夏时节动工，当年12月末，完成城区进出口道路4.80公里路基改造。2004年，对国道212线元坝城区过境段路面再次进行改造整治。工程于当年4月动工，8月底竣工，路段全长1.16公里，首次采用新型工艺的商品混凝土施工，建成一级水泥路，完成投资300万元。

元坝城区至与利州区交界段改造：2002年1月动工，2003年6月底竣工，建成二级公路6公里，桥梁3座，其中元坝城区及延伸段2.80公里按城市道路设计施工，完善人行道、绿化、路灯等城市配套设施。工程由市交通局212线路面整治工程指挥部组织，区公路养护段参与工程实施。

（二）京（北京）昆（明）高速公路境内段

京昆高速公路境内段即绵（阳）广（元）高速公路昭化镇境内段，总长6.75公里，沥青砼高等级路面，双向四车道，1997年动工修建，2001年竣工通车。

（三）兰（州）渝（重庆）高速公路境内段

兰渝高速公路境内段起于昭化镇凤凰村一组，经朝阳乡邓家河跨嘉陵江，再经射箭、梅树、紫云、卫子、柏林沟、清水等乡镇后出境进入苍溪县。该工程于2007年10月确定建修方案，2007年年末尚未动工修建。

二、省道

（一）省道202线境内段

省道202线境内段起于元坝镇长坝村，在红土垭与国道212线分离，经柳桥乡至旺苍县界，2007年末境内总长18.59公里（含与212线复线8.74公里），东西向，是广（元）旺（苍）公路的一部分。弯道最小半径30米，路基宽度7米，路面宽度6.50米。1955年，荣山煤矿（今广元监狱）建成由广元至荣山的专用路；次年，在此基础上建成广元至旺苍公路。1960年，由旺苍接通巴中，因名广巴公路。后被列为省道202线。2003年6月，省道202线元坝段改造工程启动，区政府成立由区国土资源局、区交通局等部门组成的征地拆迁指挥部，制定出征地拆迁补偿及安置方案。2004年，继续做好工程协调工作，保证工程建设顺利进行。从11月份开始，区交通局公路路政管理所对施工路段实施交通管制，保证工程的顺利施工和道路的安全畅通。2005年3月，该改造工程完成。

（二）广（元）巴（中）高速公路境内段

广巴高速公路于2006年8月开工建设。规划线路在区境内长14公里，横穿元坝镇、柳桥乡。2000年，元坝区配合省、市有关部门对广巴高速公路元坝境内段开展勘测设计和调查工作，确定元坝接口地址，测量路线，调查水文地质。2006年7月下旬，广巴高速公路元坝段征地拆迁工作正式展开，全线工程建设自当年8月动工。到年底，元坝区完成元坝镇和柳桥乡6个村、16个组居民的实物调查、登记、补偿作价工作。共需征用土地1283亩，其中耕地668亩，林木10.20万根，拆迁农户160户，拆迁房屋3.20万平方米。当年拆迁12户，安置4户。2007年年末，160户拆迁农户中已拆90户，集中安置的123户全部落实了宅基地，柳桥乡拆迁安置基本结束，元坝镇4处集中安置小区处于建设之中。

三、县道、乡道、村道

1990年，区交通局组织人力，调查论证，编制出“八五”（1991—1995）、“九五”（1996—2000）交通建设规划。在编制规划时，坚持统筹兼顾，量力而行，突出重点，积极可靠，稳步发展等级公路的思想，强调集中人力、物力、财力，一条一条地修建，一条一条地养好。计划新建断头、联网三、四级公路14条157.10公里，改造等外路5条63.90公里，新建公路大桥2座360延米，新建、改建汽车渡口和码头3处，新建人行大桥21座1332米。当年，争取了观（音）磨（滩）公路7.50公里（上级补贴35万元）、陈（江）江（剑阁县江口镇）公路10公里（工业品以工代赈45万元）项目。完成文（村）两（苍溪县两河乡）公路5.40公里、陈江公路10公里和梅树乡村道前期勘察、测设任务。在冬春农田建设中，修复整治全区1000多公里村组道路。区政府将民工建勤任务分解下达到各办事处、乡镇，采用投劳和以金代劳相结合的方式开展交通建设。到1991年3月底，完成标工25.78万个，占市交通局下达27万个标工任务的95.50%。1991年4月，观磨公路、陈江公路、文两公路建设动工。采用分段承包方式施工。经费由区交通局统管，按质量、进度支付。到年末，三项工程路基及桥涵、挡墙工程完成90%。同时拨付2万余元扶持村道桥渠建设。全年新修、整治村组公路273.10公里，新修小桥13座，涵洞153个。1992年，陈江至江口和文村至两河山岭重丘四级公路采用专业队伍承包主要人工构造物，其余由乡政府组织村、组划段包干施工的办法修筑。年底，陈江至江口公路基本完成路基工程；文村至两河公路挖填土石方10万立方米，建小桥1座16米，小涵洞25道共260米，完成总工程量75%；观音至磨滩公路，建小桥2座共42米、小涵洞40道共360米、挡墙5处2500立方米，挖填土石12万立方米，备片石6000多立方米，铺路面基层1.50公里，完成总工程量的70%。1993年，整治县乡公路165公里，陈江至江口、文村至两河、观音至磨滩断头公路竣工投入运行。

1994年8月，白（果）黄（龙）公路建设工程正式动工，该路全长13公里，含黄金口大桥一座96.60延米，属工业品以工代赈项目。1995年，交通工程建设以“三路一桥”〔即白黄公路、广（元）昭（化）公路、卫（子）王（家）公路、黄金口大桥〕为重点，集中领导，集中技术力量，集中资金，突出交通基础设施建设。到年末，白黄公路完成路基工程，广昭公路6.50公里和卫王路王家场镇改线4.50公里竣工；黄金口大桥于1995年9月16日竣工，经广元市交通局验收为优良工程。1996年，集中力量在白黄公路上铺筑碎石，1997年8月，白黄公路工程建设结束，9月初经广元市交通局组织验收为合格工程，符合山岭重丘三级公路技术标准。该路累计争取国家投入建设资金247万元，群众义务投劳16万工日，折资160万元。昭化桔柏渡码头建设工程属广昭公路配套工程，1997年7月立项，11月开工建设，省以工代赈办解决工程配套资金30万元。当年底，附属工程近3公里公路初具规模，涵洞和堡坎各一处均完成过半工程量。1998年，坚持“开通断头联网线路，提高已成公路等级，实现数量型向质量型转变”的交通发展思路，本着“突出重点，稳中求进”的原则，以“一路（太公至虎跳）一渡（桔柏渡码头）”为重点开展交通建设。太虎公路按山岭重丘三级公路标准进行拓宽改造、油路铺筑的工程于3月动工，9月底完成路基改造，铺筑油路10.98公里，共投入建设资金265万元，其中省补助以工代赈资金30万元，市补助资金50万元，其余大部分资金靠借贷等方式筹集。经过半年多的续建，当年7月底昭化桔柏渡码头完工，修建涵洞和堡坎各一处，混凝土路面引道近3公里。整个工程共投入资金120万元，其中省补助以工代赈资金34.70万元。

1999年，以开展“公路建设质量年”活动为契机，狠抓交通工程质量监督管理，成立了“质量年”活动领导小组、工程项目招标领导小组、质量自检组，规范招投标管理、合同管理，严把施工队伍准入关，杜绝了非法分包、转包。按照区委、区政府确定的县道黑色化规划，实施了太虎公路铺油扫尾工程和卫王公路改造铺油工程。两条路均于3月4日正式动工。太虎路扫尾工程于5月12日结束，续铺油路5公里。卫王路按山岭重丘四级公路标准进行改造。公路沿线乡镇党委、政府积极支持，组织群众开展民工建勤大会战，采备片石3万余立方米，保证工程用料。该工程于8月22日竣工，路面铺油15.32公里，用碎石1.80万立方米，豆石2500立方米，沥青22吨，总投资210万元。卫王公路成为区境内继太虎路之后建成的第二条县道油路。

2000年，重点实施绵广高速公路昭化连接线7公里二级公路建设工程。区政府根据公路交通发展趋势和经济社会发展的需要，决定一步到位建成水泥路。在实施过程中，为节省资金，降低造价，保证工程建设顺利进行，主要采取了以下一些措施：坚持自力更生，艰苦创业，区交通局组织施工，加强技术管理，施工机械上以自有机械为主，同时商借绵广高速公路施工队的机械，只需加油，不用交租赁费用；施工组织形式上，实行小段小块承包，由养路工人组织专业的施工队伍和地方民工组成小分队承建；充分依靠地方党委、政府的支持，在区委、区政府的统一安排下，昭化镇组织民工建勤采备了大量工程所需的卵石、河砂等材料，投劳折资达52万余元；加强工程质量管理，每一个施工段落都派驻质监人员跟踪管理，现场监控，特别是水泥混凝土路面施工期间，从配料、振捣到成形的每一个环节都派驻专人现场监控，跟班作业，严格把关。该工程共挖填土石方3.48万立方米，新增涵洞8道86米，浆砌挡土墙护坡1.46万立方米，浆砌排水沟4200立方米，铺筑石灰砂砾基层6.45万平方米，铺筑水泥混凝土路面7公里，该工程于3月20日正式动工，次年1月竣工，总投入358万元。该路不仅是区内建成的第一条县道二级路，也是第一条县道水泥路。当年，区交通局组织工程技术人员经过调查分析、研究，制定出三至五年内改造285公里县乡公路和新改建1748公里村道公路的建设目标及具体实施办法，组织技术人员对环线路进行测量设计。该环线公路全长108公里，从国道212线金华接口起，途经梅树、射箭、明觉、红岩、白果、黄龙、丁家、虎跳、张家、太公与国道212线相接。以乡镇辖区为界：紫云段2公里，梅树段14公里，明觉段17公里，射箭段1公里，红岩段6公里，白果段17公里，黄龙段11公里，丁家段12公里，虎跳段15公里，张家段9公里，太公段4公里。11月13日区委区政府召开乡村公路建设工作会议后，区交通局迅即将乡村公路建设列为中心工作，抽派技术人员到乡镇作技术指导，协助各乡镇制定方案，指导施工。当年冬全区投劳35万个工日，挖填土石方28.60万立方米，路基成形50余公里。

2001年，按照2000年制定的2000—2020年《农村公路建设发展规划》《通村公路建设规划》，全区28个乡镇开展了建区以来最大规模的公路建设大会战。区交通部门统一按山岭重丘三、四级公路标准，对全区所有乡级公路进行测量设计和放线。加强技术培训，先后举办4期公路建设技术培训班，共培训各乡镇分管副乡镇长和区级部门抽派的人员300余人次；加强技术指导，抽派全局所有技术力量和机关干部，分驻各乡镇公路建设工地进行技术指导和质量监督，做好项目申报和资金争取工作。同年，区环线公路被列入全省三级路网规划，路基拓宽改造全面启动，虎跳至香溪路基拓宽改造工程同时动工。乡道开工210公里，完成路基改造50公里，建成长8公里的全区第一条乡道水泥路——黑水塘至射箭公路，总投资240万元；村道开工492.50公里，当年完成路基改造240公里，并建成水泥路9.70公里，其中昭化镇天雄村1.20公里，是区境内第一条村道水泥路。红岩客渡码头维修改造于当年6月份动工，11月中旬竣工投入使用。全区累计投劳260万个工日，完成投资6680万元。元坝区被市委、市政府授予2001年度公路建设一等奖，区交通局被区委、区政府表彰为公路建设先进单位。

2002年，是元坝区三年交通大会战的第二年，年内完成区环线公路的路基加宽改造。在改造工程中，将国家技术标准与山区公路建设实际相结合，通乡公路按山岭重丘三级公路标准控制平纵线型，尽量利用原路进行改造，路面宽度控制为6米，根据需要合理修建浆砌片石水沟和自然生态水沟。保护沿线植被，在裸露山体和未绿化段进行原生态绿化，并将农村公路建设与惠农联系起来，统一规划建设主干线与村组道路接口，将油路或水泥路铺出接线50～100米。采备片、碎石，铺筑路面基层，完成潼梓观至明觉境内段油路铺筑19公里。新改建通村公路160公里，建成江口、清江河、虎跳3处客渡码头，均被市交通局、市航务局评定为优质工程。2003年，完成区环线公路铺油20公里（明觉乡境内至红岩镇境内），至此实现潼梓观至红岩码头39.50公里黑色化，投资2400万元。完成国道212线接口（老元坝）至青龙山公墓公路铺油1公里，建成元坝城区至拣银岩社区的通乡油路4.8公里，共投资180万元。宝（轮）红（岩）公路上泥溪浩大桥新建工程于3月动工，当年完成除拱上建筑以外的其余工程，投资200万元。当年建成射箭乡邓家河和青牛乡南流两处码头。2001—2003年，为期三年的交通大会战，共改造整治县、乡、村道830公里，其中县道4条100公里；乡道17条，239公里；村道491公里。铺筑县、乡油路、水泥路60公里。全区累计硬化县、乡公路91.30公里（含太虎路15.98公里，卫王路15.32公里）。

2004年，完成区环线公路金华至梅树乡潼梓观、红岩段、白果段共计20公里油路铺筑，投资1500万元。太虎公路拓宽改造完成砼路缘带和路基工程，铺筑二灰基层13公里（2005年春节前完成油路路面铺筑）。完成乡通村公路建设维修改造128公里，铺筑油路、水泥路6公里，完成投资2700万元。完成泥溪浩大桥桥梁总砌体8800立方米，完成投资446万元，12月底基本竣工。建成明觉汽车客运站，完成投资20万元。建成虎跳罗家渡、白果张王渡、昭化桔柏渡3处农村客渡码头，总投资30万元。

2005年，交通工程建设以做好全省农村公路发展现场会在元坝区召开的准备工作为重点，精心组织，加强工程质量管理，严格执行项目法人责任制、招投标制、工程监理制和合同管理制度，强化施工安全监督，在确保质量和安全的前提下努力控制造价和加快进度。当年完成环线公路上白果至虎跳36公里路段的改造和油路铺筑，实现从国道212线金华接口起，经梅树、明觉、白果、黄龙、虎跳等乡镇至太公共108公里“环线路”油路全部贯通（县道太虎路中的14.50公里与区环线路重合，其中太公段4公里、张家段9公里、虎跳段1.50公里），总投资9750万元。实行路、站结合，沿线新建乡镇汽车站5个（白果四级站和黄龙、丁家、张家五级站、金华简易站），共建成客运招呼站20个，形成客运站点网络。同步实施安保工程，全线设置波形防护栏2400米、安全警示桩2062根、交通标志牌208块。配套建成村组道路接道26处3000米。为方便群众生产生活，注重生态保护，在沿线裸露山体和未绿化路段播种草坪2万多平方米，将环线公路打造成一条路与环境和谐统一的生态路。整个工程累计完成投资2850万元。此外，全区完成通村公路建设80公里，其中铺筑油路、水泥路15公里（接环线路之接线之和），完成投资950万元。建成卫子镇四级汽车站，完成投资90万元。完成虎跳野鸡浩大桥修建各项前期准备工作。新建和改造农村客货小码头10座，分别为昭化1号、2号客码头、昭化货码头、白马寺1号、2号码头以及桔柏渡、水东坝、青牛、张王和罗家渡码头，共计完成投资360万元。

2006年，新建、改造县乡公路4条47.50公里，其中新建昭化场镇至牛头山7.4公里，总投资736万元。改造卫子至晋贤7.5公里油路路基（由等外级改造为山岭重丘三级），完成石井铺至白果场镇

18公里路基改造，进入二灰基层铺筑，牛头山至大朝路段12.9公里路基改造工程动工。全年建成通村公路48公里，铺筑水泥路32公里，建成泥结碎石路16公里。太虎路野鸡浩大桥完成桥台和桥墩砌筑。农村桥梁建设开工8座，建成4座，进入主体工程施工阶段。按计划完成柳桥等农村客运站建设，建成昭化鸭浮岩和红岩漩窝子两处农村客渡小码头。2007年，完成晋贤至王家路基改造7.82公里，铺筑通乡油路卫子至王家15.32公里，石井铺至白果18公里，虎跳至香溪16公里，昭化牛头山至大朝12.9公里，共计70.04公里，总投资5200万元。通村水泥路建设累计铺筑165公里，"通达工程"建设全区累计完成泥结碎石路建设300公里。农村桥梁建设方面，建成野鸡浩桥、磨滩河桥、乔家坡桥、保民村桥、刘家河桥、吴家渡桥、后头河桥、老黄嘴桥以及超计划实施的杨家湾桥、陈家沟桥等10座农村桥梁，占计划8座的125%。农村客运站建设方面，完成拣银岩、晋贤、石井铺、柏林沟、香溪和梅树共计6个站建设。小码头建设方面，全部完成车家河、扎挡河和吴家渡共计3座码头建设。

至2007年年末，全区有各类公路总长1442公里，其中：国、省道83公里；县道100公里，除昭化至红岩28.40公里因位于嘉陵江亭子口水利工程淹没区内仍为泥结石路面外，其余71.60公里均为水泥路或油路。通乡路17条239公里。建成油路或水泥路175.1公里，其中：区环线公路108公里，黑（水塘）射（箭）公路8公里，元（坝）拣（银岩）公路4.8公里，石（井铺）白（果）公路18公里，昭化场镇至牛头山7.4公里，昭化牛头山至大朝乡场镇12.9公里，虎（跳）香（溪）公路16公里（区环线路太公镇境内4公里、张家乡境内9公里与县道太虎路重合，潼梓观至白果场镇路与县道广白公路重合）；村道1020公里，其中村道油路（水泥路）167公里，村村通公路。

境内县道4条：

广白公路境内段，起于射箭乡黑水塘与广元市利州区境界相接处，途经明觉乡，终于白果乡场镇，长32.30公里。沥青砼次高级路面，路基宽度7米，路面宽度6米。其中潼梓观至白果场镇段与区环线公路重合。

宝红公路境内段，起于昭化镇与利州区宝轮镇境界相接处，途经朝阳乡，终于红岩镇场镇，全长36.40公里。其中与利州区交界处至昭化场镇段8公里为二级水泥路，昭化场镇至红岩场镇段28.40公里为泥结碎石中等级路面。

卫王公路，起于卫子镇场镇，途经晋贤乡，终于王家镇场镇，长15.32公里，沥青砼次高级路面，路基宽度6米，路面宽度4.50米。

太虎公路，起于太公镇场镇与国道212线相接，途经张家乡，终于虎跳镇场镇，长15.98公里，沥青砼次高级路面，路基宽度8米，路面宽度6米。

境内乡道17条：

王文公路，起于王家镇场镇，终于文村乡场镇，长17公里，泥结碎石路面。

王磨公路，起于卫王公路王家镇境内的分路口，终于磨滩镇场镇，长15公里，泥结碎石路面。其中观音场至磨滩场镇一段称为观磨公路，长7.50公里。

郭柏公路，起于卫子镇郭家河，终于柏林沟镇场镇，长17公里，泥结碎石路面。

石白公路，起于石井铺乡境内，与国道212线相接，终于白果乡场镇，长18公里，沥青混凝土路面。

金潼公路，起于紫云乡金华村，与国道212线相接，途经梅树乡，终于明觉乡潼梓观，长14公里，沥青混凝土路面。

白黄公路，起于白果乡场镇，终于黄龙乡场镇，长13公里，沥青混凝土路面。

虎黄公路，起于虎跳镇境内野鸡浩与太虎公路相接处，途经丁家乡，终于黄龙乡场镇，长23公里。沥青混凝土路面。

虎七公路，起于虎跳镇轮渡口，途经青牛乡，终于剑阁县“七一”电站，长 14 公里，泥结碎石路面。

虎陈公路，起于虎跳镇轮渡口，终于陈江乡场镇，长 8 公里，泥结碎石路面。

陈江公路，起于陈江乡场镇，终于剑阁县江口镇场镇，境内段长 10 公里，泥结碎石路面。

虎香公路，起于虎跳镇场镇，终于香溪乡场镇，长 16 公里，沥青混凝土路面。

香永公路，起于香溪乡场镇，终于苍溪县永宁镇场镇，境内段长 10 公里，泥结碎石路面。

黑射公路，起于广白公路上的黑水塘，终于射箭乡场镇，长 8 公里，水泥混凝土路面。

昭剑公路，起于昭化镇场镇，途经大朝乡，终于与剑阁县剑门关镇交界处，长 28 公里。其中从昭化场镇至牛头山的 7.4 公里为沥青混凝土路面，其余为泥结碎石路面。

沙剑公路，起于沙坝乡场镇，终于与剑阁县剑门关镇交界处，长 7 公里，泥结碎石路面。

红沙公路，起于红岩镇场镇，终于沙坝乡场镇，长 16 公里，泥结碎石路面。

元拣公路，起于元坝镇场镇，终于拣银岩社区街道办事处之拣银岩社区，长 4.8 公里，沥青混凝土路面。

四、公路桥梁

全区共有重要公路桥梁 45 座，总长 1408.70 米。其中，国道 212 线和省道 202 线区境段有 17 座，县道中有 10 座，乡道中有 18 座。桥梁结构分别为预应力空心板桥 T 梁、板拱、双曲拱、钢筋砼简支 T 梁桥、重力式石板拱桥、1/2 圆弧石板拱桥、石平板桥、上部悬链式板拱下部刚性扩大基础等多种形式。桥面宽度不一，最少为 4.5 米，最多为 26 米。桥长 50 米以上的共有 8 座，其中，国道 212 线区境段有 5 座，分别是长滩河 1 号桥（老元坝），宽 17.5 米，长 71 米；长滩河 2 号桥（老元坝），宽 17.5 米，长 66 米；花果园桥（元坝城区），宽 24 米，长 107 米；紫云桥，宽 7 米，长 54.6 米；卫子桥，宽 7 米，长 59.3 米。县道中有 1 座，反帝桥（卫王路上），宽 4.5 米，长 61 米。乡道中有 2 座，分别是潘家桥（虎黄路），宽 7 米，长 56.5 米；黄金口大桥（白黄路），宽 7.5 米，长 96.6 米。

第三节　水路交通

一、管理机构

20 世纪 70 年代及以前，区境内的货物运输主要为嘉陵江航运。清末民初，水上运输业主要通过行业帮会管理。从民国 26 年（1937 年）开始，水上运输业由县政府设置专门机构管理。

1986—1989 年，区境内的水运管理由卫子区公所交通科、卫子区交通局负责。元坝建区后，由广元市元坝区交通局管理，具体工作由虎跳、昭化交通管理站负责。1992 年 10 月，设置广元市元坝区航务管理所、广元市元坝区港航监督所，机构设在区交通局。2002 年 9 月，分别更名为四川省广元市元坝区航务管理处（简称区航务处）、四川省广元市元坝区地方海事处（简称区海事处），实行两块牌子一套人马模式。

广元市元坝区航务处、海事处（区航务管理所、港航监督所）领导名录

表 19－3

姓　名	性别	籍　贯	政治面貌	职　务	任职期间	备　注
仲永攀	男	广元市元坝区	中共党员	所　长	1995－12—2001－08	
王德镜	男	广元市元坝区	中共党员	所　长	2001－08—2002－11	
王德镜	男	广元市元坝区	中共党员	处　长	2002－11—2007－06	
冯　驹	男	广元市元坝区	中共党员	处　长	2007－06—	

二、航道与渡口

境内通航江河主要是嘉陵江，境内航道长 159 公里。航道水位季节性较强，常年丰水期（6—11 月）嘉陵江航道可通行 100 吨以下的船舶。另有白龙江境内段 10 公里，1990 年后，因宝珠寺电站修建而停航。

区境内的渡口主要分布在嘉陵江上及硬头河柏林沟至马蹄滩电站一段和白龙江。2007 年，共有 44 处，分别为嘉陵江上 31 处，硬头河柏林沟至马蹄滩电站段 12 处，白龙江上 1 处。其中，重要渡口有 11 处，主要分为轮渡（运载机动车辆）和客渡两类。区境内轮渡有嘉陵江虎跳轮渡和硬头河柏林沟镇白马寺轮渡共 2 处；客渡有 9 处，分别是白龙江昭化镇鸭浮岩渡、嘉陵江昭化镇桔柏渡、嘉陵江昭化镇水通坝渡、嘉陵江射箭乡邓家河渡、嘉陵江红岩镇红岩渡、嘉陵江白果乡张王渡、嘉陵江丁家乡玉罗村江口渡、嘉陵江虎跳镇罗家渡、嘉陵江青牛乡南流渡。

三、港航监管

1990 年，区境内有渡口 33 处，闲杂船 119 只。区、乡镇建立安全管理机构，全区落实调整 14 名兼职管船员，制定《广元市元坝区乡镇船舶安全管理暂行办法》，加强现场监督，及时纠正处理违章行为。1991 年，对全区 122 只乡镇船舶、33 处渡口、38 只渡船进行整顿，建立船舶技术档案。1990—1992 年，每年都组织大规模检查 5 次，检查各类船舶 1293 艘次，纠正违章 60 艘次，发整改通知书 12 份，警告船（驾）长 11 人。书写安全标语 35 幅，宣传教育 1088 人次，培训驾长 98 人，协助乡镇、专业渡口更新钢质渡船 8 艘。1993—1995 年，加强辖区水上交通安全管理与水路运输市场秩序整顿，宣传落实《四川省乡镇船舶和渡口安全管理办法》，落实区、乡镇、村、船主四级安全管理责任制，签订四级水上交通安全管理责任书。1993 年，查处违法行为 11 起，取缔违章经营船舶 4 艘。1995 年，建立乡镇船舶管理站，重点抓清理整顿“三无”船舶，共查船舶 151 艘（只），渡口 40 处，对非法设渡载客、无证营渡的 6 处渡口予以取缔；对船壳腐烂，属超龄报废的船舶当场予以销毁。1996—1999 年，进一步落实乡镇船舶安全管理四级责任制，连续开展“反三违（违规、违章、违法）月”“安全生产周”、春运、“百日安全竞赛”等安全生产活动。检查各类船舶 1350 艘次，查处各类违章 49 起，消除整治隐患 18 处。共取缔“三无”船舶 13 艘，销毁腐烂木质渡船 1 艘，消除安全隐患 7 处。1996 年，专业渡口管理体制改革，按照水上交通属地管理原则，市轮船公司经营的虎跳渡口、红岩渡口、虎跳浩渡等专业渡口管理权限下放，从此辖区内由国营、集体企业统一经营渡口、船舶的模式结束。1997 年，开展文明渡口、文明船舶、示范乡镇、优秀班组创建活动，建成文明渡口 1 处（虎跳渡口），

文明船舶1艘。当年，四川电视台、广元电视台、广元交通广播电台等媒体先后对元坝区水上交通行业文明建设进行了宣传报道。1999年，突出农用船、乡镇客渡船等管理重点，落实“四牌两制度”即：安全告示牌、安全警示牌、安全责任牌、乘客定额牌，发航签单制度、停航封渡制度。制放了规格统一的“船员上岗证”“安全警示牌”，全区26个渡口全部设置《渡口守则》碑。

2000年，完成嘉陵江航段内所有单机船舶双机化和木质船舶钢质化改造，提高了船舶技术性能和抗灾害能力。整治农用船舶非法从事营运的行为，2001年，全区乡镇船舶管理达到机构、人员、经费、责任“四落实”。先后对5艘使用年限较长的机动船舶进行以旧换新改造，对2艘非机动船舶进行机械化改造。按机动船舶10件救生衣2个救生圈、人力船舶4件救生衣1个救生圈的标准给所有客渡船舶配备有救生设备。2002年，对青牛、虎跳、红岩等处的嘉陵江中挖沙采金行为进行规范整治，对自用船舶和渔业船只进行登记清理，其中对龙王沟等处非法从事渡运的自用船舶予以查处和取缔。重新戡划确认对各渡口的洪水封渡线和警戒水位线。2004年，对昭化鸭浮岩等处非法摆渡、载客的自用船舶强制予以取缔。投资30万元，完成白果张王渡、虎跳罗家渡、昭化桔柏渡三处小码头建设；当年11月，从苍溪县电业局接马蹄滩库区渡船管理职能。2000—2004年，共检查各类船舶2200余艘次，查处违章75起，消除安全隐患45处，清除不适航船舶3艘，取缔长期存在安全隐患的1艘船舶的客运航线。对全区河道采砂进行清理整顿，制止自用船舶非法从事客渡运输和采石采砂船舶乱采乱挖等行为。

2005年，对江口渡、南流渡、虎跳轮渡等码头进行了整修，并对全年无违法行为的客渡船舶实行减免水路交通规费40%～50%的奖励。2006年，对全区所有客渡船舶都进行定期签证工作，每艘客渡船都统一悬挂责任告示牌。出资近1万元，购置救生衣500余件，按客渡船舶乘客定额配备了救生衣；购置灭火机20具赠送给各机动客渡船舶。对全区40多艘客渡船舶进行了附加检验。利用中央车购费资金修建鸭浮岩、漩涡子农村客渡小码头两处。2007年，在虎跳、江口、红岩、桔柏渡和白马寺5处码头安装了视频监控设备。开展“救生衣”行动，督促全区客渡船舶配备救生衣150件，赠送省、市配发的救生浮具850件，实现按乘客定额全部配备。2005—2007年，共检查各类船舶2583艘次，消除安全隐患15起，查处违法行为20起。强制销毁无证船舶37艘，强制报废不适航渡船14艘，责令2艘不符合规范船舶停止客渡运输。

第四节 铁路交通

广（元）乐（坝）铁路境内通行里程为13公里，为支线非电气化单线二级铁路。属宝成铁路广（元）乐（坝）支线，于1959年12月动工兴建，1961年10月广元至旺苍县白水段建成。1964年10月元坝火车站开站营业，时有一对旅客列车停靠，有到发线兼货物装卸线一条，到发线两条，拣银岩煤矿专用线一条（主要发送煤炭），三七六二油库专用线两条（办理汽油、柴油、成品油到达，2001年4月，三七六二油库关闭，专用线于2002年停用）。车站主要办理粮食、农资、建材、食品、煤炭等货物的发到业务。2000年，装车1443车，发送货物86280吨；卸车1483车，货物到达90180吨，均为历史最高。因公路运输逐渐发达快捷，货物发到量逐年下降，至2007年，全年装车1322车，发送货物82570吨；卸车267车，货物到达18260吨。

第五节　公路养护和管理

一、公路养护

1990年3月，成立广元市元坝区公路养护段（简称区公路养护段），人员由市交通局在市中区公路养护段中调配。1997年，公路养护体制改革，国道、省道养护任务下放，同年12月，广元市元坝区公路养护段易名为广元市元坝区交通局公路养护段（仍简称区公路养护段），隶属区交通局管理。

广元市元坝区交通局公路养护段领导名录

表19－4

姓　名	性别	籍　贯	政治面貌	职　务	任职期间	备　注
谭仕华	男	南充市阆中市	中共党员	段　长	1990－03—1993－09	
李家亮	男	遂宁市蓬溪县	中共党员	副段长	1993－10—1995－08	主持工作
李家亮	男	遂宁市蓬溪县	中共党员	段　长	1995－08—1998－01	
王玉福	男	广元市元坝区	中共党员	段　长	1998－01—2002－10	
李家亮	男	遂宁市蓬溪县	中共党员	副段长	1998－01—2007－06	
张　磊	男	广元市苍溪县	中共党员	段　长	2002－10—2005－09	
仲永攀	男	广元市元坝区	中共党员	段　长	2005－09—	

1990年，当年养护好路率达到45.46%；指导养护乡道公路205.90公里，好路率达39.50%；公路民工建勤282.60公里，完成标工28.86万个。1991年，完成整形路11公里（太虎路3.98公里、宝红路曲回段7公里），路旁绿化植树1000株，县道好路率达到49.97%。1992年，完成县道标美路3.50公里的建设，建成整形路12公里；植树5800株，成活率达80%，绿化7公里；恢复水毁路面17处950平方米，清除水毁塌方土石3500立方米；维修房屋50平方米；新建8米石拱桥1座，年末好路率达55.10%。1993—1994年，坚持“全面规划，协调发展，加强养护，积极改善，科学管理，提高质量，依法治路，保证畅通”的思路，加强全面养护，提高养护质量。全年采备片石1703立方米，机砸碎石1967立方米，转运养路材料1050立方米，挑水浸路面8.20万平方米，填补路石坑槽9.10万立方米，清理边沟18.20万米；完成整形路22公里，新建标美路0.50公里，恢复水毁路面17.20万平方米；年末好路率达69.41%。1995年，公路养护坚持做到三检查（雨前查询、雨中查路、雨后查桥）、两及时（及时发现隐患，及时恢复水毁）、一严格（严格爆炸物品管理）。全年采集片石1825立方米，砸碎石1500立方米，栽树5000株，公路绿化累计达54公里；清除水毁塌方4500立方米，整治换铺宝昭路（宝轮至昭化）6.50公里的路基，完成宝红路鸭浮至沙沟子桥的整形路4公里。县道好路率达到67.20%。1996年，在广白公路上建成整形路4公里；铲路肩19.80万平方米，清水沟9.90万米，采集沾土9900立方米，自备片石2970立方米，自砸碎石2376立方米，将70公里县道路面进行了满铺，基本达到路面平整，路容整洁，边沟畅通，行车顺适的要求。年末县道好路率达55.56%。

1997年，采取分片养护、集中养护和突出重点养护相结合，对县道进行全面整治，使太虎、卫王、宝红、广白4条县道质量达到较高水平。全年共计建成整形路6公里，公路绿化累计达60公里，年末县道公路好路率达到69%。1998年1月，国、省、县道公路养护机构合并，正式成立广元市元坝区交通局公路养护段，共管养里程176.59公里，其中国道66.74公里，省道9.85公里，县道100公里。在公路养护工作中，以搞好油路大、中修工程为重点，落实质保制度，层层签订目标责任书。挤出资金新购置运料车、洒油车、碎石机各2台。当年8月15日罕见暴雨灾害造成全区公路严重水毁，区委、区政府10月23日在太虎路改造竣工大会上布置了“今冬明春实行民工建勤全面整治国省县乡道公路”的任务，全区迅速掀起公路整治高潮。各级公路沿线乡镇每天组织数千群众上路，采备片石、清挖水沟、清除塌方、修复路面，从10—12月，共投劳13万个工日。11月，国道212线水泥路整治全线铺开，卫子老鹰嘴、太公场镇两处重点水毁工程经抢修便道，保证了畅通。至12月底，全区国、省道好路率73.81%，县道好路率58%。完成油路大修2.50公里、中修罩面2公里，建标美路9公里，在太虎路上建成国、省级文明样板路12公里，完成砼路面切割、修补5800平方米，公路绿化7.50公里。新建太公道班房1座。乡道公路大部分水毁工程得到恢复，路况得到进一步改善。

1999—2000年，坚持建养并重的原则，以路面养护为中心，以标美路建设为龙头，狠抓国省干线公路的油路大、中修工程、GBM工程、水泥路整治和文明样板路建设。进一步转换公路养护机制，加大人事、用工和分配制度改革力度，全面实行“养护生产经营承包制”，将养护生产任务以道班为单位实行经营承包，自负盈亏，推行企业化管理，调动职工的积极性。1999年6月，完成了1998年11月动工的国道212线水泥路修补工程，共计割补水泥路面1.69万平方米，公路绿化7公里，新植、补植树苗3000株；7月，国道212线卫子老鹰嘴、太公场镇北头两处水毁工程完成修复，完成国道212线826K—831K5公路油路中修。国、省道好路率达到79.61%。2000年，完成国道212线831K～833K大修7.20公里，完成油路中修3公里，建成标美路3公里；全线进行了水泥路烂路整治，修补路面1.20万平方米，元坝、卫子、石井、太公等场镇烂路整治一新。国、省、县道公路绿化10公里，共栽植树苗7970株。到12月底，国省道好路率达到79.80%，为年计划的100.40%；县道好路率达到64.80%。

2001—2004年，抽调精干人员和机械组成专门的养护工程施工队，加强施工管理和质量监督。2001年，除完成国道212线上油路大中修8.70公里和标美路建设2.30公里外，还完成县道太虎路油路中修3.30公里，以及国道212线上水泥路烂路整治1300平方米。同时加强公路日常养护，严格把好小修养护质量关，基本消灭沉陷和坑凼。针对连续降雨给公路造成的水毁现状，组织养护职工奋战100天，对国道212线和省道202线水毁工程进行抢修，采用沥青炒拌摊铺新工艺，对水毁路面进行修复，保障道路畅通。至12月底，国省道好路率达到81.60%，占计划的1.75%；县道好路率达到67.88%，占计划的100.64%。全年公路绿化5公里，栽植树苗3600株，完成计划的100%。开展第二次全区公路普查工作，在市公路局、区统计局和各乡镇的支持配合下，于7月底完成全区国、省、县、乡、村道公路的路况普查工作。2002年，全年累计投入小修资金86万元，挖补各种路面病害4800平方米，清理水沟51.80万平方米，铲路肩32万平方米，恢复水毁路段3处。年末国、省道好路率达到81.30%，占计划的108%；县道好路率达到71.44%，占计划的103%。全年共绿化3公里，栽植树苗3500株，国、省道公路绿化率达92%，县道公路绿化率达87%。全区国、省、县道公路基本达到“路面平整，路容整洁，清爽明亮，行车顺适”的公路养护标准。借鉴其他地区机制改革经验，组建成立了广元市路桥工程总公司元坝分公司，以此为载体，当年分流人员42人，对外承建工程项目2个，合同总价值达300余万元，实现产值250余万元。2003年，完成国道212线826k—827k、830k—831k、836k—841k共计7公里油路大修，配套完成7公里水泥砼路缘带，完成油路中修7公里。全年挖补各种路面病害共计8400平方米，清理水沟97.60万米，铲路肩44万平方米；年末国、省道好路率达到81%，县道好路率达到69%。2004年，完成承建的国道212线第一合同段工程，建成11公里水泥砼路沿带，新增路肩墙1797立方米，新建挡墙150立方米，软基处理1055立方米，铺筑碎石二灰层75,814平方米，沥青砼面层67,314平方米，完成工程投资520余万元。管养的国、省、县道公路路况全年保持良好，达到“路面平整，路容整洁，清爽明亮，行车顺适”的公路养护要求。年末，国、省道好路率达到85.30%，县道好路率达到69.50%。公路养护安全生产工作措施到位，全年未发生任何安全事故。

2005年，区政府制发《关于加强公路养护管理的意见》和《广元市元坝区农村公路养护管理暂行办法》，明确责任主体，落实管养职责，初步建立起国、省、县道和农村公路养护“统一领导，分级管理，专群结合”的新机制。全区乡村公路的日常养护管理由乡镇和村负责，养护管理资金实行多渠道筹措，区财政每年统筹30万元，专项用于公路养护补贴。公路养护段开展“畅通杯”公路养护竞赛活动，加强日常全面养护，实行养护承包合同制和养护监理制，严格考核。全年修补路面坑凼3540平方米，路面刷油处理2.56万平方米，年末国、省道好路率达到88.20%，县道好路率达到68.40%。2006年，开展“公路养护管理年”活动，整合养护资源，组建成立元坝、卫子、太公、曲回4个大道班，建立卫子肖家湾机械化养护中心，购置沥青砼搅拌机和两套碎石生产线等设备，提高公路建养的机械化和科技化水平。坚持抓公路日常养护，对国道212线和环线公路路面病害进行集中整治，修补路面8500平方米。年末国、省道好路率达到85%，县道好路率达到72%。通过交通、林业和有关乡镇的共同努力，完成国道212线66.74公里、省道202线9.85公里绿色通道建设。2007年，实行挂牌养护制度，搞好路面清扫保洁，清理边沟10.50万米，疏通桥涵和泄水孔89道，整治修补国道212线和环线公路路面病害1.25万平方米，刷油8000平方米。国、省道公路补植各类树苗7120株。抢修国、省道和环线路、昭化场镇至牛头山公路等通乡油路的水毁工程，投入资金270万元，清除塌方7800立方米，修复挡墙35处8600立方米，恢复路基、路面2600平方米。年末国、省道好路率达到85.24%，县道好路率达到75.61%。

二、公路路政管理

1991年3月，成立广元市元坝区公路路政管理所（简称区路政管理所）；1997年12月，成立广元市元坝区交通局公路路政管理所，隶属区交通局管理，广元市元坝区公路路政管理所撤销。

广元市元坝区交通局公路路政管理所领导名录

表19-5

姓名	性别	籍贯	政治面貌	职务	任职期间	备注
张磊	男	广元市苍溪县	中共党员	所长	1998-01—2002-10	
邢春彦	男	广元市元坝区	中共党员	副所长	2002-10—2003-02	主持工作
邢春彦	男	广元市元坝区	中共党员	所长	2003-02—	

1990—1997年，重点开展了《公路路权路产管理暂行办法》《中华人民共和国路政管理条例》等的宣传，治理公路“三乱（乱建、乱堆、乱占）”和侵占路产、路权等不良现象。其中，1995年，制止违章建筑3起，收回公路路产3000多平方米，拆除非法站卡6处，收取公路占用赔偿费5.90万余元。1996—1997年，整治公路“三乱”65起，制止违章修建1起。

1998—1999年，重点开展了《中华人民共和国公路法》《中华人民共和国路政管理条例》的宣传。1998年1—5月，出动路政人员128人次，宣传车64辆次，刷写标语107幅，挂过街标语20幅，电视宣传8次，广播宣传16次，编印散发《中华人民共和国公路法》和《致公路沿线群众的一封公开信》传单共4000余份，到公路沿线两侧100米范围内住户宣传420户次。12月，编印“公务联系卡”500份，发送公路沿线业主、农户。全年，发现损害公路路产的案件220件，处理216件，占全部案件的65.46%；收取路政赔偿费8.20万元。1999年，查处各类路政案件98件，收取路产补偿费14.3万元。受理审批涉及公路产权的申请10人次，签发许可证9个；申请公路留用地内设置广告标牌2个，许可2个；受理申请管线穿（跨）越公路8人次，许可8个。

2000年，加大对建筑控制区和公路留用地的管理力度，并冻结了广巴高速公路预留地内的建房、筑堰等一切工程，妥善处理了有关部门在国道212线沿线架光缆和农网电线等问题，强制拆除违法占道的电杆；以广旺公路为重点治理脏、乱、差，强行清除大量乱堆乱占的杂物，改善了城区进出口环境；协助市路政处在元坝设立超限运输监测站，年内检测车辆近万辆。为延伸管理网络，扩大信息来源，同年6月1日，成立卫子、元坝两个巡查中队，管理控制面达到98%以上。一年中共查处各类路政案件420件。2001年，开展非法接道专项治理，在宝红公路和广旺公路上共拆除非法接道55处，规范接道35处210米；开展打场晒粮专项治理，占用国、省道公路打场晒粮现象得到整治；依法拆除公路沿线的石灰窑、砖瓦窑25座；加强建筑控制区管理，查处乱堆乱占、乱修乱建行为，并就太公镇梁某某在公路控制红线内建房一案举行交通行政处罚听证会，取得良好效果。继续抓超限运输车辆行驶公路的轴载质量监测工作，年内检测车辆2万余辆次，收取和上解路产补偿费25万元。全年共查处路政许可类案件和路政赔偿类案件150件，办理行政处罚案件1起。2002年，开展广旺公路元坝段专项治理工作，清除路障300立方米，拆除标牌9块，填平坑凼1700余处，取缔加水洗车点5处；规范场镇街道车辆停放，整治以路为市，改善了广旺公路“脏、乱、差”的形象；加强公路建筑控区管理，依法拆除国、省道两侧影响行车视线、危及行车安全的违章建筑物4处230平方米；在区纠风办等部门的支持配合下清理取缔国、省、县乡道沿线违反政策规定擅自设立的检查站点；全部完成国道212线的公路用地确权工作。全年共查处路政许可类案件和路政赔偿类案件43件，办理行政处罚类案件3起。2003年，路政所配合市路政处，在国、省道和重要的县、乡道聘请12名路政协管员，分段协助制止损害公路路产路权行为，宣传路政法律、法规，及时反馈相关信息，使各类路政案件得到及时处理；加大宣传力度，共散发和张贴《保护公路路产保障公路畅通》以及《中华人民共和国公路法》等宣传资料2500余份，在国、省道和重要的县道悬挂横幅标语10幅。年内共查处路政赔偿类案件29件，办理许可类案件25件、行政处罚类案件3件。依法拆除和规范加水洗车点9处，整治占道维修摊点10处，取缔和规范接道36处，清除路障500余立方米，取缔非法设卡检查站点5处。2004年，开展车辆超限超载治理，在国道212线和省道202线境内段各主要路口悬挂“治超”宣传标语32幅，播放宣传光碟100余场次，向过往司乘人员散发有关治理超限超载的宣传资料300多份，接待咨询人员500余人次。全年共查处损害路产路权的案件12件，办理许可类案件4件，处罚类案件41件，拆除和规范加水洗车点6处，整治占道维修6处，清除路障500余立方米，取缔非法设卡检查站点3处。打场晒粮、乱堆乱占、乱修乱建、污染公路、车辆超限超载现象得到遏制，国、省、县道公路保持无“三乱”。在国道212线上增设交通标志标牌185块，并勘划标线，在危险路段安装波形防护栏。2005年，配合抓省道202线整治施工的交通管制，督促施工单位在施工路段两端设立醒目的警示标志，及时疏导交通。区委、区政府出台了《广元市元坝区环线公路管理实施方案》。区路政所在负责国、省、县道公路路政管理工作的同时，承担了新建成的区环线公路的路政管理职责。为维护好环线公路路产路权，区路政所向沿线群众散发宣传单5000余份，并将各类交通建、管、养等方面的知识汇编成《农村公路建管养运常识100问》发放到各乡镇。与国土、城建部门协调配合，严把规划、审批和供地关，共同抓好环线路的建控区管理，不符合公路建筑控制区规定要求的，不予批准供地和建设，整个环线路建控区的距离都严格控制在10米以外。全年共查处损害公路路产路权的案件30件，办理路政许可类案件1件，处罚类案件8件。查处违法加水洗车点3处，规范整治维修摊点6处，清除路障3200立方米。拆除国道212线乱设、滥设的非交通标志、标牌150余块。2006年，对公路建筑控制区进一步加强规范管理，排查和整治道路安全隐患，实施安保工程。拆除省道202线违章建筑1处；在国道212线上增设波形防护栏1299米、交通标志15块、凸透镜9个；在环线公路上新增和更换波形防护栏220米、安全警示标牌40块；在昭化场镇至牛头山公路上设置安全警示标志6块。全年查处损害公路路产路权的案件30件，查处违法加水洗车点4处，规范整治维修摊点7处，清除路障3800立方米。2007年，在环线路、卫王路、太虎路等通乡公路上重点开展超限超载治理，劝返、卸载和查处超限超载车辆90余辆次。在国、省道和环线路、曲回至昭化场镇公路、昭化场镇至牛头山公路上增设或恢复波形防护栏3100米，安全标志70块，设置临时警示标志107块。全区国、省、县道和重要通乡公路保持无“三乱”，路产路权得到较好维护；全年查处损害公路路产路权的案件40件，办理行政处罚案件10件，收取路产补偿费13万元；取缔违法加水洗车点4处，整治维修摊点4处，清除路障5000多立方米。

三、公路运输管理

1990年3月，成立广元市元坝区公路运输管理所（简称区运管所），人员在市中区运管所中调配。区运管所实行“条块”结合的管理模式，至2007年年末，人员编制、干部任免、计划、财务一直都是由市交通局管理，业务受区交通局指导。

广元市元坝区公路运输管理所领导名录

表19-6

姓　名	性别	籍　贯	政治面貌	职　务	任职期间	备　注
刘德宽	男	广元市利州区	中共党员	所　长	1990-03—2002-02	
张广晟	男	陕西省彬县	中共党员	所　长	2002-02—	

1990—1993年，区运管所建立健全各种规章制度，制定和规范开业程序，开展维修行业、运输市场整顿和考试、换证、年审等工作。建立基础台账，营运货车和客车年审率分别达98.30%和100%，拖拉机及其他简易机动车年审率达96.20%，维修及其他运输业户年审率达100%。

1994—1997年，把开放和培育客运市场作为工作重点，鼓励支持不同经济成分参营，抓开放、促发展，对参营者实行先申请、后购置的原则，做到报批从快，办证从简，管理从严，鼓励参营，提倡竞争。1994年，在籍客车年审达100%，货车年审达99%，检查客货汽车运行技术状况达96%，完成1户搬运装卸户年审。全区29家二、三类汽车维修单位全部按期年审合格，取缔和搬迁占道修车2户。稽查营运车辆3368辆次，稽查征收各项规费达20余万元，纠正查处较大违章行为16起，扣证115个，中止各型营运车辆56辆。完成元坝汽车客运站建设，总用地面积5530平方米，建筑面积1500平方米。1995年1月，筹措资金12万元，在完善站房设备的基础上，新建浴室、厨房6间、修车厂棚5间，打水泥场地288平方米，开展服务性的经营，年内收入2.5万元。1997年，春运暨民工疏运工作50天中，共计发车3610班次，运送旅客5.88万人次，无事故发生。调整区乡运力结构，根据部分乡镇道路状况较好的实际，发展中、小型车辆客运，根据各地经济发展水平限制直至逐渐取缔“机三轮”“电三轮”从事客运。

1998年，加强宏观调控，严格审批汽车运输和汽车维修开业，调整车型，平衡布局。同时整顿经营秩序，规范经营行为，严格进行年审，确保春运安全和民工的及时疏运。加大对农村客运市场的清理整顿；设置5个货运中介机构，进一步规范货运市场。1999年，着力维护道路运输市场秩序，狠抓道路运输经营行为的规范，加强路检户查，纠正违规行为，打击非法经营。全年共检查营运车辆416次，查处违法营运15次，纠正违法、违章301（户）车次，取缔农用箱式货车从事营业性客运，使货运市场秩序得到改善，客运市场秩序得到进一步规范；元坝城区乱停乱放、随意装卸、沿街揽客的混乱局面得到整治，全区道路运输市场基本形成货进场、人归点、车进站的良好格局。全区社会客运周转量共完成1600万人公里，社会货运周转量共完成2610万吨公里。在公路运输安全方面，加强营运车辆综合性能检测，加强驾乘人员安全教育，强化路检路查，纠三超（超载、超速、超员）、禁三品（易燃、易爆、易腐蚀）等，杜绝安全隐患。加强汽车维修市场管理，重管理，不收费，通过清理整顿，全区4家二类维修企业、17家三类维修企业年审均合格，1家自行停业，依法取缔2家摊点。2000年，以建立“统一开放、竞争有序”的运输市场为目标，在客运方面严厉打击机动三轮车、厢式小货车非法从事客运的行为，拓展农村客运覆盖面，引导业主投放了一批适合农村客运的中小型客车；结合城区“创卫”对维修市场进行整治，规范维修摊点布局。加强运政稽查，打击非法经营，维护运输市场的正常秩序，全年查处各类违章行为182起。开展对乘务员、驾驶员、维修工的职业技能培训，提高从业人员素质。培育出具有较强经济实力、专业水准高的广元市元坝区燃气公司、广旺集团机电设备制造有限公司、三七六二油库等3家企业从事油料、燃气等危险品货运。

2001年，把安全管理与运输市场管理相结合，强化源头管理，抓运行监督，严把“六关”（即行业准入关、行业从业人员资格关、车辆技术关、客运线路关、营运车辆保险关、行业源头管理关），将安全责任落实到车头、人头。深入乡村支线打击破旧车、机三轮、二轮摩托、厢式小货车等非法从事客运的行为，基本消除了非载客车辆从事客运的现象；取缔技术性能不合格的客运车辆，消除农村道路客运中的安全隐患。对辖区内从事危险品运输的单位及车辆进行了清查，取缔尚未取得资格的单位，完成对危险品运输车辆的重组。通过优化运输组织，强化路检路查，纠“三超”、禁“三品”，杜绝事故隐患，安全地完成春运及“五一黄金周”“十一黄金周”等运输任务。与有关部门协同对元坝城区交通秩序进行整顿，做到车进站、人归店、货进场；在货运方面，规范货运车辆准入程序，巩固和完善使用运单制度，促进货运经营规模化和组织化，使货运市场活而不乱。开展维修市场秩序专项整治，进一步清理无证经营业户，拆除占道修车场所。组织驾驶员、乘务员、维修工等96人进行培训，提高行业从业人员的整体素质。加强运政稽查，对非法经营、营运手续不齐、损害旅客合法权益等行为进行严厉打击和及时纠正，全年共处理和纠正各类违规违章行为210起，维护正常的运输市场秩序。2002年，对城区人力三轮客运进行规范，投放了统一型号、统一颜色的新人力三轮车150辆；对货运坚持“先审批后购置”的运力投放原则，引导经营业户购置和更新一批中、高档次车辆，货运市场活而不乱；开展了维修市场专项整治，取缔无证修车点1个，拆除占道修车点3个，规范国、省道沿线的维修摊点；对营运汽车驾驶员进行从业资格培训，共计培训合格从业人员250人；加强运政稽查，对非法经营等行为进行打击和及时纠正，全年共处理和纠正各类违规违章行为240起。取缔技术性能不合格的客车，全年共查处非法营运车辆47次，消除农村运输市场的安全隐患。2003年和2004年，加强运输市场清理整顿，共查处非法营运车辆95次，取缔“三无车”3辆，纠正违章620车次，处罚违章车辆827车次，依法取缔无证维修2处。2004年，规范城区三轮车运营市场，拍卖元坝城区人力客运三轮车经营权，控制投放80辆。

2005—2007 年，培育农村客运市场。2005 年，撤销了不适应市场经济机制的事业单位——元坝汽车站，引进广运集团组建成立广运集团元坝农村客运公交分公司，开通两路（1 路、2 路）环线公路农村公交化班车，方便农民群众出行。2007 年，组建广元市元坝永兴城乡农村客运有限责任公司和广元市远通货运有限责任公司，与广元市元坝农村公交客运公司一起，成为全区道路运输市场的主要力量。继续开展道路运输市场整顿，开展打击“黑车”非法营运专项整治工作，严查客货混装、农用车载客、超载运输等违章行为，三年共查处非法营运 116 次，纠正违章 1420 余次，处罚违章行为 998 起。培训考核营运车辆驾驶员 250 名，乘务员 5 名，维修工 6 名，危险品押运员 5 名。2006 年，举办安全培训 8 班，培训从业人员 415 人次。

广元市元坝区道路运输市场发展情况分年段统计表

表 19－7

时　间	客车数	货车数	客（货）运企业	维修企业	驾校	从业人员
1991 年	20	176	—	3	—	271
1995 年	76	580	—	6	—	940
2000 年	146	940	—	11	—	1600
2005 年	198	1320	客运公司 1 家货运公司 1 家	26	—	2100
2007 年	220	1680	客运公司 2 家货运公司 1 家	51	1 家（水电五局驾校分校）	4200

四、公路交通规费征收

1995 年 10 月，成立广元市元坝区交通稽查征费所（简称区稽征所）。至 2007 年末，人员编制、干部任免、财务、业务一直都是受市交通局管理。区稽征所负责征收全区汽车养路费、货运车辆附加费（简称货附费）、客运附加费（简称客附费）、农用车养路费、摩托车养路费、车购费等交通规费（其中车购费于 2004 年 1 月转由国税局征收）。

1993 年 7 月，成立国道 212 线红土垭收费站。部分人员在元坝区交通系统借用，人事、财务和业务受市交通局管理。1994 年 3 月 13 日正式开始收费，主要负责收取红土垭至卫子段公路车辆通行费。2004 年 10 月，将收取路段延至苍溪县永宁镇。

广元市元坝区稽征所、红土垭收费站领导名录

表 19－8

姓　名	性别	籍　贯	政治面貌	职　务	任职期间	备　注
杨宪平	女	广元市利州区	中共党员	所　长	1995－10—2001－06	区稽征所
严大勇	男	广元市利州区	中共党员	所　长	2001－07—	区稽征所
梁文元	男	广元市元坝区	中共党员	站　长	1994－03—1998－05	红土垭收费站
田　蒲	男	广元市剑阁县	中共党员	站　长	1998－05—2002－02	红土垭收费站
何朝甫	男	广元市利州区	中共党员	站　长	2002－02—2003－07	红土垭收费站
梁文元	男	广元市元坝区	中共党员	站　长	2003－07—	红土垭收费站

稽征“五费”：区稽征所成立之前，稽征“五费”中的汽车养路费、摩托车养路费由广元市市中区稽征所征收；货附费、客附费、农用车养路费由区运管所代为征收。1996—1997 年，区稽征所坚持

“应征不漏，应免不征”的原则，严格查漏补收，收到良好成效。1998 年，用经济手段鼓励一次性包交，同时加强稽查，用法律手段敦促业主缴费。1999 年，元坝稽征所消除“费改税”所带来的影响，广泛开展宣传教育，改善征费环境，与运管、路政等部门加强联合稽查，严厉查处偷漏规费行为，完成主要规费征收任务。2000 年，元坝稽征所深入到各条道路和边远乡镇，严厉查处偷漏规费行为，力求做到应征不漏。2001—2007 年，稽征所广泛宣传征收政策，改善征费环境，抓包缴和车辆异动管理，加大稽查和清欠力度，严厉查处拖、逃、漏和抗缴规费的行为。1995—2007 年，共计征收稽征“五费”4144 万元。其中，1995 年仅征收 62 万元。1998 年最高，征收 464 万元。2000—2005 年，年均征收 345 万元。2006 年和 2007 年，分别征收 414 万元、438 万元。

运管“三费（运管费、拖附费、拖养费）”：1991—2007 年共计征收运管“三费”716 万元。除 1997 年征收达到 103 万元外，其余年度均在 100 万元以下，年均征收 44 万元。

车辆通行费：国道 212 线红土垭收费站从 1994 年开始征收车辆通行费，至 2007 年，累计征收 5257 万元。除 1994 年征收 120 万元外，其余年度征收额均在 300 万元～500 万元之间，年均征收 367 万元。其中，2007 年最高，达到 496 万元。

第二章 通 信

第一节 邮 政

一、机构

1987—1991 年 5 月，广元市市中区卫子区、广元市元坝区邮政业务及管理由广元市郊区邮电局负责。

1991 年 6 月，撤销广元市郊区邮电局，设立市中区、元坝区、朝天区三个区邮电局，分片区经营并管理原广元县除城区之外的 16 个农村邮电支局、13 个邮电所和 6 个邮电代办所的邮电通信业务。

广元市元坝区邮电局开设邮政、电信、综合财务 3 大业务。局机关设局长办公室、副局长兼工会办公室，分别设邮政专业办公室、电信专业办公室、综合财务办公室共 5 个办公机构。下设卫子、王家、虎跳、昭化 4 个邮电支局。

1998 年 10 月，邮电部门体制改革，邮政和电信两大业务分开经营。广元市元坝区邮电局撤销，邮政方面在元坝区境内设立 6 个邮政支局：元坝邮政支局，经营并管理紫云乡、柳桥乡、拣银岩煤矿、元坝镇的业务；卫子邮政支局，经营并管理柏林沟镇、晋贤乡、白果乡、梅树乡、石井铺乡、卫子镇的邮政业务；王家邮政支局，经营并管理文村乡、磨滩镇、王家镇的邮政业务；太公邮政支局，经营并管理清水乡、黄龙乡、丁家乡、太公镇的邮政业务；虎跳邮政支局，经营并管理张家乡、陈江乡、青牛乡、香溪乡、虎跳镇的邮政业务；昭化邮政支局，经营并管理大朝乡、明觉乡、红岩乡、朝阳乡、射箭乡、昭化镇的邮政业务。元坝区境内各邮政支局均隶属广元市利州邮政局管辖。2005 年 7 月，元坝邮政支局更名为元坝邮政分局，2007 年 3 月，复名元坝邮政支局，与卫子、王家、太公、虎跳、昭化 5 个邮政支局互不隶属。至 2007 年末，6 个邮政支局仍均隶属于广元市利州邮政局。

广元市元坝区邮政局领导名录

表 19 - 9

姓　名	性别	籍　贯	政治面貌	职　务	任职期间	备　注
贯明金	男	广元市元坝区	中共党员	局　长	1991 - 07—1996 - 12	元坝区邮电局
谢光荣	男	广元市元坝区	中共党员	副局长	1991 - 12—1993 - 03	元坝区邮电局
刘国生	男	广元市元坝区	中共党员	副局长	1994 - 10—1998 - 01	元坝区邮电局
郑　勇	男	广元市苍溪县	中共党员	局　长	1996 - 12—1998 - 10	元坝区邮电局
马泽学	男	广元市苍溪县	中共党员	副局长	1998 - 02—1998 - 10	元坝区邮电局
王永平	男	广元市利州区	中共党员	局　长	1998 - 10—2003 - 09	元坝邮政支局
易文华	男	广元市利州区	中共党员	局　长	2003 - 09—2005 - 07	元坝邮政支局
易文华	男	广元市利州区	中共党员	局　长	2005 - 07—2007 - 03	元坝区邮政分局
何江元	男	广元市元坝区	中共党员	局　长	2007 - 03—	元坝邮政支局
冯明传	男	广元市元坝区	非　党	局　长	1998 - 10—2002 - 09	卫子邮政支局
姜军仕	男	广元市元坝区	非　党	局　长	2002 - 10—	卫子邮政支局
冯国林	男	广元市元坝区	中共党员	局　长	1998 - 10—	王家邮政支局
何江元	男	广元市元坝区	中共党员	局　长	1998 - 10—2007 - 03	太公邮政支局
熊明勇	男	广元市元坝区	非　党	局　长	2007 - 03—	太公邮政支局
张许德	男	广元市元坝区	非　党	局　长	1998 - 10—2003 - 12	虎跳邮政支局
李思华	男	广元市元坝区	非　党	局　长	2004 - 01—	虎跳邮政支局
袁国加	男	广元市元坝区	非　党	局　长	1998 - 10—2004 - 07	昭化邮政支局
石大勇	男	广元市利州区	非　党	局　长	2004 - 08—	昭化邮政支局

二、邮政业务

1985—1989 年，卫子区邮政系统经营的邮政业务主要是传统邮政业务，包括函件、包件、报刊发行、报刊零售等业务，业务收入年均约 30 万元；1990 年以后，随着社会和经济形势的发展变化，广元市元坝区境内邮政统系统的邮政业务种类逐渐增多，新型业务逐渐成为主流。元坝片区邮政系统的业务分为邮政金融类业务、邮务类业务和农资分销业务。

（一）邮政金融类业务

1. 邮政储蓄业务

元坝区境内邮政网点在 1986 年已开设邮政储蓄业务。1998 年邮政与电信分营后至 2005 年 7 月，元坝片区设立的 6 个邮政支局仍开设邮政储蓄业务，吸收居民存款，主要业务种类有定期、活期、定活两便存款。从 1987—2007 年，元坝片区邮政存款业务规模由 200 万元增加到 2. 36 亿元，业务收入由 6 万元增加到 294 万元。

2. 电子汇兑业务

元坝片区邮政网点 2000 年办理传统的按址汇款业务 700 笔，汇款金额 25 万元，收入 1250 元；

1986—2000年，元坝片区邮政网点办理传统的按址汇款业务3万多笔，实现收入75万多元。2001年，电子汇兑系统上线，实行网上电子汇兑，当年元坝片区所有邮政网点开通了电子汇兑业务，至2007年，共办理电子汇兑业务1.90万笔，汇款金额1330万元，实现收入31.50万元；2007年，实现收入5万元。元坝片区邮政网点1998年开始发放网上办理金融业务的“绿卡”。2000年“绿卡”业务升级，全国通存通兑。1998—2007年，元坝片区邮政网点共发放“绿卡”2.70万张，2007年在网信息业务累计7000户，实现收入7万元。

3. 信息业务

元坝片区邮政网点2007年开通储蓄短信业务，当年达到13100户，占活期户数比0.40%，实现收入36万元。

4. 代理基金、保险、国债业务

2004年，元坝片区邮政储蓄网点同期开始代理保险业务，保费规模由2005年的55万元增长到2007年底的638万元，实现收入34.50万元。2004年，元坝区镇的邮政营业厅开通代理基金业务，至2007年年末，代理基金金额150万元，实现收入0.50万元。

（二）邮务类业务

1. 函件业务

2007年，元坝全区邮政系统函件业务全年销售票品3万余元，销售贺卡50万元，实现收入33万元。

2. 包件业务

元坝片区邮政网点自成立以后便开通了包件业务，2007年底，元坝片区邮政系统包件业务全年总量达3570件（含上门揽收包裹），实现收入3.74万元。

3. 速递物流业务

元坝片区邮政系统于1992年开设速递物流业务，主要物流业务有烟草配送、代收货款业务等。2007年，元坝片区邮政系统速递物流业务共实现收入111.26万元，其中烟草配送、代收货款实现收入77.88万元。

4. 电子商务业务

元坝片区邮政系统于2007年开办电子商务业务，当年实现收入30万元。

（三）农资分销业务

农资分销业务主要由邮政配送农药、化肥、种子、日化、酒水等商品。2007年全国邮政系统响应中央号召开展邮政服务“三农”工作，发展农资分销业务。元坝片区邮政系统2007年共建立农资站15个，销售农药、化肥15吨，实现收入20万元。

广元市元坝区邮政业务总量与邮政业务收入统计表

表19-10　　单位：万元

年度	元坝邮政业务总收入	邮务类收入		金融类收入		备　注
		金额	比上年增长%	金额	比上年增长%	
1990	50	17	—	33	—	
1991	59	20	17.65	39	18.19	
1992	69	27	35	42	7.69	
1993	81	33	22.22	48	14.29	

续表

年度	元坝邮政业务总收入	邮务类收入		金融类收入		备　注
		金额	比上年增长%	金额	比上年增长%	
1994	95	37	12.12	58	28.89	
1995	105	41	10.81	64	10.34	
1996	121	27	−34.15	94	46.88	
1997	138	38	40.74	100	6.38	
1998	160	47	23.68	113	13	
1999	177	56	19.15	121	7.08	
2000	208	73	30.36	135	11.58	
2001	244	84	15.07	160	18.52	
2002	271	96	14.29	175	9.38	
2003	301	107	11.46	194	10.88	
2004	354	131	22.43	223	14.95	
2005	416	162	23.67	254	13.90	
2006	489	186	14.81	303	19.29	
2007	575	198	6.45	377	24.42	邮务类收入含农资分销业务收入20万元

第二节　电　信

一、广元市电信实业公司元坝营销服务中心

（一）机构

1987—1991年5月，广元市市中区卫子区、广元市元坝区邮政业务及管理由广元市郊区邮电局负责。

从1991年6月起，由广元市元坝区邮电局负责。1998年3月，寻呼业务从电信系统剥离，划归广元电信寻呼公司管理经营。同年10月，邮电体制改革，成立广元市电信局元坝分局（简称元坝电信分局）。昭化、红岩、沙坝、射箭、明觉、朝阳、大朝7乡镇的电信业务划给宝轮电信分局经营和管理。元坝电信分局内设机务组、管线维护组和元坝营业组以及元坝、卫子、虎跳、王家4个营销部。

1999年7月，移动电话业务从电信系统分离出去，划归广元移动公司管理经营，元坝电信分局不再开展移动电话业务。2000年10月，电信系统改制，实行主副业务分离，撤销元坝电信分局，成立广元市电信实业公司元坝营销服务中心。同时另成立广元市电信公司元坝维护工作站，主要负责元坝、王家、卫子、虎跳4个片区的设备维护工作。2003年1月，广元市电信公司元坝维护工作站并入广元市电信实业公司元坝营销服务中心。下设元坝设备维护组、管线维护组和元坝、卫子、王家、虎跳4个片区小组，负责元坝、卫子、王家、虎跳的党政军通信和电信业务经营、服务、维护等工作。

广元电信公司元坝营销服务中心领导名录

表 19-11

姓 名	性别	籍 贯	政治面貌	职 务	任职期间	备 注
马泽学	男	广元市苍溪县	中共党员	局 长	1998-10—2000-10	广元市电信局元坝分局
付中国	男	广元市苍溪县	中共党员	经 理	2000-10—2007-04	广元电信公司元坝营销服务中心
刘新林	男	广元市利州区	中共党员	经 理	2007-04—	广元电信公司元坝营销服务中心

（二）电信设备

1. 线路

广元至元坝之间的中继线路为23公里，元坝至卫子以及卫子分别至虎跳和王家的线路共为138.20公里，总长度161.20线对公里。卫子、王家、虎跳、昭化各支局交换点至各乡镇的明线线路总计为486.98线对公里。1992年，对元坝至卫子、卫子分别至王家和虎跳的通话线路进行明线改光缆改造，在明线上加挂卫子至王家架空中继4芯光缆，总长12.60公里；卫子经石井铺、太公、张家至虎跳架空中继4芯光缆，总长37公里。2002年5月，与广元市元坝区广播电视局在原电信明线干路上共同合建乡镇通信光缆共计65.15公里，至此，区内实现通信传输光缆化。

2. 市话电缆

1991年，元坝城区电缆仅有11.87皮长公里。1992年开始扩容，1994年末，有城镇电缆292.20皮长公里，19459.35线对公里。1995年，铺设电缆管道4.08公里，28.68管孔公里。2007年年末，共有电缆管道68管孔公里，电缆576.33皮长公里，47843.67线对公里。

3. 载波设备

1992年，增开广元至元坝明线12路载波机一套，新增中继电路12路；元坝至王家ZM203载波机一套，电路3条；元坝经卫子至虎跳12路载波机一套，卫子占用载波电路6条，至虎跳电路占用6条；昭化开通ZM203载波机1套，由宝轮中转，电路3条。全局电路合计30条。1993年9月根据光缆通信技术的发展，传输设备由光端机取代，从而淘汰了全部载波电路。

4. 人工交换设备

由于数字程控交换技术的发展和应用，1994年，广元市元坝区邮电局中心机房人工交换设备逐步更换为巨龙公司生产的HJD04交换机，初装容量1000门。1996年，卫子、王家、虎跳3个邮电支局、太公邮电所的人工交换设备全部更换为SP30交换机，昭化邮电支局更换为洛阳电话机设备厂生产的HJD04交换机，初装容量均为500门。2003年，全区所有机房交换设备都更换为华为公司生产的C&C08交换机，总容量为12440门。至此，全区所有乡镇、村实现数字程控交换。2000年后，由于城镇人口的增加和农村通信需求的加大，全区交换机容量经过扩容，至2007年年末，达到5万门。

5. 会议电话设备

2006年以前，元坝电信系统设有会议电话汇聚台，开通广元至元坝模拟电话会议系统。2006年，建成广元至元坝可视电话会议系统，音视频采用2M传输线与市公司会议系统连接，备用电路采用DDN专线，为全区党政机关提供了清晰、快捷、方便、优质的可视电话会议。

（三）电信业务

1. 电话电报业务

固定电话：建区之初，全区固定电话很少，仅区级部分机关及各乡镇政府装有一部办公电话，电话终端也多是手摇式话机。20世纪90年代中后期，随着社会经济的发展和人民生活水平的提高，固定电话日益普及，甚至部分农村居民也开始使用固定电话。1999 年，区内固定电话完成数字程控交换改造。2000 年后，受移动通信迅速发展的影响，全区固定电话数量逐年下降。2007 年末，全区保有用户 1.30 万户。

小灵通（PHS）：2002 年 8 月，全区开始小灵通基站建设，9 月，完成元坝城区基站调测和开通，10 月正式放号运行。2003 年，陆续在卫子镇、王家镇、虎跳镇、昭化镇、黄龙乡、白果乡、元坝镇胜利村、柳桥乡建设并开通小灵通基站。2003 年 10 月，区内小灵通基站达到 37 个。2007 年年末，全区共计建设小灵通基站 52 个，用户数达到 3000 户。

村村通无线座机：2004 年 8 月，为解决农村用户分散、有线电话投资大且不能全面覆盖的问题，广元电信公司元坝营销服务中心实施村村通工程，分别在紫云乡、黄龙乡、太公镇、石井铺乡、磨滩镇观音村、柏林沟镇、明觉乡建设“村通”基站 7 座。由于该基站采用 450M 频段，高功率发射，覆盖面积为 GSM 基站的 3 倍，解决了农村偏远地方的通信，实现区境全面覆盖。2007 年年末，全区共有村村通用户 6200 户。

传真电报：1993 年 2 月，广元市元坝区邮电局及各支局分别与广元市邮电局报房开通传真电报专线电路。由于固定电话的日益普及，电报业务量急剧萎缩，2002 年，传真电报业务停办，全区电报设备拆除。

寻呼：1993 年，广元市邮电局开启寻呼业务，并于 1994 年在元坝新建寻呼基站一座，当年放号，用户到达 100 户。随着资费下调和信号加强，1997 年，元坝区境内建有寻呼基站 3 座，用户突破 3000 户。1998 年，寻呼业务剥离并划分到广元电信寻呼公司。

2. 数据网络业务

基础数据网业务：2000 年，元坝区电信系统完成了分组交换数据通信网的开通。由于它可以根据用户的要求和网络，动态分配带宽，并将突发数据按选定的路径逐个节点地进行接力前传，数据可以在每个节点的缓冲区进行暂存，为银行等行业的联网作出了贡献。

综合业务数字网（ISDN）业务：2000 年在元坝区电信系统开通，采用数字交换和数字传输，中国电信俗称为“一线通”。ISDN 用一个网络为用户提供各种通信业务：语音、数据、传真、可视图文、电子信箱、可视电话、会议电视、语音信箱等。ISDN 的用户只需使用一对普通的电话线，就可以连接 8 台不同的终端，有 3 台终端可以同时工作。ISDN 还具有自动选择终端的功能，为用户提供网速为 64K/128k 拨号上网功能，用户无须申请，通过调制解调器拨打 163 即可实现上网。在互联网刚刚进入中国市场之时，该业务在推广期间得到了用户的认可。当年，全区受理安装 28 户。以后随着宽带技术的不断发展，此业务在 2002 年停止开发和发展用户，至 2005 年 5 月，全区已无 ISDN 用户。

数字数据网（DDN）：于 2001 年在元坝区开通。利用数字信道传输数据信号，与利用传统的模拟信道相比，具有传输质量高、速度快、带宽利用率高等一系列优点。由于业务针对性较强，当年仅发展用户 4 户。2007 年末，仍保留 DDN 用户 2 户。

宽带网络（ADSL 网络）：元坝电信于 2003 年 5 月开通。ADSL 是一种基于普通电话线上提供带宽的新兴技术，它可以提供上行 1M、下行 8M 的带宽，满足了人们宽带上网的需求。而 LAN 和 VDSL 为用户提供上、下行各 10M 的带宽。实现了百兆到大楼、10M 到桌面的宽带接入，用户对 INTERNET 的要求也从 E-MAIL 的低速普通文本，到 WEB 的包括图像的中速率数据，进入如网络游戏、影视、视频聊天等声音和图像在内的多媒体通信领域。ADSL 通过语音分离器实现语音通话和宽带上网互不干扰，深受用户欢迎，当年即安装用户 500 户。2007 年年末，全区用户达到 4000 户。

ATM 网：2003 年 8 月，ATM 网在元坝区电信开通。ATM 异步转移模式是一种能高速传递综合业务信息、效率高、控制灵活、新颖的信息传递模式，它可以为用户提供64K—2.5G带宽选择，并提供多种业务接口。同年在黄龙、丁家两乡通过ATM网络新增8426设备，发展用户120户。2007年年末，全区仍有200余户通过ATM宽带上网。

MPLS VPN网：2004年，MPLS VPN网在元坝区开通。MPLS VPN网络组网灵活、安全，用户端投资较少，因此在行业组网上得到广泛应用，先后有区财政局、区国税局、区工商行政管理局等单位通过MPLS VPN建成局域网。2007年末，全区有6个单位建成局域网。

"商务领航"业务：2007年4月，元坝区开通"商务领航"业务。"商务领航"是依托中国电信的品牌、产品、服务、网络、渠道和客户资源优势，利用中国电信企业信息化综合服务平台，将众多IT软、硬件产品与电信的接入和互联网、语音、短信上的增值服务相融合，为满足中小企业信息化需求而提供的综合性电信增值服务。2007年年末，全区有15个企业单位使用商务领航业务。

广元市元坝区邮电（电信）业务总量与业务收入统计表

表19－12

年度	业务总量（万元）	业务收入（万元）	年度	业务总量（万元）	业务收入（万元）
1990	62	123.4	2000	87	213.8
1991	51	139.6	2001	92	233.9
1992	49	139.1	2002	113	303.1
1993	47	148.1	2003	136	357.6
1994	53	152.3	2004	187	406.1
1995	58	164.5	2005	225	453.5
1996	52	177.6	2006	268	483.2
1997	56	188.2	2007	312	517.3
1998	47	203.9	2006	268	483.2
1999	53	192.7	2007	312	517.3

二、中国移动通信元坝营销中心

（一）机构

1994年3月26日，邮电部移动通信局成立。此时广元地区移动通信业务还处于起步阶段，归属广元邮电局统一管理。1995年，GSM数字电话网正式开通，广元地区接通第一个移动电话。1996年，移动电话实现全国漫游，并开始提供国际漫游服务。1999年7月，移动电话业务从中国电信系统分离出去，当月，四川移动公司广元分公司在元坝场镇设立元坝营业厅，负责元坝镇域内的营销和服务工作。2000年4月，四川移动公司广元分公司更名为中国移动通信集团四川有限公司广元分公司（简称中国移动广元分公司）。2001年12月31日，中国移动通信关闭模拟移动电话网，中国移动广元分公司完成模拟移动电话网客户转网业务，并停止经营模拟移动电话业务。2003年2月，中国移动广元分公司根据当前网络规模，引入四川长通科技有限公司和成都通信工程建设局两家通信企业，分别对中国移动广元分公司所属基站和线路进行维护。2004年11月，中国移动广元分公司元坝营业厅升格为元坝营业部，负责元坝镇、紫云乡、射箭乡、明觉乡、柳桥乡一镇四乡的营销和服务工作。区域内其余乡镇、社区街道办事处的移动通信销售渠道仍由个体性的代办点负责（由广元移动分公司审批）。2006

年9月，元坝营业部升格为元坝营销中心，下辖卫子片区、王家片区、虎跳片区、昭化片区、元坝城区5个实体片区，负责元坝区9镇19乡和拣银岩社区街道办事处的营销渠道管理、大客户的服务管理工作。2007年末，中国移动通信集团四川有限公司广元分公司元坝营销中心有员工13人。

移动广元分公司元坝营销中心领导名录

表19－13

姓　名	性别	籍　贯	政治面貌	职　务	任职期间	备　注
林升跃	男	广元市元坝区	非　党	经　理	1999－07—2004－11	移动广元分公司元坝营业厅
王　旭	男	广元市利州区	中共党员	主　任	2004－11—2006－09	移动广元分公司元坝营业部
罗良玉	女	广元市利州区	中共党员	经　理	2006－10—	移动广元分公司元坝营销中心

（二）设备

1. 基站设备

广元的中国移动电话业务从广元电信系统分离出来以后，原广元电信所属元坝电信基站、卫子电信基站一并划归广元移动通信系统所有。1999年7月，四川移动公司广元分公司成立之时，在元坝辖区内仅有两个最小配置的GSM 900Mhz基站，载频共计6块。2003年2月，引入四川长通科技有限公司对基站进行维护，辖区内基站数达到10个，分别位于元坝区内8个乡镇（元坝镇、卫子镇、太公镇、虎跳镇、王家镇、磨滩镇、昭化镇、明觉乡），其中元坝镇、昭化镇各两个，其余各镇各一个。2004年，元坝代办渠道逐步发展，相继在卫子镇、太公镇、虎跳镇、王家镇、磨滩镇、昭化镇、明觉乡分别成立了一个代办厅，紧接着中国移动广元分公司对各个乡镇现有渠道专线进行整合，将元坝营业厅和其余7家代办厅所用线路统一使用基站传输线路，从此基站不仅承担了客户的需求，也开始承载移动公司内部数据的传送任务。2005年，全省开始实施村通工程、G网补点工程。到2007年12月，元坝全区移动在网基站达到44个，载频共计264块。覆盖全区所有乡镇、社区街道办事处和96%的行政村。

2. 线路设备

1999年，四川移动公司广元分公司成立之初，元坝区内线路共计43.50皮长公里。经过4年的建设，至2003年，辖区内线路总长度达到200皮长公里，同年引入成都通信工程建设局对线路进行维护。2007年12月，全区线路已达到490多皮长公里。

3. 核心网设备

1999年，全市只有一套BSC（基站控制台），控制及监控全市所有基站；2006年，中国移动广元分公司根据扩容要求，为元坝营销中心分配一套专有BSC，控制元坝辖区内38个基站；2007年12月末，元坝营销中心有专用BSC一套，与中国移动集团四川有限公司广元分公司朝天营销部共用BSC一套，监控境内44个移动通信基站的运行。

（三）业务经营

1. 话音业务

1999年，元坝区内第二代移动通信网（G网用户）和第一代移动通信网用户（A网用户）总户数为2500户。2001年9月，中国移动广元分公司为移动用户开通全国范围内的国际长途功能。2001年11月，中国移动广元分公司完成核心网升级，并投入使用。12月31日，中国移动广元分公司完成第一代移动通信网的退网工作，境内A网用户全部转为G网用户。2002年3月5日，中国移动通信集团公司与韩国 KTF 公司在北京正式签署 GSM - CDMA 自动漫游双边协议，中国移动通信率先实现 GSM - CDMA 两种制式之间的自动漫游，移动用户可以真正实现全球全制式网络漫游。5 月，中国移动实现与中国联通之间的网间短信互发。2007 年 2 月，中国移动广元分公司用户全面实现单向收费。2007 年末，全区移动用户已发展到 7. 80 万多户。

2. 数据业务

2000 年 5 月 17 日，广元移动开始升级第二代 GSM 数字移动通信网络，建设 2. 5 代数字移动通信系统（GPRS）网络。2001 年 7 月 9 日，中国移动广元分公司建成 2. 5G 移动通信网络系（GPRS），并投入试商用阶段。2002 年 5 月 17 日，元坝区域内中国移动 GPRS 业务正式投入使用。移动用户可以通过该网络连接进入互联网，实现随时随地的无线窄带网络接入。较之第二代 GSM，上网速度增加了 9. 6Kbps。2002 年 10 月 1 日，元坝区域内的中国移动通信开通彩信（mms）服务业务。随着 GPRS 业务的开通，中国移动客户上线了各种各样的数据业务。2007 年 5 月 17 日，元坝区域内的中国移动通信开通 edge 2. 75G 移动通信系统，作为一种增强型的 GPRS 数据传输方式，较之过去的 GPRS，上网速度增加了 128Kbps。2007 年末，元坝区域内的中国移动通信共开展有十多种数据业务，如飞信、手机证券、手机钱包、手机报、无线音乐俱乐部、手机邮箱等，还有几十种资费套餐供不同的用户群选择。

3. 集团通信业务

2002 年 5 月，中国移动广元分公司在元坝开通 GPRS 后，网络日趋成熟，为元坝移动的集团业务发展提供了硬件基础。2004 年，集团业务开始在元坝起步，最初组建的客户集团有区教育局、区政府。2007 年年末，中国移动通信集团四川有限公司广元分公司元坝营销中心拥有“全球通”“神州行”“动感地带”等著名服务品牌，既为广大移动用户提供基本话音业务，还提供数据、IP 电话等多种增值业务服务。建有 26 个大中型客户集团，如“集团 V 网”“农政通”“移动管家”等，提供 19 类丰富多彩的集团业务。

三、中国联通广元分公司元坝业务部

（一）经营机构

1999 年 9 月 1 日，中国联合通信有限公司广元分公司成立（简称广元联通公司）。2000 年 8 月 31 日，原广元国信公司与广元联通公司合并重组，成立中国联合通信有限责任公司广元分公司（简称中国联通广元分公司）。2007 年 10 月，中国联通广元分公司元坝业务部成立，主要负责元坝区境内各乡镇移动通信业务的营销和服务工作。

联通广元分公司元坝业务部领导名录

表 19 - 14

姓　名	性别	籍　贯	政治面貌	职　务	任职期间	备　注
杨　光	男	山东省日照市	非　党	经　理	2007 - 10—	

（二）设备

1. 基站设备

1999 年，广元联通公司在元坝辖区内仅建有一个 GSM 900Mhz 基站，载频共计 6 块。随着联通网络建设的发展，2007 年年末，全区移动在网基站达到 16 个，载频共计 96 块，覆盖所有乡镇、社区街道办事处和 95% 的行政村。

2. 线路设备

1999 年，广元联通公司在元坝区域内有线路共计 75.30 皮长公里。2007 年年末，元坝区域内线路总长度达到 500 多皮长公里。

（三）业务经营

1. 移动通信业务

1999 年 9 月，广元联通公司在元坝区内第二代移动通信网（G 网用户）总户数不足 100 户。2002 年 3 月，中国联通广元分公司开通 CDMA 网络并投入试用；5 月，中国联通实现与中国移动两网之间短信互发。2005 年 2 月，中国联通广元分公司移动用户实现单向收费；5 月，中国联通广元分公司 CDMA 网络正式投入运行。期间，区境内仅在元坝城区和卫子、王家、虎跳、昭化等乡镇有联通业务代理服务，开展销售手机或联通卡号并代理入网等基本业务。2007 年年末，区境内中国联通移动用户已超过 1 万户。

2. 固定电话、互联网业务

2007 年 3 月，原中国网络通信有限公司广元分公司开始在元坝开展业务。在元坝城区仅有代理商一家，开设互联网和“大灵通”业务。先后建立两家机房，端口容量达到 9000 户。2007 年年末，有大灵通用户 500 户，无线座机用户 800 户，宽带用户达到 210 户。

第二十篇　商业贸易

第一章　商业体制

第一节　国有商业

广元市市中区卫子区国有商业主要是粮食、食品购销。

1990年年末，广元市元坝区的国有商业企业有粮食系统所属的区粮油贸易总公司（简称粮贸总公司）及其粮食加工企业，区烟草公司，区物资局下属的金属机电设备公司、废旧物资回收公司、民营爆破物资专营公司，区医药公司，区林业局下属的林产品公司，区农业局下属的种子公司，区畜牧局下属的牧工商公司，另有各公司下设的经销站、点和门市部等，合计210余个企业，从业人员2600余人。从1991年年初开始，全区国有商业企业分别推行租赁制、集体承包责任制、联利联销计酬制等。到1993年，国有商业企业占全区商业企业总数的7.50%，其社会消费品零售总额占全区社会消费品零售总额的62.94%。当年，国有商业购进总额7100万元，零售总额7027万元，同比增长6%；集市贸易成交总额1138万元，同比增长34.80%；实现税收总额920万元，其中工商税实现694万元，亏损1026万元，同比减亏22.70%。1994年，区粮食局粮贸大楼工程竣工开业，粮贸总公司经营业务集粮油、副食、百货营销及餐饮、宾馆、会议等商贸服务于一体。国有商贸企业主管机构为适应市场经济发展，陆续设立总公司，对所属企业实行统一管理，统筹安排，进一步推行国有商业的承包经营责任制，并进行改制试点。到1995年，当年国有商业企业占全区商业企业总数的8.50%；其社会消费品零售总额占全区社会消费品零售总额的65.94%。国有商业购进总额7200万元，零售总额6413万元，比1994年的1859万元增加4554万元，增长244.97%；集市贸易成交总额6100万元，同比增长81.80%；实现税收总额910万元，其中工商税实现560万元，亏损1126万元，同比增加23.70%。1996年，国有商贸企业普遍推行集团化经营，全区国有商业企业并为11个，从业1484人。在社会商品销售中，国有商业购进总额11,323万元，零售总额7100万元，同比增长10.71%；集市贸易成交总额7180万元，同比增长17.70%；实现税收376万元，其中工商税实现110万元，亏损479万元，同比减少135.07%。1997年，国有商业面临资金紧张、普遍亏损状况，各企业主管部门在解决本系统职工“吃饭问题”的同时，按照广元市政府的规定，对国有商贸企业进行“改、转、卖”的体制改革，大多数国有商业企业改制为私有民营企业。至2000年，全区主要国有商业企业有区烟草公司、元坝区牧工商公司、元坝区食品贸易公司。在社会消费品零售总额中，当年国有商业购进总额2400万元，零售总额2416万元，实现税收91万元，其中工商税实现49万元，亏损320万元，同比增加49.69%。2002年，全区国有商业企业购进总额2050万元，零售总额2798万元，实现税收69万元，其中工商税实现38万元。2003—2005年，全区商业零售总额95321万元，其中，国有商业零售总额472万元。2006—2007年，全区商业零售总额84702万元，其中，国有商业零售总额311万元。

第二节　集体和股份合作商业

1989年，广元市元坝区28个乡镇有集体和股份合作商业企业1100个，从业人员1510人。商品购进总额3050万元，零售总额2980万元。1990年，全区集体和股份合作商业企业增加51个，从业人员增加127人。当年商品购进总额3637万元，零售总额3175万元。1991年，部分乡镇、村、社兴办供销经营部、餐馆和旅店。到年底，全区共有集体和股份合作商业单位和企业1207个，有从业人员1688人。当年商品购进总额6557万元，零售总额4371万元。从1992年起，在国家大力发展第三产业的政策支持下，各商业系统以及行政机关单位兴办企业，形成“百业经商”局面，商品购买普遍实行议价，集体商业定价经营受到较大冲击，经营滑坡，普遍亏损。到1994年，全区有集体和股份合作商业企业1381个，从业2109人，商品购进总额12837万元，零售总额11223万元。1995年，全区集体商业系统在内部实行兼并、承包和改制。承包后的集体商业企业实行议价销售，营业额有较大增长。到1996年，全区集体和股份合作商业减少到1310个，有从业人员2050人，商品购进总额达7200万元，零售总额6032万元。1997年，全区集体商业全部实行改制，并启动“绿色服务工程”，组建专业合作社，完善为“三农”（农民、农业、农村）服务的社会服务网络。之后，区供销系统等城镇集体商业企业改制，通过让职工“买断工龄”（职工提前退休）进行人员分流，再组建新的股份合作商业企业。1999年，全区集体和股份制商业企业295个，从业1050人，商品购进总额4750万元，商品零售总额4314万元。2000年全区集体和股份制商业企业280个，从业1040人，商品购进总额达4610万元，商品零售总额4494万元。2005年，全区集体和股份制商业企业165个，从业560人，商品购进总额810万元，商品零售总额720万元。至2007年，全区集体和股份制商业企业只有65个，从业420人，商品购进总额820万元，商品零售总额784万元。

第三节　个体私营商业

历史上，广元县和昭化县的私营商业遍布城乡，清朝光绪年间，有“十大帮会组织”，经营各行各业。清光绪三十二年（1906年），在“十大帮会组织”基础上，成立了商会（大场镇设分会）。民国18年（1929年），国民政府颁布《工商同业公会法》，取消“帮会”。到民国33年（1944年），两县共成立同业公会62个，共有工商户1247家1650人。

中华人民共和国成立后，广元、昭化两县政府对私营商业户进行注册登记，实行保护政策，使其合法经营，照章纳税。1954 年，对私营商业户进行社会主义改造，1956 年私营商业户经政府批准改造成为公私合营合作店。“文化大革命”中，私营商业被视为“资本主义尾巴”。1978 年中共十一届三中全会后，中央重申私营个体商业政策，允许经营和发展。1981 年 7 月，国务院发布《关于城镇非农业个体经营若干政策性规定》，广元县根据国务院规定，落实工商业政策，发展个体商业户，对从事个体经济的劳动者，给予国营和集体商业企业一样的政治权利和社会地位，使个体经济得到迅速发展。1987 年，国家开始允许私营企业雇请 1 ~ 2 个帮工，有技术的可带 3 ~ 5 个学徒，使个体私营商贸业快速发展。

1990 年，广元市元坝区个体有证商贸店 842 个，个体有证服务店 322 个。个体有证商业营业总额 1178 万元，个体有证服务业营业总额 503 万元。1993 年，区政府为发展经济，开辟了一些新商业网点，从而加速了个体、私营商业的发展。1995 年，全区个体有证商业点 4502 个，个体有证服务店 770 个。个体有证商业营业总额 5275 万元，个体有证服务业营业总额 2096 万元。1996 年，随着国有商业企业和集体商业企业产权制度改革，壮大了个体、私营经济成分，加之区政府当年强调“第三产业上规模”，进一步加快了个体、私人商贸业的发展。其项目包括农、林、牧、渔业和工业、交通、建筑、批零贸易、餐饮、社会服务各业。到 2000 年，全区有个体有证商业点 4720 个，营业总额 11068 万元，个体有证服务业 1090 个，营业总额 4873 万元。2003 年，国家、省、市相继出台一系列发展个体私营经济的政策，个体工商户和私营商贸业主开始扩大经营范围，进入特色经营和特许经营领域。商贸管理部门积极稳妥地放开烟花爆竹、废旧回收、书刊、医药、钢材、水泥、化工材料、五金、家电、通信器材、文化、体育、娱乐、休闲、化妆品等商品的经营，当年供需大幅增长。2005 年，全区个体有证商业网点 6150 个，营业总额 33011 万元，个体有证服务店 1760 个。营业总额 5091 万元。2006 年个体私营商贸业主部分转产经营专卖商品，元坝镇和一些较大的镇都有私人经营的特色商品专卖店。到 2007 年底，全区有专卖商店 60 余个，年营业总额 610 万元。全区共有个体有证商业点 6250 个，营业总额 44524 万元，个体有证服务业 1775 个，营业总额 7791 万元。

第四节　企业经营机制与产权制度改革

一、粮食系统

1952 年，昭化县组建粮食局，区建粮站，乡建粮管所。1953 年底，粮食流通实行统购统销，昭化县按政策向市场收购粮食，由收农业税转为收储备粮，粮食收购品种和价格按国家统一规定执行。机关、学校等企事业单位实行粮食供应，一般市民凭证购买。1983 年 1 月以后，个体商贩和农户也可经营粮食，由粮食部门独家经营粮食的局面开始改变。1985 年，国家不再下达指令性收购计划，采用“合同定购”的方式收购国家需要的粮食。1991 年底，国务院发布《关于进一步搞活农产品流通的通知》，元坝区在完成国家定购的情况下，执行对粮食放开经营的政策。1992 年，粮食统购统销政策终止。1993 年，元坝区按政策取消国家低价定量供应的统销制度，实行了 40 多年的粮本、粮票制度也随之消亡。

1998 年，元坝区粮食系统按照粮食企业收储业务与附营业务分离的政策要求，对全区收储企业中的附营业务实行分离，同年 12 月组建成具有法人资格的经营性企业广元市元坝区城关粮油食品经营站和王家、卫子、虎跳、昭化 4 个粮油食品经营站。在粮食企业改制的同时，人员分流也随之进行。

1997 年 10 月 7 日，区粮食局制发《关于贯彻落实国内贸易部、国家粮食储备局进行全行业减人增效下岗分流实施再就业工程的实施意见》，各粮食收储企业开展职工减员分流工作。2000—2003 年，广元市元坝区油脂有限责任公司（原区植物油厂）、广元市山清粮油有限责任公司（原区粮油综合加工厂）以及城关、王家、卫子、虎跳、昭化 5 个粮油食品经营站连年亏损，资不抵债。先后被依法宣告破产。2003 年，粮食系统改革，当年 6 月，男满 55 周岁、女满 45 周岁的职工予以退休，其余一律了断全民职工身份，按照规定标准一次性发给补偿安置费用，解除劳动合同关系。至 2007 年年底，全区有国有粮食企业 3 个：2004 年合并王家、卫子、虎跳、如化 4 个基层粮站及其各乡粮管所资产而组建的广元市元坝区粮油购销中心；合并城关粮站与省粮食储备库组建的四川广元元坝省粮食储备库；区粮食局收购破产的广元市山清粮油有限责任公司成立的广元市元坝区粮油批发交易中心（广元市山清米业有限责任公司）。该年底粮食系统共有在册职工 133 人，其中企业 115 人。

二、供销系统

1951—1952 年，昭化县在农村发动农民集资入股，筹办供销合作社。到 1958 年，全县供销合作社已发展到县有供销联社，区有中心供销社，乡有供销分社。1977 年 12 月，国务院宣布：“供销合作社已经正式发展成为全民所有制商业。”1983 年经济体制改革中，供销社仍恢复其集体经济性质。1990 年，供销社系统开始实行公开招标，抵押承包经营，一定三年不变。1993 年在全区普遍推行经营、价格、用工、分配四放开，实行“集体所有、个人经营、自负盈亏、利税包干”和“三定（定资金、人员、承包费）、两保（保证上缴税收、保证企业积累）、一抵押（风险抵押）”的承包经营体制，供销社主任、站长、所长实行风险抵押承包经营责任制，职工人人承担风险责任。在农村，扩大经营网点，实行代购代销。供销系统改革放开了价格，延长了经营时间，方便了群众，一定程度上起到了减债的作用，但是仍然继续亏损。到 1995 年，国务院制定《关于深化供销社改革的决定》，区政府成立供销社改革领导小组，指导供销系统实行产权制度改革，提出了分“三步走，改革企业产权制度”的方案：第一步，实行抽资经营，用银行贷款投放给经营部门的资金由承包人向企业交回；第二步，盘活闲置资产，挖潜清欠，对闲置的场地、房屋、器具、实行有偿使用或折价出售；第三步，精简机构，分流人员。1998 年起，区政府开始对供销系统实施“三减”的改革方案：减员，由 300 余人减少至 30 余人；减负，全系统退休职工医疗纳入财政公费医疗保险范畴，退休人员养老金由社保部门直发；减债，清偿银行债务，兑付社员到期股金。2001—2007 年，供销系统主要对农业生产资料、烟花烟竹、废旧物资等经营进行组织、协调、管理；协助有关部门落实救灾物资的组织、调运、储备工作；负责组织、服务、协调、指导、监督农村合作经济组织的发展。

三、合作商业系统

1956 年，广元县和昭化县按照政策规定组建“大集体”和“小集体”经济组织，乡镇组织合作商业。1958—1977 年，广元县将合作商店、商业合作小组的人员 457 人下放农村办商店，未下放的归口到国营、供销社和人民公社，实行统一核算、自负盈亏。1978 年，广元县根据中央政策，落实小商贩政策，收回下放人员，退还股金，允许小商贩自由经商。1983—1985 年，广元县对合作商业系统各部门进行性质确定、结构调整，实行国有国营、集有集营、混岗经营等多种形式，全县合作商业得到迅速发展。1986—1989 年，卫子区的合作商业系统分别实行集体承包、联利计酬经营。1990 年起，广元市元坝区合作商业系统推行“四放开”，即经营范围放开、商品价格放开、分配体制放开、劳动用工放开，并在系统内部推行全员风险抵押金承包制度，法人代表交风险抵押金 1000 ~ 2000 元，系统内的中层领导交400～600元，职工交200～300元。1993年，合作商业系统实行国有民营，利税包干的经营模式。1994年，合作商业系统进行股份制试点，组建新的股份制公司，当时区内组建有糖酒公司类、针纺织品公司类、五金家电公司类等和部分商场，实行分块经营。1995年 各公司实行由职工参股，并享有相应股份的产权，进行股份制经营。1996年6月，区政府成立商贸系统改制领导小组，指导全区的商贸系统的改制工作。同年8月，区政府召开商贸企业改制工作会议，合作商业系统在改制中实行一企（一店）一策，因企施策，大公司向股份合作公司、有限责任公司发展，商店（场）要“放活改掉”，各企业都制定和实行改、转、卖、送、破的方案。到1997年，合作商业系统各企业均改制为民营和私人企业，对下岗职工进行了补偿安置。

四、物资系统

中华人民共和国成立后，物资（有色金属、机电、汽车、化工、建筑材料等）由县统配部管理。1960年，广元县对物资采取统一计划、综合平衡、条块结合、分级管理的物资分配体制。1978年，物资系统管理贯彻“计划为主、市场调节为辅”的方针，县物资局继续承担物资调剂工作。1984年起逐步缩小计划分配，扩大指导性的市场调剂，通过市场运作物资调配关系。

1986—1989年，卫子区范围内的物资管理工作由广元市市中区物资局负责。

1990年，广元市元坝区物资公司下设金属机电设备公司、废旧物资回收公司、民营爆破物资专营公司，金属机电设备公司负责国家部分计划内的金属材料（贵重金属除外）、普通机械、车辆及配件、机电产品、建筑材料的代购代销；废旧物资回收公司负责废旧金属回收，兼营煤炭、木材等；民营爆破物资专营公司负责化工产品等商品的批发、零售。随着经济体制改革的深入，国家计划专营、管理的商品范围越来越少，到1992年，只有民用爆破物资属专营管理范围。1993年，各公司先后通过试行承包制和租赁制，扩大经营自主权，推行经理负责制，在经营机制改革的同时，进行企业配套改革，实行全员劳动合同制，17人与金属机电设备公司、废旧物资回收公司签订了劳动合同。1994—1996年，物资系统本着“政企分开、减亏自救、减员增效、优势剥离”的原则，2个分公司（金属机电设备公司、废旧物资回收公司）先后歇业，公司原有人员部分买断工龄，自谋出路，部分被民营爆破物资专营公司招为职工。1997年，民营爆破物资专营公司按“产权与债务同步”的原则进行改制，改为股份合作企业，更名为广元市元坝区民用爆破物资有限公司（简称民爆公司），以经营雷管、炸药、导火索为主，实行股份制经营。

五、食品系统

1992年5月，区人民政府批准成立广元市元坝区食品公司，注册资金42万元，属国有商贸企业，一级法人单位，独立核算，自负盈亏。主要经营生猪收购、调拨、屠宰和鲜肉批发零售业务。由于公司一直以畜产品流通为主要经营业务，属于简单的循环经营，随着改革开放的不断扩大和社会主义市场经济体制的建立，原有的经营管理模式和体制越来越不适应新的经济环境，公司经营状况一直下滑。到1997年9月，公司账面资产总额601万元，负债693万元，其中长期负债73万元，流动负债620万元，资产负债率达115.3%。是年10月，启动产权制度改革，成立广元市元坝区食品股份合作公司，并于12月召开了董事会。但此后经营状况并无好转，亏损状况没有改变。

1998年5月，广元市元坝区食品股份合作公司改建为广元市元坝区食品贸易公司，仍属国有商贸企业，辖王家、卫子、虎跳、昭化、元坝5个分公司（独立核算但非法人单位）。主营畜、禽产品收购、销售等业务，兼营五金、交电批发等业务。由于市场竞争激烈，资金紧缺，加之历史包袱沉重等原因，企业始终严重亏损，不能按期偿还债务。遂于2007年1月24日向区人民法院申请破产，2007年1月29日，区人民法院宣告该公司进入破产程序。时有职工171人，其中退休职工38人，其他人员一次性“买断工龄”，企业与其解除合同，终止劳动关系。至2007年年末，破产程序尚未终结。

第二章 商业管理

第一节 商业管理机构

一、广元市元坝区财贸办公室

1987—1989年，卫子区公所设财贸办，负责协调供销、粮食、烟草、金融、物资、食品等部门工作和26个乡镇的商贸工作。当时，全区的贸易管理体制基本是：粮食经营归粮食部门管理；百货、五金等归供销系统管理；钢材、水泥、爆炸物品等归物资系统管理；香烟、食盐、酒类实行专卖管理；药品、药械归卫生部门管理；农机归水利部门管理；林产品归林业部门管理；农作物种子归农业部门管理；音像制品归文化部门管理。

1989年12月，广元市元坝区设商贸办公室（与区供销联社联合办公）。1991年12月，从区物资局、区粮食局、区供销联社各抽调1人，区商贸办公室正式开展工作。1992年1月，成立广元市元坝区财贸办公室（简称区财贸办），负责综合协调金融、粮食、供销、食品等部门工作，区商贸办撤销。1997年区财贸办由区政府办公室代管。2000年7月，区供销联社代管的区酒类专卖管理局划归区财贸办代管。2005年12月，组建广元市元坝区经济和商务局，撤销区财贸办，取消挂在区财贸办的区酒类专卖管理局牌子。

广元市元坝区财贸办公室领导名录

表20-1

姓　名	性别	籍　贯	政治面貌	职　务	任职期间	备　注
梁光明	男	广元市元坝区	中共党员	主　任	1991-12—1996-04	
李义元	男	广元市元坝区	中共党员	副主任	1996-05—1998-03	主持工作
李义元	男	广元市元坝区	中共党员	主　任	1998-03—2000-03	
胡华银	男	广元市元坝区	中共党员	副主任	1998-03—2000-03	
杨建生	男	广元市苍溪县	中共党员	副主任	1999-08—2000-04	
杨建生	男	广元市苍溪县	中共党员	主　任	2000-04—2001-02	
黄邦杰	男	广元市元坝区	中共党员	主　任	2001-02—2005-12	
刘永春	男	广元市元坝区	中共党员	副主任	2004-10—2005-12	兼区酒类专卖局局长

二、广元市元坝区粮食局

1988 年 4 月，成立广元市市中区卫子区粮食局，行政上作为卫子区公所的工作机构，业务受广元市粮食局的指导，内设计财股、业务股和办公室，周文科任局长。

1989 年 12 月，广元市元坝区设粮食局（简称区粮食局）。1990 年 2 月，区粮食局正式成立。1994 年 12 月，建立中共广元市元坝区粮食局党组。1997 年 4 月，区粮食局设办公室、多经办公室、人事劳资保卫股、监察股、计财股、收储股。2001 年 12 月，设办公室、人事劳资教育股、审计监察股、计财股、收储股。2003 年 5 月，区粮食局内设机构调整为业务发展股、政工监察股、收储股、计财股和办公室。至 2007 年，机构无变化。

广元市元坝区粮食局领导名录

表 20－2

姓　名	性别	籍　贯	政治面貌	职　务	任职期间	备　注
周文科	男	广元市元坝区	中共党员	局　长	1990－02—1994－08	
李中美	男	广元市元坝区	中共党员	副局长	1991－11—1992－11	
李兴强	男	广元市元坝区	中共党员	副局长	1991－11—1998－05	
李中美	男	广元市元坝区	中共党员	局　长	1994－08—1998－04	党组书记
张思发	男	广元市元坝区	中共党员	副局长	1996－07—2003－02	党组成员
蒲明海	男	广元市元坝区	中共党员	副局长	1998－03—2007－06	党组成员
李兴强	男	广元市元坝区	中共党员	局　长	1998－05—1999－11	党组书记
李义元	男	广元市元坝区	中共党员	局　长	1999－12—2001－12	党组书记
李兴强	男	广元市元坝区	中共党员	副局长	2001－02—2003－02	党组副书记 2001－12 始主持工作
冯子钊	男	广元市元坝区	中共党员	副局长	2001－10—2003－02	党组成员
张思发	男	广元市元坝区	中共党员	局　长	2003－02—	党组书记
宋　濂	男	广元市元坝区	中共党员	副局长	2003－02—	党组成员
罗中清	男	广元市元坝区	中共党员	纪检组长	2006－03—	党组成员
马小平	男	广元市元坝区	中共党员	副局长	2007－06—	党组成员

三、广元市元坝区供销合作社联合社

1988 年，在广元市市中区卫子供销社的基础上建立广元市市中区卫子区供销社，李义元任主任。

1989 年 12 月，广元市元坝区设供销社。1990 年 4 月，成立广元市元坝区供销合作社联合社（简称区供销联社），设办公室、政工保卫股、财会基建审计股、业务物价股、计划统计股；同月，建立中共广元市元坝区供销合作社党组。1991 年 12 月，区供销联社设业务物价科、财会基建审计科、计划统计科、集体商业管理科、政治处、保卫科。1997 年 6 月，区供销联社设办公室、人事劳资股、保卫股、财会股、业务股、农产股、科技工业股、监察审计股（含纪检）。2001 年 12 月，区供销联社设办公室、财会审计股、业务发展股、人事股。2007 年 3 月，区供销联社机关参照公务员法登记管理，并报四川省公务员主管部门审批。

1995年10月，成立广元市元坝区酒类专卖事业管理局，挂靠区供销联社，实行“两块牌子，一套人马”。2000年7月，广元市元坝区酒类专卖事业管理局划转区财贸办代管。

广元市元坝区供销联社领导名录

表20-3

姓　名	性别	籍　贯	政治面貌	职　务	任职期间	备　注
李义元	男	广元市元坝区	中共党员	主　任	1990-04—1992-07	党组书记
罗忠宇	男	南充市西充县	中共党员	副主任	1990-04—1994-09	党组成员
伏志林	男	广元市元坝区	中共党员	党组成员	1990-04—1992-07	政治处主任
张国余	男	广元市元坝区	中共党员	副主任	1991-12—1992-07	党组成员
张国余	男	广元市元坝区	中共党员	主　任	1992-07—1994-07	党组书记
孟成显	男	广元市元坝区	中共党员	主　任	1994-07—1998-02	党组书记
刘永春	男	广元市元坝区	中共党员	副主任	1994-07—1998-02	党组成员，1996-04始兼区酒类专卖局长
刘锦益	男	广元市元坝区	中共党员	副主任	1995-03—1998-03	
魏兴武	男	广元市元坝区	中共党员	主　任	1998-02—2000-07	党组书记
冯友林	男	广元市元坝区	中共党员	副主任	1998-03—2000-07	党组成员
冯开阔	男	广元市元坝区	中共党员	副主任	1998-03—2001-08	党组成员
冯友林	男	广元市元坝区	中共党员	主　任	2000-07—2001-07	党组书记
冯开阔	男	广元市元坝区	中共党员	主　任	2001-08—	党组书记
梁清生	男	广元市元坝区	中共党员	副主任	2001-08—	党组成员

四、广元市元坝区物资局

1986年12月，卫子区公所设物资科。1988年6月，建立广元市市中区卫子区物资局，梁光明任局长。

1989年12月，广元市元坝区设物资局（简称区物资局）。1990年3月，建立广元市元坝区物资公司（简称区物资公司），性质为全民所有制企业，实行独立核算，自负盈亏，与区物资局“两块牌子，一套班子”。1993年1月，区物资公司改制为广元市元坝区物资总公司（简称区物资总公司）。1996年底，区物资总公司下属的金属机电设备公司、废旧物资回收公司先后歇业。1997年，其下属民用爆破物资专营公司改制为广元市元坝区民用爆破物资有限公司（股份合作企业）。同年，撤销区物资局，保留区物资总公司，行政管理职能归区财贸办。至2007年，区物资总公司一直处于歇业状态。

广元市元坝区物资局（物资公司）领导名录

表20-4

姓　名	性别	籍　贯	政治面貌	职　务	任职期间	备　注
梁光明	男	广元市元坝区	中共党员	局长（经理）	1990-03—1991-12	
王春友	男	广元市元坝区	中共党员	局长（经理）	1991-12—1993-03	
张明玉	男	广元市元坝区	中共党员	副局长	1992-05—1992-09	

续表

姓　名	性别	籍　贯	政治面貌	职　务	任职期间	备　注
姜德兴	男	广元市元坝区	中共党员	总经理	1993－04—1995－05	
刘松元	男	广元市元坝区	中共党员	经　理	1995－05—1997－01	
周通国	男	广元市元坝区	中共党员	副经理	1995－05—1996－12	

五、广元市元坝区烟草专卖局

1986 年，卫子区的烟草专卖业务由广元市市中区烟草专卖局负责管理。

1990 年 8 月，成立广元市元坝区烟草专卖局（简称区烟草专卖局）、广元市元坝区烟草公司，实行两块牌子一套班子的运作模式。内设专卖管理科、业务科、财会科、烟叶科和办公室。1997 年 3 月成立网建办公室。1998 年 5 月成立安保科、纪检监察室、政工办公室；同时下设元坝经营部，元坝批发部、卫子批发部、清水批发部、虎跳批发部、昭化批发部。2001 年，撤销广元市元坝区烟草公司，设立四川省烟草公司广元分公司元坝烟草营销管理中心；2005 年撤销，设立四川省烟草公司广元分公司元坝烟草营销部，为非独立核算单位，与广元市元坝区烟草专卖局合署办公，内设机构调整为综合办公室、专卖管理科、烟叶生产科，设立 1 个市场营销部。2006 年，区烟草专卖局内设综合办公室、专卖管理科、专卖稽查大队；撤销四川省烟草公司广元分公司元坝烟草营销部，营销工作由市公司负责；设立四川省烟草公司广元市公司元坝区烟叶生产管理部，与广元市元坝区烟草专卖局合署办公；同时根据烟叶生产管理需要新设置烟叶收购中心站。对稽查人员的配置进行了进一步明确，元坝场镇每 150 户配一名专卖稽查人员，农村每 100 户配一名专卖稽查人员。到 2007 年，内设综合办公室、专卖管理科、烟叶生产管理科，下设专卖稽查大队和石井烟叶收购中心站、王家烟叶收购中心站、朝阳烟叶收购中心站。全局共有干部职工 77 人（其中局机关 19 人，站点外聘人员 58 人）。

广元市元坝区烟草专卖局、烟叶生产管理部领导名录

表 20－5

姓　名	性别	籍　贯	政治面貌	职　务	任职期间	备　注
王长贵	男	广元市元坝区	中共党员	副局长、烟草公司副经理	1990－08—1993－03	主持工作
王长贵	男	广元市元坝区	中共党员	局长、烟草公司经理	1993－03—1999－03	
定文政	男	广元市元坝区	中共党员	烟草公司副经理	1994－03—1996－08	
张正保	男	广元市剑阁县	中共党员	副局长、烟草公司副经理	1995－12—2001－12	
尹龙庆	男	广元市利州区	中共党员	烟草公司副经理	1998－01—2004－06	
吕　昕	男	山东省日照市	中共党员	局长、烟草公司经理	1999－03—2004－06	
刘　震	男	广元市利州区	中共党员	局长、营销管理中心主任	2004－06—2005－09	
刘　震	男	广元市利州区	中共党员	局长、营销部经理	2005－09—2006－08	
岳　峰	男	广元市利州区	中共党员	营销部副经理	2005－09—2006－08	
刘　震	男	广元市利州区	中共党员	局长、生产管理部经理	2006－08—	
岳　峰	男	广元市利州区	中共党员	生产管理部副经理	2006－08—	

六、广元市元坝区食品公司

20世纪50年代，原广元县食品公司在今广元市元坝区境内建有王家、卫子、虎跳、昭化4个食品经营站。建广元市元坝区后，4个食品经营站划归元坝区管理。1992年5月，区人民政府批准成立广元市元坝区食品公司。1997年10，改制为广元市元坝区食品股份合作公司；1998年5月，经区人民政府以元府函〔1998〕33号文件批准，广元市元坝区食品股份合作公司改建为广元市元坝区食品贸易公司。2007年1月被区人民法院宣告该公司进入破产程序，至2007年年末，破产程序尚未终结。

广元市元坝区食品公司领导名录

表20-6

姓　名	性别	籍　贯	政治面貌	职　务	任职期间	备　注
张绍骞	男	广元市元坝区	中共党员	经　理	1992-05—1994-12	
徐仕刚	男	广元市元坝区	中共党员	副经理	1994-03—1997-10	
杨建生	男	广元市苍溪县	中共党员	经　理	1994-12—2000-02	
徐永全	男	广元市元坝区	中共党员	副经理	1997-10—2000-05	
徐永全	男	广元市元坝区	中共党员	经　理	2000-05—2003-03	
褚露林	男	广元市元坝区	中共党员	经　理	2003-03—	

第二节　粮油购销管理

1950年，昭化县人民政府设财粮科，开展粮食购销业务。1953年起，国务院发布粮油实行计划供应的命令后，粮油供应由国家粮食部门统一管理和经营，实行粮食计划收购与计划供应政策（简称统购统销）。1958年，粮食征购实行三定（定产、定销、定购），1965年，粮食征购实行一定三年不变政策。从1976年开始，实行一定五年不变政策，连续执行10年。1985年后，改为合同定购，播种前与农民签订粮食定购合同，农民完成定购任务后的多余粮食可以自由上市销售。1986年，四川省政府规定"粮食在国家计划没有完成以前，除粮食部门外，不准其他经营单位插手收购粮食"。当年广元市市中区粮食局规定：粮食合同定购任务和粮食议购任务完成后，由政府宣布时间允许粮食多渠道经营。1988年，四川省粮食局制定《关于进一步加强粮食市场管理的通知》，要求有合同定购任务的村民，先完成定购任务，然后再议价出售余粮；单位和需要粮食的企业可以按规定自行采购，也可以由粮食经营单位代购，但是严禁倒卖原粮。1989年11月，四川省粮食局规定，非农业人口超生一胎的，超生婴儿从落户之日起满7岁后，凭"户口簿"办理粮食供应关系；超生二胎的，超生婴儿从落户之日起满14岁后，凭"户口簿"办理粮食供应关系，在未到期之前口粮自理或供应议价粮。1990年，区粮食局制发《广元市元坝区粮食企业财务管理办法》，建立钱粮挂钩和权、责、利相结合的经营机制，对粮油购销企业实行分级管理，并先后在各粮站实行划分收支、分项决算、收入上交、支出补贴和亏损差额包干管理办法。1991年，区粮食局对非农业人口进行了"人、粮、产"三核对，对新增的农转非人员，采取指标与供应卡双向控制的办法。1992 年，区粮食部门进行了购销体制改革，粮油贸易实行购销同价。1994 年，国务院要求粮食主管部门按照国家下达的收购任务收购粮食，不允许其他单位和个人到农村收购粮食。当年在粮食收购工作中对粮油批发企业进行整顿，重新登记，取缔无照经营，打击了欺行霸市、哄抬粮价、暗地收购、夜晚偷运等扰乱粮食市场的行为。1995 年，为强化粮食市场的监管，区政府组织工商、物价、税务、公安等部门对全区无证经营粮油和超范围经营粮油的企业和个体户进行了查处。

1996—1997 年，采取以“扩大粮站经营为主，完善组、所经营为辅，搞活个体经营为补”的经营形式，各粮站充实了管理人员，结合实际，采取以抓好粮油购销为主，开展多种经营为辅，发展商办工业为补充的经营方式。1998 年国务院规定：粮食企业从当年 6 月 1 日起不允许再发生新的亏损和挂账，要求按保护价收购农民余粮，然后实行顺价销售，并要求进一步加强对粮食市场的管理，确保粮食流通体制改革的顺利进行。根据国务院规定，区政府组织粮食市场清理整顿小组，负责对粮食批发单位、个人和私营加工业进行清查和审核，共清查了 12 个粮油加工厂和 50 余个粮油经营个体户，查处无照经营户 17 户，查扣无照经营的粮食 10 余吨，要求补办和更换营业执照 7 户。1999 年起，全区粮食流通领域开始实行“四分开、一完善”（政企分开、责任分开、储备与经营分开、新老财务账目分开，完善粮油价格机制）的管理模式。2001 年，区政府规定：对列入保护价收购的粮食，只能由国有粮食购销企业按照国家粮食收购政策收购，杜绝单位和个人到农村收购粮食。2004 年 5 月，区粮食局建立粮食行政执法监察机构，负责粮食收购审查工作，检查和规范粮食收购市场。至 2007 年，全区有 66 户粮食加工企业和个体户办理了“粮食收购资格许可证”。办结粮食违法案件 28 件，其中警告 1 件，处罚 27 件，罚款 2.30 万元，查扣无照经营粮食 17 吨。

第三节　特殊商品专卖管理

一、盐业专卖管理

区境内的食盐管理工作一直由广元市盐政管理所负责。其按照国务院颁布的《中华人民共和国食盐管理条例》《食盐专营办法》《食盐加碘消除碘缺乏病管理条例》，实行盐业专营，在建立食品加工盐档案的同时，进行日常稽查，查处私盐经营行为等，以杜绝工业盐、行业盐流入食盐市场。1986—1989 年，广元市盐政管理所共在卫子区境内开展食盐加碘预防碘缺乏症法制宣传 31 场次，查处私盐案件 11 件，没收违法食盐 25 吨。1990—2007 年，广元市盐政管理所共在元坝区境内开展食盐加碘预防碘缺乏症法制宣传 110 次，查处私盐案件 10 余件，没收违法食盐 36 吨。

二、酒类专卖管理

1992 年 1 月，区供销社按照《四川省酒类管理条例》和《四川省酒类管理实施细则》规定，履行酒类专卖管理局职能，负责核发“酒类产销许可证”“国家名白酒零售许可证”“进口酒经营许可证”“酒类零售许可证”和“酒类准运证”等，并协调工商、质监等部门依法查处生产、销售假冒名酒行为，开展酒类市场整顿工作。1993 年按照广元市酒类专卖管理局的要求，对全区酒类专卖市场进行了清理和整顿，重新核准了专卖证件，同时组织开展专卖检查，查处经营假酒行为 11 起。1997 年针对散酒贴标销售、名酒资格认证销售以及生产厂家、生产日期、产品质量进行检查。当年查获假酒、过期葡萄酒12个品牌670多瓶，送省、市检验酒质量4批次，补办酒类专卖许可证25个。2000年，区委、区政府将酒类管理职能划归区财贸办代管。随着名酒消费的普及，区财贸办相继开展“酒饮品质量与安全”和“让人喝上放心酒”为主题的宣传教育活动，鼓励酒类企业连锁经营，建立供应链体系。当年全区有名酒代理商120余家，年进名牌白酒达10余万瓶，酒类销售额达1200余万元。2001年，酒类经营放开，对酒类的质量监督工作由质量技术监督部门负责，到2005年，元坝质监局一方面对全区酒类企业技术人员、酒类经营者开展酒类知识、辨别真假酒知识培训，另一方面开展对假酒的查处，捣毁制假点2个，没收假冒伪劣酒类产品货值10多万元。2006—2007年，随着人们生活水平的提高，名酒的销售量逐步增加，元坝质监局主要加强酒类市场管理、依法打击假冒伪劣酒、整顿酒类市场秩序工作，酒类市场秩序得到进一步规范。

三、卷烟专卖管理

1981年5月，国务院决定烟草实行国家专卖。1983年9月，国务院制定出《中华人民共和国烟草专卖条例》。1987年9月，广元市人民政府制发《关于加强烟草专卖管理的通告》，对证照、经营渠道、烤烟管理、价格管理、运输管理、市场管理六个方面进行了严格的规范。

1990年8月，广元市元坝区烟草专卖局按照广元市烟草专卖局制定的“21148573责任目标”（有2名专职专卖人员，1本户籍管理簿，1本违法登记薄，市场净化按照“四无”目标考核合格率达85%，市场管理与网点的业务销售按7∶3计发工资）对烟草专卖市场进行规范管理。1992年，四川省物价局、省烟草专卖局根据国家物价局、国家烟草专卖局《关于放开卷烟零售价格的通知》精神，放开卷烟零售三级批发价格，当年有15个品牌〔五牛、白（红）芙蓉、天下秀、东狮、三角、三峡、攀枝花、小南海、黔龙、攀西、索玛、奔驰、国松、月月红〕由四川省烟草公司定出指导价，其余全部放开，实行市场调节自由价。经营商直接与厂商见面，协商交易，实行厂购方式。从1995年起，元坝区烟草专卖局建立访销、送货制度，进一步规范卷烟批发网点的经营行为，并加大检查力度，制止“卖大户”和向非法卷烟市场供货行为。1998年，广元市烟草专卖局建立烟草专卖稽查队。同年，元坝区建立有正式人员6人，临时聘用人员12人组成的烟草专卖稽查队，负责全区烟草专卖管理、稽查以及对各乡镇、城区零售卷烟的监督、检查工作。区烟草专卖局要求稽查人员文明执法，亮证执法，着装执法。违者视其情节轻重分别给予记过、记大过、留用察看直至开除处分。2000年1月，四川省为打击“非假非超”卷烟，净化市场，稳定物价和扭转最低批发限价失效等问题，实行卷烟销售全省“一价制”。2003年，区烟草专卖局开展“打假治劣”整顿和规范卷烟市场秩序行动，出动稽查车辆50台次，执法人员200多人，活动中共查处违法案件47起，查处违法卷烟3025条，其中假劣烟642条，无证经营烟210条，收罚没款1.70万元。2004—2007年的4年里，共查处卷烟违法案件243件，查获违法卷烟10581条，收缴罚没款3.59万元。

第三章　商品经营

第一节　集市贸易

民国初年，广元县和昭化县市场已有相当大的规模，商贾云集，交流活跃。民国24年（1935年），国民政府规定各地要设置“公营市场”，交易必须入市，要求市场内搭帐篷以避风雨，修仓库保管物资，但是至1949年两县88个城乡市场（广元67个，昭化21个）无一处修建仓库和避雨设备。

中华人民共和国成立后，国家制定“治而不乱，管而不死”的市场管理方针，一段时期集市贸易健康发展。1957年，国务院发布《关于放宽初级市场管理办法》，在集市贸易中继续监督各种社会商业（国营、合作、私营）执行国家工商政策，稳定物价，保证供应。“文化大革命”中，市场由群众组织设关卡，声称要堵死“资本主义的路”，集市贸易受到限制。1976年11月后，集市贸易逐步恢复，到1981年，广元县新修贸易敞篷和贸易房屋1.10万平方米，设置活动贸易货棚205架，小商贩摊点906套，售肉案桌114个，另有固定贸易场地（畜牧市场）3.33万平方米。到1984年，广元县从事贩运人数达1.20万余人，当年贩运土特产品10800吨，价值1960万元。

1988年，卫子区内有各类集市贸易营业总面积3.60万平方米，固定贸易场地（含畜牧市场）1.10万平方米。贸易货棚210架，小商贩摊点520套，售肉案桌210个，购进总额1900余万元，销售总额1800余万元。主要经营商品有肉类、蛋禽类、糖果糕点类、水产品、针纺织品、日杂用品、五金类、盐、酒、烟类、生产资料类、中小农具等。

元坝区建立后，1990年对主要集市赶场期进行调整，将元坝场3日期改为百日场，王家镇、昭化镇、虎跳镇由3日场改为单日逢场，卫子镇、太公镇改为双日逢场，其余为3日场。集贸市场的发展和赶场日期的改变，活跃了城乡物质交流。1991年全区各类集市营业总面积增加到4.70万余平方米，固定贸易场地（含畜禽市场）增加到2.10万平方米，贸易货棚增加到400余架，小商贩摊点减少到500余套，售肉案桌增加到350个，购进总额5700余万元，销售总额5666万元。1992年，区政府开始允许乡镇建生产资料市场，同时放开煤炭经营和竹木经营，集市贸易出现购销两旺局面，到1994年各类集市营业总面积增加到6.70万余平方米，固定贸易场地增加到2.50万平方米，贸易货棚增加到430余架，小商贩摊点增加到550余套，售肉案桌增加到370个。当年集市贸易购进总额12837万元，销售总额11223万元。1995—1997年，区政府两次召开全区三级干部扩大会，落实发展个体、私营经济的政策、措施，进一步放宽经营范围，简化办证、办照手续；在企业改制中允许个体工商户、私人业主承包、租赁、购买、参股经营国有和集体企业，市场贸易活跃。到2000年各类集市贸易营业总面积增加到7.50万平方米，固定贸易场地增加到2.85万平方米，贸易货棚增加到630余架，小商贩摊点增加到750余套，售肉案桌增加到410个，全年商品购进总额41000万元，销售总额38973万元。2001年，一些集贸市场向综合性市场和专业市场发展，相继出现一批商品代理商和批发商，建成一批连锁店和专卖店。固定贸易场地因农民自繁自养逐步停止使用。2002 年已无农民到市场交易牲畜。到 2005 年，全区较大型的综合市场有 20 个，各种代理商、批发商 110 余家、各类超市 11 家、专卖店、精品店 200 余家，各类集市贸易营业总面积增加到 7.80 万平方米，贸易货棚增加到 640 余架，小商贩摊点增加到 810 余套，售肉案桌增加到 480 个，购进总额 38000 万元，销售总额 33881 万元。2006—2007 年，各类集市贸易营业总面积增加到 8.10 万平方米，贸易货棚、小商贩摊点、售肉案桌数量基本未变，购进总额 91000 万元，销售总额 84702 万元。其中，2006 年购进总额 50500 万元，销售总额 48948 万元，2007 年购进总额 46500 万元，销售总额 45754 万元。

第二节　国有及合作商业贸易

一、粮油

（一）市镇粮油供应

市镇粮油供应主要包括定量人口口粮、军粮、食品业用粮、酿造业用粮和工业用粮。民国 29 年（1940 年），国民政府在县城设置粮食管理机构，除军队、学校进行配发粮食和小商、小贩以及灾年部分农民偶有少许救济粮外，其余居民主要靠市场粮商购买或政府借贷度日，常为寻粮奔波。

中华人民共和国成立后，从 1950 年起，通过征收公粮和市场收购来保证非农业生产人口粮食供应。1953 年 10 月，对非农业生产人口的粮油供应标准作出规定：脑力劳动者月供应粮食 15 千克，食油 0.15 ~ 0.20 千克；特重体力劳动者月供应粮食 22.50 ~ 27.50 千克，食油 0.30 ~ 0.40 千克；大中学生月供应 13 ~ 16.50 千克，食油 0.15 ~ 0.20 千克；10 岁以上儿童（10 岁以下 4 ~ 9 千克）、城镇居民月供应 11 ~ 13 千克，食油 0.15 ~ 0.20 千克。1959 年食油供应一律为 0.20 千克。从 1961 年起，脑力劳动者月补助大豆 0.50 千克，煤矿工人月补助大豆 1.50 千克，水肿病人月补助大豆 1.50 千克。其后定量标准有所调整，到 1985 年，体力劳动者月供应粮食 18 ~ 22.50 千克，脑力劳动者月供应粮食 14 ~ 16 千克，大中学生月供应粮食 16 ~ 18 千克，儿童和居民月供应粮食 11 ~ 14 千克，食油一律供应 0.50 千克，取消大豆补助。

1987 年，市镇人口口粮定量供应改为面粉和大米按四六比例搭配供应，供应标准未变。1988 年对“农转非”人口按广元市粮食局下达的指标办理供应手续。

1992 年，四川省实行粮食购销体制改革，提高粮食统销价格，实行购销同价。从当年 11 月起，区粮食局全面放开粮油销售价格，城镇居民不再凭证供应，而由其自行就市购买，实行 40 年的市镇粮油供应制度就此废除。

（二）军粮供应

中华人民共和国成立后至 1990 年，军粮供应不列入地方供应计划，由解放军总后勤部和中央粮食部印发“行军粮票”“军用粮定额支票”“军用粮油购票”和地方发的军用粮油豆供应证，由地方粮食部门凭票、证和团以上单位后勤部证明，按品种、数量保证供应，质量从优。

1991 年，广元市粮食局给元坝区首次下达 3000 吨大米的军粮供应任务。1992 年至 1999 年没有下达军粮供应计划。2000—2002 年 6 月供应军粮大米 45.20 吨，单价每公斤 0.80 元，面粉 17.80 吨，单价每公斤 1.04 元。2002 年后，广元市粮食局没有给元坝区下达军粮供应计划。

（三）农村粮油供应

1. 农民缺粮供应

从1950年起，为解决农村人口缺粮问题，按每人每天不超过0.50千克大米的标准，实行返销（借销），一般是春荒借销大米、玉米，夏荒借销玉米、小麦，借什么品种还什么品种，春借秋还，今年借明年还，不计息或低利息。此政策一直执行到1983年年底。1984年对因灾缺粮的农民实行贷粮，贷粮指标由省上下达。贷粮对象只限于因灾缺粮的农户，通过本户申请，村（大队）签上意见经本地粮站审核后直接贷给农户，并填借据，注明缺粮原因、数量、借粮时间，有凭有据，实行春贷秋还，当年贷下年还，还完销账。此政策一直执行到1986年。1987年后，农村粮食供应仍然只限于因灾缺粮户，但改1986年前的贷粮为实行救灾指标供应，由民政部门和粮食部门联合调查确定具体供应指标，即：民政部门提供救济款，粮食部门供应救灾粮，钱随粮走。2003年后，农村粮食充足，没有安排缺粮供应。

2. 农村中学生粮油供应

1962年，省粮食部门规定，农村中学生上学自带基本口粮，国家按每人每月补助14千克粮食的10%比例供应，由学校掌握使用。1965—1986年，改为自带基本口粮，数量由学生户口地的公社、大队（村）证明，不足粮、油按中学生标准供应。1987年后农村中学生粮油供应取消。

3. 生猪换购粮奖售

1987年，广元市给卫子区下达增补生猪换购粮指标（玉米）42万公斤，支持农民养猪，政策是：农民每出售1头猪补助粮食35公斤。1988年，实行分季度下达，四个季度共下达生猪换购粮133万公斤。1989年下达生猪换购粮指标4.50万公斤。1990年至1994年没有下达生猪换购粮指标。1995年，按区政府《关于同意将生猪换购粮专储玉米轮换为稻谷奖售的批复》，将2550吨玉米兑换议价稻谷按1:1比例售给农户，稻谷与玉米同价，每公斤1.50元。1996年以后没有生猪换购粮销售。

4. 其他供应

1960年，国家规定农村妇女生小孩每胎由国家粮食部门补助7.50千克粮食，1961年又规定城乡妇女生小孩每胎补助7.50千克粮食，农村水肿病人集中治疗期每人每天补助0.10千克粮食。办公共食堂期间，商业部门组织农民上山采药、割漆，每人每天补助供应粮食0.15千克，粮食部门组织运输人员运粮，每人每天补助供应粮食0.50千克，1961年8月公共食堂解散后此政策取消。1960年，国家规定家在农村的劳改、解除劳教人员、保外就医等人员，由生产队安排口粮，生产队安排有困难的，由粮食部门按当地返销人员供应水平供应到产新粮为止。1983年，农村实行家庭联产承包责任制后，这类人的口粮由家庭成员安排。2000年1月，对全区退耕还林的农户按国务院规定的标准安排兑现粮食，由林业局提供到户供应数，农户到就近的粮管所领取。2000年至2003年共兑现退耕还林粮食945万公斤。2004年起改为现金支付，一直执行到2007年年底。

（四）粮食收购

中华人民共和国成立后，粮食实行计划收购。1957—1977年，国家把粮食作为一类物资管理，不准个人在市场出售。1978—1987年，随着农业生产的发展，粮食生产形势好转，粮油市场逐步放开，农民生产的粮食不分品种，季节、生熟品可以上市自由交易。但是粮油市场受政府计划的约束，购销只是在民间的少量交易中进行，大量贩运粮食的行为仍然受政府控制。1987—1992年，国家对粮食实行统购统销。1987年，全区收购粮食16185吨。1988年4月，四川省粮食局制发《关于进一步加强粮食市场管理的通知》，要求有合同订购任务的必须履行合同后才能出售余粮，粮食经营单位和专业户必须严格执行国家粮食政策和物价政策，照章纳税。1988年，全区收购粮食23237吨。1989—1991年，全区共收购粮食72661吨。1992年后，全国粮食生产和供应形势稳定，市场繁荣，再加上社会主义市场经济的逐步确立，粮食收购实行购销同价，自由交易。1992—1997年，共收购粮食102506吨。1998年，按照国家保护价收购粮食，稻谷每千克1.44元，玉米每千克1.64元，小麦每千克1.68元，全年收购粮食17923吨。1999年，区粮食部门面向市场执行优质优价敞开收购，全年收购粮食16646吨。2000—2003年，共收购粮食63153吨。2004年开始，粮食收购彻底放开，由市场调节，到2007年，全区累计市场收购粮食10.09万吨。

广元市元坝区1987—2007年粮油收购情况统计表

表20-7　　单位：吨

年度	贸易粮合计	其中		油菜籽收购数量	年度	贸易粮合计	其中		油菜籽收购数量
		国家定购	市场收购				国家定购	市场收购	
1987	16185	13438	2747	1336	1998	17923	9841	8082	867
1988	23237	14127	9110	986	1999	16646	8057	8589	3732
1989	25358	12670	12688	1339	2000	18524	8685	9839	1506
1990	27429	25962	1467	2356	2001	12536	7610	4926	116
1991	19874	13331	6543	1415	2002	13984	2908	11076	66
1992	14570	10527	4043	1560	2003	18109	11752	6357	1731
1993	14532	—	14532	647	2004	—	—	12030	1953
1994	12626	—	12626	702	2005	—	—	26464	1608
1995	19541	11606	7935	2621	2006	—	—	31701	1520
1996	24031	11912	12119	2137	2007	—	—	30701	1000
1997	17206	12221	4985	857	—	—	—	—	—

（五）粮食调拨销售

1987—1992年，全区共调拨销售粮食115350吨，其中平价调拨销售83364吨，议价调拨销售31986吨。1993—1994年，无平价调拨销售，议价调拨销售10472吨。1995年至1998年共调拨销售粮食45946吨，其中平价调拨销售25039吨，议价调拨销售20907吨。1999年至2003年无平价调拨，议价调拨销售粮食41139吨。2004—2007年，粮食部门没有调拨销售粮食。

（六）粮食专储

从1990年起，元坝区粮食系统开始接受为中央和四川省储备粮食的任务。1991—2000年，元坝区累计承储专储粮37864吨，其中中央储备粮食19928吨，省储备粮食17936吨。1996年为市储备粮食1500吨。1994年和1997年分别为为市储备菜油各200吨。

从2001年起，省粮食局每年只给元坝区下达为省储备粮食任务。其中2001年承储省储备粮食2536吨，2002年承储省储备粮食348吨，2003年承储省储备粮食3084吨，2004年承储省储备粮食3000吨。2005—2007年，每年承储省储备粮食4000吨，其中，承储小麦1000吨，承储稻谷3000吨。

二、农业生产资料

农业生产资料的销售主要由供销社系统各经营部门承担。实行淡季储存、旺季销售，保证供应。广元县于1953年开始经营化肥，当年销售12吨，销售农药0.12吨。1956年销售化肥192吨，销售农药43吨。1958年化肥销售量增加到456吨，农药销售量增加到100吨。1966年销售化肥8862吨，销售农药 200 吨。1967—1984 年，年均销售化肥 1 万吨、农药 210 吨。1985 年，销售化肥 3 万吨，销售农药 220 吨。

1986—1989 年，卫子区下辖的 26 个乡镇，化肥年销量 1.10 万～2.60 万吨，农药年销量 50～56 吨，农机具年均销售收入 8 万元左右。

1990 年年末，成立广元市元坝区农业生产资料公司。当年全区供销系统销售化肥 34683 吨、农药 56 吨、农膜 49 吨，农机具销售收入 15.43 万元。1992 年，农业生产资料经营放开，增加生产企业自销和农业局所属的农技部门销售的渠道，当年供销系统销售化肥 26254 吨、农药 48 吨、农膜 42 吨，农机具销售收入 13.15 万元。1993 年后，农业部门和个体户开始销售"三农"物资，各部门在全区增设销售点（服务站）200 余个，同时供销系统建立"庄稼医院"30 所，村建立"庄稼分院"100 余个，开展施肥、作物病虫害防治技术指导。到 1994 年，全区销售化肥 34438 吨、农药 93 吨、农膜 36 吨，农机具销售收入 10.10 万元。1995 年，农资销售管理部门配合工商部门开展农资销售检查，取缔无照、无证经营店 10 个，销毁"三无"（无商标、无生产厂家、无生产日期）农药 120 千克。当年全区销售化肥 31243 吨、农药 91 吨、农膜 45 吨，农机具销售收入 12.10 万元。2000 年，全区村级农业技术服务站、农资销售点增加到 220 个，基本实现了"一乡一镇一院，一村一站一店"。2001 年后，农资销售部门根据农民的需求，以"庄稼医院"为载体，广泛开展测土配方施肥、科学用药等服务，并先后在较大乡镇建立"三农服务中心"。1996—2000 年，全区共销售化肥 15.92 万吨、农药 475 吨、农膜 335 吨，农机具销售收入 56.68 万元。2001 年，严格执行农资限价政策，在农业生产资料涨价的情况下，筹集资金，储备化肥，确保了农业生产的需要。2001—2005 年，全区共销售化肥 17.64 万吨、农药 670 吨、农膜 461 吨，农机具销售收入 64.28 万元。2006—2007 年，农资销量大增，两年全区共销售化肥 7.78 万吨、销售农药 231 吨、农膜 265 吨，农机具销售收入 53.97 万元。

三、化工、建材物资

1990 年前，钢材、水泥、化工原料等重要工业品和工业生产资料一直由物资系统所属的公司经营。1987 年，物资系统执行国家改革开放政策，逐步由生产资料计划分片调拨型转向经营服务型，1987 年全区物资总购进 165 万元，销售总额 142 万元，实现利润 14 万元，亏损 16 万元，上缴税金 4.50 万元。

1993 年，物资系统实行承包经营制，当年全区物资总购进 520 万元，销售总额 470 万元，实现利润 26 万元，亏损 21 万元，上缴税金 3.50 万元。1994 年，市场经济竞争加剧，物资企业销售连续滑坡，当年全区物资总购进 1210 万元，销售总额 1178 万元，实现利润 26.80 万元。亏损 125 万元，上缴税金 20 万元。1995 年物资系统实行联利承包责任制，1996 年，经营效益上升，当年全区物资总购进 1400 万元，销售总额 1360 万元，实现利润 35 万元。亏损 56 万元，上缴税金 5 万元。1997 年，物资系统改制，区物资局下属公司全部改制为"自主经营、自负盈亏、自我约束、自我发展"的法人实体，全年物资总购进 1380 万元，销售总额 1265 万元，亏损 150 万元，上缴税金 7 万元。1998 年后，物资经销以市场调节为主，由个体私营企业或民营企业根据市场需求进行经营运作。当年物资总购进 2400 万元，销售总额 2350 万元，上缴税金 11 万元。1999—2005 年，全区物资总购进 9560 万元，销售总额 8105 万元，上缴税金 120 万元。2006—2007 年，全区物资总购进 4150 万元，销售总额 4100 万元，上缴税金 14 万元。

四、液化石油气

1992年，区城建局开始经营液化石油气，到1995年用户发展到500余户，当年营业额48余万元，利润2万余元。1997年10月经营歇业。同年11月，个体户刘斌个人出资20万元，在柳桥乡建元坝液化石油气供应站，由于经营管理不善，1998年1月转卖给个体户蔡泽军。全站长年有职工3人，配备有储存罐2个、回收罐1个、冲装泵1台、压力器、压力管道、防暴电器、报警装置等设施设备，主要负责对元坝区居民供应液化石油气。从1998—2007年，累计销售液化石油气1050吨（11.55万立方米），日均供气量约500~600公斤；经营总额1100万元，利润总额30余万元。

五、天然气

2003年4月，广元市天然气公司在元坝区建立广元市天然气公司元坝分公司（以下简称天然气元坝分公司），公司有正式职工1人，合同聘用工10人。天然气元坝分公司负责元坝区境内天然气管道安装、天然气供应、设施维护、安全管理等工作。2003—2007年，全区共建天然气长输管线30公里，城区配气管网6公里，建投运配气站1座。至2007年，共发展天然气民用户700户（含餐饮经营户），日直供气量1000立方米，营业总额273.75万元。

六、食盐

民国时期，食盐主要从嘉陵江航运南部县的盐到广元销售，另有部分人力背来的三台县的盐，由于长途贩运，供求紧张，价格昂贵，每500克盐换2.5~3.5千克大米，最高达10~15千克大米。1950年，广元、昭化两县先后设国营机构土产公司经营食盐。1959年实行食盐定量供应。1962年后，随着经济调整，食盐供应趋向缓和。1978年以后，市场逐步繁荣，食盐实行按需供应。由供销系统负责食盐销售和代批发业务，其他经营商店在供销系统代批发处进盐，然后零售。1991年，元坝区销售食盐1191吨，人平4.96千克。1992年，广元市盐业公司制定《关于食盐加碘消除碘缺乏病的通告》，食盐供应以碘盐为主，普遍实行小袋包装，全区每年销售袋装食盐保持在1200~1210吨左右。2001年，供销系统改制后，广元市盐业公司分别在王家、卫子、元坝、虎跳、太公、昭化镇设食盐代批发点，各经营商家在元坝区境内的各代批发点进盐，然后零售。2001—2007年，元坝区食盐年销售一直保持在1200~1300吨左右。

七、卷烟

民国时期，广元城内民族路、工业路、中山路、民生路等大街上共有30家兼营卷烟的店铺，年销售卷烟100箱左右，人平消费量为0.10条。民国38年（1949年）广元、昭化两县共销售卷烟200箱，人均销烟0.13条。

1950年3月，国家提出“平抑物价、保障供给”方针。1955—1956年，卷烟供应充足。1959年，由于“大跃进”运动和农业受灾，生产下降，商品减少，卷烟实行计划分配，由集体组织统一购买，按吸烟成年人月供1条标准，分供到人（户）。1960—1977年，吸烟的职工定量发票证供应，部分名烟只供应机关单位以及老红军。1978年以后，随着“改革、开发、搞活”方针的实施，卷烟逐渐敞开供应。1982年除名烟外的卷烟提价后，普通卷烟上市品种繁多，香型齐全，精装、平装、盒装（铁盒）应有尽有。

1988年，国务院批准放开13种名烟零售价格，卷烟营销由计划经济向市场经济过渡，销售转为供大于求，销售量迅速上升，卫子区年人均销烟已达5条以上。

1991年，广元市元坝区销售卷烟3971箱（即标准箱，1标准箱为5件，1件为50条，下同），人均（按全区常住总人口计算，下同）5.76条。1992年销售卷烟5272箱，人均7.65条。1995年销售卷烟3929箱，人均5.69条。1997年卷烟销售数量大增，达到6277箱，人均9.1条。比1991年增加2306箱，增加58.07%。1999年最多，达到6626箱，人均9.6条。比1991年增加2655箱，增加66.86%。2000—2007年共销售卷烟43217箱，年均销售5402箱，人均7.83条。

八、民用煤

国家对民用煤实行价格、质量和市场监管。元坝区建立后，国家民用煤经营政策和范围已放开，取消平价供应政策。形成了国有、私营及个体经营者共同参与民用煤市场供应的格局。1990—1994年，元坝城区民用煤主要是各蜂窝煤厂加工的蜂窝煤，供城区机关单位作生活燃料用。部分无烟煤销售给乡村作燃料用，平均年销售煤炭5万吨，年销售额2000余万元。1992年，元坝城建部门推广液化石油气，用钢罐盛装，配以燃气灶具，用于厨房，以后逐年普及，城区居民大多购买使用，代替了蜂窝煤，部分蜂窝煤厂相继歇业或转产，民用煤销售减少，全年销售煤炭3.50万吨，销售额1400余万元。1996—1997年，城镇和农村燃料发生结构性变化，城镇电、汽、煤并用，农村沼气、烧柴、电、液化石油气并用，民用煤多数由煤炭企业直销，原民用煤销售企业销量逐步下降，年销售煤炭2万~4万吨，年销售额800万元~1600余万元。从1998年起，元坝城区居民液化石油气使用量增加，农村居民中许多原来用煤的家庭改用液化石油气、沼气，民用煤的销量进一步下降，但是民营和个体企业的用煤量上升，随着农村发展烤烟生产，烤烟生产户使用煤炭烤烟，部分人用煤烧制砖瓦，需煤量增加，所以，煤的销量仍然较大。至2000年，民用煤年销售量保持在3万~3.50万吨，年销售额1200万元~1400余万元。2001年后，元坝城区有部分个体饭店及私人作坊仍使用蜂窝煤，农村烤烟户继续用煤烤烟，部分人仍用煤烧制砖瓦等，从2001—2005年，民用煤的年销量一直保持在3万~5万吨之间，年销售额2200万元~2600万余元。2006—2007年，民用煤的销量保持在2万~3.50万吨之间，年销售额1100万元~2200余万元。

九、日用品

1987—1989年，卫子区城乡市场共销售各种服装20.50万件，床单被褥6.10万条，皮鞋6.30万双，胶鞋48万双，洗衣粉450吨。年销售额1439万元，人平年消费达60元。其中1987年销售服装4.80万件，床单被褥3.10万条，皮鞋2.10万双，胶鞋15.80万双，销售洗衣粉205吨。销售总额1500余万元，人平消费65元。

从1990年起，日用品品种更加丰富，较高档次的日用品逐渐进入普通百姓家庭。1990年，全区销售各种服装5.90万件，比1987年增加1.10万件，增长5.09%。销售床单被褥3.80万条，比1987年增加0.70万条，增长22.58%，销售皮鞋3.10万双，比1987年增加1万双，增长19.61%，销售胶鞋15万双，比1987年减少0.80万双，减少1.67%，销售洗衣粉210吨，比1987年增加5吨，增长2.44%。全年销售总额1700余万元，人平日用品消费达71元。1993年，在流通领域实行"国有民营"和股份制试点，销售人员也由过去的坐商变为行商，商品销量增加。在衣着消费方面，当年流行真皮衣裤，服装销量略有下降，但是其余日用品销量略有上升，全年日用品销售额1920万元，人平日用品消费达80元。1994—1998年，随着国有和集体商业企业改制，国有商业的销售额减少，个体私营的销售额增加，加之居民服装流行款式，床上用品追求高档，高档日用品销量大增，低档日用品（胶鞋等）销量减少。1998年，日用品销售额2903万元，人平日用品消费达120元。1999年，全区日用品销售总额3100余万元，人平日用品消费达129元。2000年，全年日用品销量达到3600余万元，人平日用品消费达150元。2005年，当年日用品销售总额3950万元，人平日用品消费165元。2007年，日用品销售总额4150万元，人平日用品消费173元。

广元市元坝区商贸经营情况统计表

表20－8　　单位：万元

年　度	社会消费品零售总额	批发零售		
		商品总购进	销售总额	年末库存总值
1990	2739	7674	8824	3385
1991	4984	8657	4371	1482
1992	10250	9160	10560	3020
1993	13381	13042	11569	4230
1994	13849	12837	11223	5844
1995	17938	9309	10943	4210
1996	20232.6	13636	15685	5548
1997	22636	19310	17190	7776
1998	24220	16256	27815	2946
1999	24310	16340	35299	3155
2000	24785	16420	38973	3650
2001	25447	17100	40313	3100
2002	26254	18595	45485	3758
2003	28663	21400	47862	4056
2004	29720	22546	49066	4215
2005	33881	28500	51584	4352
2006	38948	35090	60889	3210
2007	45754	46000	72496	4050

第三节　出口贸易

2007年年末，境内有对外贸易业务的企业仅有广旺集团机械制造有限责任公司。广旺集团机械制造有限责任公司原名“广旺矿务局元坝机修厂”，始建于1966年，位于元坝镇砖灰村。1975年，按II型机械厂装备标准，扩改为拥有铸造、锻铆、机械加工、矿山设备修理、电修、制氧等6个车间，能为年产原煤300万吨的矿山企业提供服务的一家中型机械厂。1985年以后，由单纯为矿山服务逐步转为面向内外市场，新建硅铁车间，硅铁面向社会经营。1989年，建成省级标准化机械厂。

1994年，部分产品通过中间环节开始出口国外。1998年，完成从工厂制向公司制的转轨，实行市场化经营。1999年11月获得自营进出口经营权，参与国际国内的技术交流合作，用新技术提升传统工艺，先后斥资2000余万元对机械加工和铸钢设施进行扩建和改造，工艺流程实现机械化和半自动化。生产的“广旺”牌矿用破碎机配件销往澳大利亚、美国、英国、意大利，铁合金系列产品销往日本、韩国、俄罗斯等国家。2001年，公司通过ISO 9001国际质量体系认证。2004年，实现产品自主直接出口国外，当年各类产品出口创汇共计330万美元，工业生产总值达8173.60万元。2004—2007年，公司累计出口创汇641.81万美元。

第四章　餐饮和其他服务业

第一节　餐饮业

1959年至1961年经济困难时期，餐饮业年均零售额大幅下降。1962年起，市场供应逐步恢复正常，餐饮业营业额不断上升。“文化大革命”中，餐饮业受派系“武斗”影响，损失较大。1978年后，餐饮业改革经营体制，改进管理，推行各种承包经营责任制，巩固壮大国营，扶持集体和个体的发展，使餐饮业遍布城乡各地。从1986年起，卫子区餐饮业发展较快，到1989年，各类餐饮业达250余个，年营业额260万元。

1990年，广元市元坝区共有各类餐饮业324个，年营业额420余万元。其中集体餐饮业4个，合计营业收入60余万元，个体餐饮业320个，合计营业收入360余万元。1991年，全区有各类餐饮业513个，营业额610余万元。比1990年增加190万元，增加45.24%。其中集体服务业29个，合计营业收入230万元，个体餐饮业484个，合计营业收入580余万元。1992年后，由于逢场日期变更，人员流动增多，各类餐饮业得到较快发展。到1994年底，各类餐饮业增加到610个，营业额950余万元，比1991年增加340万元，增加55.74%。其中集体餐饮业30个，合计营业收入330余万元，个体餐饮业580个，合计营业收入820余万元。1995年，全区集体餐饮业逐步改制成个体私营企业。当年全区餐饮业营业额达到1050余万元。比1994年增加100万元，增加10.53%。1996—1999年，部分餐饮业受服务质量的影响而转产、歇业。到2000年全区有餐饮业610个，完成营业额3100万元。2001—2005年，餐饮服务质量上升，营业额增加，部分个体户在乡镇建成一些规模较大的餐饮企业。到2007年，全区餐饮企业发展到634个，年营业额达6375万元。

第二节　其他服务业

1986年后，面向民生的服务业发展较快，文化、体育和休闲娱乐等服务业逐渐增多。1989年末，元坝区有各类服务业310个，营业额420余万元。1990年，增加10个，营业额达到600万元。比1989

年增加42.86%。其中集体服务业4个，营业收入65万元，个体服务业316个，营业收入535万元。1991年，营业额达到680万元。比1990年增加13.33%。其中集体服务业9个，营业收入110万元，个体服务业311个，营业收入570万元。1994年，服务业增加到380个，年营业额790万元，其中集体服务业10个，营业收入71万元，个体服务业370个，营业收入719万元。1995年，全区集体服务业先后改制成个体私营企业。当年完成营业额1100万元。比1994年增加310万元，增加39.24%。2000年，全区有服务业410个，营业额2500万元。2001—2007年，一些较大的服务业增多，服务质量上升，元坝开元酒店开始营业，全区服务业营业额逐年增加。2007年，全区有服务业430个，营业额3170万元。

第二十一篇　财政税务

第一章　财　政

第一节　财政机构

1986年11月，广元市市中区卫子区公所设财政科，贾北朝任科长。1988年6月，卫子区财政科更名为卫子区财政局，贾北朝任局长，周达文任副局长。1989年2月，增补胡维明为副局长。

1989年12月，广元市元坝区设财政局（简称区财政局）。1990年2月，区财政局正式挂牌成立。2007年末，区财政局职工32人，其中，公务员21人，事业人员11人。

一、内设机构

1988年6月，卫子区财政局内设办公室、预算股和行政股。

1990年9月，区财政局设办公室、行财股（含控办工作）、农财股（含农税工作）、企财股、预算股（含会计事务管理、综合工作）。1991年3月，增设农税股、综合计划股。1992年3月，增设人事政工股、监察股。1993年3月，建立局工会。1995年1月，农税股整体划归元坝区地税局。1995年10月，增设社会保障股、基建股、税收股。同年，建立中共广元市元坝区财政局地税局党组，1998年撤销，单独建立中共广元市元坝区财政局党组。1998年，增设经贸股。1999年，局内股室调整，将企财股、外经股合并，设置经贸股；税务股与会计股合并，设置会计条法股，行财股更名为公共支出股，增设人事教育财政监督股。2003年6月，增设国库股、统计评价股；将行财股分设为行政政法股和教科文股；增设财政监督检查科。2007年年底，区财政局设办公室（含财政政策研究室）、综合股（含非税收入管理股）、财税会计法规股、预算股、国库股、行政政法股、教科文股、经济建设股、农业股、社会保障股（含税政股、财法股）、投资管理股、外事外债金融股、统计评价股、人事教育股和广元市元坝区财政监督检查科。

广元市元坝区财政局领导名录

表 21 - 1

姓　名	性别	籍　贯	政治面貌	职　务	任职期间	备　注
贾北朝	男	广元市元坝区	中共党员	局　长	1990 - 02—1992 - 07	
周达文	男	广元市元坝区	中共党员	副局长	1990 - 02—1993 - 03	
彭科文	男	南充市西充县	中共党员	副局长	1991 - 06—1993 - 02	
胡开勇	男	广元市元坝区	中共党员	局　长	1992 - 07—1993 - 02	
胡维明	男	广元市元坝区	中共党员	局　长	1993 - 02—1998 - 04	党组书记
冯树传	男	广元市元坝区	中共党员	副局长	1993 - 02—1998 - 02	党组副书记
夏登坤	男	广元市元坝区	中共党员	副局长	1994 - 04—2001 - 02	
黄邦杰	男	广元市元坝区	中共党员	副局长	1998 - 02—2001 - 02	党组成员
彭科文	男	南充市西充县	中共党员	局　长	1998 - 04—2001 - 02	党组书记
夏登坤	男	广元市元坝区	中共党员	局　长	2001 - 02—2007 - 02	党组书记
李良枝	男	广元市元坝区	中共党员	副局长	2001 - 02—	党组成员
王正功	男	广元市元坝区	中共党员	副局长	2001 - 02—2007 - 06	党组成员
侯　宏	男	广元市旺苍县	中共党员	局　长	2007 - 02—	党组书记
秦　勇	男	广元市元坝区	中共党员	副局长	2007 - 06—	党组成员、纪检组长

二、挂靠机构

广元市元坝区控制社会集团购买力领导小组办公室，1990 年 3 月成立，2001 年机构改革时未再设置。

广元市元坝区国债服务部，1994 年成立，2001 年 12 月撤销。

广元市元坝区公费医疗管理委员会，1992 年 3 月建立，其办公室设在区财政局。1995 年 3 月，建立广元市元坝区公费医疗保险局，挂靠区财政局。1999 年 4 月，划归区劳动和社会保障局。

广元市元坝区税收财务物价大检查办公室，1990 年成立。1995 年 10 月，该机构转为非常设机构。1997 年机构改革时，不再设置该机构。

广元市元坝区住房公积金管理中心，1996 年成立。2004 年撤销，组建广元市住房公积金管理中心元坝管理部，机构及编制上划广元市住房公积金管理中心。

广元市会计师事务所元坝办事处，1996 年成立，2000 年 5 月撤销。

至 2007 年年末，仍挂靠区财政局的机构 5 个：

广元市元坝区国有资产管理办公室，1993 年 3 月成立；1995 年 10 月，升格为广元市元坝区国有资产管理局；2003 年 3 月更名为广元市元坝区国有资产管理办公室；2005 年 12 月，复更名为广元市元坝区国有资产管理局。

广元市元坝区人民政府采购中心，2000 年 9 月成立；2004 年 8 月，更名为广元市元坝区人民政府采购管理办公室。

2003 年 6 月，撤销行政事业性收费大厅，非税财政收入实行银行代收制度，增设区财政国库支付中心。

广元市元坝区农业综合开发办公室，2004 年 10 月成立。

广元市元坝区投资评估中心，2007 年 10 月成立。

三、基层机构

1986 年 11 月，因行政体制变化，撤销卫子、王家、虎跳、昭化 4 个区公所财政所。1989 年 2 月，区财政局在各乡镇和办事处设置财政所，办事处财政所按原区公所管辖的范围，负责管理辖区内各乡镇财政所的日常工作。

1992—1997 年，在乡镇撤并和复建中，各乡镇财政所随之撤并和复建。1997 年，基层有 9 个镇财政所、19 个乡财政所。从 1995 年起，乡镇财政所与乡镇地税所实行“两块牌子、一套人马”合署办公，财政所长由乡镇长兼任。1998 年，各乡镇财政所与地税所编制、人员、财产分开，确定 28 个乡镇财政所人员 38 名。王家、卫子、虎跳、昭化、元坝、太公、磨滩、红岩、柏林沟镇等 10 个乡镇分别由 2 名财政干部组成，其余 18 个乡财政所由 1 名财政干部任会计，由乡政府安排 1 名在职干部兼任出纳。2001 年 4 月，全区建立乡镇财会核算中心，与财政所实行“两块牌子，一套人马”合署办公，并从各乡镇学校、机关事业单位中招考部分人员充实乡镇财会核算中心。乡镇“七站”“八所”收支业务统一由核算中心管理。各财政所长由区财政局、区人事局任命，乡镇长不再兼任财政所长职务。2007 年年底，乡镇财政所共有工作人员 50 人，其中，公务员 17 人，事业人员 33 人。

第二节　财政改革

一、财政体制改革

1989 年 12 月，广元市对县区财政管理体制实行“划分税种、核定收支、分级包干”的管理办法。元坝区对各办事处、乡镇实行“核定收支，收入上缴，支出下拨，收支挂钩，超收分层，超支不补，节余全留，一年一定，年终按体制结算”的财政管理办法。1993 年，对乡镇实行“划分收支，分级包干，收入上缴，支出下拨，收入递增，定额补助，超收分成，短收减支，超支不补，结余留用，一定三年”的财政预算管理体制。1999 年 1 月，实行分税制财政管理体制。区对乡镇财政管理体制坚持“统一政策，分级管理，事权与财政相结合”的基本原则，实行“划分税种、核定收支、收入上缴、支出下拨、超收分成、短收减支，超支不补，结余留用，一定三年”的管理体制。2003 年，进一步改革区乡财政管理体制，区、乡镇共享税分享比例由 4∶6 调整为 2∶8，取消了“超收分成”。2005 年，按照“三权（预算管理权、资金使用权、财务审批权）不变”的原则，对乡镇财政实行预算共编、账户统管、采购统办、票据统管的“一级预算单位”管理方式，建立“乡镇财政区管乡镇用”、分类指导的公共财政管理体制。

2003 年，在区本级推行了部门预算和国库集中收付制度管理改革。坚持“综合预算，零基预算，统筹兼顾，收支平衡，约束有力”的编制原则，在区本级 63 个单位推行了部门预算改革。按建立国库单一账户体系的要求，推行国库集中收付制度改革。全面清理单位银行账户，归并和撤销各单位多余开设的账户 144 个；规范收入征管程序，取消“收费大厅”，全面实行银行代收制；改革支付程序，分别实施财政直接支付和财政授权支付。

二、政府采购制度改革

2000 年 9 月，元坝区成立了政府采购中心。2001 年，制定了《广元市元坝区政府采购目录》和政府采购管理制度，加强对政府采购的管理。当年进行了4批次采购，采购金额77万元，节约资金12万元，节约率为15.30%。2002年6月，国家颁布了《政府采购法》，元坝区全年实行政府集中采购8次，预算金额304.30万元，采购金额258.10万元，节约资金46.20万元，节约率17.90%。2003年，元坝区在认真贯彻落实上级规定的同时，采取了政府采购与财政年初预算配套的办法，在采购中严格执行公开、公平、公止。当年开展了5批次采购，预算金额358万元，实际采际金额为321万元，节约率11.53%。至2007年，元坝区进一步规范采购行为，改革采购制度，建立政府采购资金专户，拓展采购范围，同时，组织区财政、纪检、监察部门，查处了私自采购行为，实施 政府采购“阳光工程”。通过贯彻实施《政府采购法》，坚持政府采购制度改革，进一步规范了政府采购行为，拓展了采购范围，做到了“管采分离”。

三、国库集中收付制度改革

2003年，建立了广元市元坝区财政国库支付中心，负责直接支付、审批和办理授权支付业务，办理政府采购资金拨款，出具工资和政府采购资金记账凭证，管理和使用财政资金有关账户，登记和管理支出明细账。7月，元坝区参照四川省本级国库集中收付改革办法，确定了全区财政集中收付制度改革的模式，按国库单一账户体系要求，全面清理单位银行账户，归并和撤销各单位多余开设的银行账户144个。规范收入征管程序，实行银行代收制。改革财政支出拨付程序，分别实行财政直接支付和财政授权支付。2004年，区财政局制定了《广元市元坝区财政国库集中收付制度改革暂行办法》，强化部门预算约束，把所有收入全部纳入政府财力安排使用，逐步完善了大额财政支出以及采购资金的直接支付管理。开展了银行账户清理归并，由区纪委、监察局牵头，从监察、财政、审计等部门抽调20人组成5个清理小组对所有单位银行账户进行全面清理整顿和归并。通过清理整顿，按建立国库“单一账户”体系要求，撤销单位账户194个，改变了“账户林立”的现状。规范后，各预算单位分别开设一个“小额现金账户”，对需专户核算的资金，根据上级财政部门的有关规定分别开设特设专户。2007年，在深化国库集中收付制度改革中，元坝区取消了区级行政单位收入收缴过渡户，对本级“非税收入”，实行“单位开票，银行代收，财政统管”的征管办法，通过“直接缴库方式”和“汇总缴库方式”直达区金库的“直通车”方式，将预算单位的支出分为工资支出、购买支出、零星支出和转移支付支出四类，根据“预算指标、分项用款、项目进度”分别实行财政直接支付和授权支付。对行政机关工资和政府集中采购资金等实行财政直接支付，将部门的上级补助收入、下级上缴收入、往来款项清收等资金全部纳入财政专户管理。对“退耕还林”“粮食直补”等政策补助实行“一折通”，其余日常公用支出和其他需支付现金的由预算单位在财政授权支付额度内自行办理。

四、“收支两条线”改革

“收支两条线”是一种财政收支管理制度。即各级执收执罚部门和单位将依托政府职能所得的收入上缴国库或财政专户，其所需经费由财政部门按预算核拨的一种管理方式。按照2002年中共广元市委、广元市人民政府《关于进一步深化改革建立公共财政基本框架的意见》和广元市财政局、广元市监察局《关于对本级政府非税收入实行银行代收的管理办法》的要求，从2004年4月1日起，元坝区对本级政府非税收入的征管工作，全面实行银行代收管理办法，按“收支两条线”的规定，实行执收单位只向缴费人开具“一般缴款书”，由当事人到财政指定的银行代收点缴款，并按预算进行管理。2005年，元坝区继续完善和深化财政“收支两条线”管理制度改革，全面推行部门综合预算，强化部门预算约束和“收支两条线”改革，把所有非税收入全部列入政府财力安排和使用，彻底解决了区级部门“肢解”财力问题。2006年，全面提升财政管理水平，转变理财手段，坚持向“绩效型财政”转变。切实加强对非税收入的管理，严厉查处各种违反财经纪律的行为；严格按照“收支两条线”管理制度，严厉查处各单位私设“小金库”，擅自“坐收坐支”等违反财经纪律的行为；开展会计信息质量大检查，查处做假账行为，有效地推进了“收支两条线”制度改革的顺利进行。

五、实施“金财工程”

2002年，国家信息化领导小组将“金财工程”列为国家电子政务主要业务系统之一，开始全面启动。2004年，区财政局根据财政部，省、市财政部门的要求，成立了“金财工程”领导小组，制定了《元坝区财政局机房工程实施方案》。组建“金财工程”中心机房，购置了11.80万元的中心机房设备，确保了市到区的网络畅通。2005年，中心机房通过市级检查验收。2006年，区财政局根据财政部《关于加快“金财工程”建设实施意见》的要求，当年率先开通了区到乡镇“金财工程”网络，利用“金财工程”平台，开展了国库集中支付网上操作和财政信息网上报送。2007年，区财政局制定了“金财工程”在设备购置、维修、更新、报废方面的审查和监管制度，制定了新的办公自动化软件使用规范等管理制度，对各股室和乡镇财政人员进行了上网发布信息、账套设备和系统新识化等方面的技能培训。“金财工程”的实施，全区财政部门初步实现了科学理财、规范理财。

第三节　财政收支

一、收支总况

元坝区建立之后，全区财政收支随着经济和社会事业的快速发展逐年上升，且增幅较大。预算内财政收支年终决算，除1989年、1990年、1992年、1993年2000年和2001年共6年当年出现赤字外，其余年度均保持了收支平衡，略有结余。在财政总收入中，地方财政一般预算收入的增长率明显低于上级补助收入的增长率。2007年，全区地方财政一般预算收入比1987年增加9.88倍，而上级补助收入比1987年增加84.58倍。上级补助收入已成为元坝区财政收入的支柱，2000年，上级补助收入达3893万元，占全区财政总收入的70.40%，2005年达17081万元，比2000年增加13188万元，增加4.39倍；2007年达27134万元，是2000年的6.97倍，比2005年增长58.85%，占全区财政收入的91.24%。

2007年，全区财政收入实现29740万元，分别是1987年、1990年、1995年和2000年的55.17倍、24.85倍、10.70倍和5.38倍，比2006年增加33.77%。在财政总收入中，2007年，地方一般预算收入2155万元，占年总收入的7.25%，分别是1990、1995年和2000年的9.88倍、9.63倍、1.58倍和1.20倍，比2006年增加26.62%；上级补助收入27134万元，分别是1990、1995年和2000年的26.88倍、21.05倍和6.97倍，比2006年增加33.69%。

2007年，全区财政支出为29740万元，分别比1987、1990、1995年和2000年增加53.62倍、25.14倍、10.43倍和5.18倍，比2006年增加33.77%。

广元市元坝区1987—2007年财政收支平衡统计表

表21-2　　单位：万元

年度	收入			支出				年终滚存结余
	合计	本年收入	上年结余收入	合计	一般预算支出	国债转贷收入支出	上解支出	
1987	539	539	—	555	555	—	—	-16
1988	600	616	-16	670	661	—	9	-70
1989	673	743	-70	709	669	—	40	-36
1990	1197	1233	-36	1183	1131	—	52	14
1991	1207	1193	14	1249	1183	—	66	-42
1992	1398	1440	-42	1485	1478	—	7	-87
1993	1708	1795	-87	1696	1685	—	11	12
1994	2340	2328	12	2231	2168	—	63	109
1995	2775	2666	109	2679	2624	—	55	96
1996	3629	3533	96	3530	3434	—	96	99
1997	4466	4367	99	4346	4270	—	76	120
1998	4260	4140	120	4133	3882	—	251	127
1999	4313	4186	127	4594	4503	—	91	-281
2000	5491	5772	-281	5745	5487	80	178	-254
2001	7113	7367	-254	7014	6828	—	186	99
2002	10820	10721	99	10384	10007	—	377	436
2003	12306	11870	436	12049	11563	300	186	257
2004	15724	15467	257	15763	15534	—	229	-39
2005	18425	18464	-39	18663	18542	—	121	-238
2006	21760	21998	-238	22198	22077	—	121	-438
2007	28851	29289	-438	29689	29568	—	121	-838

广元市元坝区1987—2007年财政收支指标增（减）情况汇总表

表21-3

年度	财政总收入比上年±%	一般预算收入比上年±%	上级补助收入比上年±%	人平财政收入（元）	财政总收入占地区生产总值%	财政一般预算支出比上年±%	备注
1987	—	—	—	27.18	7.68	—	
1988	4.34	22.59	57.93	29.95	6.23	20.93	
1989	12.00	-17.87	50.01	33.29	6.31	5.71	
1990	77.91	1.87	92.77	52.56	9.86	66.85	
1991	0.85	27.17	-9.99	52.63	9.31	5.64	
1992	15.75	5.20	25.51	60.68	8.91	18.88	

续表

年　度	财政总收入比上年±%	一般预算收入比上年±%	上级补助收入比上年±%	人平财政收入（元）	财政总收入占地区生产总值%	财政一般预算支出比上年±%	备　注
1993	22.50	198.70	-20.58	72.53	8.38	14.13	地内生产总值均系按当年价格计算
1994	36.92	16.07	32.00	98.80	7.56	31.58	
1995	18.55	32.64	7.81	116.40	6.83	20.08	
1996	30.70	21.86	43.88	151.88	7.44	31.74	
1997	23.05	7.04	38.60	186.16	8.41	23.12	
1998	-4.61	9.02	-15.13	177.23	7.49	-5.73	
1999	2.09	0.56	-1.15	180.76	7.69	12.13	
2000	27.07	-8.63	80.48	228.48	9.52	25.05	
2001	29.33	2.61	48.82	295.74	12.71	22.09	
2002	58.83	18.69	54.50	450.47	17.74	48.05	
2003	13.68	-2.92	10.70	512.28	18.14	16.03	
2004	27.69	-20.73	45.94	660.49	18.96	30.60	
2005	18.40	-17.97	23.95	784.92	19.72	18.60	
2006	19.12	23.07	18.82	937.23	20.56	19.12	
2007	33.97	26.62	33.77	1249.62	21.46	33.77	

二、财政供养人员

1987年财政全额、差额供养人员为2688人，1990年为3588人，比1987年增加900人，增加33.48%；2000年为5458人，比1987年增加2796人，增加104%，比1990年增加1896人，增加52.84%；2007年为6258人，比1987年增加3570人，增加132.81%，比1990年增加2670人，增加74.41%，比2000年增加774人，增加14.11%。

在财政供养人员中：财政全额供养人员，2007年为5267人，比1987年的1526人增加3741人，增加2.45倍；比1990年的2123人增加3144人，增加1.48倍；比2000年的4398人增加869人，增加19.76%。离退休人员，2007年为991人，比1990年的345人增加646人，增加1.87倍；比2000年的695人增加296人，增加42.59%。离退休人员占财政全额供养人员的情况，1987年为17.30%；1990年为16.25%；2000年为15.80%；2007年为18.82%。

广元市元坝区1987—2007年财政供养人员情况统计表

表21-4　　　　单位：人

年度	总计	财政预算拨款（补助）开支的人数										预算外资金开支人数		
		合计	全额开支人数			差额（定补）人数			离退休人数			合计	在职人员	离退休人员
			小计	行政	事业	小计	事业	集体	小计	行政	事业			
1987	2712	2688	1526	350	1176	898	—	898	264	90	174	24	24	—
1988	2992	2968	1600	407	1193	1099	71	1028	269	97	172	24	24	—

续表

年度	总计	财政预算拨款（补助）开支的人数										预算外资金开支人数		
		合计	全额开支人数			差额（定补）人数			离退休人数			合计	在职人员	离退休人员
			小计	行政	事业	小计	事业	集体	小计	行政	事业			
1989	3361	3337	1857	473	1384	1193	84	1109	287	105	182	24	24	—
1990	3838	3588	2123	575	1548	1120	73	1047	345	103	242	250	179	71
1991	3990	3714	2260	628	1632	1107	79	1028	347	104	243	276	205	71
1992	4186	3858	2402	657	1745	1102	100	1002	354	101	253	328	257	71
1993	4230	3833	2544	697	1847	927	96	831	362	110	252	397	324	73
1994	4536	4084	2811	833	1978	901	110	791	372	121	251	452	379	73
1995	4704	4155	2969	874	2095	801	132	669	385	125	260	549	476	73
1996	4840	4240	3116	923	2193	742	172	570	382	126	256	600	527	73
1997	5165	4491	3486	982	2504	553	52	501	452	164	288	674	598	76
1998	5274	4523	3585	1001	2584	461	—	461	477	175	302	751	675	76
1999	6086	5254	4363	1371	2992	284	—	284	607	196	411	832	756	76
2000	6549	5484	4398	1447	2951	391	185	206	695	244	451	1065	1020	45
2001	7169	5710	4679	1560	3119	264	164	100	767	269	498	1459	1369	90
2002	6957	5892	4861	1667	3194	145	145	—	886	310	576	1065	956	109
2003	7025	6019	4958	1728	3230	134	134	—	927	324	603	1006	873	133
2004	7038	6106	5163	1831	3332	28	28	—	915	321	594	932	799	133
2005	7018	6165	5205	1827	3378	—	—	—	960	—	—	853	749	104
2006	6980	6207	5224	1784	3440	—	—	—	983	—	—	773	607	166
2007	6898	6258	5267	1806	3461	—	—	—	991	254	737	640	472	168

三、预算内财政收支

（一）收入

1. 一般预算收入

一般预算收入，包括税款收入、企业收入、专款收入和其他收入。1987 年，卫子区财政一般预算收入有产品税、营业税、企业所得税、车船使用税、农业税、屠宰税等。当年，完成一般预算收入 218.20 万元，1989 年，元坝区开征农业特产税、耕地占用税。区、乡两级在财政资金缴拨上实行“收入全额上缴，支出按比例下拨，年终按体制结算”的办法，把乡镇的收入纳入全区平衡收支的轨道。1990 年，全区财政一般预算收入完成 422.70 万元，比 1987 年增加 93.72%，减去企业亏损补贴 198.90 万元，增加 2.57%。1994 年，元坝区实行“分税制”。当年，全区财政一般预算收入完成 1376.80 万元。2001 年起，财政部门通过清理和规范各种税收政策，结合收费年审工作，取消区级部分主管部门对乡镇站、所收费票据的管理，基本建立起以收税为主、收费为辅、管理规范的政府收费体系。2002 年，全区财政一般预算收入首次突破两千万元，实现 2191 万元。其中，工商税收入 560 万元；农业税收入 1069 万元；农业特产税收入 163 万元；契税收入 5 万元；企业所得税收入 6 万元，专款收入 17 万元；预算调节基金收入 111 万元；行政事业性收费 201 万元；罚没收入 59 万元。2003 年，实施国家取消农业特产税降低农业税税率的政策，当年财政一般预算收入完成1686万元，比2002年减少441万元，减少20.73%。2005年，停征农业税，当年财政一般预算收入完成1383万元，比2004年减少303万元，减少17.97%。取消农业特产税，停征农业税后，区政府进一步加大了招商引资的力度，大力兴办工业企业，加速第三产业的发展，拓宽财源门路，增加财政收入。2007年，全区财政一般预算收入完成2155万元。

工商税收入：1987年，卫子区工商税收入101.50万元，占当年财政一般预算收入的46.52%。元坝区1990年为200.20万元，比1987年增长97.24%，占当年财政一般预算收入的47.36%；1995年收入656.30万元，是1990年的3.28倍，占当年财政一般预算收入的47.67%，2000年收入540万元，较上年减少25.93%，占当年财政一般预算收入的30.02%，2007年实现收入为1358万元，是1987年的13.38倍，是1990年的6.78倍，占当年财政一般预算收入的63.02%。

农业“三税”（农业税、农业特产税、耕地占用税）收入：农业税收入，1987年，卫子区收入106.40万元，占财政当年一般预算收入的48.76%。元坝区1990年收入165.90万元，占当年财政一般预算收入的74.13%。1995年收入435万元，占当年财政一般预算收入的31.60%。2000年收入327万元，占当年财政一般预算收入的18.18%。2003年，收入1154万元，占当年财政一般预算收入的54.25%。2004年，根据国家在三年之内免征农业税的政策规定，元坝区降低农业税税率三个百分点，剔除减免后农业税入库432万元，占当年财政一般预算收入的25.62%，比2003年减少37.43%。2005年起，农业税停征；农业特产税收入，1989年收入4.10万元。1995年收入114.30万元，2000年实现收入505万元，2003年起，农业特产税停征；耕地占用税收入，元坝区于1989年征收耕地占用税，当年收入5.30万元。1990年收入18.20万元，2007年收入37万元。

契税收入：1995年以前，契税由乡镇政府或财政部门负责征收。1995年开始，由地税部门征收。1987—2007年，累计收入114.60万元，年平均收入为5.45万元。

企业所得税收入：区内企业起步晚，规模小，经济效益较低。因此，企业所得税收入较少，1987—2007年累计收入224.70万元，年均收入仅10.70万元。

国有资产经营收益：全区1999年至2007年累计收入521万元。

专款（项）收入：全区1990年至2007年累计收入503.80万元，年均收入27.99万元。2007年是该项收入最高年，收入136万元，占全区财政一般收入的16.24%。

其他收入：主要包括行政事业性收费收入、罚没收入。1990年收入28.40万元，占全区财政一般预算收入的6.72%；1995年收入107.90万元，是1990年的3.80倍，占全区财政一般预算收入的7.84%；2004年收入211万元，比1995年增加95.55%，占全区财政一般预算收入的1.73%；2007年收入533万元，比2006年增加19.51%，比2000年增加152.61%，占当年财政一般预算收入的24.73%。

广元市元坝区1987—2007年财政收入（一般预算收入）统计表

表21-5　　单位：万元

年度	合计	工商税	农业税	农业特产税	耕地占用税	契税	企业所得税	专款（项）收入	国有企业亏损补贴	预算调节基金收入	国有资产经营收益	其他收入	其中	
													行政事业性收费收入	罚没收入
1987	216.7	101	106	—	—	0.6	9	—	—	—	—	0.1	—	—

续表

年度	合计	工商税	农业税	农业特产税	耕地占用税	契税	企业所得税	专款（项）收入	国有企业亏损补贴	预算调节基金收入	国有资产经营收益	其他收入	其中	
													行政事业性收费收入	罚没收入
1988	266.3	117	137	—	—	0.3	12	—	—	—	—	—	—	—
1989	217.7	163	188	4	5	0.7	23	—	-171	—	—	5	—	—
1990	222.7	200	165	8	18	1	0.1	0.6	-198	—	—	28	—	—
1991	282.1	258	172	12	12	1.7	—	3.4	-219	1	—	41	—	—
1992	297.9	289	214	12	9	0.9	—	3.9	-254	2.1	—	21	—	—
1993	892.8	573	211	16	7	4.4	—	6.7	—	1.7	—	73	—	—
1994	1035.5	408	372	88	9	2.1	30	12	—	2.4	—	112	—	—
1995	1374.6	656	435	114	5	8.6	31	18	—	—	—	107	8	98
1996	1675.3	811	505	176	5	6.3	6	12	—	—	—	154	23	112
1997	1796	803	467	372	4	5	18		—	—	—	127	89	28
1998	1958	927	481	320	2	11	20	21	—	—	—	176	165	11
1999	1969	729	431	443	7	2	20	60	—	—	50	227	170	6
2000	1799	540	327	505	1	3	5	15	—	—	192	211	100	111
2001	1846	618	178	484	—	2	12	20	—	—	120	412	245	167
2002	2191	560	1069	163	—	5	6	17	—	—	111	260	201	59
2003	2127	777	1154	—	—	8	1	38	—	—	—	149	59	89
2004	1686	789	432	202	—	4	3	—	—	—	—	256	66	34
2005	1383	727	—	220	—	8	4	54	—	—	—	370	74	295
2006	1702	1143	—	—	9	12	6	86	—	—	—	446	221	222
2007	2155	1358	—	—	37	28	15	136	—	—	48	533	268	265

注：2004 年和 2005 年农业特产税栏中的数据是烟叶税收入

2. 上级补助收入

上级补助收入是财政部根据国家有关政策规定给予地方财政的财力补助。20 世纪 80—90 年代有原体制补助、税收返还补助、专项补助、结算补助等。2000 年至 2007 年增加了一般性转移支付，取消农业特产税和农业税补助、农村税费改革转移支付补助、调整工资转移支付补助、增发国债补助、农村灾情减免补助、农村义务教育补助、缓解县乡困难补助等。2007 年已达 27134 万元，占全区财政总收入的 91.24%，分别是 1987 年、1990 年、1995 年、2000 年的 122.88 倍、26.88 倍、21.05 倍、6.97 倍，比 2006 年增加 33.69%。

税收返还收入：税收返还收入是中央对地方的税收返还，中央的税收返还制度就其性质而言，是一种转移支付，是每年的经常性收入返还。中央对地方税收返还数额，以 1993 年为基期年核定。按照 1993 年地方实际收入以及税制改革后中央和地方收入划分情况，合理确定 1993 年中央从地方净上划的收入数额，并以此作为中央对地方税收返还基数，保证 1993 年地方既得财力。1994 年以后，税收返还额在 1993 年基数上逐年递增，递增率按全国增值税和消费税增长率的 1∶0.3 系数确定，即全国增值税和消费税每增长 1%，中央财政对地方的税收返还增加 0.30%。1994 年，元坝区税收返还收入 228.40

万元；2000 年为 599 万元，比 1994 年增加 162. 26%；2005 年为 808 万元，是 1994 年的 3. 54 倍，比 2000 年增加 34. 89%；2007 年为 964 万元，是 1994 年的 4. 22 倍，比 2000 年增加 60. 93%。

原体制补助收入：原体制补助是国家和省按照精简机构，转变职能的要求，在提高办事效率和服务质量的基础上，对原供应人员经费、公用经费和专项业务费实行定项补助政策。1994 年国家分税制改革后，按当时的供应人员和收入基数确定给地方的补助。原体制补助由省本级财政均衡拨付。1987 年元坝区原体制补助收入 131. 10 万元。元坝区 1990 年为 252. 60 万元，比 1987 年增加 92. 68%；1995 年为 299. 70 万元，比 1990 年增加 18. 41%，1999 年为 287 万元，比 1995 年减少 4. 05%。2000 年开始取消了该项补助收入。

专项补助收入：主要有农业税减免、"普九"教育、"三农"建设、中小企业、自然灾害救济、文物保护、法律援助、安置就业贫困人员、退耕还林等。特别是改革开放以来，随着国民经济和社会事业的快速发展，国家对县级财政的补助项目增多，数额相应大幅度地增加，专项补助收入成为元坝区财政收入的重要组成部分。1987 年，卫子区专项补助收入 132 万元，占当年财政总收入的 24. 49%；元坝区 1990 年为 423. 80 万元，比 1987 年增加 3. 21 倍，占当年财政总收入的 35. 41%；1995 为 607. 30 万元，比 1990 年增加 43. 30%，占当年财政总收入的 21. 86%；2000 年为 2199 万元，是 1995 年的 3. 62 倍，占当年财政总收入的 41. 26%；2007 为 10, 887 万元，是 2000 年 4. 93 倍，占当年财政总收入的 36. 61%。

转移支付补助收入：中央按照国家特定政策向不同地区实行的一种政策性的财力补助。1994 年，国家实行分税制管理体制的同时，开始试行财政转移支付制度。2002 年，全国农村实施税费改革后，中央根据农村税费改革前各地财力对农业税费的依赖程度和财政困难程度以及中央补助的总规模计算确定各地转移支付系数。然后参照税费改革前各地区乡村两级办学、计划生育、优抚、乡镇道路修建、民兵训练、村级基本经费以及教育集资等统计数据，按照客观因素核定各地区上述经费开支需求和地方税费改革的地方减少收入额，确定对各地的转移支付数额。每年向不同地区实行转移支付补助。同时，根据国家财力，适当增加转移支付项目和数额。

广元市元坝区 1987—2007 年财政收入（上级补助收入）统计表

表 21－6　　　　单位：万元

年度	合计	税收返还收入	原体制补助	专项补助	结算补助	一般性转移支付补助	取消农业税特产税降低农业税补助	农村税费改革转移支付补助	调整工资转移支付补助	增发国债补助	农村灾情减免补助	调整收入任务补助	其他补助
1987	320	—	131	132	31	—	—	—	—	—	—	—	26
1988	347	—	126	185	14	—	—	—	—	—	—	—	22
1989	520	—	128	189	167	—	—	—	—	—	—	—	36
1990	1007	—	252	423	221	—	—	—	—	—	—	—	111
1991	907	—	251	401	229	—	—	—	—	—	—	—	26
1992	1139	—	402	528	120	—	—	—	—	—	—	—	89
1993	904	—	297	454	47	—	—	—	—	—	—	—	106
1994	1289	228	299	581	87	—	—	—	—	—	—	—	94
1995	1288	239	299	607	58	—	—	—	—	—	—	—	85

续表

年度	合计	税收返还收入	原体制补助	专项补助	结算补助	一般性转移支付补助	取消农业税特产税降低农业税补助	农村税费改革转移支付补助	调整工资转移支付补助	增发国债补助	农村灾情减免补助	调整收入任务补助	其他补助
1996	1855	252	299	1145	78	—	—	—	—	—	—	—	81
1997	2571	261	287	1855	122	—	—	—	—	—	—	—	46
1998	2182	272	287	1398	125	—	—	—	—	—	—	—	100
1999	2297	262	287	1498	70	—	—	—	—	—	—	—	180
2000	3893	599	—	2199	178	—	—	—	456	120	—	23	318
2001	5521	644	—	1808	130	501	458	—	1366	60	198	—	356
2002	9039	754	—	2041	200	2041	1366	—	1735	606	86	—	210
2003	11189	762	—	1953	281	1854	1366	—	1884	889	260	—	1940
2004	20567	795	—	5152	352	2361	7540	1366	2033	768	200	—	—
2005	17069	808	—	4947	316	4708	1542	1366	2033	1349	—	—	—
2006	19778	857	—	5812	292	5246	1542	1366	3065	1598	—	—	—
2007	26439	964	—	10887	295	6418	—	2908	4097	农村义务教育补助527，缓解县乡困难补助343			—

（二）支出

财政支出，包括预算内支出和预算外支出两部分。在预算内支出中，又分一般预算支出和区级财政基金支出两部分。前者包含行政管理费、经济建设和教、科、文、卫、广播、体育支出，以及农、林、水支出和社会保障及其他支出等；后者只含事业支出、行政支出和其他支出。1987 年，卫子区财政支出 554.60 万元，财政赤字 15.50 万元。1988 年、1989 年财政赤字分别为 70 万元、36.20 万元。元坝区建立至 1993 年，由于基础设施建设投入增加，财政支出多出现赤字，其中，1992 年财滚存赤字达到 88.30 万元。1994 年后，区政府千方百计培植财源，进一步增加对工业、农业的投入，大力发展工业企业，支持企业技术改造，发展高税农业项目。同时，积极争取上级财政补助资金，区财政收入逐年增加。至 1998 年，区财政收入实现 4263 万元，财政支出 4097 万元。当年支出是 1987 年的 7.39 倍，分别比 1990 年、1995 年增加 3.46 倍、1.53 倍。财政收支连续 6 年保持平衡，且有结余。1999 年和 2000 年，因国家产业政策调整，区财政收入增长缓慢，而财政支出却大幅度增加，区财政连续两年出现较大赤字，分别为 242 万元和 215 万元。2001 年后，区政府进一步深化财政支出改革，结合机构调整，实施“零基预算 + 项目预算”的管理办法，积极消化财政赤字，保证了财政收支平衡，并略有结余。2002 年，区地方财政一般预算收入首次突破 2000 万元，实现 2191 万元。加上级补助 8530 万元，再加上年结余 132 万元，实现当年可用财力突破一亿元，达到 10859 万元，当年财政支出 10384 万元，收支相抵后结余 475 万元。2004 年，根据国家政策规定，取消农业特产税，降低农业税税率。2005 年开始，停征农业税，地方财政一般预算收入相应减少，但国家在逐年增加专项补助的同时，增加了财政转移支付补助的项目和力度。2007 年，全区可用财力达 29740 万元，与财政支出相抵后，实现收支平衡，略有结余。

1. 经济建设支出

主要包括基本建设、支援农业生产、农业综合开发支出和工业、商业等部门事业费及企业挖潜改造资金、简易建筑费、科技费用、城市维护费、政策性补贴支出等。1987 年，全区经济建设支出为 65.70 万元，占当年财政一般预算支出的 11.85%；2000 年为 816 万元，占当年一般财政预算支出的 14.87%；2007 年为 6837 万元，占当年一般财政预算支出的 23.12%，支出总额是 1987 年的 104.06 倍。

2. 行政管理支出

1987 年，全区行政管理支出为 138.40 万元，占当年财政一般预算支出的 24.95%；2000 年，行政管理支出为 1436 万元，占当年财政一般预算支出的 26.17%；2007 年为 6861 万元，占当年一般预算支出的 23.20%，是 1987 年的 49.57 倍，比 2000 年增加了 4.78 倍。

3. 教育、科学、文化、体育、广播、卫生等事业支出

1987 年，全区支出 252.60 万元，占当年财政一般预算支出的 45.55%；2000 年为 1953 万元，占当年财政一般预算支出的 35.59%；2007 年为 8864 万元，占当年财政一般预算支出的 29.98%，是 1987 年的 35.09 倍，是 2000 年的 4.54 倍。在该项支出中，教育事业费支出较大。1987 年支出 204.20 万元，占当年该项支出的 80.84%；2000 年支出 1551 万元，占当年该项支出的 79.42%，比 1987 年增加了 7.60 倍；2007 年支出 6920 万元，占当年该项支出的 78.07%，是 1987 年教育事业支出的 33.89 倍，是 2000 年的 4.46 倍。

4. 农业、林业、水利、农机、畜牧事业支出

1987 年支出 18.40 万元，占当年财政一般预算的 3.32%；2000 年支出 172 万元，占当年财政一般预算支出的 3.13%，是 1987 年该项支出的 9.33 倍；2007 年支出 3473 万元，占当年财政一般预算支出的 11.75%，是 2000 年该项支出的 20.19 倍。

5. 社会保障补助支出

1987 年，全区社会保障补助支出 24.30 万元，占当年财政一般预算支出的 4.38%；2000 年支出 581 万元，占当年财政一般预算支出的 10.59%；2007 年支出 3453 万元，占当年财政一般预算支出的 11.68%，是 1987 年该项支出的 142.10 倍，比 2000 年增加 5.94 倍。

6. 抚恤和社会福利救济事业支出

1987 年区财政共拨款 43.70 万元，占当年财政一般预算支出的 7.88%；2000 年支出 268 万元，是 1987 年该项支出的 6.11 倍，占当年财政一般预算支出的 7.26%；2006 年支出 934 万元，占当年财政一般预算支出的 4.23%，比 2000 年增加 667 万元，增加 2.50 倍。

7. 专款支出

包括排污费支出、城市水资源费支出、教育附加支出、矿产资源补偿费支出。1990 年支出 0.60 万元，占当年财政一般预算支出的 0.05%；2000 年支出 15 万元，占当年财政一般预算支出的 0.27%；2006 年支出 188 万元，占当年财政一般预算支出的 0.85%。

8. 政策性补贴支出

包括粮食加价款、国家粮油差价补贴、国家储备粮油利息费用补贴、粮食政策性财务挂账利息补贴、粮食政策性财务挂账消化款、国家储备粮油差价补贴、副食品风险基金、市镇居民肉食价格补贴、平抑市场肉食差价补贴、平抑市价蔬菜差价补贴、其他政策性补贴费等。1987 年支出 6.20 万元，占当年财政一般预算支出的 1.12%；2000 年支出 106 万元，占当年财政一般预算支出的 1.93%。2002—2007 年，补助项目进行了适当调整，支出相应减少。

9. 城市建设维护费支出

1990年支出6万元，1995年支出23万元，比1990年增加了17万元，增加3.83倍；2000年支出44万元，比1995年增加2万元，增加1.91倍；2006年支出60万元，比2000年增加36.36%。

10. 其他支出

1987年支出3.50万元，占当年一般预算支出的0.63%；2007年支出709万元，是1987年的202.57倍，占当年一般预算支出的3.21%。

广元市元坝区1987—2007年财政支出（按预算科目分）情况统计表（一）

表21-7　　　　单位：万元

年　度	1987	1988	1989	1990	1991	1992	1993	1994	1995	1996
财政拨款合计	549	657	665	1126.7	1178	1881.9	2173.6	3296.4	3718.6	3428
1. 基本建设支出	—	—	—	64	67	—	—	—	15	78
2. 企业挖潜改造资金	—	—	—	—	—	—	—	—	—	—
3. 科技三项费	—	—	0.5	0.8	3	0.6	0.6	0.4	0.6	1
4. 支援农村生产支出	57	48	51	151	106	107	188	310	239	340
5. 农业综合开发支出	—	—	—	—	—	—	—	—	39	14
6. 农林水气象等部门事业费	18	48	26	58	44	59	72	93	113	128
7. 工业交通等部门事业费	—	—	0.4	5	2	1	3	4	4	34
8. 流通部门事业费	—	—	—	0.3	—	0.3	18	18	18	18
9. 文体广播事业费	9	11	12	24	23	32	46	49	54	109
10. 教育事业费	204	233	274	348	291	348	356	573	775	973
11. 科学事业费	—	1	—	1	2	1	1	2	2	4
12. 税务等部门事业费	10	17	19	34	62	64	111	241	218	301
13. 卫生事业费	39	39	45	49	68	93	92	109	153	159
14. 其他部门事业费	—	—	—	—	—	—	—	—	—	—
15. 抚恤和社会福利救济	43	47	51	82	73	69	65	91	129	127
16. 行政事业单位离退休费	该时期内均统计在各单位支出数中									165
17. 社会保障补助支出	—	—	—	—	—	—	—	—	—	—
18. 国防支出	—	—	—	—	—	—	—	—	—	3
19. 行政管理费	138	173	153	204	226	312	323	475	490	546
20. 公检法司支出	—	2	6	21	29	57	84	127	163	174
21. 城市维护支出	2	6	0.1	6	4	4	4	7	23	25
22. 政策性补助支出	6	8	16	44	149	299	172	135	78	125
23. 支援不发达地区支出	20	21	8	23	21	3	11	16	30	48
24. 土地和海域开发支出	—	—	—	—	—	—	—	—	—	—
25. 专款（项）支出	—	—	—	0.6	3	4	6	12	18	12
26. 其他支出	3	3	3	11	5	16	127	-98	58	44
27. 简易建筑费	—	—	—	—	—	—	—	—	—	—
28. 城镇青年就业经费	—	—	—	—	—	0.5	—	—	—	—

广元市元坝区1987—2007年财政支出（按预算科目分）情况统计表（二）

表21－8　　单位：万元

年　度	1997	1998	1999	2000	2001	2002	2003	2004	2005	2006	2007
财政拨款合计	4270	3705	4503	5487	6828	10007	11567	15534	18463	22067	29568
1. 基本建设支出	141	317	68	293	149	743	981	1025	1589	2063	一般公共服务支出5233
2. 企业挖潜改造资金	—	3	—	4	20	18	10	18	30	40	
3. 科技三项费	29	3	12	13	51	40	41	41	42	42	
4. 支援农村生产支出	423	379	316	324	214	171	统计在农林水支出内				公共安全支出1628
5. 农业综合开发支出	7	—	—	—	11	25	统计在农林水支出内				
6. 农林水气象等部门事业费	123	139	201	172	981	1249	946	3794	3110	3461	4042
7. 工业交通等部门事业费	5	8	9	9	21	16	26	30	4	4	1345
8. 流通部门事业费	18	19	20	23	20	20	20	20	26	28	—
9. 文体广播事业费	107	120	136	155	162	306	396	405	638	725	420
10. 教育事业费	1040	1005	1332	1551	2166	2796	3621	3889	4427	5729	6920
11. 科学事业费	3	3	3	5	4	4	6	4	10	6	79
12. 税务等部门事业费	233	84	122	100	101	290	—	—	—	—	—
13. 卫生事业费	161	164	242	242	266	306	380	438	720	676	2075
14. 其他部门事业费	—	—	—	—	—	—	295	134	179	165	环境保护支出2125
15. 抚恤和社会福利救济	150	155	158	267	277	346	490	488	569	934	
16. 行政事业单位离退休费	175	231	269	356	508	913	1146	1160	1210	1367	
17. 社会保障补助支出	—	—	22	43	92	147	274	439	388	315	3453
18. 国防支出	3	9	4	4	4	4	4	4	4	4	5
19. 行政管理费	704	719	1050	1127	1294	1643	2011	2153	3629	4226	工业商业金融等事业支出465
20. 公检法司支出	159	228	273	309	295	437	606	935	1143	1296	
21. 城市维护支出	25	20	35	44	35	49	67	110	80	60	
22. 政策性补助支出	338	19	—	106	135	150	15	6	7	43	
23. 支援不发达地区支出	183	93	230	325	—	—	—	—	—	—	城乡社区事务支出1069
24. 土地和海域开发支出	—	—	1	—	—	—	—	—	—	—	
25. 专款（项）支出	—	11	—	15	20	22	39	154	114	188	
26. 其他支出	243	－29	—	—	2	312	193	287	544	695	709
27. 简易建筑费	—	5	—	—	—	—	—	—	—	—	—
28. 城镇青年就业经费	—	—	—	—	—	—	—	—	—	—	—

元市元坝区 1987—2001 年财政支出（按实际支出分）情况统计表

表 21 - 9　　　　单位：万元

年度	合计	个人经费支出									公用经费支出						
		小计	基本工资	补助工资	其他工资	职工福利	社会保障费	人民助学金	差额补贴	副食品补贴	小计	公务费	设备购置费	修缮费	业务费	业务招待费	其他费用
1987	540.8	278.8	130	75	—	31	24	0.8	18	—	262	34	21	61	20	—	126
1988	644.8	335.8	159	88	—	34	27	0.8	16	11	309	43	19	91	24	—	132
1989	645.2	413.2	192	98	—	41	37	1.2	20	24	232	53	18	22	24	—	115
1990	1022.2	510.2	254	114	—	50	43	1.2	22	26	512	75	14	88	47	—	288
1991	959.2	526.2	249	123	—	57	44	1.2	25	27	433	92	16	64	42	—	219
1992	1174.1	681.1	313	168	—	71	58	1.1	41	29	493	142	3	61	81	—	206
1993	1486.3	770.3	338	213	—	85	73	1.3	27	33	716	153	10	107	126	—	320
1994	2164.5	1280.5	902	132	—	92	110	1.5	43	—	884	123	15	148	152	—	446
1995	3328.5	1883.5	1372	156	—	142	159	1.5	53	—	1445	175	109	268	234	—	659
1996	2542.3	1428.3	1044	105	—	89	119	1.3	70	—	1114	150	73	190	177	—	524
1997	4239	2495	1922	246	11	139	175	2.0	—	—	1744	145	49	366	241	—	943
1998	4382	2925	1952	441	61	188	276	7.0	—	—	1457	180	51	186	173	1	866
1999	5392	3746	2522	493	81	126	517	7.0	—	—	1646	238	109	224	227	2	846
2000	6529	4697	3139	631	209	130	581	7.0	—	—	1832	247	100	154	274	9	1048
2001	8226	6381	4209	789	435	59	872	17.0	—	—	1845	123	80	127	144	2	1369

广元市元坝区 2002—2007 年财政支出（按实际支出分）情况统计表

表 21 - 10　　　　单位：万元

年度		2002	2003	2004	2005	2006	2007	备注
全年合计		10642	11586	15765	19940	22967	31837	1. 公务费包括办公费、印刷费、水电费、邮电费、取暖费、交通费、差旅费、会议费、培训费、招待费；设备购置费含办公设备购置费、专用设备购置费、交通工具购置费、建筑物购置费。 2. 此表 2007 年度支出数是区财政部门按照 2006 年 2 月财政部《关于印发政府收支分类改革方案的通知》规定的经济支出项目的年终汇总数，它包括预算外支出、基金支出等。
人员支出	小计	7212	8110	8920	9481	7953	8638	
	基本工资	5104	5905	5330	5789	5856	5787	
	津贴	720	436	1471	1887	1532	2186	
	奖金	450	491	536	562	540	660	
	福利费	118	—	—	—	—	—	
	社会保障缴费	506	892	1134	778	25	2	
	其他	314	386	449	465	—	3	
公用支出	小计	1008	1742	1970	6275	9042	14735	
	公务费	326	617	559	1020	3792	4710	
	福利费	—	—	12	45	76	114	
	劳务费	—	5	12	1	34	10	
	就业补助费	—	50	125	50	28	—	
	维修费	—	39	178	637	710	614	
	设备购置费	60	52	118	254	226	683	
	专用材料费	—	—	—	7	170	1333	

续表

年　度		2002	2003	2004	2005	2006	2007	备　注
	企业事业补贴	—	—	—	—	—	379	
	债务利息支出	—	—	—	—	—	35	
	基本建设支出	—	—	—	—	—	3571	
	其　他	622	979	966	4261	4006	3286	
对个人和家庭的补助支出	小　计	2422	1734	4875	4184	5972	8464	
	离退休费	1051	1146	1160	1410	1723	1741	
	抚恤和生活补助	127	503	620	771	1136	2753	
	救济费	15	—	—	—	—	732	
	医疗费	—	30	63	12	490	1392	
	生活补贴	101	—	—	—	—	—	
	住房补贴	35	45	55	60	224	263	
	助学金	10	10	13	17	21	96	
	奖励金	—	—	—	—	—	183	
	生产补贴	—	—	—	—	—	628	
	其　他	1083	—	2964	1914	2378	676	

四、预算外资金收支

元坝区（含卫子区）对预算外资金实行财政专户管理和收支计划管理。1987—2007 年预算外资金收入累计为 17687 万元（其中乡镇自筹及统筹资金 5824 万元），支出 16801 万元。在支出中：行政事业支出 8587 万元，基本建设支出 696 万元，城市维护支出 377 万元，地方财政部门支出 358 万元，国有企业及其主管部门支出 348 万元，社会保障支出 188 万元，乡镇自筹统筹支出 5825 万元。

广元市元坝区 1987－2007 年预算外资金收支平衡汇总表

表 21－11　　　　单位：万元

年度	收入合计	预算外资金收入									调入收入	上年滚存结余	支出合计	预算外资金支出									调出资金	政府调剂资金	年终滚存结余
		合计	行政事业性收费	政府性基金收入	主管部门集中收入	乡镇自筹统筹资金	地方财政部门收入	国有企业及主管部门收入	社会保险基金收入	其他预算外收入				合计	行政事业费支出	基本建设支出	城市维护支出	乡镇自筹统筹支出	地方财政部门支出	国有企业及主管部门支出	社会保障基金支出	其他支出			
1987	61	61	34	—	—	—	17	—	—	10	—	—	55	55	36	—	2	—	14	—	—	3	—	—	6
1988	196	179	73	47	—	—	24	5	—	30	11	6	160	155	113	—	3	—	22	2	—	15	5	—	36
1989	223	187	34	56	—	—	32	38	—	27	—	36	181	181	94	15	—	—	26	46	—	—	—	—	42
1990	277	235	102	48	—	—	30	48	—	7	—	42	220	220	125	5	11	—	26	48	—	5	—	—	57

续表

年度	收入合计	预算外资金收入									调入收入	上年滚存结余	支出合计	预算外资金支出									调出资金	政府调剂资金	年终滚存结余
		合计	行政事业性收费	政府性基金收入	主管部门集中收入	乡镇自筹统筹资金	地方财政部门收入	国有企业及主管部门收入	社会保险基金收入	其他预算外收入				合计	行政事业费支出	基本建设支出	城市维护支出	乡镇自筹统筹支出	地方财政部门支出	国有企业及主管部门支出	社会保障基金支出	其他支出			
1991	504	438	158	100	—	—	30	75	—	75	9	57	368	368	199	63	6	—	14	75	—	11	—	—	136
1992	696	560	95	143	—	—	36	177	—	109	—	136	509	509	176	50	8	—	37	177	—	61	—	—	187
1993	696	509	199	117	—	—	46	—	—	147	—	187	438	386	162	33	23	—	50	—	—	118	52	—	258
1994	928	611	152	262	—	—	56	—	—	141	59	258	553	539	368	39	43	—	15	—	—	74	14	—	375
1995	1244	868	275	295	—	—	65	—	—	233	1	375	847	828	688	3	22	—	85	—	—	30	19	—	397
1996	1653	1256	244	313	—	305	76	—	141	177	—	397	1358	1067	483	83	31	300	69	—	91	10	291	—	295
1997	1366	1071	372	85	5	356	—	—	180	73	—	295	1076	1067	533	17	63	344	—	—	97	13	9	—	290
1998	1602	1312	454	226	16	595	—	—	—	21	—	290	1413	1362	649	7	61	613	—	—	—	32	51	—	189
1999	918	729	482	52	—	170	—	—	—	25	—	189	740	660	440	2	17	170	—	—	—	31	80	—	178
2000	1063	885	536	34	—	161	—	—	—	154	—	178	878	837	663	3	9	161	—	—	—	1	—	41	185
2001	5857	5672	1136	113	38	4237	—	—	—	148	—	185	5725	5625	1058	299	25	4237	—	—	—	6	—	100	132
2002	1003	871	764	61	—	—	—	—	—	46	—	132	871	750	669	57	12	—	—	—	—	12	—	121	132
2003	617	485	379	—	—	—	—	—	—	106	—	132	485	412	351	20	41	—	—	—	—	—	—	73	132
2004	575	443	373	—	—	—	—	—	—	70	—	132	443	433	433	—	—	—	—	—	—	—	—	10	132
2005	885	753	753	—	—	—	—	—	—	—	—	132	753	753	753	—	—	—	—	—	—	—	—	—	132
2006	384	252	252	—	—	—	—	—	—	—	—	132	252	252	252	—	—	—	—	—	—	—	—	—	132
2007	474	310	310	—	—	—	—	—	—	—	32	132	342	342	342	—	—	—	—	—	—	—	—	—	132
合计	21222	17687	7177	1952	59	5824	412	343	321	1599	112	—	17667	16801	8587	696	377	5825	358	348	188	422	521	345	—

五、基金收支

基金收入包括文教、农业等部门的各项附加收入和土地有偿使用及地方财政税费附加收入、上级补助收入。元坝区财政基金的收入支出始于1996年，当年收入为75.80万元（属地方财政税费与附加收入）；1997年开始征收文教部门基金，2000年开始征收土地有偿使用基金，2003年开始征收农业部门基金。2007年，全区财政基金收入1958万元，其中：上级补助收入为1415万元，占当年基金收入的72.27%。

基金支出主要用于解决基层行政事业单位和公益费用之不足，对一般预算起辅佐作用。元坝区

1996 年支出 75.80 万元，占当年收入的 100%；2000 年支出 250 万元，占当年收入的 98.43%；2007 年支出 1800 万元，占当年收入的 90.82%。

广元市元坝区地方财政 1996—2007 年基金收支统计表

表 21-12　　　　单位：万元

年度			1996	1997	1998	1999	2000	2001	2002	2003	2004	2005	2006	2007
基金收入	合计		75	250	226	266	254	250	518	439	726	483	1276	1982
	当年收入	小计	75	243	226	256	237	234	419	344	559	221	245	301
		文教部门	—	173	154	192	181	166	—	—	7	11	13	21
		农业部门	—	—	—	—	—	—	—	46	101	61	109	122
		其他部门	—	—	—	—	—	—	—	9	8	33	41	134
		土地有偿使用	—	—	—	—	7	12	11	42	17	81	82	24
		地方财政税费附加	75	70	72	64	49	56	408	247	426	35	—	—
	上级补助收入		—	—	—	—	13	12	95	52	72	73	841	1415
	上年结余		—	7	—	10	4	4	4	43	95	189	190	266
基金支出	当年支出	小计	68	250	216	262	250	246	475	344	537	293	1010	1800
		文教部门	—	173	154	192	189	178	—	—	10	32	49	28
		农业部门	—	—	—	—	—	—	95	76	161	99	186	653
		商贸部门	—	—	—	—	—	—	—	5	2	5	24	32
		其他部门	—	—	—	—	5	—	—	9	8	36	41	217
		土地有偿使用	—	—	—	—	7	12	10	16	17	86	710	870
		地方财政税费附加	68	77	62	70	49	56	370	238	339	35	—	—
	上级补助收入		—	—	—	—	—	—	—	—	—	—	—	—
年终滚存结余			7	—	10	4	4	4	43	95	189	190	266	182

第四节 国 债

1986—1998 年，国债的认购和推销由各级财政部门负责。元坝区财政局于 1990 年承担国债的认购和推销工作，当年认购推销 3 年期国库券 16.50 万元，年息为 14%；1992 年，认购推销 5 年期国库券 5 万元，年息为 10.5%，1997 年总兑付年息调整为 14.42%；1993 年，认购推销 3 年期和 5 年期国库券 42 万元，其中，3 年期国库券 20 万元，年息 12.52%，5 年期国库券 22 万元，年息 14%，当年国家财政部国财字（1993）第 62 号文将年息分别调整为 3 年期 13.96%，5 年期 15.86%；1994 年认购推销 3 年期记账式国库券 22 万元，年息为 12%；1995 年认购推销 3 年期凭证式国库券 28 万元，年息 14%；1996 年认购推销 5 年期无记名凭证式国库券 28 万元，年息 11.88%；1997 年认购推销 5 年期特种定向债券 4 万元，年息 5.85%。全区 1990—1998 年共认购推销国库券 183.50 万元。1999 年开始，国债认购推销工作由银行部门组织实施。

第五节 财源建设

元坝区建立初期，仅有部分乡镇企业和以供销社为主体的商贸企业。而乡镇企业管理粗放，经济效益差，地方财政收入的来源主要靠农业税收。1993 年，全区加大对农业生产的投入，安排支农资金 180 万元，用于农田水利等基础设施和科技兴农基础建设，筹措财政周转金 61 万元，用于发展“高产、优质、高效”农业。当年，全区规模发展烤烟生产，种植烤烟 390 公顷，产量达 757 吨，创税 50 多万元。1994 年，全区深化农村产业结构调整，大力发展以生猪、蚕桑为主的养殖业。当年，涌现了一批规模养殖的乡镇和养殖大户、创税大户。1995 年底，养殖业为财政新增税收 203 万元。1996 年，区财政部门将财政资金与财政政策、税收政策、金融政策有机结合，灵活运用拨款、贴息、奖励、政府采购、资本金注入等形式，在创新机制上培植财源。全年共安排生产性资金 433 万元，安排各类周转金和世界银行贷款 129 万元，重点投入到农业基础设施建设和生猪、蚕桑、烤烟、肉牛等高效创税农业及一部分市场前景好，但又缺资金的企业，为农业、工业企业增强了后劲，为财政稳步增收奠定了基础。当年，全区各项税收均比 1995 年有较大增长，工商税收达到 975 万元，比 1995 年 811 万元增收 164 万元。2001 年，区政府制发了《关于加强财源建设的意见》（简称《意见》），区财政部门按照《意见》确立的坚持市场导向、效益优先、科技先导、公平竞争、开放带动的财源建设指导思想，提出了“三大主导产业”和“四大特色项目”的财源建设主攻方向和奋斗目标，因地制宜，分类指导，找准着力点，努力构建第一产业、第二产业、第三产业协调发展的财源体系和“搞活现有企业、盘活停产企业、引进外来企业”的思路，结合实际，突出特色，制定了中、长期财源建设计划，并付诸实施取得了较好的效果。从 2003 年起，全区把培植财源的重点放在基础建设、工业生产、商贸流通等创税率较高的项目上，大力发展第二产业、第三产业。当年，投入基本建设资金 4300 万元；安排农业生产支出 4024 万元；通过多渠道筹集工业类发展资金 466.50 万元，用于现有企业发展和工业园区建设；为昭化古城景区建设投入 1094 万元。通过对第二产业、第三产业的投入，有效地增加了地方财政收入。根据国家规定，2005 年停征农业税收、财政收入减少，但全区工商税收却大幅度地增加，2007 年实现 1358 万元，占地方一般财政预算收入的 53.74%。

第六节 管理与监督

一、国有资产管理

1993 年 3 月，元坝区建立了国有资产管理办公室，挂靠区财政局，全面负责区内国有资产的管理。当年对全民所有制企业和行政单位的资产进行了清理登记。通过清理登记，全区国有资产总额达 3405.10 万元。1995 年 10 月，撤销广元市元坝区国有资产管理办公室，建立广元市元坝区国有资产管理局。对各单位占有、使用的房屋、土地等不动产产权和各单位出租房屋、商业门面等经营性资产进行了清理登记，纳入了区国有资产管理局统一管理，对单位的交通工具（汽车）、办公设备等动产与不动产按照规定实行监督管理，对部分长期闲置的资产进行了部分调剂处理。1996 年，全区国有资产总额达 26296 万元。1998—1999 年，按照全国的统一部署，开展了集体资产的清产核资和企业产权制度改革工作。对6家改制企业签订了保值增值目标责任书，共清理出区本级“非转金”资产总额365万元。2005年，办理国有资产转让3宗，划拨3宗，报废2宗，涉及资产价值1844万元，同时对3宗资产评估项目采取了备案登记管理制，建立了评估项目终身责任追究动态档案。2007年部门资产清查数据统计，截至2006年12月31日，全区行政事业单位拥有国有资产43955.20万元，负债21595.20万元，净资产（国有资产）为22360万元，国有资产占全区总资产总量的51.30%。

二、预算外资金管理

从1987年开始，卫子区财政部门根据国家相关法律、法规，对全区行政事业单位的预算外资金使用情况进行摸底调查，纳入财政监督管理，实行所有权、使用权、分配权归单位，管理权归财政的管理办法。1991年，元坝区根据《四川省预算外资金管理条例》，把全区预算外资金纳入了财政专户管理，逐步建立了“专户储存、计划管理、财政审批、银行监督”的管理体制。1996年，区财政局根据《国务院关于加强预算外资金管理的决定》制定的“预算外资金所有权属国家，使用权属政府，管理权属财政”的规定，在实行财政“专户储存”管理的基础上实行“收支统管”。当年，对行政性收费、各项专项资金、罚没收入开展了检查和清理，通过检查清理，全部纳入了财政预算管理。1998年，区政府制定了《广元市元坝区预算外资金管理办法》，区财政部门成立了对预算外资金进行清理检查的机构，对全区各系统的预算外资金进行全面清理，查处了超标收费、自立项目收费、截留预算收入、自制发票收费等问题，建立健全规章制度，严格票据管理，保证了预算外资金专款专用。1999年，区财政部门制定了《广元市元坝区预算外资金管理办法实施细则》，当年全区预算外资金缴入专户582万元。2000年，在总结经验的基础上，进一步规范单位银行开户，机关实行“单一账户”，乡镇实行“一个漏斗进出”，强化了管理。2001年后，对预算外资金管理严格执行“收支两条线”“单一账户”和银行代收制，开展专项检查，进一步强化了预算外资金的管理。

三、检查监督

（一）税收、物价、财务大检查（简称“三大检查”）

“三大检查”是20世纪80年代国务院提出并统一布置在全国范围内开展的一项重大活动。检查监督的范围包括：行政事业单位对财政法规、政策的贯彻执行情况；行政事业单位、企业主管部门财政收支计划执行情况；个体工商户税收缴纳情况；物价政策执行情况；单位领导及财务人员是否按照财务制度办事的情况；查处税收、物价、财务违纪案件及社会反映强烈的经济违法、违纪案件。1990年，区政府成立了临时性的“三大检查”办公室，后作为区政府的非常设机构挂靠区财政局，组织开展“三大检查”和财政监督工作。检查工作以单位自查自纠和检查组重点抽查的方法进行。当年，全区在“三大检查”中，查出偷税和各种违规金额20.60万元，除调账处理外，入库17.30万元。1991—1995年，通过开展“三大检查”，共清理出违规资金481.40万元，入库132.60万元；收缴罚没收入43万元。其中：1991年查处违纪金额107.60万元，入库13.60万元；1992年查处违纪金额113.40万元，入库18.10万元；1993年查处违纪金额127万元，应交财政107万元，入库12万元，清理罚没收入4万元，对25户国有企业进行了财务清理，清理出各项财产损失57万元；1995年查处行政性乱收费和各项罚没收入106.90万元。1996年后，重点检查财务管理和预算外资金的管理。取消了自查自纠的检查方法，由检查组直接进行重点检查。

（二）财务专项清理检查

2000年，全区对1986年至2000年的乡镇财务情况进行了全面的清理。在清理中，查出全区乡镇债务4277.50万元，违规违纪金额1111万元，按规定处罚金额75万元，其中收缴区财政47.50万元，乡财政24.90万元，收回原单位2.60万元。2001年，开展清费、减负、治乱的大清查，对涉农、涉企的收费性项目进行清理整改。在清理中查出违纪金额473万元，应入库428万元，当年入库211万元。2002年，在继续开展清费、减负、治乱的同时，对区以工代赈、扶贫、支农、救灾、旱山村集雨节灌、家庭牧场、人畜饮水、文明新村建设等项目的财政资金使用情况进行了专项检查；对28个乡镇财政所、财会核算中心的财务进行了为期1个月的内部交叉检查；对区级60个单位的非税收入开展了专项检查。全年查处自主收费4项，收费总额4.80万元，取消收费项目而继续收费的2项，金额8万元。查处违纪违规单位15个，违纪金额163万元。2003年，继续对区级单位的非税收入开展专项检查，组织非税收入入库1203万元，其中，缴入国库148万元，缴入专户1055万元。2004—2006年，对区级部门收费情况进行了专项检查，对收费财务进行审计。清理核实各单位的收费项目、收费标准及收费文件依据，对单位收费进行公示，发文取消了企业和农民不合理收费26项，落实减收和免收项目16项。对单位收费项目、标准等录入微机管理，建立了收费账目管理库。3年内对财务年审率达98%。2007年，区财政部门组织对国债、扶贫、社会保障等专项资金进行检查清理，检查了15个乡镇农村合作基金会股金兑付情况和部分区级部门、企事业单位。共涉及专项资金总额达8200万元。

第二章　税　务

第一节　税务机构

一、广元市元坝区税务局

1987年2月，建立广元市市中区税务局卫子区中心税务所，白万奎任所长。卫子区中心税务所辖卫子、王家、虎跳、昭化4个税务所。1988年6月，卫子中心税务所更名为卫子区税务局，仍隶属广元市市中区税务局，白万奎任局长。

1989年12月，广元市元坝区设税务局（简称区税务局），设办公室、人事教育股、征管股、计划财务股、税政股；下设元坝、昭化、虎跳、卫子、王家5个税务所。1994年9月，撤销区税务局，分别组建四川省广元市元坝区国家税务局和四川省广元市元坝区地方税务局；10月，分别正式挂牌成立。1995年1月1日起，正式行使各自的工作职能。

广元市元坝区税务局领导名录

表21-13

姓　名	性别	籍　贯	政治面貌	职　务	任职时间	备　注
王维聪	男	广元市元坝区	中共党员	局　长	1989-12—1992-08	

续表

姓　名	性别	籍　贯	政治面貌	职　务	任职时间	备　注
李凤杰	男	广元市苍溪县	中共党员	局　长	1992－06—1994－10	
马国耀	男	广元市旺苍县	中共党员	副局长	1992－06—1994－10	

二、四川省广元市元坝区国家税务局

四川省广元市元坝区国家税务局（简称区国税局）按垂直管理体制直接受四川省广元市国家税务局领导和管理。1994 年 10 月，区国税局设办公室、人事教育股、监察室、税政股、征收管理股、计划财务股；直属机构设有税务稽查局、发票管理所；派出机构有元坝、卫子、王家、虎跳、昭化 5 个国家税务所。同月，建立中共广元市元坝区国家税务局党组。1996 年 11 月，区国税局建立稽查分局、管理分局、征收分局，同时撤销元坝国家税务所。2001 年，区国税局设办公室、人事监察科、法制征管科、计划财务科；下设直属征收分局；派出机构为元坝、卫子、虎跳、昭化 4 个国税管理分局；撤销区国税局稽查局、王家国税所。2003 年，区国税局实施机关基层一体化改革，撤销基层 4 个派出机构。区国税局内设办公室、人事监察科、政策法规科、计划征收科、税收管理一科、税收管理二科；广元市国家税务局稽查局稽查五大队派驻区国家税务局，负责元坝区国税稽查工作。2004 年更名为广元市国税局稽查局稽查五科，该机构实行双重管理，人财物由区国税局管理，稽查业务由广元市国家税务局稽查局管理。2007 年，区国税局内设机构调整为办公室、综合业务科、计划征收科、政工科、税源管理一科、税源管理二科。同年底，区国税局共有职工 40 人，其中，公务员 39 人，公勤人员 1 人。

广元市元坝区国家税务局领导名录

表 21－14

姓　名	性别	籍　贯	政治面貌	职　务	任职期间	备　注
李凤杰	男	广元市苍溪县	中共党员	局　长	1994－10—1995－01	党组书记
马国耀	男	广元市旺苍县	中共党员	副局长	1994－10—1995－01	党组成员
王定强	男	广元市元坝区	中共党员	副局长	1994－10—2004－12	党组成员
蒲国藻	男	广元市元坝区	中共党员	党组成员	1994－10—2001－05	
马国耀	男	广元市旺苍县	中共党员	局　长	1995－01—2001－05	党组书记
任立平	男	广元市旺苍县	中共党员	副局长	1997－01—2001－08	党组成员
李德强	男	绵阳市盐亭县	中共党员	局　长	2001－05—2005－05	党组书记
王绍伦	男	达州市达县	中共党员	副局长	2002－04—	党组成员
董秀蓉	女	广元市剑阁县	中共党员	总经济师	2003－04—2005－08	2004－05 始任党组成员
汪家海	男	南充市南部县	中共党员	纪检员	2005－11—	党组成员
陈亚军	男	湖北省恩施县	中共党员	局　长	2005－05—	党组书记
何荣杰	男	广元市旺苍县	中共党员	总经济师	2007－10—	党组成员

三、四川省广元市元坝区地方税务局

1997 年，四川省人民政府决定，从 1998 年 1 月 1 日起对省、市（地、州）、县（市、区）地方税务局实行由地方税务局和同级地方政府双重领导，以省地方税务局垂直领导为主的管理体制。市（地、州）、县（市、州）地方税务局的机构、干部、编制和经费由省地方税务局垂直管理。为保证地方税务机构独立执法，地方财政机关不得与税务机关合并。1998 年 10 月，区地税局体制上划省地税局。

四川省广元市元坝区地方税务局（简称区地税局）机构、编制、人员、经费等实行市地方税务局和区人民政府双重领导的管理体制，领导干部的任命以市地方税务局为主，机构、编制、人员、经费等以区人民政府为主。

四川省广元市元坝区地方税务局领导名录

表 21 - 15

姓　名	性别	籍　贯	政治面貌	职　务	任职期间	备　注
胡维明	男	广元市元坝区	中共党员	局长（兼）	1994 - 10—1998 - 03	区财政局长，党组书记
谭登文	男	广元市元坝区	中共党员	副局长	1994 - 10—1999 - 01	党组副书记 主持工作至 1998 - 03
何德能	男	南充市顺庆区	中共党员	副局长	1994 - 10—2006 - 09	党组成员
李文福	男	广元市元坝区	中共党员	副局长	1998 - 03—1999 - 01	党组成员，主持工作
李文福	男	广元市元坝区	中共党员	局　长	1999 - 01—2002 - 01	党组书记
李　红	女	广元市元坝区	中共党员	纪检组长	1999 - 01—2002 - 01	党组成员
刘思清	男	广元市元坝区	中共党员	副局长	1999 - 09—2002 - 01	党组成员
李开泉	男	广元市苍溪县	中共党员	局　长	2002 - 01—2005 - 09	党组书记
李　红	女	广元市元坝区	中共党员	副局长	2002 - 01—	党组成员
李志林	男	广元市元坝区	中共党员	纪检组长	2002 - 01—2006 - 09	党组成员
李江先	男	广元市旺苍县	中共党员	局　长	2005 - 09—2007 - 06	党组书记
何德能	男	南充市顺庆区	中共党员	纪检组长	2006 - 09—	党组成员
李志林	男	广元市元坝区	中共党员	副局长	2006 - 09—2007 - 10	党组成员
王　乙	男	广元市青川县	中共党员	副局长	2007 - 01—	党组成员
曹　平	男	广元市苍溪县	中共党员	副局长	2007 - 06—	党组书记，主持工作

（一）内设机构

1995 年，区地税局设办公室、人事监察股、计财股、税政股、征管股、农税股、稽查股、直属征收所。同年，与区财政局共建党组，1998 年撤销，单独建立中共广元市元坝区地方税务局党组。1997 年，区地税局设办公室、人事教育监察股、计划财务股、征收管理股、税收管理股。1998 年 12 月，人事监察股更名为人事股，另设监察审计股。2002 年 1 月，地税系统体制改革，区地税局机关设办公室、综合税收管理股（简称综合股）、农业税征收管理股（简称农税股）和计划财务股（简称计财股）。撤销人事股，其工作职能并入办公室，撤销税政股和征管股，其工作职能并入综合股。监察审计股更名为监察室。2003 年 9 月，增设法制股。2006 年 7 月，撤销农税股，恢复征管股。2007 年末，区地税局设办公室、综合股、征管股、计财股、法制股、监察室。全局工作人员共 90 人（包括各税务所），其中，公务员 77 人，工勤人员 13 人。

（二）基层机构

1. 乡镇地方税务机构

1995 年 1—3 月，全区 7 个镇、9 个乡和 9 个工委先后组建了地方税务所（简称地税所）。地税所为副科级单位，与乡镇、工委财政所合署办公。1997 年完善乡镇建置后，全区 28 个乡镇均建有地税所，仍与乡镇财政所合署办公。1998 年 6 月，全区 28 个乡镇地税所与乡镇财政所分设，独立履行地税职能。2000 年 1 月，全区按经济区域设置元坝、卫子、王家、太公、虎跳、明觉、昭化 7 个地税分局，撤销所设地税分局所在地的地税所，保留其他 21 个乡镇地税所。各地税分局分别管辖所辖区域的乡镇地税所。2002 年 1 月，撤销了全区 7 个地税分局，将地税分局改为地税所。原 21 个地税所除清水、红岩 2 个地税所保留外，其余 19 个地税所全部撤销。至此，全区由 9 个地税所分别管理乡镇地方税收。其征管范围：元坝地税所负责元坝、柳桥、紫云 3 个乡镇的地方税收；卫子地税所负责卫子、柏林沟、石井铺、梅树 4 个乡镇的地方税收；王家地税所负责王家、磨滩、文村、晋贤 4 个乡镇的地方税收；太公地税所负责太公、张家、黄龙、丁家 4 个乡镇的地方税收；虎跳地税所负责虎跳、青牛、陈江 3 个乡镇的地方税收；清水地税所负责清水、香溪 2 个乡的地方税收；明觉地税所负责明觉、射箭、白果 3 个乡的地方税收；红岩地税所负责红岩、沙坝 2 个乡镇的地方税收；昭化地税所负责昭化、大朝、朝阳 3 个乡镇的地方税收。

2. 直属地方税务机构

广元市元坝区地方税务局稽查局：原名广元市元坝区地方税务局稽查分局，1995 年 9 月建立；1999 年 3 月更名。

广元市元坝区地方税务局直属税务所：原名广元市元坝区地方税务局直属征收所，1995 年 1 月建立；1996 年 10 月更名为广元市元坝区地方税务局直属分局；2002 年 1 月更名为广元市元坝区地方税务局直属税务所。

广元市元坝区地方税务局车辆税务所：原名广元市元坝区地税局车辆税收征收管理所，1997 年 6 月建立；1998 年 12 月更名为广元市元坝区地税局车辆税收征收管理分局；2002 年 1 月更名为广元市元坝区地方税务局车辆税务所。

（三）税务中介机构

1995 年 4 月，市地税局与市国税局共同组建了广元市税务咨询事务所元坝办事处，办公地点设在区国税局内。1997 年 10 月，经广元市地税局、国税局批准，成立了广元市元坝区朝阳税务师事务所，属区地税局的代管机构，专司元坝地方税务代理的职责。同时，撤销了广元市税务咨询事务所元坝办事处。1999 年 4 月，区编委核定朝阳税务师事务所事业编制 5 ~7 人，为自收自支事业单位，所需人员在区地税局现有人员中调剂。2000 年，全省开展地方税务代理机构脱钩改制工作，朝阳税务师事务所与区地税局完全脱钩，经国家税务总局注册税务师管理中心批准，更名为广元朝阳税务师事务所有限责任公司，成为具有独立法人资格的企业单位。2003 年 12 月，广元朝阳税务师事务所有限责任公司注销。

（四）税务检查、税务公安驻局机构

广元市元坝区人民检察院税务检察室驻元坝区地税局办公室：1996 年 12 月建立；1997 年 11 月，区检察院税务检察室撤销，其驻区地税局办公室随之撤销。

广元市元坝区公安局税务科：1998 年 8 月，经区人民政府批准建立；2000 年以后，涉税违法犯罪案件工作由公安局经侦大队直接受理，广元市元坝区公安税务科随之撤销。

第二节　税务改革

一、税种改革

中华人民共和国成立初期，根据中央“暂时沿用旧税法，部分废除，在征收中逐步整理”的原则，首先取消了民国时期的苛捐杂税，统一了税制，沿用了旧税法。1950年1月30日，政务院制定和公布了《全国税政实施要则》，对全国税收征管作出了具体规定。全国除农业税、契税外，统一税种有货物税、工商业税（包括营业税与所得税）、盐税、关税、薪金报酬所得税、存款利息所得税、印花税、交易税（包括粮食、棉花、土布、药材、牲畜）、屠宰税、房产税、地产税、特种消费行为税、使用牌照税共14个税种。当时，昭化县开征的除农业税、契税由财政部门征收外，税务机关只开征了7个税种。同年7月，根据中央“调整税收，减轻人民负担”的精神，国家对工商税收作了部分调整。之后，随着经济社会的发展，不断进行税制改革，调整税种、税率。1983年下半年和1984年10月，分两步在国有企业中实行了利改税，对工商税制进行了全面改革，逐步建立起以流转税和所得税为主体的复税制体制。1985年底，全国开征的有产品税、增值税、营业税、工商所得税、国有企业所得税、企业事业单位奖金税、城市维护建设税、建筑税、屠宰税、集市交易税等10个税种和国家能源交通重点建设基金。1986年7月1日起，开征教育费附加。在缴纳产品税、增值税、营业税的同时，按1%的附加率一并计算征收。同年10月1日起，开征房产税和车船使用税。1987年1月1日，开征个人收入调节税。7月1日，对乡镇企业和个体工商业户在农村的自筹建设投资，暂不开征建筑税。1988年10月1日，开征印花税。11月1日，开征土地使用税。1989年1月1日，征集预算调节基金。1991年，开征固定资产投资方向调节税。同时，停征建筑税。

1993年5月，广元市进行企业所得税改革试点，经审核批准的有：国有企业、二轻系统企业、城镇集体合作商业及各类劳务企业。凡试点企业一律按33%的比例税率缴纳企业所得税。对应纳税额在10万元~20万元以内的，按24%的税率计征；对应纳税额在10万元以下的按15%的税率计征；在5000元以下的，经报批准后免征。

1994年1月1日，全面实施中华人民共和国发布的增值税、消费税、营业税、企业所得税、土地增值税5个税收《条例》规定的新税制。9月，元坝区实施分税制改革，划归区国税局征收管理的税种为增值税、消费税、进口产品消费税和增值税，银行、保险公司基本缴纳的营业税、所得税和城市建设营业税，非银行金融企业所得税，中央税收滞纳金、补税和罚款收入，国家能源、交通建设基金和国家预算调节基金等。划归区地税局征管的税种为营业税、个人所得税、土地增值税、城市建设维护税、车船使用税、房产税、屠宰税、资源税、城市土地使用税、固定资产投资方向调节税（简称“投调税”）、地方企业所得税（包括国营、集体、私营企业）、印花税、契税，农业税和农业特产税，国有企业所得税，地方税的滞纳金、补税罚款收入，教育费附加等。

分税制共享收入的划分：增值税，按75∶25的比例中央与地方分成。企业所得税，凡地方企业所得税由地方税务机关征收，入地方金库；凡中央企业所得税由国家税务机关征收，入中央金库。金融保险营业税，按利息收入3%征收的部分，由国家税务机关征收，入中央金库；按利息收入5%征收的部分，由地方税务机关征收，入地方金库。对境内的外商投资企业和外国企业的各项税收以及外籍人员和港、澳、台同胞缴纳的个人所得税，按税种分别入中央金库和地方金库。中央税、共享税、附征的教育费附加，属铁道、银行、保险总公司缴纳的入中央金库，其余的入地方金库。1999 年 11 月 1 日，对储蓄存款利息所得开征个人所得税，按所得利息的 20% 计征。2001 年 1 月 1 日，开征车辆购置税。

2002 年，全面实施农村费改税政策。农村费改税的主要内容是“四取消”“两调整”。“四取消”即：取消乡镇统筹费；取消农村教育集资等专门向农民征收的行政事业性收费和基金、集资，农村中小学危房改造所需资金由财政予以安排；取消屠宰税及随屠宰税收取的附加、基金，并不得以任何形式变相征收；逐步取消劳动积累工和义务工。“两调整”即：调整农业税政策。以第二轮承包土地面积为基础，以 1994 年至 1998 年农作物平均产量核定计税常产，将农业税率 15. 50% 降低为 7%。全省统一按 2000 年中等稻谷收购平均价 1. 07 元/公斤为计税价格，并保持三年不变。农业税社会减免仍实行“先征后减”，灾情减免实行“即灾即减即免”。调整农业特产税政策。按照农业税与农业特产税不重复征收和农业特产税税率略高于农业税税率的原则，确定农业特产税政策。取消原一个应税品目两道环节征税，实行一个品目只在生产或收购一道环节征税。对在非农业税计征土地上从事应税农业特产品生产的征收农业特产税。对农民宅旁隙地种植和间种的农业特产品免征农业特产税。农业特产税不得按人头或田亩平摊。当年，全区征收农业税及附加 1385 万元，较税费改革前的 2000 年增加 833 万元，增加 150. 91%；农业特产税及附加征收 45 万元，较 2000 年减少 501 万元，减少 91. 76%。

从 2003 年 6 月 1 日起，除烤烟生产外的农业特产税全部停征。对从事烤烟收购的单位或个人恢复征收烟叶农业特产税及附加。2004 年，四川省人民政府决定从当年 1 月 1 日起农业税税率统一由 7% 下降 3 个百分点，农业税附加随正税同步降低，农业税税率及附加率合计执行 4. 80% 的征收率。2005 年，四川省人民政府决定从当年 1 月 1 日起，停征农业税。同年，车辆购置税正式由国税系统直接征收（2001 年至 2004 年均由交通部门代征）。2006 年 4 月 28 日，开征烟叶税，税率为 20%。取消烤烟生产的农业特产税及附加。2007 年 1 月 1 日开征车船税，取消车船使用税。

二、税收管理体制改革

1950 年，税收管理体制较大程度集中于中央人民政府政务院。各项税法统一由中央制定。税种的开征、停征，税目、税率的调整都集中于税务总局。地方税收减免授权省税务局按国家税法确定。1958 年，四川省人民委员会发布的《关于改进税收管理体制的规定》中明确了对少数收入较多的手工业者、小商贩和收入特多的手工业、商业合作组织以及残存的资本主义工商业者的所得税，由县税务局报请县人民委员会批准加成增收；对居民和其他个人缴纳车船牌照税，个别有困难的，由县税务局报请县人民委员会批准减或免；对于违反税法者，由县税务局报请县人民委员会批准加处罚金。1961 年，根据国民经济“调整、巩固、充实、提高”的方针，国家对税收管理体制又进行了调整，中央又收回了部分管理权限。1966 年 9 月，四川省财政厅《关于适当扩大县（市）财权的意见》对下列情况减免税收：工业、手工业、商业利用代用品、废品或残次变质物品做原料加工生产的产品要求照顾的；工业、手工业试制新产品，投入生产初期，纳税后发生亏损的；合作组织全年营业收入不足以支付工资的；地方各税个别纳税人有困难的。1973 年，工商税制改革，又将一部分工商税收的管理权限下放到地方管理。1977 年 11 月，财政部颁发了《关于税收管理体制的规定》。规定重申：“税收政策的改变，税法的颁布和实施，税种的开征、停征，税目的增减和税率的调整，都属于中央管理的权限，一律由国务院统一规定。”同时指出：“除税收管理体制规定的权限外，任何地方、部门和单位都无权自行决定减税、免税，无权下达同税法相抵触的文件。在全省范围内，对某一种应税产品及县办‘五小’企业，社队企业的减税、免税可根据体制规定因地制宜的处理。”1981 年 1 月 26 日，国务院在

《关于平衡财政支出严格财政管理的决定》中重申："国家税种的开征和停征，税目的增加与减少，税率的提高与降低，税收的加征与减免，必须统一管理。凡有关这方面的规定，统由财政部下达，或者由财政部报经国务院批准下达。今后，各部门下达有关税收的规定，一律无效。"1985 年 1 月，四川省税务局对残疾人员从事商业经营，营业额小，纳税后生活有困难的，由县（市、区）税务局核定后，给予定期减税或免税。对《中华人民共和国营业税条例（草案）》下达后新增加的征税项目，按规定纳税确有困难的，经地、市、州税务局批准，也可给予定期减税或免税。同年 3 月 1 日起，灾区从事自救性生产经营需要减税的，属一个乡或几个乡范围的，由县（市、区）税务局批准；属于一个县或几个县范围的，由地、市、州税务局批准；属于全地区（市、州）范围的，由省税务局批准。

1992 年 6 月 11 日，四川省税务局通知：对省一级权限的税收减免，凡流转税每户年减免额在 10 万元以下，土地使用税每户年困难减免在 5 万元以下，暂委托南充、广元等市先行审批、年终汇总报省局。同年 10 月 4 日，广元市税务局通知，对省局委托市局审批的个别减免税，凡单项税种每户年减税在 1 万元以下（含 1 万元）的，可由各县（区）税务局、直属分局先行按规定进行审查，并按审查意见执行，于当年 12 月 25 日前汇总报送市局，按现行税收管理体制正式审批。1993 年 5 月 21 日，广元市人民政府批转市税务局《关于加强对行政事业单位兴办经济实体税收征管的报告》，对行政事业单位兴办经济实体的税收征管作出了具体的规定。

1994 年，全国实行"分税制"的税收管理体制。各级分别建立国家税务局和地方税务局，在统一税制的基础上，合理分权，以充分调动中央和地方两个积极性。1995 年 5 月 18 日，国家税务总局制发了《关于企业所得税征收和管理范围的通知》，对由国家税务局系统和地方税务局系统企业所得税的征收范围和管理问题作出了具体明确的划分。1996 年 8 月 14 日，四川省国家税务局《关于做好税收管理范围调整工作的有关问题的通知》，就国税系统做好税收征管范围调整工作的有关问题，作出了明确界定。1998 年 3 月 12 日，国务院《关于加强依法治税严格税收管理权限的通知》，对依法治税严格税收管理权限提出了具体的要求。

第三节　征收管理

一、税收征收管理

（一）征收方式

元坝区在税收征收工作中主要采用了定期定额征收、查账征收、代扣代缴、折征代金四种方式。对经营额小、进销货不易管理、经营范围比较固定的个体工商户纳税人实行业户自报、典型调查、定额核定、下达定额、张榜公布、定收纳税的定期定额征收方式。对因业务发生重大变化，实际营业额超、短定额幅度在 30% 以上的，及时调整其当期及以后应纳的定额税款。1999 年，根据国家税务总局《关于实行对定期定额征收税款的工商户进行重新核定和调整定额的通知》要求，重新规定和调整了定额；对区内企业都实行了查账征收；从 1995 年起，由机关、企事业单位代扣代缴工资、薪金应纳的个人所得税，对扣缴义务人按照所扣缴的税款，付给 2% 的手续费，用于奖励代扣代缴工作做得较好的办税人员和代扣代缴费用开支。从 1999 年起，对储蓄存款利息所得征收个人所得税，由银行部门负责代扣代缴；从 1995 年起，对农业税实行了折征代金。

（二）税务登记

税务登记即纳税登记，分为开业登记、注册登记、变更登记、重新登记、注销登记。税务机关对已核发的“税务登记证”按规定2年验证一次，5年更换一次。1986—2004年，元坝区（含卫子区）税务机关曾多次按照国家、省税务局的统一安排，开展了重新办理和换发税务登记证工作及其验证工作。通过验证，对偷税、漏税等违法行为进行了严肃处理。1986年，卫子区共有工商税收纳税户754户，其中，国有54户，集体250户，个体450户；至1989年，工商税收纳税户增长到846户，增长了12.20%，其中，国有54户，集体259户，个体530户；1994年，元坝区工商税收纳税户达到1231户，比1989年增长了45.51%，其中，国有40户，集体260户，个体925户；2007年，工商税收纳税户达到1531户，比1989年增长了80.96%，比1994年增长了24.37%，2007年的纳税户中，国有17户，集体60户，个体1454户。其中，纯地税纳税户365户。

（三）票证管理

税收票证管理具体包括税收票证的印制、领发、缴销、检查等内容。票证的印制：通用缴款书、票证由省税务局印刷，汇总缴款书、票证由广元市税务局印制。1995年实行分税制后，通用缴款书、票证分别由省国税、地税局印制，汇总缴款书、票证分别由市国税、地税局印制。为加强税收票证管理，元坝区税务机关认真执行财政部签发的《中华人民共和国发票管理办法》，制定了票证的领发、缴销、检查等项管理制度，实行了规范管理，定期检查，并把票证管理纳入税务工作的目标考核，对纳税人违法使用普通发票的行为按税法和发票管理办法进行严肃处理。

（四）增值税防伪税控

增值税防伪税控是运用数字密码和电子存储技术，强化增值税专用发票防伪功能，实现对增值税一般纳税人的税源监控的计算机管理系统，亦是“金税工程”的重要组成部分。从1994年7月1日起，全国统一使用新版的增值税专用发票。增值税专用发票采取了多种防伪技术，电脑版增值税专用发票采取加密技术。1996年，取消税务机关代开百万元版增值税专用发票。1997年底，将十万元版专用发票的企业全部纳入防伪税控系统。从1998年4月1日起，一律采用新系统开票。1999年，对增值税一般纳税人专用发票信息和纳税申报信息进行全面采集和全部稽核，形成一级全面采集，四级全面稽核的稽核体系。1999年7月，进一步推行增值税防伪税控系统管理。2002年，将税控系统覆盖到所有的增值税一般纳税人，自2002年4月1日起，手写万元版专用发票不作为增值税的扣税凭证。2003年1月1日起，所有企业必须通过税控系统开具专用发票，废止手写版专用发票，自2003年4月1日起，手写版专用发票一律不作为增值税的扣税凭证。

（五）税务检查

元坝区税务机关严格按照国家、省、市税务局的统一安排部署，先后在全区范围内开展了个体税收专项检查、税收大检查、汇算清缴结算检查、税务稽查。1989年9—10月，全区按照国家税务总局《关于整顿城乡个体工商业户税收秩序的通知》和省税务局《关于开展对个体工商户税收检查的通知》，广泛宣传动员，抽调人员组成检查组，对从事工业、商业、交通运输、建筑安装、饮食服务、修理修配以及其他经营活动的城乡个体工商户进行了税务检查和整顿。1992年，元坝区税务局根据广元市税务局转发国家税务总局《关于开展个人收入调节税专项检查的通知精神》，开展了个人收入调节税专项检查工作。元坝区自1986年至2004年连续19年均开展了税收大检查。全区每年税收大检查，区人民政府均成立了税收检查领导小组及其办公室。在工商、财政、审计、公安、企业等主管部门的大力支持下，坚持以税收法规政策为依据，坚持自查从宽、被查从严、实事求是、宽严适度的原则，使税收大检查进展顺利，取得了较好的成效。1986—1994年，税收大检查共查补税款、滞纳金罚款19.30万元；1995—2004年，共查补税款、滞纳金罚款444.48万元，其中区国税局78.80万元，区地税局365.68万元。2001年，广元市国家税务局在市城区、元坝区、朝天区实行“一级稽查”，撤销了元坝区国税局稽查分局，业务划归广元市国家税务局稽查局统一管理。1995—2007 年，全区地税稽查部门共检查出纳税户中有问题的 413 户，查补税款 423.60 万元，加收滞纳金及罚款 87.28 万元。元坝区每年开展一次企业所得税汇算清缴，由区税务机关作出统一安排部署，抽调人员组成工作组，到各税务所集中汇算。1986—1994 年，通过企业所得税汇算清缴，共查补所得税 318.50 万元，年均 35.39 万元，查补其他各税 117.60 万元，年均 13.07 万元。1995—2007 年共查补所得税 126.66 万元，其中，区国税局 71.90 万元，区地税局 54.76 万元；查补其他各税 129.51 万元（属区地税局）。

广元市元坝区 1986—1994 年企业所得税汇算清缴统计表

表 21－16　　　　单位：户、万元

年度		1986	1987	1988	1989	1990	1991	1992	1993	1994	合计
汇算户数		304	306	314	313	312	320	320	305	300	—
其中	国营	54	54	54	54	50	50	50	45	40	—
	集体	250	252	260	259	262	270	270	260	260	—
查补所得税		30.00	31.00	31.50	32.00	33.00	35.00	40.00	41.00	45.00	318.50
查补其他各税		10.00	10.00	12.00	12.10	13.00	14.00	15.00	15.50	16.00	117.60

广元市元坝区 1995—2007 年企业所得税汇算清缴统计表

表 21－17　　　　单位：户、万元

年度			1995	1996	1997	1998	1999	2000	2001	2002	2003	2004	2005	2006	2007	合计
合计	户数		65	57	35	44	43	28	31	39	35	34	83	79	82	—
	其中	国营	12	8	9	9	9	8	8	8	7	7	5	5	4	—
		集体	53	49	26	35	34	20	23	31	28	27	78	74	78	—
	查补所得税		24.80	13.90	12.30	9.70	8.70	5.70	5.43	6.60	8.23	4.99	3.45	5.30	14.56	123.66
	查补其他各税		20.10	37.90	15.40	15.50	8.19	8.40	3.40	9.20	5.83	3.42	0.57	0.40	1.20	129.51
国税	户数		10	10	11	11	11	10	10	14	16	19	35	50	55	—
	其中	国营	3	3	4	4	4	2	2	2	2	2	2	2	1	—
		集体	7	7	7	7	7	8	8	12	14	17	33	48	54	—
	查补所得税		4.50	5.00	4.80	5.20	5.10	5.50	5.30	5.70	6.30	6.50	3.00	5.00	10.00	71.90
	查补其他各税		—	—	—	—	—	—	—	—	—	—	—	—	—	—
地税	户数		55	47	24	33	32	18	21	25	19	15	48	29	27	—
	其中	国营	9	5	5	5	5	6	6	6	5	5	3	3	3	—
		集体	46	42	19	28	27	12	15	19	14	10	45	26	24	—
	查补所得税		20.30	8.90	7.50	4.50	3.60	0.20	0.13	0.90	1.93	1.49	0.45	0.30	4.56	54.76
	查补其他各税		20.10	37.90	15.40	15.50	8.19	8.40	3.40	9.20	5.83	3.42	0.57	0.40	1.20	129.51

二、计划、会计、统计管理

（一）税收计划

元坝区税务机关根据历年税收任务完成情况和当年经济发展状况，并与国民经济计划有关指标进行衔接后，编制年度税收计划建议数报市税务机关和区人民政府，区人民政府审查后报区人大批准，市税务机关和区人民政府分别向区税务机关下达。区税务机关按下达的正式计划，分解下达各基层征收单位，落实到专管员、企业。区税务机关按市税务机关下达的季度税收计划，参照前一个季度计划的完成情况，分别下达到各征收单位，再由各征收单位落实到专管员和企业，坚持按月考核，按季分析通报。全区1986—1994年和2002—2007年均超额完成了税收计划。

广元市元坝区1986—1994年工商税收计划执行情况统计表

表21－18 单位：万元

年　度	1986	1987	1988	1989	1990	1991	1992	1993	1994
计　划	120.00	180.00	190.00	210.00	230.00	280.00	320.00	680.00	670.00
完　成	131.00	186.13	198.35	223.44	236.17	284.33	320.07	694.15	674.31
%	109.17	103.40	104.39	106.40	102.68	101.54	100.02	102.08	100.64

广元市元坝区1995—2007年税收计划执行情况统计表

表21－19 单位：万元

年　度	合　计			国　税			地　税		
	计划	完成	%	计划	完成	%	计划	完成	%
1995	1824	1683	92.27	473	483	102.11	1351	1200	88.82
1996	2182	2051	93.99	540	621	115	1642	1429	87.03
1997	2280	2274	99.76	640	694	108.44	1640	1580	96.34
1998	2621	2481	94.66	672	740	110.12	1949	1741	89.33
1999	2720	2289	84.15	670	680	101.49	2050	1609	78.48
2000	2533	2099	82.87	500	549	109.80	2033	1550	76.24
2001	2756	2271	82.40	650	790	121.54	2100	1481	70.52
2002	2882	2968	102.98	660	755	114.39	2222	2212	99.55
2003	2829	3077	108.76	730	732	100.27	2099	2344	111.67
2004	2446	3018	123.38	680	806	118.53	1766	2211	125.20
2005	2015	2233	110.82	810	964	119.01	1205	1269	105.31
2006	2347	2463	104.94	1055	1078	102.18	1292	1565	121.13
2007	2690	3565	132.53	1320	1512	114.54	1370	2053	149.85

（二）税收会计

元坝区税务机关严格按照财政部关于计会工作制度的规定和国家税务总局《税收会计制度》，加强会计核算，全面、准确、及时地上报税收电旬表、电月表、资金平衡表、应征税收明细表等10多种报表。加强对纳税人纳税申报、税收征收入库、滞纳欠款、减免提退等情况进行会计监督。按月分类装订各类会计凭证，坚持于次年3月底对各类账簿、报表、会计统票文件、计划编制、计划考核、票证审核通知单等所有会计资料装订成册，存入档案室，以备查阅。

（三）税务统计

根据国家税务总局修订的税务统计工作制度，税务统计分税收、税源、税政三个部分。税收统计分税种、地区、时序和税收会计日报表结合编制，用以反映各税收入库和税收计划完成情况；税源统计是根据各种缴款书、完税证、企业缴纳申报表、征管底册或征收情况月报表等统计，主要反映经济税源分产品、部门、行业的发展变化情况以及税收措施实施后对税收的影响；税政统计是按照工作需要，根据内部有关资料、减免税批文、企业纳税检查材料、违章处理决定等有关文件资料进行搜集、整理、统计，主要反映税收措施实施效果。如以税还贷、减免税、查补偷漏税、违章处理等以及机构设置、人员编制、干部配备等情况。1986—2007 年，全区税务机关严格执行《中华人民共和国统计法》和税务系统有关统计的有关规定，依法开展税统工作，全面、准确、及时地搜集、整理、报送各项税统资料，较好地完成了税务统计工作。

三、税种、税率及征收

（一）国税部门

1. 增值税

1983 年 1 月，全国正式试行征收增值税，征税范围仅限于机器及其零配件、农机具及其零配件、缝纫机、电风扇、自行车等五种重复征税较严重的工业品。1984 年 9 月，国务院发布的《中华人民共和国增值税条例草案》规定，在中华人民共和国境内从事生产应税产品的国家集体企业、个体经营者以及其他单位和个人，都应缴纳增值税；增值税税目划分甲类产品和乙类产品，分别运用 14%、10%、6% 和 8%、14%、16%、12%、10% 档次税率。1987 年 3 月，财政部对增值税税目由 1984 年的 12 项增加为 13 项，46 个子目，分别适用 8%、12%、14%、16%、20%、23%、43% 七档税率。1993 年 12 月，国务院发布的《中华人民共和国增值税条例》规定，凡在中华人民共和国境内销售货物或从事加工、修理修配以及进口货物的单位和个人，为增值税的纳税义务人；增值税税率采用一档基本税率和一档低税率的模式，出口商品实行零税率。基本税率为 17%；低税率为 13%；对小规模纳税人实行按销售收入金额的 6% 的征收率。增值税起征点：销售货物为月销售 600～2000 元；销售应税劳务为月销售 200～800 元；按次纳税为每次（日）销售额 50～80 元。四川省确定的起征点：销售货物为月销售 900 元；应税劳务为月销售 400 元；按次（日）销售额 50 元。1995 年全区增值税收入为 481.17 万元，占国税收入的 99.58%；2000 年为 499.16 万元，比 1995 年增加 17.99 万元，增长了 3.74%，占国税收入的 90.91%；2007 年为 1263.00 万元，比 2000 年增加 763.84 万元，增长 153.03%，占当年国税收入的 84.65%。1995—2007 年增值税累计征收 9069.99 万元，占国税收入的 87.16%。

2. 消费税

1993 年 12 月 13 日，国务院发布了《中华人民共和国消费税暂行条例》规定，凡在中华人民共和国境内生产、委托加工和进口应税消费品的单位和个人，为消费税的纳税义务人。征税对象为烟、酒、化妆品、护肤护发品、贵重首饰及金银珠宝、鞭炮焰火、汽油、柴油、汽车轮胎、摩托车、小汽车等 11 个税目，14 个子目，分别运用 45%、40%、30%、25%、17%、15%、10%、8%、5%、3% 十个档综合平衡税率及四个档定额税率。消费税实行从价定率征收和从量定额征收办法计算应纳税额。应纳税额的计算公式：实行从价定率办法计算的应纳税额 = 销售额 × 税率；实行从量定额办法计算的应纳税额 = 销售数量 × 单位税额。纳税人生产的应税消费品，于销售时纳税；委托加工的应税消费品，由受委托方在向委托方交货时代收代缴税款；进口的应税消费品的消费税由海关代征。纳税人出口应税消费品免征消费税。1995 年 1 月 16 日，四川省财政厅、省国税局转发财政部、国家税务总局《关于金银首饰消费税减征按5%征收的通知》，对已经多征的税款，以“先征后退”的形式退给企业。自1999年1月1日起，对含铅汽油按0.28元/升的税率征收消费税；无铅汽油仍按0.20元/升的税率征收消费税（含铅汽油是指每升含铅量超过0.031克的汽油）。自2001年1月1日起，对“护肤护发品”税目的香皂停止征收消费税；对“汽车轮胎”税目中的子午线轮胎免征消费税；对翻新轮胎停止征收消费税。其余轮胎按10%的税率征收消费税。自2000年1月1日起，对生产销售达到低污染排放限值的小汽车、越野车和小客车减征30%的消费税。计算公式为：减征税额=按法定税率计算的消费税×30%，应征税款=按法定税率计算的消费税额-减征税额。元坝区国税局1995—1997年均未征收消费税，1998—2006年累计征收消费税177.89万元，占国税征收总额的1.71%。

3. 营业税

1950年，政务院公布的《工商业税暂行条例》，把固定工商业应纳的营业税和所得税合并称为工商业税。1958年简化税制时，将工商业税中的商业税部分并入工商统一税。1973年工商统一税又同其他几个税种合并为工商税。1984年工商税制改革，国务院发布了《中华人民共和国营业税条例（草案）》，将营业税从工商税中分离出来，成为一个独立的税种。广元县从当年的10月1日起试行征收营业税。该税种按行业设置了11个税目，按经营业务的不同，分别设置了24个比例税率和一个幅度比例税率。最高税率为15%（铁路运输），最低税率为3%（商业零售），中间两档税率为5%和10%。1994年12月15日财政部颁发了《营业税暂行条例实施细则》，将原营业税中的“商业批发”“商业零售”两个税目纳入增值税的范围，营业税的征收范围归纳为提供劳务、转让无形资产和销售不动产三大类，按行业设置9个税目，实行行业差别比例税率，除对娱乐业设置了5%～20%的幅度比例税率外，只分设了3%、5%两档税率，大部分税率为5%，交通运输业、建筑业、邮电通信业、文化体育业为3%。1997年7月，根据国家政策规定，将金融保险业营业税税率由5%提高到8%，其中3%税率征收的税收归中央财政收入，由国家税务局负责征收，农村信用社仍按原规定进行。1998年1月11日起，按照国家税务总局的规定，对农村信用社按6%的税率征收营业税（原税率为5%），增加1%的税率的计征部分由国家税务局征收。元坝区1997年征收营业税21.43万元，占当年国税征收总额的3.19%；2000年为12.00万元，比1997年减少9.43万元，减少44%，占当年国税收入的2.40%；2004年未征收。最高年为2001年，征收税额为48万元，占当年征收国税总额的7.40%。1997—2003年，累计征收营业税为190.64万元，占征收国税总额的1.83%。

4. 产品税

1984年9月，国务院发布了《中华人民共和国产品税条例（草案）》，对产品税的计算依据、税目、税率作出了具体的规定。该税种的计税依据分为三类：对大多数工业品的计税依是据产品的销售收入；对大型电力企业的电力产品的计税依据是电力的销售数量；对应税农、林、牧、水产品的计税依据是购进商品支付的产品金额，但将农、林、牧、水产品销售给非收购单位的，仍由收购者按销售收入计算纳税。产品税共设置270个税目，分为工业品部分和农、林、牧、水产品两大部分。工业品部分划分24类设置260个税日，农、林、牧、水产品部分设置10个税目。产品税税率除电力外，都采用比例税率，分21档，最高税率为60%（甲级卷烟），最低税率为3%（煤气、液化煤气、食用生猪、菜牛、菜羊）。1989年之后，随着税制的调整，财政部制定了《关于纺织产品试行增值税的通知》等文件，将产品税税目中的62个税目产品按增值税增收，从而使产品税逐渐向增值税过渡。1993年12月，国务院发布了《中华人民共和国增值税条例》，废止了1984年9月国务院发布的《中华人民共和国产品税条例（草案）》，元坝区从1994年1月1日起停征产品税。

5. 国有企业所得税

从1979年起，国家在全国部分国有企业中进行利改税试点，原广元县除食品、粮食、商业企业外，所有国有企业从1984年10月1日起改缴国有企业所得税。其中：大中型企业、文教系统的出版企业、建筑安装企业、金融、保险业等按55%的比例税率征收；小型企业、饮食服务和营业性的宾馆、饭店、招待所按八级超额累进税率征收。1993年12月31日，国务院颁发了《中华人民共和国国有企业所得税暂行条例》。1994年2月4日，财政部发布了《中华人民共和国国有企业所得税暂行条例实施细则》，规定从1994年1月1日起施行，同时废止了《中华人民共和国国有企业所得税条例（草案）》等四个所得税条例（草案）。1994年10月22日，根据广元市财政局、广元市国税局、广元市地税局联合通知精神，元坝区地方国有企业所得税统一由元坝区地方税务局征收。1995—2004年，全区仅有1995年、1996年、1998年、2001年征收了中央国有企业所得税，4年中累计征收65.24万元，占征收国税总额的0.95%。

6. 储蓄存款利息所得个人所得税

从1999年11月1日开始对个人储蓄存款利息所得征收个人所得税，由各级国家税务局负责征收管理。储蓄存款利息所得个人所得税采用20%的固定比例税率征收。以办理结付个人储蓄存款利息的储蓄机构为扣缴义务人。凡办理个人储蓄业务的储蓄机构，在向个人结付储蓄存款利息时，应依法代扣代缴其应缴纳的所得税税款，并在每月7日内缴入中央金库，同时向主管国税机关报送《储蓄存款利息所得扣缴个人所得税报告表》和其他有关资料。元坝区2000年征收储蓄存款利息所得个人所得税32.91万元，2004年为158万元，比2000年增加125.09万元，增长380.10%。2000年至2007年累计征收储蓄存款利息所得个人所得税697.27万元。

7. 车辆购置税

征收范围包括应税汽车、摩托车、电车、挂车、农用运输车。税率为10%，从2001年至2004年均由交通部门代征，2005年1月1日正式由国税系统直接征收。2005年全区征收车辆购置税54万元，2006年49万元，2007年68万元。

（二）地税部门

1. 营业税

营业税是全区地方税收中的主要税种之一，涉及的主要行业有交通运输、建筑业、文化体育业、金融保险业、服务业和转让无形资产和销售不动产等。征收时以营业额金额为计税单位，实行比例税率。交通运输业、建筑业、邮电通信业和文化体育业税率为3%；服务业、转让无形资产和销售不动产税率为5%；金融保险业税率为5%（地方税率）。2004年1月起农村信用社税率为3%，娱乐业为5%~20%的弹性税率。营业税税额随营业收入额的实现而实现。按期纳税的起征点为月营业额200~800元，按次纳税的起征点为次（日）营业额50元。2003年7月1日起，起征点调整为按期（月）1500元，按次（日）100元。1995年全区征收营业税257.90万元，2004年由于营业税的起征点调整，实征营业税167.90万元，比1995年减少390万元，减了34.90%。2007年实征营业税923.43万元，是1995年的3.58倍。

2. 资源税

采用从量定额税率，以应税资源的计量单位吨或者千立方米确定0.30~60元的8个幅度税率。元坝区主要应税资源为煤炭，采用0.60元/吨的税率；砂金矿为1.40元/50立方米；矿泉水3.00元/吨；石灰石2.00元/吨；沙石、黏土等1.00元/吨。全区1995年实征资源税2.30万元，2007年征收36.09万元，是1995年的16.69倍。

3. 农业税

实行全年一次性计算，分夏秋两季征收。农业税以征收粮食为主，按照耕地面积或常产量计征。农业税全省税率为常产量的16%，该标准是1958年确定的，由于农业税实行稳定负担政策，多年来常产量、税率均未作调整。1995年以前均由财政部门征收。1995年至2001年全区实际执行12%左右的税率，2002年农村税费改革时降为7%，2005年停征。随农业税征收的还有农业税附加，农业税附加率为应纳农业税的15%。元坝区从1995年开始改征收实物（粮食）为征人民币。全区1995年实征农业税435万元；2004年为639.10万元，比1995年增加204.10万元，增长46.92%。

广元市元坝区1995—2004年农业税平均税率和计税单价表

表21-20

项目年度	1995	1996	1997	1998	1999	2000	2001	2002	2003	2004
全区平均税率(%)	12.08	12.05	12.05	12.05	12.06	12.08	11.81	7.0	7.0	3.86
计税单价(元/公斤)	1.00	1.44	1.44	1.44	1.28	1.04	1.04	1.07	1.07	1.07

4. 农业税特产税

简称农业特产税，坚持据实征收，在具体征收上多采用查定征收和查账征收两种方法。全区农业特产税率：烟叶20%；蚕茧、原木（原价）、水产品、食用菌为8%；猪、牛、羊皮、羊毛、兔毛等牧畜产品为10%；水果8%~12%。农业特产税附加率为农业特产税（正税）的20%。全区1995年实征农业特产税114.30万元；2005年为219.80万元，比1995年增加105.50万元，增加92.30%，2006年停征。农业税和农业特产税是元坝区的重要税源之一，其收入一般占全区地方税收的50%左右。

5. 烟叶税

对收购烟叶（指晾烟叶、晒烟叶、烤烟叶）的单位征收，于2006年4月28日开征。当年征收353.74万元，2007年征收290.28万元。

6. 企业所得税

采用33%的比例税率。为了照顾众多小型企业的困难，税法规定了两档优惠税率：年应纳所得税额在3万元（含3万元）以下的企业，适用18%的税率；应纳税额在3万元以上10万元（含10万元）以下的企业，适用27%的税率。全区1995年实征企业所得税31.10万元；2007年为15.72万元，比1995年减少15.38万元，减少49.45%。

7. 个人所得税

采用按比例和超额累进税率，工资薪金所得适用5%~45%的九级超额累进税率；个体工商户生产、经营所得和事业单位承包、承租经营所得适用5%~35%的五级超额累进税率；其余各项所得适用20%的固定比例税率。全区1995年实征个人所得税20.60万元。2007年为329.93万元，是1995年的16.02倍。

8. 房产税

实行固定比例税率，以房产余值为计算依据的，税率为1.20%；以税金收入为计算依据的，税率为12%。全区1995年实征房产税34.80万元，2007年为55.20万元，比1995年增加20.40万元，增长58.62%。

9. 城镇土地使用税

实行分级幅度税额。税法规定，县城、建制镇和工矿区开征土地使用税，适用税率为每平方米

0.20～4元。元坝区2003年7月1日以前实际执行为每平方米0.10～1元，从2003年7月1日开始，实际执行每平方米0.20～3元的税率。全区1995年征收土地使用税9.70万元，2007年为40.69万元，是1995年的4.19倍。

10. 车船使用税

实行定额税率，机动船150吨以下（按净吨位计）1.20元/吨；非机动船10吨以下（按载重吨位计）0.60元/吨；机动车载客汽车15座以下100元/辆、16～35座150元/辆，载货汽车30元/吨，摩托车二轮30元/辆、三轮50元/辆；非机动车，畜力驾驶车10元/辆，人力驾驶车5元/辆。对拥有但不使用的车船不征税。全区1995年实征车船使用税4.50万元，2006年为13.40万元，是1995年的2.98倍。2007年1月1日停征。

11. 车船税

从2007年1月1日起，由地税系统依法对公安、交通、农业、渔业、军事等车船管理部门办理登记的车辆、船舶，根据其种类，按照规定的计税单位和年税额标准计算征收车船税，当年征收26.18万元。

12. 耕地占用税

实行地区幅度税率，按乡镇耕地面积确定区域范围和征收税率。昭化镇适用税率每平方米为6.50元；石井铺、黄龙、香溪乡适用税率每平方米为4.50元；其余乡镇为5元。全区1995年实征耕地占用税9.30万元，2007年为75.36万元，是1995年的8.10倍。

13. 契税

实行幅度比例税率。全区1995年实征契税8.60万元，2007年为43.22万元，是1995年的5.03倍。

14. 城市维护建设税

实行城区差别比例税率。元坝城区和昭化、红岩、卫子、王家、磨滩、柏林沟、太公、虎跳镇的征收税率为5%，其余各乡镇的征收税率为1%。全区1995年征收城市维护建设税52.70万元，2007年为111.08万元，比1995年增加58.38万元，增长110.78%。

15. 固定资产投资方向调节税

根据国家产业政策和项目经济规模实行差别税率，分为0%、5%、10%、15%、30%五个档次。从1999年7月1日起减半征收。从2000年1月1日起对新发生的投资额暂停征收。全区1995—2001年共征收固定资产投资方向调节税71.50万元。

16. 土地增值税

实行四级超额累进税率，最低边际率为30%，最高边际税率为60%。元坝区2007年开始征收，实征0.49万元。

17. 印花税

实行比例税和定额税率。比例税率：对一些载有金额的凭证，如各类合同、资金账簿等采用比例税率，共分为5档，分别为1‰、5‰、3‰、0.5‰和0‰；定额税率：对一些无法计算金额的凭证，如各种权利许可证照，或者载有金额但作为计税依据明显不合理的凭证，如其他账簿等采用5%的定额税率。全区1995年征收印花税1.40万元，2007年征收22.75万元，是1995年的16.25倍。

18. 屠宰税

实行比列税率和定额税率。比例税率，全省从1994年1月1日起，收购应税牲畜按实际支付金额的3%的税率计证；定额税率，按流通环节和自养自食计征。流通环节：生猪，1995年起为12元/头，

1999年起为15元/头；菜牛，1995年1月为30元/头，同年2月开始为25元/头；羊，1995年起为5元/只。自养自食：生猪4元/头；水牛6元/头；黄牛5元/头；羊0.50元/只。元坝区主要征收生猪屠宰税。1995年征收174.50万元，1999年征收127.20万元，2000年征收290.70万元，2001年征收285.80万元。从2002年4月1日起停征屠宰税。同年6月农村税费改革中，该税种被取消。

广元市元坝区1995—2007年全区地方税分税种征收情况统计表

表21-21　　单位：万元

年度	1995	1996	1997	1998	1999	2000	2001	2002	2003	2004	2005	2006	2007
营业税	257.90	380.60	389.50	476.40	345.40	244.70	296.00	365.30	287.00	167.90	503.01	540.51	923.43
个人所得税	20.60	35.80	44.20	51.80	59.50	33.90	53.50	53.00	53.00	64.30	195.11	212.77	329.93
城市维护建设税	52.70	48.20	41.00	61.70	35.10	23.80	37.10	56.20	234.00	289.20	84.30	90.06	111.08
车船使用税	4.50	3.50	3.40	6.40	6.70	3.70	4.60	36.50	211.40	242.20	81.19	13.4	—
车船税	—	—	—	—	—	—	—	—	—	—	—	—	26.18
房产税	34.80	29.20	35.80	38.20	26.30	24.80	35.10	41.30	39.00	27.60	40.24	34.86	55.20
屠宰税	174.50	173.00	135.70	139.60	127.20	290.70	285.80	86.70	—	—	—	—	—
资源税	2.30	6.90	10.10	30.30	5.40	7.20	4.20	6.50	6.00	6.10	5.19	11.02	36.09
土地使用税	9.70	10.30	12.10	19.60	15.20	9.40	17.00	20.80	27.30	16.50	26.25	32.41	40.69
土地增值税	—	—	—	—	—	—	—	—	—	—	—	—	0.49
印花税	1.40	1.00	1.80	1.80	2.30	3.70	3.90	4.80	4.60	6.20	19.62	184.49	22.75
固定资产投资调节税	30.60	14.00	20.20	5.40	—	—	1.30	—	—	—	—	—	—
企业所得税	31.10	6.60	17.70	20.00	20.00	4.70	11.70	12.30	2.30	5.00	7.89	8.36	15.72
农业税	435.00	505.40	467.10	480.80	430.60	327.50	177.90	1068.70	1154.00	639.10	—	—	—
农业特产税	114.30	176.60	371.60	319.60	443.30	504.80	484.40	163.30	—	201.80	219.80	—	—
烟叶税	—	—	—	—	—	—	—	—	—	—	—	353.74	290.28
耕地占用税	9.30	9.90	8.00	3.30	13.70	18.00	0.10	0.10	0.30	0.60	—	18.17	75.36
契　税	8.60	6.40	5.20	11.00	2.30	4.90	3.70	7.30	11.70	6.10	11.71	18.23	43.22

第四节　税收总况

一、税收收入

（一）1986—1994年税收总况

卫子区1987年税收总额为292.53万元，其中：工商税收186.13万元，农业税收106.40万元，分别占当年税收总额的63.63%、36.37%。元坝区1990年税收总额为402.07万元，其中：工商税收236.17万元，农业税收165.90万元，分别占当年税收总额的58.74%、41.26%。税收总额比1987年增加109.54万元，增长37.45%。其中：工商税收增加50.04万元，增长26.88%，农业税收增加

59.50万元，增长55.90%。1994年税收总额为1046.71万元，其中：工商税收674.31万元，农业税收372.40万元，分别占当年税收总额的64.42%、35.58%。税收总额比1990年增加644.64万元，增长160.33%。其中：工商税收增加438.14万元，增长185.52%，农业税收增加206.50万元，增长127.48%。

（二）1995—2007年税收总况

1994年税收管理体制改革后，从1995年1月开始，税收分别由元坝区国家税务局、地方税务局征收管理。1995年全区税收总额1683.92万元，比1994年增加637.21万元，增长60.88%。在税收总额中，国家税收483.21万元，地方税收1200.71万元。2000年全区税收总额2099.80万元，比1995年增加415.88万元，增长24.70%。在税收总额中，国家税收549.07万元，地方税收1550.73万元，分别比1995年增长13.76%、29.15%。2004年全区税收总额3018.16万元，比2000年增加918.36万元，增长43.74%。在税收总额中，国家税收806.20万元，地方税收2211.96万元，分别比2000年增长46.83%、42.64%。

2005年农业税停征后，全区税收总额有所下降，但工商税收却出现了快速增长的势头。2005年和2006年，工商税收分别比2004年增长19.33%和59.68%。2007年，全区税收总额达到3565万元，比2004年增加546.84万元，增长110.77%。在税收总额中，国家税收1512万元，地方税收2053万元，分别比2000年增长175.37%、32.39%；比2004年增长87.55%、减少7.19%。

（三）国税收入总况

元坝区1995—2007年共征收国税10406万元。其中：增值税9069.99万元；消费税177.89万元；营业税190.64万元；国有企业所得税99.24万元；个人所得税697.27万元；车辆购置税171万元。每年完成或超额完成了年度计划。1995年国税纳税户为774户，征收国税483.21万元，完成计划437万元的110.50%；2000年纳税户为820户，征收国税549.07万元，完成计划500万元的109.81%；2004年国税纳税户为1086户，征收国税806.20万元，完成计划680万元的118.56%，税收比1995年增长66.84%，比2000年增长46.83%。2007年纳税户为1166户，比2004年增加80户，增长7.34%，征收国税1512万元，完成计划的114.50%，税收比2000年增长175.37%，比2004年增长87.55%。

广元市元坝区1995—2007年国税分税种完成情况统计表

表21－22　　单位：万元

年　度	增值税	消费税	营业税	国有企业所得税	个人所得税	车辆购置税	合　计
1995	481.17	2.04	—	—	—	—	483.21
1996	599.93	2.58	—	18.86	—	—	621.37
1997	671.89	0.75	21.46	—	—	—	694.10
1998	589.13	100.52	44.18	6.38	—	—	740.21
1999	564.38	66.00	50.00	—	—	—	680.38
2000	499.16	1.00	12.00	4.00	32.91	—	549.07
2001	649.05	1.00	48.00	35.00	57.11	—	790.16
2002	660.17	—	13.00	—	82.00	—	755.17
2003	660.03	1.00	2.00	—	69.13	—	732.16

续表

年 度	增值税	消费税	营业税	国有企业所得税	个人所得税	车辆购置税	合 计
2004	729.08	1.00	—	1.00	75.12	—	806.20
2005	802.00	1.00	—	4.00	103.00	54.00	964.00
2006	901.00	1.00	—	7.00	120.00	49.00	1078.00
2007	1263.00	—	—	23.00	158.00	68.00	1512.00
合 计	9069.99	177.89	190.64	99.24	697.27	171.00	10406.03

（四）地税收入总况

1995 年全区地税纳税户为 58517 户。其中，工商纳税户为 1443 户，农业税纳税户为 57074 户。地税收入为 1187.80 万元。其中，工商税 620.60 万元，占地税收入的 52.25%，农业“四税”567.20 万元，占地税收入的 47.75%。2000 年纳税户为 59489 户。其中，工商纳税户为 1725 户，农业税纳税户为 57764 户，工商纳税户比 1995 年增加 282 户，增长 24.67%。地税收入为 1536 万元，比 1995 年增加 348.20 万元，增长 29.31%。地税收入中，工商税为 646.70 万元，占地税收入的 42.10%，农业“四税”为 839.10 万元，占 54.63%。2005 年农业税停征，地方税收纳税对象主要是工商户。2006 年开始，区政府下达地税计划指标数为纯本级。2007 年工商纳税户为 1343 户，地税收入 2053.72 万元，其中，本级 1266.52 万元。

广元市元坝区 1995—2007 年地方税完成情况统计表

表 21-23　　单位：万元

年度	全年计划		完成税收	完成数占计划数%		在完成税收中	
	市地税局	区政府		市地税局	区政府	工商税	农业“四税”
1995	1045.00	1351.10	1200.71	114.90	88.87	620.60	567.20
1996	1416.00	1642.80	1429.89	100.98	87.04	714.70	698.30
1997	1611.00	1640.00	1580.46	98.10	96.37	716.90	852.00
1998	1499.70	1949.00	1741.45	116.12	89.35	851.20	814.70
1999	1506.30	2058.00	1609.42	106.85	78.20	646.60	889.90
2000	1630.00	2033.60	1550.73	95.14	76.26	646.70	839.10
2001	1267.10	2100.60	1481.71	116.94	70.54	750.20	666.10
2002	1876.00	2222.10	2212.97	117.96	99.59	677.50	1239.40
2003	1660.00	2099.20	2344.33	141.22	111.68	864.70	1166.00
2004	1582.90	1766.90	2211.96	139.74	125.19	825.00	840.40
2005	766.00	1205.00	1269.47	165.67	105.31	974.73	219.80
2006	1292.00	950.00	1595.17 其中本级 1037.09	121.13	109.16	1518.03	—
2007	1370.00	1168.00	2053.72 其中本级 1266.52	149.85	108.39	1970.44	—

二、滞纳金、罚款收入

纳税人未按照规定期限缴纳税款的，扣缴义务人未按照规定期限解缴税款的，税务机关除责令其限期缴纳外，从滞纳税款之日起，按日加收滞纳金。1986 年 4 月 21 日，国务院发布的《中华人民共和国税收征收管理暂行条例》中规定，滞纳金征收标准为 5‰。1992 年 9 月 4 日，第七届全国人民代表大会常务委员会第二十七次会议通过的《中华人民共和国税收征收管理法》规定，滞纳金收取标准为 2‰。2001 年 4 月 28 日，第九届全国人民代表大会常务委员会第二十一次会议修改通过的《中华人民共和国税收征收管理法》规定，滞纳金收取标准为 0.5‰。对涉税违法行为，税务机关按照《税法》规定给予行政罚款处罚。全区 1986 年至 2007 年共收滞纳金、罚款收入 96.17 万元。其中：1986—1989 年 0.28 万元；1990—1994 年 2.61 万元；1995—1999 年 12.81 万元；2000—2004 年 44.00 万元；2005—2007 年 36.47 万元（区国税局 2000 年会计口径变动，将滞纳金、罚款纳入正税统计，2000—2004 年不含区国税局查处收缴的滞纳金、罚款收入）。

三、基金、附加费

（一）国家能源交通重点建设基金（简称能交基金）

从 1983 年 1 月 1 日起开征，征收比例为 10%。同年 7 月 1 日，能交基金比例调整为 15%。为方便计算，对应按规定征集的预算外基金或税后的利润，统按其全年数额的 12.50% 的比率计征。从 1984 年 1 月起，改按 15% 计算征收。从 1987 年 7 月 1 日起，凡属未征的城乡集体企业和个体工商户开征能交基金。缴纳所得税后的利润不足 5000 元的免征，超过 5000 元的按 7% 的比例计征能交基金。1996 年 1 月 1 日起停止征收。元坝区 1986—1994 年共征集能交基金 15.99 万元。其中：1986 年 0.44 万元；1987 年 0.76 万元；1988 年 0.94 万元；1989 年 1.00 万元；1990 年 1.22 万元；1991 年 0.91 万元；1992 年 2.66 万元；1993 年 2.63 万元；1994 年 5.43 万元。

（二）国家预算调节基金

元坝区对以地方财政和事业单位的预算外资金、国有企业及其主管部门提取的各项专项资金、其他没有纳入预算管理的资金、集体、私营以及个体工商户缴纳所得税后的利润为征集国家预算调节基金，征集率为 10%。从 1994 年 1 月 1 日起对国有企业停止征收。从 1995 年 1 月 1 日起，对非国有企业（包括集体企业、私营企业和个体工商户）免征。从 1996 年 1 月 1 日起停征。元坝区 1986—1994 年累计征集预算调节基金 19.34 万元。其中：1986 年 0.63 万元；1987 年 0.83 万元；1988 年 0.91 万元；1989 年 1.24 万元；1990 年 2.38 万元；1991 年 1.02 万元；1992 年 4.15 万元；1993 年 3.37 万元；1994 年 4.81 万元。

（三）交通建设费附加

元坝区征收交通建设费附加，随产品税、增值税、营业税计算交纳，附加率为 4%。从 2004 年 4 月 30 日起停征该附加。1995 年征收 3.38 万元，2002 年为 4.93 万元，比 1995 年增加 1.55 万元，增长 45.86%。

（四）教育费附加

从 1986 年 7 月 1 日起开征教育费附加，按缴纳产品税、增值税、营业税的 1% 比率计征。对已缴纳农村教育事业费附加的单位，征收产品税和增值税的进口产品，在城乡集贸市场上出售的商品，按集贸税范围征收了产品税、增值税、营业税的，均不征收教育费附加。1990 年 8 月 1 日起，教育费附加征收率调整为 2%。1993 年 1 月 1 日起，凡缴纳固定资产投资调节税的单位和个人（零税率除外），均按应税投资额的 1% 征收中、小学改善办学条件附加费。1994 年 2 月 7 日起，教育费附加率调整为 3%。全区 1986—2007 年共征收教育附加费 303.09 万元。其中，1986—1994 年由区税务局征收 28.27 万元；1995—1997 年由区国税局和区地税局共同征收 38.95 万元（区国税局征收 7.07 万元，区地税局征收31.88万元）；从1998年起，全部由区地税局征收，至2007年，共计征收235.87万元。

（五）地方教育附加

元坝区于2004年1月1日由地税部门开征地方教育附加，2004—2007年共征收50.96万元。其中，2004年6.87万元；2005年10.93万元；2006年12.49万元；2007年20.67万元。

（六）职工个人教育费

元坝区从1995年1月起对在区境内的国家机关、人民团体、企事业单位和其他组织（含中央和外地住区单位）具有城镇户口的在职职工，均征收职工个人教育费。2004年4月30日停征。全区1995年征收5.60万元；2000年征收36.00万元，比1995年增加30.40万元，增长542.85%；2003年征收55.00万元，比2000年增加19.00万元，增长52.78%。

（七）宾馆饭店教育费

元坝区1996年开始征收，当年征收0.16万元。后又于1999年开始征收，当年征收2万元。2000年征收2.30万元，2001年征收2.50万元，2002年征收1.50万元，2003年未征收，2004年4月30日停征。

（八）文化事业建设费

元坝区地税机关在征收娱乐业、广告业营业税时，按应收收入的3%的税率计算征收文化事业建设费。1997年1月1日开征。由于全区娱乐业、广告业发展滞后，且收入甚微，仅2000年征收200元。

第五节 税源培植和减免退税

一、税源培植

区国税局、区地税局对促产增收、培植税源采取了如下措施：充分运用国家各种税收优惠政策，促进、支持纳税人的经济发展；发挥税务人员财务管理、经济管理、法律等专业知识优势，帮助纳税人规范账务，搞好管理；积极协调有关部门，帮助企业清理回收三角债，做好压欠保收，催收税款入库；利用信息资源优势，帮助企业融通资金，牵线搭桥，提供产、供、销信息，解决产、供、销中的具体问题；大力发展个体、私营经济，增加税收，繁荣城乡经济。

二、减免退税

（一）国税方面的减免退税

国税减免退税主要以增值税为主，兼有企业所得税减免。优惠方式主要有征前减免、先征后退、即征即退、出口退税等。主要减免退税政策有增值税起征点减免、农业生产自产农产品减免、农业生产资料生产销售减免、国有粮食购销企业税收减免、西部大开发税收优惠、出口退税等。1995年纳税优惠户65户，占纳税总户数的8.40%；2000年111户，占当年纳税总户数的13.52%，比1995年增加46户，增长70.77%；2004年570户，占当年纳税总户的52.49%，比2000年增加459户，增长413.51%；1995—2007年，全区国税共减免退税1437万元，占征收国税总额的13.81%，其中：增值税退税减免1414.50万元，企业所得税退税减免22.50万元。

广元市元坝区国税局1995—2007年退税减免情况

表21-24 单位：户、万元

年度		1995	1996	1997	1998	1999	2000	2001	2002	2003	2004	2005	2006	2007	合计
税收优惠户数		65	82	92	55	58	111	89	163	619	570	—	—	—	—
减免退税	增值税	32	35	34	39	42	45	47	40.30	83.70	86.50	300	280	350	1414.50
	企业所得税	—	—	—	—	—	—	—	7.70	1.30	3.50	—	—	10	22.50
	合计	32	35	34	39	42	45	47	48	85	90	300	280	360	1437

（二）地税方面的减免退税

区地税局严格按照《税法》和省、市地方税务局制定的税收减免管理制度，对凡涉及地方税收减税免税的问题，均按规定程序报批后执行。农业税收减免实行先征后减。区地税局每年根据市地税局下达的减免指标及时向区人民政府汇报，并会同有关部门根据灾情程度等情况提出农业税减免分配计划，然后报经区人民政府批准后，下达到各乡镇，由乡镇落实到村、组、户，全区1995—2004年共减免农业税1129.20万元。从2003年开始，国家对下岗职工再就业实行减免税优惠政策，区地税局和各税务所均建立了“再就业工商税减免税台账”。当年再就业减免工商税收4865元，2007年再就业减免工商税收26.14万元，是2003年的53倍。

广元市元坝区地税局1995—2007年税收减免情况

表21-25 单位：万元

年度	营业税	城建维护税	个人所得税	企业所得税	农业税	合计
1995	—	—	—	—	22.60	22.60
1996	—	—	—	—	46.10	46.10
1997	—	—	—	—	72.70	72.70
1998	—	—	—	1	57.10	58.10
1999	—	—	—	—	59.60	59.60
2000	—	—	—	0.16	56.70	56.86
2001	—	—	—	—	199.70	199.70
2002	—	—	—	1.46	102.70	104.16
2003	0.16	0.02	0.17	11.80	312.00	324.15
2004	3.10	0.30	2.31	6.29	200.00	212.00
2005	7.13	0.68	5.33	—	—	13.14
2006	9.66	0.80	7.59	—	—	18.05
2007	9.86	0.63	15.65	—	—	26.14
合计	29.91	2.43	31.05	20.71	1129.20	1213.30

第六节 税法宣传和信息化建设

一、税法宣传

税法宣传主要包括：宣传中国社会主义税收的性质；宣传中国现阶段税收的地位和作用；宣传税收法律、法规和政策。通过宣传，让纳税人（包括法人和自然人）提高依法纳税的自觉性，树立依法纳税光荣，偷税漏税可耻的社会主义新风尚。1988年，全区税法宣传活动围绕《全国发票管理办法》《中华人民共和国税收征收管理暂行条例》和《四川省发票管理实施办法》《四川省税收征收管理实施办法》等，在各级税务机关的所在地场镇、街道、集贸市场等处，印发宣传资料、办专栏、张贴悬挂标语，并通过有线广播、各种会议进行宣传讲解。1990—1991年，围绕“开放治税、综合治税、依法治税”的主题，在全区范围内开展为期一年的宣传活动。在宣传活动中，充分利用有线广播、黑板报、专题讲座、宣传标语、发放宣传资料等多种形式向公民进行税法知识宣传教育。1992年2月24日，国家税务总局发文规定：从1992年起，每年的4月份为税法宣传月。税法宣传月活动的宣传主题，1992年为“税收与发展”，1993—1994年为“税收与改革”，1995年为“税收与法制”，1996年为“税收征管与市场经济”，1997年为“税收与文明”，1998年为“税收征管与依法治国”，1999年为“依法治税与强国富民”，2000年为“税收与未来”，2001年为“税收与公民”，2002年为“诚信纳税，利国利民”，2003—2006年为“依法诚信纳税，共建小康社会”，2007年为“依法诚信纳税、共建和谐社会”。1992—2007年，在连续16年的税法宣传月活动中，区政府和各乡镇政府都建立了“税法宣传教育工作领导小组”和办事机构，负责组织领导和日常工作，紧密结合“二五普法”“三五普法”“四五普法”，围绕当年宣传月活动的宣传主题，利用广播、电视、会议、专栏、印发资料、开展咨询、组织宣传车、悬挂标语等多种形式，广泛进行税收法律、法规和政策的宣传教育。通过宣传教育，增强了广大公民的纳税护税意识。

二、信息化建设

（一）区国税部门 20世纪90年代开始，信息化技术在税务系统逐步推行和升级，从打印机、微机到上线联网。2006年6月1日，区国税局CTAIS正式上线。金税工程三期征管业务系统（CTAIS）包括管理、征收、稽查、处罚、执行、救急、监控等7个子系统36个功能模块将实行标准化、构件化以及与工商、银行、海关、外贸、质监、公安等部门联网运行，实现税收征管业务与财、税、库联网，信息共享。同年9月，省国税局将视频会议系统开通到县（区）局，实行全省视频联网。2007年4月1日开始，区国税局除中石油、中石化系统以外的加油站均使用IC卡抄报税。

（二）区地税部门 1994年区地税局建局之后，以自身力量为主，把信息化技术逐步引入地税征管、计划财务工作之中。从最初的单机操作到后来的联机运行。从PC机到服务器，文件设备不断更新换代。1998年局直属税务所办税大厅实行了征管微机化。2002年，设在基层（乡镇）的9个税务所配置了打印机，借用乡镇财政所微机，对农业税实行了征管微机化。2004年，区地税局在局机关、稽查局、直属税务所、元坝税务所、车辆税务所建成了局域网，并与市地税局联网。2007年，区地税局在全区地税系统内建成了局域网，并与国家税务总局和省、市地税局联网，实现了税收征管网络化。同时，与国家税务总局和省、市地税局建立了网络视频会议系统。至此，全局共有微机60台，打印机60台。

第二十二篇　金融保险

第一章　金　融

第一节　农业银行

一、机构

1989年10月，中国农业银行广元市元坝区办事处筹备组成立，由谢力争、何世龙、姜荣辉三人具体负责筹备组的日常工作。1990年2月12日，中国农业银行广元市元坝区办事处（简称农行元坝区办事处）成立，在元坝镇砖灰村（元坝营业所办公处）挂牌办公。中国农业银行广元市市中区办事处原辖的元坝营业所、王家营业所、虎跳营业所、卫子营业所、昭化营业所、虎跳储蓄所和28个农村信用社划归农行元坝区办事处。同年3月，农行元坝区办事处设人事教育股、信贷业务股、计划会计股、信用合作股、办公室、营业部；同年6月，经中国人民银行广元市分行批准，所辖五个营业所、一个储蓄所和28个农村信用合作社全部更换金融机构名称。

1991年5月，经批准建立“广元市元坝区农行劳动服务部”，为农行组织储蓄存款，管理储蓄代办所和储蓄队伍，实行独立核算；同月底，办事处机关部分股室迁至位于元坝镇朝阳路（后更名为汉寿路4号）新建的临时办公用房；6月，设立花果园储蓄所；8月，建广元市元坝区信用合作社联合社，隶属元坝区农行办事处管理。

1992年4月，经批准设立农行元坝区办事处房地产经营部（与信贷股合署办公）；同年底，综合办公楼竣工。1993年2月，办事处机关全部迁入新办公楼。

1993年2月，经中国农业银行四川省分行批准，农行元坝区办事处升格为“中国农业银行广元市元坝区支行”（简称农行元坝区支行）；3月，经批准设立农行元坝区支行太公营业所、农行元坝区支行道口营业所（位于广元城区110路口）、农行元坝区支行火车站储蓄所。

办事处升格为支行后，内设机构由原来的股改为科，并设置8科1室，即人事教育科、稽核监察科、保卫科、信贷科、资金组织科、计划信息科、会计出纳科、信用合作科、办公室，劳动服务部，下辖元坝营业所、卫子营业所、王家营业所、虎跳营业所、太公营业所、昭化营业所、道口营业所、支行营业部、房地产信贷部、花果园储蓄所、火车站储蓄所、虎跳储蓄所、29 个信用社（含 1991 年 12 月划归元坝区的苍溪县小新信用社），五个信用分社。1993 年 7 月，建中共农行元坝区支行党组。

1994 年 3 月，经批准设立农行元坝区支行草市街储蓄所（位于广元城区急救中心斜对面）；5 月，设立农行元坝区支行清水路储蓄所和农行元坝区支行王家储蓄所。

1995 年 1 月，经批准设立农行元坝区支行房地产信贷经营部，撤销原办事处房地产信贷经营部，同年 2 月迁至元坝镇葭萌路（区食品公司一楼）经营业务。1995 年 2 月，设立农行元坝区支行火车站多功能储蓄所（人民银行未批准），对花果园储蓄所、火车站储蓄所、清水路储蓄所的业务经营实施管理，与支行资金往来实行计价核算。1995 年 12 月 31 日，中国人民银行广元分行批复撤并农行元坝区支行太公营业所、元坝营业所、虎跳储蓄所。太公营业所存款业务划转太公信用社，贷款业务并入虎跳营业所，虎跳储蓄所存款业务并入虎跳营业所，元坝营业所存款业务划入清水路储蓄所，信贷业务并入支行营业部。

1996 年 3 月，支行决定设立信用卡部；行机关设办公室、资金计划科（含信息电脑）、资金组织科、财务会计科、信贷科、监察稽核保卫科、人事教育科（含工会）；直属机构设支行营业部、房地产信贷部、信用卡部、机关服务部；基层营业机构设王家营业所、王家储蓄所、卫子营业所、虎跳营业所、昭化营业所、道口营业所、草市街储蓄所、火车站多功能储蓄所（含清水路、花果园储蓄所）。

1996 年 10 月底，元坝区农村信用合作联合社与元坝区农业银行正式脱离行政隶属关系，完成各种手续交接。

1997 年 1 月，根据国务院国发〔1996〕33 号文件《关于组建中国农业发展银行分支机构的通知》精神，中国农业发展银行广元市元坝区支行成立；3 月底，完成原由农行代理的全部政策性业务的划转和人、财、物的移交工作。1997 年 7 月，完成“一分二脱”改革，农行元坝区支行机关设资金营运部、财务会计部、信贷管理部、人事部、稽核监察保卫部、办公室（含机关服务部）。1998 年 10 月，建中共农行元坝区委员会。

1999 年 6 月，中国人民银行广元市中心支行批准，农行元坝区支行道口营业所、草市街储蓄所划归农行市中区支行管辖，农行市中区支行大石分理处划归农行元坝区支行管辖，人员、财产一并划转；8 月，中国人民银行广元市中心支行批复，将农行元坝区支行花果园储蓄所（农行 2 号住宅楼下）迁至元坝区京兆路 4 号（区物资公司楼下）营业；9 月，中国人民银行广元市中心支行批复，将王家储蓄所迁至元坝城区战神路区食品公司楼下营业，并更名为农行元坝区支行战神路储蓄所；12 月 31 日，撤销农行元坝区支行房地产信贷经营部和信用卡部，将信用卡业务并入支行营业部专柜，房地产信贷业务并入支行营业部房地产信贷专柜，储蓄存款业务划转战神路储蓄所（2000 年 6 月迁至葭萌路区畜牧食品局楼下营业）。同时撤销农行元坝区支行火车站储蓄所。

2000 年 7 月，支行内部管理机构设资金财务部、零售业务部、客户经理部、信贷管理部、监督保障部、办公室；2001 年 10 月，增设不良资产清贷办（后改为不良资产经营部）；2002 年 6 月，增设代理保险部。

2001 年 9 月 26 日，中国人民银行广元市中心支行批复撤销农行元坝区支行火车站储蓄所和战神路储蓄所，其业务分别并入清水路储蓄所和花果园储蓄所。

2002 年 7 月 19 日，中国人民银行广元市中心支行批复撤销农行元坝区支行卫子营业所、昭化营业所、大石分理处。将卫子营业所存款业务划转卫子中心信用社，贷款业务并入王家营业所；昭化营业所存款业务划转昭化中心信用社，贷款业务并入支行营业部；大石分理处存款业务划转大石邮政支局，贷款业务并入支行营业部。

2003 年 4 月 14 日，中国人民银行广元市中心支行批复，农行元坝区支行清水路储蓄所升格为农行元坝区支行清水路分理处；5 月 13 日，中国人民银行广元市中心支行批复，撤并农行元坝区支行花果园储蓄所，业务并入支行营业部。

2003 年，支行内设机构进行调整，将资产经营部与营业部合并，代理保险部并入客户经理部，实行两块牌子，一套人马。支行机关设客户经理部、信贷管理部、资金财务部、人事监保部、办公室。

到 2004 年，全行共撤并营业机构 13 个，其中营业所 7 个，储蓄所 6 个，年末实有营业机构 4 个，即王家营业所、虎跳营业所、清水路分理处，支行营业部；设部室 6 个，即客户经理部（含代理部保险），信贷管理部、资金财务部、不良资产经营部、人事监保部、办公室。

2006 年 4 月 23 日，中国人民银行广元市中心支行批准撤销农行元坝区支行王家营业所、虎跳营业所，将王家营业所存款业务划转王家信用社，虎跳营业所存款业务划转虎跳信用社，两所贷款业务并入支行营业部。此后一直到 2007 年末，农行元坝区支行只有两个营业机构即支行营业所和清水分理处。

中国农业银行广元市元坝区支行领导名录

表 22－1

姓 名	性别	籍 贯	政治面貌	职 务	任职期间	备 注
贾元碧	男	广元市剑阁县	中共党员	主 任	1990－02—1993－02	农行元坝区办事处
谢力争	男	广元市元坝区	中共党员	副主任	1990－02—1991－10	农行元坝区办事处
朱映礼	男	广元市旺苍县	中共党员	副主任	1991－10—1993－02	农行元坝区办事处
贾元碧	男	广元市剑阁县	中共党员	行 长	1993－02—1996－08	
朱映礼	男	广元市旺苍县	中共党员	副行长	1993－02—1996－08	
朱映礼	男	广元市旺苍县	中共党员	行 长	1996－08—1996－12	
姚 锋	男	广元市苍溪县	中共党员	副行长	1996－10—1997－06	1996－12 始主持工作
孙浩龙	男	广元市苍溪县	中共党员	副行长	1997－06—1999－04	主持工作
秦 海	男	广元市元坝区	中共党员	副行长	1997－06—2002－07	
王巨福	男	广元市剑阁县	中共党员	副行长	1997－06—2002－07	
昝加才	男	广元市旺苍县	中共党员	行 长	1999－04—2002－07	
秦 海	男	广元市元坝区	中共党员	副行长	2002－07—2004－07	主持工作
张小华	男	广元市剑阁县	中共党员	副行长	2003－10—2007－11	
蔡 东	男	广元市苍溪县	中共党员	行 长	2004－07—2007－11	
侯 建	男	广元市元坝区	中共党员	副行长	2004－07—2007－04	
杜 林	男	广元市朝天区	中共党员	行 长	2007－12—	
王呈伟	男	广元市利州区	中共党员	副行长	2007－12—	

二、业务与经营

（一）存贷款利率

农行元坝区支行各营业机构的存款利率按国家统一利率执行。1985 年 8 月 1 日各项存款利率调整后，稳定了 3 年。1988 年 9 月 1 日和 1989 年 2 月 1 日两次上调，其中定期整存整取从 1989 年 2 月 1 日起，在 1985 年 8 月 1 日的基础平均利率上调 4.77%。从 1988 年 9 月 1 日起，对事业单位存款在原有一、二、三年期的基础上，增设五年和八年期，其利率按个人定期存款执行。根据国家统计局的社会商品和服务项目价格总指数，从当年 9 月 10 日起，对个人三、五、八年期储蓄实行保值。同期内，各项贷款平均利率上调 5.085%。同时继续执行对一般逾期、超储积压和有问题商品积压挤占挪用贷款，在合同利率的基础上分别加息 20%、30%、50%。1990—1991 年，利率下调 3 次。定期储蓄利率在 1989 年 2 月 1 日的基础上平均下调 5.70%。“定活两便”不满三个月的按活期计付利息，满三个月以上的按定期同档利率打九折付利息。1991 年 12 月 1 日停办保值储蓄。期内，中长期贷款利率平均下调 5.355%。同业拆借从最高 11.70% 调为最高 9.072%，下调 2.628%。取消对超储积压加息 30% 的规定。1993—1995 年 1 月 1 日，定期储蓄在 1991 年 4 月 21 日的基础上上调 3 次，平均上调 2.81%。活期存款在 1991 年 7 月 1 日 1.80% 的基础上，上调到 1993 年 7 月 1 日的 2.16%，同月 11 日再上调到 3.15%，并对三年以上的整存整取、零存整取、存本取息和华侨人民币储蓄存款均予以保值。涉及有关计息问题，每次调整均作出详尽规定。同期贷款利率上调 4 次，其中，中长期贷款利率平均上调 8.325%。为加速非正常贷款的清收，从 1995 年 7 月 1 日起，对一般逾期贷款实行按日利率万分之四至六计收罚息，对挤占挪用贷款按日利率万分之六至八计收罚息。

从 1996 年 5 月 1 日起，适当降低金融机构存贷款利率。至 1999 年 6 月 10 日，先后下调 7 次。储蓄存款利率：活期从 1995 年 1 月 1 日的 3.15% 下调至 1999 年 6 月 10 日的 0.99%，定期下调至 7.76%。1996 年 4 月 1 日开始，不再办理新的保值储蓄业务，之前已存入三年期以上的定期储蓄存款，仍予保值，但保值率为零的月份，不再公布。5 月 1 日起，华侨人民币储蓄利率执行相应的人民币储蓄利率，“定活两便”储蓄，按一年期以内定期利率六折计息、六折低于活期利率的按活期利率计息。从 1998 年 12 月 7 日起，“通知存款”利率 1 天下调 1.8%，7 天下调为 2.34%，此前吸收的按原利率执行至期满。“协定存款”从 1999 年 4 月 1 日起，按结息日或清户日挂牌公告利率计息，并按季结息。同期内，中长期贷款利率平均下调 7.68%。专业银行贴现贷款利率从 1996 年 5 月 1 日起，在同档次贷款利率基础上，下降 5% ~10%；1998 年 3 月 25 日起，在人民银行再贴现利率基础上，最高加 0.9%，1998 年 7 月 1 日起，最高加 2%，12 月 7 日起在再贴现利率基础上，按不超过同期贷款利率（浮动）加点。对逾期贷款加罚息（从 1995 年 5 月 1 日起下调为万分之四，1998 年 12 月 7 日起下调为万分之三，1999 年 6 月 10 日起下调为万分之二点一）。

各金融机构在总行规定的法定利率基础上，流动资金贷款利率浮动及浮动范围须经总行批准。区域性金融机构的流动资金贷款利率浮动范围，需报人行省分行批准。

为维护国家法定利率的严肃性和金融的稳定，央行于 1998 年发出通知，严禁高息揽存，严禁擅自提高存款利率，或变相以手续费、协储代办费、吸储费、有奖储蓄、介绍费、赠送实物等名目提高存款利率。2002 年 2 月 21 日，央行全面调低存贷款利率以激励消费，扩大内需。其中：存款利率平均下调 0.27%，贷款利率平均下调 0.54%。2004 年 10 月 29 日，央行对利率政策作出调整：活期存款不变，定期存款 3 月、6 月期不变，其余均上调，其中五年期调幅最大，达 0.81%；贷款利率平均上调 0.27%。

（二）存款业务

1990年年末，农行元坝区办事处各项存款1125万元，其中储蓄348万元；信用社各项存款1398万元，其中储蓄1025万元。1997年末，农行元坝区支行各项存款余额8541万元，比年初净增1905万元，储蓄存款净增1629万元。1998—2000年，开办代收、代付和代理保险业务，增加储蓄种类，开办电子汇兑。上门为务工人员办理汇兑卡证3万多张，组织各项存款5000万元。2000年年末，各项存款达1.17亿元。2001—2004年，开通电子汇兑，实现全国联网。开办电话银行与网上银行。共组织劳务资金7000万元，代发工资3100万元，开办教育储蓄2350万元，累计存款余额达到3.23亿元，较四年前净增2.10亿元。2004年，当年存款净增过亿元。2005—2007年，共组织各项存款2.46亿元，处置不良贷款1.39亿元，实现中间业务收入240万元，发行银行卡3万多张，营销电子银行1800余户，手机银行650多户。

（三）贷款业务

贷款发放的种类主要是农业扶贫贷款、农业短期贷款、流动资金贷款、消费贷款、农副产品收购贷款、助学贷款、乡镇企业发展贷款、居民住房按揭贷款、工业企业贷款等。1997年3月，农行元坝区支行代理的全部政策性业务划转农发行元坝区支行；1998年5月，原农行元坝区支行划转到农发行元坝区支行的“农业综合开发、扶贫贷款、人行专项贷款及部分粮棉油企业附营业务贷款业务”又重新划回农行元坝区支行办理。

建行初至1993年末，全行共投放各项贷款5904万元。1994—1997年共投放各项贷款4954万元。1998—2000年投放各项贷款6500万元。2001—2004年共投放各项贷款9098万元。2005—2007年共投放各项贷款28724万元。

（四）网络电子金融

1991年，在全市储蓄所率先使用单机版系统处理门市通存通兑业务。1992年，陆续使用总行开发的会计业务处理系统软件，实现对公业务计算机操作。2000年，农行元坝区支行累计投资150万元建起了计算机机房，拥有主机1台，中转机62台，主要业务由计算机处理达95%。启动了以金穗借记卡为龙头的对私业务全国联网工程。新的借记卡系统实现了金穗借记卡本地、异地的ATM、POS和网点柜台的适时取款、查询、消费、还贷和预授权等IC个人业务功能。2001年，网上银行、电子商务、开放式基金和外汇买卖业务系统运行。客户服务中心“95599”金融热线投入运行。全行各种管理类及辅助决策类系统相继投入使用。2003年，农行总行与人民银行联网，实现了准贷记卡和借记卡网络合一，所有发卡城市实现系统内联网运行和跨地区使用。2004年，网上银行业务全面推开。累计办理手机银行业务172户，电话银行业务2386户，网上银行业务46户。办理话费、税费、水电费自缴、银证转账、账务查询、费查询、银企对账等业务，累计交易1065笔，金额8260万元。2005—2007年，支行新增电子银行注册3285户，网上交易额（人民币）18936万元。2005年，农行总行实现了全国数据联网。

1986—2007 年中国人民银行存、贷款利率变动表（一）

表 22-2

单位：年利率%

项目	调整日期	1986 8.1	1987 6.21	1987 8.14	1988 9.1	1989 2.1	1990 3.21	1990 8.21	1991 4.21	1993 5.15	1993 7.11	1995 1.1	1995 7.1	1996 5.1	1996 8.23	1997 10.23
活期存款		2.88	2.88	2.88	2.88	2.88	2.88	2.16	1.80	2.16	3.15	3.15	3.15	2.97	1.98	1.71
定期储蓄存款	三个月	—	—	—	—	7.56	6.30	4.32	3.24	4.86	6.66	6.60	6.60	4.86	3.33	2.88
	半　年	6.12	6.12	6.12	6.48	9.00	7.74	6.48	5.40	8.20	9.00	9.00	9.00	7.20	5.40	4.14
	一　年	7.20	7.20	7.20	8.64	11.34	10.08	8.46	7.56	9.18	10.98	10.98	10.98	9.18	7.47	5.67
	二　年	—	—	—	9.18	12.24	10.98	9.36	7.92	9.90	11.70	11.70	11.70	9.90	7.92	5.94
	三　年	8.28	8.28	8.28	9.72	13.14	11.88	10.08	8.28	10.80	12.24	12.24	12.24	10.80	8.28	6.21
	五　年	9.36	9.36	9.36	10.80	14.94	13.68	11.52	9.00	12.06	13.86	13.68	13.86	12.06	9.00	6.66
	八　年	10.44	10.44	10.44	12.42	17.64	16.20	13.68	10.08	10.08	17.10	八年期定期存款取消				
	定活两便	—	—	—	按同期定期整存整取利率九折执行					按一年期以内(含一年期)定期整存整取同档次利率六折执行						
短期贷款	三个月	—	—	—	—	11.34	7.92	7.62	取消	取消	取消	取消	取消	取消	取消	取消
	六个月(含六个月)	—	—	—	—	11.34	9.00	8.64	8.10	8.82	9.00	9.00	10.08	9.72	9.18	7.65
	一年(含一年)	7.92	7.92	7.92	9.00	11.34	10.08	9.36	8.64	9.36	10.98	10.98	12.06	10.98	10.08	8.64
中长期贷款	一年及一年以下	7.92	7.92	7.92	9.00	11.34	10.08	9.36	8.64	9.18	10.98	11.70	12.24	11.52	同上	同上
	一年以上至三年	8.64	8.64	8.64	9.90	12.78	10.80	10.08	9.00	10.80	12.24	12.96	13.50	13.14	10.98	9.36
	三年以上至五年	9.36	9.36	9.36	10.80	14.40	11.52	10.8	9.54	12.06	13.86	14.58	15.12	14.94	11.70	9.90
	五年以上	10.08	10.08	10.08	13.32	19.26	11.88	11.16	9.72	12.24	14.04	14.76	15.30	15.12	12.42	10.53
银行逾期贷款加收或日利		20%	20%	20%	20%	30%	20%	20%	20%	20%	20%	20%	4‰-6‰	4‰	同前	同前
挤占挪用贷款加收或日利		50%	50%	50%	50%	100%	50%	50%	50%	50%	50%	50%	6‰-8‰	6‰	同前	同前
信用社逾贷款加收日利		—	—	—	20%	30%	20%	20%	20%	同前	同前	同前	7‰	5‰	同前	同前
挤占挪用贷款加收或日利		—	—	—	50%	100%	50%	50%	50%	同前	同前	同前	9‰	7‰	同前	同前
优惠贷款	扶贫贷款	—	—	—	—	—	—	—	—	—	—	—	—	—	—	—
	扶贫贴息贷款	7.92	7.92	7.92	7.92	2.88	3.60	2.88	2.88	2.88	2.88	2.88	2.88	2.88	2.88	2.88
	老少边穷地区贷款	3.60	3.60	3.60	4.62	7.02	5.76	5.76	5.76	6.48	8.10	8.40	9.36	8.10	7.20	5.76
	民政福利工厂贷款	—	—	—	—	9.54	8.28	7.56	7.20	7.92	9.54	9.54	10.62	9.54	8.64	7.20
	民族贸易及用品贷款	—	—	—	—	8.46	7.20	5.76	5.76	6.48	8.10	8.10	9.18	8.10	7.20	5.76
商业性住房开发	一年及一年以下	—	—	—	—	—	10.08	9.36	8.64	9.18	10.98	11.70	12.24	11.52	10.08	8.64
	一年以上至三年	—	—	—	—	—	10.80	10.08	9.00	10.80	12.24	12.96	13.50	13.14	10.98	9.36
	三年以上至五年	—	—	—	—	—	11.52	10.80	9.54	12.06	13.86	14.58	15.12	14.95	11.70	9.90
	五年以上	—	—	—	—	—	11.88	11.16	9.72	12.24	14.04	14.76	15.30	15.12	12.42	10.53
商业性个人住房	一年及一年以下	—	—	—	—	—	10.08	9.36	8.64	9.18	10.98	11.70	13.50	13.14	10.98	9.36
	一年以上至三年	—	—	—	—	—	10.80	10.08	9.00	10.80	12.24	12.96	13.50	13.14	10.98	9.36
	三年以上至五年	—	—	—	—	—	11.52	10.80	9.54	12.06	13.86	14.58	13.50	13.14	10.98	9.36
	五年以上至十年	—	—	—	—	—	11.88	11.16	9.72	12.24	14.04	14.76	15.12	14.94	11.70	9.90
	十年以上	—	—	—	—	—	11.88	11.16	9.72	12.24	14.04	14.76	15.30	15.12	12.42	10.39

续表

项目 \ 调整日期			1986 8.1	1987 6.21	1987 8.14	1988 9.1	1989 2.1	1990 3.21	1990 8.21	1991 4.21	1993 5.15	1993 7.11	1995 1.1	1995 7.1	1996 5.1	1996 8.23	1997 10.23
政策性个人住房		一年以上至三年	—	—	—	—	—	存、贷款保持1.8个百分点利差							同上	同上	同上
		三年以上至五年	—	—	—	—	—	同上	同上	同上	同上	同上	同上	同上	9.00	7.20	4.88
		五年以上至十年	—	—	—	—	—	同上	同上	同上	同上	同上	存、贷款保持2.34个百分点		9.54	7.74	4.88
		十年以上至十五年	—	—	—	—	—	同上	同上	同上	同上	同上			10.08	8.28	4.88
		十五年以上	—	—	—	—	—	同上	同上	同上	同上	同上	保持2.88%利差		10.62	8.28	4.88
粮棉油附营业务贷款			3.96	3.96	3.96	9.00	10.08	9.00	8.28	7.74	8.46	10.08	10.80	11.34	10.08	9.18	7.74
人民银行对金融机构存贷款利率	存款	法定准备金	—	—	—	—	—	—	—	—	—	—	—	—	—	—	—
		超额准备金	—	—	—	—	—	—	—	—	—	—	—	—	—	—	—
	贷款	1. 流动性再贷款	—	—	—	—	—	—	—	—	—	—	—	—	—	—	—
		超额准备金	—	—	—	—	—	—	—	—	—	—	—	—	—	—	—
		二十天	—	—	—	—	—	—	—	—	—	—	—	—	—	—	—
		2. 再贴现	—	—	—	—	—	—	—	—	—	—	—	—	—	—	—
		3. 对农信社贷款	—	—	—	—	—	—	—	—	—	—	—	—	—	—	—
		二十天	—	—	—	—	—	—	—	—	—	—	—	—	—	—	—
		半　年	—	—	—	—	—	—	—	—	—	—	—	—	—	—	—
		一　年	—	—	—	—	—	—	—	—	—	—	—	—	—	—	—

1986—2007年中国人民银行存、贷款利率变动表（二）

表22-3　　　　单位：年利率%

项目 \ 调整日期		1998 3.25	1998 7.1	1998 12.7	1999 6.10	2002 2.21	2004 1.1	2004 10.29	2005 3.17	2006 4.28	2006 8.18	2007 3.18	2007 5.19	2007 7.21	2007 8.22	2007 9.15	2007 12.21
活期存		1.71	1.44	1.44	0.99	0.72	同前	0.72	0.72	0.72	0.72	0.72	0.72	0.81	0.81	0.81	0.72
定期储蓄存款	三个月	2.88	2.79	2.79	1.96	1.71	同前	1.71	1.71	1.71	1.80	1.98	2.07	2.34	2.61	2.88	3.33
	半　年	4.14	3.96	3.33	2.16	1.89	同前	2.07	2.07	2.07	2.25	2;43	2.61	2.88	3.15	3.42	3.78
	一　年	5.22	4.77	3.78	2.25	1.98	同前	2.25	2.25	2.25	2.52	2.79	3.06	3.33	3.60	3.87	4.14
	二　年	5.58	4.86	3.96	2.43	2.25	同前	2.70	2.70	2.70	3.06	3.33	3.69	3.96	4.23	4.50	4.68
	三　年	6.21	4.95	4.14	2.70	2.52	同前	3.24	3.24	3.24	3.69	3.96	4.41	4.68	4.95	5.22	5.40
	五　年	6.66	5.22	4.50	2.88	2.79	同前	3.60	3.60	3.60	4.14	4.41	4.95	5.22	5.49	5.76	5.85
	八　年	八年期定期存款取消															
	定活两便	按一年期以内(含一年期)定期整存整取同档次利率打六折执行							同前	同前	同前	同前	同前	同前	同前	同前	同前
短期贷款	三个月	取消	取消	取消	取消	取消	取消	取消	取消	取消	取消	取消	取消	取消	取消	取消	取消
	六个月(含六个月)	7.02	6.57	6.12	5.58	5.04	同前	5.22	5.22	5.40	5.58	5.67	5.85	6.03	6.21	6.48	6.57
	一年(含一年)	7.92	6.93	6.39	5.85	5.31	同前	5.58	5.58	5.85	6.12	6.39	6.57	6.84	7.02	7.29	7.47
中长期贷款	一年及一年以下	同上	同上	同上	同上	同上	同前	同上	5.58	5.85	6.12	6.39	6.57	6.84	7.02	7.29	7.47
	一年以上至三年	9.00	7.11	6.66	5.94	5.49	同前	5.76	5.76	6.03	6.30	6.57	6.75	7.02	7.20	7.47	7.56
	三年以上至五年	9.72	7.56	7.20	6.03	5.58	同前	5.85	5.85	6.12	6.48	6.75	6.93	7.20	7.38	7.65	7.74
	五年以上	10.35	8.01	7.56	6.21	5.76	同前	6.12	6.12	6.39	6.84	7.11	7.20	7.38	7.56	7.83	7.83

续表

项目		调整日期	1998 3. 25	1998 7. 1	1998 12. 7	1999 6. 10	2002 2. 21	2004 1. 1	2004 10. 29	2005 3. 17	2006 4. 28	2006 8. 18	2007 3. 18	2007 5. 19	2007 7. 21	2007 8. 22	2007 9. 15	2007 12. 21
银行逾期贷款加收或日利			同前	同前	3‰	2. 1‰	2. 1‰	30%—50%	同前	同前	同前	同前	同前	同前	同前	同前	同前	同前
挤占挪用贷款加收或日利			同前	同前	同前	5‰	5‰	50‰—100‰	同前	同前	同前	同前	同前	同前	同前	同前	同前	同前
信用社逾贷款加收日利			同前	同前	4‰	3‰	3‰	30%—50%	同前	同前	同前	同前	同前	同前	同前	同前	同前	同前
挤占挪用贷款加收或日利			同前	同前	6‰	5‰	5‰	50%—100%	同前	同前	同前	同前	同前	同前	同前	同前	同前	同前
优惠贷款		扶贫贷款	—	—	—	—	—	—	—	—	—	—	—	—	—	—	—	—
		扶贫贴息贷款	2. 88	2. 88	2. 88	2. 88	3. 00	同前	3. 00	3. 00	—	—	3. 00	3. 00	3. 00	3. 00	3. 00	3. 00
		老少边穷地区贷款	5. 04	4. 05	3. 60	2. 97	2. 43	同前	2. 70	2. 70	—	—	3. 51	3. 69	3. 96	4. 14	4. 41	4. 59
		民政福利工厂贷款	6. 48	5. 49	5. 04	4. 41	3. 87	同前	4. 14	4. 14	—	—	4. 95	5. 13	5. 40	5. 58	5. 85	6. 03
		民族贸易及用品贷款	5. 04	4. 05	3. 60	2. 97	2. 43	同前	2. 70	2. 70	—	—	3. 51	3. 69	3. 96	4. 14	4. 41	4. 59
商业性住房开发		一年及一年以下	7. 92	6. 93	6. 39	5. 85	5. 31	同前	同前	5. 58	—	—	—	—	—	—	—	—
		一年以上至三年	9. 00	7. 11	6. 66	5. 94	5. 49	同前	同前	5. 76	—	—	—	—	—	—	—	—
		三年以上至五年	9. 72	7. 65	7. 20	6. 03	5. 58	同前	同前	5. 85	—	—	—	—	—	—	—	—
		五年以上	10. 35	8. 01	7. 56	6. 21	5. 76	同前	同前	6. 12	—	—	—	—	—	—	—	—
商业性个人住房		一年及一年以下	7. 02	6. 57	6. 12	5. 58	4. 77	同前	4. 95	5. 76	—	—	—	—	—	—	—	—
		一年以上至三年	7. 92	6. 93	6. 39	5. 85	4. 77	同前	4. 95	5. 85	—	—	—	—	—	—	—	—
		三年以上至五年	9. 00	7. 11	6. 66	5. 94	4. 77	同前	4. 95	6. 12	—	—	—	—	—	—	—	—
		五年以上至十年	9. 72	7. 65	7. 20	6. 03	5. 04	同前	5. 31	6. 12	—	—	—	—	—	—	—	—
		十年以上	10. 21	8. 41	7. 56	6. 21	5. 04	同前	5. 31	6. 12	—	—	—	—	—	—	—	—
政策性个人住房		一年以上至三年	4. 68	4. 59	4. 59	3. 78	3. 60	同前	3. 78	3. 96	4. 14	4. 14	4. 32	4. 41	4. 50	4. 59	4. 77	4. 77
		三年以上至五年	5. 04	4. 95	4. 95	4. 14	3. 60	同前	3. 78	3. 96	4. 14	4. 14	4. 32	4. 41	4. 50	4. 59	4. 77	4. 77
		五年以上至十年	5. 22	5. 13	5. 13	4. 32	4. 05	同前	4. 23	4. 41	4, 59	4. 59	4. 77	4. 86	4. 95	5. 04	5. 22	5. 22
		十年以上至十五年	5. 76	5. 67	5. 67	4. 86	4. 05	同前	4. 23	4. 41	4. 59	4. 59	4. 77	4. 86	4. 95	5. 04	5. 22	5. 22
		十五年以上	6. 30	6. 21	6. 21	5. 40	4. 05	同前	4. 23	4. 41	4. 59	4. 59	4. 77	4. 86	4. 95	5. 04	5. 22	5. 22
粮棉油附营业务贷款			7. 02	6. 57	6. 12	5. 85	5. 31	同前	同前	同前	—	—	—	—	—	—	—	—
人民银行对金融机构存贷款利率	存款	法定准备金	—	—	—	—	—	—	—	—	—	—	—	—	—	—	—	—
		超额准备金	—	—	—	—	—	—	—	—	—	—	—	—	—	—	—	—
	贷款	1. 流动性在贷款	—	—	—	—	—	—	—	—	—	—	—	—	—	—	—	—
		超额准备金	—	—	—	—	—	—	—	—	—	—	—	—	—	—	—	—
		二十天	—	—	—	—	—	—	—	—	—	—	—	—	—	—	—	—
		2. 再贴现	—	—	—	—	—	—	—	—	—	—	—	—	—	—	—	—
		3. 对农信社贷款	—	—	—	—	—	—	—	—	—	—	—	—	—	—	—	—
		二十天	—	—	—	—	—	—	—	—	—	—	—	—	—	—	—	—
		半　年	—	—	—	—	—	—	—	—	—	—	—	—	—	—	—	—
		一　年	—	—	—	—	—	—	—	—	—	—	—	—	—	—	—	—

注：从2007年8月22日起，对灾区支农再贷款保持0.99个百分点的利率优惠；本表源自中国人民银行广元市中心支行货币信贷处

三、管理工作

（一）人事管理

1990 年，行、社职工总数 148 人，其中，农行 40 人，28 个信用社 108 人。1993 年，行、社职工总数 217 人，其中，农行 85 人，29 个信用社和 5 个信用分社共 132 人。1996 年，元坝区信用社分离后，农行元坝区支行 88 人。1997 年，农发行元坝支行分离后，农行元坝区支行 72 人。2007 年年底，农行元坝区支行 62 人。

1996 年，根据《中华人民共和国中国人民银行法》和其他金融法律法规精神，加强了对金融高管人员的监督，实行任前资格审查、离任稽核审计制度。农行元坝区支行正副行长、营业所、分理处主任实行任前资格审查。1999 年，农行元坝区支行推进人事用工制度改革。完善和推进全员合同制，所有员工根据学历、工龄等条件签订“无固定期限”和“有固定期限”两种劳动合同。人员通过资格考试持证上岗，农行元坝区支行人员全部合格上岗。2000 年，农行系统推行后备干部人才库制度。凡新提拔使用副科级以上干部职务的，按干部管理权限实行自愿报名、资格审查、竞岗演讲、闭卷考试、公开答辩、民主测评、择优录取，进入人才后备库。副科级以上干部由农行广元市分行管理。农行元坝区支行中层干部及营业所干部由支行管理，选拔任用一律实行民主推荐，公开、公正、公平地进行演讲答辩、公示、组织考察，行长聘任。对员工实行“优化组合、双向竞聘、考试考核、末位淘汰、待岗学习”制度。2004 年，根据《中华人民共和国银行监督法》规定，国有商业银行、信用联合社高级管理人员的任职资格由银监局负责。农业银行县（区）支行中层干部、所（部）正副主任由支行聘用并管理。

职工的教育培训，一方面，抓技能提高。采取以岗代训、以会代训、集中短训、技能比赛等方式提高技能；抓学历培训。鼓励员工参加成人高考、自考、函授、远程教育等。到 2007 年，农行元坝区支行具有本科学历 7 人，占 12%；大、中专学历者 36 人，占 62%；初级职称 13 人，中级职称 8 人；另一方面，抓思想法纪教育。开展了学雷锋、“教育、清理、整顿”、“三个把握住自己”教育等活动，开展了学习贯彻《中华人民共和国中国人民银行法》《中华人民共和国商业银行法》《中华人民共和国担保法》《中华人民共和国行政诉讼法》《中华人民共和国票据法》等法律法规活动。

（二）信贷管理

1995 年以前，中国农业银行的信贷管理制度是在计划经济体制和专业银行的模式下形成的。信贷业务经营粗放，对企业、个人贷款准入条件要求不高不严，抵押担保手续不规范，法律效力不足，“三查”制度不落实，行政干预较大。信贷质量低，风险高，效益不佳。从 1996 年起，农行元坝区支行先后制定了有关信贷管理的比较规范的一系列制度、办法。2001 年，农行元坝区支行学习贯彻《中国农业银行信贷管理基本制度》，进一步加强信贷管理，规范信贷行为，防范信贷风险，优化客户结构，提高信贷质量。落实授信客户信用等级评定制度。信用等级评定为 AAA、AA、A、B、C 级。以完善抵押为主，有效担保为补充，强化监督，集中管理。落实贷后管理制度。对客户执行信贷合同、经营状况等进行经常性地跟踪检查和定期检查。执行风险管理制度。完善授信风险管理机制，严格执行“三查制度”。严格执行“统一授信、审贷分离、分级审批、责权分明”运行机制。建立责任追究制度。按照国家金融政策和规章制度规定明确了行长、分管信贷业务的领导、信贷业务部门及工作人员应当承担的职责。2000—2007 年，凡违规操作、违章放贷、监督检查不力，造成债权丧失等事件的，一律从严处理。建立清收盘活不良资产责任制度。对不良资产清收实行“一把手”负责制，由“一把手”挂帅开展不良资产的压缩、盘活。成立了“不良资产清收领导小组”，设立不良资产管理部，具体开展清收与盘活工作。按年度下达清收目标、制定计划，有步骤、有重点、有措施地加以清收。清收工作与人员的工资、奖励、费用挂钩，并严格考核。农行元坝区支行不良资产年均下降10%，到2004年年末累计清收不良资产2600万元，保全盘活不良资产5000多万元。2007年消化历年应收利息452万元，待处理房改损失137万元，政策性亏损挂账87.5万元。至2007年年末合计处理遗留问题1328.50万元，超市分行计划307万元；累计消化历史包袱1668.90万元，超市分行计划284.5万元。

（三）安全管理

1991年，成立了中国农业银行广元市元坝区支行经济民警中队。1990—2007年间，农行元坝区支行筹资300万元，对全行安防设施进行更新与加固。更换非达标的保险柜16台，配备更换防弹运钞车5辆，防弹背心12件，配备了防暴警具与枪弹。所有营业网点安装了防弹玻璃和电子监控系统，均与110联网，安全合格率达100%。

第二节　农业发展银行

一、机构

1997年1月，中国农业发展银行广元市元坝区支行（简称农发行元坝区支行）成立，内设办公室、计划信贷科、财务会计科三个部门。2001年1月，农发行元坝区支行内设信贷部、综合业务部。2001年4月，综合业务部更名为综合会计部。2001年5月，综合会计部加挂办公室牌子。2005年11月，农发行元坝区支行内设办公室、客户业务部和会计结算部。至2007年，机构无变化。

中国农业发展银行广元市元坝区支行领导名录

表22-4

姓　名	性别	籍　贯	政治面貌	职　务	任职期间	备　注
朱映礼	男	广元市旺苍县	中共党员	行　长	1997-01—2002-02	
何金勇	男	广元市旺苍县	中共党员	副行长	1998-03—1998-08	
卢　洪	男	广元市旺苍县	中共党员	副行长	1999-04—2002-12	2002-08始主持工作
谢春艳	女	广元市元坝区	中共党员	行　长	2002-02—2002-08	
卢　洪	男	广元市旺苍县	中共党员	行　长	2002-12—2004-03	
刘跃武	男	绵阳市三台县	中共党员	行　长	2004-03—	
徐　波	男	广元市利州区	中共党员	副行长	2004-03—	

二、业务与经营

（一）存款

农发行元坝区支行1997年至2004年一直从事国有粮食购销企业的粮食收购资金管理，存款只是针对国有粮食购销企业的一般性存款，无对外存款。2005年农发行改革后，业务范围逐步拓宽，但存款业务依旧只对单位办理，不吸收私人存款。2000 年，农发行元坝区支行的存款 113 万元，2007 年存款达 2275 万元，其中同业存款 2000 万元，单位存款 275 万元。

（二）贷款

1. 农业综合开发贷款和专项贷款

1997 年初，农行元坝区支行移交给农发行元坝区支行扶贫贷款 1571 万元，农业综合开发贷款 100 万元。年末，元坝农发行全年发放扶贫开发贷款 1115 万元。涉及种植业、养殖业及农副产品加工业，覆盖全区 22 个乡镇，77 个村，3926 户贫困户。1998 年 5 月，全区扶贫开发等农业贷款全部划归农行元坝区支行管理，共划转农业专项贷款 3155. 40 万元。其中：扶贫贴息贷款 1501 万元，扶贫贷款 1444. 50 万元，农业综合开发贷款 100 万元，人行老少边地区发展经济贷款 109 万元。自 2004 年 7 月起，农发行元坝区支行根据国家银监会批复，逐步拓宽支农服务领域，推荐上报并经省市分行审批了信贷新项目 4 个，累计共发放新业务贷款 409 万元，重点支持了广元市元坝三元茧丝绸有限责任公司、广元市山清米业有限责任公司、广元市钏琰生物科技有限公司等一批产业化龙头企业和农业小企业。

2. 粮油收购贷款

1997 年至 2004 年 7 月，农发行元坝区支行主要从事农业信贷扶贫、粮棉油收购资金供应与管理等业务，还代办了国家退耕还林、粮食风险基金直补农民和粮种补贴等政策性资金的结算业务。1997—2004 年，累计发放粮食收购调销贷款 33536 万元，支持收购调销粮食 21000 万公斤；发放棉花收购调销贷款 1300 万元，支持收购调销棉花 2 万担。2001 年，根据国务院办公厅《关于开展全国粮食清仓查库工作的通知》和国家计划委员会办公厅《关于认真做好全国粮食清仓查库工作的通知》要求，在省、市、区三级清仓查库领导小组的指导下，开展粮食清仓查库工作，摸清了全区粮食企业库存底数，为信贷监管和粮食购销企业改革和发展奠定了基础。同时，开展信贷等级行达标升级活动，规范信贷基础管理，实现信贷基础管理达标。2003 年，遵照农发行总行和国家粮食局总局部署，开展“三查一落实”活动，按照“有仓必到，有粮必查，查必彻底”的原则，查清了粮食库存，对企业账务及资金进行了内查外核。建议对元坝区粮食企业进行改革，促成了元坝城关粮站并入了省粮食储备库，全区粮食企业实行了职工身份置换，粮食企业减轻了包袱。2005 年，共发放流转粮油收购贷款 3198 万元，支持企业收购粮食 624 万公斤，较好地解决了全区农民“卖粮难”。尤其是认真、严格执行国家颁布的粮食最低收购价执行预案，保证了国家惠农政策的落实。同年，在国务院组织有关部门按照“有利于改善地方经济环境”“有利于企业长远发展”和“有利于农发行消减不良贷款”的“三个有利于”的原则开展粮食挂账审计确认中，全区最终认定审计挂账金额 7232 万元；同时，助推粮改，在全市率先完成了国有粮食企业改革。2006 年，共发放粮油收购贷款 1589 万元，支持企业收购粮食 833 万公斤，其中发放调控贷款 755 万元，支持跨年度托市收购粮食 368 万公斤，收购值 530 万元；发放省储粮轮换贷款 434 万元，入库粮食 300 万公斤，收购值 300 万元；发放粮食流转贷款 400 万元，支持企业自主收购粮食 165 万公斤，收购值 235 万元。2007 年，全行业务经营保持良好态势，全年共发放粮油收购贷款 504 万元，支持企业收购粮食 375 万公斤，其中发放省储粮轮换贷款 144 万元，入库粮食 100 万公斤，收购值 144 万元。

3. 支农贷款

农发行元坝区支行还发放了包括农业产业化龙头企业贷款、农业科技贷款、农业基础设施建设贷款、农业生产资料贷款和农业小企业贷款等支农贷款。2000 年，农发行元坝区支行贷款余额 16323 万元；至 2007 年，各类贷款余额总计 18474 万元。

三、管理工作

（一）财务管理

建行初期，农发行元坝区支行会计结算业务采用手工记账。1998 年，农发行元坝区支行初步使用对公门柜业务系统，会计结算业务采取手工记账和微机记账双线运行。2005 年，农发行元坝区支行会计综合业务系统正式运行为复核制，会计数据全部集中于农发行总行，结算业务进入电子信息化时代。

（二）人事管理

1997 年，农发行元坝区支行职工总数 17 人。2001 年，推进人事用工制度改革。完善和推进全员合同制，所有员工由固定职工转为聘用合同制员工。2002 年，推出"双评双聘"改革，干部职工双选双聘全部按新岗位上班。2007 年年末，农发行元坝区支行职工总人数 16 人。

从 1997 年开始，采取以岗代训、以会代训、集中短训、技能比赛等方式提高员工技能。鼓励员工参加成人高考、自考、函授、远程教育等。到 2007 年年底，农发行元坝区支行具有本科学历者 13 人，占 81.20%；大、中专学历者 3 人，占 18.30%；中级职称 7 人，初级职称 7 人。根据上级行党委与区委的安排，开展了"三讲""三个代表"重要思想、"保持共产党员先进性"等学习教育活动。学习和贯彻农发行总行下发的《违反信贷和资金管理规章制度行为处理暂行办法》《违反财务会计规章制度行为处理暂行办法》《违反人事管理规章制度行为处理暂行办法》《违反安全保卫工作规章制度行为处理暂行办法》。

1997 年，编制印发了《中国农业发展银行广元市元坝区支行规章制度、岗位职责汇编》《干部廉洁自律规定》《安全保卫制度》《保密制度》《元坝区粮棉油收购资金报账制供应与管理暂行办法》，统一规范了业务操作程序、文明用语及服务禁语，并装框上墙。2005 年，建立从严治行的内控管理机制，补充制定了岗位安全保卫职责等规章制度，修订了《财务管理实施细则》、消防安全管理方面等一系列规章制度。2007 年，继续强化内部管理，制定了《区支行机关效能建设实施细则》《首问责任制》等 10 个规章制度。

1997 年，农发行元坝区支行被广元市评为市级"文明单位"、市级"卫生先进单位"和市级"安全保卫工作先进单位"。1999 年，档案管理工作达到省"三级"标准。2000 年，在农发行广元市分行第二届会计出纳业务技术比赛中夺得了团体第一名，4 名选手参加 5 个单项比赛，取得了 3 金 2 银的优异成绩。2002 年，在农发行广元市分行举行的"庆七一"综合知识竞赛中取得了团体、个人两项第一的优异成绩；在农发行广元市分行第三届会计出纳业务技术比赛中蝉联冠军，囊括了全部 7 个单项第一，代表市分行参加省分行比赛取得了 2 个单项第一名、1 个第三名、1 个第六名的优异成绩；在信贷微机比赛中获得团体二等奖，被省分行授予"先进职工之家"荣誉称号，被市分行评为"优秀青年组织"，还获得了"广元市最佳卫生先进单位"称号，被市总工会授予"模范职工之家"称号。2003 年，建成省分行级"青年文明号""优质服务示范窗口"。

（三）信贷管理

农发行元坝区支行成立初期，业务范围单一，贷款主体主要是粮棉购销企业；贷款方式主要为信用贷款。主要实行"库贷挂钩、钱随粮走"的封闭运行管理模式。粮食市场放开后，国有粮食企业不再是唯一的贷款客户，农发行开始落实授信客户信用等级评定制度。信用等级评定为 AAA、AA、A、B、C 级，以完善抵押为主，有效担保为补充。落实贷后管理制度。对客户执行信贷合同、经营状况等进行经常性地跟踪检查和定期检查。严格执行风险管理制度。完善授信风险管理机制，严格执行"三查制度"。执行"统一授信、审贷分离、分级审批、责权分明"的运行机制。建立责任追究制度。按照国家金融政策和规章制度，明确了行长、分管信贷业务的领导、信贷业务部门及工作人员应当承担的职责。

第三节　工商银行

1959年4月，中国人民银行广元县支行在广旺矿务局拣银岩煤矿设立中国人民银行广元县支行拣银岩储蓄所。1978年拣银岩储蓄所升格为分理处。1984年底，中国人民银行广元县支行拣银岩分理处划归中国工商银行广元县支行，设立中国工商银行广元县支行拣银岩分理处（简称工行拣银岩分理处）。1989年，工行拣银岩分理处迁址到元坝镇陶朱街，1993年以后划归中国工商银行广元城区支行，更名为中国工商银行广元城区支行元坝分理处。征用土地773.33平方米，建综合用房一栋，面积971平方米。于1998年9月报废闲置。因经营状况长期不佳（至2003年9月存款余额仅1191万元），2003年11月，工行拣银岩分理处迁至苍溪县陵江镇，改设为苍溪分理处。

第四节　农村信用合作社

一、机构

（一）广元市元坝区农村信用合作联社

1991年8月，成立广元市元坝区信用合作社联合社（简称区信用联社），隶属农行元坝区办事处管理。设办公室、社务组、财务组、稽核监察组。1993年1月，改组为股，设办公室、计划会计股、信贷业务股，稽核审计股；同年3月，改股为科。同年4月，区信用联社实行股份制改革。1995年12月，增设人事保卫科。1996年2月，人事保卫科分设为人事教育科、保卫科。同年10月，区信用联社与农行元坝区支行脱离行政隶属关系，成为具有企业法人资格的合作金融企业。1998年，区信用联社成为由信用社入股组成、主要为农村信用社服务的联合经济组织。1999年6月，区信用联社更名为广元市元坝区农村信用合作社联合社。2004年9月起，开展以清产核资为标志的深化农村信用社改革试点工作，通过清产核资，清理扩充股金，完善理事会、监事会和社员代表大会，改善法人治理，完善机制。2007年，由人民银行注入资金，化解信用社历史包袱。同年8月，广元市元坝区农村信用合作社联合社终止，成立广元市元坝区农村信用合作联社（仍简称区信用联社），实行全区一级法人，统一核算，区信用联社职能从以管理为主转变为以经营服务为主。同年9月，区信用联社本部设办公室、党委办公室、人力资源部、财务会计部、信贷管理部、客户经理部、科技信息部、稽核监察部、保卫部。

1991年8月，区信用联社下设元坝、卫子、王家、虎跳、昭化4个管理组。1993年3月，撤销元坝、卫子、王家、虎跳、昭化4个管理组，成立王家、卫子、太公、虎跳、昭化、红岩6个中心信用社。

广元市元坝区农村信用合作联社领导名录

表 22－5

姓　名	性别	籍　贯	政治面貌	职　务	任职期间	备　注
谢力争	男	广元市元坝区	中共党员	主　任	1991－08—1991－10	
王文成	男	广元市元坝区	中共党员	副主任	1991－08—1993－04	
贾元碧	男	广元市剑阁县	中共党员	主　任	1991－10—1993－04	
贾元碧	男	广元市剑阁县	中共党员	董事长	1993－04—1996－10	
姚光耀	男	广元市苍溪县	中共党员	副董事长、主任	1993－04—1996－01	
王文成	男	广元市元坝区	中共党员	副董事长、副主任	1993－04—1998－10	
王双林	男	广元市剑阁县	中共党员	常务副董事长、主任	1996－01—1998－10	
姚光耀	男	广元市苍溪县	中共党员	副主任	1996－01—1998－06	
王双林	男	广元市剑阁县	中共党员	理事长、主任	1998－10—2000－10	
徐富国	男	广元市青川县	中共党员	副理事长、副主任	1998－10—2001－01	
王文成	男	广元市元坝区	中共党员	监事长	1998－10—2001－01	
徐兴明	男	广元市剑阁县	中共党员	主　任	2000－10—2001－01	
徐兴明	男	广元市剑阁县	中共党员	理事长、主任	2001－01—2001－10	
徐富国	男	广元市青川县	中共党员	监事长	2001－01—2002－09	
余天树	男	广元市元坝区	中共党员	副主任	2001－01—2003－01	
徐富国	男	广元市青川县	中共党员	负责人	2001－10—2002－09	主持工作
贾正清	男	广元市青川县	中共党员	理事长	2002－09—2005－06	
徐富国	男	广元市青川县	中共党员	主　任	2002－09—2006－10	
余天树	男	广元市元坝区	中共党员	监事长	2003－01—	
贾　勇	男	广元市剑阁县	中共党员	理事长	2005－06—	
杜柏章	男	广元市旺苍县	中共党员	主　任	2006－10—	
任万品	男	广元市朝天区	中共党员	副主任	2007－06—	

（二）农村信用社

农村信用社是由农民和农村的其他个人、经济组织入股联合组成的独立核算、自主经营、自担风险、自负盈亏、自我发展的农村合作金融组织，是独立的、具有法人资格的经济合作组织。

1991 年，元坝区信用联社辖 28 个信用社，4 个分社，1 个储蓄所，共有职工 120 人。1992 年 2 月，新增红土垭分社（属农行元坝区支行经营，1994 年撤销）；12 月，苍溪县小新信用社划归元坝区。1993 年 4 月，成立联社营业部。1994 年 6 月，新设花果园分社。1998 年 1 月，成立葭萌路储蓄所。1998 年 7 月，中心社改为信用社，原信用社改为信用分社，以信用社为核算单位。1998 年共有 7 个信用社，1 个联社营业部，27 个分社，2 个储蓄所。2000 年 4 月，设立元坝信用社长胜分社，撤销太公信用社太平分社。2002 年 8 月，撤销文化信用分社，并入清水信用社，撤销观音、小新信用分社，并入磨滩信用社。2007年8月，分社、储蓄所改为信用社后，全区共有33个信用社、1个联社营业部。联社下设6个管理片区（元坝、王家、卫子、虎跳、明觉、昭化），分片区对信用社进行管理。

农村信用社的业务范围和主要职能包括：办理农村集体经济组织存贷款，办理城镇居民个人存贷款，办理乡镇企业、私营经济组织存贷款，办理个体工商户的存贷款，办理结算和汇划款，办理农业银行委托的其他业务。通过信贷业务，支持和促进农村经济发展，帮助农户脱贫致富奔小康。

二、业务与经营

（一）存款

存款利率按人民银行规定的统一利率执行。存款是信用社信贷资金的主要来源。信用社开办了对公存款业务和个人结算存款、储蓄存款。种类有单位存款、集体存款、个人活期存款、整存整取定期存款、零存整取定期储蓄、存本取息定期储蓄、定活两便储蓄和教育储蓄。

区信用联社按照金融行业“严格、规范、谨慎、诚信、创新”的行业标准，全区信用社提高办事效率，保证服务时间，提高服务质量，为客户提供一流的优质高效服务。树立了“存款立社”的思想，强化存款组织管理，形成人人业余揽储，个个争先完成任务的局面。加强存款组织宣传，上门揽储，春节期间不放假，照常营业，照常下乡，充分发挥农村信用社人熟、地熟、情况熟的优势，加强与新老客户和有影响力的乡村干部群众的感情联络。特别是与春节回乡的务工农民联系，发放路费贷款，发务工联系卡、慰问信，组织务工人员存款。利用电视、路标、墙标、宣传栏、宣传单、宣传画、灯箱广告牌等形式加大宣力度，提高农村信用社的知名度。通过协调，接收了农行元坝区支行所撤销的原5个营业机构的存款业务。2006年年末，信用社结束了长期使用人民银行支农再贷款、借入调剂资金和使用农业银行支持款的历史。1990年年末，全社各项存款1653万元。2000年年末各项存款13774万元。2007年年末各项存款50869万元。其中，单位存款1940万元，比1990年增加1555万元，增加了4倍；个人存款48929万元，比1990年增加47661万元，增加了37.60倍。

（二）贷款

贷款利率按人民银行规定利率执行。2005年，区信用联社在人民银行规定的范围内，按贷款用途、期限执行浮动利率。浮动利率下限为基准利率的1倍，上限为基准利率的2.30倍。浮动利率由联社制定，全区统一执行。

信用社坚持帮助农民解决生产生活资金困难，支持农民脱贫致富，支持企业发展，支持农村产业结构调整，支持社会主义新农村建设。在20世纪90年代前，以发放信用贷款为主。随着市场经济的发展，人们观念的变化，信用社出现了贷款难收现象和贷户恶意逃废债务行为。1995年，逐步推行以抵押、质押为主的担保贷款。由于大额贷款农户不易提供抵押、质押担保，为方便农民，解决农户贷款难的问题，1999年6月，区信用联社在全区农村信用社推行小额农贷余额管理办法。即：一次核定，余额控制，周转使用，随借随还。农户贷款凭身份证和贷款证在信用社核定的控制额度内办理。比全市农村信用社实行这种办法提前两年。2002年，辖区内农村信用社全面推行了小额信用贷款业务。根据农户信用程度和偿还能力等条件，建立农户经济档案，评定农户的信用等级，核定贷款额度，颁发了贷款证。1万元以内的小额信用贷款直接在柜台办理。至2007年，全区农村信用社建立农户经济档案55043户，评级授信46835户，授信额81500万元。对超过小额信用贷款额度而无法提供抵押、质押的，实行农户联保贷款办法。2006年，区信用联社在全省率先扩大小额信用贷款授信额度，客户最高可贷5万元，专业大户最高可贷10万元，中小企业最高可贷20万元。2006年10月，区信用联社这一做法在全省农村信用社支持社会主义新农村建设现场会上作了经验介绍。2006年，将农户小额信用贷款移植到城镇社区，以服务社区居民为基础，拓展基本客户群，培育个体工商户和微小企业私营企业发展。

在服务方式上，信用社下乡到户，实地调查了解情况，帮助农户规划项目，提供信息，根据不同客户需求，及时提供不同的信贷品种。采取全程服务、差别服务的方式，将金融服务渗透到客户生产、经营、生活、消费的方方面面。

在信贷项目支持上，信用社积极支持种植养殖业发展。支持做大做强生猪产业，支持农户发展生猪和生猪品种改良。加大信贷投入，年平均投放贷款8600万元，支持烤烟发展。区信用联社与烟草公司签订发放烤烟贷款和代付烟叶收购资金协议。信用社依据农户种烟合同提供贷款。2007年全区种植烤烟面积2.30万亩，产量2013吨，产值达到1500万元。支持蚕桑业发展。2007年，以蚕桑企业为龙头，培育基地发展。信用社发放贷款1000万元，支持广元市元坝三元茧丝绸有限公司更新设备和收购蚕茧。支持新农村建设。按照区委、区政府以生态家园为载体全面推进社会主义新农村的发展意见，紧紧围绕农村基础设施建设、特色农业、绿色农业、生态农业和"五改""五通"（即改水、改土、改圈、改厕，达到通沼气、通路、通电、通电话、通有线电视）做文章。2007年，投放贷款7600万元，支持30个生态小康建设示范新村，建立了以发展猕猴桃、提子、木耳、魔芋、蔬菜、生猪、蚕桑等地方特色产业的协会20余个，实现了村村有发展产业，户户有发展项目。

1990年年末贷款余额1882万元；2000年末达到9969万元，比1990年增加8087万元，增长4.30倍；2007年，累计投放35519万元，年末达到36708万元，比2000年增加26811万元，增长2.70倍。

三、管理工作

（一）财务管理

2007年9月前，信用社为独立核算单位。9月以后，实行以区联社为单位，全区统一核算。不论是以信用社为单位核算还是区联社统一核算，联社每年都要下达收支计划，核定盈亏。2005年起，费用实行额度及比例管理，严格控制费用支出，增加盈利。2006年起，农户贷款实行按季结息，专业大户、个体工商户、企业实行按季结息，加大组织收入力度，严格考核。为增加收入来源，2007年4月，信用社开始办理代理保险等中间业务。1990年，全区信用社盈余15万元，2000年亏损567万元，2007年，盈余155.80万元。

（二）信贷管理

信用社发放贷款坚持"贷前调查、贷时审查、贷后检查"的三查制度，保证贷款能按时收回。随着贷款市场需求的增加，贷款规模的扩大，区信用联社加强了贷款的管理，陆续制定了一系列贷款管理办法，明确了贷款对象、范围、用途等基本条件。对贷款发放程序、放款人及审批人责任、因违规放贷和未尽责任造成贷款损失的赔偿等制定了明确具体的规定，并在信贷管理中认真执行，从而防范和降低了信贷资金风险。2002年，区委、区政府在全区开展了"信用观念教育年"活动，对逾期贷款进行了集中清收，采取召开座谈会、签订还款计划等措施，收回到逾期贷款23万元。对有钱不还的、恶意逃废债务的、赖债户、钉子户提起诉讼，采取法律手段，清收不良贷款。对无法用现金清偿的，采取以资抵债的方式收回资产。同年，全区开展了信用村镇创建工作。8月，向全区第一个信用村——晋贤乡熨斗村颁发了"信用村"牌，向23户信用农户颁发了"信用户"牌。至2007年年末，全区共建成6个信用乡镇，43个信用村。

（三）人事管理

1990年，全区信用社在职职工116人，其中：固定工68人，合同工48人。1992年，信用社用人制度改革，实行全员劳动合同制，信用社固定工与联社签订劳动合同，全部成为合同制职工。2006年，实行劳动用工制度改革。初中及以下文化、男职工50岁以上、女职工45岁以上实行内部退养，共内退13人。其余员工（包括临时工）经过上岗考试考核合格后，重新与联社签订用工合同，成为合同工。2007年起，信用社新招收员工全部由省信用联社统一组织招聘。2007年末，全区信用社在职职工177人，退休职工37人，内退人员13人。

干部任用方面，区信用联社理事长、监事长由上级管理部门推荐，社员代表大会选举，监管部门进行资格审查。主任、副主任由上级管理部门推荐，理事长提名，监管部门进行资格审查，理事会聘用。中层干部和信用社负责人由区联社聘用。2004年，联社中层干部实行民主选举，按得票多少，经考核后聘用。2006年，实行干部制度改革，联社对所有中层干部实行民主投票选举，重新聘用。

1993年前，信用社职工实行行政等级工资。1993年，实行行员等级工资制。为调动职工工作积极性，1999年，实行工资与任务完成挂钩考核，多劳多得。2006年，薪酬制度改革，实行基本保障工资+绩效工资，按任务完成多少领取绩效工资，拉大工资差别，以促进完成承包任务。

区信用联社支持职工参加函授学习、脱产学习等，提高文化水平。1990年，全区信用社职工116人中，大专文化2人，中专1人，高中36人，初中77人。区信用联社受省农行委托，1997年和1999年，分别举办二期中专函授班，学制2年，共有59人学习毕业。2000年，联社与广元广播电视大学举办“金融与证券”大专函授，54人学习毕业。2000—2007年，40人参加四川省农业银行干部管理学校委培中专班的脱产学习和湖南金融职工大学、西南财经大学等学校以及自考等函授学习并毕业。至2007年年末，全区信用社职工高中及中专40人，占22.60%；大专120人，占67.80%；本科17人，占9.60%。中级职称16人，占9%；初级职称27人，占15.30%。

2000年2月，区信用联社被评为市级最佳文明单位。同年5月，区信用联社获省级卫生先进单位称号。1999年12月，区信用联社机关档案管理达到省三级标准。2007年，区信用联社被省信用联社评为四好领导班子、目标考核先进单位。

第二章　保　险

第一节　人寿保险

一、机构

（一）中国人寿保险股份有限公司广元市元坝区支公司

1992年3月，中国人民保险公司广元市市中区支公司在元坝区设立办事处，开办财产保险和人寿保险两大业务。1998年8月，中国人寿保险有限公司广元市分公司接管中国人民财产保险公司广元市元坝支公司代理的寿险业务。2003年6月，中国人寿保险股份有限公司广元市分公司设立中国人寿保险股份有限公司广元市分公司元坝营销服务部。2006 年 7 月，成立中国人寿保险股份有限公司广元市元坝区支公司（简称人寿保险元坝区支公司），内设经理室、综合管理部、B 柜面、个险销售部、团险（中介）销售部、乡镇营销服务部（虎跳、陈江、香溪、太公、清水、黄龙、红岩、明觉、昭化，卫子、柏林、白果、张家、文村、磨滩、柳桥营销服务部）。每一个营销服务部设经理 1 人，营销员 8 人。2007 年年末，人寿保险元坝区支公司有员工 13 人、保险业务营销员 176 人。

中国人寿保险股份有限公司广元市元坝区支公司领导名录

表 22－6

姓　名	性别	籍　贯	政治面貌	职　务	任职期间	备　注
曹永安	男	广元市剑阁县	中共党员	经　理	1998－08—2006－12	
李玖红	男	广元市元坝区	非　党	经　理	2007－01—	

（二）太平洋人寿保险广元中心支公司元坝营销服务部

2002 年 6 月，成立中国太平洋人寿保险股份有限公司广元中心支公司元坝营销服务部（简称太平洋寿险元坝营销服务部）。至 2007 年末，太平洋寿险元坝营销服务部是中国太平洋保险集团控股的中国太平洋人寿保险股份有限公司下辖的营业机构，在系统内属于四级机构，直属于中国太平洋人寿保险股份有限公司广元中心支公司管理，相关业务及人事管理都集中于广元中心支公司。2007 年末，太平洋寿险元坝营销服务部有内勤管理人员 3 名，保险营销代理人员 49 名。

太平洋人寿保险广元中心支公司元坝营销服务部领导名录

表 22－7

姓　名	性别	籍　贯	政治面貌	职　务	任职期间	备　注
王　强	男	广元市利州区	非　党	经　理	2002－06—2005－12	
罗　涌	男	广元市元坝区	中共党员	经　理	2006－01—	

二、业务与经营

（一）人寿保险元坝区支公司的业务与经营

从 1998 年开始，人寿保险元坝区支公司（办事处、营销服务部）开办保险业务 63 种，分为普通寿险（即人寿保险）、分红投资保险、短期意外险（意外伤害保险）和短期健康保险四种类型。保险费的计算公式为：保险费＝保险金额×保险费率。10 年中，人寿保险元坝区支公司的投保人数逐年增加，保费收入逐年上升，共完成保费收入 2341.90 万元。其中：1998 年承保 300 人，保费收入 42 万元；1999 年承保 700 人，保费收入 78 万元；2000 年承保 1000 人，保费收入 102 万元；2001 年承保 1400 人，保费收入 198 万元；2002 年承保 2030 人，保费收入 202 万元；2003 年承保 3200 人，保费收入 293.47 万元；2004 年承保 4800 人，保费收入 325.32 万元；2005 年承保 8100 人，保费收入 346.41 万元；2006 年承保 9200 人，保费收入 364.12 万元；2007 年承保 15700 人，保费收入 390.58 万元。

人寿保险元坝区支公司（办事处、营销服务部）坚持重合同守信用、及时主动准确合理和实事求是的理赔原则，按接案受理—理赔处理—调查取证—复核审批—按案归档的理赔程序，10年中，共受理理赔案件8371件，支付理赔金额共计671.93万元。其中：1998年理赔120件，支付理赔金额11.30万元；1999年理赔153件，支付理赔金额19.52万元；2000年理赔267件，支付理赔金额28.46万元；2001年理赔932件，支付理赔金额78.20万元；2002年理赔874件，支付理赔金额70.83万元；2003年理赔1100件，支付理赔金额78.30万元；2004年理赔975件，支付理赔金额93.27万元；2005年理赔1240件，支付理赔金额89.01万元；2006年理赔1180件，支付理赔金额68.21万元；2007年理赔1530件，支付理赔金额135.10万元。

（二）太平洋寿险元坝营销服务部的业务与经营

2002年，太平洋寿险元坝营销服务部开办险种50余种，分为个人分红保险、个人两全寿险、个人终身寿险、个人年金保险、个人短期意外伤害保险、个人短期健康保险、个人长期健康保险、团体短期意外伤害保险、团险短期健康保险等9类。至2007年，太平洋寿险元坝营销服务部开办险种90余种，分为个人分红保险、个人定期死亡保险、个人两全寿险、个人终身寿险、个人年金保险、团体定期寿险、个人短期意外伤害保险、个人短期健康保险、团体短期健康保险、团体短期意外伤害险、团体定期保险、团体年金保险、分红两全保险、第三方管理业务等14类。2002—2007年，实现保费收入1423万元。其中：2002年承保275人，保费收入25万元；2003年承保500人，保费收入40万元；2004年承保800人，保费收入60万元；2005年承保1127人，保费收入124万元；2006年承保1108人，保费收入133万元；2007年承保5205人，保费收入1041万元。

太平洋寿险元坝营销服务部在理赔保险案件时，坚持重合同守信用、及时主动准确合理、实事求是的原则。2002—2007年，太平洋寿险元坝营销服务部共理赔案件580件，理赔金额53万元。其中：2002年理赔20件，支付理赔金额2万元；2003年理赔65件，支付理赔金额5万元；2004年理赔70件，支付理赔金额5万元；2005年理赔85件，支付理赔金额9万元；2006年理赔90件，支付理赔金额12万元；2007年理赔250件，支付理赔金额20万元。

第二节　财产保险

一、机构

1992年3月，中国人民保险公司广元市市中区支公司成立元坝保险办事处，开办财产保险和人寿保险两大业务。1997年3月，成立中国人民财产保险公司广元市元坝支公司（简称财产保险元坝支公司）。当年末，财产保险元坝支公司有正式员工7人，代办员5人。1998年8月，中国人寿保险股份有限公司广元分公司在元坝设立分支机构，财产保险元坝支公司向其移交先前代办的人寿保险业务，卖给对方价值90万元的房产，保留了价值170多万元的房产。2000年，财产保险元坝支公司进行裁员改革，但仍以支公司名义参加年审，但业务由中国人民财产保险公司广元市分公司营业部代管。2003年7月，财产保险元坝支公司更名为中国人民财产保险股份有限公司广元市元坝支公司，其固定资产被剥离出去，由中国人民保险资产管理股份有限公司经营管理，财产保险元坝支公司从中国人民保险资产管理股份有限公司手中租用办公用房等资产。2007年年末，有员工4人，代理营销员12人。

中国人民财产保险股份有限公司广元市元坝支公司领导名录

表 22－8

姓　名	性别	籍　贯	政治面貌	职　务	任职期间	备　注
何开金	男	广元市元坝区	中共党员	主　任	1992－03—1997－03	元坝保险办事处
何开金	男	广元市元坝区	中共党员	经　理	1997－03—2000－12	
张　伟	男	广元市利州区	中共党员	负责人	2001－01—2003－12	
付　立	男	广元市利州区	中共党员	经　理	2004－01—	

二、业务与经营

1992—1997 年 3 月，保险业务总收入 164.70 万元，置办固定资产 17 万元。至 1997 年 12 月，财产保险和人寿保险两大业务总收入 304 万多元。有楼房一栋 3614 平方米，价值 260 多万元。1998—2007 年，财产保险元坝支公司开办的保险业务主要有财产损失保险、责任保险、汽车保险、农业保险、意外伤害保险、短期健康保险、保证与信用保险、货物运输保险和相关产品再保险等九种类型。

第二十三篇　教　育

第一章　教育结构

第一节　私塾　书院

一、私塾

民国29年（1940年）以前，广元、昭化两县对青少年以私塾教育为主。私塾一般由私人、宗族、大商富户集资举办，并聘请有一定教学能力的人作教师。清康熙四十一年（1702年），王家坝（今王家镇）置义学1所。义学即由地方政府、社团行帮将一些祠产、庙产、会产、“匪产”等充作校产基金，或将私产捐作校产集资设立的一种训育蒙童的免费学校，也叫义塾。

清末废科举后，提倡开办初、高等学堂，但为数不多，私塾仍是主要教学场所。塾师专授“四书”“五经”等。清光绪三十二年（1906年），开始改良私塾教育，增设自然科学课程。使教学内容、教学方法逐渐趋向新学的要求。

民国2年（1913年）至民国23年（1934年），国民政府要求改良私塾，推行义务教育，因军阀割据，改进不多。民国23年（1934年），广元县有私塾185所，学生3214人，塾师197人。其中改良私塾25所。民国29年（1940年），推行新学制，普建国民学校，部分私塾改为“保国民学校”。民国34年（1945年），县城私塾方由新学取代，乡村私塾亦有减少，至民国37年（1948年），广元县仍有私塾112所，昭化县有私塾67所，大部分已符合私塾改良要求。

二、书院

书院是州县培养人才场所，唐代颜真卿为利州刺史时，就很注意“育才兴学”。两宋时，广、昭两县域皆有书院。元代有府学。清代广元、昭化两县均建有书院。

汉寿书院：清康熙四十二年（1703年），由广元知县黄阁主持创建，始名“嘉陵书院”，设于县衙前（今广元老城政府街），后经两次迁移，改建于东山下文庙侧（今广元长城宾馆址），并置有学田产。清光绪十六年（1890年）知县张璩又进行改建、扩建，并易名为“汉寿书院”。清光绪三十一年（1905年），“停科举、兴学堂”，知县李锦成将该书院改为“广元公立师范传习所”。

龙门书院：在今昭化镇，清乾隆二十二年（1757年），昭化知县吴邦火员 改县城西街仓房30余间（今昭化职中）创建“临江书院”。清嘉庆二十二年（1817年），昭化知县曾逢吉倡导捐银1500两，维修院舍改名“葱岭书院”，后又改名“龙门书院”，聘请山长（校长），招收学生。清道光十九年（1839年），知县毛士骥将书院学舍改为“考棚”，书院只留讲堂以作讲课之用。清光绪三十四年（1908年），改书院、考棚为“城厢高等小学堂”。

翠柏书院：清代中叶，广元县南龙凤场（今清水乡境）建有翠柏书院，以书院周围有翠柏环绕而得名。因系许、夏二姓倡立，后无可靠的经费收入，不久即停办。

第二节 幼儿教育

民国36年（1947年），昭化县在民众教育馆内建立幼稚园，设一个班，招收幼儿30余名。民国38年（1949年），昭化县城厢、三堆、虎跳三乡镇的中心校也分别设立幼稚班。1950年，昭化县人民政府接管幼稚园，配备教师，增建校舍，继续开办。1954年，昭化县召开农忙托儿组训练班会议（以会代训），培训托儿组教养员，各地大量开办托儿组。1955年，昭化县文教科制定出《幼儿园招生工作条例》，规定小学附设幼儿班招收5~7岁儿童，招生时只进行体格检查。当年，昭化县机关幼儿园迁宝轮镇更名为宝轮镇小学附设幼儿班，有5~7周岁儿童40人，教职工3人。1957年，昭化县教育局颁发《幼儿园暂行规程（草案）》和《幼儿园教学暂行纲要》，各地采取因陋就简，亲邻相帮，托娃娃组等形式，发展民办幼儿园（班）。当年昭化县幼儿园发展到202所，231个班，入园幼儿6760人，教职工241人。1958年“大跃进”开始后，各地幼儿园无序开办，由于办学条件差，大部分幼儿园停办。

1959年，昭化县并入广元县后，广元全县仅存幼儿园39所，165个班，教职工190人，在园幼儿4278人。1960年，贯彻绵阳地区教育事业发展规划即“1960年内，入园幼儿达到96%，使每个生产队食堂有一所幼儿园”，幼儿教育再次出现脱离实际过快发展倾向，全县幼儿园猛增为428所，488个班，入园幼儿1.38万人。为保证质量，1962年，开始对幼儿园调整压缩，农村中绝大多数民办幼儿园停办，条件较好的改为临时或季节性开办。全县仅保留常年性幼儿园3所，20个班，在园幼儿664人，分别较1958年下降99%、93%和95%。1963年以后，随着经济形势的好转，幼儿园略有增长。“文化大革命”期间，县城区仅保留“广元县机关幼儿园”，在园幼儿不足百人。农村幼儿园、托儿所及城区小学附设幼儿班全部停办。1979年11月，广元县成立托幼工作领导小组，幼教事业逐步恢复发展。至1985年，全县有幼儿园47所，123个班，在园幼儿3409人，幼儿入园率72.5%，教职工382人。

1987年，上子区共开办有幼儿园4所，4个班，入园幼儿115人，教职工5人。

1990年8月，元坝区建立区机关幼儿园，挂靠元坝实验小学，开设4个班，入园幼儿81人，教职工6人。同期发展小学附设、民办幼儿园共11所，入园幼儿879人。1993年7月，区机关幼儿园迁至元坝区民政局，租用三间临街门面进行教学办公。同年秋季，区文教局举办全区学前班教材、师资培训，培训幼儿园骨干教师近20名，并同期制定出《元坝区中小学幼儿园建设发展规划》和《元坝区幼儿园等级标准》。1994年3月，区机关幼儿园正式由元坝区文教局直管。当年秋起，全区32所中心完小均纷纷开办附设幼儿园、学前班，入园幼儿1989名，教职工37人。1996年2月，区机关幼儿园采取贷款和自筹相结合的方式建成教学楼一幢，建筑面积600平方米，总投资28万元，办学规模逐步扩大。1997年后，社会力量开办幼儿园逐步发展。至2003年，区机关幼儿园入园幼儿191人，教师17名；学校附设幼儿园32个，入园幼儿2103人；社会力量开办的幼儿园12个，入园幼儿830人。2005年，新增社会力量开办幼儿园7所，入园幼儿731人。2006年，因经费不足，生源萎缩及撤并等原因，社会力量办幼儿园减少5所，入园幼儿减至698人。2007年年末，全区开办幼儿园46所，入园幼儿2994人。其中机关幼儿园1所，入园幼儿园218人；小学附设幼儿园31所，入园幼儿2078人；社会力量开办幼儿园14所，入园幼儿698人。

第三节 小学教育

清光绪二十八年（1902年），王家坝（今王家镇）乡绅罗映湘率先将“义学”改为新学堂（蒙养学堂），并兴办蒙养女学，附设“天保会”，提倡妇女不缠脚。光绪三十一年（1905年）九月，广元县改王家坝蒙养学堂为两等小学堂。清光绪三十四年（1908年），昭化县留日学生罗丕成把旧考棚（原临江书院）改设为城厢高等小学堂。至清宣统三年（1911年），昭化县建有初等小学堂43所；广元县在三元场（今梅树乡）等地建有初等小学堂25所；广、昭两县还设有6所高等小学堂。

民国元年（1912年）1月，教育部颁发命令，将清末建立的学堂改称“学校”，以后又改“等”为“级”，并有县、区之分。民国16年（1927年）以后，国民党政府推行党化教育政策，把小学分为三类：一类为完全小学，分初、高等两级，修业年限为六年。二类为简易小学，又分全日制、半日制、分班补习制三种；三类为短期小学，是推行义务教育的一种变通办法，分一年制与二年制两种。民国22年（1933年），红四方面军进驻梅树铺（今梅树乡），苏区短暂开办有列宁小学，红军撤出元坝区境后即停办。民国23年（1934年），王家坝士绅谭明通创立文达私立学校。民国27年（1938年），昭化县有完小4所，简易小学87所，短期小学30所。民国29年至民国36年（1940—1947年），国民政府推行“政教合一”，实行新县制，改编保甲制，乡村初级小学改称“保国民学校”；两级完小改称“中心国民学校”。1949年，昭化县有中心国民学校14所，保国民学校114所。

中华人民共和国成立后，原保国民学校均改称为“××村小学”。1950年春，昭化县有村小95所。1951年，川北行署发出“大力发展民办初小”的号召。昭化县建民办小学165所，在校学生6208人。1952年，根据国家规定，民办小学全部转为公办村小，昭化县有小学232所，在校学生8624人，教职工439人。1954年，根据国家政策，再次提倡兴办民办小学。1958年，贯彻中央“两条腿走路”的方针，昭化县的民办小学发展到154所，是1957年14所的11倍，教职工增至161人，在校生5260人。1959年，广元全县共有村小882所（其中民小512所），区、公社中心完小发展到72所。1961年，根据中央“调整、巩固、充实、提高”的方针，开始适当调整和压缩公、民办学校规模，1962年，有小学529所（民小185所），共1288个班，在校学生3.62万人，教职工1630人。为配合扫盲工作，解决农村儿童因就读路远而失学的问题，遵照中央“两种教育制度”并存的指示，1964年开始办耕读小学，或利用早上、中午的间歇时间学习，或办半日制班，或巡回送教上门。1965年，全县有耕读小学925所，938个班，学生1.52万人；有公、民办初小852所，1460个班，在校生5.48万人。当年新办公社中心校16所，不仅达到每个公社有中心小学，部分公社还办有2~3所小学，至1966年，全县公社中心小学达到97所。

"文化大革命"开始后，耕读小学全部停办，村小和民小的正常教学秩序全部打乱，教学质量明显下降。后来，在"学制要缩短"的号召下，小学一律实行五年制，每公社保留1所中心小学，大队也办小学，大队小学又实际成了完全小学。学校的分布至此形成了每公社1所中心小学、每大队1所村小学的点面结合的网状格局。1976年以后，教育战线逐步拨乱反正。1979年，全县开始调整初级小学的布局和整顿民办教师队伍，使小学教育重新走上健康发展的道路。尤其是1983年后，为了贯彻中共中央《关于普及小学教育若干问题的决定》和四川省政府制定的《多渠道筹集教育经费改善中小学办学条件》之精神，大搞集资办学，较快地改变了农村小学的办学条件。1984年7—9月，广元县内"公社小学"均改为"乡（镇）小学"。1985年广元建市后，开始对基础教育进行"分级办学，分级管理"的教育体制改革，同时开展普及初等教育、普及实验教学工作，小学教育成为工作的重点。

1987年，卫子区有中心小学校28所，村小175所，在校学生30926人。1989年2月，元坝镇3所完全小学、4所村小，柳桥乡1所完全小、5所村小，全部划入卫子区。1989年末，元坝区辖中心完小32所，村小184所，计379个班，在校学生24627人，适龄儿童入学率99.44%。1992年12月，苍溪县三川区小新乡1所完小、6所村小同时划入。1999年后，分期对全区学校布局结构进行调整，至2004年，共撤并村小88所，保留村小102所，中心完小33所。2005年，昭化镇第二、第三完全小学与昭化镇第一小学合并为昭化镇中心小学。沙坝、明觉、清水、柏林沟、文村、柳桥6所乡镇小学改制建为九年制（小学、初中合办）学校。全区乡镇中心完小调整为25所；全区村小调整为37所。2007年，元坝区特殊儿童在校跟班就读170余人，就学率达91.90%。全区农村小学寄宿制教育有序推进，小学入学率达100%。是年，区实验小学创建成四川省语言文字规范化示范校。

广元市元坝区1989—2007年小学发展情况统计表

表23-1

年度	中心校			村小		
	学生数	入学率	巩固率	学生数	入学率	巩固率
1989年	6939	99.44	98.30	17688	99.44	98.30
1990年	6828	99.80	98.50	12708	99.90	98.51
1991年	6814	100	98.70	11626	100	98.68
1992年	6966	100	98.80	12544	100	98.79
1993年	6978	100	98.90	12674	100	98.80
1994年	7156	100	98.95	15784	100	98.95
1995年	7235	100	99.20	16072	100	99.20
1996年	8009	100	99.50	18651	100	99.50
1997年	8025	100	99.70	18771	100	99.70
1998年	8110	100	99.92	15300	100	99.92
1999年	9577	100	100	15467	100	100
2000年	9334	100	100	14860	100	100
2001年	9234	100	100	13657	100	100
2002年	10234	100	100	17736	100	100
2003年	13387	100	100	17508	100	100
2004年	13789	100	100	5132	100	100

续表

年度	中心校			村小		
	学生数	入学率	巩固率	学生数	入学率	巩固率
2005 年	14851	100	100	2476	100	100
2006 年	13907	100	100	3934	100	100
2007 年	12916	100	100	2636	100	100

广元市元坝区 1989—2007 年小学教育情况统计表

表 23-2

年度	学校数（所）	班数（个）	在校学生数（人）	教职工数（人）		
				合计	教师	职工
1989 年	216	379	24627	1420	1394	26
1990 年	216	378	19536	1493	1467	26
1991 年	216	378	18440	1499	1473	26
1992 年	223	414	19510	1560	1532	28
1993 年	223	408	19652	1542	1514	28
1994 年	223	408	22940	1565	1538	27
1995 年	223	407	23307	1568	1541	27
1996 年	223	407	26660	1567	1540	27
1997 年	223	406	26796	1510	1484	26
1998 年	223	402	23410	1494	1468	26
1999 年	186	374	25044	1452	1428	24
2000 年	156	372	24194	1481	1457	24
2001 年	156	372	22891	1439	1415	24
2002 年	156	372	27970	1420	1396	24
2003 年	135	338	30895	1361	1338	23
2004 年	135	338	18921	1332	1310	22
2005 年	62	336	17327	1270	1248	22
2006 年	62	336	17841	1220	1198	22
2007 年	62	336	15552	1225	1203	22

第四节　普通中学教育

1950 年，昭化县人民政府接收改造于 1941 年秋始建的旧县立初中，命名为昭化初级中学。1953 年 5 月，昭化初级中学迁址宝轮院，改名为宝轮中学。1956 年，广元县新建第二初级中学，即元坝初级中学。1958 年“大跃进”时，在“教育事业要大发展，普通中学要大上，民办中学要大办”的思想指导下，广元县新办王家、曾家初级中学；昭化县新办了曲回初级中学。1959 年初，昭化县并入广元县。广元县新办嘉陵、虎跳、羊模等3所初级中学；昭化初级中学增设两个高中班。1960年，广元县共有公办初级中学12所，民办初中32所，在校初中生6721人。1961年，贯彻全国文教工作会议精神，广元县委、县人民委员会决定对普通中学进行调整压缩，至1962年，全县只保留6所初级中学(民办2所)。

“文化大革命”开始后，中学停止招生，小学除1966年停招外，以后继续招生。至1969年恢复初中招生时，全县四届高小毕业生共有5.06万人，致使中小学教育比例严重失调。为解决升学难问题，广元县革命委员会决定，除各中学大量招收初中新生外，有条件的城镇完小、乡中心校附设初中班。当年即有89所小学附设初中班112个，使初中在校生猛增到5435人，比1965年初中在校生增长66.50%。1970年，遵照毛泽东的“五七”指示，卫子区试办“五七中学”1所。1972年春，恢复了虎跳、卫子等5所初级中学，当年卫子中学经广元县文教局革命领导小组批准招收高中班3个。同时，广元县域内大办初中，很多地方又提出“读初中不出大队”的口号，初中附设高中班，甚至公社办高中也在不少地方受到鼓励和提倡。1976年末，全县教育部门办初级中学达12所，大队办初中169所，全县共有初中班550个，在校初中生2.55万人，比“文化大革命”前的1965年增加7.5倍。至1978年底，小学附设初中班达到609个，初中在校生增至3.55万人。从1979年起，广元县贯彻以调整为中心的方针，对高中进行调整压缩。1985年末，全县有完全中学8所（厂矿4所)，附设高中班的初中校有11所（含厂矿10所)，共设高中班108个，在校高中生5231人；教育部门办初级中学10所，厂矿子弟校附设初中有7所，小学附设初中班198个，共有初中在校生2.86万人。

1987年9月，卫子区建立清水乡、太公乡、昭化镇初级中学。当年卫子区有单设初级中学2所(王家中学、虎跳中学)；1988年12月，卫子区新建柏林沟乡、张家乡、文村乡、观音乡4所初级中学；1989年2月，广元市市中区元坝初级中学划归卫子区管辖；1990年7月，元坝区新建柳桥乡初级中学。1990年10月，广元市元坝区初级中学升格为高完中，更名为“四川省广元市元坝中学”。1999年4月，卫子职中改制为卫子初级中学；昭化职中改制为昭化初级中学。2000年，昭化初级中学更名为元坝区昭化第一初级中学；昭化镇初级中学更名为元坝区昭化第二初级中学。2001年8月，撤销张家乡、文村乡、磨滩镇3所初级中学；其中文村中学与文村小学合并，成为九年一贯制学校。同年12月，元坝中学经广元市教育局验收合格为普通高（完）中。2002年8月，昭化一中与二中合并，建立元坝区昭化初级中学；柳桥初级中学与柳桥小学合并，建立“九年一贯制”学校。2005年9月，柏林沟中学与柏林沟小学合并；2006年9月，清水中学与清水小学合并，均成为“九年一贯制学校”。至此，元坝区有普通高（完）中1所，区单设初中4所（王家、卫子、虎跳、昭化4所中学)；乡初中(太公中学）1所。2007年，元坝中学获得全市普通高中教育质量评估三等奖。元坝区初中毕业班综合考核获得全市第三名。全区初中入学率达100%，控辍率0.5%以内，当年，元坝中学创建成四川省校风示范校和省语言文字规范化示范校。

广元市元坝区普通中学教育发展情况统计表

表23-3

年度	学校数（所）			班级(个)		毕业生数(人)		招生数(人)		在校学生数(人)		教职工数(人)	
	初中		高中										
	单设	附设		初中	高中	初中	高中	初中	高中	初中	高中	初中	高中
1989	10	21	1	182	7	3391	86	4140	156	8972	451	527	47
1990	11	21	1	184	8	3314	139	4215	189	9198	557	501	43

续表

年度	学校数（所）			班级(个)		毕业生数(人)		招生数(人)		在校学生数(人)		教职工数(人)	
	初中		高中	初中	高中	初中	高中	初中	高中	初中	高中	初中	高中
	单设	附设											
1991	10	21	1	188	7	3223	86	4172	161	9400	451	486	45
1992	10	22	1	149	10	3083	172	4121	218	5977	554	446	34
1993	10	22	1	160	9	3185	131	4015	132	6387	405	448	35
1994	10	22	1	181	10	3200	154	3992	118	7253	466	415	38
1995	10	22	1	166	9	3206	149	3958	138	6649	376	418	36
1996	10	22	1	150	9	3207	96	3927	121	6018	343	417	37
1997	10	22	1	149	9	3296	110	3910	123	5967	371	435	65
1998	10	22	1	179	9	3211	83	3895	210	7141	454	446	75
1999	12	14	1	198	10	2986	79	3876	240	8921	567	462	86
2000	12	14	1	245	12	2964	152	3935	226	11029	655	475	89
2001	9	13	1	230	18	2983	282	3964	689	10343	1212	498	95
2002	7	13	1	229	24	2989	219	3876	670	10290	1519	495	101
2003	7	13	1	209	32	3037	613	3712	768	9435	2105	515	111
2004	7	13	1	201	36	2687	734	3847	921	9072	2383	505	121
2005	5	13	1	190	39	2544	730	3621	1082	8568	2665	509	130
2006	5	13	1	219	43	1978	860	3520	1230	9491	2989	505	149
2007	5	13	1	207	43	2496	918	3315	930	9319	3282	507	151

第五节 职业中学教育

1958年开始，为弥补中等教育的不足，农业中学（又称半农半读中学）应运而生。广元县建农业中学16所，共招20个班600多人。1959年，由于受“左”的思想影响，在教育战线上也“大放卫星”，广元县农业中学发展到26所，45个班，在校学生1510人。1961年，因经济困难而压缩，至1964年，广元县仅保留王家、虎跳、射箭3所农业中学，在校学生125人。1965年，中共中央号召推进“两种劳动制度，两种教育制度”后，农业中学又陆续兴办，当年底全县农业中学达22所，学生1348人，另新办半工半读学校5所。到1966年，农业中学增加到49所，55个班，学生达1785人，半工半读学校增加到6所。“文化大革命”开始后，农业中学、半工半读学校纷纷停办。1970年，卫子“五七”中学设红医、农机、农技3个专业班，学生131人。到1974年，学校初具规模，已面向卫子、王家、虎跳三区招生，学生236人。1980年10月，教育部《关于中等教育结构改革的报告》传达，发展职业技术教育被提到重要议事日程。1982年，广元县开始进行中等教育结构改革的尝试，在元坝和虎跳两所初级中学试办农业高中班3个，学制二年，分别开设农技和园林两个专业，共招生155人。1983年，虎跳、元坝初级中学试办农业高中班停招，昭化曲回初级中学改制为农业中学。1984年，卫子初级中学改制为农业中学。1985年，昭化、卫子农业中学改制为职业中学。分设种植、养殖、财会、幼教、文秘、电子6个专业，在校职高生一度达到1500余人。1989年后，因两所职业中学专业设置老化，毕业生就业差，生源逐渐萎缩。

1999年，元坝区进行学校布局调整，卫子、昭化职业中学撤并入元坝中学，保留职业中学昭化教学点。2002年，区人民政府利用关停破产后的拣银岩煤矿的闲置资产，兴办职业中学，将元坝中学职高部（原职业中学教学点）分离并单设，迁址于拣银岩煤矿社区，成立广元市元坝区职业高级中学（简称元坝职中）。2003年，元坝职中首批毕业生升学率达到98%，就业率达100%，就业安置满意率达98%，被广元市教育局、市劳动和社会保障局、市经济贸易委员会联合表彰为市级职业教育先进单位；同年10月，通过了市级示范学校的评估验收。2004年，元坝职中各类专业在校生达到1300余人；新开设电子技术、旅游、计算机应用、文秘、机械制造、工模具、商务英语、电子商务、音乐、舞蹈等10个专业。之后相继与成都大学、重庆科技学院等高校联姻，举办五年一贯制高职班。根据行业人才需求，学校还兼走“公司+学校”之路，着力构建订单模式，成为广东长虹电器服务有限公司技术培训基地、台资企业用工培训基地、广旺矿务局机械公司用工培训基地。2002—2007年，累计毕业学生1460名，就业安置率达82%，升学率达64.20%。

第六节　成人教育

一、农村扫盲

中华人民共和国成立后，成人教育成为中国社会主义教育制度中的重要组成部分。1951年，昭化县城乡普遍举办成人夜校，用《农民三字经》《农民文化课本》作为主要教材开展扫盲教育。同年5月，广元县成立工农业余教育委员会，开展轰轰烈烈的冬学运动。兴办冬学275所，入学人数6585人（其中妇女1940人）教员367人（兼职教师103人，群众教师264人）。1952年2月5日，《川北日报》以《广元王家、晋贤乡的农民教育是怎样巩固起来的》为题介绍了王家、晋贤两乡的冬学办学经验。1954年春，昭化县成立了冬学委员会，开办冬学45所，速成班3个，参加冬学1176人。1955年春，广元县冬学结束，为巩固学习的成果和适应互助合作发展的需要，决定将一部分条件较好的冬学转为常年民校，并制定了冬学转民校计划。当年共转民校188所，212班，学员3922人。转民校后，为了使生产、学习两不误，采取了“农闲集中，农忙分散，农闲多学，农忙少学，大忙保本”的原则进行学习。1958年“大跃进”，群众性的突击扫盲运动在“万人教，全民学”的口号下形成。当年，广元县动员了800名小学教师和广元师范、广元中学等校2271名学生投入扫盲运动。采取多样化教学方式，如按程度不同分班教学、突出同音字教学、卡片教学、小黑板田间教学、见物识字、万物挂名、设立识字站、购物识字、包教保学等，取得了一定成效，广、昭两县共有34个乡成为无盲乡，100个社成为无盲社。1960—1962年，农村经济困难，扫盲工作处于停顿状态。“文化大革命”中，扫盲机构瘫痪，工作基本停止。1978年，国务院发出《关于扫除文盲的指示》后，地方扫盲工作重新走上正轨。1983年，广元县昭化区脱盲。1984年，广元县非文盲人口上升到22.98万人，占全县12～40周岁人口总数的85%以上，经绵阳地区扫盲检查团验收，广元县基本符合扫盲标准，获得“合格证书”。

1987年，卫子区公所文教办公室增设成人教育股，负责全区成人教育和扫盲工作。1989年7月，卫子区文教局下属5个学区分设成人教育专业干部，负责检查、指导、督促所辖区域农村成人教育工作。同时，各乡镇也配备成人教育专业干部，建立成人教育学校（农民文化技术学校），落实专（兼）

职教师。同年10月，元坝区的扫盲工作经省、市验收，达到基本扫除文盲标准，获得省政府颁发的“基本扫除文盲合格证书。”

1990年，元坝区在基本扫除文盲后，向无文盲区奋斗，各级各部门召开会议290多次，印发文件80个，发简报210期，广播宣传200次，出写标语196条，办专刊108期，基本扫除扫盲空白点。1994年，元坝区人民政府印发《关于进一步高标准扫除青壮年文盲的通知》，成立了以分管副区长为主任的扫除文盲工作委员会，各乡镇、村也建立了相应的扫盲领导机构，并层层签订责任书，落实责任制，进一步巩固扫盲成果。当年全区青壮年非文盲率达到了97.20%，高标准扫盲工作经省政府验收合格，提前6年完成了在20世纪末扫除青壮年文盲的任务，并获省政府授予的“扫除青壮年文盲区”奖牌。元坝镇吴沟村童春兰被四川省妇女联合会、省教育委员会联合表彰为“巴蜀巾帼识字女状元”。1995—1998年继续扫除青壮年文盲1800余人。1998年，15~48周岁青壮年非文盲率达98.65%，同时，把《义务教育法》和《扫盲工作条例》纳入了普法规划，成效显著。1998年，省、市“两基”评估督导团到元坝区评估督导基本普及九年义务教育、基本扫除青壮年文盲（简称“两基”）工作，认定元坝区“两基”工作合格。2001年，继续扫除青壮年剩余文盲及杜绝新文盲产生，使青壮年文盲率控制在1.50%以内。2007年，全区青壮年非文盲率达到100%。

二、干部职工文化技术教育

1953年，昭化县成立机关干部业余文化补习学校，设高小班和初中班，按中央要求有计划地开展干部业余文化学习。1956年，昭化县建立“区乡干部（离职）文化补习学校”。至1957年6月，全县干部、职工、市民业余学校发展到48所，学员1685人。1958年后，职工的业余教育逐渐转向初、高中文化及技术教育。“文化大革命”期间，干部、职工业余教育停止。粉碎江青反革命集团后，中央指示迅速开展职工的文化、技术补课工作。1979年，广元县有26个单位开展职工业余教育，办学形式多样，共办有89个班，学员4502人。1982—1985年，广元县经过五次职工初中文化补课考试，领得文化合格证书的职工共6525人，占应考职工的68.50%；参加技术补课已达合格标准的职工有8637人，占应补职工的73.30%。逐步改变了干部职工“三低三少”（文化低、技术低、管理水平低、现代知识少、技术管理少、管理干部少）的状况。

1992年，元坝区供销社、区农行先后办起职工学校，对本系统职工进行岗位培训、技术等级培训和学历教育。区农业局开办农业广播学校，正式面向乡、村招生，培训农村管理人才。1996年，区农业广播学校招生重点放在对干部进行学历教育，区委组织部、区农业局联合发文招生68人。区农行职工学校新招中专班26人。职工教育继续坚持行业为主体，企事业单位为主导的原则，重点抓职工岗位培训和技术等级培训及学历教育，职工学习培训面达到35%，岗位培训率达到85%。1998年，区教育局与四川省农业管理干部学院联办第二专科学历计算机专业班，招收学员150余人。当年全区职工岗位培训和技术等级培训共计1900人次。

三、农民文化技术教育

中共十一届三中全会以后，随着农业体制的改革与农村经济的发展，坚持“实用、实际、实效”的原则，开办各种文化技术学校，培养种植、养殖及其他实用技术人才，成为农民学科学、用科学的一项迫切愿望。1981年，广元县在条件较好的区乡开办农民文化技术学校12所，学员1586人，主要负责农村成人扫盲，提高农民文化和对农民进行生产、养殖等技术指导。1983年，卫子乡（今卫子镇）农民文化技术学校被评为四川省农民业余教育先进集体。

1990 年，元坝区 28 个乡镇均建立农民文化技术学校，有专（兼）职教师，有专人负责，原则上是各乡镇分管教育的领导任校长。1993 年，区政府组织发行省编《农村技术教育活页教材》共 76,455 册，《活页教材》的发行与使用受到了省政府的表彰。1995 年 10 月，元坝区文教局被评为四川省农村技术教育先进集体。1996 年，全区大力开办农民实用技术培训班，累计办班 978 期，参培人数 8.29 万人次，对 30% 的农民和 100% 的中、小毕业生进行了培训，努力提高劳动者的素质。同时，认真贯彻执行省教委《关于进一步做好〈农村技术教育、农村学校劳技教育“三后”教育活页教材〉发行使用工作的通知》（“三后”指小学、初中、高中毕业后），全区共发行活页教材 7.20 万余册。元坝区文教局被四川省教委表彰为农技活页教材发行使用先进单位。1998 年，各乡镇农民文化技术学校在当地政府领导下，配合有关部门根据当地经济发展特点，定期举办各种实用技术培训班 1419 期，参加培训人员达 4.54 万人次。2000 年 3 月 14 日，广元市人民政府组织科技下乡活动，组织科普图书 1000 册，编印科普小资料 1 万份送到太公镇，受到农民的普遍欢迎。同年，全区共举办各种实用技术培训班 291 期，参培人数 1.69 万人次，办各种短训班 220 期，参培人数达 1.87 万人次。2001—2007 年，全区累计开办农民实用技术培训班 1051 期，培训农村实用技术人才 20.83 万人次，农民工转移培训 10620 人次。2007 年，全区共有乡镇农民文化技术学校 28 所，村级成人教育校（点）209 所。

第二章　教职工

第一节　编　制

中华人民共和国建立初期，教师由人民政府统一分配，纳入国家编制，学校教师配备参照民国时期编制订。1958 年大跃进时期，公、民办中小学校大增，教师严重缺编，各地大量招收代课教师和民师，师范校部分初师班学生提前毕业分配到小学任教，原小学教师中的骨干教师选调部分到初中任教。1962 年贯彻中央调整方针，部分中学撤并停办，教师缩减，当年广元县精简了公办教师 467 人，各学校按教育部制定的中小学教师编制标准配备教师，即普通高中每班配备 2.60 名教师，初中每班配备 2.25 名教师，小学每班配备 1.22 名教师。随着国民经济的好转，逐步恢复原已停办学校，教师人数又有所回升，到 1965 年，广元县的教师已由解放初的 435 人增加到 2250 人。“文化大革命”期间，教师培训工作停滞。教师队伍增加，业务素质却大大降低。据 1974 年统计，全县有高中教师 595 人，学历合格仅占 10.60%；初中教师 857 人，学历合格占 28.90%；小学教师 3859 人，学历合格占 33.50%。1978—1983 年，落实老教师退休后符合条件的子女顶班政策，今元坝区域内按规定招收了 120 余名教师子女顶班，其中 14 名补充为工人。1983 年，教育部再次对中小学教师编制进行调整：高中每班配专任教师 2.80 ~3 人，初中每班配专任教师 2.25 人，小学每班配专任教师 1.22 人。

1989 年末，元坝区编委核定中小学、幼儿园教职工编制 2153 人，实有在编教职工 2047 人。1995 年，四川省人民政府制定《四川省普及义务教育基本要求及检查验收办法》对中小学教师编制作出调整。当年区编委核定教职工编制2159名，实有在编教职工2061人。1996年后教师队伍暂时趋于饱和，至2000年，全区未新增教师。由于中小学生人数增加，教师退休和流动，造成全区教师队伍严重缺编、学校师资不配套，专任教师缺乏等情况出现。2000年起，区委、区政府决定每年从师范类院校毕业的大专生中招收50名补充到教师队伍。至2007年，累计选招教师389名，缺编情况缓解，教师数量基本趋于平衡。截至2007年底，区编委核定全区教职工编制2026名，实际在编教职工1955人。

广元市元坝区中小学教职工统计表

表23-4　　单位：人

年度	普通高中	职业高中	初中	小学	幼儿	合计	其中		
							公办	民办	代课
1989	47	53	527	1420	—	2047	1078	901	68
1990	43	41	501	1493	—	2078	1102	898	78
1991	45	46	486	1499	—	2076	1181	870	25
1992	34	39	446	1560	—	2079	1201	856	22
1993	35	40	448	1542	—	2065	1223	819	23
1994	38	41	415	1565	—	2059	1280	750	29
1995	36	39	418	1568	—	2061	1388	645	28
1996	37	35	417	1567	—	2056	1458	573	25
1997	65	38	435	1510	—	2048	1638	383	27
1998	75	42	446	1494	—	2057	1707	329	21
1999	86	48	462	1452	—	2048	1815	215	18
2000	89	50	475	1481	—	2095	1908	172	15
2001	95	51	498	1439	—	2083	2031	38	14
2002	101	45	495	1420	—	2061	2039	12	10
2003	111	49	515	1361	17	2053	2036	—	—
2004	121	50	505	1332	17	2025	2008	—	—
2005	130	48	509	1270	17	1974	1957	—	—
2006	149	51	505	1220	22	1947	1925	—	—
2007	151	50	507	1225	22	1955	1933	—	—

第二节　培训和进修

一、师资培训

1950年，各地以办短训班的方式，重点抓教师“教材过关”培训。1952年，昭化县派出34名小学教师参加川北区析建华速成识字法培训班学习。1952年9月至1955年7月，广元师范学校共培训小学教师130余人。1956年，昭化县成立“初级函授师范学校”，共招收函授学员近400人。1958—1960年，在“普通中学要大上，民办中学要大办”口号鼓励下，中学规模迅速扩大，大批不合格学历教师进入初中任教。1960年暑期，广元县文教科采用“现炒现卖”的办法，把中学教师集中到广元师范学校进行教材教法培训。1961年，广元师范学校函授部更名为“广元县教师进修学校”。当年秋季起，停招初函学员。“文化大革命”开始后，函授工作中断。“文化大革命”期间，不少地方把初中办到了大队，高中办到了公社，骨干教师被层层上拔，造成“上弱下空中间虚”的局面。1971—1976年，广元师范学校陆续开办了7个“教师短期培训班”，累计培训教师310人。1978年以后，广元县教育部门把抓教师的教材教法过关作为培训的主攻方向。1984年，广元县专门成立“教材教法考试领导小组”，多次组织中小学教师在广元教师进修校学习各科教学大纲和全国统编教材，大面积提高中小学教师的知识水平和业务能力。经过三年的努力，绝大部分教师通过了教材教法考试。

2000年后，元坝区教委（教育局）按照市教委（教育局）安排，围绕“九年义务教育教材”的使用，加强教师新教材和“课改”培训，帮助中小学教师正确理解“九年义务教育中小学教材的编排体系，明确学科教学要求，增强教学能力”。2001年起，解决小学英语教师极度匮乏问题，全区先后共派出331名小学教师参加市教科所举办的小学英语教师专业培训，并经市教育局考核后，对合格教师颁发“广元市小学英语教师上岗证”。2003年秋季，元坝区开始进行基础教育课程改革实验，区课改领导小组分期分批对全区教师进行轮流培训。2006—2007年，组织教师参加班主任培训、乡村教师培训、新教师上岗培训等，累计达1093人次。

二、学历进修

1950年，广、昭两县共有小学教师385人。其中受过专业培训的只有145人，占37.70%，农村一部分教员为私塾生，只能教语文。1956年，昭化、广元两县均成立“初级函授师范学校”，招收教师函授学员近400人，其中中师函授学员266人。至1961年，累计有200多名教师中师函授毕业，306名教师初级函授师范毕业。当年秋，广元师范函授部更名为“广元教师进修学校”，停招初级函授师范学员。1961—1964年，有260余人取得中师函授语文单科结业证书，340余人中师函授取得数学单科结业证书。1964年秋起，实行语数单科交叉培训，当年招收中师函授学员700余名。1979年起，广元教师进修校在中小学教师中恢复招收中师函授学员，当年招收1912人。1982—1985年又招收中函学员1568人，其中文科922人，理科646人。1985年经四川省广播电视学校考核验收，达到中师函授毕业水平的教师364人，语文、数学单科结业的教师计1870人次。1979—1985年，广元县有372人参加了南充师院、绵阳师专、四川省师范大学等院校开设的本、专科函授学习，县教师进修校设立有中文、数学、物理、化学、生物、政治、教学管理7个专业的高等师范函授站。到1985年底，共有70人本科毕业，84人专科毕业。

1987年后，教师学历培训再次被提上重要议事日程，1992年起，元坝全区着力抓好教师的学历培训，鼓励学历不合格的教师积极参加各种形式的函授学习。区文教局加强教师学历“三沟通”（即函授、卫星电视教育、自学考试相沟通的大专培训，称“大三沟通”；相应的中师学历培训称“小三沟通”）培训工作的领导，全区共有519人参加了“三沟通”的培训考试，占不合格学历初中教师的93%。至1995年，“三沟通”培训考试结束时，学员巩固率仅78%，毕业人数只占38%。随后，很多教师通过自考或其他学习方式陆续取得合格学历。28名小学教师完成专科学历教育，91名初高中教师完成本科学历教育。到2007年，全区中小学教师的学历合格率分别达91%、100%；全区中小学教师专科及以上学历比例、初中教师本科学历比例分别达69.80%和49.50%，高中教师本科学历达82.30%。

三、岗位培训

根据国家教委的有关规定，1994年起，对中小学校长定期进行岗位培训。元坝区的所有中小学校长均按要求参加了各级岗位院校的培训，并取得了上岗合格证。1992年起，每年对新分配到小学任教的中师毕业生和“民转公”教师进行岗位培训。1998 年，根据广元市教委制定的《广元市中小学继续教育实施方案》，区教委相继举办了中小学教师基本技能训练骨干教师培训班和小学教师“五项基本功”（普通话、粉笔字、钢笔字、毛笔字、简笔画等五项职业技能）考核检测员培训班，在全区中小学广泛开展教师基本功训练活动。在此基础上，组织全区 1900 多名教师参加继续教育规范性考试和职业技能等级考试。至 2007 年，100% 的教师达到了五等级，80% 教师达到了四等级，50% 的教师达到了三等级要求。

第三节　待　遇

一、政治待遇

中华人民共和国建立后，党和政府重视对教师的“团结、教育、改造、使用”。1958—1978 年，在“极左”思想影响下，反右、“文化大革命”等政治运动致使部分教师受到打击迫害。1978 年后，遵照中央指示，中共广元县委、县府组成“落实知识分子政策办公室”，平反冤假错案，至 1985 年 5 月，共平反和纠正教师冤假错案 179 件。1985 年，全国人大常委会确定每年 9 月 10 日为教师节后，每年教师节、春节、中秋节等，各级党委、政府领导都要到学校慰问教师，了解教师的工作、生活状况，听取教师的意见，或召开会议，对在教育工作中成绩显著的优秀教师和先进教育工作者给予表彰与奖励。而且历届党代会代表、人代会代表、政协委员中教师都占有一定比例。1989—2007 年，全区共评出全国优秀教师、优秀教育工作者、劳动模范共 6 名；省级优秀教师、优秀教育工作者、师德标兵共 10 名；市级优秀教师、优秀教育工作者、师德标兵共 171 名；区级优秀教师、优秀教育工作者、师德标兵、模范班主任、教坛新秀共 283 名，表彰 2 名教育世家。

二、工资福利

（一）工资

1950 年，实行米薪制、工分制，大部分小学教师月资合 37 元左右，中学教师工资略高一些。1956 年实行工资改革，建立工资制度，教职员工工资级别视其学历、工龄、工作绩效等情况确定。1963 年，国家调整普通教育教职工工资，广元县有 46. 58% 的教职工工资升级。1979 年，国务院规定从 11 月起调整 40% 教职工的工资级别，以贡献大小作为升级考核的主要依据，广元县共有 1292 名中小学教师晋升了一级工资。1987 年，国家再次提高中小学教师工资待遇，卫子区教职工工资在原工资基础上提高 10%。1988 年，中小学教师职务工资提高标准。1993 年，工资制度改革，中小学教职工实行职务（等级）工资制，并建立正常的增资机制，即自 1993 年起，凡连续两年工作考核为合格或优秀的教职工，可晋升一个工资档次；少数考核优秀，有突出贡献的专业技术人员，可提前或越级晋升工资。1990—1993 年，乡镇教师工资由所在乡镇政府财政所拨付，由于地方财力所限及挪用等现象普遍，拖欠教师工资的问题一段时期非常突出，至 1993 年年末，全区共拖欠教师工资 100 万元，相当于全区教师三个月的工资总和，有的民办教师甚至一年多未领到工资。据此，区委、区政府作出决定：缓发政府机关干部工资，按时兑现教师工资，并规定每月财政首先拨付教师工资，教师工资拖欠问题缓解。1998 年，拖欠教师工资现象再度出现，当年全区欠拨以教师工资为主的教育经费达 200 余万元。2001 年起，教师的工资由区财政打卡直发后，拖欠教师工资的现象消除。2002 年起，年度考核合格或优秀的教职工，年终与公务员同等享受一次性奖金，金额为当年12月份的工资标准。2006年，教师工资再次改革，实行岗位工资制，即由基础职务工资、薪级工资、津贴等组成，全区教师工资平均上涨36%。至2007年，全区教师的年平均工资由1990年建区初的1380元左右上升到2007年的14120元左右，增长了10.23倍。

（二）津贴

中小学教师享受教龄津贴，教龄5~9年每月3元，10~14年每月5元，15~19年每月7元，20年以上每月10元。2005年起，中小学教职工超64元津贴（95元/月）纳入区财政预算。

（三）退休金

1997年10月1起，教龄男满30年，女满25年的退休教师，退休金按退休前最后一月标准工资的100%发放。根据国家工资改革的规定，在职人员调整工资标准时，退休人员相应增加退休金。

至2007年，全区教职工均参加了医疗保险、养老保险，教职工生病、病逝享受与公务员同等的医疗、抚恤待遇。

第四节 民办教师

中华人民共和国建立初期，国家规定将部分私塾民办小学全部转为公办村小，塾师也随之改称为民办教师。1958年，昭化县新发展了民办学校154所，民办教师161人。1959年，广元县有民办村小学校512所，占全县村小总数的（882所）的58%。经过1961年的调整压缩，全县民办学校仅保留了185所，停办了327所，停办学校的民办教师全部回乡务农。1963年，随着国民经济的好转，为配合扫盲工作及解决边远山区失学儿童问题，遵照中央“两种教育制度并存”的指示，各地开始兴办耕读小学，原停办民校回乡务农的民办教师大部分又返回学校任教。“文化大革命”开始后，耕读小学全部停办。1970年以后，除公社中心小学外，每个大队又都有办有一所小学。1972年以后，各公社及部分大队兴办初中，小学公办教师逐级上拔任教初中，小学教师缺额由民师补充，至1978年底，今元坝区域内民办教师已达600余人。

1981年首次中小学民办教师整顿，广元县为今元坝区域内教材教法考试合格的408名民办教师颁发了“任用证书”，另有440名民办教师保留试用，因种种原因有30余名民办教师被解除了职务，且妥善进行了安置；同时，将27名优秀民办教师转为了公办教师。1982年后，因各中小学教师缺编，仍选招部分民办教师，至1986年，卫子区民办教师859人，占教师总数的40%。1980年，广元县中师招生中按一定比例招收民办教师进入师范学校学习（两年），毕业后即为公办教师；同年，又直接转录了一批民办教师为公办教师（简称民转公）。从1982年开始，每年均按一定比例招收民办教师进入师范学校学习以解决民办教师“民转公”。1987年3月，广元市市中区按政策规定将今元坝区域内优秀民办教师68人直接转为公办教师。1995年起，广元市大幅度增加了“民转公”及与之相配套的“农转非”指标，至1998年，1981年整顿时获得民办教师资格、教材教法考试合格、又在岗在册连续任教的民办教师全部转为公办教师。1999年，经广元市人民政府批准“代民办教师”（指1982—1986年任用的民办教师）分批转为公办教师。2002—2004年，共解决50余名代课教师的“民转公”问题。至此，区内全部民办教师、代民办教师及部分代课教师全部转为公办教师。

第三章　教育管理

第一节　教育管理机构

1986年11月，广元市市中区卫子区成立教科文卫委员会，杨在尧任主任，陈学贵任副主任。下设文教科，黄安举任科长，苟贵生任副科长。文教科内设办公室、政工股、教育股、计财股、教研室、电教站、文化股、成教股。1988年6月，撤文教科，成立卫子区文教局，黄安举任局长，苟贵生、张全生任副局长；9月，增设后勤与产业管理股；同年12月，建立卫子、王家、昭化、虎跳4个学区。1989年2月，卫子、王家、虎跳、昭化4个办事处下设文教办公室，学区撤销。

1989年12月，设广元市元坝区文教局（简称区文教局），1990年2月正式成立，设办公室、人事股、教育股、计财股、教研室、电教站、文化股、成教股；7月，成立教育纪律监察组。1991年3月，成立元坝区教育工会。1994年3月，建立中共广元市元坝区文教局党组。1996年5月，区文教局更名为广元市元坝区教育局（简称区教育局）；7月，撤销文化股。1997年5月，区教育局更名为广元市元坝区教育委员会（简称区教委）。2001年11月，区教委复名为广元市元坝区教育局。至2007年，机构无变化。

1992年10月，撤销卫子、王家、昭化、虎跳4个办事处文教办公室，建立16个乡镇文教办公室。1995年，撤销16个乡镇文教办公室，建立卫子、王家、虎跳、昭化、太公、元坝6个学区。2000年8月，撤销6个学区，原学区人员就近分流。

2007年末，区教育局挂靠机构有：

广元市元坝区教育督导办公室和语言文字工作委员会办公室（简称语委办），1990年3月成立；广元市元坝区大学中专招生委员会办公室，1990年6月成立；广元市元坝区中小学卫生保健所，1998年5月成立。

广元市元坝区教育局（文教局、教委）及挂靠部门领导名录

表23-5

姓　名	性别	籍　贯	政治面貌	职　务	任职期间	备　注
田澍塘	男	广元市元坝区	中共党员	局　长	1990-02—1993-06	
苟贵生	男	广元市元坝区	中共党员	副局长	1990-02—1997-05	1994-03始任党组成员
张全生	男	广元市元坝区	中共党员	副局长	1990-02—1993-06	
张全生	男	广元市元坝区	中共党员	局　长	1993-06—1997-05	1994-03始任党组书记
龚潘清	男	广元市元坝区	中共党员	副局长	1997-01—1997-05	党组成员
刘思岗	男	广元市元坝区	非　党	副局长	1997-01—1997-05	

续表

姓　名	性别	籍　贯	政治面貌	职　务	任职期间	备　注
张全生	男	广元市元坝区	中共党员	主　任	1997-05—1998-02	党组书记
龚潘清	男	广元市元坝区	中共党员	副主任	1997-05—1998-02	党组成员
刘思岗	男	广元市元坝区	非　党	副主任	1997-05—2001-12	
龚潘清	男	广元市元坝区	中共党员	主　任	1998-02—2001-12	党组书记
张树枝	男	广元市元坝区	中共党员	副主任	1998-02—2001-12	党组成员
肖文军	男	广元市元坝区	中共党员	副主任	1999-09—2001-12	党组成员
杨天贵	男	广元市元坝区	中共党员	纪检组长	1999-09—2007-05	党组成员
龚潘清	男	广元市元坝区	中共党员	局　长	2001-12—2003-03	党组书记
张树枝	男	广元市元坝区	中共党员	副局长	2001-12—2003-03	党组成员
肖文军	男	广元市元坝区	中共党员	副局长	2001-12—2007-06	党组成员
马和忠	男	广元市元坝区	中共党员	副局长	2001-12—2003-03	党组成员
侯兴隆	男	广元市苍溪县	中共党员	副局长(兼)	2001-12—2003-12	党组成员,元坝中学校长
何春林	男	广元市元坝区	中共党员	副局长	2003-02—	党组成员
姜云茂	男	广元市元坝区	中共党员	局　长	2003-03—	党组书记
俞　明	男	广元市元坝区	中共党员	副局长	2003-03—	党组成员
母天学	男	广元市元坝区	中共党员	副局长	2007-06—	党组成员
马和中	男	广元市元坝区	中共党员	督　学	2003-03—2004-08	
张树枝	男	广元市元坝区	中共党员	督　学	2004-08—2007-02	
韩双宗	男	广元市剑阁县	中共党员	督　学	2007-02—	
张树枝	男	广元市元坝区	中共党员	主　任	1990-06—1998-03	区招生办
母天学	男	广元市元坝区	中共党员	主　任	1998-03—	区招生办

第二节　行政管理

中华人民共和国建立后，县文教科主持对原有中小学教师进行登记审查，合格者继续留用。县立初中和小学校长均由县人民政府委派。1953年教育部颁发《中小学暂行规程（草案）》规定：中等学校校长的任免，由县文教科呈报，专署审批任免，省教厅备查；公、私立小学，由县文教科领导管理。同年，省教厅在《明确各级教育部门对中等学校、初等学校领导关系的意见》中规定：县人民政府直接领导辖区内的初等教育，乡人民政府协助初等学校解决具体困难，共同办好学校。“文化大革命”中，教育行政管理体制被打乱，机构瘫痪，教育行政部门实际已无法发挥正常职能作用。1978年，县文教局恢复正常工作，纠正冤假错案，使一批在“政治运动”中被错误处理的职工得到平反昭雪。1980年调整民办教师队伍，有15%的民师调整到其他单位工作；对能胜任的人员颁发了“任用证书”或“试用证书”；对“文化大革命”以来分配到县的大专毕业生进行转正定级。1982年，抓中小学领导班子和规章制度建设，对中等教育结构改革进行试点。1984年，县教育局制定《广元县中小学教育改革方案（试行）规定》，实行分级管理负责制、校长负责制，建立乡教育管理委员会，改革县教育行政机构的管理。1985年建广元市后，市中区（原广元县）仍实行“分级办学、分级管理”体制，县内厂矿子弟学校，技工校实行“谁办谁管”的原则，教育局只负责业务指导。

1987年12月，卫子区公所制定《关于开展中小学教师职称改革工作的试行意见》。当年开始全面落实普及初等教育工作。1988年，进一步落实“分级办学、分级管理”体制，推行校长负责制。同年11月，经广元市政府检查验收，全区普及初等教育基本合格。1989—1990年，重点落实普及初等教育复查验收工作及中小学排危工作，1990年11月，经省、市人民政府复查验收认定，元坝区“普初”及排危工作合格。1991年，元坝区政府出台《关于发展校园经济的决定》，使学校勤工俭学活动有章可循，步入正轨。当年，区委制发《关于进一步发展和改革元坝区教育的决定》，为元坝区的教育改革和发展制定了目标和任务。1992年10月，区文教局制定了《元坝区教育事业十年发展规划和“八五”计划》。1993年4月，区政府就“1995年普及中小学实验教学（简称普实）县（区），1998年普及九年义务教育（简称普九）”与广元市人民政府签订了目标责任书后，区文教局制发《元坝区全面实施九年义务教育的意见》和《元坝区普及九年义务教育检查验收细则》，并召开全区教育工作会，对全区“普实”“普九”、民办教师队伍建设等工作作出部署。1995年，全面落实区委《关于实施“广厦工程”解决教职工住房问题的通知》精神，当年有近10所学校动工修建教师住宿楼，教师“住房难”问题得到基本解决。1996年以实施“国家贫困地区义务教育工程”为契机，狠抓“普九”义务教育工作，落实责任，制定了一系列保障措施付诸实施。同时，区文教局配套制定了《“九五”期间全区中小学校布局调整规划》。1997年4月，元坝区“普及中小学实验教学县”通过省、市验收，认定合格。当年全区教师五项基本职业技能培训启动，教师的继续教育工作进一步推进。1998年，突出抓基本普及九年义务教育、基本扫除青壮年文盲（简称两基）工作，打“普九”攻坚总体战。当年10月，省、市“两基”评估组对元坝区“两基”工作进行评估验收，结论为基本合格。1999年起，全区教育工作重点调整为巩固“普九”成果，集中精力抓学校内部管理，强化教育科研，努力提高办学质量。当年5月，全区首次在元坝一小、元坝三小实施校长公推公选。

2001年，教育系统开展行风评议，并制发《关于教育系统行风评议所提问题的整改意见》。当年11月，区教委纪检组对太公中学违规收费进行了查处。2002年5月，清水中学通过广元市环保局、市教育局的验收，被命名为广元市首批“绿色学校”。同年，为加强村小管理，区教育局出台了《元坝区村小管理暂行办法》《元坝区示范村小评估标准》；印发《关于全区义务教育阶段学校实行“一费制”（含杂费、教科书费、课堂作业本费和信息技术教育费）收费办法的通知》，全面实行教育收费公示制度。9月，市教委、市物价局、市纠风办等三部门再次查处了太公中学违规收费问题。2004年，区教育局制定《关于全区教育系统开展“抓班子、带队伍、促发展、办好让人民满意的教育”活动实施意见》，实行开门办学，查找学校校长、教师中存在的主要问题，认真剖析整改、解决问题。在活动中，诫勉谈话40余人，处理违纪领导1人。

在学校布局结构的调整上，制定了“办好高中校点，相对集中初中校点，适当集中小学校点”的工作思路，督促指导撤并村小，逐步减少初中校点。自1998年6月区政府批转《广元市元坝区教育委员会关于2000年全区中小学调整的意见》后，区教委分期分批逐步对190所村小、22所初中校点进行了布局调整。1999年撤销初中校点8所，撤并村小37所；2000年撤并村小30所；2001年撤销初中校点1所；2003年撤并村小21所。2004年末，全区有乡镇完小33所，村小102所，初中校点13个，区单设中学4所，职业高中1所，高完中1所。

2004年8月，元坝区对农村义务教育阶段贫困学生落实“两免一补”（免教科书费、免杂费、补助住校贫困学生生活补助费）的惠民政策，全区1434人得到免费和生活补助。2006年，广泛开展树立社会主义荣辱观教育及党建“四个一”和“结对导学”活动。对全体教师进行“树立社会主义荣辱观，加强师德师风建设”专题教育，提高教师素质。当年，按《四川省规范教育收费工作八条规定》，为3237名贫困小学生和2106名初中生提供免费教科书，为3040名贫困寄宿学生补助生活费36.77万元，全部免除了义务教育阶段学生杂费。2007年，在全区教育系统开展“加强和改进师德师风建设，争做人民满意教师”的专题教育活动，加强教师培训，推进人事制度改革。实施教育惠民行动，为5343名贫困学生提供免费教科书，为3300名贫困寄宿学生补助生活费及实施职业中学学生助学金制度，累计投入789.50万元。多渠道筹措资金，资助孤、残、病学生57人，资助贫困大学生26人，总额近8万元。当年对2005年12月31日前的农村义务教育“普九”债务进行严格的清理核实，锁定债务，并推行“校财校用局管”的学校财务管理新体制。

第三节　校务管理

一、德育工作

1952年，按照教育部颁发的《中小学暂行规程（草案）》规定的中小学德育目标，各中小学均以提高国民公德为目标加强“五爱”（爱祖国、爱人民、爱劳动、爱科学、爱护公共财产）教育。1954年，各地对应届高小和初中毕业生进行“一颗红心、两种准备”的教育，通过召开“学代会”，动员、鼓励中小学毕业生回乡参加农业生产。昭化县松盖乡中心小学高小毕业生何久松志愿回乡参加农业生产，给青少年树立了榜样，1955年出席了“全国青年社会主义建设劳动积极分子代表大会”，受到毛泽东、朱德等中央领导人的亲切接见。1956年，各学校贯彻实施教育部颁布的《中小学生守则》。抵制资产阶级思想侵蚀，培养学生良好的道德风尚和行为。1963年，各中小学开始开展轰轰烈烈的“学雷锋、争三好”活动，大力宣传雷锋事迹，读“雷锋日记”，组织“学雷锋小组”，建立“好人好事登记簿”，办“学雷锋专栏”，设置“节约箱”“针线包”，开展“学雷锋见行动”的主题班会和团队活动。“文化大革命”中，《中小学生守则》被践踏，学生思想教育被当作“修正主义”批判。1979年9月，教育部重新颁布《中小学生守则》。当年，广元县内部分学校发动学生给云南、广西边防战士写慰问信、送慰问品，组织师生听“中越自卫反击战”英模报告等，对学生进行革命英雄主义和爱国主义教育。1980年，中共中央再次发出“向雷锋同志学习”的号召，各校把实施“中小学生守则”与开展“学雷锋、树新风、创三好”活动结合起来，许多中小学把班会、队会主题确定为“踏着雷锋的足迹前进”。积极开展“为中华之崛起而读书”的教育活动。1981年起，“五讲四美三热爱”（讲文明、讲礼貌、讲卫生、讲秩序、讲道德；心灵美、语言美、行为美、环境美；热爱祖国、热爱共产党、热爱社会主义）活动在各校展开。广元县文教局随即召开中小学政治思想工作会议，把坚持四项基本原则作为学校政治思想教育的基本任务，把建设社会主义精神文明、做合格公民作为学校政治思想工作的基本目标。1983年4月，各学校开展向优秀共青团员张海迪学习的活动，引导学生学习张海迪身残志坚，为国家“四化”建设发奋学习、自强不息的精神，将建设文明学校的活动引向深入。1984年起，各中小学加强爱国主义教育，开展升国旗、唱国歌及为振兴中华读书的活动。当年4月23日，沙坝乡长梁村小学四年级学生陈文东临危不惧，毅然跳进青春水库救起落水工人李福胜，被共青团广元县委、共青团四川省委分别授予“少年英雄”“优秀少先队员”称号，《四川日报》及四川人民广播电台分别刊载和报道了陈文东先进事迹。

1985年起，各学校大力开展法制教育。1988年4月，卫子区举行中学生法律知识竞赛，并以此为契机开展“普法”教育。法律常识被正式列入初中毕业会考范围。同年7月，国家教委颁布了《小学德育纲要》(试行意见)、《小学生日常行为规范》，各校以“五育并举、德育为首”作为指导思想，使小学德育工作进入了规范化管理。1989 年，中共广元市元坝区委制发了《关于加强学校政治思想工作的决定》，全区各中小学广泛开展“学赖宁、学十佳、争做党的好少年”活动。1993 年，各学校积极开展“纪念毛泽东同志诞辰一百周年”和“向雷锋同志学习”题词 30 周年纪念活动，对学生进行爱国主义、集体主义和无私奉献精神的教育。1994 年，各中小学通过观看电影、录像、听故事录音带等对学生进行了“知我中华，爱我家乡”“勿忘国耻”为主题的爱国主义教育读书活动。1997—1999 年，各校利用香港、澳门回归之机，发挥语文、政治（思想品德）、历史、地理等学科思想教育中的主渠道作用，结合校内外举办的各种宣传庆祝活动，对学生进行广泛的热爱祖国、热爱共产党、热爱社会主义的思想教育。同时还开展创优争先的“三让一树”（让学生成长、让家长放心、让人民满意、树文明校风）的活动。

2000 年后，凡初中以上学校，相继建立“家长委员会”。2001 年，中共广元市委宣传部、市教委联合发出《关于开展“校内拒绝邪教”活动的通知》，区教育局指导各校开展了多种形式的崇尚科学，远离邪教的教育活动。2003 年，各校开展弘扬和培育民族精神的“民族精神代代传”活动。组织学生读民族英雄史书，了解民族英雄事迹，感悟民族英雄精神，树立正确的世界观、人生观和价值观。同年 6 月 12 日，昭化镇二小学生梁焱，为抢救二名落水儿童献出年仅 10 岁生命，四川省教育厅、团省委、青少年工委联合授予梁焱四川省第六届“十佳少先队员”称号。2004 年，区内各中小学全面开展了“抓带促办”（抓班子、带队伍、促发展、办好让人民满意的教育）活动，助推了学校精神文明建设。2005 年，全区中小学以党中央总书记胡锦涛“八荣八耻”讲话为主要内容，开展演讲、朗诵、文艺晚会等活动，教育广大学生树立社会主义的荣辱观。2006—2007 年，各学校持续加强和改进未成年人思想道德建设，分阶段开展养成教育、理想前途教育、民族精神教育、家庭美德教育等德育系列活动，建立教育系统关心下一代工作委员会 40 个，有条件的中小学建立了“留守儿童之家”或“留守儿童亲情活动室”，邀请专家到校举办家庭教育讲座。继续组织开展学校“师生结对导学”工程，全方位引领帮助未成年人健康成长。

二、教学管理

1950 年以后，各中小学就教育教学管理制定了一系列规章制度，中小学教育教学秩序井然。“文化大革命”期间，学校管理以“阶级斗争”为纲，各项管理制度遭到破坏。

1978 年 9 月，教育部重新颁发《全日制中、小学暂行工作条例（试行草案）》后，省、市出台了相应的贯彻意见，各中小学按照统一的管理标准制定了各项细则和规章制度。纠正乱办班、乱收生、乱砍课、乱收费的“四乱”不正之风，加强了学籍管理，严格执行教学计划和招生计划。1987 年，各中学进一步贯彻《广元市普通中学办学水平评价标准试行意见》，提高教育质量，再度纠正了片面追求升学率，随意砍尾巴等错误倾向。

1990 年起，按照区文教局制定的“三校（校风示范校、艺术学校、计算机试点学校）、三规（规范学校管理制度、规范日常工作、规范中小学收费标准和教材教辅资料征订渠道）、三化（学校管理制度化、育人环境园林化、师生作风军事化）、四好班子（学习好、团结好、勤政好、廉洁好）”工作目标和思路，全区各中小学广泛开展一系列的创建活动。自 1993 年起，区教育督导室在全区开展“常规管理达标”活动，按照市教育督导室《普通中小学督导评估工作指导纲要》，至 2007 年共对全区 14 所学校进行了办学条件、常规管理为主要内容的督导评估，其中 8 所学校被评为“办学水平甲等一级学校”。王家中学、张家小学、元坝镇第二小学等中小学校管理制度详细，贴近学校实际，可操作性强，把以人为本的理念，情感加制度的管理模式效益充分发挥。2007年，全区各中小学开始实施学校目标综合考核和教学质量单项考核，过程管理与终端绩效管理有机结合的教学管理模式。

（一）教学计划管理

1950年以后，学校经过改造整顿，随着管理机构的不断健全和各项管理制度的相继完善，教学管理逐步克服了粗放式的无序现象，开始实行计划管理。1958年“大跃进”和“人民公社化”运动开始后，实行“开门办学”，教学秩序在一段时期较为混乱，教学计划管理有所淡化。1963年以后，各校贯彻中央制定的《中小学暂行工作条例（草案）》，纠正了过去学校生产劳动和政治活动过多的倾向，确立了“以教学为主”的指导思想，教学计划管理得以恢复。“文化大革命”初期，各中小学大多停课“闹革命”，无正常教学活动。1970年以后，逐渐有所恢复。但在课程设置和教学内容上缺乏科学性，政治色彩比较重。1978年，教育战线拨乱反正，“向管理要质量”成为各类学校办学的共识。

元坝区建立以后，教学计划管理更加趋于科学完善，由过去的定性管理走上了定性与定量相结合的管理，从静态管理走向动态管理，既注重结果，更注重过程；从过去管人为主走向了以教师为本的人性化管理；从教学计划的制定、实施到检查、反馈，基本形成了一个闭合的管理过程。

（二）教学过程管理

1953年前后，各中小学校开始系统地把学习苏联教育经验纳入中小学业务学习计划。20世纪50年代后期的教学过程管理中，许多学校在加强常规管理的同时，突出了直观性教学，改革传统的教学手段，在教师中掀起了自制教具，开展幻灯教学的热潮。不少学校用煤汽灯作光源制成老式幻灯机用于辅助教学，并在节、假日放映英模故事片和时事宣传片，尽可能做到直观性教学。60年代初，为规范教学秩序，各校贯彻以教学为主的原则，坚持“四固定”（固定教材和教学计划、固定课程表、固定任课教师、固定学校会议及劳动时间）“六认真”（认真备课、认真上课、认真辅导学生、认真批改作业、认真做实验、认真检查教学效果）。要求教师一切从实际出发，注重“课堂教学是整个教学过程和提高教学质量的中心环节”，切实克服教学中的主观主义和形式主义。对上课提出要加强基本训练，使学生牢固掌握基本知识，弄清基本概念，熟悉基本技能的要求，从此确定了“教学六认真”在中小学教学过程管理中的重要地位，成为教学过程管理中的重要内容。“文化大革命”期间，教学秩序被打乱，实行“开门办学”，教学过程管理陷于盲目无序状态。1976年后，学校教学秩序逐步恢复正常，注重文化课的学习和课堂教学过程管理。中共十一届三中全会后，各学校制定优质课标准，优秀教师上示范课，年轻教师上汇报课，开展教学评选活动，全面强化教学过程管理，优化课堂教学过程。

1989年以后，各中小学突出以教师为主导，学生为主体，训练为主线的教育新观念，全区各学校抓青年教师上合格课、中老年教师上研究课和优质课、实验教师上实验课，从“传帮带”入手，向45分钟要质量，教学“六认真”在不同层次的教师中得到落实。区文教（教育）局还要求教师课堂做到“七要六不准”，即目的要明确、教态要自然亲切，内容要正确适度，中心要突出，语言要简明易懂，要讲普通话，板书要清楚规范，举止要文明庄重；不准穿拖鞋、背心、短裤（超短裙）或奇装异服（女性教师不准化浓妆），不准抽烟、吃东西，不准看与该课无关的书刊，不准使用通信工具，不准离开教室，不准坐着讲课。教师要根据所教学科特点，深入开展对课堂结构和教学方法的改革。

20世纪90年代以后，学校教学过程管理着重教育理论的学习，教育观念的转变，注重教学思想的管理，建立了从过去的以制度管人到以教师为本的管理体系，教学管理更具人性化。区教研室推广“说一讲一评”教研活动，突出教育理论的导向，发挥教师的主体作用，充分体现了教学过程管理。现代教育技术的运用和推广，为学校教学管理增添了新的内容。部分学校把转变教学技术手段作为教学过程管理的一个重点狠抓，虎跳小学、王家小学、区实验小学、元坝一小等学校把是否使用多媒体辅助教学作为优质课的标准之一。2000 年后，基础教育课程改革全面推开，区教育局要求学校课改工作做到“五个一”，即：学校每周要确立好一个“课改研究日”，每周至少组织一次校级课堂观摩研讨、说课、评课活动，每月组织一次课改专题研究和总结交流活动，每期向教育局课改办、教研室上交一份课改实验、课题实验总结，每期至少在县（区）级以上刊物发表一篇课改实验论文。

三、学籍管理

20 世纪 80 年代初，学生被学校录取后，在规定的时间内报到注册，即取得学籍。凡转学、休学、复学和退学、必须有特殊的理由，并严格履行手续。学生学籍卡由班主任逐期（学年）填写，作为学籍材料归档久存。1989 年，广元市教委重申了学籍管理的规定，禁止乱办班、乱收生和按成绩编班，重申休学、复学、退学、升留级制度，禁止各学校扩大留级面和随意停学及乱出学历证明，加强学籍管理。1994 年 10 月之后，元坝区中等学校学生学籍由区文教（教育）局统一管理。初中毕业证书由学校填写，区文教（教育）局审核盖章；高中毕业证书由学校填写，区文教（教育）局与学籍册核实后再统一报市教委审核盖章。2007 年，为巩固“普九”成果，统计调查了 0～17 周岁儿童少年就学情况，并开始采用电子档案管理学籍。

四、安全教育

1995 年春季开学起，区文教局要求各中小学将安全工作纳入学校年度工作计划，年终写出专题总结。一旦学校发生安全事故，必须及时报告，并在一周内向区教育局写出书面报告；凡是要组织学生参加校外活动，必须具备报批手续，经教育行政部门批准。1996 年，区教育局和各中小学均建立了安全工作领导小组，安全工作被提上学校工作的重要议事日程。当年区教育局与各学校签订了《学校安全工作目标责任书》，学校与家长签订了《学生安全教育协议书》，进一步明确了学校、家长、学生的责任与义务。从 1996 年 3 月起，按国家教委、公安部等七部委联合发出的《关于建立全国中小学安全教育日制度的通知》之规定，每年 3 月份最后一周的星期一为“中小学安全教育日”。至 2000 年 3 月，全区各中小学共开展了不同内容的“中小学安全教育日”活动 5 次左右，主要内容为通过电视、广播、音像资料、图片展示、征文、书画、专题演讲等宣传教育，增长师生的安全意识和安全知识，提高“注重防范、自救互救、确保平安”的能力。期间，结合“交通法”创建“交通安全学校”活动，组织完善了“路队制”制度；结合“食品卫生法”，对各学校食堂和周边摊点进行突击检查，保证中小学生集体饮食安全，学校安全工作实行分级负责，责任到人，“一票否决制”。2003 年 6 月，全区学校开展以“学校消防安全、疏散通道安全”专项治理为主要内容的“安全生产月活动”，大力整治各中小学消防安全工作。2005 年起，每年春、秋季开学时，区教育局都要组织开展以校舍安全、消防安全、食品卫生安全、饮用水安全、危险化学药品安全为重点内容的各类学校安全检查，及时消除安全隐患。2006—2007 年，推行“一岗双责制”，层层签订安全工作责任书，学校安全网络进一步健全，全区学校无重特大和校方责任事故发生。

五、校务公开

2000 年，为贯彻落实广元市教委《关于推进校务公开工作的意见》（简称《意见》），区教委下发了《关于进一步推行校务公开工作的意见》，并分别在卫子中学、清水小学召开了校务公开现场交流会。各级各类学校按《意见》要求采取板报、橱窗等形式将学校的重大事宜、重要决定、财务收支情况、评优晋级等公布于众，广泛征求意见，接受群众监督，将管理透明化。同时，发挥学校工会职能，健全和完善了学校“教代会”制度，加强学校民主管理，重点对学校校务公开制度进行了督促、评估、规范校务公开形式、内容、渠道和程序。2002 年 4 月 28 日，元坝区制发了《关于进一步加强中小学收费管理有关问题的规定》，自秋季开学起，元坝区义务教育阶段学校实行“一费制”（含学杂费、教科书费、课堂作业本费和信息技术教育费）收费，全面实行教育收费公示制度，收费项目和金额经当地物价、财政、教育部门审核后，学校在公示栏公示，以接受物价、教育部门和学生家长的监督。2003 年，市教育局、市总工会、市教科文卫工会联合召开了广元市首届校务公开工作会议，王家中学、区实验小学被表彰为“广元市校务公开先进单位”。2004 年起，每年均要将享受国家“两免一补”政策的学生名单进行公示，让其接受各级物价部门、教育部门和广大群众的监督检查。

第四节 艺体教育和卫生保健

一、艺术教育

中华人民共和国成立后，学校艺术教育围绕党在各个时期的中心工作和重大节庆日开展教学活动。“文化大革命”中，师生唱语录歌、演样板戏、跳忠字舞、绣毛主席像等取代了学校的音乐、美术课教学。1978 年以后，学校教育步入正轨。各级教育部门均强调学校应按部颁计划开齐课程，开足课时，艺术教育（含音乐、舞蹈、图画、书法等）受到重视。中心小学和中学一般都有专职音乐、美术教师，按课程表上课，美术、音乐均列入期末考查科目。从 1986 年起，初中毕业生考中师设有面试成绩，体育、美术、音乐为必试科目。

1989 年，区文教局成立艺术教育工作领导小组，制发了《元坝区艺术教育实施方案》，定期开展艺术教育教学研讨会，并多次举办音乐、美术教师技能大赛，广泛开展中小学生艺术节活动。1993 年，区教育局被省委宣传部、省教委评为艺术教育先进单位。1997 年，在省委宣传部、省教委、团省委联合主办的四川省第二届中小学生（桃李杯）艺术节活动中，元坝区被评为先进县（区），区实验小学被评为先进学校。1998 年，区教育局制发《元坝区艺术教育特色学校评估细则》，各校从抓投入、抓活动、抓设备、抓师资、抓管理着手，掀起创建高潮。2001 年，虎跳小学、区实验小学被评为广元市市级艺术教育特色学校。2002 年，元坝中学被评为广元市第二批学校艺术教育特色学校。2005 年，明觉乡小学被评为广元市艺术教育特色学校。1989—2007 年，全区共有 11 所学校创建成县级艺术教育特色学校，4 所学校创建成市级艺术教育特色学校。

二、体育

1950 年以后，体育课一直是学校各年级的必修课，体育项目有列队、田径、球类、体操、武术、游泳、射击等。中学设有专职教师，小学设兼职教师进行体育教学。1951 年，各校开始推行第一套广播体操（后陆续推行至第十套）。1955 年 7 月，教育部颁发了《全日制中小学体育教学大纲（草案）》，各学校按《大纲》要求和各年级学生年龄特点分别制定了学年教学计划，按照统编的中小学体育教材，加强体育教学。1958 年，国家体委、教育部公布“劳动与卫国体育制”（简称劳卫制）体育锻炼标准，各中小学积极开展达标活动，不少学生取得“劳卫制”证书和纪念章。1964 年国家体委将“劳卫制”改为《青少年体育锻炼标准》，规定了短跑、中跑、跳高、跳远、徒手操、翻滚、行军等达标标准。“文化大革命”中，体育课改为军体课，教学内容以学军为主，如投弹、射击、队列操等。1977年，各校恢复体育课。1980年，遵照教育部指示，各小学普遍开展“两操”“两课”“一活动”（每天坚持课间操、眼保健操；每周二节体育课；每天一小时课外活动）。1982年8月，国家体委颁布新的《国家体育锻炼标准》，同年，广元县文教局制发《关于中小学体育工作的意见》规定“体育不达标”，成绩不在良好以上者不得评为“三好学生”；学生“达标”数不过半数者不能评为先进学校；学校领导和教师不抓体育卫生工作者不能评为先进工作者。全县中小学围绕“锻炼标准”，根据季节和年级特点，开展课内外活动和体育竞赛。1987年，卫子区首届田径运动会在卫子初中校举行，150多名学生运动员参加了竞赛。此后，每两年举办一次全区青少年田径、球类运动会。

1990年，国家教委颁布《学校体育工作条例》和《学校卫生工作条例》，元坝区随即成立以分管副区长为组长，教育、卫生等部门领导为成员的学校体育卫生工作领导小组，加强全区学校体育卫生工作。1991年，元坝区各中小学以《国家锻炼标准》及有关规定为目标，广泛开展达标训练。其实施面为60%，达标率为45%。当年起，部分条件较好的学校开始开展创建体育传统项目学校活动。

广元市元坝区1991—2004年体育传统项目学校统计表

表23-6

学校名称	评定时间		体育传统项目
	省 级	市 级	
元坝中学	1997年	1993年、1994年、1995年、2002年△	田径、篮球
卫子中学	—	1998年	田径
昭化中学	—	1999年△	篮球、乒乓
张家小学	1998年	1998年、1999年、2003年	足球
王家中学	—	2003年	田径
虎跳小学	—	1999年△	田径、乒乓

注：“△”符号代表四川省审定的体育传统项目学校

1998年，区教委成立《国家体育锻炼标准》实施达标工作领导小组，要求各类学校做到达标工作“五落实”：即人员落实、目标落实、经费落实、工作落实、考核落实，并规定学生“达标后”才能毕业或评“三好”、优秀学生干部。2002年，元坝中学等3所学校被评为广元市学校体育工作优秀学校。当年起，元坝区按市教育局要求正式将体育考试纳入高中阶段招生考试。2003年，执行市教育局规定，凡学生体育竞赛和等级运动员测试获得县（区）及其以上教育行政部门或体育行政部门等单位颁发的等级奖证书的初中毕业生，在参加普通高中升学时加分录取。当年，全区贯彻执行《学校体育工作条例》《中学生体育合格标准》推进实施面分别达到99%和98%。随着新课程改革的不断深入，学校体育课程由原来的单一的体育教学变为学科类课程体育与活动类课程体育相结合的新课程体系。2004年，广元市教育系统职工篮球比赛在元坝中学举行，元坝区女子篮球队获得全市冠军，男子篮球队获第二名。据不完全统计，从1999—2005年，元坝区共有5所学校被四川省教育厅、省体育局评为推行《国家体育锻炼标准》先进学校，7人被评为先进个人。2006年后，在全区各学校推广普及校园集体舞，进一步规范了大课间活动和课外活动。2007年，在元坝区第五届中小学生田径运动会中，设置体育竞赛项目72个，参赛学生680人，规模和质量均创新纪录。

三、卫生保健

1950年以后，各中小学普遍开展学校卫生活动。主要对师生宣传卫生知识，大搞环境卫生，预防接种和检查学生身体，学校卫生状况始得改善。1951 年后，各中学陆续设置医务室，小学设置保健箱。“文化大革命”中，学生卫生保健工作受到一定的影响。“文化大革命”结束后，学校卫生保健工作逐步走上正轨。1980 年，为了控制和防止学生眼病的发生，按四川省教育厅《关于明年中小学体育卫生工作意见》要求，各校每天做好眼保健操，定期调整座次，尽可能使桌椅适合学生身体的高度，并积极改善教室的采光和照明条件。

1991 年，区文教局组织各中小学卫生保健员在昭化初级中学进行了为期 40 天的培训。1992 年，全区小学二年级以上的中小学生开设健康教育课，统一组织征定《健康教育》课本，每周安排 1 课时。1998 年 5 月，区教委、区卫生局联合印发《关于规范学校卫生工作管理的意见》，建立“中小学卫生保健所”，协同指导学校卫生保健预防工作。各校也相应成立了卫生保健室，配置了部分检测器材，在当地卫生院的支持下开展工作，切实加强中小学生传染病、常见病、多发病、地方病的防治，坚持每年对学生进行一次体格检查，二次健康教育，保障学生身体健康以及规范学校卫生工作。2000—2001 年，在各中小学开展了毒品预防和艾滋病防治教育活动，各中小学使用“DB51/286—1998”标准的新作业本，以预防学生近视，保护学生身心健康。2003 年春夏之交，“非典型性肺炎”（简称“非典”）暴发后，区教育局先后制发《关于加强学校“非典”预防工作的通知》《关于做好暑假学校安全和“非典”防控工作的通知》《关于做好学校传染病防控工作的几点意见》等文件，成立“非典”预防领导小组，并召开专题会议安排“非典”防治工作，印发了防“非典”宣传资料。各学校也成立领导小组，建立了严格控制的考勤、门卫、报告、防“非典”预案等制度，充分利用校园广播、黑板报、致家长公开信等途径进行防治“非典”宣传。全区 4.50 万师生无一例疑似病人和感染者。2004 年，区教育局印发《关于进一步加强和改进中小学德育、体育卫生和艺术教育工作的通知》，要求各校要认真贯彻执行食品卫生法律、法规，切实保证学生的饮水卫生和食品安全。积极开展卫生先进单位和示范食堂的创建活动，区级单设中学要在 2006 年前全部创建成区级示范食堂。同年，部分学校开始饮用桶装饮用水。2005 年，学校卫生工作与整治环境卫生、创卫活动紧密结合，各校卫生制度进一步规范，各校学生食堂均建立了食物试尝制度和食品留样制度。2007 年，全区各类学校强力推进“四改一加强”（改水、改厨、改厕、改不良卫生习惯，加强学校卫生安全教育管理）工作，继续标准化改造建设和规范化管理学校食堂，学校食堂主要原料实行招标采购。当年共有 44 所学校食堂达到食品量化分级管理 C 级以上标准，8 所学校厕所达到建设改造标准；成功承办全市学校食品卫生安全现场会，经验在全市推广，并被《中国教育报》《教育导报》等媒体报道宣传。

第五节 经费与设施

一、经费

中华人民共和国建立后，教育经费正式列入财政预算。1950 年春至 1952 年，教育经费以实物计算。公办教职工的薪金、公务、业务等费用均付大米，来源于国家征收的公粮；群众选聘之助理教员（代课教师）的薪金，在群众中筹米支付。1952 年夏，教育经费改为货币计算，开始实行预决算制。县教育经费来源，以县财政拨款为主，中央、省、专署拨款为辅。1954 年实行“条块”（条：指教育行政部门；块：指乡镇政府）结合的财政管理体制，教育经费管理权下放，出现挤占、挪用教育经费的现象。1958 年人民公社化后，农村的教育经费有相当一部分由集体负担，各公社、大队负责修学校，负责民办教师工资的大部分（民办教师工资实行工分制）。1964 年贯彻“统一领导，分级管理”的原则，教育经费相对稳定。1983 年 2 月，省政府制发了《关于全面实行“划分收支、分级包干”的财政管理体制的通知》，各地普通教育事业费，由各地政府统筹安排。改变了由省财政部门和教育部门联合分配，戴帽（指定）下达教育经费的管理体制。同年，省政府又做出《关于加强和改革普通教育的决定》，强调：保证教育经费逐年有较大的增长，应高于财政增长的比例，多种渠道筹集教育经费，要求农业税附加的 15% ~20% 用于教育，城市维护费和工商附加以 10% 的比例用于教育，地方机动财力应主要用于发展生产和教育事业，改善办学条件。但由于教育事业发展较快，普通中小学经费仍然缺口很大。特别是农村学校校舍简陋，课桌凳不足，教学设备仪器缺乏状况十分突出。1986 年 7 月 1 日，《中华人民共和国义务教育法》规定：“义务教育事业，在国务院领导下，实行地方负责，分级管理。”“实行义务教育所需事业费和基本建设投资，由国务院和地方各级人民政府筹措予以保证”。1986 年以后，教育经费主要来源有：县级财政预算内拨款；各种教育费附加；学杂费；国家、省、市财政专项资金；勤工俭学收入；群众和个人捐资；招商引资项目等资金。教育事业费支出项目主要为教职工的人头经费（工资、津贴、奖金），另外用于校舍维修，师生公业务费及学生助学金等。

1990—1993 年，元坝区教育经费实行“块块”管理，即区财政将经费划乡镇，再由乡镇拨到学校，一度造成拖欠教师工资的现象。1994 年起，教育经费实行归口管理，即由区财政划拨经费到区文教（教育）局，再由区文教（教育）局划拨到各文教办和各学校，教师工资也改由区文教（教育）局直接拨付。1995 年，中央财政决定增拨“义务教育”专款，重点用于贫困地区义务教育，元坝区被列入“贫困地区义务教育工程项目县（区）”。太公镇小学、卫子镇小学、昭化镇第二小学、明觉乡小学、柳桥乡小学、石井铺乡小学、清水乡小学、文村乡小学、虎跳中学、虎跳镇小学、紫云乡小学、元坝镇第三小学、王家镇小学、王家中学等 14 所学校被列入项目实施学校。至 1997 年，累计投入项目资金 585 万元。从 2001 年起，全区教师工资全额纳入区财政预算并全面执行由区财政直接支付。2007 年组建区教育会计核算支付中心，推行“校财校用局管”的学校财务管理新体制。1989—2007 年，全区投入教育事业的预算内资金共 37754 万元，占同期全区国民生产总值的 3. 60%；投入教育事业的预算外资金共 11063 万元。预算外资金中：收取学杂费 3466 万元，勤工俭学和学校后勤收入中划拨 1813 万元，征收农村、城市教育费附加 2229 万元，争取项目资金 2632 万元，乡镇、村、组“普九”集资 921 万元。

二、校舍和设施

1950 年以后，人民政府重视教育，挤出资金维修改造旧房和新建校舍。土地改革时，政府把没收的地主庄园和神庙堂、宗族祠堂等公共设施划归学校，兴办教育。后逐步由政府规划，拨款修建中小学校舍。1957—1966 年，遵照“先农村后城镇、先小学后中学，先教学后生活”的办学方针，广元县分期分批对县内中小学进行了改建、扩建或移地新建等工作。1970 年后，因入学儿童逐渐增多，许多地方校舍不够用，一些干部群众自发投工投料，集资办学，维修、新建校舍。1986 年，按照省、市普及实验教学的标准和要求，采取多渠道筹措资金，加强实验教学设施、设备建设。1987 年，卫子区所辖学校有危房 22197 平方米，占校舍总面积的 9%。当年起，多渠道累计筹措资金 906 万元，至 1990 年年底已基本消除危房。

1990 年起，元坝区加大了对教育的投入，特别是通过“普实”“普九”“排危”等重点工作的开展，中小学校舍面积增加，房屋更新，教学设备逐步配套、齐全，办学条件有了较大改善。2000 年，实施现代远程教育工程，推进以计算机为核心的现代教育普及运用。“校园网建设”“校校通”工程等现代远程教育相继实施。2003—2004年，区教育局在“办好高中校点，相对集中初中校点，适当集中小学校点”的工作思路指导下，进行了学校布局调整。争取到国家、省、市项目资金及对口帮扶元坝区的教育资金767万余元，招商引资1311万余元，改造D级危房10517平方米，新增校舍22449平方米。2007年，争取项目资金544万元，昭化中小学等5所学校实施寄宿制学校建设项目，张家小学等4所学校实施革命老区学校建设项目，柳桥小学等4所学校实施新农村卫生新校园建设项目，累计完成固定资产投资1015万元，维修、改造、新建各类校舍3318平方米，消除危房2494平方米。当年实现农村现代远程教育全覆盖。1989—2007年，全区累计投入资金5612万元，新建各类校舍127477平方米，消除危房35208平方米。

第四章 教育教学改革

第一节 教育体制改革

1950年，人民政权对学校实行军事接管，学校一般实行校务委员会制，由进步的教职员代表组成校务委员会。1952年3月，教育部颁布《中学暂行规程（草案）》和《小学暂行规程（草案）》规定，中学由省、市文教厅、局遵照中央和大行政区的规定实行统一领导，小学无论公办和私立，都由市、县政府教育行政部门统一领导。各中、小学实行校长责任制，设校长1人，负责领导全校工作。1958年，按中共中央、国务院《关于教育工作的指示》精神要求，各中小学开始实行党支部领导下的校长负责制。1959年，中共中央宣传部发文要求：“公办全日制中等学校和县的重点小学由县直接管理；公办的一般全日制小学、公社办的和联队合办的农业中学、民办中学由公社直接管理；民办小学、大队办的农业中学、农村各种业余学校、扫盲和推广普通话等工作由生产大队直接管理。”1963年，《全日制小学暂行工作条例（草案）》和《全日制中学暂行工作条例（草案）》中规定：国家举办的全日制小学及全日制初级中学由县教育行政部门统一管理。校长是学校负责人，在当地党委和主管教育行政部门领导下，负责领导全校的工作。“文化大革命”初期，学校教育管理体制遭到严重破坏。1967年，“工人宣传队”“贫下中农宣传队”（简称“工宣队”“贫宣队”）分别进驻城乡各校。1968年，各校成立“革命委员会”（简称“革委会”）（小学建立革命领导小组），由革委会领导一切，废除班主任制和班级制，改为营（校）、连（年级）、排（班）、班（小组）制。1978年，撤销“革委会”。同年9月，按教育部重新颁发的《全日制小学暂行工作条例（草案）》和《全日制中学暂行工作条例（草案）》规定，各公社中心小学以上学校均设立党支部，建立共青团组织，恢复教育工会，恢复班级制，各班设班主任。小学仍以县文教局管理为主，小学校长、教导主任由县委宣传部任免；区级单设中学校长由地区（专署）任免，副校长由县委任免。1986年，学校管理体制再次调整，高完中由县管理；区单设中学由县、区共管；乡中心小学完小、村小、幼儿园由区、乡共管，乡管为主。

1988年，卫子区落实“分级办学、分级管理”及校长负责制。1990年，元坝区贯彻落实《广元市中小学校长负责制试行意见》，确立校长全面负责，党组织保障监督，教职工代表大会参与民主管理和民主监督的学校内部管理体制。校长主要通过教职工民主推荐，组织人事部门考察，按干部管理权限由上级有关部门任命。校长对学校各项工作具有决策指挥权、人事安排使用权、财产和经费支配权、教育教学管理权，并对学校工作承担全部责任，校长任期 3 ~ 6 年。1999 年 6 月，在全区进行了“公推公选”选拔小学校长试点工作。2001 年，全面落实“在国务院领导下，由地方负责，分级管理，以县（区）为主”的教育管理体制，统一由区教委（教育局）直接管理。同年，全区聘请了 38 名来自公安、司法、法院等部门的干部担任法制副校长，负责对学生进行法律法规知识的宣传、讲解和咨询。2005 年起，全区的中学校长由区委组织部考察，区政府任免，小学行政领导由区教育局考察任免。

第二节 人事制度改革

一、任用和调配

1985 年前，高等师范院校毕业生由省教厅按计划，经绵阳地区文教局分配到县文教局。中师毕业生直接由县文教局分配到县辖行政区的各学区（文教办公室），再由学区分配到学校。1998 年，高等师范院校毕业生由省教委按计划、经市教委分配到区教委，中师毕业生直接由市教委分配到区教委（教育局），再分配到学校。定向委培毕业生按合同安排到校。1999 年，中师生、大专生、本科生先后开始实行双向选择（毕业生选择单位、单位考核，坚持公开、公正、公平原则择优录用）进入教师队伍。2000 年起，每年从师范院校毕业的大专生中招收 50 名补充到教师队伍。2005 年起，开始面向社会公开招考教师。2000—2007 年，共招考教师 389 人。教师工作调配，一般是本人申请，学校审核，由区教育局统筹兼顾，合理配置管理。若从农村学校调入城镇中小学校，必须报请区政府相关领导审批。

二、职务评聘

1987 年秋，卫子区按《中小学教师职务试行条例》规定，开始在各级各类学校实行评聘制度，民办教师的职务评聘与公办教师同等对待。卫子区首批在公办教师中评出中学高级教师职务 9 名，中级教师职务 249 名（中学一级教师 104 名，小学高级教师 145 名），初级教师职务 829 名（中学二级、三级 451 名；小学一级、二级、三级 378 名）。同期对学校工勤人员也进行了职务评定。1988 年，开始对民办教师进行职务评定，卫子区有 74 名被评为中级职务，383 名被评为初级职务。至 2007 年在全区中学教师（含职中）中评出中学高级教师 77 名（在职 71 名）；中学一级教师、小学高级教师 675 名（在职 638 名），占中小学专任教师总数的 36. 60% 。2001 年，《四川省中小学校专业技术职务结构比例管理的试行意见》规定：中小学开始实行专业技术职务结构比例管理。2005 年，中学高级、中学一级和小学高级教师职务开始实行评聘分离。中小学教师职称评定后，还须学校聘用。中小学校的校长由区教育行政主管单位聘用。中小学教师由中小学校长聘用，报教育行政主管部门审查备案。任期 3 ~ 5 年，任期内一年一考核，考核结果作为职务聘用，晋升、评选先进的重要依据。教师聘用后，根据国家教委和各级职称改革领导小组的文件精神，教师工资与本人的职务挂钩。

2000 年以后，全区中小学逐步推行了教师全员聘用制。先在部分学校进行了试点，根据学校的具体情况，建立和推行以聘用制度为核心的基本用人制度，建立符合单位特点的岗位管理制度，在编制部门核定的编制数内对各类职务结构比例科学合理的设置岗位，实行按需设岗，对专业技术岗位（主要指中级专业技术职务）逐步实现总量控制与专业技术职务结构比例管理相结合的岗位管理。岗位设置根据有关规定，各级教师职称应属于各校，教师流动后，实际职务要根据各校所设岗位情况由校长聘用。低聘和解聘需经教育行政部门批准，取消任职资格必须报审批机关批准。低聘和取消任职资格的人员，按政策重新确定工资。

三、教师资格认定

按照《教师法》和国务院《教师资格条例》相关规定，全区自1996年起开始建立并实行教师资格考核制度。根据国家教委《教师资格认定的过渡办法》规定，对1993年12月在册的在职教师实行资格过渡，至1997年年底，1876名中小学教师领到“教师资格证书”。2001年对教师资格过渡时未领证书及1994年1月后参加工作的人员进行教师资格认定，当年共189名在职教师领到“教师资格证书”。2005年起，面向社会人员进行教师资格认定，每年认定两期。当年共认定教师资格210人。2006—2007年，共认定教师资格47人。

四、考核和奖惩

教师实行岗位责任制与年度考核制度。教育主管部门及学校每年均要对教师的政治思想、工作态度、业务水平、工作成绩进行考核，考核结果进入个人档案，作为职务晋升，评选先进的依据。区委、区政府和区教育局坚持在各级各类学校评选优秀教师和优秀教育工作者，并以各种形式进行表彰奖励，对特别优异者报上级政府给予行政奖励。至2007年，元坝区先后有6名教师受到国家级表彰，10名教师受到省级表彰，171名教师受到市级表彰，283名教师受到区级表彰，还表彰了2名教育世家。对违反教师职业道德规范和法律法规的教职工分别给予党纪政纪处分。1989—2007年，开除公职2人，开除留用2人，行政降级5人，行政记大过4人，行政记过2人，行政警告3人。

第三节 课程改革

1950年以后，基础教育（含幼儿、小学、中学）一律按照教育部颁布的教学计划和大纲开设的课程实施。1958年“大跃进”时期，“农中班”和“农业中学”开设的基本课程有：政治、语文（包括应用文、句词、作文）、数学（包括珠算、农业会计、农业统计常识）、农业常识、理化等。1970年，遵照毛泽东“五七”指示，卫子“五七”中学设有红医、农机、农技3个专业。1980年10月，教育部《关于中等教育结构改革的报告》传达，发展职业技术教育被提到重要议事日程。1982年，农业中学新增农技和园林2个专业。1985年，昭化、卫子农业中学改制为职业中学，分设种植、养殖、财会、幼儿、文秘、电子6个专业。1999年，元坝区职业高级中学开设电子技术、旅游、计算机应用、文秘、机械制造、工模具、商务英语、电子商务、音乐、舞蹈等10个专业。2002年，广元市教育局转发了《四川省教育厅关于印发四川省实施〈全日制普通高级中学课程计划〉方案的通知》，规定普通高中必修课有思想政治、语文、数学、外语、物理、化学、生物、历史、地理、信息技术、体育和保健、艺术以及综合实践活动，选修课设有数学、物理、化学、生物、历史、地理、信息技术7门学科，以及地方和学校根据学生兴趣要求和发展需要所开设的课程。2003年4月，元坝区被确定为四川省第二批基础教育课程改革实验区。新课改初中阶段（七至九年级）设置分科与综合相结合的课程。

主要包括思想品德、语文、数学、外语、科学（或物理、化学、生物）、历史与社会（或历史、地理）、体育与健康、艺术（或音乐、美术）以及综合实践活动。积极倡导各学校努力创造条件开设选修课程，同时强调在义务教育阶段的语文、艺术、美术课中加强写字教学。2003 年 9 月 12 日，王家初级中学因课改工作成绩比较突出，被广元市教育局确定为广元市基础教育课程改革实验重点学校。2005 年 12 月，元坝区教育局获广元市首届基础教育课程改革一等奖。

调整后的四川省九年义务教育“六三”学制全日制小学、初级中学课程安排表

表 23－7

课程 / 年级 / 学校			小学						初中			课时合计		
			一	二	三	四	五	六	一	二	三	小学课时合计	初中课时合计	九年课时合计
国家规定课程	学科类课程	思想品德	1	1	1	1	1	1	—	—	—	204	—	404
		思想政治	—	—	—	—	—	—	2	2	2	—	200	
		语文	9	9	9	8	7	7	6	5	5	1666	534	2200
		数学	4	5	5	5	5	5	5	5	4＊	988	438	1454
		外语 Ⅰ	—	—	—	—	—	—	3	3	—	—	204	204
		外语 Ⅱ	—	—	—	—	—	—	4	4	4	—	400	400
		社会	—	—	—	2	2	2	—	—	—	204	—	557
		历史	—	—	—	—	—	—	2	2	2	—	200	
		地理	—	—	—	—	—	—	3/2	2	—	—	153	
		自然	1	1	1	1	2	2	—	—	—	272	—	685
		物理	—	—	—	—	—	—	—	2	3	—	164	
		化学	—	—	—	—	—	—	—	—	3	—	96	
		生物	—	—	—	—	—	—	2/3	2	—	—	153	
		体育	2	2	3	3	3	3	2	2	2	544	200	744
		音乐	2	2	2	2	2	1	1	1	1	408	100	508
		美术	2	2	2	2	2	2	1	1	1	408	100	508
		劳动	—	—	1	1	1	1	—	—	—	196	—	396
		劳动技术	—	—	—	—	—	—	2	2	2	—	200	
		周学科课时	21	22	24	25	25	25	29＊	29＊	25＊	4823	2772＊	7600＊
	活动类课程	晨(夕)会	每天 10 分钟											
		班团队活动	1	1	1	1	1	1	1	1	1	204	100	304
		科技文体活动	4	4	2	2	2	2	2	2	2	578	200	778
		周活动课时	5	5	4	3	3	3	3	3	3	782	300	1082
地方安排课程			1	1	2	2	2	2	1	1	5＊	340	228＊	568＊
周课时总计			27	25	20	30	30	30	33	33＊	33＊	5950	3300＊	9250＊

注：“＊”表示外语课按水平Ⅰ开设的课时数。如果外语课按水平Ⅱ开设，则初三“数学”周课时数为 5；初一至初三“周学科课时”都是 30，初三“地方安排课程”课时为 1，“地方安排课程”中合计为 100 课时，九年合计为 440 课时；初一至初三周“课时总数”都为 34 节，初中课时为 3400 节，九年课时合计为 9350 节

调整后的四川省普通高中教学计划表

表 23－8

科　目	高一	高二	高三	授课总时数
政　治	2	2	2/0	182
语　文	4	4	5/0	380
数　学	4	4	5/0	380
外　语	4/5	3/4（5）	（5）	319/（417）
物　理	3	3/2	—	206
化　学	3/2	3	—	205
生　物	—	3	—	111
历　史	2	2	—	150
地　理	3	—	—	114
体　育	2	2	2	198
艺　术	1	1	—	76
劳动技术	2	2	2	198
社会实践活动	每学年安排 2 周。在劳动技术或学科教学活动的时间内安排。			
每周必修总时数	30	30/29（30）	16（21）/4（9）	2519（2617）
选修课	2	2/3（2）	16（11）/28（23）	—
课外活动	4（体育锻炼 2，其他 2）			
周活动总量	36	36（36）	36（36）	—

第四节　教学研究与改革

一、教学视导与研究

1954 年，广元县举办了一次大规模的小学观摩教学活动，由城区优秀教师示教，各区、乡教师参加听课，此教研活动对学习推广苏联的教学经验起到了一定的促进作用。之后，各区、乡把学习苏联的教育经验纳入了小学教师业务学习计划，在教学方法上普遍采用了讲授法、讲读法、谈话法、演示法、参观法、练习法、实验和实习法等。1959 年，广元县实行“一二四”制度，即每周一次业务会，每周二次教研会，每周每位教师听课 4 节。1963 年，教育部颁布《全日制小学暂行工作条例》《全日制中学工作条例》，教研工作得到进一步加强。为了加强教学过程管理，落实以教学为主的原则，广元县文教科建立了坚持“四固定”“六认真”制度。1965 年，落实《四川省教育厅关于部分教材精简意见和教学进度安排》精神，主要内容为解决学生课业负担过重的问题，贯彻“少而精”“精讲多练”“启发式”的教学方式和学用一致的教学原则，克服注入式和“满堂灌”。“文化大革命”期间，学校停课闹革命，实行“开门办学”，不再以课堂教学为主，教学研究随之陷入停顿状态。中共十一届三中全会后，学校恢复了正常的教学秩序。针对“文化大革命”造成的教师业务素质大幅度下降，教学质量严重滑坡的状况，教学研究工作的重点转移到提高教师业务能力和加强“双基”教学，改革教学方法，提高课堂教学质量上来，以适应使用教育部新颁教材的教学。1983—1986年，落实四川省中小学教研工作会议精神，广元县教研室确立以教师为主导，学生为主体、训练为主线的教育观念，加强“双基”教学，培育能力，发展智力，努力提高课堂45分钟的教学质量，开展评教评学及各学科评选优质课活动。1987年，学校使用“九年制义务教育”统编教材，市、区教研室对全区使用教材情况进行了调研、视导，围绕10个专项内容，听课113节，座谈5次，查教案37本，学生作业3000余本。1989年，卫子区文教局教研室针对一些学校滥用参考资料、练习册和复习资料，加重学生和家长课业及经济负担的行为进行甄别规范。

1994—1995年，元坝区文教局对全区中小学各学科的骨干教师分批进行教材培训，抓课程计划的实施。1997年，为探索素质教育的实践途径，区教委教研室根据广元市教委教研室的意见，提出教学研究以提高课堂教学质量和效率为中心，在全区推广“学（大纲、教材、教参）、说（教材体系、结构特点、重难点、教学方法）、讲（上研究课、示范课）、评（评比总结、形成共识）”（简称“学、说、讲、评”）一条龙的系列教研活动，突出教研活动中“研”的含量。同时，还邀请成都、绵阳等地的教育专家、特级教师示教，进行教学点评，推动了“学、说、讲、评”活动的开展。同时，制定和实施“名师工程计划”，要求所有教师都要上“合格课”。中级职称教师上“优质课”、高级职称教师上“示范课”；通过评选教坛新秀、学科带头人、知名教师等活动，激发教育教学优秀人才的涌现。1998年，区教委制发了《关于加强中小学学科教教研组工作的意见》，强调教研组要把优化课堂教学过程作为现阶段教学改革的重点。1999年，区教委举办中学语文“创新课”竞教活动，全区60余人参赛。白果小学初中教师范明国在广元市初中语文“创新课”研讨竞教会上获一等奖。昭化镇中教师蒙旭代表元坝区参加省教委组织的全省初中历史课竞教活动获一等奖。2001年，随着素质教育的深入开展，教学研究转向为对学生进行学法的指导，让学生成为学习的主人。区教育局教研室要求教学过程“四让”——教材让学生读，思路让学生想，疑难让学生解，结论让学生得；还学生“四权”——读书权、思考权、讨论权，主动发展权，强调把“四让”“四权”作为教学过程的基本要求和硬指标。在举行“学说、讲、评”教研活动中，凡是没有学法指导，不能评为优质课。2003年，王家中学《学法指导研究》通过结题鉴定，取得初步的科研成果，被广元市教育局列为广元市首批素质教学示范学校之一。当年，元坝区启动了全面实施中小学基础教育课程改革。2004年，区教育局教研室对全区绝大部分中小学进行了3个月的调查视导，就各校课改组织实施情况写出了《元坝区课改实验调查报告》。并结合广元市教科所《办学新理念》和《课程评价与改革》方案对全区中小学课改教学工作进行了指导。2005年，分别对小学的科学、数学、语文；初中的化学、物理等学科的骨干教师进行了课改教学培训。2007年，探索推行以“磨课活动”为主的常规教研模式和洋思中学、杜朗中学的高效课堂教学模式，开展学科教学展评、竞赛8次；组织教师参加省市基础教育课程改革成长展评等活动，评审教育科研成果68项，全区教师发表或参评课改经验文章909篇。启动开发学校课程，确定元坝中学等6所区级学校为课程开发重点学校。扎实开展教育教学视导，专项检查新课程改革执行情况，当年毕业班视导面和教育教学研究视导面均达100%。

二、课题研究

元坝区域内的教育科研大致可以分为三个阶段。

1980—1990年，为起步阶段。主要是专职教研人员直接与为数不多的几所重点中、小学的少数教师共同组织和开展的实验研究，项目也是较为成熟的推广型的，或省上资助的。主要的实验项目有：教材实验项目6个，即九义教材实验、化学新教材实验、小学注音识字，提前读写实验等；教法实验

12个，如数学平面几何入门，物理学科的三基并重等；综合项目3个，即启发式读书指导，电教手段在多学科中的运用等。

1991—1995年，为兴起阶段。1993年，省级课题“提高处境不利地区小学教育质量—综合实验研究”由卫子小学、虎跳小学等12所学校分别承研了子课题。绝大部分中小学都有了校级课题。但由于思想认识不够，学校的人力、财力不到位，进展缓慢。1995年，区文教局制定了“元坝区‘九五’教研和科研规划”，确定了教育科研奋斗目标：着力培养一批教坛新秀、教育科研骨干和学科带头人，建立起人才档案库；开发一批省、市级重点科研课题，取得一批有影响的教育科研成果，力争2005年前全区科研水平上一个档次；有计划、有重点地推广一批中、小学教研与科研成果。同年，元坝区省级课题《提高处境不利地区小学教育质量综合实验研究》阶段性成果总结论证会召开。

1996—2005年，为推广与大力发展阶段。1998年，素质教育由理论学习走向实验探索，区教委教研室教研人员到各中小学加强指导，开展专题讲座21次，使教师对教育现状有了更深刻的认识。元坝中学“贫困地区农村普通高完中活动课程改革的实验研究”、沙坝小学的市级课题“两自教育”（教学生自学，教学生自治）在教学生学会学习、学会生活、学会做人、学会发展方面取得了初步的成效。元坝三小《小学开设英语科教学》课题，通过市级专家鉴定组鉴定结题。同年，市级课题“读报教学”研究在全区各校蓬勃开展。2000年，“读报教学”通过结题鉴定。随后，为了深化“读报教学”研究所取得的成绩，在虎跳小学、太公小学等校开始实施“阅读工程”课题实验研究。2002年，区教育局教研室《课堂教学中学生自主学习活动方式的实验研究》被确定为四川省《普教》科研资助金项目。至2005年，全区已有各级实验课题39个，结题7个。2006年，全区在研立项课题达23项。当年，市级课题“小学新型课堂教学研究”顺利结题。2007年，探索推行以“大课题+小课题”的教育科研模式，申报立项市、区级课题9个，全区在研立项课题达31个。

三、普及实验教学

1950年后，国家重视教学仪器对教学活动的辅助作用，各级各类学校均由国家配备了一定数量的教学仪器，并提倡教师自己动手创新制作和改进教具。1953年，王家小学教师李国元、谭子钦自制显微镜用于教学。至1966年，广元县各中等学校理、化、生实验室装备均初具规模。“文化大革命”初期，在反对“黑板上种田”“实验室做工”的极“左”口号误导下，实验室、图书室、音、体、美、卫以及其他学科教具被“打、砸、抢”。农村学校实验设备遭到严重破坏，城市学校实验室仪器损失殆尽。1985年，广元市和市中区（原广元县）开始筹建教学仪器工作站（简称教仪站）及电化教育馆（简称电教馆）。

1987年，卫子区在区文教科设电教教仪站，负责全区学校教学仪器、电化教学的装备、使用和管理。电教教仪站主抓“农村初中实验中心实验室”建设，使其发挥指导和辐射作用。至1990年，共建成张家中学、梅树小学（初中班）、清水中学、红岩小学（初中班）、柏林沟中学、虎跳中学、虎跳小学（初中班）、文村中学8个“农村实验中心实验室”；建成昭化一小、虎跳小学、太公小学、柏林沟（向阳）小学、丁家小学、王家小学、观音小学、白果小学、射箭小学等9个小学自然实验室。1991年，元坝区文教局制发了《元坝区普及实验教学县规划》，要求以“普九”为契机，以“普实”为龙头，坚持抓“普实”为主，抓“电教”为辅，统筹兼顾的原则，先搞试点，逐步推广，全面实施，达到普及，力争在1998年完成普及实验教学县任务。1993年4月，区政府就“普及中小学实验教学县（区）”及“普及九年义务教育”与广元市人民政府签订了目标责任书。随后，区政府与各乡（镇）政府相应签订了“普实”“普九”责任书。

1995—1998年，狠抓音、体、图、美、卫、劳器材及电教（器材）装备，累计投入资金76.26万元。1996年6月，组织召开全区中小学实验员培训会，参训87人。1997年4月初，四川省技术装备处和广元市教仪站组织各县（区）教仪站抽调人员各1～2人组成验收组，对元坝区进行“普实”抽签验收。经查验，全区228所学校，有实验室68间，仪器室69间，仪器柜944个，实验桌871套，实验凳3457个，演示桌69张，实验员258人，一致认定元坝区“普及实验教学县”合格。2000—2001年，“普九”装备结束后，各校普遍以计算机装备为突出任务。为了使各学校向更高水平迈进，广元市教育技术装备所对“普实”初步达标的实验学校提出改造升级。2002年，广元市教育局做出了“关于在全市初中毕业生中进行物理、化学、生物实验操作考试”的决定，把实验操作考试纳入升学成绩，当年全区20所学校共2989名初中毕业生参考，促进了实验教学的发展。2003年，卫子中学实验室实现了改造升级。2004年，争取到省专项补助金30.3万元，加上自筹款，全区共建成2000标准中学理化生实验室10个。

四、电化教学

1986年，广元市电教馆采取先重点后一般的策略，改进电化教育实验管理方式，对各县区电化教学按其经济、文化差异分层次、分地域、分要求进行实验研究，卫子区仅在城镇学校开展电化教学。1988—1989年，卫子区文教局分批组织了部分经济条件较好、搞电仪教学积极性高的中小学校长和教师，赴旺苍、苍溪观摩学习电化教学。1990年，元坝区部分中小学自筹资金，在市电教馆“筹二奖一”政策帮扶下购回投影机、放像机、录音机、银幕等电教器材，为电教发展奠定了物质基础。1991年，落实电教“八五”规划和“三教”（基础教育、职业教育、成人教育）统筹工作会议精神，区电教站按照市电教馆制定的《中小学课堂电化教学评估标准（细则）》和《广元市电教实验校评估标准》，率先在王家小学、柏林沟小学、昭化一小、虎跳小学、太公小学开展上电教优质示范课活动。

1993年后，区电教站坚持每年春、秋两季在电教开展好的学校各开展一次全区性的示教活动。至1994年，全区配备各型投影机（仪）的学校有16所，配备各型收录音机的学校有20所，配备投影幕的学校有9所，配备各型放录像机的学校有18所。1995年，建成张家中学、张家小学、朝阳小学、青牛小学、丁家小学5个教育地面卫星接收站。有23个乡镇中心校建成了录放像网点。1998年，在推进“普九”电教设备配套建设中，有39所中小学按四川省规定的二类以上标准全部配齐装备，累计投入资金82.80万元。2000年，电化教育和现代教育技术教育经过“九五”期间的努力，全区各中小学全部达到“普九”电教装备标准，共有各型投影仪462台、银幕476幅、各型收录音机502台、教学录像带2460小时、各型录放像机37台、电视机201台、计算机19台、录音带10740小时、光盘33张。

2001年，区教育局制定出电化教育“十五”规划，重点实施“校校通工程”，至2002年底，建成“校校通工程”中小学校21所，实现单机上网中小学校12所，设备达标中小学34所。2003—2005年，多渠道筹措资金，推进“校园网建设”和“校校通工程”的实施，使现代教育技术装备继续得到发展。新建远程教育接收站1个；建成计算机网络教室5间，现代远程教育接收站12个，语音室20间，多媒体投影系统4套，多媒体电子备课室5间，新增计算机137台。至2005年年底，全区共装备中小学计算机1260台，42所学校建成网络教室。2007年，新装计算机440台，新建、改建计算机网络教室13个，多媒体教室13个，全区实现农村现代远程教育全覆盖。

第五节　劳动技术教育与勤工俭学

1955年起，昭化县各中小学响应团中央、教育部联合号召，在少年儿童中开展“小五年计划活动”，种植蓖麻、向日葵、养鸡、养兔、拣废钢铁、拾谷、麦穗、制作简单教具和修补课桌凳等，收入用于班、队，订阅报刊。“文化大革命”期间，各中小学贯彻毛泽东“五七”指示，大搞开门办学，到工厂学工，到农村学农，以干代学。1976年5月初，广元县在观音小学召开全县中小学负责人参加的开门办学与勤工俭学现场会。1978年，卫子小学办起养鹿场，当年引进种鹿4头。至1983年，卫子小学养鹿场已发展到30头鹿。当年派代表参加四川省勤工俭学会议，其勤工俭学经验受到省教育厅领导和与会代表的高度评价，并荣获四川省勤工俭学先进单位称号。1984年，香溪小学被评为广元县勤工俭学先进典型。

1987年，卫子区有学校32所，勤工俭学开展率达100%，总产值36万元，纯收入17.90万元，中小学生均纯收入4.07元。1988年，卫子区在落实农村双层经营责任制时，强调各乡镇必须划出0.30公顷、0.04公顷分别作为中心校、每所村小的劳动基地。当年起，各校把劳动技术教育纳入教学计划，并规定初、高中毕业生劳动技术课合格者才能升学和领取毕业证。

1990年，元坝区文教局按照广元市勤工俭学会议精神，制定了《全区发展勤工俭学工作的试行意见》。当年，全区学校勤工俭学开展率达100%，建有农、林、牧、渔基地196个，占地1908亩；工业建筑企业4个；第三产业14个，校办产业勤工俭学工农业总产值达68万元，实现利润41.57万元，生均纯收入13.93元。至1995年底，全区学校建成农林牧渔基地254个，工业建筑企业4个，第三产业109个。全区校办产业勤工俭学工农业总产值及营业额1205万元，净收入1205万元，生均纯收入40.69元。2000年，全区学校共建农林牧渔基地243个，工业建筑企业1个，第三产业1个，校办产业勤工俭学总产值2773万元，校办产业利润总额278万元，生均纯收入71元。2001年后，随着中小学布局结构调整和生源的逐步减少，勤工俭学的规模和收入均有所减少。2005年，校办企业公司卖与私人。2006年起，勤工俭学机构、人员撤销，义务教育阶段学校不再搞创收。

第六节　普及九年制义务教育

一、普级初等教育

1984年，按《广元县普及小学教育五年规划》，首次组织普及初等教育（简称“普初”）检查验收，香溪乡所属小学基本达标。1985年，广元县再次组织“普级初等教育检查团”对虎跳区（含青牛、香溪、陈江、张家、黄龙、丁家、太公、虎跳八乡镇）及县域其他54个乡镇进行检查验收均通过验收合格。当年底，70%以上的村小实现“一无三有”，即校校无危房，班班有教室，人人有木质课桌凳，校校有厕所；学龄儿童入学率达95%以上，在校生年巩固率达到94%；毕业班的毕业率达77%；校外少年儿童（12～15周岁）的普及率达到93%。1985年，对基础教育进行“分级办学、分级管理”教育体制改革，在“普初”工作中实行目标责任制。

1986年，卫子区把改善办学条件（硬件）作为“普初”的突破口，并纳入各级党委、政府工作的重要日程，采取“国家给一点，学校出一点，群众投一点”的办法，至1988年年底，累计投入资金（含投工、投料等）100余万元，排除危房1.30万平方米。1988年11月，卫子区“普初”经四川省、广元市人民政府组成的检查组验收评估，认定卫子区学龄儿童入学率99.92%，在校生巩固率99.86%，毕业班的毕业率99.63%，校外儿童（12～15周岁）普及率99.62%，乡乡校校达到了规定的指标，卫子区已基本普及初等教育。1989年6月29日在广元市教育工作会上，卫子区被中共广元市委、市人民政府表彰为“普初”先进区。1990年，是省政府要求在年内坚决消除中小学危房的最后一年。元坝区共有中小学危房20973平方米，占全区校舍总面积的19%。面对严峻的排危形势，为巩固“普初”成果，中共广元市元坝区委、区人民政府积极争取排危专项资金120余万元，贷款50万元，并充分调动人民群众的办学积极性，采取投工投料办法，当年全部排除中、小学危房，达到省、市排危要求。1990年11月，元坝区普及初等教育经省、市人民政府复查验收合格。

二、普及九年义务教育

元坝区普级初等教育验收合格后，立即转入“巩固普及初等教育成果，逐步实现普及九年义务教育”（简称“普九”）工作中。1992年，区政府与各乡、镇政府，文教局与各学校分别签订“普九”责任书，并加大教育投入，改善办学条件。1993年，区政府制定《元坝区“普九”实施方案》，进一步落实“普九”规划，按照政府、教育两条线，依据“分级管理，各负其责”的原则，层层签订《目标责任书》。

1995年，省政府对普及九年义务教育的“普及程度”和“办学条件”提出新的具体标准。新标准变“初中入学率”为“初中阶段入学率”，变“普及率”为“完成率”，变“巩固率”为“辍学率”，增加了“‘三残’少儿入学率”和“15周岁少年文盲率”，并对音乐、美术、体育、卫生器材装备和图书藏量做出了详细规定。区政府重申：“普九”是政府行为，其“硬件”（校舍、设备、器材、图书等）主要由政府负责，“软件”（证明“五率”的表册和其他各种材料）由学校负责，区文教局负责全面指导；要求各级党政和学校都要认真执行省政府规定，按照新标准如期完成“普九”任务。1996年，区政府全面部署和安排了普九工作，使各乡镇、各学校进一步明确任务，要求抓住贫困地区义务教育工程、教育扶贫工程实施的机遇、大力改善办学条件。1997年，省教育厅基教处，市教育局领导实地检查了元坝中学、卫子中学、太公中学等校的“普九”工作，一致认为，全区基本保证了教师工资的兑现，教育投入保证了“三个增长”，教师学历达标率逐年提高，能为教师办实事（太公、明觉教师一条街启动，解决了教师子女就业），特别是办学积极性空前高涨，教育优先发展的战略地位基本落实。1998年3月，区委、区政府制发《关于打好“普九”攻坚战，切实抓好“普九”迎检工作的通知》，再次签订《目标责任书》，把“普九”工作纳入各部门（单位）及各乡镇的岗位目标考核。1990—1998年，全区共投入资金2878.60万元，新建、扩建校舍85684平方米，小学生均校舍面积由1992年的2.90平方米增加到4.50平方米，初中生均面积由6.30平方米增至9.50平方米，全部校舍均达到了坚固、够用、实用、无危房的基本要求；全区用于实验室建设、仪器装备和音、体、美、图、卫、劳设备及电教器材的资金达262万元；全区小学教师合格率达98.80%，初中专任教师合格率达85%，全部校长均经过岗位培训取得合格证书；投资452.60万元用于改建和新建教师住房，使教师人均住房面积达到15.30平方米。评估组认定元坝区小学入学率为99.92%，辍学率为0.14%，毕业率达到99.63%，15周岁完成率达到99.62%，7～15周岁的盲童入学率达到76.47%，聋哑儿童入学率达到66.67%，弱智儿童入学率达到89.87%；初中阶段毛入学率达到100.89%，年辍学率为1.15%，毕业率达到97.76%，17周岁完成率达到96.51%，全区已基本普及九年义务教育。

1999 年，区委、区府在“普九”达标后，随即布置“普九”复查验收工作，要求各级党委、政府把巩固提高“普九”成果纳入地方经济和社会发展的总体规划，作为党委、政府总揽全局的基础工程和一把手工程对待，并以此作为任期目标责任和年度考核的重点内容，对“普九”复查评估不合格的乡镇，实行一票否决制度。当年 11 月，全区“普九”工作通过省、市的复查评估。

第五章 招生考试

第一节 招生考试机构

1987 年 5 月，建广元市市中区卫子区招生工作领导小组，下设办公室。1990 年 3 月，广元市元坝区大学中专招生委员会（简称区招委）成立，下设办公室于区文教局。1990 年 5 月，建立区招生办公室；1991 年 11 月，广元市元坝区高等教育自学考试工作委员会（简称区自考委）成立，与区招委实行两块牌子、一套班子，其办公室简称为“区招生办”。1997 年底机构改革，区招生办并入区教委，保留其牌子（副科级），但经费单列。

1990 年 5 月，四川省大学中专招生委员会批准广元市元坝区设置高考考场。1991 年 12 月，市招委、市自考委决定从 1992 年上半年第十七次自考起，在元坝区设置高等教育自学考试考场。

第二节 普通中小学招生

一、小学招生

中华人民共和国成立后，各级人民政府重视教育，规定城镇 6 周岁、农村 7 周岁以上儿童免试就近入学。1987 年以前，县文教局按各地适龄儿童将招生名额下达到各中心小学，学校采取教师包村、组的办法动员适龄儿童入学。1988 年始，除教师包村、组动员适龄儿童入学外，还将当年应入学、复学儿童名册递交村委会，要求家长或监护人依照《中华人民共和国义务教育法》送子女或被监护儿童入学。个别生源不足的地方实行隔年招生或办复式班。

二、初中招生

1950 年以后，初中实行县统一招生。广、昭两县均设招生工作组，组织招生事宜。1966—1968 年，由于“文化大革命”干扰，停止招生。1969 年，初中恢复招生，由于招收人数多，除各中学招收初中新生外，还在城镇完小、乡中心校附设初中班。1978 年以后，初中招生仍实行县统一考试，考试科目为语文、数学、自然三科。1986—1991 年，小学毕业、初中招生实行二合一统一考试，以乡镇为单位集中进行。1992年后，实施九年制义务教育，取消小学升初中统一考试，各校只进行毕业考试，凡准予毕业的小学生就近直接升入初中。为减轻学生负担，学校不组织小学毕业考试，改为自我检测，检测成绩仅供初中招生参考。

三、高中招生

1952年7月，教育部规定：全国高级中学校、技术学校、师范学校实行以省、市为单位进行统一招生考试。考试科目为政治、语文、数学、理化、史地等。全省统一报名时间、考试日程，省教育厅统一印发试题及评分标准。

“文化大革命”开始后，废除文化考试，高中停止招生。1972年，高中招生工作在各级革命委员会领导下进行，实行推荐制。推荐对象多为工人、贫下中农、干部子女，“黑五类”（地主、富农、反革命、坏分子、右派）子女被推荐者极少。

1980—1992年，实行初中毕业、高中招生及中师、中专预选“三合一”考试。由地区（或几县联合）命题制卷，以区、镇设考场，县（区）统一阅卷，县文教局教育股规划学校招生区域，划定录取分数线，录取时先重点高中，后一般中学。1993年起，实行初中毕业会考，由市教委统一命题制卷，考试科目为政治、语文、数学、外语、理化（物理、化学合考）、历史、生物7科。1998年起，语文、数学、外语3科分A、B卷，每科满分150分（其中A卷100分，B卷50分）。会考成绩既作初中毕业成绩，也作高中招生录取成绩。文教局按当年招生计划数划定录取分数线，录取不满额的，招生学校可自主降线录取。

2001年，高中招生考试与初中毕业考试分开进行。初中毕业考试由市教委统一命题制卷，各学校负责考试组织工作。高中招生考试实行“四个统一”，即统一报名、统一填报志愿、统一考试、统一进行分类分批录取，其考试科目为语文、数学、外语和其他学科的综合。2003年，市教育局、市招委将高中招生统一考试时间改为6月14—16日，考试科目为语文、数学、外语、物理、化学、历史、政治7科，市教育局组织阅卷评分，统一发放考生成绩。增加生物实验操作考试和体育考试，分别按满分10分、15分的成绩计入文化考试总分。至2007年，全市高中阶段学校仍实行统一考试，分类分批录取的招生办法。

第三节　大中专学校招生考试

一、中师中专招生考试

广元中等师范学校创建于1937年，学校自主招生，考试科目有国文、算术。乡师加试公民、常识、动植物和生理卫生等科目。1952—1966年，广元师范招录初中毕业生或具有同等学历者，入学年龄为15~20岁，不受民族、宗教信仰和性别限制，考试合格方能录取入学。初中毕业成绩优良者，可由原学校保送免试升入师范学校。“文化大革命”期间，中师、中专停止招生。1971—1976年，中师、中专招生实行推荐制。1977年，中师、中专招生恢复文化考试制度。从1980年开始，实行“三合一”考试，即应届初中毕业生的毕业考试、高中（职中）升学考试和中师、中专预选。县（区）统一评卷，统一划预选线，确定预选名单。达到当年预选线的考生可参加中师、中专招生考试。20世纪80年代后期，中师、中专招生实行两种计划，国家招生与招收“四生”（定向生、委培生、自费生、预科生）相结合，对教师子女、三好生、优干生、华侨子女、女生等降分照顾。1980 年，招收一定数量的民办教师。从 1982 年开始，每年继续招收一定数量的民办教师。报考对象必须是 1981 年底以前在岗在册的小学民办教师，经县（区）文教局批准领取国家民办教师补贴，连续任教并取得民办教师资格、获得“准聘证书”，具有初中毕业以上文化程度，年龄不超过 45 岁的现任小学民办教师。1995 年起，在招收民师计划中招收部分民办代课教师。报考条件是：1985 年底以前在册在岗，经 1988 年整顿获得准聘证书且连续任教的小学民办代课教师，民办代课教师与民办教师招生计划比例为 2：8。1993 年，中师中专招生不再进行预选考试。1999 年，中师停止招收民师和代民师。2000 年以后，中师、中专招生进行改革，普通中专停止招收预科生；中专招生实行统一招生和学校自主招生并举的原则；除政法、财经等少数有特殊要求的普通中专可继续招收高中毕业生外，其他中专不再招收高中毕业生。

二、高校招生考试

1957 年，绵阳地区设立大专考场，各县考生集中到绵阳参加考试。1958 年，实行学校单独招生或联合招生，由省、市命题进行统一招考。1959 年，恢复全国统一招考，广元县设考场，试卷送省招办统一组织阅卷，由省招办根据各科成绩、家庭出身、本人表现、社会关系等因素进行综合考察后录取。“文化大革命”中停止高考，1977 年恢复。1980 年，普通高校招生考试开始实行预选。1981 年，广元县改进预选，实行指标到校、权力到校、责任到校、具体工作到校。1982 年，结合毕业考试进行预选，自行命题考试和阅卷，择优预选，对三好学生、优秀学生干部和教职工子女可在预选成绩总分中加 10 分参加划线预选。

1985 年，各高校开始招收定向生、委培生、自费生和预科生（简称四生）。1986 年，广元市首次独立承办大中专招生考试工作。1987 年建立了“学校录取，招办监督”的录取体制。1990 年，高校招生取消预选。1994 年，普通高校统考按照实行“3 + 2”方案，即文理科均考语文、数学、外语，文科另考历史、地理，理科另考物理、化学，各科满分为 150 分。1996 年，高等院校扩招，取消“四生”，学生就业不再由国家统包统分。2001 年，普通高校招生考试实行“3 + x”科目设置改革方案。“3”指语文、数学（文理科分卷）、外语 3 科，各科满分 150 分；“X”指文科综合或理科综合，文科综合考试内容含政治、历史、地理 3 科，“理科”综合考试内容含物理、化学、生物 3 科，满分均为 300 分；英语考试增加 20 分听力测试；高考报名条件取消年龄限制、婚否不限。2003 年，高考时间由 7 月 7—9 日更改为 6 月 7—8 日，填报志原时间调整在高考通知成绩之后。2004 年，教育部规定高考前考生必须签订考试《诚信承诺书》。2006 年，依法治考，实施考场电子信号屏蔽工程；依法治招，推进“阳光工程”。2007 年，强化工作到人、责任到岗、管理到位意识，为严肃考风考纪，配发了隐形耳机探测器，加大了防范通信设备作弊的力度。

广元市元坝区 1998—2007 年高考录取情况统计表

表 23 - 9　　　　单位：人

年度	普通高校							成人高校
	录取人数	本科			专科			
		其中			其中			
		文科	理科	合计	文科	理科	合计	
1998	132	17	20	37	50	45	95	280
1999	140	18	21	39	52	49	101	310

续表

年度	普通高校							成人高校
	录取人数	本科			专科			
		其中			其中			
		文科	理科	合计	文科	理科	合计	
2000	157	20	25	45	60	52	112	414
2001	185	21	36	57	71	57	128	302
2002	195	23	37	60	75	60	135	341
2003	206	25	41	66	76	64	140	457
2004	247	27	44	71	86	90	176	356
2005	437	42	60	102	185	150	335	135
2006	470	76	51	127	190	153	343	82
2007	527	101	62	163	230	134	364	75

注：1997 年以前无统计资料

三、高等教育自学考试

1985 年 4 月 15 日，四川省人民政府发布《四川省高等教育自学考试规定》。公民不受学历、民族、性别、年龄限制，均可参加自学考试。考试由省高等教育自学考试委员会会同主考高等院校统一组织，一般每年举行两次。自学考试获得毕业证书者，国家承认其学历，有关部门根据工作需要并结合所学专业，择优适当安排工作，其工资待遇与普通高校毕业生相同。

1992 年，元坝区独立承办自学考试工作，首次设立考场，考场设在区实验小学和元坝一小。至 2007 年，全区共开考本科、专科等 32 个专业，在籍考生 10881 人，合格科次 8294 科，累计毕业 499 人。

四、成人高校招生考试

1980 年，成人高等学校恢复招生。入学考试从由学校组织改为省及部委系统组织。试题标准不一，组织分散，考试次数多。1986 年，各类成人高等学校实行全国统一招生，由国家教委统一命题，统一考试时间，统一评分标准，审定各省的最低控制分数线，由各省、市负责组织统一考试的考务工作，各招生学校择优录取。1991—2005 年，元坝区共组织 14 次全国成人高校招生统一考试，有 6796 人报考，4361 人被录取。由于生源偏少，2006—2007 年，由市招办组织统一考试，全区共报考 261 人，录取 178 人。

第二十四篇　科　技

第一章　机构与队伍

第一节　科技管理机构

一、科技工作管理机构

（一）广元市元坝区科学技术局

1988年5月，卫子区教科文卫委员会中的科技管理职能被分离出来，建立卫子区科学技术委员会，6月刘兴政任主任。

1989年12月，广元市元坝区设科学技术委员会（简称区科委），1990年2月正式成立，设办公室、综合计划股、科普股；2002年2月，区科委更名为广元市元坝区科学技术局（简称区科技局），设办公室、科普股、计划成果股。至2007年，机构无变化。

（二）广元市元坝区科学技术协会

1988年6月，成立广元市市中区卫子区科学技术协会，刘兴政任科协主席。1988年9月成立卫子区科学技术委员会以后，卫子区科学技术协会与卫子区科学技术委员会实行“一套人马、两块牌子”的工作模式。1990年8月13日，广元市元坝区第一届科学技术协会代表大会召开。成立广元市元坝区科学技术协会（简称区科协）。区科协仍与区科委实行“两块牌子，一套人马”的工作模式。区科协主席、副主席一般分别由区科委主任（区科技局局长）、区科委副主任（区科技局副局长）兼任。其中，2003—2007年4月，区科协主席由区科技局副局长兼任。2007年4月以后，区科协主席职位空缺。

（三）广元市元坝区防震减灾办公室

1992年6月，成立广元市元坝区地震工作领导小组，由分管科技工作的副区长任组长，下设办公室于区救灾办；1994年6月，区地震工作领导小组办公室改设于区科委，更名为广元市元坝区地震办公室（简称区地震办）；2007 年 12 月，更名为广元市元坝区防震减灾办公室（简称区防震办）。区地震办（区防震办）主任由区科委主任或区科技局局长兼任。

（四）广元市元坝区知识产权局

2007 年 5 月，成立广元市元坝区知识产权局（简称区知识产权局），挂靠区科技局。

广元市元坝区科技局（科委）领导名录

表 24－1

姓　名	性别	籍　贯	政治面貌	职　务	任职期间	备　注
刘兴政	男	广元市元坝区	中共党员	主　任	1990－02—1996－01	区科协主席、区地震办主任
刘承枝	男	广元市元坝区	中共党员	主　任	1996－01—2001－02	区科协主席、区地震办主任
郑桂芬	女	广元市元坝区	中共党员	副局长	1997－03—2007－04	2003－03 始兼区科协主席
姜玉福	男	广元市元坝区	中共党员	主　任	2001－02—2002－02	区科协主席、区地震办主任
姜玉福	男	广元市元坝区	中共党员	局　长	2002－02—2003－02	区科协主席、区地震办主任
龚潘清	男	广元市元坝区	中共党员	局　长	2003－02—2007－02	区地震办主任
邹　蓉	女	广元市元坝区	中共党员	局　长	2007－02—	地震办主任 2007－06 始兼区知识产权局长

二、科技工作协调机构

广元市元坝区科技工作领导小组，1996 年 3 月成立，区委书记和区长担任组长，区委副书记、常务副区长、区委组织部部长和分管科技工作的副区长担任副组长，区农委、区计经委、区财政局、区人事局、区文教局、区科委、区卫生局和农、林、水、畜等 13 个相关部门主要负责人为成员。区科技工作领导小组办公室设在区科委，由区科委主任和副主任分别兼任办公室主任和副主任。

广元市元坝区科技兴农工作领导小组，1991 年 3 月成立，区委书记和区长担任组长，办公室设在区科委，由区科委主任兼任办公室主任。

广元市元坝区猕猴桃产业发展领导小组，2007 年 4 月成立，组长由一名副区长担任，副组长由区农经委主任、区科技局局长担任。领导小组办公室设在区科技局。

广元市元坝区职称改革领导小组，1988 年成立广元市市中区卫子区职称改革领导小组，负责全区各行业科技人员包括农民技术职称的评定工作，其下设办公室于区科委，由区科委主任兼任办公室主任。1990 年，广元市元坝区职称改革领导小组成立，下设办公室于元坝区科委，只负责农民技术职称的评定工作，国家技术职称的评定工作由区劳动人事局负责。

三、科研科普机构

广元市元坝区科技交流中心，1991 年成立。主要负责推境内的名、优、特产品，引进外地新技术、新产品及技术人才。

广元市元坝区科学技术情报所，1991 年 5 月成立。主要负责科技成果、科技项目、科技人才、专利、信息网络等数据库的建立，为科研、生产提供图文信息服务。

广元市元坝区元坝区玻纤玻钢研究所，1992 年成立。1993 年 1 月经市工商局登记，更名为川北玻纤玻钢研究所。

广元市元坝区科技研究所，1993 年 3 月成立。主要负责推进科技信息现代化、网络化，开展新产品、新工艺、新技术的推广示范、试验，承担自然科学研究课题，开展技术合作，开展科技文献资料的收集整理工作等。

广元市元坝区科技咨询服务中心，1993 年成立。

广元市元坝区生产力促进中心，1994 年成立。

广元市元坝区食用菌研究所，1995 年 3 月成立。主要负责全区的森林蔬菜发展，主要是天麻、伏灵、黑木耳、草菇的种植和研究。

广元市元坝区科技培训中心，2002 年 3 月成立，设区委党校，由区委副书记兼任培训中心主任，区科技局局长和区委党校常务副校长兼任副主任。区培训中心负责每年对全区所有乡村干部进行科技培训，培训的主要内容是种养殖业的新技术。

四、科技服务机构

（一）乡镇科学技术协会

1988 年 9 月，卫子区科委成立后，科委即开始牵头筹建全区各乡镇科协。1990 年 8 月，广元市元坝区第一届科学技术协会代表大会要求全区 28 个乡镇、四个办事处会后立即着手建立科学技术协会。会后各乡镇、四个办事处先后召开了本地科学技术协会代表大会，选举出协会主席、秘书长，一般是由在任的乡镇或办事处党委副书记兼任科协主席，在任的乡镇或办事处团委书记兼任秘书长，各乡镇、办事处所在地的学校、医院、农技站、水利农机站、兽房站、林业站、蚕茧站、文化站的负责人为科协成员。但实际各乡镇、办事处的科学技术协会并没有真正成立，机构并没有按法定程序进行登记或得到确认，加之 1992 年 10 月办事处撤销和乡镇撤并，各乡镇、办事处的科学技术协会没有开展活动，自第一届代表大会以后至 2007 年年底，各乡镇和办事处均没有再召开过第二次科学技术协会代表大会。

（二）区级部门下属站所

一些区级部门在乡镇的下属站所，既承担一定的行政管理职能，也承担相关的科学技术宣传、推广、服务职能。其中，有由区农业局管理的乡镇农业技术推广站，由区畜牧食品局管理的乡镇畜牧兽医站，由区林业局管理的乡镇林业站，由区水务农机局管理的乡镇水利农机站，由区蚕业局管理的在部分乡镇设置的蚕茧站。

（三）行业协会

1992—2007 年，区内部分行业相继成立协会，有组织地推广行业技术。先后成立的行业协会主要有：广元市元坝区农学会、广元市元坝区农业局蔬菜协会、广元市元坝区红提协会、广元市元坝区沙坝乡黄姜协会、广元市元坝区紫云乡猕猴桃协会、广元市元坝区林业局林果协会、广元市元坝区林业局野生动物保护协会、广元市元坝区文村乡生猪养殖协会、广元市元坝区水务农机局生态养鱼协会、广元市元坝区王家镇长毛兔养殖协会、广元市元坝区蚕业局蚕桑协会、广元市元坝区医药局医药协会、广元市元坝区第二建筑工程公司土木建筑协会、广元市元坝区计划生育协会等 19 个协会，共有会员 6600 余人。

广元市元坝区协会学会情况统计表

表 24－2

协会名称	会员人数	成立时间	学协会主要职能
区蚕桑协会	410	1992－02	推广矮化密植桑园、省力化活动蚕台、小蚕共育等技术
区生猪养殖协会	2860	2000－06	推广防疫免疫综合技术、六分离六配套技术、瘦肉型猪标准化生产技术、有机肉猪生产技术、生物发酵零排放养殖技术
昭化镇、元坝镇蔬菜协会	480	2005－02	推广优质高产品种，为市场提供无公害产品、地膜覆盖、大棚喷灌等技术
区红提协会	90	2004－07	推广优质品种、防止病虫害技术
沙坝乡黄姜协会	210	2003－02	推广姜的品种、种植技术
紫云乡猕猴桃协会	890	2003－02	推广品种改良、栽培、嫁接套袋、防病治虫等技术
区林果协会	130	1993－05	宣传品种改良、病虫害防治知识
区野生动物保护协会	60	1991－11	保护珍稀动物
区生态养殖协会	120	2002－03	充分利用水资源，推广生态生物料养殖技术
王家镇长毛兔养殖协会	290	2001－04	推广兔病的防治、兔草的种植、兔毛的修剪等技术
区医药协会	38	2001－03	宣传安全用药知识
二建公司土木建筑协会	142	1991－03	推广省材、抗震建筑技术
区计划生育协会	110	2000－02	宣传少生、优生、优育、优教知识
区土鸡协会	86	2006－04	宣传土鸡的繁育、养殖、病害防治技术
区烟花爆竹经营协会	82	1993－05	宣传安全经营知识
区农学会	186	2004－11	推广农业实用新技术
区沼气协会	79	2004－10	推广沼气综合技术
区烤烟协会	193	2006－04	推广规范化栽培、烘烤、治虫等技术
区老年人体育协会	150	2004－12	组织服务中老年人参加各类文化体育健身活动
区老年人协会	150	2005－10	维护老年人合法权益

第二节　科技队伍

一、区、乡镇领导班子中分管科技的副职配备

1988 年，四川省林科院工程师刘源智被下派卫子区任科技副区长，主抓林业工作。至 2007 年，省、市先后共下派 19 人到元坝区（含卫子区）任科技副区长。科技副区长的主要职责是分管全区科技工作，协助推广农业新技术，引进科技新产品，引进人才，向外推介元坝区的名、优、特产品，协助培养区内科技人才，建立科技示范乡、村和科技示范园、户，培训乡镇干部等，协助制定和组织实施全区依靠科技可持续发展的规划等。

省、市下派担任广元市元坝区科技副区长名录

表 24－3

届次	姓　名	性别	籍　贯	政治面貌	任职期间	区人民代表大会选举或区人大常委会决定任命
第一届	刘源智	男	四川省成都市	中共党员	1990－02—1991－09	区人大一届一次大会选举
	刘定蓉	女	四川省成都市	中共党员	1991－05—1993－02	区人大一届九次常委会决定任命
	尹仁海	男	达州市达县	中共党员	1991－05—1992－05	区人大一届九次常委会决定任命
	刘和林	男	四川省宜宾市	中共党员	1991－11—1993－02	区人大一届十二次常委会决定任命
	滕明亮	男	四川省成都市	中共党员	1992－05—1993－01	区大人一届十四次常委会决定任命
第二届	刘和林	男	四川省宜宾市	中共党员	1993－02—1995－06	区人大二届一次大会选举
	刘凌云	男	江苏省常州市	中共党员	1993－04—1993－12	区人大二届二次常委会决定任命
	杜允中	男	甘肃省酒泉市	中共党员	1993－06—1993－12	区人大二届三次常委会决定任命
	廖志琴	女	贵州省清镇市	中共党员	1993－12—1997－09	区人大二届六次常委会决定任命
	萧凤鸣	男	遂宁市射洪县	中共党员	1994－04—1998－02	区人大二届八次常委会决定任命
	孙继斌	男	山东省牟平县	中共党员	1994－12—1997－04	区人大二届十二次常委会决定任命
	田永龙	男	德阳市中江县	中共党员	1995－04—1997－04	区人大二届十四次常委会决定任命
	白长林	男	北京市顺义区	中共党员	1996－04—1997－04	区人大二届二十一次常委会决定任命
	黄建军	男	河南省南乐县	中共党员	1997－04—1998－02	区人大二届二十七次常委会决定任命
	宋毅力	男	山东省荣城县	中共党员	1997－10—1998－02	区人大二届三十次常委会决定任命
第三届	宋毅力	男	山东省荣城县	中共党员	1998－02—1999－10	区人大二届三十次常委会决定任命
	冯　鸣	男	山西省大同市	中共党员	1998－04—2003－01	区人大三届二次常委会决定任命
	姚　济	男	广元市苍溪县	中共党员	1999－10—2001－10	区人大三届十二次常委会决定任命
	倪建英	男	四川省资阳市	中共党员	2001－10—2003－02	区人大三届二十八次常委会决定任命
	袁明胜	男	广元市苍溪县	中共党员	2002－02—2003－01	区人大三届三十二次常委会决定任命
	杨劲松	男	重庆市万县	中共党员	2002－10—2003－02	区人大三届三十七次常委会决定任命
第四届	袁明胜	男	广元市苍溪县	中共党员	2003－01—2007－01	区人大四届一次大会选举

1990 年 3 月，中共广元市元坝区委办公室制发《关于成立广元市元坝区各乡镇科委的通知》，要求 28 个乡镇成立科委，由一名副乡长或副镇长分管科技工作。但在实际工作中，各乡镇未成立科委。

1992 年 4 月，经中共广元市元坝区委决定，由区委组织部、区人事局、区财政局、区科委选派 20 名区乡级机关、事业单位干部到乡镇任科技副乡镇长和乡镇长助理。规定这些干部任期 2 年，任职期间工资上浮一级，本人工资和其他按政策规定享有的津贴、奖金由原单位供给，在乡镇工作期间发生的办公费、差旅费和年终奖金由所在乡镇负责。1996 年，区委组织部任命了 28 个乡镇的科技副乡镇长。2006 年 6 月，区委组织部重新落实了全区 28 个乡镇的科技副乡镇长、拣银岩社区街道办事处的科技副主任。

二、专业技术人员

1990 年，全区有各类专业技术人员总数 560 人，大多分在教育和卫生系统、农口系统 84 人，占 15%。2007 年年末，全区各类专业技术人员总数为 5160 人。其中按职称性质分，具有国家职称的

2875 人，农民职称的 2285 人；按评定等级分，高级职称的 88 人（名录附后），中级职称的 1219 人，初级职称的 1387 人，技术员 2466 人。按所属行业或部门统计，农业部门 591 人，林业部门 140 人；水电农机部门 108 人，司法部门 11 人，文教部门 1852 人，卫生部门 198 人，计生部门 56 人，机械部门 334 人，建筑部门 403 人，交通部门 34 人，广播电视部门 41 人，其他部门职称 1392 人。从业人员包括新闻媒体、国土、能源、电子、商务、沼气、船舶、蚕桑、家电修理、缫丝、包装等部门或行业的科技人员。

附：广元市元坝区 2007 年末高级专业技术职务人员名录

教育系统中学高级教师（70 人）

张克举、江青云、李文昌、唐绍民、李正元、张天碧、刘礼谷、席元炳、李全林、张钊、张家仁、张协元、王咸礼、吴树全、吴良平、徐丕尧、田正宽、马和中、杨洪国、王尚华、刘兴泉、冉君茹、彭仕宏、张均、宋乾林、张绍斌、唐晶玲、吴慧莲、刘礼俊、刘光海、张德枚、王振涛、杜昌国、张绍迁、魏元春、王德林、黄拯、李春希、范家钰、王家贞、王咸国、张绍河、阳权成、魏月明、王海军、冯开菊、王素华、罗家骥、赵光珍、张平、杨桂兰、杨秀繁、李清龙、杨伦志、邓明富、胡光学、胡俊惠、牛文敏、谭晓峰、杨丽萍、杨玉玺、袁平、张光华、李秀英、李枝献、张军、李国荣、黄勇、侯明国、姜蓉

卫生系统（9 人）

中医内科主任医师：席正荣

副主任中医师：陈光文、冯开甫、李明万、胡大智、熊大玉、胡文弟、陈文国、李敏

广播电视、农林水畜系统（9 人）

高级工程师：李佰年、沈庆文、吴松林、熊大国、许秋兰

高级农艺师：李友明、苟元林

高级畜牧师：申华锋、田德贵

三、科技拔尖人才

（一）市科技拔尖人才

1989 年起，广元市政府开始命名科技拔尖人才，一般每四年一届。

1996 年，元坝区 3 人被命名广元市第三届科技拔尖人才：冯生传，男，时年 38 岁，大学文化，时任区机械厂副厂长、工程师；席正荣，男，时年 48 岁，大学文化，时任区人民医院副院长、副主任医师；姚永安，男，时年 36 岁，时任区第二建筑工程公司经理、工程师。

2000 年 10 月，元坝区 3 人被命名为广元市第四届科技拔尖人才：冯生传，时年 42 岁，大学文化，时任广元市元坝区机械厂副厂长、工程师；席正荣，时年 52 岁，大学文化，时任广元市元坝区人民医院院长、副主任医师；张克举，男，时年 49 岁，大学文化，时任元坝中学校长、中学高级教师。

2004 年 6 月，元坝区 2 人被命名为广元市第五届科技拔尖人才：熊大国，男，时年 38 岁，大专文化，时任区林业局造林站站长、高级工程师；席正荣，时年 56 岁，大学文化，时任区人民医院院长、主任医师。

（二）区科技拔尖人才

1991 年 11 月 10 日，命名为元坝区第一届科技拔尖人才共 6 人：冯生传，男，时年 33 岁，时任区机械厂副厂长、工程师；肖永乐，男，时任卫子中学教师；席正荣，男，时年 43 岁，时任区人民医院副院长；姚永安，男，时年 31 岁，时任区第二建筑公司经理、工程师；李寅生，男，时任区畜牧局畜

牧师；王辅奎，男，时任区农业局农艺师。

1997年11月6日，命名为元坝区第二届科技拔尖人才共10人：梁瑞龙，男，时任区农业局副局长、农艺师；任小昌，男，时任《广元日报》驻元坝记者站记者；李良枝，男，时任区财政局副局长、经济师；吴松林，男，时任区水利农机局水利股股长、工程师；陈光文，男，时任区人民医院副院长、主治医师；李久桥，男，时任区农业局农艺师；何志远，男，时任区计生局副局长、医师；肖喜元，男，时任区林业局造林站工程师；肖永乐，男，区文体旅游局干部；沈庆文，男，时任区水利农机局渔政管理站站长、工程师。

2001年11月15日，命名为元坝区第三届科技拔尖人才10人：冯生传，男，时任区机械厂厂长，工程师；梁瑞龙，男，时任区农经委副主任、农艺师；任小昌，男，时任《广元日报》驻元坝记者站记者；李良枝，男，时任区财政局副局长、注册会计师；吴松林，男，时任区水利农机局副局长、工程师；陈光文，男，时任区人民医院副院长、主治医师；仲人生，男，时任区人民医院主治医师；许秋兰，女，时任区水利农机局工程师；田德贵，男，时任区畜牧局助理畜牧师；李久桥，男，时任区农业局农艺师。命名为元坝区教育系统第一届科技拔尖人才20人：张绍斌、江青云、宋乾林、胡满晶、魏元春、阳云程、马兴勇、李天君、赵金兰、张绍河、陈子卫、徐丕尧、邓家述、彭仕宏、何春林、张家仁、杨洪国、曾才荣 刘礼俊、田澍芸。

2006年3月15日，命名为元坝区第四届科技拔尖人才10人：李良枝，男，时任区财政局副局长、注册会计师；许秋兰，女，时任区水务农机局工程师；田德贵，男，时任区畜牧食品局畜牧师；李久桥，男，时任区农业局农艺师；肖喜元，男，时任区林业局造林站工程师；肖永乐，男，时任区文体旅游局副局长；沈庆文，男，时任区水务农机局渔政站站长、高级工程师；冯开甫，男，时任区人民医院副院长、副主任医师；刘文龙，男，时任《广元日报》驻元坝记者站记者；黄攀，男，时任区林业局造林站工程师。命名为元坝区教育系统第二届科技拔尖人才20人：张均、王尚华、彭仕红、吴良平、冉君茹、张绍斌、李国荣、刘礼俊、沈怀鸿、杨贵兰、徐丕尧、何芙蓉、李菊华、冯子红、张晓英、罗箐京力、刘碧蓉、肖琴、杜刚、杨万武。

四、学术带头人

2006年5月，广元市政府命名区畜牧食品局畜牧师田德贵为学术带头人。田德贵时年40岁，从事畜牧工作近20年，长期研究家禽养畜，多次获国家、省、市的科技进步奖励。

五、农村科技致富带头人

1998年11月，区政府制发《关于科技兴区的决定》，决定全区按标准抓好两个科技示范乡、10各科技示范村、100个科技示范户，由区科委考核，达到标准的乡、村、户由区科委制发示范牌，由区人民政府颁发奖金。当年奖金共计达10万元。

科技示范户又名科技致富带头人，池、园、井、坝、路、气、居室达标，有1～2人的技术明白人，有一个科技示范园或场，人均纯收入大1万元以上。当年评选科技示范户100户。每人发奖金500元，2003年统计，全区农村科技致富带头人以发展到1500人。这些人主要分布在种植大户（烤烟、药材、果树、食用菌、蔬菜、猕猴桃、杜瓜、黄姜、蘑菇、食用仙人掌、芦荟、大棚草莓等）和养殖大户（长毛兔、蚕桑、蛇、甲鱼、牛、羊、猪、鸡等）等农村专业大户中。一些产业初具规模，年纯收入一般都在人均1万元以上。昭化镇石盘村赵福平种药材110亩，当年收入20万元；区供销联社刘永春种杜瓜50亩，年收入5万元；清水乡关帝庙五组吴光志养黄羊58头，年收入2万元；红岩镇红江村三组刘福生养蚕年纯收入2万元；紫云乡紫云村三组王兴武种植猕猴桃年收入7万元；明觉乡前丰村一组王永孝养猪年出栏500头，年纯收入6万元；元坝镇胜利村一组李春康养鸡4000只，年纯收入2万余元；磨滩镇山青村二组李明春养长毛兔180只，年收入2万元；昭化镇天雄村二组何正元种葡萄50亩，年纯收入8万元；射箭乡三好村五组贾德文个人开发旅游服务，当年收入6万元；陈江乡五龙村四组张宇益种烤烟8亩，年纯收入1万元；石井铺乡石庙村肖开忠承包林场，种水果年纯收入1万元；昭化镇城关村六组王树全种蘑菇年纯收入1万元；香溪乡玉莲村四组范廷伟养肉鹅年纯收入1万元；大朝乡云台村四组文香清养羊，年纯收入2万元等等。2007年末，全区科技带头人有3200人。其中有年出栏生猪1000头以上的养猪大户30户，年出栏生猪100头以上的养猪大户3000户；年种烤烟100亩以上的大户2户，20亩以上的烤烟大户50户；有种植猕猴桃20亩以上的大户4户；养蚕年收入1万元以上的大户50户。

六、农民技术人员

1988—1990年，国家职称、农民技术职称评定均由区科协牵头评定。1990年以后，国家职称的评定工作移交区人事局，区科技局只负责农民技术职称的评定。1990—1995年，建筑行业评定的农民技术职称1500人。2002—2005年，累计评定外出务工人员各级农民技术职称2285人，包括从事家具制作、石雕刻、仿古建筑、养蚕、养鳝、养鱼、养兔、种猕猴桃、种蔬菜、农产品深加工、沼气池修建、针绣、腌卤、酿酒、酿醋、弹棉花、农具制作、缝纫、烤烟等行业的“土专家”、种养能手等。历年所评定的农民技术职称中，其中高级职称的41人，中级职称的792人（其中乡土人才、能工巧匠780人）。

第二章　科技实践

第一节　规划与培训

一、规划

（一）科技规划

全区科技规划经区科技局（科委）起草后，提交广元市元坝区科技工作领导小组讨论，区政府行文下发至区级各部门和各乡镇。“八五”科技规划侧重于推广农业新技术，提高全民科技意识；“九五”规划侧重于兴办企业，提高全民科技素质；“十五”规划侧重于生态保护，提高领导干部科技素质；“十一”五规划侧重于可持续发展，全面提高各行业科技工作者和农村广大劳动者的科技素质。

（二）城乡统筹规划

2007年12月，区发展和改革局牵头组织区级有关部门编制了广元市元坝区城乡统筹规划，区科技局就全区社会事业发展也编制了规划，对全区农村人口、土地、资源进行了科学分析，对建设社会主义新农村提出了较为具体的分期分批建设规划。

社会主义新农村的标准是：池、园、井、坝、路、气、居、室、电等达标配套，即每户有一口防旱池，有一个果园，有一个养殖园，有一口卫生井，有一个水泥晒坝，有一条连通公路和住处的水泥路，有一口沼气池，有一套砖混结构的房屋，室内有固定电话，有光纤闭路线、有彩电、有电脑、有冰箱、有洗衣机。农村人口逐步参加社会养老保险和医疗保险，逐步达到村村有合作医疗站，使居民老有所医；农村人口和城市人口享有同等的教育权，孩子上学学费城乡一样。

规划鼓励人们充分利用土地资源种植名、优、特产品，农村户口和城市户口的居民人人平等，引进业主，建立产供销一条龙的服务机制，注重产品质量，拓展外部市场，加快城乡经济建设发展。乡、村开通公交车，方便农民进城；农业机械化普及到农村各户，减少繁重的体力劳动。提升农民的科技素质，18 岁以上的农民每人学会 1 ~ 2 门实用新技术，每户有一个高产高效的种植园或养殖场。有条件的乡、村办养老院、幼儿园，文化娱乐场所建设逐步推开。

二、培训

1992 年 9 月，元坝区邀请法国肉牛专家布郎宁到区授课，参加培训的有全区农业系统科技工作人员共 160 人。1999 年 8 月，邀请法国蔬菜专家福尔德先生到区授课，参加培训的有区级涉农部门及乡镇农技站所干部。1996—2000 年，先后请了四川大学教授王伟、省农科院专家邓家林等 5 位教授到区授课，全区农业系统所有干部、技术人员参加培训达 280 人次。

2003 年，区政府聘请省科技职工大学、省农科院陈茂钢等三位教授，对乡镇党委书记、乡镇长及区级各部门主要领导、部分科技工作者共 380 人进行了为期两天的科技培训。

2004 年 4 月，元坝区组织全区科技副乡镇长到省科技职工大学培训，参观成都市龙泉驿区的种植业和中国西部（四川）科普示范单位即“四川三龙绿色产业开发有限公司”的优质水果发展。当年，区内各乡镇结合当地的产业发展，根据农民实际需要，进行了实用技术培训，如开展养猪、养牛、养兔、养鸡、养蚕、种草、栽桑、生态养鱼、烤烟等培训。农业系统举办了水稻温室两段育苗移栽和玉米粪团育苗地膜打孔移栽、旱地育秧抛秧、水稻杂交品种病虫害防治、蚕桑矮化密植、小蚕共育、纸板方格蔟省力化活动蚕台应用等培训，培训达 1. 80 万人次；林业系统举办了“营养袋两段育苗移栽”等技术培训，培训达 1. 20 万人次；水务农机系统举办了机械使用培训、水库和塘堰防渗治漏、防旱池建设、水土保持、养鱼等技术培训，培训达 1. 30 万人次；畜牧系统举办了生猪二元和三元杂交、人工授精，牛的冷配和改良、秸秆氨化育肥肉牛、波尔羊杂交育肥、优质牧草栽培、生猪“三推五改”“六分离六配套”等技术培训，培训达 3. 60 万人次。区乡培训体现了多层次、多渠道、多门类，形式多样，针对性强的特点。

区科技局会同涉及农业、林业、水务、畜牧、蚕业的有关专业人员，每年编写技术培训资料 3 万份以上。至 2007 年年末，共举办农技、水利、农机、林业、畜牧食品、医药、卫生、会计、计算机、建筑等各种培训班 258 期，培训达 8. 50 万人次。培训种植业专业大户 360 人次，培训养殖业专业大户 680 人次，培训沼气技术员 310 人次，培训建筑施工员 238 人次。培训农业机械保养与维修 496 人，食用菌栽培 180 人，卫生防疫 850 人，会计统计 250 人，计算机 320 人。培训乡、镇干部 1360 人次，培训村支书和村主任 2200 人次。

第二节 科研开发

一、工业科研开发

1990年，太公镇农民周明龙研究出“稻麦两用脱粒机”制造技术，由区科委牵头注入“星火计划”贷款50万元，始建广元市元坝区机械厂。后由该厂副厂长、工程师冯生传在稻麦两用脱粒机的基础上进行了两次外观设计和改进，更名为5T－500型多用脱粒机，并获国家专利。在不断更新的基础上，实现规模生产，产品年产达1500台，年创产值100万元，远销云南、重庆、兰州、陕西等地。到2007年年底，全区80%的农户使用该机械脱粒小麦、水稻、油菜、豌豆、胡豆等作物。5T－500型多用脱粒机及冯生传独立研制的分离式碾米机先后被评定为市级科技成果，分别获省、市人民政府科技进步奖，5T－500型多用脱粒机还获得国家科委和四川省人民政府联合授予的金奖。

研发的工业产品及生产技术还有：1990年，区日用化工厂研发安溢锅生产技术、区玻纤玻钢研究所研发玻纤玻钢瓦和玻纤玻钢水管生产技术，其产品均在中国西部交易博览会上获得好评；冰鸟矿泉水厂1990年研发深井采水技术，开采的冰鸟矿泉水于1993年获国家科委和四川省人民政府金奖；康尔洗衣粉厂研制的康尔洗衣粉，于1995年获国家科委和四川省人民政府金奖；区综合食品厂生产的“金印寺”牌无铅松花皮蛋于1993年获中国西部交易博览会金奖，研发中华养身益智醋生产技术，其产品1995年获国家科委和四川省人民政府金奖；广元保健食品饮料厂研发山楂饮料生产技术，生产的山楂系列饮料1992年获国家食品博览会铜银奖，1993年获国家科委和四川省人民政府铜奖；卫子自卸挂车厂研制理想牌自动挂车，1995年获国家科委和四川省人民政府金奖；区粮油综合加工厂研发珠光仙米加工技术，加工的珠光仙米1995年获国家科委和四川省人民政府金奖。

二、农业科研开发

（一）种植业技术开发

1991年，区农业局技术人员王江生、陆占燎研发“杂交水稻规范化栽培及病虫害综合防治技术”，次年获四川省农业厅二等奖。1994年，苟元林、梁瑞龙等研发的“优质稻的开发与利用”科技成果，提高了单位面积的产量和产值，1995年2月获四川省农业厅一等奖。1995年，苟元林主研的“优质高产油菜规范化栽培技术”，使油菜由亩产80公斤提高到亩产180公斤，1996年2月获四川省农业厅三等奖；冯木兴主研的“淡季蔬菜丰产栽培技术”，充分利用地膜覆盖、大棚保温等技术，1996年2月获农业部三等奖。1996年，柏建兰、李久桥主研的“杂交水稻高产优良新组合旱育秧病虫害综合防治技术”，提高了水稻分蘖数量，并大量节约了生产用水，次年获四川省农业厅二等奖；苟元林主研的“5万亩杂交玉米综合增产技术”，使玉米产量每亩提高了80公斤，1997年获四川省农业厅二等奖；冯木兴主研的“蔬菜高产高效综合配套技术”，使蔬菜每亩增值3000元，1997年2月获四川省农业厅二等奖。2003年，肖元清、冯木兴主研的“无公害农产品生产技术”，改有毒有害化肥农药为生物化肥农药，2004年9月获农业部三等奖。2005年，苏登清、苟元林主研的“纸板方格蔟省力活动蚕台技术”，降低了养蚕成本，提高了劳动效率和蚕茧质量，2006年5月获广元市政府科技进步三等奖。2005年，苟元林主研的玉米地膜覆盖打孔移栽技术，使玉米产量每亩达500公斤以上，2006年5月获广元市政府科技进步三等奖；冯木兴主研的“大棚蔬菜高产技术”，采用电热育苗等新技术，2006年5

月获广元市政府科技进步三等奖；张家贵主研的“沼气综合利用技术”，优化环境，节约能源，减轻劳动负担，提高了肥力，2006 年 3 月获广元市政府科技进步二等奖。

（二）林业科研

1. 营养袋两段育苗技术

1989 年，在四川省林科院高级工程师、科技副区长刘源智的指导下，林业工程师吴万奎带领林业职工李晓容、李文采等人研究采用沙床培育芽苗，然后移植在排列好的营养袋中，浇足定根水进行培育的营养袋两段育苗。经过试验，采用营养袋两段育苗方法，湿地松、火炬松当年生苗高达 40 厘米，地径达 0. 80 厘米以上；马尾松当年生苗高达 30 厘米，地径 0. 60 厘米以上；柏树当年生苗高可达 25 厘米，地径 0. 50 厘米以上。均超过林业部颁布标准。该技术提出了本地区营养袋培育壮苗的技术要点、营养土最佳配制方法及育苗期管理时的松土、松袋、晾袋、施肥、浇水等技术措施，解决了营养袋松类苗赤枯病、猝倒病及苗木黄化等病害问题，改变大田育苗的粗放经营模式。经四川省林业厅、四川省林业科学研究院和广元市科委的专家现场考察鉴定，技术成果达省先进水平。1990 年，该项目被广元市人民政府评为科技进步三等奖。

2. 藏柏母树林营建技术

藏柏（cupressus torulosa D・D on）于 20 世纪 70 年代中期引入四川省内栽培，表现出速生适应性强，材质优的特点。80 年代末、90 年代初，引入区境成为规模造林的主要树种之一。由于原产地青藏高原气候特殊，地形复杂险恶，加之天然的藏柏大多数树体高大，种子产量一直较少，致使元坝区藏柏造林长期无可靠的种子保障。尽管可从印度进口种子，但需花费大量外汇，使造林成本很高，造林种子供应成为制约藏柏在元坝区种植的一个瓶颈。为尽快解决这一难题，区林业局于 1989 年开展藏柏母树林营建技术研究。通过研究与生产同步并行的方法，在元坝区内 14 个乡镇共引种 1360 公顷，建立母树林 1000 公顷。1999 年 8 月，由区林业局熊大国主持，何志辉、肖喜元参与，形成《引种藏柏母树林营建技术研究》，2000 年，经区科委鉴定，该成果具有创新性，经济效益明显，生态效益突出，对元坝山区人民脱贫致富成效显著，被广元市人民政府评为科技进步三等奖。到 2007 年底，元坝区藏柏母树林年产种达 3000 余公斤。

3. 优质纤维工业用材林定向培育技术

区林业局技术人员熊大国、王海琼配合四川省林业科学院高级工程师、区科技副区长刘合林，研究现有桤木、松类人工林的定向调控技术与集约经营技术，研究施肥种类、施肥量等因素对纤维产量、质量的影响，提出合理林分密度及相应的调控技术，使马尾松 2 年生平均树高 0. 75 米以上，4 年生 4. 70 米以上；桤木 2 年生平均树高 2. 30 米以上，4 年生平均树高 14 米以上，轮伐期缩短 2 ~ 3 年，单位面积蓄积生长量提高 5% 以上，林业经营的经济效益提高 5% 以上。该项目被四川省人民政府评为 2002 年度科技进步三等奖。

4. 生态经济防护林营造技术

1997 年 5 月，区林业局为更好地实施中德合作四川造林项目，在四川省林业干部学校教授侯广维、四川省林科院高级工程师刘源智、副研究员龚固堂的指导下，由熊大国主持，李小容、黄攀等人对生态经济防护林营造技术进行了系统深入的研究。提出在退耕山地水土流失区建立生态经济防护林化模式，即：“一山四带”的山地生态经济林带绿化治理模式、“一针二阔三灌”的造林优化模式。在中德合作造林工程中，按此模式共营造防护用材林 2. 50 万亩和经济林 3135 亩。工程造林成活率由原来的 65% 提高到 98% 以上，生态效益显著，坡地沟蚀面得到有效控制，减少水土流失 79. 30%，土壤侵蚀模数减少 700 吨/平方公里，为长江上游防护林工程、退耕还林还草工程、天然林保护工程、流域生态治理工程，提供了优化模式理化和技术。该项目研究技术被四川省人民政府评为2002年度科技进步三等奖。

5. 速生丰产用材林集约经营工程造林技术

1989年，区林业局技术人员熊大国、肖喜元等人进行了《速生丰产用材林集约经营工程造林技术研究与推广》的课题研究，共培育营养袋优质壮苗4500余万株，全区累计栽植速生丰产用材林15万亩，造林成活率达到90%以上，经四川省林业厅检查验收一类面积95%以上。该项目获广元市人民政府2003年度科技进步二等奖。

（三）畜牧食品科研开发

2001年，区畜牧食品局卢克俊、田德贵等人主研的《牛的品种改良综合技术应用推广》获省人民政府科技进步三等奖和市科技进步一等奖。同年，区畜牧食品局卢克俊、田德贵、仲传武等主研的“盛世苜蓿、菊苣丰产栽培技术”，采用垄作、斜割等技术，首次在秦岭以南种植苜蓿和菊苣成功，并于2004年获省人民政府科技进步三等奖和市科技进步一等奖。2004年，区畜牧食品局主研的“优质肉牛生产配套技术推广”获农业部二等奖。2005年，区畜牧食品局申华锋、王博、陈大福等主研的“猪阉割双免综合应用技术”在全市推广，2006年获市人民政府科技进步二等奖。

（四）水务农机技术研究

1998年，区水务农机局研究《山平塘薄膜防渗技术》获市人民政府科技进步三等奖。2000年，研究出《U型预制渠槽输水技术》，获区人民政府科技进步三等奖。2002年，区水务农机局吴松林、熊光国、刘坤元、沈庆文、徐国刚等主研“水库数据库软件”技术，于2003年获市人民政府科技进步二等奖；2003年，区水务农机局吴松林主持并主研“塑料薄膜防渗治漏山平塘技术”，在全区1000余口山平塘推广，于2004年获区人民政府科技进步二等奖。2004年研究《水利工程管理系统研究与应用》《计算机CAD制图技术应用》，当年底分别获市、区人民政府科技进步三等奖和二等奖；许秋兰、吴松林研发集雨防旱池技术，在全区118个旱山村推广，于2005年获区人民政府科技进步二等奖。

区水务农机局与广元市水务农机局2000年合作研究与试验的《中、小型水库肥水养鱼技术》，于2001年获市人民政府科技进步三等奖；2005年合作研究与试验的《“中华倒刺鱼”高产高效养殖技术研究与推广》，于2006年获农业部“丰收计划”三等奖。

三、教育科研

（一）课题研究

区教育局刘思岗、唐晶玲、冉君茹、席元炳、田澍芸承研省级课题《提高处境不利地区小学教育教学质量综合实验研究》，1994年承研，1998年结项。2002年，获四川省人民政府三等奖。

元坝中学江青云、张克举、杨洪国、张钊、胡泽全承研省级课题（省教育厅资助金项目）《农村普通高完中活动课程的研究与实验》，1996年承研，2000年结项。2007年，获市人民政府一等奖、四川省人民政府三等奖。

沙坝小学魏文涛、张元俊、张文权、张静兰、黄光洲承研市级课题《教学生自学、教学生自治》，1997年承研，2001年结项。2007年，获广元市人民政府二等奖。

区教研室冉君茹、杨伟、刘礼谷与区实验小学教师张蓉、张述英承研市级课题《农村小学英语教学实验研究》，1998年承研，2001年结项。2003年，获广元市人民政府二等奖。

区教育局唐晶玲、杨伟、马桂芳、熊灵芝、王兴平承研市级课题《读报活动教学实验研究》，

1999 年承研，2002 年结项。2004 年，获市人民政府一等奖、四川省人民政府二等奖。

王家中学张绍斌、沈柏军、田玉宽、李富元、何春林承研市级课题《农村中学学习方法指导学实验与研究》，1999 年承研，2005 年结项。2007 年，获广元市人民政府三等奖。

元坝镇第二小学胡光宏、赵西强、李锐生、柏鑫南、杨华承研市级课题《农村小学创办，家长学校实践与研究》，2000 年承研，2005 年结项。2006 年，获广元市人民政府二等奖。

元坝镇第一小学何维、罗琴贤、杨家全、杨明华、秦波承研市级课题《小学创新型课堂教学实践与研究》，2002 年承研，2006 年结项。2007 年，获广元市教科所颁发的一等奖。

（二）教具与课件制作

石井铺乡小学教师李友奎制作的《编钟》，2001 年获四川省教具制作二等奖。

王家镇小学教师姚琪制作的《环球号水翼帆船模型》、元坝镇第二小学教师余小明和许清华制作的《皮筋动力三球仪》，2003 年分别获四川省教具制作二等奖、三等奖。

昭化镇小学教师赵洪宝制作的《保护环境》课件，2004 年获四川省中、小学多媒体大赛三等奖；

昭化镇小学教师赵洪宝、胡敏制作的《保护珍稀动物》课件，2005 年获四川省中、小学多媒体大赛二等奖；

区教研室教研员刘礼谷制作的《正弦函数》课件和区实验小学教师张彦制作的《我们爱和平》课件，分别在 2006 年获四川省中、小学多媒体大赛三等奖。

元坝中学谭小峰发表的《创建省级实验教学示范校的实践—校园网建设》论文，2007 年获四川省教育厅颁发的优秀论文二等奖。

广元市元坝区 2007 年年末尚未结项教研课题统计表

表 24－4

课题名称	级别	承研单位	承研时间	主研人员
农村小学学习方法指导研究	市级	王家小学	2002	王光明　邢云峰　李子禄　王德生　李丽琼
农村初中合作学习实施策略实验与研究	市级	卫子中学	2004	王兴平　余天军　王咸国　王正品　代庚海
农村中学探究性课堂教学的实验与研究	市级	元坝中学	2004	王尚华　张光华　黄　振　张辅林　李　勇
农村小学课堂教学合作学习的实践与研究	市级	梅树小学	2004	肖子锦　冯克武　胡元春　徐文钊　玉　玺
小学 生自主学习活动研究	市级	卫子小学	2004	李天朴　仲明国　冯子红　李　伟　李丽娟
寄宿制农村小学生管理及教育机制的研究	市级	张家小学	2006	周　欣　赵丽华　熊　芸　赵　波　张远敬
地方旅游资源在农村小学教育的应用研究	市级	昭化小学	2006	杨万武　赵洪宝　王忠生　张正杰　张兴东
小学生智力开发的教育策略研究	市级	区实验小学	2006	宋　歌　张晓军　李菊华　何荣新　郭素梅
让教师在教育故事中成长的研究	市级	白果小学	2006	范明国　王普松　阳明国　费大宗　薛书生
农村小学现代教育技术应用与研究		柏林沟镇小学	2006	
农村中学化学实验教学中问题探究与实践		元坝中学	2007	

四、卫生与计划生育科研开发

（一）卫生科研

元坝区建立后，全区卫生科研活动开始起步。1994 年，区人民医院副院长席正荣撰写的《子宫萎缩治疗》，被评为“中国中医药优秀学术论文”，同时被载入《华夏优秀医论荟萃》一书。1996 年，席正荣撰写的《跌仆闪挫方治疗软组织挫伤 42 例》，被《中国药学文摘》摘引收藏，其撰写的《乌梅丸加味治疗溃疡性结肠炎》参加首届中国民族医药国际研讨会交流，被评为优秀论文，并获三等奖。1997 年，王志祺撰写的《根治消化性溃疡新思路》，被编入《中华医学研究与临床》一书。同年 9 月，王铭撰写的《步长脑心通胶囊治疗糖尿病合并冠心病 96 例》在全国现代疾病预防与诊治学术交流会上交流，被评为优秀论文，同时发表于《中国现代疾病预防与诊治研究》医学杂志。撰写的《654－2 治疗重症输液反应 21 例体会》发表于《中国乡村医生杂志》增刊。1999 年 4 月，吴秀雯撰写的《非典型伤寒临床报告 1 例》，被编入《中华医药学研究与临床》一书。同年 9 月，陈光文撰写的《支气管内膜结核并发支气管扩张 1 例》发表于《中华误诊学杂志》。2001 年，陈光文、席正荣撰写的《高血压脑病的治疗原则和经验》，发表于《中华全科医学》（第 5 卷）。2003 年，吴涛撰写的《盗汗的中医分型论治》，发表于《四川中医》（2003 年第 21 卷第 2 期）。2004 年，李敏撰写的《舌症治验四则》，被《第十一届中西医学术交流论文集》收录。2005 年，区人民医院吴国平等主研的“阴式子宫非脱垂手术的运用与研究”获区人民政府科技进步二等奖。

（二）计划生育科研

元坝区建立后，区人口和计划生育局大力推广新技术，先后推广使用了米非司酮口服药物流产、可视无痛人工流产、避孕剂皮下埋植、爱母和吉尼等新型活性宫内节育器放置、微波和红外光治疗宫颈炎、臭氧治疗生殖道感染等新技术，在促进计划生育生殖健康和开展优质服务等方面发挥了积极作用。2004 年，元坝区创建成为广元市计划生育优质服务先进县区，2006 又获得四川省“计划生育优质服务先进县区”称号。2007 年，区人口和计划生育局孙旭、董汉书主研《再生育审批软件》，向国家专利局呈报了专利申请。

第三节　科技应用与推广

一、农业技术应用

20 世纪 90 年代初，主要是推广杂交水稻、杂交玉米、水稻温室两段育秧移栽、玉米粪团育苗地膜打孔等技术。1995 年，水稻温室两段育秧移栽、玉米粪团育苗地膜打孔等技术推广面达 95%，水稻平均亩产量近 500 公斤，玉米平均亩产量达 400 公斤；引进小麦新品种绵单、川麦、内麦等系列品种 8 组，平均亩产量由 180 公斤增到 350 公斤；2.50 尺×推行 2.50 尺的预留行（2.50 尺种小麦、2.50 尺空行），用于来年栽早玉米，小麦收割后的空行栽种红苕，使产量增加一倍以上；油菜选用杂交品种，育苗移栽，亩产可达 150～180 公斤。地膜花生可提早季节增加产量。科学施用除草剂，可大大减少稻田除草的劳力。推广农业机械化，打米、磨面、压面、打豆浆、收割小麦、打谷子全用机械化，淘汰了用石磨磨面粉、石碾子碾谷子等原始的落后的人工加工器具，真正把农民从繁重的体力劳动中解脱出来，极大地提高了农村、农业、农民的生产力。20 世纪 90 年代中期以后，主要推广应用旱地育秧、地膜覆盖、优良品种选育、大棚蔬菜、节水灌溉、优质水果栽培、无公害蔬菜、固定厢沟双免耕、蚕桑矮化密植、小蚕共育等技术；特别是在推广应用水稻旱育抛秧、地膜覆盖玉米打孔移栽、小麦点条播、油菜大田移栽、油菜规范化栽培、测土、配方、施肥、统防统治、免耕、蔬菜嫁接、膜下滴灌、电热育苗、猕猴桃栽培、水果密植（套袋、嫁接）、病虫害防治、烤烟栽培、高产密植桑园、纸板方格蔟省力化活动蚕台等农村实用新技术方面取得了显著成效，对农民增收致富发挥了巨大作用。

区水务农机局主研推广的“塑料薄膜防渗治漏山平塘技术”“U 形砼渠槽防渗治漏技术”“水土保持技术”和“集雨防旱池技术”，治理全区山平塘 1500 余口、水库 115 座、旱山村 120 个，推广面分别达到 97%、100%、85%。生态养鱼逐渐在全区 45% 的山平塘、水库中全面推开。各种农用机械种类和数量逐年增加，在一定程度上保证了农村现有条件下的实际需要。

区林业局推广的地栽袋料黑木耳、核桃矮化密植、速生林等技术也得到了广泛普及，2007 年年末，推广面分别达到了 100%、70%、98%，并取得了明显的经济效益。

区畜牧食品局推广的生猪二元和三元杂交、生猪六分离六配套、三推五改六配套、生物发酵舍零排放、阉割双免综合应用、有机肉猪生产、瘦肉型猪标准化生产等新技术，在省内处于领先水平，2007 年年末，推广面达到 95%。生猪养殖成为农村养殖主业和农户的重要经济收入产业。另外，在推广苜蓿和菊苣丰产栽培、牛的品种改良、波尔多羊与黄羊杂交育肥、人工授精、家畜免疫技术方面也打开了良好的局面。

2007 年年末，全区修建农户用沼气池 19597 口，覆盖全区各乡镇，建玻璃钢新材料沼气池 3730 口，建省柴节煤灶农户 21000 户，建设城镇生活污水净化沼气池 89 处，容积 4700 立方米，实现沼气综合利用农户 18600 户。运用沼气以后到 2007 年年末，全区减少薪柴砍伐量达 185000 吨，有效保护 45250 亩林地资源，每年节能直接经济效益达 550 万元，推广沼液浸种 20 万亩。2007 年年末，全区获农业部颁发的沼气生产资格证书 132 个，居全市第一；连续累计争取国家农村沼气项目 6 个，资金达 1035 万元，居全市首位。

建区后，区科技局每年抓两个乡 10 个村 100 户科技示范户，这些示范户中有种粮大户、生猪养殖大户、经果种植大户、药材种植大户、特种养殖大户、经纪人大户等，全区农民尝到了科技兴农的甜头，自觉依靠科技进步，认真学习农业实用新技术。至 2007 年年底，全区 80% 以上的农户均有一个科技经济园或养殖场。1988—2007 年，累计实施“星火计划”项目 18 项，创产值 1.80 亿元，农民增收 3.50 亿元；累计引进推广优良品种 28 个，推广应用各类农业技术成果 38 项。

二、工业技术应用

1992 年，区政府投资 200 万元对观音玻璃厂、观音饮料厂、卫子综合食品厂、元坝曲酒厂等企业进行了生产工艺和技术革新。1995 年，对元坝铸造厂进行综合技术改造，并将元坝 2 个新建焦煤厂改良为机焦生产，综合利用劣质煤和矸石炼焦。1998 年，元坝联民印刷厂淘汰铅字印刷，新上了塑料彩印车间，购进大型印刷机和切纸机等生产设备。2002—2003 年，元坝新元缫丝厂进行两次技改，共添置 SFD 自动缫丝机 7 组。截至 2007 年，全区工业企业累计引进、推广应用技术 17 项，进行企业挖潜、革新、技术改造 14 项，共投入资金 4429 万元（其中工业企业技术改造投资 1865 万元，新购工业项目设备和技术引进投资 2564 万元）。

三、医疗技术应用

1989年，区内仅有部分中心卫生院（卫子、王家、虎跳、昭化4个办事处所在地医院）使用显微镜、心电图等检测设备，乡镇卫生院医疗技术装备更差。1991年1月，区妇幼保健院开始使用彩色B超进行诊断。1992年11月，元坝区人民医院建立，但应用的仍然是常规检测诊断技术。1998年，区人民医院开始使用心电监护仪、口腔科综合治疗仪等仪器进行诊断和治疗；昭化中心卫生院购置手术床、麻醉机、无影灯等器械，使手术条件得以更新；虎跳、昭化中心卫生院更换了新型的先进B超设备，晋贤、白果、梅树、射箭乡卫生院装备了便携式B超，诊断技术水平显著提高。2001年2月，区中医医院建立，大多科室仍使用黑白B超、半自动生化仪、200毫安X光机等诊断技术。同年，区人民医院先后引进和使用彩色B超、化验精密仪、心电图、脑电图、500毫安X光机等检测诊断技术。2002年，区疾病预防控制中心与各乡镇卫生院全部装备了疫情网络直报设备，实现了网络疫情直报。至2007年，区直属医疗机构普遍使用500毫安X光机、彩超、全自动电解质分析仪、多功能呼吸麻醉机、心电监护仪等医疗检测诊断设备及其技术；各中心卫生院、乡镇卫生院分别普遍使用200毫安X光机或100毫安X光机开展常规检测诊断。

1989—2007年，全区医疗系统累计推广应用新技术、新项目15项。其中卫生防疫4项、妇幼保健2项、医疗技术9项。区人民医院、区妇幼保健院等区直属医疗机构能有效实施各种常用外科手术，医治内科各种疾病。中心卫生院和部分乡镇卫生院可开展中、下腹部各种外科手术，诊断循环、呼吸、肾功能、急性中毒、休克等疑难重症。

四、教育技术应用

1990—1993年，王家小学、虎跳小学、昭化第一小学、柏林沟中学、柏林小学、太公小学等学校自筹资金并在市电教馆帮扶下购进投影仪、放像机等电教设备，在区电教站开展的每年春、秋两季电教示教活动带动下推行电化教学。随后，全区电化教学技术逐渐广泛应用，至1994年，全区有54所中小学校使用投影、放像、录音等技术手段开展教学；元坝中学、昭化职中两校共购置计算机11台，开始开设计算机教学。1995年，张家中学、张家小学、朝阳小学、青牛小学、丁家小学5个教育卫星地面接收站建成并投入使用。1998—2000年，区内中学和大部分中心小学班班有电视机，村小学校校有电视机。2001—2002年底，全区有21所中小学完成“校校通工程”建设，12所中小学校实现单机上网。2003—2005年，实施“校园网建设”，全区建成5间计算机网络教室，4套多媒体投影系统，5间多媒体电子备课室，12个现代远程教育接收站。2005年，区教育局投资30万元，建成元坝区教育信息网。至当年底，全区共装备1260台计算机，42所学校可利用网络技术手段开展教学。2006—2007年，新增计算机440台，全区中小学教学用计算机累计达到1700台（平均18个学生有1台），新建、改建计算机网络教室13个；国家和地方共投入资金238.50万元（其中国家159万元，地方79.50万元），建起了光盘播放点65个，卫星地面接收站15个，配置现代远程教育网络多媒体教室13个；卫子中学、太公中学建成电视闭路系统，元坝中学建起了校园网络系统。各中小学均建有1套校园广播系统。至此，全区学校基本达到现代远程教育设备和技术要求。

第三章 科技管理

第一节 科技职称评定和专利申报

一、科技职称评定

1987年起，先后对教育、农、林、水、畜、财贸、金融等部门的科技人员职称和全区农民技术职称进行了评定，至1989年年末，共评定科技职称2200余人。1990—2007年年末，共评定农民技术职称2285人。

二、专利申报

区内的专利申报工作由区科委（区科技局）兼理。截至2007年年末，全区被国家知识产权局认定专利16项。其中，有一定影响的有8项（见表24-5）。

广元市元坝区获国家专利统计表

表24-5

项目名称	类 别	专利号	专利人	获专利时间
稻麦脱粒机	实用新型	86205647	周明龙	1986-01
新型ABS防抱死刹车系统	发明创造	97106685·X	郑云飞	1997-01
新型ABS防抱死刹车系统	国际专利发明	PCT/CN/97100137(申请号)	郑云飞	1997-01
6N—8型分离式碾米机	实用新型	ZL98229542·1	冯生传	1998-02
防感冒保健被	实用新型	ZL98229381·8	胡晓容	1998-02
6N—8型分离式碾米机	外观设计	ZL99325460·8	冯生传	1999-03
浴脚按摩保健盆	实用新型	022217681	冯生传	2002-02
锤片式粉碎机	实用新型	ZL02223069·6	俞天俊	2002-02

第二节 科技奖励

一、国家、省、市科技奖励

至2007年，全区获国家、省、市科技奖31项（国家级奖4项，省级奖12项，市级奖15项）；推荐的优秀产品在中国西部博览会上分别获国家级金奖7项、银奖1项、铜奖1项；获市、区优秀科技论文奖109篇108人；获农业部表彰的先进单位3个（区农业局、区林业局、区畜牧食品局），获中国科协表彰的先进单位1个（区科协）。

广元市元坝区获国家科委（科技部）、省政府奖励的产品统计表

表24-6

时间	项目名称	授奖单位	获奖等次	获奖单位
1992年	山楂饮料	国家食品博览会	银奖	广元保健食品饮料厂
1993年	冰鸟矿泉水	国家科委、省政府	金奖	广元元坝冰鸟矿泉水厂
1993年	“金印寺”无铅松花皮蛋	中国西部商品交易博览会	金奖	元坝区综合食品厂
1993年	山楂饮料	国家科委、省政府	铜奖	广元保健食品饮料厂
1995年	5T-500型多用脱粒机	国家科委、省政府	金奖	元坝区机械厂
1995年	理想牌自卸挂车	国家科委、省政府	金奖	卫子自卸挂车厂
1995年	康尔洗衣粉	国家科委、省政府	金奖	元坝区洗衣粉厂
1995年	珠光仙米	国家科委、省政府	金奖	元坝区粮油综合加工厂
1995年	中华养身益智醋	国家科委、省政府	金奖	元坝区综合食品厂

广元市元坝区应用技术研究和推广获省、市科技进步奖统计表

表24-7

项目名称	获奖等级	获奖时间	主研单位或个人	主研人员（前三位）
营养袋两段育苗技术研究与推广	市政府“科技进步”三等奖	1990-05	区林业局	吴万奎 李晓蓉 李文采 李万金
杂交水稻规范化栽培及病虫害综合防治技术	省农业厅二等奖	1992-02	区农业局	王江生 陆占燎
优质稻的开发与利用	省农业厅一等奖	1995-02	区农业局	苟元林 梁瑞龙
淡季蔬菜丰产栽培技术	农业部三等奖	1996-02	区农业局	冯木兴
优质高产油菜规范化栽培技术	省农业厅“丰收计划”三等奖	1996-02	区农业局	苟元林
杂交水稻高产优良新组合旱育秧病虫害综合防治	省农业厅二等奖	1997-02	区农业局	柏建兰 李久桥
5万亩杂交玉米综合增产技术	省农业厅“丰收计划”二等奖	1997-02	区农业局	苟元林
蔬菜高产高效综合配套技术	省农业厅二等奖	1997-02	区农业局	冯木兴
牛的品种改良综合技术应用推广	省政府“科技进步”三等奖、市政府一等奖	2001-11	区畜牧局	卢克俊 仲传武 王文明
长江中上游防护林经营利用技术研究	省政府一等奖	2002-02	区林业局	区林业局
生态经济防护林营造技术研究	省政府“科技进步”三等奖	2002-05	区林业局	熊大国 李晓蓉 肖喜元 黄 攀
优质纤维工业用材林定向培育技术研究	省政府“科技进步”三等奖	2002-06	区林业局	熊大国 王海琼 肖喜元

续表

项目名称	获奖等级	获奖时间	主研单位或个人	主研人员（前三位）
引种藏柏母树林营建技术研究	市政府“科技进步”三等奖	2002－06	区林业局	熊大国 何志辉 肖喜元
速生丰产用材林集约经营工程选林技术研究与推广	市政府“科技进步”二等奖	2003－02	区林业局	熊大国 肖喜元 王海琼
四川盆地优秀纤维工业用材林定向培育技术研究与应用	省政府三等奖	2003－03	区林业局	熊大国等
盛世苜蓿丰产栽培和利用关键技术研究与推广	省政府三等奖	2004－06	区畜牧局	卢克俊
盛世苜蓿、菊苣丰产栽培和利用关键技术研究	市政府一等奖	2004－06	区畜牧局	卢克俊 田德贵 仲传武
四川盆地低山丘陵区生态经济型防护体系结构配套技术研究	省政府“科技进步”三等奖	2004－08	区畜牧局	区畜牧局
无公害农产品生产技术推广应用	农业部三等奖	2004－09	区农业局	肖元清 冯木兴 仲秀芝
优质肉牛生产配套技术推广	农业部二等奖	2004 年	区畜牧局	区畜牧局
“中华倒刺鱼”高产高效养殖技术研究与推广	农业部“丰收计划”三等奖	2006 年	区水务农机局	

注：获市级二等及以下奖未列入

二、元坝区科技奖励

1999—2007 年，区委、区政府每年要召开科技奖励大会，主要奖项有：奖励科技先进单位；奖励科技先进个人；奖励有突出贡献的科技主研人员；奖励科技成果；奖励科技推广。每年的奖金额均在 3 万元～5 万元之间，由区科技工作领导小组颁发证书和奖金。

科技进步奖：1999 年，区政府制发《广元市元坝区科技进步奖励办法》，规定对于获区科技进步奖的单位或个人给予表彰奖励，其标准是：一等奖奖励人民币 2000 元，二等奖奖励人民币 1500 元，三等奖奖励人民币 1000 元；同时，要求获奖人所在单位按获奖金额1∶1比例，再次匹配奖金，一并奖励给获得科技进步奖科研项目的主研人员。此后，每年均按同样的标准实施奖励。2007 年 12 月，经区科技工作领导小组修订，奖励标准提高为：一等奖 5000 元，二等奖 3000 元，三等奖 2000 元。至 2007 年年末，全区累计有 38 个成果 150 余名科技人员获得了此项奖励，累计发放奖金 20 余万元。

科技承包奖：2001 年 4 月，区政府制发《关于大力推进科技承包的意见》，规定了科技人员的承包原则、对象、范围，对承包项目获得的利益，科技人员个人所得不低于实际投入的 50%。该文件明确规定，区政府每年拿出 5 万元，对在科技项目承包中取得显著成效的科技承包人给予奖励。至 2007 年年末，全区累计有 12 位科技人员获得此奖励，累计发放奖金 22 万元。

科技论文奖：1998—2007 年，区政府共颁发了十届科技论文奖。在国家级刊物发表科技论文的，每篇奖 200 元；在省级刊物发表科技论文的，每篇奖 100 元；在市、区级刊物发表科技论文的，每篇奖 50 元。2007 年，第十届科技论文奖修改为：在国家级刊物发表科技论文的，每篇奖 300 元；在省级刊物发表科技论文的，每篇奖 200 元；在市、区级刊物发表科技论文的，每篇奖 100 元。至 2007 年末，全区共有 553 篇论文获得各级奖励。其中获国家级优秀学术论文奖 28 篇，获省级优秀学术论文奖

59 篇，获市级优秀学术论文奖 142 篇，区级优秀学术论文奖 324 篇，区政府累计发放奖励金 3.50 万元。

科技拔尖人才奖励：1991 年，市级科技拔尖人才，每月享受政府津贴 60 元；区科技拔尖人才每月享受政府津贴 5 元。1997 年，区科技拔尖人才每月享受政府津贴提高到 50 元。从 2006 年开始，市、区级科技拔尖人才每月享受政府津贴均调整为 100 元。至 2007 年，全区享受政府津贴的市、区两级科技拔尖人才累计达 44 人次，发放津贴 14.28 万元。

科技管理工作和科研人员奖励：至 2007 年，累计奖励科技工作先进单位 52 个，发奖金 11 万元；累计奖励科技工作先进个人 819 名，发放奖金 15 万元；累计奖励科研人员 206 名，发奖金 6 万元。

科技致富带头人奖励：1998 年、2003 年两次奖励科技致富带头人 300 人，发放奖金 10 万元。

广元市元坝区授奖的部分科技优秀论文统计表

表 24－8

科技论文标题	发表刊物	刊期	获奖时间	获奖等次	作　者	单　位
元坝区湿地松、火炬松引种造林及其培育目标探讨	中国林业	1999－02	2000－03	市第四届一等奖	肖喜元 刘应文 陈　静	区林业局
犊牛早期断奶培育技术	黄牛杂志	2001－04	2002－03	区第四届一等奖	仲传武	区畜牧局
按公共财政要求界定事业支出范围	四川财政	2003－07	2004－02	区第五届一等奖	李良枝 刘映锋	区财政局
循经用药治验三则	四川中医	2003－06	2004－02	区第五届一等奖	席正荣	区人民医院
阳痿论治在中医	国际中医论坛	2003－10	2004－02	区第五届一等奖	李　敏	区人民医院
菊苣草高产栽培与利用技术	四川草原	2004－04	2005－03	区第六届二等奖	卢克俊 田德贵	区畜牧局
紫花苜蓿引种试验研究	四川草原	2004－05	2005－03	区第六届二等奖	田德贵 卢克俊	区畜牧局
动物及动物产品申报检疫证明在报检管理中的应用	四川畜牧兽医	2005－06	2006－03	区第七届二等奖	余晓华	区畜牧局
菊苣草育苗移栽技术初探	四川畜牧兽医	2005－07	2006－03	区第七届二等奖	卢克俊 田德贵	区畜牧局
川北农区种草养畜优化模式初探	四川畜牧兽医	2005－11	2006－03	区第七届二等奖	仲传武 唐　勋 田德贵	区畜牧局
浅议菊苣作栽培技术	四川草原	2005－07	2006－03	区第七届二等奖	卢克俊 田德贵	区畜牧局

第二十五篇　医药卫生

第一章　医药卫生管理

第一节　管理机构

一、医疗卫生管理机构

1986年11月，广元市市中区卫子区教科文卫委员会下设卫生科，梁全林任科长；1988年6月，成立广元市市中区卫子区卫生局，梁全林任局长。

1989年12月，广元市元坝区设卫生局（简称区卫生局），含理地方病防治、爱国卫生、公费医疗工作。1990年2月，区卫生局正式成立，设办公室、业务股、人事股、计财股；1994年11月，建立中共广元市元坝区卫生局党组；1997年，区卫生局设办公室、业务股、人事股、计划财务审计股、卫生执法股，另设地方病防治领导小组办公室、初级卫生保健委员会办公室。2000年7月，区爱国卫生运动委员会办公室由区政府办划回区卫生局。2001年，区卫生局设办公室、政工人事股、计划财务审计股、业务股。2006年，区卫生局挂广元市元坝区中医药管理局牌子，设办公室、人事教育股、计划财务审计股、医政股（挂区献血办公室牌子）、中医股、疾控与妇幼保健股（挂区公共卫生突发事件应急办公室、区地方病防治领导小组办公室、区初级卫生保健委员会办公室牌子），保留区爱国卫生运动委员会办公室牌子。至2007年，区卫生局机构无变化。

2007年年末，挂靠单位有区爱国卫生运动委员会办公室、区红十字会、区卫生监督所；直属事业单位有区人民医院、区中医院、区妇幼保健院、区疾病预防控制中心。

广元市元坝区卫生局领导名录

表 25－1

姓　名	性别	籍　贯	政治面貌	职　务	任职期间	备　注
杨显俊	男	广元市旺苍县	中共党员	副局长	1990－02—1991－03	主持工作
孙建强	男	广元市利州区	中共党员	副局长	1990－02—1995－07	1994－11 始任党组成员
杨显俊	男	广元市旺苍县	中共党员	局　长	1991－03—1997－02	1994－11 始任党组书记
熊占山	男	广元市元坝区	中共党员	副局长	1992－10—1995－07	1994－11 始任党组成员
母志林	男	广元市剑阁县	中共党员	副局长	1995－08—1998－03	党组成员
李朝银	男	广元市旺苍县	中共党员	副局长	1995－08—2003－02	党组成员
蒲国朝	男	广元市元坝区	中共党员	局　长	1997－02—2003－02	党组书记
杨明香	女	广元市元坝区	非　党	副局长	1997－05—2003－02	
李朝银	男	广元市旺苍县	中共党员	局　长	2003－02—2007－02	党组书记
冯晓华	女	广元市元坝区	中共党员	副局长	2003－02—	党组成员
范高甫	男	绵阳市盐亭县	中共党员	副局长	2003－02—	党组成员
杨文龙	男	广元市元坝区	中共党员	纪检组长	2003－03—2007－06	党组成员
赵志强	男	广元市元坝区	中共党员	局　长	2007－02—	党组书记；兼区中医局局长

二、食品药品监督管理机构

1991 年 10 月，建立广元市元坝区医药管理局和广元市元坝区医药公司，实行“两块牌子，一套人马”，事业单位企业化管理，既履行全区药品行业管理职能，又发挥药品供应服务功能；1997 年机构改革，保留区医药管理局，仍实行事业单位企业化管理；2001 年 6 月，改立四川省广元市元坝药品监督管理局（简称元坝药监局），为市药品监督管理局的派出机构，履行全区药政、药检职能；元坝药监局设办公室、综合监督股、市场监督股（挂稽查大队牌子）；同年，建立中共广元市元坝药品监督管理局党组。2005 年 7 月，元坝药监局更名为四川省广元市元坝食品药品监督管理局（简称元坝食药监管局），增加食品、保健品、化妆品安全管理、市场监督、组织协调和依法查处重大事故的职能，设办公室、综合股、食品安全协调监察股、食品药品稽查大队。至 2007 年，机构无变化。

四川省广元市元坝食品药品监督管理局领导名录

表 25－2

姓　名	性别	籍　贯	政治面貌	职　务	任职期间	备　注
仲　田	男	广元市元坝区	中共党员	副局长	1991－10—1993－11	主持工作，兼区医药公司经理
赵志强	男	广元市元坝区	中共党员	局　长	1993－11—2001－02	兼区医药公司经理
张明伟	男	广元市元坝区	中共党员	负责人	2001－03—2001－06	
张明伟	男	广元市元坝区	中共党员	局　长	2001－06—2003－03	党组书记
文方国	男	广元市旺苍县	中共党员	局　长	2003－03—2005－08	党组书记
何溢东	男	遂宁市射洪县	中共党员	纪检监察员	2004－04—2005－09	2005－04 始任党组成员
何溢东	男	遂宁市射洪县	中共党员	纪检组长	2005－09—2006－07	党组成员；主持工作

续表

姓　名	性别	籍　贯	政治面貌	职　务	任职期间	备　注
贺卫星	男	广元市元坝区	非　党	副局长	2005-09—2006-07	
何溢东	男	遂宁市射洪县	中共党员	副局长	2006-07—	党组成员
唐克双	男	遂宁市船山区	中共党员	局　长	2006-07—	党组书记

第二节　医政管理

一、医疗机构整顿

1990年，全区各类医疗卫生从业人员344人。至1994年，将原来的28个乡、4个办事处中心卫生院调整为16个乡镇中心卫生院、11个卫生所。加强对社会办医的管理，从严把握个体开业的资格审查，按程序办理个体开业证89人，配备药品监督员3人。清理了各种形式的办医，取缔服务水平低劣、违反物价政策、群众反映强烈的医疗站点93个。对无证行医、游医、药贩、借医行骗、非法经营牟取暴利、坑害群众的不法行为进行了打击，共处理25人。对241人重新注册，未经注册的一律不得从事医疗服务。

1995—1997年，对医疗机构进行评审，向区直属医疗单位和28个乡镇卫生院颁发“医疗机构执业许可证”。按照《四川省事业单位管理办法》，完成各医疗单位法人登记。对磨滩、红岩、卫子等8所乡镇卫生院领导班子进行了调整。1997年年末，乡镇“乡村卫生组织一体化管理”达到63%，村卫生站建站率达到100%，甲级村卫生站41.20%，62%的乡村医生达到中专以上水平。1998年，办验各类证件1269册（份），药品生产、经营企业及医疗单位的药品监督覆盖率达到100%；查处无证行医摊点及巫医、游医19处，没收药品器械价值1600元，罚款1000元。1999年，卫生执法监督覆盖率达到100%，违法案件查处率100%，食品卫生合格率达到90%以上。2000年1月，昭化中心卫生院一级甲等卫生院建设通过达标验收。卫子、王家中心卫生院一级甲等卫生院建设完成各项指标。2001年，清理整顿社会办医，当年共取缔非法行医10家15人，撤销场镇社会非法办医摊点53家80人，收编社会办医人员35人，充实村卫生站20人。按区域卫生规划重新核准个体医疗执业机构23家，完成执业医师268人的注册工作。全区乡镇卫生院的类别管理体制初步完善。以昭化中心卫生院为代表的综合型卫生院，以射箭卫生院为标准的一般型卫生院，以丁家卫生院为典型的防保型卫生院分别纳入管理规划；基层乡村卫生组织一体化管理面达到70%，巩固率100%；区人民医院二级乙等综合县医院建设达标并通过市卫生局验收合格。2004年，全区社会办医、个体行医执业许可证执证率达到100%，场所符合率达90%以上，32起违法违规行为被取缔，18起违法违规行为被立案查处。2005年，加强《传染病防治法》《医疗机构管理条例》等卫生法律法规的宣传贯彻，各医疗单位消毒供应室规范化建设与一次性使用无菌医疗用品管理工作逐步规范，院务公开与药品价格、医疗服务价格公示制度全面执行。完成80名执业医师年度考试和90名执业医师、48名护士注册，以及300名乡村医生换证等工作。

2006—2007年，加强对《执业医师法》《处方管理办法》《临床实验室管理办法》《医院感染管理办法》《医疗广告管理办法》等卫生法律法规的宣传贯彻，全区等级医院复查率达到100%。全区无自采自供血液现象，无输血性传染病和医疗事故发生，一次性使用无菌医疗用品管理工作达到规范要求。2006 年，执业医师考试合格 74 名，注册 22 名。助理执业医师执业考试合格 76 名，护士注册 54 名。2007 年，全区 120 名医疗专业人员报名参加执业医师资格考试。新注册执业护士 10 名，360 名执业医师参加定期考试，221 名农村卫生人员参加技能培训，230 名乡村医生参加“两法”培训，对 320 名中医师进行了摸底调查。拣银岩社区卫生站完成转型，规范化建设完成达标验收准备。

二、业务指导和管理

1990 年，全区建立疑难病人和死亡病人的病案讨论制度，提高诊断和治疗水平。抓病历书写和病案管理工作，落实病历书写责任制，提高病历书写质量，尤其要求对危重病人的病历书写要做到及时、准确、完整。抓医疗纠纷和医疗差错处理，严格落实医疗责任。抓医护队伍建设，采取多形式培训医护人员，多渠道引进人才。抓医护人员的职业教育，严格执行各项护理制度和技术操作规程，提高医护质量。全区门诊 36. 20 万人次，住院 3. 27 万床次，总收入 150 万元，同比增加 7. 90% 。1992 年，虎跳中心卫生院的管理模式得到一致认可并在全区推广。

1993—1995 年，坚持业务指导经常化，医疗质量明显提高，医疗卫生群众满意度达到 98% 以上，危重病人抢救成功率达到 95. 60% ，出、入院诊断符合率（准确率）达到 98% ，门诊日志建立 100% ，甲级病历书写合格率达到 64% ，护理表格填写合格率 60% ，全区各级医疗机构业务总收入 480 万元，同比增长 37. 20% 。1998 年，区直属医疗单位及各中心卫生院均建立医疗质量控制领导小组，定期检查考评，严格要求医护人员按标准规范操作，及时查处违规违纪人员和事件。各医疗单位建立医疗质量奖惩责任制。2001 年，全区中心学校均建立医务所，医务人员由区卫生局统一确定，实行业务包干和经费统一核算的办法，全面参与和协助学校的健康教育、预防接种、常见病和多发病防治，方便学校师生就医。全区卫生服务体系多层次、多样化格局基本形成。在坚持完善坐岗服务制度，提高院内服务水平的同时，采取增设便民门诊、医疗收费上墙公布、全面下调虚高医疗收费价格、送卫生下乡、开设义务咨询服务点、加强专科建设等措施和办法，提高社会对医疗服务的知信度。全区医疗单位院务公开率达到 100% ，虚高医疗收费价格下调幅度达到 20% 。全年开展送卫生下乡活动 30 余次，举办义务咨询服务 30 余次，为 14 万余名干部群众进行义务健康体检。区人民医院、区中医医院、昭化中心卫生院的特色专科建设取得新进展，一批新技术、新成果得到运用。2002 年 11 月份，区妇幼保健院新建业务综合楼正式挂牌营业。全区医疗机构业务总收入达到 920 万元，同比增长 28% 。211 个行政村中有 184 个村建有卫生站。2003 年，全区医疗系统开展“医疗质量年”活动，围绕这一主题，文明行业创建、作风整顿、行风评议以及升等达标等活动相继展开。区人民医院、区中医医院、区妇幼保健院等健全“院务公开栏”，实行药品价格、医疗服务价格公示制，设立导医服务点，开展创建“放心药房”活动。明觉、张家、红岩 3 个卫生院一级乙等卫生院创建达标。全区卫生系统“文明单位”的创建合格率达到 70% 。全区医疗机构业务总收入突破 1200 万元。

2005 年，以完善制度和责任追究为中心，全面推行目标管理。改变对事不对人的考核评议办法，变对单位考核的总体把握到对管理人员的责任追究，变对工作成绩的宏观要求到对“一表一册”的数据量化，既注重考核业务工作成效，更强调单位管理水平与社会评价指标，提高业务管理总体水平。2006 年，以重大传染病防治和突发性公共卫生事件应急处置为目标，区卫生局编制出《广元市元坝区突发公共事件医疗卫生应急预案》，应急队伍、资金、设施设备等储备得到加强。普遍推行农村贫困孕产妇救助制度，加强基层妇幼保健和卫生计生综合服务工作。加强新型农村合作医疗政策宣传和社区卫生中心及站点建设，解决居民“看病难、看病贵”等问题。实行乡村两级公共卫生人员定岗定补制度和单项目标考核办法，区、乡、村三级公共卫生人员的工作职责和考评责任进一步明确。全面推行目标管理，从医疗卫生服务流程与质量考评、药品采购与经营管理、财经制度完善与纪律执行、安全教育与措施落实、院容院貌整治与环境改善等入手，重点考评单位落实效果。2007年，推进创建省级农村中医工作先进县（区）工作，全区医疗单位“四房两室”（药房、库房、煎药房、炮制房；中医诊断室、专科专病室）和村卫生站“三室一房”（治疗室、诊断室、观察室，药房）建设工作完成阶段性目标任务。区中医医院二级乙等中医医院创建工作通过市级初查。各乡镇卫生院按照公共卫生区、医疗救治区、生活娱乐区“三区分设”原则，全面开展分类规划与布局调整工作。

三、医疗事故处理

2006年3月7日，晋贤乡中山村5组产妇仲某因足月孕先兆临产，经区中医院妇产科主治医生对其进行相关检查后诊断为“胎儿脐带绕颈、头盆不称”。区中医院立即召集相关人员会诊，决定对其实施剖宫产手术。在手术实施过程中因麻醉效果不佳前后三次加强麻醉，麻醉医生最后一次静脉推注一支丙泊酚后，产妇突发呼吸心跳停止，手术室医务人员虽经全力抢救，但因手术室心电监护仪等核心设备平时缺乏检修，仪器显示生命体征重要数据完全失真，误导了对患者的救治，致使产妇死亡。3月8日，区卫生局及时成立专门工作组，分管业务的副局长范高甫带领相关人员进驻中医院协调解决此事件。工作组提出初步的解决方案：及时向死者家属宣讲医疗纠纷处理途径和办法；说服死者家属尽快进行尸体解剖鉴定以明确死因；与当地党委、政府一道做好安抚维稳工作，维护正常的医疗秩序和社会稳定。3月22日，经广元市医学会尸解，报告结论是该孕妇死于大出血。3月23日，区卫生局根据医患双方均愿意协商解决的意愿，召集中医院负责人及相关人员、死者家属代表及委托律师、群众代表等共计50余人，对产妇仲某死亡医疗纠纷进行调解，医患双方最终达成一致协议，由区中医院一次性补偿死者家属各项费用共计8万余元，事件得到及时有效地解决。

四、中医管理

1991年，区卫生局对中医行医人员进行重新申报、登记、清理、发证，严格审查办医条件、人员资格、服务布局、执业范围、收费标准、管理制度等，未经审定注册的一律不得从事医疗业务，对个体开业和社会办医者定期检查，并落实奖惩。至1993年，中医管理逐步规范。1994年，配合市、区药检所对区内的中医药品经营使用单位进行抽验，共抽验33个单位，查出劣质药品6种，价值1000多元，全部予以销毁。1995—1998年，在加强常规管理的基础上进一步加强规范化管理。全区各医疗单位普遍开设中医门诊，乡村医生、个体执业医生及其摊点，90%从事中医服务。投入专项建设资金40万元，卫子中心卫生院中西医结合示范医院的配套建设初步完成。

2001年，全区中医工作重点加强区中医医院建设、中医专科建设和农村中医工作。以卫子中心卫生院为基础筹建的区中医院于同年10月经市卫生局验收达到一级甲等中医医院标准，为全区中医药研究、发展和交流打下了基础，对全区中医药业务稳步发展起到积极的带动作用。全区医疗单位的中医门诊普及率、中药房（柜）单独配备率、中医药人员门诊设置率均达到100%，社会办医及村卫生站的中医药服务面达到95%以上。2002年，全区共注册中医执业医师10人，助理医师38人。2003年，全区中医药人员继续教育参与率达到86%，乡村医生中西“两法”技能考试合格率达到85.30%。区人民医院中医门诊医生李敏被推荐为市级名中医。2004年，开展创建省级农村中医工作先进县区工作。当年，沙坝、晋贤两乡创建成市级中医工作先进乡，区人民医院、明觉乡卫生院等中医专科建设初见成效；全区40%以上医疗机构的中药房达到“放心药房”标准；中医药人员继续教育参与率达到

98%，乡村医生中西医两法技能培训合格率达89%。

2005年，推进全省农村中医工作先进县（区）创建工作，明觉、昭化等乡镇创建市级农村中医工作先进乡镇工作完成验收准备。区中医院等级建设通过市级复查，门诊中医处方合格率达到98%，中医门诊治疗率65%、住院率70%。中医药人员继续教育参与率与在岗中医药人员四部经典著作（《瘟病》《金匮要略》《伤寒杂病》《黄帝内经》）学习参考率均达到80%以上。区人民医院理疗科创建市级重点中医专科工作进入评审阶段。全区257名乡村医生参加中西“两法”集中培训考试，培训率与参考率均达到80%以上。2006年，梅树、黄龙、张家、太公、王家、文村6个乡镇创建市级农村中医工作先进乡镇工作完成验收准备。全区中医药人员继续教育参与率与在岗中医药人员中医经典著作学习参考率均达到70%以上。组织293名乡村医生参加中西“两法”集中培训考试，培训率与参考率均达到88%。梅树、白果、文村、柏林4个乡卫院完成中医“放心药房”创建工作。2007年，强化督查督导，先后两次邀请国家级名中医、省级创建评审专家陈天然教授和市级相关部门负责人进行现场培训指导，区卫生局采取分组指导、分片包点、对口督导等方式严格按照创建标准进行检查落实。11月底，全区创建工作通过省专家组初评。

第三节 药政管理

1988年，卫子区公所卫生科宣传《中华人民共和国药品管理法》，全年办板报32期，通过有线广播宣传88次，组织开会学习1364人次，检查药品经营、使用单位时，销毁劣质药品96种共767公斤、变质新药品7种共847片。在市场管理中，查处无证行医12起，没收销毁假劣药品30种共15公斤。1989年，查出并销毁失效、变质药品20多种和医疗单位的秦艽、砂仁、山楂等伪劣药品共80多公斤。

1990年10月，元坝区政府成立整顿医药市场领导小组，对全区药品使用、经营单位逐一进行检查，对查出的大量假劣药品全部予以销毁，对查出的无证经营和证照不全的单位和个体户一律限期整改。1991年，销毁虫、霉、伪、劣药品127公斤，价值1242元。规定医疗单位对毒、麻、限、剧药品必须进行专人、专柜、专锁、专账、专门处方的“五专”管理制度。1992年10月，对王家场镇所有个体行医摊点、药店进行执法检查，查处假劣药品11种，价值1304元。1994年，抽检区内33个单位的49种药品，查出假劣药品11种，标值4000多元。1995年，对全区医药市场进行两次大检查，共检查64家医药销售单位，处罚13家，查出假冒伪劣药品298个品种，标值2385.70元，全部予以销毁。1996年，区内药品市场价格混乱，假劣药品又大范围出现。区政府确定区医药公司是区内唯一具有独立法人资格的药品批发企业，区医药公司下属的卫子、王家、虎跳、昭化、太公、磨滩6个经营部，属于非独立的药品批发企业，零售网点30个（原则上每乡镇1个）。7月，区卫生局发出《关于加强药品管理的通知》。当年，经区医药、卫生、工商部门整顿和规范，卫子、王家、虎跳、昭化4个供销社不再经营医药批发业务，转向发展中药材种植和收购，全区共保留56个零售药店。查出假劣药品21个品种，标值1.20万余元，没收违法所得2254元，并分别按照假、劣药品零售价格及其数量处以3～5倍、1～3倍罚金，共处罚金11635元。1997年，全年查医疗单位及药品经营摊点36个，查处假劣药品和违规使用医疗器械标值1200余元，收缴非法经营的精神类药品价值150元。1998年，没收使用、经营单位假劣药品12瓶标值560元；没收无证行医摊点药品和医疗器械标值1600元，处罚金100元。1999年，区卫生局收缴假劣、过期药品及变质食品以及违规使用的医疗器械共300个品种，标值5000

元，处罚12人次，罚款1510元。2000年，区医药管理局全年组织药品经营单位人员培训共530人次，其中“GDP”（药品经营质量管理规范）达标换证培训250人次；区卫生、医药、工商部门联合整顿药品市场，关闭非法经营网点3处，查出假劣药品9种，销毁假劣药品及违规使用的医疗器械标值1万余元。

2001年，区医药管理局对全区药品经营、使用单位的药品及医疗器械进行抽样调查，发现一些乡镇无证经营现象比较严重，进药渠道混乱，药品质量低劣，有的经营户贪图便宜，从流动药贩手中购买假冒伪劣药品。其中，在射箭乡场检查时，当事人拒绝检查，阻挠执法，被公安机关予以治安处罚。区卫生、药监部门全年共没收非法经营、使用的药品和医疗器械价值2.40万元，处罚金1万元。通过排查，给存在一定问题的药品经营和使用单位发出《责令（限期）整改书》130余份。2002年，元坝药监局进一步加大药品监管法律法规宣传力度。3月18日，元坝药监局发出《关于药品零售单位不得开展药品批发业务的通知》，规定全区药品零售单位从2002年4月1日起一律不得开展批发业务。4月28日，元坝药监局发出《关于统一“一次性使用无菌医疗器械”采购、验收使用、销毁记录的通知》，规定全区药品经营、使用单位从2002年5月1日起统一使用药监部门印制的《“一次性使用无菌医疗器械”采购、验收、使用、销毁记录》。5月10日，元坝药监局发出《关于统一制发药品经营、使用单位购药记录的通知》，规定全区药品经营、使用单位从2002年6月1日起，统一使用药监部门印制的《购药记录》《药品检查验收记录》《药品拆零纪录》。当年，先后开展药品专项监督检查、医疗器械专项检查、“DA-100”（四川省药监局布置的100天打假专项行动）打假行动，督促有关医疗单位清理销毁了过期药品（标值30万元），查处无证经营单位（个人）10家，责令（限期）整改单位（个人）142家；依法取缔卫子场镇一个体户多年无证经营药品行为，没收其违法经营药品（标值1.90万元）；查处某镇卫生院使用假劣药品和重复使用“一次性使用无菌医疗器械”违法行为，将其行为在广元电视台“新闻视点”栏目曝光。

2003年，元坝药监局对全区医院麻醉药品处方医生及麻醉药品、精神药品管理人员进行专门培训，组织全区药品企业人员参加广元药监局组织的上岗培训以及省药监局组织的处方审核员资格培训。全区开展药品市场专项监督检查，共检查20多个乡镇卫生院、100多个村卫生所、80多个零售药店，当场处罚10家、立案查处19家，责令整改27家，通报批评5家，取缔无证经营6家，没收假劣药品1775个品规（标值4.80万元）。

2004年，抓农村药品供应网络和药品监督网络“两网”建设。将全区市场划为6个片区，按照“政府引导、市场运作、多方参与、法律规范”的原则，在公开、公平、公正的前提下，先后择优选定广元太星平价大药房连锁有限公司、广元大山药房连锁有限公司、广元千方药业连锁有限公司三个公司，分别承担昭化、元坝、虎跳、卫子、王家、太公6个片区乡、镇的药品供应业务，三个公司就药品质量、药品价格、便捷服务措施等作出公开书面承诺。增聘10名人大代表、政协委员为药品医疗器械监督管理协查员，建立健全药品监督网络。利用“三一五”国际消费日和“三下乡”活动，集中展示、销毁假劣药品及医疗器械196箱（件），并制成专题片在区电视台滚动播放。元坝、昭化、王家、卫子、太公、虎跳6个片区对各村卫生站及个体医生进行相关法律法规培训。查处两家医院购进不合格医疗器械产品案，并作出没收违法所得和罚款9.38万元、4.10万元的行政处罚决定；查处某保健院违法批发药品案；全年共责令整改环境及设施设备27家，责令3名体检不合格人员离岗，依法取缔无证经营5家，没收药品893个品规、医疗器械22个品规，涉案金额19万多元，查处违法案件46件。2005—2007年，元坝区药品监管工作以完善、巩固农村药品“两网”建设为重点，统一乡村医疗机构规范药房验收标准和新型农村合作医疗定点药房验收标准，与药品经营企业签订《药品、医疗器械供应质量责任书》，帮助供应企业完善乡镇药品配送库建设，药品配送直接到乡镇达到100%，到行政村达到90%以上；聘请各乡镇分管领导、卫生防疫人员和村卫生站负责人共341人为食品药品医疗器械监督管理协查员和信息员。元坝食药监管局对全区乡镇卫生院长、药房人员和村卫生站人员进行农村药品“两网”建设暨“规范化药房”建设培训，还结合治理商业贿赂专项行动和农村药品“两网”建设，建立涉药单位数据库，全面掌握涉药单位从业人员培训、职业资格认定、违法和不良行为等方面的基本情况。组织各连锁店对药品配送企业进行综合评议，并将评议结果作为评定药品经营企业等级的重要依据。2005年，共查处违反药械法规案件38件，销毁假劣药品、医疗器械2396品规，取缔无证经营户1家，上交罚款57152.60元。至2007年年底，全区85个县级以下药品连锁门店申请GSP认证，经广元食品药品监督管理局检查验收，均达到GSP评定标准。全区有药品使用单位388个，其中区直属医院4个，乡镇卫生院27个，村级卫生站310个，个体诊所38家，计生服务机构9个。《中国医药报》对元坝区“两网”建设工作进行了专题报道。

第四节　食品监管

1987年，卫子区公所卫生科查处各种霉烂食品33公斤，变质饮料423瓶。1988年，全区换发“卫生许可证”516本，占应换发单位总数的80.20%；应体检1067人，实查894人，发给健康卡片771人。查处变质食品228.50公斤、糖果糕点251公斤、肉类及制品255公斤、奶类及制品11公斤、掺假（杂）食品16公斤，其他霉变食品113.40公斤，食源性肠道传染疾病明显下降。1989年，采取多种形式宣传《中华人民共和国食品卫生法》（简称《食品卫生法》），培训食品从业人员1500余人。对食品市场不定期检查，共查出各类过期变质的罐头100瓶、饮料766瓶、糖果糕点960余公斤。对不符合食品卫生法规的7个单位责令限期整改，对违反《食品卫生法》的15个单位及个体户处以罚金，对900多个食品经营单位换发“食品卫生许可证”。

1990年，元坝区采取节日期间突击检查与平时不定期检查相结合的办法，共查处变质食品15种，主要有：肉类61公斤、罐头194瓶、糖果糕点200.50公斤、调味品75公斤、饮料548公斤，查处伪劣蜂蜜70公斤。责令限期改正13户，罚款830元。是年，全区食品行业50%以上的单位有“三防”（防虫、防蝇、防尘）设施，有150户用煮沸法消毒餐具，全年无食物中毒事件发生。1992年4月，为防止提取了胆红素的猪肉上市，对区内市场所有猪肉进行检测，经鉴定无问题的才准许出售。1994年，全区有食品从业人员2025人，体检1906人，对查出的18名身体不合格人员全部调离。1995年共进行4次食品卫生大检查，处罚28家，罚款1.20万元，销毁伪劣食品670件，标值8500元。1996年，为加强食品卫生监督工作，聘请专业技术人员及相关行政管理人员共11人为元坝区食品卫生监督员；查处经营变质食品商家13户，共处罚金1.50万元，并销毁变质食品720件，标值6700元。1997年，全区食品从业人员体检合格率达到100%，食品卫生合格率升至86.20%。1998年，全区贯彻执行新修订的《食品卫生法》，整顿全区药品食品市场，查处无证经营食品摊点20个，没收销毁过期变质食品5件，标值1250元。2000年，区卫生局及卫生防疫站培训食品从业人员300余人，颁发“培训合格证”300余本，补办“卫生许可证”30户；检查食品摊点和餐饮店172户、公共场所25处，查处违法违规经营户16户，处罚款700元。2001年，区卫生局共查验776个经营单位的“食品卫生许可证”，规范“农家乐”18户；查处不合格食品生产经营案250例、无证经营案80例，无健康卡从业人员230人；销毁不合格食品6700公斤，并处罚金500元，调离职业禁忌人员24人。区卫生部门在与相关部门联合开展的专项整治和整顿规范市场经济秩序行动中，排查食品生产经营户856户及化妆品经营户321户，查处无证经营56户，无证从业人员72人，销毁“三无”（无标签、无生产日期、无保质期）及过期、失效、变质食品213个品种共1944公斤，销毁假冒伪劣化妆品24个品种标值1600余元。2002年，区卫生局查验687个经营单位的“食品卫生许可证”，规范“农家乐”18户，查获不合格食品生产经营案140例，无证经营案60例，无健康卡从业人员110人，销毁不合格食品1700公斤标值1400余元，处罚金500元，调离职业禁忌人员14人。

2003年，全区实施食品药品放心工程，推行食品卫生量化分级管理制度，全年共检查食品生产企业、经营单位、餐饮摊点和学校食堂2800家次，培训食品生产、经营人员380人，完成健康体检1042人，调离休检不合格人员38人，审验“食品卫生许可证”1500份，重新核发150份。全区食品卫生监督覆盖率、发证率、职业禁忌人员调离率均达到100%，食品卫生合格率达到87%。2004年，元坝区调整充实区食品安全协调委员会（简称区食安委），在全区进一步组织实施食品药品放心工程。区卫生部门培训食品从业人员1800余人，排查食品经营店、商场（超市）及学校食堂、公共场所、供水站等3400家，注销“食品卫生许可证”3户，调离体检不合格人员36人。加强对冰鸟、含羞泉两家矿泉水生产企业实行日常监管检查，对17个乡镇供水站提出监督意见并责令整改。安徽阜阳劣质奶粉事件发生后，加强了对元坝城区奶粉批发市场和农村婴幼儿奶粉经销单位进行监督检查，就地封存有问题奶粉800公斤，没收销毁劣质奶粉20公斤。全年共检查食品生产企业72家、餐饮业2437家次、商场57家次，行政处罚37户，罚款2.80万元，没收销毁不合格食品、奶粉、生产原料3000公斤。经整顿，全区食品卫生合格率达到85%。2005年，元坝食药监管局会同区卫生局、区教育局再次对全区中小学及托儿所、幼儿园食品安全进行专项检查。共出动执法人员167人次、执法车辆36台次，检查食品生产和流通经营企业以及餐馆、食堂共272家，依法取缔12家、吊销证照1家，立案查处13家，现场处罚2家，限期整改14家，没收过期劣质食品50公斤。

2006年，成立区食品安全委员会，其办公室设元坝食药监管局。区政府将食品及药品安全工作纳入年度目标考核，并成立由分管副区长为组长，教育、卫生、食药监管、广播电视等部门负责人为成员的学校食品安全专项督查小组，实行师生同一食堂就餐制和食品留样送检制。12月，全区学校全面完成整治并达标，各学校均成立有以校长为组长的食品安全领导小组，聘请当地医疗机构负责人为学校食品卫生监管员，实行学校食品原料统一配送制度。当年，区食安委统一组织食药监管、卫生、工商、质监、农业、畜牧、粮食、水务、经济和商务等成员单位联合执法检查7次，由各成员单位各自开展的专项整治13次。共检查食品生产、加工、经营企业253家，查处违法行为105起，涉及违法金额36.40万元。其中立案查处案件40件，罚款2.21万元；吊销生产许可证3家，取缔无证经营1家；查处销售增白剂过氧化苯甲超标面粉5家；取缔私屠滥宰生猪户4家，查处猪肉250公斤；查处销售病死猪肉案5起，销毁病死猪肉380公斤；查处水产品水发制品案3起，销毁其水发制品40公斤；查处水果农药残留超标案4起，销毁其水果130公斤；查处微生物指标不合格奶制品案3起，销毁其奶制品28公斤；查处菌落总数超标豆制品案3起，没收销毁超标豆制品31公斤；查处蔬菜有机磷农药残留超标蔬菜案22起，没收销毁其蔬菜150公斤；查处有毒有害酒类食品案13起，销毁其酒类食品56公斤。在各部门开展的专项整治中，质监部门对食品生产加工小作坊予以整治，责令停产1家，限期整改6家，对88家食品企业实行A、B、C、D四级分级管理；工商部门开展的农村食品市场、“六一”儿童节食品市场等专项整治，查处无证经营8户、查处假冒伪劣食品标值1.25万元；畜牧部门在排查“瘦肉精”等违禁药品专项整治行动中，共检查50个养殖场1万余头猪、100多个饲料品牌，未发现有使用“瘦肉精”等违禁药品行为；经济和商务部门在生猪定点屠宰加工整治中，实行星级管理，福润肉类食品有限公司、华康实业公司、元坝食品公司、元坝定点屠宰场分别申报为“三星”级；工商、质监部门联合开展的桶装水卫生安全专项整治，检查生产、经营单位115家，查处无证经营户2家；粮食部门开展的粮油市场专项整治，坚持实行新粮与陈粮、好粮与次粮、粮油与化学药剂分离储存，同时开展配送一体化服务，年内共与27所中小学签订了粮油配送协议。全区市场依法实行大米、面粉、食用植物油、酱油、食油醋等各类食品消费市场准入制度。城镇生猪定点屠宰率达到100%，销售注水肉、病死肉现象得到遏制。酒类生产、经营单位持证率达91%，酒类及奶制品经销单位进货索票索证率、产品标签标志合格率均大幅度上升。学校食堂及餐饮业推行食品卫生监督量化分级管理达标1家，有40所学校食堂建设全面标准化。

2007年，区政府将食品安全实行责任追究制和“一票否决制”。乡镇、社区街道办事处都建立有食品药品安全工作领导小组。3月，区委、区政府与广元市食品药品监督管理局在元坝城区举行“广元市食品安全进农村、进社区、进学校宣传教育活动”，发送宣传资料2万余份，接受群众咨询2000余人次。5月27日，沙坝乡红寨村发生一起宴席食品中毒事件，及时进行了查处。随即，区委、区政府制发了《广元市元坝区农村家庭宴席食品安全管理办法》，全区实行了农村家庭宴席申报、备案、监督、报告制度。全年共立案查处40家，依法取缔10家，现场处罚7家，限期整改71家，销毁过期变质食品356公斤。区卫生部门全年培训从业人员100余人次，现场指导整改100余家；工商管理部门开展的流通环节专项整治，检查食品经营户1114家，查处案件32件，查处不合格食品3071公斤，案值3.80万元，处罚款3.55万元，受理消费投诉案21件，为农民挽回经济损失2.30万元；元坝质监部门共检查各类食品生产企业50余家，抽查各类产品21个批次，责令10家限期整改，并按时进行了复查，责令1家调味品企业停止生产、销售，现场销毁存放的200余公斤产品；区粮食部门对全区粮油收储企业、个体户和加工厂收购的原粮进行抽样检验，对收购粮食质量较差的单位和个体户进行了严肃批评教育；区经济和商务局加强酒类流通市场管理，开展肉制品质量专项整治，共检查326家，查处证照不齐42家，销毁过期啤酒和果酒327瓶，销毁病死猪肉42公斤；区畜牧部门加大兽药及饲料投入品的监管力度，销毁假劣兽药和饲料3吨；区农业部门开展农产品专项执法检查，共检测10余种农产品，对检测结果予以及时公布。

第五节 卫生执法监督

1990—1997年，卫生执法监督工作由区卫生防疫站（区疾控中心前身）承担，1997年起，区卫生局成立了执法股，卫生监督执法职能从区卫生防疫站移交到区卫生局执法股，当时的主要职责是对食品卫生、药品管理、职业卫生、饮用水卫生、化妆品卫生、公共场所卫生等的执法监督。区卫生监督所建立后，当年即结合“四五”普法工作，在全区开展卫生专业法律法规的宣传教育。在日常监督中，实行以区统管为主，乡镇管为辅，区统乡镇、乡镇统村、村统组的三级执法与监督服务体制。2002年，查处非法行医案10例，没收非法经营、使用药品器械价值1000余元，处罚款1万元；增办“食品卫生许可证”80份，验证678份，指导规范农家乐18家，查获不合格食品生产经营案140例，无证经营案60例，无健康从业证人员110人，没收并销毁不合格食品1700公斤，价值1400余元，处罚款500元；调离职业禁忌人员14人，案件查处率、结案率均达到100%，并完成规费收缴6.10万元。

2003年“非典”防治期间，共出动车辆120辆次、执法监督人员820多人次，对全区不同行业的

665家单位的预防“非典”措施进行监督检查，重点对公共场所、餐饮业卫生、生活饮用水和学校卫生进行监督检查，严防“非典”的扩散。全年共检查食品生产企业70家次，食品经营单位1700家次，餐饮业300家次，学校食堂150家次；发食品卫生许可证150家，调离身体不合格从业人员38人，培训食品卫生从业人员380人，发培训合格证380份；对150家食品生产、经营单位的卫生许可证进行年度审验，食品卫生监督覆盖率达到100%，发证率100%，职业禁忌人员调离率100%；检查公共场所871处，学校卫生47家，新发公共场所卫生许可证87家，取缔无卫生许可证1家；培训医疗服务人员239人次，查处违法医疗行为25件，立案查处5件，纠正不规范医疗行为130次；共查处各类卫生违法行为63起，立案查处60起，其中移送司法机关2起。销毁有毒有害、假冒伪劣食品7200公斤，罚款2.10万元。2004年高致病性禽流感疫情期间，区卫生执法监督所共出动执法人员100余人次、车辆50余台次，加强宣传和执法检查，防止禽流感疫情扩散。安徽蚌埠的劣质奶粉事件发生后，重点对奶粉批发市场和婴幼儿奶粉经销单位进行监督检查，在专项检查中，就地封存奶粉800公斤，没收销毁劣质奶粉20公斤。“五一”和“十一”黄金周期间，对昭化古城、将军岭、平乐寺等景点餐饮卫生和散装食品进行专项检查，共销毁不合格食品及原料80公斤。全年共监督检查食品生产企业72家，餐饮业2437家次，商场（超市）571家次；新办食品卫生许可证169家，培训卫生从业人员1200余人，对1家食品生产单位进行量化分级管理。对43家食品经营单位进行立案调查，其中37家受到行政处罚，罚款2.80万元，没收并销毁不合格食品2800公斤，注销卫生许可证1个，吊销卫生许可证2个，调离食品生产经营身体不合格人员27人。

2005—2007年，开展食品放心工程专项整治，卫生执法、安监、工商、质监、药监等部门多次联合检查，当年查处各类食品违法案件25起，立案28起，罚款2万余元，没收违法所得0.50万元。共培训食品从业人员30次1200余人，发放食品卫生行政许可262家。开展学校集体食堂卫生专项整治，共检查各类学校58家，没收不合格食品354公斤，立案3起，罚款0.80万余元。开展非法行医及非法采供血专项整治，以无证行医、超范围执业、变相承包科室等作为检查整治的主要内容，共出动卫生执法监督人员1367人次，检查医疗机构420余家，取缔无证行医15家，查处超范围执业6家，变相承包科室1家，立案25起，罚款3.80万余元，没收违法所得0.30万元。按照卫生部要求，进行职业危害因素的专项调查，联合区安监局、区劳动局对区境内的工矿企业、医疗机构进行职业卫生专项检查，建立了职业卫生人员健康档案。2006年，查处非法行医案11起，查处其他违反医疗相关法律法规案26起，共罚款4.50万元，没收违法所得900元，规范了医疗卫生秩序。开展食品卫生专项整治，共培训从业食品人员29轮次1447人，办理食品卫生许可证146家，公共场所卫生许可证8家，查处各类食品案件25起，立案22起，罚款7290元，没收违法所得540元，没收不合格食品548公斤。对学校食品卫生进行重点检查，共检查各级各类学校53所，55个食堂，对严重不符合卫生要求的9家食品经营机构均下发了卫生整改通知书限期整改，并将情况通报区教育局。10月9日，区政府召开会议，对改造全区学校食堂进行了统一安排，11月20日，组织卫生执法人员进行检查验收，在此项检查过程中，办理食品卫生许可证37家，查处各类食品案件5起，罚款300元，没收不合格食品186公斤，吊销卫生许可证1家，注销卫生许可证38家。2007年，共培训食品从业人员320人，管理人员120人，受理卫生许可98件（饮食类服务业），食品卫生与打击非法行医专项整治取得阶段性成效。共查处食品违法案件18起，立案19起，罚款1.24万元，没收不合格食品1240公斤。查处违法医疗机构6家，取缔非法执业机构4家，罚款0.75万元。

第六节　医疗服务

一、医疗机构

（一）区级医院

广元市元坝区人民医院（简称区人民医院）：1990 年 11 月建立。1993 年，区人民医院医疗科室、中西医药房基本齐备，有业务用房 350 平方米、病床 12 张，日门诊量 35 人次，病床使用率 100%，治愈好转率 92%。2001 年 11 月，区人民医院创建为国家二级乙等综合医院，先后引进彩超、化验精密仪等现代化诊断治疗设备。至 2007 年，医院占地达到 1.30 万平方米，建筑面积 6800 平方米，开设床位 100 张，有中高级技术人员 3 人，设临床、医技、行管等科室 25 个，年门诊病人 5.30 万 人次，住院病人 1500 人次左右，病床使用率 68%，出入院诊断符合率 98%，治愈好转率 95%。有医、护人员 102 人，有中级卫生专业技术职称 51 人，高级卫生专业技术职称 6 人。

广元市元坝区中医院：2000 年 7 月，卫子中心卫生院更名为广元市元坝区中医医院（简称区中医院）。2001 年 2 月，区中医院正式成立挂牌，地址仍在卫子镇。建院初，医院占地面积 8000 平方米，建筑面积 4000 平方米，其中业务用房 3000 平方米，有病床 50 张，开设内科、外科、妇科、儿科、骨伤科以及理疗、针灸、按摩等科室；同年 10 月，通过广元市卫生局一级甲等县级中医院达标验收。2005 年通过广元市卫生局复查验收。2007 年，有高级技术人员 4 人，中技术人员 3 人，年门诊量 2.50 万人次，治愈好转率 92%。主要设备有 B 超机、半自动生化仪、200 毫安 X 光机等。

广元市元坝区妇幼保健院：1990 年 1 月，成立广元市元坝区妇幼保健站；1991 年 1 月，升格为广元市元坝区妇幼保健院（简称区保健院）。1994 年 3 月，元坝镇中心卫生院并入区保健院。区保健院时有业务用房 300 余平方米，医护人员 16 人。2002 年，新建业务用房 1600 平方米，新购置 100 万余元的医疗设备。至 2007 年，专业技术人员达到 60 人，其中中级技术人员 5 人，年门诊量 2.10 万人次。主要设备有彩超、500 毫安照光机、心电监护仪等，有病床 60 张。

（二）中心卫生院（原办事处一级的卫生院）

1989 年建区时，全区 4 个办事处（卫子、王家、虎跳、昭化）及元坝镇均设有卫生院，共 5 所。1992 年改称中心卫生院。1994 年 3 月，元坝镇中心卫生院并入区保健院。2000 年 7 月，卫子中心卫生院扩建为区中医院，太公卫生院、明觉卫生院升格为中心卫生院。

王家中心卫生院：始建于 1953 年，原名王家区卫生院 。1992 年为中心卫生院，2003 年创建为国家一级甲等综合性乡镇卫生院。2007 年年末，医院占地面积 5735 平方米，建筑面积 4300 平方米，职工 27 人，其中有主治医师 3 人，医师 11 人，主管药师 1 人，开设病床 30 张。医院有 200 毫安 X 光机、B 超、麻醉呼吸机、手术床、无影灯、半自动生化分析仪、显微镜、心电监护仪等设施设备，开设科室有妇科、产科、内科、外科、儿科、骨科、中医管理科、中医妇科、中医内科、中医外科、中医儿科、中西药房、检验科、输血科、生化科、放射科、B 超心电、疾控科、农合办、消毒供应科等 20 余个科室，能开展胆囊切除、脾切除、胃肠吻合、阑尾切除、疝气修补、子宫全切、剖宫产、男女结扎等多种外科手术。年门诊量 3 万余人，住院床日达 102% 以上。

虎跳中心卫生院：始建于 1956 年，原名虎跳区卫生院，1992 年为中心卫生院。2007 年末，医院有医、护人员 24 人，其中初级卫生专业技术职称 18 人，中级卫生专业技术职称 1 人；医院占地面积

2000平方米，建筑面积1000平方米，开设床位30张，能开展下腹部手术，中医骨伤治疗等手术，设临床、医技、行管等科室15个。年门诊病人3.50万 人次，住院病人700人次左右，病床使用率80%，出入院诊断符合率90%，治愈好转率92%。

太公中心卫生院：始建于20世纪50年代，原名太公乡卫生院。2000年为太公中心卫生院，2004年创建为爱婴医院，2005年创建成国家一级甲等综合性乡镇卫生院，是市级卫生单位、区级文明单位。2007年年末，医院医疗科室、中西医药房基本齐备，占地面积达4800平方米，有业务用房2500平方米、病床36张，日门诊量100人次，病床使用率100%，治愈好转率95%。有医、护人员17人，其中中级卫生专业技术人员2人。设临床、医技、公共卫生等科室15个。年门诊病人2.50万人次，住院病人500人次左右，病床使用率70%，出入院诊断符合率90%，治愈好转率95%。购置有200MAX光机两台、B超两台、三导心电图机、半自动生化分析仪、全自动血球分析仪、呼吸麻醉机、电解质分析仪等设备。

昭化中心卫生院：始建于1958年，原名昭化区卫生院，1992年更名为昭化中心卫生院。2001年11月创建为国家一级甲等综合医院，并在曲回设立昭化中心卫生院二门诊。先后引进B超、化验精密仪、放射X光等现代化诊断治疗设备。2007年末，医院占地面积达到2500平方米，建筑面积1000平方米，开设床位40张；四房齐备，能开展下腹部手术，中医骨伤治疗等手术；有医、护人员26人，其中初级卫生专业技术职称18人，中级卫生专业技术职称2人，设临床、医技、行管等科室15个。年门诊病人2.50万人次，住院病人600人次左右，病床使用率80%，出入院诊断符合率90%，治愈好转率92%。

明觉中心卫生院：始建于1958年，初为明觉乡联合诊所，1975更名为明觉乡卫生所，1987年更名为明觉乡卫生院，2000年为中心卫生院。2007年末，医院占地面积1万平方米，建筑面积5000平方米，开设床位30张；有医、护人员25人，其中中级卫生专业技术职称3人，高级卫生专业技术职称2人，设临床、医技、中医管理科等科室20个。年门诊病人3万人次，住院病人900人次左右，病床使用率90%，出入院诊断符合率98%，治愈好转率95%。

（三）乡镇卫生院和社区医院

1990年，全区乡镇均有卫生院，由乡镇政府管理。2004年，乡镇卫生院划归区级卫生行政部门管理，在业务上接受中心卫生院指导。2007年，乡镇、社区医疗机构共22个（不含5个中心卫生院）。

（四）村级卫生站

村级卫生站大多创建于20世纪70年代初，一般每个村设1个。1993年统计，全区共209个行政村，建成村卫生站191个，其中一类村卫生站72个，二类村卫生站58个，另有61个未达标。2007年，全区行政村211个，设村卫生站176个。全区注册乡村医生331人，其中有执业助理资格以上人员94人，具有中专以上学历人员64人。所有村卫生站均配备有诊断室、治疗室、药房。其中甲级村卫生站56个。

此外，全区1所高中和1所职业高中、4所区级单设初中均设有医务室，各配专业医务人员1名。

广元市元坝区2007年乡镇卫生院基本情况统计表

表25－3　　　　单位：人、平方米

医院名称	等　级	医护人员	办公业务用房	院　长	医院名称	等　级	医护人员	办公业务用房	院　长
文村乡卫生院	一级综合	7	750	李启红	白果乡卫生院	一级综合	4	850	张三会
磨滩镇卫生院	一级综合	5	800	刘道国	香溪乡卫生院	一级综合	3	450	刘有德

续表

医院名称	等　级	医护人员	办公业务用房	院　长	医院名称	等　级	医护人员	办公业务用房	院　长
晋贤乡卫生院	一级综合	6	425	蔡　伟	陈江乡卫生院	一级综合	4	430	魏　和
柏林沟镇卫生院	一级综合	6	280	任富帮	青年乡卫生院	一级综合	5	450	王富成
石井铺乡卫生院	一级综合	6	740	蒲元斌	射箭乡卫生院	一级综合	7	644	胡新闻
清水乡卫生院	一级综合	6	696	冯开剑	朝阳乡卫生院	一级综合	4	420	秦正光
梅树乡卫生院	一级综合	8	450	黄成忠	红岩镇卫生院	一级综合	8	1100	杨利生
紫云乡卫生院	一级综合	5	370	夏思昌	大朝乡卫生院	一级综合	3	350	王代方
张家乡卫生院	一级乙等	4	840	漆志军	拣银岩社区卫生服务站	一级综合	8	795	杨永岗
丁家乡卫生院	一级综合	4	420	王振科	沙坝乡卫生院	一级综合	11	1200	张子云
黄龙乡卫生院	一级综合	6	480	薛开方	柳桥乡卫生院	一级综合	4	460	步银成

二、医疗设备

1989 年，全区各类医疗卫生机构共占地 6.70 万平方米，建筑面积 1.12 万平方米。其中，业务、办公用房 0.70 万平方米，有病床 210 张。区属 医疗机构有 X 光机、心电图、黑白 B 超、半自动生化分析仪、尿液分析仪等一般常规检测设备，区医院有救护车 1 辆。4 个办事处卫生院只有部分院有显微镜、X 光机、心电图等设备。乡镇卫生院只有部分院有显微镜、恒温箱。1990—1993 年，累计投入资金 120 万元，先后完成区人民医院、区妇幼保健院等基建项目；投入 65 万元，重点装备区人民医院、区防疫站、区妇幼保健院及 5 所中心卫生院，主要设备有 X 光机、B 超、显微镜等。

2007 年，全区各类医疗卫生机构占地 24 万平方米，建筑面积 4.08 万平方米。其中业务、办公用房 2.76 万平方米，有病床 338 张。区直属医疗机构普遍添置有 500 毫安 X 光机、彩超、黑白 B 超、全自动解质分析仪、多功能呼吸麻醉机等新医疗设备，救护车增至 3 辆；中心卫生院普遍添置有 200 毫安 x 光机和中、下腹部手术设备；乡镇卫生院普遍添置有 100 毫安 x 光机，常规检测设备较为齐全。

三、医疗队伍

1990 年，全区卫生系统医务人员有 344 人。1992 年，组织生源到卫生院校学习，全区送委培生（接近录取线的考生）15 人，自费生 20 人，派出进修学习 16 人，在职医护人员培训面为 11.20%。1993 年，选送定向委培生 85 人，派出进修学习的在职医务人员 25 人，招聘 2 名自费大专毕业生、4 名中专毕业生到卫生系统工作。当年共有 2 名医务人员参加中医本科函授，有 10 余名医务人员参加中医自学考试。1997 年，在职医务人员参加自学考试 21 人，离职学习、进修 37 人，组织 180 名乡村个体医生参加全省乡村医生资格考试。2002 年，全区举办医疗业务培训 50 个班次，有 50 余人自费参加业务学习进修。对学科带头人和业务技术骨干实行专档管理、定向储备制度，纳入学科带头人和业务技术骨干的人员在业务培训、进修深造、岗位设置、住房分配、选拔任用等方面给予优惠。首批离岗脱产参加学习深造的人员陆续返岗发挥作用。全区继续医学教育参试率为 84.50%，学分达标率为 67%。新技术、新成果的推广运用纳入规划，区直属医疗单位的学术交流、研讨卓有成效，全年在市级以上刊物发表学术论文 8 篇。2003 年，有 40 名在职人员和 30 名乡村医生自费参加学习进修。区人民医院、区中医医院、区妇幼保健院实行“请进来，走出去”的院内培训制度，参加业务培训的医技人员达90%以上。全区医技人员中有377人参加继教考试，继教考试率达到93%，学分合格率50%。实施乡村医生中专水平教育规划，乡村医生执业培训率达到100%，资格审查及办证率达到98%。

2004年，区政府成立卫生科技工作领导小组，制订出卫生科技发展规划。随后，各医疗单位积极落实规划，组织医技人员通过上网学习考试、进修培训以及开展院内学习等方式，逐步扩大学习培训面，全区举办各类培训与考试共25个班次，培训考试面达到100%。医技人员继续教育参与率100%。当年，乡村医生执业培训率100%，资格审查及办证率98%；个体医生培训率95%，资格审查及办证率90%；全区参加进修学习和上级培训共102人，参加大、中专学历教育93人，参加“好医生”网站学习80人；参加学术交流11人，有1 3篇学术论文在市级以上刊物发表。2005年，全区卫生系统将“人才工作示范单位”与“优秀人才示范岗”创建工作纳入年度计划，人才培训与实习基地建设逐步规范，师资队伍质量建设与培训考核制度建设取得实效。集中举办执法监督、妇幼卫生、传染病防治、疫情监测以及公共卫生管理等培训班10余班次，受训人员430人。有12人参加市级以上学术交流活动，13篇医学论文在各级医学杂志发表。通过定向送训、委培与网络远程教育等方式，全区有350人分别参加继续教育、进修和学历教育，区、乡、村三级卫生技术人员的再教育面达到100%。通过公开招聘和对口引进，12名专业技术人员充实到边远乡镇卫生院工作。2006年，以巩固乡村卫生力量为主要目标，加强与医学院校、对口医疗卫生单位以及人事、财政部门等的联系与沟通，多渠道开辟人才招聘与引进途径。推行人才扶持政策，保持卫生队伍的稳定，较好地缓解了全区医疗卫生单位人员外流造成的专业人才紧缺矛盾。坚持就地培养为主，加大培训力度，在进一步完善区、乡、村三级对口培训教育的基础上，实行分层次、分专业定期业务集中培训制度，鼓励和扶持在职卫生技术人员参与各种形式的进修深造，全区卫生队伍整体业务素质得到提升。全年集中举办执法监督、妇幼卫生、传染病防治、疫情监测以及公共卫生管理、麻风病防治等培训班6个班次，受训人员500余人次；有5人次参加市级以上学术交流活动，10篇医学论文在各级医学杂志上发表；有389人分别参加继续教育、进修和学历教育。2007年，尝试定期招聘人才制度，试行人才引进财政（供给）保障运行机制。年末，全区卫生系统医务人员817人，其中有中级卫生专业技术职称（职务）51人，具有高级卫生专业技术职称（职务）6人。

四、医疗技术

（一）西医

1990年，区内各县级医院均开设有内科、妇科、儿科等普通科室，主要诊治各种传染病、常见病、多发病、地方病等，能做剖宫产、子宫肌瘤切除等中下腹部手术。西医治愈率、抢救危重病人成功率91%；无菌切口感染率为零。此后，引进新技术、新项目，各医院业务范围不断扩大，逐步增设心血管内科、肾病专科、骨外科等专科。至2007年，直属医院年门诊总量达到7.80万人次，住院3200人次；诊断准确率94%，治愈率97%，死亡率1%；危重病人抢救成功率95%；无菌切口感染为零，住院病历甲级率80%，基础护理合格率85%。

元坝区建立之前，中心卫生院和乡镇卫生院一般都能诊治农村常见病和多发病，部分卫生院可开展胃大部和阑尾切除等常规外科手术。1990年后，大部分卫生院可开展循环、呼吸、肾功衰竭、急性中毒、休克、脑溢血等疑难重症的诊治和中、下腹部的外科手术。至2007年，年门诊总量达到42万人次，住院7500人次，治愈率90%以上。

（二）中医

1989 年，区内县级医院、各中心卫生院和乡镇卫生院均设有中医诊断室、中药房、中药库房，开展中医内、妇、儿科各种疾病治疗和接骨连皮等外科手术。2000 年后，区人民医院先后增设中医诊断科和针灸、理疗室，各村卫生站有 1 名中医，个体诊所多以中医治疗为主。至 2007 年，年中医门诊达到 4. 60 万人次，住院 2760 人次，急诊中医参与治疗率 30%，诊断符合率 96%，治愈好转率 97 %，无菌感染率为零，危重病人抢救成功率 96%。

五、医疗价格

1986 年 6 月 1 日起，药品价格一律实行“三色标价签”，明码实价。1988—1993 年，医疗卫生单位实行“独立核算、自负盈亏”，医疗收费比较混乱，价格上涨问题突出，部分医疗机构工作人员有收取“红包”和吃“回扣”的行为。区卫生局加大监督检查力度，纠正行业不正之风，之后，吃“回扣”、收“红包”现象减少。1994 年后，药品调价较为频繁，供货渠道多样化造成假药泛滥，药品价格管理混乱。1998 年，贯彻卫生部《关于在全国开展药品价格检查的通知》精神，区卫生局、区物价局联合相关部门对城区及部分乡镇卫生院、诊所、个体药店中的中、西成药价格进行检查，发现零售药店、医院药房销售药品不按规定明码标价问题突出，严肃查处了 5 所个体诊所违反国家药品价格政策，50 多个药品随意涨价的行为。2002—2006 年，贯彻落实修改后的《中华人民共和国药品管理法》和国家计委《关于制定公布 69 种化学药品价格的通知》《关于公布 383 种药品价格的通知》等。药品价格相对稳定，但由于医院检测手段增多，医疗成本增大，药品生产厂家频繁更换药名不断提高药价，有的医疗单位在治疗和设施方面收费随意性大等原因，医疗费用下降幅度并不明显。2007 年，开始实行新的农村合作医疗制度后，群众“治病贵”“治病难”的问题得到一些解决。

第七节　农村合作医疗

1998 年，在区政府的统筹安排下，由区卫生局牵头在元坝镇、王家镇、柏林沟镇进行农村合作医疗试点工作，建立机构，制定章程，培训人员，开展宣传，筹集资金。1999 年，农村合作医疗试点工作纳入区医疗卫生工作计划。2000 年，元坝镇胜利村合作医疗运作基本良好。之后，因诸多因素而中断。

2007 年 2 月，全区新型农村合作医疗（简称新农合）全面启动，至 3 月 14 日，个人筹资工作结束，4 月 10 日正式补偿报账。2007 年 5 月，成立广元市元坝区农村合作医疗管理办公室。当年，全区参加“新农合”175268 人，参合率达到 81. 69%。共筹集农合资金 831. 45 万元，其中：个人缴费 175. 27 万元，中央财政 334 万元，省财政 225. 18 万元，市财政 36 万元，区财政 61 万元。至 11 月 30 日止，全区享受住院补偿 6349 人，补偿金额 371. 94 万元，人均补偿 586 元，最低补偿 28 元，最高补偿 1 万元。其中区外住院 1950 人，补偿金额 185. 60 万元，实际补偿比为 18. 16%；区内住院 4399 人，补偿金额 186. 34 万元，实际补偿比为 40. 71%。全区门诊补偿 8460 人，补偿金额 25. 85 万元。妊娠顺产定额补偿 81 人，补偿金额 0. 81 万元。参加新农合农民补偿受益面达 8. 45%。

第二章　防疫和保健

第一节　防　疫

一、广元市元坝区疾病预防控制中心

1987 年，成立广元市卫子区卫生防疫妇幼保健站，隶属广元市卫子区卫生科领导，业务上受广元市卫生防疫站和广元市妇幼保健站的指导。主要负责卫子区卫生防疫、妇幼保健监督监测和指导检查，下设防疫组、地方病组、妇幼保健组。1989 年 10 月迁至元坝镇，更名为广元市元坝区卫生防疫保健站。1990 年 4 月，经广元市元坝区人民政府批准，撤销区卫生防疫保健站，成立广元市元坝区卫生防疫站（简称区防疫站），隶属区卫生局。随后，全区各中心卫生院和直属乡建立卫生防保站，并落实防疫、妇幼保健人员。1993 年 9 月，在各乡镇卫生院设置防保站，设站长 1 人，配备专（兼）职防疫、保健人员 1 ~2 人；在各卫生所设置防保组，设组长 1 人，配备专（兼）职防疫保健人员 1 人。

2002 年 1 月，撤销区卫生防疫站，组建广元市元坝区疾病预防控制中心（简称区疾控中心）。至 2007 年，机构无变化。

广元市元坝区疾病预防控制中心（区防疫站）领导名录

表 25 －4

姓　名	性别	籍　贯	政治面貌	职　务	任职期间	备　注
郭光廷	男	绵阳市涪城区	非　党	站　长	1990 －04—1992 －10	区防疫站
何溢东	男	遂宁市射洪县	中共党员	站　长	1992 －11—2001 －02	区防疫站
阳定宁	男	广元市元坝区	中共党员	副站长	2001 －02—2001 －12	区防疫站，主持工作
蒲国朝	男	广元市元坝区	中共党员	主任（兼）	2002 －01—2002 －12	区卫生局长
陈昌文	男	广元市元坝区	非　党	副主任	2003 －01—2004 －02	主持工作
陈昌文	男	广元市元坝区	非　党	主　任	2004 －02—	

二、突发疫情处置

1995 年 7 月，因干旱缺水，明觉乡利华村出现 170 人腹泻，接到疫情报告后，区卫生局立即组织医防人员及急救药品赶赴现场，疫情得到控制。各医疗单位按时上报疫情，加强了疫情监测工作。

2003 年，“非典”（非典型性肺炎，传播力强，传播范围大，死亡率高）在全国大范围内流行。4—7 月，全区卫生系统把“非典”防治作为压倒一切的中心工作，在广元火车客站设置了“非典”交通检查站，在元坝镇、元坝镇长坝村、昭化镇及区境交界处的清水、龙潭、剑门关等地共设置了 6 个

返乡民工“防非”（防止非典型肺炎输入）堵截留验站；指导各乡镇在各交通要道设置40余个交通疫情检查点；建立卫生系统“非典”应急处置、领导协调、堵截留验、疫情收集、流行病学调查、疫点消杀，以及宣传发动、劝阻排查、疫情登记、医学观察、转运治疗、后勤保障和文秘报道等工作机构，规范各医疗机构的发热门（急）诊设置工作，确定“非典”定点收治医院和隔离治疗所；及时向区委、区政府提出区、乡、村、组、户五级联动防治措施，被区委、区政府采纳，明确区级各部门、乡镇、社区街道办事处、村组以及医疗卫生机构的防治职责，实行24小时值班和每日疫情定时收集与上报制度。全区“非典”防治工作做到了排查有力、报告及时、记录准确、应急迅速。防“非典”期间，区、乡、村三级医疗卫生机构共举办专业培训和科普讲座80场次，参训人员2000余人次，印发宣传资料10万余份，制作广播电视专题节目、办板报等100余套次，熬制大锅预防药4000余锅次，限价出售中草药近10万标准包，城乡消毒10万余平方米。至7月底，全区3例输入型“非典”患者，转送市四一〇医院治疗后，全部治愈出院。区内24例隔离留观人员、48名可疑监控人员、1800余名疫区返乡人员、4076名返乡民工全部完成隔离治疗、医学观察、堵截留验和上门排查登记工作，实现无漏查漏治、无死亡病例、无疫情扩散、无医护人员感染的防“非典”目标。防治工作受到省、市的充分肯定，邢清荣、刘明海分别被评为省、市优秀共产党员。

2006年，以重大传染病防治和突发性公共卫生事件应急处置为目标，区政府制发《突发公共事件医疗卫生应急预案》，应急所需队伍、资金、设施设备等储备得到加强。2007年，各项预案得到进一步修订完善，境内无大疫发生。

三、传染病和地方病防治

（一）传染病防治

1989年，共报告乙、丙类传染病9种101例，发病率为46.23/10万，死亡2例（狂犬病），病死率为2%；肠道传染病81例，占发病总数的80.20%；呼吸道传染病14例，占发病总数的13.86%，发病率比1988年下降44.20%。预防性体检从业人员1433人，查出“五病”（肝炎、结核、伤寒、菌痢、化脓性皮肤病）11人，全部调离原工作岗位。1990年，全年共发生传染病12种。发病人数最多的肠道传染病530例，占发病总数的79.21%；肝炎20例，占发病总数的3.14%；呼吸道传染病102例，占发病总数的16.06%。血液传染病2例，丙类传染病58例，风疹14例、腮腺炎20例，腹泻7例，肺TB16例，都按防治要求给予了治疗。1994年，共发生各类传染病212人，发病率为89/10万，漏报率不足10%。麻风病病历、发放药品登记、疗效观察记录都比较准确、完整，规则治疗率达到100%。全区共发生各种传染病329例，传染病发病为143/10万。1995年确诊肺结核病人81人，免费治疗47人，治愈率90%。1996年，共发生各类传染病297人，发病率为129/10万，同比下降9.70%。1997年共发生各类传染病577人，发病率240/10万。全区对疑似肺结核339人进行了诊断，确诊134人，均纳入规范化管理治疗。1998年法定报告传染病发病率为218/10万，报告率达到90%以上。结核病人确诊71人，免费治疗64人，治愈率48%。1999年，法定报告传染病发病率控制在106.67/10万以下，医疗单位传染病漏报率为4.65%，全年无甲类传染病发生。2000年，全区法定报告传染病总发病率控制在250/10万以下。2001年，全区法定报告传染病总发病率为280/10万。2002年，共发生乙、丙类传染病963例，法定报告传染病总发病率为401.25/10万。2003年，共发生乙、丙类传染病638例，法定传染病总发病率为265.83/10万，区直属医疗单位、中心卫生院和乡镇卫生院的传染病漏报率分别为3.33%、5.66%和5.55%。全年发生小范围水痘、流腮、风疹疫情4起，感染人数分别为82例，62例和69例，未发生疫情扩散。结核病归口管理措施落实，人员、经费、药品、设备均得到保证，全年共诊治肺结核可疑病人 85 人，确诊 77 人，当年治愈 35 人。2004 年，全区共发生乙、丙类传染病 1310 例，法定传染病发病率为 542. 08/10 万。全年发生小范围流感疫情 8 起，感染人数为 288 人；处理中毒事件 2 起，其中职业中毒 1 起 32 人，食物中毒 1 起 3 人，未发生疫情扩散和死亡病例。共诊治肺结核可疑病人 741 人，确诊 247 人，当年治愈 44 人。区人民医院艾滋病初筛实验室基本建立，艾滋病检测所需人员及设备落实到位，共检测 37 人。2005 年，全区共报告发生乙、丙类传染病 13 种 1970 例，其他传染病 46 例、疾病 3 例，发病率为 820. 83/10 万。报告结核病可疑病人 133 人，确诊 112 人，当年治愈 50 人。协助区人民医院艾滋病抗体检测血样采集 17 份，寄发艾滋病免费检测介绍信 80 份。完成疾控中心艾滋病初筛实验室建设前期准备工作。发放麻疹、腮腺炎、乙脑、结核病、感染性腹泻等防治宣传资料 6 万余份。处置小范围突发疫情 3 起，无疫情扩散。乡镇卫生院全部装备了疫情网络直报设备，实现了网络直报疫情目标。体检卫生从业人员 1616 人、学生 2. 10 万人，查出“五病”从业人员 56 人。2006 年，共报告发生乙、丙类传染病 15 种 1981 例，其他传染病 154 例、疾病 6 例，发病率为 825. 42/10 万。报告结核病可疑病人 162 例，确诊 162 例，初治涂阳 90 例，复治涂阳 13 例，重症涂阳 47 例，未痰检 12 例，治愈 74 例，88 例观察治疗。艾滋病抗体检测 38 人次，接受咨询 800 人次，发放宣传单 2. 20 万余份。发放麻疹、腮腺炎、乙脑、结核病、感染性腹泻等防治宣传资料 10 万余份。处置小范围突发疫情 12 起，无疫情扩散。各乡镇卫生院疫情报告及时，无迟报、漏报、瞒报现象。体检卫生从业人员 1780 人，查出“五病”从业人员 63 人。2007 年，共报告发生乙、丙类传染病 15 种 1401 例，其他传染病 6 种 249 例、疾病 27 例，发病率为 583. 75/10 万；报告结核病可疑病人 193 例，确诊 193 例，涂阳 99 例，重症涂阳 82 例，未痰检 12 例。艾滋病咨询检测 32 人，艾滋病抗体咨询检测 303 人次。处置小范围突发疫情 5 起，无疫情扩散。

（二）地方病防治

1991 年，完成“地甲病”（即地方甲类传染病）的普查普治。对全区 28 个乡镇中心学校、64 所村小学校、3 个乡（柳桥、观音、朝阳）6 个村的村民进行了普查。最后一次复查界定 7 ~ 14 岁学生。应查 6016 人，实查 5910 人。查出生理肿大 3209 人，弥漫型Ⅰ度病人 654 例，Ⅱ度 22 例，Ⅲ度 1 例，肿大率为 54. 29%，患病率为 11. 45%；在柳桥、观音、朝阳三个乡，随机抽取 6 个自然村中，应查人数 5901 人，实检人数 5608 人。生理肿大 2682 人，Ⅰ、Ⅱ度病人 154 例，肿大率为 47. 82%，患病率 2. 75%。根据发病情况，按防治要求服用碘油丸进行治疗，效果良好。1992 年，成立广元市元坝区地方病防治办公室（简称区地防办），挂靠区卫生局，具体工作职责由区防疫站承担。1993 年，加强碘缺乏病的防治工作，调查了区内 28 所中小学校学生 7055 人，查出生理性肿大 1044 人，肿大率 14. 79%，患病 277 人，患病率 3. 92%，对重点人群服了碘油丸，全区范围内实行了碘盐的供应。开展了群众性的肠道寄生虫病防治工作，服驱虫药 22876 人次，占任务的 57. 19%。开展了地氟病的调查，对元坝镇、柳桥乡的在校学生 658 人进行了健康体检。1995 年，对场镇食盐销售摊点进行监督检查，对特需人群共 35900 人服用了碘油丸，对 20 名新生儿进行了甲状腺肿大筛查。全区地方病发病率 0. 19‰，同比下降 54%。开展肠道寄生虫防治工作，全年共发放驱虫药 3. 28 万人（份）。对“血检”病人进行了疟原虫监测，全区共血检 893 人，未发现疟原虫。对克山病流行区进行了调查，克山病控制基本达标，经省地防办检查考评合格。全年犬咬伤 103 人，均进行了疫苗接种。1997 年，通过科普下乡等活动方式，进一步加强对碘盐市场的管理，配合市地防办对 33 所学校、3072 人进行了健康检查，共查出甲状腺肿大 238 人，其中甲状腺Ⅱ肿大 11 人，甲状腺肿大率为 8%，肿大率同比明显降低。防治肠道寄生虫病4万余人次。1998年，开展规范碘油丸、食补碘制品发放工作，重点人群普服碘油制剂4万余人次，肠道寄生虫驱虫药发放4万余（人）份，补碘率和服药面均达到100%。全年碘盐抽检5个点次，碘盐供应率100%。分别对张家、黄龙、王家、卫子、元坝5个乡镇小学的8~10岁儿童共计3805人进行了甲状腺肿大抽查，对其中60人进行了盐碘、尿碘检查，共查出甲状腺肿大285人，肿大率为7.49%。全年地方病患病率同比下降4%。1999年地方病甲状腺肿大率为7.30%，同比下降6.80%。2000年地方病患病率在上年的基础上下降2%。2001年地方病甲状腺肿大率为3%，肿大率在上一年4.15%的基础上下降1.15%。新生儿乙肝疫苗接种率城区为94%，农村为41%。2002年1月区地防办撤销，其职能划归区疾控中心。2003年（狂）犬伤登记282人，接种疫苗282人，接种率100%，监测“四热”病人疟源虫血栓500人和碘盐2000份。2004年（狂）犬伤登记506人，接种疫苗506人，接种率100%。碘盐监测250人/份。2005年碘盐监测288份，合格268份，合格率为93.60%；犬伤940人，狂犬疫苗接种率100%。2006年碘盐监测288份，合格269份，合格率为93.40%。犬伤885人次，狂犬疫苗接种率100%，无狂犬病例发生。2007年碘盐监测288份，合格274份，合格率为95.14%。犬伤1519人次，狂犬疫苗接种率100%，无狂犬病例发生。

四、康复村建设

广元市元坝区麻风病防治办公室于1999年设立，人员编制3人，挂靠区防疫站，后挂靠区疾控中心，负责对虎跳、昭化、卫子3个康复村的管理。2007年，昭化康复村占地3亩，建筑面积500平方米，病员8户（8人）；卫子康复村占地6亩，建筑面积160平方米，病员3人；虎跳康复村占地面积12亩，建筑面积600平方米，病员10人。以上3个康复村均始建于1959年。

五、计划免疫

1989年，“四苗”接种率：卡介苗94%，脊灰糖丸90.40%，百白破92%，麻疹93.40%，全程合格接种率88.07%。1990年，全区共有0~12岁儿童32164人，预防接种16465人次，其中，脊灰糖丸接种率为55.17%，百白破三联疫苗接种率为51.90%，麻疹苗接种为51.9%，卡介苗接种率为66.67%，接种疫苗覆盖率为41.90%；1991年1月，全区计划免疫工作经验收，各种指标达到国家规定标准。1995年麻疹苗接种率达到96%，卡介苗接种率92.50%，脊灰疫苗接种87%，百白破疫苗接种率93.40%，四苗全程接种率在85%以上，同时在全区普遍开展乙肝疫苗接种工作。1996年“四苗”接种率分别为：卡介苗96%，麻疹95.70%，百白破96.50%；四苗全程接种合格率达95.60%。1997年“五苗”（即：卡介苗、脊灰糖丸、百白破、麻疹、新生儿乙肝疫苗）预防接种全程接种合格率达90%以上。1999年计划免疫“四苗”全程接种率达95%，新生儿乙肝疫苗接种率城镇为85%，农村65%，脊灰强化免疫接种覆盖率100%。2002年儿童计划免疫全程接种率为99. 22%，新生儿乙肝疫苗接种率城区为99%，农村86.68%。2003年全区“五苗”单苗接种率分别为：卡介苗98.04%、糖丸98.55%、百白破98.39%、麻疹疫苗98.42%，新生儿乙肝疫苗98.03%（其中城镇100%、农村87.03%），新生儿乙肝疫苗首苗及时接种率为56.32%，“五苗”全程合格接种率为87.63%。完成脊灰糖丸强化免疫活动第一轮接种和AFP主动监测工作，A+C流脑疫苗接种首批达到1.90万人。2004年全区“五苗”单苗接种率分别为：卡介苗98.09%，百白破98.02%，脊灰糖丸98.54%，麻疹疫苗98.19%，新生儿乙肝疫苗85.79%，AFP病例监测1例。2005年“五苗”全程接种合格率为90.10%。基础免疫“四苗”全程合格率为84.29%，新生儿乙肝疫苗首针及时接种率为60.81%，全程接种率为

89.05%，精制乙脑疫苗接种1.46万人，流感疫苗接种1200人。2006年新生儿乙肝疫苗首针及时接种率为64.90%，全程接种率为93.71%，甲肝疫苗和流脑A+C疫苗接种各1万余人。2007年新生儿乙肝疫苗首针及时接种率为84.55%，全程接种率为90.17%，“四苗”单苗接种率分别为：卡介苗94.48%、糖丸91.93%、百白破91.97%和麻疹90.67%。

第二节　妇幼保健

1990年育龄妇女33984人，新法接生1583人，发脐带卷637人，住院分娩460人；婴儿死亡13人，占同期活产总数的15.30%，产妇死亡3人，占同期活产数的16.50/万；全区有孕妇2134人，应建卡960人，实建卡738人，占应建卡的77%。1992年，开展新法接生、妇女病查治和妇幼保健的试点工作。当年，全区共出生2250人，活产2239人，死胎死产11人，其中新法接生1844人，新法接生率为82%；妇女病普查12556人，患病8737人，对患病者均进行了及时治疗。1993年，全区共出生3135人，新法接生2696人，新法接生率86%；开展孕产妇死亡及婴幼儿死亡监测工作，孕产妇死亡5人，死亡率1.59%，婴幼儿死亡83人，死亡率26.40%；妇女病普查16548人，查治率28.30%；配备53个村卫生站妇幼保健人员，占村卫生站总数的46%。1994年，全区有孕产妇3197人，死亡3人，死亡率0.94‰；出生婴儿3197人，死亡58人，死亡率18.19‰，其中开展新法接生2835例，新法接生率为88.70%；对19,588名育龄妇女进行了健康检查，共查出妇女病8499人，患病率达43.10%。1995年，全区统一实行新生儿出生登记证明制度，孕产妇系统管理5345人，占86%。实行母婴保健的乡镇达到1.60个，占5.70%。1996年，推行母婴保健保偿制度。全区有孕妇3160人，纳入系统管理2844人，系统管理率91.5%，新法接生率96%，高危孕产妇住院监护分娩率100%，孕产妇死亡3人，死亡率82.30/10万；0~7岁儿童22874人，纳入儿童系统管理19672人，系统管理率86%，其中出生婴儿3100人，死亡117人，死亡率38‰。当年NPA（《九十年代中国儿童发展纲要》）监测工作经市NPA监测组检查验收，完成中期监测任务。

1997年，全区初级保健工作经省、市专家评审通过，达到《中国农村“2000年人人享有卫生保健”普及阶段目标》合格标准，提前实现“2000年人人享有卫生保健”目标。当年，孕产妇系统管理率81.19%，新法接生率93.38%，孕产妇死亡率降至84.87/10万；7岁以下儿童系统管理率75.40%，婴儿死亡率降至15.84‰；妇女病查治率分别为44.30%和100%。1998年，全区孕产妇保健系统管理率70.39%，孕产妇死亡率为94.81/10万；妇女病查治率分别达53.13%和100%；儿童保健系统管理率70.55%，婚前医学检查率40.13%，新法接生率89.75%，婴幼儿死亡率为20.85%，新生儿出生登记率100%。

1999—2000年，突出两个系统（即孕产妇保健系统、儿童保健系统）的目标管理，加强妇幼保健知识培训和宣传，孕产妇及婴幼儿两个系统管理率分别达到85%和80%，死亡率分别控制在110/10万以下和20%以下，婚前医学检查率达到50%以上。2001年，全区共有孕产妇2519人，纳入保健系统管理2134人，系统管理率为84.72%，孕产妇死亡5人，死亡率为199.36/10万；有7岁以下儿童6.10万人，纳入保健系统管理15677人，系统管理率为25.70%，婴儿死亡78人，死亡率为31.10%；执行婚检1466人，婚检率为46.18%。2002年，全区共有孕产妇1501人，纳入保健系统管理1215人，系统管理率为81%，孕产妇死亡1人，死亡率为70/10万；有7岁以下儿童16566人，纳入保健系统管理14081人，系统管理率为85%，婴儿死亡13人，死亡率为24‰；执行婚检611人，婚检率为35.07%。2003年，区妇幼保健院和各乡镇卫生院加强产科、儿科和孕产妇急救“绿色通道”建设，产科、儿科和孕产妇急救业务普遍实行24小时候诊制度。区妇幼保健院、区中医医院和昭化中心卫生院“爱婴医院”创建工作通过市级验收。当年，全区共有产妇1566人，纳入系统管理1299人，系统管理率为83%；孕产妇死亡2人，死亡率为153.96/10万。7岁以下儿童15351人，纳入保健管理13171人，系统管理率为85.80%；婴儿（1月以上3岁以下）死亡55人，死亡率为35.30‰；医学婚前检查应检1002对，实检382对，婚检率38.10%；妇女病应查66702人，实查37226人，普治率83.40%。全区无新生儿破伤风病例；新生儿（1个月内）死亡33人，新生儿死亡率21.20‰，新生儿疾病筛查率为30%。2004年，全区共有产妇1406人，纳入系统管理989人，系统管理率为70.30%；孕产妇死亡2人，死亡率142.3/10万；7岁以下儿童12918人，纳入保健管理10557人，系统管理率81.70%；婴儿死亡38人，死亡率为27‰；婚前检查应检1112对，实检为零；妇女病应查58057人，实查18028人，普治率91.30%；全区无新生儿破伤风病例；新生儿疾病筛查实施方案正式启动，新生儿疾病筛查率为18%。2005年，妇女和儿童“两个系统”管理率分别为80%和79.20%，新生儿死亡率19.10‰，新生儿破伤风发病率1.40‰，婴儿死亡率22.60‰。妇女病普查率35.60%，普治率72.80%；新生儿疾病筛查90人；爱婴医院巩固率100%；区妇幼保健院“一等乙级”达标创建工作开始启动。

2006年，贫困孕产妇救助工作全面展开。当年，妇女和儿童“两个系统”管理率分别为70.30%和73.80%，新生儿死亡率7.50‰，无新生儿破伤风病例发生，婴儿死亡率11.60‰。妇女病普查率47.50%，普治率72.60%。新生儿疾病筛查122人。2007年，开始建立贫困孕产妇救助、妇幼保健基础服务工作例会和妇幼保健人员专业培训等工作制度。全区妇女和儿童“两个系统”管理率分别为65.70%和74%，新生儿死亡率7.30‰；新生儿疾病筛查321人，无新生儿破伤风病例发生，婴儿死亡率8.65‰；妇女病普查率48.80%，普治率71.30%。

第三章　药品经营

第一节　药品经营机构

1991年10月，广元市元坝区医药管理局依靠60万元贷款创办广元市元坝区医药公司（简称区医药公司），与区医药管理局实行“两块牌子，一套人马”管理模式，事业单位企业化管理，既履行全区药品行业管理职能，又发挥药品供应服务功能。

1992—1995年，元坝区境内有独立法人资格的药品批发企业1个（区医药公司），非独立法人企业药品批发企业发展到5个，零售网点发展到29个。各乡镇零售药店发展到51个。1996年，区内有药品批发企业7个，零售网点30个。区医药公司下属有卫子、王家、虎跳、昭化、太公、磨滩6个经营部，有乡镇零售药店56个。1997年，区医药公司改制，重新组建为广元市新元药业有限公司（简称新元药业公司），属股份合作企业。1998 年，新元药业公司拥有员工 29 人，其中股东 18 人、合同制工人 11 人，拥有固定资产 30 万元、流动资产 60 万元。2000 年，新元药业公司下设 4 个批发部、11 个经营部（其中广元南河开发区 1 个）、18 个零售门市部。2001 年，全区只保留批发企业 1 个（新元药业公司批发部），有药品零售单位 57 个。2005 年，新元药业公司并入四川省广元太星平价大药房连锁有限公司。

2007 年 7 月，成立四川经伟药业有限责任公司，经营药品、医疗器械、保健食品、化妆品等 6000 多个品种。全区有零售药店 96 个，从业人员 136 名，药品使用单位 388 个。

第二节　药品营销

1986—1989 年，卫子区药品经营业务由广元市市中区卫生局负责管理。

1990 年，广元市元坝区医药公司经营批发、零售中成药、西药，在卫子、王家两个中心场镇各开设 1 个门市部，共经营 3000 多个品种。当年药品购进额 960 万元，销售额 921 万元。1992—1995 年，全区药品累计购进总额 4500 万元，销售总额 4480 万元。1996 年，全区药品购进额 965 万元，销售额 960 万元。1998 年 1—11 月，新元药业公司实现购进 210 万元、销售 205 万元、上缴税金 2 万元、利润 1 万元。1998 年，全区药品购进额 1020 万元，销售额 1100 万元。2000 年，新元药业公司与省内成都、绵阳和省外江苏、湖南等地药品生产企业保持经常的供需联系，当年购进 270 万元，销售 260 万元，上缴税金 3 万元，实现利润 2 万元。全区药品购进额 1200 万元，销售额 1150 万元。2001 年，药品市场竞争激烈，新元药业公司开始负债经营。当年新元药业公司购进 280 万元，销售 285 万元，上缴税金 2.80 万元。全区药品购进额 1210 万元，销售额 1200 万元。2007 年，全区药品购进额 1280 万元，销售额 1285 万元，上缴税金 12.80 万元，实现利润 30 万元。

第四章　爱国卫生与红十字会

第一节　爱国卫生

1988 年 11 月，卫子区公所设爱国卫生运动委员会办公室，挂靠卫生局，梁全林兼任主任。

1989 年 12 月，广元市元坝区设爱国卫生运动委员会办公室（简称区爱卫办），挂靠区卫生局，刘兴才任副主任主持工作。1991 年 10 月，挂靠区政府办公室，但人员编制仍留区卫生局，1998 年 3 月，正式挂靠区政府办公室；2000 年 7 月，区爱卫办再次挂靠区卫生局。至 2007 年，机构无变化。

广元市元坝区爱国卫生运动委员会办公室领导名录

表 25－5

姓　名	性别	籍　贯	政治面貌	职　务	任职期间	备　注
刘兴才	男	广元市元坝区	中共党员	副主任	1989－12—2000－03	主持工作
刘兴才	男	广元市元坝区	中共党员	主　任	2000－03—2000－09	
李朝银	男	广元市旺苍县	中共党员	主任(兼)	2000－09—2007－02	区卫生副局长、局长
吴友万	男	广元市元坝区	中共党员	副主任	2001－03—2007－06	
罗福文	男	广元市元坝区	中共党员	副主任	2003－02—	

1991 年，区爱卫办组织城区卫生大检查 28 次，消杀面积 6 万平方米。当年申报省级卫生单位 4 个，市级卫生单位 16 个，区级卫生单位 13 个。1992 年，有 33 个单位被评为区爱国卫生先进单位。1993 年，制订全区爱卫工作《八五规划》。当年，开展“四月卫生月”活动，组织城区卫生集中整治及大检查共 7 次；完成各级命名的 49 个爱国卫生先进单位的建档工作；共评选区级爱国卫生先进单位 26 个，申报市级爱国卫生先进单位 20 个。1994 年，农村改水改厕工作有较大突破。全区有 19.30 万人吃上安全饮用水，安全饮用水普及率达到 85% 以上，36966 户用上卫生厕所，普及率达到 66.40%。全年申报区爱卫先进单位 27 个，市爱卫先进单位 38 个。1995 年，全区创建成省级爱卫单位 3 个，省级爱卫村 2 个；市级爱卫单位 55 个，区级爱卫单位 71 个。1996 年，投入资金 3.60 万元，组织开展大规模的环境消杀和除“四害”活动。全年申报省级爱卫单位 5 个，省级卫生村 9 个；创建市级卫生单位 81 个，区级卫生单位 68 个；全区卫生用水达 204682 人，普及率 86%；使用卫生厕所达 152321 人，普及率 64%。

从 1998 年 4 月开始，开展创建卫生城市工作。2000 年 1 月，元坝城区创建为市级卫生县城。同年 9 月，创建为四川省卫生县城。2002 年，爱国卫生宣传突出针对性，干部群众对爱国卫生知识宣传的参与率、知晓率分别达到 90% 以上，农村面健康教育达到 86.40%，城区达 90.50%。中小学健康教育开课率、中小学生健康教育知识知晓率、中小学生和城镇居民健康行为形成率均超过 95%。农村改水改厕工作进一步加强，全区新改建各类卫生厕所 1200 户，新增改水受益人口 9000 余人。全年新创省级卫生单位 3 个，省级卫生先进村 1 个，市级最佳卫生先进单位 5 个，市级卫生单位 8 个，市级卫生村 1 个，市级无吸烟先进单位 1 个，区级卫生先进单位 20 个，区级无吸烟先进单位 1 个，区级卫生村 2 个。

2003 年，围绕文明县城创建、昭化镇旅游开发和全区文明新村建设三项重点工作，狠抓环境卫生整治。区政府出台《广元市元坝区爱国卫生管理办法》，加强对爱卫工作的组织领导。全区中小学健康教育开课率达到 100%，城乡干部群众受教育面达到 95% 以上。元坝城区卫生保洁和除“四害”工作在全面执行目标责任制的基础上，重点加强巡查和考评，除“四害”工作达到预期目标。新村建设中的人居环境改造工程、改水改厕工作深入推进，全区新建沼气池 506 口，改厕 750 户，新增改水受益人口 2450 人。全区创建省级卫生单位 2 个，市级最佳卫生单位 3 个，市级卫生单位 4 个，市级无吸烟单位 2 个，市级卫生村 2 个。2004 年，昭化镇天雄村创建成省级示范新村。全区爱国卫生健康教育农村受教育面达到 93%，城区达到 98%。新建沼气池 600 口，改厕 4080 户，新增改水受益人口 9500 人。创建省级卫生单位 2 个，省级卫生村 3 个；市级最佳卫生单位 5 个，市级卫生单位 4 个，市级卫生村 1 个。

2005—2007 年，结合昭化旅游景区建设。加快昭化古城人居环境改造，清除户院积存垃圾，开展绿化、美化、净化、亮化活动，地下水道全面疏通，供、排水达到基本要求，污水治理和垃圾处理模式形成并有效运行，昭化古城镇容镇貌发生了根本改观。突出抓好省级卫生县城复查准备，落实除“四害”工作措施，规范城乡环境卫生秩序，加大对环线路生态建设的卫生整治力度，全区爱国卫生质量进一步提高。

第二节　红十字会

1992年3月，广元市元坝区红十字会（简称区红十字会）成立，挂靠区卫生局。区红十字会为依法独立从事人道主义工作的社会救助团体。至2007年，机构无变化。

广元市元坝区红十字会领导名录

表25－6

姓　名	性别	籍　贯	政治面貌	职　务	任职期间	备　注
郭光廷	男	绵阳市涪城区	非　党	秘书长	1992－04—1997－11	
孙建强	男	广元市利州区	中共党员	秘书长	1997－11—2002－05	
冯知传	男	广元市元坝区	非　党	秘书长	2002－05—	

1993年，广元市元坝区红十字会青少年工作委员会成立，建立王家镇、元坝镇红十字分会2个、红十字会小组4个；发展卫生系统团体会员单位11个，会员306人；发救灾药品价值2404元，免费治疗重病灾民56名；1992年和1993年，共举办驾驶员卫生救护培训班3期，共培训114人，培训驾驶员占应培训的96.50%。1995年，设立红十字交通事故急救站1个，分站1个，新建基层红十字会组织1个，新发展会员439人，团体会员单位17个；组织红会会员为灾区捐助钱物价值2000余元，向上级红十字会争取救灾大米3吨，方便面50箱，分别送到王家、卫子、柏林沟等各旱灾乡镇。1996年4月，区红十字会第一届第三次扩大会议召开，选出新一届红十字会会长和常务理事。当年，在元坝中学和明觉乡中心小学成立红十字分会，共发展会员1300人；从上级红十字会争取救灾大米8吨、衣物400件发给明觉、清水等地的困难群众；在全区开展对社会孤、老、病、残人员服务活动，协调各医疗单位为困难户减免医疗费3695元，给文村乡捐赠疾病防治药品价值4404元；在省道212线上设立红十字交通急救站一个，分站两个，做到组织、人员、设备、药品“四落实”；组织巡回医疗队4个，巡回医疗队会员13人，义诊2547人次，及时抢救伤员267人次。1997年，全区宣传《红十字会法》、《红十字标志使用办法》，开展“五八”世界红十字日纪念宣传活动。配合市红十字会和市人民医院在明觉乡开展咨询、义诊服务，发放宣传资料1万余份。1998年，区红十字会发动社会各界为磨滩镇受灾群众捐款捐物价值3000余元。1999年，区红十字会把救灾及灾后重建项目作为工作重点，全年发救灾棉被100床（价值6200元），涤棉大衣130件（价值949元），救灾药品3件（价值5779.60元），并向上争取红十字会救灾款7.70万元投入洪灾严重的虎跳、张家等乡镇。

2001年，香港红十字会援助磨滩镇卫生院医疗设备价值10万元。2002年，区红十字会组织救灾大米4260公斤，发给明觉、白果等乡镇春荒救济。2003年，在“七一五”洪灾中，区妇幼保健院、区疾控中心、紫云乡卫生院等单位损失严重，省卫生厅、省疾控中心、市卫生局等先后援助款物30余万元，中国红十字总会、国际红十字联合会等人道主义救助组织捐赠价值30余万元的药品、蚊帐、大米等救灾物资。区红十字会为12名困难职工发放生活救助款1400元，为困难家庭发棉大衣50件；为虎跳、昭化、王家、柏林、元坝、磨滩6个乡镇发救灾药品价值13546元；为元坝自来水厂及部分乡镇供水站捐赠7箱净水剂价值6810元。防“非典”期间，为区人民医院、区红十字医院、区疾控中心、区卫生监督所以及“防非”隔离留观站等捐赠物资价值4546元；协助区妇联、团区委、区工会等单位募集“防非典”资金6万余元，为3名“非典”患者争取到香港红十字会“非典”受难基金6000元。2004年，将720床棉被、800床蚊帐、34.80吨大米及一批药品等救灾物资全部发放到红岩、沙坝等地的受灾群众手中。与区水务农机局配合，对40名拖拉机手、180名居民免费进行卫生救护培训，组建元坝、卫子、王家、虎跳、昭化五个红十字社区服务站。在“博爱送万家”活动中，发放棉衣、风衣30余套。2005年，围绕“备灾救灾、人道救助”主题，救助特困户26户，发大米870公斤和一批棉衣、风衣。为印度洋海啸组织募捐5744.60元。2006年，在“五八”世界红十字会纪念日、“六一四”世界献血日以及“一二 ·一”“一二·四”宣传日，在全区大范围开展宣传活动，发宣传资料5万余份，配合区政府组织开展义诊3000人次。区红会向养殖户发禽流感防治应急手册1000余册，向“特困户”“五保户”、残疾人、下岗职工发棉被30床，衣服4袋。7月，北京中康恒康科技有限公司对口援助广元市元坝区8个医疗单位B超工作站软件和红外线乳腺诊断仪软件，总价值6.40万元。8月、9月分别举办两期乡村医生护士培训班，参训290人。2007年，发宣传资料6万余份，制作大幅标语35幅，展板30个，深入宣传红十字会精神；组织义诊3000余人次；发救灾大米105袋1575公斤、保暖裤40条、棉衣10件、棉被16床，价值8000余元。

第二十六篇　文化体育

第一章　文化艺术

第一节　文化管理机构

一、广元市元坝区文体旅游局

1990 年 2 月，广元市元坝区文教局下设文化股，负责管理全区文化体育事业。1996 年 7 月，成立广元市元坝区文化旅游局，设办公室、文化股、旅游股。1997 年 3 月，区文化旅游局更名为广元市元坝区文体旅游局，增设体育股。2001 年 2 月，建立中共广元市元坝区文体旅游局党组。2003 年 12 月，成立广元市元坝区新闻出版版权局（简称区新闻出版局），与区文体旅游局实行“一套人马、两块牌子”动作模式。至 2007 年，区文体旅游局机构无变化。

广元市元坝区文体旅游局领导名录

表 26－1

姓　名	性别	籍　贯	政治面貌	职　务	任职期间	备　注
吴三斌	男	巴中市巴州区	中共党员	局　长	1996－07—1999－08	
敦福林	男	广元市元坝区	中共党员	副局长	1997－01—1999－11	
冯永传	男	广元市元坝区	中共党员	副局长	1998－12—2007－06	2001－02 始任党组成员
敦福林	男	广元市元坝区	中共党员	局　长	1999－11—2003－02	2001－02 始任党组书记
韩双宗	男	广元市剑阁县	中共党员	副局长	2001－02—2004－03	党组成员
沈国平	男	广元市元坝区	中共党员	局　长	2003－02—2007－01	党组书记
肖永乐	男	广元市元坝区	中共党员	副局长	2003－02—	党组成员

续表

姓　名	性别	籍　贯	政治面貌	职　务	任职期间	备　注
朱太义	男	广元市旺苍县	中共党员	局　长	2007-02—	党组书记
车红梅	女	广元市苍溪县	中共党员	副局长	2007-06—	党组成员

二、局属文体事业单位

广元市元坝区电影发行放映公司，1991年10月成立。1995年，因为无力偿还区电影院的建修款，中共广元市元坝区委、区人民政府决定，将区电影院拍卖，由当年的建修垫资人购回。1996年，区电影发行放映公司保留企业经营业务，职工分流，其电影发行放映管理职能由区文化旅游局承担。

广元市元坝区文化馆（含图书馆、文物管理所），1990年8月成立（股级）。

广元市元坝区图书馆和广元市元坝区文物管理所，1998年5月成立（股级）。

广元市元坝区文化出版物稽查大队，1998年5月成立广元市元坝区文化稽查中队；2004年，更名为广元市元坝区文化出版物稽查大队。

三、乡镇文化服务中心

1996年7月，广元市元坝区文化旅游局成立之后，随即在全区28个乡镇先后建立文化站。2003年，撤销乡镇文化站，建乡镇文化服务中心，前文化站的职能划归文化服务中心。2003年10月，全区共录用乡镇文化服务中心工作人员56人。

第二节　群众文化活动

一、农村文化活动

元坝区建立之初，农村文化活动虽常有开展，但不够经常化和制度化。1996年以后，在区文化旅游局（区文体旅游局）和乡镇文化站（乡镇文化服务中心）的组织、推动下，全区农村文化活动得到经常性开展，主要有：

开展送文化下乡活动：1998年以后，针对农村文化生活相对贫乏的现实，区文体旅游局组成送文化下乡服务队，坚持不定期下乡镇开展活动，包括文艺演出、放电影、写对联等。每年还利用“科技、法律、文化下乡”活动，到乡村给农村群众送图书、发传单，宣传科学文化知识。

举办乡镇文化艺术节：组织指导乡镇和农民群众开展和参加文化艺术活动，为各种形式的民间文化艺术搭建展示的平台。1999—2007年，虎跳镇连续举办了9届文化艺术节；2002年、2003年和2005年，卫子镇举办了3届文化艺术节。

调演民间文艺节目：元坝区建立后，每年都组织队伍参加一年一度的广元“女儿节”大型文化活动。1996年以后，在区文体旅游局等专业机构的组织下，元坝区每年通过调演节目，选拔和组织优秀队伍参加广元“女儿节”的相关文体比赛。2003年广元“女儿节”，元坝区百名女子方队表演的《奋进者之歌》和民间文艺节目《农具秀》，被广元市人民政府授予二等奖；2005年，新编皮影《生态家园》参加广元“女儿节”文艺表演，被广元市人民政府授予一等奖。

收集整理民间文化艺术遗产：元坝、虎跳、太公等乡镇的舞狮，清水乡的龙灯，朝阳、红岩等乡镇的锣鼓唢呐，射箭乡的提阳戏，柏林沟镇的金钱棍，昭化镇的民歌、牛灯，青牛乡的川剧等，都有很长的历史和较大的影响，全区性的重大文艺活动及乡镇文化艺术节，都为之搭建了展示的平台，同时起到发掘和保护的作用。区政协干部王扬声等人收集整理的专辑《川北民歌》（元坝区文史资料第四辑），其中有流传于民间的红军歌曲、情歌、劳动号子及民乐曲调等计285首，内容丰富、形式多样，从本区境内收集到的就有120多首。射箭提阳戏历史悠久，特色鲜明，被四川省文化厅有关专家称为古代戏曲的活化石，2005年经区文体旅游局申报，被首批列入四川省非物质文化遗产代表作名录。

创建文化乡镇、村：2000年，昭化和虎跳两镇人民政府被四川省文化厅命名为“文化先进乡镇”；2002年，卫子镇人民政府被四川省文化厅命名为“文化先进乡镇”；同年元坝镇砖灰村被四川省文化厅命名为“小康文化村”。

二、机关企事业单位文化活动

中小学艺术节：建区以后，区教育局每三年举办一次全区中小学艺术节，各中小学坚持每年举办一次艺术节，主要内容是文艺演出和书画作品展览。

城区文化艺术活动：区文体旅游局1997年至1999年连续举办三届大型书画摄影作品展；1999年至2002年连续举办四届“庆六一百名儿童百米书画”现场表演赛；2002—2003年连续举办两届读书征文大奖赛；先后举办四届青少年歌手大奖赛。2004年9月和2005年9月，区委、区政府接连举办两届“四川·广元元坝桂花节”。首届“桂花节”于2004年9月21—23日举办，期间举办了《桂香元坝》大型广场文艺表演、《丹桂之夜》文艺晚会、《桂花乡里桂花香》中小学生文艺调演等活动，3万多人到场观光，参加演出人员近2000人。

专题活动文艺演出：每届区人大、区政协“两会”召开时，都要举办文艺晚会。2001年和2002年连续两届“四川·广元元坝荷花会”、2004年和2005年连续两届“四川·广元元坝桂花节”、2007年9月首届“中国四川·昭化古城三国文化旅游节”，其开幕式、闭幕式都有不同类型的文艺节目演出。2001—2004年连年在元坝城区组织开展春节联欢文艺活动。

区老年人协会文艺活动：2004年12月，区老年人协会成立之后，长年坚持不懈地开展文化艺术活动。协会成立了艺术团和川剧团，经常排练节目。艺术团或参加城区的演出活动，或到乡镇进行配合“中心工作”的宣传演出，音乐舞蹈节目如《丰收》《垄上行》《好日子》等，产生了积极的社会影响。川剧团长驻昭化古城，经常演出反映三国历史文化的川剧折子戏。

第三节　文艺创作

一、文学

20世纪80年代初期，今元坝区境内即有部分青年作者开始创作新诗、散文等文学作品。元坝区建立后，区委、区政府加强文化建设。2004年，区文学艺术界联合会和区作家协会成立，肖永乐任区作家协会主席。组织编印文艺作品集6部，其中公开出版3部；发表各类作品400余件（含参展作品），举办讲座、采风、征文及大奖赛等各级各类文艺活动110余次，获国家和省、市级表彰奖励30

余次。白果小学教师李德玉，长期坚持诗歌创作。1993 年，其诗集《绚丽的星空》由广元市艺术馆、《广元文艺》编辑并交付出版，共收录诗歌 90 首。2000 年，肖永乐诗集《秋收的老人》由伊犁出版社出版，该诗集由中国作家协会原名誉副主席、中国诗歌学会会长臧克家题签书名，获广元市政府精神产品一等奖。蒲国庆在《星星诗刊》《青年作家》《四川日报》《山西青年》等报纸杂志发表诗歌多首。其诗集《自塑的雕像》作为“中国星星诗文库”丛书之一，于 2004 年由重庆出版社出版，诗集中收录了作者的诗歌 82 首。2004 年，首届“四川·广元元坝桂花节”征文集《桂香洗尘》公开出版，书中收录了省、市、区各级作家和业余作者的作品 54 篇（首），体裁有诗、词、曲、散文等。2005 年，王扬声散文集《乡韵》由新疆人民出版社出版，书中辑录了作者散文作品 45 篇，内容涉及历史文化、风土人情、自然风光、人物侧记等。

二、书法美术

2004 年以前，区内的书法美术创作活动缺乏组织和推动，大多数是其爱好者个人活动，自行创作和自行参展。2004 年 5 月，广元市元坝区书法美术家协会成立，刘兴泉任主席，区财政局干部郑光文、元坝中学美术教师何川任副主席。协会举办过一些书画作品展。郑光文的书法作品，曾参加四川省书法家协会举办的第四届书法篆刻作品展、第二届四川省书法教师作品展，还曾参加四川省政协书画研究院举办的庆祝建院 20 周年书画作品展；1999 年参加广元市书法家协会举办的书法作品展览，2002 年参加中共广元市委宣传部、市文联、市文化局举办的书法作品展览，均获得优秀奖，2005 年参加中国青少年书法报社举办的书法比赛，获青年组优秀奖，先后获广元市第十届、第十二届优秀精神产品二等奖、三等奖。区公安分局局长王绩，书法作品于 2004 年和 2007 年参加全国公安系统书画展，均获优秀奖。

三、摄影

2004 年以前，区内的书摄影创作活动大多数是其爱好者个人活动，自行创作和自行参展。2004 年 5 月，广元市元坝区摄影家协会成立，张礼忠任主席、崔文任副主席。2004 年 9 月，区委、区政府举办“桂花节”，编印摄影作品专集《桂香元坝》，不仅展示了首届“四川·广元元坝桂花节”的盛况，而且宣传了元坝建区以来经济和社会发展的突出成就。

四、音乐舞蹈

元坝区建立初期，区内各单位的文艺活动，除学校有相对专业的教师对歌舞进行编排外，区级各部门单位的歌舞编排大多由区妇联、团区委等单位的工作人员业余指导。1996 年区文化旅游局成立以后，逐渐形成比较专业的音乐舞蹈编创队伍。2004 年 5 月广元市元坝区音乐舞蹈家协会成立后，编排的音乐舞蹈节目，成为历次全区性重大文艺演出活动的压台戏，还多次承办城区新年晚会和其他节日文艺庆祝活动。一些创编节目参加省、市文艺调演并曾获奖。由张小平改编的无伴奏小合唱《花不逢春不乱开》，2007 年 2 月参加广元市川北民歌调演及广元市春节晚会获二等奖；同年由江青云作词、王如明谱曲的歌曲《到了昭化、不想爹妈》由尹彩霞演唱，被拍成音乐电视片，曾在元坝电视台和广元电视台连续播放。

五、根雕和篆刻

昭化镇农民贾仕诚，20 世纪 80 年代自修根雕艺术，在昭化古城开店展销自己的作品，并逐渐走向市场。80年代后期，其作品在一年一度的广元"女儿节"秋季商品交易会上展销，受到业内人士的好评。后经广元市群众艺术馆馆长张此吾推荐，曾参加绵阳市秋交会。后又出席邛崃市文君书画艺术中心成立庆典，受到《人民日报》新闻部主任乔山和四川省书法家协会主席、原副省长杨超的接见。其代表作《三口之家》《少女》《亚运风采》《骏马》《山驴》《警犬》《圆舞典》等，被省内外文艺单位、企业、名人收藏。

昭化镇居民王子义，20世纪60年代初开始自学篆刻，后在广元刊刻社拜师学艺，遍访千佛崖、皇泽寺以及剑门蜀道、昭化古城一带古碑、石刻、钟鼎，坚持自学行、楷、篆多种字体和人像雕刻，曾摹刻过毛泽东诗词以及毛泽东各个历史时期的木刻雕像。其篆刻作品笔画线条刚劲流畅且蕴有笔意，构图疏密得当，布局巧妙，刀法连贯，节奏感强，灵活多变。代表作品有篆刻作品《喜迎香港回归》《庆祝中国艺术节》等。其中《庆祝中国艺术节》两方印章中的"巴蜀盛事""光耀中华"，分内外两部分，内方外方均有变化，四角各以一个"喜"字作为装饰，更显庄重多彩。另一组篆刻"万紫千红""百花争艳"，构思别具一格，"百花争艳"用阴刻手法，而"万紫千红"则以阴刻与阳刻相结合的刀法刻制，两者巧妙地融为一体。

第四节 电 影

一、电影发行

1991年以前，区内电影放映发行工作由广元市电影放映发行公司负责。1992年2月起，区电影放映发行公司负责本辖区电影发行。同年5月，相继成立了元坝、虎跳、卫子、王家、昭化等5个片区电影发行管理站，主要发行8.75毫米和16毫米拷贝，拷贝主要来源于原广元县电影公司解体后分给的100个16毫米拷贝和80个8.75毫米拷贝。当年发行量达600场次，发行收入约1.20万元。1993年后，随着电视和录像的普及，电影事业步入低谷，全区7个发行站只有4个在运行，发行量直线下降，当年发行收入仅5000元。区电影放映发行公司从理顺发行渠道、减少发行层级、整合拷贝资源入手，撤销了7个乡镇电影发行站，在区电影放映发行公司内部设发行股，具体负责全区电影发行工作。1994—2007年，主要向区内各学校发行爱国主义教育类型的拷贝，年均发行拷贝50多种，年均发行量达1600场次，年均发行收入约2.60万元。2000年开始，国家大力实施农村电影"2131"工程（即21世纪初基本实现农村一村一月一场电影的放映目标），区电影放映发行公司本着面向农村、服务农民的宗旨，千方百计调回农民喜欢的故事片和科教片，年均发行科教片拷贝10余种，年均发行量达150场次。

二、电影放映

1991年10月之前，全区各乡镇都建有电影放映站，各自直接去广元市电影放映发行公司租赁影片放映，业务上受区电影放映发行公司指导。区电影放映发行公司成立之后，下辖5个片区电影放映管理站、10个集体性质的电影院，乡办电影放映队14个、村办放映队20个、校办放映队3个、个体放映队56个。1991年11月，区政府制发了《关于加强全区农村电影放映工作的通知》，采取农民筹费、定点售票、流动放映等形式，农村电影放映活动逐步增多。1992年明觉乡政府被国家六部委表彰为全国第二届"丰收杯"农林科教电影放映先进单位，是当时广元市唯一获此荣誉的乡镇。1993年3

月，区政府与各乡镇政府签订了1993—1995年筹费放映责任书，第一次以目标责任书的形式下达电影放映任务。1994年10月，占地7亩，建筑面积2300平方米，总投资200余万元的区电影院竣工并投入使用。当年起，区电影放映发行公司多方面组织片源，为全区中小学学生放映爱国主义影片。1998年，元坝镇杏树村放映队获省文化厅授予的“四川省优秀放映队”称号，放映员张贵基被元坝区政府评为首届“十佳青年”，其先进事迹在四川电视台“共产党人”栏目介绍。1999年，文化部等部门又提出农村电影“2131工程”目标。全区倡导性地实施了“三斤玉米工程”（即按当时的市场价格，卖三斤玉米的收入看一场电影）。区电影放映发行公司本着面向农村、服务农民的宗旨，积极调回农民喜闻乐见的故事片和科教片，组织全区14个乡办电影队到村、社放映。2001年，区政府成立农村电影“2131工程”领导小组，制发《关于实施农村电影放映“2131工程”的意见》，区财政加大投入，区电影放映发行公司和片区管理站认真组织，加强管理，在物质条件和组织管理上确保“2131”工程全面实施。2002年，区政府与市政府签订了实施农村电影“2131工程”目标责任书后，又与各乡镇层层签订责任书，确保电影放映工作落到实处。自实施“2131工程”后，全区每年农村电影放映都在2000场次以上，观众年均20万人次以上，其中最高的2002年达到33万人次。2004年，昭化镇放映员黄明光被文化部表彰为“全国优秀放映员”。1991—2007年，全区电影年均放映4000场次，观众42万人次。其中，群众常规性放映2400次，观众24万人次；中小学爱国主义影片专题放映年均1600场次，观众18万人次。

第五节　图　书

一、广元市元坝区图书馆

1996年，四川省文化厅拨专项资金10万元筹建广元市元坝区图书馆（简称区图书馆）。1998年5月，区图书馆建成。区图书馆时有面积100余平方米，藏书室2间，阅览室1间。藏书5000余册，其中，社会募捐1700余册，广元市图书馆、苍溪县图书馆捐赠2300余册，自购图书杂志1000余册。阅览室桌椅由广元市图书馆和区交警大队捐赠。为充分利用资源，2005年5月，区委、区政府决定在元坝中学图书阅览室的基础上建设区图书馆，使其既面向社会公众服务，又兼具元坝中学图书阅览室的功能。区图书馆由区教育局和元坝中学共同管理，馆长由区文体旅游局提名推荐，馆员在元坝中学后勤人员中安排。2006年4月，在元坝中学高中部之旁新建综合馆一栋，内设区青少年活动中心、区青少年宫、区图书馆，建筑面积3814平方米，其中区图书馆1907平方米。区图书馆设有藏书室、期刊阅览室、少儿阅览室、电子阅览室及留守儿童之家活动室。馆内有政治、法律、哲学、社会科学、自然科学类藏书13万余册，其中纸本文献8万余册、电子文献4万册。建有全国文化信息资源共享工程基层中心及卫星接收站。可免费办卡、免费借阅和到馆阅览。还先后建立了17个乡镇流动图书室及20个信息资源共享基层服务中心卫星接收小站。但由于对区图书馆的产权归属问题存在争议，省、市文化主管部门对区图书馆的上述管理体制不予认可。2007年7月，区委决定，按照“同一阵地、功能分区、管理明晰”的原则，明确管理体制，即区图书馆隶属区文体旅游局管理，元坝中学图书阅览室隶属元坝中学管理，按行业规定接受区图书馆的业务指导。区图书馆的工作经费，由区财政每年划给区文体旅游局，专款专用。区图书馆大楼按功能实行分区设置。但此后管理运行仍然存在矛盾。至2007年年末，体制仍未理顺。

二、广元市元坝区新华教育书店

1995 年 7 月，广元市新华书店在元坝区建广元市新华书店元坝分店，为国营单位，主要面向社会经营图书，由广元市新华书店实行“财权在省、人事权在市”的管理体制。2003 年 6 月，广元市新华书店元坝分店由国营单位改制成个体私人企业，更名为广元市元坝区新华教育书店。

三、图书阅览

区内图书阅览场所和供书单位，主要有区图书馆、中小学图书室、乡镇文化站和各种经营性场所。区图书馆有专门阅览室供读者现场借书阅读，也开展定期归还的对外借书业务；少数中小学设有专门阅览室，一般只对本校学生限期借阅；乡镇文化站一般备有书报供读者现场阅读，也有开展借书、租书业务的；经营性场所主营业务为售书，也有开展租书业务的。2007 年年末，全区各类图书阅览场所藏书在 50 万册左右。由于网络文化的发展和计算机的逐步普及，上网阅读也成为一种越来越流行的阅读方式。随着时代的发展，阅读越来越成为学生、机关干部和其他群众的生存和生活的需要，阅读方式也呈多样化趋势。

第六节　文　物

一、文物普查

（一）2007 年 4 月以前已查明文物

1980 年第二次全国文物普查至 2007 年 4 月，查明元坝区境域内不可移动文物点 55 处。

被确认为各级文物保护单位 29 处：国家级 1 处为剑门蜀道遗址群（元坝区段）；省级 7 处为太公镇红军山遗址群，柳桥乡红军石牌坊，昭化古城龙门书院、考棚、古城门、费祎墓、鲍三娘墓、怡心园和益合堂 2 处古民居；市级 1 处为昭化镇天雄关；区级 20 处为昭化古城八卦井、南门巷子 17 号民居和 19 号民居、铁闩子桥、桔柏渡，元坝镇嘉陵县苏维埃旧址、嘉陵县苏维埃保卫局旧址，虎跳镇长阳寺、石狮，黄龙乡石牌坊，柏林沟镇广善寺、魁星阁、岚溪桥，磨滩镇双龙桥、龙桥，大朝乡“砥矢周行”摩崖石刻、“化险为夷”摩崖石刻、松宁桥、寡妇桥，梅树乡梅岭关。

未公布为文物保护单位 26 处：昭化镇鲁家院子、东山坪遗址、战胜坝遗址、姜维井遗址、白卫岭遗址、葭萌古城、葭萌关遗址，梅树乡古驿道，柏林沟镇古驿道、柏龙分司遗址、夏锦衣墓、王万方墓、王氏墓、王三元墓、古缙绅墓、郑处士墓、九龙碑，石井铺乡盐井遗址，晋贤乡状元坟、都尉墓，清水乡罗汉寺遗址，丁家乡龙工桥、断桥，太公镇张氏墓、仲氏墓、刘天宝墓。

（二）2007 年 4 月至年末查明文物

2007 年 4 月开始，进行第三次全国文物普查，计划于 2010 年 12 月完成。至 2007 年底，元坝区新发现不可移动和已消失的文物点 57 处。

1. 新发现不可移动文物点

新发现不可移动文物点 37 处：元坝镇嘉陵县苏维埃旧址，昭化镇张家院子、古城墙遗址（葭萌故城）、玉龙井、文庙大成殿、昭化县民众教育馆旧址、辜家大院、土基坝汉代墓葬群、土基坝遗址、摆宴坝遗址、荀家坪遗址，柏林沟镇的古街、岚黎寺，王家镇方山寺、古松观、石马垭渡桥，磨滩镇飞龙桥、中华观，射箭乡三层楼，大朝乡上新铺遗址、张家院子、高庙铺遗址，紫云乡田大成墓、田登高墓，卫子镇明空寺遗址、金印寺明代墓葬、佛儿岩，太公镇戏楼遗址、朱真庙遗址、双庙遗址，丁家乡高子湾古墓群、马家寺遗址、八湾里王氏墓、双龙王氏祠堂，张家乡松梁张氏家族墓，黄龙乡明水清泉寺、水磨朱氏祠堂。其中：

（1）古建筑

方山寺：位于王家镇方山村八组，坐东北朝西南方，又名为兹寺，始建于汉代，兴盛于明清，历时2000余年。该寺原为三进两侧带厢房的对称式建筑群，占地2560余平方米，建有文昌殿、藏经楼，塑有释迦牟尼、观音菩萨、四大天王、三清诸神、十八罗汉等神像。该寺在20世纪60年代末期，被作为破“四旧”对象，大部分建筑被拆毁，基址明显。今存大佛殿，占地292平方米，由26根巨型木柱支撑房面，覆盆式柱础，莲花斗拱8朵，飞檐翘角，抬梁牌扇，纯木结构建筑，木刻精美。有明代至清代叙述佛事活动的石碑数块及其他文物点数处。

明水清泉寺：又名明水观，位于黄龙乡明水村一组，坐北向南，始建于唐代，盛于宋、元，清同治十二年（1873年）重修。占地面积2000余平方米，四合院格局，现仅存正殿、观音殿、大佛殿。正殿土木结构，面阔3间16米，每间进深8米，歇山顶，檐下有斗拱3朵。大门前有两个唐代雕刻的巨型石狮柱础，正殿两侧各带3间正房，墙壁上有彩绘图案，门窗梁坊上雕刻有花草鸟兽，木刻精美。院中有清咸丰、同治和民国时期叙述佛事活动的石碑5通。因院中有一天然泉井历经数百年不涸而得寺名。该寺对于研究当时的宗教文化和建筑工艺有重要参考价值。

辜家大院：位于昭化古城南门巷子北段西侧，坐南朝北，东临昭化古城墙。清代建筑，风貌古朴，临南门巷有两个八字门罩，雕刻精美，做工考究。3个出入口均设在西侧南门巷，在最南端院落西厢位置设主入口，新建八字门罩。进入第一进院落，南侧建筑为3间倒座，中间正厅，两边侧厅，东侧3间厢房，西侧是主入口门厅及耳房。北侧正房位置为花厅，中间设屏，两侧有厢房。屏后是船厅，上架屋盖，后设过厅，两侧设侧厅。穿过厅达场院，北房为正厅，东厢3间，西厢为门厅。向北过正厅到最后一进场院，也为北房正厅，东厢3间，西厢门厅。该建筑为昭化古城内保存较为完整的古民居之一，为研究当时的建筑工艺提供了宝贵的实物资料。

（2）古墓葬

土基坝汉代墓葬群：位于昭化镇石盘村五组、石盘村小学南侧，呈两片分布，中间贯穿一水泥村道公路。从整体看，墓冢封土今存数十处，封土明显，但保存一般，局部墓冢已被开垦为农田。20世纪70年代初期，在开垦的过程中出土过青铜制品。该墓冢群的发现，为丰富昭化片区历史文化和研究嘉陵江流域先秦遗址提供了实物资料。

高子湾古墓群：位于丁家乡青龙村六组的高子湾坟林，清代古墓群。墓群整体坐北朝南，呈阶梯状，随山势分五层布局，为当地王氏家族墓地。在近1500平方米（长210米，宽70米）的范围内，呈长方形布局着26座保存较为完好的清代乾隆、嘉庆、道光、咸丰、同治、光绪、宣统7朝近170年间（1741—1911年）的古墓。该墓葬群虽然在“文化大革命”期间有所损毁，但构件齐全且保存完好；墓碑石刻精美，工艺极高，内容繁杂。墓群前10余米为“王氏祠堂”，损坏严重，前有石桅杆。该墓群对于研究清代石刻工艺和当地王姓历史等具有重要的参考价值。

（3）石窟石刻

佛儿岩：为境内最重要的石窟石刻，位于卫子镇卫子村4组金印寺山的半山腰，为唐代的摩崖石刻造像，总体规模较小，仅由4个龛组成。石像雕刻手法和旁边的碑刻都证明为唐代的造像。该石刻对于丰富广元的石刻文化及研究唐代文化具有重要的参考价值。

（4）古遗址

葭萌故城：位于昭化镇城关村和战胜村嘉陵江西岸的二级台地上，北距白龙江1公里，东西长300米，南北宽200米，面积约6万平方米。文化层的厚度为0.40米至1.20米，在地层和断裂地段上发现并出土有大量蝇纹板瓦，以及瓦当、陶片，器形有圆底釜、罐、钵等，遗址北面曾发现有汉代砖室墓和土坑墓。该遗址对于研究蜀汉三国的历史有重要的参考价值。

苟家坪秦汉文化遗址：位于昭化镇城关村嘉陵江边二级台阶地，临河垮塌自然形成断崖，距河床高约10米，面积约5.32万平方米。断面上可见文化堆积分布，文化层厚度为0.40米至1.30米。出土过大量的线纹板瓦、瓦当、陶片，器物有圆底釜、罐、钵等。遗址北侧有汉代的砖石墓和土坑墓，据采集到的标本分析，为秦汉时代遗存。该遗址先前未见著录或公布，系第三次文物普查新发现，为研究嘉陵江流域秦汉文化聚落的分布、区域类型、文化谱系等提供了实物资料。

2. 消失的不可移动文物点

查得消失的不可移动文物点20处：昭化镇石板街、摩云寺、昭化乐楼、丁公祠堂、曲回宋墓、城关汉墓、天雄驿道、明葭萌关遗址，大朝乡驿道、石拱桥，射箭乡将军墓，清水乡普贤寺、关帝庙，太公镇红军墓遗址、张氏堂屋、玄真观遗址，柏林沟镇佛爷岩、古邮铺遗址，石井铺乡驿道，黄龙乡松智禅师墓。

（三）区内可移动文物

有红军文物和出土文物两类。红军文物包括银币、布币、长矛、大刀、自制手榴弹等；出土文物有柏林沟镇出土的国家三级文物清代石刻“九龙碑”，昭化镇出土的东汉墓葬品汉砖、陶罐、五铢钱、彩绘陶器、日光镜、铜镜等。

二、文物保护

区文物管理所按照“保护为主，抢救第一”的方针和“有效保护、合理利用、加强管理”的原则，健全机构，落实经费，全区文物保护工作逐步走上正轨。2004年7月，发现昭化古城内的龙门书院、怡心园、考棚发生了严重的白蚁危害，区人民政府聘请湖北省罗田县白蚁防治研究所专家到现场进行药物治理，并挖窝取巢抓蚁王、蚁后9对，埋设引诱点217处，制作隔离带80米，治理面积达7000平方米。太公红军山红军大院年久失修，面临垮塌危险，2005年，向四川省文物局争取资金10万元进行维修，并改造供电线路、安装了消防设施。2006年开始，区委、区政府提出“做活做靓昭化古城”的工作思路，举全区之力，以三国文化为依托，打造昭化古城国家AAAA级景区，对昭化古城实行全面的立面改造，新修了城墙城楼，高规格打造了敬侯祠、考棚、县衙、文庙、龙门书院、汉寿坛等景点。昭化古城成为川陕三国文化旅游线上的重要景区。

第七节　文化市场

1989—1995年，区内电影、音像、图书市场由区文教局文化股负责管理。辖区内文化市场经营单位最多时有50余家。通过开展日常检查、节假日的专项检查，及时发现问题并加强整改，期间内未出现政治性非法出版物和重大违法违规经营行为。

1996年8月，成立广元市元坝区文化市场管理委员会。同年9月，区文化旅游局精选文化市场管理政策编印150册，下发到各经营户，在区有线电视台“实话实说”栏目中宣讲，鼓励文化经营单位守法经营。1997年3月，召开了文化市场管理部门协调工作会和经营业主会议，宣讲政策、法律、法规。同年4—7月，坚持日常检查与专项检查相结合，整治中小学校周边文化市场，责令2家不符合要求的歌舞厅停业整；8—11月，开展“扫黄（黄色出版物）打非（非法出版物）”工作，共收缴非法录像制品37盒、盗版VCD200张、CD10张，各种渲染暴力、色情、封建迷信书籍392册。1998年5月，区文化稽查中队成立，组建了具有执法主体资格的文化市场管理队伍；至当年9月，累计检查经营场所38家，通知停业整顿13家，当场整改1家；10月，根据《内部资料性出版物管理办法》，加强对全区内部资料性出版物的管理，要求出版物印刷企业在承接印刷内部资料性出版物时，必须验证并收存市新闻出版局核发的准印证，经检查年内未发现此类违法出版活动。1999年，检查图书经营单位17家，检查音像制品经营单位21家，未发现上述非法出版物。2000年3月，对音像市场进行了清理检查，各经营场所主动上缴非法音像制品200余张，收缴非法音像制品500余张；同年6月，清理整顿印刷打字复印单位，检查11家，责令改正11家。2001年，停止审批新的电子游戏经营场所。是年，查处违规电子游戏经营场所5家，取缔3家，取缔无证无照或证照不全的网吧2家，规范3家，打击了赌博、吸毒、贩毒以及“陪侍”等变相违法犯罪活动；对录像放映场所进行清理，严格审查放映内容，取缔2家。

2002年9月，区文体局、区教育局、区文化市场管理委员会办公室联合成立了5个工作督查小组，检查了28个中心校5个单设中学，未发现使用盗版教材教辅的问题。2003年，全区开展了音像制品、内部报刊、印刷企业、打字、复印摊点、图书市场的治理整顿工作。经过宣传发动、集中清理整治、督查落实等三个阶段，收缴盗版图书、光盘300册（盘），责令整改13家。同年7月，针对酒吧等娱乐场所噪音污染等信访件，区文化稽查中队立即采取措施，依法对区镇酒吧、卡拉OK厅、歌舞娱乐场所开展了为期1月的治理整顿。召开了经营业主会议，签订了禁止噪音污染责任书11份，规定了营业时间，受到城区居民好评。2004年，区文化市场管理委员会改建为区“扫黄打非”工作领导小组，办公室设在区文体旅游局。4月28日，在元坝中学初中部操场开展了未成年人“告别网吧”千名学生签名活动；6月，区文化稽查大队挡获安徽籍游商待售的“四大名著”各1套、《中华上下五千年》4套、《金瓶梅》1套等非法出版物，总价值约6000余元；7月，组织全区28个乡镇文化专干进行法规培训，文化专干开始协助管理文化市场。下半年，开展了网吧专项整治，“反盗版百日行动”和打击盗版教材教辅行为取缔“黑网吧”1家，吊销了元绿网吧的经营许可证照，对传奇网吧违规接纳未成年人处以罚款，检查音像制品经营场所27家，收缴盗版光盘500张。2007年，全区相继开展了以整治网吧接纳未成年人为重点的集中整治行动，整治假报刊、假记者站、假记者、假新闻的专项行动，“保护知识产权，反盗版天天行动”，处罚了2家违规经营的网吧，收缴盗版图书60余册，收缴盗版光盘300余张。

第八节　新闻出版

1996年以前，区内内部资料的出版由区出版管理机构批准并发放准印证号，1996年以后，批准权限上收到市出版管理机构，区内内部资料出版按规定程序进行。至2007年底，元坝区政协编辑出版内部资料《元坝区文史资料》一共7辑，其内容涉及区内的历史事件、历史人物、掌故传说、民风民俗、自然风光、地方特产等等。其中，由区政协翟枝贵、贾北朝、刘芝发、祝明培、胡维明等人组织编写的第二辑《巴蜀第一县——昭化》，反映了昭化的地理和历史文化，着重介绍了昭化的三国遗迹、秦陶汉砖、青铜石器、英雄人物、廉吏清官、特产贡品、旅游资源等。目的是宣传昭化古城，提高昭化古城知名度，以推动全区旅游业的发展。第五辑《平湖丰碑》载文101篇，约55万字，记述了全区28个乡镇的中小型水利工程的建设过程，再现了20世纪50年代至20世纪末今元坝区境内人民群众大办水利的热烈场面。2007年6月，刘兴朝编著出版《昭化诗文选注》，作为元坝区《方志丛书》（之三）内部发行。编著者从古代众多文人墨客吟咏描述昭化的诗文中选诗词149首、散文8篇并加注释，其中包括杜甫、岑参、陆游、杨慎、李商隐等古代诗人的作品。全书计16.80万字。读者通过此书，可以较全面地了解昭化的自然风光和风土人情，以及古代名流莅临昭化的情怀，展示了昭化历史文化的一个重要方面。

第二章　体　育

第一节　机构与设施

一、体育管理机构

1990年2月，广元市元坝区文教局下设文化股，负责全区文化、体育工作；1996年7月，成立广元市元坝区文化旅游局，行使全区文体工作管理职能；1997年3月，区文化旅游局易名区文体旅游局，增设体育股，具体管理全区体育事业，组织全区性的体育活动。

2004年12月，成立广元市元坝区老年人体育协会，由退休干部、原区人大常委会副主任杨在尧任会长，负责组织全区老年人体育活动；2003年，太公、虎跳、明觉、白果、清水等乡镇相继建立了老年人体育协会。

2007年4月，广元市元坝区网球协会成立，时任区委副书记刘亚洲任名誉会长，区教育局局长姜云茂任会长，区文体旅游局局长朱太义任秘书长。

二、体育设施

1989年末，全区共有各类体育场地690个，其中篮球场267个，乒乓球桌423张。1996年开展全国第四次体育场普查，全区有各类体育场地1129个，其中篮球场278个，乒乓球桌640张，非标准田径场211个。2003年，区人民政府投资1500万元建成元坝中学体育场，其中包括400米环形塑胶跑道、塑料草坪足球场、标准田径场、25米×50米游泳池、4个塑胶篮球场、1个塑胶网球场和可容纳3000人的看台；还建成3个门球场（分布在区建设局、区农业局、区民政局）以及2公里长的区镇滨河健身路。当年，省体育局配送一套全民健身器材，安装在滨河路。有的单位如区劳动和社会保障局、区规划和建设局、区教育局、区农业银行等，也安装了室外健身器材。2006年建成的区青少年活动中心，内设乒乓球和跆拳道训练馆。2007年，国家体育总局和国家发改委在本区实施第一批农民体育健身工程，分别在元坝镇、清水乡、明觉乡、柳桥乡、黄龙乡安装了1副篮球架和2张乒乓桌。至2007年，全区共有各类体育场293个，其中篮球场106个（因乡村小学撤并导致其数量大幅度减少），标准塑胶400米跑道1个，塑胶网球场2个，门球场3个，游泳池1个，乒乓球桌176张，健身路径4条。

第二节 群众体育

一、职工体育

元坝区建立至2007年，每年都要举办全区性的体育比赛活动。1990—1995年，每年的4月下旬或5月上旬，区文教局都要单独或联合团区委、广元市总工会元坝办事处举办“农行杯”全区职工篮球赛，共办6届。1996年5月4日，又举办了“保险杯”第七届全区职工篮球赛。1996年7月以后，区文化旅游局（区文体旅游局）成为全区性文体活动的主要牵头单位，负责组织开展全区群众体育活动。1997年5月举办迎接香港回归“信合杯”第八届全区职工篮球赛，区级机关和驻区厂矿16支代表队参赛；区文体旅游局举办了有53人参加的全区体育教师第八套广播体操培训，推荐6人参加了广元市体委举办的国家二级指导员培训。1998年5月4日，举办庆祝香港回归“农行杯”第九届全区职工篮球赛。1999年3月8日区文体旅游局与区妇联联合举办女子健身操表演；5月4日，举办“农行杯”第十届全区职工篮球赛；9月1日，组队参加国家体育总局、广元市人民政府主办的全国首届“女儿节”凤舟邀请赛；9月末举行庆祝新中国成立50周年、建区10周年大型团体操表演。2000年5月，举办“保险杯”第十一届全区职工篮球赛；6月组队参加广元市体委举办的“萌芽杯”足球赛。2001年5月，举办“农行杯”第十二届全区职工篮球赛；6月区文体旅游局与区总工会联合举办首届全区中国象棋赛。2002年4月，举办全区“天保杯”第十三届全区职工篮球赛；5月举办第二届全区中国象棋赛。2003年4月，举办“劳动保障杯”第十四届全区职工篮球赛和首届“农行杯”全区全民健身运动会，有团体操、拔河、台球、定点投篮、踢毽子等8个竞赛项目；9月组队参加广元“女儿节”体育竞赛。2004年4月，区文体旅游局与区总工会联合举办“天平杯”第十五届全区职工篮球赛；6月举办第三届全区中国象棋赛；9月举办第二届全区全民健身运动会暨“桂花节”庆祝活动，承办了广元市足球联赛（教育系统第三届职工篮球赛），举办了省内友邻单位参加的网球邀请赛和24个区级单位参加的拔河及游泳比赛等，并组队参加广元“女儿节”国际凤舟邀请赛。2005年4月，举办“水务杯”第十六届全区职工篮球赛，与区老年人体育协会承办广元市“珍奥核酸杯”老年人门球赛；8月举办元坝区第三届全民健身运动会，承办了广元市教育系统篮球赛，组队参加了广元市第四届城市社区体育大会和广元市“建设杯”第二届职工篮球赛。2006年4月，举办“水务杯”第十七届全区职工篮球赛。2006年10月，广元市全民健身指导委员会、广元市体育局将昭化牛头山命名为“广元市登山健身基地”；10月28日，元坝区承办了广元市“牛头山登山比赛”。2007年3月，区文体旅游局与区妇联联合举办庆三八牛头山登山比赛；4月底举办“开元杯”第十八届全区职工篮球赛，同时举办、象棋、乒乓球系列竞赛活动。

二、农村体育

1989—2000年，全区在农村体育方面没有开展过大型的集体活动，局部的区域性的也极少开展。2001年9月，在广元市全民体质检测中心的统一安排下，区文体旅游局组织柳桥乡农民1600人，分不同年龄段根据国家体育锻炼标准进行测试。测试项目有立定跳远、跳高、百米跑等，其目的是调查农民群众的体质健康水平，推动全民健身运动。卫子镇于2003年、虎跳镇从1999年至2007年连续9年在举办文化艺术节时，一并举办体育运动会。元坝镇、红岩镇、虎跳镇舞狮，清水乡舞龙，柏林沟镇的金钱棍，昭化镇的划旱船等农村传统体育项目得到继承和创新。2002年4月，举办元坝区首届农民运动会。2004年元坝镇被国家体育总局授予“亿万农民健身乡镇”荣誉称号，虎跳镇被四川省体育局、四川省农业厅表彰为“全民健身周活动先进单位”。

三、社区和残疾人体育

元坝区社区体育主要依托拣银岩社区，该社区原属广旺矿务局拣银岩煤矿，煤矿关闭后于2002年划归元坝区。社区体育活动一直开展较好，秧歌队、腰鼓队、健美操队、老年门球队都很活跃。社区还经常组织篮球、门球、乒乓球、中国象棋等竞赛活动。

2006年5月，元坝区承办了广元市首届残疾人运动会，参加比赛的有广元市内四县三区及广元东山特殊教育学校、苍溪县特殊教育学校共9支代表队300余名运动员。元坝区代表队获团体总分第一，获金牌31枚、银牌28枚、铜牌8枚。

四、老年人体育

2003年以前，区内的老年人体育活动很少开展，多为个体性的零散活动。从2004年起，区老年人体育协会组建了老年人健身操队、老年人秧歌队、老年人腰鼓队、老年人门球队，经常组织老年人开展各种体育活动。至2007年，区老年人活动中心陆续建成健身室、棋牌室、排练厅，固定资产50余万元。先后承办了广元市老年人门球赛、川东北协作区老年人门球赛。2004年，元坝代表队在川东北协作区老年人门球赛24支代表队中获第4名。此外，还多次组队参加广元市老年人门球赛、广元市健美操和秧歌比赛。

第三节　学校体育

一、体育教学

1955年7月，中华人民共和国教育部颁发《全日制中小学体育教学大纲（草案）》，规定小学一、二年级以游戏为主；三、四年级以跑、跳、投掷活动为主，并从三年级起开展乒乓球活动；五、六年级和中学逐步开展田径、球类、体操、武术、游戏及越野赛跑和爬山等活动。《大纲》从此成为全国中小学制订体育教学计划的依据。“文化大革命”后，1978年4月，教育部经过修订颁布了新的体育教学大纲，并组织编写了全国统一的体育教材，从此体育课成为中小学生的必修课程，一般为每周2课时，体育教师按新编教学大纲和教材上课。

1989年年末，元坝区仅有元坝中学、昭化中学、虎跳中学、卫子中学、王家中学几所单设中学有专职体育教师，而大部分小学的体育教师均为兼职，体育课不够规范，形式简单，存在着“一根绳子两个球，老师学生都自由”的现象。1990年，国家教育委员会颁布《学校体育工作条例》和《学校卫生工作条例》，元坝区成立了以分管教育的副区长为组长，有教育、卫生等部门负责人参加的学校体育工作领导小组。全区学校加强了体育教学的管理，把体育课堂教学纳入统一的教学管理和教研活动进行考核和研讨，中小学也逐步配备了一批受过专业训练的专职体育教师，体育课堂逐步规范，体育教学逐步优化。教育主管部门也开展了一些体育教学评优活动和体育教师评先活动。1995 年 6 月，元坝区组织参加了广元市教育委员会开展的以检验中小学校体育教学成果的全市首届体育教学评优活动。2002 年，虎跳初级中学体育教师龚贵贤被四川省教育厅表彰为贯彻《学校体育工作条例》先进个人。同年，在广元市教育局、广元市体育局联合对各县（区）学校体育工作进行评估中，元坝中学等 3 所学校被评为广元市体育工作优秀学校，贯翠容（卫子中学）等 4 名体育教师被评为广元市学校体育工作先进个人。元坝中学自 1991 年成为高完中后，每年对报考体育院校的高三学生进行专业训练，1992—2007 年，该校体育考生专业考试上线人数共计 180 人，居本市同类学校前列。

二、课外活动

中小学课外活动包括早操、课间操和下午上课结束至晚餐之前这一时段的活动。早操一般在早晨起床后进行，时间半小时左右，在中学和小学住校生中开展，主要活动是广播操和跑步。课间操一般安排在上午第二节课与第三节课之间，时间为 20 分钟，主要活动是广播体操（小学生做少儿广播体操）和眼保健操。下午的课外活动一般有一小时左右，形式和内容多样化，有自由活动，也有竞赛活动，还有兴趣小组活动和各体育项目组队训练，内容包括球类、田径、体操、武术、棋类等等。课间操全校统一活动，下午的课外活动也由学校统筹安排，场地不足则采取班级轮流的办法，由体育教师轮流管理。课外活动的另一种模式，则是集中半天、一天甚至几天的时间，举行爬山、越野赛跑、野餐、春游、野营拉练、军训，这些活动一般在中学开展。

三、体育考核

学校体育考核主要包括学期考试、体育达标测试、升学考试三个方面。每学期结束，体育和其他学科一样纳入期末考试，体育教师根据本期教学和课外活动的内容确定考试项目，主要是田径和体操，如短跑、跳高、单杠、双杠、垫上运动等，对学生进行逐个测试，考查其体能和体育技能。根据测试结果和平时体育成绩，评定学生期末体育成绩，并和其他学科成绩一起填入期末《通知书》和学籍卡。体育考试不合格的，不能评“三好生”。体育达标测试合格者发给达标证书，并记入学生档案。到 1991 年，全区中小学《标准》实施面达到 60%，达标率为 45%。1996 年，广元市体委组织评选实施《标准》先进单位，元坝区获三等奖。1999—2005 年，全区有 5 所学校被四川省教育厅和广元市教育局评为实施《标准》的先进学校，7 名体育教师被评为先进个人。升学考试中，考生体育成绩按参加项目的平均分计算；中等师范学校录取新生面试时，包括体育成绩在内的面试分计入录取总分。1996 年，四川省教委规定高校招生时，凡达到国家一、二、三级运动员的考生，经省招办核定，分别按 50 分、30 分、20 分的标准加分录取。2002 年起，元坝区按广元市教育局要求正式将体育纳入高中阶段招生考试科目，并成立考务和安全工作领导小组，确定项目和标准，培训考务人员，中考文考结束后组织体育考试，并实行督考巡视，保证考试的公信度。2003 年 6 月，广元市教育局制定普通高中招生对艺体特长生实行加分录取的政策，规定凡市、县（区）及其以上教育行政部门主办或与相应级别的体育行政部门、体育协会联办的学生体育竞赛和等级运动测试，获得等级奖的初中毕业生，报考普通高中时加分录取。

四、运动会

全区各中小学每年春季举行田径运动会，冬季举行球类运动会，已形成惯例。学校运动会由体育教研组编制方案并组织实施，以班或年级为单位组队参加，其规模因学生人数多少和学校体育设备设施而有大有小。春季田径运动会一般停课2~3天集中进行，冬季球类运动会则一般利用每天课外活动时间持续2~3周结束。1987年，卫子区首届中学生田径运动会在卫子职业中学举行，300多名运动员参加。元坝区建立后，每两年举行一次全区中小学生田径运动会和球类运动会，并为参加广元市中小学生运动会选拔运动员。2004年，虎跳小学男子足球队、元坝中学软式排球男女队、元坝职中女子篮球队、射箭小学乒乓球队参加了广元市"冰鸟杯"第四届中小学生球类运动会，并取得好成绩。2005年，卫子中学代表队代表元坝区参加广元市中学生田径运动会，取得了4个项目的第一名，团体总分在全市16个代表队中名列第六。

五、创建体育传统项目学校

20世纪80年代中期起，根据国家体委、教育部颁布的《体育传统项目学校试行办法》及四川省体委、四川省教育厅《关于省体育传统项目学校申请、审定、命名等有关问题的通知》的精神和要求，区境内部分条件较好的学校开展了创建体育传统项目学校活动。截至2007年底，共有6所中小学分别被命名为省、市级体育传统项目学校。其中，四川省广元市元坝中学于2005年被评为四川省体育传统项目示范学校。

广元市元坝区体育传统项目学校统计表

表26-2

学　校	级别及评定时间		体育传统项目
	省　级	市　级	
元坝中学	1997年	1993年、1994年、1995年、1997年、2002年△	田径、篮球
卫子职业中学		1998年	田径
昭化职业中学		1999年△	篮球、乒乓球
张家小学	1998年	1998年、1999年、2003年	足球
王家初级中学		2003年	田径
虎跳小学		1999年△	田径、乒乓球

注：加"△"的表示该年度市级体育传统项目学校经四川省审定过

第四节　竞技体育

区内开展的竞技体育项目主要集中在田径项目方面，包括投掷、跳高、跳远、长跑、短跑、跨栏等，由于没有专门的体校，这些项目的训练，主要依托中小学开展，由体育教师指导，在中小学学生中发现和培养体育竞技人才。2007年4月全区中小学生田径运动会中对竞技体育人才进行了一次摸底调查，总共42人，其中高中男子项目5人，女子项目8人；初中男子项目10人，女子项目6人；小学男子项目8人，女子项目5人。

附：广元市元坝区2007年竞技体育人才摸底统计

高中男子：文杰（元坝中学）跳高1.5米，跳远5.36米，三级跳远13.5米；任龙（元坝中学）铅球8.74米；胡泽军（元坝职中）铁饼23.14米，标枪31.9米；任龙（元坝中学）100米跑12″94；

何明镜（元坝中学）400 米跑 24″67；熊云（元坝职中）800 米跑 57″38，1500 米跑 5′04″，5000 米跑 19′27″。

高中女子：徐婷（元坝中学）跳远 3.86 米，三级跳远 8.55 米，100 米跑 14″93；贾容（元坝职中）铅球 6.02 米；秦海容（元坝职中）铁饼 19.58 米；王秀清（元坝职中）标枪 17.18 米；郭会（元坝中学）200 米跑 31′85″；张鑫（元坝中学）400 米跑 1′14″25；朱晓雨（元坝中学）800 米跑 3′01″，100 米栏 21′80″；张琴（元坝中学）1500 米跑 6′22″，3000 米跑 13′52″。

初中男子：徐冲（元坝中学）跳高 1.38 米；吴清泉（昭化中学）跳高 1.36 米；吴元东（卫子中学）跳高 1.36 米，三级跳远 10.07 米；张星（柳桥小学）跳远 4.83 米；张磊（卫子中学）铅球 8.53 米，标枪 29.02 米；王俊（太公中学）铁饼 22.18 米；梁虎（太公中学）100 米跑 13″20，200 米跑 27″35；李鑫（元坝中学）400 米跑 1′01″69；孙博（王家中学）800 米跑 2′24″，1500 米跑 4′55″，5000 米跑 19′38″；苏旭（元坝中学）100 米栏 19″。

初中女子：许君雪（清水小学）跳高 1.25 米；杨金凤（昭化中学）跳远 4.02 米，100 米跑 15″36，200 米跑 31″25；蒲晓艳（卫子中学）三级跳远 8.04 米；杨双（元坝中学）400 米跑 1′17″63，100 米栏 22″；朱雨（太公中学）800 米跑 3′07″；王红（柳桥小学）1500 米跑 6′03″，3000 米跑 13′43″5。

小学男子：李刚（小新小学）跳高 1.38 米；邓兵（虎跳小学）跳远 4.11 米；李双（实验小学）掷实心球 9.64 米；杨超（明觉小学）50 米跑 7″40；欧东阳（文村小学）100 米跑 14″17；翁建军（柳桥小学）200 米跑 28″93；梁勇（张家小学）400 米跑 1′12″73；张建军（张家小学）1000 米跑 3′41″80。

小学女子：李丽琴（文村小学）跳高 1.1 米；张雪英（白果小学）跳远 3.41 米，800 米跑 3′16″；尹小芳（柳桥小学）掷实心球 8.69 米；朱燕群（文村小学）50 米跑 8″03，100 米跑 15″91，200 米跑 34″28；崔珊（大朝小学）400 米跑 1′21″06。

第三章　广播电视

第一节　管理机构

20 世纪 70 年代，今元坝区所辖各乡镇都建立了有线广播站。

1987 年 3 月，卫子区教科文卫委员会下设广播电视科，李佰年任科长；1988 年 6 月，广播电视科更名为广播电视工作站，肖国志任站长，李佰年任副站长。

元坝区建立后，设广元市元坝区广播电视工作站，王扬生任站长，李佰年任副站长。

1990 年 8 月，成立广元市元坝区广播电视局（简称区广电局）。1997 年，区广电局与区有线电视台实行局台合一；同年 7 月，成立中共广元市元坝区广播电视局党组。1998 年 4 月，建立广元市元坝区广播电视台，与区广电局“两块牌子，一套人马”。2001 年，区广电局设办公室、总编室、总工办，下属机构有区有线电视台、区广播站。

2001年10月，成立广元市元坝区汇通广播电视信息网络有限责任公司（简称汇通网络公司）。

1990年8月，全区28个乡镇的有线广播站更名为乡镇广播电视工作站。2004年，撤销乡镇广播电视站，成建制划转到汇通网络公司，原乡镇广播电视站正式人员转为汇通网络公司职工。2005年12月，由原乡镇广播电视站划归汇通网络公司的财政供给人员返回原乡镇广播站工作，归属乡镇文化服务中心，负责各乡镇的广播电视业务服务和管理工作，由乡镇统一管理。

广元市元坝区广播电视局领导名录

表26-3

姓　名	性别	籍　贯	政治面貌	职　务	任职期间	备　注
肖国志	男	广元市元坝区	中共党员	局　长	1990-08—1992-10	区委宣传部副部长
朱玺德	男	广元市元坝区	中共党员	副局长	1990-08—1992-10	
朱玺德	男	广元市元坝区	中共党员	局　长	1992-10—1994-10	
张　敏	男	广元市元坝区	非　党	副局长	1994-10—1995-06	主持工作
刘方金	男	广元市元坝区	中共党员	副局长	1994-10—2003-02	1997-08始任党组成员
刘兴泉	男	广元市元坝区	中共党员	局　长	1995-06—1997-04	
张　敏	男	广元市元坝区	非　党	副局长	1995-06—2001-03	
徐继先	男	广元市元坝区	中共党员	局　长	1997-04—2001-03	1997-08始任党组书记
安　莉	女	广元市元坝区	中共党员	副局长	1998-03—2003-02	
王忠生	男	广元市元坝区	中共党员	局　长	2001-03—2003-02	党组书记
刘方金	男	广元市元坝区	中共党员	局　长	2003-02—2004-12	党组书记
许　超	男	广元市旺苍县	中共党员	副局长	2003-02—2004-12	党组成员
吴剑生	男	广元市元坝区	中共党员	副局长	2003-02—2004-06	党组成员
李方甫	男	重庆市城口县	中共党员	副局长	2004-06—2007-03	
许　超	男	广元市旺苍县	中共党员	副局长	2005-01—2005-09	党组成员，主持工作
刘宝洲	男	广元市元坝区	中共党员	局　长	2005-09—2007-02	党组书记
康锦秀	女	广元市元坝区	中共党员	局　长	2007-02—	党组书记
李元平	男	广元市苍溪县	中共党员	副局长	2007-05—	
汤　毅	男	广元市旺苍县	中共党员	副局长	2007-05—	

第二节　广　播

20世纪70年代，各公社相继建立了有线广播站。国家给每站配250瓦扩大器一台，补助现金1000元，不足部分自筹，用来购置机器设备和器材。群众出工出力，先是在大队、生产队的干部家中安装舌簧或压电式喇叭，以后逐步普及，基本上达到了户户通有线广播。各公社广播站由一名管文卫宣传的干部负责管理工作，安排播音员和发电人员各一人，负责播音、安装、维护工作，每天播音时间分早、晚两次，每次120分钟左右。期间，部分有条件的大队、生产队建起了广播室。20世纪80年代，由于经费缺乏，设备落后，载波传播效果不好，线路、喇叭损毁严重，各乡镇（公社）广播已经无法正常开播，有的甚至停播。元坝区建立后，加强了乡镇广播站的恢复重建工作。根据省市有关乡镇广播建设的标准和要求，对机房、设备、线路等分别进行改造、更新及标准化建设。至1997年，全区已建成达标乡镇广播站28个，达标率为100%；累计架设有线广播专用线路1609.43杆千米，安装喇叭4270只，其中16个乡镇采用传统的有线高音喇叭方式，安装高音喇叭1220只；建成广播发射台有6座，其中由区广播电视局投资建设的有卫子、元坝、马蹄垭3处，由乡镇自筹资金建设的有太公、明觉、黄龙3处；建村级标准广播室68个。1997年以后，农村广播电视工作的重心转移到有线电视传输网络建设上。

2000年后，由于经费投入少，设备老化，线路损毁严重，广播线大多附挂于电力杆上，安全性能差。2004年3月，全国开展“三电”设施安全整改，区内各乡镇、各村组附挂在电力杆上的广播线在两个月内全部被拆除，全区农村广播停播。

2006年开始，采取两种办法对农村有线广播进行探索性的恢复重建工作。利用广播电视共缆传输技术，在已通广播电视光纤的村组安装调频共缆广播，区有线前端传送101兆赫兹调频广播信号（四川台），每天定时播放三次（早上7—8时，中午12时至12时30分，下午6时30分至7时30分），乡镇广播站用同频插入器插入音频信号进行广播宣传，村组挂接室外调频收扩机带两只高音喇叭；利用光缆内的加强件——钢丝作为传输线，传输120伏（或240伏）的广播信号，在光缆接续盒处引出信号，外接高音喇叭，在村广播电视室安装一台250瓦电子扩音机，带10只左右的25瓦户外高音喇叭，利用自动控制器控制村级扩音机开关，与区台定时同步开关广播设备。2007年末，恢复开通了10个乡镇的共缆传输广播。

1990年，区人民政府投资15万元，建机房、购设备，架设线路80公里，安装高音喇叭240只，开通了城区的有线广播。1993年以后，由于有线电视的兴起，城区有线广播停播。1994—1998年，区人民政府累计投资近20万元，建成调频广播电台，在紫云乡的马蹄垭山上修建了一座发射铁塔，高38米，安装100瓦、10瓦发射机各一台套。1998年8月正式开通了区调频广播。

第三节　电　视

一、区镇有线电视

1990年以前，人们收看电视节目是用户外天线接收，节目少，效果差。1993年6月开始在元坝区镇建设有线闭路电视网，安装用户600户。1994年着手电视发射台、调频广播、加密电视“三开通”建设。当年区政府拨款近10万元，进行了前期的基础建设，但由于资金短缺，未能及时购回相关设备而被搁置。1996年区政府决定采取集资建设的方式，在春节前完成区有线电视台与广元市利州电视台微波联网，开通加密电视频道，但是由于资金缺乏，开通两个月后就被迫中断。1997年浙江省嘉善县广播电视局、平湖市广播电视局通过对口帮扶，援助广元市元坝区价值8.46万元的四路彩色微波传输设备一台，进口摄像机一台，JVC编辑录放机两台，彩色监视机两台，卫星接收机五台，开盘式广播录、放音机各一台。区政府又投入10万元购回相关设备。1998年4月区广播电视局通过借贷方式筹资10万元与中央电视台签订协议并购回解码器、监视器、切换器、稳压器、VCD、录放机、采访话筒、采访灯等设备。1998年6月开通了中央电视台的加密频道，8月又开通了电视发射台。

1998 年，加快元坝区镇有线电视传输网络建设，投资 9 万元新架设线路 4 处：从机房到红土垭收费站、到元坝村的马克思街、到三七六二油库、到元坝火车站共 9 公里，新增用户 800 多户。2000 年 12 月，开通元坝城区光纤电视信号，传输电视节目 41 套。2001 年完成了元坝城区可寻址改造，入网用户达 2500 余户。2003 年，完成区镇光纤电视网络的规划、布局和改造，铺设光缆线路 9.50 公里（其中地埋 4.20 公里，空架 5.30 公里），开通光接点 7 个，入户改造率达 90%。随着有线电视事业的发展，区镇有线电视网络向周边农村逐步扩展。2004 年，完成了元坝镇长坝村、胜利村片区的网络光纤改造，架设光缆线 10 公里，开通光接点 8 个，联网用户近 800 户；完成了元坝镇杏树村片区的网络光纤改造，新架光缆线 9 公里，开通光接点 6 个，联网用户近 400 户；与柳桥电管站合作共建，完成了柳桥乡光纤电视改造，架设光缆线 19 公里，开通光接点 8 个，联网用户近 600 户。

二、农村有线电视

1996 年以前，全区 28 个乡镇仅有黄龙、青牛、张家、太公、柏林、清水、磨滩、红岩、昭化、卫子、王家 11 个乡镇建有电视差转站（元坝镇与区广播电视局共用一个差转站），场镇及周边农村住户可使用有线电视，而更多农村住户特别是边远地方的农村住户只能靠自设天线收看电视节目。从 1996 年开始，国家启动“千乡电视工程”，分 3 年分步实施，用以解决“老少边穷”地区农民“看电视难”的问题。1997 年香溪乡等 19 个乡镇被纳入该项目。1998 年 5 月项目批准后，成立了由有关区级部门负责人和有关技术人员组成的领导小组和工作小组，具体负责项目的实施。随后区领导小组制订了《关于“千乡电视工程”的实施意见》，就组织领导、管理措施、进度质量、奖惩办法、检查验收等作了具体部署。当年 7 月 24—31 日，区委、区人民政府先后在元坝镇、卫子镇分别召开了由各乡镇党委副书记和广播电视干部参加的“千乡电视工程”实施动员大会和“千乡电视工程”现场技术培训会。同时要求提前做好选址、建机房、建办公室、建天线座、通电通路、筹集配套资金、建站挂牌、建章立制等方面的工作。各乡镇在当年 8 月初成立了由主要负责人为组长的乡镇电视工程领导小组，与区委、区政府签订了责任书，制定了具体的实施方案，进行工程建设。在实施过程中，区委、区政府坚持每半月开一次例会的制度，专门研究协调解决实施中的具体问题，区四大班子领导对项目的实施情况随时进行督促检查，通过主要领导联系乡镇和区、乡镇分管领导现场办公等方式帮助解决实施中遇到的困难，加强技术指导，加大了检查督促力度。到 11 月，整个工程建设如期完成，经省、市有关部门验收合格。通过“千乡电视工程”项目的实施，巩固了黄龙、青牛、张家、太公、柏林、清水、磨滩、红岩、昭化 9 个乡镇的电视差转站，恢复了卫子、王家 2 个乡镇的电视差转站，发展了紫云、柳桥、梅树、石井铺、晋贤、文村、大朝、朝阳、射箭、明觉、虎跳、陈江、丁家、香溪、白果、沙坝 16 个乡镇的电视差转站。磨滩镇因地域较辽阔，在观音场增建一个电视差转站。至此，全区各乡镇都建有电视差转站，使全区的电视覆盖率达到 90% 以上。

2000 年，开始实施“村村通”项目工程。2000 年 3 月，成立了广元市元坝区广播电视“村村通”工程建设领导小组，召开了工程建设动员大会和技术培训会，区政府拨配套资金 9 万元，将省贴 34 套广播电视“村村通”设备发放至 34 个盲点村组进行安装。累计投工 3187 个，投资 210.68 万元，地方配套资金 13.50 万元，栽专用线杆 1173 根，新架主干线 428 公里，支干线 492.30 公里，发展用户 2640 户。转播五套电视节目以上的有 28 套，占 60.80%；转播八套电视节目以上的有 4 套，占 30.40%。终端用户 30～50 户的 20 套，占 43.40%；终端用户在 50～100 户的有 16 套，占 34.80%；终端用户在 100 户以上的有 8 套，占 17.40%。覆盖本村 50% 以上组的有 16 套，占 34.60%，其中覆盖本村 80～100% 组的有 6 套，占 11.50%。覆盖本村农户 60% 以上的有 15 套，占 57.70%。覆盖外村组的有 18 套，占 39.13%。区广播电视局成立了器材服务部，坚持统购材料，保证了设备质量，降低了成本；争取了部分银行贷款，与 6 个厂家签订了订购合同，引进设备资金 6 万元，缓解了单位资金紧缺的问题，加快了建设的进度。区广播电视局还成立了“村村通广播电视设备维修服务中心”，建立了规范的管理制度，对村广播电视室统一制发了“七制两证”，制订了统一的收费标准，保证了维修的质量。

从 2002 年开始，投资 600 多万元在全区进行光纤电视大联网建设。在网络建设中，立足于长远，按照高标准进行建设，对党政网、电视会议系统、互联网以及财政、公安、教育、金融等网络的纤芯作了预留。2003 年投资 117 万元，建成了区电视会议系统。区中心会议室由区政府负责建设，全区除元坝镇、柳桥乡外，其余 26 个乡镇的终端设备由区财政按每套 1.50 万元的标准予以补助，由汇通网络公司与天博公司合作一次性建成。5 月底，开通了区至 26 个乡镇的可视互动电视会议系统。同年，又与区网管中心一起开通了 26 个乡镇的党政网，实现了全区的光纤电视、会议系统、党政网的三网合一。2004 年，加大了电视进村入户的建设力度。按照“谁受益，谁负担”原则，采取银行贷、厂家赊、用户出、自己筹的办法，多方面筹集资金，购回了各乡镇所需的光缆和设备。对设备和器材实行统一采购、统一管理、统一技术标准、统一核算，确保了工程质量。严格按照标准施工，对技术人员进行培训，组织区、乡技术人员参加市广播电视局举办的技术培训会、研讨会、经验交流会；施工中，区广播电视局抽派业务精技术强的人员对全区进村入户的线路进行勘测，严格按照技术标准进行架设和安装。当年，完成了元坝镇长坝村、胜利村片区的网络光纤改造任务，架设光缆线 10 公里，开通光接点 8 个，增加用户近 800 户；完成了元坝镇杏树村片区的网络光纤改造任务，新架光缆线 9 公里，开通光接点 6 个；开通了柳桥乡乡政府所在地村组光纤电视，架设光缆线 19 公里，开通光接点 8 个。

到 2007 年，全区共建成“村村通”工程 634 个点（套），小片网 79 个，集体收看点 8 个，数字改造 70 个，联网点 477 个，全区有线电视用户达 2.40 万户，传输光纤电视节目 41 套。

第四节　宣　传

一、广播宣传

1987—1989 年，由于区广播站处于筹建和搬迁之中，广播宣传以乡镇为主，内容有：转播中央人民广播电台的“新闻”节目和四川人民广播电台的“对农村广播”“天气预报”等节目，有时还自制一些节目，如“大政方针”“先进典型”“农技知识”“卫生常识”等，有时根据中心工作和农事安排的需要直播广播会或录播一些会议内容。1990 年，区广播电视站开设了广播宣传，自办节目有：“报纸摘要”“本地新闻”“音乐欣赏”“行业宣传”等。除自办节目时间外，转播中央人民广播电台、四川人民广播电台、广元人民广播电台的节目。1997 年的科技节目《水稻旱作获丰收》获省政府新闻奖一等奖，2002 年的广播节目《山村电影人》获省政府新闻奖二等奖。

二、电视宣传

从 1991 年 6 月开始，元坝区开始了电视宣传。在转播节目方面，1998 年以前，以转播中央电视台、四川电视台、广元电视台的节目为主。1998 年加密频道开通后，转播电视节目 12 套；2000 年光纤电视信号开通后，转播电视节目 41 套。在自办节目方面，从 1991 年开始，区广播电视局通过“元坝有线”电视频道，开设电视宣传栏目进行宣传，播出时间从晚上7点30分开始，每天播出5个小时。至1998年，开设的栏目有“元坝新闻联播”“周末111”“视点”“经济专列”“收视指南”“缤纷天地”“法制观点”等，举办系列报道有“扶贫专递”“财税专题”“公选快讯”等50多个，全年使用稿件500多件，市级以上电视台用稿100多件。2002年后，加大了自办节目的宣传力度。2004年，将“元坝新闻联播”改为“元坝新闻”“视点”改为“今日视点”，增设了“相约8：00”“新闻现场”“党建之声”“廉政建设”“青春之歌”“市场纵横”等新栏目。其中“元坝新闻”2004年共播出146期，采用新闻稿件1168件。采编制作了《桂香元坝》《绽放的季节》《与文明同行》《平安元坝》《奋力拼搏，长足发展》《跨越——元坝体育场建设纪实》《扶贫之歌》《雨润山乡》《三福的夙愿》等20个专题片，其中《桂香元坝》《柏林古镇》《古城昭化》等5个专题节目和《广元市元坝区首届桂花节开幕》等5条新闻在省电视台和“凤凰卫视”播出，推出了《柏林古镇》《抓带促办》《务实创新，服务基层》《加强未成年人思想道德建设》《建设生态家园》《“三一五”打假》《重点工程建设》《“桂花节”系列报道》等专题节目。全年被市电视台使用稿件152件，其中“广元新闻联播”节目使用稿件105件，省电视台使用稿件105件。2007年“元坝新闻”使用稿件达1500件。1998年电视节目《八旬老母状告儿子种鸦片》获省政府新闻奖一等奖，2002年电视节目《山魂》获省政府新闻奖二等奖，2003年短片《七旬老翁还贷记》获省政府新闻奖三等奖。2004年送6件作品参加市级评比，有5件获奖，其中一等奖2件，二等奖2件，三等奖1件。2005年电视专题片《乡村有了保洁员》获市级创优一等奖，其余作品获二等奖2件、三等奖3件。2006年电视宣传片《元坝工业园区》获市级播音作品一等奖。2007年电视文学《昭化神韵》、科教片《粪尿干湿分离实用技术》《从“一”说起看巨变》获市级创优作品一等奖，其余作品获二等奖3件、三等奖3件。

第五节　管　理

区广播电视局成立后，依法加强了对辖区内的有线电视和卫星电视地面接收设施的管理。在发展有线电视时，按照广电部1990年颁布的《有线电视管理暂行办法》的要求，严格执行“行政区域内的有线电视只能由广播电视部门办”和“一城一台一网”的规定，集中力量办好“元坝有线电视”台。1992年，根据广元市广播电视局《关于申报有线电视台（站）技术验收的通知》的要求，对安装卫星地面接收设施实行许可制度，清理整顿了辖区内的卫星地面接收设施。1994年，根据《四川省卫星广播电视地面接收设施管理办法》的要求，对全区的卫星接收设施和共用天线系统实行了申报、审批和年审制度，清除了一批违章设施，换发、补办了一批使用许可证书，有效地遏制乱播乱放、乱设台站、私拉乱接的散滥现象。1997年国务院颁布《广播电视管理条例》以后，每年9月，元坝区坚持开展“广播电视法规宣传月”活动，在广播电视自办节目中开设“广播电视法规”专栏进行宣传。组建了由广播电视局领导、乡镇广播电视员和执法监督员为主体的执法队伍，加强执法监督，对举报有功人员进行奖励，及时查处了一批损毁广播电视设备的违法案件。

1998年后，“小天锅”（居民自行安装的电视信号地面接收设施，形似铁锅，安装时锅口朝上，俗称“小天锅”）在农村迅猛发展。截至2005年10月，区境内非法安装使用“小天锅”的用户有7195户，非法销售商有27家。针对这种情况，区政府发出《关于取缔非法安装使用“小天锅”的通知》，依法对“小天锅”进行治理。区广播电视局印发了有关广播电视法律法规内容的《宣传手册》320本，印发《〈广播电视设施保护条例〉宣传年画》6000余张，开办了行政执法电视专栏15期，广播专栏

10 期，报道执法案例新闻 15 次，书写标语 40 条，播出滚动电视标语 5 条，全区乡镇书写永久性标语 560 条，录制磁带 10 盘，使用宣传车在乡镇巡回宣传 280 次，开展广播电视法律法规义务咨询活动，解答群众咨询问题 160 人次，发放宣传单 1200 份，让治理工作家喻户晓深入人心。2005 年 10 月，区广播电视行政执法队成立后，到 2007 年，共清理拆除非法“小天锅”3377 面，落实专营点 7 个和分店 1 个，查处非法销售商 6 家，规范管理网外“小天锅”3818 面，新增光纤电视用户 8616 户。

第四章 档 案

第一节 档案管理机构

1988 年 10 月，成立广元市市中区卫子区档案馆，母长海任馆长，罗文祥任副馆长。

1990 年 8 月，成立广元市元坝区档案馆，挂靠区政府办公室；1993 年 2 月，成立广元市元坝区档案局（简称区档案局），区档案馆与区档案局合署办公，挂靠区政府办公室；2001 年 12 月，区档案局、区档案馆仍实行局馆合一体制，一个机构两块牌子，属区政府直属事业机构，不再挂靠区政府办公室。区档案局内设办公室、法规业务股和馆务股。至 2007 年，区档案局机构无变化。

广元市元坝区档案局（馆）领导名录

表 26 – 4

姓　名	性别	籍　贯	政治面貌	职　务	任职期间	备　注
罗文祥	男	广元市元坝区	中共党员	馆　长	1990 – 09—1993 – 02	
罗文祥	男	广元市元坝区	中共党员	局　长	1993 – 02—2007 – 02	
张玉兰	女	广元市元坝区	非　党	副局长	1999 – 11—2002 – 04	
张　敏	男	广元市元坝区	非　党	副局长	2003 – 03—	
康映东	男	广元市元坝区	中共党员	局　长	2007 – 02—	

第二节 档案管理工作

从 1988 年起，广元市市中区卫子区公所和广元市元坝区建立初期，虽然成立有档案工作机构，但工作人员都是兼职，其主要精力用于区政府办公室文秘工作，所以境内的档案工作缺乏专业的指导和有力的推动，文件的归档和案卷的收藏都是各行其是，归档不科学、收藏不符合规范的现象比较严重。区档案局成立后，工作人员专司档案管理工作职责，全区的档案工作开始走上规范化的轨道。

一、档案执法

1993年，成立广元市元坝区档案工作领导小组，同时聘任执法监督人，开展以《中华人民共和国档案法》《中华人民共和国档案法实施办法》为主的档案法律、法规宣传教育工作，并对贯彻实施情况进行检查、监督。1994年，区档案局聘任执法监督检查员80人，1996年，根据《中华人民共和国档案法》及《中华人民共和国档案法实施办法》，区档案局新建了《档案执法责任制》和《档案行政执法责任制试行办法》，明确和规范了区档案局在档案执法中的主体和内容、程序和措施。1996年，区档案局被四川省档案局表彰为“二五”普法先进单位。1998年，依据《中华人民共和国行政诉讼法》对1996年建立的《档案行政执法责任制试行办法》进行了审订和完善，并正式确定为《广元市元坝区档案局档案执法责任制方案》。2000年，聘任19名档案协助执法人员，修订完善了档案执法责任制。2005年，对执法检查中发现问题较大的1个单位，给予档案标准化管理降级处理，对3个区级部门限期整改。2007年，区档案局组织了对卫子、红岩、虎跳等17个乡镇的档案执法检查，对检查中发现的6个违法事件，以书面报告的形式反映给区委、区人大、区政府。到2007年末，共印发档案普法宣传资料3000多册，举办档案法律、法规专题培训班10次，受训人数660多人。与区人大法工委、区政府法制局配合，对118个单位《中华人民共和国档案法》的贯彻执行情况进行监督检查5次。

二、档案归档工作

1992年，元坝区实施撤乡并镇后，74个全宗档案需抢救清查整理。1993年，区档案局完成了51个全宗、12850卷档案的抢救整理工作。1994年，区档案馆接收撤乡并镇形成的30个全宗9200卷档案。2006年，区档案局组织全部人力，将元坝区1995—2005年形成的12181卷公安业务档案立卷归档。截至2007年，区档案局督促、指导228个立档全宗中86个立档单位达到省级标准，其中达省一级标准的单位14个，达省二级标准的6个，达省三级标准的66个；立卷归档的文书档案17万余卷，科技档案1万余卷，专门档案近10万卷，重点建设项目档案3000余卷；区档案馆接待查阅利用档案近3000人，为经济建设、民事处理、落实政策、维护稳定等工作提供档案资料5000多卷（册），复印抄录资料2万多页，给决策部门提供决策依据和参考资料达1000条（卷）。

1993—2007年，区档案局共组织档案整理业务专题培训13次，受训人员970人次，送省、市业务培训11人次。1994—2007年，区档案局3次被市档案局表彰为目标管理优秀单位，10次被市档案局表彰为目标管理先进单位。

三、馆藏设施建设

元坝建区以后，长时间没有综合档案馆，将区政府原单身宿舍楼四楼一间屋子作为区档案保管室。2001年5月，区人民政府针对区人大代表《积极争取区档案馆立项建设》的议案，形成由区财政投资100万元尽快修建广元市元坝区国家综合档案馆的意见。2001年11月，区人民政府召集城建、国土等部门选址，拟在元坝镇砖灰村二组李家坡（今晋寿路东）划地560平方米修建区档案馆。后因资金不落实而未付诸实施。2004年3月，重新选址京兆路。当年11月26日，设计建筑面积1458平方米，4楼1底的元坝区国家综合档案馆正式破土动工。工程总投资186万元，省档案局补助资金10万元，其余的由区财政投入。元坝区国家综合档案馆按国家档案建馆标准设计施工（2007年底尚未竣工），该建筑全现浇、全框架，每平方米荷载1200公斤，能馆藏元坝区100年的档案资料。

第五章　地方志工作

第一节　工作机构

卫子区时期和元坝区建立后一段时期，没有专门的地方志工作机构，有关地方志工作由区政府办公室文秘人员代理，因此地方志工作一直未正常开展。2000 年，市地方志编委会办公室派业务骨干王开建到元坝区帮助筹建地方志工作机构。同年 9 月，成立广元市元坝区地方志编纂委员会及广元市元坝区地方志办公室（简称区地志办），为区政府正科级事业机构，挂靠区政府办公室。2001 年，区地志办机构性质明确为行政机构。至 2007 年，机构性质及挂靠关系未变。

广元市元坝区地方志办公室领导名录

表 26－5

姓　名	性别	籍　贯	政治面貌	职　务	任职期间	备　注
秦　兵	女	广元市利州区	中共党员	主　任	2000－09—2001－03	
魏　勇	男	广元市元坝区	中共党员	主　任	2001－03—2007－06	
张子健	男	广元市元坝区	中共党员	副主任	2004－03—2007－06	
彭仕华	女	广元市元坝区	中共党员	主　任	2007－06—	

第二节　主要工作

区地志办成立后，即督促区级各部门、企事业单位落实专职或兼职修志工作人员，并开展业务培训工作。2001—2005 年，主要工作是收集地方史料，编印业务辅导资料，初拟《元坝区志》纲目，指导部门志编修；采取召开会议、制发文件和简报等形式，广泛宣传《中华人民共和国地方志工作条例》《四川省地方志工作条例》和史志意义，为编修《元坝区志》营造舆论氛围。

2006 年 4 月，元坝区启动《广元市元坝区志》的编修工作。区政府先后聘请退休干部刘兴朝、张克洵、杨子茂三人参与编修。

2007 年 7 月，区地志办邀请了广元市地方志办公室的工作人员对全区 60 余名业余修志人员进行了为期 3 天的培训。后又编写了《修志备考》《审稿备考》两本工具书，供修志人员在工作中使用。《广元市元坝区志（1949—2007）》，除序言、凡例、综述、大事记、附录外，专志篇计划 130 万字左右。

《元坝区志》纲目经编委会审定后，作为修志大纲组织素材并进行编纂。同时制定《编修方案》。采取两级修志方法，按照区志纲目，将编修任务落实到相关部门；采取借用、聘请等方式充实编辑人员，并充分利用社会各方面的力量，尤其是吸收各行各业的老领导参与修志。在编修过程中，采取编写长编和分纂、总纂交叉进行的办法，在长编大体完成后，再着手志稿总纂。

区地志办自成立后，每年都完成了《四川年鉴》《广元年鉴》的供稿任务，先后完成了《新时代，新四川》《中华发展大典》等入编文稿的编写工作。曾有5年被广元市地方志编纂委员会办公室评为“先进单位”。截至2007年底，区地志办指导完成区级部门志5部，编纂《元坝区志》分志7篇和其他篇目内的文稿6章。

第二十七篇　旅　游

第一章　旅游资源

第一节　自然景观

一、云台山

云台山位于大朝乡境内，西南距剑门关近20公里，东北距昭化古城20多公里。主峰形似人头，如人目视苍天，故又名“人头山”。《大清一统志》载：“人头山在昭化县西四十五里，山岭突出，宛如人头。后唐长兴初伐蜀，王宏贽从白卫岭人头山后，出剑门南，即此也。”云台山主峰海拔1254米，孤峰耸立，周围悬崖峭壁。山主体部位有“一线天”，又名“老君洞”，传说太上老君曾在此炼丹；山脚坐北朝南有观音殿一座，殿内一股清泉，名“水观音”，终年细流不竭。半山腰西南面有一洞穴名“打儿洞”，相传新婚夫妇欲求生子，来此处背对洞口，反手扔石，扔进洞里则能得子。山顶有川主庙、望远楼。望远楼系清道光十九年（1839年）知县毛士骥所建，楼高10米，3层，砖混结构，登高东可遥望广元来雁塔、凤凰楼，俯瞰昭化三国古战场，南可眺望剑门关。川主庙原供奉秦代治水的李冰父子。此外，还有放生池、九九云梯等景点。每年农历正月初五和六月二十四日为庙会之日。

二、牛头山

（见本志《昭化古城》篇）

三、将军岭

将军岭位于射箭乡境内，距广元城区20多公里。将军岭遍生松柏、银杏香樟等多种树木，林间有锦鸡、野雉、黄麂等珍禽异兽，山坡有奇花异草，山涧有飞泉流瀑。岭下银箭湖阔约160余亩，湖水碧透，波光粼粼。岭上岭下，山灵水秀，清幽宁静，俨如世外桃源。20世纪90年代末，射箭乡三好村村民贾德文在此开发建设生态旅游景区。景区内除“金笔点汤”“银箭出弦”“明月照金龟”等自然景观外，还有将军墓、古盐井、古窖、古生物化石等人文景观。民间传说古时有一将军死后葬于山岭上，且为明朝开国之将常遇春，故有“将军岭”之名。今村民有清代乾隆年间所立墓碑一块，字迹模糊难认，依稀有字：“吾始祖乃北京大明府人氏，自洪武□立□□指挥之职，于斯成业竟经数代……显考常公讳玉春。”

四、栖凤峡森林公园

栖凤峡森林公园位于拣银岩社区街道办事处境内，最近界距元坝城区约6公里。民间传说武则天幼时曾在这一带游玩嬉戏，因此这里的山又名“雏凤山”，山脚下一条长约3公里的峡谷名“栖凤峡”。景区面积15.60平方公里，山体连绵，森林茂密，环境优美，冬无严寒，夏无酷暑，气候宜人。林中有动物20多种，包括国家二级保护动物红腹锦鸡、黄麂等；有马尾松、火炬松、红叶松等100多种植物；有兰花、杜鹃花、十里香等10多种花卉；有天麻、菌灵芝、首乌等100余种野生药材；有核桃、板栗等多种土特产。景区内还有白庙子、寨子沟、天然溶洞、雨田凸人造林、小寺山天主教堂和以奇险著称的蜘蛛垭等景点20多处。山水一体，茂密的原始森林与幽深的峡谷相映成趣，风光旖旎。

第二节　人文景观

一、昭化古城

（见本志《昭化古城》篇）

二、剑门蜀道

“蜀道”是由秦入蜀的通道总称，有南、北栈之分，汉中以南为南栈，又称“蜀栈”或“蜀道”，有多条路线，包括金牛道、阴平道等。三国时期，蜀汉政权的诸葛亮、姜维、费祎等众多文臣武将在蜀道往来征战。剑门蜀道指南北朝时期打通的经今昭化至剑门关的一条驿道。清道光《重修昭化县志·驿传》载：昭化段“唐驿道自县城西龙爪湾建栈阁，越山而过为官店垭，下渡泥溪，上白卫岭直抵高庙前……今驿道，明天启四年（1624年）初，凿山开径，崇正（祯）元年功（工）始竣……孔道塘石碣书曰：孔道新开，较官店、朝阳之道为近，当时系僻径也。国朝（清）康熙二十七年（1688年）始改为驿道”。明代开凿的剑门蜀道昭化段，出昭化古城西门，从凉亭子起，经今天雄关、牛头山、新凡、竹垭子、大朝、铁栓子桥、寡妇桥、松宁桥，至高庙铺，全长18.7公里。该段保存完好，关隘多、古木多、古桥多。白卫岭在朝阳乡和大朝乡境，连绵10余公里。寨子山在大朝乡场镇以西，大小寨子山相隔500米，为姊妹山，遍生原始森林和原始次生林，披绿戴翠，俊丽多姿，传说诸葛亮曾在此据险安营扎寨，故名。山脚有一井，据传明代一皇太子路过小憩，以井水沏茶，品齿噙香，沁心入脾，乃赐名“太子泉”。道上4座古桥，其中铁栓子桥因桥面石板用铁栓子连接而得名，原桥长约5米、宽约2.7米，清光绪年间重修，加宽至4.7米。寡妇桥因系一寡妇出资修建而得名，桥面石板是一块厚石，长约6.7米、宽约1.3米、厚约0.3米。松宁桥又名松树桥，桥面石板铺成，两侧有石板栏杆，桥边古木参天，其中两棵松树奇高，此桥亦因此得名。道上除大朝驿之外，还有竹垭子和高庙铺两处驿站。竹垭子又名竹林坡，此地因竹林茂密而得名。高庙铺因有几座寺庙建于高高的山梁之上而得名，亦名“没梁寺”，寺内曾供奉关羽神像，农历五月十三日为“磨刀会”，九月十三日为“单刀会”。

三、马克斯（思）街

“马克斯街”是元坝镇老场上的一条老街，当年沿街均为一套挨一套的石板天井四合院，全为穿斗木结构瓦房。民国22年（1933年）6月中旬，红四方面军七十三师（后扩编为三十一军）占领旺苍坝后乘胜挺进元坝，于7月23日建立嘉陵县苏维埃政府，驻地设在元坝镇老街张怀温的宅院内。嘉陵县苏维埃下辖元坝子、王家坝、梅树铺、永宁铺、白水、鱼洞河、李家、大石板等8个区苏、62个乡苏、196个村苏，面积2450平方公里，人口近17万。当年，红军和苏维埃政府为庆祝十月革命，把欧家大院（嘉陵县苏维埃保卫局所在地）堂屋门楣上的一块长2.3米、宽1.3米的木匾上的“是岸先登”四字刨去，楷书“马克斯街”4个大字，人们即把此街叫作“马克斯街”（今“马克思街”）。红军转移后，此匾几经辗转，最终由当地农民欧启贤收藏，并于1964年献给国家，今存放于广元红军文化园。

嘉陵县苏维埃保卫局遗址位于长滩河南岸，与长滩河北岸的“马克斯街”隔河相望，遗址之南150余米处有一小山名为“寨堡梁”，是当年元坝子阻击战红军阵地遗址。1956年，嘉陵县苏维埃遗址和保卫局遗址即被广元县人民政府公布为县级文物保护单位，经历几十年后虽有部分改建，但街面和民居基本保持原来的格局。此外，元坝场镇还有游击队指挥部、红军政治部、徐向前命名的“工农药铺”等多处红军革命遗址。

四、太公红军山

太公红军山位于太公场镇，国道212线西侧，距元坝城区39公里，主峰海拔977.20米，占地180余亩。山上有太公寺。民国22年至24年（1933—1935年），红四方面军三十一军九十二师二七六团团部和太公寺乡苏维埃政府设在寺内，故称“红军大院”。院内收集有红军使用过的大刀、长矛、手榴弹和自制的布币、铜币、陶器。山上分布着红军井、练兵场、迫击炮阵地、枪械所、机枪和步枪掩体及战壕。1983年，中共太公乡党委、乡政府决定将此山命名为“红军山”。由部分老红军资助和当地群众及社会各界捐资投劳，先后建成红军山大门和178级石梯路，还有红军亭、红军石刻标语小碑林、红军烈士陵园等。陵园里的红军烈士纪念碑高11米（3丈3尺），寓民国22年（1933年）红军进驻太公之意；平台和祭台墙面上分别有16幅线刻壁画和5幅浮雕，形象地展示了当年红军在元坝地区的活动。碑序由中国人民解放军总后勤部原副部长胥光义将军撰稿，碑身上镌刻着中华人民共和国元帅徐向前“缅怀先烈遗志发扬光荣传统”的题词。时任全国政协委员的老红军王定国（谢觉哉夫人）为红军山亲笔题词：“红军山永存”；解放军艺术学院院长魏传统亲笔写诗：“红军克广元，建设太公乡，嘉陵西渡过，剑门重放光”；四川省原副省长李林枝亲笔写诗：“红军西渡战剑门，伟业江山万古存，继承先烈干四化，太公山水处处春”。共存有中国人民解放军26位将军的题词及回忆录手稿和遗物。1993年，全国27个省市自治区的书画家及其爱好者参加了红军山书画展，《解放军报》《四川日报》、四川电视台等18家新闻媒体先后宣传报道红军山。1998年，太公红军山被广元市命名为“爱国主义教育基地”，2002年10月被四川省人民政府公布为第六批文物保护单位，并被列入全省100个红色旅游经典景区。

太公红军山风景秀丽，有国家保护树木200多株，其中几株参天古柏，分别因“青龙上树”“老柏采桑”“黄老劝子”等形象各得其名，此外还有红军树、汉柏王、迎客松、合欢树等等，为太公红军山蒙上了一层古朴而神秘的色彩。国道212线从太公红军山脚下穿过，交通便利。沿212线去广元方向3公里处的马鞍山，有1棵古老的黄梁树，高约10米、胸围约3.8米。1933年，太公寺乡苏维埃主席兼马鞍山游击队长曹兴发、太公寺乡苏维埃劳工委员仲思朝等19名烈士先后在树下被反动民团杀害。太公乡政府在命名太公红军山的同时，将此树命名为“红军树”。1984年，“红军树”被广元县人民政府公布为县级文物保护单位；2002年10月27日，“红军树”被四川省人民政府公布为省级文物保护单位。

五、柳桥石牌坊

柳桥石牌坊位于柳桥乡境内，省道202线南侧，距元坝城区约3公里。牌坊建于清嘉庆十四年(1809年)，是“圣旨旌表”节妇吕氏而敕造的“节孝”牌坊。高约8.3米、宽约3.9米，一共4层，有4柱3门、8鼓8龛、12卷角。柱、梁、坊上刻有孙悟空大闹天宫、嫦娥奔月、八仙过海、螺祖采桑以及《三国演义》中关羽千里走单骑折子戏等浮雕36组，人物雕像186尊，此外还雕有狮、虎、麒麟、独角兽及各种花卉。1933年，红四方面军进驻元坝后，政治部为宣传和发动群众，在石坊上錾刻“拥护红军”、“打倒刘湘，赤化全川”等标语，尤其是东向大门额上镌刻的“共产党万岁”几个大字最为醒目。这座石牌坊后来就被称为“红军牌坊”。该牌坊至今保存完好，1980年8月被四川省人民政府公布为省级文物保护单位。

六、梅岭关

梅岭关位于元坝区梅树乡境内，距元坝城区约24公里。民国22年（1933年）6月，中国工农红军第四方面军从旺苍挺进元坝，6月29日，七十三师宣传科长毛玉亭率二七五团特务连首先进驻梅树铺，继而该团三营又进驻梅树铺后山险隘梅岭关，7月，在此建立梅树铺区苏维埃政权，政府设在梅树铺中街田家大院。梅树铺区苏下辖马鞍山、石井铺、明觉寺、杨家嘴、老湾、易家湾、刘家角、三岔河、潼梓观、三元场等10个乡苏维埃和33个村苏维埃，面积425.40平方公里，是当时嘉陵县苏维埃所辖最大的区苏维埃。梅岭关为古驿道关口，地势险要，易守难攻。关口用石条砌成，宽2.5米，两边有红军石刻标语，左边是“穷人自动来参加红军！送自己的丈夫来参加红军！父劝儿、妻劝夫来参加红军”，右边是“活捉刘湘”。

七、平乐寺

平乐寺位于柳桥乡境内，距元坝城区约4公里，距广元城区28公里。据清乾隆七年（1742年）《重修化城院众姓碑》记载，平乐寺原名“化城院”，始建于唐开元年间（713—741年），距今有1200多年的历史。后经宋元两代多次增修，成为建筑面积1000多平方米的寺院，有前殿、中殿、正殿、观音殿、阎罗殿、东西走廊及禅房、客房等建筑，有各类佛像369尊及僧众数十人，香火十分旺盛。元末战乱，“化城院”一度破败；至明天顺年间，朝廷令利州吏率众修复；至20世纪40年代，建筑面积扩大到近2000平方米，拥有土地、山林数百亩的庙产。中华人民共和国成立后，平乐寺佛事活动废除，僧人还俗，土地山林分给当地农民，其余庙产收归国有，20世纪70年代被全部拆毁。1993年5月，区人民政府决定重新开发平乐寺，并聘请彻利法师主持重建事宜。彻利法师与众弟子广化佛缘，创业图存，先后建起天王殿、观音殿、大雄宝殿、七佛殿、三圣殿、藏经楼、钟鼓楼、居士楼、斋堂、八百罗汉堂、幽冥十殿等，占地约150亩，建筑面积近万平方米。又从缅甸请回玉佛18尊，其中释迦牟尼佛、阿弥陀佛、消灾延寿药师佛，均高5米、重20吨，为平乐寺镇寺之宝。寺内存清乾隆年间古碑3座、明清石狮4尊，两碑为临济正宗第三十六世、三十七世传人墓碑。该寺重建得到国内著名高僧、全国佛教协会常务理事、重庆市佛协会长和重庆市政协常委、慈云寺方丈惟贤长老及佛教界的广泛认同，并给予资金上的大力支持。惟贤长老曾五次到平乐寺，应邀向善男信女讲经说法，摸顶赐福和传授居士菩萨戒。彻利法师2007年5月圆寂后，其弟子如光法师继任平乐寺住持。2007年末，有常住僧人8位，居士5人，寺院资产逾千万元人民币。平乐寺环境优美，地势奇特。寺门前溪流环绕，有一圆形山包，松林苍翠。广（元）乐（坝）铁路和省道202线擦肩而过，通向寺内的水泥路面畅行无阻，交通十分便利。

八、广善寺

广善寺位于柏林沟镇之场镇，肇基于东汉永建三年（128年），距今1800余年的历史。寺庙有前、中、后三殿，占地约1500平方米。寺内原塑有伏羲、神农、轩辕三帝及孔子、佛爷、老君等神像50余尊，在宋、明、清时期达到鼎盛，是川北著名禅院。中华人民共和国成立初，拆除神像，寺庙为柏林乡人民政府机关处所。1980年乡政府迁出，后经修缮，寺门及三殿焕然一新，塑阿弥陀佛、弥勒佛、观音菩萨等神像36尊。1991年7月对游人开放，从此香火日盛。2007年2月，又在寺门右侧新建钟鼓楼，当年7月竣工，为两楼一底高12米的砖木结构。广善寺山门外和山门内两侧有古柏4株，直径均达1.30米以上，高30余米，拔地而起，绿荫森森，相传为明初所植，树龄700余岁。寺内还收藏有本地文物，其中镂空石刻九龙碑为国家三级文物，还有“五福临门”木刻，设计和刻制都十分精致。

九、柏林沟古镇

广善寺所在地柏林沟古镇，与该寺有同样悠久的历史。石板街长约500米，中街有“魁星楼”，高15米，上层为魁星阁，中层为戏楼，古驿道从楼下穿过。街道两旁的古民居建筑，大多保存完好。整个古镇与广善寺融为一体，尤显古朴之风。柏林沟有“五岚”胜迹：代表黄色的金岚寺、代表红色的赤岚寺、代表黑色的岚坦寺、代表白色的岚黎寺，为柏林沟四大丛林；而代表蓝色的是一座古石拱桥，名为“岚溪桥”，系明朝正德年间修建。20世纪60年代修两河电站，岚溪桥被淹，原址重建一座公路桥，跨越柏林湖。

十、紫云湖

紫云湖即紫云水库，位于紫云乡硬头河麻蹄滩，与国道212线相隔约300米，建成于1981年。大坝高40米，顶长157米，宽6米，总库容为1326万立方米，兴利库容807万立方米，总投资1011.40万元，是区境内两座中型水库之一。2005年，又投资840多万元进行除险加固，大坝更加稳固壮观，同时硬化进库公路，改建管理所房屋，环境优美，交通便利。紫云湖除供灌溉之用外，每年有600万~700万立方米湖水闲置，可供旅游开发。湖坝至湖尾约6.5公里，饱和湖水面积3平方公里，旅游利用面积约2平方公里。湖中有鲢鱼、鳙鱼、鲤鱼等多种鱼类和乌龟、螃蟹等水生动物，湖区植被茂密，环境清凉幽静，无工业污染和生活污染，湖水清澈，自然生态良好，特别在夏季，是理想的避暑之所，适合开展水上娱乐和垂钓休闲活动，在此还可以品尝到多种野生鱼菜品。

第二章 旅游开发

第一节 开发规划

一、全区旅游业开发总体规划

区境内旅游资源丰富，极具开发潜力，且区位条件优越。元坝建区以后，区委、区人民政府对区内旅游资源的类型、品质经过长期分析，在21世纪初逐步形成依托三国文化、红色文化、宗教文化、民俗文化以及生态资源，建设旅游产业园区，加快发展特色旅游的总体构想，重点打造“三线”“五园区”。“三线”为：剑门蜀道旅游线、蜀道南路旅游复线、嘉陵江流域生态旅游线。“五园区”为：昭化三国文化旅游产业园区，即依托蜀道三国文化，逐步建成全市龙头景区、全省重点景区、全国知名景区；广元后花园休闲文化旅游产业园区，即依托自然和人文、宗教文化资源，逐步建成广元市城郊休闲度假区；太公红军山红色文化旅游产业园区，即依托太公红军山遗址群，建成川陕红色旅游经典景区、省级爱国主义教育基地和国防教育基地、国家AAA级旅游景区；蜀道南路民俗生态文化旅游产业园区，即依托射箭乡将军岭、柏林古镇等民俗文化资源，建成展示体验民俗民间文化的仿古旅游胜地；嘉陵江流域生态文化旅游产业园区，即重点挖掘嘉陵江文化、民俗文化、生态文化，结合亭子口水利枢纽工程移民方案，建成嘉陵江水域元坝区段休闲度假长廊。

二、重点景区建设规划

（一）昭化古城景区建设规划

（见本志《昭化古城》篇）

（二）平乐寺景区建设规划

2006年4月，区人民政府委托重庆京奥城市规划设计有限公司负责平乐寺景区修建性详细规划设计。规划的主要指导思想为：历史文化保护第一，生态环境培育并进；突出宗教文化，促进宗教活动，强调民俗文化、农耕文化的体验，打造有特色的宗教及民俗文化氛围；坚持风景区资源可持续开发的思想，立足近期，着眼远期，近远期建设有机结合，有序发展。规划目标为：保护寺庙本身的建筑风格及形制，完善平乐寺内部的建筑布局和功能布局，恢复其“川北丛林第一寺”的风貌；对入口沿街民宅进行风貌整治，使其建筑风格和寺庙协调统一，合理安排移民迁建的功能布局，结构形态和空间组织形式，恢复“平安场”古镇的传统风貌；以宗教旅游为主导，带动生态旅游、农耕文化旅游及周边旅游业的发展，打造一个完整的多功能旅游胜地。景区按三个系统制订出具体建设规划。

自然景观系统：以主入口广场—滨河景观带—宝峰的多个自然景点，构成景区的自然景观轴线，融合于周围的山林自然景观，构成完整的自然景观系统，使其给人以空谷幽深、峰回路转、豁然开朗之感。滨河景观带主要沿河布置，以九龙溪生态河堤和湿地景观为主，碧水环流、群芳竞放；“二龙抢宝”之宝峰，则是苍松掩映、山体清秀。溪峰融为一体，使游人心旷神怡。

人文景观系统：以古风步行街—旅游接待区—观景平台的多个人文景点，构成景区的人文景观轴线，使游人在感受到淳朴的民风的同时，体会到寺庙的庄严。沿风景区的车行道，穿过农耕文化体验区、休闲农庄园林区至古平安广场，形成人文景观次要轴线，使游人轻松地体验到独特的民俗文化。

宗教景观系统：寺庙内部的景点根据地域位置和地形特点，呈“十”字形布设，使游人在膜拜、祈祷之余感受到依山傍水的建筑风韵。纵向：从寺门由下而上，逐级布置天王殿、观音殿、大雄宝殿、七佛殿、三圣殿、藏经阁（方丈楼），系游人参拜、祈福的主要场所。横向：从右到左依次布设幽冥十殿、居士楼、大雄宝殿、五观堂。五观堂（斋堂）和居士楼分居大雄宝殿的左、右侧，幽冥十殿在居士楼之右。与此横向并行，在七佛殿与三圣殿之间的近乎一条横线上沿线布设塔陵、放生池、“万”字台、罗汉堂等宗教景点。另对景区旅游线路、建筑风格、道路、市政工程等作出了具体规划。规划在溪河对岸与寺庙山门正对的位置和纵向建筑终端位置，分别设置观景大平台和观音像大平台。观景大平台上设置观景塔，可眺望整个寺区；于观音像大平台上可俯瞰整个寺区。还要求各主题区的主调树种形成种块，密林区树木形成色块，种块和色块相结合。密林区兼作背景林带，兼具造景和造林双重功效。景区基础种植和各庭院种植既注重树种多元化，又必须符合建筑环境要求，以体现不同的主题选择。禅院区以孤树丛和景观树为主，保坎以悬挂植物作护坡处理。“自留香园”和“又一村”以观花和观果树种为主调，其中的散点建筑以高大孤植树或树丛丰富视觉效果。

建设进程分近期建设、中期建设和远期建设三个阶段。近期建设：完善平乐寺内的功能布局、空间组织形式及寺庙内部的景观系统建设，打造良好的宗教文化氛围；完成对古风步行街区的建筑风貌整治，使其建筑风格统一协调；完成景区主游线建设，以进一步带动景区各项开发建设。中期建设：伴随游人规模的增加，完善旅游接待服务设施，完成移民迁建，妥善解决搬迁农户居住问题；生态景观系统和人文景观系统得到相应完善，并完善相应的市政设施。远期建设：完善每个功能区和市政设施的建设，完成整个景区全部建设项目。规划总投资6199.33万元，其中建筑、绿化及场地铺装需4835万元，道路、广场、场地平整及室外工程投资需949.32万元，市政设施建设投资需415.01万元。

（三）紫云湖景区建设规划

2007年6月，紫云水库管理处（隶属于广元市元坝区水务农机局）委托区文体旅游局制定《紫云湖旅游景观规划概念设计》。规划指导思想为：通过对紫云湖进行旅游开发，使约700万立方米左右的闲置湖水得到充分利用，其经济价值得到充分体现；同时加快湖区生态建设步伐，改善生态环境，改善湖区村民生活环境，提高湖区村民的文明素质，带动湖区农村经济的发展。紫云湖的旅游开发以为游客提供休闲度假服务为基本定位，以强化游客的参与性为基本思路，主要开发游览性、参与性及“农家乐”等项目。其中游览性项目有：铁索桥和生态大坝游览，即建成湖堤大坝与国道212线相连的铁索桥和大坝长廊，游客可沿铁索桥和大坝长廊步行观光，观赏湖区的湖光水色和周边丛林，并建若干处观景台，游客可在不同地段不同角度观赏湖区自然风光；游艇观光，即购大型游船一艘（载客量为100～120人），船上设餐饮、娱乐项目，慢速游线为湖堤大坝至湖尾往返，另购置中型游船1～2艘（载客量为10～30人），中速游线为湖堤大坝至坝尾往返，购摩托快艇3～5艘，自选游线。参与性项目有：沿湖两岸建钓鱼台150处，创“紫云湖四季钓”旅游品牌，每季度开展一次钓鱼大赛；开辟游泳专区，创“紫云湖冬泳”品牌，每年举办夏季和冬季两次游泳赛事；购龙舟4艘，创“紫云湖龙舟赛”品牌，每年举办一次龙舟赛。“农家乐”开发规划项目有：在紫云乡紫云村五组邻近大坝地段选择6家农户建成高标准“农家乐”；将紫云水库管理处和紫云乡共有的150亩猕猴桃园，建成“紫云村青少年劳动实践基地”。开发的主要旅游产品有：创“紫云湖白鲢”招牌菜；开发农村生产生活木制和石制用具工艺品（如犁、耙、磨、碾等，分大、中、小三种型号），创“紫云湖农具艺术”品牌。

基础设施建设规划项目有：建成接待每日800人次和200个床位的游客接待中心，并在大坝附近选址建功能齐全的“紫云湖休闲度假村”；在“紫云湖休闲度假村”大门处建成可停放50辆汽车的停车场；按三级公路标准，建设一条连接国道212线并至紫云湖尾水处的长约6公里的旅游公路；启动紫云湖生态建设工程；建成6处公厕和2套污水处理系统，并设置垃圾箱之类设施，处理湖区废物。景区规划估算总投资960万元，其中旅游项目开发投资250万元，基础设施建设项目投资440万元，接待设施建设项目投资270万元。

（四）将军岭景区建设规划

规划的指导思想是：挖掘民间历史传说资源，为游客缅怀先贤，感受古代历史文化以及民族精神而建设景观，创造氛围；利用并进一步开发当地自然资源，优化人与自然和谐相处的生态环境，并带动当地珍稀动物养殖和土特产种植产业发展；整合当地民俗文化和民间艺术资源，让游客体验淳朴的民俗民风，欣赏以射箭提阳戏（傩戏）为代表的古老的民间艺术。

开发具体设想为：在将军岭开发公墓区，设祭拜之所，供游客吊古参佛；将银箭湖堤坝加高1米，坝上再架1座长100米，宽4米的桥梁，桥上通车，桥下泄洪。购置载客20多人的游船5艘、快艇1艘，并建钓鱼台10个，在银箭湖提供水上观光和垂钓服务；在银箭湖坝外建成500平方米的浅水区，供游客开展泼水、捉鱼等水上娱乐活动。同时设置水磨、水车、筒车各1个，供游客观赏；将军岭自山脚到山顶逐级划分植物带，分别栽植桃杏等果树、各种竹子、黄菊、梅树等花卉，形成桃红笑春、竹影消夏、黄菊傲霜、梅影临雪的不同季节不同色调的自然景观，并与周边背景林融为一体；在将军岭后山建万亩森林公园和天然狩猎场；发动景区村民建设生态种植园，种植核桃、木耳、菌类等土特产；依法建立珍稀动物养殖场，人工饲养和保护野鸡、锦鸡、黄鹿、狐狸、刺猬等珍稀动物；建设景区“农家乐”一条街，展示民俗和民间艺术；建将军岭酒楼1座，两楼一底，仿古修建，供游客餐饮和开展文化娱乐活动，总建筑面积1500多平方米；建设公厕及其他环保设施，完善导游标志系统。

第二节　设施建设

一、景观及服务设施建设

（一）牛头山景观及服务设施建设

（见本志《昭化古城》篇）

（二）昭化古城景观及服务设施建设

（见本志《昭化古城》篇）

（三）太公红军山景观及服务设施建设

1985年3月，中共广元县太公乡党委、政府决定建设太公红军山。同年3月，太公乡向中共广元县委、县人民政府呈送书面报告，广元县人民政府于4月5日批复同意。5月，太公红军山建设正式启动，先后建成以下景观：

山门及上山石级路：山门于1985—1986年建成。大门为石砌拱门。主门高4.80米，宽2米，门柱宽60厘米；两个侧门高3.60米，宽1米，门柱宽50厘米，整个造型简朴庄重。石级路一共178级，中途有红军亭，“红军亭”3字由时任中共广元市委副书记周之常题写。1990年又于石级路终端建红军山标志碑，碑体为一面旗帜之形，石料制成，染成红色，上书“红军山”3个金色大字，由时任四川省文化厅副厅长钱来钟题写。

红军大院：原名“太公寺”，建于唐开元二十一年（733年），占地970多平方米，始为道教活动之所，后来道、佛教活动集于一体，建有大佛殿、观音殿、九皇殿、子牙殿等共21殿堂。民国22—24年（1933—1935年）川陕革命根据地时期，中国工农红军第四方面军三十一军九十二师二七六团团部及太公寺乡苏维埃政府设在寺内，后来人们称之为“红军大院”。2003—2004年，省、市投入文物保护资金15万元对大院进行“修旧如旧”的整修。1985年制一木匾悬挂于院门，上书“红军大院”，院门挂楹联“红军前辈创大业，革命后代绘宏图”一副，均由时任中共广元市委书记钟勘撰书。

烈士陵园：太公红军山烈士陵园由红军烈士纪念碑、烈士墓、墓地广场组成，占地总面积2000多平方米。红军烈士纪念碑于1997年春动工修建，由太公镇党委、政府委托刘宁，并邀请广元市群众艺术馆馆长张此吾、区文化馆工作人员范明亮共同设计。碑身从地面到碑顶高11米（3丈3尺），寓民国22年（1933年）红军进驻太公之意。从地面登三级石梯，便进入平台。平台为正方形，边长8米，四面设有石栏，栏高约0.87米，栏柱高1.2米。四周栏板分为16块，线刻16幅壁画，主题依次为：苦难岁月、盼红军、革命烈火燃川北、嘉陵县苏维埃成立大会、打土豪分田地、农民安居乐业、开展集市贸易、组织工农业生产、组织农民学文化、发展医疗卫生事业、组建游击队扩大红军、军民情深、北上抗日等红军、红军胜利万岁、革命精神代代传，从各个角度反映当年红军在元坝地区的斗争经历和业绩。石栏四面各开一入口，入口两侧的石柱上刻滚龙抱柱。正面入口两侧，有一男一女石刻全身像傍柱而立，左侧少女手捧花束，表示对革命先烈的无限景仰；右侧少男怀抱和平鸽，表示对和平幸福生活的向往和珍惜。平台正中是祭台，为四方体，高1.8米（5尺4寸），寓五四青年节之意；边长为2.7米（8尺1寸），寓八一建军节之意。祭台四壁为“英名录”，桃红石板上刻着当年嘉陵县苏区886名红军烈士和70余名牺牲的苏区干部群众的名字。祭台上是主体碑基座，呈六面体，正面刻着中国人民解放军总后勤部原副部长胥光义将军撰写的碑序，其余五面为五幅石刻浮雕，展示红军遗址和几个壮烈的斗争场面，依次是：马克斯街、激战檬梓垭、鏖战傲盘观、红军树下19烈士、强渡嘉陵江。纪念碑主体为四面体，每面都镌刻着中华人民共和国元帅徐向前的题词“缅怀先烈遗志，发扬光荣传统”。碑檐上有一环形装饰，寓红军精神光照环宇之意；石环上竖八棱锥体，寓意为红军的八角帽。红军烈士纪念碑于1998年春竣工。陵园内有3座烈士墓。一座墓内烈士是民国24年（1935年）2月红军二十团三营二连一部与川军二十八军一个营在傲盘观（今香溪乡境内）发生激战时牺牲的红军林政委和两名战士，此3名烈士原葬于香溪乡春阳村邢家角，1991年2月8日迁至太公红军山烈士陵园合葬。另一座墓内烈士是民国22年（1933年）8月红军九十三师三七四团一个营攻打檬梓垭（今射箭乡境内）时牺牲的红军赵连长及两名战士，此3名烈士原葬于射箭乡板石村，1991年3月20日迁至太公红军山烈士陵园合葬。第三座墓内烈士是民国22年（1933年）11月被反动民团杀害于距此山约3公里的马鞍山黄梁树（即今“红军树”）下的太公寺乡苏维埃主席、马鞍山游击队队长曹兴发，1991年5月24日从马鞍山迁葬太公红军山烈士陵园。

红军石刻标语小碑林：1985—1986年太公红军山建设期间，在太公及周边地区收集到一部分当年红军遗留下来的石刻标语。先陈列于红军大院，1997年迁出，在原红军练兵场建成红军石刻标语小碑林。陈列的红军石刻标语中，有声讨反动军阀的，如“刘湘田颂尧邓锡侯不是川军是专振（整）川里穷人的军队”“田颂尧是吸尽川北穷人血汗的毒虫”；有宣传红军革命主张的，如“反对帝国主义瓜分中国”“消灭刘湘救穷人救四川”“红军消灭了刘湘等棒老二全川穷人永不出款子”；有歌颂红军和动员穷人参加红军的，如“红军胜利万岁”“参加红军分得顶好田地”“参加红军保护田地房屋父母妻儿”。有一石碑，镌刻着老红军、原四川省副省长李林枝的题诗：“红军西渡战剑门，伟业江山千古存。继承先烈干四化，太公山水处处春。”标志碑上“红军小碑林”五字由时任中共广元市委书记郝振贤题写。

太公红军山从1985年5月开始建设，至2007年年末，陆续投入资金共计48万元左右。其中：建大门、石级路、红军亭、标志碑共投资18万元；维修红军大院投资15万元；建红军烈士纪念碑投资6万元；建红军石刻标语小碑林投资2万元；迁建红军烈士墓投资2万元；建保坎、水池、石桌石凳等附属设施投资5万元。其建设资金来源主要有政府拨款、社会募捐和当地群众投工投料。1985年，太公乡政府拨5000元作为启动资金，1998年建红军烈士纪念碑，四川省民政厅拨款3万元，2002年被四川省政府公布为文物保护单位以后，当年广元市财政局拨款2万元，2004年四川省文化厅拨款5万元，2005年广元市民政局拨款8万元。社会募捐包括一些老红军老将军都踊跃捐资，如1997年“八一”建军节以前的几个月里，原空军高炮学校政委胡立信捐资1000元，原北京装甲兵第二坦克学校校长刘元奎的夫人韩云峰捐资800元，原北京军区和兰州军区司令员郑维山中将捐资500元，原南京军区工程兵司令员黎光将军捐资500元。当地群众投工投料主要是太公乡各村组组织群众上山参加义务劳动，并捐献木料、砖石等建筑材料。

（四）平乐寺景观及服务设施建设

平乐寺自1993年5月动工修建，至2007年底在建或建成的主要景观有：

天王殿：位于平乐寺寺门，建于1993—1994年，占地120平方米。殿内两侧供东、南、西、北四大天王：东方持国天王，身白色，穿甲胄，手持琵琶；南方增长天王，身青色，穿甲胄，持宝剑；西方广目天王，身红色，穿甲胄，手缠一龙（蛇）；北方多闻天王，身绿色，穿甲胄，右手持宝伞，左手握银鼠。四尊神像高大威武，神态各异。中间供弥勒佛坐像，高1.8米，宽1.6米，用硬杂木雕刻而成。弥勒佛的背面供韦陀菩萨，为古代青年武将形象，威武雄壮，英俊潇洒。

观音殿：位于天王殿之后，1993年5月开始修建，年底建成。占地234平方米。殿内正中供观世音菩萨，像高2.5米，宽1.4米，端坐莲台之上。左侧为文殊菩萨，骑青狮；右侧为普贤菩萨，骑白象。沿左右殿墙的神坛上，塑十二圆觉像。观音菩萨前右侧立善财童子，左侧立龙女。观音菩萨像前下方置有香案、罄、木鱼、蒲团等物，供僧人诵经和举行法事活动及香客叩拜时使用。

大雄宝殿：位于观音殿之后，是全寺的中心建筑。1997年始建，建成于2002年9月。占地928平方米。殿内正中供释迦牟尼佛，左侧为消灾延寿药师佛，右侧为阿弥陀佛。3尊佛像均为1998年从缅甸请回的玉佛，各高5米、重20吨。殿内两侧塑24诸天像，即24位天神，均高1.5米左右。

七佛殿：位于大雄宝殿之后，2007年9月完成主体工程，占地346平方米。殿内供过世七佛，从左至右依次是：毗婆尸佛、尸弃佛、毗舍浮佛、拘留孙佛、拘那含牟尼佛、迦叶佛、释迦牟尼佛，均为缅甸玉佛。佛家认为前六佛都是释迦牟尼佛的前辈，两佛间相距亿万年。

三圣殿：三圣殿位于七佛殿之后，2004年完成主体工程，占地299平方米。殿内供三佛，中为阿弥陀佛、左为观世音菩萨、右为大势至菩萨，均为缅甸玉佛。

方丈楼（藏经楼）：位于三圣殿之后，2003年完成主体工程，占地980平方米。是主持住所和藏经的地方。

罗汉堂：位于三圣殿与方丈楼之间的左侧，于1998年开始开挖基础，2002年开始修建。为五重檐八边形塔式建筑，高约30米，占地面积约1700平方米。堂内正中供千手观音和济公两尊玉佛，周围层层叠叠的神坛上，塑面目各异的八百罗汉。堂外两边置有配房，占地284平方米。

幽冥十殿：位于中轴线右侧，建于1994年，占地2574平方米。前殿供城隍神，执掌生死簿，其左侧为牛头和白无常，右侧为马面和黑无常，两边傍壁而立的是判官、小鬼、夜叉之类。后殿供地藏王菩萨。前后殿之间，便是幽冥十殿，两侧各五殿。第一殿为秦广王殿，掌管长寿与夭折、出生与死亡，并判定新鬼罪孽，发落至各殿接受相应的刑罚。第二殿楚江王殿、第三殿宋帝王殿、第四殿五官王殿、第五殿阎罗殿、第六殿卞城王殿、第七殿泰山王殿、第八殿都市王殿、第九殿平等王殿，以上八殿各执掌十六个小地狱，根据新鬼前世罪孽分别处以种种酷刑，如剜眼割舌、磨推车辗、炮烙石舂等等。十殿之内的塑像，逐一展现了这些场景，以警示世人，劝其行善，不可作恶。第十殿为转轮王殿，核定罪福大小，决定来世投生，或生于高门大户，或生于贫贱之家，甚至变牛变马，皆取决于前世的善恶。

塔陵：位于七佛殿右侧、幽冥十殿背后，2007年8月动工修建，属在建工程。

除以上建筑外，在天王殿与观音殿之间两侧建有钟鼓楼（左钟右鼓）。

平乐寺自1993年开始重建，除政府在交通建设和环境绿化整治方面有少量投资外，主要依靠社会捐赠筹集资金，包括寺内少量经营性收入，全部投入寺内殿堂修建和请玉佛、塑神像、购置法器以及其他基础设施建设，至2007年年末，总投资约1300万元。

（五）将军岭景观及服务设施建设

景区门楼：系仿古建筑，于2000年5月1日动工修建，2002年10月建成，建筑面积100平方米，三重翘檐，雕梁画栋。楼下是景区大门，穿门而入，便踏上银箭湖堤坝。左侧与门楼相连的是管理接待中心，一楼一底，亦为仿古建筑，建筑面积140平方米。

银箭湖：湖长1500米，宽70米。因为湖水常年呈银灰色，湖面与湖堤构成一张弓的形状，湖堤下游河流中有一平面呈三角形的巨石，恰似箭头，所以得名银箭湖。2001年，景区业主贾德文投资13.40万元建一道钢筋混凝土堤坝，下宽8米，上宽4米，高3米，长70米。坝内一湖碧水，波光粼粼，绿树倒映，云影徘徊，天光水色。湖上可开展水上观光、游泳、泼水、垂钓等游乐活动。

财神庙：建于2005年，与景区门楼一路之隔，横宽8米，进深5米，建筑面积40平方米，工程造价3万元。庙内神坛上供3位菩萨，财神居中，左为观音，右为文昌。坛前置香炉蜡台，供游人进香祈祷。财神庙前6米处，有一清代石碑，底面呈正方形，高约2米，名曰“团碑”，四面皆有文字，大都风化不可辨认，唯“除盗安民”4个大字清晰可见。此碑系当时民间治安武装组织（即“团”）所立，据残存文字推考，碑文是对乡民的告示，告以与“团”协同，防范盗匪，保一方平安等等。

将军岭接待站：始建于2004年，2005年12月主体工程完工，为两楼一底的砖混结构楼房，建筑面积530多平方米，工程造价76万余元。一楼和二楼为住宿部，共14间客房，可布设30多个铺位；三楼设置60平方米的会议室，用于游客举行集体活动。将军岭景区建设自2001年动工以后，除2001年以“三国古驿道昭化古城资源开发与利用”上报省科技厅获准立项并得到1.50万元资金启动外，其余资金为开发业主贾德文个人筹资。至2007年年末，先后共投入资金175万元。其中，新建门楼和游客接待中心投资50万元（包括建房、砌保坎、室内装修、设施购置），修银箭湖堤坝投资13.40万元，制木船3只投资1.60万元，建休闲亭2座投资2万元，6次向银箭湖投放鱼苗投资3万元，建财神庙投资3万元，景区路道修建和铺设投资20万元，建接待站530平方米投资76万元，供电设施投资6万元。

二、交通建设

（一）环线路建设

环线公路起于国道212线紫云乡金华村，途经梅树、明觉、红岩、白果、黄龙、丁家、虎跳、张家到太公上国道212线，贯通9个乡镇，全长108公里。环线公路按山岭重丘三级公路标准控制平纵线型设计，路面宽度6米。工程于2001年正式动工，铺筑沥青混凝土路面，沿线设置了交通安全标志牌、指路牌，部分路段安装有波形防护栏和警示桩。2005年竣工，工程总投资9750万元。

（二）昭大公路建设

昭化至大朝公路（简称昭大公路）起于昭化古城，途经牛头山景区，止于大朝乡场镇，全长20.3公里。此路原为碎石路面，而且坡陡弯急，路面狭窄，通行困难。2006年初，区委、区政府决定率先打造牛头山景区，以此带动昭化古城景区的全面开发。按照施工计划，一期工程主要任务为打通昭化古城至牛头山的7.4公里路段。5月工程正式开工，昭化镇负责完成全线路基开通，区交通局负责完成油路摊铺。当年10月28日，一期工程按计划完成。同年11月16日，区委、区政府在牛头山举行昭大公路二期工程（牛头山至大朝12.9公里路段改造）开工仪式，工程指挥部由区长张寿于任指挥长，区委副书记刘亚洲任常务副指挥长（后由继任区委副书记龙兆学接任），区人大常委会副主任范映才、副区长罗仕发、王金川任副指挥长。指挥部决定由昭化镇、大朝乡组织群众完成片石、条石备料任务，由区交通局组织专业施工队伍完成路基改造和路面铺筑。工程按照山岭重丘四级公路标准控制平纵线型设计，路面宽度6米，计划投资3300多万元。至2007年末，该工程尚处于路基修建之中。

（三）昭化古城入城通道建设

（见本志《昭化古城》篇）

（四）黑射公路建设

黑水塘至射箭公路（简称黑射公路）起于广元市利州区龙潭乡黑水塘，止于射箭乡场镇，水泥路面，长7.50公里、宽4.50米。工程建设于2000年9月动工，由射箭乡政府组织实施。2001年5月竣工，总投资193万元，其中群众集资125万元，政府拨款68万元。黑射公路接通环线公路，贯穿射箭乡，途经将军岭旅游景区。

第三节 综合效益

一、经济效益

区文体旅游局2006年和2007年两个年度，分昭化古城景区（包括昭化、大朝）、平乐寺景区（包括元坝、柳桥、紫云、拣银岩）、将军岭景区（包括射箭、梅树、柏林沟）进行了旅游统计，2006年全区旅游接待354430人次，旅游总收入17521.46万元；2007年全区旅游接待561160人次，旅游总收入29741.48万元。除直接经济效益之外，旅游业的发展，促进了农村新兴产业的培育，优化了投资环境，扩大了内需，深化了产业结构调整，带动了全区农业、工业和第三产业的发展。

广元市元坝区2006年和2007年旅游接待情况统计表

表27－3

月份	接待人次(万人)		旅游收入(万元)		乡村旅游接待人次(万人)		乡村旅游收入(万元)	
	2006年	2007年	2006年	2007年	2006年	2007年	2006年	2007年
1	2.25	1.53	1322	8151.32	0.52	118	41	
2	2.67	3.57	1548	18951.45	1.92	116	249	
3	3.48	3.26	2022	17292.34	1.76	187	211	
4	2.85	3.78	1606	20031.76	2.48	137	297	
5	3.52	6.80	1057	36042.80	4.95	196	831	
6	3.87	3.63	1717	19232.77	2.52	207	315	
7	2.84	4.54	1448	24061.96	3.93	147	463	
8	2.98	2.33	1548	12372.01	1.86	150	228	
9	3.15	2.28	1782	12081.80	1.74	93	229	
10	4.18	7.94	1544	42081.60	5.16	84	696	
11	2.38	8.17	1325	43311.30	6.16	68	739	
12	1.24	8.26	596	43771.10	6.20	66	775	
合计	35.44	56.11	17521	2974122.21	39.20	1569	5074	

二、社会效益

以昭化古城为代表的历史文化旅游景区，数千年前的秦砖汉瓦、残垣断壁，以及修复的敬候祠、龙门书院、县署、文庙、城隍庙等人文景观，吸引了许多中外游客，让他们真切地感受到祖国悠久的历史和灿烂的古代文化；千古流传的英雄人物、清官名宦的故事，亦让游客真切感受到英雄们一往无前的豪迈气概、鞠躬尽瘁的献身精神、刚正不阿的凛然大义，从而发挥历史在现实社会中的激励和教育作用。

以太公红军山为代表的红色文化旅游景区，再现了民国22年至24年（1933—1935年）红四方面军开创川陕革命根据地的光辉历史和英雄事迹。区内外许多中小学和一些外地机关单位、大专院校，纷纷到太公红军山开展爱国主义教育活动。2001年7月15日，为庆祝中国共产党成立80周年和红军长征胜利65周年，成都理工大学校党委副书记罗映光、校党委宣传部长陈俊民带领该校师生及四川电视台、成都经济电视台、《华西都市报》《四川青年报》多家媒体，在参加中共四川省委“老区行”组委会、省委党校、省委党史研究室等五单位联合主办的“四川革命老区行”活动的过程中，到太公红军山与当地200多名中小学生一起开展了爱国主义教育活动。红军山开放20多年来，无数游客上山参观红军大院的红军文物，瞻仰红军烈士纪念碑，凭吊红军烈士，真切地感受到“智勇坚定、排难创新、团结奋斗、不胜不休”的红军精神。

以平乐寺为代表的佛教文化旅游景区建设，落实了党的宗教政策，满足了信众香客的需求，宣扬了扬善惩恶的道义；以“农家乐”为主体的民俗文化旅游，则让游客亲身感受恬适的田园生活、淳朴的民风、民间文化艺术和传统美德；以自然景观欣赏和生态农业观光为主体的生态旅游，则让游客尽情享受美丽的自然风光，展望现代农业的美好前景，增强环保意识，同时带动全区生态建设和社会主义新农村建设。

第三章 旅游管理与服务

第一节 旅游管理机构

广元市元坝区文化旅游局于1996年7月成立，管理全区旅游事业为其主要职责，1997年3月更名为广元市元坝区文体旅游局（简称区文体旅游局）。区文体旅游局贯彻执行党和国家关于旅游事业发展的各项方针、政策、法规，对全区旅游事业的发展进行总体规划，对辖区内的景区发展规划及建设进行指导，对辖区内的旅游产品进行宣传促销，依法对辖区内的旅游市场行为进行规范管理，为旅游经营企业服务，开展旅游统计工作（旅游管理机构领导任职情况见本志《文化体育》篇）。

第二节 旅游景区管理服务

一、广元市元坝区昭化古城保护与发展管理委员会

2001年4月，成立广元市元坝区昭化古城保护与开发管理委员会。2005年9月，更名为广元市元坝区昭化古城保护与发展管理委员会（简称昭化古城管委会）。昭化古城管委会自成立之后，立即着手确立昭化古城保护与开发的方向和总体目标，拟订昭化古城保护与开发的近、中、长期规划，协调相关部门实施保护与开发规划，代区人民政府拟订有关加强昭化古城保护与开发的文件，并负责贯彻落实，组织有关申报工作，代表区人民政府签订昭化古城保护与开发的招商引资协议。昭化古城管委会下设办公室（简称昭化古城管委办），具体负责昭化古城的保护与开发工作（见本志《昭化古城》篇）。

二、四川昭化古城旅游发展有限公司

2006年10月，四川昭化古城旅游发展有限公司经区国有资产监督管理局批准成立，设董事长兼总经理1人，董事2人。四川昭化古城旅游发展有限公司由广元市元坝区人民政府主管，其业务范围和业务活动主要有：代区人民政府管理昭化古城的部分事项，管理环境卫生，管理经营秩序，申请经营项目，开发旅游项目，促销旅游产品，采购材料，签订合同，负责工程结算，经营管理牛头山景区。

三、平乐寺景区管理委员会

2007年6月，成立广元市元坝区平乐景区管理委员会。由区委常委、区委宣传部长余飞宇任管委会主任，区政府副区长王天会任常务副主任，区政协副主席、区委统战部部长杨云清，区文体旅游局

局长朱太义任副主任，区级有关部门和元坝、柳桥、紫云等乡镇以及拣银岩社区街道办事处负责人共12人为成员。管委会办公室设在区文体旅游局，由朱太义兼任办公室主任，谢艳玫、冯子军、肖永乐兼任办公室副主任，具体负责景区开发策划、宣传招商、规划和建设，协调、督促、汇总景区开发建设情况等工作。

四、将军岭旅游开发中心

2000年3月，射箭乡人民政府制发《四川广元元坝将军岭旅游开发区建设开发研究报告》，同年5月，成立了以乡党委书记夏思令、乡长母文德为组长，以副乡长侯祯涛、筹建者贾德文为副组长的协调小组，并向区文体旅游局、区计划经济委员会请求立项。立项获准后，投资者贾德文成立广元市元坝区将军岭旅游开发中心，性质为私营独资企业。2000年8月16日经广元市工商行政管理局注册和办理营业执照。将军岭旅游开发中心在区文体旅游局和射箭乡人民政府的管理和指导下，制订将军岭景区开发建设规划，报经有关部门批准，并自筹资金，有计划地分期组织实施。遵守相关法律法规，合理开发利用和严格保护景区内的旅游资源，不在规定范围以外擅自开发利用。负责所属园区（旅游、养殖、种植）的统一管理和技术指导以及技术人员的培训，开展将军岭景区旅游资源的对外宣传工作，负责培植将军岭景区旅游市场，为游客服务，负责旅游秩序和设备设施的管理。

第二十八篇　昭化古城

第一章　建置沿革

第一节　苴国都邑

商、周时期，四川盆地内主要有两个国家，即巴族建立的巴国和蜀族建立的蜀国。苴人乃巴族支系，聚居在今广元市一带。巴族人勇武善战，势力发展到今陕西汉中盆地。后来蜀国经济发展，实力增强，打败巴国，占领苴人聚居地，并将领土扩展到汉中以北。于是，蜀国北部边界由原来与巴国接壤变为与秦国相邻。周显王时（前368年—前321年），蜀王开明氏尚“封其弟于汉中，号曰苴侯，因命之邑曰葭萌”。葭萌原名“吐费”，位于今昭化镇土基坝，南距昭化古城2公里。《华阳国志·蜀志》记载苴侯国辖境的大体范围是：北有今陕西汉中，甘肃武都、文县、成县西南一带；西有今青川、剑阁、平武、江油的大部或小部；东有今旺苍全部、南江小部，南有今苍溪北部，跨今川、陕、甘三省。

葭萌所在地交通方便，战略地位重要。水路有嘉陵江与白龙江，驾小舟溯嘉陵江可达今陕西略阳，溯白龙江可达今甘肃文县，乘大船顺嘉陵江经阆中、南充、重庆可进入长江；陆路金牛道（又名石牛道）是两千年前蜀地连接中原的重要通道，它南起今成都，经广汉、德阳、绵阳、梓潼、剑阁、昭化，然后沿白龙江河谷上至白水关（位于今青川县营盘乡境内），再沿白龙江支流刘家河上抵阳平关，经勉县后，与通往陕西关中平原的沿褒水斜水河谷的褒斜道相连。这里地理位置优越，北枕秦陇、西凭剑阁、南通阆巴，三面临水、四面环山，周围东西北三方地势开阔，上接朝天关，下望剑门关，与周围其他关隘形成“东来有桔柏渡以拒之，西出有天雄关以镇之，南下苍阆有梅岭关以间之，北渡阴平有白水关以守之”的战略要地。葭萌物产丰富，经济发达，两江沿岸平坝众多，土地肥沃，适宜种植稻、麦、油、麻，栽桑养蚕。

苴侯国立国后，在一般情况下能独当一面，遏制了秦国南侵和巴国西略，使秦国只限于与蜀国争夺汉中盆地，把巴国牢牢限制在苍溪以南，无法向西、北扩张。后来，由于苴、蜀关系恶化，引发一系列战争，周慎靓王五年（前316年），蜀、巴皆被秦一举兼并。

第二节 郡县治所

秦并蜀、巴后，以原蜀侯国苴都邑为治建葭萌县。秦葭萌县的辖境，据清道光《重修昭化县志》记载，当辖有今广元市元坝区、利州区、朝天区、旺苍县和陕西宁强县五区县全境，以及今青川、剑阁、苍溪、南江等县部分地域。西汉时，葭萌县先属蜀郡继属广汉郡，县治由今土基坝迁至今昭化古城。东汉时葭萌县属益州广汉郡。东汉建安二十二年（217 年），刘备改葭萌县为汉寿县，属益州广汉郡，后属益州梓潼郡。西晋咸宁六年（280 年），西晋改汉寿县为晋寿县，属梁州梓潼郡。东晋太元十五年（390 年），东晋设晋寿郡，并改晋寿县为益昌县，郡领益昌、兴安、白水 3 县。之后，南朝齐分晋寿郡为东、西晋寿郡，今昭化古城为西晋寿郡治地，郡只领益昌 1 县，属梁州。南北朝梁承圣二年（553 年），北朝魏改益昌县为京兆县，梁太平二年（557 年），北周改京兆县仍为益昌县。东晋至南北朝时期，地方政区设置混乱，形成了“地无百里，数县并置；或户不满千，二郡分领”“民少官多，十羊九牧”的状况（《隋书》卷四六杨尚希传）。加之南、北双方争夺陕南剑北一带，得而复失，失而复得，致使昭化古城所设郡县名称及上下隶属关系变化纷繁复杂。隋、唐时情况好转，但唐以后的五代十国，地方政区设置再次出现混乱状况。五代时期，后唐同光三年（925 年），后唐改益昌县为益光县。宋乾德五年（967 年），改益光县为益昌县。仅五年后，即北宋开宝五年（972 年），又改益昌县为昭化县。北宋改县名为“昭化”后，南宋、元、明、清、中华民国、中华人民共和国一直沿用昭化县名。

1952 年春，昭化县迁治宝轮乡（今广元市利州区宝轮镇）。之后至 1992 年 10 月，昭化古城先后为昭化县、广元县、广元市市中区所辖昭化区公所和广元市元坝区昭化办事处驻地。从 1985 年起，为昭化镇人民政府驻地。

治在昭化境域的侯国及郡县建置简表

表 28－1

建置名称	经历时代	建置时间及领属关系	备　注
苴侯国	东周	周显王时，蜀王开明尚封其弟为苴侯	苴国都邑葭萌在今昭化镇土基坝。苴国亡于公元前 316 年
葭萌县	东周	公元前 316 年秦灭蜀、巴后，秦国置葭萌县，属蜀郡	葭萌县治原苴国都邑
	秦朝	公元前 221 年，属秦朝蜀郡	公元前 221 年，秦统一全国
	西汉	公元前 206 年，属蜀郡 公元前 106 年，属西汉益州刺史部（监察区）广汉郡	西汉在地方实行郡（国）、县二级制；公元前 201 年，分葭萌县北境置白水县
	东汉	公元 36 年，葭萌县属东汉益州广汉郡	东汉地方实行州、郡（国）、县三级制
汉寿县	东汉	217 年，刘备改葭萌县为汉寿县，属益州梓潼郡	217 年，析广汉郡置梓潼郡
	三国	221 年，属蜀汉益州梓潼郡 263 年，属曹魏益州梓潼郡	221 年，刘备在成都称帝，国号汉，史称蜀汉；263 年，蜀汉灭
	西晋	266 年，属梁州梓潼郡	西晋设梁、益二州，梁州治今陕西南郑

续表

建置名称	经历时代	建置时间及领属关系	备　注
晋寿县	西晋	280年，西晋改汉寿县为晋寿县，属梁州梓潼郡。 303—347年，成汉实际控制晋寿县。	306年，李特子李雄在成都建“成” 338年，李特弟李骧少子李寿改“成”为汉
	东晋	347年成汉灭亡，晋寿县归东晋，属梁州梓潼郡	347年，东晋分晋寿县境置剑阁县（治今剑阁县下寺镇大仓坝）
	前秦	373年，属前秦梁州梓潼郡	373年，前秦苻坚攻陷晋寿
	东晋	385年，又属东晋梁州梓潼郡	
晋寿郡及益昌县	东晋	390年，设晋寿郡，改晋寿县为益昌县。郡领益昌、兴安、白水3县，属梁州	郡治今昭化古城，县治今利州区赤化镇白田坝。390年，析晋寿县东北置兴安县（治今利州区嘉陵办事处）；废剑阁县，其部分境域并入益昌县。约397—419年，析益昌县南境置晋安县
	南朝（宋） 北朝（北魏） 南朝（齐）	420年，郡、县归南朝宋	
		433年，郡、县归北魏 434年，又归南朝宋 441年，复归北魏 442年，又归南朝宋	
		479年，归南朝齐	479年，齐代宋
西晋寿郡及益昌县	南朝（齐、梁） 北朝（北魏、西魏）	498年，南朝齐置西晋寿郡及益昌县，郡属梁州，领益昌1县	498年，南齐分晋寿郡为东、西晋寿郡。东晋寿郡领兴安、石亭2县，与兴安县同治今广元老城
		502年，郡、县属南朝梁之梁州	502年，南朝梁代齐
		505年，郡、县属北魏西益州	505年，北魏在东晋寿郡治地置西益州
		515年，郡、县属南梁西益州 516年，又属北魏西益州 535年，又属南梁西益州	534—535年，北魏分为东魏、西魏
		536年，郡、县属南梁黎州 537年，属西魏西益州，不久后又属南梁黎州 550年，又属西魏西益州	536年，梁改西益州为黎州 537年，西魏又改黎州为西益州，不久后梁又改为黎州 550年，西魏又改黎州为西益州
京兆县	北朝（西魏）	553年，废西晋寿郡，改益昌县为京兆县，属西益州南白水郡	南白水郡领白水、京兆2县，郡与白水县同治今青川县沙州镇境 554年，西魏改西益州为利州

续表

建置名称	经历时代	建置时间及领属关系	备注
益昌县	北朝 （北周）	557 年，北周改京兆县为益昌县，仍治今昭化古城，属利州晋寿郡	557 年，北周改东晋寿郡为晋寿郡，利州与晋寿郡、兴安县同治今广元老城
	隋朝	581 年，县属利州晋寿郡 583 年，县属利州	581 年，建隋 583 年，隋废郡并州，仍属利州
		607 年，县属义城郡	607 年，恢复郡、县制，罢利州设义城郡
	唐朝	618 年，县属利州 627 年，县属山南道利州	618 年，唐复废义城郡设利州 627 年，分全国为十道，利州属山南道
	周	690 年，益昌县属周山南道利州	690 年，武则天改唐为周
	唐朝	705 年，县属唐山南道利州 733 年，属唐山南西道利州 742 年，属唐山南西道益昌郡 758 年，属唐山南西道利州	705 年，李显复唐 733 年，唐分山南道为东、西两道 742 年，改利州为益昌郡 758 年，改益昌郡为利州
		897 年，益昌县属唐昭武军节度使所领利州	唐节度使辖区也称“道”
	五代十国（前蜀）	907 年，县属前蜀山南道节度利州	907 年，王建在成都建前蜀
益光县	五代十国 （后唐、后蜀）	925 年，后唐改益昌县为益光县，治今昭化古城，属后唐益州 934 年，县属后蜀昭武节度利州	925 年，后唐灭前蜀 933 年，后唐废景谷县入益光县 934 年，孟知祥在成都建后蜀
	北宋	965 年，县属北宋利州	965 年，北宋灭后蜀
益昌县	北宋	967 年，北宋改益光县为益昌县，属利州	益昌县仍治今昭化古城
昭化县	北宋	972 年，北宋改益昌县为昭化县，属利州 1001 年，县属利州路利州	994 年，北宋实行路、府（州、军、监）、县三级制。利州历属西川路、峡西路、川峡路、利州路
	南宋	1144 年，县属利州东路利州 1194 年，属利州路利州 1196 年，县属利州东路利州 1210 年，属利州路利州 1218 年，属利州东路利州	1144 年，南宋分利州路为东、西两路 1194 年，两路复合为一 1196 年，复分 1210 年，两路又合 1218 年，复分为二 1236 年，因兵乱废东、西两路
	蒙古 元朝	1262 年，县属蒙古国陕西四川行省广元路利州 1277 年，属元陕西四川行省广元路广元府直辖 1286 年，属元四川行省广元路广元府直辖	1266—1279 年，行省治利州（今广元）元在地方实行行省、路、府、州、县五级制，但也有三级或四级 1277 年，撤葭萌县入昭化县 1286 年，元从陕西四川行省中分置四川行省
	明朝	1371 年，县属四川行省广元府 1376 年，县属四川布政使司广元州 1377 年，撤昭化县并入广元州 1380 年，复置昭化县、绵谷县 1389 年，昭化县、广元县属四川布政使司保宁府	1371 年，明降广元路为广元府 1376 年，又降广元府为广元州，撤绵谷县入；改行省为布政使司，下设府、州、县三级 1389 年，降广元州为广元县，又撤绵谷县入广元县

续表

建置名称	经历时代	建置时间及领属关系	备　注
昭化县	清朝	1644 年，县属张献忠“大西” 1646 年，县属四川省保宁府 1674—1680 年，县属吴三桂“周”	恢复行省，地方政区实行省、府（州、厅）、县三级制
	中华民国	1913 年，县属四川省川北道 1914 年，属四川省嘉陵道（川北道改名） 1935 年 6 月，属四川省十四行政督察区（专员公署驻剑阁县）	民国初，府、州、厅一律改为县，在省与县之间设道。后废道成二级制，1928 年，在省县之间设行政督察区
	中华人民共和国	1949 年 12 月，县属川北区剑阁专署（川北区为省级行政区） 1950 年 3 月，属剑阁（广元）专署 1953 年 3 月，属绵阳专署 1959 年 3 月，昭化县并入广元县，属绵阳专署	剑阁专署治广元城，1952 年 12 月更名为广元专署，1953 年 3 月撤销

第二章　昭化古迹

第一节　秦蜀战场

苴侯国是蜀王开明尚为抑巴抗秦而分封其弟所建立。初期苴侯深受蜀王信赖，后期历任苴侯与蜀王关系淡化，至末代苴侯，竟然与巴通好，与蜀反目成仇，而巴与蜀世代为敌，故蜀王怒。周慎靓王五年（前 316 年），蜀王开明开率师伐苴，苴侯逃往巴国都城（今阆中），巴苴联军也难敌蜀军，遂求救于秦。

此时的秦国已经历商鞅变法，国力增强，年前打败韩、赵、魏三国合纵联军，正准备乘势攻打东南面的楚国。对于巴王求救，《华阳国志》记载，秦国大臣在惠文王面前进行了一番争议，许多大臣认为“夫蜀，西僻之国，戎狄为邻，不如伐楚。”司马错等人认为“蜀有桀、纣之乱，其国富，得其布帛金银，足给军用。水通于楚，有巴之劲卒，浮大舶船以东向楚，楚地可得。得蜀则得楚，得楚则天下并矣！”秦王采纳司马错等人意见，决定伐蜀。

周慎靓王五年（前 316 年）秋天，秦王派张仪、司马错、都尉墨率大军从关中出发，沿褒斜道南下进入金牛道，经勉县、宁强、阳平关、白水关，然后沿白龙江河谷南下。蜀王调动全国兵力并亲率主力迎战，两军在葭萌相遇展开激战，秦军一举击溃蜀王所率主力。蜀王逃至武阳（今四川彭山县东北）被秦追兵杀死，蜀国的一些大臣护卫蜀王儿子退至逄乡（今四川彭州市附近），战死于白鹿山，蜀国灭亡。秦国接着一并灭巴。

第二节　三国时期战场

一、保卫葭萌

东汉建安十六年（211 年），益州牧刘璋闻曹操要讨伐汉中张鲁，惧怕曹得汉中后进占益州，听信大臣张松进言，派法正前往荆州请刘备入蜀相助。此时的刘备经赤壁之战只取得荆州 9 郡中长沙、零陵、武陵、桂阳 4 郡（其地域皆在今湖南省境内），随后又向孙权借得荆州南郡（东汉南郡相当于今湖北中南部）。现在刘璋请他去“险塞”而又“沃野千里”的益州（东汉益州辖境相当今陕西南部和四川、重庆大部及、云南、贵州部分地方），欣然应允。留下诸葛亮、关羽守荆州，自领步兵数万，以庞统为军师，溯长江入益州至涪城（今绵阳），与前来迎接的刘璋相聚。刘璋推刘备行大司马、领司隶校尉，驻扎葭萌讨伐汉中张鲁，给刘备增添兵力、物资，并令监督白水关（在今青川县营盘乡境）守将杨怀、高沛所领白水军。在与刘璋聚会期间，庞统、法正、张松皆向刘备建议“可于会所袭璋”，刘备说：“此大事也，不可仓促。”（《三国志·先主传》）

与刘璋聚会后，刘备率人马北上抵达葭萌县城（今昭化古城），见葭萌确系战略要地，便就此驻扎不再北上。广施恩德，笼络人心，宣称自己是汉室后裔，决心统一中原复兴汉室。命兵士加紧操练，与当地百姓一起开荒种地、栽桑养蚕，扩充军队，筹集粮饷。同年 12 月，庞统向刘备献策夺取成都。恰在这时，孙权因曹操进攻东吴要刘备回兵救援，刘备即派人送信给刘璋，称东吴危急，如不救，曹得胜将进犯益州，其忧患胜于张鲁，自己准备回救孙权，要求增加军资若干，补充军队一万。刘璋回信只答应给兵四千、军资半数。在成都的张松闻讯刘备要回荆州，写信给刘备要他疾速进兵成都，自己愿为内应。信未发出，却不慎失落，其兄广汉太守张肃得到后怕受牵连便报告刘璋，于是刘璋收斩张松，并令各关隘守将防范刘备。刘备大怒，召白水关守将杨怀，责以无礼杀之，占领白水关，然后率军向成都进发。临行前，留中郎将霍峻领兵八百守卫葭萌。

霍峻，荆州南郡枝江（今湖北枝江市）人。东汉末年，其兄霍笃召集乡民数百人，依附荆州牧刘表。霍笃死后，刘表命霍峻统率其兄部下士卒。刘表死，霍峻率部下归顺刘备，刘备授霍峻为中郎将。刘备入蜀，霍峻随行。

东汉建安十八年（213 年）10 月，汉中张鲁闻刘备率军离开葭萌，欲乘虚夺取，派大将杨帛领兵前去攻打。杨帛来到葭萌，见城高沟深，地势险要，且戒备森严，知道硬攻难以取胜。就写信给给霍峻，说为防止刘璋部下攻城，愿协助将军共同守卫。霍峻识破杨帛阴谋，回信严词拒绝：“小人头可得，城不可得也。”杨帛见霍峻态度坚决，自忖不可得，只好率兵退去。杨帛刚离，刘璋部将扶禁、向存率兵一万余人自巴西（今阆中市）溯嘉陵江前来进攻，企图占领葭萌，截断刘备退路使其腹背受敌。霍峻见对方兵力十数倍于己，深知短期内无法将其击溃，于是发动军民，广积粮草，做好各方面准备，然后收缩兵力退至城内坚守。扶禁、向存大军到达，分兵将城团团围住，展开进攻但屡攻不克，双方相持一年有余，攻方将士日渐疲乏懈怠，霍峻又声东击西，迷惑敌人，最后选准时机，组织精锐，突然出动，袭击对方指挥中心，斩向存首级，使敌营一片混乱，终于以少胜多，取得葭萌保卫战胜利。

东汉建安十九年（214 年）夏，刘备与溯长江入川的诸葛亮、张飞、赵云几路大军合围成都，刘璋投降，刘备自领益州牧。东汉建安二十二年（217 年），刘备改葭萌县为汉寿县，又为嘉奖霍峻守卫葭萌功勋，析广汉郡置梓潼郡（当今四川绵阳、梓潼、剑阁、广元一带），以霍峻为梓潼郡太守、封裨将军。霍峻任太守三年，死于任所，还葬于成都时，刘备“亲率群僚，临会吊祭，因留宿墓上，亦是殊荣”（《三国志·蜀志·霍峻传》）。

汉建安二十三年（218 年），刘备接受法正意见，引兵北进，次年夺得汉中。221 年 4 月，刘备在成都称帝，国号汉，史称蜀汉。刘备北定汉中以及其后蜀汉十多次北伐曹魏，其兵员补充和物资供应，大多经今昭化北上。

二、保卫汉寿

三国魏黄初三年（221 年）7 月，刘备不听诸葛亮等人劝阻出兵伐吴，结果惨败，退回白帝城后，于三国魏黄初四年（223 年）4 月病死，其子刘禅继位，诸葛亮辅佐。

诸葛亮治蜀，注意革新政治，发展经济，使蜀能与魏、吴并立。但魏、蜀两国力量悬殊，蜀只占有西南一隅，官府领有人口仅 94 万，比魏少 300 万；蜀有军队 10 余万，而魏用来对付它的一线军队达 20 万，但诸葛亮善于治军，他的军队训练有素，纪律严明，在蜀、魏战争中一直处于主动。三国魏青龙二年（234 年），诸葛亮第五次率师北伐，病卒于军中。诸葛亮死后，蒋琬、费祎相继执掌蜀汉军政大权，三国魏嘉平三年（251 年），费祎领兵 10 万屯驻汉寿，次年奉后主刘禅诏令在汉寿正式开设大将军暨丞相府。三国魏嘉平五年（253 年）正月，因“欢宴沉醉”被魏国降将郭修（或为循）刺杀。费祎死后，姜维掌握蜀汉军事，连年兴师北伐，收效甚微，损失许多人力物力。刘禅只知享受玩乐，宦官黄皓擅权胡作非为，政治腐败，“入其朝，不闻正言；经其野，民皆菜色”（《三国志》卷五三《薛综传》）。

魏三国景元四年（263 年）秋，魏派钟会、邓艾、诸葛绪分率三路大军进攻蜀国。钟会东路是主力，有十余万人，从长安出发，迅速占领汉中，时蜀汉大将军姜维驻军陇上沓中（今甘肃临潭县至青海省东南一带），得知钟会已取汉中，遂引军冲破西路邓艾、中路诸葛绪围堵，从孔函谷（今甘肃舟曲县东南）入北道，沿白龙江退至汉寿（今昭化古城）。姜维想凭借剑门关死守汉寿，保住剑阁，阻挡魏军进入成都平原，加派左车骑将军张翼、辅国大将军董阙与汉寿原守将胡济共同保卫汉寿，姜维自己和右车骑将军廖化驻守天雄关至剑门关一带。随后，钟会大军抵达汉寿嘉陵江对岸，在桔柏渡口摆下阵势，赶造船筏，实施强渡，与蜀汉守军展开激战。蜀军虽然英勇，但魏军人多势众，蜀军许多将士战死。同年 10 月，西路邓艾率精兵偷渡阴平，于 11 月攻下江油、涪城、绵竹，进军到雒（今广汉），后主刘禅遣使请降，蜀国灭亡。姜维军队尚在剑门一带坚守，钟会屡攻不克准备退兵。刘禅诏书至，要姜维“投戈放甲”到涪城投降，钟会才占领汉寿城，进入剑门关。

第三节　西晋南北朝战场

一、西晋战场

西晋永康二年（301 年）10 月，在今四川绵竹爆发李特领导的流民大起义。起义军打败前来围剿的官军，攻占广汉进逼成都。西晋永宁二年（302 年），西晋派两支援军入蜀，其中北面一支由衙博率领，从汉中入蜀驻扎梓潼。李特分兵迎战，遣其子李荡北击衙博。李荡在阳沔（今剑阁与梓潼之间）打败衙博，衙博退至晋寿（今昭化古城），李荡乘胜追击，衙博凭借晋寿城池坚固，督军死守，李荡命兵士架起云梯猛攻，不久城破，衙博逃往汉中，晋寿遂为起义军占领。晋寿乃“川北锁钥”，西晋再也无法经此向益州增兵，义军始无北顾之忧，勇气倍增。西晋太安二年（303 年），西晋派荆州刺史宗岱率水军三万由川东溯长江入蜀，李特、李荡战死，李特另一子李雄继续率众战斗，永安元年（304年）攻下成都，永兴三年（306 年）称帝，国号“成”（后改“汉”，史合称“成汉”）。成汉立国 40 多年，晋寿始终是其北部军事重镇，常有大军驻守。

二、南北朝战场

东晋之后，晋寿郡（治今昭化古城）初属南朝刘宋。南北朝宋元嘉二年（433 年），北魏杨难当率兵沿白龙江南下夺占晋寿郡，俘获太守范延朗。南北朝宋元嘉十一年（434 年），南朝刘宋军击败杨难当，收回晋寿郡。南北朝宋元嘉十八年（441 年），杨难当又率兵南下争夺晋寿，晋寿郡太守申垣（或为坦，下同）组织军民据城坚守，但因守军不多，物资有限，最终城破，守军大多战死，太守申垣手刃数敌被俘，杨难当劝降不成，杀太守申垣，占领晋寿后继续南下攻涪城围成都。南北朝宋元嘉十九年（442 年），南朝刘宋讨伐军所战皆捷，杨难当率残部退出晋寿回甘肃陇南。南朝刘宋朝廷下诏，追赠申垣为梓潼、巴西二郡太守。

南北朝梁天监十四年（515 年），西晋寿郡（治今昭化古城）有人名任令宗（或为崇），“因众患魏”，杀死西晋寿郡太守，百姓纷纷响应，以城归顺南朝梁。南北朝梁天监十五年（516 年）4 月，北魏前来夺城，梁、魏两军在这里大战数月；是年 7 月，南梁军败，西晋寿郡复归北魏。

南北朝梁中大通六年（534 年），南朝梁趁北魏国内混乱，遣将樊文炽率军攻夺西晋寿郡，北魏西晋寿郡太守傅敬和与守军将领沓龙超坚持抵抗，已达月余，因粮食殆尽，人员伤亡严重，傅敬和命沓龙超去汉中搬兵救援，沓龙超率亲兵出城行至桔柏渡口被樊文炽伏兵所获。樊文炽以加官晋爵相引诱，要沓龙超向城内喊话，说援兵无望，赶快投降。将沓龙超置于攻楼之上，楼下放置柴草木炭，沓龙超面不改色，镇定自若，大声向城内喊道：太守无虑，数万援兵近在大寨，宜坚守城池，梁军必败，太守必胜！樊文炽见状，下令点燃楼下柴炭，沓龙超大义凛然，至死不屈。城内听说援兵将至，人心振奋。不久援军果然赶到，内外夹击，梁军溃逃。后来西魏朝廷下诏，追封沓龙超为龙骧将军、巴州刺史。

南北朝期间，南朝的宋、齐、梁与北朝的北魏、西魏在今昭化古城的争夺战，断断续续将近 120 年（南北朝以后发生在昭化古城的战争情况见本志《军事》篇）。

第四节　遗址遗迹和自然景观

昭化古城及其周边文物古迹众多，历代有损有建。20 世纪末，昭化古城墙残垣及东、西、北三座城门犹存，城内有昭化县署、城隍庙、龙门书院、文庙、考棚、八卦井等建筑，有怡心园、益合堂、辜家大院为代表的明清民居和三横两纵的石板街道，城外有三国遗迹蜀国大将军录尚书事费祎之墓、敬侯祠、天雄关、姜维井、战胜坝、关索城、鲍三娘墓，还有牛头山、桔柏渡、苴国都邑遗址等。这些文物古迹中较具代表性的是：

昭化古城城墙、城门：西汉时，葭萌县城迁至今昭化古城，城墙原系土筑，明正德年间包筑以后，长 438 丈、高 3 丈、底宽 1.20 丈，上覆有串房，四门有楼，东门名瞻凤，南门名临江，西门名临清，北门名拱极，城墙四周有水壕环护。明末，古城毁于兵燹，城垣与石板街大部犹存。清乾隆三十一年

(1766 年)，昭化知县李宜相奉命修筑，但不符合原城建规模。保宁知府又令新任昭化知县吴廷相拆掉东、西城墙重修，清乾隆三十六年（1771 年）竣工，重新修好后的整个城墙长 482.05 丈、高 1.50 丈、垛高 0.50 丈、底宽 1.20 丈、顶宽 0.80 丈，外围砌石，内面石脚砖身，南门因防嘉陵江洪水被封闭，其余三道城门楼是嘉庆时知县邵友渠募捐修建。民国时城垛大部损坏。1958 年"大跨进"搞基建取城墙砖石修河堤，"文化大革命"期间又拆砖石修仓库、住房，大部分城墙被毁作耕地，仅剩少量土城墙和三座城门洞。1984 年，广元县昭化区公所收回城墙旧址，在四周栽界桩 85 个，更换街面石板 1000 余张，新建下水道 1100 余米，国家拨款 2.70 万余元。1985 年，国家拨款 1 万余元，修缮东、西城门。1996 年，省政府公布昭化古城东、西、北三道城门为省级文物保护单位。

费祎墓：费祎死后，谥号"成乡敬侯"，葬于古城西门外。其墓历代皆有培修，自明代以后规模愈益宏大，四周有围墙，陵园中有神道、牌坊、碑亭、费敬侯祠、草堂等。清雍正十三年（1735 年），果亲王送六世达赖喇嘛返回西藏，途径昭化谒费祎墓题"深谋卓识"匾。清道光十九年（1839 年），昭化知县毛士骥仿杜甫浣花堂在费祎墓侧建"对弈亭"三楹，以资纪念。清道光二十五年（1845 年），费敬侯祠附近建有诸葛武侯祠。清咸丰七年（1857 年），敬侯祠及武侯祠皆毁于洪灾。后来仅存高约 3 米一土冢和一块墓碑，碑为清光绪三十三年（1907 年）昭化知县吴光耀所立，碑文为其长女正敬所书，碑曰："蜀汉大将军录尚书事成乡敬侯费祎之墓。"1984 年，广元县人民政府公布费祎墓为县级文物保护单位。2007 年，四川省人民政府公布为省级文物保护单位。

昭化县署：明代以前的昭化县署其位置及规模尚不清楚。明洪武八年（1375 年），昭化知县郝信甫在古城北部修大堂三楹、二堂三楹、仪门三间以及内室、厢房、书房、花园、仓库，明末清初因战火毁坏，仅存大堂、后楼。清顺治七年（1650 年），知县刘见龙复修。清康熙二十三年（1684 年），内衙毁于火灾，重建。清乾隆五十七年（1792 年），修头门三间，二门三间，东、西角门二间，圣谕牌房三间，大堂前抱厅三间，大堂三间，二堂前抱厅一间，二堂三间，三堂三间，书房三间，共用银一千三百二十一两，八房办公处系八房书吏自修。清道光三年（1823 年），知县谢玉珩又重修三堂、四堂、五堂等处。20 世纪 60—70 年代，其建筑被全部拆除，改建为中学教师宿舍和供销社职工宿舍。

龙门书院：位于昭化古城南边相府街。清乾隆二十二年（1757 年），由知县吴邦火员带头捐银创办，有内堂三间、讲堂三间、二门三间、内设书舍八间，初名临江书院，是当时昭化、广元、剑阁、青川几个县的最高学府。书院由山长主持，山长由知县聘请有名望的人担任，教师由山长聘请道德高尚、知识渊博的人担任。办学经费一是学产，二是捐输。初时，招生两个班、三十多人，学制一般为三年，学生免交学费，生活自理。清嘉庆二十二年（1817 年），更名"葱岭书院"；后更名"龙门书院"，意即"鱼跃龙门"；道光十九年（1839 年），龙门书院迁至县署西南侧文庙旁一所四合院内，更名"考棚"。2007 年，广元市人民政府公布龙门书院为市级文物保护单位。

考棚：清道光十九年（1839 年）前，昭化县城无专门考场，考试多在县署大堂举行，是年春二月，二百多人应童子试，不仅自备桌凳，而且一遇风雨无法作字，知县毛士骥"恻然悯之"，遂倡导捐款，将迁至县署西南侧文庙旁的龙门书院改造成考棚。考棚从南至北为逐级上升的五层平台，平台上依次是大门、穿堂、考室、礼堂、操场和文庙，寓意"升堂入室""五级登科"。院内有一块刻着"连科及第"的石碑，大门外竖立一块高约丈许、上书"文武官员至此下马"的石碑，两碑至今完好，但考棚及文庙建筑早已被改作中学校舍和粮站仓库。2000 年，广元市元坝区人民政府公布考棚为县级文物保护单位。2007 年，四川省人民政府公布龙门书院为省级文物保护单位。

古民居：古民居多为明、清时代南方风格的木架结构庭院，兼有北方民居矮檐厚墙、窄院天井的特色。又因依傍嘉陵江而气候湿热，民居便不失明显的地域特征，即外封闭，内开敞，小天井，高勒角，冷摊瓦，少有飞檐翘角等，一律穿斗结构，小青瓦屋面，八字门头，木雕花窗，石板铺街面。形成融会南北古代建筑文化风格，布局严谨而又独具川北乡土的民居特色。今保存较完整的有辜家大院、张家大院、益合堂，各具特色，别有风味。尤其临近东门的怡心园，是至今保存最完好的建筑，一进三院，中有走廊，穿斗结构，造型别致。

石板街道：昭化古城内有4条街道和5条小巷，街道全部呈“丁”字形布局。在清道光年前把4条街分别称为孝节街、忠信街、礼仪街、廉耻街；道光以后，人们按街道方位把孝节街称为北街，把忠信街称为正街，把礼仪街称为中街，把廉耻街称为西街；1998年，北街更名为县衙街，正街更名为太守街，中街更名为吐费街，西街更名为相府街。太守街道由东向西稍弯曲穿城而过。大街小巷一律以黄沙石或青沙石铺就而成，今保存完好的4条主街道和衙门巷总长1018米。主街道宽4.5米，全用长0.96米至1.06米，宽0.38米至0.45米规格的石板铺设，呈中间高两边低的瓦背形。街中心以长1.06米的石板横砌，并以此为基准分三层向两侧外延：第一层用宽0.38米的石板竖向砌，第二层用长0.96米的石板横向砌，第三层为两边房檐下的滴水板（排水暗沟）。古时，街中心石板路是官轿经过的位置，两侧是轿夫行走的路线，再两边是普通人的行道。东去与桔柏渡相连，西出与金牛古驿道贯通。石板街上设有衙役，指挥行人必须按来左去右的规则行走，不得堵塞交通，以保证军队、辎重、商旅畅通无阻。据传，古时昭化新旧县令交接手续时，不仅要移交清楚粮钱军事，而且还要把石板街的石板作为特别项目移交，以明确保护责任。

桔柏渡：位于城东嘉陵江边，是金牛道改道沿嘉陵江河谷进入昭化古城的必经渡口，南朝刘宋时曾在此设关戍守。唐天宝十五年（756年），为避“安史之乱”，唐玄宗离开京城长安奔蜀，是年7月，从利州（今广元）到达桔柏渡登船渡江，唐玄宗问前来迎接的益昌县令郑凝绩：“治益昌何政?”郑凝绩答：“不扰民。”民间传说，唐玄宗喜食这里出产的韭黄，赐名“贵妃韭黄”，列为宫廷贡品。唐中和元年（881年）正月初八，因黄巢起义军逼近长安，唐僖宗率文武大臣逃往成都，途中夜宿桔柏渡。桔柏渡是唐益昌县令何易于替民挽舟的地方，千百年来有许多官员、文人来到这里抒发无限感慨，写下赞美诗篇。自唐以后，江上架有浮桥，但由于战乱、洪水及其他原因，时断时续。明末清初因战乱被彻底毁掉，从此只有渡船往返接送行人。清光绪三十三年（1907年），昭化知县吴光耀在桔柏渡立碑，上书：“何易于腰笏挽纤处。”2000年，广元市元坝区人民政府公布桔柏渡为县级文物保护单位。

牛头山：位于昭化古城西南约8公里，主峰海拔1214米，山顶巨石耸立为峰，四面悬崖峭壁，远望状似牛头，为古城周围最高峰。站在牛头山巅，大剑门、白龙江、嘉陵江、昭化古城尽收眼底。山顶有拜水台、点将台、姜维井、拦马槽（传说系姜维养马之所）、牛王观等多处人文景观。站在拜水台可俯瞰嘉陵江曲绕而致的山水太极图案。山上自然风光绚丽多姿，四季景色分明，悬崖峭壁上下，灌木葱茏，麻柳成林。山上有一水池，后世传说是姜维在三国魏景元四年（263年）秋，从沓中引军退守剑门，派兵驻守牛头山时掘的井，故叫“姜维井”。传说姜维井久雨不溢，大旱不涸，任人饮用，水位始终保持原有半池不变，山下嘉陵江水清则井水清、江水浊则井水浊。今经整修后的姜维井，直径约3米、深2米。唐朝时崇尚道教在山顶建有牛王观，取太上老君骑牛故事。后因雷击、火灾被毁多次重建，并建有姜维庙。1966年破“四旧”拆掉庙宇。1985年，民间又捐资重建，每逢农历十月初一牛王庙会，朝山者络绎不绝。半山腰有一石形似“牛蹄”，民间传说为太上老君的坐骑青牛留下的足迹。

天雄关：位于牛头山北麓，距昭化古城西门7.5公里。清道光《重修昭化县志》引旧《昭化县志》称：“葭萌治地四面环山，三面临水，以天雄关为屏障，则上接朝天声势联络，下接剑阁首尾呼应……关之地势雄险而又扼秦蜀古道要冲，峰连玉垒，地接锦城，襟剑阁，踞嘉陵，诚天下之雄也。”

道出了关之险要及名称来由。蜀汉末年，蜀军与魏军曾在这一带激战。五代时，后蜀军队前锋曾在此防御北宋南下大军。关内原有关羽庙、天雄殿阁等建筑，后因战争、“文化大革命”被毁，现仅存明、清碑刻十余通、古柏数株、残破关门一座及穿关而过的石板古蜀道。1984 年，广元县人民政府公布为县级文物保护单位。2002 年，广元市人民政府公布为市级文物保护单位。2006 年在关上复建有“甘露寺”。

鲍三娘墓：位于古城北面 7 公里、昭化至宝轮公路旁，墓为穹庐形，南北长 21 米，东西长 19 米、高 4 米，上为翠柏覆盖。清初墓前有碑，上部剥落，唯存“……关夫人鲍三娘……”几字。清道光《重修昭化县志》引《四川通志》：“（鲍三娘墓）在治西北十里，今曲回坝北，白水西岸……鲍氏者，关索之妻也，居夔州鲍家庄，勇力绝伦，有廉康（亦作严康）贼求娶，不屈，与战，破之。关索往攻，不胜，遂以城降，同为汉室讨贼焉。”后世有人撰文说，在蜀汉末年保卫汉寿的战斗中，原守将胡济、关索与加派的左车骑将军张翼、辅国大将军董阙共同守城，魏军在桔柏渡沿岸摆下阵势，企图渡过嘉陵江，夺取汉寿城，蜀、魏两军多次鏖战，关索死于嘉陵江上水战，鲍三娘在土基坝陷入魏军重围战死。战后，人们只找到鲍三娘遗体，安葬在她生前与关索操兵练武的曲回坝上。把关索生前带兵驻扎过的营寨叫作“关索城”（遗址在古城嘉陵江对岸摆宴坝上）。民国 3 年（1914 年），法国人色兰伽以考古为名盗走墓内额骨和汉代画像砖等文物，乡人整修后复为立碑，上书“汉将军索妻关夫人之墓”。1984 年，广元县人民政府公布为县级文物保护单位。1997 年，四川省人民政府公布为省级文物保护单位。

苴国都邑：位于嘉陵江与白龙江之间的土基坝，南距今昭化古城 2 公里，原名“吐费”。东周战国时，蜀国国王开明尚封其弟为苴侯，在这里建侯国都邑，城名改曰葭萌。苴国灭亡后，秦以此为治建葭萌县。该城为苴侯国都邑和葭萌县治历时 200 年左右。西汉时，县城迁至今昭化古城。20 世纪 50—60 年代，当地人曾在地下掘出青铜器和汉砖，今仅存遗址，地面遗迹几无。

第五节　涉足昭化的部分官员、文人

一、政绩突出的官员

在昭化古代郡县官员中，不仅出现了面对强敌侵犯，率领民众顽强抵抗而大义凛然的郡守申垣、傅敬和及守军将领沓龙超等人物，还出现不少心系黎民、勤政廉洁、百姓有口皆碑的地方官员，代表人物有何易于、高继安、卢承恩、孟照、曾逢吉等（见本志《人物》篇）。

二、涉足昭化的文人

在古代，有不少文化名人途经昭化或在昭化为官，对昭化的风土人情情有独钟，或吟诗作赋，或填词撰文，表达他们对这方土地、这方百姓的热爱之情。元坝区方志丛书之《昭化诗词选注》（刘兴朝著）中收集其诗词文章 170 多篇，主要收入了如杜甫、陆游、杨慎、王士正（祯、禛）、吴天木等人部分诗作。

唐代杜甫，唐乾元二年（759 年）十月初，入蜀，途经利州过益昌县，写下了《桔柏渡》《愁坐》《石柜阁》三首五言律诗。

宋代陆游，南宋乾道八年（1172 年），因公干往返汉中、阆中，在昭化写下《自阆中复还汉中次益昌》七律一首，表明自己虽奔波劳碌、思念家乡，但抗金杀敌决心丝毫未减。冬月，他赴成都再次途经昭化住宿葭萌驿馆舍，写下《清商怨·葭萌驿作》，词中抒发了作者因远离抗金前线的愁闷心情。他晚年在家乡写下不少怀旧诗作，在《有怀梁益旧游》中写道："乱山落日葭萌驿，古渡悲风桔柏江。"

明代杨慎，上京应试，回乡省亲都必经昭化，因此对昭化风土人情比较熟悉，写了《昭化饮哑酒》《射虎行》《嘉陵江》《桔柏渡》等有关昭化的诗篇。《射虎行》歌颂贯一道为民除害英雄事迹，诗的最后两句是："呜呼！贯侯才杰有如此，何不早竖三边烈。"其诗很快被刻成石碑立于梅岭关上，过往官员、文人见碑后也写下许多赞誉贯一道的诗篇。

清代王士祯，康熙十一年（1672 年），奉命赴成都监督四川科考，往返途径昭化，写下《牛头山》《昭化夜泊》《桔柏津》《益昌怀何易于》等 10 首有关昭化的诗。

清代吴天木，康熙二十年（1681 年）出任昭化知县，历时三载。他的《昭化署衙即事》《吊费敬侯》《桔柏渡》《汶石》《马上口占孔道新》5 首诗与昭化相关。吴天木在昭化知县任内，招民垦山田数百顷，而建署衙祠宇不以累民。"常命邑诸生采访，订勤为县志，垂一邑之典"。后升任云南腾越知州。

第三章　保护与开发

第一节　管理机构

昭化古城悠久的历史文化和独特的地理位置，给后世发展旅游业留下许多宝贵资源，但在过去相当长的时期内并未得到世人足够重视，直到 20 世纪末随着全国旅游事业蓬勃发展，各级政府开始对昭化古城文物古迹实施保护修缮。1992 年 9 月，昭化镇被省政府命名为四川省历史文化名镇。2001 年 4 月，广元市元坝区昭化古城保护与开发管理委员会（简称昭化古城管委会）成立，以进一步加强对昭化古城的保护和合理开发利用。昭化古城管委会由中共广元市元坝区委副书记、区长王步勇兼任主任，区政协主席李奎元、区委副书记李旭春、常务副区长苟英明、区人大常委会副主任胡开勇，副区长刘明顺、许云宗、范映才兼任副主任，各相关单位负责人为委员。管委会下设办公室（简称昭化古城管委会办公室），驻昭化镇，负责日常管理工作。2003 年 5 月，调整了昭化古城管委会及其办公室领导班子，区委副书记、区长苟英明兼任管理委员会主任，区委副书记刘亚洲、副区长罗仕发、区政府调研员刘明顺兼任副主任；8 月，元坝区实施昭化古城基础设施国债资金建设项目，成立昭化古城开发协调领导小组；12 月，区编委明确昭化古城管委会办公室为全民事业机构。2005 年 9 月，昭化古城管委会更名为广元市元坝区昭化古城保护与发展管理委员会（仍简称昭化古城管委会），由区委副书记、区长冯安富兼任主任，副区长兼昭化镇党委书记罗仕发任常务副主任，昭化镇镇长刘振川任副主任。2004—2007 年，5 次对昭化古城管委会办公室领导班子作了调整。

广元市元坝区昭化古城管委会办公室领导名录

表 28－2

姓 名	性别	籍 贯	政治面貌	职 务	任职期间	备 注
曹明林	男	广元市元坝区	中共党员	主 任	2001－04—2003－02	昭化镇党委书记
罗炳福	男	广元市元坝区	中共党员	副主任	2001－04—2003－02	昭化镇镇长
韩双宗	男	广元市剑阁县	中共党员	副主任	2001－04—2003－02	区文体旅游局副局长
韩双宗	男	广元市剑阁县	中共党员	主 任	2003－05—2005－04	
陈 宗	男	广元市元坝区	中共党员	副主任	2003－05—2005－04	昭化镇镇长
张安明	男	广元市元坝区	非 党	副主任	2003－05—2005－04	旅游开发公司经理
李承柏	男	广元市元坝区	中共党员	主 任	2005－04—2005－09	昭化镇党委书记
韩双宗	男	广元市剑阁县	中共党员	专职副主任	2005－04—2005－09	
韩双宗	男	广元市剑阁县	中共党员	主 任	2005－09—2007－02	
欧委忠	男	广元市元坝区	中共党员	主 任	2007－02—	
仲泯帆	男	广元市元坝区	中共党员	副主任	2007－05—	

第二节 古城保护

2001 年 4 月，区人民政府颁布《关于加强昭化古城保护与开发的通告》，就古城的保护范围及建设控制地带作出了明确划分，对古城文物保护、消防管理、文物经营和车辆管理做出了具体规定。2002 年 3 月，广元市四届人大三次会议通过《关于综合保护、开发和利用昭化古城的议案》。4 月，市人民政府成立以一名副市长为组长，相关单位负责人为成员的重点办理《关于综合保护、开发和利用昭化古城的议案》工作领导小组，元坝区政府聘请四川大学建筑与环境学院和四川省古建筑设计研究院编制《省级历史文化名镇——昭化古城保护规划》。2003 年 7 月，省人民政府批复同意《昭化古城保护规划》。按照《昭化古城保护规划》，古城的保护范围为“以昭化古城区为核心区，西至战胜坝、南至嘉陵江边、东达茅河坝、北及翼山，作为规划控制的范围，面积约 2.3 平方公里”。被列入《昭化古城保护规划》的文物古迹有：苴国都邑遗址，蜀汉费祎墓（破坏严重）、鲍三娘墓，明代古城门（三座，保存完好）、古城墙、石板街、八卦井、益合堂（建筑完好），清代龙门书院（建筑较好）、考棚、怡心园（建筑较好）、张家大院（较破败）、杨家大院（较破败）、武侯祠、敬侯祠、丁公祠，太守街 46 号民居，南门巷 15 号、16 号、19 号、117 号民居，县衙街 29 号民居，天雄关（古关隘、石刻）、牛头山（战争遗迹），还有桔柏渡、石碑刻（大量散存）、古树（30 余棵）。2003 年 10 月，元坝区用国债资金实施昭化古城基础设施建设，2004 年 6 月竣工。总投资 1000 万元，对古城街道按照修旧如旧原则铺筑了石板街，将低压电力线、广播线、通信线、电视闭路线、露地自来水管网和排水管网全部埋入地下，对城区街道及文物景点的消防设施，按照国家消防标准一律采用地下式消防栓。

第三节 古城景区建设规划

2005 年 8 月 31 日，元坝区政府就昭化古城保护与发展的认识、体制、规划、投入、管理问题向区委提出五条实施意见，即：旅游产业是元坝区第三产业的突破口，昭化古城的保护与发展是元坝区旅游产业的突破口；保护与发展的首要问题是解决好领导力量、工作力量和运行机制；将昭化古城景区建设主动置于剑门蜀道旅游产业发展总体格局之内，合理确定规划控制范围，尽快制定修建性详细规划；开发所需上亿元资金采取多渠道筹措办法，以内力促外力、引外力；把昭化古城保护与发展工作列入全区重要工作目标管理，力争将昭化古城创建为国家 AAAA 级旅游景区。同年 9 月 5 日，中共元坝区委常委会原则同意区政府实施意见。

同年，区人民政府委托成都高榜旅游规划设计有限公司和上海社会科学院旅游研究中心共同设计编制昭化古城景区开发规划。规划的指导思想是：根据景区资源与环境特点，在保护好景区内的资源不被破坏的前提下，以旅游资源为依托，以产品为基础，以市场为导向，以效益为目标，大力推进旅游资源的开发利用，开拓新的旅游产品和更广泛的客源市场，把旅游开发、古城保护、文化传承紧密地融为一体。高起点、高质量做好景区的规划建设，以一流的服务、一流的设施、一流的管理服务于游客。

景区开发规划制定有近期、中期和远期的旅游发展目标。近期（2006—2008）目标为：按照国家《旅游区（点）质量等级的划分和评定》提出的标准，创建昭化古城 AAAA 级旅游景区，使之成为成都—绵阳—广元—汉中—西安旅游大干线上有影响力的旅游古城。中期（2009—2011）目标为：进一步完善旅游产品、配套设施和服务体系建设，把景区建设成为有浓郁地方特色的三国历史文化名城，成为全国古城旅游的知名品牌。远期（2012—2020）目标为：充分利用景区已有的资源优势和客源优势，开发注入新的旅游产品，进一步巩固原有市场、开发新的市场，使古城旅游业持续稳定地发展。

根据景区资源分布、开发条件，按照景区保护、旅游服务条件等方面的要求，确定景区“一心、两线、三区”的总体布局，即景区游客中心，串联三区的景区旅游大环线、古城旅游精品线，古城文化观光与休闲度假区、翼山森林休闲区、芦苇坝户外休闲娱乐区。另制订了保护体系及绿化规划：包括环境保护、古城保护、古城居民控制和古城绿化、滨水滩地绿化、山林绿化、道路绿化等方面的规划；旅游基础设施规划：包括交通设施、供排水设施、电力设施、通信邮政设施、环卫设施、娱乐休闲设施、医疗设施、解说与标志设施等方面的规划；旅游市场营销规划：包括旅游市场分析、旅游市场营销策略等方面的规划；防灾与安全规划：包括防灾工程建设和游客安全措施方面的规划；旅游支持保障系统规划：包括旅游发展模式、旅游政策法规建设、组织机构人力资源管理规划。

2006 年 2—5 月，元坝区聘请西南交通大学建筑设计院完成了《昭化古城景区旅游发展策划》。旅游发展规划主题定位为“蜀道三国重镇”“山水太极奇观”，不断强化和凸显昭化的三国蜀汉文化、历代军政文化、远古苴国文化、川北乡土文化、清官文化、美女文化、美食文化等，将观光农业、旅馆业、特色餐饮、特色工艺品、民众表演、产品销售以及现代娱乐项目等形成主导产业群，以政府政策为支撑，企业为主体，民资为渠道，促进其产业链有序健康发展。同年 5—12 月，聘请上海同济大学教授，国家历史文件名城研究中心主任阮仪三领衔，制定了《四川广元昭化古城修建性详细规划》。《规划》内容主要有整体规划、历史遗存保护规划、景观规划、旅游发展规划、绿化系统规划、生活服务规划等。整体规划以古城城内为核心层，茅河坝至战胜坝为主体层，绵广高速公路昭化出口至天雄关及古驿道两侧可视范围为总体层。其中街巷景观整治主要对相府街、吐费街、太守街、县衙街、东门外街、南门巷等街巷进行保护与整治，重点修复与再利用的有龙门书院、怡心园、益合堂、接官亭、南门巷民居、城隍庙、乐楼、县衙、文庙、考棚、费公祠、武侯祠、丁公祠、葭萌楼、汉寿阁、城墙、城楼等以及春秋苑、望江客栈、汉寿客栈、葭萌客栈等文化旅游服务设施。重要节点空间环境整治的有汉寿坛、剑刀坝校场、东门坝、西门坝、北门坝、八卦井坝以及景区入口等。

昭化古城景区建设近期（2006—2008）项目一览表

表 28－3

分　区	建　设　项　目	
古城文化观光与休闲度假区	风貌整治工程	古城门（东、西、北三门）、古城墙、老县衙、考棚、文庙、龙门书院、城隍庙、八卦井、敬侯祠（费祎墓）、过街楼、益合堂、春秋苑、汉寿阁、葭萌楼、怡心园、辜家大院、张家大院、汉寿客栈、南门巷17号至19号民居、接官亭及主要街道（南门巷、太守西街、县衙街、衙门街、相府街、太守东街、吐费街、西门外街、东门外街）风貌整治、古牌坊恢复，其他风貌整治。
	新建项目	游客中心、入口哨楼、文化景观广场（西门广场、汉寿坛、葭萌广场、西门入口广场）
芦苇坝户外休闲娱乐区	桔柏古渡（古渡码头、文化广场、古渡牌坊），沿江休闲景观带（主要为植物景观带）。	
翼山森林休闲区	山林幽境（主要为植被的培育和保护）。	

昭化古城景区建设中、远期（2009—2020）项目一览表

表 28－4

分　区	建设项目
古城文化观光与休闲度假区	望江客栈、玉龙井、桔柏古渡码头（主要为茶亭和文化景观长廊）、古城人家、葭萌客栈。
芦苇坝户外休闲娱乐区	沿江休闲景观带（沿江植物景观带、景观亭台、沙滩生态步行道、简易沙滩广场）金色芦苇滩（芦苇湿地、鸳鸯湖、聚缘堂、合江亭）、金色沙滩、篝火露营地、牧马场。
翼山森林休闲区	烟堆阁、伴江亭、山林幽景、景观设施。

第四节　古城景区建设

一、景区进出口道路建设

2001年1月，建成绵广高速公路昭化出口至昭化古城7公里水泥公路。2005年9月，开始对昭化古城内外景点和北至绵广高速公路昭化出口、西至牛头山沿途实施绿化，至绿化工程结束，共栽植树（竹）14万余株、芦苇6万余窝、麦冬草1050公斤，其中栽植胸径42厘米以上的银杏、菩提、香樟等大树16棵。10月25日，区政府发布《昭化古城绿化通道管理规定》。2007年8月，开工铺设昭化古城入口处至游客接待中心之间长540米、宽7米的桃红色石板路，9月底完工。施工过程中，按照区委、区人民政府统一安排，整合昭化镇城关村以工代赈项目用于入城通道建设，由区政府副区长石含玖负责，区以工代赈办牵头，成立由以工代赈办主任刘荣廷任组长，多名区、镇和村组干部为成员的建设现场工作组，具体负责施工的组织和管理。路面用长80厘米、宽40厘米、厚15厘米的石板铺成，总面积3780平方米，总投资72万元。

二、牛头山景观及服务设施建设

2006年5月动工，元坝区开工修建昭化古城至牛头山公路并打造牛头山景点。当地干部群众踊跃筹资投劳，施工人员不辞酷暑辛劳，夜以继日奋战。至10月28日，完成7.4公里油路铺筑。以“问道观太极，探幽赏红叶”为主题，分别打造牛蹄石、五彩谷、太极拜水台、姜维井、拦马槽、牛王观等12个景点。其中以牛王观最为壮观，有前殿、厢房、亭子、大殿及观景台，总建筑面积435平方米。此外，还铺成从山腰停车场至牛头山顶的石级路，路长2公里，路宽1.3米，石梯6500余级。2006年9月28日，景观建设竣工并向游人开放，共完成投资432.90万元，其中：大门及标志系统投资80万元；停车场1200平方米，投资12万元；石板道2公里，投资38万元；管理房120平方米，投资60万元；卫生间（按三星级标准建设）90多平方米，投资86万元；姜维井整修及管理房（70多平方米）投资26万元；新建牛王观，投资80万元；“天地辉映”太极坝32平方米，投资3万元；点将台17平方米，放眼峰台10平方米，共投资2.40万元；公厕及净化设施投资11万元；大型水池3座，容积300多立方米，投资4.50万元；绿化栽植名贵树种，投资30万元。2006年10月18日，牛头山被广元市体育局命名为“广元市登山运动基地”。

三、昭化古城景观及服务设施建设

2006年12月31日，元坝区在昭化镇正式举行昭化古城开发与修复第一期工程开工仪式，广元市委、市政府领导应邀出席。这次建设，计划在2008年前分两期进行。2007年3月，成立了广元市元坝区昭化古城景区第一期工程建设指挥部，区委书记、区人大常委会主任冯安富任总指挥长，区委副书记、区政府区长张寿于任指挥长，区委常委、区委政法委书记罗仕发任常务副指挥长，区政协主席熊光辉，区人大常委会党组书记、副主任杨显俊，区委副书记刘亚洲以及区委宣传部部长余飞宇、区政府常务副区长赵廷延、区政府副区长康铭、区委组织部部长王刚、区人武部部长左地阳、区委办公室主任文凌云6名区委常委，区政府副区长卢春刚、石含玖、王金川等任副指挥长，区政协副主席刘兴泉、区人民法院院长牛和平、区公安分局局长王绩和区级各部门负责人及昭化古城管委会办公室主任、昭化镇党委书记、昭化镇政府镇长等共35人为成员。指挥部下设办公室（督办组）、施工组、技术组、资金组、招商组、协调组、文化宣传组、监察组，各组组长分别由区委或区政府一名领导兼任。技术组还聘请广元市文化、旅游部门有古建筑经验的肖明清、罗宗勇、苟兴国三人为顾问。一期工程主要项目有：修复城墙、东西城楼，初步修复龙门书，重建葭萌亭、葭萌牌坊、孝友牌坊、贞节牌坊和汉寿坛，太守街、相府街、吐费街、桔柏渡街一期立面风貌改造，新建游客接待中心、停车场、网球场，修复桔柏渡码头，改造春秋苑客栈，实施街道流水景观、绿化工程一期、战胜坝一期建设。各工程项目均选择有古建筑修复经验的施工单位承建。对每个重点项目都确定了一名县级领导为责任领导，相关部门（单位）领导为责任人，该部门（单位）派驻现场的工作人员负责协调督促，确保工程质量进度。

古城墙（含城门楼）修复：修复工程于2007年4月25日启动。工程分3个标段，总长517米。一标段从东门（瞻凤门）朝南60米、朝北70米，共130米；二标段从西门（临清门）朝北199米；三标段从西门往南绕188米。对承建单位采取了包工不包料的办法，材料由区政府统一采购。修复城墙需用石料4800多立方米，当地石场无法满足，责任单位昭化镇迅速派人到利州区宝轮采石场日夜守候，三次到南充蹲点采购，使石料得到及时供应。现场石工不够用，通过互联网请来绵阳石工、参加过天安门广建设的河北省石工。对施工技术提出了明确标准：清理石料其长、宽、高误差不得超过3毫米，前后两面需一寸三錾且錾路均匀，砌筑缝隙不得超过3毫米。施工期间雨天较多，为保证质量进度就“战雨天，抢晴天，晚上加两班，一天当三天”，镇上干部给石工搭建临时工棚、烧水送饭。修复城墙共使用墙体石5.80万多块，垛体石1.80万多块。墙体石长65厘米、宽33厘米、厚35厘米；垛体石长40厘米、宽23厘米、厚30厘米。修复后的城墙长517米、高6.67米、下宽4米、上宽2.67米。其中东门（瞻凤门）和西门（临清门）城楼修复工程按照明代建筑的三间五架歇山顶双重檐规划设计，其建筑材料使用广元快乐砖厂烧制古式页岩青砖3万块，通过广元万利木材经营部采购从俄罗斯进口樟子松木材287立方米，从宝鸡市扶风县法门寺铁章古瓦构件厂李克中处购脊饰筒瓦、脊瓦构件3.80万块，采购加工明代磉礅石32个，向广元市利州区盘龙青沟石料场采购条石40立方米，本地开采红砂石板280平方米。2007年9月20日，东西城楼修复工程竣工，投资90万元。古城墙修复工程于2007年9月28日竣工，总投资281.84万元。

街景立面风貌改造：太守街、相府街、吐费街、桔柏渡街一期立面风貌改造工程于2007年3月24日动工，对昭化古城太守街、吐费街、相府街的118户350余间民居的立面风貌进行仿古改造，对26户超高（三层及其以上）房屋进行降层处理，将临街1.70万平方米的民居立面“修旧如旧”。重新安砌长达2500米的街沿石，铺设7000平方米的铜板石地面。该工程采取区级部门对各户头进行承包帮扶、区委组织各专门小组进行协调督查的办法，并订立工程管理的各项制度，确保顺利施工。2007年9月16日工程竣工，总投资800万元（其中政府以奖代补资金190万元，单位和民间自筹610万元）。

汉寿坛新建：汉寿坛由广元经源建筑公司承建，区规划和建设局为责任单位。位于昭化古城城南相府街东侧，分内坛和外坛，中间由古城墙遗址隔开。内坛左右两边有1对石雕兽，名“石避邪”，据说用以驱邪镇坛；地面上1幅巨大的石刻地图，是三国时期汉寿县（即今昭化）的疆域图，地图长15米，宽14.8米，面积约221平方米，寓刘备于公元221年入主葭萌之意。外坛外侧有1对石塑汉阙，主阙高6.10米，侧旁子阙高3.8米，每座重40吨以上；两侧各有1座石塑文化墙，正面和背面一共4幅石刻画面，分别反映“蜀汉兴于葭萌”“张飞夜战马超”“鲍三娘浴血沙场”“姜维兵困牛头山”等三国时期的4个历史事件。整个汉寿坛占地2394平方米。2007年7月12日动工兴建，9月20日竣工，完成投资80万元。

石牌坊重建：清道光《重修昭化县志》载：昭化古城北街有节妇吴李氏、孝子吴培愿二坊，中街有王杏舒孝友坊，东门外有陈贾氏节孝坊等石牌坊。几座牌坊因年久失修，加之“文化大革命”毁坏而无存。2007年，区委、区政府决定在原址重建3座石牌坊（东门外桔柏渡街建葭萌坊、县衙街建贞节坊、吐费街建孝友坊），纳入开发昭化古城一期工程。同年4月开始设计，先后得到四川大学文学与新闻学院教授、四川省民俗学会执行会长江玉祥和四川省文物局朱小楠等专家的指导。经过比选，由德阳著名民间雕刻艺人廖国书负责施工，6月开工，9月建成。葭萌坊高9.89米、宽6米，采用德阳红石，为昭化古城标志性石牌坊；贞节牌坊高7.8米、宽5.8米，孝友牌坊高8.8米、宽6米，均采用德阳草白石。3座牌坊共用石料90余立方米，总投资85.10万元。

水景观建设：昭化古城水景观，是指将白龙江水引入城区，顺石板街一侧安砌的石渠流淌，使古城顿生一种别样的灵气。水景观工程分城外提水和城内引流两部分，提水工程包括沉井、提水机械、电力设施、输配水管道、清水池、蓄水池几部分，由区国土资源分局承建；城内引流石渠从北门入城，经县衙街到太守街，在大守街中段3次分流，一次分流流向本街东西两端，后两次分流分别经吐费街和南门巷与相府街相通，吐费街与南门巷又通过箭道巷相连。石渠宽30厘米，深10厘米，总长1100多米。工程于2007年4月开工，同年9月26日完成并试水成功，总投资36万元。

龙门书院修复：龙门书院位于昭化古城相府街，始建于清乾隆二十二年（1757年），名“临江书院”。后更名为“葱岭书院”“龙门书院”“考棚”等。修复龙门书院一期工程于2007年8月14日动工，同年9月27日结束，总投资28万元。修复后的“龙门书院”，正堂上堂为祭堂，是祭拜孔子的地方；右堂原为“尚武堂”，修复后设讲堂一间、藏书阁三间、学斋12间和师舍4间，以展示旧学场景；左堂原为“明伦堂”，修复后增设“汉代文物展示馆”“成语典故展示馆”和“文化墙”等。整个书院呈三套院落布局。建筑面积达2000多平方米。

敬侯祠复建：蜀汉后期，大将军录尚书事费祎于汉寿（今昭化）开府治事，蜀后主延熙十六年（253年）岁首被魏军降将郭修（或为循）刺杀，死后谥号“敬侯”，葬于昭化古城西门外200米处。后人在其墓旁建“敬侯祠”，历经多次毁而又建、建而又毁，祠已无存，仅有费祎墓和清光绪三十三年（1907年）昭化知县吴光耀重修费祎祠堂所立墓碑。2007年下半年，区委、区政府决定将敬侯墓祠的修建作为昭化古城二期工程建设最重要的精品进行打造，并委托同济大学国家历史文化名城研究中心策划，江油市古建园林研究所设计。设计图几经修改，于2007年11月最终定稿。“敬侯祠”设计定位不是原祠复建，而是仿汉代风格而赋以现代意义的纪念性建筑，包括祠堂大门、费祎墓、神道、碑廊、费祎享堂、兵器馆等。当年11—12月，区文体旅游局、昭化古城保护与发展管理委员会办公室、四川昭化古城旅游发展有限公司通过协调和联系，先后与有关方面签订土地征用、农户拆迁安置、施工、材料购销、工艺品制作等合同，工程建设进入启动阶段。

游客接待中心新建：昭化古城游客接待中心位于昭化古城东门外，是一栋占地400平方米的仿古建筑，门前停车场占地6000多平方米。该中心集停车、休息、导游、咨询、票务等各种功能为一体，被称为昭化古城的名片。游客接待中心工程于2007年8月19日正式开工，工程管理实行县级领导负责制，责任单位区委办公室，责任领导区委常委、区委办主任文凌云。整个工程除主体建筑外，停车位、行车道、人行道铺设红色连砰石板2700平方米、方格砖2578平方米，建下水道400多米，植树106株。工程于当年9月27日竣工并投入使用，游客接待中心与停车场共完成投资98.15万元。

春秋苑客栈改建：春秋苑客栈位于昭化古城西侧原昭化粮站内，是截至2007年年末景区内规模最大、设备设施和服务功能最为齐全的旅游接待企业。2007年3月，区粮食局按古城恢复性建设详规，谋划在原客栈的基础上打造三星级游客接待中心。4月9日，春秋苑改造建设工程正式开工。当年9月26日，春秋苑客栈一期工程竣工并开业，工程投资400万元。10—12月又投资约80万元，准备二期工程大宗材料采购。

附：昭化古城景观及服务设施建设（一期）工程投资统计

政府投资1596.39万元。其中：古城墙及东西门楼修复281.84万元；广场建设111.70万元（汉寿坛80万元，西门广场16.70万元，东门广场15万元）；街景建筑894.70万元（葭萌、贞节、孝友3座牌坊85.10万元，葭萌亭9.60万元，街景立面风貌改造800万元）；入城公路72万元；东门游客接待中心61.65万元；东门停车场36.50万元；公共厕所2座32万元；“昭化”标志石8万元；撤迁安置土地款98万元。

引入业主投资688万元。其中：改建春秋苑客栈400万元；葭萌客栈60万元；修复城隍庙108万元；原农业银行营业所房屋改造120万元。

区级部门帮扶184万元。其中：修复龙门书院一期工程28万元；昭化信用社房屋改造120万元；水景观改造36万元。

昭化古城景观及服务设施建设（一期）工程共计投资2468.39万元。

2007年9月30日，第一期工程建设项目全部竣工。

2007年10月，景区建设二期工程启动，成立工程建设指挥部，总指挥长、指挥长、常务副指挥长仍分别由冯安富、张寿于、罗仕发担任，一期工程副指挥长刘亚洲、康铭、王金川已经调离元坝区，二期由区委副书记龙兆学、区政协副主席兼区委统战部部长杨云清、区政协副主席兼区工商联主席王正蓉担任，一期工程其他11位副指挥长连任。指挥部成员根据二期工作需要调整为25人，由区级相关部门和昭化镇党委政府负责人担任。指挥部仍下设办公室（督办组）、施工组、技术组等八个工作组，一期的三位技术顾问留任，还增聘上海同济大学国家历史文化名城研究中心主任阮仪三、博士林林和四川省文化厅文物管理处处长朱小楠为技术顾问。

二期工程主要建设项目有：敬侯祠、昭化县署、龙门书院二期、文庙、考棚、城隍庙、辜家大院的复建和修缮，剑刀坝君臣园、战胜坝二期、西门停车场、战胜街、太极街一期、湿地景观、公共卫生间、垃圾中转站、光亮工程、绿化工程二期建设，县衙街、衙门巷、战胜街、桔柏渡街二期、剑刀巷的立面风貌改造，有关景点的文化策划与布展制作。项目承建仍选择有古建筑修复经验的施工单位。普遍推行包工但材料由政府统一采购的办法，以保证建材质量、节约资金，并加大招商引资力度。对重点工程项目的协调监督仍实行县级领导和部门（单位）负责制。

敬侯祠复建二期工程项目的施工设计图，经同济大学国家历史文化名城研究中心和江油市古园林研究所多次修订，于2007年11月最后敲定。2008年3月10日入场施工，7月15日竣工。新建的敬侯祠由前厅、中厅、享堂三部分组成。前厅为赞誉费祎的古诗碑廊，中厅分为东、西庑，东庑陈列浮雕11幅介绍费祎生平事迹，西庑陈列蜀汉将士所用兵器。享堂塑费祎石雕像，高2.80米。祠旁陵园内费祎墓于2007年10月开始修葺，扩大为4米见方，四周种植银杏树，墓碑仍为清昭化知县吴光耀所立，墓前为50米长神道，道两旁分立神道柱和瑞兽石狮，道之尽头为一座高约3米的石碑，正面刻清果亲王题词“深谋卓识”，背面刻诸葛亮评价“志虑忠纯”。敬侯祠占地5234平方米，使用木材117立方米、砖10.40万余块、板瓦筒瓦猫头瓦滴水瓦犬子瓦共5.90万余匹，脊饰1000余件、红砂石板1415平方米，总投资300余万元。

昭化县署复建于2008年1月24日破土动工，区规划和建设局为责任单位，承建单位为浙江省临海市广顺源建筑工程公司。5月初，主体工程基本完成，但随后受“5·12”汶川特大地震影响，致墙体大部分倒塌，木屋架倾斜变形，房上青瓦脱落，直接经济损失100万元以上。经奋力抢修，于6月上旬恢复原状。7月底，该项目竣工。复建的清代昭化县署占地3000余平方米，署内主要房屋建筑有大堂、二堂、建制博物馆、山水太极馆以及吏、户、礼、兵、刑、工“六房”。大堂正中为公堂，摆设“海水朝阳图”屏风、“明镜高悬”匾额、上置印信等物的公案以及“肃静”“回避”警示牌。大堂东西两侧为钱粮库、武备库；二堂本为县署调解一般案件或商议政事的地方，改作“历代县令馆”。馆内正中置唐朝益昌县令何易于雕像，正面墙上录唐代孙樵《书何易于》文章。左面墙上为清朝昭化知县曾逢吉《蚕桑十二事图》，右面墙上为《历代县令名录》（列出其中已知的177人）；建制博物馆分人物蜡像、建置沿革、《慸花蕊夫人》蜀绣三个展示区。展示的蜡像有蜀汉先主刘备、清朝四川总督丁宝桢、南宋昭化知县高继安、晋寿郡太守、古蜀国苴侯五位，身高皆1.80米上下；山水太极馆采用声、光、电展示昭化古城周围山水构成的类似太极图状的自然景观。

剑刀坝君臣园建设于2008年3月3日开始，由成都盛国雕塑艺术公司、德阳石刻厂、陕西西安园艺公司等八个单位施工。浇筑十二座雕像基座，共用混凝土42.25立方米。7月19日，石像雕塑、太极图案和游道铺设等各项工作全面结束。新建成的剑刀坝君臣园占地1800平方米，园内塑有刘备、张飞、马超、黄忠、庞统、魏延、费祎、姜维、霍峻、关索、鲍三娘等11位曾经在今昭化生活和战斗过的蜀汉将帅及刘备坐骑“的卢”塑像，栽植竹木1.10万株。周围红石白墙总长170米，上覆青瓦花脊呈汉代建筑风格。

城隍庙复建是古城景区建设第一个招商引资的工程项目。2007年12月29日，四川昭化旅游发展公司（甲方）与四川中大投资管理公司（乙方）签订城隍庙合作开发协议，甲方负责提供项目建设所需土地，乙方负责投资硬件建设及包装打造。2008年3月20日开工，7月16日竣工，占地812平方米，建筑面积366.90平方米。城隍庙由大殿，东、西配殿，香火殿三大部分组成，为院落式布局。大殿塑城隍、财神、慈航观音像，东、西配殿画十殿阎君像，香火殿塑地藏王、日游、夜巡像。共用木材231.80立方米、古式青砖2万余匹、青砂石板800余平方米、石材50余立方米。

辜家大院曾经是昭化城内一座风格古朴、格调高雅的民居院落，占地1400平方米。因年久失修和火灾已残破不堪，对其修复是二期工程建设重点项目之一。但修缮旧院和复建新院需要大量资金。采用引进业主投资的办法建设，以解决资金困难。2008年2月下旬，投资业主陈治州带领30余名工匠入场按批准图样开始入场施工。9月23日完工。

2008年9月23日，二期建设所有工程项目竣工。

同月，牛头山至大朝乡油路铺筑全面完成，自此昭化古城至大朝的旅游公路全线贯通；大朝至剑门关16公里旅游公路尚在修建之中。

第五节　开发利用

2008年7月17日，昭化古城管委会办公室与四川中大投资管理有限公司签订《昭化古城景区合作开发协议》，将景区游客接待中心和东、西城楼、城墙、敬侯祠、剑刀坝君臣园、城隍庙、八卦井、龙门书院、县衙、文庙、考棚等10个景点移交中大公司经营管理。

一、创建AAAA级旅游景区

把昭化古城建成全国历史文化名镇、国家AAAA级旅游景区，是元坝区2006年12月区党代会、2007年1月区人代会确立的开发目标。为实现目标，开工了昭化古城景区工程建设。2007年6月成立了创建工作领导小组，制定了创建工作方案并上报广元市政府。8月17日，市政府下达同意创建工作方案的批复。市政府各相关部门又将《批复》上报四川省和国务院各主管部门，自此昭化古城创建目标被正式列入全国创建工作计划。

基础设施及配套设施建设是创建中国历史文化名镇和国家AAAA级旅游景区工作的核心。昭化古城景区建设紧紧围绕这一核心，从2005年9月至2008年9月，相继完成牛头山景点、古城城墙及城楼、汉寿坛、敬侯祠、昭化县署、剑刀坝君臣园、龙门书院、城隍庙、辜家大院、景区旅游公路、游客接待中心及停车场等48个主体工程项目，改造民居1.45万平方米，植树14万株，其中名木古树、乡土奇树80株。为使景区具备“吃、住、行、游、购、娱”六大旅游功能，先后建起了葭萌鱼府、春秋苑客栈、太守客栈，制定了旅游观光线路，设置了旅游特色纪念品购置店铺，建起了茶园、川剧团、彩莲船队、乐楼等。

2008年10月14日，中华人民共和国住房和城乡建设部、国家文物局制发《关于公布第四批中国历史文化名镇（村）的通知》，公布北京市密云县古北口镇等58个镇为中国历史文化名镇，四川省广元市元坝区昭化镇名列其中。

2008 年 10 月 20 日，《昭化古城创建国家 AAAA 级旅游景区申报资料》上报四川省旅游局及全省旅游景区 A 级质量评委会，创建工作汇报片摄制于同日结束。2008 年 10 月 26 日，省旅游局专家组到昭化古城景区检查验收，在查看各景点时向游客发送问卷当场调查满意度，向景点管理人员了解经营情况，然后查看软件资料、汇集专家意见。结束时，专家组宣布昭化景区通过初评并指出不足。省检后，元坝区及时进行了改进。随后，国家旅游局和全国旅游景区质量等级评定委员会研究决定：因"5·12"汶川特大地震，四川省 6 家创建国家 AAAA 级的旅游景区以省检结果为准，不再进行国检。

2009 年 1 月 23 日，国家旅游局批准发布《全国旅游景区质量等级评定委员会公告》，公布北京市西城区什刹海风景区等 147 家景区为国家 AAAA 级旅游景区，四川省包括广元市昭化古城在内的 6 家旅游景区名列其中。

二、开发成效

2006 年 10 月 25 日，牛头山景点打造和昭化古城至牛头山公路建设竣工。从广元城至牛头山停车场约 40 分钟车程，各地游客纷至沓来，络绎不绝。10 月 28 日，牛头山景点正式向游客开放，在当天的开放仪式上，还举行了广元市登山基地（牛头山）授牌仪式和登山比赛。中共广元市委书记、市人大常委会主任高烽为牛头山景点开放开启山门，市人大常委会党组书记、副主任赵安钧为牛头山登山基地授牌，市政协主席唐全林宣布 2006 年广元市牛头山登山比赛开始。全市 27 个代表队和来宾、游客共千余人登山游览。牛头山景点开放，实现了元坝区旅游收入零的突破，成为广元市郊区集旅游观光、登山健身、假日休闲于一体的好去处。

2007 年 9 月 30 日，古城景区建设第一期竣工，同日，中国（四川）·昭化古城三国文化旅游节在古城西门广场开幕。中共广元市委、市人大、市政府、市政协领导高烽、马华、赵安钧、唐全林等和四川省旅游协会秘书长阎文俊、上海同济大学中国历史文化名城研究中心主任阮仪三教授出席开幕式。开幕式上还举行了"三国重镇·魅力昭化"文艺表演。还举办了以"蜀道寻梦·昭化古城"为主题的书法、美术、摄影、作品展览和以"川北民俗风情消夏游"为主题的民俗文化表演，晚上在汉寿广场举行了烟火晚会。

2008 年 9 月 23 日古城景区建设第二期竣工当天，广元市旅游资源转化工作会暨第二届四川·昭化古城三国文化旅游节在昭化古城战胜坝广场开幕，四川省政府副省长黄彦蓉、省政协副主席晏永和，建设部城建司处长、省建设厅副厅长、省旅游局局长，中共广元市委书记罗强、市长马华出席开幕式。节会期间举行了"情系昭化·梦回三国"大型文艺表演，战鼓、长角号等战地风情表演，舞龙、舞狮、采莲船等民俗表演，古代县官审案情景剧和川剧表演及篝火晚会。副省长黄彦蓉在会上指出：元坝区充分发挥资源、区位优势，把发展旅游业作为推进经济结构大转型的战略重点，迎难而上，勇于创新，在旅游开发的机制体制和投资多元化方面取得了积极有效的探索，高起点高质量快速度打造了昭化古城景区，取得了显著成绩。四川省旅游局长张谷在会上讲：昭化古城景区充分运用市场机制，调动力量，整合资源，建立了政府主导、社会参与、市场运作、多元投资的建设机制，成功实施了资源转化，为广元和全省资源转化提供了宝贵经验，实质性地推动了三国文化精品线路的打造。

昭化古城景区一期工程竣工后，景区旅客人数逐年上升，旅游收入不断增加。区文体旅游局统计：2006 年共接待游客 7.28 万人，旅游收入 0.32 亿元；2007 年 21.49 万人，旅游收入 1.14 亿元；2008 年国庆节长假期间，接待游客 4.25 万人次，同比增长 109.36%，旅游收入 1016 万元，同比增长 77.74%。

第二十九篇　社会风土

第一章　宗　教

第一节　佛　教

相传公元前6世纪到5世纪，古印度迦毗罗王国（今尼泊尔境内）王子乔答摩·悉达多（即释迦牟尼）创立佛教。其基本教理有“四谛”“八正道”“十二因缘”等，主张经、律、论三藏，修持戒、定、慧三学，以断除烦恼达到成佛为最终目的。

佛教自东汉永平十年（67年）传入中国，经三国两晋到南北朝四五百年间，佛经的翻译与研究日渐发达，到了隋唐遂产生天台、华严、唯识、禅宗、净土、密宗等具有中国特色的许多宗派。

佛教在唐开元年间（713—741年）引入今元坝区境内，于今柳桥乡境建“化城院”。元朝立国，寺渐荒废，至明，后又经几次增修，易名为平乐寺。越岁既久，明末清初除大雄殿外，殿廊皆残，乃于清乾隆七年（1742年）四月初八重修平乐寺。清朝及民国住持僧多陕人，和尚与乡民习武成风。该寺旧时殿宇辉煌，香火鼎盛，后毁于“文化大革命”。1993年，区政府批准开放平乐寺，聘请释彻利法师为主持，增其旧制，新修殿堂，广泛联谊，重开佛事活动。

清道光十一年（1831年），建“太公寺”（今太公镇）。寺院香火旺盛，善师徒众增多，有田地二百余亩。

中华人民共和国成立时，今区境内有常产或住男僧女尼的寺院20多处，绝大部分系明、清建筑。著名的有平乐寺、卫子寺、广善寺、甘露寺、红岩寺、明觉寺、太公寺、白牛寺、广吉寺等。1952年土改时僧尼还俗，寺产分给农民。今存并对外开放的寺院有平乐寺、广善寺、甘露寺、太公寺等。

第二节　道　教

道教，中国汉民族固有的宗教。渊源于古代的巫术，东汉汉安元年（142年）由张道陵倡导于鹤鸣山（在今四川省崇庆县境内）。凡入道者，须出五斗米，故称“五斗米道”，为道教定型化之始。因道徒尊张道陵为“天师”，故又名“天师道”。道教奉老子为教祖，尊称“太上老君”。以《老子五千文》（当时对道德经的称呼）、《正一经》和《太平洞极经》为主要经典。南北朝时，北魏嵩山道士寇谦之改革旧天师道，制订乐章诵诫新法，称新天师道；南方庐山道士陆修静整理三洞经书，编著斋戒仪范，道教形式因而完成。此后道教又分为正一、全真两大教派。信奉正一派的道士不出家（也有少数出家的），俗称“火居道士”或“俗家道士”。信奉全真派的道士须出家。

北宋神宗年间（1068—1085年），原昭化县境内已存道教。后愈发盛行，宫观增多，今元坝区辖境内有宫观60多处，著名的有人头山云台观、朝阳观、梅岭观、紫金观、高道观、明水观、太清宫等。

第三节　天主教

天主教，亦称“罗马公教”或“加特力教”。基督教的一派，与正教、新教并称为基督教三大派别。曾于元代传入中国，后中断，又于明末（16世纪）传入。早期传教入广元者姓任，从陕西迁广元，定居大滩。继从湖北麻城迁进一户教徒姓李，曾在元坝、荣山一带务农。任、李两户串联传教，逐步发展教徒，至清雍正八年（1730年）时，广元天主教徒发展到60余人。

清咸丰十年（1860年）元坝子、小山寺（即小寺山，位于今广元市元坝区拣银岩社区街道办事处拣银岩村四组）开始有人受洗。清光绪十九年（1893年），法国传教士林方济建荣山大院子教堂（荣山镇板桥村）。清光绪二十六年（1900年），广元天主教堂主刘保禄（崇庆县怀远镇人）派穆神父（法国人）到小寺山传教，光绪二十七年（1901年）建成小寺山天主教堂。时有教众60余人。

民国后期，天主教开始在昭化发展教徒，设坛于城内箭道坝后面，任崇堂为教主。前后发展12户36个教徒，其分布于今红岩镇的广吉、檬树两村和今射箭乡等地。中华人民共和国成立前，每年圣诞节选出代表去广元参加活动。其后，教务停。

中华人民共和国成立后，小寺山教堂神父王良佐主持教务。1966年后，受极“左”思潮的影响，天主教处于低潮。小寺山教堂被毁。1978年后，重新恢复中国共产党的宗教政策，实行宗教信仰自由。1986年，小寺山教堂经广元市市中区人民政府批准重新对外开放。1989年，小寺山教堂重建。1991年，天主教成都教区派神父潘洪恩到广元主持天主教，由潘洪恩兼任小寺山天主教堂神父，由教友王宗华负责日常活动。今全区有天主教徒400余人。

区境内的天主教流传的经典有《古经大略》《新经大略》《圣教经课》《要理问答》《一目了然》《圣教礼规》等，奉行“十戒”“圣会四规”。凡教徒早晚要诵经，家中悬挂耶稣像，张贴“万有真原”主牌和瞻礼单。

天主教教规规定：年满18岁的公民方能入教。志愿入教人提出口头申请，经一名教友向神父介绍申请入教人的情况后，神父要亲自接见申请人，并要求申请人考虑三个月以上，决心已定后，向神父表达自己的心愿。神父批准后，即为本教教徒。入教后佩戴十字架作为教徒标志。一旦入教，一般不退教。每年春分月圆后的第一个星期日是耶稣复活日，“复活瞻礼”；耶稣复活后的第50日为圣神降临之日，为“圣神瞻礼”；8月15日是圣母蒙罩升天之日，为“圣母升天瞻礼”；12月25日是耶稣诞辰，为“圣诞瞻礼”。以上“四大瞻礼日”，21岁至60岁的教徒不吃早餐，不动荤，叫作“守大斋”。此四日，教徒们都要集中在教堂念经，“过瞻礼”。男女教徒结婚，要向神父“行降福礼”。生了孩子，要向神父“领洗”（登记），请神父给孩子起名，叫“圣名”。教徒去世，临终时要为死者念经，叫“守临终”。入殓后，教徒排班念经，为死者超度亡魂；死者的晚辈、亲人要给神父缴钱，请神父为死者念经“忏罪”，谓之“缴弥撒”；入葬后，坟前要插十字架，一月念“满月经”，一、二、三周年，亦要请教徒念经。

第四节　基督教（新教）

公元1至2世纪，基督教开始流传于罗马帝国民间。公元4世纪被定为罗马国教。罗马帝国东西两部分裂后，基督教也于1054年分裂为罗马公教（即天主教）和东正教。16世纪，罗马公教内发生反对教皇封建统治的宗教改革运动，陆续产生基督教新教各宗派，后又不断分化，派系繁多。其一个派别曾于唐初（7世纪）传入中国，称为景教；又一个派别曾于元代（13世纪）传入中国，称为也里可温教。后皆中断。清代中俄《恰克图条约》签订后，沙皇俄国曾派遣传教士渗入。鸦片战争前后，新教各宗派陆续传入中国。

清光绪十四年（1888年），英国圣公会传教士张悟道从汉中到广元，初到时在街头布道传教（属于基督新教），继租石氏东街祠堂为传教所。嗣后又在石龙沟建有福音堂一所，共有教徒约千人。民国31年（1942年），波兰美国籍牧师包志礼夫妇从山东到昭化县内的三堆、城厢镇发展组织。分别在三堆、水磨设分堂二处，属广元总堂领导。民国33年（1944年），包志礼返回山东。民国38年（1949年），包志礼再到昭化，购置教产，设立教堂传教。1950年后，在城厢镇等地发展教徒41人。其中神职员3名，计助士1名，传教1名，传教士1名，一般教徒35名。

1951年，包志礼离开昭化，由中国籍传教士刘文信负责。1954年，刘文信离开昭化，由助士李文彬负责。“文化大革命”前夕活动停止。2007年，区内又开始有基督新教活动出现。

基督新教有三大节日：复活节（每年春分月圆后的第一个礼拜日纪念耶稣复活）、圣诞节（每年12月25日纪念耶稣诞辰）和受难节（复活节前的星期五为纪念耶稣受难的节日）。

基督新教奉行《圣经》《启示录》等经典。教徒们信上帝是天地之主，全能之父，信耶稣基督、信圣灵。七天一个大礼拜，按一定程序举行崇拜仪式。入教者必须经过受洗才算吸收为信徒，从此与耶稣同死、同复活。按教规和习俗，实行同教通婚，否则要吸收对方入教或开除一方出教会。中华人民共和国成立后，实行《中华人民共和国婚姻法》，违背婚姻自由的教规被革除。至于由牧师证婚的教规和吃禁物的习俗，由教民随其所好。教徒死后称“信徒归主”。家人到教堂报讣，死者家里举行丧葬礼拜，念圣经，唱赞美诗，祈祷主纳死者魂灵，赞死者按教规做的好事功绩。

第二章　宗族　帮会　姓氏

第一节　宗　祠

凡大姓望族均建宗祠（即祠堂），供已故先辈的神灵牌位。每年清明节，族内聚集祭祀祖宗，民间称这种活动叫作“清明会”。

族内推行辈分高、年龄长、有声望者为族长（会首），凡族内发生的事，禀报族长主持解决。每年清明节在宗祠办会，由会员户轮流操办，会产作办会基金。办会时，先由族长主持献祭、哀悼祖先，协议家谱，处理不孝及不合族规的事，公布会产收支账目。清明会规模虽有大小，但很普遍，铺张浪费亦很大。清明会对违反族规者的处理严格异常，私立公堂时有所闻，束缚妇女婚姻屡见不鲜。

中华人民共和国成立后，各地族规概被废除。1951 年在土地改革中，将会产征收分给无地、少地的农民耕种，清明会亦由此停办。“文化大革命”中，绝大部分宗祠被毁，今仅存为数不多的几处宗祠遗迹，如柏林沟镇白马村王家湾王氏宗祠、张家乡松梁村张家湾张氏宗祠和刘庄村刘家坡刘氏宗祠等。1990 年以后，区内一些地方群众又自发地维修或新建宗祠，但规模都较小，主要用于寻根问祖、祭祀先人等活动。

第二节　帮　会

一、哥老会

哥老会又称“哥弟会”，天地会的支派。称首领为大哥或大爷，主称“袍哥”，最初以“反清复明”为宗旨，会众多属手工业工人、破产农民、退伍军人和游民，也有地主分子掺杂其间。太平天国革命失败后，会众相继参加农民起义和反洋教斗争。辛亥革命时期，有些会众接受革命党人的领导，多次参加武装起义。此后，往往为反动势力操纵利用。

民国 10 年（1921 年）至民国 37 年（1948 年），原昭化县沿嘉陵江的乡镇市场，均有袍哥“码头”。五花八门的哥老组织，讲桃园义气、瓦岗威风、梁山根基，有“十不准规矩”，违者即受到“十打”的处罚，重则“毛了”（处死），其次就是“三刀六个眼”。哥老会组织分仁、义、礼、智、信五个堂口，用“三纲五常”约束弟兄伙。组织内部的排行，分别为“大爷”、三排（亦尊称大爷）、五、六、七、八、九排（简称大二、三、五为一条龙）。每年农历五月十三和九月十三日，为“圣人会”（自己筹款设宴）。会上祭祀刘、关、张（刘备、关羽、张飞），兄弟伙排行，吸收成员入会。原昭化县区域内的哥老会头目与地方党政军勾结，为地方有权势的人所把持，服务于反动阶级。活动经费来源于开店、捐赠、行会收入，参加者各界人士、上中层人士皆有。但下层人士多属为行路方便，挂名入会。1950 年，通过政治运动，袍哥组织自行解体，停止活动。

二、一贯道

一贯道又称“中华道德慈善会”，会道门之一。起源于山东。初名“东震堂”，后来路中一承办道务，取《论语·里仁》“子曰：参乎，吾道一以贯之”，改名“一贯道”。民国 14 年（1925 年）路中一死后，由张光壁继承，逐渐扩大教务，号称“师尊”。抗日战争期间，张光壁投靠日本帝国主义并为其效劳。日本投降以后，又被国民党控制和利用。民国 37 年（1948 年）冬，原昭化县城关乡（今昭化镇），由农本局工人姚子安、孙洪甲二人从广元引入。同年，由广元一贯道前人郑某开始设坛发展组织。到 1951 年，三年内先后在城内外设总坛 2 处，分坛 9 处，提拔道首前人 3 人，点师 5 人，总坛主 5 人，分坛主 9 人，引进师 10 人，发展道徒 210 人。该道设坛供神、散布谣言，宣称“老母降谕”万道归一，入道可以逢凶化吉，躲避三灾八难，欺骗群众入道，初一、十五至坛前敬神。一贯道与国民党特务勾结，反对中国共产党，反对人民革命。中华人民共和国成立后，人民政府已明令取缔。1951 年，在第一期“镇反运动”中，昭化县人民政府即命令取缔其道。先后打击了道首和极反动的道徒 18 人，其中，前人 3 人，点师 5 人，坛主 3 人，引进师 1 人，道徒 6 人（管制 4 人），其余一般道徒向人民政府登记自首。1994 年，元坝区紫云乡青树村、云雾村有一贯道和紫云道坛活动。同年 9 月，元坝区政府进行了查处，涉及道徒 26 人，处分主要头目 4 人。

三、高峰道

民国 38 年（1949 年）由广元传入昭化县境内。开始设立分坛两处，发展道徒 44 人（男 23 人，女 21 人）。其中，前人 1 人，点师 2 人，坛主 22 人，引进师 2 人。亦以传道为名，搞造谣破坏活动。1951 年“镇反运动”中，拘捕了不法分子，其组织被取缔。

四、同善社

民国 16 年（1927 年），由昭化城内东门陈梓堂、杨咸模（事开药铺）从合川引入同善社。民国 31 年（1942 年），王家相加入。初期以念经为名发展组织，先后设立分坛两处。民国 33 年（1944 年）起，在城乡普遍发展成员，至民国 38 年（1949 年）设有道首天恩 3 人、引恩 1 人，吸收道徒 118 人。1951 年“镇反运动”时，其组织被列为反动会道门予以取缔。

原昭化县境内的帮会道门组织还有归根道、紫霞教（坛）、乾元堂、八方道、火烛道、玄门老子道、五公末劫会逮天神门、天将门、普度门等。1950 年 10 月，昭化县人民政府命令取缔反动帮会道门。1953 年绵阳地区公安处再次宣布取缔一贯道等六个反动帮会道门，并就地召开群众大会，揭发逮捕罪恶极大的首犯，设立登记站，宣传“坦白从宽”的政策，号召自首登记。1958 年冬至 1959 年春，再次对继续搞破坏活动的高峰道、归根道、同善社、万金堂、乾元堂予以打击，昭化县全境的反动会道门遂全被取缔。

第三节　姓　氏

广元市元坝区的境域除从苍溪县划进的原小新乡外，系原昭化、广元两县部分地域构成，境内姓氏形成多在明朝中后期。《史记·货殖传》载："罗卓氏先赵人也。秦破赵卓入蜀，诸迁虏少有余财，争与吏求近处，处葭萌（今昭化），故葭萌立县之初多为北方人。"清乾隆《广元县志》记："明代之中，境内耕地极少，土著姓氏亦少，经明季之乱，人口寄籍特多。"通过对全区乡镇的调查，全区有不同姓氏380多个。其中，姓氏较多的有150多个：

张王刘李仲冯肖	杨吴陆胡何赵范	商宋唐魏周高孙	涂严冉吉贾陈谭	姜鲁越舒常罗方
龙廖柯白戴叶冠	邓林蒋乔易车马	朱司尹蒲步黄颜	金顾岳章苟祝邢	崔饶席盛左苏樊
孟母龚武邵雷侯	祖史华田聂仇安	郑谢柏沈汪任余	夏钱赖熊曾蔡袁	秦薛尧宫焦翟杜
雍江吕穆钟牛兰	郭简伏屈鄢冷康	董姚温文尚邱权	殷黎靳梁孔傅曹	卫徐彭丁宁满潘
庞贺许昝谈经陶	毕成佘鲜欧阳贯			

人口较多的姓氏有：

张姓，《张氏族谱》称，原籍系湖北襄阳县，始祖为张志雄，系世袭侯爵，于明朝洪武年间入境，初居虎跳驿，后族人分居于张家、陈江、太公、清水等乡镇较多。

王姓，《王氏宗谱》记，原系陕西两当县。始祖为王仕才、王仕禄兄弟二人，于明朝洪武年间率师入川，初居虎跳驿。清乾隆年间以手艺行至昭化城定居，后族人分居于虎跳、丁家、太公、清水、柏林沟等乡镇较多。

刘姓，据丁家乡玉罗村刘氏宗碑记，原籍湖北孝感县，始祖刘仲杰，职拜遊府，原任直隶利州。于明洪武二十四年（1391年），除暴安民，奉旨扶萱母沙君领军到邑。始居虎跳驿，后择杨村（今丁家乡玉罗村）。族人今分居于丁家、黄龙、张家、太公、白果、红岩、沙坝等乡镇。

李姓，《李氏古系表》记载，原籍系江苏淮安县土地岭。始祖李克让，于明初率军入川，官居武军都督。后被贬镇守龙潭。明洪武二十四年（1391年）迁居昭化城。族人分居于沙坝、朝阳、昭化、射箭、明觉等乡镇。

仲姓，据《仲氏族谱》记，始祖仲德明原系浙江省宁波府嘉兴县永安乡三堵壁马耳山人氏（原居山东省兖州府宁阳红庙坡），时御封当朝兵部尚书之职。于明洪武二十四年（1391年），奉命同弟仲光明（官职为总旗）领兵入蜀镇守嘉陵江，兵营宅占保宁府利州虎跳驿。后又在黄金口插坪山嘴、箭穿垭（垭口坝）、土门子居住。后族人分居于黄龙、太公、张家、清水、柏林沟、文村、大朝等10多个乡镇。

冯姓，据传，原籍湖北麻城孝感，兄弟6人于明朝洪武年间入川，定居石井铺乡（冯家梁），其后裔分居于柏林沟、清水、卫子、紫云等乡镇。

肖姓，据石井铺乡肖家营老槐树下古墓碑记载，原籍江西吉安府安福县五里坪，祖先于明朝洪武年间入川，定居于今石井铺乡肖家营。其后裔分居于卫子、白果、柏林沟、太公等乡镇。

杨姓，《杨氏宗祠》记载，原籍陕西省岐山县。始祖杨述先，于明朝洪武年间经商入广元，初居广元县曾家乡，后迁居现虎跳镇。

吴姓，原籍江南巢县。始祖吴信（亦名无欺），于明永乐三年（1405年）叙功封龙潭驿昭信校尉，世袭百户，随职迁徙，定居昭化石盘村，后族人分居昭化、大朝、朝阳、沙坝等乡镇。

陆姓，据《广元陆氏宗谱》记载，祖系南京苏州府昆山县第二十五保人氏，始祖陆添福于明朝洪武二十四年领军择占于四川利州（广元）柏龙驿（柏林沟）。其后裔分居于石井铺、柏林沟、文村等乡镇。

胡姓，据传原籍湖北麻城孝感，于明朝洪武年间入川，定居昭化。其后裔分居于射箭、明觉、白果等乡镇。

何姓，据《何氏族谱》记，原籍湖北省麻城县，始祖何文、何武，于明洪武二十四年（1391 年）入境，初居虎跳驿（现虎跳镇）。

赵姓，据传原籍陕西街州，始祖赵金于明洪武二十四年（1391 年）入川，定居柏林沟谭家坪，后世子孙分居于石井铺、太公等乡镇。

范姓，据传原籍湖北麻城孝感，于明洪武二十四年（1391 年）入川，初定居于南部县猪槽垭，后裔分支迁居剑阁县木马寺。清朝初年，范计华三兄弟从木马寺迁到今白果、陈江等乡镇，后世子孙多居于此。

第三章　习　俗

第一节　节　日

一、夏历节日

春节：即夏历过年的节日。指夏历年底除夕（腊月二十九或三十）至正月初一。其实，古来昭化广元境域人们形成习惯，在腊月初八（即腊八节）以后即进入过年准备阶段，除夕夜即夏历年新旧交接点，历夜俗称“过年”，由此进入“春节”，到过完正月初七才算结束。随着人们生活水平逐渐提高，新年的正月初一至十五也作为过年的时间，并渐成民间习惯。旧俗过年，民间有“一鸡、二犬、三猪、四羊、五牛、六马、七人、八蚕、九龙、十虎、十一猫、十二鼠”之说，即正月初一开始每天都有相应的动物过年。家禽家畜到了相应的这一天，就要喂上好饲料，不能打骂、役使和屠宰，且焚香拜神祈求兴旺，对“鼠”等则诅咒其灭绝。

从初二日起，亲友间相互拜新年，至亲好友要送礼品。初五不能走亲戚，因说这是“破五”。城乡民众自发组织的狮灯、龙灯、车车灯、走马灯、蚌壳灯、踩高跷陆续登场。夜里串乡玩灯时，各家各户都要摆阵烧火花，玩者进院落、破阵皆要说吉利话（四句），户主多办酒席招待，直闹腾到正月十五（元宵节，古称上元节）。闹元宵的当夜是众灯齐会，尽情欢娱，然后集中烧掉，叫“倒灯”。表示新一此结束，各行各业开始活动。俗语云：“十五烧了门前灯，各念各的老门经。”春节期间，乡村邻友还要相互请吃酒席，叫请春酒（又叫请年酒），表示友好。

中华人民共和国成立后，政府和人们仍重视过春节，党政领导登门慰问烈军属、五保户、离退休职工、困难群众等，不再搞封建迷信活动。反映新内容的文艺活动随处可见，春节联欢晚会、歌舞晚会、戏曲晚会好戏连台。

腊月初八：全天不能动酸菜缸，而是将大米、豆子、花生、枣子、萝卜、白菜、肉丁等混合煮在一起吃，谓之吃“腊八粥”，以求健康长寿。农村还要在核桃等果树上砍口子涂上“腊八粥”，据说来年果树肯结实。这之后就积极投入备办年货，购置老小穿戴的新衣服（谓之换新），杀年猪，吃庖汤，煮醪糟，推汤圆粉，备蔬菜、佐料，做品种不同的糖食，蒸馍馍。年底还要大扫除（打“扬尘”），垒土理坟等。

祭灶日：腊月二十三日，传说这天是送“灶神”上天“奏善事”的日子。灶头的墙上贴上“上天奏善事，下地降吉祥”的对联，中间贴灶神爷像。有的人家年底还在所有门上贴春联，贴“福”字，门前挂灯笼等。

除夕：年末最后一天，月大为三十，月小为二十九，习惯叫“三十夜”。这一天要辞岁、接灶、迎神，并准备丰盛的佳肴美酒，全家老小在一起吃“团年饭”。在旧时，饭前要先在堂屋正上方贴有“天地君亲师位”几个大字（民国时有的将君字改为国字）的祖先牌位下摆供品（鸡鱼猪肉等）、美酒，点香烛。香火要以旺为佳，以求未来荣华富贵。晚间要守夜到天明，谓之“守岁”。火也要烧得旺，语云“三十夜的火，十四夜的灯”。晚辈要向长者“辞岁”。鸡叫三遍后“出天行”——堂屋门上贴“天行已过”的红纸帖子，放鞭炮。猪牛圈门上、河边、井边都点上香烛。全家人穿一身新，小孩给长辈磕头拜年，大人给小孩新年钱。互说吉庆话，表示庆贺。年前还要担满一缸水，扫净地面，希望来年财源滚滚。有的地方大年三十不能洗头洗脚，吃饭不能汤泡饭。饭菜做得很多，吃不完下顿再吃，以示年年有余。初一不能扫地、洒水，以免把财运扫走或漏走。初一清晨吃汤圆、抄手、臊子面等。邻里相见，相互见礼、贺年。农村多数地方的人都会特意打扮一番，到处闲逛串门看稀奇热闹，或下棋、打牌、看戏、打秋千、拔河、赛锣鼓等等，尽情玩乐。

清明节：每年4月5日（公历）前后，是祭祀的日子。给祖先坟上添土、点香烛、烧纸钱，给坟头挂上用“钱钻”在白皮纸上钻成的花，叫“挂坟”。再摆上酒肉悼念祖先，祭奠亡魂，统称扫墓。有的宗族还办清明会。中华人民共和国成立后，共青团、少先队组织在此期间组织祭扫革命烈士墓，对青少年进行革命传统教育。

端午节：五月初五，又称为“端阳节”“天中节”。家家户户吃粽子，喝“雄黄酒”，并用酒涂抹耳鼻，门上挂艾蒿和菖蒲以示避邪，在一些大江大河划龙舟。中华人民共和国成立后，学校对学生进行爱国主义教育，以纪念屈原，并开展一些体育活动。

天贶节：俗称“六月六晒衣服”，以为这天太阳光最强、温度高，晒书画、衣服就不会被虫蛀。患脚气病的人，这天撒灰在地上踏出脚印让太阳晒，据说这样能治疗脚上的病。

乞巧节：即七月七日之夜，又称“七夕节”“七桥节”“女儿节”“情人节”，是中国传统节日中最具浪漫色彩的一个节日。传说牛郎织女这天夜里在鹊桥相会，象征相爱男女的会见难能可贵。是日夜，大户人家的姐妹、同学、好友欢聚一堂，在桌上放一碗清水，将她亲手培育的绿豆芽以年龄大小为顺序，将豆芽掐一根放入水中，在灯光中看显影形状，若是喜鹊闹梅或男女相会则皆大欢喜；若是不祥之物，则再掐豆芽入水至显吉祥图案。事后聚餐，称“扫巧会”。

中元节：即七月十五日，也称“鬼节”“七月半”。道家称为“地宫赦罪之辰”。民间封纸钱给祖先当晚烧化，佛家设盂兰盆会以荐亡魂。中华人民共和国成立后，城乡多不重视这个节日。

中秋节：八月十五日夜赏月，以示合家团圆。晚间，全家老小对着月光聚集在一起拜月，吃月饼、水果，亲切交谈。

夫子会：即八月二十七日，纪念孔子的生日。私塾学生要给老师送礼拜节，或请老师到家中吃饭。民国及以前，地方官员要到文庙祭孔。中华人民共和国成立后，此节逐渐淡化。

重阳节：九月九日，过去叫重九。此时正是天高云淡、秋高气爽的日子。人们喜欢在这一天登高望远，饮酒赏菊等。现为老人节。人们在这天开展敬老活动。

二、公历节日

中华民国时期：1月1日，元旦节；3月12日，植树节；4月4日，儿童节；6月6日，教师节；7月7日，抗战节；8月15日，日本投降纪念日；9月3日，抗日战争胜利纪念日；10月10日，国庆节（中华民国成立日），又名双十节；11月12日，孙中山诞辰纪念日。

中华人民共和国成立后：1月1日，元旦节；3月8日，国际妇女节；3月12日，植树节；5月1日，国际劳动节；5月4日，青年节；6月1日，国际儿童节；7月1日，中国共产党建党节；8月1日，中国人民解放军建军节；9月10日，教师节；10月1日，国庆节。

第二节　风俗礼仪

一、婚娶

民国前，民间婚姻遵"父母之命，媒妁之言"的传统。有"同宗不婚，辈分不合、异父同母、异母同父不婚"的规矩。对无子女的夫妻，允许其养女、扶子，有女无子的以女抱儿成婚。也有交换婚等习俗。封建婚姻操办程序大略如下：

许话：先由父母选择"门当户对"之家，托媒人（红叶）到女家联婚，各请算命先生"合八字"（生辰属相），如无"相尅"，始能议婚。女方父母允诺后，去男家看门户，即了解其家庭经济情况，房产、土地等。男方给女方送礼物，由"红叶"送至女方，受礼为定，拒绝即表示不同意。

作揖：亦称作准揖。男方送"四色礼"给女方，即正式订亲。大户人家，礼物中有金银首饰，各种衣料，化妆用品，各式糕点，此为"纳聘礼"。

作大揖：也叫"过礼"。即男方按女方提出的礼单备妥后，由女婿正式送到女家拜认岳父、岳母，岳父家备办酒席请亲房本族接见，互认大小。但订婚男女仍不能相互见面。

开年庚：即送请婚期贴。男方提出婚期，女方再开出"生庚帖子"交男方，男女双方协商择定结婚日期。

过酒席：即结婚。其礼仪隆重烦琐，完婚之时男女双方都要张灯结彩，吹唢呐，放鞭炮，宴嘉宾。婚礼前一日男方备齐礼物，邀请红叶、取亲娘子，押礼、代揖、接运赔奁人员、轿夫等组成迎亲队伍至女家。迎亲前，新娘在卯时"上梳"，有其他姑娘陪坐哭嫁；上轿前由兄或弟背至堂屋，拜别爹娘，辞别祖宗，坐东向西，脚踩斗米梳头，由未婚弟弟押轿，并将陪嫁物（家具和箱、笼、罩、被）随同新娘送到男家。男方知客迎轿依程序喊礼、接路、拜堂，拜祖宗、拜父母、夫妻交拜（进行家史教育），然后送新婚夫妻进洞房。新郎揭去新娘盖头（遮脸帕），并坐床沿，对饮"交杯酒"。当夜青年朋友闹房。新婚夫妇入寝时先男后女。第二天男家还要待一天客，叫谢客。三天后夫妻双双回门（同回女家）。婚后感情不和或无子女，男可纳妾，女则必遵"嫁鸡随鸡，嫁狗随狗"之俗规而隐忍，稍有不羁，必遭唾弃，而为人所耻。

除新婚（初次婚姻）外，婚姻形式还有：

童养媳：是将幼女交他家抚养，成人后与抚养者的儿子结婚，完婚时叫梳头。这种婚姻，一般都是女大男小，所谓"18女儿9岁男"的民谣即指此。给妇女造成终身痛苦。

"抱儿子"：男到女家，俗称古称"螟蛉"。即无子者，以女招婿。一般都要请客通过家族撰写

“抱约”，改为女方姓氏。婚后，其子女随母姓。

续弦：即妻亡另娶。

转房：弟兄间死去兄或弟，其嫂或弟媳改嫁给弟或兄为妻。

填房：丈夫身亡，其妻同原夫同族堂弟兄结婚。

上门：死去丈夫，女方招夫到女家，其夫称“上门汉”。

1951 年 5 月，政务院颁发《中华人民共和国婚姻法》，彻底废除“父母之命，媒妁之言，三从四德”“六礼”成亲的封建婚姻制度，实行一夫一妻，男女平等，自由恋爱。也有经人撮合，男女双方相互交往而订婚的，称“撮合人”为介绍人。男女符合法定年龄，同到乡镇人民政府申请登记（从 2006 年起到区民政局办理）。领到结婚证后，备办糖果、烟茶或筵席，邀请亲友参加，由主婚人宣读结婚证书，亲朋以简短言词祝贺，青年男女热闹一阵，即为婚礼。结婚后和睦相处，共建家园，出现了不少模范夫妻。如果结婚后感情不和，志向不合，经亲朋劝解和有关机关调解无效，双方可按《婚姻法》规定到有关部门申请办理离婚手续。

1978 年中共十一届三中全会后，实行改革开放，经济不断发展，人民生活发生根本变化，城乡婚礼由简而奢，大办筵席，广请宾客，收受礼物之风日甚。被请者碍于情面，一般都要送礼送物，并相互攀比，以致经济负担，因而颇受人怨。但也有新事新办者，如从简办婚礼、集体举行婚礼、旅行结婚等。

二、丧葬

民间有“人死望入棺、入棺望入土”之说，入土有木棺殓尸，石砌坟头，立碑为纪的传统。凡年满 50 岁的，一般都要预制棺材（枋子）和寿衣备用。病危时要专人告知至亲。尤其是女性，必先报知娘家，谓之“活时报病”。快要停止呼吸时，先将棺木移置堂屋。死后（停止呼吸），全家哭泣，即于床前烧“倒头纸”，对死者男剃发，女梳妆，沐浴净身，穿好或 3 或 5 或 7 或 9（即上 5 下 3 或上 7 下 5 或上 9 下 7）件衣物，戴好新帽子或包黑色帕子，脚穿新鞋袜，移尸于堂屋设置的木板或席上仰卧，脸盖金表纸或草纸，脚前点灯，设香案，置化纸炉，亲属“披麻戴孝”，头拖白孝布，腰束丝麻，或穿白衣、白鞋，手执白纸条缠的短竹棒为教杖，俗称“哭丧棒”。随即专程向至亲好友报死拜孝，待亲友到齐，孝子跪禀病情，以及穿多少寿衣，装什么棺木，扎多大灵房，做几天道场，拟安葬于何处。众亲瞻仰遗容无异议后，方移尸入棺。棺木底部筛柏树叶薄灰，以酒杯按死者岁数印圈于灰上，一肘挂一袋与其寿数相等的小面饼（叫“打狗饼”），另一肘挂一袋内装纸钱（叫“赏钱”），四周空隙用纸包的柏树枝填塞，盖红色布被，然后盖棺，这一过程谓之“大殓”。棺前置死者名讳牌位（即灵牌子）于灵堂，陈列各种干鲜果品、猪头、酒等于供桌，权势之家还用黄白纸制“金山”“银山”“金童”“玉女”和若干纸人带枪侍立灵位两侧。亲友所送祭联，屏障悬挂灵堂，孝男、孝女立于灵位前后，凡亲友往吊，孝子叩头致谢。

家贫者死后三日内安埋，谓之“三天成行”。不择期，少忌讳，俗称“葬闷坟”。殷实之家，则请术士（阴阳先生和“地仙”）选择坟址和吉期，定向、定位、挖坑、定时安葬。在出殡前，举行祭奠，朗读祭文，颂扬死者生前之功德。由子或孙端其灵牌，余亲高举黄、蓝、白三色纸各连接七八尺长的条幅，上写死者名讳的“引魂幡”前行，并在棺盖上放只雄鸡随抬，孝男孝女伴棺哭走，纸扎“灵房”及其他祀物随其前后，锣鼓唢呐吹打，鞭炮齐鸣，扶棺放入“井内”（坟坑），由“地仙”校正向位，“道士”“主礼人”先后各说其词而掩土砌坟。随后立碑。初葬三日，每天黄昏烧香、烛、纸和火一堆于坟前。其后以死日起计，每七天烧纸一次，直至七个七天为止。满一百天烧纸祭奠，叫“烧百期”；满一年烧纸，叫“烧周年”；满三年更为隆重，请道士“做道场”，备筵席酬谢亲朋。期间，一般“百期”之内，子孙不理发，不出远门，叫“护孝”。如“地仙”示知，因死者属相和死日禁忌，不能及时安葬的，则把盛尸棺木停放指定地，以瓦片、石板或茅草加盖遮日避雨，叫“殡子”，待禁忌时满，方能安葬。

1950 年以后，人民政府号召节约办丧事，并逐步改革丧葬中的陋习，民间不拖白孝布、叩头、做道场等，实行袖戴黑纱，开追悼会，寄托哀思，仍以棺木土葬。1998 年，元坝区开展殡葬改革，推行火葬。20 世纪 80 年代以后，渐行丧事大操大办之风，有人按上述繁文缛节行事。入 21 世纪以后风气更盛。讲排场，比规模，铺张浪费之风日盛，让人感到与“红喜事（结婚）”有许多相似之处，谓之“白喜事”，虽有不满，但无可奈何，且往往自陷其中。

三、喜庆

满月酒：旧俗认为，小孩出生后，产妇听到来家的第一个家外人的声音，就叫“逢生”。主人家即煮醪糟鸡蛋相待，认为小孩将来的为人、处世和性格在很大程度上会与“逢生者”相似。第二天女婿专程到岳父母家报喜，告知是男还是女。满月的当天，办酒席请亲戚朋友，作客者亦必须送礼物；满五个月后就给小孩尝油，叫开“五荤”；小孩满周岁时，摆出书、剪、脂粉、食物等种种东西，任孩子抓，视其先抓某一件，可以“预知”孩子将来的特性、爱好，叫“抓周”。

喜酒：旧习，婚丧嫁娶，亲朋好友总要送礼以示心意，主人要办酒席答谢，民间叫吃“喜酒”。中华人民共和国成立后，人民政府号召婚丧从简，不允许搞大吃大喝、铺张浪费。但是 20 世纪 80 年代人民生活好转后，大操大办之风日渐盛行，“儿子结婚，爹妈欠债”的现象重新出现。虽倡导从俭办理婚事、丧事，有青年男女自觉举行集体婚礼，但大办宴席之风并无根本好转。

乔迁：新居落成，乔迁既定，旧俗要备办酒席感谢帮忙的人和前来恭贺的邻友，来者要给主人家赠送礼物，表示祝贺。

祝寿：传统习惯要给六旬以上的老人设宴祝寿。儿孙祝贺长辈健康长寿，以表示子孙孝心。富有者也有不分老少，借生日聚亲友吃耍玩乐；个别有权势者借机“请客”，以图敛财。年岁愈高，祝寿愈隆重。子女多者，轮流操办。

拜师：民间有“养儿不学艺，担断箩篼系”“天干饿不死手艺人”之说。对子弟拜师学艺非常重视，凡业医务、工艺者，皆有师传。凡投师，必订“投师文约”，经协议后，给押师钱。择吉日请师傅、推荐人、证人及亲友，办筵席举行立约仪式，书写“投师文约”，师傅、证人、推荐人、立约人签名画押。3 年学满，择吉日办酒席，请亲朋谢师后，即可单独行业，故又叫“出师”。学医的，叫“装包”，请师傅上坐首席，其徒手捧谢师礼物，长跪席前呈诉誓言，其师收礼，闻誓后郑重嘱咐，叫“封赠”，道：“×××从即日起悬壶行医，千家有请，万户来迎，救男成对，救女成双，行一方亮一方，走一地显一地。不问白天黑夜，不畏山高路远，以救人为本，有请必往……师道尊严，切切此望。”

四、称谓

称谓，依血缘、辈分、姻亲关系而定。元坝区境内在称谓上，城乡大体相同。

父亲——爸爸、爹

母亲——妈、妈妈、娘

祖父（父亲之父）——爷爷

曾祖父（祖父之父）——祖爷、祖祖

祖母（祖父之配偶）——婆婆、奶奶

曾祖母（曾祖父之配偶）——祖婆、祖祖、老奶奶

父亲的兄长称伯父、伯伯，父亲的弟弟称叔父、叔叔，或以其在父辈中的排行称大爹、二爹……或大爸、二爸……今柳桥乡、元坝镇、昭化镇的居民习惯称之为“老老”；他们的配偶，对应称：大妈、二妈……或大婶、二婶……

父辈同胞弟兄之子女互为父辈的侄儿侄女；姑妈的子女为父辈的外侄；父系与母系低一辈的子女互为表兄弟、表姐妹。

岳父——干爹、爹、爸爸

岳母——干妈、妈、干娘

姑姑——父亲的姐妹。亦可加排行称呼“大姑”“二姑”…… 今柳桥乡、元坝镇、昭化镇的居民习惯称之为“姐姐”。

姑父——姑姑的丈夫。习惯加上姓氏或排行称呼，如“王姑父”“二姑父”。读音“儿化”以示亲热。亦有称姑爹的。

姨姨——母亲的姐妹。或加排行称呼，如“大姨”“二姨”……亦有称“姑姑”“娘娘”（ 阴平声调的 niang 读音）。

姨父——姨姨的丈夫。习惯加上姓氏或排行称呼，如“大姨父” “二姨父”……亦有称“姑父”的。

同胞姐妹的丈夫——连襟兄弟，互称“哥”“弟”。关系亲和随便的则互称“老挑”，二者之间的关系被人称为“挑担子”。

外爷——母亲的父亲。也有称“外公”的。

外婆——母亲的母亲。随着社会的发展变化，今也有孩子（主要是城市居民的子女）将母亲的父母分别称爷爷、婆婆。

舅舅——母亲的哥哥、弟弟。也可以其兄弟间的排行加序称呼，如“大舅”“二舅”……

舅母——舅舅的配偶。也可随舅舅的排序称呼，如“大舅母”“二舅母”……

外甥——同胞姐妹的儿子。

外侄女——同胞姐妹的女儿。

互为兄妹或姐弟者之子互称老表。也可加排行称，如大老表，二老表等。也有按年龄互称表哥、表弟。互为兄妹或姐弟者之女则互称表姐、表妹。

与父母亲同辈的非近亲男性长辈泛称“表叔”。

同胞弟兄的配偶间属妯娌关系，互称“旋后（音）”。

父或母亡故而再婚者，子女对继任配偶或称之为“爸”“ 妈”，或称之为“叔”“姨”。

部分好迷信者，为保子女不遭波折，成长顺利，将其子女拜寄他人，称之为干老子（干爹）、干妈（干娘）；干爹、干妈视其为义子、义女，称干儿、干女。

五、礼让

人际交往从来讲究恭让谦和、文明礼貌。路上相遇，尊称问好；久别重逢，握手寒暄，甚至请至家中款待，握别、送别、道再见。待客要给客人拈菜、劝酒、斟酒、劝饭、沏茶，添饭不能过满。作客要文雅、客气，拈菜不要拈对方前的，也不能多拈。交谈不要抢白，不要打断对方的说话，忌讳包

满口的饭菜大声说话；更忌讳当众打喷嚏。饮酒不能过量。酒后不能胡言，否则就叫“失格”。问路，要视其年龄、性别、恰当而礼貌地称呼，问语加上“请”字。路上、桥上、车上相逢，无论是否相识，一般都是少让长、大让小，轻让重，空手让负荷者，避免不礼貌的行为发生。上车船或购东西，人多，自觉排队，遵守公共秩序，否则受人鄙视。

六、庙会

乡民过去赶庙会，不仅进香拜神，而且进行物资交流，开展文化娱乐活动（会期以夏历月日为准）。

药王会：正月初三，当地名老中医主持收礼，请客宴饮。

文昌会：二月初二，乡村会首事先到各家各凑一升大小麦或一升谷子，到做会这天聚集起来共相宴饮，作为办会。文昌会亦叫“文王会”。

观音会：传说二月十九日，为观音的诞生日，六月十九日为观音拜师日，九月十九日为观音成佛日，善男信女均要参拜观音，唱戏、打秋千、尽情欢乐，以乞观音救苦救难。

娘娘会：三月初三，朝拜“送子娘娘”赐子。

城隍会：三月十五日，城乡居民上城隍庙进香，恭迎城隍出巡。是日中午，照封建王朝出巡的样式，吹吹打打，轿抬木刻城隍爷上街巡行。家家户户烧柏枝，献香茗，求城隍保佑。十六日为正会，求神还愿，香戏赶集，一般要闹热二十天左右，最长可达月余。

佛祖会：传说四月八日是佛祖的生日，嫁毛毛虫，即在一块纸上写：“佛祖勒令，佛生四月八，毛虫今日嫁，嫁到青山去，永世不还家。”贴于门枋或墙头，并不开展纪念活动。

土地会：七月七日办会。有庙产的由会首主办，给土地爷彩绘换袍，请地方豪绅大户赴宴，但当地乡民出钱粮，却只能搞祭礼活动凑热闹。无庙产的则由当地乡民自动向土地爷烧钱化纸、杀鸡宰鹅祭奠，望保青苗，求丰收，防兽虫害。

财神会：七月二十日赶会，商贾摊贩，向财神进香，尤其踊跃。

关圣会：传说九月十三日是关羽的生日，由青红帮组织活动，会期当天齐集庙中举行仪式。

牛王会：传说十月初一是牛王会期，耕牛要休息一天。农民按邻里关系十户、二十户或几村轮流办会。保护耕牛，望获丰收。会员户各出一升粮食会餐，讲究肉大酒丰。太公镇等地办牛王会时喜欢吃豆腐席。

川主会：大朝乡云台山顶建有川主庙，每年正月初一至十五、十六日和六月二十一日至二十五日香火甚旺。中华人民共和国成立后，原道士何守清回山守庙，香火仍旺。每逢庙会，十分热闹。20世纪60—70年代，庙会处于低潮。80年代以后，庙会又逐渐兴起，日趋兴盛。

第三节 方　言

境内居民沿袭了先辈的一些词汇及其发音方法。这些词的使用有的具有普遍性，有的具有区域性，有的仅是在年龄较长的人口中存在，有的是老少居民至今仍在使用。某些词在普通话里无其声韵，不能以字录写，某些词在普通话中或有其声而无其韵，或有其韵而无其声，某些词虽在普通话中有其声韵但声调不同，具有地方特色。本志未详尽收录，仅列述部分。

一、在普通话里无字可录写的词

这些词存在于民间日常口语之中，但在普通话里无相应汉字可以录写，因而只能借助拼音的方法模拟其发音。常见的有以下一些词：

“没见他 niong 了”“你 niong 一下”里的“niong”，普通话里即“动”的意思。原句意分别为：没见他动了、你动一下。有些地方人们口语中说的是“niu”，其意与 niong 同。

“往河那边 zhuai 石头”里的“zhuai”，普通话里即“投”“丢”的意思。原句意为：往河那边丢石头。

“你叫我 zhua 子”里的“zhua 子”，普通话里即“有什么事”的意思，“zhua”也为此意。原句意为：你叫我有什么事？“你叫我干 ha 子”里的“ha 子”，普通话里即“啥”“什么”之意。“ha”也为此意。原句意为：你叫我干什么？

“手都冻 zhua 了”里的“zhua”，普通话里即“僵”的意思。原句意为：手都冻僵了。

“打他一 ha”“等他一 ha”里的“ha”，普通话里即量词“下”的意思。原句意分别为：打他一下、等他一下。

“不忙，等一 ha 儿我就来”里的“一 ha 儿”，普通话里即“一会儿”的意思。原句意为：不忙，等一会儿我就来。有时又说为“不忙，等一 gang 儿我就来”，其中的“一 gang 儿”与“一 ha 儿”同意。

“吃 ga ga”里的“ga ga”，普通话里即“肉食”之意。原句意为：吃肉。

“你为啥在这儿 miang 起”里的“miang 起”，普通话里即“发呆”之意。原句意为：你为啥在这儿发呆。

“dia 东西”里的“dia”，普通话里即“往上提”的意思。原句意为“提东西”。

“你的手很 bin 人”里的“bin”，意为让人接触后感到其温度很低，非普通话里名词“冰块”。原句意为：你的手使人感到冷冻。

二、在普通话里有其字但声韵调地方化的词

（一）声母的地方化

普通话里声母为“s”，与“u”韵或韵头为“u”的韵相拼而发音的词，元坝镇傍南山的村组及周边地区的一些居民，发音时习惯变声母为“f”。如：读书（fu）、耍水（fa fei）、爬树（fu），等。

某些词在普通话里发音时为零声母，但元坝人日常口语中常常成了舌根音声母“ŋ”。如：我（ŋo）、哀（ŋai）、欧（ŋou）、额（ŋê）等。

元坝人说话时无翘舌声母。在普通话中用翘舌声母发音的词，元坝人都是使用平舌。如：张（zang）王李赵（zao）、执（zi）行、职（zi）务、吃（ci）饭、说（suo）事（si）情，等。

在普通话里发音时声母有鼻音“n”和边音“l”之别的一些词，元坝人在口语中几乎无什么区别。如普通话中的“拿、怒、男、奈”等，发音时声母为“n”，但元坝人发音时由于鼻腔气流微弱，鼻音不够，听起来与“l”声母字“腊、路、蓝、赖”等无区别。

有些现代方言中声母“j”与韵母“ai”相拼的词（普通话为声母“j”与韵母“ie”相拼），则在发音时声母为“g”。如：街（gai）道、上街（gai）、解（gai）放军、解（gai）散等。

（二）韵母的地方化

现代方言中一些含“ie”韵的词，元坝人发音时为“ia”韵。如：割麦（mia）子，给病人摸脉

(mia)，脸上有锅墨（mia）（结在锅底上的黑色烟灰），丧德（dia），请你默（mia）一下（回忆、思考）等。

现代方言中含“ê”韵的词（普通话中大多归于“e”韵），元坝人则在发音时为“a”韵。如：天黑（ha）了，来客（ka）人了，咳（ka）嗽，用木条隔（ga）开等等。

境内与剑阁县鹤龄、木马等地为邻的陈江、青牛乡等局部地方，人们说话时“an”韵与“ang”韵不分。一些“an”韵的词，人们发音时成了“ang”韵。如：吃的是干（gang）饭，打的是篮(lang）球。

元坝人口语中没有后鼻韵，在普通话中为后鼻韵“eng”“ing”的词，元坝人在发音时相应地都是“en”韵和“in”韵（同时不用翘舌声母）。如：正（zen）直、成（cen）功、声（sen）音、胜(sen）利、精（jin）神、清（qin）水、醒（xin）目等等。

（三）声调的地方化

对一些在普通话中首字为阳平声调的词，发音时将首字的语气加重，声调近似普通话里的去声，且有一个声调由下到上再到下，语气由轻到重再到轻的过程。这种情况主要存在于张家乡、虎跳镇、太公镇及其周边邻近乡村的居民口中。如：“馒头”中的“馒”，发音时近似普通话里的“漫”的发音；“文章”中的“文”，发音时近似普通话里的“问”的发音；“明天”中的“明”，发音近似普通话里“命”的发音。对一些在普通话中首字为阴平声调的词，发音时首字语气短而急促，声调近似古入声。这种情况主要存在于元坝镇一些农村居民口中。如：“车站”中的“车”，发音与方言中“撤出”的“撤”发音相近。

注：现代方言中“ie”韵、“ê”韵的词发音时分别为“ia”韵和“a”韵，以及声母“j”与韵母“ai”相拼时变声母为“g”这些情况，主要存在于一些年龄偏大且没有受过正规现代汉语教育的人口中。随着现代汉语的发展特别是普通话的普及，以及这部分人的相继离世，上述说话的人今已越来越少。

第四节　生活习俗

一、衣着

中华人民共和国成立前，区境内城乡男子多穿长衫，讲究外套团花马褂，内衬白汗衫，袖口露出白边，叫“龙抬头”。穿中山服的也较普遍，穿西装被视为时髦。头戴丝缎小帽，有的戴礼帽（博士帽）。青壮年多留新平头以为时兴，妇女多穿满大襟短衣，阔的穿旗袍，男女皆穿长筒袜子。穿布鞋、皮鞋、胶鞋的均有，以布鞋为主。贫寒者多穿草鞋，有布巾子、麻窝子、满耳子，有稻草鞋、蓑草鞋等式样。

农民也穿长衫，但多是粗窄布（土布）制的。妇女穿短衣多，稍富点的即穿“阴丹蓝”料质的，男女农民在夏季多以白布作汗衣（汗褂），挽布疙瘩纽子。男式对门襟，女式琵琶襟，也有满大襟。男女头上都兴包帕子，5~7尺长。富裕的老年人和少数中青年人才包黑色丝帕。青年农民能戴黑缎子瓜皮（八牙）帽算是漂亮的。未出阁的闺女喜用大红大绿的染花布做衣裤，长辫子上扎头绳。婚后妇女将头发挽成一个圆饼状。贴在脑后再用簪子别起来。富裕的戴头花、戒指、耳环、镯子等金银首饰。妇女一般要系围腰。

中华人民共和国成立后，男改穿对门襟短服，留各式发型。女改发髻编双辫、单辫或剪短发。中山服、列宁服、军便服、工农服、青年服、学生服，各色各式的衬衫、纱织汗衫、线织衣裤、各色各式胶鞋、皮鞋、凉鞋、布鞋各有穿用。裤脚以男 8 寸、女 7 寸为主，青年有穿小管裤的，穿裙子的极少。“文化大革命”期间，城市知青上山下乡，工厂内迁，人们着装发生了很大变化。流行穿黄军装、蓝工作服，戴黄军帽。其发型男有大小平头、大小圆头、青年头，女剪各式短发。20 世纪 80 年代，男女着装进入多样化，紧腰式、宽松式并行，男以“开刀式”“卡曲式”“夹克式”“牛仔服”为基本形式而向多样化发展；女以“卡腰”“宽松”两类为基本形式的各式各色的长、短裙，市售成品服装较多。20 世纪 90 年代后，随着改革开放的深入，中西服饰合璧，款式纷呈，人们对穿着更为讲究，关注的不仅是外在的形态，更关注气质的展现，展示出自信、成功、魅力、时尚的精神风貌。

国家机关的公、检、法、司、税务、财政、工商、物价、邮电、交通、防疫等单位，均按规范定制，发给工作人员标有专徽的服装。

二、饮食

区境内生产稻谷、小麦、玉米，大米、麦面是主食，全区农村普产黄豆、豌豆、胡豆等多种杂粮。在农村每年冬季家家户户要“杀年猪”，肉腌后熏干，匀着吃一年。城镇居民以大米、麦面为主，不杀年猪，常买鲜肉、鲜菜吃。农村办宴席，尽管民之衣食不丰，而年头岁尾、生日、满月、红白喜事等，不问贫富，均有亲友互拜相庆之习。主家全力招待。传统为每席 8 人，先酒菜后饭再汤。菜肴为咸甜相间之“十大碗”加“干碟子”“十碗加一品碗或三品碗”的十三花。其制作，时有变化，而总以猪肉为主，必具两碗大片肥蒸肉。富者减肥肉，代以鸡、鱼；贫者减肉类，代以瓜果薯芋。以蒸、烹、油炸、炖为主要制作之法。到 20 世纪 90 年代，渐兴碗以盘代，肥以瘦替，煎、炒为主要制作之法。还添各种海味、凉菜和火锅等。2000 年后，城乡饮食差异逐步缩小。

三、居住

中华人民共和国成立前，区境内城乡多是穿斗木结构的平房，檐高一般为 4 米，形式分五柱口、七柱口、九柱口，富裕之人加一楼层、一转角。城壕平民的房子矮小潮湿，农村有部分茅草房。中华人民共和国成立后，居住条件逐年改观。20 世纪 50—60 年代筑土墙房子，70 年代建砖瓦房，80 年代建预制构件的楼房，90 年代后部分农民在城镇建房，或购买商品房。2000 年后，城乡居住条件进一步改善，城镇房屋无论四室、三室、两室都带客厅和厨房、卫生间，更有跃式、别墅，尤为气派，农村独门独户多层小楼普遍出现。

四、赶场

区、乡镇所在地多有集镇，城乡居民盛行赶场，场期为每三日一赶：即一四七、二五八、三六九等日期逢赶场天。“大跃进”“文化大革命”期间场期曾改为七日场、十日场，“拨乱反正”后又恢复。主要是农民买卖农副产品，互通有无。民国及以前，区署、乡公所于各场设场头、客总各一人，负责管理集市及收费。中华人民共和国成立后，区、乡镇人民政府在场镇设税务稽征组，置市场交易员。1953 年后，设有市场管理委员会、工商所、税务所。今元坝区有 19 个集镇赶场，其中区镇为“百日场”（天天为场期），卫子、王家、磨滩、石井、太公、虎跳、昭化为隔日场，文村、柏林、清水、梅树、明觉、白果、黄龙、红岩、射箭、朝阳、沙坝为三日场。

五、借贷

民国时期，昭化县建有民间借贷组织，均被少数有权势者垄断。其主要形式有：

银利：民国初年，为银利加三（小钱和铜圆），即30%利率，借一千文钱到期还一千三百文。其后，由双方商定，分月息和年息，月息一般为50%，年息为20%～30%。

借粮：一般常用50%的利率，即借粮一斗到期还1.50斗。逾期不还则利滚利，第二年就要还2.25斗，如延期以此类推。

卖预货：（木耳、蚕丝等）在经济特困时，即采取这种办法。低于当时价格，新货上市，不管价格高多少，一律按原议价交货。

六、交易

生意人忌明说价格，用行话数字暗语成交。行商行话是：安、兔、壳、庆、兵、斌、文、善、作、成；商货药材行话是：刘、爷、汪、在、中、神、斜、张、爰、爵；牲畜牙行行话是：软、台、斜、叉、拐、龙、调、科、少、海……以上行话分别代表一至十个数字。双手在袖筒里摸手势，如用杠子、二仙会、三桃园、四季红、甩手儿、鸭公头、拐拐、叉叉、勾勾等暗语议价格。使一般人听不懂，以便保密。

第五节　陈规陋习

一、缠足

在民国以前，不管贫富，凡女孩，从小普遍用布条紧扎其足，以“三寸金莲”为美。其脚形成前尖后大，背隆突的畸形。民国5年（1916年）以后，偶见有人放足。其后，普遍放足。中华人民共和国成立后，此陋习废除。

二、吸毒

即吸大烟（鸦片）。民国时期，仅昭化城内就有一百余家烟店，至民国30年（1941年）后，还有40多户烟馆。当时男、妇多有吸大烟之嗜好，甚至政府设专卖“烟膏店”于各场镇。其后，时禁时种，售吸者时明时暗，除自家设灯吸食外，场镇、“幺店”皆有烟馆供人吸食，种、运、售、藏、吸者长期存在。其价昂贵，里人叫它“乌金”或“黑货”，时为万能之物。人以能吸而得意，民间有“不吸大烟不为耍”之说；又有“一世为官九世仙，要修十一、二世才能吸大烟”之谑语。吸者多致倾家荡产，家破人亡，妻离子散。1950年，人民政府下达严禁烟毒的命令，到1951年后，种、运、售、吸、藏者已基本禁绝。1990年以后，种、吸毒事件偶有发生，主要是种植罂粟、吸食海洛因或注射其他麻醉针剂，但均被区、乡镇政府及时处理。

三、赌博

民国时期，赌博成风。其赌具有“麻将”“纸牌”“骨牌”“骰子”。上层人物多打麻将，中层人物多打纸牌，农村多打骨牌。还有“掷骰子”“摇红宝”“推牌九”等等。城镇、乡村、水陆码头都设有赌场。因赌博而荡尽田产，衣食无着者甚多。1950 年后，人民政府颁布戒赌令，境内赌博陋习基本戒除。20 世纪 80 年代中期后，赌博之风渐生渐长，至 2007 年年末，社会上已普遍存在赌博现象。不过，下注金额较小，或在亲友相会时所为者，一般被视为娱乐而未加制止；对以赢利为目的，赌注在当时明显过大者，政府仍视作赌博而予以处理，并不定期开展专项行动进行打击。

四、婚姻

守寡：封建社会里丈夫死亡，妇女永世不改嫁称“守寡”“守节”“孀居”，谓之“贞节”。甚至仅订婚而死去未婚夫也不许另嫁，谓之守“望门寡”。

早婚：在民国及以前，年仅十二三岁的男孩即结婚，即大姑娘、小丈夫，农村更为严重。中华人民共和国成立后，贯彻《中华人民共和国婚姻法》，以满法定年龄为结婚的必要条件之一，上述恶习得以废除。

五、迷信

中华人民共和国成立前，人们传统地遵循“崇神道、信鬼蜮”之俗，从生到死的行止，无不伴以“迷信”。孕妇要“下镇安胎”，小孩出生后要“算命”，寄拜干爹或“禳改”。订婚要“合八字”，平时要“焚香敬神”，许愿还愿。有病，求“神符”“神水”“走阴”“跳神”“招魂”……甚至请道士、端公设坛做法事，驱邪下镇，过刀桥，爬刀树，禳星交钱，超度亡魂，庆坛神，乞求人兴、畜旺，年丰岁裕。即使下地劳动也敬土神，上山打柴亦要敬山神……凡举一事必择吉期。1950 年后，随人民政府政令贯彻和文化教育的发展，人们渐以唯物主义信念决定其行止，迷信习俗基本消失，迷信活动少有发生。20 世纪 80 年代中期以后，区境内迷信活动死灰复燃，并呈逐渐蔓延之势。至 2007 年年末，上述迷信活动在不同地区甚至一些机关部门或多或少地存在，还出现了个别以“看地”“算命”为业的人，俗称“阴阳先生”或“阴神子”，装神弄鬼，不一而足。

六、禁忌

在各行各业中，有共同和不同的各种禁忌。正月初一，不倒水于户外和地面，忌吃药、吵嘴、损坏器具等；除夕至正月初五，农具、工具，均封存禁用；正月二十日忌推磨；一年四季早晨忌说鬼、猴、虎、豹、蛇、落、滚、破、烂、倒、栽岩、落水、跌跟头……；凡外出忌“七”，归家忌“八”；初一不行嫁、十九不搬家、十七不埋葬……；每年立春后逢戊不动土和一切劳作，叫“忌戊”。清末民初，还以民俗伴以行政命令，乡间路口插“戊签”或挂牌，若犯了“戊”要撵牛，没收器具，甚至押人罚款。春分忌入林，说是雀鸟交配日，入林惊动，雀鸟要大耗粮食报复；惊蛰、重阳、冬至不用牛；白露不放鸡；端午不下地；腊月初八，不开酸菜缸；逢黑道日，不能举办喜事和旅行。若与当年干支相同之日，叫“太岁”，为修建，埋葬等开挖必忌之日。一般都选黄道吉日，而狩猎者又反其道而行，以黑道为佳。说话也有很多忌讳，建修忌说塌、倒、折、坏、败、病、死、穹、紧、卖……；烧瓦忌说红、垮、漏、烂……；埋坟、扫墓忌说灭、绝、败……；挖金忌说垮、塌、黑、亮、落、通、埋、葬……；船工忌说沉、淹、漏、翻……；行黑道者禁忌更多。1950 年以后，繁多的民间禁忌，皆随着社会的进步和公民素质的提高，逐步减少，但至今尚未完全消失。

第六节 传统美德

一、孝顺父母

无论贫富贵贱，“父母尽其教，子女尽其孝”“鸟有反哺，羊有跪乳”“百行孝为先”，上俸父母，下教子女的观念，世代授受而成俗。古时，犯上作乱，忤逆不孝，谋夫溺子，皆列不赦之律。随着社会主义法制社会的不断发展，法制逐步健全，《中华人民共和国宪法》《中华人民共和国婚姻法》《中华人民共和国老年人权益保障法》都明确规定：保护老人的合法权益；成年子女对父母有赡养和扶助的义务，禁止虐待老人。

二、尊师敬长

“一日为师，终身为父”“凡己之长，言行必敬”。凡徒受业期间必谨遵师言而行止。出师后按师传而施为。言行必有师，吃饭菜要双手献碗，默请敬师，再自己饮食。年、节、生日，必往师家拜祝。师有病，必在床前侍奉汤药；师逝，必奔丧举哀，敬献礼品，埋葬后，逢年过节必往坟前祭奠。凡长者必尊，行不越其前，坐不居其上，事不能占先，言不能无礼。否则，人们以“缺少家教”“不知礼仪”非议而鄙视。

第四章 谚语和歇后语

第一节 谚 语

一、衣食生活类：

饭后百步走，活到九十九。
一脉不合，周身不遂。
病从口入，祸从口出。
长工短工，腊月二十四满工。
当家才知米粮贵，养儿方知父母恩。
家贼难防，偷断房梁。
好话一句三冬暖，恶语伤人六月寒。
脚手勤，不受贫。
笑一笑，十年少；愁一愁，白了头。
穷不离猪，富不离书。
姜开味，蒜解毒，多吃萝卜壮筋骨。
听人劝，得一半。
人到事中迷，就怕没人提。
强中还有强中手，莫在人前夸海口。
三年学个勤汉，三天惯个懒人。
逢善不欺，逢恶不屈。

老老实实终久在，虚虚猾猾终久败。
严是爱，宽是害，不管不教要变坏。
吃药不投方，哪怕用船装。
鬼神本无心，不信自然无。
心正不怕飞来祸，树正不怕月影斜。
吃不穷、穿不穷，不会划算一辈子穷。
人怕伤心，树怕剥皮。
出门不弯腰，进门没柴烧。
这山望见那山高，到了那山没柴烧。
人穷怪屋基，没米怪筲箕。
出门三百步，另是一重天。
嘴不馋，少麻烦；心不贪，少牵连。
家和万事兴，不和事难成。
新三年、旧三年，缝缝补补再三年。
养儿不学艺，挑断箩篼系。
人怕老来穷，谷怕午时风。

二、农时种植类：

种田不用问，精耕多上粪。
种田不换种，累得背打拱。
桐子擂鼓，点的玉米不补。
芒种忙忙栽，夏至丢得开。
麦出火焰天，谷出泪涟涟。
清明前后，种瓜种豆。
做地不掏沟，犹如贼来偷。
麦倒一包糠，谷倒一包秧。
耕田不提角，耕到日头落。
三分种，七分管。
栽桑点桐，永世不穷。
有收无收在于水，多收少收在于肥。
人哄地皮，地哄肚皮。
苗苗匀得嫩，强于上道粪。
麦黄一天，蚕老一时。
春分点瓜，菠萝疙瘩。
寒露霜降，豌豆胡豆种在坡上。
种瓜得瓜，种豆得豆。
拌桶响，牛下田；草上树，田耕完。
误了一年春，十年理不伸。
地要深耕，儿要亲生。
要想富，门前屋后栽果树。

三、气象气候类：

人黄有病，天黄有雨。
久晴雀噪雨，久雨雀噪晴。
早上起来黑瓮瓮，晌午晒的钻茅笼。
风是雨的脚，风停雨就落。
一天黄沙三日雨，三日黄沙九天晴。
一年两头春，黄谷贵如金。
蜻蜓飞得低，明日雨淅淅。
天上起了瓦块云，晒得娃儿胯子疼。
春寒雨，夏寒晴。
惊蛰不冻，冷到芒种。
立夏三天遍地黄。
三伏不热，五谷难得。
清明要明，谷雨要淋。
立秋无雨万人愁。
热不过三伏，冷不过三九。
白露下雨，路白就下。
有雨天边亮，无雨顶上光。
先打后下，有雨不大。
霜打平地，雪压高山。
雷公先唱歌，有雨也不多。
早晨满天雾，尽管洗衣裤。
乌云把日揭，黄泥巴晒成铁。
雨来早饭罢，停要鸡歇架。
早雨晚晴，晒得钻林。
下雪不冷，化雪冷。
立夏不下，犁头高挂。
春分秋分，昼夜平分。
太阳反照，明天晒的鬼叫。
小满不满，江河干断。
秋裹伏，热得哭。
早上立了秋，下午冷飕飕。
冬至至长，夏至至短。

冬干不算干，春干断火烟。
过了七月半，梳头打扮三顿饭。
重阳没雨看十三，十三没雨一冬干。
母猪滚泥，大雨不息。
大雪小雪，烧锅不歇。
早叫（斑鸠叫）阴，晚叫晴，晌午叫，大雨淋。
清明前后有大风，谷雨前后有大雨。
七下八烂九天晴，初十还有一早晨。
云跑东，吹大风；云跑南，雨成团；云跑西，披蓑衣；云跑北，雨没得。

四、哲理警语类：

药不治假病，酒不解真愁。
儿不嫌母丑，狗不嫌家贫。
留得青山在，不怕没柴烧。
绳锯木断，水滴石穿。
三人一条心，黄土变成金。
话说三遍稳，篾缠三转紧。
要得人不知，除非己莫为。
官走衙门在，和尚走了庙子在。
水涨船高。
十个说客，抵不到一个戳客。
神仙打仗，凡人遭殃。
有钱难买早晓得。
一人成仙，鸡犬升天。
单丝不能成线，独木不能成林。
无风不起浪，无水不行船。
老鸦笑猪黑，自己不觉得。
不爬高山，哪知平地。
泡土不能深挖，响鼓不用重锤。
做到老学到老，还有三分没学到。
三分人才，七分打扮。
酒好不怕巷子深。
吃了人的口软，得了人的手软。
忍得一时之气，免得百日之忧。
三十年河东，四十年河西。
邻居处得好，犹如穿皮袄。
善有善报，恶有恶报，不是不报，时间未到。
人有人不同，花有几样红。
一嘴难辩百舌。
人怕出名，猪怕壮。
东方不亮，西方亮。
膏药一张，各有熬炼不同。
一颗耗子屎，弄坏一锅饭。
独柴难烧，独儿难教。
没得指甲子，不揽蒜瓣子。
手不逗虫，虫不咬手。
浪子回头金不换。
到处黄土养得人，到处黄土埋得坟。
财多累己，树大招风。
家有一老，犹如一宝。
不怕官，只怕管。

五、其他类：

二月二龙抬头，虫虫蚂蚁往外游。
地穷挖盖，人穷要赖。
一坐行三里，三早当一工。
要得知人心，害病遭年辰。
河里没鱼，市上有。
三句好话暖人心。
从小看大，三岁知老。
一张桌子四个角，说得脱的走得脱。
要得公道，打个颠倒。
人活一张脸，树活一张皮。
犁无三寸土，碗无二寸深。
你走你的阳关道，我过我的独木桥。
大路朝天，一人半边。
冷茶冷饭好吃，冷言冷语难受。
猴跳三遍没人看。
戏上有，世上有。
跟到好人学好人，跟到师娘子跳假神。
晴带雨伞，饱带干粮。
煮酒熬糖，各搞一行。
不怕不识货，就怕货比货。

眼前就是桃园洞，还在哪里找神仙。
一屋两头坐，生意各做各。
在家由家，出门由路。
口中说得莲花现，心里黑得像煤炭。
不见棺材不落泪，不到黄河心不干。
只听楼梯响，不见人下来。
跑了的鱼儿大，死了的娃儿乖。
你戳我的鼻子，我戳你的眼睛。
三天打鱼，两天晒网。
黄牛角，水牛角，大难临头各顾各。
狗咬吕洞宾，不识好人心。
本是鱼不是，反说网不牢。
有心开饭店，怕你大肚汉。
杀人三千，自损八百。
山中无老虎，猴子称霸王。
雷声大，雨点小。
人过留名，雁过留音。
大哥莫说二哥，鼻子莫说眼窝。
歪戴帽子斜穿衣，必定不是好东西。
只能胡吃，不能胡说。
油炒“波洛（音，方言，意‘疙瘩’）”菜，各人心所爱。

第二节　歇后语

二字类：

光脑壳打扬尘——莫（没）望。
聋子的耳朵——摆设。
城隍庙的鼓槌——一对。
财神爷放账——无利。
秃子跟着月亮走——沾光。
半天云里伸巴掌——高手。
脚板上擦油——溜了。
月亮坝里耍刀——明砍（侃）。
炒面捏娃娃——熟人。
大花脸的胡子——假的。
老婆子打粉——不嫩（论）。
四十年的寡妇——老守（手）。
胡子上贴膏药——毛病。
大姑娘坐轿子——头一回。
豌豆滚在磨眼里——遇圆（缘）。
筷子搭桥——难过。
孔子的毛巾——包书（输）。
耗子给猫拜年——讨好。
木脑壳跳河——不沉（成）。
擀面杖吹火——不通。
狗戴汤罐——胡乱碰。
刘备卖草鞋——有货。
闭着眼睛看东西——装瞎。
下雨不打伞——精淋（灵）。
玻璃菩萨——明神。
外甥打灯笼——照舅（旧）。
癞蛤蟆想吃天鹅肉——妄想。
厕所里开玩笑——臭逗。
灵房子走路——怪屋（物）。
茶铺里招手——壶（胡）来。
出了芽的蒜头——多心。
鸭子的脚板——连手。
诸葛亮吊孝——假的。
没头的苍蝇——乱撞。
半天云里吊口袋——装风（疯）。
旗杆上挂灯笼——高明。
油炸花生——干脆。
空中挂灯笼——悬（玄）了。
耗子碰见猫——难逃。
梁山军师——吴（无）用。
啄木官打洞——凭嘴。
狗吃粽子——不解（改）。
两手捧寿桃——有礼（理）。
老鼠爬秤钩——自秤（称）。

盲人吹喇叭——瞎吹。
四月间的桃花——谢了。
石板上栽花——无根。
死鬼要账——活该。
脑袋上顶娃娃——举人。
水煮石头——难熬。
卖豆芽不拿称——乱抓。

三字类：

瞎子点灯——白费蜡。
缺牙巴咬虱子——撞上的。
房上的东瓜——二面滚。
茅坑里栽菜——将就屎（使）。
粉壁墙上挂草帘——不像画（话）。
瞎子打瞌睡——不显眼。
热锅上的蚂蚁——团团转。
救火没水——干着急。
老虎打架——劝不得。
阎王爷招手——没救了。
张飞讨债——声势大。
石板上钉钉子——硬斗硬。
鸡抱鸭子——空欢喜。
鲁达出家——花和尚。
熟透了的藕——心眼多。
孙悟空要把戏——花样多。
铁打的馒头——啃不动。
骆驼放在案板上——架子大
火烧屁股——坐不住。
不熟的杏子——酸极了。
缺牙巴吹火——不关风。
猫儿哭耗子——假慈悲。
昨年的历书——用不上。
猴子推磨——玩不转。
骑上毛驴看剧本——走着瞧。
米筛做门——眼睛多。
脚盆洗脸——没上下。
老虎的屁股——摸不得。
阎王爷开店——鬼来了。
张果老骑毛驴——倒着走。
孙二娘的饭店——进不得。
螃蟹走路——横起来。
柳树开花——没结果。
水中捞月——一场空。
天下乌鸦——一般黑。
秃子头上的虱子——明摆着。
程咬金的功夫——三板斧。

四字类：

鸡公屙屎——头一节硬。
半夜里摘茄子——不分老嫩。
八仙过海——各显神通。
矮子爬楼梯——步步登高。
歪嘴儿照镜子——当面丢底。
口袋里装钉子——都想出头。
关云长放屁——不知脸红。
关云长守嫂嫂——情义为重。
张天师的鞋——云来雾去。
猪八戒擦粉——遮不了丑。
猪八戒上城墙——倒打一耙。
牙刷子脱毛——有板有眼。
秃子打伞——无发（法）无天。
八十岁无儿——绝户到老。
矮子过河——淹（安）了心。
青菜煮豆腐——一清二白。
泥菩萨过河——自身难保。
耗子过街——人人喊打。
关云长不杀张文远——念起旧情。
韩信用兵——多多益善。
赵匡胤赌钱——输打赢要。
猪八戒带红花——不知羞耻。
耗子钻风箱——两头受气。
狗咬耗子——多管闲事。

姜太公钓鱼——愿者上钩。
姜太公在此——诸神退位。
茶壶里煮汤圆——倒不出来。
干柴见火——岂有不燃。
五月间的芭蕉——粗枝大叶。
煮酒熬糖——各干一行。
石狮子的屁股——不深不透。
梁山的兄弟——不打不亲。
张飞绣花——粗中有细。
老鼠子钻字纸篓——咬文嚼字。
肉包子打狗——有去无回。
刘备的江山——哭出来的。
刘备借荆州——只借不还。
哑巴吃黄连——有苦难言。
黄瓜打锣——去了半截。
猫儿抓糍巴——脱不到爪。
苍蝇怀孕——一肚子蛆。
头上点灯——自做高明。
演员教徒弟——幕后指点。
姜太公封神——没有位子。
十五个吊桶打水——七上八下。
孙猴子坐天下——毛脚毛手。
家狗上锅台——不识抬举。
草船借箭——满载而归。
纸糊的灯笼——一戮就破。
懒婆娘的裹脚布——又臭又长。
临死挨巴掌——死不要脸。
快刀打豆腐——两面取光。
驴子吃面粉——一张白嘴。
坛子里捉乌龟——手到擒拿。
刘备遇孔明——如鱼得水。
刘备招亲——弄假成真。
锥子上擦油——又尖又滑。
哑巴吃汤圆——心中有数。
红萝卜雕老爷——饮食菩萨。
杀鸡取蛋——只得一回。
蚊子咬菩萨——认错了人。
张飞战关公——忘了旧情。

五字类：

啄木鸟打跟头——卖弄花屁股。
猪八戒照镜子——里外不是人。
乌鸦笑猪黑——自己不晓得。
三张纸画个人脑壳——好大的脸面。
癞蛤蟆的香包包——戴不烂拖烂。
泥匠送礼——拿不出手来。
看三国流泪——替古人担忧。
肚子上安磨——要面不要人。
茅坑边睡觉——离屎（死）不远了。
啄木鸟掉进汤锅里——肉烂嘴不烂。
老鼠子拖掀盘——大头在后面。
驼背子滚仰板——两头不落实。
罗汉请观音——客少主人多。
杀凳上的肥猪——活不多久了。
剖腹藏珍珠——爱财不要命。
哈叭狗叫猫——乱认当家子。
光屁股进当铺——拿什么当钱。

六字以上：

纸糊人过河——衣服烂了架子不倒。
神婆子和鬼打架——病人跟着作难。
十一只鞋子打卦——分不出五阴六阳。
卖了肥猪买架子——出一槽进一槽。
木匠吊墨线——睁只眼闭只眼。
脱了裤子打老虎——既不要脸又不要命。
花公鸡的能耐——就会叫那么几声。
丈八的灯台——照得见人家照不见自己。
又当神婆又做鬼——两头出面装好人。
讨口子（乞丐）烤火——往自己胯底下刨。
两个哑巴闹祸（吵嘴）——不知谁是谁非。
孙武训练宫女——关键是严格纪律。
对着镜子作揖——自己恭维自己。
舍身岩边摘牡丹——生死都不顾，还贪花。

第三十篇 人 物

第一章 人物传

费祎（202—254） 字文伟，江夏（今河南罗山西南）人。幼年随同族父入益州求学，恰逢刘备平蜀，于是入仕蜀汉政权，自太子舍人、庶人、黄门侍郎，后至益州刺史、尚书令、大司马、大将军等要职，封为乡敬侯。费祎勤奋好学，才华出众，足智多谋，曾出使吴国，说服孙权联蜀破曹，深孚众望。后主时，又为军事出谋划策，颇受丞相诸葛亮赏识，辅佐刘氏两代数十年，在军事、国政上皆有建树，是少数几个追有谥号的文臣之一。“自琬及祎，虽自身在外，庆赏刑威，皆遥先咨断，然后乃行”（《蜀书十四》），足见费祎当时的权势威望。费祎虽位高权重，可待人处事谦逊如常，言行谨慎，为人和顺，颇得人缘，吴国孙权赞费祎：“君天下淑德，必当股肱蜀朝。”费祎在朝中广结善缘，诸葛亮在《出师表》中提到的托任重臣里也提到费祎，“至于斟酌损益，进尽忠言，则攸之、祎、允之任也”。蜀汉延熙十六年（253年），费祎与诸将在岁首大会宴会时酒醉，被魏国降人郭修（或为循）杀害。费祎的人品深得后主器重，后主刘禅根据其功勋，谥赠“城乡敬侯”，为其举行国葬，安葬于汉寿城（今昭化城）西门外社稷坛南边，并勒石竖碑镌刻：“汉尚书令费公敬侯之墓”。陈寿在著《三国志》时也以“宽济博爱”四字相评。其墓碑经千年风雨泯蚀，字迹斑驳。清光绪三十三年（1907年），县令吴光耀又重立一碑，碑字由其十一岁长女吴正敬书写。碑文字迹浸润童女的娟秀，一派聪慧之气。墓高约3米，墓碑二块，一为“汉尚书令费公敬侯之墓”，一为“蜀汉大将军录尚书事成乡敬候费祎之墓”。清代及其以前昭化均有费敬侯祠，称为费大将军，以表敬念之情。清雍正十三年（1735年），果亲王入蜀时，为费祎特书“深谋卓识”四个大字，并勒石立碑于费公祠前。1997年，费祎墓被四川省人民政府公布为“省级重点文物保护单位”。

沓龙超 生卒年不详，南北朝时期晋寿郡（今昭化）人。北魏永熙年间（532—534年），梁将樊文炽率兵攻晋寿，北魏晋寿刺史傅敬和孤城固守，与部将沓龙超共同拒敌。沓龙超作战勇敢，常趁敌不备出兵攻敌取胜。但梁兵众多，将城围困，魏军困守城中月余，粮草将尽，武器矢石缺乏，渐渐不支。刺史派遣沓龙超突围去汉中求援。沓龙超简装轻骑，率亲兵数人越墙出城。行至桔柏渡口，为樊文炽伏兵所擒。樊文炽对其百般笼络，许愿加官封爵，要沓龙超告诉城中将士没有援军，应早开城降梁。樊文炽将沓龙超捆绑在攻楼（攻城时临时搭建的木楼）之上，楼下置薪炭木柴。沓龙超面不改色，镇定自若，大声向城内喊道："刺史无虑，数万援兵近在大寨，宜坚守城池，梁军必败，刺史必胜！"樊文炽见沓龙超不但不劝降城内守军，反而谎报军情鼓舞士卒斗志，遂下令点燃薪柴，将沓龙超烧死。魏军将士受沓龙超精神鼓舞，精诚团结，坚守城池，等待援军。不久，援军至，城内守军与援军内外夹击，一举击败梁军。西魏大统二年（536年），文帝元宝矩闻知沓龙超事迹，下诏赠封为龙骧将军、巴州刺史。

何易于 生卒年月不详。唐文宗、武宗期间（826—845），何易于任益昌县（治今昭化古城）县令。正史《新唐书卷一百九十七何易于传》记载：（何易于）"为益昌令。县距州四十里，刺史崔朴常乘春与宾属泛舟出益昌旁，索民挽纤，易于身引舟，朴惊问状，易于曰：'方春，百姓耕且蚕，惟令不事，可任其劳。'朴愧，与宾客疾驱去。"唐朝后期，朝廷为填补财政亏空，不仅征收户税、地税，还不断加重征收盐、酒、茶等税。益昌地处山区，庄稼收成不好，百姓依山种茶，靠卖点茶叶勉强度日，当地官府没有向他们征收茶税。唐文宗时诏令地方官员不得为百姓隐瞒茶叶收入并再次提高茶叶税率。诏令到达益昌，何易于叹道："益昌不征茶税，百姓已很难活下去，现在不仅非征不可还加重征收，这不是把百姓往绝路上逼吗？"他要衙吏"划去"，衙吏说："今若划去，我仅仅被处死而已，明府公（唐朝时对县令的尊称）会被免官放逐荒野。"何易于对衙吏说："我难道只顾自身性命而使全县百姓受损害吗？我也不能牵连你们受罪。"言毕即点火将诏令焚毁。后来，考察州县官吏的观察使知道这一情况，认为何易于是挺身为民，没有向朝廷弹劾他。何易于在昭化任职期间，勤政爱民，鼓励百姓广植桑、桐、茶和蜡树。县内百姓死亡，若因子女年幼或经济破产无力安葬者，何易于常拿出自己的俸银派属吏给办理丧事。百姓到县衙完粮交税，见有白发弯腰拄着拐杖来的老人，何易于必定请他们坐，与他们一起吃饭，询问施政得失，征求治理意见。对到县衙来打官司的人，何易于都要亲自问清事情缘由，判明是非曲直。对罪过轻者劝导，对罪过大一点的杖责，然后放掉，不交付刑吏收监判刑。他治益昌三年，监狱里没有关过百姓，老百姓也不知道劳役官差之苦。百姓有歌："花落讼庭间，草生囹圄静。"何易于还以自己薪俸代缴运递文书费等。百姓皆称何易于贤。在益昌县任满考核，何易于只得到"中上"等次，没有被提拔使用，而是迁绵州罗江县令。唐会昌五年（845年），一个叫孙樵的朝廷官员因公入蜀路过益昌，听到当地百姓传颂何易于事迹，专门作了一番调查，写成文章《书何易于》，才使其事迹广为人知。唐代之后，昭化桔柏渡江边立有纪念碑，上书"何易于挽纤处"。宋《新唐书》将何易于立传列入。

杨巨源（？—1207） 字子渊，祖籍成都。其父杨信臣，客居昭化。杨巨源少时聪颖，涉猎诸子百家书，为人倜傥不羁，胸怀壮志，又善于骑射。但应试皆不中，抗金将领刘光祖见后，甚为惊异，便推荐为凤州原仓官，后移监兴州、合州赡军仓。当时金兵常侵扰蜀北，杨巨源遂倾财养士。秦（陕西）、蜀忠义之士，均服其才。南宋开禧三年（1207年），四川宣抚副使、知兴州吴曦叛宋降金，被金封为蜀王。巨源遂结交义士三百人，供给钱粮，准备伺机诛吴。当时统领张林、队将来邦宁皆勇力过人，屡战有功，吴皆不加奖赏，林等心常不平，巨源又暗与结交，并联络义士朱福、陈安等共谋讨吴。吴曦僭号建官，称臣于金，并胁迫随军转运司安丙为丞相长史。丙正叹息无力诛贼，眉州义士陈梦锡乃以巨源谋略相告，并修书请杨巨源至丙卧所计议。杨巨源问丙："先生愿作逆贼丞相长史？"丙号哭说："目前兵将，我所知，不能奋起。必得豪杰，乃灭此贼，则丙无复忧。"杨巨源复问先生主意定否？丙指天发誓："若诛此贼，虽死为忠鬼，夫复何恨！"杨巨源大喜说："非先生不能以主此时，非巨源不能以了此事。"是时，李好义、好问兄弟及李贵、李君玉、李坤辰等数十人，亦与杨巨源暗相谋划。杨巨源说，已与安丙长史计议，于三月六日邀吴谒庙，乘机除贼。好义认为，吴若谒庙，卫士当多至千人，恐难济事。不如在清明日，当吴曦祭东园时，乘间袭击，更为适宜。杨巨源深以为然。但虑时久谋泄，乃亲拟朝廷诏书，通知安丙提前举事。于南宋开禧三年（1207年）“二月甲戌深夜与李好义率勇士七十人突入伪宫”。杨巨源持诏乘马，自称奉使，进入内户。吴曦听有变，开门欲逃，李贵上前立斩其首，并裂其尸。卫士欲抗拒时，闻有诏诛贼，皆纷纷退却。杨巨源、李好义迎接安丙宣读诏旨后，三军遂推丙权（代）四川宣抚使。丙首次向朝廷奏功，以杨巨源居第一，诏补承事郎。杨巨源向丙献谋说：“曦死，贼胆已破，关外四州为蜀要害，宜乘势复取。”丙以军用粮食不足相告。杨巨源力请收复四州，并自愿随军措置粮运。于是，丙方分遣好义、张林、李简、刘昌国、孙忠锐收复西和、成、阶三州及大散关。朝廷复有旨转杨巨源奉郎与通判差遣，兼四川宣抚使司参议官。以前朝廷下达奖赏诛吴曦将士的诏书时，杨巨源曾说：“诏命一字不及巨源，疑有以弊其功者。”不久闻王喜授节度使，赵彦呐在夔州以诛禄禧有功，又授通判，遂写信给安丙谓“飞矢以下聊城，深慕鲁仲连之谊，解印而去彭泽，庶几陶竫节之清风……”又遣人托兴元统制彭辂致书与韩侘胄。辂表面应允，而暗中却将此事告诉安丙。是时，或有人说杨巨源与部下米福、车彦威欲相谋为乱，安丙遂命王喜审理。米福、彦威皆抵罪。正将陈安又指控杨巨源结交死士欲焚沔州杀安丙，安丙久积怨在心，听此言后，更欲除杨巨源。杨巨源用离间计发书给金人凤翔都统使，书中自称宣抚副使，文末署有参议官印记。金人却将此书送与安丙。当杨巨源与金兵激战时，安丙遂接连发檄催其还营。梁泉主簿高岳成为杨巨源随军拨运，亦劝其还兵，杨巨源遂信以为然。六月，当杨巨源回营时，安丙便密令兴元都统伏武士挟持巨源至庭下。杨巨源大叫：“我何罪?”安丙在隔壁命人传话：“为何诈称宣抚副使?”杨巨源说：“副使是以计离间金人，后世必有人为我明其事。”由是命械送阆州狱。械送船抵大安（宁强）龙安滩后，武士便取利刃砍断杨巨源头，并向宣抚使谎报杨巨源自杀。当时剑内外忠义人士闻讯尽皆流泪，尤以张伯威写文吊念，言辞更为悲戚。安丙见群情激奋，不得不上章自请免官。杨辅亦向朝廷上言：丙杀巨源，必招变乱，请以刘甲代丙官。成忠郎李珙也献所撰《巨源传》为其诉冤。后有诏：赐庙褒忠，赠宝谟阁待制，并赐两子官爵。后四川制置使崔与之又请对巨源进行官葬，复有诏加赠宝谟阁直学士、大中大夫。南宋宗嘉熙元年（1237年），复赐谥忠愍。其子履正后官至大理卿、四川制置使。巨源墓在今昭化镇土基坝。

贯一道 又名贯通，今广元市利州区龙潭乡人，生于明弘治年间（1488—1505），卒年不详，时任龙潭驿百户（统兵120名驻守指定地点）。贯一道为人机警，武艺高强，臂力过人，尤善射骑。明正德年间（1506—1521），昭化县境内虎害严重，治地东梅岭关（现梅树乡境内）一带，有大雌虎出没于村落之间，扑人食之。一时，行人阻绝，驿道不畅，百姓闭门躲虎，童叟谈虎色变。贯一道决心为民除害，亲率军校数人，潜伏于梅岭关的深山中，风餐露宿，寻找虎迹。二十余日后，终于在一大石岩下寻找到大雌虎，然而大雌虎好像知道有人算计它，躲在岩洞中不出来。过了三日，它终于难耐饥饿，出洞觅食，贯一道抓住机会，用尽全身力气，一箭射中虎的面门，大雌虎向贯一道猛冲过来，但因箭用毒药煮过，药力发作，虎从空中甩下死亡。军校们入石穴，生擒二虎子并毙之。四川才子新都状元杨慎（字用修，号升庵）路过昭化，闻其事，作《射虎行》一诗，歌颂贯一道为民除害。其诗很快被当地百姓刻成石碑，立于梅岭关上。

董继舒 字正谊，生卒年不详，清康熙时昭化县土基坝人。清康熙二十三年（1684年）中武举，康熙三十六年（1697年）中进士。清康熙三十八年（1699年）选任常州营军守备。虽职在守城，但留心民事，修葺城垣，禁止粮米出境，以供军用民需。奉委监兑武进、无锡两县粮米时，指出调拨粮米中有私耗、折色、掺和、需索、仓差、积蛀六弊，言辞恳切，被上宪称为有才干。时无锡恶棍戴文卿常为盗贼引线，坐地分赃，其亲戚周二为盗被囚，戴又资助银两使其越狱外逃。继舒命人逮捕送县衙，县令以为无辜，欲命人保释，经继舒力争，终于处以刑罚。在任十四年，四署游篆，两摄左右军。清康熙五十一年（1712年）升任贵州安南营守备，仍留住原地。两年后致仕（退休）返家，将在任时所呈条陈编刻为《非分集》，内附自写诗二十九首。茶山杨大鹤作序谓："董君年少掇巍科，释巾司马门，来守吾郡时，气事权之不得专，而能托诸言请于上官，清盗源、讲荒政、剔漕弊、急城工，诸大事无不明练恺挚，条分缕析自然成文，是其政事也。永荆溪十景如绘，又当与周马唱和集并垂艺苑。"后卒于家。

蒋玉龙（1798—1863）　时昭化县曲回坝人。祖籍湖北孝感麻城，清朝时迁至广元。幼时家贫，少时为蒋家当放牛娃，放牛时遇到过路的清朝军队毫无惊恐之感，领队将军见他气质不凡，当即收他为马夫。一次，清军在追剿吴三桂的战斗中，夜里吴军偷袭，悄悄摸进清军的炮营，刚巧被深夜起来喂马的蒋玉龙发现了。蒋玉龙临危不惧，急中生智，将手里提的灯笼甩向土炮，点燃了土炮的火药绳。顿时"轰隆"一声，吓得吴军不知所措，乱作一团。大清将军听到炮响，知有敌来袭，便迅速组织反击，全部消灭偷袭之吴军。将军见他机智非凡，逐步培养提升。咸丰时，先后因为有功授川北镇标左营、川北镇标中营千总和成都守城右营守备等职。清道光二十九年（1849年），更换花翎，提升标右营游击、峨边参将、川北镇总兵。清咸丰六年（1856年）八月任贵州提督。清咸丰九年（1859年）八月回四川赐二品顶戴，署四川提督。清同治二年（1863年）三月抵渝（重庆）后病逝于军中，赐谥"勇果公"。棺椁经千里运至昭化曲回上坝厚葬。其威望在云、贵、川有口皆碑。蒋玉龙的后代现多居住在云南、贵州两省。

丁宝桢（1820—1886）　字稚璜，祖籍贵州织金。清嘉庆二十五年（1820年），丁宝桢生于祖父丁必荣（又名丁建业）任昭化县令时。清咸丰三年（1853年）中进士。清咸丰十年（1860年）任湖南岳州知府。清同治二年（1863年）任山东按察使，后升巡抚。整治黄河、运河，加强城防，颇有政绩。清同治八年（1869年）秋，慈禧太后私派贴身太监安德海前往东南各省密察私访，安沿途大收贿赂，大刮民财，百姓叫苦连天。丁宝桢为除暴安民，巧借清朝律条"太监未奉皇旨不能离京"之规定，将太监安德海就地正法，暴尸三日，以证实安系太监。慈禧太后见丁宝桢为其消除安不是太监的谣言，也没有治丁宝桢的罪。兵部尚书曾国藩赞赏丁宝桢："稚璜真豪杰也。"清光绪二年（1876年）丁宝桢调任四川总督，在任职期内，整顿吏治，严惩盗贼，修复都江堰故堤，还民田数千亩，裁减徭役赋税，改革盐法，实行官运商销等，政绩卓著，光绪十二年（1886年）病逝。清谥封（太子太保）一品爵位。故称丁宫保。清光绪十四年（1888年）昭化县民众为了纪念丁公父子，筹银三千四百余钏，在昭化古城西门外修建丁公祠、宫保阁等楼台亭阁二十一间，每年农历四月二十八日，为丁公祠会日。丁公祠碑记载有宫保恩德诗："台阁才华秉国钧，忠良之后更忠纯。应朝早已千城寄，宇宙咸钦社稷臣。全蜀万民呼父母，当今一世仰经论。松生已验公侯北，从此簪缨代有人。"

张明莲（1921—1936）　女，时昭化县虎跳（今虎跳镇）人。张明莲出身富裕家庭，幼年读私塾数年。祖父张云高是清代秀才，读过留日预科班，是孙中山同盟会的会员。张明莲及其姐姐张明秀从小受传统教育，又深得祖父进步思想熏陶。民国24年（1935年）红军进驻虎跳时，张明莲全家逃过嘉陵江，藏身贾家山。红军西渡嘉陵江后，在剑阁县木马寺召开群众大会宣传抗日主张，明莲与姐姐明秀听讲演。当红军讲到"国家兴亡，匹夫有责"，号召"穷人参加红军斗土豪、打日本"时，姊妹俩便报名要求参加红军。但主持报名的红军战士得知她俩是财主家的小女娃娃时便拒绝接收，发生争执。巧遇川陕省苏维埃主席熊国炳到报名处。明莲即大胆问："你们说国家兴亡，匹夫有责，难道财主家小女娃就没有爱国责任？"未等熊国炳解释，她俩又写出"红军万岁！""打到日本帝国主义！"等标语表示决心。最后，熊国炳只同意明秀参加红军，并安排人送明莲回虎跳，明莲执意不从。第二天部队离木马寺时，明莲亦尾随其后。一直跟随部队至云南境内，红军才接收明莲为宣传员。此时明秀已是红军某部卫生排排长。民国25年（1936年）10月，部队转战北上抗日，过草地时，姊妹俩不幸被河水中冰块撞击后冲走。张明秀被红军战士救起后苏醒过来，张明莲不幸牺牲于冰河之中。至今人们仍称赞张家姊妹俩“不贪万贯家财，一心争当红军打日本，难能可贵”。

梁锦川（1917—1975） 时广元县盘龙乡人。民国29年（1940年）毕业于成都市私立南勋中学。曾任昭化县田赋粮管理处收储股长、专职主任。中华人民共和国成立后，1949年12月，梁锦川主动把田赋粮征收账务移交给昭化县人民政府。昭化县支前委员会要求加工军粮，梁锦川积极组织人力，不足一日将7500公斤黄谷加工成大米，保证了军需。1951年，广元县在盘龙乡搞土地改革试点，梁学习了划分阶级成分政策后，主动接受自家是地主成分的划分，立即交出五大财产，赔罚款100万元（旧币）。随即土改在全县全面展开，梁作为土改参观团成员，每到一处，现身说法，使58户地主在他的启发下，把隐瞒的财产交了出来，成为当时有影响的开明地主。梁锦川拥护中国共产党，拥护党和国家的各项政策，先后担任昭化县第一、第二届县人代会代表、县交通科副科长和广元县运输公司副经理、广元县粮食局副局长、广元县第五届政协常委等职务。1975年，梁锦川因病逝世。

谢昶镐（1893—1982） 别名谢济武，河北省辛集市（原东鹿县）人，原昭化县水文站站长，高级工程师。谢昶镐少年时就读私塾，后考入冀县中学，民国5年（1916年）考入南京河海工程大学，毕业后求职于辽宁省沈阳市政工所，从事公路建设测量，初期职称是工程师，由于工作认真，成绩显著，后升副总工程师。日本侵占中国东三省后，谢不愿为日本侵略者出力，于民国24年（1935年）春逃亡到北京，后又转到西安谋生，被陕西省水利局聘为水利委员会总工程师，并出版他的著作《江河三角测量》。这期间通过耳闻目睹，使他对积极抗日的共产党寄予希望，因而鼓励并护送跟随生活多年的妻弟呼宗罗（河北冀县西沙乡人）去投考延安抗日军政大学（毕业后，曾任八路军旅参谋长，解放潼关时牺牲，家乡政府为其立有烈士碑）。继后，又送长子谢世安参加中国人民解放军。民国28年（1939年）秋，谢昶镐参加中国水资源考察，测量白龙江时，顺流而下抵达昭化城，在昭化观察嘉陵江和白龙江汇合的水文变化，认为昭化位于两江汇合口，既反映着两江上游水文气象变化规律，又涉及下游城镇人口稠密地区的洪涝水情等安全问题，必须长期观察、研究。于是自己暂留昭化，并随即创立昭化水文站，成为当时广、昭两县及川北唯一的一个人从事水文研究的科学机构。后因物价上涨，生活困难，谢昶镐便一直住在昭化水文站。中华人民共和国成立后，昭化水文站纳入国家科研单位，直属四川省水电厅，仍任谢永镐为站长。谢昶镐坚持学习，热爱社会主义，先后选为县人大代表、县政协委员，积极参政议政。1952年，完成长江口至嘉陵江上游海拔高度的测量。1953年，又为宝成铁路横跨白龙江大桥提供出详细水文资料，并参加大桥测量设计。在每年汛期中，日夜坚守岗位，及时准确地向各级防汛指挥部门和下游有关单位发出水文情报。1956年夏，几十年未遇的两江大洪水半夜汇集昭化时，在江边观察水位的谢昶镐首先入城发出水险警报，当居民刚撤离东门外低洼地带时，汹涌的洪水即扑到东门口。群众内心佩服地说：“幸亏有谢站长的呼救。”今昭化古城墙上刻写着近半个世纪的洪水位，多是谢昶镐亲手记录。今四川省水利厅已经将他在60年代写的《嘉陵江二十年技术资料》汇编入集。1982年9月1日，谢昶镐逝世，享年90岁。子女按照遗嘱，将骨灰撒入嘉陵江，以示一生致力水文研究工作。

刘金孝（1907—1983） 又名刘均孝，今广元市元坝区白果乡人，幼年家贫，以种田兼营草鞋为生。刘金孝民国22年（1933年）8月参加红军，在三十一军九十二师二七七团当战士。后任三十一军参谋处电话排排长。民国23年（1934年）8月在四川莲花山加入中国共产党。民国25年（1936年），被派到红军大学学习。民国26年（1937年）7月毕业，任八路军二七一团某排排长，次年调回原部队特务营任连长。民国29年（1940年）起先后任八路军游击队大队长、旅部二团警卫连长。民国31年（1942年）任八路军通讯队队长。民国33年（1944年）调延安党校第一部任建筑管理员。同年9月，调东北哈南分区任保安主任和医院总务科长。民国36年（1947年）至1949年底，先后在中国人民解放军任副营长、总务科长等职。1950—1952年，先后在广西壮族自治区桂林市平乐县任税务局局长、平乐专署建设科副科长。1953年，任自治区农业厅直属农场管理科科长，同年转入自治区革命大学学习。1955年，毕业后任雍南县畜牧场场长。1959年5月调回广元，任广元县图书馆名誉馆长。先后为广元县三届、六届县人大代表，广元县第四届、第五届县政协委员。1962年12月退休。退休养老期间，先后到三台、江油和广元的机关、厂矿、学校向广大干部、工人和学生讲述革命斗争史。1983年3月，刘金孝在广元病逝，终年76岁。

王春声（1912—1989） 民国元年（1912年）3月，王春生出生于今广元市元坝区清水乡。民国23年（1934年）10月参加红军，任红四方面军三十一军九十三师二七六团二营五连战士。民国24年（1935年）11月任九十三师政治部宣传员，参加过强渡嘉陵江战役。民国24年（1935年）担任九十三师政治部通讯员。红四方面军与中央红军会师以后，在长征途中任张国焘的警卫战士。民国25年（1936年），任红军九十三师二七六团一营一连副班长，同年任三八六旅七十七团三营十一连班长。民国27年（1938年），任八路军补充团三营十一连副排长、连党支部委员、连指导员。民国28年（1939年），任八路军三八六旅十七团直属机关指导员时被派到八路军十八集团军总部北局党校学习。民国29年（1940年），回三八六旅十七团政治处任组织股股长、团党委委员。民国31年（1942年），任该团一营教导员、团党委委员。民国32年（1943年），任太岳县（旧县名，1949年并入岳西县）四分区十七团三营代理营长、团党委委员，同年任太岳四分区十三旅三七团三营教导员、团党委委员。民国34年（1945年），改任该营营长、团党委委员。民国36年（1947年），任太岳四分区十三旅三八团副团长、党委委员。民国37年（1948年），升任该团团长、旅党委委员。1949年，任四兵团十三军三八师一一三团团长。1950年，任云南省边防保卫局副局长，同年任中国人民解放军四兵团暂编十三军三十九师首席代表。1952年，任云南省军区普洱军分区司令员，同年进入南京军事学院高级系学习。1955年毕业，任三十八师师长、师党委副书记。1962年，任贵州省军区司令部副参谋长、党委委员、直属机关党委书记。1978年，任贵州省军区顾问（副军职）。1980—1983年，为贵州省人大常委会委员，1981年5月在部队离休。王春声参加过抗日战争和解放战争，参加过上党战役、淮海战役等，立特等功一次、大功二次。中华人民共和国成立后，先后获得军委颁发的三级国家独立自由勋章、三级八一勋章、二级解放勋章、解放军二级红星功勋荣誉奖章。1955年被授予上校军衔，1960年晋升大校。1989年11月21日，王春声在贵阳市解放军四十四医院病逝，享年78岁。

刘元奎（1914—1995） 民国3年（1914年）4月，刘元奎出生于时昭化县虎跳乡刘家角大院（今香溪乡椿阳村一组）。民国21年（1932年）到苍溪县永宁铺赶场时，被国民党田颂尧部抓了壮丁，补充在田部所属方谷成部二师六团二营四连。民国22年（1933年）7月在南江县马桑垭参加红军，被编入红四方面军十一师师部当通讯员。刘元奎参加红军后，曾参加过反刘湘“六路围攻”等数十次战斗。民国24年（1935年）随军西渡嘉陵江后参加长征，三过雪山草地。民国25年（1936年）8月加入中国共产党。抗日战争中，带兵参加过山西娘子关战斗，参加过夜袭代县阳明堡机场战斗，此次战斗烧毁日本飞机24架。参加过广阳镇战斗、神头岭战斗，所部击毙敌人1400余名，烧毁敌人汽车150余辆。参加过著名的“百团大战”。解放战争中，在平汉战役清漳河、关村、滑南、定陶、中野、嘉祥等战斗中屡立战功。在千里挺进大别山和淮海战役活捉黄维、围歼邱清泉等战斗中浴血奋战，作战英勇，所带团被中央军委授予“后起之秀”称号。尔后，又率部参加了渡江战役、进军大西南。在川西井研县竹园铺与胡宗南主力号称“天下第一军”之敌交火时，刘元奎指挥果断，身先士卒，与敌人激战一天一夜，歼敌两千余人。随后又参加了解放成都、新津、泸州等战役。战争年代，刘元奎15次受伤，其中3次重伤。历任红军班长、八路军一二九师新四旅侦察参谋、侦察科长、新四旅二十六团参谋长、副团长、二野十军二十八师八十三团团长。全国解放后，刘元奎率部驻守川南宜宾地区，任南溪、江安、长宁、兴文四县剿匪总指挥兼南溪县长、川南军区作战处长。继而，先后担任军委装甲兵坦克一校大队长、坦克六校副校长、坦克二校校长等职。使坦克六校、二校成为全军学校的典范，培养了大批合格的军政干部。1957年，被中央军委授予三级八一勋章、二级独立自由勋章、一级解放勋章，1961年，被授予大校军衔，1988年，被授予二级红星勋章。1978年，当选为河南省第四届政协委员。刘元奎襟怀坦荡，清正廉洁。多次调动工作，二进二出北京，二出二进洛阳，都是人走家搬，没有任何要求和留恋。1963年，装甲兵司令员许光达找他谈话，要为他上调一级（九级），他谢绝了。他说：“我一个穷孩子跟党干了这么多年，组织上给的待遇已经够多了，把这个机会让给更低的同志吧。”政委向仲华又找他谈话，他说：“这一级我不要了，就算交党费了吧。”1979年，刘元奎正军职离休后，以一个老党员、老红军战士的标准严格要求自己，为洛阳市的建设做了大量的工作。刘元奎还非常关心家乡的建设，总想为家乡人民办点力所能及的事。1974年，他想方设法买了一台拖拉机送给家乡，支援家乡的农业生产。1989年11月，慷慨解囊，为香溪小学捐助一台电视机、电话、书籍、现金等，价值万余元，支持家乡的教育事业。1995年1月1日，刘元奎在河南省洛阳市解放军一五〇医院病逝，享年81岁。

王良佐（1920—1997） 原名王顺安，今绵阳市游仙区柏林镇洛水村人，民国9年（1920年）3月1日出生。民国35年（1946年）毕业于四川彭县领极大修院，民国37年（1948年）祝圣为神父，曾担任小寺山天主教堂（今广元市元坝区拣银岩社区街道办事处拣银岩村四组境内）神父。1950年11月，王良佐率领500余名广元籍天主教徒，发表了《自立革新运动宣言》，主张中国天主教：“与帝国主义割断各方面的关系”，“建立自治、自养、自传的新教会”。率先在全国发起“三自”反帝革新运动。1951年1月20日，《人民日报》全文发表了《广元天主教自立革新宣言》，同时配发社论《欢迎天主教人士的爱国运动》。时任川北行署主任胡耀邦、中共西南局书记邓小平等领导均对此做出重要批示。王良佐发起的天主教自立革新运动具有重大的政治意义和历史意义，已经载入1997年10月中华人民共和国《中国的宗教信仰自由状况》白皮书。王良佐曾担任全国政协委员、省政协常委、省人大代表、中国天主教爱国会副主席、四川省天主教爱国会主席、四川神哲学院院长等职。王良佐毕生拥护党的领导，爱国爱教，勤劳朴实，德高望重。1997年4月21日，王良佐在成都病逝，享年78岁。

王兴中（1917—1998） 原名胡兴俊，民国6年（1917年）2月生，时昭化县城关（现昭化镇摆宴村）人。幼年读过私塾。民国23年（1934年）参加红军，民国24年（1935年）12月加入中国共产党。抗日战争中参加过甘肃凉州西东浦反击战、山东仁平县池桥反击战、大徐庄反击战、郭庄围歼战等战斗；解放战争时期参加过山东阳谷县其柳攻坚战、河南省安阳城攻城战等战斗；抗美援朝战争中指挥过“三八”线道城突破战，获朝鲜民主主义人民共和国二级自由独立勋章。历任文书、班长、排长、指导员、教导员、营长、副团长、团长、师参谋长、副师长、军分区副司令员、装甲兵工程学院训练部部长、广西壮族自治区公安总队队长、自治区军区副参谋长、副军级顾问等职。1955年被授予上校军衔，1960年晋升大校。1984年离休，1988年被授予中国人民解放军二级红星勋章。1998年4月，王兴中病逝于广西南宁市，享年82岁。

赵良明（1919—2006） 民国8年（1919年）8月生，今广元市元坝区王家镇文星村人。民国22

年（1933 年）参加工农红军。同年，随红四方面军长征，三过雪山草地，民国 25 年（1936 年）加入中国共产党。土地革命战争时期，任红四方面军第三十一军九十三师班长、排长。参加了川陕革命根据地反六路围攻。抗日战争时期，先后任八路军第一二九师连政治指导员、冀南军区第三军分区大名县五大队教导员、大队长、成（安）磁（县）大队长兼党委书记。参加了七豆村伏击战、百团大战和反“扫荡”作战。解放战争时期，任第 14 纵队副团长、团长。参加了上党、淮海战役。中华人民共和国成立后，先后任石家庄军分区副司令员、河北省军区副参谋长、省军区顾问。1955 年，获三级八一勋章、三级独立自由勋章、三级解放勋章。1988 年，被中央军委授予二级红星功勋荣誉章。2006 年 6 月 6 日，赵良明因病于石家庄逝世，享年 90 岁。

第二章　人物录

祝龟　字元灵，东汉末年南郑人，生卒年不详。少年时曾远到汝、颖等州及太学求学。东汉灵帝时期（168—189 年），刘焉赴蜀任益州牧时，举荐龟为葭萌（今昭化）长。晚年以著述终身，撰有《汉中耆旧传》。祝龟为昭化最早见于史籍的一位县令。

霍峻　字仲邈，南郡枝江人，生卒年不详。东汉建安十八年（213 年），刘备自葭萌攻刘璋，留中郎将霍峻守葭萌，汉中张鲁遣杨帛诱降霍峻，求共守城，霍峻说：“头可得，城不可得!”帛以攻城不克，遂引兵回汉中。同年，刘璋派遣向存、扶禁从阆中溯江而上攻打葭萌，霍峻抵御向存兵万人，守城一年余，后出奇兵在葭萌县城外打败向存的部队。刘备嘉奖霍峻守城有功，提升霍峻任梓潼郡太守、裨将军。后在官三年卒，享年 40 岁。

郑处士（309—397）　西晋永嘉三年（309 年）生。东晋咸康六年（340 年）考中进士，任翰林院编修、少傅。太和五年（370 年）任丞相。东晋太元元年（376 年），郑处士在今柏林沟镇岚黎寺建书院，名“黎山书院”，自任山长（校长）20 年，培育了许多文武人才。88 岁病故，安葬于今柏林沟小学右侧，有碑记：“东晋首辅丞相郑公处士之墓。”墓高 2 米，宽 1.50 米。

高继安　生卒年不详。宋高宗绍兴年间（1131—1162 年）曾任昭化县令，任职期间为官清廉，两袖清风，亲近百姓，坚持农耕为本，大力课劝农民种桑，努力发展生产，使昭化全县粮棉丰收，农民丰衣足食，安居乐业。高继安伸张正义，处处为百姓撑腰，审理讼案，打击邪恶，宽刑缓赋，使全县正气上升，百姓有安全感。高继安离任后，昭化百姓刻昭化县城土地辞颂其功德。

谈懋（1397—1485）　明洪武三十年（1397 年）生，祖籍湖北省麻城县孝感乡。明洪武二十四年（1391 年），谈懋前辈移民入蜀，定居广元县柏林驿（现柏林沟镇）。明永乐十九年（1421 年），谈懋礼部会试第一（时称会元）、殿试传胪（二甲进士）。曾任职翰林院侍讲、内阁学士（四品）、礼部尚书（二品）。谈懋一生为官清廉。68 岁告老还乡，88 岁病故。殁后以皇冠厚礼，安葬于今柏林沟镇岚桥村谈姓祖茔。原有碑记：“大明礼部尚书谈公懋之墓”。

谈龙（1423—1509）　大明礼部尚书谈懋之子，明永乐二十一年（1423 年）生。明正统十三年（1448 年），谈龙赴京考中进士。曾任翰林院编修、翰林学士（四品）、礼部侍郎（三品）。谈龙一生忠君为民，为政清廉。66 岁告老还乡，86 岁病故。殁后安葬于今柏林沟镇岚桥村谈姓祖茔。原有碑记：“大明礼部侍郎谈公龙之墓。”

魏铎（1448—1535） 明正统十三年（1448 年）生，今广元市元坝区柏林沟镇人。明天顺六年（1462 年）赴京考中武进士。曾任利州千户（七品）、利州卫指挥佥事（五品）、利州卫指挥使司将军（三品）。64 岁告老还乡，87 岁病故。安葬于今柏林沟镇赤岚村魏姓祖茔。原有碑记：“大明利州卫将军魏公铎之墓。”

夏成（1468—1557） 明成化四年（1468 年）生，今广元市元坝区柏林沟镇人。明弘治八年（1495 年）赴京考中武进士。曾任京都兵部职官、兵部郎中（五品）、锦衣校卫将军（三品）。70 岁告老还乡，89 岁病故，安葬于今柏林沟镇岚桥村夏姓祖茔。原有碑记：“大明京都锦衣校卫将军夏公成之墓。”

沈士奇 生卒年不详，江苏省吴县人。明崇祯四年（1631 年），考中进士，任昭化县令。民有诉讼，亲为审决，又善决疑狱，甚为上司及百姓爱戴。当时民间有歌云：“沈侯贤，吏无集案，民无冤。吁嗟乎沈侯贤。”

吴珍奇 字苞符，生卒年不详，清昭化县（现昭化镇）人。清康熙二十五年（1686 年）考为贡生，学成后官授中江县训导。清康熙二十九年（1690 年）辞官回昭化，广采地方文史，悉心搜集风土人情。至清康熙五十一年（1712 年），22 年完成《昭化县志》稿两卷，成为清乾隆《昭化县志》的蓝本。清道光《重修昭化县志》，有不少资料源于吴的志稿。撰文《与优人谈》，是四川史志中最早记录川剧表演的文章，成为研究戏剧不可多得的文字资料。

孟照 字含采，号容轩，生卒年不详，直隶赵州（今河北省赵县）人。清雍正元年（1723 年）考中举人，雍正六年（1728 年）任昭化县知县。在任 7 年政绩卓著，尤以捐自己的薪俸修建昭化文庙和亲自到书院训课诸生等事迹突出。清雍正十三年（1735 年）因病返乡。昭化人民作诗 12 首颂扬孟照建修文庙、训课、劝农开垦、发展蚕桑、修堰坊、治道路等事迹。

卢承恩 生卒年不详清代奉天广宁（今辽宁义县）人，出身贡监（明清两代称在国子监读书者为监生，贡监为其名目之一），知识渊博，擅长诗文书画。清康熙二十三年（1684 年）调任昭化知县。当时的四川，经历农民起义、反清斗争、“三藩之乱”，社会生产遭到严重破坏，“民无遗类，地尽抛荒”“有可耕之田，而无可耕之民”，昭化县人丁数（非男女老小人口总数）只有几千，土地长期无人耕种，荆棘丛生，藤蔓缠绕；县城残破不堪，瓦砾堆积，鸟兽出没。卢承恩到昭化后，招引民众，开荒种地，恢复发展生产；安抚百姓，使他们和睦相处；修建衙署、祠堂庙宇，不牵累百姓。经过几年努力，社会生产发展，人民安居乐业。面对昭化出现的新面貌，他写下《葭萌漫兴》诗篇抒发感想。后来，卢承恩升任云南省腾越州知州。

曾逢吉 生卒年不详，湖北荆山人。清乾隆五十七年（1792 年）举乡试，后以军功于嘉庆十七年（1812 年）选调昭化县知县。赴任后，在昭化县兴学，培修书院，设立义学 17 所。时常亲临乡、里（村）劝农课桑，督修塘堰，还带头捐薪俸修筑河堤百余丈，新植桑十万余株，并创设夫局，减轻农民徭役，深得百姓赞扬。清嘉庆二十二年（1817 年），改任广元知县。清道光七年（1827 年）绘制《蚕桑十二事图》，全长 5.80 米，高 1.30 米，现存广元皇泽寺内。

鲁少武 生卒年不详，今广元市元坝区昭化镇城关村人。咸丰年间武举。同治年间任绵阳游击。光绪年间皇清诰授“振威将军，头品顶戴，赏赐花翎，驻西藏统领奏派定日、江孜国巡阅大臣”。

鲁少文 生卒年不详，清昭化县城关（今昭化镇城关村）人。光绪年间皇清诰授“修职郎兼内阁中书御”。曾任龙安府平武县教谕兼摄训导。

吴光耀（1859—1935） 湖北武昌人，咸丰九年（1859年）生。从小勤奋好学，清光绪十八年（1892年）写成《古文尚书正辞》33卷，受清户部尚书翁同龢赏识。清光绪二十五年（1899年）入川讲学，光绪二十八年（1902年）调秀山县任知县，光绪三十年（1904年）任永川知县。上任后清正廉洁，执法无情。光绪三十三年（1907年）调昭化县任知县，体察民情，关心百姓疾苦，重视昭化建设。辛亥革命后辞官定居成都，民国24年（1935年）在成都病逝，享年77岁。

罗映湘 生卒年不详，今广元市元坝区王家镇人。清光绪贡生。清光绪二十八年（1902年），罗映湘在王家坝张爷庙创办蒙养学堂，附设蒙师养成所，任堂长，时为广元县师范教育首创。另增立女子学堂，在堂内成立“天足会”，提倡女子放足，亦为当时首举。民国时期，先后在阆中锦屏山和广元城区学堂执教多年，后参加纂辑民国《广元县志》。著有《晚春堂诗集》《仙亭记》《小学国语读本》等书传世。

贾文秦 生卒年不详，今广元市元坝区昭化镇城关村人。民国5年（1916年）至民国36年（1947年），先后任国民党军医处长、国民党军部医院院长、隆昌县县长、昭化县临时参会议长、四川省参议会议员，民国36年选为中华民国国大代表。

王安礼 生卒年不详，今广元市元坝区昭化镇城关村人。从小读书，其后投军。民国30年（1941年）任国民党陕、甘、宁、青、新西北五省稽查处处长，兰州警官学校校长，兰州市行辕主任。

姜荣田（1951—1970） 广元市元坝区太公镇长岩村人。1951年2月出生，1968年3月在宝轮中学应召入伍，1969年调“空字〇三一”部队，为空军驻陕西户县航空学校领航学员。1970年8月23日，姜荣田等机组5人执行飞行训练任务，飞机升到高空后，机内出现浓烈的汽油味，地面指挥塔同意他们立即返航。在返航途中，飞机失去控制，依操作规定，机组人员可以弃机跳伞。这时，飞机下方出现一片村庄，如果跳伞，必定会殃及村民的生命财产安全。机组人员放弃了跳伞的最佳时机，待飞机飞越村庄上空后，油管爆炸，飞机燃烧坠毁，姜荣田等4人遇难，姜荣田时年19岁。同年，中国人民解放军总政治部授予革命烈士称号。姜荣田名字被载入北京小汤山中国航空博物馆空军空勤人员烈士和牺牲人员纪念碑。

吴开义（1912—1983） 又名吴子明，今广元市元坝区青牛乡人。民国24年（1935年）参加红军，历任班长、排长、侦查科科长等职。中华人民共和国成立后，转入地方工作。曾任黑龙江佳木斯农场场长。1955年转回广元县，住东山老红军家属院。1983年病故，享年71岁。

吴映汉（1927—1983） 民国16年（1927年）2月，出生于今广元市元坝区晋贤乡。1951年3月，由区干队加入中国人民解放军，在二野炮兵五团一营二连为战士，在军训和文化学习中，各立三等功一次。1954年10月，复原回乡务农。1955年3月，参加广元县农业科技水利工作。1959年1月，派往绵阳地区水文地质培训班学习后，留绵阳地质队工作，同年8月，转入四川省地质大队工作。1963年9月，调回广元县水利电力局工作。吴映汉以其所长，为朝天、卫子、王家、虎跳等区水利工程踏勘地质、找饮用水源达50余处，足迹遍及广元半数以上乡村。六七十年代，为虎跳区贾家山一带找水源，打出十多口水井，解决了百多户人畜饮水问题。他长期驻扎农村工地，既搞绘图设计，又负责施工管理，一丝不苟，严把工程质量关，深得干部群众的好评。后虽身患癌症，仍然带病坚持工作。病重住院期间，病床上也是摆满图纸和资料。1983年5月，吴映汉因医治无效去世，享年56岁。

王荣业（1931—1983） 剑阁县鹤龄乡人，曾就读于昭化初级中学。1950年1月参加革命工作，在清匪反霸中记三等功。1951年冬，任昭化县板石乡土改工作队队长，被评为甲等模范。1952年2月，加入中国共产党，1953—1959年，先后任昭化县新民主主义青年团团委书记，昭化、广元两县宣传部部长等职。1959年调汶川县工作，1975年调回广元县工作，1983年7月病逝，享年52岁。

刘树生（1916—1988） 今广元市元坝区昭化镇石盘村人，1955年农业合作化运动中被评为全国劳动模范。1957年，出席全国复退军人劳动模范会议，1960年，在出席全国英模代表大会期间，受到中共中央委员会主席毛泽东、国务院总理周恩来等党和国家领导人的接见。1988年1月11日病逝，享年72岁。

蔡成兴 清宣统二年（1910年）出生，今广元市元坝区紫云乡人，民国22年（1933年）参加红军，民国24年（1935年）随红四方面军强渡嘉陵江参加长征，三过雪山草地。抗日战争时期，参加过南泥湾大生产、百团大战。解放战争时期，参加过延安保卫战、解放兰州和进军新疆平定叛乱。1972年任新疆伊犁市手工业局局长，1976年转业到地方，先后在公安、工业战线工作。离休后回到家乡，1977年广元整修街道，75岁高龄的蔡成兴在工地上义务劳动，历时两年，直到完工，为广元老城改造、社会治安和青少年教育积极发挥自己的余热。先后当选为广元县第六届、七届政协常委。群众赞他是"永不褪色的老红军战士"。

党连满 民国6年（1917年）出生，今广元市元坝区元坝镇人，民国21年（1932年）与父、兄一同参加红军，民国25年（1936年）入党。历任通讯员、司号员、司号长、指导员、教导员、营长、团参谋长、建设大队政委兼大队长、副处长、副部长，重庆毛纺厂厂长、中等专业学校校长、工农干校党委书记、重庆市委党校常务副校长、党委副书记，享受正厅职待遇。1958年返回广元定居，住广元市老干局干休所。

张明秀 女，民国7年（1918年）2月出生，今广元市元坝区虎跳镇人。民国24年（1935年）3月参加红军，长征中担任女子排排长，民国26年（1937年）3月加入中国共产党，同年9月与红军三十二军军长罗炳辉结婚。民国27年（1938年）2月，张明秀从抗大第三期提前毕业，到八路军驻武汉办事处工作，任周恩来的机要秘书兼中共中央长江局机要收发员。民国28年（1939年）10月，调新四军五支队，任民运工作组长和党支部书记。民国29年（1940年）6月，被派往江苏省盱眙县西庙区任区委书记，次年8月，调到山东军区通讯学校任三大队教导员。民国32年（1943年），任新四军二师政治部协理员。中华人民共和国成立后，先后担任华东军政委员会卫生部人事处副处长、华东干部子弟小学校长、上海市瑞金医院党委书记、上海第二医学院党委副书记等职务。1984年离休。

李全春 生于民国8年（1919年）3月，今广元市元坝区黄龙乡普照村人。民国23年（1934年）4月加入红军，参加了川陕革命根据地反六路围攻战役，后随红四方面军长征。民国27年（1938年）4月加入中国共产党，经历了抗日战争和解放战争，历任战士、参谋、嫩江军区司令部作战科长、警卫团长等职。中华人民共和国成立后，曾任空军八师副参谋长、空军二十五师副师长兼参谋长。1954年到中国人民解放军军事学院空军系学习，1955年被授予少将军衔。后任兰州军区空军司令部副参谋长、军训部部长，空九军副军长兼参谋长。1968年5月任兰州军区副政委、空九军第一政委、空九军党委第一书记。1971年7月，空九军未向空军党委请示，便以空九军党委的名义向所属部队发出《告全军指战员的一封公开信》，号召全军指战员无条件忠于"帅门虎子"林立果。"九一三"事件后，该事受到国务院总理周恩来的严肃批评。1973年3月，李全春停职接受审查。1978年，李全春以正军职离休。1988年，李全春被授予二级红星勋章。

李子金 民国11年（1922年）7月出生，今广元市元坝区柏林沟镇人。幼时家贫，七八岁时给当地何家放牛，有一天，因没有完成何家规定的割草任务，怕遭打而偷跑回家，和父母一起夜里逃至陕西汉中地区。因父母有裁缝手艺在汉中安顿下来。民国22年（1933年）红军到达汉中，时逢红军请裁缝做军衣，李子金随父母、妹妹一家人参加了红军。父母和妹妹参军后在红军缝纫工厂工作，李子金被分到红军二七六团政治处宣传科当宣传员。民国24年（1935年）红军取得强渡嘉陵江战役的胜利后，挥师西进。同年8月，部队指派李子金运送随军药物，途中突遇因病住院的母亲和妹妹，并得知父亲在长征路上病死的消息。民国25年（1936年），李子金随红军大部队长征到达陕北。民国27年（1938年），由青年团转入中国共产党，成为一名中共党员。抗日战争期间，在八路军一二〇师三五八旅先后担任司号员、号长、排长、参谋、管理股长、营长等职，参加过雁门战斗和"百团大战"等战役。解放战争期间曾任参谋、营长、参加过平津战役、大同战役，多次身负重伤。中华人民共和国成立后，先后任绥远省〔民国3年（1914年）建绥远特别区，民国17年（1928年）改称绥远省，1954年并入内蒙古自治区〕军区民干大队长、固阳县武装部长、归绥县武装部长兼党委书记、中共土默特旗委书记、乌蒙军分区参谋长、副司令员、包头军分区第一副司令员、呼和浩特警备区司令员、内蒙古军区参谋长等职。1955年，授予大校军衔，后为正军级离休干部。曾获三级八一勋章、三级独立自由勋章、三级解放勋章。1988年，获二级红星勋章。被编入《中国工农红军第四方面军人物志》。曾写《难忘的历程》，回忆一生战斗经历。

胡伯祥 字嘉萌，曾名胡映善，民国12年（1923年）出生，今广元市元坝区射箭乡人，中国当代著名画家。幼入私学，后毕业于成都南虹艺术专科学校，民国37年（1948年）在广元以教书和卖画为生。中华人民共和国成立以后，曾先后在四川华西大学博物馆、四川大学博物馆任职，后在成都画院任画师，中国美术家协会会员。1986年定居澳大利亚，曾担任澳中美协指导顾问、悉尼作家协会顾问、澳中文联顾问等职。胡伯祥精通中国工笔画，善书，能诗，通史等。他运用中国传统绘画手法，所绘花鸟恬静优美，人物画浪漫写实，章法严谨，多幅作品被人民大会堂、北京饭店等著名场所收藏。其女胡涛亦为旅澳著名画家。

李化武 民国21年（1932年）出生，今广元市元坝区紫云乡人，1950年参加中国人民志愿军，1958年加入中国共产党。在抗美援朝战争中失去了右眼和双手，一等残废军人。经过两年痛苦的磨练，不仅学会洗脸、穿衣、吃饭，而且可以写字、吹口琴，曾参加残废军人演出队赴北京等地演出。1963年从部队回到家乡。先给生产队放牛、拾粪、后来翻晒粮食，担任保管员，进而能够背、挑、抬。1966年曾出席四川省革命残废军人先代会。1971年协助中槽大队安装抽水机、打米机、磨面、压面机等，方便群众生活。中共十一届三中全会召开后，农村实行生产责任制，李化武没有接受群众的优待。把绳子拴在他肘关节上，双肘夹着犁把，不但学会耕耙自己的地，还帮助"五保户"张天英、孙天绪犁耙田地，人们誉李化武为"钢铁战士"。

李琳 女，广元市市中区嘉陵镇人，民国25年（1936年）3月出生。元坝区王家镇金星村小学教师，李琳的丈夫郑俊泗在广元城里教中学。李琳在农村执教30年没申请过调动。1978年，丈夫郑俊泗瘫痪，李琳将丈夫接到金星村侍候，仍安心执教。多年在广元全县小学教学统考中，李琳的教学成绩一直名列前茅。1985年，李琳被教育部评为全国"先进教师"。1990年2月，李琳当选为元坝区第一届人民代表大会常委会委员。

向中林 广元市元坝区昭化镇人，民国35年（1946年）3月出生。1961年曲回中学毕业，1968年四川温江中专毕业。1970年入伍，曾任北京军区六十五军独立团班长、电影组长。1974年调天津警备区政治部宣传处任美术干事。1985年转业后，任天津立达国际商场书画部艺术总监。现为中国美术家协会会员，天津市美术家协会理事，国家一级美术师。向中林在融汇中国传统山水画精髓的基础上，不断探索创新，大胆创造了"节理作纸法"，用以表现巴蜀石山的肌理，成为用独特艺术手段展现巴山蜀水的画家。其画作章法突兀，沉雄奇崛，苍劲古朴，被誉为蜀山嘉陵画派。出版发行有《向中林水墨画》集、《向中林山水画》集。曾多次在国内外举办个人画作展览，作品为美国、英国、法国、日本等国家和中国香港、台湾地区艺术机构和私人收藏。

第三章 人物表

广元市元坝区革命烈士名录表

表 30－1

姓 名	性别	出生年月	籍 贯	参加革命年月	牺牲时间地点原因	牺牲时所在单位	牺牲时任职务	何机关何时批准为烈士
贯周氏	男	1913 年	元坝镇	1933 年	参加红军出征后失踪	红 93 师宣传队	宣传员	广元县政府 1982 年 9 月 25 日追认为烈士
许发科	男	1917 年	元坝镇	1933 年	参加红军出征后失踪	红 30 军	通信员	广元县政府 1982 年 9 月 25 日追认为烈士
杨文友	男	1897 年	元坝镇	1933 年	参加红军出征后失踪	红 91 师医院	炊事班长	广元县政府 1982 年 9 月 25 日追认为烈士
卢怀金	男	1912 年	元坝镇	1933 年	1940 年在抗日战争中失踪	八路军 129 师 386 旅 772 团 6 连	指导员	广元县政府 1982 年 9 月 25 日追认为烈士
李发银	男	1912 年	元坝镇	1933 年	1940 年在甘肃省抗日作战牺牲	八路军边区留守兵团	班长	广元县政府 1982 年 9 月 25 日追认为烈士
尹宗文	男		元坝镇	1933 年	剿匪时牺牲		营长	1952 年追认为烈士
步思清	男	1905 年	柳桥乡	1933 年	1935 年在广元县被杀害	柳桥乡苏维埃	主席	广元县政府 1982 年 9 月 25 日追认为烈士
王大成	男	1909 年	柳桥乡	1933 年	参加红军出征后失踪	红 93 师 277 团	连长	广元县政府 1982 年 9 月 25 日追为烈士
朱谦生	男	1911 年	柳桥乡	1933 年	参加红军出征后失踪	红 31 军 276 团	班长	广元县政府 1982 年 9 月 25 日追认为烈士
何孝武	男	1892 年	柳桥乡	1933 年	参加红军出征后失踪	红 92 师	连长	广元县政府 1982 年 9 月 25 日追认为烈士
吕周云	男	1910 年 2 月	柳桥乡	1933 年 8 月	参加红军出征后失踪	红四方面军政治部	文书	广元县政府 1982 年 9 月 25 日追认为烈士
周桃娃	男	1899 年	柳桥乡	1933 年	1933 年随红军出征后失踪		童子团队长	广元县政府 1982 年 9 月 25 日追认为烈士
徐崇文	男	1913 年	柳桥乡		1933 年随红军出征后失踪		游击队队长	广元县政府 1982 年 9 月 25 日追认为烈士

续表

姓　名	性别	出生年月	籍 贯	参加革命年月	牺牲时间地点原因	牺牲时所在单位	牺牲时任职务	何机关何时批准为烈士
龙腾尧	男	1919 年 4 月	柳桥乡	1933 年 8 月	在松潘县毛尔盖失踪	红 31 军 277 团	班长	广元县政府 1982 年 9 月 25 日追认为烈士
龙金德	男	1910 年	柳桥乡	1933 年 9 月	1934 年到旺苍县后失踪	红四方面军政治部	司务长	广元县政府 1982 年 9 月 25 日追认为烈士
唐全文	男	1916 年 2 月	柳桥乡	1933 年 5 月	1934 年 6 月在通江县平溪坝作战中牺牲	红 93 师 279 团	排长	广元县政府 1982 年 9 月 25 日追认为烈士
郭凤成	男	1905 年 8 月	柳桥乡	1933 年 8 月	参加红军出征后失踪	红四方面军特务连	班长	广元县政府 1982 年 9 月 25 日追认为烈士
李文明	男	1909 年	王家镇	1933 年 9 月	1934 年在广元县作战牺牲	红 31 军 272 团	班长	广元县政府 1982 年 9 月 25 日追认为烈士
邓中福	男	1912 年	王家镇		1934 年 5 月渡过嘉陵江后失踪		游击队班长	广元县政府 1982 年 9 月 25 日追认为烈士
蒲朝清	男	1908 年	王家镇	1933 年 8 月	1938 年山西省黎城县失踪	八路军 129 师 385 旅 770 团 1 营 2 连	副排长	广元县政府 1982 年 9 月 25 日追认为烈士
蒲秀碧	男	1919 年	王家镇	1933 年 8 月	1938 年在抗日战争中失踪	八路军 129 师 385 旅 770 团特务连	指导员	广元县政府 1982 年 9 月 25 日追认为烈士
吴芝光	男	1913 年	王家镇	1933 年 10 月	1947 年在山西省运城县作战牺牲	解放军 2 纵队 4 旅 14 团	副团长	华北军区烈士陵园管理处 1981 年通知
唐廷禄	男	1914 年	王家镇	1933 年	参加红军出征后失踪	红 93 师独立营	班长	广元县政府 1982 年 9 月 25 日追认为烈士
沈万义	男	1912 年	王家镇	1933 年 6 月	1934 年 8 月到旺苍县后失踪	红 31 军 271 团	排长	广元县政府 1982 年 9 月 25 日追认为烈士
张维顺	男	1914 年	王家镇	1933 年	1934 年到通江县后失踪	红 93 师独立营	排长	广元县政府 1982 年 9 月 25 日追认为烈士
冉季祥	男	1907 年	王家镇	1933 年	1934 年随红军过草地后失踪	嘉陵县苏维埃	文书	广元县政府 1982 年 9 月 25 日追认为烈士
徐正伦	男	1915 年	王家镇	1933 年 6 月	参加红军出征后失踪	红四方面军特务营	营长	广元县政府 1982 年 9 月 25 日追认为烈士
高开林	男	1916 年	王家镇	1933 年 8 月	参加红军出征后失踪	红 93 师特务连	班长	广元县政府 1982 年 9 月 25 日追认为烈士
唐元福	男	1914 年	王家镇	1933 年 6 月	1933 年 11 月到南江县后失踪	红四方面军特务连	排长	广元县政府 1982 年 9 月 25 日追认为烈士
沈洪明	男	1908 年	王家镇	1933 年 6 月	1935 年过松潘县后失踪	红 30 军	排长	广元县政府 1982 年 9 月 25 日追认为烈士

续表

姓名	性别	出生年月	籍贯	参加革命年月	牺牲时间地点原因	牺牲时所在单位	牺牲时任职务	何机关何时批准为烈士
高洪华	男	1912年	王家镇	1933年6月	出征到巴中县恩阳河后失踪	红93师279团	排长	广元县政府1982年9月25日追认为烈士
白一元	男	1914年	王家镇	1933年	1934年出征到昭化黄金口后失踪	红93师独立营	排长	广元县政府1982年9月25日追认为烈士
梁文章	男	1912年	晋贤乡	1933年	参加红军出征后失踪	红93师特务连	连长	广元县政府1982年9月25日追认为烈士
涂德均	男	1909年	晋贤乡		1935年4月在剑阁县作战牺牲		游击队队长	广元县政府1982年9月25日追认为烈士
罗德福	男	1911年	晋贤乡	1933年7月	参加红军出征后失踪	红93师277团	副班长	广元县政府1982年9月25日追认为烈士
赖金斗	男	1906年	晋贤乡	1933年	1935年2月被敌机袭击牺牲	红31军	侦察员	广元县政府1982年9月25日追认为烈士
蔡发长	男	1912年	晋贤乡	1933年7月	1940年9月30日在山西省黎城县作战牺牲	18集团军前方总部129师386旅2团1营4连	连党支部书记	解放军西南军区政治部1952年2月8日追认为烈士
杨在清	男	1910年	晋贤乡	1933年8月	1935年在剑阁县剑门关作战牺牲	红四方面军	班长	广元县政府1982年9月25日追认为烈士
梁德隆	男	1917年	晋贤乡	1933年	1935年到梓潼县后失踪	红93师特务连	班长	华北军区烈士陵园管理处1981年的通知
梁珍先	男	1909年	晋贤乡		1934年随红军到旺苍县后失踪	嘉陵县王家区苏维埃	土地委员	广元县政府1982年9月25日追认为烈士
张廷林	男	1911年	磨滩镇	1933年	参加红军出征后失踪	红93师特务连	连长	广元县政府1982年9月25日追认为烈士
冉定帮	男	1914年	磨滩镇	1933年	1934年在广元朝天作战牺牲	红93师特务连	连长	广元县政府1982年9月25日追认为烈士
卢东浩	男	1924年	磨滩镇	1951年4月	1952年1月12日抗美援朝战争中牺牲	志愿军35师特务连	副班长	志愿军35师政治部1952年5月18日批准为烈士
白功积	男	1913年	磨滩镇		1934年到通江县后失踪		赤卫队队长	广元县政府1982年9月25日追认为烈士
权理昌	男	1909年	磨滩镇	1933年	1934年4月到南江县后失踪	红93师特务连	班长	广元县政府1982年9月25日追认为烈士
张廷全	男	1913年	磨滩镇	1933年11月	1934年到苍溪县永宁铺失踪	红93师独立营	营长	广元县政府1982年9月25日追认为烈士
李子良	男	1911年	磨滩镇		1933年随红军到南江县后失踪	广元县元坝乡苏维埃	文书	广元县政府1982年9月25日追认为烈士

续表

姓　名	性别	出生年月	籍贯	参加革命年月	牺牲时间地点原因	牺牲时所在单位	牺牲时任职务	何机关何时批准为烈士
李春玉	男	1912 年	磨滩镇		1934 年南江县大罗马战斗中牺牲		游击队队长	广元县政府 1982 年 9 月 25 日追认为烈士
田徐氏	男	1917 年	磨滩镇		1934 年随红军到旺苍后失踪	嘉陵县苏维埃	内务委员	广元县政府 1982 年 9 月 25 日追认为烈士
杨宋春	男	1911 年	紫云乡		1934 年随红军到通江后失踪	童子团	队长	广元县政府 1982 年 9 月 25 日追认为烈士
孙文禄	男	1915 年	紫云乡	1933 年 8 月	1934 年在广元县战斗中失踪	红 31 军 275 团	班长	广元县政府 1982 年 9 月 25 日追认为烈士
孙玉元	男	1911 年	紫云乡	1933 年 5 月	1934 年昭化牛头山作战牺牲	红 7 团 2 营 5 连	连长	广元县政府 1982 年 9 月 25 日追认为烈士
姚明山	男	1909 年	紫云乡	1933 年 9 月	1934 年昭化牛头山作战牺牲	红 324 团 4 营 5 连	班长	广元县政府 1982 年 9 月 25 日追认为烈士
夏开仁	男	1914 年	文村乡	1933 年	参加红军出征后失踪	红 31 军 274 团 3 营	班长	广元县政府 1982 年 9 月 25 日追认为烈士
张儒德	男	1913 年	文村乡	1933 年	参加红军出征后失踪	红四方面军政治部	排长	广元县政府 1982 年 9 月 25 日追认为烈士
金连英	女	1915 年	文村乡	1933 年	参加红军出征后失踪	红 93 师政治部宣传队	队长	广元县政府 1982 年 9 月 25 日追认为烈士
周万才	男	1913 年	文村乡	1933 年	1935 年过草地时失踪	红 31 军 274 团特务连	排长	广元县政府 1982 年 9 月 25 日追认为烈士
常占奎	男	1917 年	射箭乡	1933 年	1938 年在延安市失踪	八路军	团参谋	广元县政府 1982 年 9 月 25 日追认为烈士
谌义科	男	1909 年	虎跳镇		1934 年 11 月在广元县牺牲	嘉陵县虎跳乡苏维埃	主席	广元县政府 1982 年 9 月 25 日追认为烈士
李耳元	男	1904 年	虎跳镇	1935 年 10 月	参加红军出征后失踪	红 31 军 275 团	排长	广元县政府 1982 年 9 月 25 日追认为烈士
王金龙	男	1915 年	虎跳镇	1933 年 8 月	参加红军出征后失踪	红 31 军	班长	广元县政府 1982 年 9 月 25 日追认为烈士
王洪甫	男	1912 年	梅树乡	1933 年	1935 年在阿坝县失踪	红四方面军医院担架连	班长	广元县政府 1982 年 9 月 25 日追认为烈士
刘文清	男	1902 年	梅树乡	1933 年	在长征中失踪	红 31 军 275 团	排长	广元县政府 1982 年 9 月 25 日追认为烈士
李国安	男	1911 年	梅树乡	1933 年	1935 年在王家坝作战牺牲	红 93 师 277 团	副班长	广元县政府 1982 年 9 月 25 日追认为烈士

续表

姓　名	性别	出生年月	籍贯	参加革命年月	牺牲时间地点原因	牺牲时所在单位	牺牲时任职务	何机关何时批准为烈士
王文银	男	1913年	清水乡		1934年在虎跳对敌作战牺牲		游击队队长	广元县政府1982年9月25日追认为烈士
吴思举	男	1912年	清水乡		1934年3月在广元县塔子山对敌作战牺牲		游击队队长	广元县政府1982年9月25日追认为烈士
冯思章	男	1910年	清水乡		1933年在广元县作战牺牲	嘉陵县清水乡苏维埃	主席	广元县政府1982年9月25日追认为烈士
吴清元	男	1915年	清水乡		1934年2月随红军过嘉陵江后失踪		游击队队长	广元县政府1982年9月25日追认为烈士
王开贵	男	1942年	清水乡	1963年	1963年在绵竹县搞修建牺牲	解放军7823部队	班长	解放军8723部1963年10月批准为烈士
冯益传	男	1913年	清水乡		1934年11月随红军出征后失踪		游击队班长	广元县政府1982年9月25日追认为烈士
商克弟	男	1900年	石井铺乡	1933年	1934年被国民党杀害	嘉陵县石井乡苏维埃	主席	广元县政府1982年9月25日追认为烈士
宁　兴	男	1910年	石井铺乡	1933年8月	参加红军出征后失踪	红四方面军医院	班长	广元县政府1982年9月25日追认为烈士
余仕连	男	1913年	柏林沟镇	1933年	1933年随红军出征后失踪	嘉陵县柏林乡苏维埃	主席	广元县政府1982年9月25日追认为烈士
腊娃子	男	1913年	柏林沟镇	1933年	参加红军出征后失踪	红31军275团	班长	广元县政府1982年9月25日追认为烈士
康子均	男	1911年	柏林沟镇	1933年7月	参加红军出征后失踪	红31军	班长	广元县政府1982年9月25日追认为烈士
冯　锐	男	1910年	柏林沟镇	1933年	1934年在广元县战斗中失踪	红四方面军特务连	连长	广元县政府1982年9月25日追认为烈士
王含成	男	1915年	柏林沟镇	1933年	1934年在长征中失踪	红93师277团	排长	1951广元县政府确定的优抚名册
许世聪	男	1914年	柏林沟镇	1935年10月	参加红军出征后失踪	红31军276团	副班长	广元县政府1982年9月25日追认为烈士
仲永福	男	1910年	柏林沟镇	1933年	参加红军出征后失踪	红31军275团	副班长	广元县政府1982年9月25日追认为烈士
康映和	男	1912年	柏林沟镇	1933年	1934年在广元作战牺牲	红31军275团	班长	广元县政府1982年9月25日认定为烈士
王贵生	男		柏林沟镇		柏林沟赤岚寺村苏维埃		赤卫军连长	1951年广元县政府确定的优抚名册

续表

姓　名	性别	出生年月	籍 贯	参加革命年月	牺牲时间地点原因	牺牲时所在单位	牺牲时任职务	何机关何时批准为烈士
康仁元	男	1903 年	柏林沟镇	1933 年 10 月	1935 年被国民党地主民团吊打牺牲	赤岚村苏维埃游击队	主席	1951 年广元县政府确定的优抚名册
李元达	男	1905 年	柏林沟镇	1933 年 8 月	参加红军出征后失踪	红四方面军特务连	排长	广元市中区政府 1987 年 9 月 13 日认定为烈士
冯　湘	男	1907 年	柏林沟镇	1933 年 7 月	1935 年 4 月在岚黎村被反动民团杀害	嘉陵县苏维埃宣传部	宣传委员	1951 年广元县政府确定的优抚名册
谭金国	男	1913 年	柏林沟镇	1933 年 8 月	1935 年在虎跳过江作战牺牲	红 31 军 274 团	连长	广元市中区政府 1987 年 9 月 13 日认定为烈士
肖芝德	男	1919 年	卫子镇		1933 年 10 月随红军出征后失踪	童子团	班长	广元市中区政府 1982 年 9 月 25 日追认为烈士
何春生	男		昭化镇			何家院村苏	主席	1951 年广元县政府确定的优抚名册
张文彩	男		昭化镇			石盘乡苏摆宴村苏	主席	1951 年广元县政府确定的优抚名册
肖芝元	男		石井铺乡			石井铺乡苏维埃	游击队队长	1951 年广元县政府确定的优抚名册
沈映碧	男		石井铺乡			肖家寨苏维埃	游击队大队长	1951 年广元县政府确定的优抚名册
陆青山	男		石井铺乡			苏维埃	游击队队长	1951 年广元县政府确定的优抚名册
罗高宗	男		石井铺乡			石井铺乡玉皇观村	游击队队长	1951 年广元县政府确定的优抚名册
杨文品	男		柏林沟镇			柏林沟镇岚黎寺村苏维埃	游击队队长	1951 年广元县政府确定的优抚名册
杨连长	男		柏林沟镇			柏林沟镇关帝庙村苏维埃	游击队队长	1951 年广元县政府确定的优抚名册
刘思宇	男		太公镇			太公寺村苏维埃	游击队班长	1951 年广元县政府确定的优抚名册
仲一培	男		太公镇			太公寺村苏维埃	游击队队长	1951 年广元县政府确定的优抚名册
朱建元	男		太公镇			太公寺村苏维埃	游击队队长	1951 年广元县政府确定的优抚名册
曹兴发	男		太公镇			马鞍乡村	土地委员兼游击队长	1951 年广元县政府确定的优抚名册

续表

姓　名	性别	出生年月	籍 贯	参加革命年月	牺牲时间地点原因	牺牲时所在单位	牺牲时任职务	何机关何时批准为烈士
仲友朝	男		太公镇			苏维埃	游击队班长	1951 年广元县政府确定的优抚名册
沈映华	男		太公镇			蒋家四组村苏维埃	游击队班长	1951 年广元县政府确定的优抚名册
刘三星	男		柳桥乡		被反动民团杀害		游击队队长	1951 年广元县政府确定的优抚名册
敦礼元	男		虎跳镇			虎跳乡苏	游击队队长	1951 年广元县政府确定的优抚名册
吉永周	男		红岩镇			梅树区苏吉家坝村苏	主席	1951 年广元县政府确定的优抚名册
杨业民	男		红岩镇			明觉寺乡苏二村苏	游击队队长	1951 年广元县政府确定的优抚名册
张子义	男		红岩镇			李家沟村苏	游击队队长	1951 年广元县政府确定的优抚名册
仲一朝	男		清水乡			关帝庙村苏	游击队队长	1951 年广元县政府确定的优抚名册
曹学品	男		大朝乡			大朝乡苏	主席	1951 年广元县政府确定的优抚名册

注：此表源自广元市元坝区老区建设促进会编《赤化元坝》。选录的原则是：在部队任副班长以上职务的；在游击队、赤卫队、运输队任班长以上职务的；在苏维埃任乡委员以上职务的以及在革命战争中立三等功以上的。由于历史跨度长，部分人员的单位和地址又很分散，有些信息已很难查实，虽然经过多方查询，但此名录难免仍有遗漏或错误

元坝籍 1950 年以后曾在职的老红军名录表

表 30－2

姓　名	性别	籍　贯	原工作单位及职务
党连满	男	元坝镇	中共重庆市委党校副校长
李广发	男	元坝镇	新疆石棉矿干部
吕兴银	男	元坝镇	新疆某县粮食局局长
游正孝	男	元坝镇	云南省某铜矿
张忠明	男	元坝镇	四川成都市中医院副院长
吕桂兰	女	元坝镇	江西省商业厅
吕维宪	男	元坝镇	辽宁省安铜市第七公安处处长
余成章	男	元坝镇	四川省绵阳市
褚阳德	男	元坝镇	四川省绵阳市
宋××	男	元坝镇	成都市老红军休养所
刘国武	男	王家镇	广元县民政科科长
伏全兴	男	王家镇	山西省奉山农场场长

续表

姓 名	性别	籍 贯	原工作单位及职务
李成兴	男	王家镇	中国人民解放军某炮团副政委
李明德	男	王家镇	江西省卫生厅
赵良明	男	王家镇	江北省军区参谋长、省军区顾问
朱礼元	男	王家镇	北京市
何文贤	男	丁家乡	广元县大石区党委书记
张进财	男	丁家乡	广元县第二人民医院副院长
梁福庭	男	丁家乡	中国人民解放军某部副营长
何纯高	男	丁家乡	广元县嘉陵粮站
王功余	男	丁家乡	广元县嘉陵粮站
刘万云	男	丁家乡	中国人民解放军某部副营长
刘泽礼	男	丁家乡	山西省某车站主任
王 俊	男	丁家乡	河南省郑州市某医院
张有明	男	磨滩镇	北京市外贸局
蒲朝忠	男	磨滩镇	沈阳市劳谷区三台子医院
李光福	男	磨滩镇	山西省某地区某单位
张池明	男	磨滩镇	北京市友谊宾馆
党培林	男	紫云乡	云南省交通厅
柏乾山	男	紫云乡	重庆市沙坪坝机械厂
蔡成兴	男	紫云乡	新疆伊犁市手工业局局长
夏明泽	男	文村乡	陕西省延长县油矿
仲有实	男	文村乡	河北省邯郸专区某单位
仲有富	男	文村乡	北京市
刘光佑	男	晋贤乡	上海市航空管理局
吴才云	男	晋贤乡	山西省某地某单位
李天义	男	晋贤乡	湖南省湘潭市武装部
田继山	男	晋贤乡	上海海运局
吴忠仁	男	卫子镇	辽宁省沈阳市某单位
赵 珍	女	卫子镇	广西壮族自治区某部队医院
任文富	男	梅树乡	四川省乐山专区公安处
李子海	男	梅树乡	湖南省铁路局
刘清木	男	梅树乡	重庆市兵工厂
汪树金	男	清水乡	河北省邯郸市煤炭工业局局长
王春声	男	清水乡	贵州省军区司令部副参谋长
熊大清	男	清水乡	陕西省咸阳市电子管厂厂长
冯开卫	男	清水乡	成都市人民银行行长
李子金	男	柏林沟镇	内蒙古军区参谋长
赵 玲	男	柏林沟镇	广州市四野补训师师长
刘天才	男	白果乡	陕西省华阳干部休养所
刘金孝	男	白果乡	广元县图书馆名誉馆长

续表

姓　名	性别	籍　贯	原工作单位及职务
邓成斗	男	陈江乡	四川省泸州市兵工厂
张明秀	女	虎跳镇	上海市第二医学院党委副书记
黄正华	男	虎跳镇	哈尔滨市农院麦林局局长
杨玉森	男	虎跳镇	成都市制药厂党委书记
李全春	男	黄龙乡	新疆空九军政委
张绍德	男	张家乡	江西省某校校长
刘兴和	男	张家乡	山西省某地
邢绍文	男	张家乡	大连铁路分局政治部副主任
刘元奎	男	香溪乡	北京装甲兵第二坦克学校副校长
邢天祥	男	香溪乡	广州市外贸局
王韩海	男	太公镇	湖北省普吉县粮油站
杨思华	男	明觉乡	河南省洛阳军分区司令员
胡乾元	男	明觉乡	成都铁路局工务段党委书记
胡光明	男	射箭乡	湖北省孝感县人民银行行长
张学兰	女	射箭乡	（不详）
胡兴俊	男	昭化镇	广西军区副参谋长
刘文华	男	沙坝乡	四川省乐山军分区
张学生	男	沙坝乡	北京供销合作总社
田继山	男	晋贤乡	上海海运局

注：中华人民共和国成立后，部分元坝籍老红军，留在军队的，后来大多成为中国人民解放军的高级将领，分配到地方的，遍布全国党政机关、工矿、学校和医院以及金融单位，成为重要领导干部。由于历史跨度长，加之部队多次整编、转业、复原等多种因素，元坝籍老红军在职人员的单位和地址又很分散，虽然经过多方查询，部分人的单位和职务不详或者不完全准确，此名录也难免有遗漏

民国时期昭化县知事、县长名录表

表 30－3

年　度	公元纪年	职务姓名		备　注
		职　称	姓　名	
民国元年	1912	知事	张小差	学道爱人
民国 2 年	1913	知事	陈希廉	捐廉赈济
民国 3 年	1914	知事	周国滨	监修鲍三娘墓
民国 5 年	1916	知事	马　图	
民国 6 年	1917	知事	杨荣时	
民国 8 年	1919	知事	黄　纪	
民国 9 年	1920	知事	杨荣时	
民国 10 年	1921	知事	谢开来	
民国 13 年	1924	知事	李荣贵	
民国 14 年	1925	知事	林　荣	
民国 15 年	1926	知事	单　修	购置学产、振兴教育
民国 17 年	1928	县长	彭庚梵	
民国 18 年	1929	县长	余和轩	

续表

年　度	公元纪年	职务姓名		备　　注
		职　称	姓　名	
民国19年	1930	县长	张兴治	勤政爱民，兴利除弊
民国20年	1931	县长	杨成贞	
民国21年	1932	县长	张兴治	
民国22年	1933	县长	魏　肃	
民国24年	1935	县长	周　达	修川陕公路
民国25年	1936	县长	彭庚梵	修县民众教育馆
民国26年	1937	县长	谢宝珊	
民国27年	1938	县长	龙光祖	
民国28年	1939	县长	林仲墨	
民国32年	1943	县长	刘光乾	
民国34年	1945	县长	罗映江	
民国37年	1948	县长	蒋镇南	
民国38年	1949	县长	徐兴益	

广元市元坝区劳动模范名录表

表30－4

序号	姓　名	性别	单　位	荣誉称号
01	刘成富	男	明觉乡八庙村	1995年2月获全国劳动模范
01	金　平	男	文村乡荣华村	2005年4月获四川省劳动模范
02	吴桂英	女	卫子镇小学	1985年9月获四川省劳动模范
03	乐国民	男	虎跳镇东沟村	2000年2月获四川省劳动模范
01	李连贵	男	新场(石井铺)乡政府	1990年7月获广元市劳动模范
02	冯卫传	男	清水乡政府	1990年7月获广元市劳动模范
03	肖定奎	男	卫子镇卫子村	1990年7月获广元市劳动模范
04	范映才	男	区计生委	1990年7月获广元市劳动模范
05	王维聪	男	区税务局	1990年7月获广元市劳动模范
06	唐祥生	男	区公安分局	1990年7月获广元市劳动模范
07	王家锐	男	虎跳中学	1990年7月获广元市劳动模范
08	李大明	男	香溪乡政府	1990年7月获广元市劳动模范
09	范桂枝	女	陈江乡紫金村	1990年7月获广元市劳动模范
10	陈中辉	男	朝阳乡政府	1990年7月获广元市劳动模范
01	席正荣	男	区人民医院	2000年获广元市劳动模范
02	刘子贵	男	王家镇檀木村	2000年获广元市劳动模范
03	冯生传	男	元坝机械制造公司	2000年获广元市劳动模范
01	田得贵	男	区畜牧食品局	2005年获广元市劳动模范
02	何正元	男	昭化镇天雄村	2005年获广元市劳动模范
03	余天俊	男	区交通局	2005年获广元市劳动模范

续表

序号	姓　名	性别	单　位	荣誉称号
04	蔡文斌	男	紫云乡三清村	2005 年获广元市劳动模范
05	张绍斌	男	王家中学	2005 年获广元市劳动模范
06	李成国	男	明觉乡八庙村	2005 年获广元市劳动模范
07	赵泽元	男	三元丝绸公司	2005 年获广元市劳动模范
08	唐祥生	男	市公安局治安大队	2005 年获广元市劳动模范
01	李海先	男	元坝镇砖灰村	1990 年 2 月获广元市元坝区劳动模范
02	刘仕德	男	柳桥乡东山煤矿	1990 年 2 月获广元市元坝区劳动模范
03	任朝孝	男	沙坝乡政府	1990 年 2 月获广元市元坝区劳动模范
04	胡映周	男	明觉乡帽壳村	1990 年 2 月获广元市元坝区劳动模范
05	张三武	男	陈江乡金宝村	1990 年 2 月获广元市元坝区劳动模范
06	梁天松	男	张家乡回龙村	1990 年 2 月获广元市元坝区劳动模范
07	夏登义	男	王家乡檀木村	1990 年 2 月获广元市元坝区劳动模范
08	姜仕德	男	文村乡银丰村	1990 年 2 月获广元市元坝区劳动模范
09	沈定富	男	卫子镇沈家阁村	1990 年 2 月获广元市元坝区劳动模范
10	马禄成	男	新场(石井铺)乡庙儿顶村	1990 年 2 月获广元市元坝区劳动模范
11	贺万里	男	区林业局	1990 年 2 月获广元市元坝区劳动模范
12	张德儒	男	张家印刷厂	1990 年 2 月获广元市元坝区劳动模范
13	雷开发	男	晋贤乡粮管所	1990 年 2 月获广元市元坝区劳动模范
14	李长周	男	新场乡长岭小学	1990 年 2 月获广元市元坝区劳动模范
15	唐祥生	男	区公安分局	1990 年 2 月获广元市元坝区劳动模范
01	夏国蒲	男	文村乡云华村	2000 年 4 月获广元市元坝区劳动模范
02	张华英	女	陈江乡五龙村	2000 年 4 月获广元市元坝区劳动模范
03	汪元忠	男	磨滩镇龙桥村	2000 年 4 月获广元市元坝区劳动模范
04	张　永	男	区农业银行	2000 年 4 月获广元市元坝区劳动模范
05	王　莲	女	清水乡小学	2000 年 4 月获广元市元坝区劳动模范
06	余华山	男	区养路段	2000 年 4 月获广元市元坝区劳动模范
07	欧成坤	男	元坝供电所	2000 年 4 月获广元市元坝区劳动模范
08	黄　河	男	潼南菜刀厂	2000 年 4 月获广元市元坝区劳动模范
01	徐永泉	男	区环卫所	2005 年 4 月获广元市元坝区劳动模范
02	吴丕全	男	元坝供电所	2005 年 4 月获广元市元坝区劳动模范
03	邱　明	男	区公安分局刑警大队	2005 年 4 月获广元市元坝区劳动模范
04	徐长明	男	虎跳中学	2005 年 4 月获广元市元坝区劳动模范
05	张华英	女	陈江乡五龙村	2005 年 4 月获广元市元坝区劳动模范
06	欧昌玺	男	文村乡云峰村	2005 年 4 月获广元市元坝区劳动模范
07	吴小平	女	区人民医院	2005 年 4 月获广元市元坝区劳动模范

附 录

一、备 注

（一）关于行政区划调整

1. 建元坝区之初行政区划调整

1989年8月15日，国家民政部《关于四川省广元市增设元坝区、朝天区的批复》（民行批〔1989〕9号）中称“元坝区管辖原市中区的元坝、卫子等6镇和35乡”，即广元市市中区卫子区所辖的4镇24乡，加上时为广元市市中区中心区所辖的2镇11乡即竹园镇、下寺镇、马鹿乡、金子山乡、七佛乡、建峰乡、白家乡、碾子乡、上寺乡、普广乡、白朝乡、罗家乡、龙潭乡，共为6镇35乡。四川省政府以川府函〔1989〕281号批复广元市。1989年9月26日，广元市政府制发广府函〔1989〕93号《关于缩小市中区，增设元坝、朝天区的通知》，元坝区仍管辖原卫子区时所辖的4镇24乡。故竹园等13个乡镇只在省以上文件中属于元坝区。

1991年7月1日，四川省人民政府制发川府民政〔1991〕29号，将竹园镇和马鹿、金子山、七佛、建峰、白家、碾子6个乡划归青川县，上寺乡、下寺镇和普广乡划归剑阁县，白朝乡、罗家乡、龙潭乡仍留市中区。至此，竹园等13个乡镇在省以上文件中划出元坝区。

2. 建元坝区之后乡镇撤并期间行政区划调整

1992年9月26日，四川省人民政府制发《关于同意广元市元坝区调整乡、镇建制的批复》（川府民政〔1992〕109号），元坝区撤销18个乡（柳桥、紫云、晋贤、梅树、王家、文村、陈江、青牛、香溪、丁家、太公、张家、大朝、朝阳、红岩、沙坝、清水、柏林沟），新建4个镇（红岩和沙坝合建红岩镇，柏林沟和清水合建柏林沟镇，太公和张家合建太公镇，王家和文村合建王家镇），扩并4个镇（柳桥、紫云乡并入元坝镇，陈江、青牛、香溪乡并入虎跳镇，晋贤、梅树乡并入卫子镇，大朝、朝阳乡并入昭化镇）和1个乡（丁家乡并入黄龙乡），保留5个乡（白果、射箭、明觉3个乡及由原新场乡更名的石井铺乡、由原观音乡更名的磨滩乡），应辖8镇6乡。但在实际运作中，红岩、沙坝、柏林沟、清水4个乡均未撤，红岩和柏林沟2个镇也未建。时辖6镇10乡。

1995年11月10日，广元市元坝区人民政府根据川府民政〔1992〕109号、川府民政〔1993〕20号、川府民政〔1995〕49号制发《关于调整完善乡镇建制的通知》（元府发〔1995〕91号），明确柏林沟、红岩两乡撤乡建镇。时全区辖9镇（元坝、卫子、王家、磨滩、柏林沟、太公、虎跳、红岩、昭化）17个乡（梅树、晋贤、文村、石井铺、白果、清水、陈江、青牛、香溪、张家、丁家、黄龙、大朝、朝阳、沙坝、射箭、明觉）2个工委（柳桥、紫云）。

（二）人物卒年

党连满，2008年3月30日病逝于广元，享年92岁。

李子金，2008年6月在内蒙古军区干休所去世，享年86岁。

蔡成兴，2009年6月13日病逝于广元，享年99岁。

胡伯祥，2010年2月病逝于澳大利亚，享年87岁。

李全春，2010年3月29日病逝于乌鲁木齐，享年91岁。

张明秀，2011年6月13日病逝于上海，享年94岁。

二、备　考

（一）关于“葭萌”县名及建县时间

据《广元县志》（1994年版）建置沿革卷60页：葭萌县名始见于《史记 · 货殖列传》“秦破赵迁卓氏。诸迁虏少有余财，争与吏，求近处，处葭萌”。《正义华阳国志》：“昔蜀王封弟于汉中，号曰苴侯，因命之邑曰葭萌。”说明葭萌是地名。《说文》：“葭苇即葭华（花）”，即含穗欲吐之芦苇。民国本《广元县志》谓“如两湖称荆楚一样，今广元昭化镇地当白龙江、嘉陵江、清江的汇合口，沿岸芦苇丛生，古人见芦苇初绽，生机勃勃，遂称此地为葭萌”。今人引唐以后《华阳国志》本“蜀王封其弟葭萌于汉中”，以葭萌为苴侯名，当是传抄之误。

其建县时间，《广元县志》（1994年版）载：周慎靓王五年，即秦惠王更元九年（公元前316年），因“苴侯与巴王为好，巴与蜀仇，故蜀王怒，伐苴侯，苴侯奔巴，巴为求救于秦”。秦遣大夫张仪、司马错、都尉墨等从石牛道伐蜀。“蜀王自于葭萌拒之，败绩。王遁走，至武阳，为秦军所害……开明氏亡”。张仪、司马错“因取苴与巴”（均见《华阳国志 · 蜀志》）。以苴侯都邑为治置葭萌县，为昭化置县之始。宋《资治通鉴》记：公元前316年秦“起兵伐蜀，十月取之。贬蜀王，更号为侯”。晋《华阳国志》记：“周赧王元年，秦惠王封子通国为蜀侯，以陈壮为相。置巴郡。以张若为蜀国守”。“三年，分巴、蜀置汉中郡”。“三十年，疑蜀侯绾反，王复诛之，但置郡守”。清《四川郡县志》记：周赧王十五年即公元前300年“封子绾为蜀侯。绾被诛，国除，改蜀郡，以张若为守，是为蜀立郡县之始”。清道光《重修昭化县志》记：“秦置蜀郡葭萌县”。周赧王元年为公元前314年，周赧王三十年为公元前285年。根据以上记载，建县时间最早可为公元前316年，最晚应为公元前

285 年。

（二）关于葭萌县治地由今昭化镇土基坝迁到昭化古城的时间

尚无确实可靠的史料依据予以确定。今所确知者仅有“建安二十二年（公元前 217 年），刘备改葭萌县为汉寿县”的记载。《华阳国志·蜀志》记：“晋寿县，本葭萌县城，刘氏更曰汉寿……”据此来看，葭萌县与后来的晋寿县的治地同为一处即今昭化古城，刘备改葭萌县名为汉寿县时，葭萌县治已非土基坝，而是昭化古城，则迁治时间至晚不会晚于东汉末或蜀汉初。2014 年上半年，昭化古城东门与北门之间城外一块俗名“大坪子”的地方（位于昭化镇城关村一组）在开挖的过程中，大批墓葬被先后发掘。据相关专家考证，战国时期至东汉末年的墓葬居多。所以此志稿在终审时，有审委认为，墓葬情况说明今昭化古城在西汉时已具有相当大的人口居住规模，进而推测早在西汉时葭萌县治已从土基坝迁到今昭化古城。迁治的准确时间还有待考证。

（三）晋安县——葭萌县的隶属和治地

晋安帝（397－419 年）时，析益昌县南境置晋安县。清道光《重修昭化县志·沿革》：“（晋）又于县（益昌县）之南境置晋安县，属巴西郡（治今阆中）。”《隋书·地理志》在“葭萌县”后记：“后魏曰晋安，置新巴郡，开皇初（开皇三年，即 583 年）郡废，十八年（598 年）县改名焉。”嘉庆《四川通志》记：“后魏新巴郡治晋安，在今昭化县界，盖周时移治，废巴入之也。”谓后魏（西魏）时，废新巴县，新巴郡迁治晋安县；“开皇三年，遂废诸郡”时，新巴郡废，晋安县仍存，直属利州。598 年晋安县改名葭萌县。元至元十四年（1277 年），废葭萌县入昭化县。

晋安县的隶属，还有其他多种版本的记载。清代道光《重修昭化县志·沿革表》中先后谓其属巴西郡、金匮郡（后为金迁郡）；《大清一统志·古迹》与嘉庆《四川通志·古迹》中均谓其属南新巴郡。疑因史上曾于巴西郡侨置南新巴郡且领有晋安县而被人误记。早前的《南齐书·州郡志》记：“新巴郡：新巴、晋安、晋城。”与《隋书·地理志》所记吻合。所以属新巴郡（先治今青川县竹园镇境，后疑移治，与晋安县同治）似为可信。

关于晋安县的治地，一说治今区境柏林沟镇，但无确切的史料佐证。1987 年《柏林沟乡志》“文存”中记有明正德庚午年（1510 年）岚溪桥碑记“□□□□□□宛若回龙之葭萌□□□□□□……”和乾隆七年（1742 年）重修广善禅院并锺鼓楼碑记“……即志葭萌县之处也……”一说治今丁家乡玉罗坝（旧名江口坝），一说治今苍溪县永宁镇兰池坝，还有一说治今南充市南部县。清道光《重修昭化县志·古迹》：“隋葭萌县故城，即晋晋安城，在治南一百三十里。《名胜记》谓施店驿为故城驿，即其地也，今属苍溪……又按南部县西北十里，亦有晋安故城。”宋代陆游有词《鹧鸪天·游葭萌驿》。明嘉靖《保宁府志》收录其词，并在题目下注释：“葭萌驿，今之施店驿。”施店驿位于今苍溪县永宁镇兰池坝。有人认为施店驿也名葭萌驿，曾为葭萌县故城。陆游曾几过葭萌驿，另一首《清商怨·葭萌驿作》写道：“江头日暮痛饮，乍雪晴犹凛，山驿凄凉，灯昏人独寝……”从此词句看，葭萌驿当在山中而非江边。《元和郡县志》卷二十二记：“葭萌县，上。北至利州一百五十里。本汉葭萌县地。东晋于今县（唐益昌县，晋安帝时益昌县）南置晋安县，隋改为葭萌县，取汉旧县名也。嘉陵江在县城南。”依“县城临近嘉陵江且江在城南”这点来看，治地宜是靠近嘉陵江边的丁家乡玉罗坝。原广元市人民政府办公室退休干部李生辉著《广元市郡县关驿考》《广元州郡县关驿续考》和《广元政区沿革述注》，持此观点。究竟晋安县即后来的葭萌县治于何处，尚缺充分可靠的史料予以确定。

（四）益昌县治迁回今昭化古城的时间

今尚无充分可靠的史料依据予以确定。道光《保宁府志·古迹》在“昭化县”后记：“益昌，在今县（昭化县）西北五十里白田坝，宋（南朝刘宋）初为清水坍陷，改为今治。”据此来看，迁治时间可能在公元420年之后的一二十年间。

（五）义城县—义清县—胤山县—平蜀县的治地及其演变

宋《太平寰宇记》在“利州”后记：“东南一百一十里，旧四乡，今一乡。本汉葭萌之地，后魏（西魏）恭帝元年（公元554年）分晋寿置义城县。隋义宁二年（618年）改为义清县。天宝元年（742年）改为允山县。皇朝（宋）乾德三年（965年）改为平蜀县。”唐《元和郡县志》在“利州”后记：“尤山县，中下，西北至州一百一十五里。本汉葭萌之地，后魏于今县（尤山县）西南十五里置义城县，隋义宁二年（618年）改名义清县。（唐）天宝元年（742年）改为尤山县。以县北三十里有可尤山为名，县城置白崖山上。武德四年（621年）筑义清县理焉。唯三面有城，皆临绝险，南面因险，不更筑城。”北宋《舆地纪胜》在“故平蜀县”后记：平蜀县“（宋）熙宁三年（1070年）省入嘉川县”。《旧唐书》《新唐书》均在地理志中列“利州（益昌郡）领县六：绵谷、葭萌、益昌、胤山、嘉川、景谷”。

关于县名有胤山、允山、尤山（还有嗣山、峒山、裔山、印山等名称）之谓，可能是后人为避宋太祖赵匡胤之名讳，将胤改为允、尤、嗣、峒、裔、印等；允、尤也有因字形相近而误之嫌；印又可能有与山形似印有关。胤山、允山、尤山、嗣山、峒山、裔山、印山等可能是同一地方同一时期同一县名。

关于治地，李生辉著《广元州郡县关驿续考》和《广元历史地名词典》认为，今区境内王家镇文星村唐家坝（古名戚家坝）西南15里的云台场，可疑为西魏义城县治地。隋义宁二年（618年，即唐武德元年）改义城县名为义清县。云台场北30里今方山村境内名古松观（亦名苦生观）的山岭疑为唐义清县治地。山岭地势较为险峻，山形似印，印柄在西北，印面在东南，疑此山即名印山、可胤山（可尤山）。山顶有30余亩平地，顶周砌有1米左右石墙；墙岩下为台地，层层低下；墙有4门，其中南门较为完整，门洞尚存。因山周为乳白色砂岩，故《元和郡县志》卷二十二有记：“县城置于白崖山上。武德四年（621年）筑义清县理焉”。因面积不大，且水亦不足等原因，可能于唐天宝元年（742年）移治唐家坝，并以原县城址所在的可尤山（胤山）而改名胤山县。今王家镇文星村唐家坝有以文庙为名的文庙河和城隍庙、将军坝等遗迹，可疑为胤山县治地。北宋改县名谓之平蜀县。

义城县、义清县、胤山县、平蜀县的确切治地，待更为确实充分的史料进一步考证。

（六）胤国

清《蜀典》卷三记：“胤国，即利州胤山。《路史·国名纪》胤侯爵风俗通云：‘胤，夏诸侯国，今利州之胤山。’”民国《广元县志》亦有：“吾广在夏为胤，于周为苴”之记。4000多年前夏启时，今广元一带是否属夏侯国“胤”，尚未找到确证，待考。

（七）郜国

1994年版《广元县志》记：“西周时，先民在今广元南郊建有邦国‘郜’，为蜀附庸。”除1985年《广元市志通讯》封面复印的《中国历史地图集》中《春秋时期巴、蜀、苴示意图》在广元城西南标有“郜（苴）”二字外，其他再未查到出处，且“西周”与“春秋”又是前后两个不同的时期。故“西周时，先民在今广元南郊建有邦国‘郜’，为蜀附庸”的结论存在疑问。

（八）莲花县、南华县

传说王家镇境曾置莲花县，尚未查到资料对此有记。民国《广元县志·古迹》记：“南华县故墟：在金帽堡戚家坝（今王家镇唐家坝），相传为南华县地，现存城隍庙、将军庙、文庙等遗迹。观溪水从王家坝经戚家坝至文庙河，河出偏桥，土人称内有铁碑，别又无考。或云沙河驿（位于今广元市朝天区沙河镇）属南华县，未知孰是。”传说南北朝时曾在今广元市朝天区沙河镇侨置“南华县”，今朝天区沙河镇也有村名叫“南华村”。故王家镇境是否曾建过莲花县、南华县，尚未找到确证，待考。

注：本“备考”内容之引文中的括注，如未特别说明，均为编者注

三、艺文选录

（一）古体诗词

春日游嘉陵江

唐代　刘沧

独泛扁舟映绿杨，嘉陵江水色苍苍。行看芳草故乡远，坐对落花春日长。
曲岸危樯移渡影，暮天栖鸟入山光。今来谁识东归意，把酒闲咏思洛阳。

桔柏渡

唐代　杜甫

青冥寒江渡，驾竹为长桥。竿湿烟漠漠，江永风萧萧。
连笮动袅娜，征衣飒飘飖。急流鸨鹢散，绝岸鼋鼍骄。
西辕自兹异，东逝不可要。高通荆门路，阔会沧海潮。
孤光隐顾眄，游子怅寂寥。无以洗心胸，前登但山椒。

游葭萌驿词二首

宋代　陆游

鹧鸪天·葭萌驿作

看尽巴山看蜀山，子规江上过春残。惯眠古驿常安枕，熟听阳关不惨颜。　慵服气，懒烧丹。

不妨青鬓戏人间。密传一字神仙诀，说与君知只是顽。

清商怨·葭萌驿作

江头日暮痛饮，乍雪晴犹凛。山驿凄凉，灯昏人独寝。　　鸳机新寄断锦，叹往事、不堪重省。梦破南楼，绿云堆一枕。

天雄关

清代　李骥元

左排山万峰，右包江一道。矗矗天雄关，冲霄崖未了。
地鸣钟鼓多，天入秦陇小。波涛碧油油，霜霰白皓皓。
自经阁道行，群山拓怀抱。及兹历益峻，如鹤凌苍昊。
莫去寻山僧，僧归白云表。

昭化夜泊

清代　王士正（祯、禛）

淅淅风欺枕，明明月入船。三巴空有泪，独夜不成眠。
流宕鱼凫国，凄其鸿雁天。故园梅信早，归去逼残年。

吊费敬侯

清代　吴天木

辛勤窥魏复窥吴，汉阙崔巍今在无。
碣石依稀留氏爵，半随春雨没荒芜。

春游平乐寺词二首

水调歌头·平乐寺再建

山水依然在，几度送秋春。曾有金钟木鼓，尽日响黄昏。昔日繁华何去，唯有残墟废土，风雨隐丛林。衰败由谁定，兴盛岂无因？　　风铃脆，青烟细，画楼新。慧眼一双谁有，高枕看红尘？家事纵然抛却，犹有民生国计，事事应关心。勤摆慈航渡，殷殷送万民。

西江月·问佛

宏磬声声悦耳，细香缕缕青烟。人来人往问平安，佛自百忙不乱。　　闻道佛能指点，也来信手抽签。吉凶不论我悠然，听语梁间紫燕。

（原载于大众文艺出版社2006年12月《女皇故里诗歌选》，作者：张俊贤）

满江红·咏红军树

铁干铜枝，拔地起、直冲霄汉。风刃利，更兼雨剑，刻轮百转。电掣雷霆头顶炸，一躯凛凛何能撼！造绿荫一片庇苍生，撑天伞。　　红旗举，狂飙卷；征腐恶，赤川陕。看武装割据，漫天霞灿。

十九烈英真壮士*，刀从怒目披肝胆。奋一腔正气贯长虹，乾坤转。

* 十九烈英：指1933年被反动民团在树下杀害的19名农会干部、赤卫队员，其中包括1名妇女。

（作者：江清云）

题战胜坝遗址

（一）

葭萌关前战胜坝，只缘《三国》传天下。
张飞马超谁输赢，却生疑窦问史家。

（二）

弹丸小邑战云多，史事如烟细搜罗。
最是霍峻败向存，八百勇士唱凯歌。

（作者：刘兴朝）

（二）现代诗歌

大学生的哑巴哥哥

从没有将誓言
刻在嘴上

你与风霜雪雨交谈
你与猪鸡牛羊交谈
对弟弟成龙的愿望　深入
土地的核心

从没有想过穿皮鞋抱媳妇
你半生的积蓄
全部垒成金黄色的台阶
你牵引稚嫩的弟弟
一级一级向上　攀登

一次次你越过
汗渗血染的山道
两膀铁肩　扛一袋
全家三代人的重嘱

进城　穿过贫血的鄙视
为弟弟饥渴的人生
挂起丰满的云帆

一个歇后语开花的日子
读懂了你最原始最深沉的语言
弟弟飞出了大山
从此　你沉默为一棵树
站在秋天的深处
向一只雄鹰　张望

（原载于《写作》杂志1996年第3期，作者：肖永乐）

张思德·木炭

那个寒冷的冬天
在陕北安塞山中　张思德
为渴望温暖的中国
烧　炭
熊熊的火焰
映红了他为人民服务的身影
面对通红的窑
他满腔热忱　全心全意
把繁重与艰辛　平凡和琐碎
烧得一丝不苟
淋漓大汗　撒落
真挚的情感

他烧制的木炭
是中国传统名牌
纯正　不含杂质
热情　火力持久旺盛
坚硬的木质中
含有钢的声音

一个漆黑的夜晚
他顾不上休息
窑里的火苗正与心里的火苗
激荡　跳跃
不幸的厄运却悄然而至
用厚厚的黄土

将他掩埋　覆盖
像他小心翼翼覆盖余温犹存的木炭
燃烧正旺的生命　瞬间
涅槃成炭的精灵

于是　冷漠中
温暖升起　灰烬中
火焰升起　鸿毛中
泰山升起
于是　一位伟人
将一个凡人写入经典
五字碑文　闪耀千秋光芒
警醒后人脚印

从此　他与炭融为一体
优良的品质镕铸成精神
张思德牌的木炭
至今
仍炙烤我们的灵魂

（原载于《当代党员》2001年第6期，作者：蒲国庆）

（三）赋　碑记

元坝桂花赋

莽莽神州，郁郁天府。广元后苑，川北门户。夫元坝者，地控秦陇，势扼巴蜀。辖昭化古城，春秋县制；涵葭萌旧邑，三国故土。斯地兮，独尊一树；木犀者，月桂之属。桂花酿酒醉英雄，张翼德挑灯战马超；酒溢桂香壮声威，铁木尔除害射恶虎。永世留芳姜维池，旷古遗恨费祎墓。太公山，旗猎猎花映大纛；红军树，实累累根连热土。蓁蓁桂叶，装点川边大地；缕缕桂香，熏染千年史书。

“物之美者，招摇之桂。”桂之美者，繁花之馥。四季常绿，树中之珍品；三秋盛开，花中之翘楚。含凝露而吐英，历秋风而愈姝。润广寒之清丽，筛月影之柔疏。城乡广植，象征吉祥安宁；官民皆爱，祈求和平幸福。西人视“桂冠”为至高荣誉，先贤喻“折桂”为登科仕途。出类拔萃曰“桂林一枝”，人才济济曰“桂香盈圃”。君不见：“何须浅碧深红色，自是花中第一流！”君不闻：“遥知天上桂花孤，试问嫦娥更要无？”

试看今日元坝，可谓天翻地覆。旧时破陋砖灰村，已然一幅丹桂图：绿叶婆娑，映衬桂花大道；树影摇曳，点缀嫣然花坞。依山新学府，临水滨河路，如梦后花园，璀璨夜明珠。农工商齐头并进，教科文花团锦簇。全民教育，慧眼开启心灵之窗；科技兴区，睿智指引富裕之路。书声琅琅，百年树人犹树木；商旗飘飘，桂蕊留香客留步。奇葩美树兮，花灼灼氤氲绕城；绿色元坝兮，树婷婷芳菲满目。

壮哉！金秋桂花节。美哉！满城桂花树。王者之树三百岁，天香之蕊两万株。金桂、银桂、丹桂，瞻之者赏心悦目；绿化、美化、香化，仰之者超凡脱俗。以区树之葳蕤，展新城靓丽丰采；以区花之清雅，显市民高尚禀赋。花为媒，引来蜂飞蝶舞；树当笔，描绘小康蓝图。置美花之美景，惠在百姓黎庶；创嘉树之嘉绩，功在党委政府。

桂花作证兮：生态家园，人间乐土。桂酒祷祝兮：元坝人民，安康幸福！

（原载于2005年1月四川文艺出版社《桂香洗尘》，作者：徐康）

临江书院碑记

古之教者，家有塾、党有庠、术有序、国有学，兴贤育才之所，自昔重焉。我国朝定鼎以来，文教条覃敷，远轶前代。自京都及各省府州县卫学校之外，咸令设立义学造就人才，法至善也。益州素称天府，自汉文翁立教而后，英哲挺生。即益昌一邑，虽僻处蜀西，而费文伟、杨巨源诸贤辈出，盖亦代产名人矣。迄今此地诸生中天资明敏者不乏其人。大抵散处井闾，借耕为读。向未建书院，荟萃群英，无由观摩以底其成耳。

甲戌初春莅任，首先兴修文庙告竣，因思邑内尚有储仓三十间设而未用，应变还造作之费。承办官前邑令敬直程公曾垫资三百余金，尚不足银百廿金。奉宪饬变仓房以还余款，乃待价十年不能见售。司牧者睹此风雨飘零，岁月持久，蹙然于心。于是创捐清俸，诸绅亦共乐输缴，还余项，改监仓为书院。上详宪听，将程公垫款亦请捐修，以昭余泽，旋奉宪檄允。适且城西古分司街有官地焉，为贡生张悦管业。彼闻之，出其壤基。督匠鸠工，不数月而告成矣。

夫天地之生才，悉钟于山水之灵秀。斯地也，有牛头、云头、阴平、石柜诸山环绕四面，岩岩峨峨。南通邛僰，北达褒斜。其下出黄沙，白水二河，渺然如带，汇入嘉陵一江。而书院适筑于西山之麓，仰接巉岩，俯临江濑，故号曰临江书院。自兹以往，咨谋膏火，采访名师，教诸生以圣贤奥旨，学问渊源。既具明敏之资，加以观摩之益，从此相期达大媲美费杨诸公，仰副圣天子作人雅化，庶几默合塾庠序之义，又岂徒以高山流水，夸名胜于兹土也哉！因序其本末以为记。

（作者：清 吴邦焻）

注：吴邦焻，浙江省仁和人，清乾隆十九年（1754年）任昭化县令。临江书院：见本志《昭化古城》篇；覃敷：广布之意；费文伟（费祎）、杨巨源，见本志《人物》篇；邛僰：四川邛崃等地；褒斜：陕南褒县等地；庠序：古代的地方学校，也泛称学校或教育事业。

（四）散　文

大朝寨子山

大朝寨子山是蜀道云台山自然风景旅游区内著名的景点，在大朝乡场以西，据传是诸葛亮屯兵安营扎寨的险隘。

寨子山南北走向，北高南低。在遥远得不知时日的洪荒初始，由一巨大的砾石崩裂一分为二。

山脚流淌着一条明亮的小溪，从一座石板古桥跨到对岸，在一棵高大的皂荚树下，有一口古井，古井大约一米见方，由四张厚厚的青石板镶嵌而成；井边的石板已被行人踏磨得溜光，石沿上面微微凹陷留着樵夫磨刀砺斧的痕迹。泉水盈盈，清冽见底，犹如一汪温润生光的碧玉翡翠，表里澄澈。此泉水温恒定，暑雨不增，寒燥不减，其味甘甜。据传，明代一皇太子路过小憩，于茶馆品尝了此泉水沏泡的采自此山的“老鹰茶”后，只觉口齿噙香，沁心入脾，精神振发，连连称奇，大加赞赏，乃赐名曰“太子泉”。“太子泉”由此芳名远播，流传千古。为保护古井，历代官员以至庶民立下了许多规矩，禁止人畜践踏沾污。老树碧荫，古桥流泉，情味悠长，构成了一幅朴素清丽的美妙画卷。在这里，我首先领略到了自然与人的相融相亲。

崎岖的羊肠小道从山脚蜿蜒盘旋而上。长长的莎叶茅穗和荆棘柔条拂遮着小径。路旁，各种有名无名的灌木丛、侧柏和草本类微小植物，缀举着细小的果实和星星点点五颜六色的花蕾、花苞和花朵，煞是迷人。山腰，石峰嶙峋，玲珑奇异，林林列立：或一峰高耸，傲然似剑，直刺苍穹；或数峰并峙，列如冠角犬牙，佛掌焰火；或矮圆短促，缓延而下，如牛羊饮涧；或凌然上指，如鹿犀望月；或如罗汉佛陀，蘑菇葫芦，笔筒舟船，鱼脊兽背，箱柜瓮钵，应有尽有，令人惊叹不已。山畦嘉禾盈盈，华实芬芳。山间垄上相间许多天然草坪，芳草萋萋肥美如剪，坦荡如砥，空旷明丽；如铺毡布毯，滋软润泽。牛犊羊羔三五成群，俯项甘餐，唇翕吻张，草的馨香熏刺得它们不时地打着喷嚏或响鼻，何其悠然。黑色的“八哥”鸟叽叽喳喳喧闹着，翩飞起落在牛背、石坎和荆莽之间，呈现出少有的宁静安详与自在。

渐到山顶，山势略缓，峰峦如聚，峭壁刀解斧削，植被蓊郁，密密层层。青松抱石嵌岩，傲指云天，苍劲挺拔。杂灌稠密，藤蔓攀牵，空谷幽兰，芊蔚菁菁。众峰之间，盛着盈盈一潭绿水，人称“天海”。传说此水与大海相通，从不干涸。山水同蓝，回清倒影。水中生有冬荪，可以食用，所以人们又叫“冬荪塘”。水边空地上浅草如茵，一平如展，仿佛铺着厚厚的绒毡，清香淡淡；山玫瑰和七里香架叠成垛，一色的紫白嫣红。山空无人，在林间览胜，草坪戏玩或水边垂钓，草熏风暖，蝉鸣鸟唱，蝶舞蜂飞，幽雅清净。临水向山，目谋神与，得意忘言，无不心旷神怡。

登上顶峰，只见碧松森森。凭树远眺，视野阔大。四周崇山峻岭，丘壑纵横，披光映彩。北望，奇峰耸翠，画栋飞云，钟声隐隐。东向，大山茫茫横贯雄奇，千沟万壑，遥遥相望。盘山公路似一条绸带飘飞山外。南面，剑阁七十二峰重峦叠嶂，隐隐西去。近处，杨家坝农舍历历，“暧暧远人村，依依墟里烟。”斑竹林沿河而植，茂密蜿蜒，宛如一道绿色的城墙围挡山前。西睹，茅家山原始森林莽莽苍苍，随势起伏，堆云集雾，如同波涌浪腾直接天际。

脚下，四周皆是万仞悬壁，略略俯视，则觉头晕目眩，骨软心惊。相邻一丈余宽的纵向峡谷近在咫尺，深不可测，险不可涉，腐叶败草，蓬蓬堆积，旷日久远，令人望而生畏，却步难前，唯有嗟叹而已。山风呼呼，衣袂飘飘，真如排虚御风。

山有水则灵秀。据传，寨子山曾孕育了两个千年狐狸精。一个因为耐不住修炼的寂寞常与附近人家的姑娘谈情爱恋而竟遭雷劈殒命；另一个则依然遁迹山中潜心修炼不知所踪。美丽忧伤的传说令人想起蒲松龄笔下那些离奇优美的花妖狐魅的聊斋故事，实乃韵味无穷。

山水妩媚，天然爽利，景随时谐，韵真味醇，这就是我深爱的寨子山。

（原载于《绿色天府》2004 年 1 月 8 日副刊，作者：仕国富）

明水之泉

因为部门联挂工作，我们常去黄龙乡明水村。明水村地处该乡西北方向，与白果乡接界。全村坐落在一个小山沟里，四周都是座座山川相连。村子很小也很普通，地势呈北高南低之势，进了村除了爬坡下坎，没有像样的路，弯弯曲曲的小径蜿蜒狭窄，步行的人不小心就会摔跤。村里唯一可称道的是一块石牌坊，牌坊中间立着一块高大的石碑，上面记载着这个村子在清朝光绪年间出了一个贞节良妇，皇上奖赐特修此牌坊作纪念。

在古牌坊的南侧有一座名叫明水观的古庙，从庙中间天井坝的一口井里流淌出一股泉水。这是一泓多么清澈、多么幽雅的泉水啊！当你仔细地观察就会发现：那污玉泼翠般地从玲珑眼里冒出的细细水流，涌满水井后汇成小溪，发出叮咚声响，跳跃着奔向远方；那被泉水滋润出来的红花绿柳，那被泉水灌溉的良田绿浪翻滚……一切都是那样的和谐，奇特而静谧的美妙，总给人一种如此舒畅、激动乃至遐思绵绵的心情。

就是这一汪神秘、清纯的明水泉，给它存在的大山和村庄带来无限的生机和情趣。

清冽的泉水从狭小而深邃的裂缝中涌出，带着愉快的潺潺声流入石条垒起的水井中，再从水井口顺溪沟流入不远的小塘。细流撞在溪边的石头上，溅起串串水珠。泉的前方是十几亩稻田，长着茂盛的秧苗，微风轻轻吹动，稻花吐穗飘香，因为那片稻花，小泉也就平添了许多神奇。

稻田的前方是一条流入嘉陵江的溪流，溪边的灌木和杨柳披着浓浓的绿，昂头笑，在风中摇。杨柳用它那轻柔的枝条抚摸着溪水，仿佛在倾诉无限的眷恋和感激之情。

溪水在笑。它将愉快地拌动着银光灿烂的笑洒向蔚蓝色的天。在这蔚蓝色的空间里，激荡着欢乐的流水声。太阳是幸福的，因为它使溪水映射出无数粼粼波光；绿色的生命是幸福的，因为它们受着滋润和爱吻；泉水更是幸福的——它流入广袤的大地，满怀深情，滋润万物，也注入我们心田……

对于泉水的感受实在太多、太深，在我的心中，不也流动着一条暖暖的溪流吗？它温暖着我，指引着我；在最彷徨最困苦的时候，它用无言的话语鼓励着我，使我更懂得珍惜生命，懂得爱，懂得责任与奉献！

我记得在全区部门联乡帮村动员大会上，区委书记作动员时讲，推进农村小康建设，要有坚韧不拔的顽强意志，顽强拼搏的奋斗精神，无论有多大困难，都要一如既往，百折不回。当他用期待的目光注视我们说，抓好农村小康建设是与实现你们人生价值最好的结合的时候，我的心中也涌出一股细细的温泉，这种感觉是那样清晰，那么深刻。

从此，流入我心头的那股细细泉水，就再也没有停息过，每当它即将干涸时，那语重心长的话语声使它全新欢畅着，潺潺不息地流淌……

明水之泉，当你从源头流出的那一刻起，就注定了你奔流不息的性格。你在不息的奔流中荡出无悔的青春，你又在坚定不移的信念中获得永生。明水长流，你似从人们心中流出的一脉心泉，用纯真的淡泊，描一派不屈不挠的追求，带着一股幽幽的清香，一路欢歌流向广阔的原野，渗进了饥渴的土地，滋润了绿色的生命，用生命的体验，不息地向古人、今人和后人，深情地进行着一个伟大的诉说……

（原载于《广元日报》2002 年 10 月 29 日副刊，作者：田德华）

如今何事不“PK”？

中国人追风赶潮的毛病，在世界上可能都算得上是出类拔萃了。但凡看见三五个人在往一个地方跑，便也要跟过去，扁着脑壳往里钻，生怕落在了圈子之外。自打“超级女声”开了头，如今国内可以说是“选秀”之风劲吹，刮得一些人脚掌不沾地地跑。从最初的娱乐行业到如今的行政机关事业单位，到处都在“选秀”搞 PK，花样翻新之快，范围扩散之广，赛过当年的非典病毒。“超级男声”、“快乐男声”自不必说，杭州某小学搞 PK 选“最优秀的教师”，中原某市公安局搞 PK 选“警花”，某部队搞 PK 选“人民的忠诚卫士”……真可谓走马灯似去复来，乱哄哄你方唱罢我登台！

在市场经济的社会里，注重效益，倡导竞争，似乎是情理之中的事情。然而那有些PK游戏，与名利有不解之缘，商业味未免太浓厚了。特别是有些机关事业单位搞PK，初衷绝对是出于急功近利。有些评比活动，按道理本身应该在自身涉及的一定地域、一定人际范围内进行，可为什么偏偏要动用新闻媒体，进入社会层面，不遗余力地鼓动“全社会公众参与”？还不是为了达到惊扰世人，吸引世人眼球，让大家知道自己是“哪路神仙”的目的，雅称“提高社会知名度”；再者，让公众投票，他为何不像外国议员那样到公众中来候选，而是躲在一边，让大家网上或手机上给他投票？明摆着的是他过来不但无钱可赚可能还要赔本，而电信投票的实质是你指头一按他的钞票就到手了。13亿人口的国度，就只算1%的人对那些“PK”感兴趣，这是多大的利润空间？所以，不管它是何种形式和内容的“PK”，都跳不出或捞名，或捞利或名利兼捞的圈子。

着眼于名利的追逐，可想而知会有多少心思关注社会效益。在娱乐圈就权当是疯疯癫癫一场游戏，而在行政事业单位可就不是这么简单了，特别是评选“警花”、“校花”之类，已是完全忘记自己特定的社会角色，而混同于大街上追赶时髦的哥们儿姐们儿之类的角色。

再看游戏的过程，就可知这类东西的无聊和低俗。因为唱了一支歌，演了一部剧，写了一篇文章，就不理发了，不剃须了，不换衣裤了，“艺术家”的行头就出来了，不知怎么就成了评委，当了座上宾，对那些年龄大过自己几倍、相貌靓过自己几倍的选手们挑肥拣瘦评头品足起来。那些参与“PK”的人们，沾了“草根民主”的光，不论来自何方，从乳牙未落到头发花白，都可同台竞技，“展示自身才艺”。已是黄土掩到胸口的人了，还要与那些风华正茂的靓女酷男们一决高低，真让人担心某口气匀不过来，死得悼词都不好写——因公殉职还是为名利捐躯？结束时还得气喘吁吁地面向那些儿孙辈的叫花子一般的评委们，一脸媚笑地一口一个“老师”，像小学生一样地聆听他们的“教导”。对自己生命和尊严如此地轻视，让人感到名利的吸引是何等的强大，“重在参与”的自我解嘲是何其的苍白无力。殊不知即便如此，也只是名利场上的一个小道具而已，就在其尴尬地“努力拼搏”时，那些最大的赢家——策划人、营运商、赞助商们，正在后边欢天喜地地分钞票呢。

（原载于《绿色天府》2007年第12期“大家谈”栏、《广元广播电视报》2007年12月19日“杂谈随感”栏，作者：张俊贤）

梦里梦外

宁静的小村庄，水草丰美。一行人熙熙攘攘从远处来，不知道去向何方。伊懵懂地行在其间，行不多远，一群蒙面人突然从天而降，将伊捆绑，动弹不得。

“救命呀”！伊大呼。

为首的说，怨不得我，是受人之托，顺着蒙面人手指的方向伊看见了站在人群中一个似曾相识的身影，欲言又止。

“为了见你才出此下策。”身旁一蒙面汉说。

伊转身离去，泪水溢满脸颊。

至此，梦戛然而止，伊惊恐地从梦中醒来，不觉有些好笑。想这梦终无结果，翻了身，想接着再做，看后续如何，可怎么也入不了梦境，直到天亮，再无梦来相扰。

伊将梦里的思绪收住。几只不知名的鸟儿啁啾着从窗前飞过，越过对面的高楼飞向远处。

高楼之外有山，山下有湍急的河流，春日，河岸上盛开着一望无际的油菜花。这样的情景一直在记忆里放着，温暖着。终日忙忙碌碌，淡远了记忆，甚至迷离心智，而那些飘着油菜花香的记忆依旧泛着光亮，不曾老去，飘溢着清香，成为快乐心灵的阳光能源。累了，倦了的时候，伊就打开它，吸取养分。

那是些什么，伊一直在问。

其实，那些留在记忆里永不褪色的，无非是一点水清，几语旧话。

想念是在孤独的时候唯一的一条心灵逃路，有太多的事情我们别无选择，或者说选择了就要面对，绝不放弃。

人生像一场戏，一场没有剧本的戏。我们都不知道自己在扮演一个怎样的角色，我们曾经那么执着而虔诚地等待，幻想着谁会在哪个时候出场？以何种方式遇见？会有怎样的对白？心里一遍遍地盼着华美地登场，完美地演绎一场掌声雷动的戏。然而谜底总在不经意时揭开，来不及想好对白就匆匆登了台，凌乱的脚步，结舌的对白，局促的表情，青涩的过程。全没有期盼中的那般轻盈，那般热烈，那般字正腔圆。懊恼，失望。想退场时锣鼓已开场，只能自顾自地演下去，渐渐地发现戏原本不是那样粗俗，渐渐地入了戏，这是梦外的世界。

梦里梦外皆是戏一场，梦里故事暂博一笑，梦外的生活还在继续。

青砖瓦房前的两块青石上，已多了些青苔，而白色衬衣的清香一直萦萦绕怀。

歌声在午夜细诉温情的话语，脚步在风中轻踏离别的低回。期许腼腆而羞涩。未来被憧憬成一副流光溢彩的画，装饰着成长的岁月，装扮了少年整片的天空。

在风里雨里，黄昏黎明，一幅幅青春的剪影亦真亦幻。那些写意般的章节，飘逸，空灵，那些如歌的节律，清丽，隽永。

这样的一种优美，谁可以躲避？谁可以拒绝？既然不能躲避不能拒绝，那么，就只有沉溺了。多年之后，再度遭遇优美，依然不能自拔，可见沉溺之深了。

在伊生活的城市，人们起早贪黑，东奔西走，迎来送往，几乎喘不过气来，突然有一天，觉得累了，倦了，迷茫了的时候，就会想起那些芬芳的月夜和月夜里优美的旋律，一种鸣唱的声音在心底响起，而手中的帆仍疲惫地举着。

这时候，就想泡一壶清茶，就一窗秋风，慢慢梳理静静感悟。或者随意地走在某个熟悉的乡村，听林间鸟儿清脆的歌唱，农家青砖瓦房里飘出的炊烟有淡淡的甘草味，闻着就让人食欲大增。

乡村的宁静是城市无法企及的，这里土地广袤，人情厚道，不管你有多重的负荷，都可以卸甲归田，厚厚的黄土会在任何一个时间张开双臂深情拥抱每一个游子。

像母亲一样，不论你是怎样的情形和状态，故土都能接纳。不论你走多远，在故乡和母亲的眼里，你永远是她的孩子，她会把最安全的地方让给你，尽管她有时会很柔弱，但只要你需要，她会表现得元比强大，无私无畏。

有了这样的涵养和温润，什么样的伤口都会被修复，然后，在故乡和母亲慈爱的目光中，你又轻装前行。

既然走在路上，就不能没有梦想。各人的悟性资质不尽相同，能成就梦想的也是凤毛麟角，正在奔忙着的是飞翔着的梦，不能以其某种方式承载的愿望就逐渐变成期待变成暂时搁浅的梦，梦外的世界免不了有这样那样的迷惑或者憾事，飞翔也罢期待也罢，凡此种种，皆是世间百态之一。

梦里梦外，皆由梦来。

（原载于《广元日报》2007 年 12 月 12 日副刊，作者：车红梅）

四、修志文存

《广元市元坝区志》编纂委员会历任组成人员名单

1. 中共广元市元坝区委办公室、广元市元坝区人民政府办公室2007年11月28日制发元委办〔2007〕150号文件成立《广元市元坝区志》编纂委员会：

顾　问： 冯安富　张寿于

主　任： 赵廷延

副主任： 卢春刚　朱永国　付　健　范子熠　任国富　龚贵宏　彭仕华

委　员： 夏登坤　王忠生　青久蓉　黄邦杰　姜云茂　王　绩　范永昌　侯　宏　李兴鸿　李江山　肖元清　徐继先　朱太义　邹　蓉　戴自财　邹　蓉　戴自财　康映东　张　博　魏　勇

编纂委员会办公室主任： 彭仕华

2. 中共广元市元坝区委办公室、广元市元坝区人民政府办公室2009年8月20日制发元委办函〔2009〕47号文件调整《广元市元坝区志》编纂委员会组成人员：

顾　问： 王华蓉　张寿于

主　任： 赵廷延

副主任： 卢春刚　范子熠　范永昌　任国富　梁冬云　龚贵宏　张俊贤

委　员： 夏登坤　王忠生　姜云茂　黄邦杰　青久蓉　李兴鸿　朱永国　李江山　肖元清　安宗明　徐继先　朱太义　邹　蓉　康映东　秦正颖　付　俊　魏　勇

编纂委员会办公室主任： 张俊贤

3. 中共广元市元坝区委办公室、广元市元坝区人民政府办公室2010年12月29日制发元委办函〔2010〕131号文件调整《广元市元坝区志》编纂委员会组成人员：

顾　　问： 王华蓉　张寿于

主任委员： 徐电峰

副主任委员： 卢春刚

委　　员： 夏登坤　罗　杰　范子熠　范永昌　任国富　梁冬云　王忠生　姜云茂　黄邦杰　青久蓉　李兴鸿　梁文龙　安宗明　李江山　肖元清　徐继先　朱太义　邹　蓉　康映东　秦正颖　张俊贤

编纂委员会办公室主任： 张俊贤

4. 中共广元市元坝区委办公室、广元市元坝区人民政府办公室2012年11月22日制发元委办函〔2012〕136号文件调整《广元市元坝区志》编纂委员会组成人员：

顾　　问：陈正永　龙兆学
主任委员：徐电峰
副主任委员：姜云茂
委　　员：沈光宏　任国富　张远亮　王尔锐　马小平　刘文龙　张文茂　青久蓉　谢艳梅　朱太义　范子熠　梁文龙　徐仕刚　王大俊　翟广生　黄邦杰　康锦秀　冯开阔　李　亮　张俊贤　杜清尧　姜　涛　叶林城
编纂委员会办公室主任：张俊贤

5. 中共广元市昭化区委办公室、广元市昭化区人民政府办公室2013年11月18日制发昭委办函〔2013〕61号文件调整《广元市元坝区志》编纂委员会组成人员：

顾　　问：陈正永　龙兆学
主任委员：王金川
副主任委员：赵思彦
委　　员：沈光宏　任国富　舒　冰　姜荣鑫　肖万钟　刘文龙　马小平　郑桂芬　张文茂　付　健　谢艳梅　朱太义　范子熠　梁文龙　徐仕刚　黄邦杰　王大俊　翟广生　龚贵宏　冯开阔　张俊贤　蒲国庆　叶林城　姜　涛
编纂委员会办公室主任：张俊贤

中共广元市元坝区委办公室 广元市元坝区人民政府办公室 关于进一步加强修志工作的通知

元委办〔2006〕34号

区级各部门：

为了加快《元坝区志》各分志的编修进度，提高志书质量，确保如期完成第二轮修志任务，根据省、市地方志工作会议精神，结合我区实际，现就进一步加强修志工作的有关事项通知如下：

一、进一步深化对地方志工作重要性的认识

地方志工作是国家一项长期的具有连续性的重要文化建设事业，是各级政府的一项基础性工作，功在当代，利在千秋。地方志作为“一方之全史”，是中华文化的重要载体，是一个地区上至天文，下至地理，从自然到社会，从政治到经济，从历史到现实，从人物到风貌，一应俱全的社会综录，是各级领导深入了解和把握本地区、本部门情况，实行宏观决策和正确施政的重要工具。元坝区地理位置特殊，历史文化沉淀深厚，特别是1989年建区以来经济社会变化巨大，客观存在着地方志编纂的丰富内容，实际上还没有一本全面反映元坝的综合性书籍，与又快又好发展元坝不相适应。编纂《元坝区志》，对于认识元坝、把握元坝、激发建设元坝的热情具有十分重要的现实意义。

二、实事求是，确保志书质量

质量是志书的生命，也是其价值所在。为了确保官修志书的严肃性和权威性，各承修单位要坚持高起点、高标准，切实把精品意识贯穿于志书编修的全过程。要用辩证唯物主义和历史唯物主义的观点和方法，深入研究改革开放以来本部门发生的深刻变化，全面真实地记录这段历史时期的成就和经验，做到思想性、科学性和资料性相统一。因此，各部门领导和参与修志的同志必须以高度的责任心，对入志的每个材料、每个数据要反复核对，切忌粗枝大叶，务求观点正确，资料准确翔实，真实地反映元坝各项事业发展的全貌，为当代和子孙后代提供良志信史。

三、加强领导，按要求如期完成修志任务

“修志工作是一项不容易引起重视但又十分重要的工作”。我区《元坝区志》编修的资料来源主要靠区级各部门，近年来，虽然取得了初步成绩，但工作进展极不平衡，任务还十分艰巨。因此，各承修单位一定要按《关于加快修志工作进度的通知》（元府办发〔2001〕24 号）要求，抽出责任心强、熟悉情况的同志承担编撰工作，确保 2006 年底全面完成各部门志的编修任务。根据市地方志编委会要求，本次修志记述的时间断限为 1986 年 1 月至 2004 年 12 月，因我区本轮志书属新修，个别内容可以上溯，使前有所稽。各承修单位在收集资料和编撰时，应按编写纲目要求进行，不要因资料收集困难而绕道走，个别地方需要变动的，待统稿时再作研究处理。为了加快《元坝区志》编修进度，区政府聘请了 3 位退休老同志为编辑，同区志办的同志一道，指导各承修单位编修，帮助解决业务中的具体问题，以推动各部门修志工作的顺利开展。

2006 年 4 月 30 日

中共广元市元坝区委办公室 广元市元坝区人民政府办公室
关于切实做好《元坝区志》编修工作的通知

元委办〔2008〕21 号

区级各部门，区属有关企事业单位：

为切实加快《元坝区志》编修进度，提高志书质量，确保 2010 年完成任务，根据市委办公室、市政府办公室《关于全面开展广元市第二轮修志工作的通知》（广委办发〔2006〕18 号）与区委办、区政府办《关于进一步加强修志工作的通知》（元委办〔2006〕34 号）精神，结合我区实际，现就切实做好各部门分志（材料）编纂工作有关事项通知如下：

一、高度重视，深化对地方志工作重要性的再认识

地方志是传承中华文明的重要载体和社会主义精神文明的重要组成部分，是各级政府的一项基础性工作，也是一项“功在当代，利在千秋”的社会事业；是一个地区上至天文，下至地理，从自然到社会、政治到经济、历史到现实、人物到风貌的一应俱全的社会综录；是各级领导深入了解和把握本地区、本部门情况，实行宏观决策和正确施政的重要工具。我区虽然建立时间不长，但有着特殊的地理环境及深厚的历史文化沉淀，特别是近年来又好又快的发展态势，丰富了地方志编纂内容。但是，我区目前还没有一部全面反映元坝变化的综合性书籍，与元坝加快发展、科学发展、又好又快发展的要求很不适应，编修《元坝区志》已成为迫切需要。各承修单位要高度重视，增强责任感和紧迫感，采取有力措施，确保《元坝区志》总纂工作顺利进行。

二、明确时间断限，及时完成编修工作

根据我区发展实际，经市地方志编纂委员会和区委、区政府主要领导同意，《元坝区志》修志记述的下限时间调整为 2007 年 12 月，这既可延续记载我区实施“做大做强元坝新城，做活做靓昭化古城，扎实推进新农村建设”取得的可喜成就，同时也为各部门收集整理资料，完善部门档案提供了有利条件。已送区志办审稿的部门志（材料），要及时完成好续修工作。还未完成承修任务的单位，要按照下限时间，加快编修进度。

三、树立精品意识，严把编修质量关

为确保《元坝区志》的严肃性和权威性，各承修单位要高起点、高标准，切实把精品意识贯穿于志书编修的全过程。要用辩证唯物主义、历史唯物主义的观点和方法，客观真实地记载这段历史时期的成就、经验和教训，做到思想性、科学性和资料性的统一。各部门提供的资料必须按《元坝区志》编修的总体要求，切实做到观点正确、资料翔实、内容全面、体例完备。

四、加强领导，逗硬督查督办

《元坝区志》编修工作已被市委、市政府纳入对区委、区政府的综合目标考核内容。我区该项工作虽已启动，但进展缓慢，各承修单位要落实一名分管领导主抓，并抽出 1 至 2 名责任心强、熟悉情况的同志专门负责编撰工作，务必于今年 6 月底前全面完成部门志（材料）撰写及报送。区委、区政府将把部门资料编修纳入专项工作进行督查督办，并实行定期通报。凡因工作不力，影响《元坝区志》编修工作的部门，将严肃追究领导责任。区地方志办要加强对部门的业务指导，严格把握各部门志（材料）收录关，确保《元坝区志》编修工作顺利开展。

2008 年 3 月 27 日

中共广元市元坝区委办公室 广元市元坝区人民政府办公室 关于进一步明确修志任务加快修志工作进度的通知

元委办〔2009〕55 号

各乡镇党委、政府，拣银岩社区街道办事处，区级各部门，市驻区各单位：

为加快我区修志工作进度，力争 2010 年完成《元坝区志》出版发行任务，现将有关事项通知如下：

一、切实搞好《元坝区志》入编材料送交工作

《元坝区志》涉及我区经济社会的方方面面，辖区内所有单位都有送交入编材料的义务。目前，《元坝区志》编纂工作已进入攻坚阶段，但还有一些单位没有引起高度重视，不按时送交材料，延迟误事，虽经多次催交，至今仍无进展；个别单位敷衍了事，应付交差，送交的材料不符合要求，无法使用，严重影响编纂工作进度。因此尚未完成撰写《元坝区志》入编材料的单位，要将此项工作纳入重要办事日程，采取有效措施，落实专门人员，提供必要经费保障，集中精力抓好材料的撰写送交工作，务必按区地方志办公室的要求完成任务。

二、积极报送《元坝年鉴 · 2008 年卷》编纂资料

《元坝区志》的时间下限止于 2007 年 12 月 31 日。为及时收录资料，奠定续编《元坝区志》的坚实基础，最大程度消除因时间后延给史料收集带来的困难，及时梳理、记录 2008 年全区各方面的重大事项显得尤为必要。区地方志编纂委员会决定，在编纂《元坝区志》的同时，启动《元坝年鉴》的编纂工作。《元坝年鉴 · 2008 年卷》内容涉及单位要切实按地方志办公室的时间要求和内容要求，及时送交合格的年鉴材料。

三、认真开展乡镇（办）志、部门（单位）志编修工作

自建区以来，全区绝大多数单位均未开展修志工作，个别单位虽开展了部门（单位）志编修工作，但由于缺乏统一标准和规范，在形式和内容上五花八门。因此，启动乡镇（办）志、部门（单位）志的编修工作不容延缓。为切实搞好全区第一轮乡镇（办）志、部门（单位）志编修工作，使其有质量、有档次、有价值，各修志单位要做到：一是工作期限统一，即统一2009年启动本单位的修志工作，确保2012年以前实现出书；二是内容时限统一，即志书内容统一截止于2007年12月31日；三是形式上的统一，即形成元坝区地方志丛书系列，统一书型规格，统一封面样式，统一使用国家主管机关发放的书号。

四、有关工作要求

（一）正确处理《元坝区志》与《元坝年鉴·2008年卷》入编材料的关系。《元坝区志》入编材料应按章节体的体例要求撰写，下限止于2007年12月31日，上限一般应从有机构履行相关职能起述，并可根据需要适当向前追溯。《元坝年鉴·2008年卷》入编材料应按条目体体例要求撰写，内容仅限于2008年1月1日至2008年12月31日，仅写本地区或本单位2008年发生的重要事项，短小精炼，3000字左右为宜。由于志书结构和内容较为复杂，编纂过程是一个不断修正、不断完善的过程，随时可能出现无法预料的新情况和新问题，各相关单位要按照要求及时报送补充资料，确保志书完整、全面。

（二）正确处理撰写《元坝区志》入编材料与编修本单位志的关系。《元坝区志》是对我区行政区划内各方面重要事项的真实记录，乡镇（办）志、部门（单位）志是对本乡镇（办）、本部门（单位）各方面重要事项的真实记录。二者在文字数量上是少与多的关系，内容上是部分与全部、个别与整体、简略与详细的关系。编纂乡镇（办）志、部门（单位）志，由本乡镇（办）、部门（单位）自己确定编纂提纲和录入内容，按规定程序审查后付印出书。已开展部门（单位）志编修的单位，如果时间断限不足5年，可暂不续修，但可考虑延伸时间下限至统一的断限即2007年12月31日，进行补修。相关机构履行职能至今不足5年的可自主决定是否编修本单位志。区委志、区人大志、区政府志、区政协志，分别由区委办、区人大常委会办、区政府办、区政协办负责完成，区委办志、区人大常委会办志、区政府办志、区政协办志分别作为区委志、区人大志、区政府志、区政协志内容的组成部分。挂靠单位的部门志，可与被挂靠单位一起作为一个整体进行安排设计。

（三）加强领导，接受指导，加快进度，接受考核。区地方志办公室是区政府的地方志工作机构，对全区地方志工作负有指导责任。各修志单位要主动与区地方志办公室加强联系，接受区地方志办公室的业务指导。各级各部门要落实分管领导和具体工作人员，明确责任，采取切实有力的措施，加快修志进度，确保质量。区委、区政府已将此项工作纳入年度工作综合考核，区地志办要按照考核标准对各修志单位工作开展情况进行严格考核并纳入评分体系。市驻区单位考核情况要在全区通报的同时，抄送其主管单位。

2009年5月6日

广元市昭化区人民政府
关于报送《广元市元坝区志》终审稿的报告

昭府〔2014〕60号

广元市人民政府：

根据《中共广元市委办公室、广元市人民政府办公室关于全面开展广元市第二轮修志工作的通知》（广委办发〔2006〕18号）精神，《广元市元坝区志》编修工作于2006年4月启动，2011年底基本编成初稿，2012年基本完成全书编纂，2013年11月完成初审。经过半年多的补充完善，2014年7月11日，区人民政府组织召开了复审会议，会议一致同意将《广元市元坝区志》（终审稿）上报送审。现将其呈报市政府终审。按照规定，《广元市元坝区志》稿件已送广元市地方志办公室。

特此报告。

广元市昭化区人民政府
2014年8月1日

广元市昭化区人民政府
关于《广元市元坝区志》公开出版发行的请示

昭府〔2014〕95号

市人民政府：

《广元市元坝区志》书稿于2014年7月11日通过区人民政府复审后，又于2014年10月13日通过广元市县区志审查验收小组评审会议终审。会后，我区按照评审会议意见对个别地方进行了完善，现已形成终稿。根据相关法律规定，现将《广元市元坝区志》终稿上报，恳请批准公开出版发行（终稿已送广元市地方志办公室）。

妥否，请批示。

附件：《广元市县区志稿审查验收意见书》

广元市昭化区人民政府
2014年11月6日

广元市人民政府
关于同意公开出版发行《广元市元坝区志》的批复

广府函〔2014〕199号

昭化区人民政府：

你区《关于〈广元市元坝区志〉公开出版发行的请示》（昭府〔2014〕95号）悉。经市政府研究，原则同意公开出版发行《广元市元坝区志》，请你区严格按地方综合志书出版发行有关规定办理。

此复。

广元市人民政府
2014年11月26日

索　引

使用说明

一、本索引采用内容分析索引法，按索引要目汉语拼音字母顺序排列。

二、索引标目后的数字表示内容所在的页码。

E

F

G

H

J

K

L

T

W

X

Y

Z

编后记

编纂完《广元市元坝区志》时，广元市元坝区已经更名为广元市昭化区了。按照《四川省第二轮市县志书编纂规范》中“志书均以志书下限时行政区划名称冠名”之规定，本志书名仍定名为《广元市元坝区志》。

今天的广元市昭化区，历经了“卫子大区”三年多的预备期，元坝区二十多年的创业期，现在进入了昭化区的快速发展期。《广元市元坝区志》对这一历史时期发展变化的记载，必将成为我们乃至今后人们认识昭化、建设昭化的宝贵的资料著述。

元坝建区后一段时期，无地方志工作机构。2000 年 9 月，广元市元坝区地方志编纂委员会成立，其下设办公室挂靠区人民政府办公室。由于种种原因，地方志工作并未得到连贯性和经常性地开展。《广元市元坝区志》的编纂起始于 2006 年 4 月，时任区人民政府办公室主任文凌云亲自协调落实办公地点、工作经费和工作人员，时任区地方志办公室主任魏勇带领几位修志人员在十分艰苦的条件下，开始了本志的编纂工作。2007 年 11 月，正式成立了《广元市元坝区志》编纂委员会及其办公室。

本志的下限原定为 2004 年，但是为了更完整地反映元坝区的发展进程，特别是昭化古城开发和保护的成果，在编修过程中，区委、区人民政府领导决定将下限调整为 2007 年。到今天，本志的编纂历时八年。其间，历经了三届区委、区人民政府，区地方志工作委员会办公室主任、区志编纂委员会办公室主任也历经了三任，参与编修的人员也几经增补。但是，无论人来人去，本志的编纂工作始终薪火相传，一茬接着一茬，从未停步。因 2008 年“5·12”汶川地震后各单位一度中断提供资料，编纂进度受到较大影响。为了加快编修速度，区地志办改革传统的编纂模式，克服闭门修志、手写笔录所带来的信息资料缺乏、人力不足、技术手段落后、进展缓慢的问题。一边报请区委、区人民政府把各单位的资料提供工作纳入其年度综合目标考核内容，加大资料催收力度，确保资料到位及时，内容丰富；一边坚持“众手成志”的原则，广泛组织和聘请社会上文字功底较好、熟悉元坝区情且热爱修志事业的人员，在为其提供素材资料并对其进行培训使其掌握修志规范要领的前提下，充分使用电脑操作这一新兴文字录入手段，开设“家庭作坊”，承包作业，形成了多头并进的局面，大大加快了撰稿进度，使修志工作在 2009 年和 2010 年取得了突破性的进展。2011 年年底，全志初稿就已基本形成。

初稿形成之后，又由统稿人员和执行主编根据全志结构的设计、内容的轻重、篇幅的长短，进行完善修改。或增补，或删削，或调整。此番工作既在单篇志稿初成之后即已进行，更在全部志稿形成之后全面展开。从消灭错别字、修改病句到核对人名、地名、时间、数据，再到核对史实，再到调整结构、增删内容，一而再、再而三，前前后后达数十次，零零碎碎历时达两年之久。编辑部数次开会，针对审改稿过程中遇到的问题，集众人之智，分析研究，商讨解决办法。攻坚阶段，主审人员数月内不曾有周末，白天黑夜连台下，可谓艰辛备尝。

在编辑部数易其稿的基础上，2013年11月，中共广元市昭化区委常委、区人民政府常务副区长、区志编委主任委员王金川主持召开了审稿会议，志书审改进入一个新的程序。区统计局、区民宗局、区保密局、区档案局以及主要综合管理部门区委政法委、区委农工委、区发改局等区志编委主要单位领回审稿任务并层层分解。广元市地方志办公室主任王少卿与会对审稿工作进行了指导，后又两次到区志编辑部现场答疑，亲自“拿脉”把关。各审稿单位根据清样，或详或略都提出了审改意见，或是书面的，或是口头的。编辑部除以电话对“细枝末叶”进行核实外，还对一些熟悉相关情况的人士采取或登门走访或邀请座谈的方式，面对面地进行了解核实。经编辑部反复修改后，2014年7月11日，区人民政府召开复审会议，原则同意上报市人民政府终审，并要求区地志办组织区志编辑部继续就审议中提出的问题进行修改完善。会后，区地志办再次将书稿化整为零，返回区级各部门和主要企、事业单位审核、征求意见。区志编辑部针对收集的意见，进行了多番修改。形成清样经区委区政府主要领导审查后，于2014年8月1日上报市人民政府终审。

广元市县区志审查验收小组各评委审阅书稿后提出了修改意见。针对各评委指出的问题，区地志办编号列成清单，安排人力，逐一解决，实行清零销号。广元市县区志审查验收小组于2014年10月13日下午召开了《广元市元坝区志》终审评审会议。中共广元市昭化区委常委、常务副区长、《广元市元坝区志》编委主任委员王金川，区地志办主任、《广元市元坝区志》编委办公室主任张俊贤分别汇报了《广元市元坝区志》编纂工作的组织开展情况、志稿编纂及其修改情况。会议原则同意《广元市元坝区志》通过终审验收，制发了《审查验收意见书》。根据会议的评审意见，区志编辑部又对书稿进行了修改完善，特别将书稿中的主要经济数据由区地志办交给区统计局，再次由其进行了审核和修正。其后由区志编辑部对书稿进行校核整理，形成了终稿。终稿由区委区政府主要领导审查后，于2014年11月6日签发文件，请求市人民政府批准公开出版发行。2014年11月26日，广元市人民政府制发广府函〔2014〕199号文件，批准《广元市元坝区志》公开出版发行。

本志的成功问世，得力于区委、区人民政府的高度重视，尤其现任区委书记陈正永，区委副书记、区人民政府区长龙兆学，以及区委常委、区人民政府常务副区长、区地方志工作委员会和《广元市元坝区志》编纂委员会主任委员王金川，区委常委、区委宣传部部长文凌云等领导的关心和支持；得力于省、市地方志工作领导的精心指导和热情帮助；得力于区级各部门，各乡镇（街道办事处），各企事业单位的大力支持；得力于历任编纂工作者特别是退休老干部刘兴朝、张克洵、杨子茂、向重怀、刘思清等同志良好的工作态度和工作作风。编纂过程中还得到了《旺苍县志》主修人员李林泉的热情指导。一些热心志史事业的社会人士如中国人民银行广元市中心支行的杨天达、原广元市人民政府办公室退休干部李生辉，关心支持我们的编纂工作，或以其所知为我们答疑解惑，或以其所有给我们提供资料，让我们甚为感动。书稿所用原始材料，大多来自区级机关、事企业单位和各乡镇（街道办事处）。一些单位在自身人手紧张的情况下，落实经费、人员，创造条件，确保了按时按质按量地完成资料提供任务；有些单位为了查找、核实素材，为了初撰资料，或数人同时参与劳动，或先后数人参与劳动。即一篇原始材料的形成，也往往是一个集体劳动的成果。鉴于这种情况，我们不便将所有为此志的编成作出了贡献的人员的名字一一列出。在此，一并向他们表示诚挚的谢意。

此志的编纂过程中，刘兴朝同志因病去世，未能目睹自己的劳动成果，令人深感遗憾！

《广元市元坝区志》虽已成书，但由于我们认识不足，水平有限，疏漏、谬误之处难免，敬请各界人士和广大读者批评指正，敬请续修者予以修正、弥补。

《广元市元坝区志》编纂委员会办公室

2014年11月